|제4판|
공립유치원교사 임용고시 대비

이동건의 유아임용

유아교육 각론 2

이동건 편저

핵심 & 가독성 읽기 쉽고 명확하게 구성하여, 합격에 필요한 모든 핵심 내용을 한눈에 파악할 수 있습니다.
정의 완성 [역대 최초] 시험장에서 바로 적용할 수 있도록 개념의 핵심 정의를 첫 줄에 배치했습니다.
기출문제 [역대 최초] 29년간의 기출문제(유아특수 포함)를 철저히 분석해 지문 속에 완벽히 반영했습니다.

dm 동문사

이동건의 유아임용 '유아교육 각론 2'의 특징

1 임용에 꼭 필요한 핵심 내용을 담았습니다.
- 29년간 출제되지 않았으며, 앞으로도 출제될 가능성이 없는 불필요한 내용을 과감히 덜어 냈습니다.
- 2,000여 권의 전공서를 철저히 분석하여 임용시험에 반드시 출제될 핵심 내용만을 선정했습니다.

2 [역대 최초] 정의 완성
- 시험장에서 바로 쓸 수 있도록 개념의 핵심 정의를 첫 줄에 배치하였습니다.
- 핵심 정의는 파란색 칼라로 구분하여 가독성을 높이고 즉각적으로 파악할 수 있게 하였습니다.
- 첫 줄에서 핵심 정의를 파악하면 이후 부연 설명도 자연스럽게 이해할 수 있습니다.
- 암기 부담을 최소화하고, 오래 기억에 남도록 간결하고 쉬운 용어로 정의를 완성했습니다.
- 핵심 키워드를 포함하면서도 쉽게 암기될 수 있도록 수차례 고민과 수정을 거쳐 탄생한 정의입니다.

3 가독성과 디자인
- 우리의 뇌는 시각적으로 아름다운 정보를 더 오래 기억합니다.
- 기본서 내용을 사진처럼 머릿속에 저장할 수 있도록 깔끔하고 체계적인 디자인에 집중했습니다.
- 대부분의 내용을 표로 구성하여 읽기 쉽고, 기억하기 쉽게 만들었습니다.
- 하나의 단계는 한 장에 완결되도록 구성하여, 학습 내용이 머릿속에 이미지처럼 저장되도록 설계했습니다.

4 논리적 구성
- 논리적인 흐름은 이해와 암기를 극대화합니다.
- 다양한 전공서를 면밀히 분석하여 최적의 목차와 논리적 흐름을 구성했습니다.
- 비문을 최대한 제거하고 문장 하나하나를 명확하고 체계적으로 재구성하여 학습 효율을 높였습니다.

머리말

5 [역대 최초] 기출문제 녹이기
- 29년간의 기출문제(유아특수 포함)를 철저히 분석해 지문 속에 완벽히 반영했습니다.
- 기출문제는 문제집에서 풀고, 기본서에서는 핵심 지문을 기본서 지문과 함께 학습하도록 구성했습니다.
- 역대 최초로 기출문제를 완벽히 녹여낸 기본서로, 기출과 이론을 동시에 학습할 수 있습니다.
- 기출 표시를 기로 표시하여, 중요 영역을 시각적으로 바로 확인할 수 있게 했습니다.

6 장학 자료(연수 자료)
- 임용고시 필수 장학(연수) 자료까지 체계적으로 통합했습니다.

7 수험생의 입장에서 썼습니다.
- 실제 고시 생활의 경험을 반영하여 수험생의 입장에서 고민하고 구성했습니다.
- 조망수용능력과 감정이입을 바탕으로, 수험생이 어떤 교재에서 가장 높은 가독성과 암기 효율을 경험했는지 깊이 고민했습니다.
- 선생님의 시간을 아껴 최단기 합격을 목표로 모든 내용을 체계적으로 정리했습니다.

이 기본서는 단순한 학습 자료를 넘어, 선생님의 합격을 위한 가장 확실한 동반자가 될 것입니다.
고된 고시 생활이 반드시 결실로 이어지도록, 최단기 합격을 위한 모든 준비를 이 책에 담았습니다.
선생님의 노력과 이 기본서가 만나
반드시 빛나는 결실을 맺을 수 있도록 끝까지 함께하겠습니다.
선생님의 최종 합격을 진심으로 응원합니다.

2025. 4. 2.
이동건 유아교육연구소(주)
대표 이동건 올림

Information

■ 기출문제 유형 분석

기출연도		1교시	2교시		3교시
		논술	주관식(논술)	객관식	주관식
3년	1997	교직 논술	교육과정 8문항(주)	교육과정 30문항(객)	
	1998	교직 논술	교육과정 8문항(주)	교육과정 30문항(객)	
	1999	교직 논술	교육과정 8문항(주)	교육과정 30문항(객)	
9년	2000	교직 논술	교육과정 11문항(주)		
	2001	교직 논술	교육과정 10문항(주)		
	2002	교직 논술	교육과정 11문항(주)		
	2003	교직 논술	교육과정 12문항(주)		
	2004	교직 논술	교육과정 11문항(주)		
	2005	교직 논술	교육과정 12문항(주)		
	2006	교직 논술	교육과정 12문항(주)		
	2007	교직 논술	교육과정 12문항(주)		
	2008	교직 논술	교육과정 13문항(주)		
4년	2009	교직 논술	교육과정 A 4문항(주)	교육과정 50문항(객)	교육과정 B 4문항(주)
	2010	교직 논술	교육과정 A 4문항(주)	교육과정 50문항(객)	교육과정 B 4문항(주)
	2011	교직 논술	교육과정 A 4문항(주)	교육과정 40문항(객)	교육과정 B 4문항(주)
	2012	교직 논술	교육과정 A 4문항(주)	교육과정 40문항(객)	교육과정 B 4문항(주)
13년 (15회)	2013	교직 논술	교육과정 A 4문항(주)		교육과정 B 4문항(주)
	2013추	교직 논술	교육과정 A 4문항(주)		교육과정 B 4문항(주)
	2014	교직 논술	교육과정 A 4문항(주)		교육과정 B 4문항(주)
	2015	교직 논술	교육과정 A 4문항(주)		교육과정 B 4문항(주)
	2016	교직 논술	교육과정 A 4문항(주)		교육과정 B 4문항(주)
	2017	교직 논술	교육과정 A 4문항(주)		교육과정 B 4문항(주)
	2018	교직 논술	교육과정 A 4문항(주)		교육과정 B 4문항(주)
	2019	교직 논술	교육과정 A 4문항(주)		교육과정 B 4문항(주)
	2019추	교직 논술	교육과정 A 4문항(주)		교육과정 B 4문항(주)
	2020	교직 논술	교육과정 A 4문항(주)		교육과정 B 4문항(주)
	2021	교직 논술	교육과정 A 4문항(주)		교육과정 B 4문항(주)
	2022	교직 논술	교육과정 A 4문항(주)		교육과정 B 4문항(주)
	2023	교직 논술	교육과정 A 4문항(주)		교육과정 B 4문항(주)
	2024	교직 논술	교육과정 A 4문항(주)		교육과정 B 4문항(주)
	2025	교직 논술	교육과정 A 4문항(주)		교육과정 B 4문항(주)
배점(100점)		20점	40점		40점

목차

머리말 ··· 2

CHAPTER 01 유아음악교육

Ⅰ. 음악의 구성요소 ··· 16
  1. 음악의 구성요소(요약) ··· 16
  2. 음악의 구성요소 ·· 17

Ⅱ. 음악 교수법 ··· 33
  1. 달크로즈(Emile Jaques-Dalcroze, 1865~1950, 스위스) ··············· 33
  2. 코다이(Zoltan Kodaly, 1882~1967, 헝가리) ································· 39
  3. 오르프(Carl Orff, 1895~1982, 독일) ··· 45
  4. 고든(Edwin Gordon, 1927~2015, 미국) ······································· 52
  5. 스즈키(Shinichi Suzuki, 1898~1998, 일본)의 재능교육 ············· 61

Ⅲ. 음악교육의 내용 ··· 63
  1. 노래 부르기 ··· 63
  2. 음악 감상하기 ··· 73
  3. 악기 다루기 ··· 78
  4. 신체 표현 ··· 84
  5. 음악극(통합적으로 표현하기) ·· 85
  6. 음악교육의 내용(유아음률교육 활동자료, 1996) ·························· 89

Ⅳ. 유아 전통예술 교육 ·· 90
  1. 유아 전통예술 교육의 특성(유아 전통예술 교육 프로그램, 2009) ······ 90
  2. 유아 국악교육 ··· 94
  3. 국악 장단 익히기 ·· 108

Contents

CHAPTER 02 유아미술교육

Ⅰ. 아동미술의 역사 ··· 116
   1. 표현기능 중심의 미술교육 ·· 116
   2. 창의성 중심 미술교육 ·· 117
   3. 이해 중심 미술교육 ··· 119

Ⅱ. 미술교육 이론 ·· 122

Ⅲ. 아동미술의 발달 단계 ·· 126
   1. 로웬펠드(V. Lowenfeld, 1970)의 평면표현의 발달 단계 ······································· 126
   2. 로웬펠드(V. Lowenfeld, 1970)의 입체표현의 발달 단계 ······································· 130
   3. 켈로그(R. Kellogg, 1969)의 평면표현의 발달 단계 ·· 134
   4. 버트(Sir Cyril Lodowic Burt, 1922)의 평면표현의 발달 단계 ······························· 138
   5. 리드(Herbert Read)의 평면표현의 발달 단계 ·· 142
   6. 린드스톰(Miriam Lindstrom)의 평면표현의 발달 단계 ·· 144
   7. 허번홀즈와 한슨(Herberholz & Hanson, 1995)의 평면표현의 발달 단계 ·············· 145
   8. 아이브즈와 가드너(Ives & Gardner, 1984)의 문화적 영향에 따른 그리기 발달 ····· 147
   9. 골롬브(Golomb)의 입체표현의 발달 단계 ··· 148

Ⅳ. 유아 미술표현의 특징 및 표현 기법 ··· 150
   1. 유아 미술표현의 특징 ·· 150
   2. 유아미술의 표현 기법 ·· 159
   3. 미술 활동의 3요소 ·· 167

Ⅴ. 미술의 요소 및 원리 ··· 168
   1. 미술의 요소 ·· 168
   2. 미술의 원리 ·· 173

Ⅵ. 미술 감상 ·· 185
   1. 감상 능력 발달 단계 ··· 185
   2. 미술감상 지도과정 ·· 190
   3. 명화감상 활동 방법(유아를 위한 명화감상 활동자료, 2006) ································· 201
   4. 명화감상을 위한 교사의 역할(유아를 위한 명화감상 활동자료, 2006) ················· 204
   5. 명화감상을 위한 환경구성(유아를 위한 명화감상 활동자료, 2006) ····················· 207

Ⅶ. 유아미술의 교수 방법 ·· 210
   1. 직접 교수법 ·· 210
   2. 통합적 교수법 ·· 212
   3. 협력학습 교수법 ··· 214
   4. 커뮤니티 중심 예술 교수법(CBAE : Community-Based Art Education) ············· 215

CHAPTER 03 유아 수학교육

Ⅰ. 수학적 과정 기술 및 수학적 태도 ·················· 218
1. 의사소통하기(communication) ·················· 219
2. 문제 해결하기(problem solving) ·················· 222
3. 추론하기(reasoning) ·················· 224
4. 표상하기(representation) ·················· 226
5. 연계하기(연관 짓기, connecting) ·················· 228
6. 수학적 과정 기술의 지도 방법 ·················· 229
7. 수학적 과정 기술의 구체적 예시 ·················· 232
8. 수학적 태도 ·················· 235

Ⅱ. 수와 연산 ·················· 243
1. 수 감각과 숫자 인식 ·················· 244
2. 수의 의미와 수 교육 방법 ·················· 245
3. 수 개념 발달 단계 ·················· 246
4. 수 세기 발달 과정(Baroody, 1987) ·················· 248
5. 기계적 수 세기와 합리적 수 세기 ·················· 249
6. 수의 표상 및 수의 관계 이해 ·················· 252
7. 수의 연산 ·················· 254

Ⅲ. 공간과 도형 ·················· 257
1. 공간 ·················· 258
2. 도형 : 도형개념의 발달(도형의 인식과 명명) ·················· 266
3. 변환과 대칭 ·················· 270
4. 합성과 분할 ·················· 271

Ⅳ. 측정 ·················· 273
1. 측정의 의미 ·················· 274
2. 비교하기(comparison) ·················· 274
3. 순서 짓기(서열화, seriation) ·················· 277
4. 측정하기 ·················· 278

V. 규칙성 · 290
1. 규칙성(패턴)의 의미 및 대수적 사고 · 290
2. 패턴의 4수준(패턴의 원리; NCTM, 2002) · 291
3. 규칙성(패턴) 이해 능력 발달 단계(Ginsburg et al., 1998) · 291
4. 패턴 이해의 발달적 특성 · 292
5. 규칙성의 발달 과정(Sarama & Clements, 2009) · 293
6. 규칙성 개념의 이해 · 294
7. 규칙성 지도 방법 · 294
8. 패턴의 유형 · 295

VI. 자료 수집 및 결과 나타내기 · 298
1. 자료 분석의 의미 · 298
2. 분류하기(classification) · 299
3. 그래프 · 303
4. 확률 · 306

CHAPTER 04 유아 과학교육

Ⅰ. 이론적 기초 ·········· 308
  1. 유아의 과학개념 ·········· 308
  2. 구성주의 ·········· 310
  3. 지식의 3가지 유형 – 까미와 드브리스 프로그램(Kamii & DeVries Program) ·········· 316
  4. 브루너(Bruner, 1915~2016)의 지식의 구조(3가지 표상 양식) ·········· 318
  5. 데일(Edgar Dale, 1946, 54, 69년)의 경험의 원추 ·········· 324

Ⅱ. 과학 지식 · 과학적 탐구 과정 · 과학적 태도 ·········· 332
  1. 과학 지식 ·········· 332
  2. 과학적 탐구 과정(기술) ·········· 333
  3. 실험하기의 변인 통제(Control variable)와 변인(Variable) ·········· 338
  4. 과학적 탐구 과정(기술)의 지도 방법 ·········· 341
  5. 과학적 태도 ·········· 344
  6. 카린과 선드(A. Carin & R. Sund, 1989)의 과학적 태도 ·········· 348
  7. 과학 교수 불안과 과학 교수 효능감(science teaching efficacy) ·········· 349

Ⅲ. 창의성 ·········· 350
  1. 창의성 교육 프로그램 개발의 필요성 및 목적 ·········· 350
  2. 창의성의 개념 ·········· 351
  3. 창의성 이론 ·········· 354
  4. 창의성의 구성요소(한국과학창의재단, 2010) ·········· 356
  5. 길포드(J. P. Guilford, 1959)의 창의적 사고의 구성요인 ·········· 359
  6. 창의적 성향의 구성 요인(창의 성격, 창의적 사고 성향) ·········· 363
  7. 창의성을 길러주는 사고 기법 ·········· 364

Ⅳ. 과학교육의 동향 및 프로그램 ·········· 375
  1. 유능한 과학자(1957~1880년대) ·········· 375
  2. 과학의 대중화(1980년대 중 · 후반) ·········· 376
  3. 대중의 과학화(1990년대) ·········· 376
  4. 과학의 인간화(2000년대 이후) ·········· 377
  5. 물리적 지식 활동(Physical Knowledge Activity) 프로그램 ·········· 378

Ⅴ. 교수 · 학습의 기본 원리 ·········· 382
  1. 학습주기에 의한 교수 · 학습 원리 ·········· 382
  2. 학습 경험의 유형에 의한 교수 · 학습 원리 ·········· 386
  3. (인지적 갈등을 유도하는) 질문을 통한 교수 · 학습 원리 ·········· 386

Ⅵ. 유아 과학교육의 교수·학습 방법 ··· 388
   1. 유아 과학교육을 위한 교수·학습 방법(Atkinson & Fleer, 1995) ·· 388
   2. 탐구적 교수·학습법 ·· 390
   3. 놀이와 연계한 교수·학습 방법 ·· 392
   4. 통합적 접근을 통한 교수·학습 방법 ·· 395

Ⅶ. 환경 교육 ·· 396
   1. 환경 교육의 내용(황해익 외, 2017) ·· 396
   2. 환경 교육의 내용(Dighe, 1993; Melendez et al, 2000) ··· 397
   3. 환경 교육의 내용(이효림 외, 2019) ·· 398
   4. 환경 교육의 내용(한국환경교육학회, 2000) ·· 399

Ⅷ. 장학 : 과학창의교육 활동자료 등(2009) ·· 400
   1. 과학 창의성의 개념 ·· 400
   2. 창의성의 구성요소 ·· 400
   3. 과학 창의교육의 방법 ·· 403
   4. 바람직한 과학 교수 방법 ·· 405

CHAPTER 05 교육과정

Ⅰ. 교육과정의 개념 및 요소 · 408
　1. 교육의 정의 · 408
　2. 교육과정의 개념 · 408
　3. 교육과정의 요소 · 410
　4. 교육과정의 개념 유형 · 412

Ⅱ. 교육과정의 유형 · 414
　1. 시대적 변천에 따른 교육과정 유형 · 414
　2. 의도성 여부에 따른 교육과정 유형(Bloom, 1971; Eisner, 1979) · 417
　3. 슈바르츠와 로빈슨의 유아교육과정 유형 · 418
　4. 와이카트의 유아교육과정 유형 · 420
　5. 메이어의 유아교육과정 유형 · 422
　6. 비셀의 유아교육과정 유형 · 424
　7. 콜버그와 메이어의 유아교육과정 유형(L. Kohlberg & R. Mayer, 1972) · 425

Ⅲ. 구성요소(목표 및 내용) · 428
　1. 교육과정의 구성요소 · 428
　2. 교육과정의 수립 · 430
　3. 교육목표의 설정 · 431
　4. 교육목표 진술의 원칙 · 433
　5. 행동적 목표와 표현적 목표 · 434
　6. 교육 활동 목표 진술 시 유의사항 · 436
　7. 블룸(Bloom, 1956)의 교육목표 분류에 따른 목표 행동의 구분 · 440
　8. 카미(Kamii)의 이원분류(교육목표의 분류) · 443
　9. 교육 내용의 선정 · 444
　10. 교육 내용의 조직 · 446

Ⅳ. 교수 · 학습 원리 및 과정 · 451
　1. 유아교육의 교수 · 학습 원리 · 451
　2. 브레드캠프와 로즈그란트(1992)의 교수 · 학습 과정 · 456
　3. 유아를 위한 교수 · 학습 전략 · 463

Ⅴ. 유아교육과정 접근법 · 466
　1. 성숙주의 접근법 · 466
　2. 행동주의 접근법 · 467
　3. 구성주의 접근법 · 468
　4. 성숙 · 행동 · 구성주의 접근법 요약 · 470

Contents

Ⅵ. 유아교육 프로그램 · 473
1. 뱅크 스트리트 프로그램(아동 중심 프로그램) · 474
2. 디스타 프로그램(행동주의 프로그램) · 476
3. 하이스코프 프로그램(피아제 이론에 기초한 프로그램) · 477
4. 카미-드브리스 프로그램(피아제 이론에 기초한 프로그램) · 479
5. 프로젝트 접근법 · 480
6. 레지오 에밀리아 접근법(말라구찌, L. Malaguzzi) · 485
7. 다중지능이론 기반 교육과정 · 491

Ⅶ. 교수·학습 모델 · 494
1. 설명법 · 494
2. 오수벨(Ausubel, 1963)의 선행 조직자 학습이론(설명식 교수이론) · 495
3. 개념학습법 · 496
4. 발문 교수법(questionary instruction) · 500
5. 탐구학습법(inquiry learning) · 501
6. 문제 해결학습 · 503
7. 협동학습 · 504
8. 발견학습 · 505
9. 토론학습법 · 507

Ⅷ. 우리나라 유아교육과정과 정책의 변천 · 508
1. 초창기 · 510
2. 대한민국 수립 후(1945~1968) · 511
3. 유치원 교육과정 제정과 유아교육진흥법 제정 이전 · 511
4. 유아교육진흥법과 유아교육의 공교육화 추진 · 512
5. 유아교육법 제정을 통한 유아교육 공교육체제의 실현 · 513
6. 『만 5세 공통과정』 도입 추진계획(2011) · 513

Ⅸ. 장학 : 유아를 위한 장애이해 및 통합교육자료(2008) · 515
1. 유아특수교육 · 515
2. 통합학급의 교육과정 운영 · 523
3. 자료 개발의 필요성 및 목적 · 529
4. '활동편' 자료의 개요 · 532
5. 장애 유아 : 이런 점이 궁금해요. · 537
6. 장애 유형별 교수 방법 · 542
7. 사회적 통합 촉진을 위한 '교수 내용' · 548
8. 사회적 통합 촉진을 위한 '교수 전략' · 550

X. 통합교육과정 ·· 556
   1. 통합의 필요성 및 가치 ··· 556
   2. 포가티(Fogarty, 1991)의 교육과정 모형(통합의 방법) ······················· 558
   3. 통합적 접근의 배경 ·· 562
   4. 통합적 접근의 개념 ·· 562
   5. 통합적 접근 시 고려할 점 ··· 563

XI. 유치원 혼합연령(복식) 학급의 운영 ·· 565
   1. 기본 방향 ··· 565
   2. 교육계획 ··· 566
   3. 흥미영역활동 운영을 위한 전략(3~6 : 교육 활동 운영전략) ············ 568
   4. 대·소집단 구성 및 활동 운영을 위한 전략 ·· 570
   5. 소집단 활동을 위한 시간안배 및 활동에 참여하지 않는 유아들의 관리 ··· 572
   6. 혼합연령(복식) 학급을 위한 주간교육계획 및 일일교육계획 ············ 574
   7. 환경구성 ··· 580
   8. 일과운영 및 지도 ·· 581

참고문헌 / 588

Chapter 01

유아음악교육

Ⅰ. 음악의 구성요소
Ⅱ. 음악 교수법
Ⅲ. 음악교육의 내용
Ⅳ. 유아 전통예술 교육

I. 음악의 구성요소

1 음악의 구성요소(요약)

소리 (sound)	▶ 공기를 통해 전달되는 음의 파동 ▶ (어떤 힘으로 발생한) 진동이 공기를 통해 귀로 전달되어 감각을 일으키는 것 • 진동상태에 따라 순음, 고른 음, 시끄러운 음으로 구분한다.
음색 (tone color)	▶ 소리의 특성으로, 한 소리를 다른 소리와 구별시켜 주는 소리의 질 • 목소리, 악기의 재료, 구조, 크기, 환경의 소리에 따라 음색이 결정된다.
박/박자 (beat/ meters)	▶ 박 : 박자의 단위, 동일한 속도로 지속되는 운율적인 움직임, 음악의 시간 단위 ▶ 박자 : 일정한 시간 단위로 되풀이되는 악센트의 주기적 반복 • 센 박과 여린 박이 규칙적으로 이루어진 소리도 있고 불규칙하게 이루어진 소리도 있다. • 박에 강세가 일정하게 붙으면 박자를 이룬다. • 2박은 센 박과 여린 박이 번갈아 가면서 이루어진 소리이다. 박자는 더 길어질 수 있다.
셈여림 (intensity)	▶ 소리의 강하고 약함을 나타내며, 음의 크기 변화와 악센트를 포함 ▶ 소리의 크고 작음, 세고 여린 정도에 관련된 음악적 표현
장단 (duration)	▶ 소리의 길고 짧음
음높이 (고저, pitch)	▶ 소리의 높고 낮음
리듬 (rhythm)	▶ 음의 길이와 셈여림이 시간적으로 결합된 패턴 • 길고 짧은소리의 패턴으로 '박'이라는 단위 위에 다양한 음표와 쉼표로 구성된다.
리듬 패턴	▶ 길고 짧은 음이 집단으로 묶여 반복적으로 나타나는 구조(rhythmic pattern)
속도 (빠르기, tempo)	▶ 음악의 빠르고 느림으로써 곡을 연주할 때의 속도 • 1분간 박이 연주되는 정도에 따라 빠르기가 정해진다.
멜로디 (melody)	▶ 리듬이 있는 높고 낮은 음들이 흐르는 것 • 주로 높고 낮은 음, 길고 짧은 음, 쉼표들이 리듬적으로 의미 있게 조직되어 있는 것으로 리듬이 있는 높고 낮은 음들이 흐르는 것이다. 즉, 리듬+음의 높낮이를 말한다.
화음 (코드, chord)	▶ 높이가 다른 두 개 이상의 음이 동시에 울리는 음악적 현상
화성 (하모니, harmony)	▶ 화음이 계속 연결되어 흐르는 것
형식 (form)	▶ 음악의 구성요소들이 조직된 결과로써 나타나는 형태 • 형식에 대한 개념은 멜로디와 리듬, 화성, 음색의 개념 발달에 의존하기 때문에 음악의 개념 중 비교적 늦게 발달한다. 예 동기, 악구, 악절, 한도막 형식, 두도막 형식 등

2 음악의 구성요소

소리 (sound)	**소리**	▶ 공기를 통해 전달되는 음의 파동 ▶ (어떤 힘으로 발생한) 진동이 공기를 통해 귀로 전달되어 감각을 일으키는 것 • 진동상태에 따라 순음, 고른 음, 시끄러운 음으로 구분한다. • 소리는 **음색(색깔과 질), 세기, 길이, 높이의 네 가지 성질로 구성**되며 음악을 가능하게 하는 기본 재료다. 결국, 음악은 네 개의 소리 구성요소가 어울리는 방식으로 적절하게 조직된 것이다. • 소리란 **물체의 떨림이 공기를 통해 귀로 전달되어 감각을 일으키는 것**으로, 들을 수 있는 범위 안에서 진동할 때만 소리로 들리게 된다. • 소리는 진동의 모양과 크기에 따라 여러 가지 다양한 소리가 된다. 소리는 때로 아름다운 음악이 되기도 하며, 듣기 불편한 소음이 되기도 한다. • 소리는 눈에 보이지 않지만, 소리가 갖고 있는 진동을 느껴보거나, 진동을 만들어 보면서 소리를 탐색해 볼 수 있다. • 유아가 소리의 **진동을 느껴봄으로써 소리를 탐색할 수** 있는 **활동의 예**는 다음과 같다. ① '아'라고 길게 소리를 내면서 목을 만져보기 ② 음악이 나오는 스피커에 손을 대 보기 ③ 심벌즈를 치고 떨림을 보기 ④ 현악기의 줄을 튕기고 느껴보기 ⑤ 북 위에 쌀(소금)을 올려놓고, 북을 치면서 관찰하기
	소리 (국악)	• 국악은 인간의 음성에서 음악적 노랫소리뿐만 아니라, 울음소리, 웃음소리 등의 비음악적 소리도 포함한다. • 유아에게 주변에서 나는 다양한 소리에 관심을 갖도록 한다. ㉠ 자동차와 트럭의 소리는 어떻게 다를까? ㉠ 지붕에 떨어지는 빗소리는 어떻게 들릴까? ㉠ 사물놀이의 악기(장구, 북, 꽹과리, 징) 소리를 들어볼까? ※ 예로부터 징은 바람, 북은 구름, 장구는 비, 꽹과리는 천둥·번개 소리로 여겨왔다.

음색 (tone color)	음색	▶ **소리의 특성**으로, **한 소리를 다른 소리와 구별**시켜 주는 **소리의 질** • **목소리, 악기의 재료, 구조, 크기, 환경의 소리**에 따라 음색이 결정된다. 기 '무엇보다 노래 부르기 활동은 유아들이 사람들마다 지닌 고유한 목소리에 따라 구별되는 (**음색**)의 차이를 경험할 수 있는 것만으로도 즐거운 음악 활동이 되는 것 같아요.'에 들어갈 음악적 요소를 쓰시오.[20] 기 음악적 요소를 지도하기 위해 사용한 방법으로 적절하지 <u>않은</u> 것을 각각 1가지씩 찾아 쓰고, 그 이유를 쓰시오.[21] 박 교사가 악기의 고유한 특성을 알려주기 위해 **악기 사진을 보여준 점이 부적절하다. 실제 악기가 아닌 사진으로 음색을 지도할 수 없기 때문이다.** 기 ① '다양한 악기로 빗소리와 비슷한 소리를 탐색한다.'에 나타난 음악 요소를 쓰고, ② 그 음악 요소를 반영한 미술 활동 예시 1가지를 쓰시오.[22] 　　　　　　**① 음색, ② 다양한 악기 소리를 다양한 색으로 표현해 보는 활동** • 음에는 색깔이 있다. 음색은 **물체의 독특한 재료, 구조, 크기에 따라 구별되는 소리의 차이**를 말한다. • 즉, 같은 높이와 같은 세기의 음이라도 진동체의 구조, 재료 등에 따라 음색이 다르다. • 음향 공학적으로 볼 때 음색의 차이는 주파수의 조합 차이에 의한 것이다. • 유아는 음에 색깔이 있다는 것을 개념화하여 주변 **환경**의 소리(environmental sound), 사람의 **목소리**(voices), **악기**(instruments) 소리가 각각 다르다는 것을 안다. • 또한 주변 **환경의 소리, 목소리, 악기 소리와 전자음**은 서로 어울려 음악적인 소리를 낼 수 있음을 안다. • 같은 '라(a)' 음을 내지만 **사람이 내는 목소리와 피아노 소리**는 다르며, 같은 현악기라도 **바이올린과 첼로**가 내는 '라(a)' 음은 다르게 들린다. • 유아가 악기를 통해 음색을 경험할 수 있는 **활동의 예**는 다음과 같다. 　① 악기의 이름, 모양, 소리를 탐색하기 　② [미술 활동] 악기 소리를 다양한 선, 색깔로 표현해 보기 　③ 같은 곡을 다른 종류의 악기로 연주한 음악 들어보기 　④ [신체 활동] 악기 소리나 연주 방법을 몸으로 표현해 보기 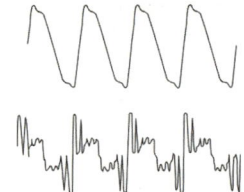 피아노와 클라리넷의 음색 비교
	음색 (국악)	• 악기의 재료, 구조, 크기에 따라 음색이 결정된다. • 국악은 노래 부르는 사람의 **목소리 특색(맑은소리, 탁한 소리, 쉰소리)**을 존중한다. • 유아에게 **다양한 악기의 소리**에 주목하게 하거나 같은 사물을 다양한 방법으로 소리 내어 보게 한다. 예 **엄마 목소리와 아빠 목소리**는 어떻게 다를까?, 소리하시는 선생님의 강강술래 노래 목소리와 우리가 부르는 강강술래 노래 목소리는 어떻게 다를까? 예 **장구 소리와 북소리**는 어떻게 다를까?, 식탁과 싱크대에 숟가락을 두드리면 소리가 어떻게 다를까?

박/박자 (beat/ meters)	박 (beat)	▶ 박자의 단위, 동일한 속도로 지속되는 운율적인 움직임, 음악의 시간 단위 • 사람의 맥박처럼 **동일한 속도로 지속되는 운율적인 움직임**으로서 **박자의 단위**가 된다. • 박은 일정하고 규칙적이며, 지휘자가 일정하게 손을 위아래로 바운딩하는 움직임과도 같다. • **[신체 활동]** 유아가 **노래를 부르는 동안 손뼉을 계속 쳐** 본다든가, 음악을 들으며 **규칙적으로 발을 굴러봄**으로써 박의 개념을 이해할 수 있다.

	박/
	박자
		▶ 일정한 시간 단위로 되풀이되는 악센트의 주기적 반복
		• 센 박과 여린박이 규칙적으로 이루어진 소리도 있고 불규칙하게 이루어진 소리도 있다.
		• **박에 강세가 일정하게 붙으면 박자**를 이룬다.
		• 2박은 센 박과 여린박이 번갈아 가면서 이루어진 소리이다. 박자는 더 길어질 수 있다.
		• **박은 심장의 고동처럼 규칙적인 간격을 두고 울리는 소리**이며 **박자**는 음의 흐름에서 **셈여림이 일정한 간격으로 반복되는 것**을 말한다.
		• 대개 분수로 표현되는 박자표는 기본 박이 되는 음표의 종류를 분모로, 한마디 안에 포함되는 단위 음표의 수를 분자에 쓴다.
		  ㉠ 2/4박자는 4분음표를 기본 박으로 하여 한 마디 안에 4분음표가 두 번 들어감을 나타낸다. 악보로 볼 때 박자표는 #, b 등의 조표 뒤에 적는다.
		• 연속되는 박을 2, 3, 4, 6박과 같은 **주기적인 반복에 의해 묶어 놓으면 박자**가 되는데, **박자는 마디로 구분**된다. 박자는 일정한 박의 수에 따라 **센 박을 첫 박으로 주기**를 이루게 된다. ㉠ 3/4박자 - 강약약 강약약
		• **[신체 악기]** 유아가 '**발 구르기, 손뼉치기, 손뼉치기**'를 하면서 3/4박자의 노래를 부른다면 유아는 3박의 개념을 쉽게 이해할 수 있게 된다.
		  기 '(음악에 맞추어 우드블록을 규칙적인 시간 간격으로 치며) 하나, 둘, 셋, 넷, 하나, 둘, 셋, 넷.'과 '지휘하는 그림 ① ② ③ ④'에서 교사가 공통으로 지도하고자 하는 음악의 요소 1가지를 쓰시오. **박자**[25]
		• 유아가 다루기 적합한 박의 개념은 다음과 같다.
		  ① 대부분 음악은 규칙적이고 일관성 있게 마치 맥박처럼 계속 반복되는 박이 있으며, 이러한 박은 리듬의 흐름에 있어 정확히 나타난다는 것을 안다.
		  ② 어떤 곡은 느린(빠른) 움직임의 박을 지닌다는 것을 안다.
		  ③ 행진곡이나 대부분의 록 음악은 강한 박의 느낌을 지니고, 자장가나 대부분의 분위기 있는 음악은 약한 박의 느낌을 지닌다는 것을 안다.
		  ④ 박의 빠르기는 같은 곡에서도 변할 수가 있다는 것을 안다.
		  ⑤ 같은 곡 중에서도 강박과 약박이 있어서 한 번의 강박이 나오면 하나나 그 이상의 약박이 뒤따르는 형식이 반복되어, 강-약이나 강-약-약 등으로 나타난다는 것을 안다.

	박/ 박자 (국악)	• 국악에서는 **음악의 속도를 한배**라고 하는데 **숨을 기준**으로 한다. 즉, 숨을 들이쉬고 내쉬는 표준적 한배를 기준으로 한다. • 국악은 **박에 맞는 여러 장단**이 있기 때문에 **박자가 바뀌면 장단도 바뀐다**. 예를 들어 강강술래는 노래 도중 12/4박자(즉, 중모리장단)에서 12/8박자(즉, 자진모리장단)로 자연스럽게 박자(즉, 장단)가 바뀐다. • 유아에게 2/4, 3/4, 4/4, 6/8, 12/4, 12/8, 9/8박자 등의 노래를 듣게 하고 차이에 관심을 갖게 한다. ㉠ 강강술래를 따라 불러보고, 처음의 강강술래(12/4, 중모리장단)와 나중의 강강술래(12/8, 자진모리장단)가 어떻게 다른지 이야기해 보자.

Plus 지식 | 박자 젓기 및 박의 셈여림 진행

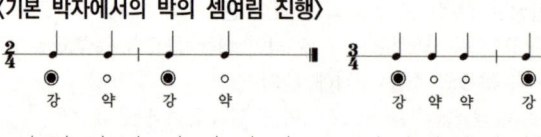

〈기본 박들의 박자 젓기〉

| 2박 | 3박 | 4박 | 6박 |

* 점선과 실선의 구분은 박의 순서를 나타내기 위한 것임.

〈기본 박자에서의 박의 셈여림 진행〉

2/4 강 약 강 약

3/4 강 약 약 강 약 약

4/4 강 약 중강 약 강 약 중강 약

6/8 강 약 약 중강 약 약 강 약 약 중강 약 약

Plus 지식 | 속도(tempo)와 관련된 기호

〈속도를 나타내는 말〉

기호	발음	뜻
largo	라르고	아주 느리게
adagio	아다지오	조금 느리게
andante	안단테	느리게
moderato	모데라토	보통 빠르게
allegretto	알레그레토	조금 빠르게
allegro	알레그로	빠르게

〈속도변화를 나타내는 기호〉

기호	원어	발음	뜻
rit.	ritardando	리타르단도	점점 느리게
rall.	rallentando	랄렌탄도	점점 느리게
accel.	accelerando	아첼레란도	점점 빠르게
a tempo		아 템포	본래의 빠르기로
Tempo primo(Tempo I)		템포 프리모	처음의 빠르기로

		▶ **소리의 강하고 약함**을 나타내며, 음의 크기 변화와 악센트를 포함
		▶ **소리의 크고 작음, 세고 여린** 정도에 관련된 음악적 표현

셈여림 (intensity) / **셈여림**

▶ **소리의 강하고 약함**을 나타내며, 음의 크기 변화와 악센트를 포함
▶ **소리의 크고 작음, 세고 여린** 정도에 관련된 음악적 표현
• 유아는 음에 셈여림이 있다는 것을 개념화하여 어떤 음은 다른 음에 비해 **크거나(강하거나) 작다(약하다)**는 것을 안다.
[기] [발문] "어느 부분을 크고 **세게 불러보면** 좋을까?"[11]
[기] ㉣에 가장 적절한 음악적 요소 1가지를 쓰시오.[19]

	변화 전	→	변화 후
㉣	처음부터 끝까지 동일하게 연주		• '하룻밤, 이틀밤, 쉿쉿쉿' 부분 **'작게'** 연주 • '싹이 났어요' 부분 **'크게'** 연주

[기] '음악적 요소 중 (**셈여림**)의 경우, 익숙한 동요 부르기 시간에 제가 **팔 동작의 크기에 변화**를 주어 지휘하면 유아들의 목소리가 **점점 작아지거나 커지도록** 노래를 불러 보았어요.'에 들어갈 음악적 요소를 쓰시오.[20]
[기] '**세게 칠 때 / 살살 치면**'에 해당하는 음악적 요소를 쓰시오. **셈여림**[특25]
• 셈여림은 소리의 표현으로 전반적인 소리의 크기, 어떤 음은 크게 또 어떤 음은 작게 내거나 하는 악센트, 소리가 커지거나(강해지거나) 작아지는(약해지는) 변화를 말한다.
• 활동 : 유아는 큰 북소리와 작은 북소리를 듣는 경험을 통해 세고 여림에 대해 경험할 수 있다. **크기가 다른 4마리의 코끼리 그림**을 가지고 악기로 소리를 점점 세게 내보거나 점점 여리게 내보며 점차적인 셈여림을 학습할 수 있게 된다.
[기] '첫 번째 '콩' 하는 음을 특히 세게 쳐 볼까요?'에 해당하는 셈여림 기호의 명칭을 쓰시오. **악센트(스포르짠도)**[25]

기호	원음	발음	뜻
pp	pianissimo	피아니시모	아주 여리게
p	piano	**피아노**	여리게
mp	mezzo piano	메조 피아노	조금 여리게
mf	mezzo forte	메조 포르테	조금 세게
f	forte	**포르테**	세게
ff	fortissimo	포르티시모	아주 세게
cresc.	crescendo	**크레셴도**	점점 세게
decresc.	decrescendo	**데크레셴도**	점점 여리게
dim	diminuendo	디미누엔도	점점 여리게
sf, sfz, fz	sforzando	**스포르짠도**	특히 세게
〉, ∨, 〈	accent	**악센트**	특히 세게

• 이는 음악 개념 중 가장 먼저 발달하는 것으로서 유아가 다루기에 적합한 셈여림의 개념은 다음과 같다.
① 같은 곡을 크게(강하게) 연주할 수도 작게(약하게) 연주할 수도 있음을 안다.
② 같은 곡에서 점점 커지거나 점점 작아지게 연주할 수 있음을 안다.
③ 셈여림의 변화는 점차로 일어날 수도, 갑자기 일어날 수도 있다는 것을 안다.
④ 셈여림의 변화는 음악의 분위기에 영향을 미쳐 갑자기 커지는 음의 변화는 안정감을 주지 못하고 변덕스럽고 깜짝 놀라는 느낌을 준다는 것을 안다.

셈여림 (국악)		• 자녀에게 강하게 연주될 때와 여리게 연주될 때의 차이를 느껴보게 한다. 예 신날 때 내는 '아!' 소리와 배고플 때 내는 '아!' 소리는 어떻게 다를까? 예 느린 강강술래 노래를 부르며 장단에 맞춰 천천히 걸을 때와 자진 강강술래에 맞춰 빠르게 걷다가 뛰어갈 때는 노래를 어떻게 다르게 불러야 할까?
장단 (duration)		▶ **소리의 길고 짧음** • 유아는 음에 길고 짧음이 있다는 것을 개념화하여 어떤 음은 다른 음에 비해 길거나 짧다는 것을 안다. 기 다음에서 찾을 수 있는 **음악 요소 2가지**를 쓰시오.[24] 장단, 음높이(고저)
음높이 (고저, pitch)	음높이	▶ **소리의 높고 낮음** 또는 중간 • 유아는 음에 높고 낮음이 있다는 것을 개념화하여 어떤 음은 다른 음에 비해 높거나 낮다는 것을 안다. • 음의 높고 낮음은 진동 현상이 안정되고 분명할 때 잘 구별될 수 있으며, 소리의 **진동수가 많으면 높은 소리**가 되고, **적으면 낮은 소리**가 된다. • 활동 : 유아는 **여자 소프라노의 높은** 소리와 **남자 베이스의 낮은** 소리, **바이올린의 높은** 음역과 **콘트라베이스의 낮은** 음역의 연주 소리를 비교해 들으며 음의 높낮이에 대한 개념을 이해할 수 있다. ▶ 음역(音域, range) : 사람의 목소리나 악기가 낼 수 있는 **최저 음에서 최고 음까지의 넓이** ▶ 음정(音程, interval) : **높이가 다른 두 음 사이의 간격**, 두 음 사이의 높낮이 차이, 한 음에서 다른 음까지의 거리 또는 간격이다. 예 도와 미 사이의 음정은 장3도 • 유아는 주변에서 쉽게 경험할 수 있는 기타, 피아노, 실로폰 등의 악기를 통해 음높이의 차이를 듣고 구별할 수 있게 되므로 다양한 악기 소리를 경험할 수 있게 해주는 것이 중요하다.
	음높이 (국악)	• 일정 시간 동안 진동수가 많으면 높은음이 되고, 적으면 낮은 음이 된다. • 음높이는 가사의 내용과도 일치하는 경우가 많다. 예로 '강강술래'에서는 달이 높이 떠오르는 것처럼 음을 높게 잡는다. • 유아에게 음악을 들으면서 음의 높이를 손으로 표시해 보게 한다. 예 강강술래를 부르면서 **낮은 소리가 나면 손을 아래로 내리고, 높은 소리가 나면 위로** 올려보자.

리듬 (흐름결, rhy thm)	리듬	▶ **음의 길이와 셈여림**이 **시간적으로 결합된 패턴** • 길고 짧은소리의 패턴으로 '**박**'이라는 **단위 위에 다양한 음표와 쉼표로 구성**된다. • 음악의 기초를 이루는 가장 중요한 요소로서, 리듬은 **소리가 진동하는 시간의 길이**에 따라 **장단이 생기는 것**을 말한다. ▶ 즉, 리듬은 **일정한 박자 안**에서 **길고 짧은 음들을 늘어놓은 것**으로 1박, 2박 등의 박을 말한다. • 활동 : 유아가 리듬에 맞춰 손뼉을 길고 짧게 치거나, 노랫말로 찬트를 하는 과정에서 유아는 다양한 리듬 패턴을 경험해 볼 수 있다. 예 배운 노래에서 멜로디만 빼고 부르기 • 대부분의 유아는 **생동감 있고 경쾌한 리듬에 더 잘 반응**하며, 연령이 어릴수록 리듬이 **단순**하고 **반복**적이며 **규칙적인 박자감**이 잘 느껴지는 리듬형이 좋다. ▶ 리듬이란 음의 **장단과 셈여림**이 **시간적으로 결합하여 진행**하는 것을 말한다. • 즉, **수평적으로 진행되는 질서 있는 음의 움직임**을 리듬이라고 할 수 있다. 예를 들면, 4/4박자의 리듬은 강 약 중강 약(◉○◎○)이다. • 음악에서 리듬은 음의 길이와 관련된다. **일정한 길이의 음들이 모여 박**이 되고, **박에 일정한 간격으로 강약을 주면 박자**가 되며 **박자를 토대로 여러 리듬**을 만들 수 있다. 이 **리듬이 일정한 단위로 모일 때 리듬 패턴**이 된다. | 박 | • 센 박과 여린박이 규칙적으로 이루어진 소리도 있고 불규칙하게 이루어진 소리도 있다. | |---|---| | 셈여림(강세) | • 박에 강세가 일정하게 붙으면 박자를 이룬다. | | 박자 | • 2박은 센 박과 여린박이 번갈아 가면서 이루어진 소리이다. 박자는 더 길어질 수 있다. | | 장단(음길이) | • 상대적으로 **긴소리와 짧은소리들이 모여 리듬**을 이룬다. | | 리듬 패턴 | • 한 단위의 리듬 조직을 말한다. 리듬은 규칙성 있게 조직되기도 하고 불규칙하게 조직되기도 한다. | 기 ⓒ에 가장 적절한 음악적 요소 1가지를 쓰시오.[15 누리 : 셈여림, 빠르기, 리듬].[19] | | 변화 전 → 변화 후 | |---|---| | ⓒ | ♩ ♩ ♩ ♩ ♫ 𝄽 ♫ 𝄽 |
	리듬 (국악)	• 국악은 '장단 중심의 음악'이라 할 만큼 장단이 중요하다. • **국악에서 장단은 리듬과 같은 역할**을 한다. 즉, 국악에서의 장단은 **음의 길고 짧음**뿐만 아니라, **대부분 첫 박**(합장단 '덩')을 **강하게 소리 내고 약 박으로 끝내는 것처럼 강약이 살아 있다**. • 노래와 우리 장단에 맞춰 손뼉치기, 허벅지 치기, 또는 발 구르기를 하면서 리듬을 느껴보게 한다. 예 장구 치는 그림처럼 (세마치)장단에 맞춰서 허벅지를 두드려 보자.

리듬 패턴 (rhythmic pattern)	▶ 길고 짧은 음(리듬)이 집단으로 묶여 반복적으로 나타나는 구조 • 유아는 리듬 패턴을 경험해 봄으로써 점차 음악과 관련된 분명하고 간결한 리듬 개념에 대한 이해를 발달시켜 나간다. • 유아가 다루기에 적합한 리듬 패턴의 개념은 다음과 같다. ① 음악은 길고 짧은 음으로 구성된 리듬 패턴으로 이루어짐을 안다. ② 멜로디(노래)는 몇 가지의 리듬 패턴으로 이루어짐을 안다. 기 악보에서, 한 마디를 기준으로 2회 이상 반복되는 리듬 패턴 2가지를 음표로 나타내시오..[13추] 기 반복된 리듬 패턴을 찾아 그에 해당하는 노랫말을 모두 쓰시오.[특23]	
속도 (빠르기, tempo)	속도	▶ 음악의 빠르고 느림으로써 곡을 연주할 때의 속도 • 1분간 박이 연주되는 정도에 따라 빠르기가 정해진다. • 연주되는 동안 빠르기가 일정하게 유지되기도 하고, 부분적으로 점차 느려지기도 한다. • 유아는 메트로놈 바늘의 움직임과 함께 빠르기를 느낄 수 있으며, 느린 음악 또는 빠른 음악을 듣고 감상하면서 음악의 빠르기를 경험할 수 있다. • [신체 활동] 또한 빠르기 정도에 따라 공 굴리고 받는 활동을 하거나, 음악의 속도에 맞추어 걷고 달리는 활동을 통해 빠르기를 이해할 수 있게 된다. • 유아들에게 있어서 너무 빠른 노래나 너무 느린 노래는 발달적으로 적합하지 않다. 일반적으로 유아들은 느린 곡보다는 빠르고 경쾌한 곡에 더 잘 반응하며 느린 곡의 노래를 부르는 것을 어려워한다. • 유아가 다루기에 적합한 속도의 개념은 다음과 같다. ① 어떤 곡은 상대적으로 느리며 어떤 곡은 상대적으로 빠르다는 것을 안다. ② 대개의 곡이 전체적으로 같은 속도를 유지하지만, 어떤 곡은 몇 번 또는 여러 번 속도를 바꾸기도 한다는 것을 안다. ③ 곡의 속도 변화는 박자의 속도에 영향을 미친다. 즉, 곡이 빨라질수록 박자나 흐름이 빨라진다는 것을 안다. ④ 곡의 속도 변화는 음악 분위기에 영향을 미친다. 즉, 속도가 빨라질수록 더욱 흥분하고 열광적인 분위기가 되며, 곡이 느려질수록 조용하고 평온한 분위기가 된다는 것을 안다. 기 이번에는 이 노래를 조금 빠르게 불러 보자.[11] 기 '급히 도망치듯 이리저리 바삐 움직이며'에 해당하는 음악 요소를 1가지 쓰시오.[19추] 기 '느리게, 빠르게 그리고 작게, 크게 흔들어 보는 활동'과 '음악에 맞추어 느릿느릿하게 움직여 보는 활동'에서 교사가 공통으로 지도하고자 하는 음악 요소 1가지를 쓰시오.[24]
	빠른 정도	• 보통 빠르게, 조금 빠르게, 빠르게, 조금 느리게, 느리게, 아주 느리게
	빠르기의 변화	• 점점 빠르게, 점점 느리게, 본래 빠르기로, 처음의 빠르기로
	속도 (국악)	• 빠르기는 음악이 연주되는 속도이다. • 국악 중에 산조는 느린 장단으로 시작해서 점차 빠른 장단으로 변하는 특성이 있다. • 유아에게 빠르고 느린 음악을 듣고 음악의 속도에 관심을 갖게 한다. 예 강강술래에 맞춰 걸어보자. 걸음걸이가 어떻게 바뀔까?

멜로디 (가락, 선율, melody)	**멜로디**	▶ **리듬이 있는 높고 낮은 음들이 흐르는 것** • 주로 **높고 낮은 음, 길고 짧은 음, 쉼표들이 리듬적으로 의미 있게 조직되어 있는 것**으로 리듬이 있는 높고 낮은 음들이 흐르는 것이다. 즉, 리듬+음의 높낮이를 말한다. • 음의 고저와 장단이 시간적으로 의미 있는 방식으로 조직되어 고유한 음높이의 흐름을 나타내는 것을 말한다. 따라서 멜로디는 어떤 곡을 듣고 그것이 무슨 곡인지 알아낼 수 있게 도와준다. • **높이가 다른 음들이 시간적으로 배열되어 있는 것**을 말한다. 즉, **음높이가 리듬과 결합되어 있는 것**을 의미하는데 **음높이는 한 음의 높낮이를 의미하는 반면, 멜로디는** 음이 올라가거나 내려가거나 또는 **반복되면서 리듬과 함께 연속되어 흐르는 것**을 말한다. • 일정하게 들리는 경고음과는 달리 리듬이 결합된 소리가 지속, 반복, 쉬기도 하면서 음악적 표현을 만들어 내는 것으로 **가락, 선율**이라고도 한다. • 벨 소리, 시계 알람 소리, 노랫소리, 악기연주 등을 통해 멜로디를 경험할 수 있으며, 스카프나 리본 막대 등으로 멜로디의 흐름을 몸으로 표현하는 과정에서 멜로디를 더 잘 이해하게 된다. • 유아를 위한 선율은 어린 연령을 대상으로 한 노래일수록 **단순하고 반복적인 가락**이 좋다. 노래 부르기에는 반음계적인 가락보다 **온음계적인 가락**이 **더 쉽다.** • 선율은 음악을 듣는 사람이 가장 호소력을 느끼게 하는 요소이다. • 유아가 다루기에 적합한 멜로디의 개념은 다음과 같다. ① **노래는 고유한 멜로디**로 이루어짐을 안다. 노랫말 없이도 무슨 노래인지 안다. ② 멜로디는 방향성이 높이 올라가거나 내려가거나 또는 같은 음에 머무르는 등 음높이의 다양한 변화로 이루어짐을 안다. ③ 멜로디는 다양한 리듬의 음으로 이루어짐을 안다. ④ 어떤 멜로디에는 노랫말이 붙어 있고, 어떤 멜로디는 노랫말이 없다는 것을 안다. 노랫말이 있는 멜로디를 노래라고 하고, 노랫말이 없는 멜로디는 곡조, 주제, 또는 악곡이라고 한다는 것을 안다. ⑤ 멜로디는 고유의 특징을 지어주는 음정 패턴들로 이루어짐을 안다.
	멜로디 (국악)	• 멜로디는 **음높이와 리듬의 조합**으로 생긴다. • 국악에서는 **가락**이라 하는데, **한 음씩 끊어지지 않고 연결되는 곡선적인 흐름**을 보인다. • 국악에는 음을 꾸며주는 다양한 표현 방법으로 '**시김새**'가 있다. 시김새란 음을 '아~' 하고 꾸밈없이 내지 않고 떨거나 꺾거나 흘리는 등 노래에 맛을 내는 우리 국악만의 표현 방법이다. • 유아에게 가사 없이 멜로디만 들려주고 어떤 내용인지 맞혀보게 한다. 기 '다양한 방법으로 가락을 표현해 본다.'의 목표와 관련이 없는 것은? [장단에 맞춰 노래 부른다, 음의 높낮이와 길이를 손가락으로 그려본다, 장단을 소고로 연주해 본다(X), 소고를 연주하며 자유롭게 노래 부른다.][16] 기 '사물놀이 악기연주를 하며 빠르기, 강약, **멜로디**, 리듬을 탐색한다.' 부적절한 이유를 쓰시오. **사물놀이 악기는 리듬악기로써 높낮이가 없어 멜로디를 탐색할 수 없다.**[17] 기 '마라카스, 우드블럭, 트라이앵글'에 제시된 악기들의 공통점이다. **틀린 것 1가지를** 찾아 그 이유를 쓰시오. '**가락 패턴을 연주할 수 있다'가 잘못되었다. 제시된 악기들은 리듬악기로써 높낮이가 없어 가락 패턴을 연주할 수 없다.**[19]

	▶ 화음(코드) : 높이가 다른 두 개 이상의 음이 동시에 울리는 음악적 현상
	▶ 화성(하모니) : 화음이 계속 연결되어 흐르는 것(일정한 법칙에 따라 연결되는 화음)
	• 유아가 다루기에 적합한 화성의 개념은 다음과 같다. ① 둘 또는 그 이상의 다른 음이 동시에 소리 날 때 그 결과 서로 어울리는 소리인 화성이 생긴다는 것을 안다. ② 혼자 멜로디로만 노래를 부를 수도 있고, 피아노로도 멜로디만 연주할 수 있다. 그러나 여럿이 화음을 넣어 노래 부르거나 혼자라도 화음을 넣은 피아노 반주에 맞추어 노래할 때 또는 오토하프나 기타를 연주할 때와 같이 화성을 동반하여 연주할 수 있음을 안다. ③ 화성은 **각기 다른 음성과 음성, 서로 다른 악기와 악기, 또는 악기와 음성이 합쳐짐으로써** 만들어진다는 것을 안다.
화성 (하모니, har mony)	• 화음은 로마숫자로 표기하기도 하며 **각 화음은 시작음에서 3음씩 쌓아 올린 것**이다. 화음의 이름은 시작음에 따라 붙여진 것으로 가령, 도미솔은 으뜸음인 도를 시작으로 한 화음이므로 으뜸화음이라고 부른다.

이 름	기 호	장 조	단 조
으뜸화음	I	도 미 솔	라 도 미
버금딸림화음	IV	파 라 도	레 파 라
딸림화음	V	솔 시 레	미 솔 시

기 ㉠에 해당하는 음악 요소를 1가지씩 각각 쓰시오. [19추]

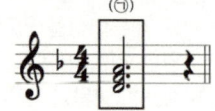

• 화성은 대개 2부나 3부 합창 같은 경우에 표현된다.
• 활동 : 유아기에는 사람의 목소리와 악기로 이루어진 화음을 경험할 수 있다. 질 높은 음악적 경험을 위해 유아들에게 **둘이서 부르는 듀엣곡, 중창곡, 아카펠라로 이루어진 곡 혹은 두 대의 피아노로 연주되는 곡, 트리오(바이올린, 첼로, 피아노)로 연주되는 곡, 오케스트라로 연주**되는 곡 등의 음악을 감상할 수 있는 기회가 제공되어야 한다.

Plus 지식 음악의 3요소

리듬 (rhythm, 장단)	▶ 음의 길이와 셈여림이 시간적으로 결합된 패턴 ▶ 소리가 진동하는 시간의 길이에 따라 장단이 생기는 것 • 즉, 리듬은 일정한 박자 안에서 길고 짧은 음들을 늘어놓은 것으로 1박, 2박 등의 박을 말한다.
멜로디 (melody)	▶ 리듬이 있는 높고 낮은 음들이 흐르는 것 • 멜로디는 주로 **높고 낮은음, 길고 짧은 음, 쉼표들이 리듬적으로 의미 있게 조직**되어 있는 것으로 리듬이 있는 높고 낮은음들이 흐르는 것이다. 즉, 리듬 + 음의 높낮이를 말한다.
화성 (harmony)	▶ **화음(코드)은 높이가 다른 두 개 이상의 음이 동시에 울리는 음악적 현상**을 말하며, 이 **화음이 계속 연결되어 흐르는 것을 화성(하모니)**이라고 한다.

형식 (form)			
	▶ 음악의 구성요소들이 조직된 결과로써 나타나는 형태		
	• 형식에 대한 개념은 **멜로디와 리듬, 화성, 음색**의 개념 발달에 의존하기 때문에 음악의 개념 중 비교적 **늦게 발달**한다. 예 동기, 악구, 악절, 한도막 형식, 두도막 형식 등		
	• 형식은 리듬, 멜로디, 화성, 음색 등의 요소들이 심미적인 의미를 전달하기 위한 **전체적인 음악적 디자인**으로 배열되고 조직되었을 때 그 결과로써 형성되기 때문이다.		

형식 (form)	악곡의 구성요소	동기	▶ 악곡을 구성하는 가장 작은 단위로서 보통 **2마디**
		부분 동기	▶ 동기를 한 마디씩 갈라놓은 것
		악구 (작은악절)	▶ 2개의 동기로 이루어지며 보통 **4마디**
		악절 (큰악절)	▶ 2개의 악구로 이루어지며 보통 **8마디**
	가요형식	한도막 형식	▶ 1개의 큰악절, **8마디**로 된 형식
		두도막 형식	▶ 2개의 큰악절, **16마디**로 된 형식
		작은 세도막 형식	▶ 3개의 작은악절, **12마디**로 된 형식
		세도막 형식	▶ 3개의 큰악절, **24마디**로 된 형식

기 **주B6.** 3) 다음 악곡 형식을 쓰시오.[25] **세도막 형식**

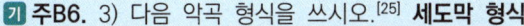

기 2) ⓒ에 근거하여 [B]에 해당하는 셈여림 말을 쓰시오.[특22] **데크레센도**

Plus 지식 | 음의 개념과 관련된 기호

〈음이름〉

우리나라	다	라	마	바	사	가	나
미국·영국	C	D	E	F	G	A	B
독일	C	D	E	F	G	H	B
이탈리아	Do	Re	Mi	Fa	Sol	La	Si

〈음표와 쉼표〉

음표이름	모양	길이	쉼표이름	모양
온음표	𝅝	4박	온쉼표	𝄻
2분음표	𝅗𝅥	2박	2분쉼표	𝄼
4분음표	♩	1박	4분쉼표	𝄽
8분음표	♪	1/2박	8분쉼표	𝄾
16분음표	𝅘𝅥𝅯	1/4박	16분쉼표	𝄿
32분음표	𝅘𝅥𝅰	1/8박	32분쉼표	𝅀

〈점음표와 점쉼표〉

점음표이름	모양	길이	점쉼표이름	모양
점온음표	𝅝.	6박	점온쉼표	𝄻.
점2분음표	𝅗𝅥.	3박	점2분쉼표	𝄼.
점4분음표	♩.	1½박	점4분쉼표	𝄽.
점8분음표	♪.	3/4박	점8분쉼표	𝄾.
점16분음표	𝅘𝅥𝅯.	3/8 박	점16분쉼표	𝄿.

기 '천둥과 번개가 치며 비 오는 날의 이야기를 들려준 뒤 리듬악기로 연주'의 활동을 진행할 때 유아들이 음악 기호 크레센도(crescendo)를 표현할 수 있도록 하는 교사의 발문 1가지를 쓰시오. [24]
노래 소리가 점점 세어지면, 우리도 리듬악기로 점점 세게 표현해 볼까?

기 악보를 참고하여 ① [B]의 '가락의 흐름'에 나타난 음악 요소를 1가지 쓰고, ② [C]에 나타난 '음역'의 특징을 쓰시오. [특24] ① 리듬, ② 유아의 발달 단계와 음역 범위를 고려한 것으로, 유아들이 자연스럽게 편안하게 노래 부를 수 있도록 음역대가 한 옥타브를 넘지 않으며, 중간 음역대를 주로 활용하고 있다는 특징이 있다.

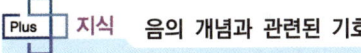 음의 개념과 관련된 기호

〈두껍아 두껍아의 리듬 패턴〉

두껍아 두껍아

전래동요

〈리듬패턴〉

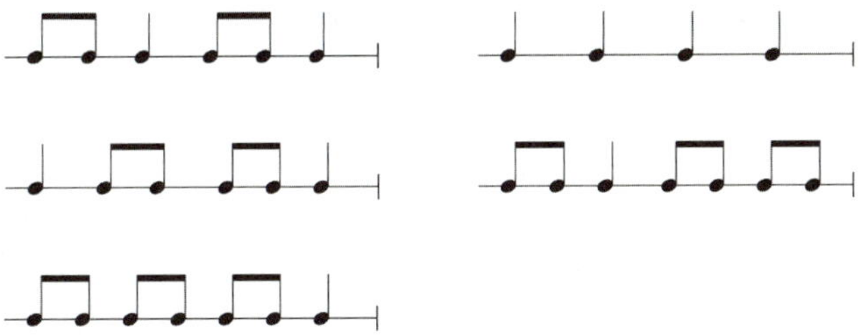

제1장 유아음악교육

Plus 지식 **음악적 경험의 과정과 음악적 요소 간의 관계**

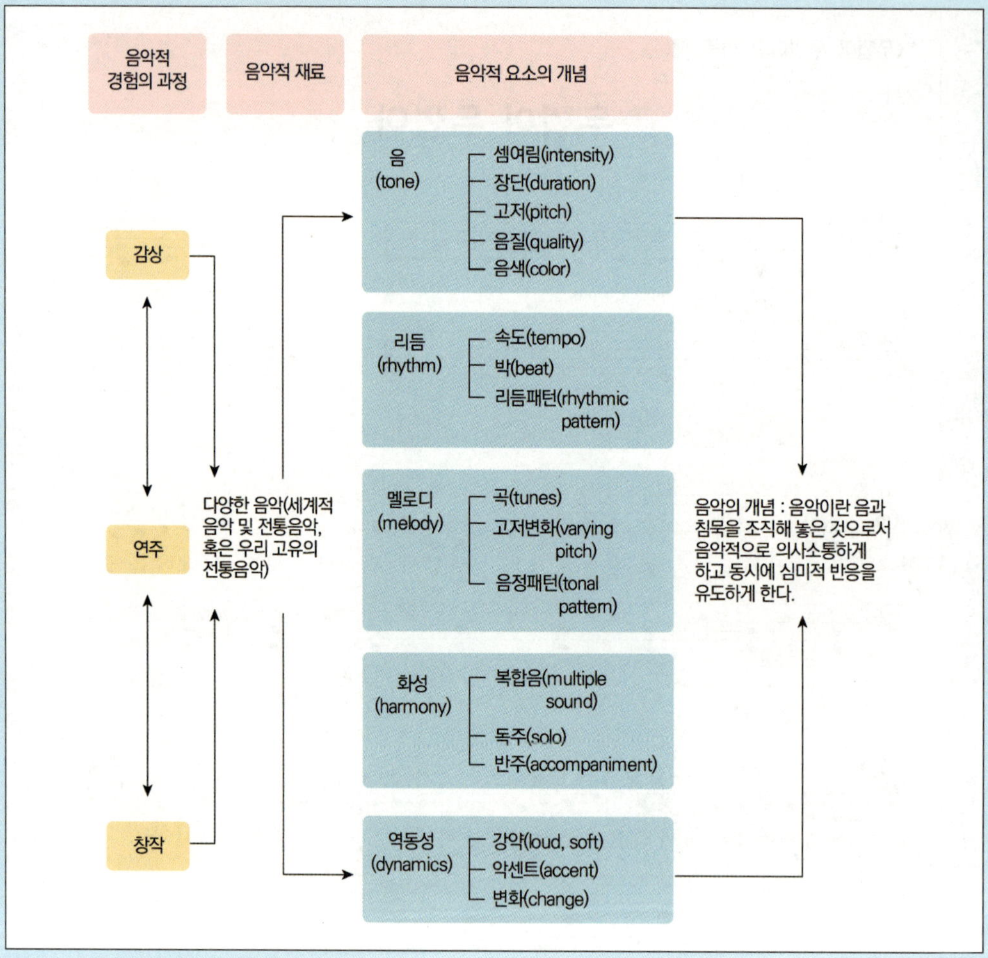

음악적 경험의 과정
음악적 재료
음악적 요소의 개념
감상
연주
창작
다양한 음악(세계적 음악 및 전통음악, 혹은 우리 고유의 전통음악)
음 (tone)
셈여림(intensity)
장단(duration)
고저(pitch)
음질(quality)
음색(color)
리듬 (rhythm)
속도(tempo)
박(beat)
리듬패턴(rhythmic pattern)
멜로디 (melody)
곡(tunes)
고저변화(varying pitch)
음정패턴(tonal pattern)
화성 (harmony)
복합음(multiple sound)
독주(solo)
반주(accompaniment)
역동성 (dynamics)
강약(loud, soft)
악센트(accent)
변화(change)
음악의 개념 : 음악이란 음과 침묵을 조직해 놓은 것으로서 음악적으로 의사소통하게 하고 동시에 심미적 반응을 유도하게 한다.

기 **객36(특객46).** 다음 곡에 대한 설명으로 적절한 것을 〈보기〉에서 모두 고른 것은?[10]

ㄱ. **바(F)~~다(C)~~**장조의 4/4박자 곡으로 가볍고 경쾌하다.

나처럼 해 봐라
작사미상
외국곡
나 처럼해봐라 요렇게 — 나 처럼해봐라 요렇게 —
나 처럼해봐라 요렇게 — 아이참 재미있 다

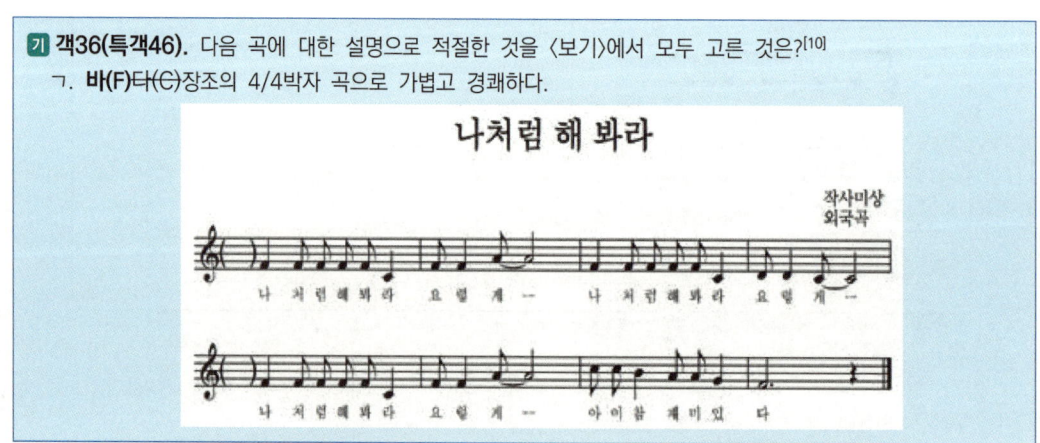

Plus 지식 음악의 기초이론

1. **으뜸음과 조이름 찾는 법**
    1) 내림표(b)
        ① 내림표는 시 → 미 → 라 → 레 → 솔 → 도 → 파의 순서로 붙는다.
        ② b를 조표로 사용하는 장음계에서는 맨 마지막에 붙는 **b의 자리를 계이름 '파'로** 읽어서 으뜸음을 찾거나, 끝에서 두 번째의 b를 '도'로 읽는다.
        ③ 으뜸음이 음이름으로 바(F)이면 바장조, 내림 나이면 내림 나장조이다.
        ④ 내림 나장조 이후의 조에서는 으뜸음에 내림표(b)가 붙으므로 '내림'자를 계속 붙여준다.
    2) 올림표(#)
        ① 올림표는 파 → 도 → 솔 → 레 → 라 → 미 → 시의 순서로 붙는다.
        ② #을 조표로 사용하는 장음계에서는 맨 마지막에 붙은 **#의 자리를 계이름 '시'로** 읽으며, 바로 위의 음을 '도'로 읽는다.
        ③ 으뜸음이 음이름으로 사(G)이면 사장조, 라(D)이면 라장조이다.
        ④ 올림 바장조와 올림 다장조는 으뜸음이 올림 바음과 올림 다음이므로 앞에 '올림'자를 붙인다.

2. **음이름과 계이름**
    - 음이름은 음표에 붙여진 고유한 이름으로 다른 조로 바뀌어도 변하지 않는다. 그러나 계이름은 조에 따라 으뜸음의 자리가 바뀐다. 음악에 쓰이는 근본이 되는 음은 7개이다. 이 7개의 음을 원음이라 하며, 피아노 흰건반이며, 나라에 따라 음이름을 달리 쓰고 있다.
    1) 다장조 음계
        ① 다장조는 '다'음을 으뜸음으로 하는 음계로, '다'음은 계이름으로 '도'이다.
        ② 미~파, 시~도 사이가 반음이다.
    2) 바장조 음계
        ① 바장조 음계는 '바'음을 으뜸음 '도'로 하는 장조 음계이다.
        ② 바장조의 조표는 b(내림표)를 '나'음 자리에 붙여 사용하므로 피아노를 칠 때는 '내림나' 음을 친다.
    3) 사장조 음계
        ① 사장조 음계는 '사'음을 으뜸음 '도'로 하는 장조 음계이다.
        ② 사장조의 조표는 #(올림표)을 '바'음 자리에 붙여 사용하므로 피아노 칠 때는 '올림바' 음을 친다.

기 **주B6(특주B6). 4)** 다음은 (나)에 제시된 노래의 특징이다. 틀린 것 1가지를 찾아 바르게 고쳐 쓰시오.[19]

다단조의 노래이다. → 다장조의 노래이다.

- **장조의 으뜸음은 '도(C)'**이며, **단조의 으뜸음은 '라(A)'**. **장조는 주로 도, 미, 솔로 시작해서 도, 미, 솔로 끝나는 경향**이 있고, **단조는 주로 라로 시작해서 라로 끝나는 경향**이 있음. 다만 절대적인 것은 아님. 장조와 단조의 구별은 끝 음뿐만 아니라 조성 전체의 맥락과 화성 진행을 고려하여 판단해야 함.

Plus 지식 유아 음악교육의 목적

신체적 발달	• 음악교육은 신체적 발달을 돕는다. 노래 부르기, 악기 다루기, 동작으로 표현하기 등의 음악적 경험은 유아의 눈과 손의 협응력뿐만 아니라 소근육, 대근육의 조절 능력을 증가시켜 주고 신체를 움직이는 실험과 탐색을 하도록 도와준다. 예 다양한 음악(행진곡, 재즈, 왈츠, 록 음악, 전통 민속 음악 등)에 맞춰 손뼉치기, 동작으로 표현하기, 북이나 탬버린 사용하기 등의 활동은 유아의 신체적 발달을 위한 좋은 기회를 제공한다.
정서적 발달	• 음악교육은 유아의 정서적 발달을 돕는다. 음악적 경험은 유아가 느낀 바를 표현하는 능력을 증진시키며 정서적 예민성을 증진시켜 준다. 즉, 음악은 유아 자신의 감정을 자연스럽게 표현하게 할 뿐만 아니라 타인의 감정을 민감하게 의식하게 함으로써 보다 성숙한 감정표현 및 통제를 발달시키도록 돕는다. 예 유아 자신이 느끼고 있는 정서를 표현하기 위해 악기를 두드리거나, 리듬에 따라 몸을 흔들거나 노래를 흥얼거림으로써 정서적 감수성을 기른다.
인지적 발달	• 음악교육은 유아의 인지적 발달을 돕는다. 음악에 대한 이해는 지능의 한 형태이다(Gardner, 1983). 음악적 경험은 유아의 사고와 문제 해결, 소리에 대한 이해력 발달을 자극하고 자신이 지각한 바를 관계, 비교, 개념의 체계로 조직하도록 자극하기 때문에 지적 성장을 촉진한다. • 유아의 음에 대한 변별력과 정확하게 음을 찾아내는 인식력, 특성에 따라 음을 범주화할 수 있는 분류 능력, 음을 차례로 나열할 수 있는 서열 능력, 음을 기억하고 재생할 수 있는 기억과 재생능력 등을 향상시켜 준다. 예 음악적 게임이나 악기 만들기 등을 통해 사고와 문제 해결의 기회를 얻을 수 있으며, 다양한 소리를 녹음하여 들어보는 활동은 소리에 대한 이해력을 신장시킬 수 있다.
언어적 발달	• 음악교육은 유아의 언어적 발달을 돕는다. 유아는 음악적 경험을 묘사해 보는 활동이나 노래 부르기 활동을 통해 단어와 소리의 형태, 문장 구성 등을 학습하게 된다. • 특히, 음악 감상 후 그 작품의 특징이나 그에 대한 느낌을 언어로 표현해 보거나 노랫말에 다양한 어휘가 포함된 노래를 부르는 활동은 언어 발달을 촉진한다.
사회적 발달	• 음악교육은 유아의 사회적 발달을 돕는다. 노래 부르기, 악기 다루기, 음악 감상하기 등의 음악적 경험은 유아가 친구와의 관계를 형성하는 데 필요한 참여, 나눔, 협동을 격려한다. 예 대·소집단으로 구성되어 친구와 함께 노래를 부르거나 악기를 다루는 활동을 통해 타인과의 긍정적인 상호작용과 협동심, 공유하기와 같은 사회적 행동을 경험할 수 있을 뿐만 아니라 서로의 관점을 이해해 보는 기회를 갖게 된다. • 음악 경험은 유아가 한 인간으로서 자신을 알고 인정하도록 문화적 정체감과 자신감을 키워준다. 예 생일 축하와 같이 음악을 통한 축하 활동은 사회성 발달에 효과적이며, 유아 자신이 창의적으로 시도하는 음악적 표현활동에서 얻게 되는 자신감과 성공감은 자아개념의 성장을 돕는다.
창의성 발달	• 음악교육은 유아의 창의성 발달을 돕는다. 다양한 음악 활동은 유아의 생각과 느낌을 탐색하고 실험하며 자유롭게 독창적으로 표현하게 함으로써 유아의 상상력과 표현력을 신장시키고 창조적 희열을 느끼게 하여 창의적 사고력과 표현력의 신장을 도와준다. 예 소리를 탐색하고 느낌 말하기, 느낌을 동작으로 표현하기, 음악 만들기 등 다양하고 자유로운 표현 활동은 유아의 창의성 증진을 돕는다.
심미적 발달	• 음악교육은 유아의 심미적 발달을 돕는다. 음악은 멜로디와 리듬을 통해서 생각과 느낌을 전달하는데 이를 통해 풍부한 감정, 충만함, 아름다움을 개발시킨다. • 마음속 깊이 감동을 주는 음악의 힘은 심미적인 차원에서 기인되며 이 차원은 음악 경험에 대하여 지각하고 느끼고 통합하고 사고하는 과정을 말한다.

Ⅱ. 음악 교수법

1 달크로즈(Emile Jaques-Dalcroze, 1865~1950, 스위스)

1) 달크로즈와 음악교육 철학

달크로즈	• **스위스**에서 태어난 작곡가 겸 지휘자, 피아니스트, 음악 교육자 • 비엔나의 음악학교에서 공부하였고, **페스탈로치의 제자**로 음악 교사였던 어머니에게 음악을 배우면서 많은 영향을 받았다. 이러한 영향은 "모든 학습은 발견으로부터"라는 페스탈로치의 교육원리로부터 "발견에 의한 음악학습"을 실천하고자 했던 그의 노력에서 알 수 있다. • 음악 지도 방법으로는 신체적 동작을 통해 리듬감을 체득하는 **유리드믹스**, 음을 예민하게 듣는 연습인 **솔페지(계명창 부르기, 계이름으로 노래 부르기)**, 자유로운 창작 능력 개발을 위한 **즉흥연주**가 있다. • 신체를 통한 청음 훈련 중심의 달크로즈 음악교육 방법은 한때 체육이나 무용 교육의 수단이라고 오해받기도 하였으나 1970년대 이후 제대로 인식되기 시작했으며, 코다이와 오르프의 음악 지도 방법에 지대한 영향을 주었다.
달크로즈의 음악교육 철학	• 음악의 원천이 무엇인가에 대한 질문을 시작으로 하여 음악의 원천이 인간의 감정(emotion)이며, 몸의 각 부분에서 감정을 감지(sense)하고, 여러 가지 몸짓 및 움직임으로 감정을 표현하며 이는 근육의 수축과 이완 작용의 결과라는 결론을 내렸다. • 따라서 달크로즈는 음악 예술의 기초는 인간의 감정이며, 음악을 이해하게 하고 음악표현의 가능성을 확대하기 위해서는 귀나 마음 또는 소리 내는 방법의 훈련만으로는 충분하지 않고, **인간의 몸 전체를 훈련해야 한다는 결론**을 내렸다. • 즉, "음악 공부를 위해 **가장 먼저 훈련해야 할 악기는 사람의 몸**이다."라고 하였다. ① 음악은 지적이기 이전에 감각적이어야 한다. 신체의 주된 부분인 감각기관의 발달을 꾀하는 것이 중요하며 음악적 생각이나 느낌은 신체를 통해 표현되어야 한다. ② 듣기 훈련이 모든 음악학습에 있어 우선시되어야 한다. ③ 유아 개개인의 개인성과 독창성이 극히 중시되어야 한다. ④ 유아의 **음악적 경험은 단계적으로** 이루어져야 한다. 리듬 경험과 청각훈련이 이루어진 후에 **악기연주를 배우는 것이 바람직**하다. ⑤ 리듬, 가락, 화음, 셈여림 형식 등 음악의 기본 요소에 대한 학습과 신체를 통해 이를 이해하고 표현해 보는 경험이 중시되어야 한다.

 지식 **솔페지(Solfege)**

① 음악교육에 있어 가장 기초가 되는 것은 **좋은 청음 능력을 키워주는 것**인데, 좋은 청음 능력은 훈련을 통해 길러질 수 있다. 귀의 듣기 능력은 소리를 현상 자체로만 듣고 소리에 대한 구체적인 인식을 하지 못하는 '외청' 능력과 교육을 통해 소리의 내재된 질서를 버리고 파악하는 **귀로 예민하게 분석하여 음악적인 소리를 만들어 내어 들을 수 있게 되는 '내청' 능력**으로 나눌 수 있다.
② 달크로즈식 솔페지 교육은 악전, 시창, 청음 교육이 통합되어 이루어져 음악 높낮이, 리듬을 구별하는 능력 외에도 음질, 화성, 조성 파악 능력을 동시에 계발시킨다. 특히 하나의 악보를 가지고 여러 가지 형태로 바꾸어 불러 보는 달크로즈식 솔페지 교육은 위에서 말한 '내청능력'을 기르는 데 좋은 교수 방법이다.
③ 달크로즈는 유아가 **음악의 기본적인 요소들을 노래, 다양한 형태의 소리, 신체 표현으로 경험하기 전에는 어떤 악기도 가르쳐서는 안 된다고 주장**하면서 악기를 배우기 전 6개월에서 1년 정도 유리드믹스를 통해 **기본적인 리듬, 솔페지, 즉흥연주를 경험한 후 악기를 배워야** 한다고 주장했다. 특히, 달크로즈 솔페지 교육은 유리드믹스와 즉흥연주에 연계되어 이루어진다.

2) 달크로즈의 음악교육 방법(유리드믹스, 솔페지, 즉흥연주)

- ▶ 음악의 리듬에서 느껴지는 이미지를 신체 움직임으로 표현하는 것
- ▶ 음악의 리듬을 신체 움직임으로 표현하는 것
- ▶ 보이지 않는 소리를 보이는 소리로 바꾸는 작업
- 구체적이고 형식화된 율동이나 춤곡 등과는 달리 **음악의 리듬에서 느껴지는 이미지를 몸짓으로 표현**하는 것이다. 기 몸(손, 발, 입, 손가락 등)으로 다양한 소리를 표현해 본다.[13추]
- 달크로즈의 독창적인 리듬 지도 체계로 가장 기초적이고 초보적인 단계에서 주로 사용하는 음악지도 방법이다.
- 감각적으로 받아들여진 세계를 활동적인 움직임의 반응으로 나타내는 시기인 유아기가 리듬 학습에 가장 적절하다고 하였다.
- 즉, 유아의 자연스러운 생활 리듬을 음악적 리듬에 일치시키는 것이 유리드믹스의 기본이다.

유리드믹스 (Eurythmics)	리듬의 종류와 의미	• 달크로즈가 음악 외에 **모든 예술의 원동력**으로 본 리듬은 유리드믹스 학습의 주된 내용이다. 달크로즈에 의하면 아동들이 **조화롭게 흐르는 리듬의 단계인 유리드미(Eurhythmy)의 상태**를 가지기 위해서는 다음과 같이 단계적으로 34가지의 리듬 요소를 익혀야 한다(속도, 강세, 악센트, 쉼, 패턴 등). • 달크로즈는 아이들에게 음악을 들려주었을 때 아이들이 그 음악을 예민하게 듣지 못하고 기계적으로 연주하는 것은 아이들의 리듬상태가 **아리드미 또는 어리드미에 머물러있는 것**을 발견하였다. • 이에 그는 인간이 느끼고 이해하고 표현 할 수 있는 음악적인 요소를 갖춘 **유리드믹스를 통하여 인간의 정신적인 면, 정적인 면, 육체적인 면을 계발하는 교육을 강조**하였다.
		아리드미 (arrhythmy)	▶ 박이 불분명하고, 공간 속 움직임과 흐름이 없는 불규칙한 리듬
		어리드미 (errhythmy)	▶ 정확하고 규칙적인 박자, 단조롭고 기계적인 리듬
		유리드미 (eurhythmy)	▶ 정확하면서도 공간 속 다양한 박의 흐름을 담고 있는 생명력 있는 리듬 • 규칙적인 시간, 아름답고 여러 가지의 흐름과 움직임의 표현, 생명력이 있는 것
	목적	• 신체적인 면에서 움직임의 정확성, 움직임을 통한 자기 표현력 등을 기른다. • 음악적인 면에서 그 음향에 대하여 개성 있게 반응하는 능력을 기른다.
	기본 원리	• 리듬을 치거나 발을 구르는 것과 같은 단순한 신체활동뿐만 아니라 많은 근육 조직을 이용하여 몸 전체를 사용하는 매우 활발한 리듬 경험을 가질 수 있다. • 자신의 움직임을 스스로 조절할 수 있을 때 리듬을 올바르게 표현할 수 있으며, 신체적인 조화도 이루어지게 된다. • 리듬에 따른 상징을 해석하여 신체적으로 움직이는 것은 많은 리듬의 경험을 통하여 배울 수 있는 매우 중요한 것이다. • 자신이 들었던 것을 행동으로 표현하는 과정을 통하여 '청음'의 능력을 발달시킬 수 있다. • 몸, 마음, 감정은 리듬을 표현하는 데 있어서 매우 중요하다.

솔페지 (Solfege)	▶ **계명으로 노래 부르는 활동**으로, 내청과 음형의 기억 능력을 발달시키는 음악학습법 • 달크로즈는 솔페지가 **내청과 음형**(tonal pattern)의 **기억 능력을 발달**시켜 준다고 생각하고, 솔페지 활동은 **기보법을 배우기 전에 경험해야** 한다고 하였다. • 특히 마음속에 음을 상상하는 능력인 내청을 강조하였는데, [방법] 이를 위해 **노래 도중에 몇 마디는 소리 내어 부르고 몇 마디는 마음속으로 소리 없이 부르게 할 수 있다.** 기 '아기 염소' 가사를 활용하여 '<u>내청을 경험하는 활동</u>'의 예 1가지를 쓰시오.[25] '**콩콩콩**'에서 **신호를 주어 노래를 멈추고, 마음속으로 음을 생각해 보게 하는 활동** ┌─────────────┬──┐ │ 고정도법 (fixed do) │ ▶ 조와 상관없이 C음은 항상 '도'로 부르는 방법 • 고정도법에 의한 계이름 보고 부르기 방법을 익히도록 권장한다. • 이는 유아가 **절대음감을 기를 수 있도록** 하기 위한 것이다. │ • 음악교육에 있어 바람직한 절차는 음악을 듣고 그에 적극적 신체 반응을 하고 소리를 내는 등의 활동을 거친 다음에 악보 읽기와 쓰기가 첨가되어야 한다고 주장한다. • 이는 악보가 음악적인 아이디어를 기록하고 전달하는 수단일 뿐이며 음악 활동의 주된 과제가 아니라고 보기 때문이다. • 그러나 악보를 읽는 능력은 음악 활동에 있어 중요하기 때문에 **악보 읽기를 위한 5단계 지도 방법을 제안**하였다. • 그러나 **유아를 대상으로 하는 악보 읽기 지도 시에는 1단계까지가 적절**하다. 1단계에서는 **한줄 악보를 사용한 다음에 두줄 악보를 사용**한다. 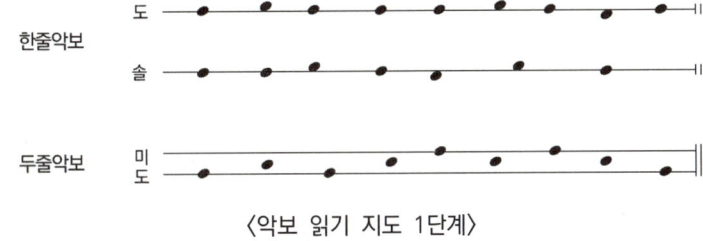 〈악보 읽기 지도 1단계〉
즉흥연주	▶ 리듬 패턴, 강약 등 **주어진 패턴을 자유롭게 전개**하여 **음악성과 창의성을 기르는 활동** 기 달크로즈(E. Jaques-Dalcroze)의 음악교수법에 기초한 것이다. 사례 ⓐ '<u>교사가 말이 달리는 모습을 생각하며 **피아노로 즉석에서 연주**하고, 유아들은 그 **음악에 따라 자유롭게 신체 동작**이나 **리듬막대로 표현**해 본다.</u>' 즉흥연주[13추] • 음악학습에서 유아가 무엇을, 어떻게 체험하는가는 유아의 음악적 안목에 큰 영향을 미치게 된다. 그러므로 자발적으로 자유로운 음악 창조의 기회를 가지고 음악을 표현하는 교육을 받은 유아는 음악을 대하는 태도가 판이하다는 것을 보게 된다. • 달크로즈는 유아의 잠재된 창의성을 끌어낼 방법으로 즉흥연주를 선택하였고, 이를 통해 유아들의 음악 해석 능력, 테크닉 개발과 청음 능력을 발달시켰다. • 성공적인 즉흥연주가 이루어지기 위해서 교사는 **상황에 맞는 음악과 동작, 노래 등을 즉흥적으로 만들어 낼 수 있는 능력**을 갖추어야 한다. 특히 피아노 즉흥연주는 달크로즈의 유리드믹스 수업에서 아주 중요한 부분을 차지한다. • **피아노 즉흥연주 능력 향상을 위한 기본적인 내용** – **멜로디 변주 테크닉** : '**학교**'와 같이 단순한 동요도 아래에 제시된 방법으로 멜로디를 변주하면 아주 색다른 느낌의 곡이 된다. 원래의 멜로디에 **옥타브, 2도, 3도 위의 음을 첨가**할 수도 있으며, **템포를 변화**시킬 수도 있다.

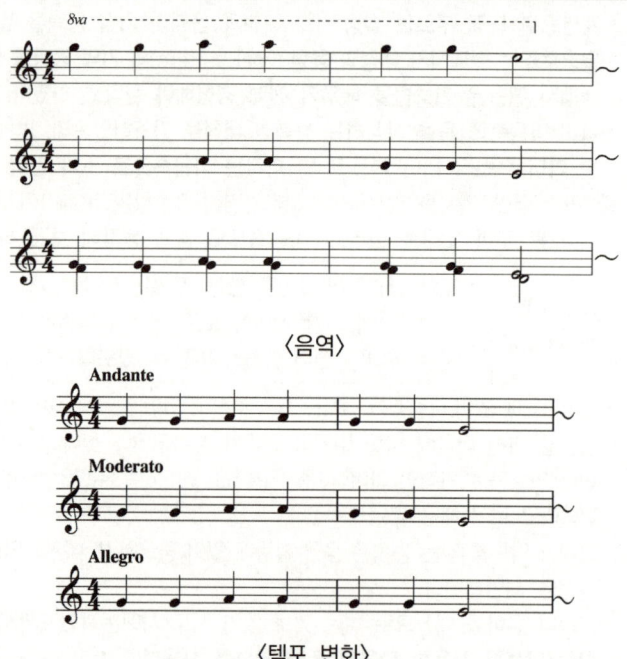

〈음역〉

〈템포 변화〉

- 기타 즉흥연주

신체표현	• 음악을 들으며 즉흥적으로 **신체표현**을 해 본다. • 음악의 느낌에 따라 일상생활에서 발견할 수 있는 동물, 사람의 특징을 흉내 내기도 하고, 또는 주어진 음악을 다양한 신체 부위로 표현하는 과정을 통해 창의성을 키우고 음악의 변화에 빠르게 반응하도록 유도함으로써 음악적 순발력을 키우게 된다.
리듬감 발달	• **박수치기, 타악기, 현악기, 리듬막대를** 이용해 **즉흥연주**를 해 본다. • 다른 사람이 한 것을 기억하고 그것을 변형시켜 나가는 과정을 통해 집중력, 창의력, 기억력이 향상되고, 음악적 리듬 안에서 해야 하므로 리듬감을 발달시킬 수 있다.
노래 부르기, 말하기	• **교사가 선율을 제시하면 유아가 응답하는 방법을** 사용해 본다. • 처음에는 간단한 노래에서 시작하고, 유아의 발전 정도에 따라 점점 복잡한 음계, 리듬을 사용한다. 〈노래 부르기, 말하기〉

지식 유리드믹스의 구체적인 방법

음의 속도 이해	• 음의 속도(tempo)에 대한 이해를 돕기 위해서 동물의 동작을 연상하면서 **점점 빠르게 또는 점점 느리게 그 모양을 모방**해 보거나, 보통 걸음걸이를 '보통 빠르기'로 하여 느린 걸음은 '조금 느리게', 빠른 걸음이나 뛰기를 '빠르게'로 하여 걷기 활동을 할 수 있다.
음의 강약 이해	• 음의 강약(dynamics)에 대한 이해를 돕기 위해서 일정하게 북을 치다가 **갑자기 크게 또는 작게 연주해 보는 경험**을 해보게 하거나, 폭풍우가 지나가는 과정을 몸으로 표현해 보게 하는 활동을 할 수 있다.
음의 강약 이해	• 〈음의 강약 표현〉
음의 고저 이해	• 음의 고저(pitch)에 대한 이해를 돕기 위해서 **키를 세우거나 허리를 낮춘 동작으로 표현**해 볼 수 있으며, 음계의 상행과 하행은 전진과 후진 동작 또는 팔을 위아래로 움직이는 동작으로 나타내 볼 수 있다. 또는 **머리, 어깨, 무릎, 발 등의 신체 부위를 짚어가며** 음의 고저를 나타내 볼 수 있다.
음의 길이 이해	• 음의 길이(duration)에 대한 지도는 **4분음표(♩)를 단위로 시작**한다. • 어린 유아인 경우에는 처음부터 기호를 사용하지 말고 감각적으로 듣고 신체로 반응하도록 하는 것이 훨씬 효과적이다. • 음의 길이 이해를 돕기 위한 구체적인 교육 방법으로는 '곰 세 마리의 걸음걸이'를 예로 들 수 있다. 즉, **아빠 곰은 2분음표로 천천히 걷고, 엄마 곰은 4분음표로 걷고, 아기 곰은 8분음표로 종종종 뛰어 보는 활동**을 해 볼 수 있다.
악센트 이해	• 악센트(accent)에 대한 이해를 돕기 위해서는 **정지된 상태에서 손뼉을 치는 도중 지시가 있을 때 강하게 발을 구르거나 박수를 치게 하는 방법**이 있으며, 그다음에는 걷는 상태에서 발을 구르거나 손뼉을 치게 해 볼 수 있다.
리듬 패턴 이해	• 리듬 패턴(rhythm pattern)의 이해를 돕기 위해서는 **팔로 박자를 저으면서 리듬에 맞추어 걷게** 하거나, **리듬 패턴을 손뼉 한 번 치고(한 박자) 무릎 두 번 치고(반 박자씩) 하는 식으로 표현**해 보고 지시에 따라 동작을 바꾸어 표현해 보게 할 수 있다.
악구 이해	• 음악도 언어와 마찬가지로 악구(phrase)로 나누어진다는 것을 지도하기 위한 방법으로 **악구가 바뀔 때마다 행진을 하다가 행진의 방향을 바꾸어 보거나 한쪽 팔을 움직이다가 다른 팔로 바꾸어 움직이는 활동**을 해볼 수 있다. • 한 악구는 보통 4마디로 이루어지는데 한 악구가 진행되는 동안 스텝을 밟아 나가서 다음 악구에서는 멈추어 서서 자유로운 동작을 해 볼 수 있다. 이런 활동은 청음연습도 되며 집중력을 높여 준다. ※ 악구 : 2개의 동기가 연결되어 이루어지며 보통 4마디. 작은악절.
리듬 카논 이해	• 리듬 카논(rhythm canon)은 '규칙'을 뜻하는 그리스어 'kanon'에서 유래된 말로 **선행 성부를 후속 성부가 엄격히 모방해 가는 것을 뜻하며, 이른바 돌림노래가 가장 단순한 카논의 하나**라고 할 수 있다. • 카논 지도 시 교사는 리듬악기, 음반 악기, 피아노, 오르간 등 선율악기를 사용하며, 이때 유아에게 발 구르기, 손뼉치기 등의 신체표현을 같이하게 하거나 새, 짐승, 허수아비 등을 흉내 내게 한다.

리듬 적기	• 리듬 적기(rhythm writing)는 **리듬을 표기**하는 것이다. 예를 들어, 보통 세게, 보통 빠르기에 대해 기준이 되는 선의 모양을 정하고, **더 세어질 때는 선을 굵게, 그리고 빨라질 때는 선을 짧게 그려 보게** 할 수 있다. • 〈리듬 적기〉 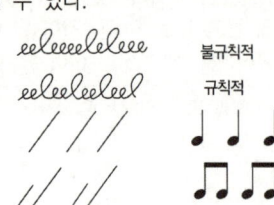

Plus 지식 유리드믹스에서 이루어지는 교수 방법(김두범 외, 2013)

① **빠르게 반응하기(Quick reaction)**: 유아들의 내청능력을 계발시키기 위해 사용되는 방법으로, 교사가 즉흥 연주를 하면서 **예측하지 못한 곳에서 장식음을 넣거나 갑자기 강약, 템포, 박자에 변화**를 주어 유아가 음악적인 **변화에 즉각적으로 대처하게 하는 방법**이다. 유아가 음악을 듣지 않고 습관적으로 움직이는 것을 방지해 주고 집중력을 키워주며, 활동을 흥미롭게 할 수 있도록 도와준다.

② **따라하기**: 같은 리듬 패턴이라도 다양하게 연주될 수 있는데, 템포, 강약 등의 변화에 따라 음악이 가지게 되는 **미묘한 뉘앙스의 변화를 잘 듣고 정확하게 몸으로 표현하는 과정**을 통해 집중력과 청음 능력이 발달된다.

③ **솔페지 보충 게임(Replacement exercises)**: 익숙한 리듬 패턴에 **새로운 음악적 요소를 집어넣어** 유아들이 **그 변화에 합당한 움직임을 만들어 내도록** 하는 과정이다. 다음의 예에서는 4분음표 대신 8분음표가 새로운 요소로 들어가면서 강박의 위치가 바뀌는 것을 볼 수 있는데, 이러한 음악적인 변화를 몸의 움직임으로 경험하면서 음악적인 표현력을 신장시킬 수 있게 된다.

④ **솔페지 메아리 모방(Interrupted canon)**: 다음 악보에서 보는 것처럼 교사가 리듬 패턴을 악기, 목소리, 혹은 몸동작(손뼉치기, 걷기 등)으로 표현하면 **유아들이 이것을 기억하고 따라하는 과정**이다. 암기력과 집중력을 요구하며 이 게임 역시 음악의 뉘앙스를 표현하는 것도 잊어서는 안 된다.

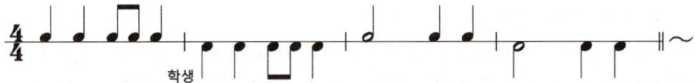

⑤ **솔페지 중복 모방(Continuous canon)**: 이 과정은 메아리 모방보다 한층 어려운 게임으로, **돌림노래를 생각**하면 쉽게 이해된다. 교사가 한 마디, 두 마디, 혹은 네 마디 앞서서 연주하고, 아동이 앞서 연주된 것을 기억해서 표현하는 방법이 사용된다. **동시에 두 가지 리듬 패턴을 기억**해야 하므로 아주 난도가 높은 유리드믹스 게임이라고 할 수 있다.

2 코다이(Zoltan Kodaly, 1882~1967, 헝가리)

1) 코다이 음악교육의 목적 및 철학

코다이 음악교육의 목적	• 코다이는 유아의 성장 단계를 고려한 체계적인 학습 원리를 바탕으로 하는 음악교육을 실현하고자 하였다. • 말하기, 신체표현, 노래 부르기, 노래 게임 등을 통하여 흐름결(리듬)의 감각을 기르고 듣고 부르기와 보고 부르기를 통하여 가락에 대한 감각을 기름으로써 유아의 타고난 음악성을 최대한 계발한다. • **독보와 기보 능력을 길러 음악적 언어를 이해**하고 사용할 수 있도록 하며 **마음으로 노래 부르기와 손 신호 학습을 통**하여 **내청력**(inner hearing ability)을 기른다. • 익숙한 노래를 바탕으로 흐름결(리듬) 및 가락을 즉흥적으로 만들어 표현하는 능력을 기른다. • 민요와 예술가곡을 통하여 음악의 형식을 이해하게 하고 음악적 문화유산을 이해하게 한다. • 위대한 예술작품을 감상하고 연주하며 분석·연구함으로써 음악을 이해하고 사랑하는 마음을 갖도록 한다.
철학과 원리	• 음악은 선택된 소수 상류계층 사람들만의 것이 아니라 모든 사람의 것이어야 한다. • 코다이가 음악 지도 전반에 걸쳐 적용한 원리는 '음악의 모든 요소의 개념과 기능을 체계적으로 조직하고 그것을 유아의 신체적·음악적 성장 단계에 적절하게 체험하도록 제공하는 것'이었다.

	음악교육의 보편성	• 음악은 모든 유아의 것이다. 음악은 소수 상류계층의 전유물이 아니라 모든 사람의 것이다. • 그는 헝가리의 **모든 유아들에게 독보와 기보 능력**을 길러 주는 데 힘썼으며 **새로운 시창 지도 방법을 창안**하였다.
	음악교육의 당위성	• 독보, 기보 및 음악 감상 등의 음악 지식은 유아의 권리이다. 문맹이 퇴치되어야 문화 수준이 향상될 수 있듯이 음악적 무식이 불식되어야 음악 문화가 고도로 발달될 수 있다. • **음악은 인류문화의 불가결한 부분**이며 음악적 요소가 결여된 인간의 교양은 불완전한 것이다.
	조기교육의 필요성	• 음악교육은 조기에 시작되어야 한다. 코다이는 '**태어나기 아홉 달 전부터**' 음악교육이 시작되어야 한다고 하였다. • 그는 유아는 취학 전 시기에 이미 음악적 영향을 많이 받기 때문에 학교에서 음악교육을 시작하는 것은 너무 늦으며 만일 유아기에 이러한 음악교육의 기회를 갖지 못한다면 평생 회복하지 못한다고 하였다. • 그는 특히 '**세 살부터 일곱 살까지가 음악교육에 있어 가장 중요한 시기**'라고 보았다.
	성악교육의 우선성	• 음악학습은 유아의 **생래적 악기인 목소리로 노래 부르기에서부터 시작**되어야 한다. 목소리는 모든 사람에게 주어진 자연적인 악기이며 노래를 부르고 싶은 것은 자연적인 욕구이다. • 유아 음악교육은 노래 부르기로 시작하는 것이 효과적이며 독창보다 함께 부르는 합창을 강조하였다. ※ 성악 : 사람의 목소리로 나타내는 음악의 총칭
	민요와 모국어와의 긴밀성	• 음악 언어는 모국어를 배우듯이 익혀져야 한다. 영아가 처음 말을 배울 때는 엄마의 말을 그대로 모방하면서 시작되듯이 **음악도 모국 민요 등을 익힘으로써 자연스럽게 시작**된다.

민요의 가치성	• 한 민족이 가지고 있는 민요와 예술가곡이라는 문화유산은 음악학습을 시작할 때 자연스러운 발판이 된다.	
음악 경험의 일상성	• **음악은 유아에게 일상적인 경험이어야** 한다. 특별한 교과나 시간에 한정된 것이 아니라 일상생활 속에서 자연스럽게 다양한 경험이 이루어져야 한다.	
음악 교재의 선별성	• 음악교육에는 **반드시 양질의 음악이 사용되어야** 하며 주제, 소재, 내용과 유기적으로 연계되는 음악이 선별되어야 한다.	
유아 교사의 음악적 자질 및 사명감	• **음악적 자질을 갖고 훈련된 사람만이 훌륭한 음악 교사**가 될 수 있다. 훌륭한 교사는 잘 훈련된 귀, 잘 훈련된 지식, 잘 훈련된 마음, 잘 훈련된 손을 가지고 있어야 하며 지속적으로 질적 성장해야 한다고 하였다.	

2) 코다이의 음악지도법

이동도법에 의한 계명창	▶ 조성관계 등 이론적 설명 피하고, **'도'의 위치만 알려주고 상대적 음 관계에 의해 여러 조에서 계명 부르는 것**(movable do system of solmization) ▶ **조성에 따라 '도'의 위치를 이동**하여, **계명 간의 상대적 음정 관계를 유지**하며 노래하는 방법 • 이 방법의 특징은 **조가 바뀌더라도 각 계명 사이의 음정은 일정**하기 때문에 **정확한 음정으로 노래 부를 수** 있다는 것이다. • 코다이는 초기 단계부터 상당 기간 C장조, G장조, F장조의 조성에 국한하여 철저한 이동도법의 훈련을 통해 독보력을 기르도록 하였다. • 코다이는 **초보자들도 쉽게 계이름을 읽고 쓸 수 있도록** 모든 계이름의 첫 자음 알파벳을 이용하여 **코다이 두문자**를 만들었다. • 코다이 두문자는 오선에 음표를 그리지 않더라도 초보자들이 쉽게 읽을 수 있도록 하기 위해 창안된 것으로 기준이 되는 음계(do)를 기준으로 **한 옥타브 아래 음을 ','로 표시하여 'do,'(아랫 도)로** 나타내고, **한 옥타브 위의 음을 표시할 때는 '''로 표시하여 'do''(윗 도)로** 표시한다. • **계이름으로 노래 부르기 지도** : 코다이에게 있어 계이름으로 노래 부르기는 음악을 읽고 쓰는 기초이다. 그는 노래를 부르는 데 있어서 고정도법보다는 이동도법이 더 수월하다고 보아 **계이름의 첫 자를 사용하여 어린 연령에서도 계명창이 가능**하도록 지도하였다. 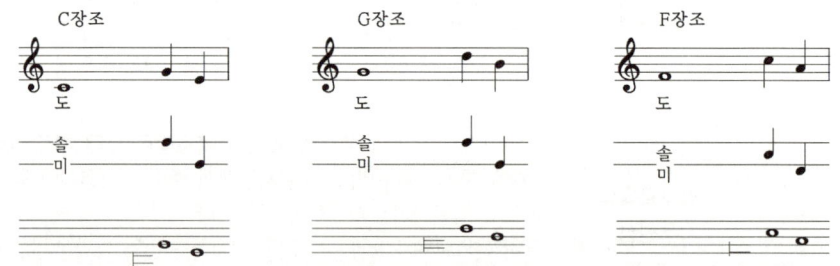 〈코다이의 두문자〉 | 코다이 계이름 | do(도) | re(레) | mi(미) | fa(파) | so(솔) | la(라) | **ti(티)** | do´ | |---|---|---|---|---|---|---|---|---| | 코다이 두문자 | d | r | m | f | s | l | **t** | d´ |

코다이 계이름	do(도)	re(레)	mi(미)	fa(파)	so(솔)	la(라)	**ti(티)**	do´
코다이 두문자	d	r	m	f	s	l	**t**	d´

손기호	▶ 멜로디를 공간 속에서 표현하여 **각 음 간의 상호관련성을 눈으로 보고 몸으로 느낄 수** 있게 하는 방법 • 코다이의 음악교육 방법의 중요한 특징 중 하나는 **각 음 간의 상호관련성을 나타내는 손기호**(hand sign)의 방법을 사용한다는 점이다. • 코다이는 손기호 방법이 **손의 위치와 모양의 관계를 통해 음정에 대한 감각**을 기르고, **계이름으로 부르는 능력**과 **내청 능력을 개발하는 데 효과적**이라고 확신하였다. • 손기호 방법은 **가락을 공간 속에서 표현하여 눈으로 보고 몸으로 느낄 수 있게** 한다는 특별한 의미를 지닌다. 즉, 눈과 귀, 머리, 손, 팔의 종합적인 활동을 통해 음감을 더욱 강화한다. 기 오르프(C. Orff)가 제시한 음악 교수 방법에 해당하지 <u>않는</u> 것 1가지를 찾아 쓰고 그 이유를 쓰시오.[22] **'빗방울' 노래를 손기호와 함께 계이름으로 부른다는 점이 잘못되었다. 손기호와 함께 계이름을 부르는 것은 오르프가 아닌 코다이가 제시한 방법이기 때문이다.** • 손기호 방법은 **허리 부근에서 이마까지를 주 동작범위**로 한다. 으뜸음 도를 허리 높이에서 시작하고 점차 위치를 높여가며 옥타브는 이마 위쪽까지 올라간다. 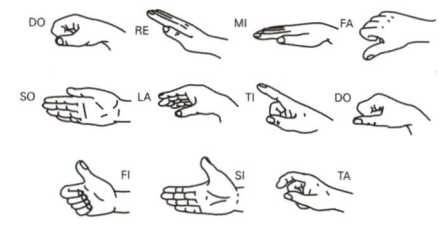 〈코다이의 손기호〉 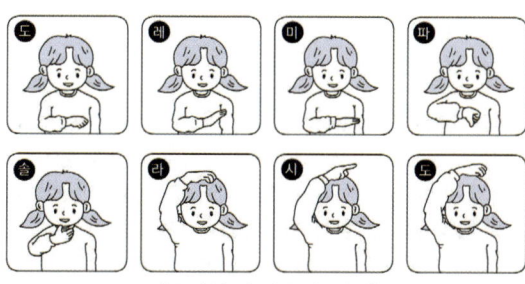 〈코다이 손기호와 자세〉 • 유아의 경우는 높낮이에 대한 인식이 아직 부정확하여 섬세한 손 모양을 표현하기 어려우므로 **음높이에 따른 자세**를 다음과 같이 **몸 전체**로 표현하도록 할 수 있다.  〈몸 전체 동작으로 표현되는 손기호〉

	손기호의 효과	• **공간상에 음높이와 계이름이 확실**하게 나타난다. • 노래 부르는 음높이와 이름에 대해 **음정 개념이 형성**된다. • 각 음마다 기능이 구체적으로 보일 수 있다. • **마음속으로 노래하고 음을 듣는 내청 훈련**이 된다. • **피아노 악기의 도움 없이 음을 끌어낼 수** 있다. • 다성부 훈련을 위한 2성부 연습을 할 수 있고, 음정 훈련에 좋다. • 연령, 수준, 장소에 상관없이 모두 사용할 수 있다. • 움직이는 기능을 좌우하는 대뇌 기능과 지능을 좌우하는 소뇌 기능이 동시에 작용하여 효과적인 시창 연습을 할 수 있다.
	계단 음계, 음계 사다리	• **음계에는 온음과 반음이 있는데 음의 간격을 이해하고 소리** 내는 데 좋은 방법이 계단 음계, 음계 사다리이다. 계단이나 사다리 모양을 통해서 음의 간격을 시각화하여 눈으로 확인할 수 있도록 한다. • 그림을 보면 모든 음의 높이는 똑같지만 '**미와 파**', '**시와 도**'는 높이가 다른 **음높이의 반으로 표현**되었다. 〈코다이의 계단 음계〉　　〈코다이의 음계 사다리〉
리듬 지도		• 코다이는 "**들을 수 있는 것은 볼 수 있어야 하고, 볼 수 있는 것은 들을 수 있어야 한다.**"고 주장하면서 **리듬 지도에 있어서의 시각적 효과를 중시**하였다. • 코다이의 리듬 지도는 시각적 효과를 통해 이루어지는데, 초기 학습에 있어서는 **그림의 크기로 음의 길이를 암시**하는 방법을 적용한다. • 또한, 리듬 지도에 있어 율동, 노래게임 등을 필수적인 요소로 보고 신체 동작을 통해 박에 대한 감각을 몸 전체로 느끼도록 유도한다. • 이에 유치원과 초등학교 저학년 아동에게는 **찬팅(chanting), 손뼉치기, 걷기 등을 통해 박자감을 익히도록** 하였다. • 찬팅은 말놀이 식의 일정한 멜로디 없이 부르는 **노래**로 대개 놀리는 식의 형태가 많은데 5음계(도, 레, 미, 솔, 라) 중 3개의 음(솔, 미, 라)으로 구성되어 있어서 어린 유아도 자연스럽게 부를 수 있다. • 또한, **6세경에는 세 음으로 된 노래**를 배우면서부터 악보 읽기와 쓰기가 시작되는데, 이때의 **악보는 기둥과 기(旗)만으로 표시한 단순화된 것**이다.
	기둥 악보	▶ (기보 훈련으로) **음표 머리를 생략하여 기둥만 표시하고, 음높이는 기둥 밑 계이름으로 표시하는 것** d　　r m　　f

	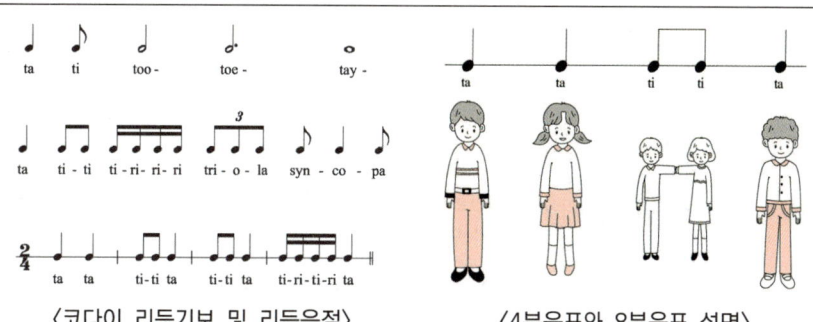 〈코다이 리듬기보 및 리듬음절〉　　〈4분음표와 8분음표 설명〉
선율지도 (멜로디)	• 유아들이 즐기는 노래나 찬트 등은 대부분 '솔-미' 두 음이나 '솔-미-라'의 세음으로 구성되어 있다. 이에 코다이는 유아의 발달 측면을 고려하여 **단 3도(솔-미)와 장 2도(솔-라)의 음정**을 가지고 음높이와 음정의 학습을 시작하는 것이 효과적이라고 보았다. • **반주 없이 교사의 육성으로 가르칠 것**을 제시하였다. • 구체적인 선율지도의 방법은 다음과 같다. 　① 먼저 교사의 노래를 듣고 손기호 계명에 맞추어 따라 부른다. 즉, **청각적 경험을 먼저** 제공한다. 　② 융판과 펠트천으로 만든 보표(음표 등 음악적 기호) 또는 오선이 그려진 자석 칠판과 자석으로 된 **보표를 이용해 기보**한다. 　③ **기보한 악보를 눈으로 읽으며 다시 노래**하는 듣기, 쓰기, 읽기의 3단계 학습 과정을 거쳐 **독보력을 신장**한다. 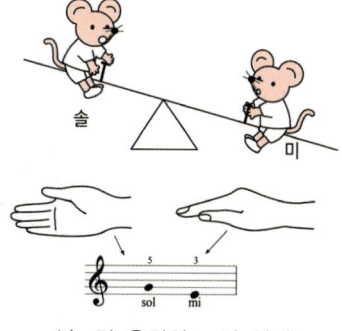 〈솔-미 음정의 그림 설명〉
음악내용 체계화와 학습순서 계열화	• 코다이는 **음악의 개념과 기능을 체계적으로 조직**하되, 유아의 신체적·음악적 발달 단계에 맞춰 적절한 시기에 체험하도록 해야 한다고 주장하였다. • 즉, 학문 내용상의 논리적 체계보다는 **성장단계에 따른 내용 체계가 우선**되어야 한다는 것이다. • 예를 들어, 음표가 분할되는 과정에 의하면 온음표, 2분음표, 4분음표 등의 차례로 음표가 도입되어야 하겠지만, **유아의 성장단계에 비추어볼 때 4분음표가 먼저 체험되고 이해되어야** 한다는 것이다. • 마찬가지로 5음 음계는 다섯 음으로 구성되어 있으므로 음악 논리상으로는 도, 레, 미의 순서로 도입되어야 하겠지만 **초기 학습에서는 하행 단3도의 두 음(솔-미)으로 된 선율로 노래 부르게 하고, 그다음에 세 음(솔-미-라)으로 된 선율 등의 순서로 가르쳐야** 한다고 주장한다. • 단3도와 장2도의 음정이 유아의 범세계적인 음정이기 때문이다.

코다이 음악교수법 의 적용	음높이와 음정감각 기르기	• 노래 부르기 중심의 음악교육에 손기호의 활용으로 노래 연습을 쉽고 흥미롭게 하여 음높이와 음정의 감각을 길러 준다.
	이동도법에 의한 계이름부르기	• 이동도법에 의한 계이름부르기를 활용하되, **2선 악보의 사용**으로 조성과 음정의 개념 및 악보에 대한 이해를 촉진시키고 독보력을 신장시킨다. 즉, **2선 악보의 사용으로 선과 칸의 개념 및 3도 음정을 유아에게 인지**시킨다.
	모국어 학습 원리에 근거한 청창법	• **시창법(sight-singing)에만 국한하지 말고** 모국어 학습 원리에 근거한 **청창법(rote-singing)으로 노래 부르기를 지도**한다. 즉, 피아노 반주 없이 우선 **악보를 보지 않고 교사의 노래를 귀로만 듣고 따라 부르는 청창지도**를 통해 청감각을 계발한다.
	내청 훈련을 통한 음감 계발	• 노래를 배울 때 **노래 중간에 신호에 따라 속으로 음을 생각하면서 부르는 내청 훈련의 기회를 제공**하여 음감을 계발한다. 예 아이스콘에서 인형이 나오면 노래를 부르다가 인형이 점차 안쪽으로 들어가면 그 속도에 따라 노랫소리도 작아지고, **완전히 들어가면 마음속으로 노래하다가 다시 인형이 나오면 또 노래**한다.
	그림 악보를 활용한 기억력 증진	• 칠판에 리듬 악구나 **짧막한 그림 악보를 그린 다음 한 마디나 한 악절씩 지우면서 나중에는 전체를 외우도록** 하여 악곡에 대한 기억력을 증진시킨다.
	리듬 음가를 활용한 리듬형 학습	• 리듬교육을 할 때 '딴', '따'의 음절만으로는 음가의 구별이 합리적이지 못하므로, 어릴 때부터 **리듬 음가를 코다이식으로** 지도하여 유아들이 쉽게 리듬형 학습을 하도록 한다.
	신체 표현과 리듬 창작활동	• 노래 부르기 지도에서 **노랫말에 따른 신체표현이나 동작 표현** 위주의 활동, 손뼉치기, 발 구르기, 무릎치기 등의 신체표현을 노래 리듬형에 맞춰 창조적으로 지도한다. • **리듬 모방, 리듬 카논과 문답식의 리듬 창작활동으로 리듬감을 증진**시키고, 민요 고유의 특징적인 리듬 패턴을 타악기로 반주하게 하여 민속적 리듬과 친숙하게 만든다.
	시각적 보조자료 활용	• 음악 개념의 이해를 촉진시키고 학습 과정을 용이하게 하는 시각적 보조자료를 많이 활용한다. 예 **리듬 기둥은 나무젓가락으로** 만들고, 리듬 카드나 그림 설명을 위한 괘도를 준비하고, 천에 펜으로 보표를 그리고, **단추나 원형 물체를 음표 머리**로 사용하거나 자석으로 된 보표 칠판과 음표 등 다양한 보조자료를 활용하여 효율적인 학습이 이루어지도록 한다.
활동의 예 (손기호를 활용한 선율개념)		① 교사는 손기호를 한 음씩 가르쳐준다. ② '도에서 도'까지 손기호를 연습한다. ③ 유아들이 배워서 알고 있는 노래를 선정하여 그 노래를 계이름으로 불러본다. ④ 계이름으로 노래를 부르며 손기호를 함께 해본다. ⑤ 계이름을 마음속으로 노래 부르고 손기호만 표현한다. ⑥ 활동이 익숙해지면 걸어가면서 가사로 노래 부르고 손기호도 함께해본다.

3 오르프(Carl Orff, 1895~1982, 독일)

1) 오르프 음악교육의 목적 및 철학

오르프	• 오르프는 독일의 작곡가이자 음악 교육자로 '**음악은 모든 어린이의 것**'이라는 믿음과 '**음악교육은 기초적인 음악을 통해서**'라는 철학을 가지고 음악교육의 새로운 방향을 제시하였다. • 오르프가 설립한 귄터학교는 무용 및 체조 교사를 양성하기 위해 설립된 학교로, 교육이념은 '**동작으로 음악을, 음악으로 춤을**'이며, **음악과 동작이 통합된 방법으로 지도**하였다. • 이에 오르프는 음악 지도의 새로운 방법과 **자료, 악곡, 합주 악기들을 개발**하기 시작하였는데, **달크로즈의 유리드믹스로부터 많은 영향**을 받았다. • 제2차 세계대전의 발발 이후 **오르프의 슐베르크**가 탄생하였다. 오르프는 모국어의 리듬을 가르치기 위해서 **모국어로 된 시와 산문을 음악 활동에 활용**하였으며, 독일의 민속 음악이 5음 음계로 이루어져 있음을 발견하고 자신이 직접 음악의 기초적 요소를 원시적 형태로 조직한 노래를 만들었다. 이후 세계 여러 나라로 전파되자 각 나라 사람들에게 그들 고유의 음악과 악기를 사용하여 각 나라에 맞는 음악학습을 할 것을 권유하였다. | **슐베르크** | • 오르프와 케트만이 공동으로 펴낸 **5권으로 구성된 '어린이를 위한 음악'**이란 제목이 붙어 있는 **곡집**이다. |
목적	• 초보적인 합주 활동을 통하여 흐름결과 음, 형식 등에 대한 감각과 창의적이고 즉흥적인 표현 능력, 악기연주의 기능을 계발한다. • 모든 유아는 개인 혹은 합주부의 일원으로서 음악을 통하여 자신을 표현하는 방법을 발견한다. • 언어, 노래, 동작, 악기연주 등이 상호 연결되는 통합적인 활동을 통하여 자연스럽게 음악의 본질에 접근하게 된다. • 몸으로 음악을 경험함으로써 음악의 요소를 체득하고 음악에 대한 예민한 감각을 가지도록 한다. • 자유로운 신체 표현과 즉흥연주를 통하여 운동에 대한 인식과 음악적 상상력, 즉흥성을 자극한다.
철학과 원리	• **음악은 놀이와 대화, 노래, 신체 동작, 악기연주 등이 통합되어 이루어지는 하나의 총체적 경험이어야 한다.** • 음악은 모든 유아를 위한 것이다. • **음악은 직접적인 경험이어야** 한다. : 음악에 관해 배우는 것이 아니라 직접 실행하는 것이 중요하다. • 유아의 음악적 능력은 인간의 발달과정처럼 원시적 상태에서 지속적, 점진적으로 발달한다. 따라서 음악학습도 쉽고 자연적인 활동에서부터 점차 진전된 학습으로 나가야 한다. • 음악 체험은 적극적인 참여를 통하여 이루어진다. • **음악은 기초적인 것이어야** 한다. : 기초적 음악이란 쉽고 자연스러우며 거의 신체 활동에 가까울 만큼 음악과 신체 활동이 밀접히 연결된 것으로 누구나 배우고 즐길 수 있는 그런 음악을 말한다. • **흐름결과 가락이 음악의 출발점**이다. : 흐름결(리듬)과 가락은 음악을 이루는 기본적인 힘이며, 흐름결은 말의 형태로부터 나온 것이고, 가락은 그 흐름결의 형태로부터 발전된 것으로 흐름결은 가락보다 더 강력한 음악 요소이다. **리듬은 음악에서 가장 중요**하며, **음악학습에서 가장 먼저 다루어야** 한다. • 비음악적인 유아는 없으며 음악교육은 재능이 거의 없는 경우를 포함해서 모든 유아를 대상으로 하여야 한다. • **유아의 창의성 계발이 음악교육의 주된 목표**로 음악 활동에는 **즉흥연주, 즉흥표현이 포함되어야** 한다.

2) 오르프의 음악지도법(즉흥연주의 단계적 지도)

- 오르프의 **음악교육 방법의 기본**은 유아가 **모방과 탐색을 통해 즉흥적으로 그 느낌을 창작**해 나가는 데 있다.

모방		▶ **창조성을 위한 모델 역할을 확고히** 하는 단계(로 교사의 역할은 점진적으로 유아들이 독자적으로 표현할 수 있도록 돕는 것이다.) ▶ 음악적 **시범을 유아가 즉시 따라** 하거나 **기억한 후 재현하는 과정**으로, 즉흥연주를 위한 기초적인 기술을 익히는 단계
	동시 모방	▶ **음악적 지시와 동시에 따라** 하는 모방 • 교사와 유아가 같이 해 보는 기존의 방법으로, 교사가 **음악적 지시를 함과 동시에** 유아들이 따라 하는 모방이다. ⓔ 가라사대 게임 • 전통적으로 내려오는 언어 놀이(쎄쎄쎄, 도리도리, 아침 바람 찬바람에 등) • 목소리나 손뼉치기, 발 구르기 등의 신체 동작으로 모방 • 신체 동작은 선율 또는 무선율 타악기로 모방
	기억 모방	▶ **연주를 기억한 후 일정 시간 뒤에 따라** 하는 모방(메아리 모방, 기억한 후 모방하기) • 즉흥연주 단계에 도달하기 위한 예비 단계로 음악 활동에서 기본적인 내용을 소개하고 유아들을 평가할 수 있다는 점에서 매우 중요하다.
	중복 모방	▶ **기억하면서 동시에 따라** 하는 모방(기억하면서 동시에 모방하기) • 교사가 먼저 A라는 동작을 유아에게 보여주고 B라는 다음 동작으로 넘어갈 때 유아들이 A 동작을 모방한다. ⓔ 교사　A 동작 → B 동작 → C 동작 → 멈춤 　　유아　　　　　A 동작 → B 동작 → C 동작 → 멈춤
탐색		▶ **모든 매체에서 새로운 아이디어들을 적용**해 보는 과정 ▶ **새로운 아이디어를 찾도록 유도**하며, **같은 악기라도 새롭게 연주**하도록 격려하는 단계 ▶ **다양한 소리와 음악적 요소를 실험**하며 **새로운 아이디어를 적용**하는 과정 • 다듬어지지 않고 매우 단순하며 원시적인 상태에 있는 음악의 요소에서 **점차 다듬어지고 복잡하고 세련된 악곡을 체험하도록 하는** 활동이다. • 탐색은 주변의 **소리 탐색(비음악적)에서 시작되어 음악적 탐색으로** 이루어진다. 소리 탐색 과정은 매우 초보적이지만 음악의 구성과 흐름, 연주 패턴, 악보의 개념이 구체화되는 매우 중요한 과정이 된다. • 즉흥연주 과정으로 향하는 중요한 과정이 되기 때문에 [지도] 교사는 유아에게, **다이내믹, 악센트, 음색, 템포와 같은 표현적인 요소를 조금씩 변화**시켜 연주하도록 이끌어 주어야 한다.
독보 및 기보		▶ 정식 악보 전에 **그림 기보법으로 악보 읽기**를 가르치고, **음악을 듣고 느낌을 상징적으로 그려** 보도록 하는 단계 • 유아는 악보를 읽고 쓰기 전에 **생각으로 음악을 읽어낼 수** 있고, **음악적 소리를 기호화**하거나 **그림으로 표기한 차트**를 가지고 음악을 표현할 수 있으며, **음악을 듣고 느낌을 상징적으로 그려낼** 수도 있다. • 독보와 기보 또한 음악 활동임을 교사는 깨달아야 하며 독보와 기보활동이 자연스럽게 진행될 때 유아는 **그림을 보고 느끼는 감정을 악기나 목소리 또는 신체로 표현**할 수 있다. 그룹으로 할 때는 상의한 후에 같이 표현하도록 지도하는 것이 효과적이다. • **음악 언어 이해하기**(Literacy)라고도 한다.

즉흥 연주	▸ (탐색 단계에서 이미 배운 음악을 변화시켰다면, 이 단계에서는) **이전의 음악적 경험을 바탕**으로 **새로운 음악을 창작**해 보는 단계 • 오르프 교수법 중 가장 포괄적으로 강조되는 즉흥연주는 높은 단계의 음악적 능력으로 학습 내용을 유아가 충분히 이해하고 있을 때 가능하다. • 유아가 자신들의 작품을 창작하고 표현하기 위해서는 **기술적인 면**(모방, 탐색, 기보와 독보 능력)이 필요하기 때문에 **모방과 탐색 그리고 독보 및 기보는 즉흥연주를 위한 기초 단계**가 된다. • **[차이점] 탐색** 과정이 이미 배운 음악 내용의 요소를 적용해 보는 과정이라면, **즉흥연주**는 **새로운 음악적 아이디어를 창작해 보는 과정**이다. • 즉흥연주는 일반적으로 음악학습의 모든 단계에서 **가장 높은 단계**에 있는 활동으로 이러한 과정에서 유아는 학습된 것과는 다른 자신들만의 음악적 독립성을 보여준다. • 유아는 오르프의 모든 매체를 사용하여 자신들이 가진 다양한 음악적 요소와 기술에 기초해서 즉흥연주할 수 있다. 기 적절하지 않은 것 1가지를 찾아 그 이유를 쓰시오.[22] 조화로운 즉흥연주가 되도록 기억한 것을 반복하여 연습하도록 한다는 점이 잘못되었다. 즉흥연주는 새로운 음악적 아이디어를 창작하는 과정으로 자신의 느낌과 생각을 자유롭게 표현하는 과정이기 때문이다. • 즉흥연주의 예 ① **'솔-미' 음을 사용**하여 짧은 가락을 즉흥적으로 만들어 반복하여 연주하거나 **타악기로 단순한 리듬**을 만들어 반복하여 즉흥연주한다. ② **몇 가지 리듬 패턴**을 들려주고 하나의 리듬 패턴에 **한 명씩 신체 동작으로 즉흥표현**을 하게 한다. 이것을 연결하면 하나의 즉흥연주가 된다. ③ **짧은 이야기를 유아에게** 들려주고 이야기 부분마다 유아가 **그 느낌을 즉흥적으로 신체 표현**하거나 악기 소리로 표현하도록 한다. 이야기를 길게 이어서 여러 명의 유아와 반복하면서 즉흥 표현할 수 있다. ④ **질문과 대답하는 짧은 노래를 대조되는 음색의 악기로 연주**하거나 신체 동작으로 표현하도록 하면서 즉흥연주를 끌어낸다.

Plus 지식 　오르프 음악 교수법(전인옥 외, 2015)

① **음악, 언어, 동작이 삼위일체**가 되어 음악교육을 해야 함을 강조하였다.
② 유아에 의한 창의적인 즉흥연주가 핵심이며, 모든 활동은 동작, 언어 그리고 오르프 악기로 즉흥연주를 하도록 되어 있다. **오르프도 코다이처럼 5음 음계 노래를 교육 초기의 교재로 사용**하였다.
③ **5음 음계** : C장조의 경우 반음인 'F'와 'B'를 뺀 나머지 C D E G A **다섯 개의 온음으로만 된 음계**이다.
④ 음악의 기초를 가르치는 것으로, 유아의 놀이, 환상, 게임, 찬트, 노래 등과 같이 어우러지게 함으로써 음악·신체 동작·언어를 동시에 교육한다. 오르프 악기를 활용한 음악 활동이 이를 보여주는 실제적 방법 중 하나이다.
⑤ 최근에는 오르프의 기법을 토대로 농아나 맹아, 언어장애아와 정신박약아와 같은 특수아를 위한 치료법이 개발되어 큰 효과를 거두고 있다.
⑥ 오르프 음악 교수법의 특성
　㉠ 언어리듬, 신체리듬, 음악리듬으로 **단계적인 리듬 지도**
　㉡ 『오르프 슐베르크』 제1권에 소개된 5음 음계로 시작하여 **다양한 수준으로 체계화한 선율지도**
　㉢ 독특하게 창안된 '오르프 악기'를 이용한 창의성 계발을 위한 '즉흥연주' 활동
　㉣ 멜로디에 '오스티나토'와 '보르둔' 반주에 의한 **집단으로 구성된 앙상블 음악활동과 화성교육**

3) 오르프의 음악 활동

말하기 (speech)	▶ **친숙한 언어에 리듬을 넣어** 다양한 형태로 **표현하는 활동** • 유아가 **주로 사용하는 언어(단어나 문장)에 리듬**을 넣으면 **음악 활동자료로 사용**할 수 있다. • 낱말, 이름, 속담, 동시, 짧은 문장 등의 친숙한 말에 리듬을 넣어 크게/작게, 고음/저음, 바르게/느리게 반복하면서 여러 가지 형태로 말할 수 있다. • **말의 형태에서 자연스럽게 리듬으로, 그리고 노래로 점차 발전**하는 것이 유아에게 가장 자연스러운 음악 체험 과정이다. • 먼저 언어에 리듬을 넣어 운율을 만들어 유아와 함께 여러 가지 형태로 말하면서 익숙해지고, 그 리듬을 몸동작으로 연결하여 손뼉치기, 손가락 치기, 발 구르기를 하고 이어서 타악기로 바꾸어 연주하면서 연속적인 음악 경험이 이루어진다. 예 단일 단어에 의한 '리듬 패턴' 찬트 | | ♩ | ♫ | ♪♪♪ | ♫♫ | |---|---|---|---|---| | 과일 | 감 | 사과 | 복숭아 | 파인애플 | | 동물 | 소 | 늑대 | 강아지 | 하이에나 |
노래 부르기 (song)	▶ **일상적인 말**에 **리듬과 음높이를 사용**하여 **가락을 만들고 표현**하는 활동 • 유아가 하는 **일상적인 말에 리듬과 음높이를 사용**하여 **가락을 만들 수 있도록 유도**하는 것이 곧 노래 부르기이다. • 교사와 유아는 짧은 가락으로 서로 응답하며 노래 부르거나 교사의 노래를 모방하거나 노래로 대화하기 등을 한다. 유아는 **이렇게 익숙해진 노래를 부르며 동작, 악기연주와 연결**할 수 있다. • 오르프는 **가장 단순한 음정 관계, 즉 '솔-미'로 이루어진 노래부터 시작**하고, 그다음에 '라, 레, 도' 음이 차례로 첨가된다. 5음 음계에 의한 노래 활동을 충실하게 한 다음에 '파, 시' 음이 포함된 7음계를 사용한다. • **5음 음계를 사용하는 이유** : 반음이 없어 유아들이 노래하기 쉽고, **조성이 없고**, **화음 변화가 없어** 어느 음과 함께 울려도 **불협화음이 적으므로** 즉흥연주에 적절하기 때문이다. 또한 **실로폰과 같은 건반 타악기의 연주가 쉽기** 때문이다. • 오르프의 음악 교수법에서 중요한 두 가지는 오스티나토와 보르둔이다. | **오스티나토** (ostinato) | ▶ **일정 음형을 일정 악절**(혹은 악곡 전체)에서 **같은 음높이로 끊임없이 반복하여 연주**하는 것 • 라틴어의 'obstinatus'에서 파생된 것으로 '고집스럽다'는 뜻이다. 적어도 **두 번 이상 반복되어야** 한다. | |---|---| | **보르둔** (bordun) | ▶ **5도나 8도 관계의 두 음을 동시에 사용하는 지속 반주** 형태 • 두 음이 계속 반복되는 '고정 보르둔'과 두 음이 위나 아래로 함께 움직이는 형태의 '이동 보르둔'이 있다. • **지속되는 저음으로 계속**되면서 **화성에 리듬 변화**를 준다. | • 모방적인 형태 위에 유아들 나름대로 창조적인 발상으로 오스티나토와 보르둔을 통해서 즉흥 연주를 하도록 유도한다. 노래 부르기는 수업의 기본 요소이며 누구나 가진 신체 악기를 이용하는 것이다.

	노래 부르기의 예	① 노래 캐논, 가락 모방하여 노래하기, 묻고 답하기 노래하기를 한다. ② 일상어에 음 고저를 붙여 단순하게 가락을 만들어 노래한다. ③ 노래에 말로 반주를 붙인다. ④ 박자를 바꿔 노래한다. ⑤ 노래 가사를 바꾸어 부른다.
동작 (movement)	• 동작을 활용하는 것은 **음악의 개념과 기술을 가르치는 데 효과적인 지도 방법**이다. • 유아의 **기본 동작을 음악과 관련**시키면서 유아는 음악의 개념을 이해하게 되고 가락뿐만 아니라 **강약, 음색, 질감, 형식, 극적 상황까지도 신체 동작으로 표현할 수 있다**. • 그러나 처음부터 유아가 음악에 대한 동작을 표현하기는 어렵다. 동작 지도는 주로 교사를 모방하면서 시작된다. 예 교사의 동작을 동시에 따라 하는 거울 놀이, 교사가 동작을 하고 일정 시간 후에 유아가 그 동작을 기억하여 모방하는 메아리 놀이, 먼저 교사가 동작으로 표현하고 일정 시간 후에 유아가 그 동작을 모방하면서 계속 뒤를 쫓아가는 방법인 캐논 놀이 등의 방법이 있다. • 교사가 동작 표현을 할 때 음악과 관련하여 몸을 최대한 다양한 방법으로 움직일 수 있도록 지도해야 한다. 유아는 동작을 하면서 리듬, 빠르기, 셈여림 등을 학습할 뿐만 아니라 좀 더 복잡한 동작을 표현하는 기회를 가지게 된다.	
	동작 활동의 예	① 기본 동작 익히기(걷기, 달리기, 기기, 껑충 뛰기, 휙 돌기, 발 구르기, 뛰기 등) ② 긴장과 이완, 신체의 각 부분 인식하기 ③ 동작 모방, 문답, 론도, 캐논, 즉흥 동작하기 ④ 말에 맞는 동작하기 ⑤ 음, 선율에 맞는 동작하기 ⑥ 전통노래 놀이와 동작 만들기 ⑦ 팬터마임 등 표현 놀이하기
감상 (listening)	• 감상은 **오르프 음악 활동에 참여하는 것만으로도** 자연스럽게 이루어진다. • 오르프는 음악 활동에서 감상을 매우 중시하였으며, 모든 활동에서 듣기와 감상을 강조함으로써 정확한 음의 인지능력을 키우는 것을 목적으로 하였다. • 음악을 감상하는 경험은 음악 만들기 혹은 즉흥연주를 하기 위한 기초가 된다.	
악기 (instruments)	• 오르프 활동에서 악기 지도는 **오르프가 제작한 악기**를 사용한다. 특히 유아가 다루는 가락악기로는 **실로폰이 가장 적절**하다고 생각하였으며, **필요한 음만 사용할 수 있도록 음판을 뺐다 끼웠다 하면서 사용**할 수 있도록 하였다. • 악기 활동은 유아를 몇 그룹으로 나누어 짧은 **리듬 패턴을 반복하여 연주하는 방식으로 진행**된다. • 말이나 동시, 이야기 등에 유아가 임의로 만든 쉬운 소리를 내면서 반주하기도 한다. • 유아는 오르프 악기로 놀이하면서 여러 가지 소리의 질감을 경험하고 서로 다른 음색을 대조하고 높은 소리와 마찬가지로 **처음에는 '솔-미' 음판만으로 실로폰을 연주**한다. • 유아가 음정에 익숙해지면 단계적으로 5음 음계 안에서 인접한 음판을 첨가하면서 연주한다.	
	악기 활동의 예	① 악기의 이름과 연주 방법을 알아보기 ② 음을 낼 수 있는 여러 가지 방식으로 연주해 보기 ③ 악기로 가락을 모방하여 치거나 문답하기, 론도, 캐논, 즉흥표현하기 ④ 악기로 리듬 패턴 치기 및 임의의 소리를 만들면서 반주해 보기

Plus 지식 오르프 악기의 종류

구분			이름
타악기	선율 타악기	목금	실로폰(소프라노, 알토, 베이스)
		종금	글로켄슈필(소프라노, 알토)
		철금	메탈로폰(소프라노, 알토, 베이스)
	무선율 타악기	금속	트라이앵글, 핑거심벌, 카우벨, 아고고벨 등
		나무	우드블록, 클라이브스 등
		가죽	봉고, 핸드드럼, 작은북, 큰북, 팀파니
		기타	휘슬, 레인메이커, 에그쉐이크, 사이렌 등
관악기			리코더
현악기			첼로, 비올라 등

Plus 지식 선율 타악기 중 목금 타악기(실로폰)

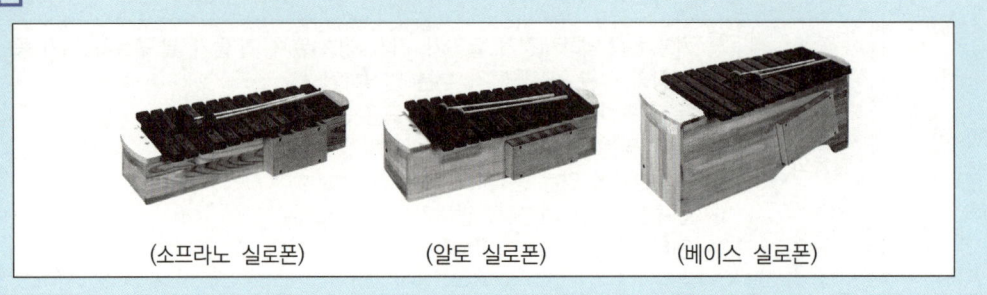

(소프라노 실로폰)　(알토 실로폰)　(베이스 실로폰)

Plus 지식 무선율 타악기

(금속 울림 타악기)　(나무 울림 타악기)　(기타 타악기)

Plus 지식 | 오르프 교수법을 이용한 유아 음악교육 활동의 예(언어 리듬 만들기)

① 동시를 골라 읽어준다.
② 리듬 패턴(타타타, 딴따따 등의 의성어로 리듬을 읊조리는 표현 방식)을 붙인다. 시의 내용을 보고 어떻게 리듬 패턴을 할 것인지를 토론한다.
③ **오스티나토(동일한 리듬 패턴이나 가락 패턴을 주된 가락에 덧붙여 곡의 처음부터 끝까지 연주하는 기법)**를 부른다. 오스티나토는 동시의 내용에 맞게 재미있는 의성어나 리드미컬한 대사를 골라 규칙적으로 붙인다(주룩주룩, 좋아좋아).
④ 신체 동작(손뼉치기, 발 구르기, 왼 무릎치기, 친구 무릎치기)을 먼저 한 다음 악기로 연주해 본다.

언어 리듬 만들기

비
로버트 루이스 스티븐슨

비가 내리고 있네　　　　비는 내리네
온 누리 내려다보며　　　우산을 쫓아가며
넓은 들판에　　　　　　도망치는 바다의
뾰족한 나무에도　　　　배 위에서

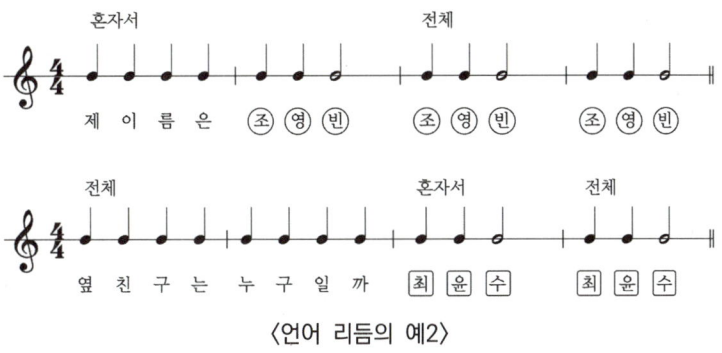

〈언어 리듬의 예1〉

〈언어 리듬의 예2〉

4 고든(Edwin Gordon, 1927~2015, 미국)

1) 고든의 음악교육 철학

고든	• 미국의 음악 교육자로 특히 1~3세 유아의 음악교육에 관심을 가지고 유아의 음악 적성, 청음, 음악학습이론, 음조와 리듬 형태, 음악발달 연구에 주된 기여를 하였다. • 오디에이션은 **인간이 언어를 배우는 과정과 음악을 배우는 과정 간에 인지론적 공통점**이 있다는 생각에 근거하여 1973년 고든이 만들어 낸 용어로, 어학자 브라운의 말을 듣고 의미를 이해하는 과정을 '오디(Audi)'라고 한 것에서 유래된 것이다. • 고든의 음악교육에 있어서 오디에이션은 음악 적성이 언제 이루어지며 어떻게 강화될 수 있고 무엇이 그것을 방해하는가 하는 이론과 밀접하게 연관되어 있다.
음악교육 철학	• **음악교육의 목표**는 **음악을 진정으로 즐기고 이해하는 것**이며, 이는 오디에이션하는 능력 없이는 달성하기 어렵다. • 음악을 배우는 과정은 **언어를 배우는 과정과 동일**하므로 **음악교육을 위해서는 순서에 따라 계열화된 학습 과정이 중요**하다. 많은 말을 듣고 모방해 보는 경험을 통해 말을 배우듯이, 음악을 감상하고 연주해 보는 충분한 경험 없이는 음악을 통한 자기표현력 습득이 불가능하다. 이에 음악학습의 과정을 단계가 아니라 이어지는 시퀀스(sequence)로 보아야 한다. • 음악교육은 어릴 때 시작하는 것이 좋고, 빠르면 빠를수록 좋다. 실제 고든의 음악학교에는 8개월부터 18개월까지의 영아를 위한 반이 개설되어 있었다. • 음악적 이해를 발달시키려면 가정에서의 비체계적인 혹은 체계적인 지도가 필요하다. 즉, 그들의 모국어 학습의 점진적인 진행을 계속하도록 격려하기 위해 주어진 방식과 같아야 한다. 고든은 **모국어와 같은 학습을 강조하면서 음악 적성을 활성화**시켜야 하며 이를 위해서 오디에이션을 강조하였다.

2) 고든의 음악교육 방법

(1) 음악 적성

	음악 적성	▶ 음악을 배울 수 있는 **잠재적 능력**과 **내적 가능성**
	음악 성취	▶ 음악 적성을 바탕으로 **학습하여 나타나는 외적 결과**
음악 적성	• 3~4세 유아의 음악 적성은 객관적인 근거가 확실한 테스트를 통해 측정할 수 있고, 아주 어린 영아들의 음악 적성은 테스트가 아닌 통제되고 체계적인 관찰을 통해서 측정될 수 있다고 하였다. • 아동의 음악 적성은 타고난 것이기도 하지만 주위 환경의 질에 영향을 받기 때문에 아무리 뛰어난 음악적 소질을 가지고 태어났다고 하더라도 질 높은 환경과 교육을 받지 않으면 그 가능성이 발휘되지 않음을 밝혔다. • 음악을 경험할 수 있는 듣기 능력이 음악 적성과 음악 성취에 바탕이 된다는 사실에 착안하여 **음악적 사고력과 창의력, 해석 능력 및 음악적 상상력까지를 포괄하는 진정한 음악 경험 능력을 오디에이션이라는 새로운 명칭**으로 부르고 이 오디에이션 능력의 함양을 음악교육의 방향으로 제시하였다.	

(2) 오디에이션

오디에이션

▶ **실제 들리지 않는 음악을 상상**하여 **마음속으로 듣고 이해하는 과정**(으로 들은 것을 모방하는 것을 넘어, 그 조직과 구조에 대한 이해를 포함하는 과정)
- 이는 어떠한 노래를 마음속으로 들을 때 단순히 노래의 선율만을 듣는 것이 아니라 그 곡의 조성, 박, 화음 등에 대해 **더 높은 차원의 내청을 하는 것**이다.
- 기 ⊙ '**노랫말이나 음 없이 노래를 상상하여 마음속으로 불러보는 것**'이 설명하고 있는 용어를 고든 (E. Gordon)의 이론에 근거하여 1가지를 쓰시오. **오디에이션**[14]
- 고든의 음악학습은 모두 오디에이션 능력의 개발에 목표를 둔다.
- 오디에이션은 다른 음악교육 방법에서 이야기하는 내청(inner hearing)과는 다른 개념이다. [차이점] **내청이 모방과 거의 동일시되는 것으로 들은 것을 다시 흉내 낼 수 있는 능력**이라면, **오디에이션은 들은 것에 대해 '그 조직과 구조에 대한 이해'를 포함하는 과정**이다.
- 오디에이션은 8가지 형태로 구분되는데, 각 형태 간에 위계가 있는 것은 아니다. 단, **몇 개 형태의 오디에이션은 다른 형태의 오디에이션을 가능하게 하기 위해 선행되어야** 한다.

Plus 지식 오디에이션의 형태별 과정 및 다루어지는 음악적 자료

자극	유형		과정	다루어지는 음악적 자료
외적 자극	음악 소리	제1형태	듣기	들려주는 친숙하거나 낯선 음악
	악보	제2형태	읽기	친숙하거나 낯선 음악의 악보
		제3형태	쓰기	받아쓰도록 들려주는 친숙하거나 낯선 음악
내적 자극	사고 (음악기억)	제4형태	회상하기와 연주하기	기억 속의 친숙한 음악
		제5형태	회상하기와 쓰기	기억 속의 친숙한 음악
	사고 (음악변형)	제6형태	창작하기와 즉흥연주	낯선 음악
		제7형태	창작, 즉흥연주곡의 읽기	낯선 음악의 악보
		제8형태	창작, 즉흥연주곡의 쓰기	낯선 음악

오디에이션	제1형태 듣기를 통한 오디에이션	▶ **친숙하거나 낯선 음악을 들으며** 이루어지는 오디에이션 • 친숙하거나 낯선 음악을 들을 때 그 음악의 조성패턴과 리듬패턴을 **마음속으로 듣고 이해하면서 음악의 구문적인 의미를 이해하는 과정**을 말한다. • 이는 마치 다른 사람의 말을 들으면서 핵심 단어들을 재구성함으로써 의도를 파악하는 것과 같다.
	제2형태 읽기를 통한 오디에이션	▶ **친숙하거나 낯선 음악의 악보를 읽으며~** • **친숙하거나 낯선 악보**를 읽으면서(악보를 보면서 노래하거나 연주할 때 혹은 마음속으로 악보를 읽을 때) 이루어지는 오디에이션 • 이는 악보를 읽을 때 **청각적 도움 없이**(소리를 듣지 않고), 읽은 것을 **마음속으로 연주하고 떠올리는 것**을 뜻한다. • 이러한 오디에이션이 없는 독보는 암호를 해독하는 것 이상의 의미는 없다.
	제3형태 쓰기를 통한 오디에이션	▶ **친숙하거나 낯선 음악을 듣고 악보로 기록하며~** • 1, 2형태의 오디에이션 능력이 선행되어야 한다.
	제4형태 회상하기와 연주하기를 통한 오디에이션	▶ **친숙한 음악을 회상**하며 **악보 없이 연주하거나 노래하며~** • **친숙한 음악을 마음속으로 기억**하거나 **노래 부르기, 연주할 때에 악보 없이 음악을 음미**하거나 **목소리 또는 악기로 연주**하면서 이루어지는 오디에이션 • 이 과정은 친숙한 곡을 암기하여 그대로 회상하는 것이 아니라 중요한 부분 즉 **조성, 리듬 등을 저장하였다가 재구성**하는 것이다.
	제5형태 회상하기와 쓰기를 통한 오디에이션	▶ **친숙한 음악을 회상**하며 **악보로 기록하며~** • **기억에 의존**하여 **친숙한 음악을 기보**할 때 **음악을 회상하면서 악보로 기록**할 때 이루어지는 오디에이션 • 즉, 친숙한 음악을 청각적 자극 없이 회상하여 악보로 기록할 때 일어나는데, 과거에 오디에이션하여 기억하고 있던 것을 회상해 내어 기보하는 과정이라 할 수 있다. • 제3형태와 제4형태의 오디에이션이 결합된 형태이다.
	제6형태 창작하기와 즉흥연주를 통한 오디에이션	▶ **낯선 음악을 창작하거나 즉흥연주 하며~** • 지금까지 경험했던 **모든 음악적 능력을 사용**하여 **음악을 창조**하거나 **즉흥연주를 할 때** 이루어지는 오디에이션 • 유아들은 이러한 과정을 통해 음악의 구성요소에 대한 개념을 형성하고 음악의 생성 원리를 발견하게 되며 이미 습득한 개념과 원리를 창작하고 변형하는 데에 적용함으로써 음악적 개념과 원리가 더욱 확대되고 명료해진다.
	제7형태 창작, 즉흥연주곡의 읽기를 통한 오디에이션	▶ **악보를 보며 창작하거나 창작하거나 즉흥연주했던 낯선 악보를 보며~** • 악보를 보며 새로운 음악을 창작하거나 창작하거나 즉흥연주했던 **낯선 음악의 악보를 읽을 때** 이루어지는 오디에이션

| 제8형태 창작, 즉흥연주곡의 쓰기를 통한 오디에이션 | ▶ 창작하거나 즉흥연주했던 낯선 음악을 악보로 적으며~
• 마음속으로 즉흥연주하거나 **새로이 만든 음악을 기보할 때**, 창작하거나 즉흥연주했던 낯선 음악을 악보로 적는 과정에서 이루어지는 오디에이션
• 창작한 것을 악보로 적는 능력이 생기면 음악학습의 독립성이 획득되며, 음악적 성장 속도가 현저히 빨라지게 된다. |

지식 예비 오디에이션(Preparatory audiation) - 영유아를 위한 고든의 음악교육 방법

▶ 오디에이션 : 소리가 들리지 않아도 **음악을 마음속으로 듣고 이해할 때** 일어나는 것으로 들은 것에 대한 조직과 구조의 이해가 포함된 과정이다.

문화화 (문화이입, Acculturation) 출생 - 2~4세 환경에 대해 무의식적인 상태	1단계 : 흡수 (수용, Absorption)	▶ 주변 음악 소리를 듣고 **청각적으로 받아들이는** 단계
	2단계 : 무의도적 반응 (Random Response)	▶ 주변 음악 소리에 반응하나, 음악에 **생각(의도) 없이 몸짓과 옹알이**를 하는 단계
	3단계 : 의도적 반응 (Purposeful Response)	▶ 주변 **음악에 몸짓과 옹알이를 연관**시키려는 단계
모방 (Imitation) 2~4세 - 3~5세 환경에 초점을 둔 의식적 사고 상태	4단계 : 자기중심성 탈피 (Shedding Egocentricity)	▶ **주변 음악과 자신의 몸짓, 옹알이가 조화되지 않음을 인식**하는 단계 예 자기가 무엇을 부르고 있는지, 어떻게 움직이고 있는지, **자기 노래와 움직임이 다른 아이들이 노래하고 움직이는 것과 어떻게 다른지 인식**하기 시작했어요. 단순한 음정과 리듬패턴을 가진 노래를 들려줄 필요가 있어요.[모고]
	5단계 : 암호 해독 (음악적 기호 이해, Breaking the Code)	▶ 주변 음악, 특히 음정 패턴과 리듬 패턴을 **다소(어느 정도) 정확하게 모방**하는 단계 기 '음정 패턴과 리듬 패턴을 어느 정도 정확하게 모방'[21]
동화 (Assimilation) 3~5세 - 4~6세 자신에 초점을 둔 의식적 사고 상태	6단계 : 자기반성 (Introspection)	▶ **자신의 몸짓과 자신의 노래가 협응되지 않음을 인식**하는 단계 • 노래 부르기나 찬팅을 할 때 **자신의 몸짓**이 자신이 부르는 **리듬패턴 등과 협응되지 않음**을 인식한다. 예 우리 반 태훈이는 **자신의 몸짓이 자신이 부르고 있는 리듬패턴과 조화를 이루지 않는다는 것을 알기 시작**했어요. 태훈이가 여러 리듬패턴에 맞춰 움직일 수 있게 도와주시면 곧 조화롭게 맞춰갈 수 있을 것 같아요.[모고] 기 '노래하면서 탬버린도 함께 흔드는 게 잘 안돼.'[25]
	7단계 : 협응 (조화, Coordination)	▶ **자신의 몸짓을 자신의 노래와 협응**시키는 단계 • 노래 부르기나 찬팅을 할 때 **자신의 몸짓**을 자신이 부르는 **리듬패턴 등과 협응**시킨다.

(3) 음악학습 과정

음악학습 과정의 특징	음정과 리듬의 분리	• 고든은 **음정과 리듬의 특징을 함께 다루는 것이 어렵**다고 보고, 음정과 리듬을 분리시켜서 **리듬이 없는 음정 패턴**(tonal patterns)과 **음정이 없는 리듬 패턴**(rhythm patterns)을 음악학습에 사용한다. 〈음정패턴〉 〈리듬패턴〉
	개인차를 고려한 교육	• **개인마다 오디에이션의 능력이 다르므로**, 교사는 각 학습자에게 적합한 리듬과 음정 패턴을 선택하여 제시하여야 한다.
	개별적 연주의 중요성	• 오디에이션 발달에 있어 **개별적인 연주 경험을 매우 중시**한다. 이에 학습자가 혼자 리듬 패턴이나 음정 패턴을 연주해 보도록 하고 다른 학습자가 연주하는 것을 들어보는 기회를 제공한다.

Plus 지식 점프 라이트 인(Jump Right In) - 영유아를 위한 고든의 음악교육 방법

- 영유아 음악교육과정으로 음악놀이 : '점프 라이트 인'의 **방법과 특성**
  ① **가사가 없는 또는 가사가 있는 노래와 찬트 부르기의 활동이 제공된다.** : 음악 활동에 있어서 유아와 성인의 음악적 교감을 중시하여 가사 없는 노래나 찬트를 부르게 하거나, 음악적 의도를 표현하는 다양한 가사의 노래 부르기와 청취력의 발달을 돕는 다양한 음조와 운율의 찬트 부르기 활동을 제공한다.
  ② **놀이를 통한 '포괄적인 음악교육'을 도모한다.** : '포괄적 음악교육'은 포괄적인 음악성의 계발을 지향하는 음악교육이란 뜻으로, '폭넓고 다양한 음악적 능력, 즉 음에 대해 감각적으로 지각·반응하며, 지적으로 분석·이해하고, 음을 창조적으로 조작·표현할 수 있는 종합적인 음악 능력을 기르는 것'을 목표로 한다.
  ③ **언어학습과 같이 자연스러운 음악학습 방법을 사용한다.** : 음악학습은 유아가 언어를 습득하는 과정처럼 태어나면서부터 그들 주위에서 말하는 언어를 들으면서 이루어진다고 보고 음악적 놀이를 통해 자연스럽게 음악을 배울 수 있도록 한다.
  ④ **유아의 음악학습은 비형식적인 안내의 방법으로 이루어진다.** : 아직 오디에이션이 이루어지기 전의 유아에게는 형식적인 교수가 아니라 음악적 이해를 돕기 위한 안내가 필요하다. 안내는 유아에게 정보와 기술학습을 강요하지 않기 때문에 비형식적인 특징을 가진다.
  ⑤ **모방을 중요한 학습 방법으로 사용한다.** : 모방의 과정은 오디에이션 개발에 필수적이다. 유아는 교사를 모방해서 노래 부르기와 옹알거리기, 음악적 놀이와 실험, 감상과 표현, 동작 등 모든 음악적 활동에 참여한다.
  ⑥ **음률 활동을 중요한 학습 방법으로 사용한다.** : 동작이 유아의 음악적 발달의 길잡이가 된다고 보아 음악에 맞추어 동작하는 음률 활동을 중시한다.

지식 일반수업 활동과 학습 단계(학습 계열화) 활동

- 음악 학습이론에 의한 수업은 일반수업 활동(classroom activities)과 학습 계열화 활동으로 크게 두 부분으로 이루어진다.
- 고든의 일반수업 활동과 학습 계열화 활동 **모두 오디에이션 능력을 기르는 데 중점**을 두고 있다.
- 교사는 매 학습 단계(계열화) 활동 처음에 그날 학습할 음정패턴, 리듬패턴의 종류에 따라 준비패턴을 여러 차례 반복하여 부른다.

준비패턴	▶ 학습자의 **조성감과 박자감 형성을 위해 교사가 제시하는 패턴** • 조성이나 박자에 따라 그 패턴이 다르다. • 준비패턴은 학습자의 조성감과 박자감 형성을 도와줄 뿐 아니라 다음에 나올 음정패턴이나 리듬패턴을 오디에이트 하는 데도 도움을 준다. 물론 음정학습과 리듬학습은 반드시 분리하여 하도록 되어 있다. ※ 오디에이트(audiate) : 음악을 마음으로 듣는다. • 고든의 음악교육철학이 음악을 이해하고 즐기는 능력, 즉 오디에이션을 기를 것을 가장 강조했던 것처럼 그의 음악교육이론과 방법 역시 모두 오디에이션 능력을 기르는 데 중점을 두고 있다. • 고든은 유아의 듣기 능력 곧 오디에이션 능력을 계발하려면 음악의 기본단어라고 할 수 있는 '패턴'을 가르쳐야 한다고 주장하였다. 그리고 패턴을 가르치되 음정과 리듬을 분리해서 가르치는 것이 효과적이라고 하였다.
음정패턴	▶ 리듬 요소 없이 **조성 변화에 의한 음정 패턴** • 고든이 가장 기본적인 패턴으로 여긴 것은 음정패턴과 리듬패턴이다. • 음정패턴 활동은 같은 음조와 같은 조에서 불러온 노래 다음에 이어서 곧바로 제시된다. 모든 음정패턴 활동은 유아들을 위해 리듬과 박자 없이 노래된다.
리듬패턴	▶ (음정패턴과 반대로) **조성 요소 없이 리듬 변화에 의한 패턴** • 유아들은 조성에 의한 음정패턴과 리듬패턴과 같은 패턴 학습을 통해서 조성감이나 박자감을 계발하게 된다. • 리듬패턴 활동은 전형적으로 찬트가 패턴들을 선행하는 동안 속도가 같은 박자 안에서 제시된다. • 패턴 지도는 교사와 유아가 전체 음악에서 작은 부분과 하나하나 상호작용하도록 기회를 마련하며, 부분적으로 음악성 발달의 진행을 탐지하고 보증하도록 도와준다. • 또한 근본적으로 유아들에게 음정패턴과 리듬패턴을 노출시켜 인지할 수 있도록 하기 위해 존재한다.

	내용 계열학습	기술 계열학습
	• 리듬내용 : **박과 박자**에 대한 내용 • 조성내용 : **장조와 단조** 등에 대한 내용	• 변별학습 : **음을 구별**하는 능력을 기르는 학습 • 추론학습 : **음악적 경험으로 상상력**을 기르는 학습

음악 계열학습 이론

내용 계열학습

▶ **리듬과 조성을 체계적으로 학습**시키고, **음악의 기본적 패턴**을 가르치는 학습
- 서양음악의 구성요소 중 **리듬과 조성의 내용을 난이도별로 조직**하여 학습자의 **음악적 수준에 적절한 내용을 체계적으로 적용**할 수 있도록 한 것이다.
- 고든은 유아의 오디에이션 능력을 계발하려면 음악의 기본단어라고 할 수 있는 '**패턴**'을 가르쳐야 한다고 주장하였다.
- **리듬과 음정을 분리하여 패턴학습**을 하게 함으로써 언어와 음악과 동작을 통합적으로 활용하면서 난이도별 위계화와 개별학습화를 하고 있다는 것이다.

리듬 내용	박	• 매크로 비트, 마이크로 비트, 선율적 리듬, 인택트 비트
	박자	• 규칙 박자, 불규칙 박자
조성 내용		• 조성감, 조감각, 다중조성, 복합조성

기술 계열학습

▶ **습득한 음악 지식을 자기 경험을 통해 구조화하여 기억**하는 학습
- 기술 계열학습은 **학습자가 학습 내용을 받아들이는 과정**이며, **변별학습의 단계에서 추론 학습의 단계로** 나아가는 연속적인 과정이다.
- 즉, 기술 계열학습은 습득한 음악적 지식을 자신의 경험을 통해 구조화하여 기억하는 과정이다.

변별 학습 (암기 학습)	▶ **알고 있는 음정 패턴과 리듬 패턴을 기반**으로 학습하는 과정 (으로, **음악적 요소를 듣고 지각하며 차이를 변별**하는 학습) • **추론 학습의 준비 단계**이다. • 교사는 유아가 학습해야 할 내용을 제시하고 **유아는** 제시한 학습 **내용을 듣고, 지각하며, 지각된 소리의 차이를 변별**해 낸다.
추론 학습 (개념 학습)	▶ **낯선 음정, 리듬 패턴을 학습 과정에 사용**하는 단계 • 추론 학습은 변별학습의 단계가 충분히 이루어진 다음의 학습 단계이므로 학습자가 제시된 문제를 잘 해결할 수 없다면 변별학습의 과정으로 다시 돌아가야 한다.

	변별 학습 (암기 학습)	1. 듣기/반응하기	▶ 소리를 듣고 신체적으로 반응하는 단계
		2. 언어적 연합하기	▶ 계명 부르기 등 소리와 음절 등을 결합하는 단계 • 소리(음악이나 패턴)와 음절(단어, 리듬음절) 등을 결합시키는 단계 • 계명으로 부르기, 리듬음절로 부르기
		3. 부분적 통합하기	▶ 이전 단계 학습한 소리를 종합적으로 인식하는 단계(1·2단계 통합)
		4. 상징적 연합하기	▶ 악보 읽기, 쓰기 등 소리를 기호와 결합하여 상징적 연합하는 단계 • 이미 배운 패턴과 악보를 연결(악보 읽기, 쓰기)
		5. 전체적 통합하기	▶ 기호로 제시된 소리를 내적으로 들을 수 있고, 소리를 기호로 변환할 수 있는 단계
	추론 학습 (개념 학습)	6. 일반화하기	▶ 낯선 음악에서 이미 학습한 요소를 구별하는 단계 • 새로운 패턴을 받아들이고 익힐 때 이미 배운 것에 견주어 특성을 파악
		7. 창작/즉흥연주 하기	▶ 이미 배운 것과 새로운 것을 이용하여 창작하거나 즉흥연주 하는 단계 • 일반화된 요소들을 창작과 즉흥연주로 확대하는 단계
		8. 이론적 이해하기	▶ 음악의 원리나 개념을 소리와 연계하여 이해하는 단계 • 음이름, 길이 등 일반적 음악이론을 배운다.
일반수업 활동과 학습 단계 활동	일반수업 활동		▶ 노래 부르기, 악기연주, 감상 등 일반적인 음악 수업 활동
	학습 단계(계열화) 활동		▶ 기본능력을 개발하기 위해 매 수업 시작 10분 동안 리듬·음정 패턴을 고든의 학습이론에 의해 학습하는 활동(learning sequence activities) • 이 활동에서는 음정과 리듬 영역이 따로 다루어지며 유아들 개개인의 학습 경과를 전부 기록하게 되어 있다.

Plus 지식 오디에이션을 통한 노래 부르기(고든의 교수법을 이용한 유아음악교육 활동의 예)

• 다음의 방법을 예비 오디에이션 단계에 있는 영유아에게 적용하는 것은 어려우며, **익숙한 노래에 한해 부분적으로 활용하는 것이 효과적**이다.

① 교사는 가사 없이 허밍(humming)으로 **노래를 들려준다.**
② 교사는 가사 없이 허밍으로 노래를 부르면서 강박에 맞추어 발을 구르고, 유아는 **교사를 따라 발을 맞추면서** 노래를 듣는다. '나비야' 노래는 4/4 박자의 곡으로 강-약-중강-약의 셈여림으로 연주된다. 강과 중강박에 발을 맞춘다.
③ 교사는 가사 없이 허밍으로 노래를 부르면서 손으로 약박에 맞추어 무릎을 가볍게 치고(또는 손뼉), 유아들은 교사를 따라 무릎을 치면서 노래를 듣는다.
④ 교사는 가사 없이 허밍으로 노래를 부르면서 강박과 약박에 맞추어 발 구르기와 무릎치기 동작을 함께 하고, 유아는 교사를 따라 동작하면서 노래를 듣는다.
⑤ 교사는 아래의 악보대로 으뜸음을 불러주고 유아가 **여러 번 으뜸음을 불러보게** 한다. '나비야' 노래는 다장조의 곡이므로 도가 으뜸음이다. 교사가 허밍으로 '나비야' 노래를 부르면서 **중간에 수시로 멈추면서 숨을 쉬게 하는 손짓**을 하면서 **유아들이 이 으뜸음을 부르도록 지시**한다.

⑥ **교사는 시작음을 잡아주고** 유아에게 **소리 내지 않고 '나비야' 노래를 부르도록 지시**한다(오디에이션하기).
⑦ 교사가 피아노로 으뜸음을 잡고 숨쉬기를 한 후 다 같이 허밍으로 '나비야' 노래를 부른다.
⑧ 그림악보를 보며 유아와 가사를 알아본 후 피아노로 시작음을 찾고 숨쉬기까지 한 후 함께 가사를 넣어 노래한다.
⑨ 함께 가사를 넣어 노래를 부르면서 자신이 표현하고 싶은 대로 신체표현을 해보도록 한다.

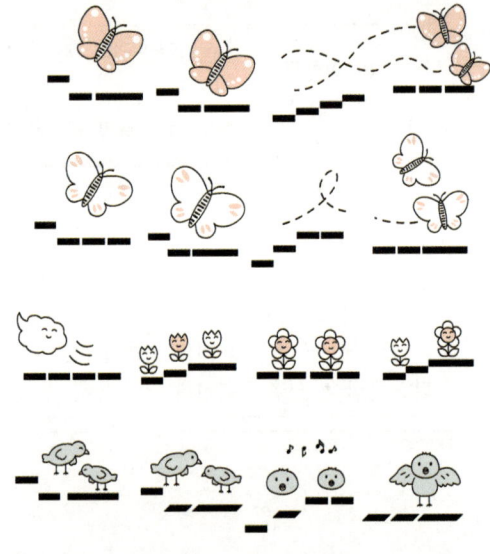

〈'나비야' 노래의 그림악보〉

5 스즈키(Shinichi Suzuki, 1898~1998, 일본)의 재능교육

- 유아가 **모국어를 배우듯이 연주법을 익힐 수** 있다는 이론에 입각한 독창적인 교수법이다.
- 스즈키는 **모든 유아가 언어를 훌륭히 이해하고 대화하는 데 착안**하여 1946년 **재능교육 프로그램을 개발**하였으며, 스즈키 **재능교육은 어머니가 아동과 함께 학습하는 교육**이다.

음악교육 철학	스즈키의 음악교육	• 인간의 능력은 타고나는 것이 아닌 **환경에 따른 조기교육** • 무의식중에 교육이 이루어지는 **반복적인 자극 훈련**으로 인해 **집중력이 향상된** 교육 • 암기력의 증진으로 인해 **능력이 능력을 낳는** 교육 • **이 능력은 스스로 타고난 것이 아니라 길러지는 것이며, 반복적인 훈련이 필요한 교육**이다. • 스즈키는 음악교육의 단계적 환경이 구성될 때 모국어적 기능(완전한)으로서의 음악교육과 조기음악교육이 가능하다고 주장하였다.
	스즈키의 단계적 구성	• **반복적 암기에 의한 청음 훈련**이 되어야 한다. • 발달 단계에 맞추어 잘 선정된 교재의 선택이 중요하다. • 유아를 교육적, 심리적, 음악적으로 잘 이해하는 교사가 필요하다. • 교사와 양육자가 합심하여 음악 환경을 조성해 주는 가정이 되어야 한다.
	궁극적 교육목표	• 스즈키 교수법의 궁극적 교육목표는 전문적인 음악가를 양성하는 것이 아니라, **유아 특유의 아름다운 마음과 감수성, 능력을 잘 인도**하여 **다양한 분야에서 재능을 발휘**하는 사람으로 자라나게 하는 것이다. • 이는 어릴 때부터 음악교육을 하면 이러한 목표가 이루어질 수 있다고 생각하였다.

교수내용 및 방법	스즈키 교수법의 근본이념	• 사람은 각기 특정한 재능을 갖추고 태어나는 것이 아니라 다만 **개발 가능한 능력을 가지고 태어난다.** • 능력이라 함은 자극과 반복적인 훈련에 의하여 키워지는 특성을 가진 재능의 근원, 즉 씨와 같은 것이다.
	스즈키 교수법의 특징	• **조기교육을 강력히 지지**한다. • **학습 방법은 되풀이하는 모방**이다 • 최적의 교육환경을 조성한다.

- 교수 방법은 모국어식 학습 방법, 빈곤의 원리, 어머니의 역할, 그룹 레슨으로 나눌 수 있다.

모국어식 학습 방법	• **음악을 자주 반복**하여 들려주면서 **음악에 익숙해지도록** 하는 것이다.
빈곤의 원리	• 아동 **스스로의 내재된 깊은 호기심**을 필요로 한다. • 예를 들어, 처음 바이올린을 접하는 아동에게는 바이올린을 주지 않는다.

지식 음악교육가와 교수법의 요약(하정희 외, 2013)

	주요개념	교육 내용		교수·학습 과정	강조점	기타
달크로즈	〈유리드믹스〉 • 음악의 기초 학습을 **신체적 운동과 결합**하여 제시 〈근운동 감각 기능〉 • 신체의 외적 힘과 뇌의 내적 과정의 조화와 협응 : 직접적 감각 경험과 학습은 연관된다.	유리드믹스	신체 운동에 의한 리듬학습	리듬을 34개 요소로 분류하여 쉬운 단순 – 복잡한 훈련으로 단계적 접근	• 리듬교육의 확립 • 즉흥연주의 중요성 강조	
		솔페이지	리듬과 **음높이의 통합**	**한 줄, 두 줄 악보**에서 다섯 줄 악보로 단계적 지도. 음계 보며 노래 부르기		
		즉흥연주	음악적인 요소를 개성 있게 결합하여 표현	신체, 악기, 피아노		
코다이	• **음악을 읽고 쓸 수 있는** 능력을 중요시함 • 유아기부터 체계적 교육 • 가창지도 → 악기연주, 그룹가창, 음악 창작 순서로 교육	• 리듬 지도		4분음표 리듬꼴 8, 4분음표 리듬꼴 2분음표 리듬꼴 등의 순	• **독보력 신장** • 5음계 음악 • 조기 음악교육	헝가리의 학교 교육과정으로 정착
		• 계이름으로 노래 부르기 • 손기호		5음 음계 지도 7음 음계 지도 임시표 순서		
오르프	〈원초적 음악〉 • 기본적 생활 주변의 음악 • 자신의 느낌과 이해의 표현 • 말, 노래, 동작, 악기 연주 등이 총체적으로 일어나는 놀이 활동	〈슐베르크 : 전래동요, 민요를 재료로 삼은 단계적 연습곡〉 • 말하기, 동작, 노래 부르기, 악기, 감상		〈단계적 접근〉 • 모방 • 탐색 • 음악 언어 이해 • 즉흥연주	• 창조성 계발 • 즉흥연주의 중요성 • 5음계 음악	달크로즈의 영향
고든	〈음악 적성〉 • **음 상상력, 리듬 상상력**, 음악적 감수성으로 구성되는 음악적 잠재력 〈오디에이션〉 • **음악을 들으면서** 음요소, 요소의 관계 등을 **이해하는 능력**	〈내용 학습 연계〉 리듬과 음높이에 대한 패턴을 난이도별로 조직 〈기술 학습 연계〉 • 변별 학습 : 기초 단계 • 추론 학습 : 이해 단계		〈1. 전체 활동〉 노래, 찬트, 움직임, 게임, 창작, 음악 읽고 쓰기, 연주하기 〈2. 부분 활동〉 음높이, 리듬 패턴으로 변별, 추론 학습 〈3. 전체 활동〉 1의 전체 활동	• 조기 음악교육 • 다양한 조성, 음높이의 음악으로 자연스럽게 조성감이 형성됨	리듬감, 조성감이 그룹지도에서 효과적으로 체득

Ⅲ. 음악교육의 내용

1 노래 부르기

내용	• 다양한 형식의 동요를 부른다. 　- 유아가 부르는 동요 중 많지는 않으나 즐겁게 접할 수 있는 형식의 곡으로는 **돌림노래**(퐁당퐁당, 아직 자니?), **문답노래**(당신은 누구십니까?, 참 재미있었지), 반복하는 노래(한 마리 코끼리가 거미줄에 걸렸네, 머리 어깨 무릎 발) 등이 있다. ▶ **돌림노래** : 같은 선율을 일정한 간격을 두고 여러 사람이 차례로 부르거나 연주하여 소리가 겹치도록 구성된 형식의 노래 　　　　퐁당퐁당 (윤석중 요 / 홍난파 곡) 　　　　퐁당퐁당 돌을 던지자 　　　　누나 몰래 돌을 던지자 　　　　냇물아 퍼져라 멀리 퍼져라 　　　　누나 몰래 돌을 던지자 ▶ **문답노래** : 한 사람이 먼저 질문하면, 다른 사람이 이에 답하는 형식의 노래 　　　　참 재미있었지 (김성균 요 / 김성균 곡) 　　　　나는 나는 산으로 갔었지 산에서 무얼보았니 　　　　졸졸졸졸 흐르는 시냇물 맴맴맴맴맴 매미 　　　　랄랄라 랄랄라 참 좋았겠구나 랄랄라 랄랄라 참 재미있었지 • 생활 주제에 따른 동요를 부른다. • 바른 태도로 노래를 부른다. 　- 아름다운 목소리로 감정이 넘치게 노래 부를 것 　- 정확한 발음으로 노래 부를 것 　- 숨쉬기는 노래의 가사와 리듬이 끊어지지 않도록 정해진 곳에서 하도록 할 것 　- 어깨와 허리를 곧게 펴고 앞을 바라보며 입을 적당한 크기로 벌려 노래 부를 것
적합한 곡의 선정	• 유아의 전반적인 발달과 음악적 발달, 그리고 유아 개인의 노래 부르기 능력을 고려해야 한다. • 일반적으로 3/4박이나 6/8박보다는 **2/4박과 4/4박의 곡**이, 단조보다는 **장조의 음악이 밝고 경쾌하므로** 선호된다. • **음역은 너무 넓지 않은 곡**('레-솔'이 가장 편한 음역이나 '도-라' 또는 높은 '도'까지는 가능)을 선택하여 유아의 성대에 무리가 가지 않고 즐겁게 부를 수 있도록 한다. 　기 5세 유아의 **(음역)** 발달을 고려하면, **음이 너무 높아 적절하지는 않은 것** 같아요. 부르고 싶으시면 **[방법]** 조옮김 **해서 부르는 방법을 고려**해 보세요.[20] • 노래의 길이는 긴 곡보다는 **8~16마디의 짧은 곡부터** 부르는 것이 바람직하다. • 멜로디나 노랫말의 **리듬은 반복적인 것**이 유아에게 쉽게 인식되고 불려진다. • **노랫말은 유아의 생활을 소재**로 하여 유아가 **기억하기 쉽고 심미적**인 것, **문학적인 가치**가 있는 것이 좋다. • 노래 부르기를 할 때의 비중은 노랫말뿐만 아니라 리듬과 박자, 음색, 빠르기, 멜로디 등 음악의 구성요소도 유아가 충분히 경험하고 익힐 수 있도록 하는 접근이 중요하다.

	• 그린버그(Greenberg, 1979)의 노래 부르기 발달 단계	
노래 부르기 발달 단계	1단계(~3개월) 초기 발성기	▶ 쿠잉을 시작하면서 소리 놀이를 즐기는 단계(로 울음과 옹알이를 통해 기본적인 음악적 요소를 포함한 소리를 발성하는 시기) • 소리의 레퍼토리는 제한되어 있으며, 매우 빨리 새로운 소리들과 접촉하게 된다. • 출생 후 1개월 안에 울음 이외에 다른 소리(쿠잉 : '아', '이' 등의 모음들)를 많이 사용하며 옹알거리거나 하품, 한숨, 재채기, 기침, 트림 소리를 사용하는데, 이러한 모든 발성에 있어서 모음 소리가 많다. • 울음, 쿠잉 등은 음악적 요소가 있다. 쿠잉을 시작함으로써 소리 놀이를 즐긴다.
	2단계 (3개월~18개월) 목소리(발성) 실험과 소리 모방하기	▶ 언어적, 음악적 옹알이가 시작되는 단계(로 리듬패턴과 높낮이를 이용한 옹알이를 하는 시기) • 영아는 단어를 통하여 의미 있는 말을 할 수 있기 훨씬 전부터 소리의 패턴과 억양을 흉내 낸다. • 3~4개월째 언어적 옹알이가 시작되고 음악적 옹알이(다양한 높이로 말소리를 내는 것)는 6~9개월에서 시작한다. • 1년에서 1년 6개월이 되면서 리듬패턴과 높낮이를 이용한 옹알이를 한다. 새롭고 신기한 소리에 매력을 느끼며 들려오는 노래의 간단한 음의 고저를 비슷하게 따라 한다. • 노래의 원시적 형태인 라임(운율)이나 찬트, 간단한 전래동요 활동이 가능하게 된다.
	3단계 (18개월~3세) 대략적으로 노래 부르기	▶ 가창 능력 발달에 중요한 시기로 노래를 배우기 시작하고, 노랫말, 리듬, 음높이도 모방하는 단계 • 대부분 유아가 노랫말이나 리듬뿐 아니라 음높이도 모방해 낼 수 있게 되며 이 시기는 유아의 가창 능력 발달에 매우 중요한 시기이다. • 또한, 언어 발달에 있어서도 급격한 발달을 보이는 단계이므로 리듬 악기를 이용하여 정확한 박자와 정확한 리듬을 가르쳐야 한다. • 음 패턴의 리듬과 반복을 좋아하며 악기에 관심을 갖고 단순한 노래 게임을 배울 수 있다. • 가창 능력 발달에 중요한 시기로 더듬거리던 노래를 제법 리듬을 가지고 부르게 된다. • 2.5세 정도의 유아는 자신의 경험과 어른의 도움으로 주위에서 들은 노래를 배우기 시작한다. 기 '(은서의 실로폰 소리에 맞춰 음 패턴이 반복되는 노래를 부르며) 이야이야요오오오! 이야이야요오오오!'[특25]

단계	내용
4단계 (3~4세) 한정된 범위 내에서 정확하게 노래 부르기	▶ **제한된 음역(레~솔)에서 멜로디 패턴을 따라 노래할 수** 있으며, 자발적으로 **노래를 지어 부르고 음의 고저와 속도를 변화**시키는 단계 • 약 3세가 되면 대부분 유아가 훈련을 통해 비교적 **제한된 음역(레~솔)**과 몇 개의 다른 음높이를 가지는 노래나 **멜로디 패턴**의 노래를 부를 수 있다. • **자발적으로 노래를 지어** 부르기 시작하며 **음의 고저와 속도를 변화**시키고 점차 더 정확하게 단순한 악절을 노래한다. • 이 시기는 **가능한 많은 노래**를 들려주고 불러 볼 기회를 최대한 부여하는 것이 좋다.
5단계 (4세 이상) 좀 더 넓은 범위에서 정확하게 노래 부르기	▶ **노래의 음악적 측면을 표현**하고 **강약과 속도에 주의**를 기울이며, **동작과 함께 노래**하는 등 **여러 활동을 동시에 수행**할 수 있는 단계 • 좀 더 높은 음높이 범위와 좀 더 어려운 리듬과 노랫말을 좀 더 복잡한 곡조로 부를 수 있게 된다. • 이 시기는 **노래의 음악적 측면을 표현**하거나 **노래의 강약과 속도에 주의**하며 노래 부르기 시작하는 단계이다. • 유아는 자신을 음악적으로 표현하는 일차적인 수단으로써 **목소리를 사용하는 데 능숙**해진다. • 표현의 정확성이 향상되고 여러 활동의 **동시 작업도 가능**하므로 **노래 부르면서 동작으로 표현하기** 활동 등을 제공한다.

주B4. 1) 유아를 위한 동요 선정 시 고려할 점으로, (가)의 ㉠에 들어갈 용어를 쓰시오. [20]

유 교사 : 재미있는 노래 같은데 5세 유아의 **(음역(음높이))** 발달을 고려하면, 음이 너무 높아 적절하지는 않은 것 같아요. 부르고 싶으시면 조옮김 해서 부르는 방법을 고려해 보세요.
손 교사 : 아! 그걸 미처 생각하지 못했네요. 그동안 유아들의 재미만을 생각해서 동요의 **(음역(음높이))**을 고려하지 않은 것은 물론, 어려운 리듬이나 박자가 포함된 동요도 많이 선정해 불러왔거든요.

계획 시 고려사항	① 유아의 연령과 흥미, 발달수준, 생활주제를 고려하여 노래를 선정한다. ② 교사는 지도하기 전 노래를 먼저 불러본다. ③ 노래의 지도를 위한 매체와 방법을 선택한다. 　- **새로운 노래를 제시하기 전후, 자유 놀이 시간이나 전이 시간 등에 배경음악으로 들려주는** 방법이 좋은 예이다. 　- 유아가 **한 번에 완벽하게 노래를 부를 것을 목표**로 삼지 말고 **여러 날 여러 번 불러 노래를 익히도록** 한다. 　- 노래에 대한 흥미를 끌기 위해 도입단계에서는 인형이나 그림 카드, 수수께끼 등을 이용할 수 있다. 노랫말 전달을 위해 짧은 동화를 사용하기도 한다. ④ 노래의 반주 방법을 선택하고 점검한다. 　- 지나치게 화려한 피아노 반주로 가락이나 노래의 내용을 파악하기 힘들게 하기보다는 **단순한 리듬악기를 사용**하거나 CD자료를 활용할 수도 있고 다운로드받아 사용할 수도 있다. 　- 유아의 **노랫소리보다 반주 음이 커서는 안 된다.** 　- 가락을 들어본다(피아노와 같은 선율악기를 이용하여 **반주 없이 한 손으로 가락만** 쳐 주도록 한다. 반주 없이 단음으로 피아노를 쳐주면 **유아는 음악의 구성요소 중 가락에 집중**하게 된다). 　기 새 노래를 지도할 때 처음에는 작곡 상태의 악보대로 피아노 반주를 하고, 이때 오른손의 가락이 왼손의 반주와 같은 세기가 되도록 한다(X).[09] 　기 '반주는 하지 않고 피아노로 단음을 쳐서 들려주려고요.'와 같이 하고자 한 **이유를 음악적 요소와 관련지어 쓰시오.**[23] 반주 없이 단음으로 피아노를 치면 리듬이 있는 높고 낮은 음들이 흐르는 멜로디(가락, 선율)에 집중하며 들을 수 있기 때문이다. ⑤ 노래를 부르기에 알맞은 환경을 준비한다. 　- 주위의 산만을 최소한으로 줄이고 잡음이 없는 상태에서 진행하는 것이 좋다. 　- **전이시간이나 귀가 전의 짧은 시간에 급하게 진행하는 것은 바람직하지 않다.** 　- 시간의 여유를 충분히 갖고 편안하고 안락한 환경에서 노래 부르기를 즐길 수 있도록 한다. ⑥ 유아의 사전 경험이나 흥미와 관련된 이야기나 동화, 동시를 소개하는 등 동기유발을 할 필요가 있으며, 유아와 교사 모두가 즐겁게 노래 부르기 활동에 참여할 수 있도록 계획해야 한다. ⑦ **2절 이상의 곡을 지도할 때는** 1절을 충분히 익힌 후 2절, 3절을 소개하는 것이 바람직하다. ⑧ 일회성 교육이 아니라 매일의 일과활동에서 지속적으로 불러봄으로써 점차 익숙해지도록 한다.
지도 시 교사의 역할	① **노래 부르기 활동 시 교사는 항상 유아를 보면서 노래한다.** 　- 눈을 마주하고 노래하기는 가장 효과적인 노래 부르기다. 　- 노래에 대한 유아의 반응이나 느낌을 살필 수 있어 더욱 효과적으로 지도할 수 있다. 　- 등을 보이고 앉아 피아노로 반주를 해야 하는 경우에는 거울을 달아 피아노를 치는 교사가 거울을 통해 유아들과 눈으로 의사소통할 수 있도록 하는 것이 좋다. ② **다양한 접근 방법과 교수법을 사용한다.** 　- 노래 속에 나오는 재미있는 의성어(콩콩콩, 싹싹싹)로 불러본다. 　- 교사가 노래할 때 유아는 소리 내지 않고 입만 벌려 노래한다. 　- 교사와 유아, 유아와 유아가 한 절씩 교대로 부른다. 　- 유아 혼자 또는 소그룹으로 노래하게 한다. 　- 다양한 악기를 이용하여 노래 부른다. 　- 속도나 크기에 변화를 주어 노래 부른다. / - 동작을 붙여 노래 부른다.

③ **교사는 노래 부르기의 모델이 되어야 한다.**
  - 교사는 정확한 발음으로 리듬과 박자를 지키며, 알맞은 숨쉬기를 하고 노래의 느낌을 충분히 살려 노래 부르기를 한다.
  - ~~무조건 크게 부르는 것~~이 아니라 **노래의 가사나 느낌을 이해**하고 **리듬과 박자에 맞추어 노래 부르는 것이 바람직**한 것임을 교사의 노래 부르기를 통해 인식하도록 하는 것이 좋다.
  - 이를 위해 다음과 같은 방법을 활용할 수 있다.

내청법	• 교사와 유아가 **신호를 정**한다. • 교사가 **신호를 보내면서 노래를 멈추고** 유아는 **심창**(마음속으로 노래 부르기)을 한다. • 교사가 두 번째 신호를 하면 유아는 다시 크게 노래를 부른다. [기] '아기 염소' 가사를 활용하여 '내청을 경험하는 활동'의 예 1가지를 쓰시오.[25] **'콩콩콩'에서 신호를 주어 노래를 멈추고, 마음속으로 음을 생각해 보게 하는 활동 (마음속으로 노래 부르게 하는 활동)**
손음정 기호	• **손으로 음정을 표시하면서 노래**를 부른다. • 손 이외에도 **몸 전체를 이용하여 음정을 표시**하면서 노래 부른다.
감정이입 하여 노래하기	• 노래의 **감정을 고려**하여 노래 부른다. [예] 씩씩하게/아름답게, 기쁘게/슬프게, 점점 여리게/점점 크게 등과 같이 정서적인 표현을 노래에 담아 부를 수 있도록 한다.

④ **유아에게 노래 부르기를 강요하지는 않는다.**
⑤ **노래 부르기를 통해 유아가 다양한 음악활동에 자연스럽게 참여하도록 한다.**
  - 단순히 즐거운 경험만으로 끝나는 것이 아니라 악기 다루기, 신체표현, 음악감상 등의 다른 음악활동과의 연계를 계획하고 총체적인 음악경험을 이끄는 것도 중요하다.
  - 노래 부르기를 통해 다양한 음악의 구성요소들을 경험하게 하는 것 또한 가치 있는 일이다.
⑥ **노래를 익히기 위해 장시간 노래 부르는 것을 피한다.**
  - 매일의 일과시간 중 **짧게 반복적으로 노래 부르는 경험**을 주는 것이 더 바람직하다.
  - 노래의 내용이 어렵다거나 긴 노래는 유아들을 어렵고 지루하게 만들기 때문에 듣기, **리듬악기로 박자치기 등의 활동과 함께 경험하면서 단계적으로 지도**하는 것이 좋다.

지도 방법	① 노래 부르기를 지도하는 방법에는 다음 세 가지 방법이 있다.	
	전체 노래 방법	▶ 노래를 끊지 않고 **처음부터 끝까지 불러** 보게 하는 방법 • 노래의 흐름을 전체적으로 이해하도록 돕는 방법이다.
	부분 노래 방법	▶ **한 마디, 두 마디씩 끊어서 불러** 보게 하는 방법
	결합 노래 방법	▶ **전체 노래 방법**으로 하되 **어려운 부분은 따로 떼어 부분 노래 방법**을 사용하는 방법

	② 새로운 노래를 지도할 때 교사가 한 소절 부르고 **유아가 한 소절 따라 부르는 방법은 지양**되어야 한다.
	  - 왜냐하면 한 곡의 동요를 익히는 과정에서 **[이유]** 멜로디의 흐름, 노래의 형식, 가사의 **내용이 통합적으로 이해되어야** 하기 때문이다.
	③ 유아가 정확한 음정과 박자와 가사로 노래를 부르고자 할 때 부분 노래 방법보다 전체 노래 방법으로 지도하는 것은 다소 시간이 걸린다.
	  - 그러나 **노래의 전반적인 흐름, 패턴, 노랫말의 이해정도, 음악적 능력의 발달을 고려할 때 전체 노래방법이 바람직**하다.
	④ 유아에게 **전이시간이나 점심시간 등에 새로운 노래를 미리 녹음하여 반복적으로 들려주어** 노래를 익숙하게 하는 것은 전체 노래방법으로 노래를 지도하기 위한 하나의 방법이다.
	⑤ 일반적인 노래 부르기를 포함하여 유아의 새 노래 부르기는 다양하고 창의적인 방법으로 지도하는 것이 좋다.
	  - 음의 고저 변화를 교사나 유아의 손이나 팔로 표현해 보며 노래를 불러본다.
	  - 익숙한 노랫말을 바꾸어 불러 본다.
	  - 노래와 관련된 질문에 대해 이야기해 본다.
	⑥ 유아들이 부른 노래를 녹음하여 들려준다.
	⑦ 노래의 내용이나 멜로디를 이용하여 동극으로 하거나, 등장인물이나 상황에 맞는 노래를 선택해서 개사하여 음악극으로 꾸며본다.	

연령별 발달	3세	• 제한된 음역에서 노래를 비교적 정확하게 부른다. • 소리의 차이를 인식하고 소리를 분류하거나 조직하기 시작한다. • 정확한 음정과 반복되는 리듬, 가락, 패턴으로 노래를 만들어낸다. • 음의 고저와 속도를 변화시키며 노래 부르기를 할 수 있다. • 이야기가 있는 노래를 더 좋아한다. • 혼자서 노래 만들기를 좋아한다.
	4세	• 음의 고저 및 음의 장단, 음색의 차이에 관한 표현을 하려고 시도한다. • 말하는 목소리와 노래하는 목소리가 다르며 이를 구분할 수 있다. • 음악의 구성요소에 따라 노래를 변화시켜 부를 수 있다. • 기억력을 통해 노래 전체를 부르고 리듬과 음의 고저를 더욱 정확히 사용한다. • 간단한 멜로디를 만들 수 있고, 친숙한 곡을 따라 노랫말을 만들 수 있다.
	5~6세	• 음에 대한 감각이 안정화되어 확장된 음역 내에서 정확하게 노래 부른다. • 음정에 대한 기억력의 발달로 음정을 비교적 정확하게 구사할 수 있게 된다. • 동일한 노래를 다른 속도와 다른 음높이로 부른다. • 자발적인 노래를 부르는 빈도가 급격히 감소한다. • 실수를 피하려는 노력에 따라 정확한 모방을 하려고 노력한다.

지식 2020년 기출문제

[기] **주B4.** 3) 유아를 위한 새 노래 지도 방법으로 적절하지 않은 것 2가지를 찾아 기호를 쓰고, 각각 바르게 고쳐 쓰시오. [2점]

> ㉢ 바른 자세로 노래 부르는 방법 시범 보이기
> ㉣ 새 노래를 한 소절씩 나눠 반복하여 익히기 → 부분 노래방법보다 전체 노래방법으로 지도한다.
> ㉥ 새 노래의 분위기와 느낌에 대해 이야기 나누기
> ㉦ 오선악보와 가사를 보며 새 노래 부르기 → 그림악보나 실물자료를 활용한다.
> ㉧ 간단한 리듬악기 반주에 맞춰 새 노래 부르기

[기] **특주B5.** 1) 다음 노래 선정 이유를 ① 리듬과 ② 노랫말 측면에서 각각 1가지씩 쓰시오. [2점]

① 리듬 : 리듬이 반복적이어서 유아가 쉽게 인식하고 부를 수 있기 때문이다.
② 노랫말 : 유아의 생활을 소재로 하였고, 반복적이어서 유아가 기억하기 쉽고, 부르기 쉽기 때문이다.

Plus 지식 새 노래 지도 방법(김연주 외, 2014)

미리 들려주기	• 새 노래에 대하여 친근감을 가질 수 있도록 **사전에** 자유선택활동 시간이나 식사 시간 등을 이용하여 **음악을 들려주면 유아에게 친숙해질 수 있어** 좋다. 기 사전에 '탈춤놀이' 국악 동요를 들려주는 것은 본 활동 시 탈춤에 대한 유아의 관심과 흥미를 떨어뜨리므로 사전에 들려주지 않는 것으로 수정한다(X).[11]
동기 부여	• 새 노래를 가르칠 때는 노래의 주제나 노랫말과 관련된 그림 자료, 소도구, 영상 자료, 음향 자료(동물 울음소리, 각종 자동차 소리) 등을 이용하여 노래의 내용을 소개하면 유아의 흥미와 이해도를 높일 수 있다. • 또한, 노래의 주제와 관련하여 짧은 동화를 꾸며 들려주거나 주제와 관련된 유아의 경험 이야기 나누기, 간단한 게임 등을 통하여 노래의 내용에 대한 이해를 증진시킬 수 있다.
교사의 모델링	• 교사의 목소리, 눈빛, 동작, 입 벌리는 모양 등 일체가 노래를 익히는 데 효과적으로 작용하므로 어느 것도 소홀히 할 수 없다. • 가능하면 교사는 노래를 외워 부르는 것이 좋으며 교사의 음정은 항상 정확해야 하나 정확성에 확신이 없다면 잘 조율된 악기로 가락을 연주해 주거나 CD나 녹음테이프를 들려주어 보완할 수 있다.
유아와 함께 노래 부르기	• 부분을 끊어서 가르치는 **분절법보다는 곡 전체를 중단 없이 불러 보는 전체법**이 더 좋다. • 그러나 유아가 정확하게 표현하지 못하는 특정 부분의 부분연습을 위하여 어느 한 부분을 떼어서 여러 번 불러 볼 수는 있다.
부분 연습	• 노랫말의 발음이 어렵거나 리듬의 표현이 정확하지 않거나 음정이 부정확한 부분 등 유아가 노래 부르기에 **어려운 부분은 따로 떼어 교사의 시범과 함께 유아를 교정**하는 과정을 **여러 번 반복한 후 전체를 연결**하여 불러본다. **[결합 노래 방법]**
반주에 맞추어 노래 부르기	• 반주는 가락을 정확하게 표현하여 유아들이 정확하게 노래하도록 돕는 이외에 화성과 리듬감을 통하여 곡의 분위기를 살려 주고 아름다움을 느끼게 한다. • **반주 소리가 유아들의 노래 소리보다 커서는 안 된다.**
다양한 방법으로 노래 부르기	• 동요를 충분히 익혀서 익숙하게 된 후에는 **원곡을 다양하게 변화시켜 노래 부르기**를 하면 좋다. • 이는 유아에게 창의적 사고와 창의적 표현의 기회를 제공하는 것으로 매우 좋은 방법이다.
평가 및 격려	• 자발적인 참여와 적극적이고 능동적인 표현을 유도해야 하는 것이므로 유아의 활동에 대해서 교사의 격려는 유아가 자신감과 적극적인 표현을 끌어내는 활력소가 된다.

Plus 지식 새 노래 부르기 지도 방법(하정의 외, 2013)

도입	① **다양한 매체를 활용하여 노래를 소개한다.** – 유아의 흥미와 관심을 바탕으로 하여 새로운 노래의 제목과 노랫말을 소개한다. 수수께끼나 퍼펫, 부분 그림 보여주기나 융판동화와 같은 교수매체를 이용하여 노랫말을 정확하게 전달한다. – 노랫말을 전달하기 위한 교수매체는 **노랫말을 적은 가사판보다 그림이나 실물 자료를 활용**하는 것이 좋다. – 유아가 글자를 읽지 못하여도 노래를 부를 수 있도록 구체적인 자료를 준비한다. – **가사판을 이용해야 하는 경우에는** 그림과 글자를 적절하게 배치하여 유아들이 글자에 대한 어려움 없이 새 노래를 익힐 수 있도록 하는 것이 좋다.
전개	① **교사가 노래를 불러준다.** – 교사가 **노래를 전체적으로** 불러준다. 노래의 가사와 음정, 박자를 정확히 불러주는 것은 물론 노래의 이미지를 살려서 불러준다. – 상황에 따라 녹음자료를 통해 들려줄 수도 있으나 **가능하면 교사의 육성**으로 들려주는 것이 좋다. – 노래를 들은 후, 느낌이나 기억나는 가락이나 노랫말에 대해 짧은 이야기를 나누는 것도 좋다. ② **가락을 들어본다.** – 피아노와 같은 선율악기를 이용하여 **반주 없이 한 손으로 가락만** 쳐준다. – **반주가 없이 단음으로 피아노를 쳐주면 유아는 음악의 구성요소 중 가락(멜로디)에 집중**하게 된다. ③ **허밍으로 불러본다.** – 한 음절로 가락을 따라 노래 부른다. – 허밍은 일반적으로 '음'소리로 노래를 부르나 유아는 '아'나 '라'와 같이 소리내기 쉬운 소리로 부를 수도 있고 **의성어를 이용**하거나 **내기 어려운 소리를 이용**하여 부르기도 한다. ④ **여러 번 반복적으로 노래를 부른다.** – **문답식 노래**의 경우 묻고 답하는 형태로 노래를 부른다. – 원하는 유아가 있다면 유아 혼자 또는 2~3명의 친구 앞에서 노래를 부른다. – 속도나 크기에 변화를 주어 노래를 부른다. – 노래에 율동을 만들어 노래를 부른다.
마무리	① **활동을 평가한다.** – 노래를 부르고 난 후의 느낌, 재미있었던 점이나 어려웠던 점에 대한 소감을 나눈다. – 노래의 특징에 따라 노랫말 내용이나 음악의 구성요소에 대하여 구체적으로 평가의 이야기를 나눈다. ② **활동자료와 확장활동의 방법을 소개하고 진행한다.** 　노래를 지도하기 위해 사용하였던 그림 자료아 악기, 두구 등은 음률영역에 비치함으로써 유아들이 자유선택활동 시간에 개별적으로 충분히 조작하고 경험해 볼 수 있도록 한다. – 유아들과 노래를 부르고 난 후 노랫말을 부분적으로 개사하는 것, 노랫말에 어울리는 손유희나 율동을 만들어보는 것, 노랫말대로 신체표현해 보는 것, 노래를 악기로 연주해 보는 것, 노래에 대한 느낌을 그림으로 표현해 보는 것, 노래에 나온 등장인물에게 편지를 써보는 것, 노래를 활용하여 할 수 있는 **게임이나 음악극 등 노래를 더 즐겁게 부를 수 있는 방법과 확장활동을 계획**하고 경험하도록 한다. – 확장활동은 노래가 충분히 익숙해지고 난 후 할 수 있는 활동이므로 새로운 노래를 부르는 첫 날에는 적합하지 않으며 유아들이 노랫말이나 음정, 박자와 가락 등에 충분히 익숙해지고 난 후 하는 것이 바람직하다.

Plus 지식 새 노래 부르기 수업 계획서의 예

활동명		꼬부랑 할머니		생활주제	가족	
활동목표		• 동요의 노랫말을 이해한다. • 전래동요의 반복적인 운율을 통해서 우리말의 즐거움을 경험한다.				
집단형태		대집단	대상 연령	5세	활동시간	15~20분
교수자료		• 꼬부랑 고개가 있는 배경 그림, 꼬부랑 할머니의 자석 자료				
활동방법	도입	① 노래가사를 동시로 들려주어 전래동요에 대한 흥미를 유발한다. 　- 선생님이 꼬부랑 할머니라는 동시를 들려줄게. 우리 조용히 하고 잘 들어보자. 　　꼬부랑 할머니 　　꼬부랑 할머니가 꼬부랑 고갯길을 꼬부랑 꼬부랑 넘어가고 있네 　　꼬부랑 꼬부랑 꼬부랑 꼬부랑 고개는 열두 고개 고개를 고개를 넘어간다. ② 동시를 들려준 후 동시에 대해 이야기를 한다. 　- 이 동시에서 어떤 말이 가장 많이 나왔었니? 　- 동시에 누가 나왔지?				
	전개	① 교사가 먼저 노래를 불러준다. 　- 선생님이 먼저 불러볼게. 잘 들어보자. 　　꼬부랑 할머니 　　꼬부랑 할머니가 꼬부랑 고갯길을 꼬부랑 꼬부랑 넘어가고 있네 　　꼬부랑 꼬부랑 꼬부랑 꼬부랑 고개는 열두 고개 고개를 고개를 넘어간다. ② 노랫말을 이야기식으로 들려준다. 　- 선생님이 지금부터 들려주는 이야기 속에 노래가사가 들어 있는데, 우리 한번 들어 보자. 　- 선생님이 들려준 이야기 속 내용을 우리 친구들이 말해 볼까? ③ 여러 가지 방식으로 교사와 유아가 함께 노래를 불러본다. 　- 교사가 노래 부를 때 유아는 입만 벌려 노래하기 　　▶ 선생님이 다시 노래를 불러 볼 텐데, 친구들은 입만 벌려서 불러보자. 　- 꼬부랑은 유아가, 나머지는 교사가 노래하기 　　▶ 노랫말엔 무슨 말이 가장 많이 나오니? 　　▶ 꼬부랑은 우리 친구들이, 나머지는 선생님이 불러보자. 　- 꼬부랑 대신에 유아 이름을 넣어 노래하기 　　▶ 이번에는 할머니란 가사 대신에 우리 친구 이름을 넣어 불러보자, 누구 이름을 넣어 불러볼까? ④ 노래에 동작을 만들어 노래한다. 　- 우리 친구들이 노래를 불러주면, 선생님은 율동을 할게. 선생님이 하는 율동을 잘 보고 함께 해보자.				
	평가 및 마무리	① 노래 부르기에 대한 느낌을 이야기한다. 　- 우리 친구들 오늘 배운 노래가 어땠니? ② 재미있었던 부분과 어려웠던 부분에 대해 이야기한다. 　- 노래를 하면서 가장 재미있었던 부분은 어느 부분이었니? ③ 다음 활동을 소개한다. 　- 다음은 시골에 계시는 할머니, 할아버지를 생각하며 얼굴을 도화지에 그려보도록 하자.				

2 음악 감상하기

음악 감상의 중요성	① **음악은 듣기로부터 시작된다.** – 사람의 오감각 중에서 **가장 먼저 발달하는 것은 청각**이다. 이런 이유로 음악을 듣는 것은 **"빠를수록 좋다"**고 한다. – 유아기는 '음악적 감각학습기'라고 할 수 있으며, 일생 중 소리에 대하여 가장 민감하게 반응하는 시기이므로 소리에 대한 호기심이 왕성하게 일어남과 더불어 스스로 음악을 학습하고자 하는 의욕을 가질 때이다. – 유아기는 창의력, 논리적 사고, 도덕성, 감성 등의 특질이 결정되는 '결정적 시기'로 음악교육이 꼭 필요한 때다. ② **음악은 청각 예술이다.** – 음악 감상은 음악적 교감의 시도이고 음악에 몰입하게 되는 활동이다. – 듣기와 감상 활동은 예술적 표출을 도모하게 되고 이 과정에서 음악에 대한 기쁨을 만끽하게 된다. ③ **음악은 심미적 체험이다.** – 음악 감상은 음악의 구성요소와 생성원리를 감지, 반응, 이해하는 것을 가능하게 한다. ④ **음악은 시대와 문화를 초월한 문화유산을 경험하게 한다.**
음악 감상의 내용	**소리 듣기** ① 자연의 소리 듣기 ② 목소리 듣기 ③ 생활 주변의 소리 듣기 ④ 음악의 구성요소와 관련된 소리 듣기 **음악 감상** ① 다양한 종류의 음악을 듣고 즐긴다. ② 감상한 음악에 대해 감상 후의 느낌을 글, 그림, 신체로 표현한다. ③ 바른 감상 태도를 갖는다.
소리 듣기	① 소리가 나는 도구들을 유아들이 쉽게 접할 수 있도록 한다. ② 일상생활용품을 이용한 악기를 만들어 보는 활동을 한다. ③ 실외에서 소리 듣기 놀이를 한다. ④ 매일의 일과 속에서 자연스럽게 이루어지는 것이 좋다. ⑤ 자신의 신체에서 나는 소리를 통해 소리에 대한 즐거운 경험을 해보도록 한다. ⑥ **소리에 대한 탐색은 쉽게 변별할 수 있는 소리부터 시작**한다. 　예 여자 목소리/남자 목소리, 높은 소리/낮은 소리, 큰 소리/작은 소리 등 대조적인 소리의 비교처럼 차이를 현저하게 구별할 수 있는 활동을 먼저 실시한다. 　예 그다음에 높게/점점 높게, 낮게/점점 낮게 등과 같이 다양한 소리의 차이를 구별해 볼 수 있도록 한다. ⑦ 음악적 요소와 연결된 소리를 듣고 비교해 보도록 한다. 세기, 박자, 리듬, 강약 고저와 같은 **음악적 요소와 연결 지어 다양한 소리를 경험**할 수 있게 한다. – 이를 위해 **박자나 리듬, 멜로디의 특성을 시각적으로 부호화**하여 들려주면 좋다. 　예 크고 작은 리듬의 형태를 『○o○o』으로, 두 박자와 네 박자의 형태는 『▮▮』, 『▮▮▮▮』으로 보여준다. ⑧ 다양한 소리를 만들어 보도록 한다. **신체나 주변의 물건을 이용하여 소리**를 만들어 보도록 한다. 　예 [신체 악기] 손뼉치기, 발 구르기, 몸 두드리기, 신문지 두드리기, 책상 치기, 바닥 치기 등과 같은 활동을 통해 다양한 소리를 흥미롭고 자연스럽게 만들어 볼 수 있다.

음악 감상 활동	① 교사는 감상할 곡을 충분히 이해하고 있어야 한다.

① 교사는 감상할 곡을 충분히 이해하고 있어야 한다.
- 교사는 아동에게 들려줄 곡을 완전히 파악하고 있어야 한다. 작곡자, 음악에 관련된 이야기, 음악의 분위기, 연주되는 악기 등을 충분히 파악한 후 수업을 진행한다.

② 감상할 곡은 3~4분 정도가 적합하다.
- 아동의 집중시간은 길지 않기 때문에 **3~4분 정도의 곡을 반복적으로 들려주는 것**이 좋다.
- 만약 감상할 곡이 **길다면 곡의 중심 부분만 녹음**해서 들려주거나 **두세 번에 나누어서 들려**준다.

③ **한 곡을 오랫동안 들려주기보다는 대비가 분명한 곡을 선정하여 짧고 다양하게 들려주도록** 한다.
- 즉, 빠른 곡과 느린 곡, 웅장한 곡과 부드러운 곡, 큰 소리의 곡과 작은 소리의 곡, 무거운 느낌의 곡과 경쾌한 곡, 높은 소리의 곡과 낮은 소리의 곡 등 분명히 대비되고 명확한 박자와 리듬, 강약을 갖은 곡을 선정한다.

④ **감상할 곡은 친숙한 것으로부터 생소한 것으로, 단순한 것부터 복잡한 것의 순서대로 선택하여 제시한다.**

⑤ 다양한 장르와 문화권의 질 좋은 음악을 제공한다.

⑥ 음색이나 빠르기, 분위기 등 음악적 요소와 관련지어 서로 비교할 수 있는 음악을 함께 제공한다.
- 초기에는 대조적인 악기나 음성으로 연주된 곡들을 들려주는 등 차이가 큰 곡을 서로 비교해 보도록 하는 것이 좋다.
- 또한 **같은 곡을 다른 악기로 연주한 것**이나 **독주곡과 합주곡**으로 된 것, **서양의 민요와 그 번안곡을 비교**해서 들어보게 할 수 있다.
- 또는 다양한 형태의 행진곡이나 슬픈 분위기와 기쁜 분위기의 곡을 서로 비교해서 들어보게 한다.

⑦ 감상할 작품에 대한 이해를 돕는 그림 자료, 비디오 등 교수 자료를 제공한다.
- 작품과 관련지어 작곡가의 생애, 음악이 만들어진 배경, 음악 속의 이야기를 그림 자료나 동화 자료로 만들어 준다.
- 또한, 음악을 들을 때 **연주되는 악기 그림을 음악에 맞게 제시**하거나, **작품의 음악적 요소를 시각화할 수 있는 교수 자료나 비디오 자료를 활용**한다.
  예) 음악을 들으면서 빠르기의 변화를 손가락 인형으로 움직이면서 나타내 볼 수 있고, 음악을 비디오로 형상화한 작품을 보여줄 수도 있다. 월트디즈니의 판타지아1, 2

⑧ 음악감상의 느낌을 동작, 그림, 말(편지)로 표현해 본다.

기 음악감상 지도 방법으로 부적절한 내용 1가지를 찾아 쓰고, ② 그것을 적절하게 고쳐 쓰시오.[15]

활동 방법	• 생상스의 사진과 함께 '동물의 사육제'를 소개한다. • 주의 깊게 들어야 할 부분을 알려 준다. • ~~'동물의 사육제' 곡 전체를 들려준다.~~ → 곡의 중심 부분만 녹음해서 들려주거나 대비가 분명한 부분을 편집하여 짧고 다양하게 들려준다. • 곡을 들어 본 느낌에 대해 이야기를 나눈다. • 그림 자료를 보며 주제 동물에 대해 이야기를 나눈다. • 동물을 표현하는 악기에 대해 이야기를 나눈다. • 동물을 상상하며 다시 곡을 듣는다.

음악동화 듣기	• 음악동화는 말이나 그림으로 된 것이 아니라 **음악으로 듣는 동화**이다. 다음은 음악동화 듣기의 전개방법이다. ① 음악동화를 듣기 전 그림, 융판, 자석, OHP 자료 등을 이용하여 동화를 들려준다. ② 등장인물과 악기를 표현하는 그림, 융판, 자석, OHP 자료 등을 음악동화 내용에 맞게 제시해 주면서 들려준다. ③ 동화의 상황에 맞는 악기소리나 음악을 생각해 보게 한다. ④ 음악동화에 대한 느낌을 말 또는 그림으로 표현해 보게 한다. ⑤ 교사가 기존의 동화에 맞는 음악을 준비하여 들려주거나 동화의 상황과 여러 악기소리(음악)를 들려주고 아동과 함께 음악동화를 만들어볼 수도 있다.
연령별 발달	**3세** • 생활주변에서 자연스럽게 접하게 되는 소리 – 동물의 울음소리, 일상생활에서 들리는 소리, 각종 기계음, 음성 등과 같이 비교적 짧은 듣기경험을 즐긴다. • 반복되는 단어를 사용한 노래 듣기를 즐기며, 특히 반복된 구절을 따라 하며 좋아한다. **4세** • 유아 자신이 좋아하는 음악, 좋아하는 멜로디를 반복해서 듣고 싶어 한다. • 소리를 눈으로 보고 귀로 듣는 능력이 생기기 시작한다. **5세** • 두 가지 이상의 소리가 동시에 들릴 때 그것을 구분해낼 수 있다. • 청음능력이 현저히 발달한다. • 매우 간단한 멜로디를 듣고 음정의 흐름을 인식할 수 있다. • 다양한 종류의 음악을 듣고 그 느낌을 표현하기 시작한다.

Plus 지식 음악 감상의 지도 방법

도입	① 다양한 매체를 활용하여 감상곡을 소개한다. 유아의 흥미와 관심을 바탕으로 감상곡의 제목이나 작가를 수수께끼, 부분 그림 보여주기 등을 통해 소개한다. 이때 감상곡의 내용이나 특징을 자세하게 설명하지는 않는다. ② 음악 감상을 할 때 지켜야 할 약속을 정한다.

전개	① 감상곡을 들어본다.
	② 감상곡을 듣고 난 후 음악을 들은 느낌에 대해 이야기 나눈다.
	③ 다시 감상곡을 들어본다.
	④ 감상곡의 특징이나 내용을 유아 수준에 맞게 구체적으로 소개한다.
	⑤ 다양한 방법으로 음악을 감상한다.
	  – 서로 손을 잡고 음악에 맞추어 함께 움직이며 듣는다.
	  – **음악의 구성요소에 반응하며 듣는다.**
	    예 음악이 커지고 작아짐에 따라 손 높이를 달리해본다. 음악의 박자에 맞추어 손뼉을 치거나 발장단을 구른다.
	  – 음악을 들으면서 그 음악을 연주하는 악기를 악기 그림 중에서 선택한다.

마무리	① 음악 감상을 하고 난 느낌에 대해 소감을 나눈다. ② 연관된 활동으로 확장한다.

Plus 지식 음악 감상하기 수업 계획서의 예

활동명	음악 감상하기(봄의 소리)		생활주제		계절
활동 목표	• 음악을 바르게 감상하는 태도를 기른다. • 음악에 대한 자신의 느낌을 언어와 몸으로 표현한다.				
집단 형태	대집단	대상 연령	5 세	활동 시간	15~20분
교수 자료	• 요한 슈트라우스 2세의 '봄의 소리' 음악 테이프, 녹음기, 요한 슈트라우스 2세 사진, 악기 사진				
활동 방법	도입	① **봄의 날씨 변화에 대해 이야기한다.** - 봄의 날씨는 어떨까? - 봄에는 어떤 일들이 일어날까? - 봄에는 어떤 소리들이 들릴까?			
	전개	① **곡명과 작곡가에 대해 소개를 한다.** - 이 곡은 파릇파릇 새싹이 막 돋아나는 느낌을 음악으로 표현한 '봄의 소리'인데, '왈츠의 왕'이라고 불리는 '요한 슈트라우스 2세'라는 사람이 작곡했단다. - '요한 슈트라우스 2세'는 왈츠의 아버지라고 불리는 '요한 슈트라우스 1세'의 아들로, 아버지의 이름을 따서 '요한 슈트라우스 2세'라고 부른단다. ② **음악을 들려준다.** - 지금부터 음악을 들려줄 텐데 들어보자. ③ **음악에 대한 느낌과 감상을 이야기한다.** - 이런 음악을 들어본 적이 있니? - 음악을 듣고 어떤 느낌이 들었니? 어떤 생각이 들었니? - 어떤 악기 소리들이 들린 것 같니? ④ **음악을 듣고 몸으로 표현해 본다.** - 이번에는 음악에 대한 느낌을 몸으로 표현해 보자.			
	평가 및 마무리	① **음악을 들은 후의 느낌을 이야기한다.** - 가장 재미있었던 부분은 어떤 부분이었니? - 몸으로 표현해 보니 어떤 느낌이 들었니?			

기 **주B5.** 1) 다음에서 왈츠를 출 때 서로 부딪히지 않도록 하기 위해 교사가 실천한 내용 1가지를 찾아 쓰고, 왈츠의 방법으로 옳지 <u>않은</u> 내용 1가지를 찾아 바르게 고쳐 쓰시오.[19추]

"먼저, 우리 귀에 익숙한 왈츠 음악을 들어 본 후, **선생님이 미리 교실 바닥에 붙여 놓은 노란 스티커** 위에 서서 아이와 우아하게 인사도 해 보았어요. 왈츠를 추다가 다른 아이와 짝도 바꿔 보고, **네 박자에 맞춰** 원을 그리듯 돌기를 반복하면서 다른 사람의 춤도 감상할 수 있어서 재밌는 시간이었어요."라고 말했다.

① 미리 바닥에 노란 스티커를 붙여 놓은 점, ② 네 박자 → 세 박자

Plus 지식 스완윅과 틸먼의 유아기 음악 발달 단계(음악 감상 능력의 발달, Swanwick & Tillman, 1986)

- 스완윅과 틸먼은 3~11세 **아동 48명을 대상으로 음악을 들려주고 느낀 것을 표현**하게 한 745사례를 중심으로, **연령에 따른 음악적 발달을 비교 분석**하였다.
- 음악적 선호성과 발달 단계를 분석했던 이전의 연구들은 음악가나 교사보다는 심리학자가 연구한 것들이 많아서 일반적인 음악교육과는 관련성이 적은 것들이 대부분이었다.
- 그러나 스완윅과 틸먼의 연구는, **실제 아동들의 작품을 토대로 분석한 결과**였으며, 분석결과 "나선형(spiral)"의 발달 도표를 도출하게 되었다.
- 스완윅(1988, 1991, 1994)은 후속 연구를 통하여 나선형 발달 단계와 아동의 음악능력을 연관하고 음악적 발달의 모든 면과 통합시키고자 하였다.
- 그들이 발표한 나선형 8단계는 ① **감각적 단계**, ② **조작적 단계**, ③ **개인적 표현 단계**, ④ **전문적 표현 단계**, ⑤ **모험적 단계**, ⑥ 관용적 단계, ⑦ 상징적 단계, ⑧ 조직적 단계 등으로 연령에 따라 구성되어 있으며, 그 가운데 **처음의 5단계가 아동과 밀접한 관련**이 있다.
- 스완윅(1991)은 나선형의 각 단계는 고정된 연속체(invariant sequence)이고, 여러 가지 측면에서 언어 발달과 연결되어 있다고 주장하였다.
- 나선형 8단계는 다소 복잡해 보이지만, 스완윅과 틸먼(1994)의 연구결과는 음악적 발달의 단계별 특징을 이해할 수 있다는 점에서 커다란 의의가 있다.
- 처음 5단계의 특징들을 대체적으로 살펴보면 다음과 같다.

단계	특징
감각적 단계 (sensory, 0~3세)	▶ 음악의 **고저, 강약, 음색 등에 강한 관심**을 보이며, 감동적인 요소, 강한 인상을 주는 것에 반응하고 **소리를 탐색하고 실험**하는 단계
조작적 단계 (manipulative, 4~5세)	▶ **박자 등 음악적 특징, 음악적 효과, 분위기, 소리를 조작하는 환경을 인식**하는 단계
개인적 표현 단계 (personal expressiveness, 4~6세)	▶ 음악에서 **표현적 제스처와 분위기를 인식**하고, 음악을 이야기나 시각적 이미지와 쉽게 연관시키며 **감정을 표현**하는 단계
전문적 표현 단계 (vernacular, 7~8세)	▶ **음악적 관습을 이해**하고 박자, 반복 등의 음악적 특징을 기술적으로 분석할 수 있는 단계
모험적 단계 (speculative, 9~11세)	▶ 음색, 악기의 특색, 강약, 속도, 고저, 리듬 등 **음악적 개념을 활용(참조)하여 변화를 인식**할 수 있는 단계

[기] **주B4.** 2) 음악 감상 지도로 적절하지 <u>않은</u> 방법을 이야기한 교사 2명을 찾아 해당 교사와 그 이유를 각각 쓰시오. [24]

강 교사 (한 번에 최대한 많은 음악 요소에 귀 기울여 듣게), 유아의 인지 발달상 지나치게 많은 정보에 집중하라고 하면 혼란을 느낄 수 있기 때문이다.
신 교사 (교실이 좁더라도 유아들이 모두 다 같이 춤으로 표현), 교실이 좁으면 유아의 안전을 위해 강당 등 충분히 활동할 수 있는 공간을 제시해야 하기 때문이다. (좁은 공간에서 여러 유아가 춤을 추면 안전상 위험이 있기 때문이다.)

3 악기 다루기

- 악기는 일반적으로 음의 고저와 화음 등을 낼 수 있는지 없는지에 따라 리듬 악기, 멜로디 악기, 하모니 악기로 나눌 수 있다.

유아기에 접하는 악기	리듬 악기	▶ **음의 높낮이 없이** 악센트와 **다양한 음색과 리듬을 산출**하는 악기 • 예 : 심벌즈, 북, 징, 장구, 마라카스, 탬버린, 트라이앵글, 캐스터네츠, 우드블록, 리듬막대 등 높낮이가 없어 악센트와 다양한 음색을 산출하는 악기이다. • **유아기에는 리듬악기 사용이 가장 적절**하며, 교육 내용으로는 리듬악기의 소리 탐색, 다양한 리듬 형태 만들어 보기, 친숙한 노래에 맞추어 박자치기, 간단한 리듬 패턴 연주하기 등이 포함된다. • 리듬악기는 각 악기 나름대로 독특한 연주 방법이 있으나 처음 악기를 접하는 유아들에게 그러한 **연주 방법을 강요하는 것은 바람직하지 않다.** • 유아가 각 악기의 소리 내는 방법과 쥐는 모습, 연주하는 방법 등에 익숙해질 때까지 **탐색하도록 충분한 시간과 장소를 허락**한다. • 또한 '탐색'의 의미가 마음대로 시끄러운 소리를 내는 것이 아니라 **서로 다른 소리를 실험해 보는 것임을 인식**시키는 것이 중요하다. 기 가락악기와 리듬악기를 순서대로 1가지 쓰시오. [22]
	멜로디 악기	▶ **일정한 음의 높낮이**를 내며, **멜로디를 연주**할 수 있는 악기 • 예 : **실로폰이나 멜로디언** 등과 같이 각 음이나 멜로디를 연주하기 위해 **일정한 음의 높낮이를 내는 악기**이다. • 멜로디 악기는 음의 높낮이와 멜로디 개념의 발달을 돕고 친숙한 노래의 간단한 리듬 패턴을 연주하는 데 사용된다. • 실로폰이나 멜로디언 등은 **유아기에 경험할 수 있는 악기**이기는 하지만 계이름을 외워 완벽하게 연주하도록 하는 등의 방법은 유아에게 적절하지 못하다. 기 ⓒ '소고, 탬버린, 마라카스, 리듬막대, 캐스터네츠, 실로폰.'에서 [A]의 가락을 연주할 수 있는 악기를 1가지 찾아 쓰시오. [특22] **실로폰**
	하모니 악기	▶ **여러 개의 음을 동시에** 내어 멜로디를 반주하고 **화음을 내는 악기** • 예 : **피아노, 아코디언, 오토 하프, 벤조, 기타, 만돌린, 우쿨렐레** 등

리듬악기와 선율악기	리듬악기	강박 악기(쿵악기)	• 큰북, 트라이앵글
		약박 악기(짝악기)	• 작은 북, 캐스터네츠
		강약 겸용 악기	• 탬버린, 우드블록, 마라카스, 방울
		악센트 악기	• 심벌즈
	선율악기	타악기	• 실로폰, 핸드벨
		건반악기	• 피아노, 오르간, 멜로디언, 풍금

악기 탐색하기	▶ **악기 소개하기 활동** : 새로운 악기를 소개하면서 **악기를 소리 내는 방법을 탐색**해 본 뒤 **악기의 이름과 정확한 연주 방법을 알아보는** 활동 • 악기의 이름과 사용 방법을 자유롭게 탐색한다. 유아가 악기를 보고, 만지고, 두드리는 과정을 통해 악기의 이름을 알고, 악기의 사용 방법을 정확하게 터득해 나가도록 하는 것이 중요하다. ㉠ 오늘은 선생님이 이렇게 생긴 악기를 가져왔는데 이 악기를 본 적이 있니?, 어디서 보았니?, 악기 이름을 아니?, 이 악기는 어떻게 소리 낼 수 있을까 등의 언어적 상호작용을 한다. • **악기의 특성에 따라 어떻게 정확한 소리를 낼 수 있는지 탐색**해 본다. – 여러 가지 다양한 악기의 소리, 만들어진 재료를 비교해 보고, 연주되는 방법에 대한 다양한 탐색을 통해 어떤 방법으로 소리를 냈을 때 가장 아름답고 정교한 소리가 나는지 알아본다.
악기연주 하기	▶ **트레몰로**(Tremolo) 연주법 : **같은 음(또는 두 음)을 빠르게 반복하여 떨리듯이 연주**하는 방법 ㉠ 탬버린, 트라이앵글, 캐스터네츠 등 : 빠르게 악기를 계속 흔든다(친다). ① 악기 연주하기에 적합한 곡을 선정한다. – 너무 길거나 복잡하지 않고, 유아가 전부터 알고 있는 친숙한 노래(동요)를 선택한다. – 노래 전체를 악기로 연주할 수 있으며 **노래의 특징적인 부분만 악기로 연주할 수도** 있다. ② 악기연주를 위한 그림악보를 만든다. ③ 그림악보를 보면서 신체를 이용하여 연주한다. 악기로 연주하기 전에 **신체악기**를 이용하여 연주해 본다. ㉠ 입으로 '둥둥', '똑똑똑똑'하고 소리 낼 수 있다. 교사의 노래나 피아노 반주에 맞추어 연주하며, 부분적으로만 연주하는 경우에는 나머지 부분을 유아들이 함께 노래 부르면서 할 수 있다. 기 '노래를 나누어 번갈아 부른 후에는 유아들이 다 함께 노래 부르면서 신체악기도 활용하면' 에서 활용할 수 있는 **신체악기의 연주 방법**을 1가지 쓰시오.[23] **(노래를 부르면서) 자진모리 장단에 맞춰 손뼉을 치고, 발을 굴러 본다.** ④ **그림악보를 보면서 악기로 연주**한다. ⑤ **상황에 따라 그림악보를 수정**하여 **악기로 연주하는 단계를 몇 회 반복**할 수 있다. ⑥ 악기연주를 **대집단**으로 할 때는 **규칙을 정하여** 혼란스러움을 피하는 것이 좋다. ① 유아에게 악기를 조용히 나누는 방법을 알려준다. – 소집단인 경우, 악기가 담긴 상자나 통 앞에 한 줄로 서서 자신이 연주하고 싶은 악기를 가져가도록 하거나 한 유아가 나누어 주게 한다. – 대집단이면 악기를 종류별로 상자에 넣고 집단별로 악기를 나누어준다. ② **때로는 악기를 실험해 보도록 허용**한다. – 나이 어린 유아는 가능한 한 빨리 악기를 만지고 소리 내 보고 싶어 한다. 이때 주의할 점은 **활동을 멈추는 신호**(손을 들거나, 피아노나 다른 악기 소리로)를 정해서 신호에 따라 멈추도록 하는 것이다. ③ 악기는 **조심스럽게 다루기로 규칙**을 정한다. – 악기는 놀잇감이 아니라 수업 활동을 위한 자료인 것을 인식하게 한다. ④ 교사가 이야기하고 있는 동안은 악기를 연주하지 않으며, 악기연주 중에 옆의 유아와 이야기하지 않도록 한다. ⑤ 연주를 시작하는 신호가 있기 전까지는 악기 소리를 내지 않도록 한다. – 악기를 연주하지 않을 때는 무릎 위, 의자 옆, 마루 위에 가만히 놓게 한다. ⑥ 유아들이 서로 악기를 바꾸어 연주해 보도록 한다. ⑦ 악기연주가 끝난 후, 유아 각자가 악기를 약속된 보관 장소에 놓거나, 혹은 한 유아가 통을 들고 다니면서 걸어서 정리하도록 한다.

연주하기 지도방법	자유롭게 연주하기	▶ **노래에 맞춰 자유롭게 악기를 연주**해 보는 방법 • '가을' 노래를 미리 배운 다음 다 같이 불러본다. • 노래에 맞춰 연주할 것임을 말하고, 악기를 탐색한다. • 악기가 처음 소개될 때 악기의 이름, 연주 방법, 다루는 태도 등에 대해 이야기한 다음 악기를 유아에게 나누어 준다. • **노래에 맞춰 유아들이 자유롭게 연주한다.** • 여러 가지 방법(악기를 바꾸기, 몇 명의 유아가 나와서 들려주기, 반 그룹은 노래 부르고 반 그룹은 연주하기 등)으로 연주한다.
	부분 연주하기 (특정 부분 연주하기)	▶ **함께 노래** 부르다가 **특정한 단어가 나오는 부분만 악기로 연주**해 보는 방법 기 "개구리" 노래를 부를 때 앞 두 마디는 노래로 부르다가, '꽥꽥~'하는 두 마디에서만 북을 두드리고, 나머지는 다시 노래하는 방법'과 같이 지도한 **악기연주 방법**을 쓰시오.[특23] • '가을' 노래를 다 같이 불러본다. • 노래에 맞춰 악기 연주하기를 할 것임을 말하고, 어떤 부분을 연주할지 소개한다(악보를 이용한다든가, 부분 연주하는 것을 교사가 시범을 보인다). • 곡의 특성에 맞는 악기를 2~3가지 소개한 후, 악기를 유아에게 나누어 준다. • **노래를 부르며 특정한 부분에서만**(예 : 노랫말 중 '노란색' 노랫말 부분만) 유아들이 연주한다. • 여러 가지 방법(악기를 바꾸기, 몇 명의 유아가 나와서 들려 주기, 반 그룹은 노래 부르고 반 그룹은 연주하기 등)으로 부분 연주를 한다.

	분담 합주하기
	(분담하여 악기 합주하기)
		▶ **두세 가지 이상의 악기**를 사용하여 **역할을 나누어 연주**해 보는 방법
		예 '오리는 꽥꽥'은 캐스터네츠가, '염소 음메'는 트라이앵글이 연주하는 방법
		예 분담 합주를 위한 그림 악보를 준비한 후, 나누어 연주할 부분을 소개한다.
		    가을은 가을은 노랑색(탬버린) / 은행잎을 보세요(트라이앵글)
		    그래그래 가을은 노랑색(캐스터네츠) / 아주 예쁜 노랑색(다 같이)
		• 악기를 유아들에게 나누어 준다.
		• **노래를 부르며 유아들이 각자 맡은 부분에서 연주**한다.
		• 여러 가지 방법(악기 바꾸기, 몇 명의 유아가 나와서 들려 주기 등)으로 분담 합주를 한다.

	전체 합주하기
	(전체 악기 합주하기)
		▶ **두 가지 이상의 악기**가 **동시에 연주**되어 **박자와 리듬을 달리하여 연주**하는 방법
		예 '오리는 꽥꽥'에서 탬버린은 노래, 우드블록은 가사의 박자대로 동시에 연주
		예 전체 합주를 위한 그림 악보를 준비한 후, 어떤 악기로 어떻게 연주할지 소개한다.
		    가을은 가을은 노랑색 / (쿵 – 탬버린, 짝 짝 짝 – 캐스터네츠)
		    은행잎을 보세요 / (쿵 – 탬버린, 짝 짝 짝 – 캐스터네츠)
		• 유아들과 쿵 짝 리듬을 신체로 연주해 본다(쿵 – 무릎치기, 짝 – 손뼉치기)
		• 쿵, 짝에 해당하는 악기를 유아들에게 나누어 준다.
		• **노래에 맞춰 유아들이 전체 연주**한다.
		• **여러 가지 방법으로 전체 합주**를 한다.
		예 한 반의 유아 인원이 20여 명일 경우, 탬버린 5명 / 캐스터네츠 10명 정도로 정하여 '쿵짝짝짝'에 맞춰 연주하고, 2명 정도는 부분에서 트라이앵글로 트레몰로를 연주한다. 나머지 3명 정도의 유아는 실로폰으로 보르둔 반주를 한다. 유아가 30여 명이라면, 악기별 인원을 조정하거나 혹은 10명 정도는 노래를 부르는 것도 좋다.

악기 다루기의 내용	소리 만들기	• 자연과 일상생활의 다양한 소리를 주의 깊게 들어본다. • **자연과 일상생활 용품 등을 이용하여 여러 가지 소리**를 내어본다. • 소리를 내는 다양한 소재의 특징을 예측하고 소리를 만들어 본다. • 소리의 장단, 고저, 강약을 고려하여 소리를 만들어 본다.
	악기 만들기	• **자연물과 생활용품 및 폐품을 이용하여 악기**를 만들어 본다. • 재료가 내는 소리의 특징을 고려하여 악기를 만들어 본다. • 자신만의 악기를 고안하여 만들어 본다.
	악기 연주하기	• 여러 종류의 리듬악기를 접하고 탐색한다. – 유아의 **신체적 발달과 인지적 발달을 고려할 때 타악기 중에서도 리듬악기부터 경험하고 연주**하는 것이 바람직하다. • 리듬악기의 바른 연주법을 이해한다. • 리듬악기를 이용하여 즉흥적으로 느낌을 살려 연주한다. • 리듬악기를 이용하여 음악의 구성요소를 살려 연주한다.
지도 시 교사의 태도		① 교사 자신이 음악을 선호하고 즐기며 자유로운 표현을 가치 있게 여기는 사람이어야 한다. 즉, 소리를 만들어내고 악기를 만들어내고 악기를 연주하려는 유아의 자발적 시도에 흥미와 관심을 보이는 사람이다. ② 듣기만 하는 음악이 아니라 참여하는 음악을 즐기는 사람이어야 한다. 음악의 장점은 음악을 행하는 것(doing)에 있는데 악기 다루기야말로 능동적인 행함이 이루어지는 음악의 영역이라 할 수 있다. ③ 교사 자신이 음악가로서의 정신에 자신감을 갖고 있어야 한다. 노래를 잘 부르고 피아노를 능숙하게 연주할 수 있어야 한다는 것이 아니라 음악을 사랑하고 이해하려는 마음과 태도를 가지고 있으면 된다. ④ 적절한 유아의 발달에 맞는 음악 학습환경을 제공해야 한다. 음악적 참여와 표현을 격려할 수 있는 활동을 계획할 뿐만 아니라 창의적인 사고와 행동을 자극할 수 있는 교수자료나 경험을 제공함으로써 적절한 음악 학습환경을 구성한다. ⑤ 음악적 기술의 완벽한 수행을 요구하거나 비판하지 않아야 한다. 유아가 **악기를 다루는 과정을 중요시하고 격려**하며 **점차 악기에 익숙해지도록 지도**해야 한다.
지도 시 유의점		① 악기는 유아의 발달에 맞는 양질의 것으로 다양하게 준비하도록 한다. ② **악기를 탐색할 시간을 충분히 준다.** ③ 다양한 악기를 연주해 볼 수 있는 기회를 준다. ④ 유아의 생각과 느낌을 자유롭게 표현할 수 있는 허용적인 분위기를 조성한다. ⑤ 자신의 연주를 듣고 스스로 평가해 볼 기회를 준다. ⑥ 다른 음악의 영역-노래 부르기, 신체표현, 음악감상 등과의 균형을 고려하여 악기 다루기를 계획한다. ⑦ 악기 다루기는 일회성으로 계획하고 활동하는 것이 아니라 지속적으로 이루어져야 하며 다양한 참여의 기회가 제공되어야 한다. ⑧ 악기 다루기를 위한 활동안은 지도와 반복, 복습을 고려하여야 하고 타 영역과의 연계 및 통합을 고려하여 계획한다. ⑨ 악기 놀이와 연주 활동 시간은 유아의 흥미와 집중을 고려하여 계획하고 진행한다.

연령별 발달	3세	• 소리의 차이를 인식하고 소리를 분류하거나 조직하기 시작한다. • 리듬악기를 사용하여 음악의 비트를 연주할 수 있다. • 느린 박보다 빠른 박을 더 쉽게 인식하고 즐긴다.
	4세	• 음악의 박자를 리듬악기와 신체를 사용하여 비교적 정확하게 표현할 수 있다. • 간단한 리듬 합주를 들으며 합주에 사용된 악기의 소리를 알아볼 수 있다. • 소리의 단계를 눈으로 보고 귀로 듣는 능력이 자라난다. • 기본 박 및 리듬에 대한 흥미가 강하고 간단한 리듬 패턴은 모방이 가능하다.
	5~6세	• 그룹의 일원이 되어 음악 활동하는 것을 즐긴다. • 가락악기를 칠 수 있는 능력이 현저하게 발달한다. • 음의 고저, 장단 등과 같은 음악적 구성요소를 시각적인 부호와 연결하기 시작한다.

Plus 지식 악기 연주하기 지도 방법

도입	① 악기연주에 사용할 악기를 소개한다.
	  - 다양한 방법으로 악기를 소개한다. 사용할 악기에 대한 수수께끼를 내거나 소리만을 들려주어 유아의 호기심을 자극하는 방법도 있다.
	② 악기연주를 위한 노래 또는 음악을 부르거나 들어본다.
	  - 악기연주에 사용되는 곡은 유아가 **이미 알고 있는 노래 또는 음악**으로 한다.
	  - 연주할 곡은 **곡의 길이가 짧고 리듬과 박이 쉽고 분명한 노래를 선택**한다.
	  - 전곡을 연주할 수도 있지만, 곡에 따라서는 부분만을 악기로 연주할 수도 있다.

전개	① 악기연주를 위한 그림 악보를 제시한다.
	  - 악기에 익숙하지 않은 유아들과 **처음부터 그림 악보를 함께 만들려고 하면 오히려 혼란**을 초래하기 때문에 교사는 **악보를 미리 준비**하도록 한다.
	  - 그림 악보는 노랫말 위나 아래에 연주할 악기의 사진이나 그림을 붙여서 표시한다.
	  - 박자에 맞추어 연주할 때는 악기를 박자마다 붙여줄 수 있다.
	  - 한 마디 내에서 같은 방법으로 연주할 때는 마디의 첫 부분에 악기 그림이나 사진을 붙여준다.
	② **[신체 악기]** 그림 악보를 보면서 신체를 이용하여 연주한다.
	  - 실제로 **악기를 연주하기 전에 몸을 이용**하여 연주해 본다.
	  - 입으로 할 수도 있고, **손뼉치기나 발 구르기, 무릎치기** 등으로 할 수도 있다.
	③ 악기를 나누어 갖는다.
	  - 악기를 나누어 가질 때에는 악기소리가 나지 않도록 무릎 위나 바닥에 내려놓도록 한다.
	  - 이와 같은 **약속은 악기를 나누어 갖기 전에 미리 이야기되어야** 혼란스럽지 않게 악기연주활동을 진행할 수 있다.
	  - **단, 악기를 처음 접하게 되는 경우에는 악기 탐색하기 시간을 사전에 갖도록** 한다.
	④ 그림 악보를 보면서 악기로 연주한다.
	  - 악기연주의 경험에 따라 달리 진행되어야겠지만, 일반적으로 악기연주의 경험이 많지 않은 유아들과 연주할 때는 악기별로 소리를 내어보고 합주하는 것이 좋다.
	⑤ 그림 악보를 수정하여 여러 번 연주한다.
	⑥ 연주해 보지 않은 악기로 바꾸어 연주해 본다.

마무리	① 악기를 연주하고 난 후의 느낌을 이야기 나눈다.
	  - 악기연주를 해 보니 기분이 어땠는지, 재미있었거나 어려웠던 점은 무엇이었는지, 악기를 다룰 때나 연주할 때 약속이 잘 지켜졌는지 등에 대한 소감을 나눈다.
	  - 또한, 음악의 구성요소와 관련지어 어떻게 연주되었는지에 대해서도 평가한다.

지식 악기 연주하기 수업 계획서의 예

활동명	꼭꼭 약속해		생활주제	친구	
활동목표	• 리듬(박자)에 맞추어 악기를 연주할 수 있다. • 노랫말에 맞추어 악기를 연주할 수 있다.				
집단형태	대집단	대상 연령	5세	활동시간	15~20분
교수자료	• 노랫말 판, 악기(탬버린, 캐스터네츠), 그림악보, 사인펜				
활동방법	도입	① 준비한 악기의 소리만 들려준다. 가리개를 이용해 악기는 보이지 않도록 한다. - 선생님이 들려주는 악기 소리가 무슨 악기인지 잘 들어보도록 해요. ② 나머지 한 악기는 유아가 나와서 소리를 들려주게 한다. - 자 이번에는 친구 한 명이 나와서 악기소리를 들려주도록 하자. - 누가 나와서 악기소리를 들려줄까?			
	전개	① 탬버린과 캐스터네츠 다루는 방법을 알아본다. - 탬버린은 어떻게 치는 걸까? - 캐스터네츠는 어떻게 치는 걸까? ② 두 악기의 소리를 비교해 본다. - 탬버린의 소리는 어떠니? - 캐스터네츠의 소리는 어떠니? ③ '꼭꼭 약속해' 노래를 부른다. - 지난 시간에 배운 '꼭꼭 약속해' 노래를 불러보도록 해요. ④ 노래에 맞추어 악기를 마음껏 연주해 본다. - 노래에 맞추어 마음대로 연주하니까 어떠니? - 노래에 맞게 악기를 연주하려면 어떻게 해야 할까? ⑤ 노랫말에 맞게 악기를 연결해 본다. - '너하고 나는'은 어떤 악기로 연주하는 것이 좋을까? - '꼭꼭 약속해'는 어떤 악기로 연주하는 것이 좋을까? ⑥ 선정한 악기를 노랫말에 맞게 연주할 방법에 대해 이야기한다. - 이 부분은 탬버린을 어떻게 연주하면 좋을까? - 이 부분은 캐스터네츠를 몇 번 어떻게 연주하면 좋을까? ⑦ 유아들과 토의한 내용대로 그림악보를 완성한다. ⑧ 악기를 나누어 준다. - 탬버린을 하고 싶은 친구 나와서 가지고 들어가자. - 악기는 연주할 때까지 무릎(옆)에 가만히 놓아두자. ⑨ 그림악보를 보면서 악기를 연주해 본다.			
	평가 및 마무리	① 악기를 그냥 연주할 때와 그림악보를 보면서 연주할 때의 차이점을 이야기한다. - 악기를 그냥 연주할 때는 어땠니? - 그림악보를 보면서 연주할 때는 어땠니? ② 그림악보를 잘 지키면서 연주했는지 이야기한다. ③ 악기연주할 때 지켜야 할 약속은 잘 지켰는지 이야기한다. ④ 재미있었던 부분과 어려웠던 부분에 대해 이야기한다. - 연주를 하면서 가장 재미있었던 부분은 어떤 거였니? ⑤ 다음 활동을 소개한다. - 다음은 간식을 먹을 거예요. 탬버린이 "재미있었어요."하는 친구 먼저 화장실에 다녀오자.			

4 신체 표현

신체 표현 내용	• 음악의 구성요소에 따른 신체표현 • 노랫말과 노래 내용에 따른 신체표현 • 음악에 따른 창의적 신체표현 • 손유희	
신체 표현 형태	형식적 또는 구조적 신체 표현	▶ 교사가 **움직임의 형태를 보여주거나 특별한 지시와 지도**를 하는 신체 표현 ▶ 교사의 **지시나 노랫말에 따라 정해진 동작을 수행**하는 신체 표현 • 노래의 제목이나 노랫말이 유아의 구체적 움직임을 지정해 주는 신체 표현 예 유아 모두가 **같은 노래에 맞추어 같은 움직임**을 하도록 지도하는 것, '머리 어깨 무릎 발'과 같이 **노랫말대로 행동**하도록 하는 것, **다양한 종류의 손유희**
	비형식적 또는 비구조적 신체 표현	▶ 교사가 **기본 동작에 대해 제시**는 하지만, **그 외는 유아 해석대로 움직일 수** 있는 신체 표현 • 음악이나 노랫말이 제한된 제시를 내포하고 있어 **한정된 범위 안에서 자유롭게 해석하여 신체 표현**할 수 있도록 하는 것으로 **기본 동작에 대해 제시**는 하지만 **그 외는 유아의 해석대로 움직일 수** 있도록 지도한다. 예 '그대로 멈춰라', '나처럼 해봐요' 등의 노래는 일정 부분은 자유롭게 표현할 수 있는 여지를 둔 대표적 곡
	창의적 신체 표현	▶ 음악을 듣고 느낌과 생각을 몸으로 **자유롭게 나타내는 신체 표현** • 일정한 형식이나 기술이 있는 것이 아니라 유아가 음악을 듣고, 그 느낌이나 분위기 또는 유아의 내적 심리상태를 반영하여 개성 있게 표현할 수 있도록 지도한다.
계획 시 고려사항	• 유아의 음악적 능력을 이해하고 교사 자신의 음악적 지식을 구축한다. • 신체 표현의 종류에 따라 알맞은 곡을 선정한다. • 계획적이고 체계적인 신체활동을 계획한다. • 신체활동을 하기에 적당한 시간과 공간 집단의 크기를 계획한다. • 신체활동을 위한 매체와 소품을 준비한다. • 유아가 자연스럽고 편안한 분위기에서 활동할 수 있도록 환경을 구성한다. • 통합적 교육과정으로 신체 표현활동을 계획하도록 한다.	
지도 시 고려사항	• 유아가 음악에 대해 느끼고 이해한 것을 마음껏 표현하도록 한다. • 개방적인 활동 분위기를 조성한다. • 교사 자신이 활동에 적극적으로 참여한다. • 활동하는 중간에 유아의 심리상태와 체력 상태를 파악한다.	

5 음악극(통합적으로 표현하기)

음악극의 개념과 통합적 구성	▶ **노래극** : 동화, 동시 등의 내용을 극으로 꾸미고, 이야기의 진행을 노래 중심으로 표현하며, 노랫말과 멜로디를 활용하여 극의 내용을 전달하는 활동
	▶ **음악극** : 동화, 동시 등의 내용을 극으로 꾸미고, **대사는 노래**로 표현하고, **악기를 활용**한 효과음과 **신체 표현을 통해 극을 진행**하는 활동
	   – 즉, **등장인물의 대사는 감정을 담은 노래**로 표현하고, **효과음과 감정표현을 다양한 악기를** 활용하여 구성하며, 등장인물의 **생각과 감정을 신체를 통해 다양한 몸짓으로 전달**하는 극의 형태이다.
	     – 음악극은 흔히 노래극으로 인식되고 있다. 음악극은 근본적으로 **이야기, 노래, 동작에 근거를 두고, 언어, 음악, 동작을 융합**하여 만든 **종합극의 형태**이다. 따라서 음악극은 **음악과 동작의 통합적 교육 활동**으로 볼 수 있다. 이처럼 노래극과 음악극은 용어 사용은 다르지만, 내용적 구성이나 활동 전개 방법은 일치하는 요소가 많다.
	기 전래동요의 가사를 확장해서 동극의 형식으로 각색하고, 등장인물의 대사 일부를 노래로 표현하는 **(노래극)**을 시도해 보고 싶어요. 춤의 요소가 포함되는 뮤지컬이나 대부분 음악으로 이어지는 오페라에 비해 **(노래극)**을 만들기는 쉽겠지만, 우리 반 아이들이 가능할지 모르겠어요.[14]
	① 뮤지컬 공연을 보면 음악과 함께 이야기가 진행되면서 등장인물들의 노래와 무용을 감상할 수 있다.
	   – 이러한 **뮤지컬은 오페라나 판소리, 창극 등과 같은 음악극의 한 형태**라고 볼 수 있다.
	② 유아기에는 영역별로 따로 이루어지는 활동보다는 통합적으로 여러 각도에서 접근되어지는 활동이, 수동적인 활동보다는 적극적으로 참여할 수 있는 활동이 적합하다.
	   – 그리고 미리 계획된 활동을 그대로 하기보다는 **활동 중에 수정, 변화시켜나가는 과정**을 경험하는 것이 유아들의 **흥미를 이끌어내고 동기유발을 촉진시킬 수 있는 경험**이 된다.
	③ 그런 의미에서 통합적으로 활동이 이루어지고 유아들이 적극적으로 참여할 수 있고, 과정 중에 다양한 수정, 변화를 경험할 수 있는 음악극이야말로 유아기에 더할 나위 없이 적합한 활동이라 할 수 있다.
	④ 유아들은 음악극 활동을 통해 음악적 경험뿐만 아니라 수학, 과학, 조작, 미술, 문학 등과 같은 다양한 교과 영역과 언어, 신체, 정서, 사회성, 창의성 발달영역을 통합적으로 경험한다.
	⑤ 음악적 경험의 측면에서 살펴볼 때도 음악교육의 다양한 내용 즉, 음악 감상, 노래 부르기, 악기 다루기, 신체표현 통합적으로 경험하게 된다.

교육적 가치	• 음악적 능력 향상을 돕는다. • 다양한 간접 체험을 돕는다. • 의사소통 능력을 돕는다. • 다양한 예술적 경험을 돕는다. • 자발적인 학습 성향을 돕는다. • 통합적 발달을 돕는다.

유아에게 적합한 음악극	• 내용 면에서 음악극의 이야기가 **유아들이 공감할 수 있는 내용**이어야 하며 **흥미롭고 친숙한 소재**로 이루어진 것이 좋다. 그리고 **주제가 명확**하게 보이는 음악극을 선정한다. • 많은 유아가 참여할 수 있도록 **등장인물의 수가 적당**해야 하고 **역할의 비중이 편중되지 않아야** 한다. • 음악극의 전체 길이는 **15~20분 정도 소요**되는 것이 적당하다. • 음악극의 등장인물이 부르는 **노래의 선율은 단조롭고 쉬우며 반복**이 있어서 유아들이 배워서 쉽게 부르고 익힐 수 있는 것이 좋다.
지도 시 고려점	• 음악극은 행사 시 발표용이 아니라 정규 교육과정의 일부로 진행하는 것이 좋다. • 음악극 활동은 통합적으로 구성한다. • 하나의 음악극을 공연 활동까지 진행시키려면 기간은 **한 달 정도가 적합**하다. • 유아의 생각을 가능한 존중하고 수용한다. • **가능한 많은 유아가 역할을 맡아 참여할 수 있도록** 한다. • **소극적인 유아는 자연스럽게 참여를 유도**한다.

기 주B5. 2) 다음에 나타나는 음악극 지도 방법 중 바람직하지 **않은** 것 2가지를 찾아 쓰고, 그 이유를 각각 쓰시오.[19추]

"유아에게 흥미롭고 줄거리가 명확한 이야기를 선정했고, 유아 간의 역할 다툼을 예방하기 위해 **미리 역할을 정해 주었으며**, 소외되는 유아가 없도록 **우리 반 유아 20명 모두를 주인공이 되도록** 하였어요. 등장인물들이 부르는 노래는 단순하고 반복적인 것으로 선정하였고, 유아가 몰입할 수 있는 적절한 시간을 고려하였으며, 음악극에 사용되는 무대 장치와 소품, 그리고 의상을 유아들이 직접 만들어 보도록 했어요." 라고 말했다.

① 미리 역할을 정해 준 점 → 교사는 유아들이 자율적으로 역할을 협의하고, 음악극을 계획할 수 있도록 도와야 하기 때문이다. 교사의 지나친 개입은 음악극의 흥미를 떨어뜨릴 수 있다.
② 반 유아 20명 모두를 주인공이 되도록 한 점 → 교사는 유아들이 다양한 역할을 수행할 수 있도록 돕고, 각 역할을 서로 번갈아 가면서 맡을 수 있도록 지원함으로써 적합한 역할을 수행할 수 있는 능력을 길러주어야 하기 때문이다.

기 주B6(특주B6). 1) 다음은 음악교육의 통합적 접근에 대한 설명이다. [A]에서 ⊙ "'씨앗' 노래에 맞춰 악기 연주하기'와 통합될 수 있는 활동을 ⓐ 측면에서 1가지 찾아 쓰시오.[19]

음악활동은 ⓐ **음악영역 내에서의 통합**, 다른 예술영역과의 통합, 다른 교과(학문)영역과의 통합으로 경험하도록 한다.

연계활동	○ '봄이 오면' 동시 짓기 ○ '새싹' 그림 그리기 ○ 꽃씨 심어 성장 과정 관찰하기 ○ **'봄의 노래' 감상하기** ○ 씨앗으로 모양 구성하기	A

지식 음악극의 발달영역 간, 교과영역 간의 통합적 구성

음악
- 음악극 노래 듣기
- 음악극 노래 익히기
- 음악적 요소 익히기(멜로디, 리듬, 하모니, 표현스타일)
- 악기 다루기
- 작곡하기

언어
- 음악극의 주제 및 내용에 대해 이야기 나누기
- 음악극 극본 읽기·쓰기
- 저널 쓰기

문학
- 동화 읽기
- 음악극 인물 분석하기
- 음악극 이해하기
- 음악극 극본 창작하기

수·과학
- 사물에 대해 인식하기
- 무대배경 확대하기
- 무대배경 축소하기

음악극

사회·정서
- 역할 분담하기
- 책임감 및 협동심
- 자아인식
- 긍정적·부정적 감정표현
- 자기 욕구 조절하기
- 타인의 감정 이해하기

조형
- 음악극에 필요한 의상, 소품 만들기
- 무대배경 디자인하기
- 무대배경 만들기
- 포스터 만들기

창의성
- 의상, 소품, 무대배경 제작 아이디어 제출
- 가사 바꾸기, 신체표현 만들기
- 음악극 내용 바꾸기
- 음악극 창작하기

신체
- 음악극 인물과 상황에 대한 신체 표현하기
- 노래에 맞는 신체 표현하기

 지식 음악극의 음악교육 내용 간의 통합적 구성

음악감상
- 음악극 감상하기
- 음악극에 나오는 노래 듣기
- 이야기에 나오는 다양한 소리 듣기

노래 부르기
- 음악극에 나오는 노래 부르기
- 등장인물의 감정과 생각을 표현하며 노래 부르기

음악극

악기 다루기
- 음악극의 노래에 맞춰 악기 연주하기
- 상황에 적절한 효과음 만들기

신체표현
- 노랫말에 적당하게 신체로 표현하기
- 등장인물의 감정과 생각을 신체로 표현하기

Plus 지식 음악극의 활동과정

1주차 도입	① **음악극 계획하기** : 음악극의 개념과 내용을 이해할 수 있도록 음악극을 직접 관람하거나 비디오 자료를 감상한다. ② **동화감상·선정하기** : 음악극에 적합한 동화의 형식과 내용의 조건을 알아보고 2~3개의 동화를 감상한 후 유아들과 협의하여 선정한다. ③ **동화 이해하기(동화와 연관된 활동하기)** : 등장인물의 성격과 내용을 이해할 수 있는 다양한 활동을 한다. 이 활동은 1~3주에 걸쳐 이루어진다. ㉠ 인상 깊은 장면 그림 그리기, 등장인물 분석도 작성하기, 벤다이어그램 그리기, 동화의 시간적·공간적 배경과 관련된 활동하기, 등장인물에게 편지쓰기, 등장인물과 동화 속 사건과 관련된 창의적 문제 해결 활동하기 ④ **노래 듣고 부르기** : 음악극의 노래를 자유롭게 여러 번 듣고 부른다(등·하원 시 듣기, 모이는 시간에 듣기, 자유선택활동 정리시간에 듣기 등).
2주차 전개	① **노래 부르기** : 노래를 다양한 방법으로 배워서 등장인물의 역할과 상황에 적당하게 노래를 불러 본다. ② **소품 준비하기** : 음악극에 필요한 소품을 알아보고 소품을 준비할 수 있는 방법, 재료 등을 협의하여 준비한다. ③ **역할 정하기** : 음악극의 등장인물의 역할과 스텝의 역할을 정한다. 이때 유아 1인이 등장인물과 스텝의 역할을 한 개씩 맡아 두 조로 나누어 공연을 준비하도록 한다.
3주차 전개	① **녹음하기** : 음악극에서 역할을 맡은 유아들은 노래와 대사를 녹음한다. 이때 필요한 효과음을 알아보고 적당한 물건이나 악기를 활용하여 소리를 만들어 본다. ② **신체표현 정하기** : 노래를 부르면서 등장인물의 성격과 감정, 상황에 맞게 신체로 표현해 보고 적당한 동작을 협의하여 결정한다. ③ **무대배경 꾸미기** : 음악극에 필요한 적당한 배경을 협의하고 제작 방법을 구상하고 꾸며본다. ④ **무대 구성하기** : 유아들과 준비한 소품과 배경을 적당한 위치에 배치한다. 이때 부족하다고 생각되는 부분이 있으면 의논하여 추가로 준비하도록 한다.
4주차 마무리	① **무대에서 실행해 보기** : 유아들이 녹음한 노래를 활용하여 무대에서 연습을 하는 데 유아들의 동선과 신체표현이 적절하게 이루어지도록 한다. ② **공연 준비하기** : 누구를 대상으로 공연할지 정하고 계획을 세운다. 공연에 필요한 것들을 추가로 알아보고 포스터와 초대장, 입장권 등을 준비한다. 포스터의 의미를 알아보고 포스터를 구성하는 데 필요한 요소들을 파악하기, 초대장에 넣을 문장 구성하기, 입장권이 필요한 이유 알아보기 등이 활동으로 구성될 수 있다. ③ **공연하기** : 두 조로 나누어 2회에 걸쳐 공연을 하는데 1조가 공연할 때는 2조가 스텝의 역할을, 2조가 공연할 때는 1조가 스텝의 역할을 한다. ④ **평가하기** : 공연할 때 비디오로 찍은 영상을 보면서 재미있게 표현된 점, 아쉬웠던 점, 기억나는 점들을 이야기 나눈다. 공연을 감상한 사람(부모, 다른 반 친구 등)들의 느낌을 담은 인터뷰 영상을 함께 보거나 공연 중에 기억나는 장면을 그림으로 그려서 이야기를 나눠보기도 한다.

6 음악교육의 내용(유아음률교육 활동자료, 1996)

노래 부르기 등	• 3~4세 유아들은 **도에서 라까지의 음역을 갖은 노래를** 쉽게 따라 부른다.
	• 또한 3~6세 유아는 높은 음으로 올라가는 노래보다는 **높은 음에서 낮은 음으로 내려가는 노래를** 더 쉽게 부를 수 있다.
	• **실로폰**의 경우에는 **실로폰 건반 중 두 개(라와 도)나 세 개(라, 도, 레)의 건반만**을 남겨 두고 **나머지는 제거**한 후 비치하여 주면 좋다.
	• 음반을 사용할 경우 음악은 다양한 양식의 음악을 택하도록 하며 한 곡을 오랫동안 들려주기 보다는 **대비가 분명한 곡을 선정하여 짧고 다양하게** 들려주도록 한다.
	  – 즉, 빠른 곡과 느린 곡, 웅장한 곡과 부드러운 곡, 큰 소리의 곡과 작은 소리의 곡, 무거운 느낌의 곡과 경쾌한 곡, 높은 소리의 곡과 낮은 소리의 곡 등 **분명히 대비되고 명확한 박자와 리듬, 강약을 가진 곡으로 선정**한다.
	• **소근육 발달이 미숙한 5세 이전의 유아들에게는 간단한 리듬 악기나 멜로디 악기를** 다루어 볼 기회를 제공하는 것이 바람직하다.
	• 악기 탐색하기 활동을 계획할 때는 다음과 같은 점을 고려해야 한다.
	② **멜로디 악기는 음의 높낮이와 멜로디의 개념을** 발달시키는 데 도움을 주고 **친숙한 노래의 간단한 리듬 패턴을 연주**하는 데 사용이 된다.
	  – 이때 **음의 높낮이가 크게 차이가 나는 두 가지의 악기를 사용**하여 비교하며 들려주거나 독특한 악기의 음색과 높낮이를 이용하여 음악으로 만든 이야기를 전개하는데 사용할 수 있다.
	④ 유아에게 **악기를 소개할 때는 악기의 이름, 생김새 및 연주 방법**을 알려주고 **직접 충분한 시간 동안 각 악기의 음색 등을 탐색**할 수 있도록 한다.
	  – 악기는 **사용 규칙을 정해 악기를 다루는 법**(예 사용 후 선반 위에 놓기 등)을 알려주어 무기나 장난감 등으로 사용하지 않도록 한다.
	⑦ 소리의 크기와 음색의 차이에 대한 탐색은 유아의 자발적인 시도를 격려하고 음악적 요소들을 표현하도록 유도한다. 유아들이 사용할 수 있는 악기는 **주로 리듬 악기와 타악기 종류**인데 **유아들과 함께 만들어 사용하면 더욱 바람직**하다.

기 주B4. 3) ⓒ과 관련하여 장 교사가 지도할 수 있는 ① '창의적으로 표현하기'의 내용 1가지를 쓰고, ② 이에 해당하는 활동의 예시 1가지를 쓰시오.[21] **[열린 답안]**
① 신체, 사물, 악기로 간단한 소리와 리듬을 만들어 본다.
② 코끼리 걸음 리듬에 맞춰 신체나 리듬악기로 표현해본다.

장 교사 : 내일 저는 반복적인 멜로디와 리듬이 잘 나타나 있는 ⓒ <u>헨리 멘시니의 '아기 코끼리의 걸음마'로 감상 활동을 하고 2019 개정 유치원 교육과정의 '창의적으로 표현하기'에 기초해서 확장 활동을 해 봐야겠어요.</u>

Ⅳ. 유아 전통예술 교육

1 유아 전통예술 교육의 특성(유아 전통예술 교육 프로그램, 2009)

개념	▶ **전통** : 특정 민족 등에서 **오랜 세월 대대로 전해져 오는 사상, 관습, 행동 등**
	▶ **전통문화** : 특정 민족 등에서 **오랜 세월 형성되어 대대로 전해져 오는 모든 문화**
	▶ **전통예술** : 우리 **조상이 창조한 미학적 가치를 담은 예술**로, 삶과 문화를 표현한 것
	• **전통이란** 어느 한 민족이 동일한 지역과 자연환경 속에서 오랜 세월 동안 살아오면서 자연적으로 형성되고 대대로 전해져 내려오는 모든 문화를 뜻하는 것이다.
	  - 전통은 과거와 유관한 것이면서도 현재의 생활을 풍부하게 하고, 미래의 새로운 문화를 창조하는 데 밑거름이 된다.
	  - 이러한 전통은 고정불변의 것이 아니라 끊임없이 변하고 재구성되는 변화성, 계속성, 고유성을 가지고 있다.
	  - 이처럼 전통은 끊임없이 연찬을 통하여 찾아지는 것이며, 꾸준한 실천을 통해서 체득되는 것이며, 새로운 비판과 검증을 통하여 창조되는 것이다.
	• **전통문화는** 특정 민족이나 국가의 오랜 역사적 과정에서 형성되고 그 구성원들에 의하여 공유·계승되어 온 정신적, 물질적 문화 일체를 총칭한다. 한국의 전통문화는 우리 민족이 유구한 역사 속에서 삶을 영위해 오는 가운데 독자적으로 창조하여 향유해 왔고, 또 창조적으로 계승하는 가운데 누리고 있는 일체의 문화현상이다.
	  - 전통문화를 세분화하기는 어렵지만 **유아교육기관**에서 전반적으로 다루어지는 것은 **전통 생활 및 예절, 전통 놀이, 전통문학, 전통예술 등**이다.
	• **이 중 전통예술은** 우리 조상이 창조한 것으로 삶과 문화를 미학적 가치로 표현한 것으로 정의되며, 우리 조상의 감각을 통해 인식된 무엇인가를 제작한 것으로, 이를 통해 개인적·감정적 경험을 일으키는 것이다.
	  - 따라서 어릴 때부터 전통예술을 자연스럽게 접할 수 있도록 하는 것은 한국적 주체성과 자긍심을 키울 수 있음은 물론, 다른 문화의 예술도 편견 없이 받아들일 수 있는 밑거름이 될 수 있다.
	• 유아 전통예술 교육은 특별한 재능을 필요로 하는 전문적인 교육이라고 생각해서는 안 되며, 우리 문화에 대한 기본적인 예술 교육이라는 관점 하에서 이루어져야 한다.
	  - 따라서 유아 전통예술 교육은 우리 조상이 이루어 놓은 **전통 문화 유산 중 전통예술을 일상생활에서 접하고 경험**함으로써 **우리의 전통문화를 바로 알고** 유아의 정서에 **우리 민족에 대한 자긍심을 심어 주는 것을 주목적으로** 한다.

장르 및 특성	\multicolumn{2}{l}{• 본 프로그램에서는 전통예술을 크게 **음악, 무용, 미술의 3가지 장르로 구분**하였다.}	

	영역	내용
장르 및 특성	**음악(소리)**	• 민요, 판소리, 가야금 병창, 아악, 산조, 풍물
	무용(춤)	• 궁중무용, 민속무용, 의식무용, 신무용
	미술	• 회화와 민화, 공예와 도자, 건축과 조각, 서예

우리 소리		• 우리 소리는 우리 역사의 온갖 시련 속에서도 민족의 희로애락을 함께 하면서 오랜 전통으로 갖고 담아 온 값진 예술이다. • 우리 소리는 우리나라에서 발생하여 전해 내려오는 우리나라 고유의 음악으로서 우리의 정서와 우리 소리 고유의 특성을 바탕으로 한 삶 속에서 변화·발전되어 온 모든 음악을 의미한다. • 최근에는 **전통음악을 아악, 민요, 판소리, 잡가, 산조, 풍물, 무악, 범패로** 나눈다.
	아악	▶ **궁중음악**(넓은 의미) 또는 **궁중에서 드리던 제사와 잔치 때 사용한 음악**(좁은 의미) • 아악, 당악, 향악을 다 포함한 궁중음악으로 정악이라고도 한다.
	민요	▶ (작자 미상의 민족 노래로,) **입에서 입으로 전해 내려온 우리 민족의 대중음악** • 민족의 사상과 생활, 정서가 그대로 담겨 있는 **대중음악**이다

	판소리	▶ (굿판, 춤판, 씨름판 등에서 하는 소리로) **소리꾼과 북을 치는 고수가 함께 이야기 형식으로 공연**하는 전통 음악극
		• 판소리의 주요 3요소
		      | 소리(창) | ▶ 노래 부르는 부분 |
		      | 발림 | ▶ 소리의 극적 전개를 돕기 위해 하는 **몸짓, 손짓, 부채 펼치기 등** |
		      | 아니리 | ▶ 창을 하는 중간에 **가락 붙이지 않고 이야기하듯 말하는 사설 부분** |
		▶ **추임새** : 판소리에서 **소리 중간에 곁들이는 탄성**. 얼씨구, 얼쑤, 허, 좋다, 잘한다!

	잡가	▶ 긴 사설의 가사를 전문 소리꾼이 선율에 맞춰 부르는 노래
	산조	▶ 장구나 북 반주에 맞춰 연주하는 기악 독주곡
	풍물	▶ 음악, 춤, 연극의 형태가 어우러져 있는 민속 종합예술
	무악	▶ 무당이 굿을 할 때 쓰는 무속 음악
	범패	▶ (절에서 재를 올릴 때 부르는 의식 노래로) **부처님의 공덕을 기리는 불교 음악**
	가야금 병창	▶ **가야금 연주에 창이 결합된 형태**로, 창이 중심이 되고, 연주가 부가 되는 방식 ▶ **창에 가야금 연주가 곁든** 창이 주가 되고 **연주가 부가 되는 가야금 연주**

• **우리 소리의 특성**
① 우리 소리는 화성이 없는 단선율의 수평적 음악이다.
② 우리 소리는 5음계 혹은 3음(4음)계로 이루어진 음악이다.
③ 우리 소리는 곡선의 음악미를 가지고 있다. 즉 한음 한음이 고정적이지 않고 유동적이며, 한 음에서 다음 음으로의 연결은 무지개다리와 같은 곡선이다.
④ 우리 소리는 요성과 농현이 표현의 주된 요소이다. 요성과 농현은 음을 흔들어 준다는 뜻이다.
⑤ 우리 소리는 장단이 중요한 역할을 한다. 3연음 계통의 장단이 대부분이며, 한 곡조 안에서 템포의 변화가 점진적으로 가속화된다.
⑥ 우리 소리는 주로 강박으로 시작하여 약박으로 끝난다.
⑦ 음악의 속도는 숨을 기준으로 한다.
⑧ 우리 소리는 12율명의 고유한 음이름과 정간보 등의 독특한 기보법을 가지고 있다.

- 몸짓은 인간의 가장 원초적인 표현 수단으로 **모든 예술의 시작**이라고 할 수 있다.
- 우리 춤의 원초적인 시발은 상고시대의 제천 의식에 그 기원을 둘 수 있으며, 우리 소리와 마찬가지로 우리의 정서와 문화를 담고 있다.
- 우리 춤은 분류의 기준에 따라 일반적으로 크게 두 가지로 구분한다.
  - 첫 번째는 춤을 추는 사람의 **신분**과 춤을 추는 **장소에 따른 분류**로 **궁중무용**과 **민간무용**으로 나눈다.
  - 두 번째는 **춤의 유형적 형태**에 의한 분류로 **궁중무용, 민속무용, 의식무용, 신무용**으로 나눈다.
  - 각각의 정의는 다음과 같다.

우리 춤		
	궁중무용	▶ **왕실에서 군왕의 장수와 국가 안위를 기원하는 무용** • 궁중에서 **조종**(임금의 조상)**의 공덕을 칭송**하고 **군왕의 장수와 국가의 안위를 기원**하는 내용으로 의상이 현란하고, 무태에 있어서는 정중하고 느리며 깊이 있게 구사하는 점이 특징이며, 향악무, 당악무, 춘앵무, 처용무, **포구락** 등이 있다.
	민속무용	▶ **서민들의 제사·행사·세시풍속에서 자연 발생한 무용** • **원시 민간신앙**인 천신, 지신, 일월신, 부락제 등 **각종 제사와 행사** 또는 **서민 대중의 세시 풍속 중에서 자연 발생적으로 싹튼 무용**으로, 승무, **살풀이**, 강강술래, 농악, 탈춤 등이 있다. • 각 가정이나 마을에서 행해진 제사나 행사 또는 세시 풍속에서 자연발생적으로 발전된 무용
	의식무용	▶ **불교 의식이나 종묘제례, 굿에서 행해진 무용** • **불교의 제의식**이나 **종묘의 제사, 굿** 등에 쓰이던 음악으로 나비춤, **바라춤**, 법고춤, 문무, 별신굿 등이 있다.
	신무용	▶ **서구 무용의 영향**을 받아 **전통적 요소를 바탕으로 창작된 새로운 무용** • 신문물과 함께 **외국에서 유입된 서구 무용** 등을 가리키는 말이나, 그 뒤 **국내에서 창작된 것까지 포함**하는 것으로 화관무, **부채춤**, 장구춤 등이 있다.

- 우리 춤의 특성
① 우리 춤은 **상체 중심(손, 어깨, 팔)의 춤**이다.
② 우리의 춤판은 무대 없이 평면 공간인 뜰이나 마당에서 관객과 함께 어우러져 행해져 왔다.
③ 우리의 춤사위는 움직이는듯하면서도 동작이 멈추어 있고, 멈춘듯하면서 그 안에 움직임이 살아있는 동중정, 정중동의 높은 경지에 이르러 있다.
④ 춤의 동작, 즉 춤사위의 시작이 그 끝이 되고, 그 끝이 다시 춤의 시작이 되는 무한 연속의 반복적인 특징이 있다.
⑤ 춤의 구성이나 동작이 시종일관 자유스럽고 자연스러운 표현으로 이루어진다.

| 우리 미술 | • 미술은 공간의 구성에 대한 예술 활동이며, 우리 미술은 우리의 환경, 문화, 역사, 미의식을 반영하며 우리 사회의 정체성을 시각적 매체로 나타낸 것이다.
   - 우리 미술을 이해한다는 것은 전통의 표현양식과 재료뿐만 아니라, 그 속에 담겨져 있는 정신적 의미와 내용에 대한 이해도 포함하고 있다.
   - 따라서 우리 미술교육은 우리 사회의 감정, 생각과 경험, 문화의 표현인 미술활동의 창작과 감상에 참여자의 자발적인 참여를 유도하여 문화예술 향유의 삶을 지향하는 배움, 학습과 관련된 일체의 활동이다.
• 미술은 일반적으로 회화, 조각, 건축, 공예, 서예, 사진, 디자인 등의 조형예술 내지는 시각예술 전반을 지칭하기도 하지만, 대체로는 좁은 의미로 회화, 조각만을 가리킨다.
   - 우리 미술에 대한 분류도 학자에 따라 여러 가지가 있다.
   - 초상화, 사군자, 고분벽화, 민화, 탈, 도자기, 탁본, 탑이나 암각화, 고분벽화, 토우, 불화, 불상, 회화, 도자기, 공예, 민화 등으로 세부적으로 구분하는 학자가 있는가 하면, 전통회화, 민화, 청자나 회화, 건축, 공예로 간단하게 분류하고 있는 학자도 있다.
   - 민화를 산수화, 화훼도, 축수도, 영수화, 기용화, 풍속화, 도안화, 설화화, 인물화 등으로 더 세분하기도 한다.
• 우리 미술의 가장 큰 특징 중의 하나는 자연에의 순응으로 볼 수 있다.
   - 우리 미술은 자연주의에 뿌리를 두고 우리 풍토에 알맞은 재료와 표현 대상 및 표현 방식을 가지고 있으며, 기교에 의존하지 않고 선의 미를 가지고 있다.
   - 우리 회화의 특성은 색채감각이 조용하고 담백하며, 오방색을 주로 사용하였다. 우리 미술 재료는 한지, 먹, 붓을 많이 사용하였으며, 생활의 필요에 따라 여러 가지 쓰임새를 가졌다. |

 지식 전통악기의 분류

관악기	현악기	타악기	
		유율 타악기(6종)	무율 타악기(26종)
당피리, 세피리, 대금, 소금, 태평소, 생황, 나발, 나각	가야금, 거문고, 금, 슬, 해금, 아쟁, 양금	편종, 방향, 운라, 특종, 편경, 특경	꽹과리, 징, 북, 장구, 소고, 자바라, 박, 부, 축, 어

2 유아 국악교육

국악교육의 의의	• 21세기를 대비하여 창의적이고 역량 있는 인간을 형성하기 위한 학교 교육의 개혁에는 세계화를 위한 교육이 중심을 이룬다. • **세계화를 위한 교육을 하려면 자국의 정체성을 확립하는 일이 선행되어야** 할 것이다. • 모든 음악은 인간의 문화와 역사의 산물로 태어난다. 인간의 문화나 역사와 관계되지 않은 음악은 하나도 없다. • 그러므로 음악은 단순히 듣는 사람을 즐겁게 하고 신체적 반응을 일으키는 음악 그 자체의 기능만 있는 것이 아니라 듣는 사람에게 고유의 정서를 전달하고 일체감을 느끼게 하며 그 음악을 소유한 사람들의 문화와 가치를 젊은 세대에 전하는 문화 전달의 기능을 가지고 있다. • **따라서** 음악교육을 통해 국악에 대해 익숙하도록 유도하는 과정은 **우리 문화에 대한 새로운 가치관**을 세우고 **전통 문화의 전달과 세계화를 향한 정체성을 확립**한다는 측면에서 매우 필요하다.
국악과 유아교육	• 유아가 음악을 즐기는 것은 본능적이라고 할지라도 어떤 음악에 익숙하게 되는가는 전적으로 교육의 영향이다. • 특히 서양음악과 국악에서와 같이 음악적인 측면에서 공통점보다 차이점이 많은 경우, 자주 듣는 음악을 선호하게 되는 것은 당연하다. • 유아기만큼 음악적 능력의 발달에 중요한 시기도 없으며 이 시기에 듣는 음악은 아무런 편견 없이 유아들에게 수용되고 각인되어 다음 시기에서의 음악에 대한 선호성과 능력 발달의 기반을 제공하게 된다. • **달크로즈, 코다이, 오르프**와 같이 외국의 유명한 음악 교육가들은 **모두 자기 나라의 음악이야말로 가장 중요한 음악교육의 내용**이라고 하였다. • 우리는 우리 고유의 아름답고 예술성 높은 음악을 가지고 있으며 이는 우리 문화와 함께 후손에게 전달되고 발전되어야 할 가치 있는 유산이다. • **특히 선율보다는 장단(리듬)이 강조**되는 우리 음악은 **유아기에 듣고 배울 수 있는 가장 적절한 음악교육의 내용**이라고 할 것이다. • 21세기를 향한 창의적인 인간형성과 세계화를 지향하기 위해서는 먼저 우리 문화에 대한 가치를 재확인해야 한다. 그런 의미에서 볼 때, 서양음악 위주의 음악교육은 재고되어야 한다. • 앞에서 언급한 바와 같이 음악은 단순히 사람의 마음을 표현할 뿐만 아니라 고유한 문화를 전달하고 공유하게 한다. • 그러므로 유아 시기의 국악교육은 어려서부터 우리 음악과 문화에 대한 긍정적인 가치관을 확립하게 하여 자라나는 유아들에게 문화적인 정체성을 확립하게 할 것이다. • 또한 자국의 음악이야말로 가장 중요한 음악교육의 내용이라고 볼 때 음악교육이 처음 시작되는 유아기에 국악에 친숙하게 함으로써 국악교육의 기초를 마련하는 것은 당연하다고 하겠다.

국악의 특징	① 전통음악은 화성이 없는 단선율의 수평적 음악이다.	
	서양 음악	• 서양음악은 각 성부나 악기가 동시에 다른 음을 내는 수직적 관계의 화음 즉, 화성을 갖는다. • 이는 독주나 독창의 경우에도 똑같이 적용되어 반주악기인 피아노가 독주와 독창의 선율에 수직적 음 체계를 지탱해 준다.
	국악	• 반면 국악에는 서양음악에 나타나는 화성학에 기초한 화성이 없다. 즉 합창이나 합주에서 모두 단선율로 연주된다.
	② 5음계 혹은 3음(4음)계로 이루어진 음악이다.	
	서양	• 현대 전위음악을 제외한 서양음악은 7음계로 되어 있다.
	국악	• 반면 국악은 거의 5음계로 되어 있고, 3음계 혹은 4음계의 음악도 있다. • 그러나 5음계의 음악이 국악에만 존재하는 것은 아니다. • 예를 들어, 베토벤의 교향곡 제9번의 4악장 합창 교향곡도 5음계로 이루어져 있으며 상당수의 중국과 일본 그리고 인도네시아의 전통음악도 5음계의 음악이다. • 따라서 5음을 구성하는 음들의 기능이 국악의 특징을 결정한다.
	③ 국악은 곡선의 음악미를 가지고 있다.	
	서양 음악	• 서양음악은 가락에서 주로 직선적 진행을 이룬다. • 같은 음에서 같은 음으로의 진행은 고정된 음의 진행이 주를 이룬다. • 즉, 도에서 도의 진행의 경우, 앞 도를 오래 끌어준다 해도 다른 음이 들어오는 것을 거부하고 정확한 도의 울림에서 다음 도의 울림으로 이어지도록 한다.
	국악	• 단선율 속의 우리 가락은 곡선적인 흐름을 갖는다. • 이러한 곡선의 가락에서 나타나는 한음 한음은 고정이지 않고 유동적이므로 일정한 음높이에서 고정되었다가 다음 고정음으로 건너가지 않는다. • **즉, 한 음에서 다른 음으로의 연결은 무지개다리와 같은 곡선의 모습**이다. • 긴 박의 음은 음악에 따라 곱게 떨어주기도 하고 격하게 떨어주기도 하며 고정된 음의 변화 없는 울림을 거부한다. • 그러므로 국악에서의 한음 한음은 살아 움직이고 이 움직임은 곡선의 가락을 지탱해주는 역할을 한다.

④ **국악은 요성과 농현(弄絃)이 표현의 주된 요소로 나타난다.**

국악	• **요성**은 **성악**이나 **관악기 음악**에서 주로 쓰이는 용어이며,
	• **농현**은 가야금이나 거문고와 같은 **현악기 음악**에 주로 쓰이는 용어로 두 용어의 뜻은 같다.
	• 그러나 지금은 기악은 물론 성악을 포함한 전 장르의 음악에 나타나는 음악적 현상을 **농현**으로 표현하기도 한다.
	• **농현**의 일반적인 의미는 **음을 흔들어 준다는 것**이다.
	• 그래서 서양음악의 떨어주는 연주법인 비브라토(vibrato)나 트릴(trill)의 주법과 유사한 것으로 파악되기도 한다.
	• 그러나 **농현**은 서양음악의 연주법과는 다른 의미를 가지고 있다.
	• 서양음악에서 비브라토나 트릴은 부수적인 장식법의 일종인 데 비해 국악에서는 **그 자체가 음악의 생명력과 역동성을 주는 주체적 요소**이다.
	※ 농현에는 단순히 '소리를 떨어 표현하는 것'뿐만 아니라, 소리를 끌어내리는 퇴성(退聲), 소리를 밀어 올리는 추성(推聲)을 포함하기도 한다.
	  - 그러나 국악이라고 하여 모든 음을 다 떨어 표현하는 것은 아니다.
	  - 악곡에 따라, 또는 그 음악의 조(調)에 따라 농현(요성)하는 음이 다르고, 변화하는 음높이의 폭도 다르므로 그때마다 세심히 익혀야 한다.

⑤ **국악은 '장단 중심의 음악'이라고 할 만큼 장단이 중요한 역할을 한다.**

서양 음악	• 서양음악은 2박자 계통의 리듬이 대부분이다. • 즉, 강박과 약박으로 이루어진 2/4, 4/4 등의 2박자 계열의 음악이 주를 이룬다.
국악	• 국악의 장단은 빠른 음악이든 느린 음악이든 **3음이 모여 1박자를 이루는**(♩=♪♪♪) **'3연음 계통의 장단'**이 대부분이다. • 따라서 국악을 서양식 박자로 표기할 때 2/4나 3/4, 4/4 등으로 표시하는 것보다 **6/8(6/4), 9/8(9/4), 12/8(12/4) 등으로 표시**하는 것이 **우리 음악의 특징에 더욱 부합**된다. ※ 간혹 아주 느린 음악 중에는 표기하기가 여의치 않아서 5/4, 10/8 등으로 표기되는 음악도 있지만, 이들 음악도 매 박을 세밀하게 살펴보면 한 박이 3개가 모인 리듬으로 이루어져 그 음악적 흐름은 3연음을 주로 한 곡과 다름이 없다.

⑥ **국악은 주로 강박(합창단)으로 시작하여 약박으로 끝난다.**

서양 음악	• 서양음악은 대체로 약박에서 시작하여 강박으로 끝나는 경우가 많으며 종지부분은 아주 강렬하게 한다. • 서양음악은 대부분 상행종지(上行終止)의 화성적 연결로 끝내므로 뒤끝이 무겁고 안정감을 준다.
국악	• 국악은 **강박에서 시작하여 약박으로 끝난다**. • 즉, 국악은 **끝이 약하거나 음이 떨어지거나 사라지는듯한 가락 선**으로 여미며 맺는 음악으로, 이는 기악이나 성악이 다 마찬가지이다. • 국악은 대체로 하행종지(下行終止), 동음종지(同音終止)로 끝난다.

(국악의 특징)

참고	상행종지 (上行終止)	• 악곡이 끝나는 부분이 진행 선율보다 고음으로 끝나는 형식
	하행종지 (下行終止)	• 악곡의 끝나는 부분이 이전의 진행선율보다 저음(낮은 음)으로 끝나는 형식
	동음종지 (同音終止)	• 악곡이 끝나는 부분이 이전의 진행선율과 같은 음정으로 끝나는 형식

⑦ **국악의 속도(tempo)는 숨을 기준으로 한다.**

서양 음악	• **서양의 음악은 맥박을 기준**으로 음악의 빠르기와 기준 박을 정했다. • 이는 맥박의 고동을 뜻하는 'pulse'라는 말이 서양음악에서 박이라는 의미로 사용되는 사실에서도 확인될 수 있다. • 그러므로 음악적 빠르기의 입장에서 **우리의 음악은 폐의 음악**이고, **서양음악은 심장의 음악**이라고 부르기도 한다.

국악	• 국악에서는 **음악적 시간의 흐름인 속도를 '한배'**라고 부른다. 이 말은 서양음악의 'tempo'와 비교되는 말이다.
	• 국악의 한배를 있게 한 **실제적 기준은 호흡**이다. 즉 숨을 들이쉬고 내쉼이 표준적 한배의 틀이 된 것이었다.
	• 기계가 없었던 당시에 선인들은 건강한 사람의 맥박을 숨을 헤아리는 보조자료로 사용하였다.
	• 즉, 맥박의 6회 뜀을 한 호흡으로 계산하여 1박은 그 반인 3맥박으로 하였다. 그러므로 한 호흡을 2박으로 하여 박자와 한배의 기준으로 삼았다.
	※ 이러한 척도에 의하면 1박을 3초간 연주하게 된다.
	  – 예를 들어, 서양음악에서 제일 느린 박자가 1분에 40박을 연주한다면 우리의 한배는 1분에 20박을 연주하는 것에 해당된다.
	※ '한배'란 국악에서 속도를 일컫는 말이다.
	  – 사물놀이와 같은 예외는 있지만 대체로 우리 음악의 한배는 서양의 박에 비교할 때 느리다.
	  – 우리 조상들은 일찍부터 감정을 절제한 느린 음악을 이상으로 삼았기 때문이다. 느리고 한가하면 마음이 여유 있고 조화를 이루게 된다.
	  – 반대로 움직임이 빠르면 마음이 급해지고 바빠지며 흥분하게 된다. 그러므로 느린 음악의 추구는 선인들의 자연스러운 현상이다. 특히 이러한 생각은 지식인들에게 강하게 작용하였다.
	※ 많은 사람들이 우리 음악은 느리다고 말한다. 그러나 이는 서양음악의 잣대로 우리 음악을 보았을 때 나올 수 있는 표현이므로 국악은 우리의 척도로 가늠해야 할 것이다.

국악의 특징	국악	⑧ 국악은 12율명의 고유한 음이름과 독특한 기보법을 가지고 있다.
		• 높은 수준의 음악 문화를 지닌 문화권이나 민족들은 음악에 쓰이는 음을 정밀한 방법에 따라 산출하고, 그 음에 고유한 이름을 붙이는데, 국악에서는 음을 '율(律)'이라고 하고, 음이름은 '율명(律名)'이라 부른다. • 율명은 황종, 대려, 태주, 협종, 고선, 중려, 유빈, 임종, 이칙, 남려, 무역, 응종이다. 황종부터 응종까지는 서양음악의 Eb에서 D까지 12개의 반음에 각각 해당한다. • 국악의 기보법에는 20여 가지가 있으나 최근까지 사용되는 것으로 정간보(井間譜)가 있다.

| | 정간보
(井間譜) | ▶ (조선 세종 때 창안된 동양 최초의 유량(有量) 악보로,) 네모난 칸(井間)에 율명을 기입하여 음의 높낮이와 박자의 길이를 나타내는 국악 기보법
• 종이에 네모난 칸(이를 '井間'이라 함)을 세로로 이어 그리고, 그 속에 율명의 첫 글자를 한자(漢字)로 적어 기보하는 것으로 조선 세종 때 창안되었다.
• 한 정간은 박자의 단위가 되며, 흔히 한 박에 해당한다. 그러므로 정간보는 율명으로 음의 높낮이를 표현하고 칸의 수로 박의 길이를 나타낼 수 있는 동양 최초의 유량(有量) 악보이다.
• 정간보는 주로 국악을 기보하는 데 쓰인다.
• 그러나 최근에 새롭게 작곡된 신국악(창작국악이라고도 함) 작품은 편의에 따라 서양식의 오선보를 쓰며, 역시 근자에 채보(採譜)되는 산조나 민요의 악보도 오선보를 사용한다. |

 지식 우리음악과 서양음악의 음악적 요소 비교표

	국악	서양음악
선율	단선율의 수평적 음악	화성과 대위법에 의한 수직적 선율
음계	5음계 혹은 3(4)음계	7음계가 기본이나 5음계의 음악도 존재
선율의 진행	곡선적인 진행	음과 음 사이는 계단식의 수직 진행
표현적 특성	농현(요성)이 음악의 본질적인 요소	비브라토나 트릴은 부수적인 장식적 요소
장단(리듬)	3박자 계통의 장단	2박자 계통의 리듬
강약의 진행	강박에서 시작하여 약박으로 종지	약박으로 시작하여 강박으로 종지
속도	호흡을 기준으로 한배를 계산	심장의 박동을 기준으로 박을 계산
기보법	정간보를 비롯한 독특한 기보법과 12율명	오선보와 12계명

국악 듣고 감상하기	① **국악 듣고 감상하기 활동**은 일반적인 음악 감상 활동과 마찬가지로 질이 좋은 오디오와 CD플레이어 등을 구비하여 깨끗한 음질의 녹음곡을 들려주는 것이 중요하며 비디오 녹화 자료를 활용하는 것도 바람직하다. - 또한, 녹음된 음악뿐만 아니라 생동감 있는 실제 연주를 감상할 기회도 갖도록 계획하는 것이 좋다. - 유아는 직접 악기연주나 노래를 들은 후 녹음된 음악을 들었을 때 큰 흥미를 나타내므로 가능하면 지역사회 재원(학부모, 음악대학생의 국악발표)을 이용하여 직접 연주를 듣는 기회를 자주 마련한다. - 이때 가능하다면 유아가 알고 있는 동요를 간단히 연주해 주거나 연주자에게 악기의 연주 방법, 소리를 높게 낮게 내는 방법 등을 질문하는 기회를 마련한다. ② 감상 음악을 선정할 때는 **다양한 음악을 택하도록** 하며 한 곡을 오랫동안 들려주기보다 **교사가 특별히 들려주기 원하는 부분을 녹음해 두었다가 짧게 들려주도록** 한다. - 또한 느린 장단의 곡과 빠른 장단의 곡, 웅장한 곡과 부드러운 곡, 애잔한 느낌의 곡과 활기찬 곡, 높은 소리의 곡과 낮은 소리의 곡 등과 같이 다양한 장단과 느낌의 곡을 선정하여 배경음악으로 들을 기회를 제공한다. - 연주 형태별로 독주곡과 합주곡, 종류별로 전통음악과 창작음악이 포함되도록 하며 기악곡과 성악곡이 다양하게 포함되도록 한다. ③ 감상하는 동안 유아의 반응을 관찰하는 것도 매우 중요한데, 반복하여 음악을 들려줄 때 유아가 싫증 내기 시작하면 곧바로 듣기를 중단하고 다양한 국악 경험을 제공하려고 노력한다.
국악 동요와 민요 부르기	• 유아들의 음역은 성인들보다 제한되어 있는데 **전래동요**는 **음역이 넓지 않고 음계도 단순**하며 **가락과 노랫말의 반복이 많아 유아들이 배우기에 적합**하다. • 코다이는 자국에서 전래되는 민요와 노래들이야말로 가장 중요하게 가르쳐야 할 음악교육의 내용이라고 하였다. • 유아들에게 가르칠 국악 곡을 고를 때 유의할 점은 다음과 같은데, 이는 일반적인 노래 선정의 원칙과 일치한다. ① **연령에 적합한 곡을 선정한다.** - 이를 위해 **분명한 장단**을 가지고 있으며 **가락이 단순**하며 **적절한 음역의 노래를 선정해야** 하는데 **특히 노랫말을 점검**하는 일에 유의하여야 한다. - 간혹 전통 민요 중에는 유아들에게 소개하기에 적합하지 않은 사랑 수심과 한에 대해 노래한 곡이 있는데 이러한 노래들은 활동에서 제외하거나 노랫말을 고쳐야 할 것이다. ② **교사 자신이 부를 수 있는 곡을 선택한다.** - 교사는 곡 양식을 점검하고 적절히 소화할 수 있어야 하며, 특히 교사가 잘 알고 있고 좋아하는 노래를 선정하여야 한다. - 국악 동요나 민요의 경우 교사가 친숙하지 않은 노래를 가르쳐야 할 때가 있는데, 이때는 충분히 노래를 익혀서 능숙하게 부를 수 있도록 노력해야 한다. ③ **곡의 가락과 노랫말 부분을 재검토한다.** - 즉, 따로 부르는 음조 부분이나 반복적인 가락이 있는지, 독립해서 부르는 리듬 부분이 있는지 점검하고 그 부분에 대해 음악적으로 의미 있는 활동을 계획해야 한다. - 또한 노랫말의 단어와 가락의 악절이 서로 맞는지 살펴서 다른 영역들과 통합적으로 운영될 수 있는 노래를 선택한다.

전래동요 부르기	• **전래동요** : 옛날 어린이들이 부르기 시작하여 오늘날까지 **오랜 세월 구전되어 여러 지역으로 전파되어 온** 노래로서 **아동 가요의 약어**라고 할 수 있다. • **발생과 전승의 주체는 어린이**이며 노래 부르기 역시 반드시 곡조의 제약을 받지 않고 노래를 부르거나 웅얼거리는 소리로써 구연되며, 때에 따라서는 변모·개작되기도 하면서 아동의 꿈과 의식을 담아낸다. • **일반적으로 전래동요란 구전동요**를 말하는데, 구전동요는 일반 구전동요와 사적(史的) 구전동요로 나눌 수 있다. <table><tr><td>일반 구전동요</td><td>• 단순히 동물·식물요, 자장가, 유희요 등</td></tr><tr><td>사적(史的) 구전동요</td><td>• 어떤 역사적 맥락 속에서 생겨난 동요로 강강술래와 같은 것</td></tr></table>• 구전된 전래동요는 2~3개의 음으로 구성된 간단한 음악어법으로 되어 있으며 노랫말을 통하여 쉽게 전통음악의 장단 구조를 파악할 수 있는 전통음악의 원형이다. - 또 지방별로 그 선율이나 노랫말, 리듬에 차이가 있어서 다양한 노래 형태를 나타내고 있다. • 전래동요는 언어와 음악의 조화로운 결합과 민족 정서의 자연스러운 표출에 의해 그 자체가 완벽한 형식을 이룬다. - 따라서 전래동요는 선율과 리듬 지도를 위해 가장 단순하면서도 쉽게 접근할 수 있는 소재가 된다. • 전래동요는 유아에게 기쁨을 주며, 언어발달을 도우며, 생활 체험의 범위가 좁은 유아들에게 경험의 폭을 넓게 해주며, 현실 세계의 한계를 벗어날 수 있게 해준다. - 또한 놀이하면서 부르는 전래동요는 집단놀이를 증진시켜 사회성 발달을 도우며, 유아에게 음악적 경험을 제공해 주는 가치를 가지고 있다.	
창작 국악동요 부르기	동요	• 유아의 생활 감정과 심리를 음악적 형식을 통해 표현한 아동 가요
	창작동요	▶ **성인들이 유아를 위해 창작한 동요** • 아동문학에 포함되는 한 장르이며 아동 음악의 한 부류이다. • 전래동요와 창작동요의 가장 큰 차이는 음악적 구조에 있는데 전래동요는 구전되었기 때문에 국악의 전통을 그대로 반영하고 있다. • 반면 창작동요는 우리나라에 서양음악이 들어온 후 창작된 노래이기 때문에 국악에 기초하기보다는 서양음악에 기초한다.
	창작 국악동요	▶ **서양음악과 일본음악의 영향을 벗어나 국악의 전통성을 반영**하여 **민족적 선율과 전통 장단을 기반으로 창작된 동요** • 서양음악과 일본음악에 영향을 받은 우리나라의 동요는 노랫말 전달에 중점을 두었기 때문에 음악적인 측면에서 민족적 고유성을 가지고 있다고 할 수 없다. • 그러므로 국악을 사랑하고 그 전통을 계승해가려는 음악 교육가들 사이에서 음악적인 면에서 민족적 선율과 전통 장단이 담긴 우리나라 고유의 동요를 작곡하여 유아들에게 국악적 감각을 심어주어야겠다는 생각이 싹트게 되었다. • **창작 국악동요**는 기본적으로 동요와 같은 특징을 공유하고 있다. • 따라서 창작 국악동요를 선택할 때에도 앞에서 서술한 바와 같이 일반 동요를 고를 때와 같은 측면을 고려하여야 한다.

민요 부르기	민요	▶ **오랜 세월 구전되어 전해온 노래**(로 서민들의 소박한 정서와 순수한 감정이 깃든 노래) • 민요는 지방에 따라 대개 경기민요, 남도민요, 동부민요, 서도민요, 제주민요로 분류한다. • 유아들이 부르기에 적합한 전통민요는 그다지 많지 않다. 그러나 **감상 음악으로 먼저 친숙해진 후에 노래 부르기로 확장**한다면 보다 쉽게 적용할 수 있다. • 또한 유아들이 살고 있는 지방에서 불려지는 전통민요의 경우 유아들에게 소개하면 자신이 살고 있는 지역사회에 대한 지식을 형성하고 지역 문화에 익숙해지도록 돕기 때문에 교사는 **지역적 특성을 고려하여 전통민요를 선별**하도록 노력하여야 한다. • 민요에는 향토민요와 통속민요가 있다.
	향토민요	▶ **특정 지역에서 전승되는 민요** • **일정한 지방에서만 한정하여 전승**되는 것으로, 주로 일을 하면서 부르는 일노래(노동요(勞動謠))나 부녀자들의 노래 또는 어린이들의 동요가 여기에 속한다. • 대부분의 향토민요는 **일노래**에 속하고, **많은 인원이 규칙적인 동작을 반복**하여 작업하는 과정과 관련되어 있기 때문에 **주로 '메기고 받는 방법'**으로 노래한다. ▶ **메기고 받기 : 한 사람이 메기고**(독창으로 앞소리를 메기고), **여러 사람이 받으며 노래하는 형태** | 메기는 소리	• 즉흥적으로 노랫말을 지어 부를 수 있고, 가락도 자유롭게 변주할 수 있다.
---	---
받는 소리	• 대부분 규칙적인 노랫말과 가락으로 되어 있다.	
	통속민요	▶ **여러 지역에서 널리 불리는 민요** ▶ 유행민요, 예술민요라고도 불리며, 그 기원은 토속민요(향토민요)에 있으나 **전문 소리꾼들에 의하여** 음악적으로 세련되고 다채롭게 발전하여 **대중에게 널리 알려진 민요** • **주로 후렴을 가지고 있는 유절(有節) 형식의 노래** ※ 같은 선율이 반복되면서 각 절 가사만 바뀌는 노래 형식 즉, 한 곡의 기본적인 멜로디가 계속 반복되며, 가사만 변하는 방식 • 여럿이 부를 때는 **독창으로 앞소리**를 부르고, **후렴은 다 같이 부른다.** • 서양의 노래처럼 반드시 각 절(節)의 노랫말 다음에 후렴이 오는 것이 아니라 후렴과 후렴 사이에 각 절의 노랫말이 놓이는 형태의 노래, 즉 후렴구를 가진 노래도 있다. • 따라서 한 노래의 후렴구에서 되풀이되는 음절이나 후렴구의 첫 부분에 나타나는 말을 따서 그 노래의 제목으로 삼는 경우가 많다.

우리 민요의 특징	시김새 (잔가락)	▶ 골격음 앞뒤에서 **그 음을 꾸며주는 장식음으로 음을 떨거나 꺾거나 흘리는** 등의 **표현 방법** • 전통 음악에서 **골격음의 앞이나 뒤에서 그 음을 꾸며주는 장식음** 또는 **음길이가 짧은 잔가락**을 말한다. '식음(飾音)새·시금새'라고도 한다. • 넓은 뜻으로는 선율선이나 절주(節奏)의 자연스러운 연결이나 유연한 흐름을 위하여 또는 화려함과 멋스러움을 위하여 어느 음에 부여되는 기능을 뜻한다. • '시김새'의 일반적 의미는 음을 '아-'하고 꾸밈없이 내지 않고, **음을 떨거나 꺾거나 흘리는 등의 우리만의 표현 방법**을 말한다. **보다 쉽게 꾸밈음 정도**로 이해하면 된다. • 유아들은 잦은 '시김새'를 모두 따라 하기에 무리가 있으므로 '**시김새'를 덜어 표현**하도록 한다. – 평으로 내는 소리와 떠는소리 두 가지의 구분만 되도록 확연히 구분해 소리 내도록 한다. • '진도아리랑' 노래를 처음 들려주고, '**시김새'를 가르칠 때까지 장구 장단은 치지 않는다.** – 처음부터 장구를 치면 유아들이 [이유] **장구 장단에 심취해 '시김새'를 듣고 구분할 수 없기 때문**이다. ㉮ 너희들이 노래할 때처럼 그냥 "아-"(평으로 내는 소리)하고 소리를 내지 않고, 더 멋있게 노래를 부르려고 "아으~~~"(떠는소리)하면서 불렀지. 이렇게 멋을 내는 소리를 '시김새'라고 한단다. • 만 4세 유아가 민요의 '시김새' 맛을 느끼고 표현하려면, 교육 활동 시기를 2학기 말로 하는 것이 바람직하다.
	메기고 받기 (앞소리 뒷소리)	▶ **한 사람이 메기고 여러 사람이 받으며 노래하는 형태** • '앞소리·뒷소리'는 **우리 민요의 대표적 특성**으로 **한사람이 메기고**(앞소리·메기는소리) **여러 사람이 받으며**(뒷소리·받는소리) **노래하는 형태**이다. • 교사는 흥겹고 힘차게 앞소리를 메기도록 한다. 마디의 처음 박(첫소리)에 힘을 넣어 부르면, 우리 소리의 흥겨운 맛을 낼 수 있다. • 우리 민요의 대표적 특성인 메기고(앞소리·메기는소리) 받으면서(뒷소리·받는소리) 노래를 부른 것처럼 전래동요 역시 주고받는 경우가 많고, 단순 반복적이어서 유아가 쉽게 익힐 수 있다. – 그러므로 교사가 자주 불러서 귀에 익혀 쉽게 부를 수 있게 한다. ㉮ "몰자! 몰자! 덕석 몰자!", "풀자! 풀자! 덕석 풀자!" 기 ㉺의 대표적인 노래 부르기 방법 1가지를 쓰시오.[17] ㉠ <u>어디까지 왔나?</u> 전래동요 (악보) 어 디 까 지 왔 나? 동 산 까 지 왔 다 어 디 까 지 왔 나? 장 승 거 리 왔 다 어 디 까 지 왔 나? 삼 우 물 까 지 왔 다 어 디 까 지 왔 나? 축 담 밑 에 왔 다 어 디 까 지 왔 나? 굴 목 에 왔 다 기 '노래를 부를 때 노랫말의 내용에 맞추어 교사와 유아 또는 유아들끼리 번갈아 가며 불러 봐도 좋을 것 같아요.'에 해당하는 **전래 동요 부르기 방법**의 용어를 쓰시오.[23] ② **문답식으로 부르기(문답식 노래, 메기고 받기)**

	서구무용	우리 춤
우리 춤의 특징	• 발레는 움직이는 선이 직선적이며 감정 표현도 직설적	• 궁중무용의 경우, 개인의 감정이나 정서의 표현을 강조하지 않으며, **움직임이 정중하고 느리고 움직임은 곡선적**
	• 주로 하체(다리·발) 중심의 무용으로 발달	• **상체(손·팔·어깨) 중심**의 춤
	• 외향성을 강조하여 하체의 기교를 요구하는 동적인 활발함을 특징	• 육체보다 **영적인 면을 강조**하여 **정중동(靜中動)**으로 나타남. • 특히 의상도 폭이 넓고 길이가 긴 치마를 입음으로써 치마 속에 감추어진 **하체의 움직임은 상체 움직임을 도와주는 보조 역할**을 주로 함
	• 서양의 민속무용은 대개 단순하고 경쾌하며 사교성이 강함	• 우리의 민속무용은 **풍자적**이며 **해학**이며 **계몽적**
	• 무보(舞譜)에 있어서 서양은 독일에서 **라반(Laban)**에 의해 1920년에 **무보**가 창안	• 이미 조선 영조 무렵인 1700년대에 무보가 출간 • 이 무보의 이름은 **시용무보**로서 종묘제례 일부를 그림으로 그린 책이다. • 동작에 대한 기록이 정확하고 상세하며 현재 한국 최고의 무보라는 점에서 무용 연구에 귀중한 자료가 되고 있다.

교사의 역할	• 국악교육을 하는 교사의 역할과 교수원리는 일반적인 음률교육의 그것과 다르지 않다. ① **교사는 활동의 제시자이다.** - 국악 활동을 유아의 수준과 진행주제에 맞게 적절하게 선정하고 제시할 수 있어야 한다. - 특히 국악 활동이 우리나라 주제에서만 집중되지 않도록 하기 위해서는 교사 스스로 활동을 안배하는 의식적인 노력이 필요하며 유아의 발달수준에 맞게 활동의 난이도를 조절할 수 있어야 한다. ② **교사는 유아들에 대한 관찰자이다.** - 국악교육을 전개하기 위하여 관찰은 필수적이다. ③ **교사는 활동의 촉진자이다.** - 서양음악에 비해 유아들에게 익숙하지 않으며, 국악을 이용한 동작활동 역시 유아들이 처음 표현할 때는 생소할 수 있다. - 이때 교사는 활동이 보다 원활하게 이루어지도록 적절한 시청각 자료를 제시하고 스스로 시범을 보이는 등의 적극적인 참여를 통해 활동이 활발히 진행되도록 촉진하는 역할을 하여야 할 것이다. ④ **교사는 환경의 조직자이다.** ⑤ **교사 자신이 끊임없는 학습자이다.** ⑥ **교사는 유아에게 우리 문화를 전달하는 문화전달자이다.** - 교사가 국악과 전통문화에 관심을 갖고 이를 즐겁게 제시한다면 유아들은 자연스럽게 우리 음악에 익숙해지고 이를 사랑하게 되며 우리 문화에 대해 알아가게 될 것이다.

실내외 환경구성	• 국악을 위한 음률영역은 따로 설치하기보다는 일반적인 음률영역에 국악기와 국악적 자료를 첨가함으로써 운영될 수 있다. • 음률영역은 조용하면서도 유아의 접근이 용이한 곳에 자리 잡아야 하고 다양한 소리기구와 악기를 동시에 갖추어야 한다. 　- 특히 국악기 중에서는 **실내에서 다른 영역과 함께 운영하기에 방해가 되는 악기**들이 있을 수 있는데, 이런 경우 **실외영역에 음률영역을 따로 설치**해 주는 배려가 필요하다. 　- **예를 들어, 꽹과리**와 같은 사물악기의 경우 실내에 두었을 때 다른 영역의 활동에도 방해가 되지만, 악기로 활동하는 유아들도 이를 의식하여 활동이 위축될 수 있다. 　- 이때 사물악기를 실외공간에 내어주게 되면 활발하게 악기탐색이 이루어지는 것을 볼 수 있다. • 일반적으로 음률영역에 내어줄 수 있는 국악기나 첨가될 수 있는 자료는 다음과 같다. 　- 타악기로서 장구, 풍물북, 징, 꽹과리, 소고, 목탁을 들 수 있다. 　- 이들 타악기는 유아들이 다루기 쉽게 작은 크기로 제작된 유아용 국악기가 제공되어야 한다. 　- 이밖에 동작활동을 위한 소품으로 한삼, 부채, 상모, 흰 수건 등이 제공될 수 있고, 국악기를 연주하는 사진, 전통 무용을 하고 있는 무용가의 사진이나 그림 및 도서 자료도 제시되어야 한다.
국악기의 종류	• 국악기를 분류하는 방법은 크게 제작 재료에 따른 분류, 음악의 계통에 의한 분류, 연주법에 의한 분류, 물체 진동원리에 의한 분류의 4가지가 있다. • 이 중 **연주법에 따라 국악기를 분류**하면 다음과 같다.

관악기	▶ **불어서** 소리 내는 악기 • 관악기에는 피리 종류로 **당피리, 세피리, 향피리** 등이 있고, 가로로 부는 **대금, 소금(당적)**이 있으며 **태평소, 생황** 등은 물론 대취타의 악기로 사용되는 **나발, 나각** 등도 관악기에 해당한다.	
현악기	▶ **줄로** 소리 내는 악기 • **활**이나 **술대·채** 등 무엇을 사용하든 결국 줄을 퉁겨서 소리 내므로 줄 악기 즉, 현악기이다. • 현악기에는 손이나 술대로 뜯는 **가야금·거문고·금·슬**이 있고 활로 마찰하여 소리를 내는 **해금·아쟁**이 있으며, 채로 치는 **양금** 등이 있다.	
타악기	▶ **손이나 채 등으로 치거나 서로 맞부딪치거나 긁어서** 소리 내는 악기 • 선율을 연주할 수 있는 유율타악기와 장단만을 연주할 수 있는 무율 타악기가 있다.	
	유율(有律) 타악기	• 금속으로 만들어진 **편종·방향·운라** 등이 있고 돌로 만들어진 **편경**이 있다.
	무율(無律) 타악기	• 다양한 음색의 타악기들로 이루어지는데 금속으로 만들어진 **꽹과리와 징, 장구**와 **북**(풍물북과 소리북) 등, 가죽으로 된 **북 종류의 모든 악기**가 이에 속한다.

Plus 지식 국악기의 종류

- **사물놀이 악기** : 북, 장구, 꽹과리, 징
- **북**은 구름, **장구**는 비, **꽹과리**는 천둥·번개, **징**은 바람 소리로 비유된다.

소리북	풍물북	꽹과리	징	소고	바라

북	• 북은 풍물북과 소리북의 두 종류가 있다. • **풍물북** : **북통이 가죽끈으로 엮여져 있어서 북테면**을 치게 되어 있다. • **소리북** : 단순하고 **가장 오래된 원시적인 악기**로 소리북은 **판소리의 반주악기로 양쪽 윗면에 쇠단추**가 달렸다. • 자연에 있어서 구름에 비유되는 북은 잔가락을 넣지 않고 원박만 짚어 주는 역할을 하는 힘 있는 남성적인 악기이다.
소리북	▶ **판소리에서 고수가 반주로 쓰는 북** • **풍물북보다 훨씬 무겁**고 가죽을 전체적으로 덮고 둥글고 큰 못을 가장자리에 두 줄로 나란히 박아 고정시켜 놓았다. • **소리꾼이 노래를 하면 고수는 앉아서 북채를 들고 장단**을 맞추는데, 북면과 북통을 채로 쳐서 소리를 받쳐주고 또한 소리와 소리 사이를 장단으로 채우고 꾸며준다.
풍물북	▶ **사물놀이와 풍물놀이에서 사용되는 북** • 판소리에서 쓰이는 소리북과는 달리 **양쪽 가죽을 끈으로 엮어 고정**시켜 놓았다. • 채편과 북편 모두 같은 가죽을 사용해서 만들며, 가죽에 구멍을 뚫어 양쪽 가죽을 끈으로 엮어 고정한다. • **북채를 이용해 두드려서 소리**를 내며 장구가락의 뼈대를 만들어 준다. • 풍물북은 북춤을 출 때도 사용되며 **북을 메고 한 손을 사용해 들고 뛸 수 있도록** 소리북에 비해 **가벼운 것이 특징**이다. 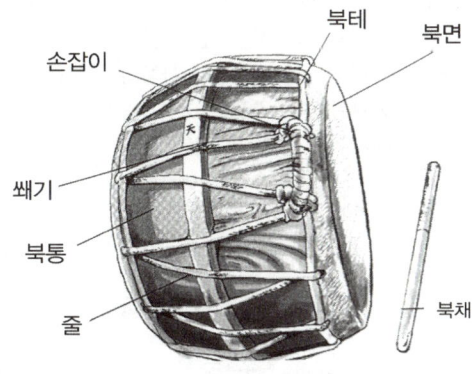

꽹과리	▶ 사물놀이, 풍물놀이, 농악에서 음악을 주도적으로 이끌어 가는 악기 • 궁중음악에 쓰일 때는 '소금'이라고 하며, 농악 등 민속 음악에 사용될 때는 '꽹과리'라고 한다. 꽹매기, 꽹쇠, 꽹치 등 지역마다 부르는 이름이 다르다. • 놋쇠로 만든 둥근 접시 모양의 악기로 대나무로 만든 채 끝에 둥근 나뭇조각을 끼워서 두드려서 소리를 낸다. • 크기가 작아 이동하면서 연주하기 편하다. 천둥소리를 흉내 낸다고 하여 소리가 크면서도 빠르고 화려한 리듬을 연주하기 때문에 풍물놀이에서 지휘자와 같은 역할을 한다. • 꽹과리를 치는 사람을 상쇠라고도 부른다. 농악에서는 으뜸가는 리듬 악기로 주도적인 역할을 한다. 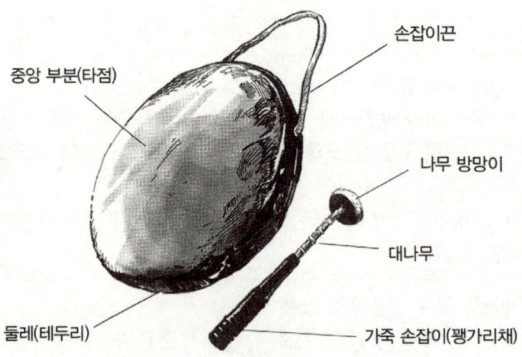
징	▶ 불에 달군 놋쇠를 망치로 두드려 만든 둥근 쟁반 모양의 악기로, 부드럽고 여운이 긴 소리를 내며, 리듬의 첫 박을 강조하고 다른 악기 소리를 감싸주는 역할 • 불에 달군 놋쇠를 망치로 두드려서 만든 둥근 쟁반 모양의 악기이다. • 리듬의 첫 박차를 쳐서 소리의 단락을 지어주는 악기이며, 소리가 부드럽고 따뜻할 뿐만 아니라 바람 소리처럼 여운이 오래가기 때문에 다른 악기의 소리를 감싸주는 역할을 한다. • 놋쇠로 만든 둥근 쟁반 모양의 악기로, 왼손에 들거나 틀에 매달아 놓고 채를 들고 치는데 유아들의 경우 악기가 무겁기 때문에 틀에 매달아 두는 것이 바람직하다. 기 사물놀이에 쓰이는 악기 중에 (징)을 사용해 매 장단의 첫 박에 치면서 음의 지속이나 진동을 효과적으로 경험해 보면 어떨까요?[14]
소고	▶ 북의 일종으로 손잡이가 달려 있어 한 손으로 들고 작은 채로 두드리며 연주하는 악기로, 주로 소고춤과 농악에서 사용되며 율동 표현에 활용 • 연주를 위한 악기라기보다는 소고춤에 사용되는 소도구로서 풍물놀이 때 사물악기와 함께 사용된다. 일명 매구북, 벅구라고도 하며, 농악과 민속무에 쓰인다. • 왼손으로는 손잡이를 쥐고 오른손에 작은 방망이 채를 들어 앞뒤로 두드리며 춤춘다. • 소고는 작은 북소리의 악기로 손쉽게 구할 수 있고 현장에서 쉽게 사용되는 악기이다. • 작고 얇은 북통의 양면에 가죽을 씌우고 북통에 손잡이를 달아서 만든 북 종류의 작은 타악기이다. • 소고는 농악 놀이(풍물놀이)를 할 때 장구, 꽹과리, 징, 북 뒤에서 소고잽이에 의해 춤을 추는 데서 비롯되었다. • 소고는 동요의 리듬 합주, 민요와 소고놀이, 소고 합주, 소고춤, 민요와 타악놀이에서 춤동작과 함께 다양하게 쓰이고 있다. • 작고 가볍고 손쉬운 악기이며, 동작을 나타내는 율동의 표현에 많이 쓰이기 때문에 유치원의 리듬악기로 활용되고 있다.

바라 (자바라, 제금)	▶ **두 개의 금속 원반을 서로 부딪쳐** 소리를 내는 악기로, 대취타, 범패, 무악 등에 사용되며 **강박을 강조**하는 역할 • 일명 **자바라 또는 제금**이라고도 부른다. 대취타, 범패, 무악 등에 쓰이는데, 범패를 할 때는 바라춤의 무구로도 쓰인다. • 기악 합주 시에 바라는 **첫 박에 강박으로 사용**되며 **유사성 악기인 심벌즈**로 연주할 수 있다. ※ 무구 : 춤출 때 쓰는 도구 ※ 범패 : 부처님의 공덕을 기리는 불교 음악 / 무악 : 무당이 굿을 할 때 쓰는 무속 음악 ※ 대취타(大吹打) : 취타와 세악을 갖춘 대규모의 군악. 징, 자바라, 장구, 용고와 나각, 나발, 태평소 따위로 편성되며, 주로 진문(陣門)을 크게 여닫을 때, 군대가 행진하거나 개선할 때, 능행에 임금이 성문을 나갈 때에 악기를 불어 연주하였다.
박	▶ **6개의 편목을 사용해 벌리고 오므리며** 소리를 내는 타악기로, **지휘와 악절 변화의 역할** • 6개의 편목의 위를 꿰어 만든 것으로, 벌렸다가 오므리면서 소리 내는 박은 **음악이 시작할 때 한 번** 치고 **그칠 때 세 번** 친다. • 또한, **악절의 변화에도 이를 쳐서** 연주자에게 알리기도 하므로 **지휘 역할도 겸**하고 있다. 

3 국악 장단 익히기

장구	• 우리나라 모든 음악에서 거의 사용되는 **대표적인 반주악기**다. • 장구는 우리나라의 **북 계통의 악기를 대표하는** 매우 중요한 **장단연주 타악기**로서 아악, 정악은 물론 산조, 풍물놀이, 민요와 같은 민속악 그리고 춤 장단 반주에 이르기까지 그 쓰임이 매우 광범위하다. • 오동나무통을 파내고 양쪽에 붙인 가죽을 진동시켜 소리를 내며 **허리가 가늘다고 하여 세요고**라고도 한다. 장구라는 명칭은 채로 치는 북이라는 뜻에서 왔다. • 장구는 크게 가죽으로 만든 궁편과 채편이라고 부르는 **2개의 북면** 그리고 보통 **오동나무로 만드는 울림통** 그리고 이 울림통을 사이에 두고 있는 양 북면을 연결하여 주는 조임줄의 세 부분으로 나눌 수 있다. 🄖 **'조이개'의 용도**를 쓰시오.[23] 줄을 조이고 풀어가며 장구 소리의 높낮이를 조절하는 역할을 한다. • 양쪽 소리의 크기를 달리하기 위하여 **궁편은 두꺼운 소가죽을, 채편은 개가죽이나 말가죽**을 주로 사용하였다. { 궁편 (북편): ▶ **왼손이나 궁글채로 쳐서 낮고 넓은 소리**를 내며, **듬직하고 깊은 음색**이 특징 • **왼손**이나 헝겊을 씌운 방망이 혹은 궁글채로 치는데 **궁궁거리는 낮고 넓으며 듬직한** 소리를 낸다. • 왼손잡이의 경우에는 장구를 돌려서 채편과 북편을 오른손잡이와 반대로 칠 수 있다. } { 채편: ▶ **오른손으로 열채를 사용**해 치며, **높은 소리와 산뜻하고 화려한 음색**이 특징 • 오른손으로 대나무로 얇게 깎아서 만든 채(열채)를 잡고 치는데 **높은 소리**가 나서 **산뜻하고 화려**한 음색을 낸다. } 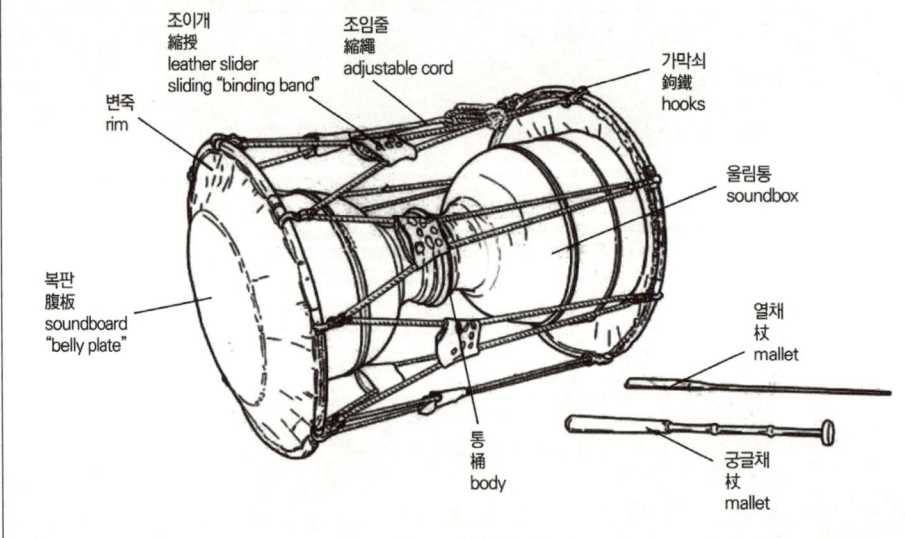

장단 익히기	• 장단은 마치 서양음악의 리듬형과 같다고 볼 수 있다. 　– 예를 들어 **왈츠, 미뉴에트**와 같이 리듬형(장단)은 그 악곡의 기본적인 리듬이 될 뿐 그 악곡의 모든 선율이 그 리듬형을 그대로 따르지 않는다. 　– 이처럼 우리 **전통음악의 장단은 그 음악에 내재된 리듬의 골격을 형성**한다. 대부분의 국악곡은 일정한 장단에 의해 음악이 짜여진다. • 장단을 갖지 않는 특수한 경우를 제외하면, 국악의 연주에는 기악이든 성악이든 언제나 장단의 반주가 따른다. 　– 장단은 흔히 장구로 치지만 판소리나 단가에서는 북을 쓰며 풍물놀이(농악)에서는 장구, 북에 꽹과리와 징을 함께 치기도 한다. • 장단은 다양한 길이와 리듬으로 구성된다. ▶ **점**(點) : 정해진 길이의 장단에 맞춰 장구나 북을 치는 것 ▶ **입장단**(구음, 口音) : 장단의 리듬을 입으로 소리 내어 표현하는 방법 ▶ **구음보**(口音譜) : 장단의 소리를 소리 나는 대로 적은 악보 ▶ **정간보**(井間譜) : 조선 세종 때 창안된 동양 최초의 유량 악보로, 네모난 칸에 율명을 기입하여 **음의 높낮이와 박자의 길이를 나타내는 국악 기보법** • 장구로 반주를 할 때는 오른손에 채를 들고 채편을 치고, 왼손(궁글채)으로 북편을 친다. • 실외음악이나 사물놀이 등에서는 궁글채로 북편을 친다. 그리고 채로는 장구 채편 가죽의 가운데 부분인 '복판'을 치는 것이 일반적이나, **독창이나 독주의 반주나 실내악 연주에서는 음량이 작은 변죽**을 친다. ※ **정악장구** : 크기가 크고 채편은 가늘게 쪼개어 다듬은 대나무채를 들고 치고, 궁편은 맨손으로 친다. ※ **풍물장구** : 궁편에 궁글채를 사용하고 메고 칠 수 있게 정악장구에 비해 작고 가볍게 만들었다.

		구음	부호	악보	명칭	손	치는 방법
장구의 연주 방법에 따른 표기		덩	⊕	♩	합장단	양손	• **북편과 채편을 같이 친다.** (손바닥, 궁글채와 열채를 함께 친다.) 기 '⊕' 해당하는 장구연주방법을 쓰시오.[23]
		덕	│	♩	채편	오른손	• **채편만 친다.** (열채로 친다.)
		쿵	○	♩	북편	왼손	• **북편만 친다.** (손바닥, 궁글채로 친다.)
		기덕	│	♫	겹채	오른손	• **채편을 잔가락으로 두 번 친다.** (열채를 순간적으로 겹쳐서 친다.)
		더러 러러	⋮	♩♬	굴림채	오른손	• **채편을 치고 채를 가볍게 3번쯤 튕겨준다.** (열채의 반동을 이용하여 구르는 듯 튕겨준다.)
		더	•	♩	채찍기	오른손	• **채편을 살짝 찍는다.**

장단의 기본형	인사 장단 (인사굿)	· 연주자가 등·퇴장할 때 인사하면서 치는 장단이다. · 8분의 12박을 기본으로 하고, 마지막의 박자는 인사를 할 때 쓰이므로 정박에 넣지 않고 늘임표를 사용하여 쓰기도 한다. · 늘임표(페르마타, ⌒) : 음표나 쉼표의 위아래에 붙으며, 보통 그 음가의 2배 이상 길게 연주한다. 겹세로줄 위에 있으면 악곡이 끝남을 나타내는 마침표 · 장구 정간보 글씨의 크기와 굵기는 소리의 크기와 세기를 표현한 것이다.
	굿거리 장단	· 12박 1장단으로 속도는 ♩.=60~72이다. 3소박 4박자(4/♩.)를 한 주기로 구성되어 있으며, 전반부 2박과 후반부 2박 사이에 대칭적인 구조를 지니고 있다. · 보통 빠르기의 장단으로 구성지고 흥겨운 느낌을 주는 장단이다. · '굿거리', '유치원에서', '풍년가'도 노래를 익숙하게 즐겨 부를 수 있을 때 탬버린 장단을 치면서 흥겹게 부르도록 한다.
	세마치 장단	· 3분박 3박 장단으로 속도는 ♩.=72~108이다. 세마치는 '세 번을 친다'라는 뜻이다. · 첫 박이 강한 우리 소리의 특성에 따라 장단의 첫 '덩'은 합장단(덕+쿵)으로 제일 크고 세게 친다. · '어린이 아리랑', '밀양아리랑', '색종이'도 노래를 익숙하게 즐겨 부를 수 있을 때 허벅지로 장단을 치면서 흥겹게 부르도록 한다.

장단의 기본형	자진모리장단	

〈자진모리장단 기본 장단〉

〈자진모리장단 변형 장단〉

- **3분박 4박 장단**으로 속도는 ♩.=90~110이다. **'잦게 몰아간다'는** 뜻에서 붙여진 이름으로, 빠른 장단이다.
- **걸음걸이 빠르기**로 **경쾌하고 가뿐가뿐한 느낌**을 주는 장단이며 **국악 동요에서 가장 많이** 쓰이는 장단이다.
- '바늘귀 꿰세', '군밤타령', '꼭꼭 숨어라'도 노래를 익숙하게 즐겨 부를 수 있을 때 손장단을 치면서 흥겹게 부르도록 한다.

기 다음은 ㉣ '휘모리보다는 느리지만 잦은 박으로 빠르게 치는 경쾌한 장단'을 사용한 전래동요의 정간보 일부이다. ㉣에 해당하는 장단의 이름 1가지를 쓰시오.[14]

'이 거리 저 거리 각 거리'

기 • 노래명 : 콩 받아라   • 음악적 특성 : 2음 음계의 자진모리장단에 어울리는 노래[12]

기 ' '에 해당하는 장단의 이름을 쓰시오.[23]

장단의 기본형	휘모리 (단모리) 장단	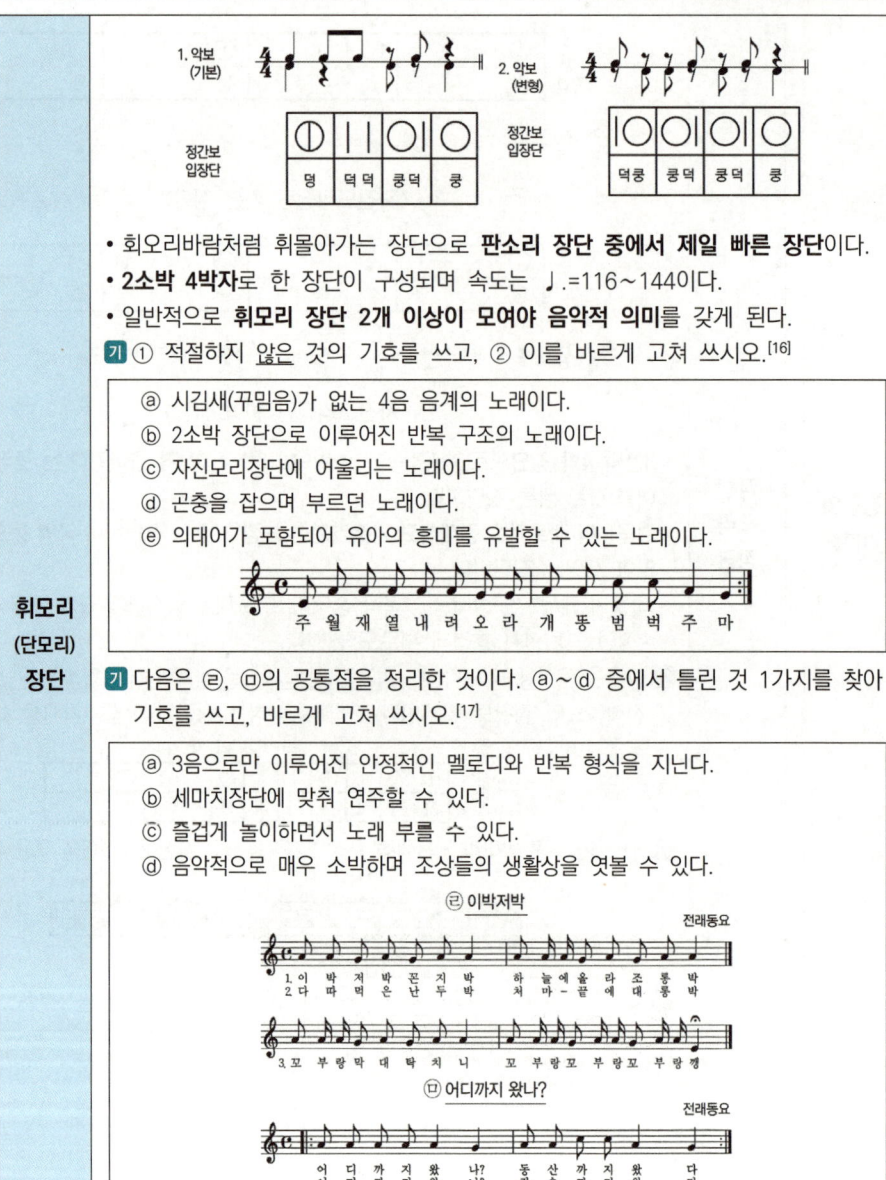

- 회오리바람처럼 휘몰아가는 장단으로 **판소리 장단 중에서 제일 빠른 장단**이다.
- **2소박 4박자**로 한 장단이 구성되며 속도는 ♩.=116~144이다.
- 일반적으로 **휘모리 장단 2개 이상이 모여야 음악적 의미**를 갖게 된다.

[기] ① 적절하지 **않은** 것의 기호를 쓰고, ② 이를 바르게 고쳐 쓰시오.[16]

ⓐ 시김새(꾸밈음)가 없는 4음 음계의 노래이다.
ⓑ 2소박 장단으로 이루어진 반복 구조의 노래이다.
ⓒ 자진모리장단에 어울리는 노래이다.
ⓓ 곤충을 잡으며 부르던 노래이다.
ⓔ 의태어가 포함되어 유아의 흥미를 유발할 수 있는 노래이다.

[기] 다음은 ㉣, ㉤의 공통점을 정리한 것이다. ⓐ~ⓓ 중에서 틀린 것 1가지를 찾아 기호를 쓰고, 바르게 고쳐 쓰시오.[17]

ⓐ 3음으로만 이루어진 안정적인 멜로디와 반복 형식을 지닌다.
ⓑ 세마치장단에 맞춰 연주할 수 있다.
ⓒ 즐겁게 놀이하면서 노래 부를 수 있다.
ⓓ 음악적으로 매우 소박하며 조상들의 생활상을 엿볼 수 있다.

장단의 기본형	도드리 장단	• 도드리장단(♩=45~60) : **느린 2박 장단**, 2/♩.박자, **6/8 박자** ※ 한국민족문화대백과사전 : 정악과 민속악에서 쓰이는 18/8 또는 6/4박자의 장단. ※ 국립국악원 : 6/4 박자 • 도드리장단의 민요로는 '한오백년', '몽금포타령', '유산가', '적벽가', '선유가', '장가', '소춘향가', '평양가' 등이 있으며, 전래동요에는 '새야 새야'가 있다.

	박자	1	2	3	2	2	3
도드리 장단	장단 부호	⊕	—	|	○	⋮	—
	구음	덩	—	기덕	쿵	더러러	—
	서양식 표현	구음: 덩 — 기덕 쿵 더러러					

• 타령장단(♩.=45~70) : **조금 느린 4박 장단**, 4/♩.박자, **12/8 박자**
• 타령장단의 민요로는 '아주까리타령', '군밤타령', '신고산타령' 등이 있다. 전래동요로는 '유치원타령', '나물노래', '종달새' 등이 있다.

	박자	1	2	3	2	2	3	3	2	3	4	2	3
타령 장단	장단 부호	⊕	—	—	|	—	—	⊕	—	|	—	—	—
	구음	덩	—	—	덕	—	—	덩	—	덕	—	—	—
	서양식 표현	구음: 덩 — — 덕 — — 덩 — 덕 (쉬고)											

유아미술교육

Ⅰ. 아동미술의 역사
Ⅱ. 미술교육 이론
Ⅲ. 아동미술의 발달 단계
Ⅳ. 유아 미술표현의 특징 및 표현 기법
Ⅴ. 미술의 요소 및 원리
Ⅵ. 미술 감상
Ⅶ. 유아미술의 교수 방법

I. 아동미술의 역사

1 표현기능 중심의 미술교육

개념	▶ **미술의 교육**으로 **미술 과목을 가르쳐 표현 능력을 향상**하고, **사회에서 필요한 인력을 기르고자** 하는 미술교육 • **표현기능을 향상**시켜 **사회에서 필요한 미술가나 산업디자이너 등을 기르기 위해** 실시하는 미술교육이다. • 이는 '**미술의 교육(Art of Education)**'으로 대변할 수 있다. 즉, 교육에서 미술을 가르쳐 표현 능력을 향상시키고 결국은 사회에서 필요한 화가, 조각가, 디자이너, 공예가 등을 기르고자 하는 미술교육이다. • 미술교육을 우리 **생활에 필요한 물건이나 미술작품을 만들 수 있는 표현기능을 향상**시키는 것으로 받아들이는 것이다. • 이러한 사상은 16세기 이후 산업이 발달하면서 19세기에 이르기까지 미술교육에 대한 일반적인 견해였으며, 지금도 미술교육 현장의 일부에서는 잠재적으로 적용되고 있다.

사회 문화적 배경	① 산업혁명으로 인한 산업의 발달
	   대량생산된 물품들이 미적으로 질이 떨어져 산업계에 종사하던 자본가들은 **산업에 필요한 미술가와 디자이너의 육성**을 주장했고, 그 결과 유럽 각국에서는 직업학교 및 미술학교가 많이 설립되어 미술에 관련된 교육을 실시하였다.
	② 미술 아카데미의 전통
	   르네상스 이후 유럽에서 주로 미술가를 기르기 위한 도제형식의 교육이 이루어졌다. 이러한 아카데미에서는 **표현기법, 미술 해부학** 등을 가르치고, **특히 정확한 시각교육에 중점**을 두었다.

주요 특징	① 전문 미술 인력의 양성
	   사회에 필요한 미술가나 건축가, 디자이너, 공예가 등을 양성하기 위해 표현 능력 육성에 중점을 두었다.
	② 반복적인 훈련을 통한 교육
	   반복적인 훈련을 통해 미술가가 되기 위해 필요한 미술적 능력을 향상시키는 데 중점을 두었다. 한편 바우하우스의 경우에는 훌륭한 미술가가 되는 데 필요한 정신과 표현 능력의 종합적인 발달을 꾀하였다.
	③ 기본요소와 체계적인 실기지도
	   미술에 관한 기본요소와 체계적인 구조에 의한 지도가 강조되어, 미술의 기본적인 요소나 구조를 파악하여 체계적으로 실시지도를 하려는 시도가 많았다.

평가	시사점: • 미술교육이 학교 교육의 한 부분으로 자리하게 되었고, **다양한 미술교육의 시발점**이 되었다는 점, 시지각과 손의 협응력을 체계적이고 합리적으로 지도하고자 하였고, 사회의 요구에 의해 **미술교육이 사회에 공헌**했다는 점에서 시사하는 바가 크다. 한계점: • 사회의 요구에는 충실하지만 **학습자의 입장은 고려하지 않은** 점, 산업 발전의 매체로서 학생을 바라보았다는 점, **학교생활을 미래를 대비하기 위한 준비과정**으로 보고 그에 따른 **희생과 훈련을 강조**한 점, **특정한 방법과 법칙**을 통하여 작품을 완성하려고 한 점 등이 한계점이다.

2 창의성 중심 미술교육

개념	▶ **미술을 통한 교육**으로 **자유로운 자기표현**과 **창의성의 육성, 표현 과정이 중시**하는 미술교육 • 자유로운 자기표현과 미술을 통한 창의성의 육성, 표현 과정이 중시되었던 미술교육이다. • 치젝(F. Cizek)이 아동의 자유로운 자기표현에 의한 미술교육을 주창한 후 세계적으로 급속하게 보급된 미술교육 흐름이다. • 이는 **허버트 리드(H. Reed)가 주창한 미술을 통한 교육과 연결**되는데, 미술을 통해 교육에서 목표로 삼고 있는 인간 정신, 즉 **창의성**을 육성하고자 한 것이다.	

사회
문화적
배경
	아동
	중심교육
		• **루소**에 의해 교육의 중심이 성인에서 아동으로 옮겨지고, 이후 **코메니우스, 페스탈로치, 프뢰벨**, 헤르바르트 등 많은 교육학자에 의해 아동의 흥미와 감각, 직접적인 경험을 중시하는 교육이 중시되면서 미술도 학교 교육에서 시행하게 되었다. 즉, **미술을 통한 창의성, 아동의 자유표현에 대한 교육**이 시작된 것이다.
		• 아동 중심 교육을 세계적으로 보급하는 데 가장 큰 역할을 한 사람은 듀이다.
		  - 듀이의 견해에 바탕을 두고 미술교육은 아동 중심, 경험중심, 생활중심, 과정중심, 창의성 중심, 통합중심의 성격을 가지게 되었고, **치젝**은 이러한 **듀이의 이론을 실제 미술교육에서 실천하는 역할**을 하였다.
		  - 미술에서 아동으로 미술교육의 무게중심을 옮겨놓은 두 사람은 그동안 미술의 기능에 중점을 두고 도제식으로 이루어졌던 미술교육이 자기표현과 미적 경험을 통해 아동의 창의성과 조화로운 성장에 기여하는 방향으로 실시되어야 한다고 주장하였다.
		• 듀이의 이러한 진보주의적 미술교육은 **홀(Hall) 등의 아동연구운동과 연결**되어 아동에게 보다 창의적인 자유표현을 강조하는 방향으로 전개되었으며, **1940년대 들어서 로웬펠드와 허버트 리드 등이 주축**이 된 **아동의 창의성과 표현발달 과정을 강조**하는 흐름으로 이어지게 된다.

	심리학의
	발달
		• 19세기에 들어서면서 마음이나 정신에 대한 연구가 활발하게 연구되기 시작하였고, 연구의 일환으로 아동의 직접적 심리의 표현이라고 할 수 있는 그림에 관심을 기울이게 되었다.
		• 특히 **프로이트의 심리학**은 미술교육에 많은 영향을 미쳤다.
		  - 프로이트는 미술에서의 **자아 표현을 내부 욕구 표현의 일종**으로 보았으며, **미술을 통합된 인격을 발달**시키는 것으로 보았다.
		  - 창의성 중심의 미술교육은 심리학 연구에서 밝혀진 것들을 미술교육에 적용한 것으로 아동 누구에게나 창의성이 내재해 있고 반드시 일정한 과정을 거쳐 발달한다고 보는 흐름이다.

	표현주의 미술의 등장	• 표현주의는 작가 개인의 내부 생명, 즉 **자아나 혼의 주관적 표현을 추구하는 감정표출의 예술**이다. • 창의성 중심 미술교육의 대표적 교육자인 **치젝과 로웬펠드** 모두 젊은 시절에 표현주의 화가로 활동했던 사람으로 아동의 내면을 자유롭게 표현하도록 하는 미술교육을 강조하였다. • 특히 **로웬펠드**는 사실적으로 묘사하는 시각형보다 **내면의 감정이나 정서에 따라 자유롭게 표현하는 촉각형을 강조**하였는데, 이 촉각형이 표현주의 미술과 비슷한 형태라 할 수 있다.

주요 특징	자유로운 자기표현	• 아동의 미술이 **어른의 미술과는 다르다는 생각**에서 출발한다. 　- 즉 아동의 표현은 어른의 표현과 다를 수밖에 없으며, 아동에게 있어 미술은 자신을 드러내는 하나의 자기표현 방법이 된다. 　- 그러므로 아동의 표현 과정에는 어른들의 간섭이 있어서는 안 된다. • 결국 아동의 미술표현에서 **가장 중요한 점**은 **표현이 자발적이어야** 하며, **성인들의 관점에서 바라보는 간섭이 배제되어야** 한다는 점이다. 　- 따라서 이 흐름에서 교사나 학부모는 아동이 자유롭게 자신과 환경을 표현할 수 있도록 격려해 주고 동기를 유발하는 촉매자의 역할을 해야 한다.
	미술을 통한 창의성 계발	• 미술을 **인간의 조화로운 성장**을 돕고 **잠재력을 계발시켜 주는 도구**로 생각한다. • 창의성을 중심으로 하는 미술교육에서는 확산적 사고를 촉진하며 감수성과 유창성, 융통성, 독창성 등을 발달시킨다. • 또한 미술교육을 통해 길러진 창의성은 다른 모든 교과에 전이되고 사회생활 곳곳에서 활용될 수 있다고 강조한다.
	표현 과정의 중심	• 미술을 통하여 아동의 감수성을 육성하고 이기심을 줄여 협동심을 기르며 궁극적으로는 창의적인 능력을 개발하고자 하였다. • 이때 창의성을 위한 자유로운 자기표현은 표현결과에 중점을 두는 것이 아니라 **표현 과정에 중점**을 두어야 하며, 최종 작품이 어떠한지보다는 아동이 어떻게 표현해 나가는지에 관심을 기울여야 한다고 주장한다. • 또한 **미술과 미술교육을 구분**하여 **미술교육은 아동의 표현 과정을 중시**하는 반면, 미술은 만들어진 최종작품에 관심을 두는 것이라 보았다.
평가	시사점	• **미술 활동의 주체를 어른에서 아동으로 전환**시켰다는 점, **미술교육을 인간이나 교육에 있어서 중요한 위치로 격상**시켰다는 점, 미술교육에 있어서 **표현 과정과 발달 과정의 중요성을 재인식**시켰다는 점에서 긍정적 평가를 받는다.
	한계점	• 아동의 특성을 지나치게 강조한 나머지, 자유로운 자기표현과 과도한 창의성 중시로 **미술 활동에 있어서의 기초 기능 부족**을 초래했다는 점, 아동과 심리학 측면의 지나친 강조로 인해 **미술의 본질과 사회적 요구를 무시**하는 경향을 띠었다는 점, 미술교육에 있어서 **교사의 역할의 극소화**를 꾀했다는 한계점을 갖는다.

3 이해 중심 미술교육

개념		▶ **미술의 본질적 가치를 인정**하여 **미술 교과의 독자성 강조, 미술의 이해와 감상 교육 강조, 교육과정과 교사의 역할을 중시**하는 미술교육 • 창의성 중심 미술교육에 대한 대안으로 **미술에 대한 이해를 중시**하는 미술교육을 말한다. • 1960년대 초 미술 교육자들은 창의성의 개념에 의문을 제기하면서 **DBAE**(Discipline-Based Art Education : **학문에 기초한 미술교육**), **미적 교육**(Aesthetic Education), **사회 중심 미술교육**, **미술치료**(Art Therapy), **다문화 미술교육** 등 미술교육의 가능성을 다양하게 모색하기 시작했다. 기 다양한 **미술 문화와 미술작품에 대한 지식, 미술 교과의 본질적인 가치 및 독자성** 등을 강조하고, **학문 중심 미술교육, 사회 중심 미술교육** 등의 가능성을 다양하게 모색한 **(이해 중심)** 미술교육 동향을 수업에 반영하려고 한다. 이 동향은 교육 과정을 잘 해석할 수 있는 **교사의 역할이 중요**하기 때문에 관련된 교육 내용을 살펴보았다. 그래서 수업에서는 **미적 교육, 미술과 문화, 표현과 비평** 등을 알 수 있도록 미술 감상 활동을 계획하였다.[20]
사회 문화적 배경	**학문중심 교육과정의 영향**	• 1957년 **인공위성 스푸트니크**가 미국에 앞서 발사되자 그동안의 진보주의 교육과정에 대한 비판의 소리와 함께 등장한 학문 중심 교육과정의 영향을 받았다. • 학문 중심 교육과정은 학생들이 **학문의 기본적인 구조와 요점을 이해하게 되면 다른 여러 문제에 직면했을 때도 해결할 수 있다는 전제**로 시작하여, **가르칠 기본적인 지식의 구조와 개념, 원리** 등을 중시하였다. • 이 이론을 바탕으로 **미술을 하나의 문화적인 자원**이나 **하나의 지식의 체계**로 보는 시각이 싹트기 시작하였고 학자들은 미술 속에 인류 문화의 핵심적 경험이 담겨 있다고 보았다. • 이런 맥락에서 미술학습의 원리를 끌어내고 미술학습의 영역을 확장시킨 것이 이해 중심 미술교육이다. • **아이즈너나 DBAE, 미적 교육** 모두 미술을 하나의 학문으로 보거나 문화유산으로 보아 미술을 이해시키고 미술문화를 통한 교육을 강조하고 있다. • 이처럼 이해 중심 미술교육은 학문 중심 미술교육과 본질주의 교육철학의 영향을 받아 **미술을 하나의 학문 체계나 구조로 보고 기본지식이나 구조에 대한 이해를 강조**하며 **교육과정과 교사의 역할을 강조**하고 있다.
	지각 심리학의 영향	• 아른하임을 비롯한 지각 심리학자들은 사람이 대상들의 특징들을 지각하고 비교, 대조할 수 있는 과정을 '**지각의 분화**'라고 부르며, **아동의 지각능력은 학습에 따라 발달하고 경험에 의해 영향을 받는다**고 보았다. • 이 입장에서는 아동보다 어른의 시각이 더 복잡하며, 아동의 미술표현이 이러한 시지각 능력의 범위 안에서 발달한다고 주장하였다. • 즉 교사가 아동에게 **산의 초록색**이 단순한 초록이 아니라 **다양한 초록 계통**의 색을 광범위하게 포함하고 있음을 가르쳐주지 않으면, 아동은 산의 여러 가지 색을 지각하지 못한다고 보았다. • 따라서 **지각의 분화**를 촉진시키고 **시지각을 발달시키기 위해서는 특정 분야에 대한 지식의 습득이 요청된다**고 보았다.
	현대미술의 다양한 전개	• **미술문화의 이해를 강조**하기 때문에 **현재 진행되고 있는 미술에 대한 이해**도 중시하였다. • 이들은 학생들이 앞으로 직면할 다양한 **미술문화**에 대한 예비지식을 갖출 필요성을 강조했기 때문에 **현대미술의 흐름**에 민감할 수밖에 없었다.

주요 특징	미술 교과의 독자성 강조	• 미술교육이 학생들을 성장시키는 데 공헌할 수 있는 특별한 요소를 가지고 있다고 보고 **미술 교과의 본질적인 가치**가 다른 과목의 일반적 목표보다 중요하다고 주장한다. • 아이즈너는 **미술이 하나의 독립된 교과**이며, **문화에서 중요한 자원**이므로 학교 교육과정에 없어서는 안 될 교과라고 보았다.
	미술의 이해와 감상 강조	• 미술의 본질적 가치를 다룰 때 **미술에 대한 이해와 미술작품의 감상을 강조**한다. • **아이즈너**는 미술학습의 결과는 자연적 성숙의 결과가 아니라고 보고, 미술교육의 영역을 **미술제작, 미술비평, 미술사와 문화 등의 세 가지 영역으로 구분**하였다. • 즉, 미술학습은 아동이 작품을 만들고, 작품의 미적 요소와 특징을 이야기하며, 작품을 통해서 인류의 문화와 역사를 이해하는 복합적인 활동으로 구성된다고 볼 수 있다.
	교육과정과 교사의 중시	• **문서화된 교육과정을 중시**하며 적극적인 교사의 역할과 수업을 미술교육의 **핵심**으로 여긴다. • 아이즈너는 교육과정을 '학생들에게 교육적 경험을 제공하기 위해 의도적으로 개발된 연속적인 활동'이라고 정의하고, 교육 활동은 계열화되고 계속되는 과정이어야 한다고 주장한다.
대표적 미술 교육자 와 운동	아이즈너	• 미술작품을 인식하는 과정은 자연과학의 실험계획과 같은 탐구 과정이므로 **미술도 지성의 훈련이 필요**하다고 강조하였다. • 미술의 독자성이 강조되어야 하고, 인간 정신의 위대한 표현 결과인 미술품을 이해해야 하며, 학생들에게 미술표현뿐만 아니라 미술을 지각하고 이해하며 생각하는 법을 가르쳐야 한다고 강조하였다.
	미적 교육 (Aesthetic education)	• **세계를 미적으로 경험하는 능력을 길러주는 교육**이며 미적 경험은 직접적인 감각으로 현상을 이해하는 경험을 말한다. • 미적 교육의 목적은 학생들이 개념을 통하지 않고 직접적인 감각에 의해 대상을 경험할 수 있는 능력을 길러주는 것이다.
평가	시사점	• 이전의 창의성 중심 미술교육이 가지고 있는 문제들을 해결하고 **새로운 미술 문화를 이해**하여 **능동적으로 대처**할 수 있다는 점에서 시사하는 바가 크다. • 또한 **학교 교과로서 미술의 위치를 확고히** 하는 계기를 마련하였으며, **미술의 학문적 체계를 확립**하는 데도 일조하였다.
	한계점	• **미술교육을 미술에 대한 지식 전달로 흐르게 할 가능성**이 있으며, 구체적인 **교육과정이나 지도 방법에 대한 제시가 미흡**하고, **교사의 능력을 무한히 요구한다는 점**에서 현장에서 적용하는 데 많은 한계점이 있다.

- **학문 중심 미술교육**(DBAE, Discipline-Based Art Education, 학문에 기초한 미술교육, 총체적 미술교육)
  ▶ 미술교육을 **작품제작, 미술사, 미학, 미술비평**의 네 가지 영역으로 나누어 **이들 영역을 통합적으로 연계**하여 가르치는 교수 방법
- 미술교육 협회와 **아이즈너**, 그리어 등 **이해 중심 미술교육**을 주장하는 학자들의 접근을 통칭하는 용어이다.
- 이들은 미술이 문화유산의 보고이므로 미술 연구는 인간의 경험과 문화의 전수적 가치를 이해하게 하는 중요한 것이며 미술 이해 교육이야말로 진정한 미술교육이라고 보았다.
- 이 접근은 미술 교육과정의 조직 면에서 전체적인 접근과 변화를 시도하고 있는데, 이런 특징이 반영된 학습 경험은 미술의 역사와 문화의 이해, 미술작품의 미적 특징 및 인위적 환경의 이해, 시각적 이미지의 분석·설명·해석, 미술작품의 창조 등이다.
- DBAE에서는 인간 발달 과정에 관련되며 아동에게 의미 있는 내용을 교육과정으로 구성함을 전제한다.
- **미술교육의 목표**는 미술 제작, 미술비평, 미술사, 미학 등의 영역에서 나오는 것으로 간주하며, 기본적으로 수업을 통한 학습을 강조한다. 학습에는 미술을 지각·창조·이해·판단하는 활동들이 포함되고, 아동은 훈련을 통해 각 영역의 기초적인 것, 즉 지식의 구조를 학습한다.
- 그러므로 이 교육과정의 아동은 시각적 이미지를 창조할 수 있는 기능을 획득하며, 미술 문화를 통하여 형태에 대한 미술적 관계를 이해할 수 있고, 미술작품에 관하여 이야기할 수 있으며, 이러한 이해력을 바탕으로 미술가가 만든 작품을 판단하고 설명할 수 있다.

대표적 미술 교육자와 운동	작품제작 (art production)	▶ **작품 제작 활동을 통한** 학습 기회 제공 • 작품 제작 활동을 통해 **작품 제작에 필요한 주제 및 아이디어 인식에 대한 기술, 제작 방법, 제작 도구 및 미술 재료의 사용 기법**에 대한 학습 기회를 제공함으로써 유아 스스로 창조적 표현활동에 임하게 하고 창조의 즐거움을 체험하도록 한다.
	미술사 (art history)	▶ **작품이 언제, 어디서 제작**되었는지, **시대적, 문화적 배경 속**에서 의미 이해 • **예술을 역사 및 문화의 소산**으로 보고, 역사적 흐름 속에서 미술의 문화적 표현을 이해하는 데 초점을 맞춘다. • 이를 위해 유아가 한 작품이 언제 어디서 누구에 의해 제작되었으며, **시대적·문화적 배경 속에서 어떤 의미**를 지니는지를 학습하게 하여 문화가 미술의 내용과 형식을 통해서 어떻게 표현되는지를 이해하게 한다.
	미학 (aesthetics)	▶ **좋은 미술작품은 무엇인지, 어떻게 작품 감상할 것인지** 이해 • 미술작품이 지닌 표면적인 의미에 한정되지 않고 **심미적인 사고 과정을 통해** 미술작품이 지닌 **내면적 의미까지 인식**할 수 있도록 하기 위해, 어떠한 방법으로 미술작품을 **감상**할 것인지, 좋은 미술작품의 기준은 무엇인지 등과 같이 미술품에 대한 지각과 이해 및 **감상 방법**에 대해 습득시킨다.
	미술비평 (art criticism)	▶ **관찰 능력, 작품 간 차이점을 발견·분석**하고, **작품에 대한 의견을 제시**할 수 있는 **논리 체계를 학습**하게 하는 방법 • 미술작업에 대한 **관찰 능력**과 유아 자신의 작품이나 다른 사람의 **작품 간의 차이점**을 발견하고 분석하여 미술작품에 대한 자신의 의견을 피력할 수 있는 논리적 체계를 학습시키는 한편, **미적인 평가 기준**에 대한 판단 능력을 함양하는 데 주안점을 둔다.

Ⅱ. 미술교육 이론

성숙주의 이론	▶ 유아의 미술 발달은 **타고난 유전적 능력에 의해 정해진 발달 순서**를 따르며, 교사는 개별 유아의 **발달 속도를 지켜보며 기다려** 주는 것을 강조하는 이론 • "정해진 발달 순서에 따라 그린다." • 유아의 미술 발달이 타고난 **유전적 능력에 의하여 예정된 발달 순서**를 따른다고 설명하고, 예정된 발달 단계가 나타나기를 기다려서 지도하는 수동적 방법을 주장한다. [기] ⓒ '유아는 미술표현 능력을 지니고 태어나고, 이러한 능력은 유아가 성장함에 따라 자연적으로 발현되는 것 같아요'에 반영된 이론을 쓰시오.[21] • 미술교육과 관련된 성숙주의의 대표적 학자는 **로웬펠드**와 **켈로그**라고 할 수 있다. • 로웬펠드와 켈로그는 유아는 정해진 발달적 순서에 따라 그림 표현 능력이 점차 발달해 간다고 보았으며, 유아 대다수는 **각 발달 단계에 적합한 준비가 되어야** 그림을 그리거나 만들고 싶은 것을 표현할 수 있다고 주장하였다. • 그러므로 교사는 개별 유아의 발달 속도를 **지켜보거나 기다려 주고, 지지해 주며,** 유아 스스로 원하는 것을 표현하도록 **격려해 주어야** 한다. • 또한 유아들의 미술과 관련된 공간지능이 자연스럽게 발전해 가도록 허용하고 지원해 주어야 한다. 　- 즉, 공간지능이 발달에 적합한 방법에 따라 잘 발달할 수 있도록 **허용적 교실 분위기를** 만들어 주고, **다양한 재료를 제공**해 주며, 유아의 발달적 수준에 맞게 성장할 수 있도록 도움을 주되 **직접적인 교수는 지양**할 필요가 있다.
정신분석 이론 (정서표현, 개성표현 이론)	▶ 미술표현은 **내면의 정서와 무의식을 반영**하며, **심리적 해소와 정서적 표현을 강조**하는 이론 • "느낀 것을 그린다." • 인간은 성장·발달 과정에서의 **무의식적인 기제를 강조**하는 이론으로 유아의 내적인 욕구와 이러한 욕구 충족 과정이 인성 발달과 관련성을 갖고 있다고 본다. [기] 교사가 '지난번 활동에서도 형을 생략하거나 까맣게 칠해 놓아 형과의 관계에 문제가 있지 않나 했다. 주연이는 계속해서 그림에 형에 대한 자기 내면의 억압된 감정을 무의식적으로 표출하는 것 같다.'와 같이 유아의 그림을 해석하는 데 근거가 되는 발달 이론을 쓰시오.[15] [기] ⓒ '엄마와 동생은 밝은색으로 칠했는데, 아빠는 어두운색으로 거칠게 칠했어요. 서준이와 이야기했는데, 아빠가 서준이랑 안 놀아줘서 속상하다고 말하더라고요. 유아들은 자신의 마음이나 기분을 그림에 표현하는 것 같아요.'에 나타난 미술표현을 설명하는 발달이론을 쓰시오.[22] • 정신분석 이론에서는 유아의 미술표현을 발달이나 개념 또는 지식의 반영이라기보다는 유아의 **무의식에 대한 표현**으로 해석한다. 즉, 유아가 표현한 색과 형태, 표현한 위치는 유아의 **심리를 반영**한다고 보는 것이다. 　예) 동생이 태어난 이후 가족을 그리면서 자기 자신은 작게 그리고, 엄마와 동생은 크게 그리는 경우 무의식적 심리상태가 반영된 것이라고 볼 수 있다. • 이처럼 정신분석 이론에서는 유아가 자신의 감정이나 정서를 언어로 표현하기에는 어려운 점이 있지만 **다양한 그림을 표출하여 자신의 내면을 드러낼 수** 있다고 본다. 　- 유아의 그림을 보면 사람이나 사물을 과장하거나 왜곡시켜 표현하는 경우가 많은데, 이는 유아들의 정서 상태를 나타낸다. 　- 그러나 유아들이 발달함에 따라 의식적 사고가 무의식의 영향력을 억제하고, 이에 따라 그림도 좀 더 사실적으로 표현된다.

	- 이와 같은 정신분석 이론의 영향으로 유아의 **내적인 정서와 감정을 해소하는 데 효과적인 손가락 그림(finger painting), 점토, 물감 그림** 등과 같은 촉각을 사용할 수 있는 재료들이 유아교육 현장에서 많이 제공되고 있다. - 정신 분석 이론에 근거하여 유아의 그림을 분석함으로써 성격이나 심리상태를 이해하고 파악할 수 있는 검사 도구 중 **동적 가족화 검사**가 있다. 　- 이 검사는 **가족화를 통해 자신의 가족 모습을 표현**하도록 하면서 **가족의 상호작용을 추론**한다.
인지발달 이론	▶ 유아의 미술표현은 **인지적 과정의 결과**로, 유아는 본 것을 그리는 것이 아니라 **아는 것을 그림으로 표현한다**고 보는 이론 - "아는 것만큼 그린다." - 유아들의 미술은 **인지적 과정의 결과**이며, 유아는 본 것을 그리는 것이 아니라 아는 것을 그린다는 입장이다. [기] 유아미술에 대한 인지발달론적 관점이 무엇인지 설명하고, ⓒ '나무를 그리면서 보이지 않는 나이테와 땅속 뿌리를 그렸고,'를 이 관점에 따라 해석하시오.[13]  [기] '〈숲에 갔어요 - 홍○○〉'에서 유아가 나열식 표현으로 그림을 그린 이유를 인지 발달적 관점에 근거하여 쓰시오.[19추] - 유아의 미술표현을 인지적인 능력으로 보는 학자는 **피아제(Piaget)**와 **구디너프(Goodenough)**이다. - 유아들의 그림에서 나타나는 발달 정도와 방향성은 **피아제의 인지발달 단계에 의해 예측** 가능한 것으로 본다. 　- 즉, 감각운동기 유아는 대부분 끼적거리기를 하고, 전조작기 유아는 원, 네모, 선 등을 사용해서 사물을 표상하고 도식 그림을 표현하며, 형식적 조작기 유아는 사실적인 그림을 그리게 된다는 것이다. - 구디너프(Goodenough)는 지각된 이미지와 눈과 손의 협응 기능만으로 유아 그림을 만족스럽게 설명할 수 없다고 본다. 　- **개념 발달과 인식능력**이 그림 그리기 능력과 깊은 관계가 있어서 개념이 얼마나 풍부하고 빈약한가에 따라 유아의 그림은 달라진다고 본다. - 이러한 견해에 기초하여 **구디너프와 해리스(Harris)**는 **인물화 검사**(Draw-A-Man)를 개발하였다. 이 검사는 인물화를 통한 **유아의 비언어적인 지능검사**로 활용되고 있다.

지각발달 이론	▶ 유아는 사물을 보는 대로 그리며, 초기에는 대상을 전체적으로 지각하고 성장하면서 점차 세부를 분화하여 표현한다고 보는 이론
	• "지각하여 본 것을 그린다."
	• 유아들이 사물을 보는 대로 그린다고 본다. 즉, 유아의 그림은 시각적 세계를 지각하는 방법을 그대로 묘사하므로 유아들의 작품을 보고 유아들이 지각하는 방법을 알 수 있다는 것이다.
	• 이 이론의 대표적인 학자는 아른하임(Arnheim)이다.
	   - 그는 유아가 분화되지 않은 전체를 지각한 다음 일반적인 세부를 식별한다고 주장한다.
	   - 유아가 대상을 지각하는 것은 대상의 구조를 지각하는 것으로 사람은 머리와 몸통, 팔다리로, 나무는 나뭇잎으로 된 둥근 원형과 나무 둥치로 지각한다는 것이다.
	• 이러한 개략적 지각은 유아가 성장하면서 분화(differentiation)되고 복잡해져 세부의 특징을 지각할 수 있게 된다. 이러한 관점은 인지발달과 대비되는 관점이다.
	
	{ **인지발달 이론**: 유아가 **인지적으로** 사물에 대한 **구체적인 개념이 없어서** 추상화된 형태로 그린다고 본다. }
	{ **지각발달 이론**: 유아가 **대상의 전체적인 구조만을 지각하기 때문에** 이런 형태의 그림이 나타나지만 성장하면서 그림은 분화되고 복잡해진다고 본다. }
	
	• 지각발달 이론을 뒷받침하는 사상은 **형태심리학**, 즉 **게슈탈트** 심리학이다.
	   - 게슈탈트(Gestalt) 심리학은 대상을 볼 때 전체 모습을 보려고 하며 한 대상의 전체를 단순한 부분의 총합이 아닌 역동적인 체계와 질서가 있는 총체적 성격으로 파악하는 관점이다.
	• 유아들이 **처음에 분화되지 않은 전체를 지각**한 후 일반적인 세부를 지각하는 과정으로 분화하게 되는데, 이 과정은 유아의 학습과 경험에 의하여 촉진될 수 있다고 본다. 그리고 지각의 분화 과정에 비례하여 미술의 표현 능력도 발달한다고 본다.

발생반복 이론	▶ 유아의 미술 발달은 원시미술의 표현 과정을 단축·반복하며, 전형적인 이미지를 반복적으로 그리는 경향을 보인다고 설명하는 이론 • "전형적인 이미지를 반복하여 그린다." • **개체발생은 계통발생을 반복**하고 개별적 발달은 종의 발달을 반복한다는 19세기 생물학의 진화 이론에 그 기반을 두고 있다. • 따라서 발생반복 이론의 관점에서 유아들의 미술 발달 과정은 **원시미술의 표현 과정에서 나타나는 변화를 단축**하여 반복적으로 보여주고 있다고 본다. ㉑ 원시미술과 유아미술은 공통으로 사물을 상징하는 선이나 형태를 그리며 자신에게 의미 있는 부분을 과장하고 의미 없는 부분을 생략하는 기법을 볼 수 있다. • 발생반복 이론의 대표적 학자는 **켈로그**(Kellogg)이다. 그는 유아 미술작품 백만여 장을 연구한 결과, 유아는 성인과는 다른 미적 관점을 가지고 있으며, **유아미술은 집단적인 무의식의 발로**라고 보았다. • 그는 **자연스러운 상태에서 유아가 자유롭게 표현하도록 두면 스스로** 미적 감각과 창의성을 키워간다고 보았다. 그리고 **유아미술을 평가하는 기준으로** 활동에서 느끼는 즐거움의 정도가 중요함을 강조하였다.

Plus 지식 　미술교육 이론 요약

이론	성숙주의 이론	정신분석 이론	인지발달 이론	지각발달 이론	발생반복 이론
관점	예정된 발달 순서가 있다.	느낀 것을 그린다.	아는 것만큼 그린다.	지각하여 본 것을 그린다.	전형적인 이미지를 반복하여 그린다.
배경	성숙주의	프로이트의 정신분석학	피아제의 인지발달 이론	게슈탈트 이론	19C 생물학적 진화론
학자	로웬펠드, 켈로그	알슐러, 해트윅	구디너프와 해리스, 로웬펠드	아른하임	켈로그
이론	• 유아는 정해진 발달 순서에 따라 그림 표현 능력이 점차 발달해 간다. • 유아는 각 발달 단계에 적합한 준비가 되어야 그림을 그릴 수 있다. • 교사는 허용적 교실 분위기를 만들어주고, 다양한 재료를 제공해 주어야 한다.	• 인간의 무의식적 기제를 강조한다. • 발달, 지식의 반영이 아니라 무의식의 표현이다. • 그림은 정서의 구체화이다. • 인간의 잠재의식이 시각적으로 재현된다. • 동적 가족화 검사	• 그림은 지능의 표현이다. • 아는 것만 그리고 알지 못하는 것과 개념화할 수 없는 것을 그린다는 것은 불가능하다. • 인물화 검사 (Draw-A-Man)	• 유아의 지각은 성장하면서 분화되고 복잡해지며 세부의 특징을 지각하게 된다. • 대상의 구조만 지각하기 때문에 사람은 머리와 몸통, 팔다리, 나무는 둥근 원형과 나무 둥치로 지각	• 각 개체는 진화의 과정을 반복하고 개별적인 발달은 종의 발달을 반복한다. • 미술발달 과정은 원시미술의 표현 과정에서 나타나는 변화들을 단축하여 반복적으로 보여주고 있다.

Ⅲ. 아동미술의 발달 단계

1 로웬펠드(V. Lowenfeld, 1970)의 평면표현의 발달 단계

	▶ 목적보다 **손의 근육 운동과 선의 흔적을 발견하며 즐기는** 단계 • 무엇인가를 그린다는 목적보다는 **손의 근육 운동과 그 결과로 생긴 선들**을 발견하고 즐기는 자기표현의 첫 단계이다. • 종이에 그어진 선들과 자신의 근육 운동이 연관됨을 알게 되고 자신의 활동이 환경의 여러 면을 변화시킬 수 있음을 느낀다. 기 지우는 여러 개의 원을 그려놓고 그중 하나를 가리키며 "이건 세영이야."라고 하고, 또 다른 원을 가리키며 "이건 자동차야."라고 하였다. 지우는 원에 대한 명칭을 자주 바꾸며 아직 색에는 관심을 보이지 않는다. [13추]	
난화기 (the scribbling stage, 2~4세)	무질서한 (무의도적) 난화기	▶ 무의식적인 선들을 **목적이나 방향감각 없이 자유롭게 마구** 그리는 단계 • 팔의 움직임에 따른 그림과의 인과관계를 인식하지 못하는 자연스러운 표현이다. • 손과 손목의 운동능력이 발달되지 않아 **뚝뚝 끊어지는 선이나 불규칙하게 그려진 선**의 형태로 나타난다. • 긁적거리기에 대한 시각적 통제를 거의 하지 못하므로 어떤 의미 있는 형태를 그리라고 요구하거나 소근육 통제를 요구하는 과제를 강요해서는 안 된다.
	조절된 난화기	▶ **손과 팔의 움직임과 흔적의 관련성을 인식**하고, 자신의 **동작을 조절하여 의도적으로** 끼적거리기를 하는 단계 • 점차 근육 통제 및 시각과 운동능력의 협응이 이루어지면서 **손과 팔의 움직임과 종이 위 흔적의 관련성을 인지**하기 시작한다. • 팔과 움직임의 관련성을 발견한 후 움직임을 다양하게 시도하고 **자신의 동작을 조절하면서 의도적으로 끼적거리기**를 하게 된다. • 시각적·운동적 조정능력이 발달하게 되어, 자신의 그림에 **조절을 시작**하게 된다. • 따라서 무질서하고 의미 없는 점이나 작고 불규칙한 선 대신에 **규칙적인 방향**과 **반복되는 원, 수직, 수평운동의 그림**이 나타난다. 이는 좀 더 복잡한 고리 모양, 회전 원형으로 발전한다.
	명명하는 (의도적) 난화기	▶ **불규칙한 선이 원이나 도형 형태**로 나타나며, 유아가 이에 **이름을 붙**이며 **주변 세계와 연결**하려는 단계 • 목적 없이 불규칙하게 그어진 선들은 차츰 **원이나 다양한 도형의 형태로 나타나게 되고** 자신의 **그림에 이름**을 붙이게 된다. • 이전에는 손의 움직임에 만족하였으나 이제는 이러한 **움직임을 주변 세계와 연결을 시도**하게 된다. • 그러나 자신이 끼적거린 것에 붙인 이름은 그 명칭과 그림이 유사하지 않거나 물을 때마다 이름은 자주 바뀐다. • 이 명명기에는 유아가 그림에 명명하는 대로 교사는 그림 옆에 글로 기록해 주어 존중감을 느낄 수 있도록 하는 것이 좋다.

- 이 시기는 **생각과 시각적 기억력으로** 그림을 그리지만, 초기의 난화와 비교해서 크게 달라지지는 않는다.
- 기 '지수는 요즘 무언가를 그려 놓고 '사람'이래요. '아빠'도 그렸다고 하는데 무슨 그림인지 모르겠더라고요.'와 같은 그림이 나타나는 시기의 인물화 특징 1가지를 쓰시오.[24] **원이나 다양한 도형의 형태로 나타낸다.**

전 도식기 (the pre-sch ematic stage, 4-7세)	▶ **의식적인 표현이 시작**되는 단계로, **상징적 도식표현의 최초 형태**가 나타나며, **두족인 인물**을 포함한 단순한 형태로 사물을 표현하는 단계 • 난화기에서 보여주는 무의식적인 표현 과정에서 차츰 **의식적인 표현 단계**로 접하는 시기이다. • **상징적인 도식표현의 최초 단계**이며 유아는 각자의 방법으로 특유의 도식을 형성하려고 시도한다. • 첫 표현의 상징은 머리에서 다리가 나오는 **두족인 형태의 인물**을 많이 시도하며 인물을 포함한 꽃이나 집, 동물 얼굴 등 대부분 사물은 **정면의 형상**으로 많이 그린다. • 이와 같은 인물의 표현은 차츰 분화하여 팔, 몸통, 손가락, 옷, 머리카락 등을 표현한다. • 이 시기의 그림은 눈에 반영되는 외부 세계를 표현하기보다 **경험한 것이나 이미 알고 있는 내용을 그리며** 본능적인 욕구에 의해 좋아하는 대상을 표현한다. 기 유아기에 '두족 인간'의 그림이 나타나는 이유는?[98]  ① 위상학적 개념 부족 ② 인과 관계 개념 부족 ③ 눈과 손의 협응 부족 ④ **지각과 기억 능력 부족** • 공간표현은 질서와 입체감 없이 **자기중심적**으로 대상을 배열한다. • 실물과 일치하는 색상을 선택하기보다는 **자기 마음에 드는 색을 선택**한다. 따라서 생활 속에서 색에 대한 다양성과 민감성을 기르기 위한 다양한 색채 경험이 필요하다. • 자기중심적이고 주관과 객관, 자신과 타인과의 구별이 불분명하며, 자신과 관련된 방법으로 외부 환경을 관찰하는 시기이다.
도식기 (the schemati c stage, 7-9세)	▶ **사물이나 주변 환경에 대한 이해**를 나타내는 **인식의 틀인 도식**을 갖고 **사람이나 사물의 형태를 계속 반복**해서 그리는 단계 • **도식**(Schema)이란 사물이나 주변 환경에 대한 이해를 나타내 주는 **인식의 틀로서 사람이나 사물의 형태를 계속 반복해서 그림**으로써 유아의 경험과 정서에 따라 독특한 도식을 형성한다. • 도식기 유아의 그림 특징 ① **중요한 부분을 확대 과장**하여 그리거나 상징의 변화를 주고, **중요하지 않은 부분은 무시하거나 축소**시킨다. ② 전도식기와 비교하여 공간개념이 생겨 **기저선(base line)**으로 땅과 하늘을 설정한다. ③ 시간과 공간을 함께 의식하지 못해 **한 종이에 서로 다른 시간과 공간**을 나타낸다. ④ 내부와 외부의 것을 동시에 표현하는 **X-ray 기법**이 나타난다. ⑤ **색에 대한 도식이 형성**된다. 따라서 사물의 색을 느낌이나 주관만으로 선택하지 않는다. ⑥ 그리고자 하는 대상을 좀 더 **세부적이고 장식적으로 표현**한다. 기 수지는 땅 위에 서 있는 친구, 꽃, 나무를 그렸다. 수지는 공간개념이 발달하면서 하늘과 땅의 경계를 구분하는 기저선을 그린다.[13추] 기 그림은 **로웬펠드의 평면 표현 발달 단계** 중 어느 단계에 해당하는지 쓰시오.[23] 

구분	내용
또래 집단기 (여명기, the gang age, 9-11세)	▶ **사실적인 표현에 관심**을 가지며, **중첩과 다시점 표현**이 가능해지고, **색채와 형태를 더욱 객관적**이고 **세부적으로 탐색**하는 단계 • **여명기** 또는 사실기로 넘어가는 **과도기**라고도 한다. 또래들과 어울리며 자신을 인식하게 되어 **또래집단의 의사를 존중하게 되는 시기**로 형태에 대한 **사실적인 표현에 많은** 관심을 갖는다. • 머리카락, 골격, 의상 등에서 남자는 바지, 여자는 치마라는 **상징적이고 도식적인 것에서 벗어나**, 대상을 좀 더 적극적으로 탐색하고 관찰하여 객관적이고 세부적으로 표현하려고 시도한다. • 공간표현에서 기저선이나 나열식 표현 등의 주관적인 표현보다 건물 일부가 앞에 있는 집으로 인해 가려져 안 보일 수 있다는 **중첩을 인식하며 다시점에서의 표현이 가능**하다. • 색채 사용에서도 화창한 날의 하늘과 비 올 때 하늘색의 차이를 알고 같은 색도 조금씩 다르게 표현하는 등 좀 **더 객관적이고 사실적인 표현의 양상**을 보인다. • 지금까지의 자연스러운 표현발달과 표현의 만족 상태가 정지되고, 유아기로부터 지니고 있던 활기찬 표현력이 뜻대로 이루어지지 않아 **표현 의욕이 소멸되고 대담성이 줄어**들게 된다.
의사실기 (the pseudo-naturalistic stage, 11-13세)	▶ '지각적 사실주의'에서 **'시각적 사실주의'로 전환**되는 단계로, **눈에 보이는 사물을 그대로 따라** 그리려 하며 원근, 비례, 명암 등의 표현이 발달하는 단계 • 지금까지 아동이 알고 있는 것을 그리는 '지각적 사실주의(intellectual realism)' 표현에서 **'시각적 사실주의**(visual realism)'로 바뀌면서 **눈으로 보이는 사물을 똑같이 따라 그리기를 시도하는 시기**이다. ※ pseudo : 허위의 • 외계에 대한 인식이나 관심이 커지며 자기의 작품에 대해 **비평적인 시각**을 가지게 되나, 표현의 기능이 따라가지 못하는 데 고민하며 갈등을 느끼게 된다. • 만화나 풍자성을 띤 표현을 즐겨 그리기도 하며 논리적인 사고와 지각의 발달로 대상의 세밀한 부분과 3차원적인 **공간, 원근, 비례, 명암 등을 인식**하고 **표현**한다. • 형태나 빛의 변화 등 눈으로 보이는 그대로 표현하려는 시각형과 주관적 경험 또는 의미의 중요성에 따라 색채나 공간표현 등을 주관적으로 해석, 표현하는 촉각형(비시각형)으로 나누어진다.

결정기 (the period of decision, 13~17세)		▶ 자아인식 능력과 함께 환경에 대한 인식능력이 급격하게 발달하여 입체 공간의 크기, 색채, 명암, 원근 등을 민감하게 표현하려고 노력하는 단계 • 환경을 창의적으로 받아들이며 표현 유형이 **시각형, 촉각형, 중간형**으로 뚜렷하게 구분된다.
	시각형	▶ **눈에 보이는 대로** 외부 대상을 **객관적·분석적으로 묘사**하며, **형태와 비례를 중시**하는 표현 유형으로 **대략적인 인물의 형태를 만들고 점차 세부적**인 부분들을 표현해 간다. • 외부의 현상을 눈에 보이는 대로 묘사하여 객관적이며 인식적이고 분석적인 표현이 강하게 나타난다. • 외계의 시각적 대상을 **눈에 보이는 대로** 표현한다. • 시각형의 유아가 찰흙소조를 하는 과정은 **점토 덩어리를 주물러서 대략적인 인물의 형태를 만들고 점차 세부적인 부분들을 표현**해 간다. • 직접 **눈으로 본 것과 비례나 형태 등을 중시**하는 입장이다.
	촉각형	▶ 자신의 **주관적인 느낌과 생각에 중점**을 두는 표현 유형으로 **각 부분을 따로 만들어 전체적인 인물로 조합**한다. • 온몸의 감각을 통해 촉각적 표현을 하여 주관적이며 정서적이고 충동적인 표현이 강하게 나타난다. • 외부 세계에 대한 자신의 **촉각적 지각과 자기 나름의 주관적인 경험 사이의 합성**을 만들기 위한 시도를 한다. • 촉각형의 유아가 찰흙 소조를 하는 과정은 부분을 이루어 가면서 **맨 나중에 전체**가 드러난다. • 인물을 만들 때 머리, 목, 몸통, 팔다리 등을 따로 만들어 전체적인 인물로 조합한다.
	중간형	▶ **시각형과 촉각형의 절충적 성격**을 지니며, 색채의 원근 표현, 3차원적 명암, 공간표현 등을 활용하는 표현 유형 • 시각형과 촉각형 표현의 절충적인 성격의 표현이 나타난다. • 대다수 사람이 중간형의 표현 유형을 보이는데 중간형의 특징적인 표현은 **가까운 것은 진하게 먼 것은 연하게 표현하는 색채의 원근 표현**이나 **3차원적 명암, 공간표현을 사용하여 묘사**하는 것이다.

기 주B6. 2) 로웬펠드의 입체 표현 발달 단계에 근거하여 ㉣~㉥의 기호를 낮은 단계부터 순서대로 쓰시오. [24]

㉣ 목적 없이 찰흙을 두드리고 마구 치는 유아도 있었어요.
㉥ 양손을 비비거나 손가락 힘을 조절해서 길게 만드는 유아도 있더라고요.
㉤ 찰흙 덩어리를 뭉쳐 놓고 '자동차, 붕붕' 소리를 내며 노는 유아도 있었어요.

2 로웬펠드(V. Lowenfeld, 1970)의 입체표현의 발달 단계

- 로웬펠드의 입체표현의 발달 단계는 2세부터 청소년기까지 아동이 어떻게 찰흙이라는 입체 재료를 인식하고 만들어 가는지를 보여 준다.
- 입체표현의 발달 단계는 평면표현의 발달 단계에서 보여주는 발달 단계와 유사하게 진행된다.

난화기 (the scribbling stage : 2~4세)	무질서한 (무의도적) 난화기	▶ **찰흙을 탐색적으로 조작**하며 특정한 형태를 만들려는 **목적 없이 단순한 근육 운동을 즐기는** 단계 • **찰흙을 가지고 뗐다 붙였다 하면서 가지고 노는** 단계이다. • 즉, 무엇인가를 만들고자 하는 것이 아닌 손의 근육을 움직이며 가지고 노는 근육운동의 단계이다. • 평면도형의 발달 단계와 마찬가지로 초기에는 **시각적 목적 없이 점토를 두드리고 마구 치는 행위**로 무질서한 긁적거리기와 유사한 단계를 나타낸다. • 이 시기 유아는 무엇이든지 입으로 탐색 가능하므로 흙점토보다는 밀가루 점토나 땅콩버터점토 등 안전한 재료를 제공해 주어야 한다.
	조절된 난화기	▶ (소근육이 발달하여) 찰흙을 **공 모양이나 막대기 모양으로 만들 수 있으나 특정한 목적 없이 조작하는** 단계 • 유아의 소근육이 어느 정도 발달하여 찰흙을 주면 **공 모양이나 긴 막대기 모양으로 만들어 표현**할 수 있는 단계이다. **어떤 특별한 목적이 없다.**
	명명하는 (의도적) 난화기	▶ 찰흙으로 만든 형태에 **이름을 붙이며 상징을 시작**하는 단계 • **찰흙을 가지고 알 수 없는 형태를 만든 후** '이건 비행기야! 붕'하며 가지고 노는 단계이다. • 이 단계에서 유아는 지금까지 찰흙의 촉감을 느끼고 사고하던 운동 지각적 사고에서 찰흙 덩어리에 **이름을 붙여 상징을 시작**하는 상상적 사고로의 전환을 가진다. • 이와 같은 시기에 유아들은 다른 물체나 대상에 상징을 넣어 표현하며 놀기 시작하는 가작화 놀이, 상상 놀이가 가능해진다.
전도식기 (the preschematic stage : 4~7세)		▶ **최초로 사람을 표현**하며, **대상을 눕혀 평면적으로 표현**하는 단계 • 유아는 찰흙을 가지고 **주변 대상과 환경을 표현**하고자 다양한 시도를 한다. • 또한, 엄마를 비롯하여 **최초로 사람을 표현**하고자 시도한다. • 그러나 사람의 표현은 **찰흙을 동그랗게 만든 후에 손가락으로 눌러 눈, 코, 입으로 표현**하거나 대강 찰흙 덩어리를 세워 놓고 손가락으로 눌러 눈, 코, 입을 표현한 후 '엄마'라고 한다. 이와 같은 표현들은 입체에서 보여지는 최초의 인물 표현들이다(**평면적 표현**). • 그림에서 형태에 대한 일정한 개념이나 도식을 발견해 나가는 것처럼 **점토 표현에서도 끊임없이 표현 양식을 변화**시키는 것을 볼 수 있으며 아직은 사실적이고 세부적인 표현에는 어려움을 겪는다. 기 ⓒ '유아들이 사람을 처음 만들어 보는 것'과 같은 상황에서 나타나는 유아의 입체 표현 특징 1가지를 쓰시오. [24] **최초로 사람을 표현하며, 모든 대상을 눕혀서 그림 그리듯 표현한다.**

도식기 (the schematic stage : 7~9세)		▶ 사람을 직립된 모습으로 표현하며, 입체감과 공간감을 나타내는 단계 • 유아는 소근육 발달로 자신의 주변 대상과 환경을 더욱 구체적으로 표현해 나간다. • 또한 지금까지 모든 표현 대상을 눕혀서 마치 그림을 그리듯 표현한 '**평면적 표현**'에서 벗어나 **사람을 만들어 직립시키고자 하는 시도**를 엿볼 수 있다. • 즉, 입체 재료를 통해 **입체감, 공간감을 표현해 나갈 수 있는 단계**이다. • 로웬펠드에 의하면 이 시기 유아들은 입체 재료를 다루는 표현 방법이 다음의 2가지로 나누어 진다고 보았다. 이처럼 두 가지 방법의 차이는 유아 사고의 차이를 나타낸다.
	분석적인 방법 (analytic method)	▶ 찰흙을 **전체에서 세부로 눌려가며 형태를 만드는 방식**으로, 비례·원근·명암 등을 중시하는 **시각적·객관적 표현 방법** • 형태를 만들 때 **점토 덩어리를 주물러서 대략적인 인물의 형태를 만들고 점차 세부적인 부분들을 표현**해 나간다. • 즉, 찰흙을 **전체에서 세부로 눌려 들어가면서 형태를 만드는 것이다. 평면 표현의 '시각형'에 해당**하는 것으로 눈으로 본 것에 중점을 두며 비례, 원근, 명암, 형태 등을 중시하는 입장이다. • 즉, **시각적·객관적**인 것을 중시하며 부분보다는 **전체를 이해하고 표현**해 나간다.
	종합적인 방법 (synthetic method)	▶ 찰흙의 **각 부분을 따로 만든 후 연결하여 전체를 구성**하는 방식으로, 주관적 느낌과 생각을 중시하는 **비시각적·주관적 표현 방법** • 찰흙의 **부분 부분을 떼어 내어 다시 붙여서 전체의 형태**를 만드는 것이다. 즉, 형태를 만들 때 **대상의 각 부분을 따로 만들고 연결하여 전체로 종합하는 것**이다. • 예를 들어, 인물을 만들 때 머리, 목, 몸통, 팔다리 등을 따로 만들어 전체적 인물로 조합한다. • 평면표현에서 '**촉각형**'에 해당하는 것으로 본 것에 중점을 두기보다는 주관적 느낌과 생각에 중점을 두어 표현하는 입장이다. • 즉, **비시각적·주관적**이며 전체보다는 **부분을 중시하며 표현**해 나간다.
또래집단기 (여명기, the gang age, 9·11세)		▶ **사실적이고 입체적인 표현을 시도**하며, 비례를 고려하고 공간개념을 도입하여 표현하는 단계 • 다양한 주제를 표현하고자 하며 더욱 **사실적으로 만들고자** 노력한다. • 즉, **세부의 표현이나 입체적 표현을 나타내고자** 시도한다. • **사람을 만드는 데 있어서도 전체의 비례를 생각**하여 만들려고 노력한다. • 또한 이 시기에는 찰흙에 무늬를 찍거나 구멍을 내는 등 공간의 개념이 도입된다.

의사실기 (the pseudo-naturalistic : 11~13세)	• 아동들은 평면표현 발달 단계에서와 같이 대상을 사실적으로 만들어 나가고자 노력한다. • 이 시기에 아동들은 **무의식적으로 소조하는**(modeling) **단계에서 의식적으로 조각하는**(sculpturing) **단계**로 넘어가고자 한다. • '**소조**'는 대상을 보고 그것과 닮게 만들려는 것이고, '**조각**'은 어떤 의도를 나타내기 위해서 **상상적이고 추상적인 주제**를 다루는 것이다. • 이와 같은 소조와 조각의 방법의 차이가 아동이 입체 재료를 다루는 데 있어 두 가지로 나누어진다. 즉, 아동은 입체 재료를 이용하여 **분석적 방법과 종합적 방법**에 의하여 표현 대상을 만들어 낸다. • 따라서 분석적 방법에 의해 만들어 나가는 아동은 정확하며 사실적으로 만드는 데 주력하고 종합적 방법을 취하는 아동은 자신의 느낌과 정서에 입각하여 주관적으로 표현하는데 주력한다.
결정기 (the period of decision : 13~17세)	• 아동들은 **분석적 방법과 종합적 방법의 차이가 뚜렷하게 나누어**진다. 즉, **시각형과 촉각형으로 나누어져 입체 대상을 표현**해 나간다. • 일례로 사람의 두상을 만드는 주제가 주어지면 **시각형, 즉 분석적 방법**의 아동들은 찰흙으로 전체적인 두상의 형태를 만든 후 입을 파고, 코를 붙이고, 눈 주위를 오목하게 파낸 후에 눈을 세부적으로 만든다. • 반면, **촉각형, 종합적 방법**의 아동은 찰흙으로 턱의 밑 부분을 만든 후에 턱 위에 이와 혀를 만들고, 코를 붙이고, 눈을 만들고, 귀와 근육, 머리카락을 만들어 완성한다. 즉, 촉각형은 주관적인 느낌과 정서로 표현 대상을 만들어 간다.
청소년기 (adolescent art : 청소년기)	• 유아기의 상징적인 표현에서 아동기의 사실적 표현을 넘어 **추상적이고 창의적인 표현**들이 나타나며 주관적·독자적으로 표현하고자 한다. • 또한 시각형과 촉각형의 방법은 더욱 뚜렷하게 나누어져 표현되어 간다.

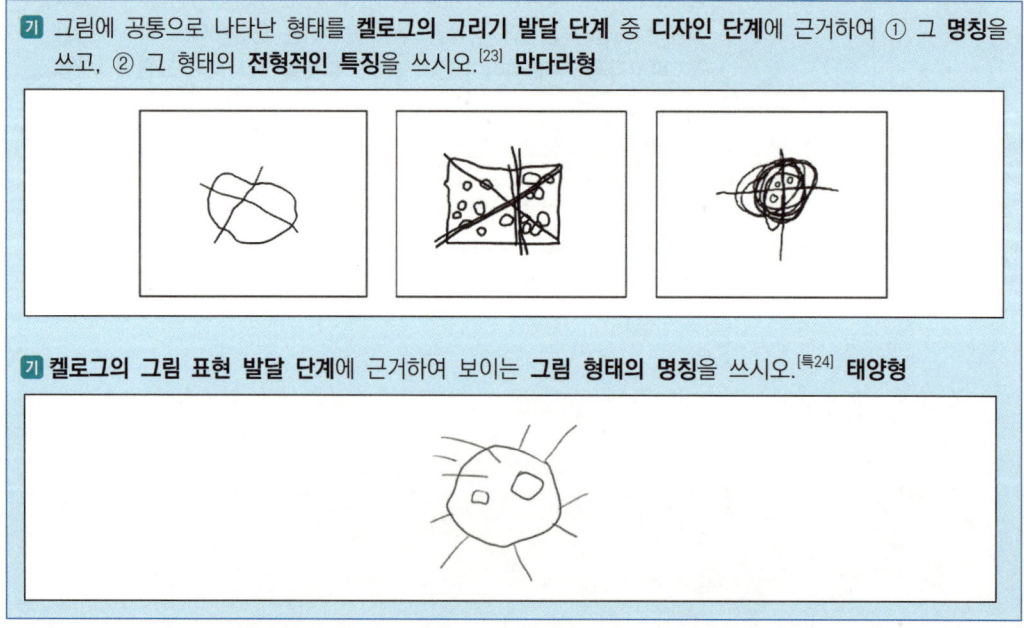

기 그림에 공통으로 나타난 형태를 **켈로그의 그리기 발달 단계** 중 **디자인 단계**에 근거하여 ① 그 **명칭**을 쓰고, ② 그 형태의 **전형적인 특징**을 쓰시오.[23] **만다라형**

기 **켈로그의 그림 표현 발달 단계**에 근거하여 보이는 **그림 형태의 명칭**을 쓰시오.[특24] **태양형**

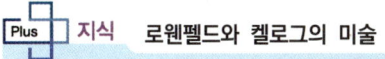 **로웬펠드와 켈로그의 미술 발달 단계**

연령	로웬펠드	켈로그
만 2~4세	① 끼적거리기 단계(~만 4세) 신체 움직임으로 인한 감각적 즐거움으로 그림을 그리는 시기이며, 자기표현의 첫 단계이다. • **무작위 끼적거리기(1½~2½세)** 손과 팔이 움직인 결과로 생긴 선들을 발견하고 즐긴다. • **조절된 끼적거리기(2½~만 3세)** 동작이 반복되면서 시각과 근육 활동 간의 협응이 시작된다. 선이 일정한 반복으로 나타난다. 계획적 끼적거리기를 한다. • **명명된 끼적거리기(만 3~4½세)** 끼적거리기에 상징적 의미가 나타나면서 이름을 붙이는 시기이다. 임의로 이름을 붙이는 경향이 있다.	① **끼적거리기 단계(만 2세 전후)** • 끼적거림에 20가지의 기본형 ② **도형 단계(만 2~3세)** • 만 2세 통제된 끼적거림 • 만 3세 6가지 기초 도형 출현 ③ **디자인 단계(만 3~4세)** • 기본도형이 균형 잡힌 선의 구성에 의해 정교화된다. • **연합과 집합도형이 동시에** 나타난다. • **만다라형, 태양형, 방사형의 모양**이 나타나며 원시적인 얼굴 모양이 나타난다.
만 4~7세	② **전도식 단계** • 사물의 형태를 표상하려는 시도 • 기하학적 도형을 알아볼 수 있을 정도로 그린다. • 표현된 것과 대상과의 관계를 발견하기 시작하며, 아는 것을 그린다. • 반복을 통해 한정된 개념을 발달시킨다. • 인물, 나무, 해, 산 등을 주로 그리며 특정 부분을 생략하거나 왜곡되게 그린다. • **물체의 크기, 비율, 위치 색깔이 주관적으로** 표현된다.	④ **인물화 단계(만 4세)** • 초보적인 끼적거림과 타원형 도형의 집합으로 나타난다. • 타원형, 만다라형, 방사선형 인물을 그린다. ⑤ **회화 단계(만 4-5세)** • 사건의 형태를 일종의 기호처럼 그리기 시작한다. • 동물, 식물 등을 점차 사실적으로 그린다. • 사물의 크기, 비례보다는 형태를 완성하는 데 관심을 둔다.

3 켈로그(R. Kellogg, 1969)의 평면표현의 발달 단계

- 켈로그는 아동미술의 분석에서 미국을 비롯한 30여 개국의 아동그림 백만 점 이상을 20여 년 동안 수집하여 아동 그림의 발달 단계를 연구하였다. 초기 끼적거림에서 인물 모습이 나타나기까지의 발달 과정을 중심으로 초보적인 낙서를 20여 종류로 구분하고 끼적거림을 구성별로 분류하여, 초보적인 낙서를 바탕으로 이루어지는 기하학적인 형태로 십자형(+), 대각선 십자(x), 원, 사각형, 삼각형과 불규칙하고 다양한 폐곡선을 합한 여섯 가지로 기본 도형을 분류했다. 이 기본 도형들이 모여 발전된 형태로 만들어지는 과정을 거쳐 인물 표현이 나타나는데, 이는 **어느 지역을 막론하고 아동들은 같은 연령대에서 같은 것을 같은 방식으로 그리는 일반적이고 보편적인 발달 단계를 거친다**고 한다. 켈로그는 아동의 그림 형태를 분석한 결과를 토대로 아동미술의 발달 단계를 다음과 같이 제시하였다.

끼적거리기 단계 (scribble stage, 2세 이전)	▶ **근육 운동의 결과 의미 없이 하나 또는 여러 선을 사용하여 그리는** 단계 • 2세 이하의 유아들은 팔 근육의 움직임에 따라 **의미 없이 하나의 선 또는 여러 개의 선**을 사용하여 그린다. • 유아들이 주로 표현하는 기본적인 끼적거림을 20가지 형태로 분류하였는데 이러한 20가지 기본적인 끼적거림은 유아 그림을 발달시키는 기틀이 된다. 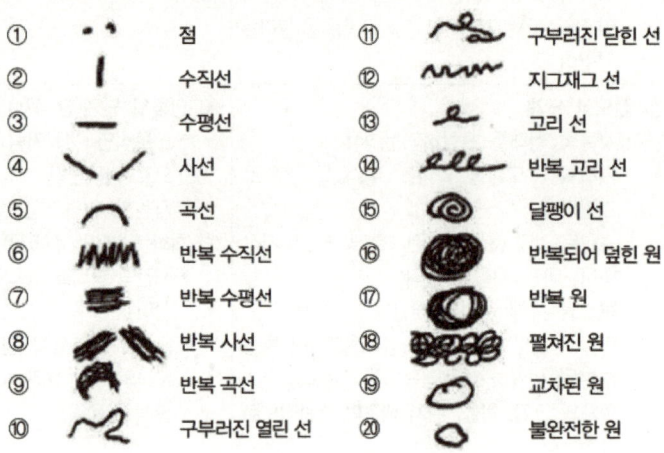
배치 단계 (placement stage, 2-3세)	▶ **좌우, 위아래 등 어떻게 배치할 것인지 생각하며 끼적이는** 단계 • 끼적거리기가 능숙해지면 종이의 중앙이나 오른쪽, 왼쪽, 위, 아래, 대각선 등 **어떻게 배치할 것인지 생각**하여 끼적거린다. | 1 | 전반적 배치 | 10 | 2/3 분할 | | 2 | 중앙 배치 | 11 | 1/4 페이지 | | 3 | 공간을 둔 경계 | 12 | 한쪽 부채꼴 | | 4 | 수직 절반 | 13 | 양쪽 아치형 | | 5 | 수평 절반 | 14 | 세 코너 활꼴 모양 | | 6 | 양쪽 균형 배치 | 15 | 양 코너 피라미드형 | | 7 | 대각선 절반 | 16 | 지면 횡단형 | | 8 | 연장선 대각선 절반 | 17 | 기본선 부채꼴 | | 9 | 대각선 축 | | |

형상화 단계 (shape stage, 3세)	초기 도형 (emergent diagram shapes)	▶ 단순한 선이 교차되는 형태에 원, 삼각형 등 다른 모양을 붙여서 새로운 형태를 만드는 단계 • 이것이 **초기 도형**이고, **17가지 도형 형태**로 **분류**할 수 있다. ➤ 그림 17가지 도형 형태 1. 끊어짐 없이 반복되는 교차 2. 끊어지면서 반복되는 교차 3. 짧은 선이 다른 선에 교차되는 작은 교차 4. 열십자선 5. 나란한 교차선 6. 반복교차선 7. 첨가된 선의 교차 8. 선의 교차로 이루어진 사각형 9. 사다리가 교차된 사각형 10. 둘레선으로 이루어진 사각형 11. 사각형을 암시하는 모양 12. 원으로 된 집중표식 13. 불규칙한 모양과 외곽선 14. 삼각형을 암시한 모양과 외곽선 15. 둥근 꼭지와 외곽선 16. 집중표식 17. 기초도형 출처 : 박정옥 외(2015). 유아미술교육. 양서원.
	도형 (diagram)	▶ 낙서와 도형의 중간 형태인 유사 도형이 나타나며, **6가지 유사 도형을 혼합**하여 **형태를 표현**하는 단계 • 켈로그는 이러한 기초적인 도형을 6가지 도식으로 구분하였다. 유아는 6가지를 혼합하여 형태를 표현한다. | 1	사각형	4	십자형
2	원형	5	대각선 십자형
3	삼각형	6	불규칙한 곡선	

	▶도형으로 연합, 집합을 이루면서 **디자인을 시작하는 단계**
	• 도형들을 붙여 그리거나 겹쳐서 그리게 되고 점차 정교해진 도형을 만들어 낸다.
	• 연합과 집합(콤바인과 에그리게이트)

	연합 (combine, 콤바인)	▶**두 개의 도형이 함께 나타나는 것** • 6개의 기본 도형은 **연합에 의해 36가지 형태**로 나타날 수 있다. • 또한 **기본 도형의 3가지 연합 방식**, 즉 나란히 분리되어 배치되는 연합, 서로 겹치는 연합, 한 도형 안에 다른 도형이 포함되는 연합에 의해 **66가지 형태**가 나타난다.
	집합 (aggregate, 에그리게이트)	▶**세 개 이상의 여러 도형을 합쳐서** 형상화한 그림 • 자유롭게 끼적거리기를 많이 해 본 유아는 보통 복합 집합의 그림을 많이 그리고 점차 독자적인 표현 방법을 창조한다(만 2~3세).

디자인 단계
(design stage, 3-4세)

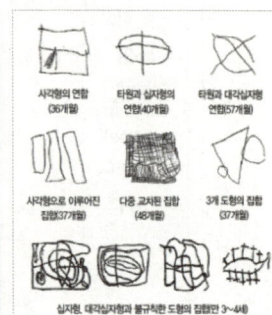

• 콤바인과 에그리게이트는 동시에 나타나는데 **에그리게이트의 일종**인 만다라형, 태양형, 방사선형은 이 단계에서 보이는 특징적인 형태이다.

만다라형 (Mandala)	▶**원 안에 십자가가 반복**되어 그려진 형태, **원이 여러 개** 모인 형태, **사각형에 원이 포함**된 형태, **원을 중심으로 팔방으로 뻗어나간** 형태 • 만다라는 산스크리트어로 '**사각형으로 둘러싸인 원**'을 의미한다. • 태양형과 달리 **한 개 이상의 십자**에 의하여 분할되기도 한다. • 방사형과 달리 **둘레 선에 둘러싸여 있기도** 하다. • 원 안에 십자가가 반복되어 그려진 형태, 원이 여러 개 모인 것, **사각형 형태에 원이 포함된 형태**, 원을 중심으로 팔방으로 뻗어 나간 형태 등으로 나타난다. • 이러한 표현은 추상화에서 회화에 이르는 단계의 중요한 부분으로 만다라에서 태양형에 이르는 보편적인 단계를 보여준다.
태양형 (Suns)	▶**두 개 이상의 원이 겹치지 않고** 원 안에 **십자가 모양이 없는** 형태로 **한 개의 원에 일정하지 않은 짧은 직선이 그려진 형태** • 두 개 이상의 원이 겹치지 않고 원 안에 **십자가 모양이 없는** 형태를 말한다. • 한 개의 원에 일정하지 않은 짧은 직선이 그려진 형태인 태양형은 점차 유아가 **사람 형태를 그리는 데 자극**을 주게 된다.
방사형 (Radials)	▶**한 점 또는 작은 면에서 사방으로 선을 방사하듯이 그려 넣는 형태** • 초보적 긁적거리기 과정에서 손이나 팔에서 느껴지는 리듬감의 자연스러운 표현으로 볼 수 있다. • 방사선 표현은 인물을 그릴 때 **팔과 다리를 배치하는 데 중요한 영향**을 미친다.

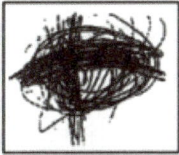 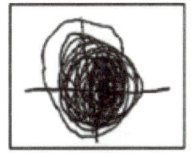 

십자형이 반복되며 나타나는 만다라(38개월, 41개월, 46개월)

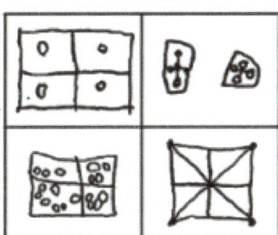 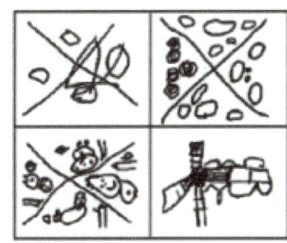

십자형과 사각형의 만다라(만 4세)　　여러 가지 도형의 십자형 만다라(만 4세)

여러 가지 태양형 그림(37개월, 39개월, 41개월, 42개월, 45개월)

 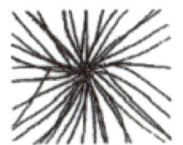 

방사선 시도(30개월)　　방사선형(만 4세)　　십자형 방사선(만 5세)

회화 단계 (pictorial stage, 4-5세)

- ▶ 초기 그림이 그려지는 시기로 **인간, 동물, 건물, 식물** 등 사물을 사실적으로 그리는 단계
- 조기 그림이 그려지는 시기이다. 낙시니 도형의 단계를 거쳐 4세 이후부터 **인간, 동물, 건물, 식물** 등 그 밖의 다른 사물을 사실적으로 그리게 되는 초보 단계이다.
- 초기의 인물화는 유아들이 자기 주변의 인간을 관찰해서 시각적으로 얻은 결과라기보다는 과거의 반복된 도형들에서 얻어내는 형태이다.

만다라형 인물(만 4~5세)　　방사선형 인물(만 4~5세)　　집합형 얼굴(만 3~4세)

4 버트(Sir Cyril Lodowic Burt, 1922)의 평면표현의 발달 단계

- 버트는 옥스퍼드 대학교와 뷔르츠부르크 대학교에서 공부한 뒤 1913년 영국 정부가 임명하는 최초의 교육심리학자가 되어 영국에서 처음으로 아동상담소를 이끌었다.

난화기 (scribbling, 2-4세)	목적이 없는 난화	▶ **특정 목적 없이 좌우로 움직이며 선을 긋는 단순 근육 운동** 단계 • 무엇을 그리겠다는 뚜렷한 목적 없이 선을 긋는다. 이때 근육 운동은 어깨에서 시작하여 팔 전체를 포함한 것이며 헤엄치듯이 그린다. • 어깨와 팔을 움직이는 **단순한 근육운동**으로, 대개 **오른쪽에서 왼쪽, 왼쪽에서 오른쪽으로 선을 긋는 경우**가 많다.
	목적이 있는 난화	▶ **연필 끝에 관심**을 가지며, **낙서에 목적을 두고 제목을 붙이며 막연하지만, 의미를 부여**하는 단계 • 연필 끝에 관심을 가지고 사물을 그려나간다. • 낙서에 목적을 가지며 **무엇을 그리고 있다는 막연한 의미부여 정도**이다. • 그림을 그린 후에 **제목을 붙이기도** 한다. • 어른들이 생각하는 명확한 형태의 목적이 아니며, 나름대로 끼적거리는 행동에 그림을 그린다는 의미를 두고 막연하나마 주제도 생각하게 되는 시기이다.
	모방적인 난화	▶ **대상을 모방**하여 그리지만, **짧은 시간 안에 중단**하며, **의도적인 끄적거림이 나타나는** 단계 • **관심 있는 것을 모방**하여 그린다. 단순한 팔목 운동이 아니라 어느 정도 대상을 **의식하고 묘사하려고 노력하나** 1~2분도 채 그리지 못하고 **중도에 포기**해 버린다. • 어느 정도 **의식적인 사물의 묘사** 행동은 사실적 묘사에 중대한 영향을 끼치며 어떤 형태가 나타나기 훨씬 전에도 가능하다. • 끼적거리기의 형태에도 의도하는 바가 있어 **의도적인 끼적거림이 표현**된다.
	국부적인 난화	▶ **대상의 특정 부분을 열심히 묘사**하는 단계 • **관심 있는 사물의 특정 부분을 열심히 묘사**한다. • 사물의 부분을 점차적으로 묘사하려는 뜻이 담겨 있고, 이러한 행위는 다음의 묘사 단계로 옮기려는 행동으로 의도적인 끼적거림으로 나타난다. • 추상적이며 상징적인 도형으로 현실감이 있고 생명력을 가진 형태를 만들려고 한다. • 이러한 현상은 계속되거나 다른 형태를 만들어 가려는 경향으로 나타난다.
선화기 (line stage, 4세)		▶ **사람의 형태를 주로 그리며**, 원, 점, 선을 사용하여 **두족인 형태로 표현하는 단계** • 시각 조절이 어느 정도 진보되는 시기로서 **사람의 형태를 주로 그린다**. • 이때 인물의 얼굴은 원으로, 두 눈은 점으로, 다리는 두 개의 선으로, 몸체는 사각형으로 표현되거나 두 개의 원을 결합하여 나타내기도 하며, 팔과 손가락, 머리카락 등도 **선으로 나타낸다. 이러한 형태의 그림을 두족인**이라고 한다. • 시각적 통제력이 발전한다. 둥근 머리, 점으로 된 눈, 단선으로 된 한 쌍의 다리를 가진 인물 등이 좋아하는 주제이다. 보통 팔 또는 몸통보다 다리를 먼저 표현한다. • 사람의 형태는 동그라미에 점을 찍어 눈으로 표현하고 두 선을 연결하여 다리를 표현한다.

서술적 상징기 (descriptive symbolism, 5~6세)	▶ (자기중심적 사고로) **자신이 느끼는 대로 형태**를 그리며, **특정 양식에 장기간 집착하는 경향**을 보이고, **틀에 박힌 듯한 상징적 약화로 표현**하는 단계 • 미의식이 상당히 높아져서 자연이나 친구의 옷에도 관심을 가지게 된다. • 선으로만 표현하던 엉성한 형태는 점차 정리되는 듯하나 **틀에 박힌 듯한 상징적인 약화로서 처리되는 경우**가 많다. ※ 약화 : 기억을 더듬어서 간략하게 대강 그린 그림 • **좋아하는 특정한 양식에 장기간 집착**하려는 경향을 보이며 **상징적인 그림**을 그린다. • 인물의 모습이 상당히 정밀해지지만, 엉성한 도식이 나타난다. 얼굴의 각 부분은 거칠게 자리 잡고 형식적인 형태를 이루고 있다. • 사람의 묘사는 할 수 있는 단계이지만 아직은 미숙하고 묘사력이 부족해서 상징적 도식일 뿐이고 얼굴의 모습도 매우 혼란스러운 묘사에 그치는 시기이다. • 이 도식의 형태는 유아마다 조금씩 다르게 나타나는데 **이러한 도식들은 상당히 오랫동안 반복**되어 나타난다. 자기가 좋아하는 형은 언제나 즐겁게 **반복**해서 그리는 경향이 있다. 기 버트(C. Burt)의 평면표현 발달 단계 중에서 ① (다)의 유아 그림에 나타난 발달 단계를 쓰고, ② 그 단계의 특징을 쓰시오.[20] '호랑이'는 '까치와 호랑이' 감상 활동 후 그린 그림이고, '우리 가족'은 지난주에 그린 그림이다.   <호랑이> <우리 가족>
서술적 사실기 (descriptive realism, 7~8세)	▶ **기억을 바탕으로 주관적으로** 그리며, **장식적·디자인적 표현**에 관심을 가지고 **얼굴 측면 묘사를 시도**하는 단계 • 유아들은 아직 눈에 보이는 그대로의 시각적 표현보다는 **개념적인 표현**을 주로 그린다. 따라서 자신이 좋아하는 것, 기억에 남는 것, 경험, 욕구, 정서에 의한 표현이 주를 이룬다. • 사물을 보고 그릴 수 있을 정도로 대상을 인식하게 되지만, 보이는 대로 그림을 그리는 것이 아니라 **주관적인 지식에 의해 자신이 기억하고 있는 것을 그리며** 유아 자신이 기원하는 모습을 묘사하게 된다. • 이것도 **자기중심적인 경험의 표현**이며, 현실의 대상물 중에 관심이 가는 것이 세부적인 묘사 대상이 된다. 그 묘사는 상당히 세부적으로 하게 되는데 사실에 가깝게 묘사할 수 있으며 **장식적·디자인적 표현에 흥미**를 갖게 된다. • 아동은 본 것이 아닌 **아는 것**을 그린다. 개인적 생각보다 **일반적인 유형**을 생각한다. • 도식은 보다 세부에 충실해지고 항목은 지각의 분석에 의해서 보다 **아이디어의 연상**에 의해 많이 제시된다. • **얼굴의 측면 묘사가 시도**된다. 즉 앞면과 옆면의 인물이 한 화면에 나타나기 시작하며 원근, 명암 등이 아직 무시되고 있다.  

시각적 사실기 (visual realism, 9~10세)	▶ 자기중심성에서 벗어나 **자연물이나 풍경에 관심**을 가지며, **명암, 투시법, 원근법을 사용하여 입체적 표현**을 시도하는 단계 • **자기중심적 사고**에 의한 그림에서 점차 **탈피**하여 자연물에 관심을 기울이기 시작하면서 사물에 관찰력이 예민해진다. • 기억하고 있거나 경험한 것 또는 상상을 주로 그리는 단계에서 점차 **주위 환경 및 자연현상, 풍경에 관심**을 가지고 이를 그리려는 단계로 접어든다. • 2차원의 윤곽선만으로 그리는 평면적 표현에서 **명암과 투시법, 원근법을 사용하여 입체적인 표현을 시도하는 시기**이다. • 2차원의 시기를 거쳐 **3차원의 시기**로 발전하게 되는 과정으로, 평면적인 표현에서 벗어나 어느 정도 **명암**을 넣어 입체적인 면을 나타내려고 한다. • **중복**과 **투시법**에도 주의를 기울인다. 또한 멀리 있는 것과 가깝게 있는 것을 표현하는 방법인 원근법을 알게 된다. 명암의 의미를 알게 되므로 **풍경화**도 그릴 수 있다.
억제기 (repression, 11-14세)	▶ **객관적 시각으로 보면서 미술표현이 침체**하고, **대상을 언어로 표현하는 데 관심**을 가지는 단계 • **미술표현이 침체**하고 그림 대신에 **언어적 매체에 흥미**를 느낀다. • 그리는 것에 흥미를 잃어버리고 표현하려는 **대상을 언어로 표현하는 데 더 관심**을 가지므로 인물의 표현은 줄어든다. • 인물보다는 자연 풍경이나 과학 등에서 소재를 찾는다. • 시·지각의 발달로 눈으로 발견한 대상들을 사실적으로 닮게 그리지 못하는 자신에 대한 불만을 느끼고 그림을 그리는 일에 의욕을 상실하게 된다. • 사물과 다르게 표현된 자신의 **그림을 객관적인 시각으로 보면서 실망**하게 된다.
예술적 부활기 (artistic revival, 15세 이후)	▶ **다시 표현에 의욕**을 갖는 시기로 **남녀 간 뚜렷한 구별**이 나타나는 단계 • 억제기에 주춤했던 그림이 **다시 표현에 의욕을 갖는 시기로서, 남녀 간의 뚜렷한 구별**이 나타난다. • **남자**는 기계적이고 기술적인 표현에 관심을 보이는 경우가 많고, **여자**는 색깔이 다양해지며 **우아하고 장식적인 그림**을 즐겨 그린다.

지식 유아 미술교육의 의의

의의		
	교육의 기본	• 유아의 사고는 감각적 경험을 통해 발달하게 되는데, 미술활동은 이러한 감각적 경험을 총괄적으로 제공한다. • 미술활동은 유아가 환경을 즐겁게 경험하고 감각을 사용하는 능력을 신장시켜 사고하는 과정을 발달시키고 개인의 생활을 풍부하게 해 준다. 따라서 미술활동은 모든 교육의 기본이 된다고 할 수 있다.
	미적 감각 발달	• 유아기는 주변의 여러 가지 상황에 호기심을 갖는 시기이므로, 미적 경험을 소개하기에 최적기로 볼 수 있다. • 유아들은 미술활동을 하면서 리듬, 반복, 배열의 순서와 같은 미술의 원리를 이해하게 되는데 이러한 과정에서 대상물에 대한 미적 감정이 움트고, 그것이 더욱 인식의 사고로 발전하여 보다 높은 미의식을 가지게 된다.
	정서 발달 도모	• 유아는 미술활동을 하면서 불안, 질투, 스트레스와 같은 부정적인 감정을 정화시키고, 이러한 정서를 긍정적인 방법으로 조절하고 표현하는 것을 학습할 수 있다. • 유아는 본능적으로 자기표현의 욕구를 가지고 있으며, 유아미술은 이러한 표현 욕구인 자신의 생각이나 감정을 타인에게 전달하는 주요 매체이다. 그러므로 유아의 미적 정서는 미술활동을 통하여 다양한 인공·자연재료들을 관찰·감상·비교·분석·처리하고 실제로 만들고 꾸미며 놀이하는 과정에서 기를 수 있다.
	언어 발달 향상	• 유아가 미술활동을 하면서 자신이 만든 미술작품에 이름과 날짜를 쓰거나 교사가 기록해준 작품 설명을 보고, 자신의 작품이나 타인의 작품에 관해 이야기하고 설명하며 질문하는 등의 활동은 유아의 정확하고 다양한 어휘력과 읽기 능력을 발달시키는 데 도움이 된다. • 그리고 미술활동은 근육 발달과 손과 눈의 협응력 형성을 도와 글쓰기 기능을 발달시키는 데 도움을 줄 수 있다.
	신체 발달 강화	• 유아의 미술활동(선 긋기·그림 그리기·모형 제작하기 등의 활동)은 대·소근육 및 눈과 손의 협응력을 발달시켜 준다. 또한, 미술활동을 위하여 온몸을 움직이는 동적인 활동 과정에서 신체 근육의 발달이 왕성해진다.
	사회성 발달 도모	• 유아는 미술활동을 하면서 미술 자료를 친구와 나누어 사용하고 서로 도우며 의견을 교환하는 과정에서 사회성이 발달하게 된다. 그리고 나와 친구의 그림을 비교해 보고, 다른 사람의 그림을 감상하고 토의를 거치면서 자연스럽게 사회적 관계망을 습득하게 된다. • 자신의 차례를 기다리며, 사용한 미술 도구를 정리정돈을 하는 것 또한 사회성의 기초 능력을 발달시키는 데 도움이 된다.
	다른 영역과의 통합된 학습 가능	• 유아 미술활동은 다른 영역과 통합적으로 운영될 때 더욱 교육적 효과가 있다. 다른 영역과 통합되어 운영되는 유아들의 미술활동은 유아들을 좀 더 자발적이고 흥미롭게 미술활동에 임하게 하고, 자신이 만든 작품을 여러 영역에 활용할 수 있도록 하므로 교육적으로 큰 효과가 있다.

5 리드(Herbert Read)의 평면표현의 발달 단계

난화기 (scribbling, 2-5세)	맹목적 난화	▶ 특정 목적 없이 좌우로 움직이며 **선을 긋는 단순 근육 운동** 단계 • 어깨와 팔을 움직이는 **단순한 근육운동으로, 대개 오른쪽에서 왼쪽, 왼쪽에서 오른쪽으로 선을 긋는 경우**가 많다.
	목적적 난화	▶ 낙서에 목적을 두고 제목을 붙이며 **막연하지만, 의미를 부여**하는 단계
	모방적 난화	▶ 대상을 모방하여 그리지만, 짧은 시간 안에 중단하며, **의도적인 끄적거림**이 나타나는 단계 • 단순한 팔목 운동이 아니라 **어느 정도 대상을 의식하고 묘사하려고 노력**하나 1~2분도 채 그리지 못하고 **중도에 포기**해 버린다.
	국부적 난화	▶ **대상의 특정 부분을 열심히 묘사**하는 단계 • 대상의 부분을 묘사하려고 애쓴다.
선의 시기 (line stage, 4세)		▶ **사람의 형태를 주로** 그리며, 원, 점, 선을 사용하여 **두족인 형태로 표현**하는 단계 • **인물을 즐겨 그리며** 얼굴은 원으로 그리고, 눈은 점으로 표현한다. • 또한 몸통은 생략된 채 팔과 다리는 **가는 선으로 표현**하며 완전한 형태의 인물이 그려지지 않고 보통은 다리를 손보다 먼저 그린다. 이러한 형태의 그림을 **두족인**이라고 한다.
서술적 상징기 (묘사적 상징기, descriptive symbolism, 5~6세)		▶ **자신이 느끼는 대로 형태**를 그리며, **특정 양식에 장기간 집착하는 경향**을 보이고, **틀에 박힌 듯한 상징적 약화로 표현**하는 단계 • 미의식이 상당히 높아져서 자연이나 친구의 옷에도 관심을 갖게 된다. • 선으로만 표현하던 엉성한 형태는 점차 정리되는듯하나 **틀에 박힌 듯한 상징적인 약화로서 처리**되는 경우가 많다. ※ 약화 : 기억을 더듬어서 간략하게 대강 그린 그림 • 그러나 사물에 대해서는 **자기중심적인 사고가 지배하기 때문에 자기가 느끼는 대로의** 자신의 형태를 만든다.
서술적 사실기 (묘사적 사실기, descriptive realism, 7~8세)		▶ 기억을 바탕으로 주관적으로 그리며, **장식적·디자인적 표현**에 관심을 가지고 **얼굴 측면 묘사를 시도**하는 단계 • 사물을 눈에 보이는 대로 그리는 것이 아니라 유아가 **알고 있거나 경험한 것을 주로** 그리며 **장식적이고 디자인적인 표현에 관심**이 많은 시기이다. • 이 시기에는 유아에게 지나친 지시나 간섭을 피하고 자발성을 중심으로 자유롭고 자신 있는 표현활동이 되도록 한다. • 사물을 보고 그릴 수 있을 정도로 대상을 인식하게 되지만, 보이는 대로 그림을 그리는 것이 아니라 **주관적인 지식에 의해 자신이 기억하고 있는 것을 그리며** 유아 자신이 기원하는 모습을 묘사하게 된다.

시각적 사실기 (visual realism, 9~10세)	▶ 자기중심성에서 벗어나 **자연물이나 풍경에 관심**을 가지며, **명암, 투시법, 원근법을 사용하여 입체적 표현**을 시도하는 단계 • 기억하고 있거나 경험한 것을 그리는 단계에서 점차 **자연물이나 풍경을 찾아 그린다.** • 2차원의 윤곽선만으로 그리는 평면적 표현에서 **명암과 투시법, 원근법을 사용하여 입체적인 표현을 시도하는 시기**이다. • **자기중심적 사고**에 의한 그림에서 점차 탈피하여 **자연물에 관심**을 기울이기 시작하면서 사물에 관찰력이 예민해진다. • 조금은 닮게 그리려고 윤곽선을 그리는 것뿐만 아니라 2차원의 시기를 거쳐 3차원의 시기로 발전하게 되는 과정으로, 평면적인 표현에서 벗어나 어느 정도 명암을 넣어 입체적인 면을 나타내려고 한다.
억제기 (repression, 11~14세)	▶ **객관적 시각**으로 보면서 미술표현이 침체하고, **대상을 언어로 표현**하는 데 관심을 가지는 단계 • 사물과 다르게 표현된 자신의 **그림을 객관적인 시각**으로 보면서 **실망**하게 된다. • 그리는 것에 **흥미를 잃어버리고** 표현하려는 대상을 언어로 표현하는 데 더 관심을 가지므로 인물의 표현은 줄어든다.
예술적 부활기 (15세 이후)	▶ 다시 **표현에 의욕**을 갖는 시기로 **남녀 간 뚜렷한 구별**이 나타나는 단계 • 억제기에 주춤했던 그림이 **다시 표현에 의욕을 갖는 시기**로서, **남녀 간의 뚜렷한 구별**이 나타나며 **남자는 기계적이고 기술적인 표현**에 관심을 보이는 경우가 많다.

6 린드스톰(Miriam Lindstrom)의 평면표현의 발달 단계

낙서시기 (2-5세경)	▶ **근육 움직임 통해 원, 수평선, 수직선 등이 나타나는** 단계 • 유아는 **근육의 움직임을 통해** 근육 조절 능력을 익히는데, 유아의 그림에는 **원과 간단한 배열의 수평선과 수직선이 나타난다.** • 이 시기는 낙서를 통하여 그림을 그리는 단계로써 최초의 낙서는 팔을 상하로 움직여 **활 모양의 낙서**로 나타난다. 다음으로는 **간단한 호**를 그리게 된다. • **점차** 그 곡선이 완만해지고 **의도적인 수평선과 수직선으로** 그려진다. • 초기의 연속적인 활선을 그어 대던 낙서로부터 간단한 직교의 직선으로 발전해 나가는 시기 동안에, 간격이 밀집되어 있거나 나사 모양의 선이 나타난다.
개념적 회화 시기 (4-6세)	▶ **반복적 도식패턴을 활용**하며, 알고 있는 것을 바탕으로 **인물화와 도식적 표현을 창안**하는 단계 • **반복적 도식패턴**이 활용되고 **인물화**가 나타난다. • 이 시기는 주로 **알고 있는 것을 그리는** 단계로써 모방을 통해 학습된 도식적 표현들이 나타나는데, **자기 힘으로 어떤 도식적인 형태를 창안하는 것**이 모방하는 것보다 **더 즐겁게 그려**지게 된다. • 이러한 **창안된 도식들이 자주 반복되어 이용**되며 이것이 자신의 첫 공식적인 형태라 할 수 있다. 이때 흔히 나타나게 되는 형태가 **인물화**이다.
사고적 회화 시기 (5-8세)	▶ **주관적 사고에 따라 주제, 구성을 정하며, 익숙한 도식을 활용**하여 **추상적 개념까지 시각적으로 상징화**할 수 있는 단계 • 유아는 **주관적 사고에 따라** 표현 주제와 구성을 정하며 **추상적 개념도 표현**할 수 있다. • 이 시기는 **사고적 그림**이 가능한 단계로서 어떤 상황이나 사건을 묘사하기 위해 그들이 익혀 둔 도식들을 배합하여 여러 장의 그림을 그려낸다. • 최종적인 형태가 만들어지기 전까지 그림의 주제가 반복되어 나타난다. • 어떤 추상적인 개념도 **시각적인 형태로 상징화**하여 나타낸다. • 기억에 있는 것이나 상상에 의한 것 등 **자기가 생각할 수 있는 어떠한 것이든지 모두 그려낸다.**
도식적 양식기 (7-10세)	▶ **고정된 도식을 탈피**하여 표현 기교를 정교화하며, **새로운 표현 방법**을 만드는 단계 • 이 시기는 **고정 관념을 뛰어넘는 단계**로써 대개 유아들은 자기가 좋아하는 주제를 여러 개 가지고 있지만 똑같은 그림을 반복해서 그리기를 좋아한다. • 그 이전의 시기보다는 대담성이나 모험성이 줄어들지만, 대개는 고정된 도식 범위를 벗어난 표현 문제를 풀어 나가면서 표현 기술을 익혀 나간다.
도식적 양식 탈피기 (8-12세)	▶ **남을 의식하는 경향**이 나타나며, 기존의 도식적 표현이 부적절함을 깨닫고 보다 **복합적이고 만족할 만한 상징을 탐색**하는 단계 • 이 시기는 **남을 의식하는 경향**이 생겨 자신의 **그림을 다른 사람의 마음에 들게 하려는 욕망**을 갖게 된다. • 종래의 초보적인 공식적인 상징들이 전달하고자 하는 것의 표현 방식으로 부적당하다고 깨닫게 되며, **보다 복합적이고 만족할 만한 상징을 찾아내려고** 한다. • 어떤 주제 속에서 구조물 간의 근본적인 관계를 살펴보고 관찰하는 법을 배우며 탐색하는 작업이 가능한 시기이다.

미적 관심의 쇠퇴기 (9-11세)	▶ **사실적 표현에 미숙한 자에 대해 매우 비판적인 경향**을 보이며, **미술에 대한 흥미가 감소**하는 단계 • 일반적으로 사춘기 직전의 아동기는 미적인 관심의 쇠퇴기에 있다. • 대부분의 아동들은 **사실적인 표현에 미숙한 자들의 솜씨에 매우 비판적인 경향**이 있다. • 그러나 그림이 표현하려는 실재와는 동일해질 수 없다는 생각을 받아들이게 되며, 그림이란 개인의 감정과 정신에 따라 다르게 나타난다는 사실도 알게 된다.
사춘기 (12-15세)	▶ **각자의 능력과 이해력을 충분히 계발**시켜 **시각적으로 사고**하고, **시각적 용어로 사상과 감정을 표현**하는 단계 • 이 시기에는 신체적 성장에 비례하여 정신과 감수성도 신장되어 성인이 되어가는 과정이다. • **각자의 능력과 이해력을 충분히 계발**시켜 **시각적으로 생각**하게 되고 **시각적 용어로 사상과 감정을 표현할 수** 있게 된다.

7 허번홀즈와 한슨(Herberholz & Hanson, 1995)의 평면표현의 발달 단계

불규칙적 난화기 (1~2세)	▶ **운동 감각적 즐거움을 경험**하지만, 조절 능력이 없어 **무작위적이고 우연적인 끼적거림**을 하는 단계 • 불규칙한 끼적거림은 **팔과 손을 움직이는 운동 감각적 즐거움**으로부터 얻어진다. • 유아는 자신이 이러한 흔적을 조절할 수 있다는 것을 알지 못하며, 유아의 활동은 어느 정도 **무작위성과 우연성을 나타낸다**고 할 수 있다. • 유아는 끼적거림을 즐기므로 시간·재료·공간이 확보되어야 한다. 분필, 크레용, 쉽게 부러지지 않는 연필 등의 모든 재료는 유아가 운동감각적 활동들을 발휘할 수 있게 하는 수단이 된다.
조절된 난화기 (2~3세)	▶ **자신의 끼적거림을 지각하고 조절**하는 단계 • 대부분의 유아는 끼적거림을 시작한 이후 6개월 정도가 되면 자신이 어떤 **조절력을 발전**시키고 원하는 것을 그릴 수 있다는 것을 발견한다. • **자신들의 끼적거림을 지각**하게 되는 것이다. 성인은 이러한 두 단계 사이의 변화를 발견하지 못한다고 해도 이는 유아의 심미적 성장에 있어서는 중요한 발전이다. • 유아는 자신들의 활동을 다양화시키기 시작하고, 특히 자신들을 만족시키는 어떤 선에 대해 반복하며 많은 시간을 보낸다. • 이 단계의 유아는 장기적이며 순환적인 끼적거림을 부이며 자신들의 운동감각적 지각과 움직임을 숙달해 나가는 데 많은 흥미를 보인다.
명명된 난화기 (3~4세)	▶ **끼적거림에 이름을 붙**이며, 운동 감각적 사고에서 **상상적 사고로 전환**하는 단계 • 대부분의 유아는 대략 3세 반쯤의 나이에 **자신의 끼적거림에 이름을 붙이기 시작**한다. • 이는 유아 사고의 과정이 운동감각적 사고부터 상상적 사고로 변화한다는 것을 보여주므로 발달에 있어 매우 획기적인 사건이라고 할 수 있다. • 끼적거림은 근육활동과 조절력을 습득하는 것이고, 주로 외부 세계와의 관계성 확립과 연관되기 때문에 **색은 이 시기에 중요하지 않다**. • 가장 중요한 것은 유아가 선에 대한 조절력을 습득할 수 있는 매개물을 갖게 하는 것이다. 그러므로 유아가 그리기 도구들을 활용할 수 있는 기회를 제공하여 그들이 하는 것을 분명히 인식할 수 있도록 도와야 한다.

도식(상징) 출현		▶ 마구 그린 선들이 **사람, 동물, 대상에 대한 초보 모양으로 발달**하며, **자기 경험을 시각적 도식(상징)으로 표현**하는 단계 • 유아 초기의 시각적인 도식(상징)은 실제적으로 성인의 눈에는 보이지 않지만, 유아가 경험한 세계에 대한 유아의 이해를 표현하며, 인지적 사고에서 큰 도약을 나타낸다.
	초기 상징기 (4~5세)	▶ **두족인이 나타나는 시기**로, **위치 크기가 관련되지 않아도 상징을 창조하는 것만으로 만족**하는 단계 • 유아의 그림을 볼 때 대상이 **위치와 크기에서 서로 관련되지는 않**지만, 유아는 대상을 제대로 인지하고 **상징을 창조하는 것만으로도 충분히 만족**한다.
	후기 상징기 (5~6세)	▶ (두족인이 정교해져) **원을 이용해 팔과 다리**를 만드는 단계로 **과장적 표현과 기저선**이 나타나는 단계 • 유아들이 성장·발달하면서 두족인은 눈과 입과 귀와 기타 여러 가지의 모습으로 수정되고 그 형태가 점점 더 정교해진다. • 유아들은 **원을 이용해 팔과 다리**를 만들면서 그 형태가 점점 더 정교해진다. • 이러한 과정을 통해 유아들의 도식은 6세까지 변화되고 세분화되면서 그림은 더 정교해진다. • 또한 **과장되고 형태가 변화**되며 묘사가 구체화되고 생략되는 표현이 나타나는데 이러한 표현은 일정 시기에만 나타나게 되며 유아는 자신이 행동하고 경험한 것을 그리기 원한다. • 또한 이 시기에는 주목할 만한 성취는 **공간감**에 대해 크게 깨닫게 된다는 것이다. • 유아의 그림은 **기저선을 포함하기 시작**하며 땅과 하늘이라는 공간에 대한 개념을 형성하게 된다.

8 아이브즈와 가드너(Ives & Gardner, 1984)의 문화적 영향에 따른 그리기 발달

- 아이브즈와 가드너는 **유아의 미술 활동이 사회와 문화의 영향을 많이 받는다고** 보았다. 즉, 유아의 연령, 개인의 매체 선호도, 매체가 제시되는 정도 등에 따라 유아의 미술표현은 영향을 받게 된다.
- 문화적 영향에 따른 그리기 발달에 대해 살펴보면 다음과 같다.

일반적 그리기 발달 시기 (1-5세)	▶ **감각적 탐색을 통해 문화적 상징**을 익히고, **문화 중 특히 매체의 영향**을 받아 **미술표현 양식이 달라지는 시기** • 1세부터 5세까지의 시기에는 유아가 주변 세계와 상호작용해 나가는 방식이 여러 문화에서 보편적으로 출현하게 된다. • 즉, 이 시기의 유아는 **보편적으로 주변의 세계를 감각적으로 탐색하는 특성**을 가지고 있으며, **단어·그림·동작·수와 같은 문화적 상징**을 알게 된다. 유아의 그림도 대부분 문화에서 보편적으로 발달하게 된다. • **그러나** 아이브즈와 가드너는 모든 지식은 환경과의 상호작용으로 인하여 습득되기 때문에 유아를 둘러싸고 있는 **구체적인 환경(문화적 요인)은 초기 표상능력의 획득에도 영향**을 미친다고 주장한다. • 그들은 특히 미술 활동을 위해 사용되는 매체가 유아의 그리기에 다양한 영향을 미친다고 한다. • 즉, 어떠한 **도구**를 얼마나 자주 사용할 수 있느냐에 따라, 성인이 유아에게 어떤 특성을 가진 **자료**를 제시하느냐에 따라, 대상물을 표현하기 위한 적절한 **매체**가 주어졌느냐에 따라, 유아의 발달 단계에 맞는 **매체**가 주어졌느냐에 따라 유아의 미술표현 양식은 달라진다는 것이다. • 그러므로 가정이나 기관의 유아의 미술활동을 돕는 성인은 풍부하고 다양한 자료를 제시하고 적절하게 활용할 수 있는 환경을 구성하여 유아기의 표상능력을 발달시킬 수 있다.

그리기의 번성기 (5-7세)	▶ **자기중심성에서 벗어나 타인을 지향**하며, **기대에 따라 행동하고 흉내**를 내며, **문화적 환경의 영향**을 받아 균형, 조화, **색과 모양 등을 고정하여 표현**하는 시기
	• 이 시기의 유아는 점차 자아중심적인 사고로부터 벗어나 **타인 지향적인 사고**를 하게 된다.
	• 그래서 자신이 지각한 상황에 맞는 **다른 사람들의 반응을 예측하고 그 기대에 따라 행동**하게 된다.
	  예 교사나 부모로부터 칭찬을 받기 위해 친구의 **잘 된 그림을 흉내 내어 그리기도** 한다.
	• 또한 이 시기에는 그림 가운데 **균형, 조화, 구도 등의 형식적 측면이 나타나기 시작**한다.
	  예 구름은 회색, 나뭇잎은 초록색으로 고정되게 색을 칠하거나, 여자는 긴 머리, 남자는 짧은 머리로 그림을 그리는 등 **색이나 모양이 고정된 표현**을 한다.
	• 따라서 이 시기의 유아는 기본적, 발생적, 보편적 환경요인에서의 행동양식보다 **문화적 환경 요인에 의해 영향**을 받게 되며, 예술적으로 뛰어난 표상능력을 보이기 시작하는 전환기에 이르게 된다(Gardner, 1982).

문화적 영향의 최고조기 (7-12세)	▶ **사회·문화적 영향**을 받아 **시각적 사실주의 표현**이 두드러지며 **창의적 표현력이 감소**하는 단계 • 이 시기 유아는 자신이 속한 **사회·문화의 영향을 그대로 받아들여 그림 조절**을 하게 된다. • 그래서 대상물을 실제처럼 보이도록 그리려는 **시각적 사실주의 표현**이 두드러지며, 정형화된 그림이나 만화 등의 사실적이고 분화된 그림을 선호하게 된다. • 하지만 **이전 시기의 창의적이며 예술적 표현력을 완전히 상실**하게 된다. 따라서 이 시기를 '**융통성 없는 시기(literal stage)**'로 명명하기도 한다.

9 골롬브(Golomb)의 입체표현의 발달 단계

• 골롬브는 6세까지 유아의 입체작품을 관찰하여 입체표현 발달 단계를 다음과 같이 구분하였다.

탐색기 (2~4세)	▶ **납작한 떡, 막대, 공 모양** 등을 만들고, **찰흙을 어떤 사물로 지칭**하는 단계 • 찰흙을 가지고 놀면서 탐색하여 나가며 **납작한 떡 모양이나 막대 모양, 공 모양 등**을 만들기 시작한다. • 둥글게 뭉치거나 길게 늘인 형태를 보고, 그것이 주는 연상과 연결 지어 그 **찰흙을 어떤 사물로 지칭**하는 단계이다.
분화기 (4~5세)	▶ **평면적 인물을 표현**하며, **두족인 형태**로 나타내고, **비례를 무시한 채 앞모습에 집중하여 표현**하는 단계 • 유아는 머릿속으로 생각하는 표현 대상의 이미지와 손의 기능이 서로 잘 맞지 않기 때문에 대체로 **평면적인 인물 표현**을 하게 된다. • 그림 표현에서도 나타나는 **두족류의 인물, 올챙이식 인물 표현**과 같은 형태로 사람의 모습을 만들어 나간다. • 그리기의 인물표현처럼 구형이나 납작하게 눕힌 원반에 다리를 붙여 표현한 **두족인 형태**가 대부분이다. • 인물이나 동물, 사물 등 대부분은 **앞모습**을 표현하며 손가락, 발가락, 귀, 머리카락 등은 대체로 나타나지 않는다. • 인물 표현에 있어서 **신체 구조의 비례는 거의 무시**되어져 만들며 **모든 대상의 표현이 앞모습에 집중**하여 나타난다. 큰 원반이나 구형에 다리를 붙인 형태로 사람을 표현한다. • 세부에 좀 더 많은 관심을 기울이며 머리, 몸통, 사지의 각 부분을 자세하게 표현한다. 기 골롬브(C. Golomb)의 입체표현 발달 단계 중 분화기에서 주로 보이는 인물 표현 형태의 명칭을 쓰시오. **두족인(두족류의 인물, 올챙이식 인물 표현)**[19] 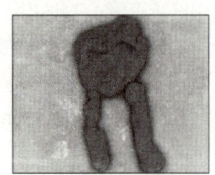
완성기 (6세 이후)	▶ **3차원과 2차원의 표현을 절충**하며, **전체적인 모양을 고려**하고, **인물의 골격을 균형 있게** 만드는 단계 • 완성기의 인물 표현은 **전체적인 모양을 생각하여 주요한 몸의 골격들이 대부분 균형** 있게 만들어지고 그 위에 좀 더 세부적인 것들이 표현된다. • 몸의 주요한 골격 부분들이 **균형 있게 형성**되고 그 위에 좀 더 분절된 부분들이 표현된다. • 대상의 크기나 비례를 인식하게 되어 사실적인 표현을 시도하나 인물을 포함한 대부분의 사물은 **3차원적인 입체와 2차원적인 평면을 절충하는 표현**이 나타난다. • 인체의 전체적인 모양과 세부에 신경을 쓰기 시작하고, **직립 형태가 아닌 평면에 누운 형태로 3차원과 2차원의 성격을 절충**한다. 표현이 안 되는 부분은 말로써 보충하고자 한다. • 분화기의 유아보다는 좀 더 상세하게 사람을 표현하고자 노력한다. 따라서 대상의 크기나 비례에 대한 인식이 시작되어 비례대로 표현하려고 노력한다. • 사람 표현에 있어 전체적으로 균형 있게 표현되며 부분적인 구조와 비례를 고려하여 표현한다. • 대칭적인 구도로 과장 표현이 있다. • 입체감을 살린다거나 멀리 있는 것 또는 가까이 있는 것은 표현하지 못한다.

Plus 지식 아동미술과 원시미술

유사점	존재 상징적 표현	▶ (표현하고자 하는) 대상을 그것을 **상징하는 선이나 형태로 도식적으로 나타내는** 표현 • 존재를 나타내는 상징의 도식표현 • 예를 들어, 사람을 그릴 때 팔과 다리를 그것을 상징하는 선으로 그리는 것이다. 미국 애리조나주에서 발견된 암각화는 이러한 존재상징 표현이 강하게 나타난다. • 아동미술 역시 사물을 표현할 때 대부분 존재 상징으로 나타낸다. • 해, 집, 구름, 나무 등 존재를 나타내는 상징의 도식들로 그림을 그린다.
	중앙 원근법적 표현	▶ **자신을 중심으로 중앙에서 주위를 돌면서 보이는 대로 그리는 원근 표현** • 자신을 중심으로 원근 표현 • 대부분의 원시미술과 아동미술에서 공통되게 나타난다. 기 **동그란 트랙 가운데에 자전거 탄 사람을 그리고 트랙의 둘레를 따라가며 여러 그루의 나무를 바깥쪽을 향해 그렸더라고요.**[22] • 아동은 자신이 표현하고자 하는 것의 중앙에 있다고 가정하며 하나의 평면 위에 각기 네 방향을 표상한다. 이렇게 되면 밑에 그려지는 것들은 거꾸로 그려지는 것이다. • 이 유사점은 **공존화 양식과도 관련**된다. 즉, **다차원의 시간이나 공간을 한 평면 위에 동시에 나타내는 것**으로서 등장인물의 몸은 정면을 보지만 옆얼굴을 표현하는 것과 같은 방식이다.
	투시적 표현	▶ 보이지 않는 부분을 보이는 것처럼 표현
	과장과 축소의 표현	▶ 사기중심적 사고로 인해, 자신에게 **의미 있는 부분을 크게 과장**하고, 중요하지 않은 부분은 축소하여 표현하는 방식
	표현의 자유	▶ 사실적 형태에 구애받지 않고 자유롭게 표현
차이점		• 아동미술은 **발달 단계**에 따라 달라지나 원시미술은 발달이나 성숙과 관계없이 상징적 표현 • 원시미술은 동 사회의 문화를 잘 드러내나 아동미술은 **사회나 문화적 압력에서 비교적 자유로움** • 원시미술의 상징은 종교적 제의나 주술을 주제로 하는 반면 **아동미술은 자신의 주관적 상징**이 주제

IV. 유아 미술표현의 특징 및 표현 기법

1 유아 미술표현의 특징

미분화적 표현 (미분화 표현, 미분화의 표현, 미분화 상태의 표현)	▶ 사물과 사물 간 관계가 구분되지 않는 상태로, 사물 간 크기와 공간 배치 등이 주관적이며 **열거식으로 나타나는 등 자신만의 방식으로 표현**하는 것 • 미분화란 **사물과 사물 간의 관계가 구분되지 않은 상태**를 말한다. • 사물과 사물과의 관계를 이해하는 것이 미숙한 유아는 대상을 보는 능력은 있지만, 대상을 구체적으로 표현하는 데 어려움이 있다. • 난화기를 거쳐 3~4세에 나타나는 데 사물 간의 관계, 크기, 공간의 배치 등이 **주관적**이어서 **현실 세계와 달리 열거식으로 나타나거나 따로 분리하여 독립적으로 표현하는 등 실제와 달리 자신만의 이해 방식으로 표현**한다. 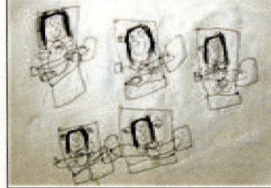   유치원 버스를 타고 유치원에 하늘을 날아가는 동생과 나 하늘을 날아가는 동생과 나 가는 친구들 (5세 남아) (4세 여아) (4세 여아)  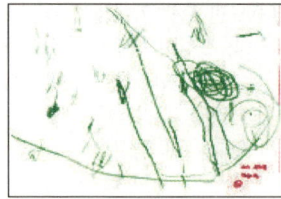  이삿짐을 나르는 사람 꽃이 피어 있는 산 분수대가 있는 공원 (5세 남아) (4세 남아) (6세 남아)
두족인 표현 (두족인)	▶ **원형의 머리**에서 **몸통 없이 두 개의 다리와 팔이 직접 연결된 인물 표현** • 문어, 낙지, 오징어 등은 머리에서 바로 다리가 있어서 두족류라고 하는데 이와 비슷하게 몸통 없이 머리에서 팔과 다리가 곧바로 나오는 그림이라고 해서 **두족인(head-feet representation)** 이라고 한다. • 머리는 동그라미 형태로 그리고 다리는 수직선, 팔은 수평선으로 그리며 신체의 세부적인 면에는 관심이 없다. 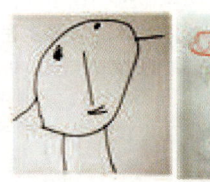  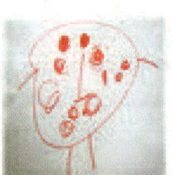 팔과 다리만 나타난 인물표현

과장적 표현 (과장과 생략 표현, 자기중심적 표현)	▶ **자기중심성**으로, 자신에게 **중요한 부분을 크게 과장**하고, **그렇지 않은 부분은 축소**하여 그린 표현 • 유아는 자신의 생활 경험 속에서 **가장 강하고 인상 깊게 느껴진 것, 강한 욕구** 등을 자신의 **지각에 의해서 느낀 대로 솔직하게 표현**한다. 그래서 **자신에게 의미가 있고 중요**하다고 생각되는 것은 **자연의 비례를 무시하고 크게 과장**하여 표현한다. • 반면 자신이 중요하지 않다고 생각한 부분이나 **관심 없는 부분은 그리지 않거나 작게 축소**하여 그린다. • 이와 같은 축소나 생략, 과장 표현은 유아의 **자기중심적 관찰과 주관적 관점**에서 나온 결과로 비논리적인 형상으로 표현한다. [기] ⓒ '고구마를 크게 그리고 사람들은 그 옆에 아주 작게 그렸어요.'에 해당하는 유아의 그림 표현의 특징 1가지를 쓰시오. [21]    도둑을 잡으려고 달리는 경찰의 손과 발을 과장한 그림 (6세 남아) / 이를 닦는 사람의 손을 길게 강조한 그림(7세 남아) / 우산을 잡은 손을 길게 강조하여 그림 (7세 남아)
의인화 표현 (의인적 표현, 의인화된 표현, 대상의 의인화 표현, 물활론적 사고의 표현)	▶ **만물에 생명이 있다고 믿는 애니미즘 사고로 대상에 감정을 부여**하는 표현 • 만물이 생명을 가지고 있다고 믿는 **애니미즘(animism)적 사고**의 형태이다. • **현실과 상상의 세계를 혼동**하며 **사물도 인간과 같이 생각할 수 있다고 믿어** 자신의 감정에 따라 표현하는 **대상에게 감정을 부여**하여 웃는 얼굴, 찡그린 얼굴, 화난 얼굴을 표현한다. • **구름, 꽃, 나무** 등에 사람처럼 눈, 코, 입을 그리고 감정에 따라 표현한다. • 이러한 현상은 [이유] **현실과 꿈을 실제와 상상이 확연히 구별되지 못하고 혼돈되어 미분화 상태로 통합된 것의 결과**라고 할 수 있다. [기] '토끼나 사물에게 사람과 같이 옷을 입히고, 토끼와 사물이 웃고 있는 표정을 자주 그린다.'에 나타난 그림 표현의 특징 1가지를 쓰시오. [13추] [기] ⓒ '나무와 꽃에 웃는 모습의 얼굴 표정을 그렸다.'에서 보이는 유아 미술표현 방식의 명칭을 쓰시오. [19]     구름에 눈, 입을 표현함(6세 여아) / 동물과 사람을 혼재하여 표현함(6세 여아) / 나비에 눈, 입을 사람처럼 표현함(6세 남아)

반복적 표현	▶ **자기가 관심 있는 것을 같은 모양으로 반복하여 나열**하는 표현 • 유아들은 **자기가 관심 있는 것을 같은 모양으로 반복하여 그리기**를 좋아한다. • 산이나 사람, 나무, 꽃, 집, 구름 등 **똑같은 것을 한 화면 안에서 나열**하여 **패턴화**된 것처럼 보이는데, 특히 남아보다 여아의 그림에서 이러한 현상이 더 잘 발견된다. • 이는 단순 반복 작업이라기보다 **고유의 모양에 더 접근하기 위한 노력의 과정**이라 할 수 있으며, 이러한 패턴을 익혀 서서히 복잡한 표현으로 발전하게 된다. • 정서적인 억압 상태에서 사고가 굳어져 있는 경우나 다양한 현실 경험과 상상력이 부족한 경우, 개념화된 유아의 그림에서 자주 표현된다.  구름, 꽃을 반복하여 그림(6세 여아) 해님, 구름을 반복하여 그림(7세 남아)
투시적 표현 (엑스레이 화법)	▶ **실제로 보이지 않는 내부를 인지적 사고를 통해(자신이 알고 있는 내용을 통해) 보이는 것처럼 표현**하는 방식 • 유아의 그림 중에는 종종 **내부가 들여다보이는 그림**이 많다. 실제로 벽이나 포장 등에 가려져 보이지 않는 곳의 물건이나 외부에서 보는 자동차 안에 인물의 전신을 그려 넣는 등의 표현법을 뢴트겐 화법 또는 X-ray식 화법이라고도 한다. • **구디너프(Goodenough)**나 **인지이론가**들은 유아가 눈으로 보이는 것을 그리는 것이 아니라 **이미 알고 있는 상황**을 관념적 사고로 외부와 내부의 혼합된 시각을 이용해서 **표현**한다고 하였다. 기 지각적으로 보아는 사실을 모두 그리는 투시(X-ray)적 표현을 한다.[10]  기 '유아의 그림 설명 : 아빠랑 낮에 차 타고 공원에 갔어요. 그리고 밤에 집에 왔어요.'에 나타난 유아기 미술표현의 특징 2가지와 그 예를 그림에서 찾아 각각 쓰시오.[17] 기 '**투시적 표현**이 잘 나타나 있어요.'와 같이 **판단한 이유**를 그림에 근거하여 쓰시오.[23] 눈에 보이지 않는 물고기 배 속의 쓰레기들을 그린 것과 같이 보이지 않는 것을 자신이 알고 있는 내용으로 보이는 것처럼 표현하고 있기 때문이다     자동차 안의 사람을 그림 텐트 안에 있는 유아 자신을 바닷속 물고기를 그림 (7세 남아) 자세히 그림(6세 여아) (7세 남아)

기저선 표현	▶ (사물 간 관계성을 인식하여) **가로선을 그어 땅, 하늘, 바다 등을 구분**하고, 그 위에 사물을 배치하여 **공간개념을 표현**하는 방식 • 도화지에 **가로선을 그어 땅과 하늘, 바다 등으로 구분하는 선**을 말한다. • 건물, 나무, 집, 사람 등을 기저선(base line) 바로 위에 표현하여 공간에 대해 질서를 부여한다. • 유아의 그림에서 가장 기초적인 **공간개념**의 하나로 나타나며, 이는 유아가 어느 정도 **사물과 사물 간의 관계성을 인식할 수 있다는 것**을 의미한다. • 화면의 원근을 나타내는 한 방법으로 두 개 이상의 기저선을 그리거나 도화지 밑을 접어서 그 선 위에 사람이나 사물을 표현하기도 한다. 종이의 **밑면에 선을 그어 땅, 바다를 표현**하고 **윗면의 선은 하늘을 표현**하기도 한다. 기 공간 개념의 한 방법으로 **기저선**과 **하늘선**(sky line)을 사용한다.[10] 기 '도화지에 땅을 구분하여 그리고'에서 보이는 유아 미술표현방식의 명칭은[19]    바다에 갔어요(7세 여아)　기차가 가고 있어요(7세 여아)　달을 구경해요(7세 여아)    두 개의 기저선을 표현함 (6세 남아)　바닷가와 갯벌을 그리고 저 멀리 보이는 산을 표현함(7세 여아)　축구하는 사람을 그렸는데 하늘과 땅을 표현하는 기저선
전개도식 표현 (folding over)	▶ **입체적인 사물을 평면으로 표현**할 때, **주관적 경험, 눈높이에 따라 보이는 대로 표현**하며, **보이지 않는 부분까지 펼쳐서 나타내는 등 편리하고 쉬운 방법으로** 표현 • 유아는 **입체적인 사물을 도화지에 평면으로 표현할 때 어려움**을 느끼는데 자신의 **주관적인 경험에 따라 자신이 편리하고 쉬운 방법으로** 표현한다. • 예를 들면, 둥근 탁자를 그릴 때 윗면의 둥근 탁자는 위에서 본 것처럼 그리지만 보이지 않는 다리를 모두 펼쳐서 그린다. • 가로수를 표현할 때 중앙에 길을 그리고 양쪽 편에 나무를 수직으로 표현하여 나무가 펼쳐져 누워 있는 것 같이 그리는 것은 전형적인 전개도식 표현의 예이다. 기 눈높이에 따라 보이는 대로 표현하므로 2(3)차원의 세계를 3(2)차원의 전개도식으로 표현한다.[10] 기 ① 이 그림에 나타난 유아기 그림 표현 방식의 명칭을 쓰고, ② 이 그림 표현 방식의 특성을 아래 그림에 기초하여 쓰시오.[18]　 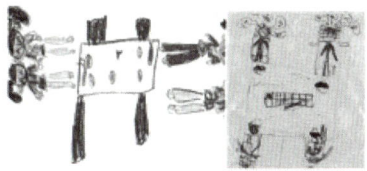  식탁의 다리를 펼쳐서 그림(7세 여아)　포클레인을 펼쳐서 그림(6세 남아)

회전식 표현	▶ 입체적인 사물을 평면으로 표현할 때, 화지를 상하좌우로 돌리면서 펼쳐서 표현하는 방식 • 마치 종이 입체의 전개도를 그릴 때와 같은 방법으로 **3차원의 세계를 2차원 도화지에 표현할 때 도화지를 상하좌우로 빙빙 돌리면서 펼쳐 그린 그림**을 말한다. • 거리의 나무가 누워 있거나 식탁에서 식사하는 장면을 사방으로 펼쳐서 누워 있는 것처럼 표현하는 방식으로 공간에 대한 인식을 시작하는 초기에 나타나는 형태이다. 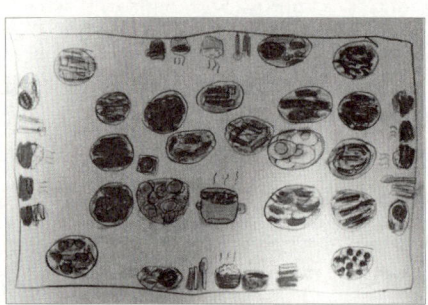 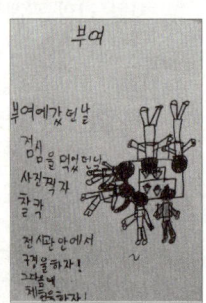 저녁 만찬 부여
동시적 표현 (space and time representation)	▶ 시간·공간·방향 등의 경험을 한 평면에 동시에 표현하는 방식 • 그리고자 하는 대상의 비례·계절·시간·공간·방향·위치 등의 생활 경험을 하나의 평면상으로 표현한다. • 단편적으로 정지된 장면이 아니라 **시간 등 상황의 변화를 연속성에 두고 표현**하는 것으로 고정된 시점으로만 인식하지 않고 **편의에 따라 여러 방향의 시점을 동시에 사용**한다. • 이러한 표현은 도화지의 공간에 구애받지 않고 자유롭게 표현함으로써 아동만의 재미있고 풍성한 그림을 표현하게 된다. • 얼굴이나 발 등은 측면을, 눈과 몸은 정면을 표현하는 고대 이집트 그림이나 피카소의 그림에서 의식적으로 표현하고 있음을 볼 수 있다. 기 '유아의 그림 설명 : 아빠랑 낮에 차 타고 공원에 갔어요. 그리고 밤에 집에 왔어요.'에 나타난 유아기 미술표현의 특징 2가지와 그 예를 그림에서 찾아 각각 쓰시오. [17]    네바문의 정원, BC1350 이집트 미술, BC1350 시간과 날씨가 동시에 표현

시점 이동 표현	▶ **시점을 이동**하여 **사물의 특징을 가장 잘 드러낼 수 있는 방향** 또는 **자신이 그리기 쉬운 방향으로 표현**하는 방식 • 고정된 시점으로 사물을 표현하지 않고 **다양한 시점**에서 나타낸다. • 즉, 사물을 그릴 때 유아 스스로가 **시점을 이동하여 자신이 그리기 쉬운 방향 혹은 그 사물의 특징을 가장 잘 나타낼 수 있는 방향에서 본 형태로 변형하여 그리는 현상**을 말한다. • 예를 들면 사자를 그릴 때 사자의 얼굴은 정면으로 표현되지만, 몸통은 옆면으로 표현된다. • 이러한 현상이 나타나는 것은 전체를 하나의 방향에서 본 시점으로 그리기보다 **[이유]** 유아가 편리한 대로 위에서, 아래에서, 왼쪽 오른쪽 등 **시점을 바꿔가면서 나타내기 때문**이다.   얼굴은 정면, 다리와 몸 부분은 거북이의 등은 위에서 본 것처럼, 얼굴은 옆면에서 본 것처럼 그림(5세 남아) 옆에서 본 것처럼 그림(5세 남아)    버스를 탄 사람은 위에서, 책상의 윗부분은 위에서, 도서관에서 책을 보는 사람을 나무는 옆에서 본 것처럼 다리는 옆에서 본 것처럼 측면과 정면을 동시에 그림 그림(7세 남아) 그림(6세 남아) (7세 여아)

공존화
표현
	▶ **시공간을 넘어 여러 시점에서 본 것을 한 장면**에 나타내거나, **시간의 흐름을 연속적으로 표현**하는 방식
	• 아침에 일어났던 일과 저녁에 일어났던 일들을 한 장면에 동시에 그리거나 과거, 현재, 미래의 현상이 동시에 그려진다. 이러한 특성은 공간개념과 시간개념의 발달과정에서 나타난다.
	[기] 다음 그림에 나타난 공존화의 표현을 순서대로 각각 1가지씩 쓰시오.[25]

	아빠와 동물원에 가서 놀고 이모 집에 가서 윷놀이를 하고 아침에 바나나와 사과를 먹고
	깜깜한 밤에 집으로 돌아왔어요(7세 남아) 할머니 집에 갔어요(6세 여아) 점심에는 집에서 놀다가
	                                                                                        깜깜한 밤에는 별을
	                                                                                        구경했어요.

카탈로그식 표현 (열거식 표현, 나열식 표현)	▶ **사물 간 관계 판단 능력이 미숙**하여, **깊이, 관계 등을 무시하고 연관 없이 나열**하는 표현 • 사물을 표현할 때 **원근법, 공간 관계, 깊이 등을 무시하고 여러 가지 사물들이 아무런 연관 없이 나란히 그려지는 것**으로 마치 여러 가지 상품을 어떤 의미 없이 나열해 놓은 카탈로그처럼 표현하는 것을 말한다. • **사물과 사물의 관계를 판단하는 능력과 표현이 미숙**하여 나란히 열거하는 식의 표현이 많이 나타난다. • 예를 들면 '사과를 따고 있는 사람'을 그릴 때 사과나무를 그리고 그 옆에 서 있는 사람을 그려놓아 사과를 따고 있는 사람을 나름의 주관적인 방법으로 표현하는데 이는 유아가 **객관적인 공간개념이나 표현의 원리를 아직 인식하지 못하고 있기** 때문이다. 기 사물과 사물과의 관계를 판단하는 능력이 부족하기 때문에 화면 전체의 통일성이 없고 열거(catalogue)식으로 표현한다.[10] 기 '〈숲에 갔어요 – 홍○○〉'에서 유아가 나열식 표현으로 그림을 그린 이유를 **인지 발달적 관점**에 근거하여 쓰시오.[19추]   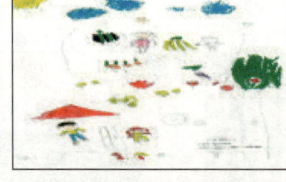  사람, 꽃, 책상 등을 독립적으로 그림(6세 남아) / 그리고 싶은 사물들을 독립적으로 그림(6세 남아) / 서로 상관없이 나열하여 그림(5세 남아)
설명식 표현	▶ **자신의 의도나 생각을 알리기 위해 글씨를 써서 설명**하는 표현 • 상징적인 그림이나 자신이 경험한 일들의 그림을 그려놓고 **자신의 의도나 생각을 좀 더 구체적으로 알리고 싶을 때** 기록하듯 글씨를 써서 설명한다. • 아빠, ○○백화점이나 가게 등 어떤 대상이나 건물을 그려놓고 이름이나 상호를 붙이기도 한다. 
적립원근 표현	▶ **원근을 표현하기 위해 화지 아래쪽에 근경, 위쪽에 원경을 배치하거나 기저선을 활용하는 방식** • 유아가 원근법을 지켜 그림을 그리는 것은 어렵다. 흔히 **원근법을 표현하는 방법**으로 화지의 **아래쪽에 그린 것은 근경**, 중간에 그린 것은 중경, **위쪽에 그린 것은 원경**으로 나타낸다. • 또는 **기저선을 활용하여 원근을 표현**한다. 먼 거리는 도화지 윗부분의 기저선에, 가까운 거리는 밑부분의 기저선에 그린다. 기 **가까이 있는 사물은 밑에, 멀리 있는 사물은 위에** 그리는 적립원근 표현법을 사용한다.[10] 

중앙 원근법적 표현	▶ 자신을 중심으로 중앙에서 주위를 돌면서 보이는 대로 그리는 원근 표현 • 자신을 중심으로 원근표현 기 동그란 트랙 가운데에 자전거 탄 사람을 그리고 **트랙의 둘레를 따라가며 여러 그루의 나무를 바깥쪽을 향해** 그렸더라고요.[22] • 아동은 자신이 표현하고자 하는 것의 중앙에 있다고 가정하며 하나의 평면 위에 각기 네 방향을 표상한다. 이렇게 되면 밑에 그려지는 것들은 거꾸로 그려지는 것이다. • 이 유사점은 **공존화 양식**과도 관련된다. 즉, **다차원의 시간이나 공간을 한 평면 위에 동시에 나타내는 것**으로서 등장인물의 몸은 정면을 보지만 옆얼굴을 표현하는 것과 같은 방식이다.
직각성의 실수 표현	▶ **표현할 대상이 수평이 아닐 때** 유아가 **중력을 무시**하고 물체를 **기저선에 수직으로 그리는 것** • 비탈진 산에 올라가는 사람들과 산에 자라는 나무를 비탈진 면과 수직이 되도록 그린다. • 다음 그림에서도 나무가 비탈진 면과 직각으로 서 있는 것을 볼 수 있다.  

영역 불침범의 법칙	▶ **사물을 잘 보이게 하려고** 사물의 요소들이 **서로 침범하지 않도록 영역 설정하여 표현**하는 것 • 그림에서 **각 사물들을 가능한 한 가장 잘 보이게 표현하기 위하여** 아동이 의도적으로 사물을 구성하고 있는 요소들이 **서로 침범하지 않도록 영역을 설정하는 것**을 '**영역 불침범의 법칙** (the territorial imperative principle)'이라 한다. • 즉, 중첩이 되어 있는 두 개의 사물 모두를 완전히 그리기 위하여 **서로 떨어져 있는 것으로 표현함으로써 각 사물의 전체 모습을 보여주려고** 한다. • 이 법칙은 사물 사이의 중첩을 피하는 것뿐만 아니라 **사물 내의 각 부분에 대한 표현에도 적용**된다. • 따라서 아동은 사람을 그릴 때 긴 머리카락을 먼저 그렸다면 팔이 머리카락의 영역을 침범하게 그리기보다는 가끔씩 팔을 생략해 버린다. 즉, 두 사물 중 **겹치는 부분을 옆에 그려 넣거나 빠뜨리고 그린다.** • 실제로 '요술봉을 가진 네티'에서 사람의 **한쪽 손이 없는데** 그림 그린 아동의 설명에 따르면 머리카락이 길기 때문에 손을 빠뜨리고 그렸다고 한다. • '동생을 업고 있는 할머니'에서 동생을 완전하게 보여주기 위해서 **동생을 할머니 얼굴 옆으로 내어서 그렸다.** • '자고 있는 엄마와 나'에서 **엄마와 나의 베개들이 머리와 완전히 분리**되어 있고, 엄마 다리 밑에 **괴고 자는 베개 또한 엄마 발밑으로 분리**시킴으로써 서로의 영역이 침범되지 않도록 하였다. 밑의 두 개의 긴 선은 두 매트리스를 의미하며, 오른쪽에 두 매트리스 사이의 사각형은 침대 위쪽의 장식대라고 아동은 설명한다.  요술봉을 가진 네티 동생을 업고 있는 할머니 자고 있는 엄마와 나

2 유아미술의 표현 기법

그리기	소묘 (dessin)	▶ 단일 재료에 의해 **사물의 형태·명암·질감 등을 표현하는 회화**를 총칭한다. • 특징에 따라 크로키(croquis)·스케치(sketch)·정밀 묘사(miniature)로 구분된다.
	떨어 뜨리기 (물감 떨어뜨리기, dropping)	▶ **물감 등을 지면에 흩어지게 떨어뜨려 표현**하는 기법 ▶ **물감이 떨어지는 물리적 운동을 이용하여 표현**하는 기법 • 드로핑은 '물방울을 떨어뜨린다'의 뜻으로 **위에서 밑으로 떨어지는 물리적 운동을 이용하여 표현**하는 기법으로 지면에 흩어져 떨어지는 **수많은 점 모양의 형태**로 나타난다. 물감이 떨어뜨릴 때의 높이와 농도, 사용하는 양에 따라 흩어지는 모양이 여러 가지로 변화하는 기법이다.
	흘리기 (spill)	▶ 도화지에 물감을 방울로 떨어뜨려, 물감이 마르기 전에 **도화지를 여러 각도로 기울여 물감이 흘러내리게** 하는 기법
	뿌리기 (sprinkle)	▶ 도화지에 **물감을 묻힌 붓으로** 여러 가지 방법으로 **뿌려서 효과**를 나타내는 기법
	불기 기법 (blow techniques)	▶ 도화지 위에 **물감을 떨어뜨린 후 입으로 불어서** 모양을 형상화하는 방법 • 부는 강도나 방향에 따라 섬세하고 복잡한 형까지 가능한 기법(물감 불기)
	번지기 (blotting)	▶ **젖은 도화지나 마르지 않은 물감 위에 다른 색(또 다른 물감이나 사인펜 등)을 더해 물감이 번지도록** 하는 기법 • 물감이 자연스럽게 퍼지도록 하여, 색의 혼합과 확산을 통해 감정이나 분위기를 부드럽게 나타낼 수 있다.
	스크래치 (scratch)	▶ **밝은색을 먼저 칠하고, 어두운색을 덧칠한 후 핀 등으로 긁어** 그리는 기법 • 종이 위에 노랑, 빨강, 연두 등 **밝은색을 먼저 칠하고 그 위에 검정이나 청색 등의 진한 색**을 종이가 보이지 않도록 **눌러 칠한 후 핀이나 송곳 등으로 표현**하고자 하는 모양으로 **긁어서** 그린다. • 긁는 도구를 다양하게 하여 활동하면 재미있는 효과가 나타난다.
	실그림 (thread picture)	▶ **화지 위에 실을 여러 모양으로 놓고 잡아당기면서** 그리는 기법 • 재질이 다른 여러 가지 실을 가지고 수성 물감, 잉크, 먹물, 유성물감, 염료 등에 담갔다가 **도화지 위에 여러 가지 모양으로 놓고**, 다른 종이나 판지를 접어 누른 다음 **실 끝을 잡아당기면 재미있는 모양**이 나타난다.
	핑거 페인팅 (finger painting)	▶ (붓 같은 도구를 사용하지 않고) **물감 등을 손에 직접 묻혀 그리는** 기법 • 수성 풀이나 밀가루 풀에 물감을 섞어 손가락으로 그려 유연성 있는 무늬를 만드는 기법 • 표현 양식 중에서 가장 자유로운 형태이며, 심리적, 치료적, 교육적 가치를 가진 미술 활동으로 평가되어 널리 활용되고 있다(손가락 그림, 풀 그림).
	롤러기법 (roller techniques)	▶ **물감을 롤러에 발라** 자유자재로 **굴리는** 기법 • 롤러의 폭에 따라 크고 작은 면의 처리를 할 수 있으며, 가로 세로로 몇 번이고 굴려서 롤러 선의 교차와 색의 겹침 효과를 재미있게 표현하는 기법이다.

찍기	스탬핑 (stamping)	▶ 여러 모양의 도장을 화지에 찍는 기법 • 스탬핑의 원래 뜻은 우표 소인이나 도장 등을 지면에 누르는 것으로부터 따온 말이다. • **여러 모양 도구를 가지고 스탬프를 이용하여 종이에 찍는 기법**이다.
	프로타주 (frottage)	▶ **물체의 요철 위에 종이를 놓고 연필 등으로 문질러 그 상을 부각시키는** 기법 • 프로타주란 프랑스어로 마찰, 문질러내다 등의 뜻으로 물체의 상에 두드러진 부분은 진하게, 들어간 부분은 엷게 나타난다. 기 ㉠ '(숲에서 주워온 나뭇잎을 가리키며) 나뭇잎 위에 종이를 대고 연필로 문질러서 하고 싶어요.'에 해당되는 표현 기법 1가지를 쓰시오. [19추]
	모노 타이프 (모노프린트, monotype)	▶ **유리판 등에 물감으로 그린 후 종이를 덮어 찍는** 기법 • OHP 필름지, 유리, 아크릴판 등 매끄러운 표면에 직접 **잉크 또는 물감**을 칠한 다음, **손가락, 송곳, 타이프 등으로 그림을 그린 후 그 위에 종이를 덮어** 누르는 기법이다. 이 판화는 한 장 정도밖에 찍을 수 없다.
	핑거 페인팅	▶ 수성 풀이나 밀가루 풀에 **물감을 섞어 손가락으로 그려 종이로 찍는** 기법 • 모노 타이프라고도 볼 수 있다(finger painting).
	마블링 (marbling)	▶ **물과 기름의 반발성을 이용**해 **물 표면의 무늬를 종이에 흡착시키는** 기법 • **물과 기름이 섞이지 않는 원리**를 이용한 것으로 물 표면의 움직임에 따라 변하고 있는 **유연한 무늬를 종이 위에 흡착시키는 기법**이다. 찍는 방법에 따라 다양하게 활용할 수 있다. 기 '물과 기름의 반발성을 이용하여 표현' [19]
	데칼 코마니 (decal comania)	▶ **한쪽 면에 물감을 놓고 반으로 접어 대칭 형태로 표현**하는 기법 • 종이를 반으로 접은 후, 한쪽 지면에 물감을 놓고 반으로 접어 그 위에 손으로 눌러 문지른다. 종이를 펼치면 접은 선을 중심으로 대칭의 형태가 나타난다.
	스텐실 (stencil)	▶ **종이 등에 무늬를 오려내고, 그 구멍을 통해 물감을 스며들게 하여 찍어내는** 기법 • 부피가 얇은 종이나 OHP, 비닐 등에 **무늬를 그려서 오려내고 그 구멍 안에 물감을 스며들게 하여 찍어내는 방법**이다. • 크레파스로 칠하여 문지르면 파스텔 같은 느낌을 낼 수 있다.
	스패터링 (spattering)	▶ 판에 구멍을 내고, **칫솔이나 붓에 묻힌 물감**을 채나 망에 문질러 **작은 점으로 뿌려** 표현하는 기법 • 색의 분산과 안개처럼 번지는 효과를 통해 반복적이고 리듬감 있는 이미지를 구성하는 활동이다. ㉠ 종이 위에 여러 모양의 물체를 올려놓고, 칫솔에 물감을 묻혀 방충망 표면을 긁어 밑에 있는 종이에 물감을 안개처럼 뿜어 화면에 물감을 정착시키는 방법이다.
	실크 스크린	▶ 실크나 나일론 천을 팽팽히 당겨 틀에 고정시킨 뒤, **이미지가 전사될 부분만 망사에 구멍을 남기고, 그 위에 잉크**를 밀어 넣어 찍는 기법(silk screen)
	등사판	▶ 왁스 처리된 특수 종이에 **바늘처럼 뾰족한 도구로 글이나 그림을 긁어내 구멍**을 만들고, **그 틀에 잉크를 밀어 넣어** 찍어내는 기법(mimeograph)

		• 붙이기, 찢기, 자르기 (pasting, tearing and cutting)로 분류하기도 한다.
붙이기	콜라주 (collage)	▶ 천, 종이, 나뭇잎, **단추 등 다양한 재료를 붙여서 표현**하는 기법 • 콜라주란 뜻은 풀 바르기, 붙여 바르기란 뜻이다. • 일상생활에서 접촉할 수 있는 **여러 가지 재료들을 자유롭게 선택**하여 **조형 표현의 소재로 붙이는 기법**이다. • 일상생활의 여러 가지 재료로는 나뭇잎, 단추를 비롯한 여러 플라스틱류, 곡식류, 목재류, 헝겊, 실 등을 들 수 있다. 기 '나무와 꽃 그림 주변에는 털실과 나뭇가지, 열매, 사진 등을 붙여 해, 구름을 꾸몄다.'[19] 기 ⓒ '헝겊, 휴지, 종이끈, 곡물 등 질감이 다른 여러 재료를 도화지에 붙여 보도록 하는 것도 좋은 방법이라고 생각해요.'[23]
	파피에 콜레	▶ 색지 등의 **종이 조각을 잘라 붙여**서 화면을 구성하는 기법(papier collé) • 콜라주의 한 종류. 종이만을 소재로 사용한다는 점에서 일반적인 콜라주와 구분된다.
	옮겨 붙이기	▶ **띠 모양으로 자른 형태를 조금씩 밀어 가면서 구성**하는 것으로 **원래 그림과는 다른 형태로 옮겨 바뀌는** 기법(strip collage) • 콜라주의 한 형태
	쉐이프팅 (shapting)	▶ **절단한 띠 모양의 사진, 그림을 일정한 간격으로 늘이고 교차시켜 이미지를 변형**하는 기법 ※ 사진 기법 : 파피에콜레, 쉐이프팅, 포토몽타주
	포토 몽타주	▶ 잡지 등에서 **사진을 잘라 합성**하여 **다른 사진으로 만드는** 기법(photo montage) • 사진을 오려 그 부분을 재조립하여 새로운 의미를 갖는 합성 이미지를 만드는 기법으로 사진에 글씨·색깔·그림을 덧붙이는 것도 포함된다.
	모자이크 (mosaic)	▶ (밑그림에) **작은 조각들을 붙여 그림으로 표현**하는 기법 • 모자이크는 '쪽무늬 그림'이라 해서 작은 조각들을 접착제를 바른 곳에다 하나씩 붙여 그림이나 모양을 나타내는 장식미술의 하나이다.
	스테인드 글라스 (stained glass)	▶ **투명하거나 반투명한 재료에 색**을 입히고, **선으로 구획**을 나누어 빛을 통과시켜 표현하는 기법 • 유아미술에서는 색 셀로판지나 비닐 등을 이용해 빛과 색의 효과를 경험하도록 변형하여 활용된다. • 선과 면의 색 대비를 표현하는 기법으로, 디자인 감각과 색채 감수성을 기를 수 있다.

입체물	조소 (조각과 소조)	▶ 점토, 찰흙 등을 이용해 **밀고 빚어 3차원 형태를 표현**하는 기법 • 손의 촉각을 통해 형태를 직접 만들고 변형한다.
	테라코타 (terracott)	▶ **점토를 재료**로 하여 **형태를 만들고 불로 구워 단단하게 만든 작품** • '구운 점토'라는 뜻으로, 유아교육에서는 찰흙으로 건조 후 형태 유지하는 활동으로 활용된다.
	아상 블라주 (assem blage)	▶ **서로 다른 사물이나 폐품, 일상 재료들을 조합하고 조립**하여 **새로운 입체 조형물**을 구성하는 기법 • 콜라주보다 확장된 3차원적 구성 방식이다. 붙이기, 조립하기, 조형하기 등의 표현이 복합적으로 이루어지며, 시각적으로 낯선 조합이나 의미를 창출하는 창의적 기법이다. • 아상블라주는 '모으기, 집합, 조립'을 뜻하는 용어로, 서로 다른 재료나 사물을 결합하여 하나의 입체작품을 완성하는 표현 기법이다. 2차원의 콜라주에서 확장된 3차원 조형 기법이다. • 입체 콜라주라고도 불리며, 설치미술이나 환경 조형으로도 발전 가능성이 있다.
	오브제 기법 (objet art)	▶ **아무런 관계가 없는 물건**이나 그 일부분을 본래 용도에서 떼어 **구성**해 보는 기법 ▶ **원래 일상생활에서 쓰이던 사물을 본래의 용도에서 벗어나** 예술 요소로 사용하는 기법 • 낡은 신발, 시계 부품, 장난감 등과 같은 오브제를 활용해 새로운 시각적 맥락이나 상징적 메시지를 전달할 수 있다.
	모빌 (mobile)	▶ **여러 소재를 막대나 줄로 연결하여 공중에 매달아 놓으면, 공기의 흐름에 따라 균형을 유지하며 움직이는** 입체 조형물 • '움직이는 조각'이라고도 불리는 모빌은 미적 원리 중 움직임에 대해 인식할 수 있도록 하는 데 매우 효과적 자료다. • 종이, 나뭇가지, 끈 등 다양한 재료를 조합해 공중에 매달아 균형감과 공간감을 익히는 구성 활동 • 아상블라주와 유사하지만, 오브제는 개별 사물 자체에 의미를 부여한다는 점에서 구분된다.
	디오라마 (diorama)	▶ **상자나 틀 안에 입체적인 배경과 인물, 사물 등을 배치하여 특정 장면이나 이야기를 입체적으로 표현**하는 기법 • 상자 안에 장면이나 이야기를 입체적으로 구성하는 활동. 배경, 인물, 소품 등을 결합하여 공간적 이야기 구성이 이루어진다.
	가면(탈) (mask)	▶ **사람의 얼굴을 표상하여 표현한 인물**을 나타내는 도구

직조와 염색	직조 (weaving)	▶ 종이나 실을 이용해 직각으로 교차해 천을 짜는 것 • 날실과 씨실을 이용하여 천을 짜는 것
	염색 (dyeing)	▶ 실이나 천, 종이 등에 무늬와 색을 넣어 물들이는 것 • 한지, 천 등을 접거나 오려서 물감으로 염색하는 방법이다.
	바틱 (batik)	▶ 천에 밀랍을 이용해 염색되지 않도록 막은 후, 염료를 칠하고 다시 밀랍을 벗겨내는 염색 기법 • 주로 인도네시아 전통 직물에서 유래한 공예적 표현이다. 밀랍이 방수 역할을 하며, 반복적인 염색을 통해 복잡하고 섬세한 무늬를 표현할 수 있다.

촛불 기법	촛농 떨어뜨리기	▶ 촛농을 색깔 있는 도화지에 떨어뜨려 가며 그림을 표현하는 기법
	바틱 (batik)	▶ 양초나 하얀색 크레파스로 그림을 그린 후 수채물감으로 채색하여 물과 기름이 서로 섞이지 않는 배수성의 원리를 이용하여 그리는 기법 ※ 배수성의 원리 : 물감 등 수성 재료가 기름 성분이 묻은 표면에 스며들지 않고 튕겨 나가는 성질
	그을려 꾸미기	▶ 촛불에 종이를 그을려 나타난 모양을 이용하여 그림을 표현하는 기법

조소	▶ 점토, 찰흙 등을 이용해 밀고 빚어 3차원 형태를 표현하는 기법 • **표현 방식**(제작 방법, 조소를 만드는 방법, 어떻게 입체를 만들었는가에 초점을 둔 분류)	
	소조 (modeling)	▶ 가소성 있는 재료를 안에서 밖으로 붙여가며 입체물을 만드는 방법 • 찰흙, 지점토, 석고와 같이 **가소성 있는 재료를 안에서 밖으로 붙여가면서** 입체물을 만들어 낸다.
	조각 (carving)	▶ 단단한 재료를 밖에서 안으로 깎아 입체물을 만드는 방법 • 나무, 돌과 같이 **단단한 재료를 밖에서 안으로 깎아서** 입체물을 만들어 낸다.
	• **표현 형태**(완성 형태 기준, 형태적 특징에 초점을 둔 분류)	
	환조	▶ 사방에서 감상할 수 있는 완전 입체 형태(round sculpture)
	부조	▶ 평면 위에 입체감을 표현해 정면에서만 감상할 수 있는 반 입체 형태(relief sculpture)
	심조	▶ 면 안쪽으로 파서 표현하는 입체감 방식(sunken relief) • 부조의 반대개념으로 무늬 부분을 들어가게 파서 나타낸다.
	투조	▶ 바탕을 뚫어 앞뒤가 트인 형태로 입체감을 표현 • 뚫린 구조로 정·후면 감상 가능(openwork)
	선조	▶ 윤곽선을 파내거나 튀어나오게 표현한 방식 • 윤곽선만 돌출 또는 파인 형태(contour relief)

- 유아들이 쉽게 경험하는 대표적인 판화 기법은 '찍기' 방법이라고 할 수 있다.
- 예를 들면, 눈 위에 발자국을 찍어보는 경험, 손바닥에 물감을 묻혀 찍어 보기이다.

판화		
	볼록판화 (relief printing)	▶ **볼록한 부분에 잉크**를 발라 찍어내는 판화 ⑩ 실물 판화(네이처 프린팅, nature printing, 직판화), 프로타주, 스탬핑 • 볼록판화(凸)는 말 그대로 평평한 판에서 파내고 남은 볼록하게 돌출한 부분에 잉크를 올려서 찍는 판법으로 선명하고 강한 느낌을 준다. • 양각 기법 : 원하는 형태를 남겨놓고 필요 없는 부분을 칼로 깎아 내어 찍는 방법 • 음각 기법 : 원하는 형태를 칼로 깎아 내어 찍는 방법 • 실물판화(직판화) : **실물에 물감을 묻혀** 찍어내는 판화로 **식물의 잎이나 올이 굵은 천 조각 등에 물감**을 묻혀서 판지에 찍어내는 기법
	오목판화 (intaglio printing)	▶ **오목한(판의 표면보다 낮은) 부분에 잉크**를 발라 찍어내는 판화 • 자기가 원하는 상을 뾰족한 도구로 판에서 어느 정도 깊이로 파거나 화학적인 방법으로 요철을 만들어 낸 다음, 오목한 부분에 잉크를 집어넣고 표면에 있는 잉크를 잘 닦은 후에, 종이를 물에 축여 동판 프레스의 압력을 이용하여 찍는다. • 섬세한 표현에 알맞고 부드러움과 높은 기교를 살릴 수 있다.
	평판화 (panographic printing)	▶ **평평한 면에 잉크나 물감을 묻혀** 찍어내는 판화 ⑩ 모노타이프(모노프린트), 핑거페인팅, 마블링, 데칼코마니, 석판화 • **평면상에 물과 기름이 서로 배척하는 성질을 이용**하여 드로잉된 부분에만 잉크가 올라가게 하여 석판 프레스로 찍어낸다. • **석판화** : 대표적 평판화로 석판, 아연판, 알루미늄판 등의 평평한 판 위에 기름 성분 재료(크레용, 잉크)로 그리고, 물과 기름의 반발 원리를 이용해 찍어내는 판화다.
	공판화 (stencil printing)	▶ **판에 구멍을 내어 그 위에 물감을 밀어 넣어** 찍는 기법 ⑩ 스텐실, 실크스크린, 등사판, 스패터링(spattering)
	전사판화 (transfer printing)	▶ **다양한 재료 위에 그림을 그린 후 압력이나 물을 이용해 이미지를 전사시키는 기법** ⑩ 사포 판화, 부직포 판화, 습자지 판화 • **사포 판화** : 거칠거칠한 사포판에 유성 성분의 크레파스로 그림을 그리고, 이를 강한 압력과 열을 가해 찍어내는 판화 기법 • **부직포 판화** : 부직포에 유성 성분의 크레파스로 그림을 그리고, 이를 강한 압력과 열을 가해 찍어내는 판화 기법 • **습자지 판화** : 다양한 색상의 습자지를 아름답게 구상해 도화지에 붙인 후 분무기로 물을 뿌려 찍어내는 판화 기법

Plus 지식 판화의 종류와 특징

구분	판화의 종류	판화의 특징

볼록판화	• 볼록판의 **볼록한 부분에 잉크**를 묻혀 찍는 방법
	  예 종이 판화, 고무 판화, 목판화, 우드락 판화
	• 볼록판을 덮은 **종이 위에서 문지르는** 방법
	  예 롤러 판화, 탁본
		흑백의 강한 대비
		판과 그림의 좌우가 반대

오목판화	• **오목한 곳에 잉크**를 칠하는 방법 예 에칭(동판화), 아연판	세밀하고 예리한 선 판과 그림의 좌우가 반대
평판화	• **편평한 곳에 잉크**를 칠하는 방법 예 석판화(리소그래픽), 유리 판화, 모노타이프	판과 그림의 좌우가 반대
공판화	• **구멍을 통해 잉크**를 칠하는 방법 예 스텐실, 실크스크린	판과 그림의 좌우가 같음

Plus 지식 찰흙(점토, 지점토)의 특성

 '촉감성, 점착성' 이외에 찰흙의 미술 재료적 특성 1가지를 추가하여 쓰시오.[24] **재현성, 가소성**

재현성	▶ 대상을 재현할 수 있는 특성(再現性)
가소성 (可塑性)	▶ 만지는 대로 형태가 변하는 특성 • 힘을 가하는 대로 형태가 자유롭게 변하는 특성
촉감성 (觸感性)	▶ 촉감을 전달하는 특성 • 흙의 재질에 따른 다양한 촉감 제공
점착성	▶ 떼었다 붙일 수 있는 특성(粘着性)
변질성	▶ 건조 상태 및 가열 정도에 따라 재질이 달라지는 특성(變質性)

Plus 지식 창의적인 표현 방법과 지시된 표현 방법

• 미술활동은 주제, 재료, 기법 및 구성이 요소가 교사와 유아 중 누가 주체인가에 따라 크게 달라진다.
• 교사에 의해 부과되는 조건이 많을수록 유아가 선택하는 기회가 줄어들고 부과된 조건이 적을수록 보다 많은 선택이 주어진다.

창의적인 표현 방법	• 유아에게 작업의 주제, 재료, 기법 및 구성을 스스로 선택하게 하는 창의적인 표현 방법
	• 일반적인 주제를 정해주어 유아 스스로 표현하는 방법(assigned topic)
지시된 표현 방법	• 다른 그림, 모델 작품들을 묘사하게 하는 방법(copy)
	• 지시한 방법대로 순서에 따라 하게 하는 방법(directed method)
	• 다른 사람이 그린 견본이나 모양을 지시한 대로 복사하거나 조립하는 방법(pattern)
	• 그려진 그림의 윤곽선 내부만을 채색하는 방법(prepared outlines)

주B4. 1) ㉠ '마블링', ㉡ '스텐실'의 미술표현 방식의 ① 공통점과 ② 차이점을 쓰시오. [25]
① 둘 다 찍어 내는 방법으로 표현한다. (종이 위에 흡착시키거나 구멍 안에 스며들게 찍어 간접적으로 표현한다. 동일 패턴을 여러 번 반복해서 제작할 수 있다. 등)
② 마블링은 물과 기름의 반발성을 이용하여 유연한 무늬를 종이 위에 흡착시키는 방법인데 반해, 스텐실은 무늬를 그려 오려내고 구멍 안에 물감 등을 스며들게 하여 찍어 내는 기법이라는 차이가 있다.

주B5. 1) ㉠~㉣에서 미술 지도 방법으로 적절하지 않은 2가지를 찾아 기호와 그 이유를 각각 쓰시오. [24]
㉡ '아 시기에는 유아에게 그림의 틀린 부분을 고치게 하면서' 유아는 아직 미술에 대한 이해가 부족하여 틀린 부분을 고치게 하면 미술에 대한 이해가 깊어지는 것이 아니라, 오히려 유아의 창의성을 제한하고, 자신감을 떨어트릴 수 있기 때문이다. (유아는 자신의 생각과 감정을 그림으로 표현하여, 틀린 부분을 고치게 하면 자신의 생각과 감정을 제대로 표현 못 할 수도 있기 때문이다.)
㉣ '수만이가 제목을 잘 기억하게 도와주세요.' 유아들은 창의적이고 유동적인 상상력을 지니고 있어 제목을 일관되게 기억하도록 강요하는 것은 유아의 자유로운 상상력을 제한할 수 있기 때문이다. (유아는 상상력과 창의력이 활발하여 같은 그림에 대해서도 여러 가지 다양한 해석을 할 수 있는데, 하나의 제목만 기억하게 하게 하면 유아의 상상력과 창의성을 침해할 수 있기 때문이다.)

주B4. 2) ① ㉢ '찰흙'의 용도를 재료가 가진 특성을 포함하여 1가지를 쓰고, ② [A]에서 잘못된 내용 1가지를 찾아 바르게 고쳐 쓰시오. [25]
① 찰흙은 형태가 변하는 가소성이 있어, 찰흙에 손바닥을 찍어, 석고 반죽이 들어갈 틀을 만들 수 있다. (찰흙은 가소성이 뛰어나 다양한 형태로 변형이 가능하므로, 손바닥을 눌러 석고 반죽을 부어 굳힐 수 있는 정교한 틀을 제작할 수 있다.)
② '활동의 첫 순서는 석고 반죽 제작이다.'가 잘못되었다. '활동의 첫 순서는 찰흙에 손바닥 모양을 찍어 (석고 반죽을 넣을) 틀을 제작하는 것이다.'로 수정해야 한다.

손바닥 찍기
○ 준비물 : 석고 가루, ㉢ <u>찰흙</u>, 고무 그릇, 물, 나무젓가락, 일회용 용기
○ 유의점
 • 석고 가루가 유아의 입에 들어가지 않도록 주의한다.
 • **활동의 첫 순서는 석고 반죽 제작이다.**
 • 석고 반죽을 만들 때 석고와 물의 비율은 1:1이다.
 • 석고 반죽이 빨리 굳기 때문에 오래 저어서는 안 된다.
 • 석고 반죽을 틀에 골고루 붓는 것이 형태를 유지하는 데 중요하다.

[A]

3 미술 활동의 3요소

미술 활동의 3요소

> ▶ 표현하고자 하는 주제, 이를 나타내는 재료, 다양한 표현 방법인 기법으로 구성된 미술 활동의 핵심 요소

- 표현하고자 하는 **기본형(주제)은 어떤 재료와 기법**으로 표현하게 된다. 그러므로 주제, 재료, 기법은 표현의 3요소라고 한다.
- 표현의 과정에서 이 3가지를 교사가 결정하게 되면 유아의 창의적인 표현을 기대할 수 없게 된다. 한편 **유아가 3가지 요소를 결정하면 매우 창의적이며 가치**가 있다.
- 유아 자신의 개인적 집단적 경험을 자발적으로 표현하고자 하는 욕구를 갖고 있을 때 누구의 제시나 간섭 없이 아이디어를 창안해 내기 때문이다.
- 뿐만 아니라 표현에 있어서 재료와 기법과 주제가 조화를 이룰 때 유아들의 감정이나 독창성과 창의성을 잘 나타낼 수 있다. 유아가 창안된 아이디어를 잘 표현해 내는 능력은 적합한 재료선택과 재료 지배능력이 있어야 하고 다양한 기법을 활용할 수 있어야 한다.

기 ① 미술 활동 요소 중 괄호 '기법과 구성, ⓐ**(재료)**, ⓑ 주제'의 명칭과 그 예를 (가)에서 3가지 찾아 쓰고, ② ⓑ와 관련된 교사의 발화 1가지를 찾아 쓰시오. ① **나뭇가지, 나뭇잎, 솔방울** ② **오늘은 숲에서 본 것들에 대한 미술 활동을 해보자.** [19추]

기 [A] '데칼코마니 활동을 위해 치약에 물감을 섞어 주었습니다.'에 제시된 미술 활동 요소 2가지를 쓰시오.[특24] **기법과 구성(기법), 재료**

주제	▶ 미술표현을 통해 전달하고자 하는 **중심 아이디어, 메시지, 이야기 등** • **유아의 관심**이나 **흥미 있어 하는 것**으로 유아가 선택하거나 때로는 유아교육기관의 생활주제가 될 수 있다.
재료	▶ 미술표현을 하는 데 **사용되는 물질 또는 도구 등** • 창의적 표현을 위해서 재료를 결정하고 사용하는 것은 중요하다. 이는 유아가 재료를 활용하고 기법을 응용할 수 있게 하기 때문이다. • 유아가 다양한 재료를 활용하고 재료의 미적 요소를 탐색하게 하는 것은 표현하려는 주제의 내용에 적합한 재료를 선택하고 활용하는 방법과 어떤 재료의 특질에 적합한 내용으로 표현하는 두 가지 방법을 알게 되고 표현 능력을 향상시킨다.
기법	▶ 미술표현을 하는 데 **사용되는 다양한 방법과 기술 등** • 다양한 기법을 통하여 조형적 표현이 나타난다. 그러므로 표현의 수단으로 유아가 다양한 기법을 활용할 수 있도록 하는 것은 표현 능력을 향상시키게 된다. • 따라서 유아가 다양한 기법을 많이 경험해보도록 하므로 자신의 생각과 느낌을 잘 표현할 수 있는 표현 능력을 길러주는 것이 필요하다.

V. 미술의 요소 및 원리

1 미술의 요소

미술의 요소	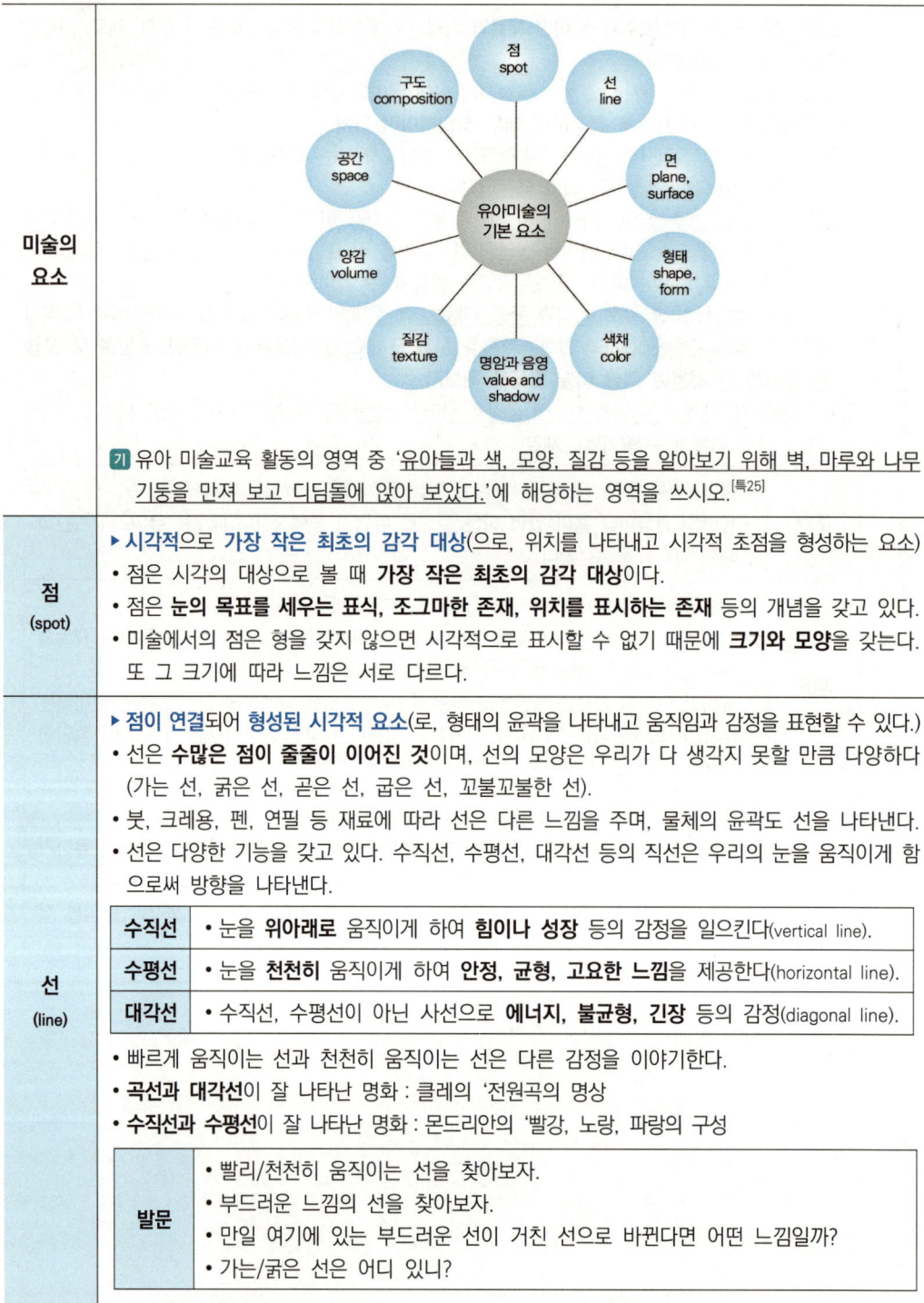
	기 유아 미술교육 활동의 영역 중 '유아들과 색, 모양, 질감 등을 알아보기 위해 벽, 마루와 나무 기둥을 만져 보고 디딤돌에 앉아 보았다.'에 해당하는 영역을 쓰시오. [특25]
점 (spot)	▶ **시각적으로 가장 작은 최초의 감각 대상**(으로, 위치를 나타내고 시각적 초점을 형성하는 요소) • 점은 시각의 대상으로 볼 때 **가장 작은 최초의 감각 대상**이다. • 점은 **눈의 목표를 세우는 표식, 조그마한 존재, 위치를 표시하는 존재** 등의 개념을 갖고 있다. • 미술에서의 점은 형을 갖지 않으면 시각적으로 표시할 수 없기 때문에 **크기와 모양**을 갖는다. 또 그 크기에 따라 느낌은 서로 다르다.
선 (line)	▶ **점이 연결**되어 형성된 시각적 요소(로, 형태의 윤곽을 나타내고 움직임과 감정을 표현할 수 있다.) • 선은 **수많은 점이 줄줄이 이어진 것**이며, 선의 모양은 우리가 다 생각지 못할 만큼 다양하다 (가는 선, 굵은 선, 곧은 선, 굽은 선, 꼬불꼬불한 선). • 붓, 크레용, 펜, 연필 등 재료에 따라 선은 다른 느낌을 주며, 물체의 윤곽도 선을 나타낸다. • 선은 다양한 기능을 갖고 있다. 수직선, 수평선, 대각선 등의 직선은 우리의 눈을 움직이게 함으로써 방향을 나타낸다. |수직선|• 눈을 **위아래로** 움직이게 하여 **힘이나 성장** 등의 감정을 일으킨다(vertical line).| |수평선|• 눈을 **천천히** 움직이게 하여 **안정, 균형, 고요한 느낌**을 제공한다(horizontal line).| |대각선|• 수직선, 수평선이 아닌 사선으로 **에너지, 불균형, 긴장** 등의 감정(diagonal line).| • 빠르게 움직이는 선과 천천히 움직이는 선은 다른 감정을 이야기한다. • **곡선과 대각선**이 잘 나타난 명화 : 클레의 '전원곡의 명상' • **수직선과 수평선**이 잘 나타난 명화 : 몬드리안의 '빨강, 노랑, 파랑의 구성' 발문 • 빨리/천천히 움직이는 선을 찾아보자. • 부드러운 느낌의 선을 찾아보자. • 만일 여기에 있는 부드러운 선이 거친 선으로 바뀐다면 어떤 느낌일까? • 가는/굵은 선은 어디 있니?

면	▶ 길이에 비해 폭과 면적이 큰 것(plane, surface) • 깊이, 넓이, 높이 등으로 표현할 수 있으며 공간감, 입체감, 재질감 등을 나타낼 수 있다.
형 (모양) (shape, form)	▶ 높이와 폭을 가진 이차원적 요소 또는 깊이를 포함한 삼차원적 요소 • 형(shape) 또는 모양은 **이차원적인 것**일 수도 있고 **삼차원적인 것**일 수도 있다. • **이차원적인 모양은 높이와 폭만 갖고 있으며, 삼차원적인 모양에는 높이와 폭 외에도 깊이**가 있다. • 조각이나 조소에서는 삼차원적인 모양을 알아보기 쉽다. 그러나 **회화의 경우**에는 이차원적 공간에 삼차원적인 모양을 표현해야 하므로 **원근법을 이용**해야 한다. • 모양은 세모, 네모, 원, 구, 피라미드, 원기둥 등 익숙하고 기하학적인 것도 있지만, 불규칙적이고 구별하기 어려운 것도 있다. • 또한 모양은 **윤곽선**에 의해 표현될 수 있지만, 윤곽선 없이 **색이나 질감 등을 사용**하거나 **작은 모양을 연결**시킴으로써 만들 수도 있다. • **이차원적 모양**이 잘 나타난 명화 : 피카소의 '세 음악가' • **삼차원적 모양**이 잘 나타난 명화 : 에셔의 '풍경화와 동판화' | 발문 | • 이 작품에서 가장 많이 보이는 모양은 무엇이니? • 모서리가 날카로운 모양은 어디 있니? • 네모/세모/동그라미를 이용해서 만든 것을 찾아보자. |
색 (color)	▶ 빛의 파장에 의해 인식되며, 무채색과 유채색으로 구분되는 조형 요소 • 색(color)은 일반적으로 무채색과 유채색으로 구분된다. | 무채색 | ▶ **색상과 채도가 없는 색**으로, 흰색·회색·검은색이 이에 해당 | | 유채색 | ▶ **색상과 채도를 가진 색**으로, 무채색을 제외한 모든 색이 이에 해당 | | 일차색 | ▶ **유채색 중 다른 색을 섞어 만들 수 없는 기본색**으로, 빨강·노랑·파랑이 이에 해당(primary colors) | | 이차색 | ▶ **두 가지 일차색이 혼합되어 생성된 색**으로, 주황(빨강+노랑)·초록(노랑+파랑)·보라(파랑+빨강) 등이 이에 해당(secondary colors) | | 보색 | ▶ **서로 혼합하면 무채색이 되는 두 색**(색의 쌍)으로, 파랑-주황·빨강-초록·노랑-보라 등이 있으며, 대비를 통해 서로를 더욱 선명하게 보이게 한다. 예 주황색은 파랑을 더욱 차갑게 보이게 하며, 파란색은 주황색을 더욱 따뜻하게 보이게 한다(complementary colors). | • 색은 그림에 분위기를 만들어 준다. **밝은색이나 따뜻한 색**은 온정, 사랑, 열정 등의 감정을, **차가운 색**은 냉정, 평화 등의 감정을, 아주 어두운 색은 슬픔이나 절망 등의 감정을 나타낸다. • **따뜻한 색**에는 빨간색, 주황색, 노란색이 있으며, **차가운 색**에는 파란색, 초록색, 보라색 등이 있다. 또한 색은 상대적이어서 주변에 어떤 색이 있느냐에 따라 달라 보이기도 한다. • 일차색을 사용하여 작품을 구성하는 대표적인 명화는 몬드리안의 '빨강, 노랑, 파랑의 구성'이며, 마티스의 '잉꼬와 인어'에는 일차색과 이차색이 함께 다루어진다. • 모네의 '일본식 다리'에는 따뜻한 색과 차가운 색이, 고갱의 '타히티의 풍경'에는 보색이 잘 나타나 있다.

	발문	• 어떤 색이 가장 잘 눈에 띄니? 배경(뒤)에는 어떤 색들이 있지? • 이 작품은 주로 어떤 색을 많이 사용했니? • 작가는 왜 그런 색으로 그림을 그렸을까? • 따뜻한 느낌/차가운 느낌을 주는 색을 찾아보자. 기 '파적도' 감상 활동에서, 유아들이 형태의 예술적 요소를 인식하고 지각할 수 있게 도와주는 발문을 2가지 쓰시오. [06]
채도	▶ 색의 맑고 탁한 정도 • **채도가 가장 높은 색을 순색**이라 하는데, 순색에 회색이나 검정색을 섞으면 채도가 낮아지게 된다. • **색의 선명도**, 색상의 진하고 엷음을 나타내는 포화도라고도 하며, 아무것도 섞지 않아 맑고 깨끗하며 원색에 가까운 것을 채도가 높다고 표현한다.	
명암 (value)	▶ 색의 밝고 어두운 정도 • 가장 밝은색은 하얀색이고, 가장 어두운색은 검은색이며, 하얀색과 검은색 사이에는 다양한 명암의 회색이 존재한다. • 그러나 명암은 하얀색, 회색, 검은색에 국한된 개념은 아니며 **유채색 역시 명암을 가질 수** 있다. • **명암이 중요한 이유**는 다음과 같다. 명암은 **대조와 균형을 제공**해줄 수 있으며, 특정 부분을 다른 부분에 비해 **두드러지게 만들 수** 있다. • 또한 '원'과 같은 평면적인 형태에다 명암을 더함으로써 '공'과 같이 **삼차원적인 형태로 보이게** 할 수 있다. • 명암은 유아가 이해하기 쉬운 미술 요소는 아니지만, 명화를 보고 다른 색으로 명암을 표현해 보는 식으로 접근할 수 있다. 예 명암이 초록으로 표현된 것을 빨간색으로 바꾸어 표현하기 기 **유화물감**을 사용할 때, (가)의 ㉠ '**색의 밝음과 어두움**'이 의미하는 **색의 요소를 높이는 방법**을 쓰시오. [23] **흰색 물감을 섞어 명암의 정도(명도)를 높인다.**	
	발문	• 가장 어두운 부분은 어디니? • 가장 눈에 띄는 부분은 어디니? • 왜 어느 곳은 어둡게, 어느 곳은 밝게 그렸을까?

질감
(texture)
	▶ 작품 표면을 만졌을 때의 느낌에 대해 시각적으로 인상을 제공해 주는 것
	• 질감에는 매끈한, 거친, 부드러운, 딱딱한, 울퉁불퉁한, 반들반들한 느낌이 있다.
	• 질감은 아크릴화나 유화, 콜라주, 조각 등을 실제로 보았을 때에는 쉽게 이해될 수 있다. 그러나 이러한 작품이 책으로 인쇄되면 종이의 표현은 매끈하기 때문에 질감을 느끼기가 쉽지 않다.
	• 화가는 질감을 표현하기 위해서 선, 점, 형 등을 사용한다.
	   예) 선은 털이나 머리털, 깃털 등의 부드러움이나 거침을 보여주기 위해서 그리고 점은 소금 알갱이의 거침을 나타내기 위해 사용될 수 있다.
	   예) 또한 고기잡이 망의 그물이나 건축물의 벽돌 등과 같이 패턴을 통해서도 질감을 표현할 수 있고, 나무의 옹이나 파도와 같이 불규칙한 형태를 보여줄 수도 있다.	

	촉감적
	질감
		▶ 입체적이고 실제로 만져질 수 있는 질감(tactile texture)
		• 입체적인 사물을 실제로 만져서 알 수 있는 질감을 느끼게 하는 것을 말한다.
		  예) 매끄럽거나 거칠다, 딱딱하거나 부드럽다, 미끄럽거나 미끄럽지 않다, 날카롭거나 무디다, 평면적이거나 도드라져 있다, 윗부분이 돌출되어 있거나 들어가 있다 등
		  예) 주로 물감을 두껍게 사용하고 그리는 기법인 임파스토 기법과 종이와 모래, 옷감, 병뚜껑, 자연물 등과 같은 실물 재료를 붙여서 표현하는 콜라주 기법 등으로 표현

	시각적 질감	▶ 만져서는 느낄 수 없는 보이는 질감(visual texture) • 만져서 느껴지는 것이 아닌 우리 눈에 질감이 보이도록 표현하는 것 • 선, 색채, 명도만으로 실제로는 존재하지 않는 질감을 느끼게 하는 것으로 직접 눈으로 보아서 그 촉감의 차이를 구별하며 느낄 수 있도록 하는 것
	• 질감은 피카소(Picasso)의 콜라주 작품에서 쉽게 찾아볼 수 있다.	
	발문	• 무엇으로 만든 것 같니? (돌, 쇠 등) • 만지면 어떤 느낌이 들까? (차가워요, 딱딱해요 등) • 매끄러운 느낌과 거친 느낌이 드는 것을 찾아보자. 기) '어떤 고양이를 만지면 딱딱하게 느껴질까?'는 어떤 미술적 요소를 학습하기 위한 것인지 쓰시오.[16] 기) ① '말랑하고 부드러워서 둥글게 만들 수 있으니까요.'에 나타나 있는 미술적 요소 2가지를 쓰고, ② '아주 좋구나. 잘 만들었어.'을 미술적 요소를 포함하여 적절하게 고쳐 쓰시오.[24] ① 질감, 형(모양, 형태), ② 두 다리가 정말 매끈하게 잘 만들었구나.
양감 (부피감, volume)	▶ 물체의 크기, 부피, 무게감을 감각적으로 표현하여 실물과 같은 실재감을 가지게 입체적으로 표현하는 요소 ▶ 외적 형태가 갖는 실제적 무게에 대한 감각을 나타내는 조형 요소 • 회화에 있어 양감은 조각에서와 같이 실물대로 입체를 표현하는 것이 아니고 형태, 명암, 색채에 의해서 실물과 같은 실재감을 가지게 하는 중요한 요소이다. • 양감은 회화적 표현인 형태, 명암, 색채로도 표현이 가능하고 입체적인 표현인 사실적 표현으로도 가능하다. • 외적인 형태가 갖는 실제적 무게에 대한 감각을 말하기도 하며 현대의 건축이나 공예의 장르에서도 중시되고 있다. 기) '소조 작품 〈무용수〉'에 나타난 미적 요소 중 '양감(volume)'을 탐색하도록 돕기 위한 발문 1가지를 쓰시오. 이 무용수가 진짜(실제) 사람처럼 뚱뚱하고 무거워 보이니?[25]	

공간감 (space)	▸ 작품에서 느낄 수 있는 **공간적 넓이와 깊이의 느낌**을 의미하며, **물체가 존재할 수 있는 자리 또는 범위**를 표현하는 요소 • 미술에서 공간(space)은 여러 가지 의미를 뜻할 수 있다. • 먼저 **원근 요소를 사용해서 만든 삼차원적 착시**로서, 다음과 같은 경우 **이차원적인 평면 위에 삼차원, 즉 공간에 대한 착시**가 만들어진다. • 물체들을 겹치게 표현하여 한 물체가 다른 물체보다 가까이 있는 것처럼 보일 때 • 가까이 있는 물체는 크게, 멀리 있는 물체는 작게 그렸을 때 • 가까이 있는 물체는 아래쪽에, 멀리 있는 물체는 위쪽에 그렸을 때 • 가까이 있는 물체는 자세히 그리고, 멀리 있는 물체는 덜 자세히 그렸을 때 • 평행선이 좁아져서 눈높이에서 만나게 그려졌을 때 • 삼차원적 형상을 표현하기 위해 음영이나 그림자를 사용했을 때 • **어떤 물체가 존재할 수 있는 자리 또는 범위**이며, 조형예술에서 공간감은 생활에서 말하는 실제적 공간감뿐만 아니라 공간감이 있는 것처럼 느껴지는 심리적인 공간감도 포함된다. • **평면**에서의 공간감은 선, 색, 형 등의 화면 배치와 화면의 깊이감(원근감)의 표현에 따라 다르게 나타나며, 단순한 형의 나열은 평면적 공간감으로 지각되며, 형이 앞과 뒤로 서로 겹쳐 배치가 이루어지며 공간감의 깊이가 만들어진다. • **입체**에서의 공간감은 실제 부피를 차지하는 3차원의 공간감을 의미하므로 그 공간감을 차지하는 조형물로 인해 실존하는 공간감을 느낄 수 있다. • 세잔느(Cezanne)의 정물화는 3차원에 있는 정물을 2차원 평면으로 옮김으로써 실제와 같은 공간감을 표현했다. 🗝 **(풀밭의 여백을 가리키며) 비워 두어요.**[18] • 신사임당의 '수박과 들쥐'를 보고 명화감상 시 공간감에 초점을 둔 발문의 예  • 그림을 보면 **하늘과 땅이 어딘지** 알 수 있니? • 땅은 어디일까? 어떻게 알았지? (흙 같은 것이 있고, 식물이 살고 있고, 쥐나 벌레가 기어다녀요.) • 하늘이 멀리 보이니? (나비, 곤충이 날아다니죠. 하늘이에요)
구도 (composition)	▸ 작품 내에서 **시각적 요소들이 배치되고 조직되는 방식**으로, **화면을 구성하는 미술표현의 계획**을 의미하는 요소 • 구도는 건축에 비유한다면 **설계도와 같은 형과 색의 짜임과 계획**이다. • 미술 요소로서의 구도는 미술적 표현을 할 때 **화면을 구성하는 계획**으로, 화면을 변화 있고 **통일성 있는 아름다움을 느끼게 하는 큰 역할**을 한다. • 변화가 너무 많으면 혼란해지고 너무 없으면 단조롭게 되므로 **질서, 조화 등의 통일성**을 함께 이루게 하는 것이 바람직한 구도라 할 수 있다. • 유아들은 주로 다음과 같은 구도적 특성을 나타낸다. • 화면을 이등분한다. • 주제를 화면 중앙에 배치한다. • 원근이 무시되며 평면적으로 나타낸다. • 옆으로 길게 늘어놓는다. • 원형으로 둥글게 늘어놓는다. • 수평선 위에 늘어놓는다. • 대칭형으로 배열한다.

2 미술의 원리

균형 (balance)		▶ 미술 요소들이 적절히 배치되어 **작품이 조화롭고 안정적으로 보이게** 하는 원리 ▶ 작품 전체가 **안정감 있게 보이도록 미술 요소가 배열**된 것 • 두 사람이 시소를 탈 때 두 사람의 몸무게와 중심으로부터의 거리에 의해 균형을 이룰 수 있듯이, 미술에서도 마찬가지 균형 원리가 적용된다. • 미술작품 속의 모든 요소나 물체는 어느 위치에 배치할 것인지 등을 고려해야 전체 작품이 균형감 있게 보이도록 배열할 수 있다. 기 '그래서 ㉠ **주말 경험 그리기**, ㉡ **나비 데칼코마니**, ㉢ 봄 동산 협동화 그리기, ㉣ 봄 느낌 마블링, ㉤ 봄 음악 들으며 풀 그림 그리기 활동 등을 계획하였다.'의 ㉠~㉤ 중 **미술의 '대칭' 원리**를 경험할 수 있는 활동 1가지를 찾아 기호와 그 이유를 쓰시오.[17] **물감을 칠하고 종이를 덮어 양쪽의 색과 모양이 거의 같게 나오는 것을 통해 좌우 대칭을 경험할 수 있기 때문이다.** 기 ㉠ '그림 가운데에 나무가 있었는데, 그 나무를 중심으로 양쪽에 꽃과 구름을 그렸어요. 크기는 달랐지만, 배치가 비슷해서 안정되어 보였어요.'에 나타난 미적 원리를 탐색하기에 적절한 교사 발문 1가지를 쓰시오.[22] ① **꽃과 구름이 안정되게 균형 있어 보이니?(꽃을 떼어내면 어떻게 될까?, 가장 중심에 있는 것은 무엇이니?, 왼쪽과 오른쪽이 비슷한 것 같니?)** • 균형에는 다음 세 가지 유형이 있다.
	대칭 (형식적 균형, symmetry)	▶ **중심축을 기준**으로 **양쪽이 동일하거나 유사한 형태**로 배치되는 균형 방식 • 작품의 양쪽이 똑같거나 거의 같을 때를 말한다. 예 나비와 인간 신체는 좌우가 같으므로 대칭
	비대칭 (비형식적 균형, asymmetry)	▶ 정확한 대칭은 아니지만 **요소들이 조화롭게 배치되어 시각적 균형**을 이루는 방식 • 작품이 정확한 대칭이 아니나 균형이 이루어진 것
	방사적 균형 (radial balance)	▶ **하나의 중심점을 기준**으로 **요소들이 원형으로 배열되어 시각적 균형**을 이루는 방식 예 데이지의 꽃잎, 바퀴의 살, 시계의 숫자 등 • **단일한 중심을 갖고 있는 원형 디자인**을 말한다.

• 대칭은 클레(Klee)의 '인형극장', 비대칭은 오키프(O'Keeffe)의 '이브닝 스타', 방사적 균형은 에셔(Escher)의 '나비'에서 찾아볼 수 있다.
• 칼더(Calder)의 모빌작품 '바다 풍경(Sea Scape)'를 보고 균형에 초점을 둔 발문의 예

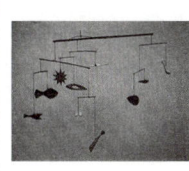

• 만약 오른쪽에 있는 **물고기 3개**가 없다면 왼쪽에 매달린 것들은 어떻게 될까? (내려가요, 아래로 떨어져요.)
• 그래, 물고기들이 양쪽에 잘 매달려 있으려면 한쪽으로 기울어지지 않아야겠지. 이를 어려운 말로 '균형'이라고 한다.
기 칼더의 모빌 작품인 '바다 풍경'에 나타난 미술의 원리를 쓰고, ② 이 원리에 대한 유아의 인식을 돕는 교사 발문의 예를 1가지 쓰시오.[08]

움직임 (move ment)	▶ 활동감과 동적인 느낌을 만들어 내는 원리 ▶ 정적인 화면에서 요소의 배치나 착시 효과를 활용해 동적인 느낌을 표현하는 원리 • 정적인 그림에서 **움직임은 흉내 낸 활동감의 표현**이다. 즉, 이차원적인 그림 속의 물체는 움직일 수 없지만 다음과 같은 경우 착시에 의해 움직임을 느낄 수 있다. • 상이한 미술의 요소 또는 물체가 반복될 때 • 미술의 요소나 물체가 흐릿하게 표현되어 있을 때 • 동작을 나타내는 선이 사용되었을 때(주로 만화식 그림에서 사용됨) • 신체나 물체가 행동 중에 있듯이 약간 불균형하게 표현되어 있을 때 • 움직임은 코플리(Copley)의 '윗슨과 상어'나 호머(Homer)의 '산들바람' 등의 명화에서 발견되며, 이외에도 영웅의 행동을 담고 있는 연재 만화에서 흔히 많이 찾아볼 수 있다. 기 미적 원리 중 '움직임'을 경험하기에 적절한 입체 미술표현기법을 찾아 쓰시오.[24] **모빌** 발문: • 작품 속의 사람들은 각각 어떤 모습을 하고 있니? • 작품에서 보이는 사물이 움직인다고 생각되니? • 어떤 음악이 어울릴까? • 동작을 직접 몸으로 나타내 볼까?
강조 (domi nance)	▶ 특정 물체 또는 부분을 (다른 부분에 비해) **두드러지도록** 표현하여 관심을 집중시키는 원리 ▶ 어떤 물체나 요소를 작품 속의 **다른 어느 것보다 중요하게** 만들어 시선을 집중시키는 원리 기 ⊙ '어두운 색깔 천으로 벽면을 덮어, 전시한 호박이 두드러져 보이게 하였어요.'에 반영된 미적 원리 1가지를 쓰시오.[21] • 강조는 다음과 같은 방법을 통해 표현될 수 있다. • 물체의 크기, 명암, 색, 질감, 형, 위치를 대조할 때 • 여러 물체를 한 곳에 집중적으로 배치할 때 • 예기치 않거나 일상적이지 않은 물체 • 선이 모이게 할 때 • 특정한 지점으로 눈의 움직임을 따라가게 만드는 선 • 카사트(Cassatt)의 '파란 방'은 아동과 파란 방을 **대비**함으로써 강조를 잘 나타낸 명화이다. • 대상의 크기와 위치 그리고 **비일상적인 물체**를 통해 강조를 표현한 작품으로는 오키프(O'Keefe)의 '여름날'이 있다. • 호베마(Hobbema)의 '에비뉴'는 **선을 합침**으로써 강조를 나타내고 있다. 발문: • 작품에서 가장 눈에 띄는 부분은 어디니? • 작품에서 이상하게 보이는 점은 무엇이니? • 왜 이상한 모습으로 그렸을까?

조화 (harmony)	▶ 미술 **요소들이 반복되거나 리듬**을 이루며 전체적으로 조화를 이루는 원리 • 다양한 **미술의 요소들이 리듬을 이루거나 반복된 결과**이다. • 즉, '전체는 부분의 합 이상'인 방식으로 미적 요소가 조직되어 있을 때 미술작품에서 조화를 발견할 수 있다. • **조화가 부족하면** 미술작품이 혼란스러울 수 있는 반면, **조화가 지나치면** 지루하거나 단조로울 수 있다. • 조화의 두 유형	
	반복 (repetition)	▶ **같거나 비슷한** 물체, 모양, 선, 등이 **되풀이되어 나타나는 것**
	리듬 (rhythm)	▶ **같거나 비슷한** 물체, 모양, 선, 등이 **순서대로 또는 패턴에 따라 되풀이되어 나타나는 것**
	• 클레(Klee)의 '목가곡'에는 직선, 곡선, 대각선 등이 **반복**되어 있다. • 피카소(Picasso)의 입체파 작품에서는 형이나 질감의 **패턴**을 발견할 수 있다.	
	발문	• 그림 속에 무엇이 보이니? • 그림 속의 물체가 서로 잘 어울리게 그려졌다고 생각하니? • 왜 그렇게 생각했니?

Plus 지식 20색상환과 색명

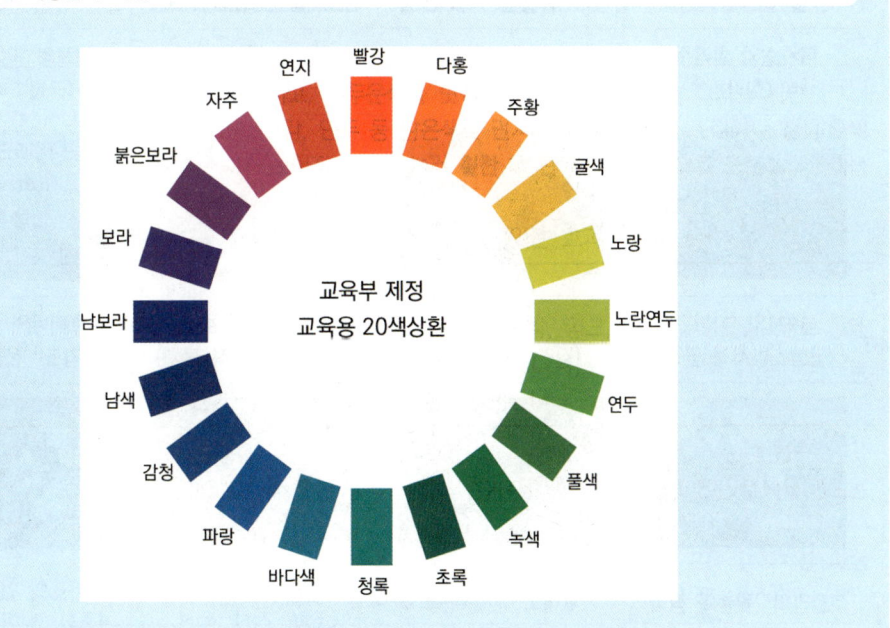

Plus 지식 미술의 요소 및 원리(유아를 위한 명화감상 활동자료, 2006)

 클레의 전원곡의 명상 (곡선과 대각선)	 몬드리안의 '빨강, 노랑, 파랑의 구성 (수직선과 수평선)	 피카소의 '세 음악가' (이차원적 모양)	 에셔의 '풍경화와 동판화' (삼차원적 모양)
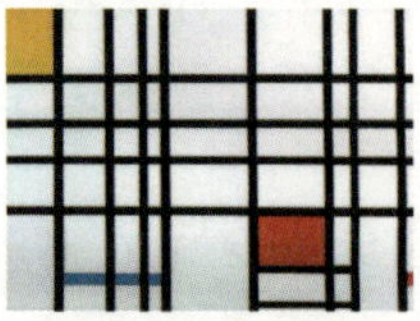 몬드리안의 '빨강, 노랑, 파랑의 구성(일차색)	 마티스의 '잉꼬와 인어' (일차색과 이차색)	 모네의 '일본식 다리' (따뜻한 색과 차가운 색)	 고갱의 '타히티의 풍경' (보색)
 피카소의 콜라주 (질감)	 세잔느의 정물화 (공간감 : 2차원 평면)	 클레의 '인형극장' (균형 : 대칭)	 오키프의 '이브닝 스타' (균형 : 비대칭)
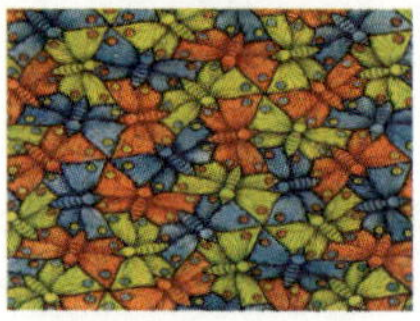 에셔의 '나비' (균형 : 방사적 균형)	 카사트의 '파란방' (강조 : 색의 대비)	 오키프의 '여름날' (강조 : 비일상적 물체)	 호베마의 '에비뉴' (강조 : 선을 합침)
 코플리의 '윗손과 상어' (움직임)	 호머의 '산들바람' (움직임)	클레의 '목가곡' (조화 : 직선, 곡선, 대각선 등이 반복)	 피카소의 입체파 작품 (조화 : 형이나 질감의 패턴)

지식 활동자료 : 미술의 요소 및 원리(유아를 위한 명화감상 활동자료, 2006)

미술의 요소 및 원리	내용				
선 (이중섭)	아이들과 끈	물고기와 노는 세 아이	도원	꽃과 노란 어린이	그림본
선 (칸딘스키)	조용한 긴장	검은 원 안에서	연속	원 속의 원	
선	호주원주민 회화	호주원주민 작품	호주원주민 작품	호주원주민 작품	
모양 (이응로)	문자도	문자추상	서체추상	컴포지션	
색 (마티스)	붉은색 교차의 구성	마티스의 작업실			
색 (고갱)	이아 오라나 마리아				

제2장 유아미술교육 177

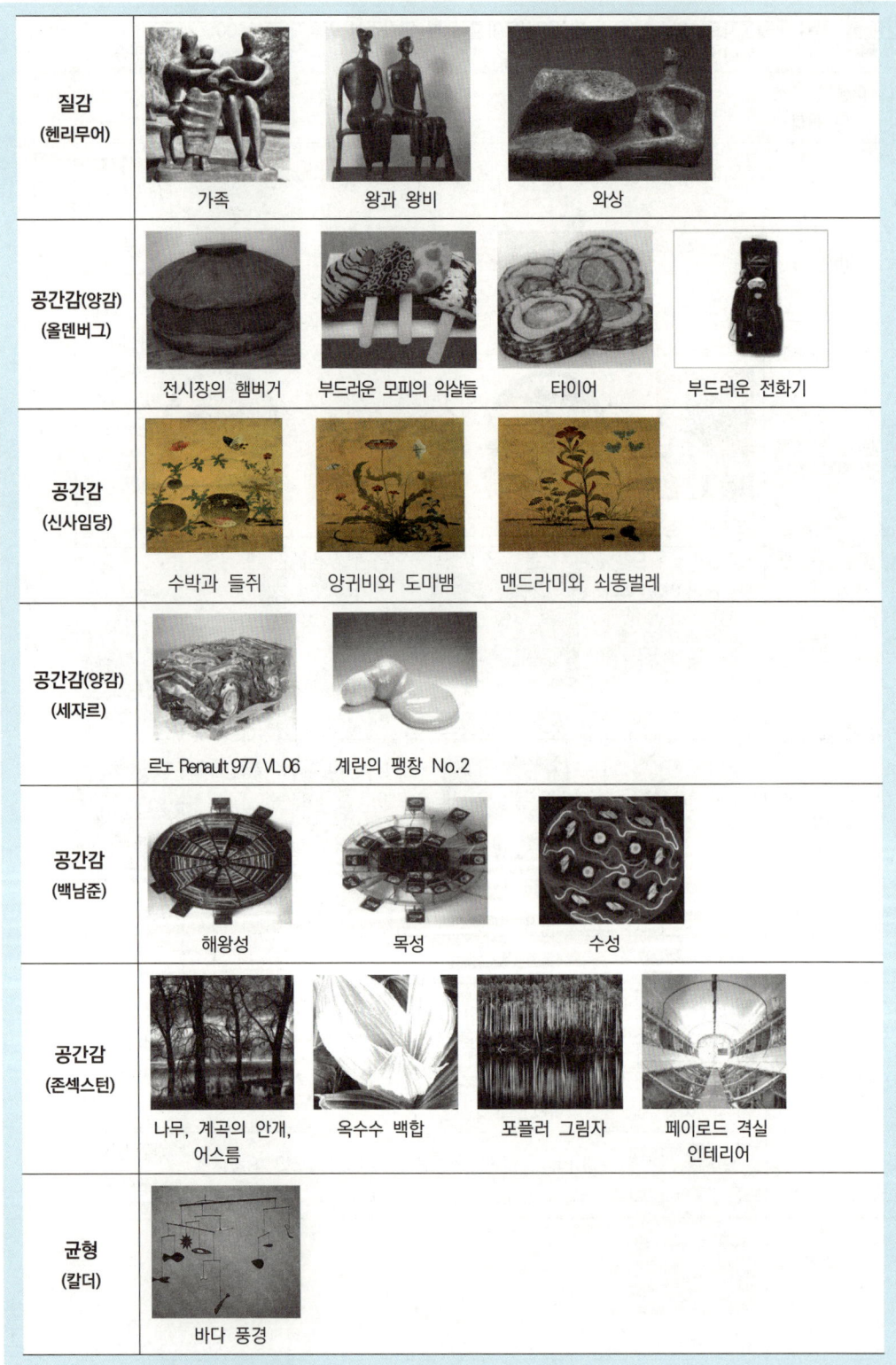

Plus 지식 미술의 기본 원리

- 미의 기본 원리는 점, 선, 면의 3요소 그 자체로서 형태를 꾸미고 조형상의 통일과 질서를 가지게 하는 형식미를 추구하는 활동을 말한다.
- 이러한 형식미를 결정하는 원리를 미의 원리 또는 형식 원리라고 한다. 이 형식 원리의 개념은 미학의 문제로서 과거부터 지금까지 많은 것이 제시되어 왔으며 그 내용으로 다음의 몇 가지를 들 수 있다.

통일 (unity)	• 통일은 감각적으로나 또는 실제적으로 형태, 색채, 양, 재료 및 기술상에서 미적 관계의 결합과 질서를 말한다. • 미의 조직에서 많은 요소 중 가장 우세한 요소가 주조가 됨으로써 통일을 이룰 수 있다. • 미의 요소나 그 부분의 관계에 있어서 이질적 요소가 강하고 극단으로 변화에 치우치면 혼란과 무질서를 초래한다. • 이것은 인간 생활에 있어서도 마찬가지로 주조가 깨어지고 변화가 심한 생활은 감정적으로 분열되어 근심, 무기력, 무감각, 무질서, 불안, 공포, 신경질 등 혼란 상태를 낳고 생활이 산만해지게 된다. • 그러나 **통일에 지나치게 치중하면 단조롭고 무미건조**해지기 쉽다. 그러므로 적당한 변화와 통일이 있어야 한다.
	• 구성미의 요소에서 근본을 이루는 것으로, **형, 색, 재료 및 제작 기법 등에서 미적 결합으로 이어지는 하나의 일관성**을 말한다. • 그림을 그릴 때는 **산만함을 정돈하여 주는 요소로서, 질서와 안정감을 느끼게** 하나 지나치면 단조롭기 쉽다. • 리듬, 비례, 균형 등이 종합적으로 관계할 때 통일감을 줄 수 있다. • **자연물과 조형물에서 발견할 수 있는 통일의 예** : 우리의 주변을 살펴보면 다양한 색채의 나뭇잎으로 조화를 이루는 가로수들을 흔히 볼 수 있는데, 예를 들면, 형이나 색 등이 같을 때 생기는 느낌을 말한다. • 통일과 변화 간의 관계가 적절할 때, 즉, 변화 속에서 통일을 꾀하거나 통일 속에서 변화를 모색할 때 조형미를 나타낼 수 있다. **개인에 따라 통일감에 대한 시각의 차이**가 있을 수 있다.
변화 (variety)	• 변화는 통일과 떼어놓을 수 없는 관계이다. • 즉, **변화되는 가능의 한계는 통일의 구속**을 받게 되며 통일은 변화의 요소가 없다면 재미가 없어질 것이다. • 필요 이상의 복잡한 변화로 질서가 없다면 우리들의 주위는 산만해질 것이며, 통일에 너무 치중하면 단조로운 시각의 정지 상태를 가져온다. • 그러므로 작품이나 생활에서도 적당한 변화는 새로운 활력을 이루게 한다.
	• 구성미의 요소에서 근본을 이루는 것으로, 변화는 단조롭고 평이한 조형 요소들 간의 관계에 긴장감을 주고 흥미를 느끼게 하나 지나치게 강하면 무질서하게 보인다. • 자연물과 조형물에서 발견할 수 있는 변화의 예 : 자연이나 조형물에서 형과 색이 다를 때 느껴지는 다양함을 말한다. • 변화와 통일 간의 관계가 적절할 때, 즉, 변화 속에서 통일을 꾀하거나 통일 속에서 변화를 모색할 때 조형미를 나타낼 수 있다. • 변화의 여부나 정도는 개인의 시각에 따라 차이가 있다.

균형 (balance)	• 균형이란 형태상으로 대칭과는 달리 변화가 있는 상하좌우 비대칭형으로 시각적 또는 정신적으로 얻는 안정감을 말한다. • 미의 시각 요소의 조직은 다만 선, 면, 형태, 크기, 방향, 재질감, 색채, 명도 등 시각 요소의 배치량, 성질 등의 결합에서 표현되며 동적 균형 또는 정적 균형의 감정이 표현된다. • 균형이 무시되었을 때는 전체적 힘과 시각적 균형이 불안정하게 된다. 균형은 **질서와 안정, 통일감을 이루는 요소**가 된다.
	• 모양이나 크기가 같지 않으면서 전체와 부분 간에 힘이 기울어지지 않고 평형을 이루어 대칭적, 비대칭적 균형이 형성되었을 때를 말한다. • 두 개 이상의 요소 사이에서 부분과 부분, 또는 전체 사이에서 시각적으로 힘의 무게 중심이 안정되게 느껴질 경우 균형을 이루게 되어 보는 사람에게 안정감과 명쾌한 감정을 느끼게 해준다. 균형은 움직임 속에 안정감과 조화를 느끼게 해준다. • 자연물과 조형물에서 발견할 수 있는 균형의 예 : 자연이나 조형물에서 흔히 발견할 수 있으며, 시각상의 힘의 분배에 따른 느낌이기 때문에 서로가 느끼는 균형미는 같지 않을 수 있다. • 예로, 그림에서 한쪽으로 기울지 않으면서 안정감이 있으면 균형이 이루어 졌다고 하지만, 조형 원리에서의 균형감은 개인에 따라 시각의 차이가 있다. • '작은 거미' 채색 금속. 칼더(Calder, Alexander/1898-1977/미국) • 공간의 미묘한 움직임에도 흔들리게 설계된 모빌(mobile)은 움직이지 않으면서 양감을 지닌 전통적인 조각의 개념을 확장시켰다. 기하학적 구성으로 균형미가 돋보인다.
율동 (리듬, rhythm)	• 율동은 **통일성을 전제로 한 동적 변화**이다. • 각 요소들의 강약이나 단위의 장단이 주기성이나 규칙성을 가지면서 연속되는 운동을 말한다. • 리듬은 반복되는 악센트, 순환하는 강약, 시각적 자극 사이의 간격이라고 할 수 있으며, 리듬에는 일종의 질서와 분위기가 조성되어야 한다. • 정적인 것과 동적인 율동은 이러한 규칙과 요구에 따라 이루어진다. • 작품에서 율동이 무시되었을 때는 질서와 운동감을 느끼지 못하게 되며, 화면이 딱딱하고 어색한 느낌을 준다. 이 점은 음악이나 인간 생활에 있어서도 율동적인 면이 있어야 생동감을 느낄 수 있는 것과 같다. • 선, 형(형태), 색, 크기 등의 동일한 요소나 대상이 **일정한 간격을 두고 반복적으로 배열**되어 **점점 팽창하거나 수축되어 나타나는 것** 모두 율동감에 포함된다. 동일한 선과 색으로 움직이는 반복적 요소에서 운동감과 리듬감을 느낄 수 있다. • 자연물과 조형물에서 발견할 수 있는 율동(리듬)의 예 : 끊임없이 밀려드는 파도의 반복적 율동미는 흐신부메 탑의 리드미컬한 형태에서도 발견할 수 있다. • 곡선의 반복적인 리듬감은 형태에 장식적이고 부드러운 느낌을 부여한다.
비례 (proportion)	• 단위형에 비례 혹은 비율이라는 규칙적 운동의 변화를 주어서 부분과 전체의 관계를 좀 더 풍부하게 하는 변화를 말한다. • 좀 더 구체적으로 말할 것 같으면 비례의 기준은 크기나 길이의 장단의 차이에 대한 비를 말하며 균형과 직접 관계가 있다. • **똑같은 반복이나 대칭과는 달리 질서의 변화를 갖게 하는 원리**인 것이다. • 또한 인체 각 부분의 길이의 비례는 가장 신비한 비례를 갖고 있다. 대칭형은 비교적 단순한 관계이지만 비례는 보다 복잡다단한 중에 일층 명쾌한 수적 비율의 질서가 있다고 생각해도 무방하다. • 고대 건축가들은 분할을 신비한 미의 상징으로 여겨 건물에서 시각적 비례를 중요시하였다. 가장 아름다운 비례는 황금 분할(golden-section)이라 하며 시각 미술에서 중요한 역할을 한다.

	• 모든 물체는 가로, 세로의 비율에 따라서 그 느낌이 달라지는데, 이렇게 어떤 영역 안에서 크기 관계를 나타낼 때 그 비율을 비례라고 한다. • 전체와 부분, 혹은 부분과 부분 간의 사이에서 크기의 상호 관계를 나타내는 것으로, 서로의 상대적 크기 관계 사이에서 형성되는 것이 비례라 할 수 있다. • 자연물과 조형물에서 발견할 수 있는 비례의 예 : 가장 대표적인 것이 **황금 비례**로, 자연 형태에서 도입되는 것이 일반적이다. • 건축에서의 찾아볼 수 있는 비례에서부터 종이의 가로와 세로의 비례에 이르기까지 생활 전반에 많이 활용된다. 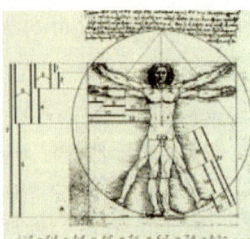 
강조 (accent)	• 강조란 **어떤 주변 조건에 따라 특정한 부분을 강하게 하여 변화 있게 하는 요소**이다. • 이것은 전체적 통일감을 얻기 위한 부분적 방법이나, 때에 따라서는 가장 강한 통일감을 나타낼 수도 있다. • 강조의 방법으로는 한 부분만 검게 하든지 희게 하든지 주목성이 높도록 명시도가 높은 색을 사용한다. • 이러한 강조가 한 개 이상 주어지면 그 힘의 발휘는 오히려 적어지고 크기 또한 필요 이상 확대될 수 없는 제한성이 있다. • 강조 부분을 전체 화면에서 하나만 사용할 때는 단조롭고 운동감을 느끼지 못하게 되며 형태·색채·명도 등도 강조가 무시되었을 때는 시각적 효과가 작아진다. • 형태가 같거나 면적이 같은 경우 **대비가 되는 색채로서 강조를 줄 수가 있으며**, 색채가 동일한 경우에는 **형태나 면적을 대조시킴으로써 강조**를 줄 수가 있다. • 평범한 색과 형의 구성에서 어느 한 부분을 다른 요소로 강조하게 되면 화면의 짜임새에 생동감을 더해 줄 수 있다. • 자연물과 조형물에서 발견할 수 있는 강조의 예 : 녹색의 산호초 속에 얼굴을 내민 붉은 물고기의 모습에서 강한 색채 대비로 인한 강조의 원리를 엿볼 수 있다.
조화 (harmony)	• 조화란 **둘 이상의 요소 또는 부분의 상호 관계에 대한 미적 가치 판단**으로 그것들이 서로 분리하거나 배척하지 않고 **통일된 전체로서의 각 요소가 고도의 표현 효과를 발휘**할 때에 일어나는 현상이다. • 통일의 조건이 될 수 있는 조화는 전체적으로 질서를 잡아 주는 역할을 하며, 다양의 통일성과 또는 변화의 통일성과 같이 양면에서 작용하고 있다. • 이러한 양면 작용은 형태의 적합성이나 색채 전반에 걸친 문제점을 해결하게 된다. • 조화가 부족한 형식은 다른 원리가 충실했다 하여도 총괄적 통일감이 없는 산만한 느낌을 주게 된다.

	• 두 개 이상의 요소, 또는 부분 간의 상호 관계에 대한 내적 가치 판단으로서, 통일된 전체로서 높은 감각적 효과를 발휘할 때 일어나는 현상을 말한다. • **즉, 부분과 부분 또는 부분과 전체 사이에 안정된 관련성을 주면서도 공감을 일으킬 때 조화**가 성립된다. • 이러한 연관성은 선, 형, 색, 질감 등이 비슷할 때 동질감에서 오는 통일감에 의해 나타나며 조화를 나타낼 수 있으며, 또한 대비나 변화를 통해 조화를 표현할 수 있다. • 자연물과 조형물에서 발견할 수 있는 조화의 예 : 우리의 주변을 살펴보면 다양한 색채의 나뭇잎으로 조화를 이루는 가로수들을 흔히 볼 수 있는데, 예를 들면, 빨간색과 녹색, 노란색의 강렬한 색채 대비 및 강조미가 나타나는 가로수가 반복적으로 늘어선 모습에서 통일감 및 조화미를 발견할 수 있다. 그러나 조형 원리에서의 조화는 개인에 따라 시각의 차이가 있다.
대비 (contrast)	• 대비는 단위형, 즉 형태 또는 색채 같은 요소에 대비를 줌으로써 변화를 일으키는 원리이다. • 또한 의도하고자 하는 주제의 주조와 보조를 대조시켜 줌으로써 전체적으로 그 종속 관계의 통일을 갖게도 한다. • 대비는 성질 혹은 분량을 달리하는 둘 이상의 것이 공간적으로 또는 시간적으로 접근하여 나타날 때 일어나는 현상이다. 대비는 강도 있는 변화를 효과 있게 나타낸다. 기 '검은색 색상지 위에 붙인 흰색 하트가 별보다 더 선명하게 보이네요.'에 나타난 미적 원리 1가지를 쓰시오. **대비 (명도 대비)**[25] • **서로 반대되는 요소가 대비되어 상호 특징이 강하게 부각**되며, 이로 인하여 전체적으로 대비의 강한 효과를 가져오게 되는데, 이때 얻어지는 어울림을 대비라고 한다. • 대비에서는 강조, 대조의 미를 느낄 수 있다. 선의 대비, 형의 대비, 색의 대비(채도 대비, 명도 대비, 보색 대비, 색상 대비, 연변 대비, 면적 대비, 한난 대비)가 있다 • 대비는 리듬, 균형, 통일 등에 변화를 주는 중요한 요소이다. • 자연물과 조형물에서 발견할 수 있는 대비(대조)의 예 : 보색이 배색 되었을 때 서로의 색이 더욱 강하고 선명하게 보이는 효과가 있기 때문에 우리의 생활 속에서도 시각적인 주목을 위하여 많이 활용되고 있다 • 예 : **교통표지판, 건물의 입간판** 등에서 서로 반대되는 개념들을 시각적으로 대비시켜 극적 효과 꾀할 때 활용할 수 있다.
점증 (gradation)	• 점이 또는 점진이라도 하며 **질서 있는 순서에 따라 변화**하는 단계를 말한다. • 점증의 조형적 효과는 무엇보다도 원근의 효과라든가 평면상에 입체적 효과로 나타낼 수 있는 시각적 요소라고 할 수 있다. • 이런 점은 자연의 현상에서 찾아볼 수 있는데 물의 파문이라든가 규칙적인 계절의 변화와 밤낮의 되풀이 등도 일종의 점증으로 지각할 수 있다. • **가운데를 중심으로** 선이 밖으로 팽창하여 나선형으로 돌아가며 나타나는 점이의 효과는 **방향성**을 느끼게 해준다. • 선, 크기 외에도 **색이 점차적으로 밝아지거나 어두워지는 명도의 변화**에서도 같은 효과를 볼 수 있다. • 또는 **보는 방향에 따라 하나의 시작점에서 출발하여 밖으로 퍼지는 효과**에서도 점이의 원리를 발견할 수 있다. • 자연물과 조형물에서 발견할 수 있는 점이(점증)의 예 : 나사못의 홈이나 건축물에서도 경쾌한 리듬감의 점이(점증)의 효과 볼 수 있다. • '바벨탑'(유채/1563) 브뤼겔 : **위로 향하는 나선형으로, 점이의 효과**를 발견할 수 있다. 

제2장 유아미술교육

반복 (repetition)	• **일정한 간격을 두고 단위가 되풀이**되는 것을 반복이라 한다. • 반복은 음악, 무용, 시 등에서는 시간적 간격으로 생긴다. • 단순한 반복은 단조롭고 용이하지만, 시각적 반복의 변화를 가진 연속적인 리듬을 되풀이할 경우에는 매력적인 것으로 되며 이러한 복잡한 연속 리듬에 의한 반복을 교차라고도 한다. • 같은 형태나 색채 등이 화면에 균형적으로 반복되면 통일감과 안정감을 갖게 해주며, 반복이 지나칠 경우에는 흥미가 없어지고 지루하거나 싫증을 내게 된다. • 같은 생활의 반복이란 어떤 의미에서 발전을 가져올 수 없는 것이 되지만 좋은 의미에서의 반복이란 조건 반사에 의한 학습을 이루어 주는 중요한 요인이 되기도 한다.
	• **같은 것이 연속적으로 되풀이**되는 것을 말한다. 반복에 의하여 리듬이 나타나지만 단조롭게 보일 수도 있다. • 자연물과 조형물에서 발견할 수 있는 반복의 예 : 자연물에서는 바닷가의 모래사장에서 발견할 수 있는 **물결무늬, 한옥 지붕의 기와의 연속적인 선** 등에서 발견할 수 있다.
대칭 (symmetry)	• **상하 좌우로 동일한 형태**가 마주 위치한다. • 대응하는 모든 형태가 상호 등거리로 유지되는 질서에 의해 안정된 통일감을 이룬다. • 이처럼 대칭은 단순한 표현이고 인간의 성격에 비유해 보면 솔직 담백하고 질서 정연하나 융통성이 부족한 성격으로 볼 수 있다. • 또한 변화가 적기 때문에 너무 정적이고 소극적이어서 적응이 잘 되지 않는 경우도 있다. • 대칭의 종류에는 선 대칭, 회전 대칭, 이동 대칭, 확대 대칭 등이 있다.
	• **축을 중심으로 접었을 때 도형이 완전하게 겹쳐지는 것**을 말하며, 안정된 느낌을 강하게 줄 수 있다. • 자연물과 조형물에서 발견할 수 있는 대칭의 예 : 잎, 동물의 외형 등 자연에서 흔히 찾아볼 수 있으며, 건축물(타지마할)에서도 건축 자체가 지닌 좌우 대칭과 호수에 비쳐서 나타나는 상하 대칭의 완벽한 조형미를 발견할 수 있다.
변형 (deformation)	• 자연계의 모든 현상은 너무나 변화가 많고 복잡하다. • 그러나 모두가 일정한 질서 아래 움직이고 있다. 질서는 전체의 통일과 안정을 위해서 필요한 것이다. • 여러 가지 형태의 느낌을 더욱 강하게 나타내기 위해서 주제의 특성을 변형하여 표현한다. • 우리는 자연의 형태를 자연 그대로의 형과 자연을 변형한 형, 창조에 의한 형으로 구분해서 볼 수 있다. 자연 그대로의 형보다는 변형된 형이 작가의 사상이나 감정을 강하게 나타낸다.
착시 (optical illusion)	• 착시란 눈의 생리 작용에 의해 일어나는 시각적 착각을 말한다. • 하나의 형태에 있어서 그 형태를 만드는 선이 다른 선의 간섭을 받는 경우에 일어나는 현상이고, 이러한 착각은 여러 가지 현상에 의해 일어날 수도 있다. • 길이의 착각, 넓이의 착각, 색의 착각, 위치의 착각, 속도의 착각 등으로 나타난다.

Ⅵ. 미술 감상

1 감상 능력 발달 단계

1) 가드너(H. Gardner)의 감상 능력 발달 단계

- 가드너는 **피아제의 인지발달 이론에 영향**을 받아 미적 인식 발달 과정에 대한 연구를 실시하였다.
- 감상 능력은 **개인의 미적 경험이나 감수성, 인지발달 정도에 따라 유아별로 차이**가 있다고 하였다.

지각 단계 (0~2세)	▶ **사물을 직접 지각**하는 단계로 사물의 **공간적 형태만 구별**하는 시기 • 시각 능력이 준비되는 시기로 두 가지 발달과제인 대상의 세계와 인간의 세계를 아는 것은 나중에 감상자가 되기 위해 꼭 필요한 것이다.
상징인식 단계 (2~7세)	▶ **실제 사물과 상징화된 사물 간의 관계를 인식**하며, **대상을 감상적이고 개념적으로 주로 내용을 중심으로 감상**하는 단계 • 상징을 어떻게 읽는가의 밑그림이 되는 지식을 획득하는 단계이다. • 사물에 대한 인식이 **감상적**이며, **심리적 충동**에 따르기 때문에 표현된 상징의 공식적·즉각적 지시성에만 얽매이기 쉽다. 그림을 감상할 때 **주로 내용을 중심**으로 본다. • 누가 어떻게 그렸는지 일반적으로 말하는 '**예술적 지각**'이 어렵다. 예술적 지각 능력은 **표현 능력에 비해 뒤떨어진다.** 기 '예술적으로 지각하는 것이 어렵기 때문에 대상을 개념적으로 감상하는 시기'에 해당하는 가드너의 감상 능력 발달 단계를 쓰고, 그다음의 단계에서 나타나는 특징을 쓰시오.[23]
사실적 단계 (7~9세)	▶ (묘사 규칙, 전통 개념을 중시하여) **사실적 작품을 선호**하고, **환상적 상징적 표현을 경시**하는 시기 • **묘사적 규칙과 전통적 개념을 중시**하는 시기이다. • 지각의 능력에 있어서 **엄격한 사실 지향적 관점**을 지니기 때문에 사진과 같은 **사실적 작품을 선호**하고 존중한다. 환상적이고 상징적인 표현을 경시하기도 한다.
탈사실적 단계 (9~13세)	▶ **미적 특성, 재료, 기법에 관심**을 두고, **작품에 반영된 개성과 특성에 관심**을 보이는 시기 • 실제 사물의 **사실적인 면보다 표현된 측면에 더 주목하는 시기**이다. • 다양한 미적 특성에 관심을 가지고 미묘한 표현적인 성격, 진부하지 않은 색다른 특성을 지각하게 된다. 예술적 양식의 요소를 이해하고, 무엇을 그렸는가 보다는 그린 재료와 기법에 관심을 기울이게 되며, 좋아하는 작가가 생긴다. • 감수성이 발달하여 기존 양식에서 벗어난 추상화나 패러디와 같은 형식을 평가할 수 있게 된다. 사춘기에는 고도의 예술적 지각이 가능하게 된다. 예술 영역 중 미디어에 깊이 빠져들고, 자신이 느끼는 인생과 주위의 예술 대상과 대화하기를 좋아한다. • **다양한 미적 특성, 표현 재료와 기법에 대한 관심**이 커지고, **다른 사람의 작품에 반영된 개성과 특성에 대해 관심**을 보인다.
예술적 위기 단계 (청년기)	▶ (감성적 특성보다) **논리적 특성의 우세로 미술에 관한 관심이 적어지고, 자기의 표현에 자신이 없어지고, 타인 작품을 비판**하는 시기 • 예술적 지각의 시기로 일반적인 인지 또는 사회성 발달과 병행한다. • 미술에 대한 관심이 낮아지면서 다른 활동으로 관심이 분산되고, 정서가 급변하고 비판적 인식이 과도해지고, 환경에 대한 지각 능력이 높아진다. • 이로 인해 표현에 자신이 없어지고, 다른 친구 작품을 비판한다. • 개인의 성격 유형이 분화되는 시기로 감성적 특성보다 논리적 특성이 우세한 시각형의 사람은 과학에 관심을 보이며, 감상적 특성이 두드러지는 촉각형의 사람은 개성적 예술에 몰입하기도 한다.

2) 하우젠(A. Housen)의 미적 발달 단계

- 하우젠은 **미술관의 프로그램**과 **관람객을 평가**하기 위해 **미적 발달 단계를 분류**하여 제시하였다.
- 하우젠의 미적 발달 단계는 **미술작품 감상에 있어 각 단계별 언어 구술의 특징을 나누어 제시**한 것에 가까우며, 다음 다섯 단계로 분류된다.

설명 단계 (accountive stage)	▶ **개인적 관찰, 경험, 연상을 바탕으로 감정 어휘를 사용해 이야기를 꾸미고, 소재와 기법에 대한 선호도**를 가지는 단계 • 아동은 **구체적인 관찰과 개인적으로 연상한 내용을 바탕으로** 이야기를 만든다. • 아동은 미술작품을 평가할 때, 좋아하는 것, 아는 것을 말한다. • 아동은 **개인적 경험을 바탕으로 감정 어휘를 사용해 이야기를 꾸미고 소재, 기법과 관련하여 선호도**를 가진다. 미술작품을 **감정적인 용어**로 설명한다.
구성 단계 (constructive stage)	▶ **객관적 사실과 경험에 근거**하여 **의미나 이해의 틀을 구성**하며, **미술작품의 가치**를 개인의 틀로 **판단**하는 단계 • 아동은 자신의 지각, 자연 세계의 지식, 사회적 가치, 도덕적 가치, 합의된 세계관을 사용하여 **미술작품을 살펴보기 위한 틀**을 만든다. • **만일 자신이 만든 틀을 통해 작품이 보이지 않으면 아동은 그 작품의 가치를 경시하거나, 가치 없는 '이상한 것'으로 판단**해 버린다. • 아직은 미술작품의 **기능, 기술, 기법, 유용성, 기능성에 대한 언급은 하지 않**는다. • 미술작품을 제작한 작가의 의도에 초점을 맞출 때 **개인의 정서적 반응은 사라진다**. • **상식적이고 객관적인 경험과 사실에 근거한 의미나 이해의 틀을 구성하는 단계**이다.
분류 단계 (classifying stage)	▶ **전문적 지식과 이론을 바탕**으로 **작품을 분석, 해석, 설명**하는 단계 • 아동은 미술가처럼 작품을 **분석적이고 비평적인 용어**로 서술한다. • 작품을 볼 때 **장소, 화파, 양식, 시대, 역사적 기원을 고려**한다. • 자신이 활용할 수 있는 사실에 관한 정보, 상징적 자료를 담고 있는 자료실을 활용하여 작품 속 의미의 단서를 찾기 위해 작품을 설명한다. • 작품 표현의 이미지나 기호를 범주로 나누고, 작품의 의미와 의도를 설명하거나 이론적으로 합리화한다.
해석 단계 (interpretive stage)	▶ **작품과 개인적 만남을 시도**하고, **기존 해석을 넘어 논리적으로 새롭게 해석**하는 단계 • 아동은 나름대로 **예술작품과 개인적 만남을 시도**한다. 작품을 탐색하고, 작품에 대해 **가능한 여러 가지 해석**을 늘어놓는다. • **선, 형, 색에 대해 세밀하게 지적**한다. 작품의 의미와 상징이 드러나는 과정에서 **직관과 느낌이 비평과 기술보다 우선**한다. • 미술 작품과의 새로운 만남은 매번 새로운 비교, 통찰, 경험을 끌어낸다. • 재해석하는 과정에서 미술작품의 본질과 가치는 달라질 수 있다는 점을 받아들이고 **주어진 해석도 바뀔 수 있는 것**으로 본다.
재창조 단계 (re-creative stage)	▶ **작품을 불신하는 마음을 멈추고, 자유롭게 작품을 읽고, 유연한 태도**를 보이는 단계 • 아동은 미술작품을 **불신하는 마음을 멈춘다.** 친숙한 작품은 마치 오랜 친구와 같다. • 작품의 시대, 역사, 질문, 여정, 사연을 아는 일 그리고 역사 위에 작품을 상세히 그려내는 일, 일반적으로 바라보는 일은 아동에게 **개인적인 시각과 보편적인 관심을 보다 광범위하게 처리하여 조합하도록** 만든다.

3) 로친스(Rochins)의 감상 능력 발달 단계

제1기 준비기 (4~5세)	▶ **그리는 것보다 보는 것에 흥미를 갖는 시기**로 **감상 능력의 기초를 형성**하는 단계 • 묘사 능력이 낮으며 그리는 것보다는 **보는 것에 흥미**를 갖는 시기이다. 따라서 이 시기에는 가치 있는 그림책을 보여주며 감상 능력의 기초를 형성하게 하는 것이 바람직하다.
제2기 태동기 (6~10세)	▶ **예술적 감상 시기**로, **상상력에 의해 자유분방하게 그리며**, 정확히 그리는 것보다 **자기 표현에 흥미**를 갖는 시기
제3기 성숙기 (11~15세)	▶ **묘사력은 침체**되지만, **자기 표현력에 대한 자각**과 **평가능력이 발달**하여 효과적인 감상 수업이 가능한 시기
제4기 (15세 이후)	▶ **예술적 창작이 가능**하며 **미적 평가능력이 발달하는 감상 교육 최적의 시기** • **예술적 창작의 경지**에 이를 수 있는 시기로, 정신 능력의 발달에 따라 미적 평가능력이 더욱 발달하여 감상 교육에 있어서 **최적의 시기**라고 할 수 있다.

4) 파슨스(Parsons)의 미적 인식 능력 5단계

- 파슨스의 연구는 **피아제의 인지 심리학**에 **콜버그 도덕 판단의 인지 발달 이론**을 관련시켜 탐구한 것이다.
- 파슨스는 문화적인 차이에도 불구하고 예술작품을 이해하는 인간의 능력은 보편적인 특성을 지니고 있고, 점차 복잡해지고 정교하고 세련되며, 유기적인 관련 속에서 발달한다고 보았다.
- 파슨스는 미적 인식 능력을 5단계로 구분하였는데, 연령보다는 미적 경험이 발달에 더 많은 영향을 미친다고 보았기 때문에 각 단계별 연령을 제시하지 않았다.
- 미술에 대한 인식이나 판단력은 표현력(제작)의 발달과는 다른 발달 패턴을 가진다는 점이다.

단계	언어적 지표	심리학적 속성
1단계 : 편애주의 **유아기**에 해당하는 시기로 색채가 풍부할수록 좋아한다. **주제보다는 자신이 연상해서 생각하여 표현하는 것을 좋아**한다. 그림과 관련성 유무와 상관없이 자신에게 떠오르는 무엇이든지 기뻐하며 수용하는 단계 **다른 사람의 관점에 대한 의식이 거의 없음.** 즐거운 자극으로서의 그림, 좋아하는 것으로 판단. **좋은 혹은 나쁜 미술 개념의 결여**	▶ 그림 관련 주제보다 **자기 생각을 표현하는 것을 선호**하며, **다른 사람에 대한 의식이 없고, 좋거나 나쁜 미술에 대한 개념도 없는** 단계 "그것은 **내가 좋아하는 색**이야." "나는 **이걸 좋아해**. 우리 개도 같은 색이거든. 우리 개는 이름이 '포동'이야." "이건 하늘에서 내려오는 커다란 지팡이야." **"나쁜 그림은 없어 그림은 다 좋아."**	즐거움이나 쾌락이 조직 원리이다. 타인의 보는 방법을 거의 인식하지 않는 단계로, **존재의 일체는 자기의 경험 내에 일어나고** 그 외에는 아무 것도 없으며, 자기 것과 비교되는 것은 일절 없다.
2단계 : 미와 사실주의 (초등학생, 중학생) **그림의 목적은 무언가를 재현하는 것**으로 생각하여 **사실적으로 표현된 그림을 좋은 그림이라고 생각**한다. 아름답고 리얼하며 기량이 더해진 것이 가치판단의 기준이 된다.	"이건 조잡해. 진짜 추해." "뭔가 아름다운 거라야 돼, 보트를 탄 여자라든가. 아니면 산속의 한 쌍의 사슴 같은 것 말야." "화가가 이걸 얼마나 힘들여 그렸는지를 보아야 해. 정말 훌륭해!" **"이건 진짜 실물 같아 보여."** "이건 막 내두른 낙서 같아. 내 동생도 이런 건 할 수 있겠다."	▶ **그림의 목적을 사실적 재현**으로 여기며, **사실적으로 표현된 작품을 좋은 그림으로 판단**하는 단계 표현은 실질적으로 작용하는 아이디어가 된다. 매력적인 소재와 현실적인 표현은 판단의 객관적인 근거이다.

3단계 : 표현성 (소수의 청소년과 20대 대학생) 그림의 표출성이 강렬한 작품일수록 좋은 그림이라고 판단한다. 즉, 예술의 목적은 인간의 경험을 표현하는 일이라 생각한다.	"이 작품을 마음 깊이 느껴야만 해. 비평가들이 형태나 기법에 대해 뭐라고 말하든 그건 문제가 아니야." "미술가가 주인공에 대해 얼마나 연민을 느꼈는지를 볼 수가 있어." "사상보다도 이 왜곡된 표현은 더 강한 감정을 자아내고 있어." "이 작품에 대해 우리 모두는 다 다른 경험을 가지고 있어. 좋다 나쁘다고 말하는 것은 말이 아니야. **좋고 나쁜 것은 각자 개인의 마음속에 있는 거야.**"	▶ **예술의 목적을 인간의 경험 표현**으로 여기며, **감정이 강하게 표출된 작품일수록 좋은 그림**으로 판단하는 단계 긴장과 흥미는 우리에게 표현된 경험이 진정하다는 점을 보장해 준다. 소재의 기능이나 아름다움은 부차적이다.
4단계 : 양식과 형식 양식적 전통에 대한 시각은 **중요**한 것이 된다. 연령 구분 없이 경험과 환경이 중요하게 작용 그림을 감상할 때 **개인적 관점보다는 사회적인 환경과 경험으로 확장하여 바라본다.**	"이 부분에 이 작가의 채색 방법이 나타나 있다. 밑바탕에 비쳐 보이는 이 부분의 색깔이 그것을 말해준다." "이 선에서 나타나는 긴장감을 보라. 손수건을 세게 잡아당기는 듯한 이 선적인 긴장감…." "얼굴에는 번뜩이는 유머가 떠오른다. 얼굴은 전체적으로 정면을 향하고 있지만, 눈은 입체라 양식으로 처리된 것이다." "그는 눈으로 유희하고 있다. 그것들은 좀 더 컵이나 보트 같은데 그것은 시각적인 비유(표현)인 것이다."	예술작품의 중요성은 개인적인 성취보다 사회적이다. 작품은 전통 내에서 존재한다.
5단계 : 자율성 연령 구분 없이 경험과 환경이 중요하게 작용 예술작품에서 **'보는 가치'**는 **역사와 함께 변하고, 동시대 상황에 비추어 끊임없이 조정되어야** 한다.	"이 작품은 표면의 평평함을 강조함으로써 과거의 표현 양식의 한계를 깨닫고 있다." "이 양식의 종말은 너무 허술하다. 방만감에 빠져 있다. 나는 이런 게 싫다. 좀 더 자기 통제가 필요하다고 본다." "나는 이 작품을 오래 살펴왔다. 그런데 전에는 너무 설명적이라고 봤는데, 이제는 다시 감동을 느낀다."	학문적인 전통에서 구성된 개념과 가치에 대한 질문을 할 수도 있고, 이해에 비추어 수용된 관점들을 지지하거나 수정할 수도 있다.

2 미술감상 지도과정

1) 펠드만(Feldman, 1970)
• 작품을 분석적으로 비평할 것을 주장하는 분석주의 입장이다.

기술하기 (description)	활동 내용	▶ **작가 연도 국적, 재료** 등 **객관적인 인상과 눈에 보이는 것을 정리**하는 단계 • 활동에 대한 **객관적인 인상**이나 감동 등 **눈에 보이는 것을 정리하는 단계**로 **작가ㆍ제작 연도ㆍ국적** 등을 확인한다. 작품에 대한 **객관적인 기술**을 강조한다. • 작품을 자세히 살펴보고 무엇이 보이는가를 객관적으로 이야기하거나 목록을 만든다.
	탐색 과제	• 작품에 사용된 재료는? • 작품에 **무엇이 그려져 있는가**? • 작품이 제작된 시기와 장소는? / • 작품을 제작한 작가는?
	발문 예시	기 이 그림은 무엇으로 그렸을까?[15] • **그림 속에서 본 것 모두** 이야기해 보자. • 그림을 자세히 관찰하고 난 후 무엇이 있는지 이야기해 보자. 기 다민이의 그림에서 무엇이 보이니? 모두 이야기해 볼까?[13] 기 이 그림 속에는 어떤 것들이 보이니?[15] 기 그림 속 사람 얼굴에서 무엇이 보이는지 말해 보자.[21]
분석하기 (formal analysis)	활동 내용	▶ **미술 요소와 원리, 표현 방법의 특징** 등을 **관찰, 분석**하여 **설명**하는 단계 • 선ㆍ형ㆍ색채 등 사물이나 주제를 나타나게 해주는 **조형 요소와 원리, 표현 방법의 특징** 등을 관찰, 분석하여 설명하고 발표하는 단계이다. 기 '기술하기'의 다음 단계에서 지도해야 할 내용 1가지를 쓰시오.[21] • 작품 속에서 **각각의 형태들이 어떻게 상호작용하는가**를 분석하여 기술하는 단계이다. • 작품에 내포하고 있는 **형식적인 특성**을 찾아보도록 하는 것이다. 미술작품 속에 나타난 특징들 사이의 관계를 생각해 보도록 하는 과정으로 **선, 형, 색, 질감, 공간에 집중**하여 이들 **특성이 어떻게 조직되었는지** 이야기해 본다. 또한 **색의 대비, 조화 또는 선과 선의 어울림이나 종류, 균형과 불균형, 질감의 차이를 분석**한다. • 예를 들면, 크기 관계에 대한 분석에서는 큰 것과 작은 것, 비슷한 크기를 가진 것들의 관련성을 살펴보며, 색상 관계에 대한 분석에서는 결합된 형태들의 색상이 비슷한지 다른지, 특별히 명도 차이를 보이는 색상은 무엇인지 등을 살펴본다.
	탐색 과제	• 작품을 구성하는 원리(균형ㆍ비례ㆍ통일ㆍ강조ㆍ변화 등)의 특징은? • 작품의 형식적인 특성은 무엇인가? • 작품은 미술사에 있어 어느 양식에 속하는가?
	발문 예시	기 금붕어는(사람들은) 어떤 모습을 하고 있니?[15] • 이 그림에서 가장 눈에 띄는 색깔은 무엇이니? 기 그림에서 다른 색깔에 비해 가장 많이 보이는 색깔(혹은 모양)은 무엇이니?[13] • 사람들의 기분은 어떨까? [※ 앤더슨은 "반응/인상"] • 이 그림은 하루 중 언제인지 말해보자 • 밝고 어두운색의 변화를 찾아보자. 기 가장 밝은 곳과 어두운 곳은 어느 부분이니?[13] • 이 사람의 옷은 무슨 색깔이니? 기 두 곡선이 이어지니까 어떻게 보이나요?'[25]

해석 하기 (interpretation)	활동 내용	▶ **분석된 자료를 토대로 작가의 의도, 주제, 시대적 배경, 주변 환경, 타 작품 구별 특징** 등 작품의 의미를 **비평적으로 표현**하는 단계 • 분석된 자료를 바탕으로 작품의 의미를 비평적 표현을 통해 나타내는 단계로, 작품의 구조와 제작 의도를 파악하여 나름대로 해석한다. • 해석하기는 작품을 눈으로 본대로 **기술**하고, 특성을 **분석한 후**에 이루어지는 단계이다. • 감상 **작품이 내포하고 있는 의미**와 **작가의 표현 의도**가 무엇이며, 그 의미가 **우리 인생**이나 **시대적인 상황과 어떤 관련**이 있는지 찾아본다. • 즉, 형식적 분석을 바탕으로 작가가 작품에 담고 있는 생각이나 의미를 찾는 과정으로, 해석은 작품을 통해서 작가가 무엇을 표현하려고 하였는가를 **작가의 입장에서 생각해 보는 것**이라 할 수 있다. 좋은 해석은 객관적이어야 하고, 남들도 동의할 수 있는 충분한 근거나 증거를 갖고 있어야 한다. • 미적 대상의 특징과 의미를 전체적으로 관련짓는 것으로 작품의 의미를 발견하고 그것을 이해하도록 하는 가치 전환적인 과정이다.
	탐색 과제	• 작품의 **주제**는 무엇인가? • 작품이 다른 작품과 구별되는 특징은? • 작가가 살았던 **시대적·사회적 배경**은? • **작가의 개인적 주변 환경**은?
	발문 예시	기 **다민이는** 왜 이 그림을 그렸을까?[13] 기 **화가는** 왜 이 그림을 그렸을까?[15] • 새로운 제목을 지어 본다면 무엇으로 하겠니? 기 이 그림의 바로 전에는 무슨 일이 일어났을까?[15] • 그림 안에 있는 사람처럼 표현해 볼 수 있겠니? • 한복을 입은 사람의 기분은 어떨까? 기 그림에서 어떤 소리가 들리는 것 같니? 왜 그렇게 생각하니?[13]
평가 하기 (judgement)	활동 내용	▶ **작품의 가치를 판단하고 선택**하며 **종합적 이해**가 이루어지는 단계 • 전 단계에서 밝혀진 현상과 내용을 바탕으로 **작품의 가치를 판단하고 선택**하는 비평의 마지막 단계로, 작품의 성공과 실패에 대한 결론을 내린다. • **감상 대상에 대한 종합적인 이해가 이루어지는 단계**이다. 즉, 이전 단계에서 논의되었던 사실들에 입각해서 결론을 유도해 내는 단계이다. • 유아들이 **작품에 대한 개인적 판단을 발견하도록 돕**고 **자신의 세계와 미술을 관련**시키며 미술에 대한 이해를 돕는 단계이다.
	탐색 과제	• 작품의 **예술적 장점**에 대하여 새로워진 자신의 견해는? • 작품이 갖는 **미술사적인 가치**에 대하여 자신의 견해는?
	발문 예시	기 그림에서 어느 부분이 가장 마음에 드니? 어떤 느낌이 드니?[13] • 어떤 점에서 좋으니? • 더 그리고 싶은 부분이 있니? 기 이 그림을 어디에 걸어 두면 잘 어울릴까?[15]

2) 앤더슨(Anderson, 1997)

반응/ 인상 (반응)	▶ **작품을 처음 접했을 때의 순간적인 생각과 감정을 끌어내는** 단계 • 이 단계는 간단해야 하며 기본적 반응을 끌어내는 것으로 충분하다. • 아동이 **미술작품을 처음 대했을 때의 순간적인 생각과 감정이며 판단**이다. • 이는 일종의 작품에 대한 첫인상으로 **호감 혹은 비호감**을 가짐으로써 호기심이 유발되어 더 깊이 고찰하게 하는 중요한 촉매제 역할을 하는 것이다. • 이 작품을 보았을 때 어떤 **느낌**이 드는가? • 이 작품을 보고 **무엇이 떠오르는가**? • 이 작품에 대한 여러분의 처음 반응은 무엇인가? • 여러분에게 무엇을 생각하게 만드는가?
서술/ 묘사 (기술)	▶ **작품의 시각적 형태에 대해 좀 더 주의 깊게 관찰하면서 서술하고 묘사**하는 단계 • 보고 있는 것을 기술함으로써 왜 이런 반응을 갖게 되는지 발견해 보자. • 첫인상에서 관심을 갖게 된 **작품의 시각적 형태에 대해 좀 더 주의 깊게 관찰하면서 서술하고 묘사하는 것**으로, 이는 작품의 의미와 의의를 찾게 되는 근거 자료들이 된다. • 이 단계에서는 **형태, 모양, 크기, 색채, 재료, 기법 등의 미적 형태 묘사**뿐만 아니라 **구성요소들 간의 전체적이고 유기적 관계**에 대해서도 살펴보게 된다.

	명백한 주제적·형식적 ·기교적 특성들	• 눈에 두드러지는 어떤 이미지(사물)를 보는가? • 어떤 색깔(모양, 감촉)을 보는가? • 어두운(밝은) 부분들이 있는가? 거칠 거나 눈에 띄는 질감은? 크기가 작은 모양은? • 어떻게 이 작품이 만들어진 것 같은가? • 왜 그렇게 생각하는가? 어떤 종류의 필치 – 조각적인 마무리 기교, 사진을 보듯 만든 기교 등 – 가 나타나 있는가?
	형식과 이미지 간의 형식적 관계	• 무엇(색상, 모양, 질감, 선)이 이 이미지에서 지배적인가? 왜 그런가? • 어떤 움직임을 보이는가? 어떤 디자인의 요소들(선, 모양 등)과 원리들(리듬, 비례 등)이 움직임을 생기게 하는가? • 대조를 찾아볼 수 있는가? 어떤 것이 대조의 원인이 되는가?
	형식적 특성 (형태, 색, 주제, 그리고 이것들의 관련성을 통한 의도적 효과)	• 어떤 분위기가 제시되어 있는가? 이 작품 앞에서 우리는 어떻게 느끼도록 의도되어 있는가? 왜 그런가? 그 증거는 무엇인가? • 왜 이 작품은 사실주의적인가? 형식주의적인가? 표현주의적인가? 이들을 합한 것인가? • 이 작품을 소박한, 깔끔한, 공격적인, 용감한, 지적인, 압도하는, 소심한, 기념비적인, 유동적인, 추상적인, 차분한, 정적인, 리듬적인, 무거운 등과 같이 특징 짓는가? 왜 그런가? 증거는 무엇인가?
	맥락의 검토 (역사적·문화적 맥락)	• **누가 이 작품을 만들었는가**? • **미술가의 의도와 요점**은 무엇인가? • **작품의 제목**은? 언제 그리고 어디에서 이 작품이 만들어졌는가? • **어떤 양식의 작품**이라고 생각되는가? • 무엇이 이 작품의 생산에 영향을 주었는가? • 이 작품이 나중에 만들어진 작품이나 사회에 일반적으로 어떤 영향을 주었는가?

	① **작품의 구조적 형태, 기교적 특성 및 디자인적 요소들의 특징과 관계** 등에 대한 것들. • 무슨 형태와 색과 질감, 촉감을 보이는가? 기 두 가지 이상의 색이 섞여 있는 부분은 어디니?[19] • 이 작품은 어떤 기술과 기법을 사용하였는가? • **어떤 디자인적 요소**(리듬, 조화, 균형, 비례, 강조 등)가 **움직임, 율동감을 만드는가?** ② **작가의 이름**과 **작가에 대한 설명** 및 **작품이 만들어진 시기**의 **역사적 상황** 등을 통해 작품을 둘러싼 **내재적 환경**을 이해. • 이 작품의 **제목**은 무엇인가? • **작가**는 누구인가? • 이 작품에 영향을 끼친 **시대적 상황**은 무엇인가?
해석	▶ (분석을 통해 나온) **많은 증거자료를 토대**로 **작품의 의미에 대해 주관적으로 해석**하는 단계 • 이는 가장 어려우나 궁극적으로 가장 의미 있는 단계이다. • 전 단계인 서술/묘사에서 **분석을 통해 나온 많은 증거자료를 토대로 작품의 의미에 대한 주관적인 해석**을 한다. • 이 단계는 미술 감상에서 작품을 주의 깊게 관찰하고 여러 가지 사고를 종합하는 가장 중요한 과정이다. • 작품이 궁극적으로 무엇을 **의미**한다고 생각하는가? • **여러분이 이 작품 안에 특정 인물, 추상적 형태, 그리고 사물로서 존재한다면** 무엇을 생각하고 느끼겠는가? • (비구상적이거나 높은 차원의 추상 작품을 대면하여) 그것이 여러분에게 무엇을 생각나게 하며 또는 생각하게 하는가? • 여러분이 **미술가라면** 이 작품에 어떤 제목을 붙이겠는가? 왜 그런가? • **내가 작가라면** 이 작품에 어떤 **제목**을 붙이겠는가?
평가	▶ **작품 이해와 해석을 통**해 **작품의 가치에 대한 평가**하는 단계 • 작품에 대한 이해와 해석을 통해 **작품의 가치에 대한 평가**를 내리게 된다. • 이 마지막의 가치 판단을 통해 아동은 **미술작품이 자신에게 중요한지 아닌지**를 판단하게 되고, 미술과 미술작품에 **지속적으로 더 많은 관심을 가지게 될 것인가 아닌가를 결정**하게 된다고 볼 수 있다. • 앤더슨에 의하면 이 평가는 아동 개인의 삶과 경험, 입장에 따라 얼마든지 달라질 수 있는 것으로 보았으며, 어떠한 평가를 내리든 이를 설명할 수 있는 타당한 증거가 뒷받침된다면 성공적인 평가가 될 수 있다고 보았다. • 따라서 같은 작품을 가지고도 형식주의적 관점에 초점을 맞출 경우 색채와 구성 등의 단순성에 주목하여 관찰한 것을 토대로 평가하겠지만, 표현주의적 관점에서는 작가가 표현하고자 하는 내면세계와 감정에, 실용주의적 관점에서는 작품이 어떤 의미에서 중요한지 아닌지에 초점을 맞추어 관찰하고 평가할 수 있는 것으로 보았다.

개인적 경험	• 이 작품을 비평하는 데 여러분이 가진 경험의 특성은 무엇인가? • 비평을 시작한 이후에 여러분의 지각이나 감정이 변화하였는가? 어떻게 변화하였는가? • 이 작품을 여러분은 소유하고 싶은가? 왜 그런가, 왜 그렇지 아니한가?	
미학적 판단	• 이 작품은 잘 만들어졌는가?(이 작품은 높은 수준의 기교적, 구성적 또는 개념적 탁월함을 보여주는가?) 형식, 구성, 기교는 좋은가? 왜 그런가, 아니면 왜 그렇지 아니한가? • 전반적으로 이 작품은 그 자체로 아름다우며 시각적으로 즐겁게 하며 완성감을 주는가?	
맥락적 판단	• 이 작품은 어떤 의미심장한 인간 문제나 필요에 대해 이야기하고 있는가? 만약 그렇다면 어떻게 그것을 잘하였는가? 왜 그런가? 또는 왜 그렇지 않은가?	
최종 판단	• 이 작품의 의도는 분명한가? 우리가 결론지은 이 작품이 의도되어 만들어진 목적을 이룬다고 생각하는가? 이 작품을 만들어 낸 가치가 있는가? • 마지막으로, **이 작품이 여러분을 감동시키는가?** 이 작품에서 무언가 강하게 또는 새롭게 느끼게 하거나 어떤 식으로든 행동하게 하는 미학적 힘을 가졌는가? • 궁극적으로, 이 작품은 검토할 가치가 있는가? 왜 그런가? 왜 그렇지 아니한가?	

Plus 지식 펠드만의 미술감상의 4단계 정리

단계	분류	정의	활동(교사와의 언어적 상호작용)
1단계	서술하기	작품의 주제	• 작품을 **자세히 살펴보고 무엇이 보이는가**를 객관적으로 이야기하거나 목록을 만든다. - **그림 속에서 본 것들을 모두 이야기**해 보자. 처음에는 잘 안 보이지만 자세히 보니 어떤 것들이 보이니? - 그림을 1분 정도 보고 나서 눈을 감고 무엇이 있었는지 기억해 보자.
2단계	분석하기	작품 구성요소 (선, 색, 형태, 공간, 질감, 균형, 조화 등)	• 작품 속의 대상들이 어떻게 구성되어 있는가? - 눈으로 이 **선**을 따라가 보자. - **선과 선이 만나** 무엇이 되었니? - 서로 반대로 느껴지는 **색**은 무엇이니?
3단계	해석하기	작가의 의도 및 작품에 대한 변경	• 작가의 의도, 작품제작의 배경 등을 알아봄으로써 작품이 전달하고자 하는 의미를 알아본다. - 작품 속의 사람은 어떤 사람일까? - 이 그림 바로 전에 무슨 일들이 일어났을까?
4단계	평가하기	작품의 가치와 중요성 평가	• 작품에 대한 호감도를 넘어서 작품을 판단 혹은 평가한다. - 이 작품을 어떻게 생각하니? - **이 그림을 집에 걸어두고 싶니?** - 이 그림의 **어떤 점이 좋아 보이니?**

3) 아이즈너(Eisner, 1982)의 미술감상 교수법

아이즈너의 미술감상 교수법		
	경험적 차원 (experimental dimension)	▶ **작품에 대한 느낌과 경험**으로 **작품에 대해 어떻게 느꼈는지를 말하는** 차원
	형식적 차원 (formal dimension)	▶ 작품의 **구성요소, 형태적 구조**에 대해 알아보는 차원 • **선, 색, 형태, 질감** 등의 조형 요소와 원리를 **탐색**하는 차원
	상징적 차원 (symbolic dimension)	▶ 작품의 **상징성**을 알아보는 차원 • 작품의 의미를 추정하고, **은유를 통해 해석**하는 차원 • 미술작품 속에 포함된 다양한 상징을 인식하고 해석하도록 돕는다.
	주제적 차원	▶ **작품의 의도, 주제, 의미**를 찾아보는 차원(thematic dimension) • **작품 안에 구현된 생각, 사상**에 대해 말하는 차원
	재료 차원	▶ **재료**에 대해 알아보는 차원(material dimension) • 특히 **주제와 형태와의 상호 관계에 대한 재료적 진술**을 하는 차원
	맥락적 차원 (contextual dimension)	▶ **사회·문화·역사적인 측면**을 살펴보는 차원 • 즉, **작가에 대한 지식**을 갖고 작품을 이해하며, **예술 양식의 변천과 어떤 관계인지**를 이해하는 차원

4) 마데자(Madeja)의 감상지도과정

• 마데자는 **아른하임의 시지각 이론을 바탕**으로 감상지도과정을 관찰, 진술, 선택, 일반화의 4단계로 제시하고 있다.

마데자의 감상지도과정		
	관찰	▶ 대상을 **시지각 과정**을 통해 **구체적·체계적으로 관찰**하는 과정 • 구체적인 학습된 관찰을 하는 것이다.
	진술	▶ 대상이 지닌 **미술 요소와 원리를 시각적·언어적으로 기술하고 전달**하는 과정 • 미적 대상이 지닌 조형 요소와 원리를 시각적, 언어적으로 기술하고 전달할 수 있도록 진술한다. • 사물의 형태를 보고 **질감, 색, 형, 선** 같은 미적 요소를 **시각적, 언어적으로 기술**하고 **토의, 일반화**하는 것이다.
	선택	▶ **미적 대상 중 부분을 선택**하고, **그 특정 대상에 의미를 부여**하는 과정 • **미적 대상을 선택하는 것**으로 시각 형상의 단순화와 정리, 대상의 인식작용을 포함한다. 즉, 시지각에 의해 **중요한 부분이 떠올라 형태**가 되며 **다른 부분은 전경**이 되는 것으로 형태가 되는 부분의 의미를 부여하여 선택한다. • 선택과정은 카메라의 파인더로 대상을 포착하고 초점을 맞추는 것과 같다. 즉, **특정 대상에 의미를 부여하는 것**이다.
	일반화	▶ 자신이 발견한 **미적 특성을 말이나 글로 진술하여 일반화**하는 과정 • 미적 대상을 보고 그 대상이 지닌 **미적 특성을 말이나 글로 진술하여 일반화**한다. • 자신이 발견한 미적 대상의 어떤 **특성을 설명하고 정당화하는 단계**이다.

5) 바네스(Barnes, 1987)의 4단계 교수법

- 바네스는 미술활동이란 유아들의 **심미적 표현수단으로 존중해 주어야 하는 영역**인 동시에 **사려가 깊어지도록** 도와주어야 하는 영역이라는 전제하에 자유방임적으로 다루어지지 않도록 제안하였다.
- 인지발달을 도모하기 위해 철저하게 지시하면서 가르치는 것은 바람직하지 않다고 하며, 미술활동을 통해 느낌이나 생각을 창의적으로 표현할 수 있도록 돕기 위해 구체적인 4단계 교수 방법을 제시하였다.

인식 단계 (awareness)	▶ **지각적으로 인식한 것을 의식할 수 있도록 언어적 상호작용을 통해 돕는** 단계 • 인식이란 '**지각적 인식**(perceptual awareness)'을 뜻하는데 보통 '**의식적인 주목**'으로 표현된다. • 이것이 창의성의 시작이다. 예를 들어, 꽃에 대한 지각적 인식의 두 가지 관점에 대해 알아본다.	
	구체적인 경험에 의해 인식 발달시키기	• 꽃은 무슨 맛이 날까요? • 꽃에서 향기로운 냄새가 난다고 해서 맛도 달콤할까요? • 꽃은 어떻게 싹에서 자랄 수 있을까요?
	감정이입과 동일시를 통해서 인식 발달시키기	• 꽃은 --- • 벌이 꿀을 따도록 하는 것은 --- • 벌이 꽃 대롱을 기어 다니도록 하는 것은 ---
	• 감각운동기의 유아는 감각을 통해서 배우게 되는데, 이때 **지각적 인식을 위해 언어적 상호작용이 매우 중요**하다. • 만약 유아가 솔방울을 집으면, 교사는 그것을 보고 유아가 하는 방식으로 그것에 대해 생각해야 한다. • 즉, 유아가 **인식한 것을 의식할 수 있도록 돕기 위해 교사는** 유아를 지켜보고, 유아가 이해할 수 있을 정도의 속도와 양으로 **언어적 상호작용을 해야** 한다.	

집중 단계 (focus)	▶ **창작의 선행 단계로, 창작 과정에 집중할 수 있도록 돕는** 단계 • 집중은 창작의 선행 단계로, 창작 과정 중에도 계속되어야 한다. 다음은 강아지를 표현하는 과정에 관한 사례이다.	
	우스꽝스러운 강아지	• 3세 유아가 교사에게 **강아지를 그려 달라고 할 때 강아지를 그려 주면** 유아가 강아지에 대해 아이디어를 선별할 수 있는 기회와 상징적 형태(symbol form)로 **강아지를 그릴 수 있는 기회를 제거**하는 것이다. • 더 문제가 되는 것은 유아가 그것이 **강아지를 그릴 수 있는 유일한 방법**이라고 **여길 수도** 있다. 이는 모든 창의적인 활동에도 적용된다.
	독특한 강아지	• 유아가 그림을 그려 달라고 할 때 교사는 **먼저 그 아이가 혼자 스스로 그릴 수 있다는 믿음**을 아이에게 알려 줘서 **자신감을 가지도록** 한다. • 그리고 창의적 과정을 통해 **집중**을 시작한다.
	집중 과정	• 유아 : 선생님, 강아지를 그려 주세요. • 교사 : **나는 네가 그린 강아지를 보고 싶은데**(유아의 그림을 가치 있게 여기고 있다는 것을 알게 한다). • 유아 : 나는 그릴 수 없어요. • 교사 : **너는 분명히 할 수 있어**(교사가 믿고 있다는 것을 알게 한다). 어디서부터 시작해야 좋을까?(이것은 집중의 시작이다. 유아는 이제 자신의 머리에서 분류하고 자신이 이해한 것으로 강아지를 생각할 것이다.) • 유아 : (멍하게 바라봄) • 교사 : (출발점을 생각해 낼 수 있는 가장 유용한 암시를 제공한다.) **뚱뚱한 배부터 시작하면 어떨까?** (모든 언어적 도움이 주어지면 유아는 그림을 시작한다.)

창의적 과정 (creative process)	▶ **창의성의 절정**으로 **작업이 이루어지고, 중재가 시도되는 단계**로 창의적 과정은 유아에게 있고, 교사는 유아 앞에서 그려 주거나 모델을 제시하지 않는다. • **창의성의 절정**으로 **작업이 이루어지고, 중재가 시도되고, 실험되고, 뻗어지고 즐거워지는 단계**이다. 창의적 과정이 유아에게 있어야 한다. • 유아의 창의적 미술 과정에서 교사가 주의해야 할 태도는 **유아를 위해서 그려 주거나 모델을 제시하지 않는 것**이다. • 교사는 유아 앞에서 유아의 재료를 가지고 창작하지 않는다. 유아에게 어떻게 그리고, 만들도록, 모방하라고 해서는 안 되고, 같은 주제를 다르게 다루도록 그대로 두어야 한다.	
작품 완성 (art product)	▶ **유아의 작품을 소중히 여기고, 인정**해 주는 단계 • 유아의 미술작품을 소중히 여기고, 민감하게 다루는 지침은 다음과 같다.	
	유아의 작품에 글쓰기	• 깔끔한 문체로 이름을 적어 준다. • 작품을 망치지 않기 위해서 **피드백은 다른 종이에 기록**한다.
	미술작품 전시하기	• 작품이 들어가도록 틀을 작품보다 크게 잘라서 작업해 준다. • **유아의 눈높이에 전시**한다.
	유아와 그의 작품에 대해 이야기하기	• 교사가 유아의 작품에 대해 **낮은 기준을 가지고 과잉 칭찬하는 것은 발달을 저해**하므로 유의하고, 작품을 경시하는 말을 해서도 안 된다. • 유아가 **낙서단계일 때는 아무것도 말할 필요가 없다**. 유아가 상징적 단계에 있을 때 말하기 위한 이야기가 있을 수도 있고, 없을 수도 있다. **미소나 끄덕거림으로 교사의 관심을 전달하는 것도 좋은 방법**이다.

6) 브로디(브로우디; Broudy, 1998)의 감상활동의 과정

- 유아는 미술작품 감상에서 무엇을 보고, 느끼고, 이해해야 하는가? 브로우디는 미술작품을 감상하기 위해서 **다음 4가지를 잘 감상해야 한다고** 하였다.

감각적 특성	▶ **작품에 표현된 선, 형, 색 등을 탐색**하며, 작품 속 감각적 생동감을 볼 수 있도록 하는 과정 • 첫째, **작품 속에서 제시하는 감각적인 생동감**을 볼 수 있어야 한다. • 감각적 특성에 대한 감상으로 작품에 표현된 **선**(굵거나 가는, 수직, 수평 혹은 대각선), **색**(따뜻하거나 차갑거나, 강렬하거나 차분하거나), **형**(기하학적 또는 유기적), **질감**(부드럽거나 거칠거나), **공간**(깊거나 얕거나), **명암**(짙거나 연하거나, 밝거나 흐릿하거나) **등을 탐색**하는 것이다.
형식적 특성	▶ **미술의 요소 및 원리를 탐색**하는 과정 • 둘째, 작품의 **미적 구성**이나 **선, 색, 명암 등의 형태**를 볼 수 있어야 한다. • 형식적 특성에 대한 감상으로 **균형, 조화, 반복 등 작품의 미적 구성을 탐색하는** 것이다.
기술적 특성	▶ **작품에 사용된 재료, 기법을 탐색**하는 과정 • 셋째, 작품 속에서 사용된 **미술 재료**나 **도구 및 기법**을 살펴볼 수 있어야 한다. • 기술적 특성에 대한 감상으로 **재료나 용구를 다루는 기법 등을 탐색**하는 것이다. • 유아들은 미술작가가 사용한 **매체**(유성물감, 그림물감, 나무나 돌), 작품을 만드는 데 사용된 **도구와 장비**(붓, 에칭 조각칼, 정 또는 망치), 특정 종류의 미술을 탄생시킨 **작업 방식**(스케치, 그리기, 조각하기, 광택내기) 등에 대해 이해한다. • 이를 통해 미술 제작 과정을 인식할 수 있고, 작가가 사용한 다양한 재료의 성질과 작가가 원하는 시각적 효과를 내기 위해 사용한 다양한 도구와 절차를 파악할 수 있다.
표현적 특성	▶ **작품의 느낌, 분위기 등 작품이 전달**하고자 하는 **의미가 무엇인지 탐색**하는 과정 • 넷째, **작품이 전달하고자 하는 의미**가 무엇인지 볼 수 있어야 한다. • 넷째, 표현적 특성에 대한 감상으로 **작품의 느낌, 분위기, 작품이 전달하고자 하는 의미**에 대해 탐색하는 것이다. • 유아들은 표현적 특성에 관심을 기울임으로써 미술 작가에게 영감을 주었거나 작품의 전반적인 의미를 구축하는 데 일조한 **작품의 맥락, 의미, 가치와 접촉**하게 된다.

7) 허위츠와 데이(Al Hurwitz, Michael Day 2006)의 미술 감상 교수법

- 허위츠와 데이는 미술 감상 교수법을 서술, 형식적 분석, 해석, 판단과 지식에 근거한 선호의 네 가지로 구분 지어 제시하고 있다.

서술	▶ **작품에 대한 일반적 지각**으로, 객관적 서술과 개인적 서술로 구분 • 미술작품에 대한 일반적 지각 활동은 **객관적인 서술과 개인적인 서술로 구분**할 수 있다. • 객관적 서술은 누구라도 공감할 수 있는 **객관적 사실을 토대로** 한다. • 개인적인 서술은 개인적이고 **정서적인 것들이 포함된 것을** 뜻한다.
형식적 분석	▶ **작품의 구조, 요소에 관한 좀 더 발전된 서술로 작품의 형식, 요소들이 결합된 방식, 사용된 매체 등을 논의**하는 과정 • 서술과 마찬가지로 **지각 활동을 기초로** 하지만, 미술작품의 구조나 구성에 관한 좀 더 발전된 서술이라고 할 수 있다. • 유아는 **미술작품의 형식과 미술 요소들이 결합된 방식**, 가령 **대칭과 비대칭**에 대해 알고, **미술작품에 사용된 매체를 구별**하고, **색과 선의 특성을 세부적으로 관찰**하면서 논의할 수 있다.
해석	▶ **작품에 나타난 작가의 의도에 대해 생각**해 보도록 하는 과정 • 유아의 상상력을 더욱 풍부하게 이끌어내며, 미술작품 속에 **구체화된 의미, 의도에 대하여 깊이 생각하도록** 한다. • 이를 위해 유아는 미술가가 **작품에서 제시하는 방향과 작품에 표현되는 구조를 관련**지을 수 있어야 한다.
판단, 지식에 근거한 선호	▶ **작품의 선호**에 대해 **의견을 표현하도록** 하는 과정 • '**판단과 지식에 근거한 선호**'는 미술 감상의 마지막 과정으로, **작품의 선호에 대해** 자신의 의견을 표현할 수 있는 것이다. • 유아들의 이러한 판단은 좋고 **나쁨과 같은 의미로 생각될 수** 있다. • 유아들이 미술작품에 대해 자세히 알지 못하더라도 교사는 유아들의 의견을 서로 토의하게 하고, 이전의 미술 감상 방법들과 연관시켜 **자신의 의견에 대해 피력할 수 있도록 도와준다.**

8) 아레나스(Arenas)의 대화 중심 감상법

<table>
<tr><td rowspan="8">아
레
나
스
의

대
화

중
심

감
상
법</td><td colspan="2">
▶ 유아가 작품을 해석하며 의미를 구성하도록 대화를 촉진하는 감상법
• 아레나스(Arenas. A.)는 교사와 아동 간의 상호작용을 강조하는 대화 중심 감상법을 제시하였는데 하우젠의 미적 발달 단계이론(Aesthetic Stage Theory)을 바탕으로 개발되었다.
• 하우젠은 피아제의 발달 이론을 수용하여 감상 능력도 일정한 단계를 거쳐서 발달한다고 보았으며, 교사가 작품의 지식을 가르치거나 전수하는 것이 아니라 학습자 스스로 작품을 해석하고 작품의 지식을 구성해 간다는 구성주의 입장을 수용하였다.
• 따라서 아레나스의 대화 중심 감상법은 교사가 감상 작품에 대한 일체의 정보를 제공하지 않고 유아의 주체적인 감상 능력을 키워 주는 감상자 중심의 감상법이다.
• 이를 위해 교사는 유아가 미술작품과 의미 있는 만남을 할 수 있도록 교사와 유아 간, 유아와 유아 간의 대화를 촉진하는 역할을 한다.
• 아레나스 대화 중심 감상법에서 교사는 다음과 같은 세 가지의 질문을 하게 된다.
• 아레나스 대화 중심 감상법은 유아의 대답을 중요하게 다루며, 교사는 작품에 관한 유아들의 다양한 대답에 근거해서 다음 질문으로 넘어가게 된다.
• 유아가 어떻게 반응하고 대답하느냐에 따라 교사의 질문과 피드백이 생성된다.
• 즉, 세 가지의 질문은 순환적 체계를 갖고 있으며 대화의 마무리는 유아의 대답에 따라 달라진다.
</td></tr>
<tr><td>첫 번째 질문</td><td>▶ 작품의 내용에 관한 질문
• 작품의 내용에 대한 질문으로 '작품 속에서 무엇이 일어나고 있어?'라고 묻는다.
예 어떤 그림이라고 생각되니?, ○○이는 무엇이라고 생각하니?</td></tr>
<tr><td>두 번째 질문</td><td>▶ 관찰된 내용의 결과를 예측하거나 문제 해결 능력 등 감상자의 반응을 유도하는 질문
• 미술 감상 시, 작품에 대해 감상자가 사고할 수 있도록 돕는 질문으로 '왜 그렇게 생각하니?'라고 묻는다.
예 ○○이는 왜 검은색 옷을 입은 사람이 잡아갈 것 같아서 소리를 지른다고 생각했니?</td></tr>
<tr><td>세 번째 질문</td><td>▶ 유아의 주관적 견해와 판단을 이끌어 작품의 관찰과 해석이 확장되도록 돕는 질문
예 또 어떤 생각이 떠오르니?</td></tr>
<tr><td>펠드만의 미술비평에 기초한 감상법
(서술 → 분석 → 해석 → 평가, → 대화의 진행 방향)</td><td>아레나스의 대화 중심 감상법의 단계</td></tr>
</table>

3 명화감상 활동 방법(유아를 위한 명화감상 활동자료, 2006)

관찰법		▶ 미술 요소, 원리에 대한 이해를 높이기 위해 **작품의 주제, 형태, 특징, 느낌 등에 다양한 반응을** 보이게 하는 방법 **기** '그림에 어떤 것들이 보이니?, 그림에서 **모습과 색, 모양을 찾아봤구나.** 그러면 **두 작품의 같은 점이나 다른 점을 찾아볼 수 있니?,** 그런데, 선생님이 종류가 다른 '까치와 호랑이' 그림을 여러 장 더 가져왔어요. 이 그림들을 보고 **비슷하게 보이는 그림끼리 나누어 보자.'** 에서 활용한 방법을 모두 포괄하는 미술 감상 지도 방법[20] • 분석 방법에 따라 다음과 같이 나뉜다.
	분석법	▶ **작품을 여러 관점**에서 살펴보며 **미술 요소와 원리를 찾아 분석**하는 방법 • **작품을 여러 관점에서 분석**하여 창의적이고 능동적인 탐구 태도를 기르게 한다. • 입체나 평면 작품을 보고 작품에 담겨 있는 **선, 형태, 색, 조화, 율동, 비례 등의 조형 요소와 원리를 찾아 분석하는 감상 방법**이다. 예 작품을 다양한 각도에서 분석하기    
	비교법	▶ **같은 종류의 작품**을 다양한 방법으로 제시하여 **비교**하는 방법 • 작품들 속에서 표현된 **주제나 표현 방법에서 비슷한 점이나 다른 점 등을 찾아 비교하며 감상하는 방법**이다. 예 '이응로'의 군상 작품(수묵화와 종이 찰흙) 비교하기  
	분류법	▶ **여러 작품을 보고 공통점을 발견**하여 **유사한 것끼리 분류**하는 방법 • 회화, 디자인 등의 **여러 작품을 보고 공통점을 발견하여 유사한 것끼리 분류**함으로써 작품의 일반적인 특성을 발견하고 작품 간에 서로 구별되는 특징과 공통되는 특징이 있음을 이해하게 한다. • 장르가 다른 동양화, 서양화, 판화, 공예, 디자인 등의 작품을 보고 공통되는 점을 찾거나 유사한 작품끼리 묶어 보는 감상 방법이다. 예 비슷한 특성을 가진 명화 분류하기  

토론법		▶ 미적 요소 등을 살펴보고 발표 및 토론하며 감상하게 하는 방법 • 작품의 표현 특징이나 조형 요소, 미적 가치 등을 살펴보고 발표 및 토론을 함으로써 명화를 감상하는 것이다. • 지도 내용이나 감상의 주제에 따라 다음과 같이 실행될 수 있다.
	대집단 토론 (일제감상법)	▶ 교사가 사회를 보고, 학급 유아 전체가 참여하여 토론하는 방법 • 학급 유아 전체가 참여하여 명화의 내용이나 특징, 느낌 등을 발표하고 자신과 타인의 생각 차이를 발견하는 방법이다. 기 '지금부터 선생님이 사회자를 할게. 호랑이가 무서운지 안 무서운지 너희들 생각을 자유롭게 발표해보자, 영희는 어떻게 생각했니?, 호랑이가 무섭다는 것에 찬성하는 친구도 있고, 반대하는 친구도 있구나.'에 해당하는 미술 감상 지도 방법을 쓰시오.[20]
	소집단 토론 (분단감상법)	▶ 소집단에서 사회자를 뽑고, 사회자 안내를 통해 토론하는 방법 • 소집단에서 사회자를 뽑고, 사회자의 안내를 통해서 작품을 감상하고 토의한 후에 그 결과를 정리하여 발표한다. • 소집단 내의 모든 유아가 참여할 수 있도록 유도하는 것이 중요하다.
	대담형식 토론 (대담법)	▶ 유아 두 명씩 짝을 지어 작품에 대해 서로 묻고 답하는 방법 • 자신의 관점과 느낌에 대해서 분명한 의사 표현을 갖도록 하는 점이 좋지만 학급의 크기가 클 경우에는 시간 관계상 어려움이 있고, 어린 유아의 경우 발달 특성상 어려움이 있을 수 있다.
제작법		▶ 명화의 특징적 부분을 소재로 하여 제작해 보는 방법 • 표현학습의 유형에 속하는 적극적인 감상 유형이다. • 즉, 유아의 감상 능력은 감상기술과 표현기술을 통합한 교육과정을 통해 가장 잘 발달될 수 있으며, 여러 가지 작품들을 통해 작가들의 개성을 살펴보고 그 특징을 옮겨 보는 가운데 작가의 작품 제작 과정에 공감할 수 있게 된다고 보는 입장이다. • 따라서 이러한 방법에서는 유아 자신의 개성을 살리면서도 화가의 의도에 최대한 가깝게 접근하도록 하는 것이 효과적이다.
모의 미술관법		▶ 유아가 제작한 작품을 전시하고, 미술관을 꾸미는 등 구체적 행동으로 체험하며 감상하는 방법 • 실제 작품 전시를 통해 감상에 관련된 제반 문제를 이해하게 하는 데 효과적인 방법으로 수업의 질을 높일 수 있고, 정확하고 빠른 이해를 도울 뿐 아니라 개개인의 사고를 구체화시켜 주는 특징이 있다. • 또한 유아들이 만든 미술작품을 전시하게 되면 유아들은 작품에 대해 자부심을 느끼고 긍정적인 태도를 갖게 되고, 미술표현에 대한 자신감을 갖도록 도와줄 것이다. • 대표적인 사례로는 박물관처럼 느껴질 정도로 유아들의 작품을 주의 깊게 전시해 놓은 레지오 에밀리아를 들 수 있다(Seefeldt, 1990). • 모의 미술관법은 실제로 유아들이 교사와 함께 미술관을 꾸며 감상하는 방법이다. • 모의 미술관법은 미술관에서 어떻게 작품을 감상하며 어떻게 작품이 구매되는지를 실행함으로써 관념적이지 않은 구체적인 행동으로 체험하는 감상 방법이다. • 따라서 감상 태도와 미술 소비자의 입장을 공부할 수 있다.

	예 교사는 유아의 작품 중 마음에 드는 것을 선별하도록 권한 후 교실을 미술관으로 꾸며볼 수 있다. 교사는 실제로 작품을 미술관 벽에 붙일 때 그림의 주제나 색, 형태와의 관련성 및 전시관의 벽과 높이에 따라 그림이나 작품을 조화롭게 전시한다는 것을 가르쳐 주며 유아와 함께 작품을 조화롭게 꾸며본다. 유아의 작품 전시가 다 되었으면 발자국 소리를 내거나 친구들과 떠들지 않도록 주의시키며 감상 태도에 관해 이야기해 준다. 작품을 감상한 후 마음에 드는 친구의 작품에 포스트잇이나 표시할 수 있는 스티커를 붙이게 한다. 그다음 마음에 드는 친구의 작품을 자신의 물건과 바꾸거나 하여 실제 작품을 구매하는 모의 행동을 실행해 본다.

셀프 가이드	▶ 명화의 의미를 살펴볼 수 있도록 고안된 **자기 감상용 도구를 활용한 감상법**
	• 셀프가이드란 유아가 자기 스스로 혹은 교사의 진행에 따라 보다 흥미 있게 대화를 나누면서 **명화가 갖고 있는 의미에 다가갈 수 있도록 고안된 자기 감상용 교재 내지 도구**를 말한다.
	  예 명화감상 워크시트
	• 셀프가이드는 유아가 흥미를 갖고 **미술작품과 대화하면서 스스로 발견해 나갈 수 있게 하는 안내 자료**로서 **한 장으로 된 워크시트 형식**과 **여러 장으로 된 팸플릿 형식**이 있다.
	  - 첫째, 미술작품을 친근감과 흥미를 갖고 보게 하여 작품이 지닌 성격이나 의미를 전체적으로 생각하게 하는 의도를 갖고 있다.
	  - 둘째, 감상하려는 명화의 특징이나 양식 등을 분석적으로 밝혀보게 하는 의도로 작성된 것이기도 하다.
	  - 셋째, 작가의 표현 의도를 찾아 들어가게 하는 것이기도 하다.
	  - 넷째, 위의 세 가지 의도를 포괄적으로 취급하여 자기감상을 돕도록 하는 데 목적을 두고 있다.
	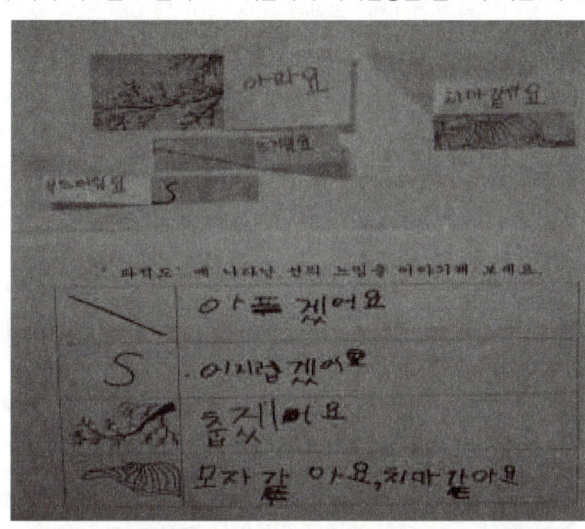

작문법	▶ **작품을 보고 감상문을 쓰는 방식의 감상법** • 아직 글쓰기가 서투른 유아들에게는 작문법을 적용하기 어렵다. • 따라서 **작품을 보고 느낀 점을 그림으로 그려 보거나 색을 선택하여 칠해 보는 방법, 표정으로 나타내 보는 방법으로 적용**해 볼 수 있다.

4 명화감상을 위한 교사의 역할(유아를 위한 명화감상 활동자료, 2006)

- 명화감상을 위한 필수 요소로는 소통자(화가), 매체(명화), 수신자(감상자) 등 세 가지 요인이 있다.
- 그러나 최근 이 세 가지 요소 외에도 유아의 해석 능력을 개발하기 위해서는 명화와 유아의 만남을 안내해주는 촉진자(교사)의 역할이 중요하다는 인식이 증가하고 있다.

선정자로서의 역할	• 교사는 **명화에 대한 발문을 시작하기 전에 먼저 어떠한 명화를 대상으로 할 것인지 선택해야** 한다.
	• 작품 선정 시 미술 장르 및 화풍이 다양한 작품들이 포함되도록 할 뿐 아니라 다음과 같은 사항들을 고려해야 한다.
	① **생활주제와 관련된 명화를 선정한다.**
	  - 통합교육을 위해 유치원 교육과정에서 다루고 있는 생활주제와 연관된 작품을 선정하는 것이 좋다.
	  예 생활주제가 교통기관인 경우 장욱진의 '자동차가 있는 풍경'을 사용할 수 있다.
	② **유아의 발달 특성에 적합한지를 확인한다.**
	  - 유아의 인지발달 단계에 적합한 것일 때 유아는 명화에 흥미를 느끼며, 감상활동에 적극적으로 임할 수 있다.
	③ **유아의 선호도를 고려한다.**
	  - 명화의 주제는 유아의 선호와 관련된 중요한 요인이다. 남아와 여아는 좋아하는 것과 싫어하는 것이 명백히 다르다.
	  - 사실적인 주제를 다룬 명화는 대개 나이 든 아동에게 적합하다. 어린 아동일수록 단일한 물체를 선호한다.

제시자로서의 역할	• 감상할 명화를 결정한 후에는 **원작의 특성을 잘 살리고 있는 질 높은 복제품을 마련**하는 것이 중요하다. • 또한 명화를 보여주는 교실 환경이 토론에 도움이 될 수 있으나 방해가 될 수도 있으므로 각 유아가 작품을 볼 수 있도록 교실 환경을 구성하고 대집단 또는 소집단의 유아들에게 **효과적으로 작품을 제시할 수 있는 방법을 생각해야** 한다. • 작품의 특성이나 교사의 의도에 따라 다음과 같은 다양한 방법을 사용할 수 있다.

책자를 직접 제시하는 방법	• **미술책에 나온 명화를 그대로 보여주는 방법**으로 별도의 준비 없이 간편하고 작품의 해상도도 높은 장점이 있다. • 그러나 그림의 크기가 너무 작은 단점이 있으며, 개별 유아나 소집단 유아에게는 가능하지만 대집단 활동으로는 적합지 않다.
출력해서 판넬을 만들어 제시하는 방법	• 명화 자료를 컬러 프린터로 출력한 후 **하드보드나 우드락 등으로 배지를 대어 판넬을 만들어서 제시**할 수 있다. • 작품의 크기를 확대할 수 있다는 장점이 있으나 출력 과정에서 원작의 색상이 훼손될 가능성이 있다. 프린터 세팅을 고화질로 맞추어 인쇄하는 것이 좋다.
OHP를 이용하는 방법	• 종이 대신 OHP 필름을 이용하여 앞의 방법과 같은 방법으로 출력한다. • 컬러로 출력된 OHP 필름을 OHP 기계 위에 얹어 놓고 벽면에 설치된 스크린에 비추어지도록 한다.

파워포인트를 사용하는 방법	• 단순히 CD에 저장된 명화 자료를 클릭하는 것으로 OHP를 이용한 방법보다 간편하고 경제적이다. 색상의 선명도가 떨어지고 작품의 질감 등이 잘 표현되지 않는 단점이 있다. • 그러나 파워포인트를 사용할 경우 다음과 같이 제시 효과를 높이기 위한 기법을 활용할 수 있다. ㉠ 예를 들어, '팽창과 압축'을 주제로 한 세자르 작품의 경우 **파워포인트의 애니메이션 기법을 적용하여 확대 혹은 축소하면서 역동적으로 제시**하면 원작의 의도를 보다 효과적으로 제시할 수 있다. • 조각이나 공예 등 입체작품을 제시할 때에는 동영상을 보여주는 것이 효과적이다.

상호 작용자 로서의 역할	• 펠드만에 의하면 **명화감상은 언어를 만들어내는 과정**이며, **말로 나타내지 않는 감상은 있을 수 없다.**
	• 또한 미술에 관한 용어는 유아의 언어를 확장시켜줄 수 있다.
	  – 색, 형, 선, 크기 등의 미술 용어나 가벼운/어두운과 같은 비교 용어, 비어 있는/가득 찬과 같은 묘사적 용어는 미술 비평가뿐 아니라 유아도 사용하는 언어다.
	• 교사는 유아가 이러한 일상적인 용어를 사용하는 방법을 확장시키도록 도와줄 수 있다.
	  – 예를 들어, "빨간 컵을 원한다."라는 식으로 기능적 측면에 초점을 두고 말하는 대신, "저 그림에서 밝은 빨간색 옷은 무용가가 살아있는 것처럼 보이게 한다."라고 말하는 것이 도움이 된다.
	• 이처럼 유아의 감상 능력은 교사의 질문을 통해 체계화될 수 있다. 따라서 교사는 비평가로서의 역할을 보여주어야 하며, 유아가 명화에 대해 묘사, 분석하고 이야기를 끌어낼 수 있도록 다양한 계획된 질문을 해야 한다.
	• 상호작용을 위한 지침은 다음과 같다.
	① **판단적 용어보다는 기술적 용어를 사용한다.**
	  ㉠ "나는 이것을 좋아한다." 또는 "저것이 예쁘다."라고 하기보다는 "~이 보이는데…" 또는 "이걸 보니까 ~이 생각나는구나."라고 말한다.
	② **미학과 정서를 이야기하는 언어를 사용한다.**
	  ㉠ "이 색깔들은 슬퍼 보여." 또는 "이 작은 점들은 모두 바빠 보인다.", "이 크고 밝은 원에서 눈이 떨어지지 않네."라는 식으로 말할 수 있다.
	③ **사고를 유발하는 질문을 한다.**
	  – 늘 개방적 질문을 하고, 답이 포함되어 있는 질문은 하지 않는다.
	④ **유아가 토론 내용을 선택할 수 있는 기회를 제공한다.**
	  – 모든 유아에게 명화를 충분히 관찰하게 한 후 토론하고 싶은 세부사항을 지적하도록 하며, 수줍어하는 유아를 격려한다.
	⑤ **모든 유아가 토론에 참여할 수 있도록 배려한다.**
	  – 대규모 학급이나 행동 문제가 있는 유아가 있을 경우, 토론을 이끄는 기술이 특히 중요하다. 어떤 유아는 토론을 독점하고자 할 것이고 어떤 유아는 너무 조용히 말해서 말소리가 들리지 않을 것이다.
	  – 교사는 계획된 철저한 질문을 함으로써 모든 유아가 진정한 흥미를 느낄 수 있는 명화감상 활동을 만들 수 있다.
	⑥ **수용적 토론 분위기를 조성한다.**
	  – 항상 유아들에게 자신감을 갖도록 격려한다. 교사는 유아들의 반응 하나하나에 귀를 기울이며 존중과 관심을 보여주어야 한다.
	  – 또한 '한 가지 옳은 방법'으로 토론을 제한하기보다는 범위를 넓혀주어야 한다.

- 이상과 같은 지도 원리에 따라 다음과 같은 과정으로 명화감상 활동을 진행할 수 있다.

자세히 관찰하고 느낌 이야기 하기	• 시작하는 질문은 대화의 질에 막대한 영향을 미칠 수 있다. • 또한, 이 단계에서는 작품을 보고 느껴지는 바를 경험과 관련지어 언어로 표현하게 하며 정확한 언어를 사용하게 하는 것이 중요하다. • 대화를 여는 방법으로는 단순히 그림에서 무엇을 보았는가 질문하기보다 다음과 같이 구체적인 질문을 사용할 수 있다. ① **그림을 1분간 보고 얼마나 많이 기억했는가 보자.** 다시 그림을 보고 그림 속에 그 물건이 있는지 이야기해 볼까? ② 우리가 **이 그림에서 본 모든 것을 이야기해보자.** ③ 선생님에게 전화로 이야기하는 것처럼 말해보자. 선생님이 알 수 있도록 그림 속에 물건들의 이름을 말해볼까?
미술의 요소 및 원리에 대해 이야기 하기	• 미적 대상에서 전체적으로 느껴지는 바를 언어로 표현하게 한 후에 미적 대상의 형식을 나름대로 분석하는 단계로서 조형 언어를 구사할 수 있는지 발견할 수 있다. • 유아에게 그림 속에 있는 물건들을 가능한 많이 설명해보도록 한 후 서로 연관시킨다. • 미술의 요소 및 원리에 초점을 둔 질문의 예 ① 제일 위에 있는 것은 무슨 색이니? 도와주는 사람은 어떤 모양이니? ② 색깔이 얼마나 잘 어울리니? 서로 잘 어울리는 색을 찾아보자. ③ **비슷한 색은 어떤 것이니?** ④ 선을 발견하고 눈으로 쫓아가 보아라. 손을 이용해서 그것이 어떻게 움직이는지 보여주렴. ⑤ **빨간색 모양을 볼 때마다 박수를 쳐보렴.** 리듬이 만들어지니?
작품 내용에 대해 이야기 하기	• 작품의 의미를 생각하는 단계로 작품의 구조와 화가의 의도 사이의 관계를 발견하고 작가가 의도한 주제와 방법을 간접적으로 경험하는 단계이다. • 교사는 유아가 앞의 두 단계에서 수집한 단서를 토대로 개인적인 감정과 반응을 도출할 수 있도록 지도해야 한다. • 개방형 질문이 적절하며, 유아에게 자신의 생각을 자유롭게 표현할 수 있도록 허용한다. 화가가 주로 무엇을 말하고자 하는지, 어떤 의도로 이런 그림을 그렸을지, 작품이 어떤 목적을 위한 것인지, 화가가 사용한 재료와 기법이 주제를 표현하는데 어떤 의미가 있는지에 관해 질문할 수 있다. • 구체적 질문 사례 ① 이 남자는 어떤 사람인 것 같니? **만약 네가 이 남자 옆에 있다면 너에게 뭐라고 말할 것 같아?** ② **네가 이 풍경 안으로 들어갈 수 있다고 상상해보자.** 모퉁이 근처에서는 무엇을 볼 수 있겠니? 무슨 소리를 들을 수 있을까? ③ **이 장면 바로 전이나 바로 후에는 어떤 일이 일어났을까?** 등장인물들과 같이 자세를 취해보고 행동을 계속 진행해보렴.

	내면화와 애호하기	• 느끼고 분석하고 해석하고 평가한 것을 정의적인 면과 연결시키는 것으로 태도나 습관화와 관련되며 작품에 대해 어떤 생각이 드는지를 말하도록 하는 단계이다. • 이 단계는 앞 단계에서 분석이 진행되는 동안 수집된 구체적 정보에 기초한 결론을 요구한다. 유아가 명화에서 개인적인 의미를 발견하도록 돕는 것이 좋다. • 또한, 유아가 자신의 견해를 명료하게 표현하기 위한 비평과 미술 용어를 사용할 수 있도록 이끌어 주어야 한다. • 대체로 작품에 대해 어떤 생각이 드는지 그 이유는 무엇인지, 작품에서 감동이 느껴지는지, 작품이 어떤 흥미를 주는지, 작품을 그려보거나 전시하고 싶은지를 중심으로 질문할 수 있다. • 구체적 질문 사례 ① 집에 이 명화를 걸고 싶니? 어떤 방에 제일 잘 어울릴 것 같니? ② 누구에게 선물하면 좋을 것 같니? ③ 왜 이렇게 색칠하고 싶어 할까? ④ 어떤 것이 제일 좋으니?

5 명화감상을 위한 환경구성(유아를 위한 명화감상 활동자료, 2006)

• 효과적인 명화감상 활동이 이루어지기 위해서는 유아교육기관에서 적절한 환경을 구성해야 할 뿐 아니라 가정 및 지역사회와의 연계가 이루어지는 것이 중요하다.

교실 환경 구성	명화 복제품 수집	• 명화 복제품의 수집 방법 ① 박물관이나 미술관의 기념품 가게나 서점, 도서관에서 구입한 명화 포스터, 사진, 모형 ② 브로슈어나 잡지에 실린 명화 전시회 광고 ③ 신문의 책 소개 섹션에 실린 최근 출판된 미술책의 삽화 ④ 유아용으로 출판된 화가와 그들의 작품에 관한 책 ⑤ 박물관이나 미술관을 방문한 친지에게서 받은 명화 엽서
	명화 복제품 전시	• 유아들은 교실에서 본 명화를 실제로 미술관에 가서 볼 때 매우 신기해하고 즐거움을 느낀다. • 또한 명화 복제품을 교실에 몇 주일간 전시하는 것은 유아가 명화에 대해 깊이 생각할 기회를 제공해 준다. 따라서 교사는 명화 복제품을 교실에서 유아의 흥미와 활동과 연결할 수 있는 장소에 배치하는 것이 좋다.
	명화를 이용한 교수매체 제작	• 명화로 만든 교수매체는 어렵고 멀게만 느껴지던 명화를 일상생활에서 놀이 활동이나 게임 자료로 만들어줄 수 있다. 즉, 압박감 없는 놀이를 통해 명화의 이미지와 익숙해짐으로써 미술역사를 학습하는 환경의 토대가 닦여지게 된다.
	유아가 제작한 작품 전시	• 유아가 제작한 미술작품을 전시할 수 있는 공간을 마련하여 미술작품 전시회를 다양한 방법으로 연출하는 것이 좋다. 후속활동으로 역할놀이를 실시할 수도 있다.

	• 미술작품 전시회를 실감 나게 만드는 방법 ① 이름, 제목, 재료, 작가의 한 마디 등 미술관과 같은 양식의 라벨을 만들기 ② 조명 공간, 시야 등을 고려해서 어디에 작품을 전시할지 이야기하기 ③ 작품을 보호하기 위한 줄이나 가로대 만들기 ④ 기념품 가게 만들기
가정과의 연계	• 교실에서 한 명화감상과 관련된 활동을 워크시트로 제작하여 가정에서 부모와 유아가 함께 활동하게 함으로써 유아뿐 아니라 부모의 미적 소양과 감상 능력을 높여줄 수 있다. • 가정에서 명화의 유형과 재료에 대해 학습하기 • 가족 중에 화가가 있으면 교실에서 일일교사로 활동하기 • 가정에서 가져온 미술작품 전시하기(다양한 매체가 포함되도록 할 것 : 그림, 조각, 사진, 도자기, 직조, 서예 등) • 집에서 그린 그림을 유치원에 가져와서 가족의 생활에 대해 이야기하기 • 유치원에서 그린 그림을 집으로 가져가서 가족과 이야기 나누기 • 부모교육을 통해 부모에게 명화감상이 숫자나 글자를 숙달하는 것만큼 가치 있다는 것을 전달하기
지역 사회와의 연계	• 비고츠키(1978)에 의하면, 유아는 자신이 속한 환경에서 사람들과 상호작용할 때 학습이 일어나며, 자신을 사회적 문화적 환경의 일부로 바라보기 시작하면서 문화적 상징을 통해 의사소통하려는 욕구를 발달시킨다. • 이처럼 볼 때 유아의 미술 재능과 지역사회의 미술 유산이 미술 커리큘럼에 통합될 때 유아는 전통의 가치를 학습하고 미술은 무엇인가, 미술은 왜 만들어졌고 어떻게 만들어졌는가에 대해 학습할 수 있을 것이다. • 이러한 입장에서 최근 '**지역사회 중심 미술교육(CBAE, Community-Based Art Education)**'이 현대 미술교육의 중요한 커리큘럼으로 등장하여, 지역사회의 자원과 역사와 관련된 미술 프로그램을 개발하고자 **지역사회 인사와 미술가, 부모, 교사, 학생 등 다양한 사람들이 참여**하고 있다. • 지역사회 연계는 **근처의 박물관이나 미술관, 화랑 등으로 현장학습**을 가거나 **화가의 작업실을 방문함으로써** 이루어질 수 있다. 또한 다음과 같이 **화가를 교실에 초청**하는 것도 효과적이다.

화가에게 궁금한 것 이야기 나누기	• 대집단 활동으로 화가에게 묻고 싶은 것을 이야기하고 아이들이 질문한 것을 적어서 목록화시킨다. ① 어떻게 그림을 그리세요?(어떤 재료를 사용하여 그림을 그리시나요?) ② 어떤 그림을 주로 그리시나요? ③ 왜 화가가 되셨나요? ④ 화가는 무슨 일을 하나요? ⑤ 그림을 그릴 때 기분이 어떠신가요? ⑥ 어린이들에게 해주고 싶은 말이 있으신가요?
화가 초빙 수업 : 이야기 나누기	• 화가가 오면 인사를 나누고 어린이들이 궁금했던 점을 하나씩 같이 읽으며 알아본다.
화가 초빙 수업 : 화가가 사용하는 재료로 그림 그리기(유화)	① 캔버스와 붓, 기름 등 재료와 사용방법과 유화에 대해 소개한다. ② 재료의 느낌과 그림을 그릴 때의 느낌에 대해 상호작용을 하며 그림을 그리도록 한다.

 **유아 미술교육의 목적**

목적	
	① **예술 경험의 목표 : 아름다움과 예술에 관심을 가지고 창의적 표현을 즐긴다.** – 자연과 생활 및 예술에서 아름다움을 느낀다. – 예술을 통해 창의적으로 표현하는 과정을 즐긴다. – 다양한 예술 표현을 존중한다. ② **창의력을 기른다.** – 미술교육은 획일적인 표현활동을 지양하고, 유아의 발상이나 창의적인 사고를 중시하며, 다양한 자료를 가지고 새롭고 독창적인 표현을 시도할 수 있는 기회를 제공하는 교육이 되어야 한다. ③ **감정을 표출하고 정서를 순화시키는 능력을 기른다.** – 미술 활동을 통해 유아가 자신의 세계를 표현하면서 일상생활에서의 긴장을 해소시키며, 내부의 갈등을 정화시켜 심리적 안정을 취할 수 있도록 한다. ④ **미술활동에 필요한 기초 기법을 알게 하고, 재료와 도구를 유용하게 사용할 수 있는 능력을 기른다.** – 유아는 재료와 도구의 사용 방법 및 기술을 배우게 되면, 자신감 있게 그림을 표현하게 되며, 문제를 해결할 수 있는 능력을 익히게 된다. – 따라서 유아가 욕구와 의도 및 표현 기법에 맞게 재료와 도구를 사용하고, 특성과 기능 및 사용법을 익혀 유용하게 사용할 수 있도록 해야 한다. ⑤ **미술을 생활에 활용하는 태도를 기른다.** – 유아를 위한 미술교육은 작품의 심미적인 측면만을 중시하는 것이 아니라, 실생활에 활용할 수 있는 미적 감각과 응용력 그리고 합리적인 생활태도 등을 길러 주는 교육이 되어야 한다. ⑥ **문제 해결력을 기른다.** – 유아는 미술 활동을 하면서 주제, 재료, 표현 방법, 크기, 색깔, 질감 등을 선택하여야 하며 재료를 친구와 나누어야 하는 등 다양한 문제와 부딪히게 된다. – 그러므로 미술 활동에서 일어나는 다양한 문제들을 합리적이고 자발적으로 해결할 수 있는 능력을 길러 주어야 할 것이다. ⑦ **책임감을 느끼게 한다.** – 유아는 미술 활동을 하면서 스스로 주제를 선택하고, 필요한 도구와 재료를 선정·이용하는 등의 기회를 갖게 된다. – 그러므로 미술 활동에서 유아가 스스로 선택하고 판단한 것에 대하여 스스로 책임을 질 수 있는 능력을 길러 주도록 한다. ⑧ **다양한 작품을 감상하고 다른 사람의 표현과 의도에 대해 이해하고 존중하는 마음을 가진다.** – 자신과 친구들의 미술작품을 비교하는 기회를 통해 다른 사람의 표현과 의도에 대해 존중하는 마음을 갖도록 한다. – 또한 다양한 예술작품을 감상함으로써 미적 감각을 육성하고, 자연미와 조형미를 애호·보존하는 태도를 갖게 한다.

Ⅶ. 유아미술의 교수 방법

1 직접 교수법

▶ **교사의 시범, 설명을 통해 주요 수업 내용을 제공**하는 교수법

- 직접 교수법은 교사가 **시범이나 설명**을 통해 **아동들이 배워야 할 주요한 수업 내용을 제공**해 주는 **교사 중심 전략**으로 유아들에게 일반적인 사실이나 정해진 규칙·행동 계열을 알게 하며, 지식을 기반으로 한 특정한 기능을 익혀 능숙하게 표현하기에 적합한 교수·학습 방법이다.
- 유아의 미술표현 능력 향상을 위해 **직접 교수법이 활용될 수 있는 상황**
  ① 주어진 **활동시간을 효율적으로 관리**하면서 유아들의 적극적인 연습을 유도하며 목표를 달성하고자 할 때 활용할 수 있다.
  ② 표현을 위해 **새로운 재료나 도구가 등장했을 때** 활용될 수 있다.
  ③ **새로운 표현 방법**에 대한 충분한 반복훈련과 피드백의 제공을 통해 유아의 창의적 표현 능력을 향상시키고자 할 때 활용할 수 있다.

  기 '미술 활동의 요소'에 해당하는 요소 3가지를 쓰고, ② 이들 요소 중 하나를 선택하여 유아 미술교육에서 직접 교수법이 필요한 상황 1가지를 쓰시오. ① 주제, 재료, 기법(기법과 구성)[25]

- 직접 교수법 적용 시 수업 진행 절차

	단계 구분	지도 내용
직 접 교 수 법	1 문제인식 단계	• 진행하고자 하는 **수업 전체의 흐름과 각 세부과정**에 대한 **안내** • 학습 목표 및 학습 과제를 분명히 알려 주고 **동기를 유발**하여 학습 의욕을 촉진함 • 유아가 이미 가지고 있는 **지식이나 경험**을 교사가 **파악**하여 **새로 학습할 요소와의 관계**를 설명하여 학습을 촉진함
	2 설명 및 시범단계	• 학습 과제를 정확히 이해시키고 실제 수행해야 할 내용을 교사가 설명하거나 시범 • 표현 재료와 **도구의 특성, 사용 방법, 표현 및 제작 활동의 순서나 과정**에 대해 상세하게 설명하고 시범 • 교사는 자신이 설명한 원리나 방법을 가장 잘 보여줄 수 있는 사례를 제시함
	3 질의응답 단계	• 교사가 보인 설명과 시범에 대해 **유아가 제대로 이해하고 있는지 확인**하기 위해 유아의 질문을 받고 응답함 • 교사가 가르친 원리나 절차, **시범을 통해 보여 준 내용을 유아 스스로 설명할 수 있는지** 점검함 • 교사가 가르친 원리나 절차를 이해하지 못할 경우 다시 설명하거나 확인 과정
	4 구조화된 연습단계	• 교사에 의해 **미리 계획되고 준비된 자료**를 통해 유아가 쉽게 따라 해 볼 수 있도록 제시함 • 연습은 난이도가 낮은 단계에서 높은 단계로 진행함 • 표현이 잘 안 되는 부분은 다시 한번 시범을 보임 • 만일 교사의 기능 부족으로 직접 시범을 보일 수 없다면 미리 제작된 단계별 자료를 보여주는 것으로 대체함

5	독립적인 연습단계	• 구조화된 연습을 통해 유아의 성취 수준이 높아지면 습득 방법이나 기능을 활용하여 **독창적인 작품을 제작하도록 안내** • 단계적 연습을 통해 학습 기능이나 능력이 발휘될 수 있도록 지도함 • 교사는 궤간 순시를 통해 **자신감을 가지고 표현할 수 있도록 격려**함
6	정리 및 발전단계	• 작품 **감상 시간을 통해 교사, 유아 간 피드백** • 잘 표현된 부분에 대해 칭찬하고 격려함

• **직접교수법의 장점과 단점**

장점	단점
• 다수의 유아에게 정보를 쉽게 효과적으로 **전달**할 수 있음 • 낮은 수준의 인지적 목표를 달성하기 쉬움 • 시행착오 없이 **안전하게 지식의 습득**이 가능함	• 교사의 능력과 기술에 지나치게 **의존**하게 됨 • 유아가 **학습한 내용을 내면화했는지** 파악하기 어려움 • 유아의 **개별적인 발달 수준을 고려한 학습**이 이루어지기 어려움

제2장 유아미술교육

2 통합적 교수법

▶ **여러 교과과정 등을 하나의 활동 속에 통합**하여 교수하는 방법

- 통합적 교수법의 개념 및 의의
  ① 통합적 교수법이란 신체, 언어, 수·과학, 음악, 미술 영역 등의 **여러 교과과정 영역을 분리하지 않고 하나의 활동 속에서 통합적으로 다루는 것**이다.
  ② 유아의 연령이 **어릴수록** 다양한 교육과정의 **경험들이 유기적으로 관련되어 있을 때 효과적으로** 학습할 수 있다는 주장에 따라 다른 교육과정과 마찬가지로 미술지도에 있어서도 통합된 학습 경험의 제공이 매우 중요하게 다루어지고 있다.
  ③ 특히 유아의 미술작품은 우연히 만들어지는 것이 아니라 신체, 언어, 인지, 사회정서 발달과 관련된 다양한 학습경험의 통합적 산물이라는 점에서, 미술교육이 다른 교과들과 연계될 때 주제나 테마, 새로운 아이디어를 더욱 풍부하게 만들 수 있다는 점에서, 통합적 접근에 의한 미술교육의 당위성을 찾는다.

- 프로젝트 접근법
▶ **흥미 있는 특정 주제를 선택**하여 **깊이 있게 탐구하는 과정**에서 **통합된 활동이 이루어지는 것**으로 **유아가 주도적으로 수행하도록 안내**하는 접근법
  - 유아교육 현장에 가장 널리 알려진 통합적 교수·학습법으로 프로젝트 접근법이 있다.
  - 프로젝트 접근법의 교수단계는 크게 도입, 전개, 마무리 단계의 3단계로 구분된다.

단계	중심 사건 및 과정	교사의 관심	유아 활동
시작 단계	• **주제에 관한 최초 토의** • 사전경험 표현을 위한 다양한 표상활동 • **질문 목록 작성**	• 주제에 대해 얼마나 알고 있는가? • 주제에 관한 사전 경험은 무엇인가? • 유아가 알고 싶어 하는 것은 무엇인가?	• 개인적인 경험 회상 • 개인적인 기억 묘사 • 교사와 친구들과 함께 서로의 경험이나 생각 공유 • 개인적인 질문거리 선정
전개 단계	• **탐구조사 활동** • **현장견학** • 현장견학 사후 활동 • 전문가와의 면담 및 활동	• 유아가 주제에 관해 학습할 수 있는 새로운 경험과 지식은 무엇인가? • 주제에 관해 유아에게 흥미를 유발하고 유아 수준에 적절한 활동을 어떻게 제공할 것인가?	• 질문에 대한 탐구 조사 활동 • 현장 학습으로 직접적 탐색 과정과 전문가와 함께 활동하기 • 현장견학 사후 활동 및 표현
마무리 단계	• **마무리 행사** • 지식의 내면화	• 마무리 행사는 어떠한 활동이 적합한가? • 새롭게 획득한 지식의 내면화를 위해 적합한 활동은 무엇인가?	• 프로젝트 전 과정의 **결과물과 활동내용을 검토하고 평가**하여 전시를 위한 작품 선정 • **다른 사람이 학습 과정을 이해하고 감상하도록** 프로젝트 활동을 재창조
표상의 예	개미 1차 표상	개미 2차 표상	개미 3차 표상

- **학문 중심 미술교육(DBAE, Discipline-Based Art Education, 총체적 미술교육)**
  ① **학문에 기초한 미술교육** 또한 통합적 교수법의 하나이다.
  ② 즉, 그동안의 미술이 작품제작에 중점을 둔 것과 달리 미술의 통합적 이해에 기초한 DBAE는 미술을 **작품제작, 미술사, 미학, 미술비평의 네 분야로** 보고, **이 네 분야가 미술교육 속에서 함께 통합되어 연속적으로 이루어지도록** 하는 교수 방법이다.

작품제작 (art production)	▶ **작품 제작 활동을 통한** 학습 기회 제공 • 작품 제작 활동을 통해 **작품 제작에 필요한 주제 및 아이디어 인식에 대한 기술, 제작 방법, 제작 도구 및 미술 재료의 사용 기법**에 대한 학습 기회를 제공함으로써 유아 스스로 창조적 표현활동에 임하게 하고 창조의 즐거움을 체험하도록 한다.
미술사 (art history)	▶ **작품이 언제, 어디서 제작**되었는지, **시대적, 문화적 배경 속에서** 의미 이해 • 예술을 역사 및 문화의 소산으로 보고, 역사적 흐름 속에서 미술의 문화적 표현을 이해하는 데 초점을 맞춘다. • 이를 위해 유아가 한 작품이 언제 어디서 누구에 의해 제작되었으며, **시대적·문화적 배경 속에서 어떤 의미**를 지니는지를 학습하게 하여 문화가 미술의 내용과 형식을 통해서 어떻게 표현되는지를 이해하게 한다.
미학 (aesthetics)	▶ **좋은 미술작품은 무엇**인지, **어떻게 작품 감상할 것인지** 이해 • 미술작품이 지닌 표면적인 의미에 한정되지 않고 **심미적인 사고 과정을 통해** 미술작품이 지닌 **내면적 의미까지 인식**할 수 있도록 하기 위해, 어떠한 방법으로 미술작품을 **감상**할 것인지, 좋은 미술작품의 기준은 무엇인지 등과 같이 미술품에 대한 지각과 이해 및 **감상 방법**에 대해 습득시킨다.
미술비평 (art criticism)	▶ **관찰 능력, 작품 간 차이점을 발견·분석**하고, **작품에 대한 의견을 제시**할 수 있는 **논리 체계를 학습**하게 하는 방법 • 미술작업에 대한 **관찰 능력**과 유아 자신의 작품이나 다른 사람의 **작품 간의 차이점**을 발견하고 분석하여 미술작품에 대한 자신의 의견을 피력할 수 있는 논리적 체계를 학습시키는 한편, **미적인 평가 기준**에 대한 판단 능력을 함양하는 데 주안점을 둔다.

- **통합적 교수법의 장점과 단점**

장점	단점
• 다양한 교과의 통합적 경험을 통해 주제나 테마, **새로운 아이디어를 더욱 풍부하게 제공**받을 수 있음 • 통합적으로 학습하는 성향을 지닌 **유아의 주도적이고 적극적인 참여**가 이루어짐	• **다양한 교과의 내용을 통합한 활동을 계획하기가 쉽지 않음** • 통합된 교과의 내용을 아우를 수 있는 **다양한 물리적 지원이 필요**함

3 협력학습 교수법

▶ **공동의 목표를 달성하기 위해 서로 돕고 책임을 공유**하게 하는 교수법

- 협력학습이란 집단의 성원들이 설정한 **공동의 목표를 달성하기 위해 서로 돕고 책임을 공유**하며, 과제 해결의 결과에 대해 **공동으로 보상**을 받음을 의미한다.
- 협력학습 교수법은 여러 명의 유아가 **특정 주제와 관련하여 공동의 목표를 달성**하기 위해, **상호의존적인 공동의 노력을 통해 공동 작업을 수행하도록 돕는 교수법**이다.
- 협력학습 교수법에서는 과제에 따라 대규모 집단으로 협력학습이 이루어지기도 하지만, **4~6명 정도의 소규모 집단이 협력학습에 적절**한 것으로 여겨지며, 집단 구성 시 또래 유아 간에 서로 가르치고 배우면서 학습능력이 향상된다는 비고츠키의 견해에 따라 유아의 학습능력이 동질적인 집단보다 이질적 집단구성이 선호되는 편이다.
- 협력학습 교수법의 교수단계

협력학습 교수법		
	학습에 대한 안내	• 교사가 직접 설명하거나 다양한 교수매체를 활용하는 방법 등을 통해 유아들에게 **학습해야 할 내용을 안내**하고 어떠한 순서에 의해 어떠한 활동을 할 것인지를 알려준다.
	소집단 활동	• 먼저 유아의 성별, 인지능력, 성격 등을 고려하여 **다양한 구성원으로 소집단을 구성**한 후, 각자가 담당해야 할 **역할을 분담**하고 **맡은 역할을 수행**하여 주어진 과제를 해결한다.
	평가 활동	• 소집단 활동을 통해 학습한 내용이나 만들어진 **결과물을 집단별로 발표**하도록 한다.

- 협력학습 교수법의 장점과 단점

장점	단점
• **개별 아동에게 적절한 역할분담을 통해 학습 동기**를 높여 줌 • 아동이 주도적으로 학습에 참여함으로써 학습한 내용을 **내면화하기 용이**함 • 서로 의지하고 돕는 상호작용을 통해 타인을 배려하는 태도를 기름 • 교사 및 또래 간 활발한 상호작용을 통해 **사회적 적응기술, 사회성 발달을 도모**함 • 상호의존적인 협력을 통한 문제 해결 과정에서 긍정적 자아개념을 형성하게 됨 • 합리적인 문제 해결 과정을 통해 문제 해결 능력 및 탐구능력이 발달함	• 과제 수행의 과정보다는 결과를 중시할 수 있음 • 협력학습에 익숙해져서 개인에게 주어진 문제를 해결하는 데 어려움을 느낄 수 있음 • **유능한 아동 위주로 활동이 진행될 수 있음** • **유능하지 못한 아동의 경우**, 상대적으로 **소외감과 수치심을 느낄 수 있음** • 자기가 속하지 않은 집단의 아동에게 적대감을 느낄 수 있음

4 커뮤니티 중심 예술 교수법(CBAE : 지역사회 중심 미술교육, Community-Based Art Education)

▶ **지역사회, 생태학, 공동체 의식 함양 등의 요구**에서 **새로운 대안**으로 제시된 미술교육
- CBAE는 그동안의 미술교육이 교육과정이 지나치게 형식에 얽매여 있을 뿐만 아니라 **우리가 살고 있는 삶의 주요 터전인 자연 및 문화적 환경과 동떨어져 있다는 비판에 대한 대안으로 제시**되었다.
- 지역사회와 지방 특유의 전통과 역사를 **미술교육에 연계**하고자 하는 요구, 지역사회의 시민들이 자유롭게 참여할 수 있는 교육방법에의 요구, 지역사회 사람들에게 **공동체 의식을 함양하고자** 하는 요구에서 새로운 대안으로 제시된 미술교육의 학습 방법이다.

[기] 미적 요소인 질감을 반영한 미술표현 활동 예시 1가지를 ⓔ '커뮤니티 중심 미술교육'의 접근법을 적용하여 쓰시오.[22]

- 커뮤니티 중심의 미술교육의 범주

커뮤니티 중심 예술 교수법		
	지역사회 중심의 미술교육	▶ 미술관, 박물관, **도서관 등 지역사회 내의 모든 장소와 물적·인적 자원을 활용**하는 교수법 • **지역사회 내**에 있는 **미술관, 박물관, 마을회관, 동사무소, 도서관, 건물, 야외공원,** 지역 수공예품, 지역사회 내 미술가 등을 포함한 **지역사회 내의 모든 장소와 물적·인적 자원을 미술교육에 활용**하고 접목하는 교수 방법이다. • 미술교육을 통해 학습자와 그 지역에 살고 있는 사람들에게 그 사회의 문화와 전통을 계승하고 발전시켜야 할 주체임을 인지시키는 한편, 그 지역사회의 예술과 문화에 대한 자긍심을 심어 주는 데 주목적이 있다.
	생태학 중심의 미술교육	▶ 산, 바다, 강, **습지 등 모든 물리적 자연환경**과 **사회적 환경을 미술교육에 활용**하는 교수법 • 우리가 **살고 있는 지역의 산과 바다, 숲, 강, 냇가, 저수지, 습지 등을** 포함한 **모든 물리적 자연환경과 사회적 환경을 미술교육에 접목한 자연 체험학습**이나 **생태 체험학습법**이다. • 살아 숨 쉬는 자연을 교육에 접목해 학습자들에게 자연의 소중함을 일깨워 주고 자연에 대한 올바른 시각을 키워주는 데 주목적이 있다.
	민족공동체 중심의 미술교육	▶ **특정 민족공동체**가 사는 그 **지역의 문화, 풍습, 사회적 환경을 활용**하는 교수법 • **특정한 민족공동체가 살고 있는 그 지역의 문화와 풍습, 사회 물리적 환경을 미술교육에 활용**하여 접목하는 교수·학습 방법이다. • 소외된 계층이나 민족들에게 자유로운 표현의 기회를 부여하고 삶의 의미와 활기를 불어넣어 주며 개개인의 정체성과 그들만의 공동체적 뿌리를 일깨우고 찾아주는 데 그 목적이 있다.
	사이버공동체 중심의 미술교육	▶ **가상공간인 온라인 사이버공동체**를 미술교육에 활용하는 교수법 • 공통의 관심사를 가진 사람들은 그 사이버공동체의 일원이 되어 가상공간에서 서로 의견을 나누며 토론하고, 일정한 시간 이상 동안 지속적으로 인간적 관계망을 형성하게 된다.

- **CBAE의 장점과 단점**

장점	단점
• 지역사회와 연계한 미술교육을 통해 **아동을 비롯**하여 **지역사회 구성원들에게 공동체 의식을 함양**하는 데 기여함 • 아동의 **실제 삶 속에서의 경험을 미술교육에 자연스럽게 접목**시킬 수 있음 • 지역사회 특유의 전통과 역사를 미술교육과 연계하여 학습할 수 있음	• 교사 개인 차원의 노력으로 실행하기가 쉽지 않음 • **지역사회의 적극적인 협조와 참여가 요구**됨

Chapter 03

유아 수학교육

Ⅰ. 수학적 과정 기술 및 수학적 태도
Ⅱ. 수와 연산
Ⅲ. 공간과 도형
Ⅳ. 측정
Ⅴ. 규칙성
Ⅵ. 자료 수집 및 결과 나타내기

I. 수학적 과정 기술 및 수학적 태도

> ▶ **수학적 지식을 획득하고 이를 사용하는 방법**으로 수학적 아이디어를 이해하고, 그 능력을 확장하는 데 필요한 기술(mathematical process skill)
> • NAEYC와 NCTM은 수학적 과정 기술로 문제 해결하기, 추론하기, 의사소통하기, 연계하기, 표상하기를 제시하면서, 유아기에 자신의 사전 지식이나 경험을 다양한 방법으로 표상하고, 반성하고, 다른 사람과 의사소통하고, 추론하며, 문제를 해결하는 능력을 갖추게 하는 데 초점을 두었다.

수학적 과정 기술		
	의사소통 하기	▶ (수학적 상황에서 수학적 언어나 상징을 사용하고,) **수학으로 이해한 것을 타인과 공유**하기 위해 **말이나 글로 표현**하는 기술 • 수학적 상황에서 매일 사용하는 언어를 **수학적 언어와 상징에 관련**시키는 것 기 자신의 전략이나 방법을 친구들에게 말하고 들으며 서로의 생각을 공유하는 것[13추] 기 '유아들은 밤 5개를 모두 모으면 몇 개가 되는지에 대한 자신의 생각을 말로 이야기 나누는 과정에서 수학적 과정 기술 중 **(의사소통하기)**를 활용하였다.'[20] 기 일상생활과 수학적 상황에서 **수학적 언어 및 상징을 사용**하고, 수학으로 이해한 것을 **다른 사람과 공유하기 위해 말이나 글로 표현**하는 수학적 과정 기술[20]
	문제 해결하기	▶ **수학적 문제 상황을 해결**하기 위해 **문제를 이해**하고, **해결 방법을 찾아 그 방법을 실행**하는 것 • 수학적 **문제 상황을 해결하기 위해** 이전에 획득한 지식이나 개념 등을 이용하여 문제를 풀어가는 기술 기 문제가 무엇인지 이해하고, 해결 방법을 스스로 결정하고 그 방법을 실행[13추]
	추론하기	▶ (수학적) **가설을 세워 논리적 결론을 내리고, 그 사고를 설명하기 위해 관계와 규칙성 파악**하는 것 • **수학적 문제에 대해 논리적 결론**을 내리고, 자신의 **수학적 사고를 설명하기 위해** 사물 또는 사실들 간의 **관계와 규칙성을 파악하는 것** 기 활동 결과들이 친구들 간에 왜 서로 다른지 생각[13추] 기 왜 네모 모양이 와야 한다고 생각하는지 이야기해 보는 활동[17] 기 추론하기 방법 중 '정당화하기'에 해당하는 내용을 찾아 쓰시오.[특19]
	표상하기	▶ **수학적 개념과 관계를 파악**하기 위해 **다양한 매개물로 자신의 내적 사고를 나타내는 것** • **말이나 다양한 매개물을 통해** 자신이 지닌 수학적 개념이나 내적 사고를 **표현하는 것** 기 유아들이 만든 집이나 다리를 그림으로 그려보게 하면 어떨까요?[13] 기 '<u>위에서 본 모습을 그림으로 그려보는 것</u>' 활동을 통하여 유아가 학습할 수 있는 수학적 과정 기술[19]
	연계하기 (연관 짓기)	▶ **다른 교과 영역이 수학적으로 연계**되어, **아이디어나 활동이 한 과제에서 다음 과제로 순환되는 것** 기 한 활동에서 학습한 수학적 개념을 다른 활동에 적용해서 설명해 보는 과정[17] 기 실외에서 동그라미와 네모를 찾았으니, 교실에서는 동그라미와 네모뿐 아니라 세모도 찾아보도록 해야겠다. 그리고 빨대나 이쑤시개로 모양 만들기도 해야겠다.'[22]

1 의사소통하기(communication)

	▶ (수학적 상황에서 수학적 언어나 상징을 사용하고,) **수학으로 이해한 것을 타인과 공유**하기 위해 **말이나 글로 표현**하는 기술 • 수학적 상황에서 매일 사용하는 언어를 **수학적 언어와 상징에 관련시키는 것** 기 자신의 전략이나 방법을 친구들에게 말하고 들으며 서로의 생각을 공유하는 것[13추] 기 '유아들은 밤 5개를 모두 모으면 몇 개가 되는지에 대한 자신의 생각을 말로 이야기 나누는 과정에서 수학적 과정 기술 중 **(의사소통하기)**를 활용하였다.'[20] 기 일상생활과 수학적 상황에서 **수학적 언어 및 상징을 사용**하고, 수학으로 이해한 것을 **다른 사람과 공유하기 위해 말이나 글로 표현**하는 수학적 과정 기술[20] 기 '나뭇잎을 정말 많이 모았구나. 단풍잎도 여러 색깔이 있구나. 색깔이 몇 가지니? 나뭇잎이 모두 몇 개의 묶음이 되었니?'에 나타나는 수학적 과정기술을 1가지 쓰시오.[특24]
개념	① **의사소통하기**는 유아가 **수학적 상황과 일상생활에서 사용하는 언어를 수학적 언어 및 상징과 관련시키는 것**이며, **수학으로 이해한 것을 다른 사람에게 말이나 글로 이야기하는 것을** 의미한다. ② 의사소통을 통해 유아들은 **서로의 아이디어를 공유**하면서 새로운 아이디어를 얻어, 사고를 확장할 수 있다. ③ 유아들은 다양한 학습 과정에서 의사소통의 기회를 많이 갖게 되는데, 수학도 일종의 언어이므로 다양한 활동에서 수학적 언어를 사용하여 의사소통할 수 있어야 한다. ④ 수학에서 의사소통은 **유아의 생각을 분명하게 말하고, 생각을 체계적으로** 하게 하며, 자신의 생각을 확고하게 해주기 때문에 중요한 요소이다. 유아는 자신의 아이디어를 교사 또는 **또래에게 표현하고, 다른 사람의 의견에 반응**하면서 수학적 지식을 형성한다. ⑤ 유아들에게 어려운 개념일지라도, 유아들의 반응을 기초로 한 의사소통을 통해 수학 지식과 연결시킬 수도 있고, **유아에게 질문을 던져 유아들 서로의 의견을 교환하도록 할 수도 있다.** 유아들이 흥미 있어 할 문제를 제시하여, 유아들의 생각을 설명하고 또래들과 그 문제에 대해 이야기해 볼 수 있는 기회를 제공하는 것이 필요하다. ⑥ 의사소통의 과정에는 언어적인 것과 비언어적인 것이 모두 포함되며, [지도 방법] **유아들도 말이나 몸짓, 그림, 상징 등 여러 가지 방법으로 자신의 사고와 생각을 교환**한다. 유아가 블록 구성물을 멋있게 만들었을 때 어떤 블록을 어떤 위치에 놓았는지를 설명하고, 이를 듣는 유아는 상대로부터 들은 내용에 따라 만들기를 한다. ⑦ 의사소통의 과정에서 유아 간에 의견대립이 생기기도 하는데, 예를 들면 한 유아가 '백백 살'이라고 했을 때 이를 들은 유아는 '백백 살'은 없으며, '천 살'이라고 정정해 주기도 한다. ⑧ 이러한 과정에서 유아들은 다른 사람의 의견을 듣고 자신의 생각을 수정하고 보완할 수 있게 된다. 또한 다른 사람과 이야기하거나 글을 쓰면서 수학적 언어를 더 정확하게 사용하게 되며 형식적 상징을 통해 수학적 사고를 표현하는 단계로 발전해간다. ⑨ 그러므로 유아들이 활동을 통해 물리적 자료와 그림, 수학적 생각을 다이어그램으로 그려보고 수학적 사고와 상황에 대한 그들의 생각을 반영하고 정당화할 기회를 갖는 것은 매우 중요하다(NCTM, 1991).

	• 의사소통하기의 방법	
의사소통 하기의 방법	수학적 어휘 사용하기	▶ **수학적 관계의 탐색과 이해를 표현**하기 위해 **수학적 어휘 사용** • 유아들은 물체의 양이나 형태 또는 크기 등의 속성을 비교하고 분류하고 순서 짓는 등 **수학적 관계의 탐색과 이해를 표현하기 위해 수학적 어휘를 사용**하는 것이 필요하다. • 수학적 어휘 사용은 수학적 이해를 명료화하고 조직화하며 견고화하는 것을 도울 수 있다. • 또한 유아는 자신의 수학적 이해나 사고를 언어화하는 것에서 **점차 관례적인 수학적 어휘로 표현하는 것을 배워** 간다. ㉮ 쌓기 놀이 중 '이런 적목이 더 필요한데.'라고 이야기할 때 '네모 모양의 적목이 더 필요하다는 말이지?'라고 반응한다면, 유아는 자신이 인식한 형태를 네모라고 명명하게 됨을 알고 네모의 개념을 명료화할 뿐 아니라 추후에 필요한 경우 네모라는 어휘를 사용할 수 있으며 이를 통해 개념을 확고히 한다.
	수학적 사고와 문제 해결 방법에 대해 이야기하기	▶ **자신의 생각, 문제 해결 방법에 대한** 반성적 사고를 촉진시키기 위해 필요 • 유아들이 수학적 사고나 수학적 관계에 대한 이해 또는 문제 해결 방법에 대해 이야기하는 것은 **유아 자신의 생각과 문제 해결 방법에 대해 반성적 사고를 하도록 돕기 때문에** 중요하다. • 또한 **다른 유아의 생각과 문제 해결 방법을 비교하고 검토할 수 있는 기회를** 제공한다. 따라서 유아들이 서로 무엇을, 어떻게 했고, 결과는 어떠했는지 등을 이야기하는 것은 수학적 사고를 확장하는 데 도움이 된다. ㉮ '네가 어떻게 했니?', '친구의 방법과는 어떻게 다르니?', '다음에도 그렇게 될까?', '어느 방법이 더 좋을까?', '얼마큼 더 많이?', '어떻게 알아냈니?' 등

- **코플리 / 슈왈츠 & 브라운**(Schwartz & Brown, 1995; J. Copley, 2000)
  - **교사의 의사소통 전략** : 교사의 개입 정도에 따른 의사소통 전략은 다음과 같다.
  - 4세 된 미영이는 여러 동물 인형 가운데 같은 동물들을 2마리씩 짝을 지어 놓으며, "선생님, 여기에 동물들이 둘, 둘, 두 마리씩 있어요."라고 소리쳤다.

  기 **코플리**의 이론에 근거하여, '어떻게 나누었는지 말해 줄래?'와 '색깔 말고 또 다른 방법으로 나누어 볼 수 있겠니?'에 해당하는 **교사 개입 수준**의 명칭을 순서대로 각각 쓰시오.[24]

교사의 의사소통 전략	확인시켜 주기 (본 대로 말해주기, validate)	▶ (유아가 한 행동이나 결과물을 보고) **나타난 사실을 그대로 말**하거나 유아가 **한 말을 명확히 재진술**해 주는 것 예 "미영이가. 토끼 2마리, 사자 2마리, 코끼리 2마리…… 이렇게 같은 동물을 2마리씩 짝을 지어 놓았구나." 예 "크고 작은 곰을 그렸구나."라고 그린 그대로 말해 주면, 유아는 교사가 말한 크기에 집중하고 크기나 크기의 비교에 대한 반응을 유도할 수 있다.
	재검토하기 (재검토하고 다시 생각하게 하기, review)	▶ **다시 한번 검토하도록 유도**하는 발문 • 유아가 반응한 것에 대해 **다시 한번 검토하도록 유도하는 질문이나 언급**을 하는 것이다. 예 "둘, 둘, 둘이 무슨 뜻이니?"라고 미영이에게 설명을 하도록 요구 예 "다음에 빨간 블록이 올 것이라고 했는데 네가 맞는지 확실해?", "다시 해도 그렇게 될까?" 등의 질문은 자신의 생각을 다시 한번 생각하게 하는 기회를 갖게 할 수 있다.
	도전하기 (확장하기, challenge)	▶ **사고를 확장하고 새로운 도전**을 하도록 발문 • 유아가 **사고를 확장**하고 **새로운 도전을 시도**하도록 격려해 주는 질문이나 언급을 하는 것이다. 예 "같은 동물은 같은 우리 속에 살아. 그럼 여기 있는 동물들에게 필요한 우리는 모두 몇 개일까?"와 같은 질문을 제기함으로써 우리를 만들어보게 한다. 예 "이것과 저것을 바꾸면 규칙이 어떻게 될까?", "다른 규칙으로 만들 수 있을까?", "이것을 추가하면 어떻게 될까?", "다음에는 무엇이 올지 예측할 수 있겠니?"

2 문제 해결하기(problem solving)

개념	
	▶ **수학적 문제 상황을 해결**하기 위해 **문제를 이해**하고, **해결 방법을 찾아 그 방법을 실행**하는 것 • 수학적 **문제 상황을 해결하기 위해** 이전에 획득한 지식이나 개념 등을 이용하여 문제를 풀어가는 기술 기출 **문제가 무엇인지 이해**하고, **해결 방법을 스스로 결정**하고 **그 방법을 실행**[13추] • **문제 해결하기는** 수학적 지식을 발달시키는 중요한 수단으로 **실제 생활이나 학습 과제에서** 또는 동화책 속의 이야기에서 요구하는 **문제의 답을 찾아가는 과정**이다. • 여기서 문제란 수, 공간, 기하, 측정과 같은 수학 내용 지식을 포함하는 것이며, 유아들의 실제 삶과 관련이 있고, 다른 교과와도 연관된 것으로 유아들에게 의미 있는 상황이다. • 유아는 **원하는 답을 알아가기 위해 몇 번의 시행착오**를 거치기도 한다. 이러한 시행착오의 과정에서 좌절하기도 하지만 **인내하며 답을 찾아 자신만의 결론에 도달**한다. 이와 같은 구체적 사물을 통한 실제 경험에 기초하여 유아는 스스로 답을 도출하는 문제 해결력을 발달시킨다. • 문제 해결하기는 독립된 과제이기보다는 다른 여러 수학적 경험 속에 섞여 있다. 즉 유아들의 문제 해결하기는 매일의 일상과 관련된 문제에서부터 동화책 속의 이야기에서 생기는 수학적 상황에 이르기까지, 다양한 문맥적 상황을 포함한다.

- **폴리아(J. Polya)의 문제 해결을 위한 4단계** : 보다 체계적인 문제 해결을 돕기 위해서 폴리아의 문제 해결 4단계를 유아 수학교육에 적용할 수 있다.

문제 해결을 위한 4단계		
	문제 이해	▶ **문제를 정확히 이해**하는 단계 • 교사의 질문은 **유아가 문제를 잘 이해할 수 있도록 돕고 문제를 구체화**하도록 할 수 있다. • '우리가 알고 싶은 것이 뭐지?', '네가 문제를 다시 말해줄 수 있겠니?' 등의 질문은 문제가 무엇인지 명확히 하는 데 도움이 된다.
	문제 해결에 대한 계획	▶ 문제 해결을 위해 **어떻게 할지를 생각**하고 **대안을 찾아보는 단계** • 여기에는 유아가 이미 획득한 문제 해결 방법이 적절한지 또는 다른 시도가 필요한지를 검토하는 과정이 포함된다. • '그 퍼즐을 어떻게 놓을 거니?', '그렇게 놓으면 들어갈까? 만약 돌려놓으면 어떻게 될 것 같니?' 등의 질문은 유아에게 자신이 생각해 낸 방법을 미리 점검하거나 **자신의 추측이 타당한지를 검토하는 기회**를 갖는 데 도움이 된다.
	계획 실행	▶ 자신이 선택한 **해결 방법을 적용**하고 **그 방법이 적합한지 확인**하는 단계 • 만약 자신의 해결 방법이 틀렸다면 다시 새로운 해결 방법을 찾아 시도하는 과정이 이루어져야 한다. 따라서 **시행착오는 유아들에게 반성적 사고의 기회를 주므로** 문제 해결에 활용되는 중요한 전략으로 활용될 수 있다.
	문제 해결에 대해 재검토	▶ **선택한 전략이 적절했는지, 다른 해결책도 가능한지 등을 검토**하는 단계 • 흔히 문제 해결에서 간과되지만 매우 중요한 단계이다. 유아들이 **선택한 전략이 적절했는지, 다른 해결책도 가능한지, 모든 상황에 적용 가능한 방법인지** 등을 검토하는 기회를 제공한다. • 따라서 '네가 어떠한 방법들을 시도했니?', '매번 같은 방법을 사용했니?', '처음에 어떤 방법을 사용했니?', '왜 바꾸었니?', '어떤 단서가 제일 도움이 되었니?', '더 좋은 방법이 있을까?' 등의 질문은 **문제 해결 전략을 정교화**하는 데 도움이 된다.

3 추론하기(reasoning)

▶ (수학적) **가설을 세워 논리적 결론**을 내리고, 그 사고를 설명하기 위해 **관계와 규칙성 파악**하는 것
• 수학에 대해 **가설을 세워 논리적 결론**을 내리고, **자신의 수학적 사고를 설명하기 위해** 모델을 사용하고 **패턴과 관계를 사용하는 것**

[기] 활동 결과들이 친구들 간에 왜 서로 다른지 생각[13추]
[기] 왜 네모 모양이 와야 한다고 생각하는지 이야기해 보는 활동[17]
[기] 추론하기 방법 중 '정당화하기'에 해당하는 내용을 찾아 쓰시오.[특19]

> 최 교사 : 왜 네모 색종이가 온다고 생각해요?
> 은 경 : 네모, 세모, 네모, 세모, 네모, 세모 그러니까 다음은 네모지요.

개념

① **추론하기**는 유아가 **수학적 문제**에 대해 **논리적 결론**을 내리고, 자신의 **수학적 사고를 설명하기 위해** 사물 또는 사실 간의 **관계와 규칙성을 파악하는 것**이다.

② 수학을 이해하기 위해 학습자는 **사물이나 사실의 관계들을 이해하고 추론할 수 있어야** 한다. 즉, 주어진 사물이나 사실이 가진 **규칙성과 관계성을 발견**하여, 이를 기초로 결과를 그려낼 수 있어야 하는 것이다.

③ 예를 들어, 유아들은 사물들이 분류된 것을 보고 분류의 준거를 추측할 수도 있고, 구슬 끼우기를 할 때 그다음에 무엇을 끼워야 할지 예측할 수도 있다.

④ 유아일지라도 자신의 경험으로부터 추론할 수 있는 능력을 가지고 있으며, 경험에 따라 계속 수정해 나간다.

⑤ 유아는 자신의 사고를 언어로 표현하고, 다른 사람과 생각을 나누면서 자신의 생각을 더 명료하게 해 보는 경험이 필요하다. NCTM에 따르면 수학은 곧 추론하는 것이며, 추론 없이는 수학을 할 수 없다고 강조하였다.

⑥ 수학적 지식의 구성과 수학적 힘을 길러주기 위해서는 **일상생활에서 경험하는 구체적인 사례들의 관계를 파악**하여, **일반화**하고, **이를 근거로 추론**해볼 필요가 있다.

⑦ **추론하기는 관찰되고 기술된 정보로부터 구체적으로 제시되지 않은 정보를 유추하는 것**을 의미하며, 폭넓은 범위의 현상에 대해 통찰력을 발달시키는 강력한 수단이 되고 있다.

⑧ 추론은 문제의 분석을 기초로 추측, 가설, 결론을 내릴 때 사용하며, 상황에 대한 논리적인 판단을 위해 반성적 사고과정을 포함하게 된다.

⑨ 피아제가 사용한 보존 관련 과제들은 유아의 추론능력의 특성을 보여주는 예라 할 수 있으나, 이 경우 유아들은 흔히 지각과 한 변인만 고려하여 추론하기 때문에 수나 양에 대한 보존 관계를 잘못 추론하게 된다.

- **추론하기의 방법** : NCTM에서는 Pre-K 수준에서 수학적 관계성을 인식하고 추리하고 일반화하고 추론을 설명하는 등의 추론하기에 적용되는 방법을 다음과 같이 제시하고 있다.

추론하기의 방법		
	수학적 관계성의 인식	▶ 물체의 양, 크기 등의 **속성에서 같은 점과 다른 점 찾고, 순서 짓고 분류**하면서 **더 크고, 더 많고 등의 관계성을 찾는 것** • 수학은 관계성의 학문이므로 **관계성을 찾는 것은 수학을 이해하는 데 핵심**이라고 할 수 있다. • 예를 들면, 유아들은 물체의 양이나 형태 또는 크기 등의 속성에서 **같은 점과 다른 점**을 찾고, 이를 **순서 짓고 분류**하고 **범주화**하고 **수량화**하는 등의 과정을 통해 물체들 간의 '더 크고', '더 많고' 등의 관계성을 찾게 된다. • 이러한 속성을 인식하고 비교하는 것을 토대로 이들 물체 간의 관계를 파악하는 것이다.
	추리하기	▶ **관찰되거나 이미 아는 정보로부터 제시되지 않는 정보를 찾아내는 전략**으로 기존 정보 토대로 결론을 도출하는 것 • 따라서 임의적 추측과는 다르다고 할 수 있다. 예를 들면, 강아지, 토끼, 강아지, 토끼, 강아지, 토끼 등으로 배열된 패턴을 보고 규칙적인 관계를 토대로 다음에 무엇이 올지를 추측할 경우 추리하기(inference)라고 할 수 있다.
	일반화 하기	▶ **정보나 사건의 규칙성을 인식하고 유사한 상황에 대한 결론을 내리는 데 이 규칙성을 적용**하는 것 • 예를 들면, 자석을 붙인 낚싯대로 클립을 끼운 물고기를 낚는 활동을 할 경우, 유아는 자석 부분을 물고기 몸체 중 클립 부분에 갖다 대면 물고기가 붙는다는 관계를 알아내고 이를 물고기를 잡는 데 지속적으로 적용하는 행동을 보인다면 일반화를 적용한 예라 할 수 있다(generalization).
	정당화 하기	▶ **논리적으로 추리한 것의 타당함을 밝히는 과정**을 의미하며, 점검하고 확인하는 과정이 포함된다. • 따라서 일상생활에서 **'왜 그렇게 생각하니?'**라는 물음에 유아들은 **자신의 판단 근거를 설명할 경우** 정당화하기가 요구된다고 할 수 있다. • 예를 들면, 사과, 바나나, 사과, 바나나, 사과, 바나나, 사과의 배열을 제시하고 그다음에 무엇이 올지를 물은 경우, **'왜 그것이 올 거라고 생각하니?'**라는 질문에 유아는 자신의 판단에 대한 근거를 설명하며 정당화하려고 한다. • 따라서 **다양한 상황에서 자신의 판단에 대한 근거를 설명하게 하는 것**은 정당화하기의 기회를 제공할 수 있다(justifying). **기** 추론하기 방법 중 '정당화하기'에 해당하는 내용을 1가지 찾아 쓰시오.[특19] 최 교사 : 왜 네모 색종이가 온다고 생각해요? 은 경 : 네모, 세모, 네모, 세모, 네모, 세모 그러니까 다음은 네모지요.

4 표상하기(representation)

개념	▶ **수학적 개념과 관계를 파악**하기 위해 **다양한 매개물로 자신의 내적 사고를 나타내는 것** • 수학적 개념과 관계를 파악하기 위하여 **다양한 매개물로 자신의 내적인 사고를 나타내는 것** 기 유아들이 만든 집이나 다리를 그림으로 그려보게 하면 어떨까요?[13] 기 '위에서 본 모습을 그림으로 그려보는 것' 활동을 통하여 유아가 학습할 수 있는 수학적 과정 기술[19] • 표상하기는 유아가 말이나 다양한 매개물을 통해 자신이 지닌 **수학적 개념이나 내적 사고를 표현하는 것**을 의미한다. 유아들은 수학적 생각을 다양한 방법으로 전달한다. • 유아는 다른 유아에게 자신의 집을 설명하기 위해 **그림을 그리기도** 하고, 자신의 집 전화번호를 알려주기 위해 **숫자를 적는다**. • 유아가 수학적으로 생각한 것을 표상하거나 반대로 자신의 표상을 수학적 사고에 연결시켰을 때, 유아들의 수학적 사고는 확장된다. • 표상하기는 유아 자신의 수학적 아이디어와 이해를 다양한 매체를 활용하여 재현하는 것을 의미한다. • 유아들도 언어, 제스처, 그리기, 기호나 부호, 숫자 같은 관례적인 상징 등을 통해 수학적 사고를 표상할 수 있다.
표상하기의 유형	• 레시(Lesh) 등의 표상하기의 유형

표상하기의 유형	관련된 실제 상황으로 표상하기	▶ **실제 상황에서 수학적 개념과 해결 방법을 적용하여 표현**하는 방법 • 유아의 **수학적 아이디어나 해결 방안을 구체적인 실제 상황에서 나타내는 것**을 의미하며, 유아들이 의미 있는 수학적 상황을 다루는 것과 연계될 수 있다. • 예를 들면, **과자가 12개** 있는데 3명이 똑같이 나누어 먹어야 할 경우 몇 개씩 나누어야 할지와 같은 **실제 상황에서 수학적 사고를 나타내도록** 하는 것
	구체물로 표상하기 (manipulatives)	▶ 장난감, 블록, **손가락 등 실물 자료를 활용하여 표상**하는 방법 • 유아의 수학적 아이디어나 해결 방안을 **구체물을 활용하여 나타내는 것**을 의미한다. • 예를 들면, 장난감 차가 3대 있었는데 친구가 선물로 장난감 차 1대를 주었을 때 모두 몇 대가 되는지를 알기 위해 **장난감 차를 적목으로 대응**하여 더하기의 문제를 해결하는 것 또는 **손가락을 이용**하여 더하기 빼기를 하는 것
	그림으로 표상하기 (영상적으로 표상하기, pictures)	▶ **그림을 통해** 공간 관계나 수학적 아이디어를 시각적으로 나타내는 방법 • 유아들의 그리기는 수학적 과정과 이해 수준의 중요한 정보를 제공한다. 유아들은 수학적 사고나 아이디어를 언어적으로 설명하는 것을 어려워하지만 그리기를 통한 표상은 보다 수월하게 한다. • 예를 들면, 유아가 동네 나들이를 다녀온 후 돌아다니다 온 동네에 대한 그림을 그리도록 하면, 유아가 동네에 대한 공간 관계를 표상한 것이라 할 수 있다.
	구어로 표상하기 (수학적 어휘로 표상하기, spoken language)	▶ **수학적 용어를 사용**하여 **수량, 형태 등의 개념을 언어로 표현**하는 방법 • 유아의 수학적 아이디어나 해결 방안을 **구체적인 수학적 용어로 나타내는 것**을 의미한다. • 예를 들면, 물체의 수량을 말할 때 **수 단어를 사용**하여 나타낸다든지, 물체의 형태를 말할 때 **도형의 이름을 사용**하여 나타내는 경우를 들 수 있다.

상징으로 표상하기 (written symbols)	▶ **숫자, 기호 등을 활용**하여 **수학적 개념과 연산을 나타내는 방법** • 숫자나 기호로 표상하기 : 유아의 수학적 아이디어나 해결 방안을 **구체적인 수학적 부호나 기호로 나타내는 것**을 의미한다. • 예를 들면, **물체의 수량을 숫자로** 나타내거나 **더하기와 빼기를 +와 – 등의 부호로 사용**하는 경우를 들 수 있다. • 유아들의 표상하기에서는 상징으로 표상하기를 집중적으로 다루지는 않으나 접할 수 있는 기회를 제공하는 것은 필요하다.

Plus 지식 · 레시(Lesh) 등의 표상하기의 유형

- **레시(Lesh) 등의 표상하기의 유형** : 브루너(Bruner)는 표상의 양식을 행동적 표상, 영상적 표상, 상징적 표상으로 구분하고 있으나, 레시와 그의 동료들(Lesh et al., 1987)은 수학학습과 관련하여 다음과 같이 구분하였다.
- Lesh, Post와 Behr(1987)는 수학적 아이디어를 표상하기 위해 관련된 상황, 구체물, 그림, 말하기, 상징의 5가지 방법이 있다고 제시하고 그들 간의 상호연계성을 강조하였다.

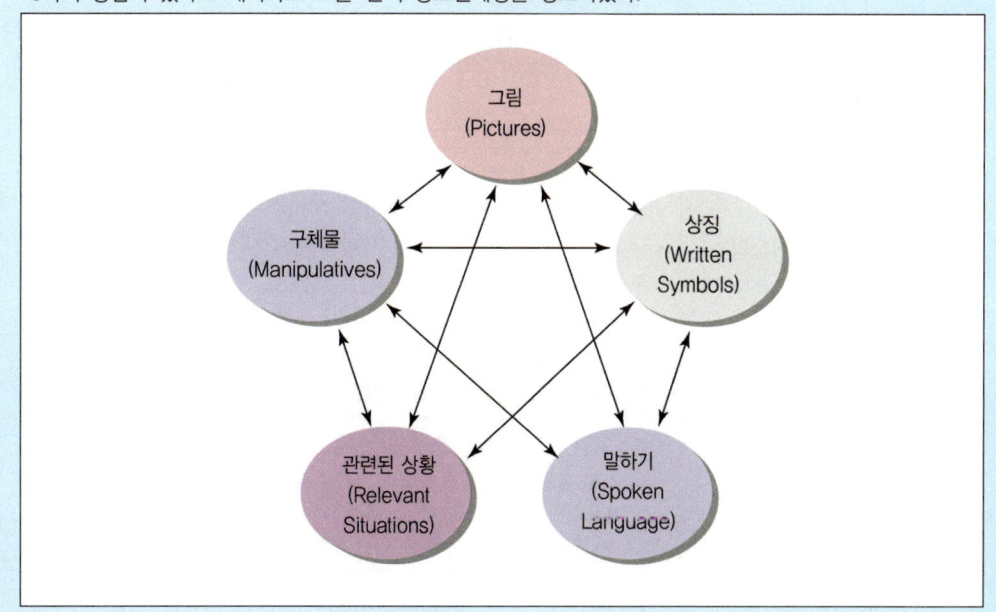

5 연계하기(연관 짓기, connecting)

개념	▶ 다른 교과 영역이 수학적으로 연계되어, 아이디어나 활동이 한 과제에서 다음 과제로 순환되는 것 • 다른 교과 영역과 수학적으로 연계되어 유아의 아이디어와 활동이 한 과제에서 다음 과제로 순환되어지는 것 기 한 활동에서 학습한 수학적 개념을 다른 활동에 적용해서 설명해 보는 과정[17] 기 ① 다음 '실외에서 동그라미와 네모를 찾았으니 교실에서는 동그라미와 네모뿐 아니라 세모도 찾아보도록 해야겠다. 그리고 빨대나 이쑤시개로 모양 만들기도 해야겠다.'에 해당하는 수학적 과정 기술을 쓰고, ② 그 수학적 과정기술의 개념을 설명하시오.[22] ① **연계하기**, ② **다른 교과영역과 수학적으로 연계되어 유아의 아이디어와 활동이 한 과제에서 다음 과제로 순환되어지는 것을 말한다.** • 유아기 수학 능력 발달에 있어서 중요한 것은 유아들이 경험을 통해 배운 비형식적인 수학 경험을 교육 기관에서 학습하는 수학 개념과 연관시키는 것이다. • 연계하기(연관 짓기, connecting)는 여러 가지 측면에서 일어나는데, **하나의 수학 개념과 다른 수학 개념을 연결**할 수 있으며, **수학적 지식과 다른 교과의 지식을 연결**할 수도 있다. • 연계하기의 또 다른 측면은 **새로운 개념과 유아가 이미 알고 있는 개념을 연계**하는 것으로 새로운 개념을 가르칠 때에는 유아들이 이미 배운 수학적 개념과 연결시켜서 설명하는 것이 도움이 된다.	
연계하기의 유형	수학학습과 다른 교과 연계하기	▶ 수학 개념을 **신체, 문학, 예술, 과학 등 다른 교과와 연결**하는 과정 • 유아교육에서는 **교과 간의 통합**을 고려한 학습을 많이 활용하고 있다. • 문학 활동을 통한 수학교육, 사회활동을 통한 수학교육, 과학 활동을 통한 수학교육, 예술 활동을 통한 수학교육, 신체활동을 통한 수학교육 등 유아 수학교육에서 활용하는 교수·학습 방법은 수학 교과와 다른 교과가 연계한 사례라 할 수 있다. 예 미술의 데칼코마니 활동과 수학의 대칭과 연계한 활동
	수학 내용 간 연계하기	▶ **수, 공간, 도형, 측정 등 다양한 수학 개념을 통합**하여 학습하는 과정 예 측정 활동에서 다양한 도형의 길이를 측정하는 경우 측정과 도형을 연계한 활동이다. 또는 자료수집과 결과 나타내기를 위한 학습에서는 분류하기, 수 세기, 비교하기 등의 수 이전 수학학습 내용과 연계할 수 있을 것이다.
	유아의 사전 수학 경험과 새로운 수학학습 연계하기	▶ 유아의 **사전 수학 경험을 새로운 수학 개념 학습과 연결**하는 과정 예 유아들은 일상적인 **구체적 상황**을 통해 더하고 빼기에 대한 경험을 가지고 있으며, 이를 해결하기 위해 구체물이나 **손가락을 사용**한다. 그러나 이러한 사전 경험이나 지식은 숫자를 포함하는 연산의 학습과 연계되어야 한다.
	일상생활과 수학학습 연계하기	▶ 유아의 **생활 속 수학적 경험을 학습과 연계하여 개념을 확장**하는 과정 • 유아들은 일상생활에서 많은 수학적 상황을 접하고 있으며, 이는 의미 있는 맥락의 학습 기회를 제공하기 때문에 수학학습과의 연계가 용이하다. 예 은행에 가서 대기표를 받고 기다릴 때, 대기표의 숫자는 수의 순서적 의미를 나타내는 학습과 연계할 수 있다.

6 수학적 과정 기술의 지도 방법

의사소통하기	
	① 교사는 유아들이 이해할 수 있는 **수학적 언어를 사용**한다.
	② 유아가 자신의 생각을 정리하거나, 확장할 수 있도록 돕는 질문을 사용한다. "너는 그것을 어떻게 알 수 있었니? 친구에게 들려줄 수 있니?", "네 생각을 다른 사람도 알 수 있을까?", "다른 사람이 쉽게 알 수 있는 방법이 있니? 어떻게 설명하면 쉽게 알 수 있을까?"
	③ 의사소통을 증진시키기 위해서 우선 유아들의 이야기를 귀 기울여 듣는다.
	④ 유아 혼자 하는 과제보다는 소그룹 또는 짝과 함께 문제를 해결할 수 있는 기회를 제공하고, 서로의 해결 방법에 대해 이야기해 보도록 한다.
	⑤ 교사는 의사소통의 기회를 줄 수 있는 다양한 환경과 상황을 활용해야 한다.
	⑥ 교사는 **다양한 의사소통 매체의 사용을 격려**해야 한다. 그림 그리기, 사진, 다이어그램, 블록, 점토, 활동 결과물 등의 다양한 매체를 활용하여 **자신의 아이디어를 표현**하고, 이에 대한 토의가 이루어지도록 지원해야 한다.
	예) 유아가 만든 패턴 팔찌의 결과물을 활용하여 자연스럽게 수학적 의사소통의 기회를 제공할 수 있다.
	⑦ 교사는 적절한 수학적 어휘 사용을 모델링해야 한다.

Plus 지식 의사소통하기의 예시

- 교사는 육각형을 모르는 유아들과 꼭짓점의 수를 세어서 벌집의 모양 육각형을 소개하고 있으며, 이후 한 유아가 삼각형이라고 표현한 것을 듣고, 유아들과 꼭짓점의 수와 선분의 수를 세어서 도형의 또 다른 어휘를 소개하였다.
- 유아들은 어려운 개념일지라도, 유아들의 반응을 기초로 한 의사소통을 통해 수학 지식과 연결시킬 수도 있고, 유아에게 질문을 던져 유아들 서로의 의견을 교환하도록 할 수도 있다.

교사 : (벌집의 사진을 보여주면서) 벌집을 무슨 모양이라고 부를 수 있을까?
상준 : 동그란 모양 같다.
인희 : 아니 네모 같다.
교사 : (조금 더 큰 벌집의 사진을 보여주면서) 이 사진을 보자. 무슨 모양을 볼 수 있니?
강인 : 네모가 많은 모양인가?
상준 : 동그란 모양 같은데, 좀 찌그러진.
교사 : **뾰족한 곳이 몇 개인지 같이 세어보자.** (교사가 벌집 그림이 꼭짓점을 가리키면서) 하나.
유아들 : (교사가 꼭짓점을 짚을 때) 둘, 셋, 넷, 다섯, 여섯.
교사 : 이렇게 **뾰족한 곳이 여섯 개 있어서 육각형 모양**이라고 불러요.
교사 : 그래, 여기 세모가 있네.
상엽 : 그것을 삼각형이라고도 부르지.
교사 : 그래, 상엽이가 세모를 또 다른 이름으로 삼각형이라고 부르는데, 잘 알고 있구나. 왜 삼각형이라고 부를까?
상엽 : 원래 그렇게 부르니까요.
교사 : 선생님하고 같이 이 삼각형을 손으로 따라 그려보자. **옆으로 뾰족, 옆으로 뾰족, 옆으로 뾰족.** 뾰족한 곳이 몇 군데였니?
강희 : 세 번.
교사 : **이렇게 뾰족한 곳이 세 군데 있고, 옆으로 긴 선이 세 개 있는 것을 세모**라고 부르는데 또 다른 이름으로 삼각형이라고 해. 상엽이가 잘 알고 있었구나.

문제 해결 하기	① **유아 스스로 문제를 해결할 수 있는 기회를 제공한다.** – 일상생활에서 수학적 문제를 해결해야 하는 기회는 항상 발생한다. 이때 **교사가 정답을 제시**해 버리면 유아들이 **실제 상황에서 스스로 문제 해결할 수 있는 기회를 박탈하는 것**이다. ② **문제 해결을 위한 풍부한 환경을 제공한다.** – 유아들은 매일의 삶에서 문제들을 만난다. 교사는 유아들이 도전할 수 있는 흥미 있는 문제와 그 문제를 해결하는 데 필요한 자료들을 제공해 준다. – 이때 교사는 유아들이 그 문제를 인식하고 해결할 수 있도록 도움을 제공한다. ③ **문제 해결을 위해 단계적으로 사고할 수 있도록 돕는다.** – 고정된 순서는 아니지만 문제 해결을 위한 일반적인 순서는 문제를 이해하고, 해결 방법을 계획하고, 그 계획을 실행한 후 해결 방법을 평가하는 것이다. – 유아들은 사물을 탐색하고 충분히 놀이할 수 있는 시간을 가짐으로써 문제를 이해하고 가능한 해결책을 고려할 수 있다. – 교사는 유아들이 제시한 문제 해결책에 대한 이유를 듣고, 다른 대안책에 대해서도 물어볼 수 있다. 그 이후 유아는 자신이 제시한 방법으로 문제 해결을 위한 실제적인 노력을 기울인다. – 마지막으로 교사는 유아들이 수행한 방법을 되돌아보고 평가해 보도록 한다. ④ **교사는 개방된 질문과 언급을 활용해 문제 해결하기를 격려해야 한다.** – 유아들이 쌓기놀이를 하는 동안 '높이 쌓으려면 어떤 모양이 더 필요하니?', '친구가 쌓은 것과 네가 쌓은 것 중 어느 것이 더 높으니?'와 같은 질문은 유아에게 쌓은 구성물의 높이, 모양, 크기 등의 다양한 비교가 가능하다. – 따라서 교사가 어떠한 질문을 하는가는 유아의 사고의 기회를 확장시키는 데 도움이 된다. – 또한 유아의 반응이나 관심에 초점을 둔 개입은 지속적이고 심도 있는 탐색으로 이어질 수 있기 때문에 중요하다. ⑤ **일상생활에서 일어나는 다양한 문제 상황을 민감하게 인식하고, 이를 교수할 상황(teachable moment)으로 활용해야 한다.** – 놀이상황이나 일상생활에서 일어나는 문제 상황은 유아에게 의미 있는 맥락을 제공한다. 그러므로 이를 활용하는 것은 유아에게 수학이 자신의 문제를 해결하는 수단이 될 수 있음을 자연스럽게 터득하게 할 뿐 아니라 수학적 지식의 실제 적용의 기회를 갖게 된다. – 일과 중 수학적 상황의 예 • 출석 점검 상황(출석과 결석한 유아 수, 버스로 오는 유아와 걸어오는 유아 등) • 간식이나 과제물 분배 상황(같은 양의 분배 확인, 부족량의 점검 등) • 집단구성 상황(소집단 구성 방법, 영역 내 유아 수 등) • 쌓기놀이 상황(사용한 도형, 높이, 대칭 등) • 산책 상황(거리, 위치, 방향 관계 등) • 놀이나 게임 상황(수 세기, 수의 비교 등) • 우연으로 발생하는 상황 ⑥ **교사는 문제 해결과정에 대한 모델링을 보여주어야 한다.** – 특히 교사는 일상의 문제 상황에 직면했을 때 해결과정에서 일어나는 사고과정을 말로 나타내므로 어떻게 문제 상황을 다루는지 구체적으로 이해할 수 있도록 도울 수 있다. – 예를 들면, 모양 퍼즐을 하는 경우, 퍼즐 조각을 들고 '이것을 돌려서 맞추어 볼까?', '여기가 남는구나. 조금 큰 세모가 필요하네.' 등으로 문제 해결에 관여하는 사고과정을 구체적인 말로 나타내는 행동을 보임으로써 효과적으로 모델링할 수 있다.

추론 하기	① **추론적 사고와 관련된 어휘 사용을 돕는다.** – 교사가 상황에 적합하게 '또는', '아니면', '만약에 ~한다면', '왜냐하면', '아마도', '절대로', '일부는', '전부는' 등의 어휘를 사용하고, 유아들이 이러한 어휘를 사용하여 자신의 생각을 표현할 수 있도록 격려한다. ② **자신의 아이디어를 검토하고 추론하기를 요구하는 질문을 사용한다.** – "확실하니? 왜 확실하다고 생각하니?", "만약 ~한다면 어떤 일이 생길 것이라고 생각하니?", "만약 ~한다면 어떻게 바뀔까?", "이 그림에는 어떤 규칙이 있는지 찾을 수 있니?" ③ **유아들의 이야기를 귀 기울여 듣는다.** – 유아들이 왜 그렇게 생각하는지를 이해하는 교사는 다른 질문을 통해 더 논리적인 추론을 할 수 있도록 도울 수 있다. ④ **추론하는 경험을 제공하는 활동을 계획해야 한다.** – 유아 자신이 추측해 보고 자신의 생각을 정당화해 볼 수 있는 활동으로는 분류 활동, 패턴 활동, 추측 게임 등을 들 수 있다.
표상 하기	① 교사는 유아에게 **다양한 표상 방법을 소개**한다(그리기, 지도, 막대 쌓아서 수량 나타내기, 표, 이야기 적기 등). ② 유아들이 **자신의 수학적 생각을 표상**하여 **의사소통할 수 있는 의미 있는 상황을 제공**한다. ③ 유아들이 그린 그림이나 표는 유아가 자신의 경험을 기억하고, 생각을 정리하는 방법이라는 것을 이해하도록 돕는다. 　예 "네가 과자 나눈 방법을 그려서 설명할 수 있니?" ④ 교사가 유아들의 수학적 표상에 관심을 기울임으로써, 자신의 생각을 표상하는 일이 갖는 유용성을 인식하도록 돕는다. ⑤ 교사는 의미 있는 맥락에서 관례적 방식의 표상을 모델링한다. ⑥ 교사는 표상을 격려하는 질문, 언급, 제안한다.
연계 하기	① 교실의 **달력이나 시계와 유아들의 경험을 연결**할 수 있는 기회를 제공한다. 　예 "네 생일은 몇 월 며칠이니? 달력에 표시해 보자.", "우리가 모이는 시간은 몇 분일까?" ② **언어, 과학, 미술, 쌓기 영역 활동에서의 경험을 수학활동과 연결**할 수 있는 기회를 제공한다. 　• "나뭇잎을 관찰해 보자. 어느 나무의 나뭇잎인 것 같니? 이 나뭇잎과 모양이 같은 것을 찾아서 모을 수 있니?" 　• "우리 반 아이들의 이름을 함께 읽어보자. 같은 성을 가진 사람은 모두 몇 명일까?" 　• "모양 색종이를 이용해 무엇을 만들 수 있을까? 집을 표현하기 위해 어떤 모양들이 필요하니?" ③ 다른 영역과 연계된 경험을 제공할 때는 그 연관성이 자연스럽게 일어나도록 한다. ④ 교사는 유아가 통합하고 연계할 수 있도록 격려한다. ⑤ 유치원에서의 수학적 활동을 가정과 연계하도록 한다.

7 수학적 과정 기술의 구체적 예시

의사 소통 하기	• 유아들은 사물을 여섯 개 세는 방법과 사물을 길게 연결하는 방법에 대해 이야기하고 있다. 상엽이가 도화지를 둥글게 말아 거기에 테이프를 붙인 후 폐품 주스 병을 연결한다. 또 다른 도화지를 말아 그 위에 연결한다. 만든 작품이 길어지자 책상 위에 놓고 상엽이는 의자 위에 올라가 쳐다본다. 정수 : 나도 이거 만들고 싶다. 상엽 : 너도 이거 크게 붙여. 전투기는 이렇게 (앞뒤로 흔든다) 움직여. 상엽 : 요구르트병을 가져와. 정수 : 몇 개 가져와? 상엽 : 여섯 개를 가져와. 정수 : 여섯 개가 몇 갠데? 상엽 : (손가락을 하나씩 접으면서) 하나, 둘, 셋, 넷, 다섯, 여섯. 이렇게만 가지고 와. 정수 : (바구니에서 요구르트병을 하나씩 꺼내며) 하나, 둘, 셋, 넷, 다섯, 여섯. 상엽 : 우선 네 개를 길게 연결해. 그럼 나랑 똑같아.
문제 해결 하기	• 유아들은 원하는 답을 알아가기 위해 몇 번의 **시행착오**를 거치기도 한다. • 이러한 시행착오의 과정에서 좌절하기도 하지만 인내하며 답을 찾아 자신만의 결론에 도달한다. • 아래와 같은 구체적 사물을 통한 실제 경험에 기초하여 유아는 스스로 답을 도출하는 문제 해결력을 발달시킨다. 명석 : (원기둥 형태의 자석에 크기가 서로 다른 동물 모양을 붙이며) 내가 이거 다 붙여볼게요. (원기둥 자석의 끝에 크기가 작은 생쥐를 붙이고, 토끼를 붙이고, 큰 코끼리를 붙이자 자석 동물들이 떨어진다.) 너무 길어서 그래. 다시 해볼게요. (자석의 끝에 이전과 똑같이 생쥐를 붙이고 토끼를 붙이고 그 밑에 코끼리를 붙인다. 다시 동물 자석들이 떨어진다.) 교사 : **왜 자꾸만 떨어질까?** 명석 : 너무 길어서 그래요. 명석 : (생쥐와 토끼의 순서를 바꾸어 붙이고, 코끼리를 붙이자. 코끼리가 떨어진다.) 얘(코끼리)가 너무 무거워서 그래요. 교사 : 그럼 어떻게 하면 좋을까? 명석 : 토끼를 나중에 할까요? (여러 번의 시행착오 끝에 코끼리를 자석의 밑에 붙이고 그다음 크기인 토끼를 붙이고 생쥐를 붙인다.) 형균이는 도시락이 가방에 들어가지 않자, 교사에게 넣어 달라고 한다. 교사 : **어떻게 넣으면 잘 들어갈까?** 형균 : (도시락이 가방에 잘 안 들어가자) 으이구!! (계속 힘을 주어 넣으려 한다.) 교사 : 다시 꺼내 보자. 어떻게 해야 하지? 형균 : 어떻게요? 교사 : 도시락의 방향을 돌려서 넣어볼까? 형균 : 응. 이렇게(가로 방향으로 돌림). 교사 : 이렇게 넣으니까 잘 들어가네. 천천히 생각하니까 잘 할 수 있었지? 정말 잘했어.

	• 교사는 하나의 분류 준거에 따라 나뭇잎을 모아놓고, 유아들에게 나뭇잎들의 공통점과 차이점을 근거로 **분류 준거를 추론**해 보도록 하였다.

유아들이 산책길에서 모아온 나뭇잎을 모아놓고, 같은 것끼리 모으기를 하고 있다.

인희 : 예쁜 색만 모으자.
은서 : 이것도 예쁜 것. 작은 게 예쁘지. 나는 아기 나뭇잎만 모을 거야. (중략)
교사 : (뾰족한 모양의 나뭇잎과 둥근 모양 나뭇잎으로 나누어 색깔 접시에 담은 후) 선생님은 왜 이렇게 모아 놓은 것 같니?
하영 : 같은 색이에요?
교사 : 같은 색끼리 모은 것 같니?
은서 : 그건 아니지요. 빨강 나뭇잎이 다른 곳에도 있으면 안 되니까. 아기 나뭇잎만 모은 것 아니에요? 나는 그렇게 생각했는데.
교사 : 그럼, 작은 것들은 같은 접시에 담긴 것 같니?
하영 : 아니지. (뾰족한 모양의 나뭇잎만 모은 접시 안의 작은 나뭇잎을 가리키며) 여기도 작은 것, 또 (둥근 모양의 나뭇잎만 모은 접시 안의 작은 나뭇잎을 가리키며) 이것도 작은 것 같은데요.
교사 : 그럼, 같은 색도 아니고, 같은 크기끼리 모은 것도 아니네. 그럼, 선생님이 왜 이렇게 모았을까?
우진 : 같은 모양 가족 아니에요?

추론 하기	• 유아들은 **여러 추측**을 하고 있다. • 이러한 과정에서 대부분의 유아는 자신의 답에 대해 합리적 이유를 설명하기보다 "원래 알고 있었어요."와 같은 객관적이지 않은 말을 하기도 한다. • 반면 일부 유아는 작은 컵의 물의 양을 단서로 큰 컵에 들어갈 물의 양을 **추론하고 이를 언어적으로 설명**할 수 있다.

교사 : 만약 이 작은 컵으로 큰 컵에 물을 붓는다면, 몇 컵의 물이 들어갈까?
세영 : 열 컵.
교사 : 왜 그렇게 생각했어?
세영 : 원래 알았어요.
교사 : 정원이는 몇 컵 들어갈 것 같니?
정원 : 두 컵인 것 같아요.
교사 : 왜 그렇게 생각했는데?
정원 : 그냥. 그럴 것 같아시요.
정표 : 나는 네 컵이 들어갈 것 같아요.
교사 : 왜 네 컵일 것 같다고 생각했어?
정표 : (큰 비커의 아랫부분부터 표시된 곳까지 손가락으로 한 칸 한 칸 짚어가며) 이렇게 세면요. 한 칸, 두 칸, 세 칸, 네 컵이 될 것 같아요.
인영 : (큰 비커의 표시된 부분을 가리키고 손가락을 허공에서 움직이며) 한 컵, 두 컵, 세 컵이 될 것 같아요.

표상 하기	• 유아는 '아주 많은 사탕'의 수를 알려주기 위해서 사탕을 그리고 **그 사탕의 수를 세어서 설명**하였다. 은서 : 우리 집에 사탕 많아. 강혁 : 우리 집에도 사탕이 많아. 아주 많아. 은서 : 얼마큼 있는데? 강혁 : 잠깐만, 내가 알려줄게. 강혁이가 종이 위에 크기가 다른 사탕을 그리고 그 수를 세어본다. 열세 개의 사탕이 있다고 혼잣말을 하고, 더 많은 사탕이 있어야 한다고 하면서 다시 사탕을 그리기 시작한다. 은서 : 뭐 그려? 강혁 : 아주 많은 사탕. 은서 : 얼마큼이 많은 건데? 강혁 : 하나, 둘, 셋, 넷(손에 들고 있던 색연필로 사탕 하나씩을 가리키며), 다섯, …, 열아홉, 이십, 아니, 스물, 스물하나, 스물둘, 스물두 개의 사탕! 아주 많아.
연계 하기	• 유아들은 미술 영역에서 모양 도장을 규칙적으로 찍다가도 패턴을 발견한다. 마찬가지로 악기를 연주하는 과정에서도 반복을 발견하고 이를 소리로 표현한다. 교사 : 쿵은 치고, 짝은 안 치고, 쿵은 치고, 짝은 안 치고, 쿵은 치고, 짝은 안 치고, 쿵은 치고, 짝은 안 치고. 같이 해보자. 강혁 : (한 박으로 계속 쿵쿵쿵 치면서) 노래 부름. 교사 : (강혁을 쳐다보면서) 쿵! 짝! 치고! 안 치고! 지원과 인영, 나연은 교사와 같이 두 박자를 맞추어 '쿵! 짝!'에 맞추어 친다. 보조교사 : 상엽아, 봐. 쿵! 짝! 치고 안 치고. 상엽이 보조교사의 지도에 따라 박자에 맞추어 친다. 교사 : (탬버린을 한 박자로 세 번 치고, 쉬고) (탬버린을 한 박자로 세 번 치고, 쉬고) (탬버린을 세 번 한 박자로 치고, 쉬고) 입으로 따라 해 보자. • 숫자의 크기에 따라 무게가 다름을 놀이로 하다가, 더하기를 하여 무게의 균형 맞추기를 하였다. • 이후, 입체도형을 쌓아 놓고 이 도형들을 수 세기 하는 놀이로 바뀌었다. • 하나의 놀이 안에서 유아들은 무게와 수 세기, 수 더하기 등을 연계하여 경험하고 있다. • 상준이가 양팔 저울(양쪽에 크기가 다른 숫자를 걸 수 있는 교구)을 가져다가 책상 위에 놓는다. 저울의 한쪽에는 9를, 다른 한쪽에는 3을 건다. 상준 : 9가 더 무거워. 정표 : 야, 이것(8을 주면서)도 해봐. 상준 : 그래도 9가 무거워. 정표 : 5하고 6도 해봐. 6이 더 무거울걸. … (중략) … 상준 : 이렇게 하자. 기울어지지 않게 하는 거야. (오른쪽 고리) 여기다가 3을 걸고, (왼쪽 고리) 여기는 1하고 2를 걸면 돼. 정표 : 그럼, (5를 걸면서) 이것 해봐. 상준 : 1하고 4하고, 안 기울지. 정표 : 이렇게 하자. 네가 저울에 이걸(숫자 3) 걸어. 나는 이렇게 하는 거야. (입체도형을 위로 3개 쌓는다.) 그리고 이것(숫자1과 숫자2)도 걸어. 그럼 나도 하나 하고 두 개 하고, 세 개 됐지? 상준이는 모든 도형을 다 꺼내고 섞어서 높이 쌓는다. 이를 본 정표는 입체도형의 수를 센다.

Plus 지식 행동주의 이론(수학의 기초이론)

행동주의의 기본 입장		• 인간은 수동적 존재로 수학적 능력에 차이가 없는 백지와 같은 상태로 태어나지만, 출생 후 외부의 자극에 대한 반응을 통해 점차 학습해 간다고 보았다. 따라서 수학적 자극을 경험하고 이에 따른 보상과 강화가 주어졌느냐에 따라 수학적 성취에 차이를 보인다는 것이다. • 또한 이 관점에서는 **수학교육의 목적을 수학적 사실이나 기술의 습득**에 두고 있으며, 기존의 수학적 사실을 습득하기 위해서는 이들의 수학내용과 기술들을 체계적으로 분석하고 이를 단순한 것에서 복잡한 것으로, **쉬운 것에서 어려운 것으로, 위계적이고 체계적 순서로 제공되어야** 한다고 보았으며, 대표적 적용의 예는 완전학습이라 하겠다. • 또한 수학학습을 위한 방법에는 교사의 직접적 언어 설명, 반복적 연습, 상이나 벌을 활용한 강화 등을 통하여 학습의 동기와 성취를 증가시킬 수 있다고 보았다. • 따라서 행동주의 이론을 적용한 수학학습에는 교사가 무엇을, 어떤 순서로, 어떻게 가르쳐야 하는지가 구체적이고 상세하게 제시되고 있다.
유아 수학 교육의 적용	교수·학습 방법	• **반복적 연습, 보상과 강화, 체계적 내용 제시** ① 바람직한 행동을 습득하도록 하기 위해 스티커나 칭찬과 같은 적절한 보상을 통해 기대하는 행동을 강화시키는 방법으로 유아교육 현장에서 많이 사용하는 행동지도 방법이다. ② 반면, 유아 수학교육에서는 전통적으로 교사에 의한 체계적 수학교육을 반대하는 입장이 지배적이어서 이 이론에 의한 체계적이고 교사 주도적인 수학교육의 적용이 수용되지 않았다.
	수학 내용	• **수 세기, 수 연산** ① 유아수학의 기초가 되는 수 세기와 수 연산을 주요 수학교육 내용으로 하며, 체계적이며 반복적인 연습이 상업용 학습지나 속셈학원에서 적용되고 있다. ② 특히 1970년대 헤드스타트와 팔로우 스루 프로젝트에 의해 개발된 다양한 교육 프로그램 중 Distar Arithmetic I 은 행동주의 이론을 적용한 대표적인 유아수학 프로그램이라고 볼 수 있다. ③ 이 프로그램은 패턴 만들기, 말로 세기, 물체 세기, 숫자의 인식, 더하기, 빼기 등의 내용을 체계적이고 위계적으로 구성하고 있으며, 교사에게는 수업의 진행에 대한 구체적이고 상세한 안내를 포함하는 지침서가 제공되고 있다. ④ 따라서 교사는 별도의 수업계획이나 활동자료의 준비 없이 이 지침서대로 적용만 하면 되기 때문에 교사들에게는 사용하기 편리한 이점이 있으나, 유아에게 자발적인 수학적 사고와 탐색의 기회를 주지 못하기 때문에 유아교육 전문가들은 이러한 프로그램의 사용을 반대하여 왔다.
비판 및 기여	비판	• **인간의 내면적 과정을 무시**하고 환경적 영향이 유아의 행동 변화에 주는 영향에만 초점을 두었다는 점이다. • 즉, 유아를 **수동적인 학습자**로 보기 때문에 수학적 개념에 대한 전달에 초점을 맞추고 있다는 것이다.
	기여	• 그러나 수학적 개념이 이해되었다고 하더라도 수학적 절차에 대한 **반복적 연습 없이는 효율적으로 문제를 해결하기 어려운 것은 분명**하다. • 그러므로 이 이론에 의하면, 개념적 이해가 없더라도 반복적 연습에 의한 훈련을 통해 문제를 해결할 수 있다고 보고 있다. • 더욱이 초등수학에서는 주로 연산능력에 초점을 두고 있으며, 이러한 연산능력의 향상은 반복적 연습이 필수적이기 때문에 효과적으로 활용되어 왔다. 예 구구단

8 수학적 태도

▶ **수학에 대한 일반적 감정적 성향**으로 수학을 하는 과정에서 나타나는 특별한 행동양식
- 수학적 태도는 이전의 수학 경험에 의해 형성된다. 과거 수학 경험이 부정적이면 유아는 수학에 거부감을 가질 것이다. 이처럼 유아의 수학적 태도는 과거 학습 방법이나 교사의 영향을 받는다.
- 수학에 대한 긍정적 태도는 유아가 수학에 흥미를 느끼고 좋아하는 것이다. 이는 유아가 발달에 적합한 실물 자료의 조작 경험을 통해 학습함으로써 수학에 대한 자신감을 갖게 되며 긍정적인 태도가 형성된다.
- 수학적 태도는 학자에 다양하게 정의하고 있다. 그중 호기심, 주의집중, 개방성, 적극성, 지속성은 많은 학자들이 공통으로 포함하고 있는 수학적 태도의 주요 요인이다(Copley, 2000; NCTM, 2000; 황의명 외, 2009; 조형숙 외, 2017)

수학적 태도		
	호기심 (curiosity)	▶ 수학적 주제나 내용에 관심을 두고, **깊이 탐구해 보려는 태도** • **수학적 문제 해결이나 학습의 동기**가 될 수 있고, 수학적 주제나 내용에 관심을 기울이는 행동
	주의집중 (attention)	▶ 수학적 대상이나 과정에 관심을 두고, **주의를 기울이는 태도** • 상황이나 활동의 과정에 **주의를 기울이는** 태도
	개방성 (openess)	▶ **타인과의 상호작용에서 자신의 의견에 대한 비판을 받아들이고 수용하는 태도** • 수학 활동의 과정에서 **자기주장에 대한 비판과 타인의 의견을 듣고 수용**하며 게임의 **결과를 그대로 인정**하는 태도
	적극성 (enthusiasm)	▶ 수학 활동에 **자발적이고 열심히 참여하는 태도** • 수학과 관련된 활동에 **적극적으로 참여하여 열심히** 활동하는 태도
	지속성 (perseverance)	▶ 수학 문제에 대해 **포기하지 않고 다양한 해결책을 시도하는 태도** • 끈기성과 유사한 구성요소로 해결되지 않는 문제를 포기하지 않고 지속적으로 해결해 보려는 태도

Plus 지식 | 유아 수학을 위한 교수 원리(Copley, 2000; NAEYC & NCTM, 2002)

- 유아 수학교육을 위해 교사가 무엇을 어떻게 하여야 할 것인지를 계획하고 실행하는 데 적용할 수 있는 원리로 Copley(2000)는 다음 4가지 원리를 들고 있다.
- **NAEYC와 NCTM(2002)**은 '유아 수학교육: 좋은 출발을 촉진하기(Early Childhood Mathematics: Promoting good beginning)'라는 지침서에서 **유아 수학교육 교수-학습 방법**을 다음과 같이 제시하고 있다.

학습을 계획하기	• 효과적으로 경험을 계획하기 위하여 교사는 그들의 지식과 유아 개개인의 요구에 초점을 두는 다양한 결정을 하여야 한다(planning experiences). • 교사는 개별 유아의 흥미와 요구 그리고 유아의 선지식, 학습방법 등에 근거하여 **수학 학습경험을 계획해야** 한다. • 또한 유아들의 학습은 인식, 탐색, 연구, 활용 등의 순환적 과정으로 이루어진다. • 따라서 교사는 유아가 교육목표에 도달하도록 돕기 위해 자료를 인식하고 충분히 탐색하도록 기회를 주어야 한다.
유아와 상호작용하기	• 유아와 상호작용하고, 유아 간의 **상호작용을 증진**하는 것은 유아교사의 주요 역할이다(interacting with children). • 교사는 개별 유아가 문제를 해결할 수 있도록 놔둘 것인가 아니면 도와줄 것인가. 단서를 직접적으로 제공할 것인가. 아니면 단서만 간접적으로 제공할 것인가. 새로운 도전과제를 제시할 것인가 또는 시범을 보일 것인가 잘 판단해야 한다. • 그리고 교사는 유아의 수학적 사고 및 학습을 촉진하기 위하여 적절한 상호작용방법을 구체적으로 알고 있어야 한다.
교실 활동을 조화 있게 편성하기	• 유아가 대집단, 소집단, 프로젝트팀, 그리고 다른 전략처럼 수학적 경험에 참여할 수 있는 **다양한 맥락과 방법을 조화롭게 편성하여야** 한다(orchestrating classroom activities). • 교사는 대·소집단 또는 프로젝트 활동 등과 같이 다양한 맥락과 방법을 통하여 유아들의 수학적 경험이 확장되도록 해야 한다(학습활동을 조화롭게 운영하기).
가족-학교 관계를 촉진하기	• 효과적인 가족-학교 관계를 촉진하기 위하여, 교사는 다른 영역에서처럼 수학에서 교사와 **부모 간의 상호적인 의사소통을 격려해야** 한다(facilitating family -school relations). • 부모들은 자신이 수학에 대해 부정적인 경험을 하였을 때 자녀들에게 수학은 어렵다고 이야기한다. • 부모들의 이러한 태도는 자녀의 수학학습에 부정적인 영향을 미치게 되고 이는 학습능력에도 영향을 미친다. • 그러므로 유아가 자신의 수학학습을 지지하는 태도와 경험을 가지고 좋은 출발을 할 수 있도록 **가정과의 연계가 필요하다**(가정과의 연계를 촉진시키기).

Plus 지식 긴스버그(Ginsberg, 2006)의 놀이를 통한 수학 학습

- 놀이가 **수학교육 내용 지식을 어느 정도 직접적으로 강조하고 있는지 여부**에 초점을 두고 긴(Ginsberg, 2006)는 놀이를 세 가지 유형으로 구분하였다.

수학적 요인이 포함된 놀이	• 수학적 요인이 포함된 놀이(mathematics embedded in play)란 유아들의 **자발적인** 활동을 통해 공간, 도형, 패턴, 대칭 등의 수학적 아이디어를 배우는 과정이다 • 예를 들면 쌓기 놀이 과정에서 아이들은 블록이 정육면체 모양이라는 도형의 가질 수 있고, 블록을 높이 쌓으며 공간에 대해 지각할 수 있으며, 규칙 블록의 모양을 만들며 패턴과 대칭의 개념을 배울 수 있다. • 수학적 요인이 포함된 대표적인 우리나라 전통놀이로는 **쌓기 놀이, 사방 땅따먹기, 윷놀이, 고누** 등이 있다. 이러한 형태의 수학적 놀이는 유아들의 자 탐색을 기대하지만 **수학적 탐색을 보장할 수 없다는 한계점**이 있다.
수학과 함께하는 놀이	• 수학과 함께하는 놀이(play with mathematics that has been taught)는 **교실에서 수학 개념을 적용하여 노는 놀이**로 주로 확장 활동의 형태로 나타난다. • 예를 들면 패턴이란 구별된 단위가 있다는 것을 배운 후 유아가 자신의 무늬의 패턴을 찾아보거나 교실 벽지나 화장실 바닥의 패턴 찾기 놀이를 하 이다.
수학에 중점을 둔 놀이	• 수학에 중점을 둔 놀이(play centering on math)는 **주사위, 카드, 화살표를** 게임 등으로 **명확하게 수학적 논리의 신장에 기여**하고, 논리적 전략, 자율성, 등을 신장시킬 수 있다. • 예를 들면 **수가 적혀 있는 카드 게임**의 경우 계산하기와 비교하기의 수학적 배우게 된다. • 유아를 위한 수학 게임의 유형은 **카드 게임, 판 게임, 목표물 맞추기 게임**, 게임, 숨기기 게임, 알아맞히기 게임, 언어적 지식 게임 등이 있으며, 그 관한 수학적 사고를 가장 많이 하는 것은 **카드 게임과 판 게임**이다.

지식 인지적 구성주의 이론(수학의 기초이론)

기본 입장		• 구성주의는 인간의 성장·발달에서 **생득적 측면과 환경적 측면을 동시에 강조**함으로써 인간이 주변 환경과의 상호작용을 통해 내적인 인지구조의 양적·질적 변화가 이루어져 전인적이고 통합적으로 발달해간다고 보는 입장이다. • 즉, 인간은 환경으로부터 수동적으로 지식을 수용하는 것이 아니라 **스스로 지식을 추구하고 조직**하며, 기존 지식에 동화시키는데, 지식은 이전에 습득한 것을 토대로 하여 계속 발달해간다. • 따라서 피아제는 4단계의 인지발달 단계는 모든 유아에게 불변적으로 진행되지만, 발달의 속도는 개인에 따라 다르게 나타난다고 하였다.
유아 수학 교육의 적용	교수·학습 방법	• 감각 및 조작적 경험, 능동적 탐색 ① 피아제 이론은 유아들에게 주어지는 놀이나 활동과제의 변인 수, 친숙정도, 제시방법, 다루는 범위 등이 유아의 **인지발달 수준에 부합되게 주어져야** 함을 시사하고 있다. ② 교사에 의한 학습이나 반복적 연습의 교수·학습 방법이 아닌 유아가 선택한 과제나 활동의 조작적 경험을 통한 교수·학습 방법을 적용하는 데 크게 기여하였다. ③ 또한, 수학적 지식의 구성에 있어서도 **유아 자신이 주도적으로 탐색하는 능동적 역할**을 하여야 한다는 입장이 강조되고, 교사는 이러한 과정을 관찰하며 필요한 때 적절한 개입이나 도움을 주는 지원자의 역할을 하도록 한다.
	수학 내용	• 분류, 순서 짓기, 수, 공간, 시간 ① 피아제의 인지이론은 **지식의 유형에 따라 지식 구성방법이 다르다고** 보았으며, 지식을 물리적 지식, 논리-수학적 지식, 사회적(관례적) 지식으로 구분하였다. ② 수학적 지식을 획득하기 위해서 이들 **세 가지 지식이 지식형성 과정에 서로 관련되어야** 한다. 예 "셋"의 개념을 알기 위해서는 셋의 수량을 나타내는 **구체물의 조작적 경험**이 필요하며, 이러한 경험을 통해 **"셋"의 수량적 관계를 유추**하여야 하고, 사회적 지식의 획득처럼 이를 **"셋"이란 명칭으로 말해야** 한다는 것을 알아야 한다. ③ 인지적 구성주의에서 유아기에 가르쳐야 할 수학교육의 내용은 **분류, 순서 짓기, 짝짓기 등의 수 이전 개념**이다. 그 이유는 '수'라는 것은 '언어'와 마찬가지로 추상적인 것이기 때문에, 직관적이고 감각적인 사고를 하는 유아에게 어려움이 있다는 것이다. ④ 따라서 '수 세기' 이전에 배워야 할 논리적인 관계의 구조가 있다고 보았고, 즉 '분류'와 '순서 짓기' 능력이 수 세기 발달에 선행되어야 한다고 보았다. ⑤ 어떤 수량을 제시했을 때, 셀 수 있는 것을 분류해야 하고, 수의 위계적 관계를 이해하고, 수를 순서대로 셀 수 있어야 한다는 것이다. 또한 '10' 이하의 숫자 중에서 어떤 것이 가장 작고, 어떤 것이 가장 큰지 '순서 짓기'를 할 수 있어야 수를 셀 수 있다고 보았다. 이러한 단계를 경험한 이후에 수를 배울 수 있다고 보았다. ⑥ 수 세기 이전의 경험을 강조한다는 의미로 **수 이전 개념(pre-number)을 강조**하고 있다. ⑦ 이 외에도 '공간'과 '시간'에 대한 구체적인 조작적 경험(추상적 경험 배제)도 가능하다고 보았다.

Plus 지식 인지적 구성주의 이론(수학의 기초이론)

시사점	
	① **유아의 사고 구조의 발달에 초점을 둔 수학교육의 중요성** - 전조작기 유아에게 논리적·추상적 사고를 요하는 수학적 조작활동을 반대하였다. 피아제는 수를 나타내는 **숫자의 형태는 임의적이고 관습적인 것이므로 어린 유아들은 이를 이해하는 데 어려움이** 있다고 보았다. - 유아의 환경적 요인인 사전경험, 흥미보다는 유아의 발달 단계를 고려한 교육 내용을 더 중시하였다. 따라서 유아가 직접 참여하고 조사할 수 있는 교육 내용을 선정하고, 충분한 활동을 할 수 있는 기회를 제공해야 한다. ② **적절한 수학활동 방법** - 피아제는 지식을 물리적 지식, 논리·수학적 지식, 사회적 지식으로 구분하고 다루고자 하는 지식의 종류에 따라 교수·학습 방법이 달라야 한다고 하였다. - 또한, 유아 수학활동 방법은 암기에 의한 수 세기와 계산학습보다는 유아 주변에서 친숙하게 볼 수 있는 구체물로 다양한 조작 경험을 제공하는 교수 방법을 중시하였다. ③ **유아 수학교육을 위한 교사의 역할** - 수동적이고 누적된 학습과 효율적이며 획일화된 학습을 주장한 전통적인 행동주의 이론을 비판하였다. 피아제에 의하면, 유아는 선천적으로 호기심과 탐구심이 많은 존재로서 학습지를 통한 암기와 연습은 유아에게 무의미한 것으로 보았다. - 따라서 피아제는 유아 수학활동에서 교사의 중요한 역할은 유아가 수학활동에 직접 참여할 수 있는 지지적인 환경을 조성하고, 유아 스스로 평형화를 이루어 지식을 쌓아갈 수 있도록 유아에게 적절한 질문을 하고 동기 유발을 하도록 도와주는 것이라 하였다. ④ **관계의 학습을 격려한다.** - 성인과 유아 모두 의미 없는 정보의 학습보다 관계에 집중하는 것을 더 즐거워한다. 관계학습은 기억의 '유보'가 암기보다 쉬우며, 새로운 것에 '변형'을 시도하기가 용이하다. ⑤ **유아가 연관성을 알도록 하고 시각을 변화시키도록 도와준다.** - 학습에 있어 가장 중요한 것은 생각하는 방법의 변화나 문제를 해결하려는 노력, 즉 의미 있는 학습이다. 의미 있는 학습은 정보 축적 이상의 의미를 갖는데 정보의 동화와 통합을 포함한다. - 가장 의미 있는 학습은 유아가 기존의 지식과 교수 간의 관련성을 알도록 도와주고 기존에 가지고 있던 지식 간의 관련성을 알 수 있도록 한다. ⑥ **의미 있는 학습을 위해 오랜 시간을 투자하도록 계획을 세운다.** - 의미 있는 수, 측정, 공간학습은 통찰력에 의해 점차로 획득된다. - 일반적으로 이러한 사고를 위한 재조직이 생기려면 오랜 기간 준비해야 한다. ⑦ **유아의 자기 발명적 수학을 격려하고 강화한다.** - 인지 이론은 학습이 그 자체의 보상이 될 수 있다고 제안한다. 유아들은 선천적으로 호기심을 가지고 있으며 지식을 갈망한다. - 또한, 지식이 증가할수록 자발적으로 더 어려운 도전 기회를 찾는다. 유아들은 흥미 없는 일에는 쉽게 포기하지만 흥미를 느끼는 일에 관해서는 완성을 위해 시간을 쏟는다. ⑧ **유아 개개인의 준비도를 고려한다.** - 유아는 연관성을 알 수 있는 준비가 되어 있어야 한다. 의미 있는 학습은 새로운 것을 동화할 수 있는 지식이 있을 때에만 일어나기 때문이다. - 수학은 유아의 연령이 아니라 준비도나 요구에 기초를 두고 집단을 나누어 가르쳐야 한다. ⑨ **놀이와 게임을 통해 유아의 자연스러운 흥미를 이용한다.** - 놀이는 유아들의 환경을 탐구하고 지배하는 데 있어서 자연스러운 수단이며 게임은 초등 수준 수학학습의 의미 있고 즐거운 방법이다. - 모든 게임은 기본적인 수 기술을 연습하도록 하는 기회를 제공한다. 게임은 유아들에게 기본적 수 기술을 획득하고 연관할 수 있도록 하는 자연스럽고 즐거운 기회를 제공한다.

Plus 지식 사회문화적 구성주의 이론(수학의 기초이론)

기본 입장		• 비고츠키에 의하면, 지식을 구성하는데 능동적 존재로서의 유아에 대한 인식은 피아제와 같은 입장을 가지고 있지만 **인지 구성에서 현재와 과거의 상호작용, 즉 사회적·역사적 맥락의 영향도 함께 고려**하여야 한다고 보았다. • 따라서 비고츠키는 수학적 사고와 획득과정이 보편적이라고 보는 피아제와 달리 사회적·역사적 맥락이 유아의 인지과정의 틀을 제시한다고 보았기 때문에 피아제처럼 지식은 머릿속에 독자적으로 존재하는 것이 아니라 **그들이 참여하는 사회활동의 패턴에 존재**한다고 보았다. • 유아의 즉각적 경험의 공유, 개인의 사회적 경험, 사회·문화적 역사가 발달에 영향을 주며, 피아제의 입장과는 달리 이러한 **다양한 수준의 사회·문화적 맥락에서 서로 공유하는 경험은 유아의 인지과정을 변형시키고 지적 능력에 영향**을 준다고 보았다. • 각 문화권에서의 수단어 체계와 연산전략의 활용은 유아의 수학개념과 능력의 발달에 사회·문화적 요인의 영향을 받은 증거라 할 수 있다.
유아 수학 교육 의 적용	교수· 학습 방법	• **상황이나 맥락의 활용, 협동 또는 또래학습** ① 기관에서의 수학학습에 대한 어려움은 기관에서 배우는 수학의 연산이나 문제 해결 전략 등이 유아가 지식을 획득하는 맥락과 분리되어 있기 때문이므로 기관에서 제공되는 학습이 유아의 지식획득이 이루어지는 맥락과 연계되어야 한다는 것이다. ② 따라서 유아가 속한 **사회적·문화적 맥락이 반영된 수학활동들이 제공되는 것이 중요**하다는 것이다. 최근 일상적 상황이나 이야기 맥락에서의 수학적 사고를 경험하도록 하는 문학을 활용한 수학교육도 이 이론을 반영한 것으로 볼 수 있다. ③ 또한, 지식획득과정에서 **성인이나 또래와의 공유적 경험이나 지도를 통해** 발달이나 학습을 적극적으로 유도할 수 있다고 보았다. ④ 피아제도 또래와 상호작용을 통해 직면하는 인지적 갈등은 평형화를 깨뜨리며 이러한 과정에서 내적·인지적 재구성이 일어난다고 봄으로써 사회적 상호작용에 가치를 두었다. ⑤ 그러나 비고츠키는 교사나 또래들과의 상호작용을 통해 얻어지는 지도, 지원, 설명, 시범, 도움 등은 근접발달지대의 범위에 있게 된다고 보았으므로 **여러 유아가 공동으로 참여하여 각자의 경험과 아이디어를 공유하는 활동에 가치**를 두고 있다. 이를테면 엄마와 유아와의 이야기책 읽기 활동에서 책의 내용뿐 아니라 수학적 담화도 함께 일어나고 있음을 볼 수 있다.
	수학 내용	• **관례적 수학내용, 사회적 요구를 반영한 내용** ① 사회문화적 구성주의는 수학교육에 있어 무엇을, 언제 가르칠까를 결정하는 데도 중요한 이론적 토대를 제공하고 있다. 특히 각 사회나 문화권에서는 그들이 추구하는 가치나 지식을 전수하려고 하고, 이는 무엇을 가르칠지에 반영되고 있다. ② **유치원 교육과정이 개정될 때마다 내용이 바뀌는 것도** 사회적으로 필요로 하고 중요시 되는 내용이 선정되기 때문이며, 이는 **사회·문화적 맥락을 반영하는 예**라 할 수 있다. ③ 수학내용을 언제 가르칠지도 사회·문화적 맥락의 영향을 받는다. 예를 들어, 일상적 생활에서 친숙하게 경험하는 화폐단위의 차이로 인해 소수학습(예 $2.95)이 미국에서는 우리나라보다 일찍 다루어진다.

시사점	**• 교사와 또래학습의 중요성 강조** ① 비고츠키의 이론은 피아제의 입장보다 **교사의 적극적인 역할을 중요시**하였다. 교사는 환경을 주의 깊고 분명하게 조직해야 하며 유아에게 활동을 선택할 수 있는 기회와 지속적 활동을 위한 새로운 아이디어를 제시할 수 있어야 한다. ② 비고츠키의 이론은 피아제와 달리 유아의 발달에 약간 앞서는 자료를 제공하는 것이다. 유아가 처음에는 완전히 이해하지 못하나 적절한 비계설정을 통해 알게 된다고 보았다. ③ 교사는 개별 유아의 근접발달지대를 알아야 하며 발달에 적합한 교수를 제공해야 한다. ④ 교사뿐만 아니라 유능한 또래도 포함되어 있는 근접발달지대의 개념은 또래 간의 상호작용을 통한 학습의 중요성을 시사한다. 따라서 교사는 유아에게 사려 깊고 개방적인 질문을 통해 의문점이 일어나고 또한 유아 상호 간에 질문하도록 격려해야 한다. ⑤ 교사는 유아들에게 어떻게 서로를 지도하고 지도를 받을 것인지를 가르쳐야 하며, 유아들 간에 서로 지도를 하고 지도를 받는 역할 분담이 이루어질 수 있도록 계획해야 할 것이다. **• 수학활동에서의 언어의 중요성 강조** ① 비고츠키는 **언어가 우리의 정신에 있는 문제들을 해결하게 하고 산만해지는 것을 막아주기 때문에 가장 중요한 기호체계**라 믿었다. 또한 **언어는 유아가 사회적으로 상호작용하고 사고를 촉진**하도록 해 준다고 하였다. ② 그러므로 비고츠키는 의미 있는 맥락에서 수학적 언어를 제공해 주면 유아가 자신의 수학적 사고를 타인과 명확하게 의사소통하는 데 도움이 된다고 하였다. ③ 교사는 유아가 물체를 가지고 노는 동안 유아와 '대화'를 함으로써 유아의 수학학습을 지원하며, 유아에게 어떻게 문제를 해결했는지 소리 내어 말해 보게 하고, 친구들의 설명을 잘 경청하게 해야 한다는 것이다. ④ 또한 정확한 수학적 용어를 사용할 때 교사 역시 유아가 한 말, 곧 유아가 학습한 것에 주의를 기울일 수 있다고 보았다.

Ⅱ. 수와 연산

15개정 누리과정	해지	• '수와 연산의 기초개념 알아보기'는 유아가 생활 속에서 다양하게 수를 경험하면서 수에 대한 이해를 발달시키고, 기초적인 수와 연산의 개념을 형성하는 내용이다. • 유아는 생활 속에서 **수가 여러 가지 의미로 사용된다는 것**을 알게 되고, **물체 세기를 통해 수량을 인식**한다. • 또한 **구체물을 사용하여 수들 간의 관계를 알아보며, 더하고 빼는 경험을 하면서 수와 연산에 대한 기초개념을 형성**한다.
	지도 지침 및 유의점	• 수가 사용되는 다양한 상황을 경험함으로써 **직관적으로 수의 여러 가지 의미** • 즉, ① **수량을 나타내는 집합수**, ② **순서를 나타내는 순서수**, ③ **명칭으로 사용되는 이름수**를 이해하도록 한다. 　예 "오늘 생일인 친구의 나이만큼 초를 꽂아보자."(**집합수**) 　　 "우리 게임하는 순서를 정해 보자. 누가 먼저 하면 좋을까?"(**순서수**) 　　 "우리 유치원 전화번호를 알아보자."(**이름수**) • 일상생활에서 **수량의 차이가 확실한 두 집합을 비교**하는 활동을 통해 유아가 수량의 많고 적음을 **감각적으로 이해하는 데 중점**을 둔다. • **집합의 크기를 비교**할 때에는 **1대1 대응**을 사용하거나 **수 세기를 활용**하도록 격려한다. • 수 세기가 요구되는 놀이나 게임, 숫자 노래, 일상경험 등 수 세기를 할 수 있는 기회를 많이 제공한다. **만 4, 5세** 유아는 특정수부터 **이어 세기, 거꾸로 세기, 띄어 세기** 등 수 세기의 여러 방법을 경험하게 한다. • 유아가 물체를 셀 때 **한 개씩 손가락으로 가리키며 세어보거나 헤아린 물체를 한쪽으로 놓는** 등 효과적으로 수를 세는 방법을 안내한다. 또한 **마지막에 센 수 단어를 강조하여 수량을 세어보도록** 한다. • 더하기나 빼기가 요구되는 일상의 구체적인 상황이나 조작할 수 있는 구체물을 가지고 더하거나 빼는 경험을 해 보도록 한다. 유아가 **자신이 사용한 문제 해결 전략을 설명**해 보도록 한다. • 구체물이 아닌 **숫자와 기호를 사용하여 덧셈과 뺄셈을 반복하는 형식적인 활동이 되지 않도록 주의**한다.

 지식 고유 수 세기와 한자 수 세기

① 우리나라의 경우 수 이름이 고유 수 이름과 한자 수 이름의 이중 명명 체계로 구성되어 있다.
② **한자 수 이름에서는 '십, 이십, 삼십'**과 같은 수 이름 생성 규칙을 찾아내기 쉬우나 **고유 수 이름**에서는 십의 자리에 해당하는 '열, 스물, 서른, 마흔' 등 수 이름에 **규칙성이 없으므로 기계적으로 암기해야 하는 어려움**이 있다.
③ 따라서 연령이 증가할수록 고유 수 이름 학습을 위해 적절한 도움을 제공해야 할 것이다.

1 수 감각과 숫자 인식

수 감각	▶ **수에 대한 친숙함과 직관**으로 크기와 관계를 이해하는 능력 • 인간은 기본적인 수 감각(number sense)을 갖고 태어난다. 수 감각이란 **수에 대한 친숙함과 직관**을 의미한다. • 수 감각이란 **숫자를 읽고**(예 삼이야), **숫자를 쓰고**(시각-운동), **수와 그 수가 지칭하는 물체를 짝지을 수** 있고(기수), **숫자가 얼마나 큰지 직관적으로 느낄 수** 있고(예 25는 50보다 10과 더 가까워), 수를 사용해서 논리적으로 추측할 수 있고(예 이 병에는 과자 100개가 안 들어가), 세지 않고 눈으로 보거나 머릿속으로 부분-전체 관계를 이해하는 것(예 나는 구두가 2개고, 신발이 3개 있어) **등과 같이 여러 가지 상호 관련된 복잡한 개념들의 집합**이다.
숫자 인식	• 수와 숫자는 다르다. **수는 생각되어지는 것**, 즉 **아이디어**(idea)에 해당하고, **숫자는 이러한 아이디어에 대한 이름이나 상징**을 말한다. • 대부분의 유아는 2~3세에 숫자 10까지의 이름을 말할 수 있지만 실제로 숫자마다 각기 다른 수량을 나타내며 그 양이 변하지 않는다는 사실을 이해하는 것은 4세 이후이다.

➕ Plus 지식 수의 의미(유은영 외, 2015)

수의 연속적 의미	▶ (키, 체중, 온도처럼) **연속적인 양을 수로 나타내는** 수의 의미 • **연속적 특성을 가진 물체에 수를 부여**하여 활용 • **체중이나 키, 온도, 시간 등은 연속적 특성**을 가지고 있으며, 수를 부여함으로써 유용하게 활동할 수 있다. • 예를 들어, 유치원에서 체중이나 키를 재어 보고 친구와 나의 체중이나 키를 비교해 봄으로써 수의 비교와 '크다, 작다' 등의 비교 어휘를 사용할 수 있게 된다.
수의 위치적 의미	▶ (좌석번호, 주소처럼) **사물의 위치를 나타내는** 수의 의미 • 극장이나 운동장의 **좌석번호, 집주소, 빌딩의 사무실 번호** 등은 수의 위치적 의미로 활용되는 예라고 볼 수 있다. • 만약 **아파트 주소가 101동 604호**이면 첫 번째 건물의 6층 4번째 있는 집을 의미하는 것이다.
수의 순서적 의미	▶ (대기표, 순번처럼) **순서를 나타내는** 수의 의미 • 종합병원이나 은행, 우체국의 **대기표는 순서적 의미**로 활용되는 예이다. • 따라서 내 번호표가 237이고 지금 235번 번호표를 가진 사람이 서비스를 받고 있으면 그다음 다음이 자신이 서비스를 받을 차례임을 의미한다.
수의 명목적 의미	▶ (버스 번호, 채널 번호처럼) **신원, 정보 등을 구별하는** 수의 의미 • **시내버스 번호, 상품의 모델 번호, TV 채널** 등은 **신원이나 정보를 나타내는 의미**로 활용되는 예이다. • 이 경우 수 자체에 임의의 성격을 부여하여 다양한 정보를 숫자로 나타내게 되며, 거의 모든 상품에 활용하고 있는 바코드도 이를 활용한 것이다.

2 수의 의미와 수 교육 방법

		• 우리가 사용하는 수는 상황에 따라 다른 의미를 지니게 된다. 수의 의미가 상황이나 맥락에 따라 다르다는 것을 이해하는 것은 수 개념 발달에 중요하다.
수의 의미	집합수 (기수)	▶ **집합에 속한 원수의 수**로, 사물의 수량을 셀 때 사용하는 수 ▶ **사물의 수량을 나타내는 수** • 기수로 집합에 속한 원소의 수를 나타내며, 흔히 **사물의 수량을 셀 때** 사용된다. • 유아들이 일반적으로 말하는 "우리 반에 여자 친구들이 ○○명이야."라고 말할 때 반 여자 친구들의 수를 의미하는 ○○이 집합수에 해당된다. 예 오늘 생일인 친구의 나이만큼 초를 꽂아보자. 예 체중, 키, 온도, 시간 등 연속적 특성을 갖는다. 기 정 교사는 과자가 20개쯤 담겨 있는 접시를 성희에게 주며 7개를 세어서 철수에게 나누어 주게 하였다. 홍 교사는 볼링 놀이를 하려고 하는 훈이에게 "볼링 핀 10개를 세어서 바구니에 담아 가져가렴."하고 말해 주었다.[12] 기 빵집 안에 사람들이 있어요. / 어, 그러네. 모두 몇 사람이 있니? / (하나, 둘, 셋, 넷) 모두 네 명이에요.[18] / 기 23! 모두 23개네.[25]
	순서수 (서수)	▶ 사물을 특성에 따라 순서화했을 때 그 **순서를 나타내는 수** ▶ **차례나 순서를 나타내는 수** • 키 순서로 유아들을 세웠을 때 혹은 성적순으로 학생들을 서열화했을 때 말하는 "첫 번째는 △△, 두 번째는 △△, … 마지막은 △△야."에서 사용되는 수가 순서수이다. • 순서수는 첫 번째와 두 번째, 그리고 두 번째와 세 번째의 간격이 같지 않다는 특징이 있다. 따라서 순서수에서는 연산할 수 없다. 예 우리 게임하는 순서를 정해 보자. 누가 먼저 하면 좋을까? 예 병원, 은행, 우체국의 대기표는 순서적 의미를 갖는다. 기 박 교사는 영희와 함께 사물함의 왼쪽에서부터 하나씩 짚어가며 "첫 번째, 두 번째, 세 번째. 아, 바로 세 번째 칸이 영희의 사물함이구나."라고 말해 주었다.[12] 기 첫째, 빵에 잼을 바르고, 둘째, 햄을 올리고, 셋째, 치즈를 얹고….[25]
	이름수 (명명수)	▶ 대상을 **구별하는 역할**로 사용하는 수 ▶ **특정 대상을 식별·구별하는 명칭**으로 사용되는 수 • 축구나 야구 선수를 말할 때 "11번 선수"라고 하는 것이나 "서울에 가려면 587번 버스를 타야 해."라고 말할 때 사용되는 수로 이름을 대신하여 불리는 수를 말한다. • 이 수는 어떤 사물 혹은 노선을 의미할 뿐이다. 예 우리 유치원 전화번호를 알아보자. 기 와! 소방차다. 1190야, 119. 나도 119 알아요.[18] 기 성훈이를 6번이라고 부르자.[25]

맥락을 이용한 수 교육 방법 (Fuson & Hall, 1983)	순서 맥락	▶ **수를 세려는 의도 없이 관례적 순서로** 수 이름을 말하는 경우 ㉠ 숨바꼭질할 때 수를 세는 행위, 시간을 세기 위한 목적
	수 세기 맥락	▶ **수 이름과 사물을 대응**하여 수 이름을 말하는 경우
	기수적 맥락	▶ **사물을 셀 때 마지막 사물**의 수 이름을 말하는 것으로 이는 집단 전체의 개수를 의미한다. ▶ 마지막 수 이름이 전체 개수를 의미하는 경우
	측정 맥락	▶ 길이, 시간, 거리, 속도, 양 등 **단위의 수** ▶ 특정 단위를 활용해 양을 비교하거나 표현하는 경우
	서수적 맥락	▶ 대상이 차지하는 **상대적인 위치** ▶ 대상의 **상대적 위치나 순서**를 나타내는 경우
	임의적 맥락	▶ **특정 대상을 구별하는 명칭**으로 수를 사용하는 경우 ▶ 전화번호, 버스번호 등 **특정 대상을 명명**하기 위한 수 이름

3 수 개념 발달 단계

겔만의 수 개념 발달 단계	• 겔만(Gelman)은 수의 조작적 관계를 다룰 수 있는 **수 추리능력은 수량적 관계를 추상화하는 능력이 전제되어야** 한다고 보았다. • 즉, **전조작기 유아**들이 위치적 배열의 변화에도 불구하고 그 양의 동등성에는 변화가 없다는 수 추리적 관계의 이해는 미흡하나 **물체의 수량화에 대한 이해는 가능**하다고 보았다. • 수 세기가 수의 구체적 표상을 돕고 추후 추리적 사고에 기초가 되므로 수 세기 교육이 이루어져야 한다. 따라서 유아기에는 수의 구체적 표상을 돕는 **수 세기가 중점적으로 이루어져야** 한다. • 겔만의 수 개념 발달 단계		
	수 추상능력 (number abstraction)	▶ 수량을 물체 특성과 상관없이 **수량적 관계로 추상화**하는 능력 • 수 추상 능력의 발달을 기초로 수 추리능력이 발달 • **수 세기 활동**이 대표적임		
	수 추리능력 (number reasoning)	▶ **동등성**, 위치 변형의 무관성 **등을 포함하는 수의 조작적 관계를 이해**하는 능력 • **수 보존 활동**이 대표적임		

- 유아가 실제로 수를 지칭하는 단어의 의미를 이해하는 것은 한참 뒤의 일이다. 즉, 유아는 짝짓기, 비교하기, 분류하기, 순서 짓기를 할 수 있어야 수 개념을 획득하게 된다.
- 피아제에게 수 개념의 획득은 **수의 보존 개념에 대한 이해**를 의미하며, 흔히 수의 보존 개념 과제의 성공 여부가 수 개념이 획득되었는지에 대한 기준이 되어 왔다.
- 수의 보존 개념이란 **지각적 변형이나 이동에도 불구하고 그 양은 유지되는** 것을 말한다. 따라서 수 개념의 이해는 물체의 수량에 대해 정확하게 추리할 수 있는 능력인 '양의 보존'에 대한 이해가 가능한 것이라고 볼 수 있다.
- **수의 보존 개념을 중심으로 살펴본 유아의 수 개념 발달 단계**

  기 피아제(J. Piaget)의 수 개념 발달 단계에 근거하여 현주 '단풍잎 줄이 더 길어요. 세어보니 똑같아요. 배열을 바꾸니 줄어들었네'와 민지 '길이가 달라도 똑같아'가 보이는 수 개념 발달의 ① 공통점과 ② 차이점을 쓰시오. [특24]

피아제의 수 개념 발달 단계	총체적 비교 단계	▶ **일대일 대응을 하지 못하고, 공간적 배열이 다르면 수가 다르다**고 생각하며, **두드러진 특성에만 관심**을 두는 단계 • 만 2세경의 영아는 두 집단의 수를 비교할 때 일대일 대응을 하지 못하고, 물체가 차지하는 공간이나 길이에 대한 **지각적 비교를 기초로 판단**한다. • 즉, **두드러진 특징에만** 관심을 갖는다(긴지, 짧은지, 넓은지, 좁은지). ● : 이 줄이 더 많다.
	직관적 단계	▶ (일대일 대응이 가능하지만,) **공간적 배열이 다르면 수가 다르다**고 생각하며, **일대일 대응 후 같다는 것을 이해**하는 단계 • 일대일 대응이 가능하지만, 물체의 수가 같아도 두 줄로 배열한 물체 사이의 **간격이 다르면 수가 다르다**고 생각한다. • 즉, **직관적·시각적 판단**에 의해 결정하는 단계이다(실제로 지각되지 않으면 수의 동등성을 파악할 수 없다). • 이 단계에 속하는 유아들은 아래에 제시된 예에 대해 '두 줄이 다르다.'라고 했다가 **'일대일 대응을 해본 후 두 줄이 같다'**라는 점을 이해한다. ● : 일대일 대응 후 같다.
	조작적 단계	▶ **일대일 대응도 가능**하고, **공간적 배열이 달라도 물체의 수는 변하지 않음**을 **논리적으로 인식**하는 단계 • 일대일 대응도 가능하고, 물체의 **공간적 배열이 달라도 물체의 수는 변하지 않음**을 인식한다. • 직관적·시각적 판단에 더 이상 의존하지 않고 **논리적으로 생각**한다. 즉, 공간적 배열이 바뀌어도 물체의 수는 변하지 않음을 인식하며 그 이유도 설명할 수 있다. ● : 두 줄은 같다.

4 수 세기 발달 과정(Baroody, 1987)

단계	내용
1단계 기계적 수 세기	▶ **수 명칭만을 말할 수 있고, 수 세기의 순서성과 의미를 이해하지 못**하는 단계 • 가장 기초적인 형태의 수 세기로 몇 가지 수 명칭을 말할 수 있지만 **그 순서가 수 세기의 순서성과 동시에 이루어진다는 것은 이해하지 못**한다. • 수학 영역이라기보다는 언어 영역에 속한다.
2단계 동시 발생적 수 세기	▶ **수 명칭과 수 세기 행동**의 **순서를 일치**시키는 단계 • 수 명칭의 순서성과 수 세기 행동의 순서성을 동시에 일치시킨다. • 기계적 수 세기처럼 언어 영역에 속하지만 단순 모방 이상의 기능을 한다.
3단계 짚어가며 수 세기	▶ **사물을 하나씩 짚으면서 수 명칭을 순서대로 정확히 말하는** 단계(로, 세는 방법이 달라도 같은 수량이라는 개념은 이해하지 못함) • 유아는 **수 명칭을 정확히 순서대로 구술하면서 동시에 실수 없이 사물을 하나씩 짚어가며 세기**를 한다. • **세는 방법이 다르더라도 결과적으로 같은 수량**을 나타낸다는 것은 아직 **인식하지 못**한다.
4단계 단위별 수 세기	▶ 사물 **일부가 가려져 있어도 전체를 하나의 단위로 인식**하여 수 세는 단계 • 이전 단계에 비해 상징적인 면이 강하다. • 산수적 단위의 출현을 의미한다.
5단계 기수적 수 세기	▶ **사물을 지칭하는 수가 수 명칭**뿐 아니라 **이전 수를 포함한다는 것을 이해**하는 단계 ▶ (이전 수를 포함하는) **수의 포함관계를 이해**하며 세는 단계 • 사물 하나를 짚으면서 하나라고 말하고 하나씩 더 짚으면서 둘, 셋 등의 수 명칭을 이용하여 순서대로 세기를 한다. • 이때 셋은 3이라는 세 번째 사물을 언급하는 수의 **명칭**뿐 아니라 **둘과 하나를 포함한다는 포함관계를 이해하고 사용**한다.
6단계 서수적 수 세기	▶ **기수적 의미와 서수적 의미를 동시에 이해할 수 있는** 단계 예) 일곱 번째 사물을 '하나'로 세면서도 서수적으로 7번째라는 의미를 인식 • **기수적 단계의 이중 의미도 이해**하는 수 세기의 단계 • **기수적 수 세기 단계에서 열 개의 사물 중 여섯 번째 사물부터 시작할 때 나머지를 하나씩 짚어가며 7개, 8개 9개, 10개라고 수 세기를 한다면, 일곱 번째 사물부터 수 세기를 시작할 때 그것을 하나, 여덟 번째 사물을 둘, 아홉 번째 사물은 셋으로 세는 기수적 수 세기**와 동시에 또 다른 형태의 수 세기 작업을 한다.
7단계 비형식적 연산	▶ **구체물을 이용**해 수 세기를 통한 **덧셈, 뺄셈의 연산이 가능**한 단계 • 형식적 수학교육을 받기 전 **구체적인 사물을 이용하여 수 세기를 통한 더하기와 빼기의 문제를 해결**하는 능력 • 연령이 증가함에 따라 합리적인 수 세기 능력이 증가하며 이에 따라 수 연산 능력도 발달한다.

5 기계적 수 세기와 합리적 수 세기

- 유아의 수 세기는 기계적 수 세기(rote counting)와 합리적 수 세기(rational counting)로 나눌 수 있다.
- 수 세기는 수의 이름을 암기해서 말로만 세는 말로 수 세기(oral counting)에 해당되는 **기계적 수 세기**로 시작하여 점차 수의 명칭과 물체를 정확히 일대일 대응시켜 물건을 세는 작업을 하는 물건 세기(object counting)가 가능해지는 **합리적 수 세기로 발달**한다.

기계적 수 세기 (구술 세기, 말로 수 세기)	▶ **암송하여 말로만 세는 것**으로 단순히 수 단어 명칭을 순서 지어 차례로 나열하는 것 ▶ **암송하여 말로만 세는 것**으로 물체와 수의 일대일 대응이 이루어지지 않고 말로 하는 수 세기 • 기억에 의한 수 단어를 말하는 것으로 **암송하여 말로만 세는 것**을 말한다. 즉, 수의 의미를 이해하지 못하고, **단순히 수 단어 명칭을 순서지어 차례로 나열**하는 것이다. • **직접적으로 수량을 세는 것은 아니지만**, 영아가 수의 명칭과 순서를 파악하도록 함으로써 이후에 물체를 직접 세어 보는 경험으로 발전할 수 있는 토대가 된다. ㉠ 사물은 하나하나를 차례대로 짚으며 "하나, 둘, 셋." 순서대로 세어야 하지만 기계적 수 세기 단계의 유아는 사물 하나를 짚으며 "하나"라고 말하고 다음 물체를 짚기도 전에 "둘"을 말하는 등 사물 하나에 하나를 대응하지 못하는 언어와 행동의 불일치를 보인다. • 따라서 기계적 수 세기는 **수가 상징하는 의미를 안다기보다는** 노래를 배우듯이 수 이름을 암기하여 말하는 단계이다.
합리적 수 세기 (물체 세기)	▶ **수 명칭과 세어야 할 대상을 하나씩 순서대로 짝지으며 세는 것** • 기계적 수 세기가 가능해지면 물체를 수량화하는 데 **수 단어를 물체에 적용하여 셀 수** 있게 된다. • 일반적으로 기계적 수 세기와 합리적 수 세기는 병행하여 발달되어 가지만 **기계적 수 세기가 합리적 수 세기보다 더 먼저 발달**한다. • **이유** : 기계적 수 세기는 정확한 순서대로 수 단어만 나열하면 되지만 합리적 수 세기는 **물체에 수 단어를 지속적으로 일대일 대응시켜야 하는 중복된 작업이 요구**되기 때문이다. • 합리적 수 세기는 **숫자와 세어야 할 대상을 하나씩 순서대로 짝지을 수 있는 단계**로서 수와 양의 관계를 이해하며 수 세기를 하는 것이다. • 유아들이 **합리적 수 세기를 하기 위해서는 물체 수 세기와 관련된 5가지 원리를 이해하고 있어야** 한다(Gelman & Gllistel, 1978). • 유아는 스스로 실수를 고치면서 아래와 같은 수 세기 원리를 습득하므로 교사가 성급히 교정하려고 할 필요는 없다. 오히려 성인이 교정을 해주면 유아는 논리-수학적 관계를 구성하지 못하고 사회적 지식으로 받아들이게 된다. • 수의 명칭이나 수의 순서 등의 사회적 지식은 집단으로 수를 세거나 다른 사람들이 수를 세는 것을 경청함으로써 학습하는 것이 바람직하다. 즉, **교정보다는 모델링이 더 나은 교수 방법**일 수 있다. 기 수 세기는 각 수를 지칭하는 이름을 순서대로 기억하여 기계적으로 세는 일반적 수 세기와 **(합리적 수 세기)**가 있다. 합리적 수 세기의 특징을 쓰시오.[20]
동등성 이해의 세기	▶ **지각에 의존하지 않고, 수의 불변 논리를 이해하고 세는 것** • 이 단계의 유아는 **물체의 배열에 상관없이 수를 세고**, 또 **일대일 대응의 관계를 성립**시킨다.

- 겔만과 갈리스텔(Gelman & Gallistel, 1978)의 5가지 (합리적) 수 세기 원리

(합리적) 수 세기의 5가지 원리	일대일 대응의 원리 (one to one rule)	▶ **물체 하나에 한 번씩만 수 단어를 말해야** 한다는 원리 • [지도] 이를 어려워하는 유아에게는 **손가락으로 짚어가며 세도록** 하는 것이 좋다. 또한 세어야 할 물체를 일직선으로 배열해 놓고, **이미 센 물체는 한쪽 편으로 옮겨, 센 부분과 세어야 할 부분을 쉽게 구분할 수 있도록** 한다. ㉠ 물체를 빠뜨리고 센 경우 : ●1 ●2 ●3 ●4 ●5 ㉠ 두 번 센 경우 : ●1 ●2 ●3 ●46 ↔ ●5 기 (미나와 다희가 동시에 과일 그림 카드를 각자 하나씩 바구니에서 꺼내 놓으며)/ 미나, 다희 : (동시에) 하나./미나, 다희 : (동시에) 하나. 다희와 미나가 수량 비교하기 활동에 사용한 방법 1가지^[15] 기 보물쪽지를 하나씩 바닥에 그려진 원 안에 놓으며 대응되도록 세어 주기^[19추] 기 ① [A] '<u>하나, 둘셋, 넷다섯, 여섯, 일곱.</u>'와 같은 오류가 나타날 경우, 지도해야 하는 합리적 수 세기의 원리를 쓰고, ② 이 원리를 가르치기 위한 **지도 방법**을 1가지 쓰시오.^[특22] ② **이미 센 물체는 한쪽 편으로 옮겨, 센 부분과 세어야 할 부분을 쉽게 구분할 수 있도록 지도한다.**
	안정된 순서의 원리 (stable order rule)	▶ (성인들이 사용하는) **수 명칭을 안정된 순서로 정확히 말할 수 있어야** 한다는 원리 • 유아가 7까지 셀 수 있으려면 적어도 7 이상의 숫자의 명칭까지 알아야 한다는 것이다. • 유아는 처음에는 숫자의 순서를 사회적 지식으로 학습하는데, 대개 '하나-둘-셋-넷-다섯'까지는 안정된 순서로 말하고, 그 뒤의 숫자들은 순서 없이 말하는 경향이 있다. ㉠ 안정된 순서 획득 못 했을 때 : 하나 둘 셋 넷 다섯 일곱 여섯 기 [지도] 개수를 셀 때 수의 순서를 익히도록 순서대로 천천히 세어 주기^[19추]
	기수의 원리 (cardinal principle)	▶ **마지막에 적용된 수 명칭이 전체 개수를 나타낸다**는 원리 • 이 원리는 일대일 대응의 원리나 안정된 순서의 원리 이후에 발달하게 되는 원리로서, 유아가 스스로 깨우치기는 어려울 수 있다. • 유아에게 **마지막 센 숫자를 좀 더 크게 말하게 하면** 이를 이해하기 쉽다. ㉠ 🚗1 🚗2 → 1 + 1 = 2 기 (**기수의 원리**)는 한 집합의 물체의 수를 셀 때 마지막 물체에 적용된 수 단어가 그 집합의 전체 수량을 나타낸다는 것이다. 따라서 마지막 수 단어는 그 물체에 대응된 수 단어일 뿐 아니라 그 집합의 전체 수량을 표상하는 특정 수 단어의 의미도 함께 가진다는 것을 뜻한다. 유아들에게 "모두 몇 개니?" 하고 물으면, 세는 행동은 하지만 마지막 수 단어를 말하지 못하며….^[10] 기 개수를 셀 때 **마지막 수가 전체 수량을 나타낸다는 것을 이해하도록** 세어 주기^[19추] 기 하나, 둘, 셋. 우리가 마지막에 말한 숫자와 보물쪽지의 숫자가 같나요?^[19추] 기 '수를 셀 때 준우와 같이 끝까지 세고, 교사가 "모두 몇 개네."라고 말한 후 준우에게 "모두 몇 개지?"라고 물어요. 예를 들어 자동차를 셀 때 준우와 같이 하나, 둘, 셋, 넷, **다섯까지 세고, 교사가 "자동차가 모두 다섯 개네."**라고 말한 후 준우에게 "자동차가 모두 몇 개지?"라고 물어요.'에서 가르치려고 하는 겔만(R. Gelman)의 수 세기 원리를 쓰시오.^[특20]

순서 무관의 원리 (order irrelevant principle)	▶ **어떤 순서나 방향으로 세어도 총 개수는 변하지 않는** 원리 • 물체의 수를 셀 때에는 **어떤 물체부터 세기를 시작해도 된다는 것**이다. • 또한, 어떤 방향으로 수를 세어도 수는 변하지 않는다는 원리이다. • 따라서 물체를 더하거나 제거하지 않는다면, 위로 세든, 아래로 세든, 좌우 어디에서 세든 결과는 마찬가지임을 실제로 확인하게 하는 것이 도움이 된다. 예 ●1 ●2 ●3 ●4 ●5 → ●1 ●3 ●5 ●2 ●4 기 '여기 단풍잎만 세어보자. 이쪽부터 세어도 하나, 둘, 셋이고, 저쪽부터 세어도 하나, 둘, 셋이야.'에서 나타난 영희의 수 세기 원리[16] 기 개수를 셀 때 어떤 방향으로 수를 세어도 같다는 것을 이해하도록 세어 주기[19추] 기 구슬 개수가 **이쪽에서부터 세어도 똑같고, 반대쪽부터 세어도 똑같다!**[특22]
추상화의 원리 (abstraction rule)	▶ **수 세기의 대상이 서로 동일할 필요가 없으며, 경험, 사건 등 정신적 실체도 수 세기가 가능**하다는 원리 • 위 원리들이 수를 세는 방법에 관한 것이라면 추상화의 원리는 **수 세기의 대상과 관계**있는 원리이다. • 즉, 세어야 할 대상이 **반드시 서로 동일한 것일 필요는 없으며**(예 소, 오리, 닭 모두 세 마리가 있어.), 구체적으로 관찰할 수 있는 물체뿐 아니라 **경험이나 사건 등 정신적인 실체도 수 세기가 가능하다는 것**을 이해하는 것이다(예 이번 주에 비가 두 번 왔어.). 기 '아빠랑 엄마랑 동물원에 세 번 갔다 왔어요.'에서 진희가 '추상화의 원리'로 수 세기를 하고 있다고 판단되는 이유 1가지를 쓰시오. **동물원에 다녀온 횟수를 세는 것은 경험, 사건 등 눈에 보이지 않는 정신적 실체에 대한 수 세기를 한 것이기 때문이다.**[14] 기 ㉠ '(친구들을 보며) 우리 세 밤 자고 유치원에서 종이비행기 날리기 열 번 하자.'에 나타난 합리적 수 세기의 원리를 쓰시오.[21]

 지식 큰 수 세기

① 큰 수에 대한 이해는 유아들이 일상적으로 경험하는 큰 수에 대해 다양한 방법으로 탐색해 보는 것을 말한다.
　예 유아들이 흔히 접하는 100이라는 수는 돈으로는 얼마만큼의 가치를 갖고 있는지, 연필 100개는 얼마나 많은 건지, 100세 된 할아버지는 얼마나 오래 사신 건지 등을 가늠해봄으로써 100에 대한 양적 개념을 경험해 본다.
② 큰 수에 대한 이해는 **작은 수들을 다루면서 경험한 수들 간의 관계를 큰 수에 연결**하면서 이루어질 수 있다. 그러나 이러한 전이가 자동으로 일어나는 것은 아니므로 적절한 지도와 더불어 큰 수를 다루어 볼 수 있는 기회가 제공되어야 한다.
　㉠ 얼마까지 세었나 잊지 않기 위해서 **세기 표(正)로 기록**한다.
　㉡ 구체물을 **일정한 개수로 묶어서 세어 나간다**(skip counting). 둘씩 또는 다섯씩 묶어서 세어봄으로써 **곱셈 (2단 또는 5단)의 기초**를 경험한다.
　㉢ 큰 수를 구체물을 이용하여 다양한 방법으로 배열해 본다. **큰 수를 같은 양으로 나누는 경험은 나누기나 분수 학습의 기초**가 된다.

6 수의 표상 및 수의 관계 이해

수의 표상	▶ **인식한 수량을 표현하는 방법** • 수의 표상에는 **구체물로 표상하기, 언어로 표상하기, 그림으로 그리기, 빗금 표시로 표상하기**(tally mark), **숫자로 표상하기** 등의 방법이 있다. • 빗금을 사용한 유아에 비해 숫자를 사용한 유아들은 수 표상이 수량에 대한 정보를 전달하는 기능을 가지고 있다는 사실을 더 잘 이해한다.	
수의 관계 이해	• 유아 수학교육에서 다룰 수 있는 기초적인 수의 관계는 '어림하기', '수량 비교(같은, 더 많은, 더 적은)', '부분과 전체의 관계'가 포함되어 있다(이정욱 외, 2006).	
	즉지하기	▶ **수량을 세지 않고**, 집합을 보면서 **즉각적으로 그 총수를 정확히 아는 것** • 물체 2, 3개를 **수량을 세지 않고 보면서 총수를 정확히 아는 것** 기 유아들이 ⓒ '(두 개 주사위가 책상 위에 떨어지는 것과 동시에) 미나, 다희 : 다섯, 넷. 지호 : 넷, 다섯.'과 같이 수량을 인식하는 것을 지칭하는 용어[15]
	어림하기 (어림세기)	▶ **합리적 추측으로 실제 총수에 가까운 타당한 전체 수량을 알아내는 것** • 정확한 총수가 아닌 **합리적인 추측으로 실제 총수에 가까운 타당한 전체 수량을 알아내는 것** • 여덟 개의 수량이 있는 집합을 보고 **수 세기 전에 '약 일곱 개 정도'**라고 말하는 것 • [지도] 특정한 참조수가 주어지면 어림세기를 더 정확하게 할 수 있다. 즉, 여덟 개의 수량 중에 다섯 개가 묶여 있다면, 즉 **다섯 개를 하나로 묶은 묶음을 참조수로 활용할 수 있다면** 한 번에 여덟 개라고 수량 어림세기를 하는 데 도움이 된다.
	수량비교	▶ **수량을 비교하여 '같은, 더 많은, 더 적은' 것을 아는 것** • 수의 크기를 비교하여 '더 많음'을 아는 것은 수를 이해하는 핵심이다. 수량이 적을 때 유아는 물체를 세지 않고도 수량을 비교할 수 있다. • 그러나 수량이 많아짐에 따라 유아들은 물체(수량), 수 이름, 숫자와의 관계를 알아야 하고, 수 세기를 통해 수량을 비교해야 한다. 기 "사탕이 10개보다 많을까?", "사탕이 15개보다 적을까?"에 나타난 교사의 지도 전략 1가지를 쓰시오. **수량 비교 (수의 크기를 비교)**[25]
	부분-전체 알기	▶ **특정한 양이 두 개 또는 그 이상의 부분으로 이루어져 있음을 아는 것** • 즉, **6이라는 수량은 1과 5, 2와 4, 3과 3으로 구성될 수도** 있으며, 1, 1, 1, 1, 1, 1로 구성될 수도, 2, 2, 2로 구성될 수도 있으며, 1, 1, 1, 3으로 구성될 수도 있다는 것을 의미한다. • 유아들은 한 집합의 수를 세어보고, 그 집합을 작은 부분 집합으로 나누어 보고, 그 작은 부분 집합들의 수를 세어보는 활동을 한 뒤 각자가 만든 작은 부분 집합들을 서로 비교하며, 이야기 나누는 활동을 하면서 수 개념에 대한 이해를 증진시킬 수 있다.

Plus 지식 더하기와 빼기의 문제 해결 전략(한종화, 2020)

문제 해결 전략		내용
더하기	모두 세기	• 세려는 대상을 모두 합하여 그 수를 하나씩 세기 (2 더하기 3의 경우, 1, 2, 3, 4, 5)
	이어 세기	• 더하기는 두 세트 중 한 세트의 다음부터 두 번째 세트만큼 이어 세기 (2 더하기 3의 경우, 2... 3, 4, 5)
	큰 수부터 세기	• 더하는 두 세트 중 더 큰 수 다음부터 두 번째 세트만큼 이어 세기 (2 더하기 3의 경우, 3... 4, 5)
	인출	• **구체물이나 수를 사용하지 않고 바로 답변**
빼기	덜어내기	• 구체물로 처음 제시된 수(피감수)에서 나중에 제시된 수(감수)를 덜어내고 나머지를 세기
	짝짓기	• 구체물로 처음 제시된 수(피감수)와 나중에 제시된 수(감수)를 **하나씩 짝을 지은 후 남은 수를 세기**
	세어 내려가기	• 제시된 수(피감수)에서 빼는 수(감수)까지 거꾸로 세어 내려가기 (5-2의 경우, 5... 4, 3 순으로 세어 내려감)
	세어 올라가기	• 빼는 수(감수)에서 제시된 수(피감수)까지 세어 올라가기 (5-2의 경우, 2... 3, 4, 5)
	인출	• **구체물이나 수를 사용하지 않고 바로 답변**

Plus 지식 곱하기와 나누기에 내재된 세 가지 수 세기(Anghileri, 1997; NCTM 2000)

- '**자동차 바퀴가 4개인데, 만약 자동차가 3대 있다면** 자동차의 바퀴는 모두 몇 개일까?'와 같은 곱하기 문제를 해결하기 위해 유아는 4와 3은 더하거나 빼는 상황과 맥락이 다름을 이해해야 한다.
- 즉, 곱하기에 대한 개념적 이해를 토대로 4+3과 맥락이 다른 문제 상황임을 이해해야 한다.
- 이 과정에서 '씩'이나 '묶음'과 같은 어휘 이해가 필요하다.
- 곱하기와 나누기는 모두 물체의 수, 묶음 내의 수, 묶음의 수라는 세 가지 수 간의 관계에 대한 개념이기 때문이다.

물체 수 세기	▶ **물건에 해당하는 수의 이름 말하기**(수의 이름을 기억하는 수 세기)
묶음 내 수 세기	▶ **모든 묶음 안에 동일한 수의 물건이 있음을 감독하는 수 세기** (모든 묶음 안에 동일한 수의 물건이 있음을 이해하는 내면적 수 세기)
묶음 수 세기	▶ **묶음의 수 세기**(묶음의 수를 세는 묶음 수 세기)

- 즉, 물체 수 세기 : 1, 2, 3, 4   5, 6, 7, 8   9, 10, 11, 12.....
  묶음 내 수 세기 : 1, 2, 3, 4   1, 2, 3, 4   1, 2, 3, 4.....
  묶음 수 세기 :   1   2   3

7 수의 연산

- 더하기와 빼기는 수 개념을 이해하는 데 중요한 연산 능력으로 초등학교 교육과정에서 매우 강조되고 있음에 비해 유아교육과정에서는 구체물을 가지고 더하고 빼는 경험을 해 보는 정도로 다루어지고 있다.
- 빼기는 더하기의 역산으로서 a+b=c이면 b=c-a와 a=c-b의 형태를 취한다. 따라서 유아는 덧셈보다 **뺄셈 과정에서 더 많은 어려움과 실수**를 나타낸다.
- 더하기를 위해 증가되는 수 세기를 하는 것은 익숙한 경험으로 별 어려움이 없지만 빼기를 위해 **[이유] 거꾸로 수 세기를 해 내려오는 것은 일상생활에서 드문 경험**이며 **수 단어의 나열을 거꾸로 짚어가야 하는 어려움과 세는 단어의 수를 기억해야 하는 복잡함**이 있기 때문이다.

[기] '밤 5개를 어떻게 나누었니?, 2개와 3개로 나눴어요, 4개와 1개로 나눴어요, 3개, 1개, 1개로 나눴어요.'에서 '다시 모으면 어떻게 될까?, 5개가 되었어요!'에서 유아들이 경험한 연산을 쓰시오.[20]

수의 연산	더하기 책략	구체적 물체로 세기	모두 세기 (counting all)	▶ 두 집합의 구체적 물체를 전부 센다. • 초기에 나타나는 가장 일반적인 세기 전략이다. [기] 하나, 둘, 셋, 넷, 다섯, 여섯, 여섯 개. 전부 여섯 개[23]
		과도기	손가락으로 세기 (finger counting)	▶ 구체물이 없을 때 **손가락으로 대신 센다**. • 정신적인 수 세기 책략으로 전환하는 중간 과정에서 나타나고, 일상적 문제 해결의 주요 전략으로 사용된다.
		정신적 세기	첫 수부터 이어세기 (counting on from first number)	▶ **첫 번째 수 다음부터 계속 센다**. • 더해지는 수(피가수)를 첫째 수에 이어 그다음부터 계속 이어서 세는 방법이다. [예] 3+5 = 3, 4(하나), 5(둘), 6(셋), 7(넷), **8(다섯)**
			큰 수부터 세기 (counting on from larger number)	▶ 두 수 중 **큰 수 다음부터 계속 센다**. • 정신적 수 세기 전략은 더해지는 수의 양을 기억할 수 있는 능력이 요구된다. [예] 2+4 = 4, 5(하나), **6(둘)** [기] 네 개, 다섯 개, 여섯 개, 그러니까 전부 여섯 개[23]
	빼기 책략	구체적 물체로 세기	덜어내고 세기 (덜어내기, separating from)	▶ 구체적 물체를 사용하여 **감수를 덜어내고 나머지를 센다**. [기] '(5개 중에서 3개를 접시 밖으로 옮긴 후 남은 밤을 하나씩 가리키며) 하나, 둘, 두 개요.'[20]
			더해 가는 책략 (감수에서 피감수까지 더해가기, adding on)	▶ 구체적 물체를 사용하여 **감수로부터 피감수까지 더한다**.
		※ 손가락으로 감수로부터 구체물을 피감수까지 모두 더하여 센다(김이영, 2020).		
		정신적 세기	(감수에서 피감수까지) 세어 오르기 (counting up)	▶ 감수에서 피감수까지 세어 올라간다. [예] 5-3 = 3, 4(하나), **5(둘)** [예] 8-5 = 5, 6(하나), 7(둘), **8(셋)**
			(피감수에서 감수까지) 거꾸로 세기 (counting down)	▶ 피감수로부터 감수까지 거꾸로 세어 내려간다. [예] 5-3 = 5, 4(하나), 3(둘) [예] 8-5 = 8, 7(하나), 6(둘), **5(셋)**

	※ 세어 오르기 : 빼는 수(감수)에서 빼어지는 수(피감수)까지 세어 가는 전략 　例 4(피감수)에서 2(감수)를 빼는 경우(4-2) : 2에서 3, 4니까 2네. 　例 9(피감수)에서 3(감수)를 빼는 경우(9-3) : 3에서 4, 5, 6, 7, 8, 9니까 6이네. ※ 거꾸로 세기 : 피감수로부터 감수까지 거꾸로 세어가는 전략 **[피감수에서 "감수가 될 때까지" 세어 내려가기]** 　例 4(피감수)에서 2(감수)를 빼는 경우(4-2) : 4에서 3, 2니까 2네. 　例 8(피감수)에서 5(감수)를 빼는 경우(8-5) : 8에서 7, 6, 5니까 3이네. 　例 9(피감수)에서 3(감수)를 빼는 경우(9-3) : 9에서 8, 7, 6, 5, 4, 3이니까 6이네. **[피감수에서 "감수만큼" 세어 내려가기]** 　例 8(피감수)에서 5(감수)를 빼는 경우(8-5) : 8에서 7, 6, 5, 4, 3이니까 3이네. 　例 9(피감수)에서 3(감수)를 빼는 경우(9-3) : 9에서 8, 7, 6 그래서 6이에요.	
곱셈책략	묶어 세기 (skip counting)	▶ **물체를 셋씩, 넷씩 묶어서 세는 방법** • **수 연산 학습의 기초**이며 **곱셈 학습의 기초**일 뿐 아니라 특히 **10씩 묶어 세기는 자릿값 이해에 기초**가 된다. • 수 세기가 익숙한 유아들은 둘씩, 셋씩, 다섯씩 묶어 세기를 할 수 있으며, '묶어 세기'가 효율적인 전략인 것을 이해하고 있다. • 곱셈에는 ① **수의 이름을 기억하는 수 세기**, ② 모든 묶음 안에 동일한 수의 물건이 있음을 이해하는 **내면적 수 세기**, ③ 묶음의 수를 세는 **묶음 수 세기** 등 3가지의 수 세기 과정이 포함된다. • 유아는 이러한 복합적인 수 세기를 기억해야 하는 짐을 덜기 위해 구체물뿐 아니라 손가락을 함께 사용하기도 한다.
나눗셈책략		▶ **전체를 같은 크기의 하위집단으로 나누는 과정** • 나누기는 물체의 집합을 하위집단으로 나누거나 피자와 같이 연속적 양을 똑같은 크기의 부분으로 나누는 과정이다. • 유아들은 나누기를 할 경우 일반적으로 1:1 대응 방법을 사용하여 이를 통해 일상생활에서 나타나는 나누기 문제를 쉽게 해결할 수 있다.
	덤핑전략 (2~3세, dumping)	▶ **양의 동일 여부와 관계없이 마구 집어 나누어 주는** 전략 ▶ **양의 동일 여부를 고려하지 않고 무작위로 나누는** 방법
	중복전략 (overlapping)	▶ **한 사람에게 하나씩** 주고, **다시 하나씩 반복해서 분배**하는 전략 ▶ **한 번에 하나씩 반복적으로 나누는** 방법 • 좀 더 연령이 높아지면 중복전략을 사용할 수 있게 된다.

Plus 지식 더하기와 빼기 문제 유형(Geary, 1994)

- 더하기와 빼기는 문제를 제시하는 언어의 의미적 구조와 미지항의 위치에 따라 다양한 유형으로 분류될 수 있다. 더하기와 빼기의 문제유형을 몇 가지로 나누어 표로 제시하면 다음과 같다.

문제유형	의미	문제의 예
변화	주어진 수에서 **추후 더 하여지거나 덜어내지는 상황의 결과**를 묻는 문제	• 연수가 과자를 5개 가지고 있었는데, 성은이가 2개를 주었어. 지금 연수는 과자를 **몇 개 가지고 있니?** • 연수가 과자를 몇 개 가지고 있었는데, 성은이가 2개를 주어 지금 5개를 가지고 있어. 그럼 처음에 연수는 과자를 **몇 개 가지고 있었을까?**
연합	주어진 두 수를 **합하거나** 주어진 **한 수를 둘로 나눌** 경우 결과를 묻는 문제	• 연수가 과자 3개를 가지고 있고, 성은이가 2개를 가지고 있어. 그럼 이들은 **모두 몇 개를 가지고 있니?** • 연수가 과자를 5개를 가지고 있는데, 이 중 2개는 초코 맛이고 나머지는 바닐라 맛이래. 그럼 연수가 가지고 있는 **바닐라 맛은 몇 개니?**
비교	주어진 **두 수의 차이를** 비교하는 문제	• 연수는 과자를 5개 가지고 있고, 성은이는 과자를 2개 가지고 있어. 연수는 성은이보다 **몇 개 더 가지고 있니?** • 성은이는 과자를 2개 가지고 있었는데, 연수는 성은이보다 과자를 3개 **더 가지고 있었어.** 연수는 몇 개 가지고 있니?
동등	변화와 유사하지만 결과가 같아야 한다는 조건이 포함된 문제	• 연수는 과자를 5개 가지고 있었고, 성은이는 과자를 2개 가지고 있었어. **성은이가 연수와 같게 가지려면 몇 개 더 가져야 할까?** • 연수는 과자를 5개 가지고 있었는데, 연수가 과자를 3개 먹으면 **성은이와 같아져.** 성은이는 몇 개를 가지고 있니? • 성은이는 과자 2개를 가지고 있었는데, 과자 3개를 더 사면 **연수와 같아져.** 연수는 몇 개 가지고 있니?

Plus 지식 나누기의 두 가지 유형 – 등분제, 포함제(Anghileri, 1997; Baroody & Coslick, 1998)

- 나누기는 물체의 집합을 하위 집합으로 나누거나 피자와 같은 연속적인 양을 똑같은 크기의 부분으로 나누는 과정이다. 이것은 **나누기와 분수의 개념적 기초**가 된다.
- 나누기는 **등분제**(divvy-up)와 **포함제**(measure-out)의 두 가지 유형으로 분류될 수 있다.
- 두 유형을 구별하기 위해 유아는 '3으로 나누는', '셋이서 공유하는', '3개씩 나누는', '3등분하는'과 같은 어휘 간의 미묘한 차이를 이해해야 한다(Anghileri, 1997).

등분제 (divvy-up)	▶ **전체 수량을 동일한 크기의 개수로 나누어 한 묶음의 개수를 결정**하는 방법 예 12개의 사과를 **3명이 나누어 먹으려면** 몇 개씩 먹어야 할까? • 등분제의 경우 전체의 수를 세고 **1대 1 방식으로 물체가 없어질 때까지 나누어 주고, 한 묶음 내의 수를 세는 방법**이나 **시행착오 방법**을 사용한다. • 간혹 물체의 수가 많을 경우, 다 대 1 방식으로 나누어 주기도 한다.
포함제 (measure-out)	▶ **전체 수량에서 일정한 크기의 묶음을 반복**적으로 만들면서 **묶음의 개수를 결정**하는 방법 예 12개의 사과를 상자에 담으려고 하는데, **상자 하나에는 3개를 담을 수 있다.** 그러면 상자는 모두 몇 개가 필요할까? • 전체 수를 세고 물체가 없어질 때까지 **정해진 묶음 내 수만큼 묶음**을 만들고, 그렇게 해서 **만들어진 묶음의 수를 세는 방법**이나, **전체의 수에서 묶음 내 수만큼을 반복해서 빼 나가는 방법**을 사용한다(Baroody & Coslick, 1998).

Ⅲ. 공간과 도형

<table>
<tr>
<td rowspan="2">15 개정 누리과정</td>
<td>해지</td>
<td>
<ul>
<li>'공간과 도형의 기초 개념 형성하기'는 공간 안에서 위치와 방향을 인식하고 주변 물체들의 형태를 변별하면서 도형에 대한 초보적인 이해를 발달시키는 내용이다.</li>
<li>유아는 자신이나 **물체의 위치와 방향을 인식**하고, 보는 위치에 따른 공간적 차이를 알아간다.</li>
<li>또한 **시각적·촉각적 탐색을 통해 기본 평면도형 및 입체도형의 특징**을 알아보고, **도형을 나누거나 합하여 여러 가지 모양을 구성**할 수 있다.</li>
</ul>
</td>
</tr>
<tr>
<td>지도 지침 및 유의 점</td>
<td>
<ul>
<li>유아가 **자신에서 시작**하여 **점차 주변의 특정 지형지물을 기준으로 물체의 위치와 방향을 인식**하고 이를 표현할 수 있는 기회를 제공한다.
예 "너의 앞/뒤/옆/위/아래에는 무엇이 있니?"<br>"언어 영역과 역할놀이 영역 사이에 의자를 놓아 주렴."</li>
<li>유아가 **공간에 대한 심적 지도를 형성**할 수 있도록 **주요한 지형지물을 사용하여 경로를 설명**하고 만 5세경에는 간단한 지도 만들기 경험을 제공한다.</li>
<li>여러 방향에서 본 물체의 형태를 표현하거나 비교하는 활동을 제공한다.
예 "이 블록을 위에서 보면 어떤 모양일까? 옆에서 보면 어떤 모양일까?"<br>"옆에서 보았을 때와 앞에서 보았을 때 모양이 같을까?"</li>
<li>**촉감을 이용한 감각 운동적 경험**을 통해 기본 도형에 대한 이미지와 감각을 형성하도록 한다.</li>
<li>① **도형의 둘레를 손가락으로 따라가기**, ② **비밀 주머니 속의 도형들 중에서 만져보고 같은 것 찾기**, ③ **물체를 만져보고 어떤 모양인지 설명하기**, ④ **도형 그리기**, ⑤ **도형 색칠하기**, ⑥ **지오보드 위에 도형 만들기** 등의 경험을 제공한다.</li>
<li>주변 여러 물체의 모양을 살펴보고 모양에 따른 특성을 인식할 수 있는 기회를 제공한다. 초기에는 '굴러가는 것과 굴러가지 않는 것', '쌓을 수 있는 것과 쌓을 수 없는 것' 등으로 물체의 기본적인 특성에 기초하여 탐색하게 한다.</li>
<li>**점차 주변 사물 중 기본 도형 모양인 것을 찾아보면서 각 도형의 형태와 이름에 익숙**해지도록 한다.</li>
<li>만 5세에는 각 도형별로 다양한 크기를 제시하거나 도형을 놓는 방향을 다르게 하는 등으로 여러 예를 접하게 하여 **도형의 속성을 비교**해 보게 한다.</li>
<li>**도형을 나누고 합해 보는 경험을 하도록 한다. 만 4세 유아는 여러 도형을 사용하여 새로운 형태를 구성하는 경험 자체**에 중점을 두고, 만 5세 유아는 하나의 도형이 여러 다른 도형으로 만들어질 수 있음을 보면서 **도형 나누기와 합하기에 관심**을 갖도록 한다.
예 "이 모양 틀 안에는 어떤 모양의 조각들이 들어갈 수 있을까?"<br>"패턴 블록에 네모가 더 이상 없네. 네모 대신에 어떤 모양의 패턴 블록을 사용해서 네모를 만들 수 있을까?"</li>
<li>교사는 유아가 **공, 둥근 기둥, 상자 모양의 기본 입체도형과 동그라미, 세모, 네모의 기본 평면도형**을 모두 경험할 수 있도록 유의한다.</li>
</ul>
</td>
</tr>
</table>

1 공간

- 공간은 **공간 능력**과 **공간개념**으로 구분할 수 있다.

1) 공간 능력

- 윤진희(2014)는 유아의 **공간 능력**을 공간 시각화와 공간 방향화로 나누는 것이 공통된 견해라고 한다.
- 클레먼츠는 공간 능력 중 주요 능력으로, 2차원과 3차원 **물체의 상에 대해 머릿속을 떠올려 움직임을 수행하고 이해**하는 **공간 시각화**(spatial visualization)와 **3차원 공간에서 다른 물체 간의 위치 관계를 이해하고 조작**하는 **공간 방향화**(spatial orientation)를 제시하였다.

공간 능력		

공간 시각화	▶ 공간적 관계의 상을 생성하고 조작하는 능력으로 2, 3차원 대상의 가상적 움직임을 이해하고 실행할 수 있는 능력
	• 즉, 이미지를 생성하고 조작할 수 있는 능력으로서 **2차원 및 3차원 대상의 가상적인 움직임을 이해하고 실행**하는 것이다(spatial visualization).
	• **주어진 대상이나 공간 정보를 마음속으로 조작**하여 **대상을 회전, 재배열 또는 조합하여 머릿속에 가시화할 수 있는 표상 능력**이다.
	• [발문] 교사는 "원을 반으로 자르면 어떤 모양이 될까?", "사각형 색종이를 반을 접어서 자르면 어떤 모양이 될까?"와 같은 질문을 통해 유아들은 변화할 형태에 대한 이미지를 생성하고 이미지 속에서 도형을 옮기기, 뒤집기, 돌리기와 같은 도형 이동을 할 수 있는 공간 시각화 능력을 향상시킬 수 있다.
	  – 이때 공간 시각화 능력의 발달은 **정신적 표상 과정**이므로 **유아가 도형을 구체적으로 조작해 보면서 변화시켜 보는 경험**이 충분히 일어나도록 한다.
	  – 그뿐만 아니라, 그림에 맞게 패턴 블록 놓아보기, **탱그램 만들기**와 같이 그림을 보고 여러 가지 구성물을 만들어 보고 만든 구성물을 다시 그림으로 표상해 보는 과정도 유아들이 공간의 형태를 인식할 수 있도록 도울 수 있다.
	• 일반적으로 유아들이 **구체물을 보고 그림이나 사진으로 표상하기는 쉬우나, 그림이나 사진을 보고 구체물을 표상하는 것은 어려운 것**으로 나타났다.
	기 이 삼각형을 옮기거나 뒤집어보자. 어떻게 될까?[12]
	기 세모 2개를 가지고 이쪽과 저쪽으로 방향을 돌리니까 네모가 됐지?[19]
	기 클레멘츠와 사라마의 이론에 근거하여, "로봇이 이 집 문에 들어갈 수 있을까?"[24]	

공간 방향화	▶ 공간에서 다른 위치 간의 관계를 이해하고 조작하는 능력 • **자신이 어디에 있으며, 주변 환경에 어떻게 둘러싸여 있는지를 아는 능력** • **위치를 파악하고 목적지까지 갈 수 있는 능력**으로서 공간 내에서 위치 관계와 각각의 형상들이 다른 시각에서는 어떻게 나타나는지 이해하고 조작할 수 있는 능력 • 공간적 오리엔테이션(spatial orientation) • 유아들이 3차원 공간 내에서 위치와 관계를 이해하는 것은 **자기중심적 표상, 지표 중심적 표상, 객관 중심적 표상으로 발달**해 간다. 기 시글러(R. S. Siegler)는 3차원 공간에서 위치의 관계에 대한 이해가 (**자기 중심적 표상**) → (**지표 중심적 표상**) → '객관 중심적 표상'의 순서로 발달해 간다고 하였다.[18] 기 3차원 공간 내에서 위치 관계를 이해하도록 돕는 활동 방법이다. ① 공간 능력 2가지 중 기르고자 하는 능력이 무엇인지 쓰시오.[19추] 기 수진이 '아니야, 내 옆에는 아이스크림 가게 없어.'와 다영이 '장난감 가게 옆에 있어.'의 공간 이해 수준의 차이를 설명하시오.[22]	

공간능력	공간 방향화	자기 중심적 표상	▶ **자신을 중심으로 위치와 방향을 이해**하는 단계 • 영아는 '내 앞에', '내 뒤에' 등과 같이 자신의 몸을 중심으로 위, 아래, 앞, 뒤의 공간적 관계를 이해하기 시작한다. 예 한 유아가 "내 앞에 앉지 마."라고 했는데도 그 앞에 앉는 경우, 교사가 오른손을 들면서 따라 하라고 하자 마주 서 있던 유아가 왼손을 들어 보이는 것은 상대방의 입장에서 위치 관계를 생각하지 못하기 때문에 나타나는 현상이다. • 일반적으로 공간에 대한 과제 수행은 경험과 관련이 있어서 더 많은 경험을 가진 유아는 주변 환경의 변화와 관계 지어 표상 경험을 하게 되므로 위치표상을 더 정확하게 한다. • 이는 유아들이 많이 움직여 탐색할 수 있는 기회를 제공하는 환경 제공이 필요함을 시사한다. 기 나눔아, 네 옆에 무엇이 있니?[18] 기 (지문 분석) 유아를 중심으로 보물 위치를 찾도록 안내하기[19추] 기 '민지야, 문 앞에 놓는 거야. 선생님, 민지가 아이스크림을 자꾸 자기 앞에만 놓아요.'에 나타난 민지의 공간위치관계 발달 수준을 쓰시오.[특21]
		지표 중심적 표상	▶ **주변 지표물을 기준으로 위치와 방향을 이해**하는 단계 • **주위 환경에 있는 다른 물체와 관련지어 나타내는 것**으로 흔히 지표가 되는 물체를 활용한다. 예 새로운 곳 찾아갈 때 기억할만한 주변 특정 건물이나 나무를 지표로 활용한다. • 이러한 지표물을 활용하는 9개월 된 영아는 엄마의 위치를 활용하고, 1세경까지는 목표에 가까이 있는 물체에 국한하여 지표물을 사용하지만, 2~3세경이 되면 먼 지표도 활용할 수 있게 된다. • 5세경이 되면 여러 지표물을 활용할 수 있게 되며, 자신의 위치에 덜 의존적이 된다. 기 빵집에서 가장 가까운 곳에는 무엇이 있을까?[18] 기 나무, 놀이기구 등 지표를 중심으로 보물 위치를 찾도록 안내하기[19추] 기 '피아노 의자 밑에 반짝 별이 숨어 있어. 찾아봐!'[특25]
		객관 중심적 표상	▶ **객관적인 참조의 틀을 사용하여 위치와 방향을 이해**하는 단계 • **3차원 세계의 모든 물체 관계를 일반적이고 객관적인 참조의 틀을 사용하여 나타내는 것**이다. • 좌표란 위치 혹은 장소의 네트워크로 만들어지는데, 3차원 세계의 동시적 조직이 좌표체계이다. 예 **좌표체계의 지도 활용** • 자기중심적 표상과 지표 중심적 표상은 언어적으로 표현하는 것이 가능하다면 객관 중심적 표상은 [이유] **공간에 있는 모든 물체와의 관계를 나타내야** 하므로 **언어로만 나타낼 수 없어 어렵고 도전적인 과제**이다. • 4세 이전의 유아는 조직화하는 공간적 틀로서 개념적 좌표체계를 활용하지 못하고, 4세 유아는 단서가 있고 의미 있는 상황으로 과제가 주어질 때 좌표체계를 활용하는 능력이 어느 정도 나타난다. 기 (지문 분석) 지도를 활용해 보물 위치를 찾도록 안내하기[19추] 기 '반짝 별 보물찾기 지도를 잘 보면 찾을 수 있어.'[특25]

- **공간 능력의 구성 요인(Del Grande, 1990)**
  - 델 그랜드는 **공간 능력**을 다음과 같이 **7가지 하위 요인의 집합**으로 보면서, 이 요인들이 개별로 작용하는 것이 아니라 **통합적으로 작용**한다고 보았다(한유미, 2013; 유은영 외, 2015 재인용).

공 간 능 력 의 구 성 요 인	눈과 운동 협응	▶ **시각적 관찰과 신체 움직임을 결합**하는 능력 • 기하학적인 아이디어나 개념을 이해하는 데 필요하다. ㉠ 일상생활에서 **거의 모든 활동이 이와 관련** 있으며, 교육 활동 중에서는 점과 점을 이어 형태 만들기, **선 따라 그리기, 그림이나 도형 안에 색칠하기**, 이쑤시개와 봉봉으로 입체 도형 만들기 등이 해당
	형태-바탕 지각	▶ **바탕이 있는 그림에서 특정 형태 찾아 인지**하는 능력 • 이를 위해서는 특정 도형의 모양에 주의를 집중하고, 외부의 자극이나 불필요한 자극에는 주의를 기울이지 않아야 한다. ㉠ **숨은그림찾기**, 칠교판과 같은 **미완성 도형을 완성**하기, 패턴 블록 모아 형태 만들기, 부분 그림 완성하기 기 '여러 시각적 자극에서 중요한 정보를 구분하여 찾아내는 것이 가능 / 술래놀이, 숨은그림찾기, 부분 그림 완성하기'[특25]
	지각적 항상성	▶ **보는 위치에 따라 물체 달라 보여도 실제 동일함을 인식**하는 능력 • 물체를 보는 위치나 각도에 따라 그 물체의 모양이나 크기가 달라 보일지라도 **실제로는 크기가 동일함을 인식하는 능력**이다. • 책을 보는 위치에 따라 평행사변형으로 보일지라도 여전히 직사각형으로 인식하고, 멀리 있는 야구공이 작아 보일지라도 가까이 있는 야구공과 같은 크기로 지각하는 것이다. ㉠ **크기는 다르지만 모양이 같은 것 찾기**, 크기에 따라 **물체를 순서 짓기**, 위치와 방향이 바뀌었을 때 같은 모양 찾기
	공간 내 위치 지각	▶ (자신과 한 대상과의 관계, 또는) **한 대상과 다른 대상과의 관계를 인식**하는 능력 • 공간적으로 **자신을 중심으로** 물체의 **회전, 뒤집힌 것**의 이미지를 변별하고, 자신을 중심으로 물체를 **전후좌우, 상하로 지각**하는 것이다. ㉠ 거울의 상 만들기, 도형의 회전과 대칭이동, 사물의 위치 변화 등
	공간 관계 지각	▶ **둘 이상의 대상을 서로 관련지어 볼 수** 있는 능력 • 둘 또는 그 이상의 대상을 유아 자신과 관련하여 또는 대상들끼리 **서로 관련지어 볼 수 있는 능력**이며, 과제에 따라서는 공간 내 위치 지각과 유사한 성격을 띤다. ㉠ **주어진 그림에 따라 블록 쌓기**, 목적지로 가는 **최단 거리 찾기**, 도형을 뒤집거나 거꾸로 해서 패턴 만들기 등
	시각적 변별	▶ **위치와 무관**하게 **물체 간 차이점을 구별하고 유사점을 인식**하는 능력 • **분류**하기를 할 때 필수적인 능력이다. ㉠ **동일한 한 쌍의 물체를 확인하기**, 여러 개의 대상 중에서 **같지 않은 하나를 찾기**, 여러 개의 대상 중에서 서로 같은 것 찾기
	시각적 기억	▶ **시야에서 벗어난 경우에도 대상을 정확하게 회상할 수** 있는 능력 ㉠ **주어진 그림에 있는 물체 기억**하기, 교사가 만든 지오보드 모양을 **기억해서 그대로 만들어 보기** 등 기 '아까 그림책 속에 옷장이 있었잖아.' 명칭과 특징 쓰시오.[24]

공간 능력의 구성요인		
	• 공간 능력의 구성요인(홍혜경, 2001) – 홍혜경(2001)은 Del Grande가 분류한 7가지 공간 능력의 구성체계를 기초로 유아의 공간 능력을 5개의 하위 범주로 나누어 설명하였다.	
	눈과 운동 협응	• 델 그랜드의 구성요인과 동일
	형태-바탕 지각	• 델 그랜드의 구성요인과 동일
	공간 내 위치지각	• 델 그랜드의 구성요인과 동일
	시각적 기억 및 회상	• 델 그랜드의 구성요인과 동일
	공간적 추리 (spatial reasoning)	▶ **공간 내에서 기하학적 형태를 인식**하고 **관계를 추론할 수 있는 능력** • 즉, 기하학적인 형상에서 부분들 사이의 관계를 인식하는 능력과 하나 이상의 부분들을 마음속으로 조작하는 능력으로, 학습을 통해 문제 상황을 마음속으로 그리거나 그림으로 나타내는 능력은 문제 해결 전략이 될 수 있다. ⑩ 나무구조물을 만들기 위해 필요한 모양의 수를 **추측**해 보는 활동, 물체를 회전 · 이동시켰을 경우 기하학적 형태의 변화를 **추정**하는 활동 등

공간 능력의 유형		
	• 공간 시각화, 공간 방향화, 공간적 추리	
	공간 시각화	▶ **공간적 관계의 상을 생성하고 조작**하는 능력으로 **2, 3차원 대상의 가상적 움직임을 이해하고 실행할 수 있는 능력** • 즉, 이미지를 생성하고 조작할 수 있는 능력으로서 2차원 및 3차원 **대상의 가상적인 움직임을 이해하고 실행하는 것**이다.
	공간 방향화	▶ **공간에서 다른 위치 간의 관계를 이해하고 조작**하는 능력 • 자신이 어디에 있으며, 주변 환경에 어떻게 둘러싸여 있는지를 아는 것 • **자기중심적 표상, 지표 중심적 표상, 객관 중심적 표상**으로 발달
	공간적 추리	▶ **공간 내에서 기하학적 형태를 인식**하고 **관계를 추론할 수 있는 능력**

2) 공간개념

- 3~6세 유아들도 기하학적 형태의 지식을 나름대로 획득하고 있음이 보고되며, 기하학적 개념의 획득은 유아기부터 시작하여 초등학교까지 급속히 이루어진다.
- 유아는 삼각형, 사각형, 원, 마름모 등과 같은 **도형의 모양을 분별할 수 있기 전에 안과 밖, 개폐와 같은 위치와 관련된 공간개념을 먼저** 알게 된다.
- 공간과 관련된 개념으로는 근접성, 분리, 순서, 개폐, 안과 밖, 겉과 속(외면과 이면), 직선상 점의 순서와 간격 등이 있다.
- Smith(2006)는 근접성, 분리, 순서, 개폐 등 4가지 개념을 소개하면서 이는 유아기 경험을 기초로 이루어진다고 하였다(**위상학적 기하**).

공간개념		
	근접성 (proximity)	▶ 대상물들 사이의 **특정 거리나 위치 관계를 이해**하는 것 • 근접성은 '**가깝다, 멀다**'와 같은 위상적 공간 관계로서 물체들이 '**얼마나 가까이 있느냐**', '어디에 있느냐', '어느 쪽에 있느냐'에 대한 개념이다. 이는 위치, 방향, 거리에 대한 위상적 관계에 대한 견해이다. • 유아는 자신을 중심으로 가깝고, 먼 것을 인식하는 단계(예 나는 창문 가까이 있고, 문에서는 멀리 있다.)에서, 상대방의 관점에서 거리를 비교하는 것이 가능해지는 단계(예 영희는 문 가까이 있다.)를 지나, 마지막으로 제3자의 관점에서 가깝고 먼 거리를 비교하는 것(예 영희는 철수에게서는 멀지만 나에게는 가까이 있다.)이 가능하다.
	분리 (separation)	▶ **물체가 서로 붙어 있는지, 떨어져 있는지를 이해**하는 것 • 연결되어 있지 않은 것으로, 서로 나뉘어 떨어지는 것을 의미한다. **사물을 전체로 보는 공간적 연관성**에 대한 인식이다. • 한 물체에 다른 물체가 **붙어 있는지, 떨어져 있는지**를 이해하는 것이다. • 또 개별적인 부분이나 조각으로 구성된 **전체적인 사물을 보는 능력으로서 공간적 연관성을 인식하는 것**이다. 이렇게 물체 간의 관계를 인식함으로써 주변세계를 올바르게 인식할 수 있게 된다.
	순서 (order)	▶ **사물이나 사건의 서열**을 의미하며, '**앞, 뒤, 옆**' 등의 **공간적 관계를 이해**하는 것 • 무슨 일을 하거나 이루어지는 차례로, 사물이나 사건의 서열을 의미하며, **공간적 관계 이해를 포함**한다. • **사물이나 사건의 서열**을 의미하는데 '처음에서 마지막' 혹은 '맨 뒤에서 앞'이라는 의미를 지닌다. • 공간 속에서 순서의 개념을 사용하여 **사물을 배열하거나 패턴**을 만들어 볼 수 있다. • 순서의 위상적 관계의 이해는 **근접, 분리의 이해를 전제**로 하며, '**앞, 뒤, 옆, 다음에, 사이**' 등의 **공간적 관계의 이해를 포함**한다. • Copeland(1974)에 의하면, 4~5세 유아는 순서를 이해하기는 하나 나란히 제시하지 않으면 가역적 사고의 미흡으로 순서대로 놓지 못하지만 6세가 되면 왼쪽에서 오른쪽, 원형의 형태 등 순서대로 놓는 문제를 해결하게 된다. • 대상이나 사건의 **연속성과 관련되어 패턴을 만들거나 공간 내에 사물을 나란히 늘어놓을 수 있는 것**과 관련된다. • 유아들은 첫 번째, 두 번째라는 단어를 사용할 수 있기 전에 그림카드를 이용하여 순서성에 대해 알게 된다. 패턴 활동이나 사물과 수를 연결 짓도록 하는 것은 순서개념을 발달시킨다.

개폐 (enclosure)	▶ 주변에 의해 **둘러싸여 열려있거나 닫혀있는 상태를 이해**하는 것 • 개폐는 **주변 사물에 의해 둘러싸인 것**을 의미한다. '안과 밖' 개념을 알기 전에 먼저 '**열려있다/닫혀있다**'의 개념을 이해해야 한다. • Barron(1979)은 개폐 관계의 이해를 돕기 위해 촉각적, 시각적 경험의 활용이 효과적이라고 하였다. • 동그라미, 네모 등의 **모양을 구별할 수 있기 이전**에 개방되거나 폐쇄된 곡선의 이해가 전제되어야 한다. • 개폐의 개념을 이해하는 데는 **두 가지 교수 전략**이 있다. ① 그려진 선을 따라갈 때 **시작한 점에 돌아올 수 있으면 '닫혀있고'**, 시작한 점에 돌아올 수 없으면 '열려있다.'라는 것을 이해시키는 방법 ② 유아가 선을 넘지 않고도 밖으로 나올 수 있으면 '**열려있고**' **선을 넘어야 밖으로 나올 수 있으면** '**닫혀있는**' 것이라고 이해시키는 방법이다. • 모양을 구별하기 전에 그 모양이 **열려있는지 또는 닫혀있는지를** 이해하는 것이다. • 그리고 닫혀있는 모양, 즉 폐곡선을 통해 유아들은 안과 밖, 경계의 개념을 이해하게 된다.

Plus 지식 리드와 패터슨(Read&Patterson, 1980)의 공간 개념의 발달

1단계 (8~24개월)	• 8개월 이전의 영아는 자신의 **시야 안에 들어오는 물체만 인식**할 뿐 **사물과 공간의 관계에 대해서는 인식하지 못**한다. • 8~12개월 영아는 가지고 놀던 놀잇감이 시야에서 사라졌을 때, 잠깐 동안 그 놀잇감을 찾으려고 시도하다가 공간 속에서 놀잇감을 조작하는 경험을 한다. • 12~18개월 영아는 공간 안에서 자신의 위치를 이해하고, 물체와 물체의 관계를 인식한다. • 18~24개월 영아는 가지고 놀던 공이 사라졌을 때 없어진 경로를 상상으로 그려 위치를 추적할 수 있다.
2단계 (2~4세)	• 2~4세 유아들은 사물을 다른 곳으로 이동시켜도 여전히 모양과 크기가 같다는 것을 이해하지 못하기 때문에, 사물을 다른 측면에서 보았을 때 어떻게 보일지를 이해하기는 어렵다. • 이 시기에는 모양, 크기, 형태, 방향에 대한 개념의 발달이 이루어지지 않지만, **근접, 개폐, 안과 밖, 분리, 순서 등의 위상학적 개념을 습득**하기 시작한다. • 따라서 이 시기의 유아가 그린 그림을 보면, 사람의 형태를 완전하게 그리지는 못해도 얼굴 안에 눈, 코, 입을 그리고, 얼굴 밖에 목과 몸통을 그리고 몸통에 팔과 다리를 붙여서 **두족화를 그리는** 것을 볼 수 있다.
3단계 (4~7세)	• 이 시기 유아는 **사물을 다른 사물과 관련지어 생각**한다. • 초기(4세) 유아들은 **자기를 중심으로 사물들의 공간적 관계를 이해**하고, 물체 간의 관계를 고려하기보다 임의적으로 지각한다. • 후기(7세)로 가면서 하나의 사물과 다른 사물 간의 관계를 서로 관련지어 생각하기 시작한다. 예 유아는 정리하고 모이는 시간에 자리의 넓고 좁음에 대해 대화를 나누면서, **누가 누구의 옆에 앉았는지를 공간적으로 파악**한다. 또한 그림을 그리면서도 안과 밖, 나무 옆의 집, 나무와 나무 사이 등을 고려하기 시작한다. 그러나 **여전히 사물의 상대적인 크기나 서로 간의 거리를 고려하지는 못**한다.

Plus 지식 기하학(geometry, 幾何學, 도형 및 공간의 성질에 대하여 연구하는 학문)

위상학적 기하	▶ **공간이 수축, 확장되는 고무줄 같은 공간에서 불변하는 도형의 특성을 알아보는 기하** • 따라서 일명 **고무줄 기하**라고도 한다. • 풍선이나 고무줄 같은 특성이 있는 공간에 그림을 그려본다고 가정하면, 그린 형태에서 어떤 특성은 변화되고 어떤 특성은 변화되지 않을 것이다. **이 가운데 변화되지 않는 특성을 알아보는 것이 위상 기하**이다. • 수축되거나 확장되는 고무줄 같은 공간에 그린 형태의 모양과 크기는 고무줄이 늘어남에 따라 변화될 것이다. **변화되지 않는 것은 근접, 순서, 개폐, 그리고 안/밖**이다. 이러한 특성은 공간이 고무줄 같이 늘어나더라도 변화되지 않는다. • 영아들은 사람의 얼굴에서 눈, 코, 입의 순서, 귀는 얼굴 밖에, 눈은 얼굴 안에, 눈에서 코는 가깝고, 입은 멀리 있다는 개념을 쉽게 접하게 된다. ㉠ 이 당나귀의 처음 모양은 어떤 것이었을까요? 가로나 세로로 잡아당기지 않고 대각선의 끝으로 잡아당겼으면 당나귀는 어떤 모양이었을까요? (논리수학, 1994에서)
사영기하	▶ **보는 위치에 따라 물체가 달라 보여도 본질적 특성은 불변함**에 근거한 기하 • 도형을 투영시켜도 변화치 않고 남아있는 성질을 연구하는 기하이다. 즉, **물체나 모양은 보는 각도에 따라 외관적으로는 변화가 나타날지라도 그것의 본질적인 특성은 변하지 않는다**는 사실에 근거한 기하이다. • 예를 들면, 하늘에 날리는 연은 하늘에서도 볼 수 있고 땅에서도 볼 수 있다. 대각선이나 옆면에서도 볼 수도 있다. 이때 관찰자의 지각에 의해 보이는 도형의 모양과 크기는 다르지만 연이 가지고 있는 특성, 즉 그 연의 길이, 넓이, 모양은 변하지 않는다는 것이다. 따라서 이 기하를 **그림자 기하**라고 부르기도 한다. • 원뿔, 직육면체 등의 단면을 여러 방향에서 생각해 보게 함으로써 사물을 다른 위치에서 볼 때 같은지, 다른지의 여부를 확인하는 것이다. 즉, 사영기하는 사물을 그 자체에 의한 것으로만 생각하지 않고, **그 공간의 어떤 다른 위치와의 관계에 의해 생각하는 것**이다. 사영기하는 **물체나 모양이** 서로 분리된 형태로는 존재할 수 없고 **어떤 하나의 시점을 통하여 위치화되어 정착화**된 것을 의미한다. • 유아는 어릴 적부터 직선을 파악한다. 그러나 직선을 지각할 수 있다는 것과 직선을 실제로 그릴 수 있다는 것과는 전혀 별개의 것이다. 유아가 "목표점을 결정하는 것"을 통하여 소위 원근법을 획득하고 스스로 직선을 만들 수 있을 때까지는 아무래도 몇 단계의 발달 과정을 거쳐야만 한다. ㉠ 네 개의 같은 모양의 삼각형이 모여 연이 되었습니다. 연이 된 삼각형의 모양은 처음 삼각형과 어떻게 다를까요? 왜 그럴까요? (아기 세모의 세 번째 생일, 1999에서)
유클리드 기하	▶ **평면 공간에서 도형의 크기, 모양 등 특성을 연구**하는 기하 • **고정된 형태, 크기, 변의 수 및 모서리의 수를 포함**하는 것이다. • 유클리드 기하는 공간이 평면이라고 가정했을 때 우리가 생각하는 모든 도형의 원리들이 이루어진다. 사각형, 삼각형, 원 등 모든 도형의 모양은 평면 공간일 때 가능하다. • **삼각형의 세 각의 합이 180도**라는 것도 유클리드 기하에서만 가능하다. 즉, **도형의 크기, 모양, 각도의 특성은 공간이 평면일 때 변화되지 않는 특성**이며, 유클리드 기하는 이것을 연구하는 것이다. ㉠ 여기서 삼각형은 어떤 것인가요?, 이 그림책이 평면이 아니라 둥글게 휘게 된다면 삼각형은 어떤 모양이 될까요? (놀이수학, 1994에서)

좌표기하	▶ **좌표축 공간 안에서 물체의 위치를 파악**하는 기하 • 직교하는 수직선과 수평선의 **좌표축이라는 공간 안에서 물체의 위치를 파악**하는 것이다. • 도시의 좌표(A부터 G까지 있는 가로줄과 1부터 8까지 있는 세로선)가 그려진 지도를 보면서 어떤 빌딩의 위치가 C-3에 있다는 것을 알 수 있는 것을 의미한다.
변환 기하	▶ **물체를 옮기고, 뒤집고, 돌려도 물체의 모양, 크기는 불변**한다는 것에 근거한 기하 • **이동 기하**라고도 한다. 대표적인 '이동'으로는 **옮기기, 뒤집기, 돌리기**가 있다. • 변환 기하란 도형이나 물체가 옮기기(이동, sliding), 뒤집기(대칭, flipping), 돌리기(회전, turning)에 의해 움직여도 도형이나 물체의 모양이나 크기는 변화하지 않는다는 사실에 근거한 기하이다. 이때 도형이나 물체들은 다양한 방법으로 결합될 수 있다. | 옮기기 | • 도형이나 물체를 **어떤 방향으로 밀어서 나란히** 이동하는 것 | |---|---| | 뒤집기 | • **한 직선을 축으로** 위쪽이나 아래쪽, 오른쪽이나 왼쪽으로 도형을 뒤집는 것 | | 돌리기 | • **한 점을 중심으로** 도형을 돌리는 것 |

Plus 지식 도형의 기하학적 내용

운동기하 (변환기하)	• 모양들을 **공간 속에서 미끄러지거나 방향을 바꾸거나 회전에 의해 이동시켜도** 그 모양은 같다는 사실을 의미한다. • 운동 기하의 대표적인 교구는 **패턴 블록, 칠교, 퍼즐 조각** 등으로, 이들 교구의 공통점은 이동시켜 방향을 바꾸고 회전해서 다른 모양을 만들 수 있다는 것이다.
협응기하	• 비형식적 지식을 개발시키는 것으로, '**길 따라가기**', '**지도 만들기**'와 같은 활동이 대표적이다. 즉 협응 체계를 사용함으로써 **지도에서 어떤 특정 거리의 위치**를 찾을 수 있다.
선 대칭	▶ 도형이 **어떤 선을 중심으로 대칭**인 경우 • 물체, 사진, 그림 또는 디자인이 두 개의 똑같은 조각으로 나누어짐으로써 균형감을 주며 눈을 즐겁게 해주는 특징이 있다. • 대표적인 활동은 **나비나 사람 등을 반쪽만 플라스틱 거울로 비춰보기** 또는 **종이로 도형 접기** 등이다. 이러한 활동을 통해 **수직선과 수평선도 이해**하게 된다.
합동	▶ 두 개 이상의 대상이 **모양과 크기가 정확히 일치**하여 **완전히 포개질 수** 있는 관계

2 도형 : 도형개념의 발달(도형의 인식과 명명)

1) 입체도형 개념의 발달

입체도형개념의 발달

- 유아들은 대부분 3차원의 입체물로 이루어진 환경에서 살고 있다. 따라서 자연스럽게 기하학적 이해는 입체물에 대한 직관적 인식과 함께 시작된다.
- 흔히 사용되는 **입체도형은 구, 원기둥, 원뿔, 정육면체, 직육면체 등**이고, **평면도형으로는 원, 삼각형, 정사각형, 직사각형, 평행사변형, 타원형 등**이 있다.
- 일반적으로 [이유] 유아들은 **평면보다는 입체를 일상생활에서 먼저 접**하고 있다. 따라서 **입체도형을 먼저 알려주고**, 평면에 대해 알려줄 필요가 있다. 즉, **평면도형은 입체도형에 대한 탐색 후에 입체도형의 한 면과 연결하여서 소개**하도록 한다.
- 부르니(Bruni)는 유아가 주위 환경에서 입체적인 물체를 탐색함으로써 기하학적 모양을 인식하게 되는 것은 기하학적 이해의 자연스러운 시작이라고 하였다.
- 즉, 유아가 동그라미, 세모, 네모의 변별에 대한 경험을 하기보다는 공을 갖고 놀 때 공은 둥글고, 굴러갈 수 있고, 블록은 바닥이 평평하고 굴러가지 않는다는 것을 경험하게 됨으로써 특성이나 차이를 인식하는 것을 우선하기 때문에 **입체도형의 소개가 먼저 제공되어야** 한다는 입장이다.
  - 예) 원과 네모의 그림을 변별하기보다 먼저 공과 주사위를 탐색하게 함으로써 원은 둥글고 굴러가며, 주사위는 모서리로 이루어져 있고 네 면이 모두 평평하다는 속성을 발견하고, 도형 간의 차이를 인식하게 하는 것이 효과적이다.
  - 기) 도형 개념 발달을 위한 지도 내용 중 잘못된 내용 1가지를 바르게 고쳐 쓰시오. '**입체도형은 어려우니까 쉬운 평면도형부터 지도하도록 한다**'는 점이 잘못되었다. 유아는 평면보다 입체도형을 일상생활에서 먼저 접하므로 '**평면도형보다 입체도형을 먼저 지도해야 한다**'로 수정해야 한다. [특25]

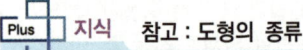

Plus 지식   참고 : 도형의 종류

1. **사각형** : 네 각과 네 변이 있는 도형(네 각만 있으면 됨)
   ① 사다리꼴 : 한 쌍의 변이 평행인 사각형, 사다리꼴에는 등변사다리꼴이 있다.
   ② 등변사다리꼴 : 한 쌍의 변이 평행이고, 그 평행한 두 변 중 하나의 양 끝 각의 크기가 같은 사각형
   ③ 평행사변형 : 두 쌍의 변이 평행인 사각형, 평행사변형에는 마름모와 직사각형이 포함된다.
   ④ 마름모 : 네 변의 길이가 같은 사각형
   ⑤ 직사각형 : 네 각이 같은 사각형
   ⑥ 정사각형 : 네 변의 길이가 같고 네 각이 모두 직각인 사각형

2. **삼각형** : 세 각과 세 변이 있는 도형
   ① 정삼각형 : 세 변의 길이가 모두 같은 삼각형, 또한 세 개의 각이 모두 60도인 삼각형
   ② 이등변삼각형 : 두 변의 길이가 같고, 두 개의 각이 같은 삼각형
   ③ 직각삼각형 : 한 개의 각이 90도인 삼각형
   ④ 둔각삼각형 : 한 개의 각이 90도를 넘는 삼각형
   ⑤ 예각삼각형 : 세 각의 크기가 모두 90도보다 작은 삼각형

2) 평면도형 개념의 발달

평면 도형 개념의 발달	• 기하학적 도형에 대한 4~6세 유아들의 시각적 원형에 대한 발달과정을 살펴보면 유아는 **원, 사각형, 직사각형, 삼각형 순으로 인식**한다. • 따라서 처음부터 여러 도형을 소개하기보다는 원, 다음에는 사각형 등 **한 가지 도형만을 식별하는 것으로 시작**하고 점차 다른 모양을 소개한다. • 도형을 소개할 때에는 꼭짓점, 각, 면 등 **핵심적인 속성에 주목**하게 하되, 삼각형 사각형과 같은 형식적 명칭을 강조하기보다는 세모, 네모 등 유아가 **친근해 하는 이름으로 이해**시키는 것이 좋다. • 유아들은 도형이 다른 방향에 놓이더라도 같은 도형으로 인식할 수 있으나, 기울어졌거나 비대칭일 경우에는 도형의 인식에 어려움을 느끼는 것으로 나타났다. 따라서 유아에게 정형화된 도형이 아닌 다양한 도형을 접해보게 하고, 같은 도형에 속하는 것과 아닌 것을 함께 경험해 보게 하는 것이 좋다. 기 '자유 선택 활동 시간에 민수와 혜주는 수·조작 놀이 영역에서 패턴 블록을 가지고 놀고 있다. 배를 만들고 있던 **혜주가 "어, 여기에 네모가 필요한데 동그라미, 세모밖에 없어. 어떡하지?"** 라고 하면서 사각형처럼 생긴 타원형 모양을 몇 번 맞춰보다가 "안 되네. 못하겠다."라고 말한다. 그러자 옆에서 놀고 있던 민수가 "왜 안 되는데? 내가 한번 해볼까?"라고 하면서 혜주가 만들고 있던 배를 살펴본다. 그리고 **민수는 혜주가 넣은 타원형 모양을 뺀 후 "봐봐, 이거는 뾰족한 데가 없잖아. 네모는 이것처럼 뾰족한 데가 있어야 해."**라고 말하며 삼각형을 사용하여 빈 곳에 맞추어 본다.'에서 나타난 민수와 혜주의 도형 이해 능력을 알 수 있는 각 사례를 찾아 제시하고 그 발달 경향과 함께 각각 논하시오.[12]
피아제	**1단계** (2.5~4세)	• 이 시기 유아는 삼각형과 같은 유클리드 기하학적 모형이 아니라 숟가락 등 친숙한 물체를 인식한다. 형태의 추상이 시작되지만, 유클리드 기하학적이라기 보다는 **위상기하학적으로 인식**한다. 예 원과 사각형은 폐곡선일 뿐 서로 구분되지 않는다. • 3세 이전에는 아무렇게나 낙서하고 목적 없이 그리다가 3세경이 되면 확실한 모양을 잡기 시작하나 **변의 길이, 각도, 크기, 변의 수 등은 무시**된다.
	2단계 (4~6세)	• 4세쯤 되면 **곡선으로 된 형태와 직선으로 된 형태를 조잡하게나마 구별**하지만, 여전히 정사각형과 직사각형 또는 원과 타원을 구별하지 못한다. • 5세 전후 무렵에는 도형의 **각과 원이나 타원을 구별**하고 **정사각형과 직사각형의 차이**를 알게 된다. • 하지만 삼각형에 선이 1개가 증가하여 사각형이 된다거나 원이 둘로 나뉘면 반원이 된다는 것은 인식하지 못한다. 마름모와 사다리꼴의 차이를 발견하지만, 아직도 복잡한 도형의 표상에는 어려움이 있다.
	3단계 (6~7세)	• 6~7세가 되면 '권'의 상징기호와 같이 **복잡한 형태도 구별**할 수 있다. • 또한 통합적으로 그림을 그리고 재구성하며 그대로 모방하는 등 여러 가지 방법으로 도형을 이해하기 시작한다.

- 반힐레가 제시한 기하학적 이해의 발달 수준은 **유아나 초등학교 저학년 학생들의 도형 학습 주요 준거로 활용**되고 있으며, 기하학적 사고의 특징을 5개의 위계적 수준으로 제시하였다.
- 일반적으로 유아부터 초등학교 저학년은 0수준에서 1수준으로 보고 있다.

반힐레 (Van Hiele)		
	0수준 **시각화** **수준** (유아기)	▶ **도형의 구성요소에 대한 고려 없이 전체 시각적 외관에 의해 인식**하는 수준 예 서로 다른 모양의 직육면체의 상자를 '네모' 모양이라고 하며, 삼각자는 '세모' 모양, 피자는 '동그란' 모양이라고 하는 것이다. 기 세모는 산처럼 생겨서 세모라고 해.[19] • 도형의 성질이나 도형 사이의 관계는 인식할 수 없어 정사각형과 옆으로 긴 직사각형은 별개의 다른 도형이라 생각한다.
	1수준 **기술적·** **분석적** **수준** (초1)	▶ **도형의 구성요소에 의해 도형을 인식하고 판단**하나, **도형 간 관계는 인식하지 못**하는 수준 • 관찰과 실험을 통하여 주어진 **도형의 구성요소나 성질**을 초보적으로 분석할 수 있는 수준으로 '**직사각형의 마주 보는 두 변의 길이는 서로 같다.**', '**직사각형의 대각선의 길이가 같다.**'는 것을 알 수 있는 시기이다. 예 만약 "왜 이것이 사각형이라고 생각하니?"라고 물으면, 유아는 "**선이 네 개니까요.**" 또는 "**뾰족한 곳이 네 개 있어요.**"라고 말할 수 있다. • 관찰과 직접 조작을 통해 도형의 성질을 표현하고, 특정 성질에 따라 도형을 분류할 수도 있다. 그러나 **도형 사이의 관계는 인식하지 못한다.** 예 정사각형은 똑같은 4개 변을 가지고 있음을 알지만, 정사각형도 직사각형에 속할 수 있다는 것을 알지 못한다.
	2수준 **이론적** **정리 수준** (초등 고학년)	▶ **도형의 성질과 규칙**에 따라 **논리적 관계 파악이 가능**한 수준 • 이전에 발견된 **도형의 성질과 규칙에 따라 논리적인 관계(포함 관계와 수학적 정의) 파악이 가능한 수준**이다. • 이 시기에는 간단한 형식적인 증명과 다른 사람의 증명 과정을 이해, 경험적·실험적·귀납적 추론이 가능하다. 그러나 공리와 정리의 의미 파악 및 구별이 어려우며 연역적·논리적 추론 또한 어려운 시기이다.
	3수준 **연역적·** **형식적** **추론 수준**	▶ **연역적 증명, 공준, 공리 등을 이해**하는 수준 • 연역적 증명, 정리 사이에 **상호 관련성 수립, 공준·공리·정리와 증명의 역할**을 이해하는 수준으로 중학생 시기이다.
	4수준 **기하학의** **엄밀화** **수준**	▶ **구체적 모형 없이 추상적으로 다양한 기하 체계를 학습**할 수 있는 수준 • 고등학교 수준을 뛰어넘는 수준으로 구체적인 모형 없이도 **추상적으로 다양한 기하 체계를 학습할 수 있는 수준**이며 기하학적 대상의 구체적 특성과 관계에 대한 구체적 의미를 추상적이고 일반적인 수학적 사고로 할 수 있는 시기이다.

클레먼츠 (Clements, 2004)		• 반힐레가 제시한 단계에 대해 클레먼츠는 그가 제시한 수준 안에서도 차이가 존재함을 주장하며, 유아기에 해당하는 기하학적 이해의 수준을 새롭게 제시하였다.
	1수준 전인지 수준 (3세, 지각적 수준)	▶ **도형의 형태를 지각**하나, **도형의 서로 다른 모양을 구별 못** 하는 수준 • 유아는 일정한 도형들을 본 후 도형을 재구성할 수 있는 적절한 시각적 이미지들을 형성하는 지각적인 능력이 부족하다고 하고, 따라서 **형태를 지각하지만, 도형의 서로 다른 모양을 구별하지 못한다.** 예 **곡선도형과 직선도형이 다르다는 정도는 인식**하지만 직선도형 중에서 삼각형, 사각형 등 도형 간의 차이 혹은 곡선도형 중에서 다양한 도형 간의 차이는 구별하지 못한다. 즉, **타원형과 삼각형이 다르다는 것은 구별**하지만 **삼각형과 사각형의 차이점은 구별하지 못**한다.
	2수준 시각적 수준 (대부분 유아)	▶ **도형의 구성요소에 대한 고려 없이 전체 시각적 외관에 의해 인식**하는 수준 • 도형의 속성에 근거해서 도형을 변별하기보다는 도형에 대한 **일반적이고 전체적인 인상에 따라 도형을 판별**하고, **그 이름을 말한다.** • 즉, '3개의 각' 혹은 '3개의 변'이라는 도형의 특성에 주목하여 도형을 구별하는 것이 아니라 자신의 **일상생활에서 자주 보아 왔던 삼각형 혹은 사각형 모양과 유사한 것으로 구별**하는 등 도형의 시각적 원형에 근거하여 도형을 구별한다. 기 ⑦ '문처럼 생겼으니까 네모다.'에 나타난 연진이의 도형 이해 수준을 높이기 위한 지도 내용 1가지를 쓰시오.[22] **도형의 속성을 파악할 수 있도록 지도한다.** 예 '상자같이 생겼으니까 사각형'이라고 시각적 원형을 사용하여 도형을 설명한다. 이들은 흔히 두 변이 이등변이고 밑변이 수평으로 이루어진 모양은 삼각형이라고 하지만, **꼭짓점이 아래로 향해 있거나(역삼각형) 너무 뾰족하여 흔히 보는 삼각형과 다르게 생긴 것은 삼각형이 아니라고** 한다.
	3수준 기술적 수준 (초등학교 저학년)	▶ **도형의 구성요소에 의해 도형을 인식하고 판단**하나, **도형 간 관계는 인식하지 못**하는 수준 • 모양을 전체로 받아들이는 수준을 넘어서서 **도형의 속성에 의거하여 도형을 인식하고 판단**하며 **도형의 속성을 기술할 수** 있는데 이 시기 유아들은 3차원 도형을 표면이나 각의 수를 준거로 분류하고, 그 속성을 기술할 수 있다. 예 직삼각형은 '3개의 꼭지점을 가지고 있고, 3개의 각을 가지고 있으며, 3개의 변을 가지고 있다.'는 식으로 여러 가지 속성을 기술할 수 있다. • 그러나 **동일한 계층 내의 도형 간의 차이나 이들의 관계는 잘 알지 못**한다. 즉, 이들은 직각사각형과 정사각형의 속성을 인지하고 기술할 수 있지만 **정사각형은 직사각형의 특별한 한 부류라는 것은 알지 못**한다.

기 **특주B7.** 1) 클레멘츠와 사라마의 이론에 근거할 때, ① 수희의 기하 도형에 대한 이해 수준과 ② 민우의 기하 도형에 대한 이해 수준을 각각 쓰시오.[특19]

> 수희 : (세모 색종이를 손에 들고) 이거 네모야.
> 민우 : 아니, 그건 세모야.
> 수희 : (세모 색종이를 손에 들고) 아니야. 네모야.
> 민우 : 아니야. 점 세 개, 선 세 개니까 세모지.
> 정화 : (네모 색종이를 연결하면서) 이거 기차야. 네모 더 줘.
> 민우 : 네모 없는데…… 아, 세모 두 개를 모으면 네모가 돼. 여기 있어.

3 변환과 대칭

변환 (motion)		• 도형의 변환에는 옮기기(이동), 뒤집기, 돌리기(회전) 등이 포함된다.
	옮기기(이동) (slide)	▶ **도형이나 물체를 어떤 방향으로 일정한 거리만큼 밀어서 이동**하는 조작 • 공간에서 도형을 수평 또는 수직 이동하거나 대각선 방향으로 위치를 바꾸는 것이다.
	뒤집기 (flip)	▶ **대칭축을 중심으로 접어서 이동**하는 조작 • **도형의 앞면과 뒷면을 바꾸는 것**이다. • **한 직선을 축으로** 위쪽이나 아래쪽, 오른쪽이나 왼쪽으로 도형을 뒤집는 것 ㉠ 거울 속의 모습을 보면 좌우가 바뀌어 있다.
	돌리기(회전) (turn)	▶ **장소의 이동 없이 도형 자체를 회전**하는 조작 ▶ **일정한 각도만큼 회전**하는 조작, **한 점을 중심으로** 도형을 돌리는 것 • 0도에서 360도에 이르기까지 다양한 각도로 돌리기가 가능하다. 기 '(서준이가 만들어 놓은 모양에서 세모 1개를 움직이며) 서준아, 이것 봐. 나비처럼 되었어.'에서 하은이가 사용한 **도형 변환 전략**을 1가지 쓰시오.[23]
		• 기하학적 변형에 대한 이해는 **옮기기(이동) → 뒤집기 → 돌리기(회전)** 순으로 나타난다고 보고 있으나 변형의 방향에 대한 단서 정도가 회전과 뒤집기의 상대적 어려움에 영향을 준다고 본다. • 즉, 4~5세 유아들도 방향적 단서와 단순한 과제에서는 회전도 해결할 수 있고, 초등학교 2학년 학생은 상을 포함하는 정신적 회전도 가능하다고 보고 있다. • 도형은 옮기거나 돌리거나 뒤집기 등 변환할 때 **위치는 변화**하지만, **크기, 모양, 각도 등은 변하지 않는 특성**을 갖고 있다.
대칭 (symmetry)		▶ **어떤 모양을 반으로 접었을 때 완전히 겹쳐지는 것** • 대칭은 **형태에 균형을 부여**하고 우리에게 **심미감을 제공**한다. ㉠ 인간의 몸은 좌우가 동일하다, 호수에 비친 산의 모습은 실제 산의 모습과 수평으로 대칭을 이룬다. • 대칭은 수직대칭과 수평대칭으로 나뉘는데, 수직대칭은 수직선을 중심으로 좌우의 모양이 동일한 것이고, 수평대칭은 수평선을 중심으로 상하의 모양이 같은 것이다. ㉠ 사람이나 알파벳 A는 수직대칭이고, 숫자 3이나 D는 수평대칭에 해당한다. 또한 축구공이나 숫자 8, 알파벳 H와 같이 수직대칭이자 수평대칭인 것도 있다. • 대칭개념을 확실히 이해하고 활용하는 것은 초등학교 2학년 경이 되어야 가능하지만, 대칭에 대한 직관적 이해는 영아기부터 나타나기 시작한다. 유아는 비대칭적인 모양보다 대칭적인 모양을 더 잘 기억하고, 변별하고, 좋아할 뿐 아니라 종종 대칭을 이루고 있는 구조물을 만든다. • 특히 **수직선을 중심으로 한 좌우 대칭이** 수평선을 중심으로 한 **상하 대칭보다 빨리 발달**하며, 생후 4~12개월이면 수직 대칭에 대한 선호가 발견된다.
변환과 대칭의 지도방법		① 일상생활 속에서 도형의 변환 및 대칭을 발견하게 한다. – 신체 회전이나 회전 물체 타보기 : 변환 중 돌리기에 대한 이해 촉진 – 주변 자연물이나 교실에서 대칭인 것 찾아보기 ② 유아의 이해 수준에 맞추어 활동의 난이도를 조절한다. – 단면 퍼즐 : 퍼즐 조각을 옮기고 주변 형태에 맞추어 조각의 방향도 돌려보아야 하지만 조각의 뒷면에 그림이 없으므로 뒤집기를 할 필요는 없다. – 양면 퍼즐 : 옮기기와 돌리기뿐 아니라 뒤집기도 해야 하므로 단면 퍼즐보다 어렵다.

③ 미술활동을 통해 대칭의 원리와 아름다움을 느끼게 한다.
　　예 **데칼코마니**, 색종이 접기, 대칭인 미술작품 감상하기
④ **대칭을 이해하기 위해 절반의 모양으로 전체 모양을 추측**하게 한다.
　－ 절반만 보고(예 ◀) 어떤 도형인지 말하기(동그라미)
　－ 절반만 보고(예 ◀) 나머지 반쪽을 채워 그리기(●)
　기 '정사각형 색종이 한 장으로 대칭 활동'의 예시를 1가지 쓰시오. **색종이를 반으로 접어 물감으로 그림 그려서 다시 접는 데칼코마니 활동**[25]

4 합성과 분할

합성과 분할

▶ **합성** : 도형을 결합하여 **새로운 모양을 만드는 과정**
▶ **분할** : 도형을 **여러 개의 작은 도형으로 나누는 과정**

① 도형의 합성(compose)과 분할(decompose)은 **도형을 모으거나 나누는 활동**으로 도형 결합, 도형 조합 또는 도형 분해 등의 용어로도 사용된다.
② 도형의 합성과 분할은 **가역성 개념과 관계**가 있다. 예를 들어, 정사각형 색종이를 대각선으로 접으면 이등변 삼각형(분할)이 되지만 이것을 펼치면 다시 정사각형(합성)으로 되돌아온다.
③ 가역성 개념을 더욱 확실하게 이해하기 위해서는 종이 위에 합성한 도형의 테두리를 그린 후 도형을 해체한 다음에 테두리 안에 도형들을 다시 합성해 볼 수 있다.
④ 도형의 합성과 분할을 지도할 때 가장 중요한 것은 유아에게 여러 가지 해결책이 가능하며, 유아 스스로 자유롭게 문제를 해결해 나갈 수 있음을 인식시키는 것이다.
⑤ 패턴 블록을 합성해서 새로운 모양을 만드는 과정에서 유아는 패턴 블록을 부를 때 도형 이름 대신 색깔로 말하는 경우가 있는데, 도형의 이름에 따라 블록을 인식하고 명명하도록 지도해야 한다.
⑥ **도형의 합성과 분할 지도 방법**

- 일과를 통해 도형의 합성과 분할을 경험하게 한다.
　예 **피자나 케이크를 자를 때 조각 모양이나 개수**에 관심을 갖게 한다. **큰 책상이 없을 때 작은 책상을 두 개 연결**하면 됨을 보여준다.
- 유아의 이해 수준에 맞추어 활동의 난이도를 조절한다.
　예 예시 그림에 도형의 윤곽선 모두 제시하기 → 예시 그림에 도형의 윤곽선 부분적으로 제시하기 → 예시 그림에 도형의 윤곽선 없이 전체적인 모양만 제시하기 → 도형 예시 그림 없이 상상하거나 실물 사진을 보고 합성하기
- 도형의 합성과 분할 시 수 개념을 적용한다.
　예 **~을 만들기 위해 필요한 도형의 수 예측**하기, ~을 채우기 위해 사용한 도형의 수 세기, 도형 종류별로 사용한 수 비교하기

Plus 지식 합성과 분할의 발달적 수준(clements, 2004)

1. 합성의 발달적 수준

전합성자 (pre-composer)	▶ 모아놓기를 **거부**하거나 **도형을 연결하지 못**하고, **하나의 모양** 나타내기 위해 **하나의 도형만 사용**하는 수준 • 도형을 모아놓기를 **거부**하거나 도형을 **붙여** 놓지 **못한다**. • 하나의 모양을 나타내기 위해 **하나의 도형만을 사용**한다.
조각 조립자 (piece assembler)	▶ **도형을 연결**하지만, **각 도형을 고유한 역할**을 나타내기 위해 사용하며, **도형 간 관계를 이해하지 못**하는 수준 • **도형을 연결**하며, 이때 **각각의 도형은 고유한 역할**을 나타내기 위해 사용된다. • **도형을 전체로 인식**하고, 도형 간의 관계 또는 도형의 부분 간의 관계는 인식하지 못한다. • 뒤집기와 돌리기를 제한적으로 사용한다.
그림 제작자 (picture maker)	▶ **하나의 모양**을 나타내기 위해 **여러 도형을 연결**하지만, 연결 **결과를 예측 못 하여 시행착오를 거쳐 구성**하는 수준 • 그림을 맞추기 위해 도형을 연결하며, 하나의 역할을 나타내기 위해 **여러 개의 도형을 연결**해서 사용한다. • 그러나 도형의 **연결 결과를 예측하지 못하고** 변의 길이, 모서리의 수와 같은 단순한 기하학적 속성만을 고려하여 **시행착오를 거쳐 구성**한다. • 뒤집기와 돌리기를 사용한다.
도형 합성자 (shape composer)	▶ **의도와 기대를 갖고** 길이와 각도를 고려하여 도형을 합성하는 수준 • **의도와 기대를 갖고** 새로운 형태를 만들기 위해 도형을 합성한다. • **길이와 각도를 고려**하여 도형을 선택한다. 혼합도형의 상이 발달한다.
대치 합성자 (substitution composer)	▶ **도형 간 대치 관계를 인식, 사용**할 수 있는 수준 예) 두 개의 사다리꼴 패턴 블록으로 육각형을 만들 수 있게 된다.

2. 분할의 발달적 수준

전분할자	▶ 도형 분할을 거부하거나 원래 도형 그대로 두는 수준(pre-decomposer)
조각 분할자 (piece decomposer)	▶ **도형을 2~3조각으로 나누어 대치하여 분할**할 수 있으나, **1~2개 경우만 가능**하고 **중복된 분할**이 나타나는 수준 • 도형을 **2~3조각으로 나누어 대치하여 분할하기가 출현**하나 대체로 **1~2개 경우만 가능**하고 **중복된 분할**이 있다.
중복 분할자 (repeating decomposer)	▶ **시행착오를 통해 도형 분할**을 할 수 있으나, **2~3개의 중복된 분할**이 나타나는 수준 • 도형을 **시행착오**를 통해 다른 도형으로 분할하고 대치하여 놓을 수 있으나 **이미 만든 배열을 2~3개 중복된 분할**을 한다.
도형 분할자 (shape decomposer)	▶ **의도와 기대를 갖고 도형 분할**을 할 수 있고, **중복된 분할이 없는** 수준 • 의도성과 기대성을 갖고 도형의 분할을 할 수 있으며, **가능한 모든 경우를 찾을 수 있고 중복된 분할은 없다**.

Ⅳ. 측정

15 개정 누리 과정	해지	• '기초적인 측정하기'는 유아가 일상생활에서 **측정 가능한 속성에 따라 사물이나 상황을 비교**하고, **순서를 지어보며**, **임의 측정 단위를 사용**할 수 있도록 하는 내용이다. • 측정은 **길이, 크기, 무게, 들이 등의 속성을 비교하고 순서 짓는 것에서 시작**하여 **더 나아가 사물이 지닌 속성의 크기를 기준량(단위)을 정하여 수치로 나타내는 것**이다.

	지도 지침 및 유의 점	• 놀이 및 일상에서 유아가 길이, 크기, 무게, 들이 등의 속성을 인식하고 비교하거나 순서 지어 볼 수 있도록 한다.
		• 유아가 측정을 위해 **손 뼘, 발길이, 블록, 연필과 같은 임의 단위를 사용**하도록 한다.
		  - 손 뼘이나 발 길이와 같은 **신체 단위는 사람에 따라 다르므로 측정 결과가 달라진다는 점**을 인식할 수 있도록 한다.
		• 유아가 측정 과정에서 나타나는 문제점을 경험하고 해결하는 과정에서 **측정할 속성에 적합한 단위를 선정**하고, **동일한 단위를 반복하여 측정할 때 필요한 기술을 인식**할 수 있도록 지도한다.
		  - 예를 들어, **단위를 반복할 때 사이가 벌어지지 않게 정확하게 연결**하거나 **물체들의 한쪽 끝을 맞추어 배열하는 것**과 같은 **측정기술이 필요**함을 인식하게 한다.

1 측정의 의미

▶ **측정**(measurement) : **사물의 속성을 알고 그 속성을 특정한 단위로 재어 수로 표현하는 것**

① 측정할 때는 "길이, 넓이, 부피, 무게 등 물체의 속성 중에서 무엇을 측정해야 할 것인가? 적절한 단위는 무엇인가? 어떤 측정 기술을 사용할 것인가?"와 같은 문제를 동시에 고려해야 한다.

② **사물의 속성은 연속성을 가지며** 측정이란 **이런 연속성의 특정 지점에 수를 부여하는 것**이다. 즉, 길이, 높이, 들이(부피), 무게와 같은 물체의 속성은 연속성을 가졌다.
 - 들이 : 어떤 수량만큼 담을 수 있는 용량(capacity)
 - 부피 : 도형이 차지하는 공간

③ 물의 양이 1리터에서 끊기고 바로 2리터가 되는 것이 아니라 1.99999리터에서 어느 순간 2리터가 되는 것이다. 단지 사람들이 의사소통을 위해 어느 특정 용량에 대해 1리터라는 숫자를 부여한 것이다.

④ 측정의 과정이 어려운 이유는 이와 같은 연속성 때문이기도 하다. **수 세기**는 가방에 사탕이 몇 개 있나 알아내는 것과 같이 **불연속적인 물체에 관련**된 것인 반면, **측정은 연속적인 과정이기 때문**이다.
 ㉠ 사탕 한 개의 무게를 측정하기 위해서는 저울 단위의 숫자 읽기가 필요한 데 정확히 3g, 4g이 아니라 3.542g의 무게가 나갈 수도 있기 때문이다.

⑤ 따라서 **보존 개념이 아직 형성되지 않은 유아**에게는 m나 g과 같은 표준 단위를 사용한 측정보다는 **한 가지 속성에 따라 두 가지 물체를 비교**하거나 **세 가지 이상의 물체를 순서 지어 보는 활동**으로 시작하는 것이 적절하다.

⑥ 유아들은 비교하기, 순서 짓기, 측정하기 등의 활동을 통해 측정과 관련된 개념을 알아가게 된다. 따라서 유아들은 구체적인 측정 활동을 하기 이전에 사물의 속성을 비교하고, 속성에 따라 순서 짓는 활동부터 시작할 필요가 있다.

⑦ 이러한 입장에서 측정의 기초를 이루는 비교하기와 순서 짓기 그리고 길이, 넓이, 부피, 무게, 시간 등의 측정하기를 살펴보면 다음과 같다.

2 비교하기(comparison)

▶ **어떤 속성을 기준으로 차이를 판단**하는 것

- 즉, 비교하려면 비교의 기준이 되는 속성이 있어야 한다. 따라서 **비교하기 전에 먼저 비교할 속성에 대해 인지해야** 한다.
 ㉠ 우리가 두 명의 달리기 선수 중 누가 더 빠른가를 알기 위해 비교한다면, 속성은 우리가 관심을 갖고 있는 것 즉, 속력이다.
 ㉠ 유아는 길이에 대한 개념이 발달하기 전에는 두 연필 중 어떤 것이 더 긴지 판단할 수 없다.

- 유아가 흔히 비교 기준으로 사용하는 속성은 길이(긴-짧은), 크기(큰-작은), 무게(무거운-가벼운), 속도(빠른-느린), 높이(높은-낮은) 등이다. 이와 같은 비교하기는 주로 두 물체의 속성이 가시적인 관찰로 측정될 수 있을 때 활용한다.

- 비교하기는 **순서 짓기보다 먼저 발달**하며, **이후 순서를 지을 수 있는 능력의 기초**가 된다.

- 비교하기는 시각적 비교, 직접적 비교, 간접적 비교의 세 가지 형태가 있다(Reys, Suydam, & Lindguist, 1994).

시각적 비교	▶ (크기 차이가 분명할 때) **눈으로 보면서 비교**하는 방법 • 크기의 차이가 분명할 때 시각적 비교(직관적 비교)가 가능하다. • 전조작기 유아는 아직 보존 개념이 형성되어 있지 않으므로, 주로 시각에 의존하여 비교한다.
직접적 비교	▶ (크기 차이가 불분명할 때) **비교 대상을 나란히 놓거나, 직접 맞대거나, 겹쳐 놓고 비교**하는 방법 • 크기의 차이가 불분명할 때 비교할 수 있다. 키가 비슷한 친구 중 누가 더 큰지 비교할 때 서로 등을 맞대고 직접 비교하거나, 크기가 비슷한 동화책 중 어느 것이 더 큰지 비교할 때 동화책 위에 다른 동화책을 겹쳐 놓고 직접 비교할 수 있다. • 이때 **물체의 방향이 같아야 비교를 할 수** 있다. 세로로 긴 것과 가로로 긴 것을 겹쳐 놓으면 비교를 할 수 없다. • 전조작기 유아는 아직 보존 개념이 형성되어 있지 않아 동일한 시작점에서 비교하는 것을 잘 이해하지 못하므로, 동일한 시작점에 두 물체를 놓고 비교할 것을 안내해야 한다. 측정 활동 중 '**어느 공이 더 큰지 대 보자.**'에 사용된 비교하기 유형의 명칭을 쓰시오.[20] **Plus 지식** **직접 비교 전략** (Yuzawa, Bart, Kinne, Sukemune & Kataoka) • 두 물체의 **면적 또는 크기를 직접적으로 비교할 때** 다음과 같은 전략을 사용한다. • 크기 비교는 두 가지 차원을 고려해야 하는 면적의 비교로서 시각적인 비교만으로는 정확한 판단을 할 수 없기 때문에 두 도형의 **모양이 비슷하도록 방향을 조절**하여 하나의 도형 위에 **다른 도형을 겹쳐 올려놓는 방법**이 가장 효과적인 전략이 된다. 크기를 비교하기 위해 두 물체를 겹쳐 놓고 비교하게 한다.[11] | **놓기 전략** (placement)	▶ 도형을 어떻게 놓는가에 대한 전략 ① 하나의 도형 위에 다른 도형을 **겹쳐** 올려놓는 방법 ② 두 도형의 한 변을 서로 **맞붙여** 놓는 방법 ③ 하나의 도형을 다른 도형 옆에 **간격을 두고 나란히** 놓는 방법
조절 전략 (adjustment)	▶ 도형 **모양이 유사하도록 방향을 조절**하는 전략 ① 두 도형의 **모양이 비슷하도록** 조절하여 배치하는 방법 ② 모양은 고려하지 않고 **한 변만 맞붙도록** 조절하여 배치하는 방법 ③ 두 도형이 서로 떨어져 있거나 뒤틀어진 채 비교하는 방법	
간접적 비교	▶ (직접 비교가 불가능할 때) **제3의 물건을 사용**해서 **물체의 속성을 비교**하는 방법 • 물건이 너무 크거나 벽에 붙어 있어서 **직접적 비교가 불가능할 때** 사용하는 방법이다. • 피아노의 길이와 칠판의 길이를 비교하고자 할 때 제3의 물건인 지팡이를 가지고 피아노와 칠판의 길이를 재어 비교하는 것이다. 이러한 과정을 수행하기 위해서는 **이행성에 대한 이해가 선행되어야** 한다. • 즉, A가 B보다 크고 B가 C보다 크다면 A는 C보다 크다는 것을 이해할 수 있어야 한다.

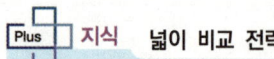 지식　넓이 비교 전략

놓기 전략 조절 전략	겹쳐 놓기	한 변 맞대어 놓기	나란히 놓기
모양 조절	유사 모양으로 조절하여 겹쳐서 놓기	유사 모양으로 조절하여 한 변에 맞대어 놓기	유사 모양으로 조절하여 나란히 놓기
변 조절	한 변만 조절하여 겹쳐서 놓기	한 변만 조절하여 맞대어 놓기	한 변만 조절하여 나란히 놓기
조절 없음	무작위로 겹쳐서 놓기	비틀어 맞추기	무작위로 나란히 놓기

놓기 전략 조절 전략	겹쳐 놓기	한 변 맞대어 놓기	나란히 놓기
모양 조절			
변 조절			
조절 없음			

 지식　비교하기 지도 방법

- 일과를 통해 비교하기 경험을 제공한다.
  예) 정확한 비교 용어를 사용하여 상호작용한다(어떤 친구가 색연필 개수가 더 적을까?). 반대되는 비교 용어를 함께 사용한다(어제는 일찍 왔는데 오늘은 늦었네).
- 사물의 '같다' 개념과 '다르다' 개념을 경험하도록 한다.
  예) 여러 가지 물체 중 비슷한 물체를 고르고, 무엇이 비슷한지 말하기, 여러 물체들 중 다른 한 물체를 고르고, 어떻게 다른지 말하기
- 여러 물체들을 서로 반대되는 속성에 따라 분류해 보는 경험을 제공한다.
  예) 빠른 동물과 느린 동물, 뜨거운 음식과 차가운 음식
- 물체 간의 차이가 뚜렷하지 않을 경우 정교한 비교하기를 위해 돕는다.
  예) 두 물체를 나란히 두기 : 길이, 보조도구(예) 저울) 사용하기 : 무게

3 순서 짓기(서열화, seriation)

순서 짓기		
	▶ 세 개 이상의 물체가 있을 때, 물체 속성을 비교함으로써 속성의 차이에 따라 물체를 순서대로 배열하는 것 • 일반적으로 순서 짓기라고 하면 세 개 이상의 물체를 속성에 따라 순서대로 배열하는 단순서열을 의미한다. 그러나 이외에도 두 가지 속성을 동시에 고려해서 순서를 짓는 복합서열과 두 개의 집합을 쌍을 이뤄 순서대로 배열하는 이중서열이 있다. • 순서 짓기(서열화)의 종류	
	단순서열	▶ 세 개 이상의 물체를 한 가지 속성에 따라 순서대로 배열하는 것 • 순서 짓기 유형 중 가장 기본적인 것 예) 배, 사과, 귤을 크기 순서대로 배열하는 것, 연필을 길이 순서대로 배열하는 것
	복합서열	▶ 세 개 이상의 물체를 두 가지 속성에 따라 순서대로 배열하는 것 • 두 가지 속성을 동시에 고려해야 해서 단순서열보다 유아가 이해하기 훨씬 어렵다. 예) 블록을 크고 긴 것부터 작고 짧은 것 순서대로 두기 예) 좌표 위 점의 위치는 X축과 Y축의 수치에 의해 결정된다.
	이중서열	▶ 일대일 대응을 사용하여 두 집단을 짝을 지어 순서대로 배열하는 것 • 즉, 두 집단을 짝을 지어 순서 짓는 것이다. 예) 5개의 토끼 인형을 책상 위에 크기 순서대로 올려놓고, 토끼 인형 앞에 바구니를 크기 순서대로 배열하는 것 예) 아빠 곰은 가장 큰 침대, 엄마 곰은 그다음으로 큰 침대, 아기 곰은 가장 작은 침대로 짝지으면서 배열하는 것 예) 남녀 한 쌍씩 나이 순서대로 세우는 것, 컵과 뚜껑의 크기에 따른 순서 짓기 예) 1등에게는 금메달을, 2등에게는 은메달을, 3등에게는 동메달을 준다(한유미, 2016).

 지식 측정 개념의 발달(Piaget, Inhelder, Szeminska, 1960)

1수준(4세 정도)	• 측정 도구 없이 시각적인 판단에 의해 사물을 비교하여 측정
2수준(5~6세)	• 자신의 신체나 다른 측정 도구를 사용하여 문제 상황 해결
3수준(6~7세)	• 측정 단위의 체계를 구성하고, 계열과 순서가 포함된 측정

기 **주B7.** 1) [A]에서 ① 유아가 사용한 순서 짓기의 유형을 쓰고, ② 그 개념을 사례와 관련지어 설명하시오.[21]
① 단순서열, ② 출발선에서 비행기 사이의 거리라는 한 가지 속성에 따라 3가지 이상의 물체를 배열하고 있기 때문이다.

> 다 빈 : (출발선에서 날린 다빈이의 종이비행기가 지수의 종이비행기를 지나 깃발 바로 옆에 떨어지자) 와! 내가 일등이다!
> 지 수 : 그럼 이제 다빈이가 첫 번째야? 아까는 내가 일등이었는데. 아깝다! 이제 누가 할 거야? (중략)
> 지 수 : (바닥에 떨어진 종이비행기들을 집어 들며) 서영이가 일등, 다빈이가 이등, 내가 삼등이네.

4 측정하기

1) 측정 개념의 발달(Charlesworth & Lind, 2009)

놀이와 모방 (출생 후 전조작기까지, play and imitates)	▶ 타인의 **측정 활동을 모방**하며 길이, 무게 등 **속성을 탐색**하는 단계 • 자기보다 나이 많은 아동이나 성인을 모방한다. • 자, 계량컵, 계량스푼, 저울 등으로 성인들이 하는 **측정 활동을 흉내 내며** 놀이한다. • 모래, 물, 쌀, 콩 등을 다른 그릇으로 옮겨 담으면서 **들이, 무게와 같은 속성을 탐색**한다. 자기보다 키가 큰 유아들이 더 많은 활동을 할 수 있음을 발견하면서 길이에 대한 첫 개념을 갖게 된다.
실물의 직접 비교 (주로 전조작기, comparisons)	▶ **두 사물을 직접 비교**하지만, **보존 개념이 형성되지 않아 지각에 의존**하는 단계 • 측정 개념 발달은 무거운 것과 가벼운 것, 긴 것과 짧은 것, 큰 것과 작은 것, 뜨거운 것과 차가운 것 등 두 가지 사물을 직접 비교하는 것에서부터 시작한다. • 그러나 아직 보존 개념이 형성되지 않아서 지각에 의존한 측정을 한다. 예 길이가 같은 두 개의 막대기를 비교할 때 **막대기 양쪽 끝의 관계를 생각하지 못하고, 한쪽 끝만 보고 판단**한다.
임의 측정 단위 사용 (전조작기 말과 구체적 조작기 초, arbitrary units)	▶ 신체나 주변 사물을 **임의 측정 단위로 활용**하여 측정하는 단계 • 자신의 신체 또는 주변의 친숙한 물건 등 **임의 측정 단위**를 사용하는 것을 배운다. 예 자신의 신체를 사용한 임의 단위 : **손 뼘, 발이나 발걸음, 팔 길이**, 주변의 사물을 이용한 임의 단위 : **막대 블록, 종이 블록, 연필, 종이, 클립 등** 기 '그래, 맞아. 그런데 네 것이 내 것보다 얼마나 더 길까? 음…. 아, 내가 알 수 있어. 이 나뭇가지로 재 볼게. 내 나뭇잎 기차는 이 나뭇가지로 두 번 갔고, 네 것은 세 번 갔어. 네 것이 한 번 더 갔어.'에서 동수가 측정할 때 사용한 나뭇가지를 지칭하는 용어를 쓰시오.[16] 기 '장난감 공과 바둑알을 양팔 저울의 접시에 올려놓는다.'에 반영된 찰스워스와 린드의 유아 측정 개념 발달단계의 명칭을 쓰시오.[20]
표준 단위의 필요성 인식 (구체적 조작기, need for standard units)	▶ **임의 측정 단위의 한계를 인식**하고, 의사소통을 위해 **표준 단위의 필요성을 느끼기 시작**하는 단계 • 다른 사람이 이해하는 방법으로 의사소통해야 한다는 것을 알게 되며, 다른 사람들이 쓰는 것과 같은 단위를 사용해야 함을 발견하게 된다. • 자신의 신체를 이용하여 측정하면서 점차 자신의 손 크기와 친구, 교사의 손 크기가 달라 측정 길이가 다르다는 것을 알게 되면서 길이를 잴 때 '임의 단위'를 사용하는 것이 불편함을 알게 된다.
표준 단위의 사용 (구체적 조작기, uses standard units)	▶ cm, m, l, g 등의 **표준 측정 단위를 사용하고 이해**하는 단계 • 표준 단위 사용의 필요성을 느끼고, 사용할 준비를 마친 상태이다. • 이 단계에서 유아는 cm, m, l, g 등의 **표준적 측정 단위를 사용하고 이해**하기 시작한다. 기 표준 단위를 사용하여 길이, 크기, 무게, 들이 등의 수치를 비교하게 한다.[11]

2) 측정의 전제 · 보존성과 이행성

측정의 전제	• 사물을 측정하기 위해서는 **단위를 이해할 수 있어야** 하고 **기술적인 부분에 오류가 없어야** 한다. 단위에 대하여 이해한다는 것은 다음에 대한 이해를 기반으로 한다.
	• 길이, 들이(부피), 면적, 무게 등 **물체의 속성에 따라 적합한 단위를 사용해야** 한다는 사실을 알아야 한다.
	• 하나의 물체를 측정하기 위해서는 **측정 단위가 같아야 한다는 것을 이해해야** 한다.
	  - 즉, 어떤 그림책의 길이를 측정하고자 한다면 같은 길이의 블록을 측정 단위로 사용해야지, 서로 다른 길이의 블록을 측정 단위로 사용한다면 그림책들의 길이를 측정해서 비교할 수 없다는 것을 이해해야 한다.
	• 측정의 단위에 대해 이해하기 위해서는 **보존성, 이행성의 개념을 획득해야** 한다.
	  - 5cm는 1cm가 다섯 개 있는 것이다. 1cm는 다섯 개가 있기 때문에 5cm보다 더 길다고 생각한다면 측정을 할 수 없다.
	  - 그러나 아직 보존성의 개념을 획득하지 못한 유아들도 구체적인 측정 활동을 통해 측정에 관하여 학습할 수 있다는 사실이 밝혀지면서, 최근에는 의미 있는 형태의 교수·학습 방법으로 제공되는 구체적인 측정 활동을 제공하는 것이 유아들의 측정능력을 향상시키는 데 중요하다는 것이 강조되고 있다.
	  - 초기 연구에서 구체적 조작기 이전의 유아들에게 보존성과 이행성의 개념이 없으며, 이것이 형성되지 않으면 측정이 불가능하다고 주장하였다.
	  - 그러나 최근의 연구들은 이전 연구 결과와 달리 **유아도 보존 개념과 측정 개념을 획득**할 수 있음을 보여주고 있다. 또한 연구자들은 유아가 **보존성과 이행성을 획득하지 못해도 측정에 대해 배울 수** 있다고 제안한다.

보존성	▶ **동일한 양을 이동, 분할, 변형하여도 양의 크기가 변하지 않**는 것
	• 측정하고자 하는 양이 같은 크기의 단위로 나누어질 수 있음을 이해하는 것은 양의 보존성 이해와 관련된다.
	  - 예를 들어, 한 컵 분량의 물을 유리병에 옮겨 붓거나 또는 작은 컵 여러 개에 나누어 부어도 물의 양은 변화가 없게 된다.
	  - 마찬가지로 밀가루 점토 한 덩이를 여러 조각으로 나누거나, 길게 밀어 소시지 모양으로 바꾸어도 점토의 양은 변화가 없게 된다.
	• 단위를 사용하여 양의 크기를 재는 것은 **단위로 분할된 양**이 **원래 양과 다르지 않음을 이해하는 것**이므로 보존성은 측정의 완전한 이해를 위해 필수적으로 요구된다.

이행성	▶ (양의 보존성을 전제로) **같은 종류의 두 양을 비교**할 때 a⟩b이고 b⟩c이면 a⟩c라는 **논리적 추론** • 측정을 위해서는 보존성과 함께 이행성 개념이 요구된다.

기 주B6. 정확한 측정 결과를 얻기 위하여 교사가 지도해야 할 사항 2가지를 쓰시오. [19추]
① **자동차의 출발선을 같게 한다.** ② **막대 블록 등 동일한 임의 측정 단위를 사용한다.**

(마)

(바)

3) 단위

단위

▶ 비교와 측정을 위해 **같은 크기로 반복 적용되는 기준량**
- 수학적으로 볼 때, 측정하는 데 있어 **가장 결정적인 요소는 단위에 대한 이해**이다.

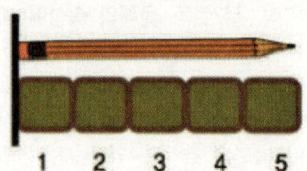

- **1) 속성에 적합한 단위를 선정**하여 **2) 같은 크기의 단위를 반복적으로 사용**하여 **3) 동일한 시작점에서 측정**해야 하며, **4) 단위 간에 간격 없이** 놓고, **5) 단위 측정 후 수 단어를 부여**할 수 있어야 한다.
- 두 개 이상의 물체를 길이나 무게 같은 속성에 의해 단순히 비교하고 순서 짓는 것에 그치지 않고 얼마나 길며, 얼마나 무거운지를 알려고 하면 **단위를 사용**하여 측정해야 한다.
  - 즉, 같은 크기의 단위가 몇 번이나 들어가는가를 파악하여 수치로 제시하게 된다.
  - 따라서 측정하려는 **속성에 적합한 단위**를 선정하여야 하고, **같은 크기의 단위가 반복적으로 적용되어야 함**을 이해해야 한다.
  - 측정은 특정 물체를 동일한 크기의 단위들로 **분할**하는 지적 작업을 수반한다.
  - 이는 실제 측정을 하기 이전에도 유아가 마음속으로 이미 특정 물체를 분할될 수 있는 것으로 간주한다는 것이다.
- 또한, 동일한 크기의 단위가 **반복**되어야 함을 이해하는 것은 **부분과 전체의 관계**로서 이해하는 것이다.
  - 즉, 측정하려는 속성의 전체 크기를 동일한 크기의 부분으로 나누었을 때 그 한 부분으로서 단위를 인식하는 것이다.
  - 따라서 단위를 반복할 때는 **단위와 단위 사이에 간격이 벌어지거나 겹치지 않아야** 한다.
  - 그러나 유아는 서로 다른 크기의 단위를 혼용해서 사용하거나 동일한 크기의 단위를 반복할 때 끝부분이 서로 겹치거나, 끝을 맞추지 않아 중간에 틈이 생기는 것과 같이 **측정 기술의 부족**이 나타난다.
- 단위를 사용한 측정에서 단위의 크기가 커질수록 포함되는 단위의 수는 적어지는 반비례 관계에 있게 된다.
  - 예를 들어, 10cm의 길이를 잴 때 2cm 단위로 재면 다섯 번의 결과이지만, 1cm 단위로 재면 열 번의 결과가 나타난다.

🗒 크기를 비교하기 위해 **두 물체를 겹쳐 놓고 비교**하게 한다.[11]
🗒 길이를 비교하기 위해 **비교하는 물체들의 시작점을 같게** 한다.[11]
🗒 '책상의 길이를 유니트 블록으로 재었는데, 동일한 길이의 유니트 블록 4개를 책상 위에 올려놓고 '책상은 블록 4개랑 길이가 똑같네.'라고 하더군요.'에서 은주가 책상의 길이를 잴 때 범한 **측정 오류** 1가지를 쓰시오. **동일한 시작점에서 측정하지 않았다.**[13추]

임의측정
(비표준)
단위
사용의
권장 이유
	• 구체적 조작기 이전의 유아에게는 비표준 단위의 사용이 우선으로 권장된다.
	• 유아에게는 자나 저울 등의 표준 단위보다는 연필이나 블록 등의 비표준 단위가 주변에서 흔히 접하는 **친숙한 물체이기 때문**이다.
	• **단위의 크기 면**에서 볼 때 **비표준 단위가 유아가 느끼기에 적합**하다.
	  - 예를 들어, 10g은 유아가 시각적으로 측정하기에는 너무 적은 무게이며, 3m는 너무나 긴 길이이기 때문에 주변에서 자주 접하는 연필이나 지우개 등이 그 무게나 길이에서 보다 실제적으로 의미를 전달할 수 있다.
	• 비표준 단위는 유아들에게 **인지적 갈등 상황을 유발할 수** 있다.
	  - 예를 들어, '뼘'이라는 비표준 단위를 이용해 책상의 길이를 측정하는 경우 유아의 뼘과 교사의 뼘이 다른 결과로 나오게 된다.
	 양팔 저울이 유아의 측정 활동에 적합한 이유 1가지를 쓰시오. 바둑알 등과 같이 유아에게 친숙한 물체를 활용하여 무게를 시각적(직관적)으로 비교할 수 있으며, 유아에게 적합하지 않은 표준 단위를 사용하지 않으면서도 보다 객관적으로 무게를 비교할 수 있기 때문이다.[20]

표준단위 와 임의측정 단위		표준 단위(도구)	임의측정(비표준) 단위
	길이	cm, m, km(자, 줄자)	클립, 연필, 이쑤시개, 발, 눈금 없는 자, 끈
	넓이	cm², m²(자, 줄자)	타일, 디스켓, 색종이, 책, 일정한 크기로 자른 종이
	무게	g, kg(저울)	**양팔 저울**, 용수철 저울, 동전, 바둑알, 단감, 사과
	부피	cm³, cm³, m³, cc, ㎖, ℓ (계량스푼, 계량컵)	종이컵, 컵, 우유 팩, 페트병, 주전자, 양동이, 상자
	시간	초, 분, 시간(시계)	모래시계, 타이머

Plus 지식 조작적 표준 단위(Clement, 1999; Clements & Stephan, 2004)

▶ **유니픽스큐브, 퀴즈네어 막대, 우유팩 등 표준화된 구체물을 활용한 측정 단위**
- 일반적으로 유아기의 측정교육은 찰스워스(Charlesworth, 2000)의 발달과정을 참고하며 **표준화된 측정 도구의 필요성을 인식하는 수준까지 진행할 것을 제안**해 왔다.
- 이는 표준화된 측정 체계를 이해하기 위해서는 보존 개념이 필요하다는 **피아제의 관점을 반영한 것**이라고 볼 수 있다.
- 그러나 최근 연구는 비표준화된 단위의 사용이 표준화 단위 사용보다 꼭 더 쉽지 않을 수 있고, 유아가 삶 속에서 자와 저울과 같은 표준화된 측정 도구를 문화적 도구로 의미 있게 경험하고 있으므로 **표준화된 도구의 사용을** 비표준화된 측정 도구를 사용한 측정 능력이 완성된 다음으로 **연기할 필요가 없다고 제안**하고 있다.
- 또한 **조작적 표준 단위인 유니픽스큐브(기본단위블록), 퀴즈네어 막대(1~10cm), 우유팩(200mL), 생수병 (500mL) 등의 표준화된 구체물**을 사용하는 경험이 단위의 수리적 개념을 이해하는 데 도움이 된다고 제안하고 있다(Clements & Stephan, 2004).
- 따라서 유아기에도 표준화된 측정 도구나 표준화된 구체물을 사용할 수 있도록 지원해야 할 것이다.

4) 측정의 교육 내용

길이

▶ **한 지점에서 다른 지점까지의 거리**(두 지점 간의 거리로 정해지는 속성)
• 다음과 같이 일상생활의 다양한 상황과 관련 있다.

- **높이**(height) : 네 키는 얼마니?
- **길이**(length) : 이 연필은 얼마나 기니?
- **폭**(width) : 인도와 차도 중 어느 길이 더 넓니?
- **둘레**(circumference) : 허리둘레가 얼마나 되니?
- **거리**(distance) : 유치원에서 집까지 얼마나 떨어져 있니?
- **깊이**(depth) : 물이 얼마나 깊니?

• 유아는 이처럼 길이와 관련된 여러 속성과 용어들의 개념적 차이를 정확히 이해하지 못하는 경우가 많다.
  - 예를 들어, '높다'고 표현해야 할 때 '길다'라고 말하는 경향이 있다.
  - 이 경우 막대기를 벽에 세워놓고 재면서 '높이'와 연결하고, 막대기를 바닥에 뉘어놓고 재면서 '길이'와 연결함으로써 두 개념의 차이를 구별하는 데 도움을 줄 수 있다.
  - 이처럼 교사는 길이와 관련하여 정확한 용어를 사용해 보임으로써 개념들 간의 미묘한 차이를 이해할 수 있도록 해야 한다.
• 한편, 높이나 거리 등 직선의 길이를 잴 때보다 둘레와 같은 곡선의 길이를 재는 것이 훨씬 어렵다.
  - 입체도형의 둘레를 잴 때는 끈이나 훌라후프(굴리면서 측정) 등을 이용할 수 있다.
• 길이 지도 방법

- **일과를 통해 길이의 측정**을 경험하게 한다.
  ㉠ 길이와 관련된 다양한 용어를 상황에 맞게 정확히 사용하도록 지도한다, 우리 반 친구들의 키 그래프를 만들어 붙인다, 교실의 친숙한 물체들(책상, 피아노)의 길이를 재어 본다.
- **'~보다 길다'와 같은 용어를 사용**하면서 **물체를 비교하거나 순서 짓는 활동**으로 시작한다.
  ㉠ 물체를 나란히 놓고 직접 비교한다, 멀리 있는 물체는 제3의 기준 물체(끈)로 간접 비교한다.
  [기] -보다 길다/짧다', '더 크다/작다' 등의 용어를 적절하게 사용한다.[11]
- **측정과 관련하여 인지적 갈등**을 경험하게 한다.
  ㉠ 같은 대상을 각기 다른 단위로 측정한다(이쑤시개로 10배인데, 연필로는 3배). 긴 블록이 없으면 작은 블록 두 개를 합쳐서 사용하면 됨을 보여준다.
- **비표준 단위로 물체를 측정하는 방법**을 생각해 보게 한다.
  ㉠ 한 가지 단위를 반복하여 측정하기(이쑤시개), 동일한 단위를 연결하여 측정하기(클립), 측정하고자 하는 물체보다 더 큰 측정단위를 사용하여 측정하기(지우개와 크레용의 길이를 같은 나무젓가락에 표시하여 비교).
- 유아기의 기초적인 측정 경험은 **사물을 서로 비교하는 데에서부터 시작**한다.
  - 일상생활에서 늘 사용하는 물건들(크레파스, 연필, 나무토막, 끈, 이쑤시개, 타일)이나 자신의 몸을 기준으로 하여 사물을 비교하다가, 초등학교에 가서는 자, 저울 등의 표준 도구로 측정해 보게 된다.
  - 교사는 "책상의 길이가 이 끈으로 몇 번이나 될까?", "현정이가 책상의 길이를 신발 끈으로 재었구나? 이번에는 막대기로 재어 볼 수 있겠니? 끈으로 재었을 때와 숫자가 같니? 왜 숫자가 다를까?" 등의 질문을 함으로써 유아가 표준 단위의 필요성을 터득하는 데 도움을 줄 수 있다(제5차 유치원 교육과정).

- 유아의 측정경험은 **구체물의 비교 → 임의 단위의 비교 → 표준단위**의 비교를 통해 이루어져야 하며, 이러한 **구체적인 측정 경험**은 점차 **그림적 표상**과 **상징적 표상의 단계**로 이루어져야 한다.
- 이러한 측정과 관련된 학습경험의 연계성은 모든 측정학습에 적용될 수 있다.
- **켈로우(Kellough, 1996)의 길이 학습의 연속적 과정**

	구체적 표상	그림적 표상	상징적 표상
직접 비교	발 길이 직접 비교하기	발을 그려 오린 것 비교하기	발 길이를 선 그래프로 만들어 비교하기
임의 단위 측정	자신의 발로 재기	발 모양으로 오린 것을 사용하여 재기	발 길이로 잰 막대그래프
표준단위 측정	5cm의 도미노 적목으로 재기	자를 사용하여 교실을 그리는 척도 만들기	표준단위를 포함하는 이야기 문제 풀기

넓이 (면적)

▶ 물체의 표면이 차지하는 평면적인 크기
- 면적을 측정하는 것은 길이, 즉 한 가지 요인만 비교하는 것과 달리 **가로와 세로 또는 가로와 높이라는 두 가지 요인을 고려해야** 하므로 유아에게 더욱 어려운 과업이다.
- 따라서 유아 수학교육에서 넓이 측정은 주요 학습 내용으로 다루어지지 않고 있으나, 유아는 게임이나 놀이하면서 자연스럽게 넓이에 관한 비형식적 지식을 습득하게 된다.
- **넓이 지도 방법**
  - 일과를 통해 넓이의 측정을 경험하게 한다.
    ㉔ 주변 환경을 탐색하는 활동과 연결하여 넓이의 측정을 경험한다. 넓이의 측정을 생활 속의 문제 해결(더러워진 책상 커버 만들기)을 위해 활용한다.
  - 비표준 단위로 두 물체의 넓이를 비교한다.
    ㉔ **일정 크기의 종이로 측정 대상의 표면을 덮어 측정**하기, **측정 대상을 바둑판 모양의 종이 위에 올려놓고 측정**하기, **색종이로 면적 측정**하기
  - 유아는 외형적 형태에 따라 판단하는 특성이 있어 모양이 다르면 넓이가 다르다고 생각하기 쉬우므로 넓이가 같지만, 모양이 다른 사물의 크기를 비교해 보는 경험을 제공하고, **사각 타일**이나 **투명 격자 무늬판**과 같은 비표준화된 측정 단위를 사용하도록 도울 수 있다.
  - 또한 측정하려는 물건을 **모눈종이처럼 바둑판 모양으로 그려진 종이 위에 올려놓고 물체의 윤곽을 그린 후 내부의 칸수를 세어보도록** 할 수 있다.

무게	▶ 물체가 중력에 의해 당겨지는 힘의 크기(weight) ▶ 만유인력 법칙의 결과 - 즉, 지구나 달과 같은 거대한 물체가 있음으로 인해 다른 물체를 끌어당기게 되는 중력의 크기가 곧 무게이다. 따라서 지구상의 모든 물체는 무게를 가지게 된다. • 물체는 신체의 감각을 통해서도 측정될 수 있다. • 대개 부피가 큰 물체는 무겁고 부피가 작은 물체는 가볍다고 생각하기 쉽다. - **[오개념]** 유아는 **밀도의 개념을 이해하지 못하고 무게와 부피를 동일시하는 경향**이 있다. 즉, '부피가 크면 무겁다', '부피가 크면 가라앉는다.'라는 오개념을 갖기 쉽다. - 이처럼 물체를 보는 것만으로는 물체의 무게를 판단할 수 없으므로 무게의 측정을 지도할 때에는 손으로 무게를 느껴보게 하는 것이 좋다. ▶ 밀도(density) : **단위 부피당 질량의 크기**, 어떤 물질이 일정한 부피 안에 얼마나 많은 질량을 가지고 있는지를 나타내는 물리량(밀도 = 질량 ÷ 부피, 단위 : g/cm^3 또는 kg/m^3) - **물보다 밀도가 작으면 뜨고, 물보다 밀도가 크면 가라앉는다.** 물체의 밀도는 부력과 중력의 상대적 크기를 결정하여 물체가 뜨는지 가라앉는지를 좌우한다. • 무게 지도 방법 • 일과를 통해 무게의 측정을 경험하게 한다. ㉠ 무거운 물체를 들려면 몇 명이 함께 들어야 할지 추정해 본다. 신체를 이용하여 측정해 본다. • 유아가 직접 양팔 저울을 이용하여 측정하도록 한다. ㉠ 저울 양쪽에 비교하고자 하는 물체를 하나씩 올려놓기, 저울 한쪽에 물체를 놓고, 반대쪽에는 추를 올려놓기 • 무게 비교를 위해 양팔 저울을 사용할 경우, **물체를 올리기 전 수평이 되도록 조절**하고, **중심에서 똑같은 거리의 지점에 물체를 놓아야 함을 이해해야** 한다. 바둑알, 주사위, 색 적목 등은 비표준화된 무게 측정 단위로 양팔저울과 함께 사용될 수 있다. • 무게의 개념과 관련하여 인지적 갈등을 유발한다. ㉠ 부피가 비슷하지만, 무게가 다른 물체(골프공과 봉봉이)의 무게 비교하기
부피 (들이)	▶ 부피(volume) : **물체가 공간에서 차지하는 크기**(입체가 차지하는 **공간의 크기**) ▶ 들이(Capacity) : **용기가 담을 수 있는 양의 크기** • 부피의 측정은 초등학교에서도 넓이의 측정 이후 고학년에 제시되는 내용이나 유아교육 현장에서도 비형식적 활동을 통해 측정이 이루어지고 있다. • 부피의 측정을 이해하려면 **높이, 길이, 폭 등의 삼차원을 협응할 수 있어야** 하는데 이는 유아에게 매우 어려운 것이다. 넓이와 마찬가지로 부피가 같아도 형태는 다를 수 있다. • **부피의 기초 단위는 cm^3**이다. 액체의 경우에는 **들이**라고도 하며 **단위는 ml 또는 cc를 사용**한다. - 부피는 물체가 얼마만큼의 **공간**을 차지하는지를 측정하는 것이며, - 들이는 어떤 용기가 담을 수 있는 **양**을 측정하는 것이다. • 들이(부피)의 지도 방법 • 일과를 통해 부피 또는 들이의 측정을 경험하게 한다. ㉠ 요리하기, 물놀이 및 모래놀이를 통한 측정 경험, 우리 모둠 친구들이 다 마시려면 주스가 얼마나 필요한지 알기 위해 측정해 본다. • 부피 또는 들이가 같아도 형태는 다를 수 있음을 발견하게 한다. ㉠ 같은 수의 블록으로 입체물을 만든 후 비교하기, 용량이 같지만 모양이 다른 용기에 액체를 옮겨 붓는다. • 들이의 변화를 쉽게 관찰할 수 있도록 도와준다. ㉠ 페트병 등 용기에 눈금을 그려놓는다. 물을 측정할 때 물감을 사용하여 차이를 뚜렷하게 볼 수 있도록 한다.

시간	▶ 과거에서 현재를 지나 미래로 흐르는 연속적인 흐름
	• 따라서 길이나 넓이, 부피 무게와 달리 시간은 눈으로 보거나 느낄 수 없다.
	• **시간을 가르치거나 학습하기 어려운 이유**
	   – 시간은 **추상적인 개념**이다.
	   – 어떠한 경험을 하느냐에 따라 시간의 길이가 다르게 느껴진다.
	   – '내일'이 되면, '내일'이었던 것이 '오늘'이 된다.
	   – 연령에 따라 시간개념은 변화한다. ㉮ 대개 나이가 들수록 시간이 빨리 지난다고 느낀다.
	   – 문화마다 시간을 다르게 구성한다. ㉮ 삶을 느긋하게 보내는 문화와 바삐 움직이는 문화
	   – 시간을 이해한다는 것은 단순히 몇 시인지 말할 수 있는 것 이상을 의미한다.
	• **시간 지도 방법**
	  • **일과를 통해** 시간의 개념을 경험하게 한다.
	    ㉮ 개인적 경험을 통한 시간개념을 소개하는 것으로 시작해서 **사회적 활동 시간**인 하루를 사건 순서대로 생각해 볼 수 있는 기회를 제공한다, **일과가 규칙적이며 예측 가능할 때 시간의 순서나 간격을 이해하기 쉬우므로** 그림과 글로 된 일과표를 제시한다.
	  • 시간과 관련된 어휘를 사용하는 모델이 된다.
	    ㉮ 전에, 후에/요일, 달, 계절/어제, 오늘, 내일/아침, 점심, 저녁/먼저, 지금, 나중에
	  • **순차적** 시간개념을 느낄 수 있는 경험을 제공한다.
	    ㉮ 사건의 순서를 회상, 표상, 설명하기(요리표), 같은 장소를 봄, 여름, 가을, 겨울에 찍은 사진 게시하기
	  • **시간 간격**을 경험할 수 있는 기회를 제공한다.
	    ㉮ 작업 시 모래시계나 요리용 타이머를 사용하기, 눈을 감은 뒤 일정 시간(1분)이 지났다고 생각되면 눈뜨기
	  • **달력이나 시계**에 대해 관심을 갖고 기초적인 개념을 형성하도록 한다.

기 **주B8. 1)** ① ㉠과 ㉡의 길이를 측정할 수 있는 자료의 특성을 쓰고, ② 유아가 길이를 측정할 때, 필요한 측정기술 2가지를 쓰시오.[22] ① 곡선과 꺾인 부분을 잴 수 있도록 유연성을 갖추어야 한다.
② 물체의 시작점 또는 끝 지점을 맞추어야 한다, 단위와 단위 사이에 간격이 벌어지거나 겹쳐지지 않아야 한다.

㉠

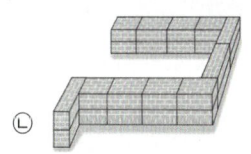
㉡

기 **주B8. 2)** ㉢과 ㉣에 해당하는 비교 유형의 특징을 각각 설명하시오.[22] ㄷ은 간접적 비교로 제3의 물건을 사용해서 물체의 속성을 비교하는 것이고, ㄹ은 직접적 비교로 물체를 나란히 놓아 비교하는 것을 말한다.

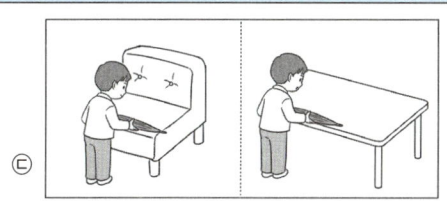
㉢

㉣

5) 시간개념

피아제	• 피아제의 시간개념	
	1단계 (0~2세)	• 감각운동기 영아는 **사건의 전후 관계를 경험**하여 시간의 흐름을 인식한다. ㉠ 배가 고파서 울면 엄마가 나타나고, 엄마가 나타난 후 우유를 먹게 된다는 것을 알게 되어 사건이 차례로 일어난다는 것을 학습하게 된다.
	2단계 (2~7세)	• 전조작기 유아는 점심시간, 낮잠시간과 같은 **사건의 순서와 간격을 이해**하기 시작한다. • 그러나 자기중심적인 인지 특성을 가지고 있어서 **시간을 비연속적이며 멈출 수 있는 것이라고 생각**한다. ㉠ 시간이 지남에 따라 누구나 똑같이 나이를 먹는다거나 시간이 지나면 엄마도 할머니가 된다는 사실을 이해하지 못한다. • 연대에 대한 개념이 부족하기 때문에 **과거의 사건들을 연대적으로 순서 짓는 데 어려움**을 느낀다. ㉠ 최근 일어난 두 사건의 전후 관계를 순서 짓는 것은 4세경이면 가능하지만, 60일 전의 두 사건의 전후 관계를 순서 짓는 것은 9세쯤이 되어야 가능하다.
	3단계 (8세 이후)	• 구체적 조작기 아동은 **사건을 연속적으로 배열할 수 있고 서로 관련지을 수 있다.** • 또한 사람이나 물체가 빨리 움직이든, 느리게 움직이든 **시곗바늘이 움직이는 속도는 항상 일정하다는 것**을 이해한다. • 이는 시간과 관련된 단위(시, 분, 초)를 이해하는 기초가 된다.
시글러	• 시글러(Siegler, 1995)의 시간개념	
	경험적 시간	▶ 사건의 기간과 순서의 **주관적 경험을 포함하는 관계**(experiential time)
	논리적 시간	▶ **추론을 통해 유도**될 수 있는 **객관적 시간 관계**(logical time)

- **프라이드맨(Friedman, 1978)의 시간개념**

프
라
이
드
맨
	경험적 시간
	(experiential time)
		▶ 사건의 순서와 지속시간을 **주관적으로 경험**하며, 이를 통해 시간을 이해하는 개념
		▶ **주관적 경험으로 시간을 이해**하는 것
		    예 엄마가 젖병을 들고 오면 '우유를 주겠구나'하고 시간을 이해하는 것
		• 사건의 순서와 그 사건의 지속시간에 대한 자신의 **주관적인 경험**을 말한다.
		• 유아들은 자신이 **경험한 시간**을 이해하는 것부터 시작해서 **사건 발생 순서**를 통해 점차 논리적 시간개념을 획득하게 된다.
		    예 시간의 길이를 예측하기 위해 수 세기를 사용하기도 하지만, **수를 세는 간격이 일정해야 한다는 것의 중요성을 알지 못한다.** 10초를 셀 때 1, 2, 3, … 9, 10초를 빠르게 세거나, 아주 천천히 세는 것 모두 객관적으로 10초를 세는 것이라고 생각한다.

	논리적 시간
	(logical time)
		▶ **추론을 통해 시간의 관계를 이해**하고, **연속적인 시간을 논리적으로 구분**하는 시간개념
		• 연대기적 시간이 아니라, 논리적 계산을 통해 연속적인 시간을 구분하고 이해하는 개념이다. 즉, **추론을 통해 유도될 수 있는 객관적 시간 관계를 의미**한다.
		• 시계로서 잴 수 있는 시간을 이해하는 것(김이영 외, 2020)
		    예 경신이가 1시에 시작한 일이 2시에 끝나면 1시간이 경과된 것, 선옥이가 1시에 시작한 일이 1시 30분에 끝난 건 30분밖에 안 걸려 시간이 짧음을 이해하는 것
		• 5세 유아의 경우 **시작한 시간과 끝난 시간의 논리적 관계**를 기초적으로 이해하는 것은 가능하지만 매우 불안정한 것으로 나타났다.
		    예 2개의 기차 속도는 다르지만 **동시에 출발하여 동시에 멈췄을 경우, 더 멀리 가서 멈춘 기차가 더 오래 달린 것**으로 반응한다.

	인습적 시간
	(conventional time)
		▶ **연, 월, 일 등 사회적으로 정해진 규칙을 학습**하여 **체계적으로 이해**하는 시간개념
		▶ **연, 월, 일 등** 사람들이 **문화적으로 정**한 시간
		• 문화적으로 그 사회에서 정해놓은 규칙으로 **시간, 일, 월, 년 절기** 등으로 **배움을 통해 체계화시킬 수 있는 시간개념**이며, 순서화된 언어적 목록, 심상, 연합적 표상이 시간의 체계 이해와 관련된다.
		    예 연합적 표상(association) : 좋아하는 TV 프로그램이 방영되는 날, 소풍 가는 날
		    예 순서화된 언어적 목록(ordered verbal list) : 사건의 순서에 따라 만들어진 것(4학년에서 중학교 2학년까지)
		    예 심상(mental image) : 어느 쪽에서도 쉽게 알아볼 수 있는 것(어린이)

- 찰스워스(Charlesworth, 2000)의 시간개념
- 찰스워스는 유아가 학습해야 할 시간의 종류에 대해 다음과 같이 제시하였다.

찰스워스의 시간 유형	개인적 경험 시간 (personal experience time)	▶ 자신만의 과거, 현재, 미래를 경험하며, 사건을 주관적으로 이해하는 시간 • 유아는 자신만의 과거, 현재, 미래를 갖고 있다. • 과거는 종종 '어젯밤', '내가 아기였을 때' 등으로 표현되며, 현재 이전의 시간을 의미한다. • 미래는 '낮잠 잔 후에', '내가 크면' 등과 관련지어 표현된다. • 유아는 자신이 태어나기 전과 엄마 아빠가 어렸을 때가 있었다는 것을 잘 이해하지 못한다. 기 찰스워스가 제시한 시간개념 중 **개인적 경험 시간**이 표현된 내용을 찾아 쓰시오.[23] **나 아기 때 생일 파티 했어.**
	사회적 활동 시간 (social activity time)	▶ 일과와 같은 반복적인 사건의 순서를 통해 시간을 예측하고 학습하는 시간 • 사회적 활동에 따른 시간이 유아에게는 더 큰 의미가 있으며 학습하기도 더 쉽다. 유아에게 시간이란 예측 가능한 사건의 순서이기 때문이다. • 유아는 규칙적인 일정에 편안함을 느끼며, 일정이 변경되면 당황해한다. • 유아는 유치원에 가면 먼저 코트를 사물함에 걸고, 선생님께 인사를 한 후 자유 놀이를 시작하는 것과 같은 **일과 순서가 있음을 학습**한다. 기 '유치원에 와서♪ 다음! 이야기 나누기를 하고♪ 다음! 간식을 먹고♪ 다음! 자유 놀이를 하고♪ 다음! 바깥 놀이를 하고♪ 다음! 점심시간'에 포함되어 있는 시간개념의 가치를 쓰시오.[21]
	문화적 시간 (cultural time)	▶ 시계와 달력에 의해 고정된 객관적 시간 • 이러한 시간개념은 구체적 조작기 전의 유아에게는 완전히 이해되기 어렵다. 시각 읽기가 어려운 것은 가리키는 시계가 10진법이 아니라 12진법으로 만들어졌으며, 시곗바늘이 가리키는 숫자와 시각이 일치하지 않기 때문이다. • 그러나 유아들은 시간에 대한 용어(분, 초, 일)와 시간과 관련된 기구(시계, 달력)의 이름 등은 학습할 수 있다. 기 오늘이 금요일이니까, 세 밤 자고 월요일에 만나서 많이 하자.(시계를 가리키며) 긴 바늘이 8에 있으니까 40분이야. 11시 40분이 되었네.[21]

순차적
시간
·
시간 간격
	• 시간에는 사건의 순서와 관계있는 순차적 시간과 사건이 얼마나 오래 걸렸는지와 관계있는 시간 간격 등 두 가지 차원이 있다(Althouse, 1994).
	• **순차적 시간(사건의 순서와 관계) → 시간 간격(초, 분, 월, 년 등)으로 발전**
	• 유아는 먼저 사건의 순서에 기초하여 시간개념을 이해하고, 이후 초, 분, 월, 년 등의 시간 간격을 이해한다(Charlesworth, 2000).
	기 ㉠ '첫 번째, 케이크 가루와 우유를 섞어 반죽을 만들어요. 두 번째, 반죽을 빵틀에 넣고 오븐에 구워요. 세 번째, 구워진 빵 위에 크림을 발라요.'와 ㉡ '오븐에 넣은 빵이 다 구워지려면 30분 정도 걸리니까.'에 나타난 **시간 개념의 특징**을 각각 순서대로 쓰시오.[23]
	
	    순차적 시간 (sequence) ▶ **사건의 순서**와 관련된 시간
	                                  예 아침에 일어나서, 세수하고, 옷을 입고, 아침식사를 한다.
	                                  예 유치원에 도착하면 교사에게 인사하고, 가방 정리하고, 놀이한다.
	
	    시간 간격 (duration) ▶ **사건이 얼마나 오래 지속**되었는지와 관련된 시간
	                                  • 초, 분, 월, 년 등
	                                  예 대체로 영화는 2시간 동안 상영된다.
	                                  예 낮잠은 2시간 동안 잤다.

V. 규칙성

15개정 누리과정	해지	• '규칙성 이해하기'는 유아가 생활 주변에서 사물이나 사건의 양상이 일정한 순서로 반복 배열되는 것을 이해하도록 하는 내용이다. • 유아는 **타일이나 벽지의 무늬, 포장지의 그림 등에서 반복되는 규칙을 발견**하고, **밤과 낮, 요일, 사계절, 유치원/어린이집의 하루 일과 같은 변화에서도 규칙성**을 인식한다. • 유아는 규칙성을 이해함으로써 사물의 관계를 파악하고 숨은 질서와 규칙을 발견하여 그다음 상황을 예측할 수 있게 된다.
	지도 지침 및 유의점	• 유아가 사물이나 일상적 상황에 나타난 규칙성을 발견하도록 한다. 점차 유아가 인식한 규칙성에 따라 다음에 올 것을 예측해 보는 기회를 제공한다. ㉮ "책상 위에 씌운 테이블보에 재미있는 무늬가 있어. 어떤 무늬들이 있는지 살펴보자" "코끼리-생쥐-고양이-코끼리-생쥐-고양이 그림을 순서대로 붙였어. 고양이 다음에는 무엇이 와야 할까?" • 유아가 **청각적 패턴, 시각적 패턴, 운동적 패턴과 같은 다양한 패턴이 있음을 인식하고 한 가지 유형의 규칙성을 다른 유형으로 재구성**해 보도록 지도한다. • 교사는 유아가 '빨강-파랑-빨강-파랑'과 같이 **반복되는 규칙성을 보고 다음에 이어지는 것이 무엇인지에 초점을 맞추기보다는 규칙성의 핵심요소인 A-B를 파악하는데 주의를 기울이도록** 한다. • 예를 들어, "빨강 다음에 파랑이 오고, 그다음에 빨강, 그다음엔 파랑…"과 같이 말하는 것보다는 "빨강과 파랑이 계속 이어지고 있어.", "빨강과 파랑이 계속 반복되고 있구나."와 같이 말해준다.

1 규칙성(패턴)의 의미 및 대수적 사고

규칙성	▶ **일정한 규칙에 따라 반복**되는 **사물이나 사건의 배열** • 규칙성(패턴)은 **수학 본래의 의미**라고 할 수 있다. **수학은 규칙성을 탐구하는 학문**이고, 일상생활에서 **규칙을 수량화하여 다음을 예측**하고자 하는 학문이다. • 규칙성이란 **사물이나 사건의 양상이 일정한 규칙성을 지니고 반복되는 것**으로, 수·도형·무늬·소리·동작의 일정한 배열이다. • 패턴은 조화·리듬·반복 등 사물의 모양이나 양상의 일정한 규칙성을 나타내는 것으로서 어떤 현상에서 일정한 규칙을 찾는 것은 중요한 수학적 능력으로서 유아들에게 유용한 문제 해결전략이다.
대수적 사고	▶ **수학적 사고능력**으로 **규칙을 찾아 적용**하며, **현상과의 관계를 찾는 것**(Algebraic thinking) • 예를 들어 자동차가 1대 있으면 자동차의 바퀴 수는 4개가 되며, 자동차가 2대 있으면 자동차 바퀴의 수가 8개가 됨을 이해하는 것이다. • 이를 수식으로 나타내면 **Y=4X(X=자동차의 수, Y=바퀴의 수)**로 표현할 수 있다. • 즉, 교사는 규칙 찾기(패턴) 활동을 할 때 유아가 단순한 순서 개념을 경험하는 것이 아니라 **관계성에 대해 추론할 수 있도록 도와주어야** 한다.

2 패턴의 4수준(패턴의 원리; NCTM, 2002)

패턴의 4수준

- 규칙성이 어떻게 반복되고 어떻게 반복되는지의 설명을 통해 유아들의 일반화 능력을 기르고, 서로 다른 상황이 수학적으로 어떤 특징을 가지는지 알기 위해서는 **패턴의 원리**를 이해해야 한다.
  ① 패턴은 수량적일 수도 있고(수를 포함) 비수량적일 수도 있다(모양, 소리, 색깔 포함).
  ② 유아는 4수준으로 패턴을 탐색한다(패턴의 4수준).
- 유아는 패턴을 인식하고, **설명**하고, 확장하고, **자신의 패턴을 창조**한다.
- 유아는 일반적으로 색깔이나 자세(빨강-파랑, 앉다-서다)를 사용하여 패턴을 사용하며, "AB"에서 시작한다.
- 패턴의 4수준

패턴 인식 수준	▶ (생활 주변에서 반복되는) 규칙적 관계를 탐색하고 모방하는 수준 기 (선생님이 놓은 방식대로 따라 놓으면서) 네모, 세모, 네모, 세모, 네모, 세모.[특19]
패턴 기술 설명 수준	▶ (생활 주변에서 반복되는) 규칙적 관계를 설명하는 수준
패턴 확장 수준	▶ (생활 주변에서 반복되는) 규칙적 관계를 토대로 예측하고 확장하는 수준 기 네모, 세모, 네모, 세모, 네모, 세모 그러니까 다음은 네모지요.[특19]
패턴 구성 수준	▶ 스스로 규칙성(패턴)을 만들어 보는 수준

3 규칙성(패턴) 이해 능력 발달 단계(Ginsburg et al., 1998)

규칙성 이해 능력 발달 단계

수준 1 패턴 인식 전 단계	▶ 규칙적 관계를 표상하지 못하는 단계 • 구체물을 규칙과 무관하게 무선적으로(무작위로) 늘어놓은 것으로 규칙적인 관계를 구체적·영상적·언어적으로 표상하지 못함
수준 2 단순한 패턴의 인식 및 모방 단계	▶ 규칙적 관계를 단순히 모방하는 단계 • 제시된 규칙을 인식하고, 단순한 모방으로 구체물을 이용하여 패턴을 배열함
수준 3 패턴의 구성 및 전이 단계	▶ 새로운 규칙적 관계를 만들 수 있고, 다른 유형의 패턴으로도 바꾸어 표현할 수 있는 단계 • 여러 가지 방법으로 패턴을 배열하고 다른 유형으로 표상함. **언어적 표상에 의한 설명은 어려운 단계**
수준 4 복잡한 패턴 구성 및 전이 단계	▶ (새로운 규칙적 관계를 만들 수 있고, 다른 유형의 패턴으로도 바꾸어 표현할 수 있으며,) 두 가지 속성을 동시에 패턴으로 표시할 수 있는 단계 • 두 가지 특성을 지닌 복합적 패턴을 구성하고 언어적 설명이 가능함. 구체물에서 영상적 표상으로 영상에서 상징적(언어적)으로 패턴을 전이할 수 있음

4 패턴 이해의 발달적 특성

- 차현화, 홍혜경(2005)은 유아의 패턴인식에 대해 연령별로 발달적 특성을 다음과 같이 설명한다.

규칙성 이해의 발달적 특성	패턴 인식 전 단계	▶ **규칙적 관계를 표상하지 못**하는 단계 • **규칙적 관계를** 구체적, 영상적, 언어적으로 **표상하지 못**하였다. 예 구체물을 사용한 구체적 표상과제에서는 제시된 칸에 규칙과 무관하게 무작위로 발자국을 놓았으며, 영상적 표상에서도 정해진 칸들을 무시한 채 기다란 원이나 세모를 그리는 등 규칙적 관계가 나타나지 않은 그림들을 그렸다.
	패턴 단순 인식 및 따라 하기 단계	▶ **규칙적 관계를 단순히 모방**하는 단계 • 연구자의 **규칙을 인식**하고 **그대로 따라 나열하는 행동**을 보인다. • 패턴 유형과 **동일한 패턴만**을 단순히 모방하여 배열할 수 있다. 예 구체적 표상은 이행했으나, 영상적, 언어적 표상은 미이행
	패턴의 구성 및 전이 출현 단계	▶ **새로운 규칙적 관계를 만들** 수 있고, **다른 유형의 패턴으로도 바꾸어 표현**할 수 있는 단계 • 패턴을 여러 방식으로 놓아 볼 수 있으며, **다른 유형으로 바꾸어 표현할 수** 있다. • 영상적 표상으로 전이할 때 **새로운 유형의 패턴으로 표현할 수** 있다. • 즉, AB패턴을 BA패턴으로 바꿀 수 있을 뿐만 아니라 구체적 표상을 영상적 표상으로 전이시킬 수 있다. 예 구체적 표상, 영상적 표상은 이행했으나, 언어적 표상으로는 정확하게 자신이 나타낸 규칙을 이야기하지는 못하였으며, 색깔 변인의 한 가지 특성만을 인식하고 이를 언어로 표현하였다. <구체적 표상> <영상적 표상> <언어적 표상> • 유아반응 위: 노랑노랑노랑노랑 초록초록이예요! • 유아반응 아래: 별표 둥그라미 세모네모예요. • 유아반응 위: 노랑초록이예요!(크기언급없음) • 유아반응 아래: 동그라미 세모네모, 가위표예요. (파랑과 빨강을 번갈아 그렸으나 색 언급없음)
	복합적 패턴 구성 및 전이 단계	▶ (새로운 규칙적 관계를 만들 수 있고, 다른 유형의 패턴으로도 바꾸어 표현할 수 있으며,) **두 가지 속성을 동시에 패턴으로 표시할 수** 있는 단계 • 자발적으로 패턴을 새롭게 구성하여 표상 과제를 해결하였으며, **구체물에서 영상적 표상으로 영상에서 상징적으로 패턴을 전이**할 수 있을 뿐만 아니라 **색, 크기 요인을 동시에 패턴으로 표시할 수** 있었다. 예 구체적 표상에서 파란색과 노란색의 변인과 크기 변인을 동시에 적용하는 패턴 규칙을 구성할 수 있었으며, 언어적 표상에서도 파랑 큰 것, 노랑 작은 것의 규칙이라고 말할 수 있었다. • 또한 구체적 표상에서 나타냈던 패턴과 다른 새로운 유형으로 영상적 표상을 할 수 있으며 이를 언어적 표상으로 나타낼 때에도 **두 가지 속성을 동시에 언어적으로 표상할 수** 있다. 예 작은 초록, 노랑, 그리고 큰 초록, 큰 노랑으로 놓는 규칙이에요. 예 사랑표 크고, 크고, 작고, 작고 규칙대로 가요.

5 규칙성의 발달 과정(Sarama & Clements, 2009)

- 만 3세가 되면 생활 속에서 간단한 **패턴을 인식**하고 **언어적으로 표현**할 수 있다.
- 만 4세가 되면 AB**패턴 따라 만들기, 패턴 이어 나가기, 패턴 끼워 넣기**를 할 수 있다.
- 만 5세가 되면 복잡한 ABB패턴을 이어 나가는 것이 가능하다.
- 만 6세가 되면 **패턴의 기본단위를 파악**하고 **이를 다른 유형의 패턴으로 변환하는 것이 가능**하다.
- 따라서 교사는 유아의 발달 경향성을 파악하여, 유아의 규칙성에 대한 개념을 확대 및 심화시키는 것이 필요하다.

규칙성의 발달 과정	패턴 인식하기 (만 3세)	▶ **주어진 패턴의 규칙을 인식**하고 **언어로 설명**할 수 있는 단계 • 생활 속에서 간단한 패턴을 인식하고 언어로 표현할 수 있다. 예 얼룩말의 무늬를 보고 '흰색-검정-흰색-검정 줄이 반복돼요.'라고 말하는 것은 규칙을 인식하고 표현하는 것이다.
	패턴 따라 만들기	▶ **주어진 패턴을 보고 동일하게 패턴을 만드는** 단계 예 '빨강-노랑-빨강-노랑'의 패턴으로 만든 AB 목걸이를 보고 똑같이 '빨강→노랑' 패턴 목걸이를 만드는 것이다.
	패턴 이어 나가기	▶ **주어진 패턴에 이어 패턴을 만드는** 단계 • 만 4세는 AB 패턴과 같은 단순 패턴을 기초로 이어 나가는 것이 가능하다. • 만 5세는 ABB패턴에 이어 나가기가 가능해진다. 예 OXOX ? → OXOXOX
	패턴 끼워 넣기	▶ **주어진 패턴을 보고 빠진 패턴을 찾아 끼워 넣는** 단계 예 '동그라미-동그라미- ? -동그라미-동그라미-네모-동그라미(●● ? ●●■●)'로 놓인 패턴에서 빠진 패턴이 무엇인지 예측하고 이를 찾아보는 것이다.
	패턴 기본단위 인식 및 패턴의 전이 (만 6세)	▶ **패턴을 스스로 구성**할 수 있고, **패턴의 기본 단위를 파악**하여 **이를 다른 유형으로 바꿀 수** 있는 단계 예 '노랑-초록-초록-노랑-초록-초록'으로 반복되는 패턴을 보고, 패턴의 기본단위를 ABB(노랑-초록-초록)로 인식하고, 이를 운동패턴 등 다른 패턴의 유형으로 구성하는 것이 가능해진다. 기 '동수 : 영희야! 네가 나뭇잎 놓을 때마다 우드블록으로 소리를 다르게 내 볼게. (동수는 영희가 은행잎을 놓을 때는 우드블록을 쳐서 '틱' 소리를 내고, 단풍잎을 놓을 때는 '톡' 소리를 낸다. 동수가 틱, 톡, 틱, 톡, 틱, 톡... 소리를 낸다.)'에서 동수가 영희를 보면서 '틱', '톡'으로 소리 낸 것을 가리키는 용어를 쓰시오. **청각적 패턴으로의 전이**[16]

ABB 패턴	ABB 패턴
• 교사 : 무엇이 반복되니? • 지유 : 초록, 노랑, 노랑, 초록, 노랑, 노랑	• 교사 : 초록 노랑 노랑이 반복되는 것을 앉기와 서기로 바꾸면 어떻게 하면 될까? • 앉기, 서기, 서기, 앉기, 서기, 서기
• 규칙성의 기본단위 인식	• 패턴의 전이 : 시각적 패턴 → 운동적 패턴

6 규칙성 개념의 이해

- 규칙성 개념에는 패턴 인식·표현하기, 패턴 따라 만들기, 패턴 이어 나가기, 패턴 끼워 넣기, 패턴 창조하기 등이 있으며, 각각의 내용을 살펴보면 다음과 같다(채현주, 2006).

규칙성 개념의 이해	패턴 인식·표현하기	▶ 주어진 패턴의 **규칙을 발견**하고 **설명**하는 것 ㉠ '아침, 점심, 저녁, 아침, 점심, 저녁'과 같은 일상생활이나 미술작품 또는 전통 문양 등의 예술에서 패턴을 관찰하고 패턴 규칙을 말로 표현해 본다.
	패턴 따라 만들기	▶ 주어진 패턴을 **모방하여 배열**하는 것 • 유아에게 패턴 과제를 말로 설명하는 것은 어렵기 때문에 처음에는 교사가 만드는 패턴을 그대로 따라 해보게 하는 것이 효과적일 수 있다.
	패턴 이어 나가기	▶ 제시된 패턴을 보고 **순서대로 연장**해 나가는 것 ㉠ 사과, 귤, 사과, 귤, 사과, 귤, 사과가 있을 때 다음에 뭐가 와야 할지 예측해 본다.
	패턴 끼워 넣기	▶ 주어진 패턴의 중간 일부가 비워졌을 때, **알맞은 것을 찾아 넣는** 것 ㉠ 사과, 귤, 사과, 귤, ( ), 귤, 사과가 있을 때 괄호 안에 무엇이 와야 할지 알아본다.
	패턴 창조하기	▶ **스스로 규칙을 만들어서 패턴을 구성**해 가는 것 • 스스로 패턴을 창조하기 전에 주어진 패턴으로 충분히 경험해야 한다.

7 규칙성 지도 방법

- 생활 주변에서 볼 수 있는 규칙성을 활용한다.
- 유아의 규칙성 활동은 4수준에서 다루어져야 한다.
- 유아의 규칙성 활동에 수준별 난이도를 다양하게 제시한다.

규칙성 지도 방법

① **구체물 → 그림 → 상징(숫자나 기호)**으로 규칙성을 표상하는 활동을 한 후, 상징으로 나타난 규칙을 보고 구체물이나 그림으로 표상하도록 전이활동을 연계한다.
② **하나 또는 둘의 속성**을 사용한 규칙성 활동(AB 패턴) → **여러 속성**을 사용한 규칙성 활동(ABC 패턴)으로 복잡성을 증가시킨다.
③ 배열을 보고 **마지막에 무엇이 올지 예측**하는 활동 → 배열을 보고 **중간에 무엇이 올지 추측**하는 활동으로 인지적 어려움을 증가시킨다.
④ **색, 크기, 형태 등의 구체적 속성**에 의한 패턴의 규칙성 인식 → **관계성에 기초**한 패턴의 규칙성 인식 활동으로 인지적 어려움을 증가시킨다.
㉠ ●●■▲ ●●■▲ → 애벌레(기어다님), 나비(날아다님), 개미(기어다님), 잠자리(날아다님)

- 유아의 규칙성 활동을 위해 **반복적 패턴**뿐 아니라 **증가적 패턴**도 제공한다.
- 교사들은 패턴을 나타내는 다양한 상황을 활용하여 규칙적 관계를 탐색하도록 유도하고, 규칙을 설명하고, 예측할 수 있도록 개입하고 격려하는 것이 필요하다.

8 패턴의 유형

1) 대상에 따른 규칙성 유형(패턴의 도구 및 지도 방법에 따른 유형)

• 패턴을 만드는 대상에 따라 다음과 같이 분류할 수 있다.

실물 패턴	▶ **구체물을 이용**하여 반복적 규칙을 나타내는 패턴 예 칼, 지우개, 연필 ( ), 지우개, 연필, …….
신체 패턴	▶ **신체를 이용**하여 반복적 규칙을 나타내는 패턴 예 허리, 어깨, 무릎, 발, 허리, ( ), 무릎, 발, …….
상징 패턴	▶ 기호, 글자, 도형 등 **상징적 속성을 이용**하여 반복적 규칙을 나타내는 패턴 예 ●●■▲ ●●■▲/■■ ▪ ■■ ▪에서 규칙성을 찾는 것 예 + × ÷ + × ÷ + × ÷
수를 이용한 패턴	▶ 수열이나 수 배열표 등의 **수를 이용**하여 반복적 규칙을 나타내는 패턴 예 3, 5, 7, 9, ( ), 13, 15, …….

 지식 규칙성 지도 방법

① **일과를 통해 규칙성 개념을 경험하게 한다.**
 - 일상의 사건에서 패턴을 수집하고 기록한다.
   예 신호등 : 빨간불 다음에 노란불 그리고 초록불이 켜진 후 자동차가 움직인다.
 - 패턴을 이용하여 일과를 구성한다. 예 간식 메뉴를 규칙적으로 바꾸기
② **유아의 발달 수준에 따라 패턴 활동의 유형을 정한다.**
 - 실물 패턴에서 시작해서 점진적으로 수를 포함하는 패턴으로 전개한다.
 - 처음에는 패턴 인식·표현하기 활동으로 시작하고, 익숙해진 후 패턴 이어가기나 창조하기 활동으로 진행한다.
③ **패턴과 문화를 연결한다.**
 - 패턴은 문화를 반영하고 있음을 이해한다.
   예 우리나라 전통 문양, 아프리카 바구니, 인디언 직조물 등
 - 미술관을 방문하여 작품 속에서 패턴을 찾아본다.

2) 표상 양식(속성)에 따른 규칙성 유형

운동적 패턴	▶ **신체를 이용**하여 반복적 규칙을 나타내는 패턴 • **신체를 이용**하여 다양한 움직임이나 자세를 활용하여 반복적 규칙을 나타내는 것을 말한다. 흔히 반복되는 동작이 포함되는 춤이나 놀이에서 볼 수 있으며, 유아들의 신체 표현활동에서 다루어질 수 있다. 예 눕고, 앉고, 눕고, 앉고/한 발로 서고, 두 발로 서고, 한 발로 서고, 두 발로 서고 기 '앉았다, 일어났다, 앉았다, 일어났다, 앉았다, 일어났다'에 해당되는 패턴 유형 1가지를 쓰시오. [14] 기 '동그라미, 세모, 네모 패턴을 만드는 활동을 확장해서 이 패턴을 몸으로 표현해 보는 활동'에 해당하는 패턴의 표상 양식 2가지를 쓰시오. [17]
청각적 패턴	▶ **소리를 이용**하여 반복적 규칙을 나타내는 패턴 • **여러 종류의 소리**를 활용하여 반복적 규칙을 나타내는 것을 말한다. 유아들이 음률활동이나 사물놀이에서 리듬악기를 활용하여 반복적 규칙 만들기 활동으로 다루어질 수 있다. 예 북소리, 북소리, 트라이앵글 소리, 북소리, 북소리, 트라이앵글 소리 예 손뼉 치는 소리, 발 구르는 소리, 발 구르는 소리, 손뼉 치는 소리, 발 구르는 소리, 발 구르는 소리 기 '(파란색-파란색-노란색-파란색-파란색-노란색 순'에 해당하는 패턴 규칙을 적용하여 청각적 패턴의 예시 1가지를 쓰시오. [25]
시각적 패턴	▶ **색, 크기, 형태** 등 **시각적 속성을 이용**하여 반복적 규칙을 나타내는 패턴 • 물체나 그림의 **색, 크기, 형태** 등의 시각적 속성을 활용하여 반복적 규칙을 나타내는 것을 말한다. 미술활동의 만들기나 그리기에서 다루어질 수 있다. 예 빨강, 초록, 파랑, 빨강, 초록, 파랑/크고, 크고, 작고, 크고, 크고, 작고 예 ●●■▲ ●●■▲/■ ■ ▪ ■ ■ ▪ 기 '짧은 것, 긴 것, 짧은 것, 긴 것'은 물체나 그림을 이용하여 구성하는 시각적 패턴 유형이다. [14] 기 '동그라미, 세모, 네모 패턴을 만드는 활동을 확장해서 이 패턴을 몸으로 표현해 보는 활동'에 해당하는 패턴의 표상 양식 2가지를 쓰시오. [17]
상징적 패턴	▶ **글자, 숫자, 부호** 등 **상징적 속성을 이용**하여 나타내는 패턴 예 ㄱ, ㄴ, ㄱ, ㄴ / ↑ ↓ ↓ ↑ ↓ ↓ 예 기역, 니은, 기역, 니은/위 화살표, 아래 화살표, 아래 화살표, 위 화살표, 아래 화살표, 아래 화살표

3) 생성 방식에 따른 규칙성 유형

반복 패턴	▶ (기본 단위나) **규칙의 변화 없**이 **그대로 유지되면서 반복**되는 패턴
	• **핵심 요소가 반복**한다.
	  예 246 246 246과 같이 기본 단위가 계속 반복
	  예 신호등의 '가시오'와 '서시오'의 반복, 요일이 일주일 단위로 바뀌는 것, 1, 2, 1, 2, 1, 2
	  기 사과-배 / 사과-배 / 사과-배[특21]
	  기 동그라미-세모-세모-동그라미-세모-세모-동그라미-세모-세모의 순서대로[23]

증가 패턴	▶ **각 요소 간에 증가 관계**가 반복적 규칙을 나타내는 패턴
	• **핵심 요소가 더 큰 요소를 만들어** 내는 데 사용된다.
	  예 XY XYY XYYY와 같이 기본 단위가 다음 패턴의 일부분으로 사용됨
	  예 물체를 둘씩 모아서 셀 때 둘씩 증가하는 것/2, 4, 6, 8, 10/AA, AAA, AAAA
	  기 빨간 나뭇잎, 노란 나뭇잎 / 빨간 나뭇잎, 노란 나뭇잎, 노란 나뭇잎 / 빨간 나뭇잎, 노란 나뭇잎, 노란 나뭇잎, 노란 나뭇잎[21]
	  기 사과-배 / 사과-배-배 / 사과-배-배-배/사과…[특21]
	  기 '감과 귤을 이용한 증가 패턴 활동'의 예시를 1가지 쓰시오. **감-귤 / 감-귤-귤**[25]

관계 패턴	▶ **두 세트 간 관계**가 반복적 규칙을 나타내는 패턴
	• 만약 A와 B 세트가 있을 때 A의 크기가 변함에 따라 B의 크기가 규칙적으로 변하는 대응 관계를 의미하는 것으로 함수라고도 한다. 일반적으로 유아 수학교육에서는 다루지 않고 있다.
	• 관계성은 두 세트 사이에서 만들어진다.
	  예 1-8, 2-16, 3-24과 같이 두 개의 조합 간에 연관성이 만들어짐
	  예 크레용 한 상자에는 8개의 크레용이 있다. 표는 이 데이터로 만들어진다. 1-8 2-16 3-24
	  예 1-5, 2-10, 3-15

대칭 패턴	▶ (◁▷◁▷◁▷과 같이) **기본 단위가 대칭을 이루며** 반복적 규칙을 나타내는 패턴
	  기 ⓒ '대칭 패턴을 동작으로 표상'의 활동 예시 1가지를 쓰시오.[21]
	  기본단위가 대칭을 이루도록 앉기와 서기를 반복적으로 표현하도록 한다.

회전 패턴	▶ ↑→↓ ← ↑→↓ ←과같이 **기본 단위가 회전하면서** 반복적 규칙을 나타내는 패턴

Ⅵ. 자료 수집 및 결과 나타내기

15개정 누리과정	해지	• '기초적인 자료 수집과 결과 나타내기'는 일상생활에서 탐구하고자 하는 문제를 해결하기 위해 **필요한 자료를 모으고, 정리하고, 결과를 나타내고, 해석하는 여러 과정을** 포함한다. • 이는 유아 수준의 기초 통계와 관련된 부분으로 **초등학교 교육과정의 '자료와 가능성'과 연계**된다.
	지도 지침 및 유의점	• 자료를 수집하기 전에 유아와 자료 수집 방법에 대해 이야기 나누며 모으고자 하는 자료의 기준을 고려하여 수집하게 한다. ⑩ "우리 반 친구들이 좋아하는 놀이를 알아보려면 어떻게 해야 할까? 무엇을 가장 먼저 하면 좋을까?" • 다양한 사물의 **같은 점과 다른 점을 구별**하고 같은 것끼리 짝지어보는 **기회**를 제공한다. • 점차 색, 모양, 크기, 재질 등 유아에게 익숙한 **사물의 한 가지 속성에 기초하여 사물을 분류**해 보고 **분류의 준거를 말해 보게** 한다. • 만 5세 유아는 사물의 한 가지 속성에 기초하여 분류한 것을 **또 다른 속성을 생각해 보고 이에 따라 다시 분류할 수 있도록** 지도한다. • 유아가 수집한 자료들을 **구체물이나 실물을 사용하여 직접 비교**해 보도록 하거나 **그림이나 사진, 기호를 사용한 그래프나 표로 만들어 보도록** 도와준다.

1 자료 분석의 의미

자료 분석의 의미

> ▶ **자료 분석** : 자료를 일정 준거에 따라 수집, 분류하고, 이를 그래프 등으로 조직하여 제시, 설명하는 것으로 통계학에 해당하는 내용
> ▶ **통계적 사고** : 우연이나 무작위적 현상에 대해 문제를 제기하고, 그것을 해결하기 위하여 그들 스스로 적절한 자료를 수집하고, 자료의 특성과 구조를 탐색하도록 하며, 다양한 수학적 모델을 비교, 대조, 선택, 적용하는 과정을 통해 모집단에 대한 추론 및 합리적인 의사결정을 내릴 수 있는 모든 과정

• **통계적 사고를 길러주기 위해서는** 유아기부터 생활 속에서 궁금한 문제를 해결하기 위해 필요한 **자료를 수집**하고 **이를 적절하게 조직하고 분석하는 경험**을 할 필요가 있다.
• 또한 유아가 **자료를 수집하고 이를 조직할 수 있기 위해서는** 사물을 준거에 따라 분류할 수 있는 **능력이 선행되어야** 한다.

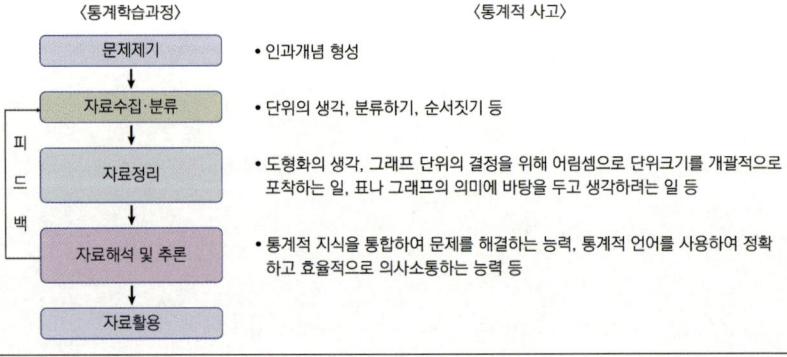

2 분류하기(classification)

1) 찰스워스의 분류 능력 발달 단계(R. Charlesworth, 2000)

• 찰스워스가 제시한 유아의 분류 단계는 다음과 같다.

분류하기		
	임의적 분류 (2~3세경)	▶ **주관적 기준에 따라 분류**하는 단계 • 사물의 **유사성과 차이점과는 관계없이 사물을 분류**한다.
	단순 분류 (4~6세)	▶ 현저하게 눈에 띄는 **한 가지 기준에 따라 분류**하는 단계 • 주로 색깔, 모양, 크기 등의 분류 기준을 사용하여 분류한다.
	복합 분류 (7~8세)	▶ **둘 또는 둘 이상의 기준에 따라 분류**하는 단계 • 동시에 두 가지 또는 그 이상의 공통된 기준에 따라 사물을 분류하는 것이 가능해진다.
	유목 포함 (8~9세경)	▶ 사물을 **부분 유목에 따라 분류**할 수 있고 **부분 유목들은 더 큰 유목에 포함된다는 것을 알게** 되는 단계 ㉠ 여러 개의 빨간색 사각형 블록과 빨간색 삼각형 블록들을 보여 주었을 때 유아들은 블록들을 삼각형과 사각형의 모양에 따라 두 부분 집단으로 나눌 수 있고 이 두 집단의 블록들은 빨간색이라는 더 큰 집단에 속한다는 것을 이해할 수 있게 된다.

2) 코플랜드의 분류 기능 발달 단계(R. Copeland, 1988)

• 영유아의 분류 기능은 네 단계를 거쳐서 발달한다.

분류하기		
	단순 분류 (2세경)	▶ 현저하게 눈에 띄는 **한 가지 속성에 따라 분류**하는 단계 • 색깔이나 크기 또는 모양과 같이 **현저하게 눈에 띄는 한 가지 속성에 따라** 물체들을 한데 모으는 것(simple sorting).
	논리적 분류 (약 3~5세경)	▶ **한 집합의 사물들에서 공통된 속성을 추출**하고, **다른 집합의 사물들에서도 같은 속성을 발견**해 내는 **두 과정이 동시에 발생**하는 분류(logical classification) ㉠ 빨간 블록과 파란 블록이 섞여 있는 상황에서, 아이가 "빨간 것들"을 모으고, 같은 방법으로 "파란 것들"을 모음
	복합 분류 (약 6~7세경)	▶ **한 번에 두 가지 이상의 속성에 따라 분류**하는 단계 • 한 가지 사물이 동시에 여러 유목에 속할 수 있다는 것을 인식해서 분류하는 활동
	유목 포함 관계	▶ 사물을 **부분 유목에 따라 분류**할 수 있고 **부분 유목들은 더 큰 유목에 포함된다는 것을 알게** 되는 단계 • 6, 7세 전에는 눈에 띄는 부분 개념만 고려하고 전체 개념은 고려하지 않는다.

3) 분류하기의 유형

분류하기		▶ 사물을 **유목이나 범주로 나누거나 모으는 과정** • 분류하려면 먼저 여러 속성 중 다른 속성은 무시하고, **물체 간의 공통성만 추론할 수 있어야** 하며, **그 준거를 다른 물체에도 적용할 수 있어야** 한다. • 분류 능력은 수 개념의 기초일 뿐 아니라 환경을 이해하고 대처하는 필수적인 능력이며, **자료를 체계적으로 정리·관리해야 하는 정보화 사회에서는 분류 능력이 더욱 중시된다.** • 분류하기는 다음과 같이 나눌 수 있다.
	짝짓기	▶ **같은 것** 또는 **관련 있는 것끼리 연결**하는 것(matching) • 분류하기의 가장 초보적인 단계로서 **일대일 대응 개념과도 관계**가 있다. • 유아는 차이점보다 **공통점을 먼저 인식**하게 되므로 같은 물체끼리 짝짓는 활동을 일찍 시작한다. 기 나뭇잎 1개, 나뭇가지 1개[21] 예 냄비마다 제 뚜껑이 있어요, 짚신도 제짝이 있다, 젓가락 두 짝이 똑같아요.
	단순 분류	▶ 공통된 **한 가지 속성에 따라 분류**하는 것(simple classification) 예 재활용품의 소재에 따라, 교구의 용도에 따라, 색깔에 따라, 도형 모양에 따라 단순분류 • 색깔, 크기, 도형과 같이 현저히 눈에 띄는 한 가지 속성에 따라 물체들을 모으는 것으로 약 2세경에 발생한다. • 사물의 같다와 다르다 개념을 경험하도록 하는데, 다양한 물체의 비슷한 특성과 다른 특성을 탐색하게 한다. 이때 비슷한, 똑같은, 같지 않은, 전혀 다른 등의 개념이 발달하도록 돕는다. • 처음에는 준거를 제시해 주나 점차 유아 스스로 준거를 만들어 분류하게 한다. '이 단추들은 어떻게 모았을까? 왜 그렇게 생각하니?'와 같은 질문을 하여 이미 분류된 결과를 보고 어떤 준거에 의해 분류되었는지 유추하고, 그 과정을 추론하여 의사소통하도록 한다. • "이 물체의 특성은 무엇인가?" 하는 질문에 초점을 둔 다음 "다른 물체들은 왜 포함되지 않았을까?"라는 질문으로 옮겨가야 한다. 기 '색깔과 모양이 다른 조각을 주고 분류해 보는 활동'을 하기 위해 유아에게 색깔이 다른 세모, 네모, 동그라미 모양 조각을 제공해 주었다. 다음의 그림에서 유아가 적용한 분류의 유형과 분류의 준거를 쓰시오.[17] **단순분류, 색깔** 기 '은행잎이랑 단풍잎으로 / 같은 색끼리'에서 유아들이 활용한 **분류 기준**을 모두 쓰시오.[특24] **색깔, 나뭇잎의 종류**
	복합 분류	▶ **한 번에 두 가지 이상의 속성에 따라 분류**하는 것(multiple classification) 기 빨갛고 큰 나뭇잎들 - 노랗고 작은 나뭇잎들[21] 예 토마토와 수박의 공통점과 차이점을 살펴보는 **벤다이어그램 활동** 예 지붕의 **색깔**과 집의 **모양 2가지를 고려**한 매트릭스 교구 예 '하얀'이라는 공통적 속성을 지닌 유목과 '개'라는 공통적인 속성을 지닌 유목이 동시에 결합하여 **'하얀 개'**라는 유목을 형성하는 경우 예 모양과 색을 동시에 고려하여 분류하는 경우 먼저 빨간색의 모양을 분류한 다음 네모이면서 **빨간색인 경우**와 **세모이면서 빨간색인 경우로 재분류**한다. 즉, 색과 모양의 두 가지 속성을 준거로 분류하게 된다. • 유아는 사물이 동시에 여러 가지 속성을 가지고 있는 것을 알게 되면서 복합분류 개념을 이해할 수 있다.

- 유아가 복합 분류를 할 수 있으려면 단순 분류를 하는 동시에 한 물체가 여러 유목에 속한다는 것을 인식해야 한다.
- 유아의 복합 분류 개념은 자연적으로 발달하지 않으므로, 교사의 체계적인 지도가 필요하다.
- 교사는 유아가 분류할 때 의도적으로 두 가지 분류 준거의 용어를 사용하여 분류해 볼 수 있도록 한다. 또한 벤다이어그램 활동을 통해 교집합이 있는 복합 분류 활동을 제시하고, 점차 두 가지 이상의 속성을 적용하여 독립된 집합을 만들어 보도록 한다.
    - 예 다양한 단추를 제시, **색깔과 모양의 기준에 따라 혹은 크기와 구멍의 수에 따라** 복합 분류

유목 포함 관계 (유목 포함, 분류 포함)

▶ 사물 간 위계적 관계를 이해하고, 하위 유목을 구성한 후 이를 상위 유목에 포함되도록 분류하는 것(class-inclusion relation)

- 유목 포함관계는 **사물 간의 위계적인 관계**를 말한다. 유목 포함은 집합 간의 관계로서, 전체와 부분 간의 관련성의 개념이다.
- **전체집합은 여러 개의 부분 집합으로 구성**되며, **부분 집합은 다시 하위 집합을 포함**한다. 따라서 유목 포함은 기본 개념, 하위 개념, 상위 개념으로 구분 지어 설명할 수 있다.
    - 예 **기본 개념**이 로봇이라면 **하위 개념**은 헬로카봇, 터닝메카드, 로보카 폴리이고, **상위 개념**은 장난감으로 범주화할 수 있다.
- 유아가 유목 포함관계를 이해하기 위해서는 높은 인지적 수준이 필요하다. 따라서 교사는 유아가 유목 포함관계를 이해할 수 있도록 일과 속에서 전체와 부분 간의 관계를 인식할 수 있는 활동을 제공한다.

▶ 보충 유목 개념 : 상위 개념에는 포함되지만 기본 개념과는 다른 독립된 집합

▶ 보충 유목 개념 : '~이 아닌 것'으로, 공통의 속성으로 분류하여 유목화시키는 것이 아니라 '~이 아닌 것'을 분류하여 제외하고 유목화시키는 방법이다.
- 예 **인형은** 장난감에는 포함되지만, **로봇이 아닌 집합으로** 범주화
- 예 볼풀장의 공에 다른 공들이 섞여 있는 경우 "**볼풀장의 공이 아닌 것을 골라** 정리하자"라고 이야기할 수 있다.

- 상위 개념에는 포함되지만 기본 개념이 아닌 다른 집합을 설명할 때 "~이 아닌"의 용어를 사용하여 보충 유목 개념을 소개한다.

기 '선생님이 동그라미, 세모, 네모의 세 가지 모양의 초콜릿을 준비했어요. 그중에서 세모 모양은 여기에 두었고 세모가 아닌 모양은 저기에 두었으니'에 해당하는 **분류 개념**을 쓰시오.[23]

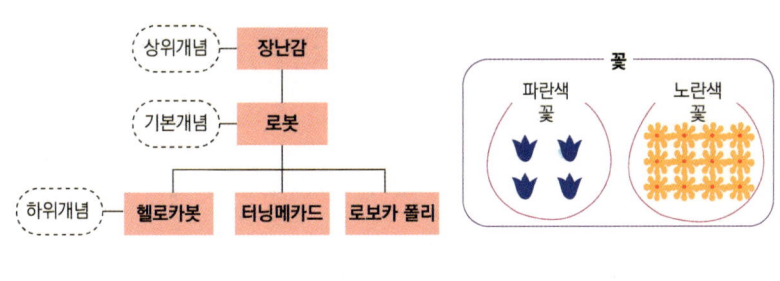

유목포함 관계와 보충유목

Plus 지식 분류하기 유형별 지도 방법

1) 짝짓기
  ① 일과를 통해 짝짓기 경험을 제공한다.
    ㉠ **양쪽 신발**을 나란히 신발장에 정리하기
    ㉡ **악기의 그림자 모양**을 붙여보고 그 위에 **해당 악기를** 보관하기
  ② 사물 간의 공통된 속성을 탐색하는 경험을 제공한다.
    ㉠ **자연적인 짝끼리 짝짓기 : 젓가락, 우리 몸에서 짝인 것 찾기**
    ㉡ **유사한 것끼리 짝짓기 : 동물과 그 새끼를** 연결하기(어미 닭-병아리)
    ㉢ **함께 작업하는 것끼리 짝짓기 : 우유-컵, 구두-발, 실-바늘**
    ㉣ **어울리는 것끼리 짝짓기 : 아기-유모차, 유아-세발자전거, 조종사-비행기**

2) 단순 분류
  ① 일과를 통해 단순 분류 경험을 제공한다.
    ㉠ 놀잇감을 갖고 논 다음 정리하기
    ㉡ **게임에서 팀을 나눌 때** 분류하기를 활용한다.
  ② 먼저 사물의 유사점과 차이점을 인식하도록 돕는다.
    ㉠ 다양한 물체 중에서 서로 비슷한 물건과 다른 물건을 탐색하게 한다.
    ㉡ **'비슷한', '똑같은', '같지 않은', '전혀 다른'** 등의 개념을 이해하도록 한다.
  ③ 분류 준거에 대한 생각을 돕는다.
    ㉠ 유아가 분류 준거를 생각해 내지 못하는 경우에는 힌트를 준다. 색깔에 따라 분류할 수 있다고 직접 알려주기보다 "어떤 색깔 단추가 제일 마음에 드니?"라고 간접적으로 준거를 생각하게 한다.
    ㉡ 유아가 분류했을 때 **다른 분류 준거를 사용하여 재분류**해 보도록 하기
      - "이 방법 외에 다른 방법으로 모을 수 있을까?"

3) 복합 분류
  ① 일과를 통해 복합 분류를 경험하게 한다.
    ㉠ **두 가지 속성의 용어를 동시에 사용하여 언어적 상호작용**을 한다.
    ㉡ 교재교구 정리 시 두 가지 속성에 따라 라벨을 붙여 분류한다.
  ② 분류의 준거는 한 가지가 아님을 인식하게 한다.
    ㉠ **한 가지 준거로 분류한 뒤 다른 준거로 재분류**해 보게 한다.
      ㉮ **색깔이 파라면서 크기가 작은 가위를** 쓰자.
    ㉡ 자신이 선택한 분류 준거를 친구의 분류 준거와 비교해 본다.
      ㉮ 하얀 네모, 검정 네모, 하얀 둥근, 검정 둥근
  ③ **유사한 두 물체에 대해 공통점과 차이점을 찾아보게** 한다.
    ㉠ 어떤 면에서는 같지만(용도, 털 길이), 어떤 면에서는 다른(손잡이 길이, 털의 수) 물체를 제공한다.
    ㉡ 벤다이어그램을 완성해 본다.

4) 유목 포함
  ① 일과를 통해 유목 포함을 경험하게 한다.
    ㉠ **전체와 부분 용어를 함께 사용**하여 상호작용한다.
      ㉮ 이 차에 우리 반 친구들이 모두 탈 수 있을까? 아니면 몇 명만 탈 수 있을까?
    ㉡ **'~이 아닌'**이라는 용어를 사용함으로써 **보충 유목 개념을 경험**하게 한다.
      ㉮ 빨간색 공은 여기 놓고, **빨간색이 아닌 공은 저기에** 놓자.
  ② **전체와 부분 관계를 인식할 수 있는 경험을 제공한다.**
    ㉮ 우리 반에는 **모두 몇 명의 유아가 있지?**(20), **여자친구는 몇 명이지?**(8), **남자친구는?**(12)이라고 한 뒤 "유아가 많니? 남자친구가 많니?"라고 질문한다.

3 그래프

1) 그래프의 활동

| 그래프의 개념 | - **통계는 정보를 수집, 분류, 표현, 분석, 해석하는 것**이다. 성인들은 숫자를 통해 현상을 기술하거나 예측하는 등 실생활에서 통계를 유용하게 사용하고 있다.
　예) 일기예보, 매년 출생률, 종합주가지수 등
- 유아도 일과를 통해 무의식적이고 부정확할지라도 통계 활동을 경험한다.
　예) "이번 주말에는 할머니가 오실 것 같아"라거나 "우리 반 친구들은 미술 영역에 제일 많이 가고, 음률 영역은 잘 안 가는 것 같아" 등과 같이 유아는 비형식적으로 정보를 수집하고 현상을 이해·예측한다.
- **그래프 활동**은 유아가 흥미를 갖는 여러 가지 정보를 수집하여 체계적으로 조작해 봄으로써 **전체적인 경향**을 알아볼 뿐 아니라 **문제 해결 도구로도 사용**될 수 있다.
- 또한 그래프 활동은 기본적으로 분류하기와 순서 짓기, 수 개념, 부분과 전체 등 다른 수학적 개념들을 내포하고 있는 종합적인 수학적 과정으로 볼 수 있다. |

2) 찰스워스(Charlesworth, 2000)의 그래프 이해 발달 단계

실물 그래프	▶ **실물을 이용**하여 그래프를 만들되, **두 가지 항목만 비교**할 수 있는 단계 • 주로 일대일 대응을 하거나 높이 또는 길이를 시각적으로 보고 비교한다. ㉠ 블록을 쌓아 그래프를 만들기
그림 그래프	▶ **그림이나 사진을 오려 그래프**를 만들고, **두 가지 이상의 항목을 비교**할 수 있는 단계 • 그림을 이용하여 두 개 이상의 항목을 비교하는 단계 • **두 가지 이상의 항목이 비교**될 뿐 아니라, 기록이 더 영구적으로 남는 단계이다. • 주로 그림이나 사진을 오려 붙여서 그래프를 만든다.
상징 그래프	▶ **추상적 매체인 도형, 기호 등 상징물을 이용**하여 그래프를 만드는 단계 • 상징물을 이용하여 비교하는 단계 • 이 단계에서 유아는 보다 독립적으로 활동할 수 있다.
막대 그래프	▶ **눈금이 그려진 종이를 사용**하고 **네모 칸 안에 색깔을 칠**하여 그래프를 만드는 단계 • 눈금이 그려진 종이를 사용하는 단계 • 앞의 세 가지 단계를 충분히 경험한 이후에만 가능하다.
높은 수준의 그래프	▶ **원그래프와 꺾은선그래프를 사용**하는 단계 ▶ **원그래프** : 전체에 대한 각 부분의 비율을 부채꼴 모양으로 나타낸 그래프 ▶ **꺾은선그래프** : X축과 Y축이 만나는 지점에 점을 표시한 후 **점들을 선으로 이어** 그린 그래프 • 원그래프는 다른 그래프에 비해 비율을 파악하는 데 유용하고, 꺾은선그래프는 일명 선 그래프라고 불리며, 막대그래프의 끝을 선으로 연결한 그래프로서 월별 평균 기온의 변화나 강우량의 변화를 나타낼 때 유용하게 사용된다. • 꺾은선그래프를 사용하는 단계

> 기 **주B6.** 3) 다음의 ⓜ에 적절한 활동 예시 1가지를 2019 개정 유치원 교육 과정의 '일상에서 모은 자료를 기준에 따라 분류한다.'를 고려하여 쓰시오.[22] **물에 뜨는 것과 뜨지 않는 것을 분류하여 그래프로 표현해 보기**
>
> ✓ 교실에 물에 뜨고 가라앉는 것을 자유롭게 탐색할 수 있도록 여러 물체와 수조를 지원했음.
> ✓ ⓜ <u>유아가 관심 있는 분류 기준과 활동 자료를 포함하여 확장 활동을 하면 좋겠음.</u>

3) 유아가 사용할 수 있는 그래프

- 그래프는 실물 그래프, 그림 그래프, 상징 그래프, 꺾은선 그래프, 원 그래프 등 여러 가지 형태로 표현될 수 있다.
- 이 중 실물, 그림, 상징 그래프가 유아에게 가장 쉽다.
- 꺾은선그래프는 초등학교 저학년부터 시작할 수 있으며, 원그래프는 초등학교 단계에서도 어렵다.
- **유아가 사용할 수 있는 그래프**로는 **실물 그래프, 그림 그래프, 상징 그래프, 막대 그래프** 등이 있다.

📖 경사로의 높이에 따라 자동차를 굴려 얻게 된 결과들을 쉽게 알 수 있도록 그림과 상징그래프, 막대그래프, 다이어그램과 꺾은선그래프를 활용한다.[11]

유아가 사용할 수 있는 그래프	실물 그래프	▶ **해당 사물을 그래프 판 위에 직접 놓아**서 만드는 3차원적 그래프 예 구두를 신은 유아가 많은지 운동화를 신은 유아가 많은지 알아보기 위해 교실 바닥에 커다란 그래프 판을 놓고 그 위에 **각자의 신발을 올려놓는다.** 또한 유아 자신이 그래프가 될 수도 있다.
	그림 그래프	▶ 실물 대신 **실물의 그림이나 사진을 이용**하는 그래프 • 실물 그래프와 상징 그래프의 중간적인 성격을 갖고 있다. • 유아의 발달 특성상 실물을 이용한 그래프 활동이 가장 바람직하지만 실물 그래프를 만드는 것이 불가능한 경우가 있다. • 이런 경우는 해당 물체의 **그림**에 색칠하거나 해당 물체의 사진이나 **스티커**를 붙이는 그림그래프 활동을 하는 것이 좋다. 예 애완동물, 좋아하는 TV 프로그램, 이용해 본 교통기관 등 📖 주B8. 3) 사례에서 교사가 활용한 그래프 유형을 쓰시오.[21] '어떤 나뭇잎이 가장 많을까?' 나뭇잎 카드를 색깔에 따라 구분하여 해당 칸에 올려놓아요. 빨강 / 노랑 / …
	상징 그래프	▶ 사물을 표상하기 위해 **추상적 매체인 도형, 기호** 등 **상징물을 이용**하는 그래프 예 사물과 전혀 관련 없는 블록, 바둑알, 세기표(////, 正), 색종이, 세모, 네모, 동그라미 등
	막대 그래프	▶ **눈금이 그려진 종이를 사용**하고 **네모 칸 안에 색깔을 칠**하여 만든 그래프
	다이어그램	▶ **정보를 상징화**하여 **2차원 기하학 모델로 시각화**하는 것
	꺾은선 그래프	▶ **X축과 Y축이 만나는 지점에 점을 표시**한 후 **점들을 선으로 이어** 그린 그래프 • 기온이나 강우량의 변화를 보여주는 데에 유용하다.

4 확률

확 률	▶ **어떤 사건이 발생할 가능성을 예측하는 개념** • 일반적으로 유치원 단계에서는 **확률에 대한 아이디어는 비형식적이어야** 하며 **유아들의 경험에 의한 판단에 기초를 두어야** 한다(NCTM, 2000). • 주사위 놀이, 예측하기 등의 활동은 유아 수준에서 할 수 있다. • 먼저 '있을 법한', '불가능한 사건', '있을 수 있는 사건', '불확실한 사건', '분명히 있을 수 있는 사건' 같은 확률과 관련된 용어들이 있지만, 대개 초등학교 정도에서 완전히 이해할 수 있다. • 그러나 유아 단계에서도 "이번 크리스마스는 한여름이 될 것이다."라는 등의 **가능성을 예측**하게 함으로써, 불가능한 사건임을 인식할 수 있다. 다음으로 확률과 관련하여 경험할 수 있는 경우는 "설날에 눈이 올 것인가?" 등이다. 예 날씨판에 붙여진 **날씨 표시를 보고 내일의 날씨를 예측**한다, 주사위 게임을 할 때 어떤 쪽이 나올까를 예측하고 예측 용어를 사용한다(확실하다, ~일 것 같다, ~할지도 모르겠다, ~할 것 같다).

 지식 그래프 관련 지도 방법

① 일과를 통해 그래프 활동을 경험하게 한다.
  ㉠ 그래프 활동을 학급 일과의 일부로 만든다. 예 출석 그래프, 생일이 있는 달
  ㉡ 학급 내의 의사결정을 위해 그래프를 구성한다. 예 견학 가고 싶은 장소를 결정하기
  ㉢ 학습을 위해 그래프를 사용한다. 예 양파의 성장, 날씨 비교 또는 기온 변화
② 유아의 발달에 적절한 그래프 활동을 제공한다.
  ㉠ 유아의 관심과 흥미, 이해 수준에 적절한 주제를 택한다.
  ㉡ 유아의 발달 수준이나 사전경험에 따라 비교 집단의 수나 그래프의 유형을 정한다.
  ㉢ 개인별 조사 활동을 격려한다. 예 우리 반 유아들이 좋아하는 것 조사하기
③ 그래프가 완성된 후 다음과 같은 언어적 상호작용을 할 수 있다.
  ㉠ 어떤 것이 더 많니(기니)?, 어떤 것이 더 적니(짧니)?
  ㉡ 제일 많은(긴) 것은 무엇이니?, 제일 적은(짧은) 것은 무엇이니?
  ㉢ 개수가 같은 것은 어떤 것들이니?
  ㉣ ~에는 몇 개가 있니?
  ㉤ ~보다 ~가 몇 개 더 많니?, ~보다 ~가 몇 개가 더 적니?

Chapter 04

유아 과학교육

Ⅰ. 이론적 기초
Ⅱ. 과학 지식·과학적 탐구 과정·과학적 태도
Ⅲ. 창의성
Ⅳ. 과학교육의 동향 및 프로그램
Ⅴ. 교수·학습의 기본 원리
Ⅵ. 유아 과학교육의 교수·학습 방법
Ⅶ. 환경 교육
Ⅷ. 장학 : 과학창의교육 활동자료 등(2009)

I. 이론적 기초

1 유아의 과학개념

- 유아의 과학개념은 과학 교육자들에 따라 여러 가지 용어로 불리는데 이는 유아의 과학 개념을 보는 관점이 다름에서 비롯된 것으로 구체적으로 다음과 같다.

유아의 과학개념		
	선 개념 (preconception)	▶ **형식적 교육 이전의 경험과 관찰**을 통해 **나름대로 이해**하고 있는 개념 • 유아는 형식적인 과학교육을 받기 이전부터 주변 세계와 일상적 경험을 통해 여러 가지 사물의 특성과 과학적 현상에 대해 **선 개념**을 형성하고 있다는 것이다.
	오개념 (misconception)	▶ 유아가 형성한 기존 개념이 **과학적으로 정확하지 않은 것**으로, **과학자의 관점**에서 **수정되거나 제거되어야 하는 개념**
	대안적 개념 구조 (alternative frameworks)	▶ **오개념의 부정적 의미를 대신**하여, 유아의 기존 개념이 단순히 잘못된 것이 아니라 **그들만의 논리적 체계로 작용**한다는 점을 인정하는 대안 개념 • 이 용어는 유아들이 가지고 있는 개념이나 개념체계가 과학자들의 지식 체계와 다르지만, 유아들에게는 정합적인 지식 체계로서 그들이 자연을 보고 해석하며 학습 내용을 받아들이는 기본 관점이 된다는 의미이다. ※ 정합적 : 이론 내부에 모순이 없는 것
	유아개념 (유아과학, children's conception)	▶ **대안적 개념 구조를 포함**하는 개념으로, 유아의 **정신 구조가 과학자와 같지만, 발달 수준이 다름을 인정**하는 개념 • 대안적 체계의 집합적 의미로 유아 개념의 가치를 인정하는 의미가 담겨 있다. • 유아들의 정신 구조는 과학자와 같으나 그 발달의 정도가 낮다고 보는 견해이다.

기출

🗝 ① 유아의 오개념을 쓰고, ② 그 오개념이 과학적 개념으로 변하게 된 이유를 사회적 구성주의(social constructivism) 관점에서 쓰시오.[16] ① **진서의 '틀 모양에 따라 비눗방울의 모양이 변화할 것'이라는 개념**, ② 유능한 또래인 동주의 비계설정(사회적 중재)을 통해 혼자서 도달할 수 없었던 상위수준의 과학적 개념을 형성하였다.

> 진서 : 아니야, 세모 모양 비눗방울 있어.
> 동주 : 내가 하는 거 잘 봐. (동주는 사각형 틀로 비눗방울을 만든다.)
> 동주 : 봤지? 동그랗지?
> 진서 : 어, 이상하다.
> 동주 : 너도 해 봐. (진서는 삼각형 틀로 비눗방울을 만든다.)
> 동주 : 봐, 네가 한 거랑 내가 한 거랑 둘 다 동그랗잖아.

🗝 ① 유아의 오개념을 찾아 쓰시오. **내 차가 더 멀리 가, 무거우니까**[19]

🗝 ① 유아의 오개념이 나타난 말을 찾아 쓰고, ② 활동 목표 '물체의 크기가 같아도 무게가 다를 수 있다는 것을 안다.'를 달성하기 위해 ⓒ에 들어갈 활동 자료를 쓰시오. ① **뭐든지 큰 공은 무겁고 작은 공은 가벼운 거야**, ② **장난감 공과 크기는 같지만 무게가 다른 공**[20]

🗝 ① [A] '그건 크니까 가라앉아, 그건 작으니까 뜰 거야.'에 나타난 유아의 오개념이 무엇인지 쓰고, ② 그 오개념을 수정하기 위해 ⓔ '형태와 크기가 동일한 물체를 이용한 실험'과 같은 실험을 할 때, 고려해야 하는 조작 변인 1가지를 쓰시오.[22] ① **물체의 크기가 크면 가라앉고 작으면 뜬다고 생각하고 있다**, ② **물체의 밀도(물체의 무게)**

지식 선 개념(preconception)과 인지적 불일치를 통한 개념 변화

선 개념 **(사전개념)**	▶ **형식적 교육 이전의 경험과 관찰**을 통해 **나름대로 이해하고 있는 개념** • 구성주의 관점에서 볼 때 유아는 **어떤 형식적인 과학교육을 받기 이전부터 주변 세계와 일상적 경험을 통해 여러 가지 사물의 특성과 현상에 대해 나름대로 이해하고 있는 개념**이 있다. 이를 구성주의에서는 **선 개념 또는 사전개념**이라고 한다. 　㉠ 유아들에게 식물이 자라기 위해서는 무엇이 필요한지 물어보면 햇빛, 물과 같은 것이 필요하다고 이야기한다. 이것은 바로 유아가 이전의 경험을 통해 식물이 자라기 위해서는 햇빛과 물이 필요하다는 단편적이지만 과학적 개념을 이해하고 있음을 보여주는 것이다. 　㉠ 우리 몸속에 무엇이 들어 있는지에 대해 물어보면 피, 오줌과 같은 것을 말하는 것을 볼 수 있다. 이는 유아들의 경험과 사고의 범위 내에서 형성한 우리 몸에 관한 과학적 개념이다. • 그런데 유아들이 갖고 있는 이러한 개념들 가운데 대부분이 과학자의 관점에서 볼 때 잘못되었거나 협소한 개념이 많다. 　- 위의 예에서 보면, 식물이 자라기 위해서는 햇빛, 물 이외에도 공기, 영양분이 필요하다. 　- 또한 우리 몸속에는 피, 오줌 외에도 여러 가지 내장 기관, 뼈, 물 등 많은 것들이 존재하고 있다. 　- 따라서 유아에게 제공하는 과학 활동의 의미는 유아들의 잘못된 개념을 변화하도록 돕고, 협소한 개념을 보다 확장하여 이해할 수 있도록 하는 데 있다. • 유아들이 갖고 있는 선 개념의 변화를 통해 보다 확장된 과학적 개념에 대한 이해를 돕기 위해서는 과학 활동을 시작하는 단계에서 유아들이 사전에 그 개념에 대해 이미 알고 있는 지식이 무엇이며, 어떤 경험을 갖고 있는지를 교사가 파악하는 것이 중요하다. • 이렇게 **사전 개념을 평가함으로써** 유아들이 갖고 있는 잘못된 개념이 드러날 수 있는 활동을 직접 경험하게 하여 유아들 스스로 기존의 개념을 바꾸고 새로운 개념을 구성해 갈 수 있다. • 이것이 바로 **지식이란** 개인이 자신의 인지적 구조 안에서 새로운 경험과 기존의 경험이 맞닥뜨리는 **갈등적인 상황을 겪으면서 구성해 가는 것이라고 보는 구성주의 관점**을 구체적으로 보여주는 것이다.
인지적 불일치를 통한 개념 변화	• 유아는 자신이 이미 알고 있는 것(선 개념)과 과학 활동 중에 일어나는 실제 현상 간에 차이가 있을 때 기존의 지식에 대해 의문을 갖게 된다. 이것이 바로 구성주의 과학 이론에서 말하는 인지적 불일치의 개념이다. • 이러한 **인지적 불일치가 일관적으로 드러나게 되면 유아는 기존에 자신이 알고 있던 개념을 변화시켜야 한다는 생각**을 하게 되며, **이것이 개념의 변화를 가져오도록** 돕는다. • 따라서 구성주의 과학교육 이론이 제시하는 교수 방법의 가장 중요한 원리는 과학 활동이 유아들의 잘못되거나 협소한 **선 개념이 갈등을 일으키도록 하는 요소를 가진 것일 때 유아가 보다 적극적으로 탐구 과정에 참여하여 과학적 개념을 학습하도록 한다는 것**이다. • 예를 들어, 씨앗 발아하기 활동을 하기 전에 유아들에게 씨앗 발아를 위해 무엇이 필요한지 묻는다. 　- 대부분의 유아는 물과 햇빛이 필요하다고 할 것이다. 　- (씨앗 발아 시에는 햇빛이 꼭 필요하지 않다.) 　- 이때 교사는 유아들의 의견대로 햇빛이 있는 곳에 씨앗을 놓고 햇빛이 없는 곳에도 하나를 두어 결과를 비교해 볼 수 있도록 한다. • 이때, 씨앗의 발아에는 **햇빛이 꼭 필요하다는 유아들의 선 개념이 햇빛이 없는 곳에서 발아한 씨앗 때문에 도전**을 받게 되고, 유아들은 새로운 개념을 구성해야 하는 압력을 받게 된다. 이러한 과정에서 유아들은 **새로운 개념을 이해**할 수 있게 된다.

2 구성주의

1) 인지적 구성주의

<table>
<tr><td rowspan="8">인
지
적
구
성
주
의</td><td>
• 인지적 구성주의 관점에서 지식이란 각 개인이 경험을 통해 자신만의 방법으로 구성되는 것이다.
• 피아제에 의하면, 인지의 발달은 영아부터 성인에 이르기까지 지속적으로 이루어지고 일정 기간에 나타나는 개인의 과제 수행능력은 단계에 따라 일관성이 있으며, 이것이 곧 발달 단계를 형성한다.
  – 피아제는 인간이 태어나서 성인이 되기까지 주요 발달 단계를 4단계로 구분하였으며 이들 각 단계마다 인간은 저마다 독특한 사고구조를 가지고 세상을 이해한다고 하였다.
• 인지적 구성주의의 경우 특정 부분에 관계없이 보편적인 사고구조가 있음을 강조하였으며, 유아의 [이유] 일반적인 사고 단계를 뛰어넘는 과제는 유아에게 아무런 갈등을 유발하지 않아 어떠한 개념의 구성을 기대할 수 없으므로 과학교육은 철저히 유아의 인지발달 수준에 의거하여야 한다.
  – 인지적 구성주의는 유아 스스로 구성할 수 있도록 이끌어주는 과학교육을 중요시하며 과학의 내용보다 과정을 중시하고 개별 유아의 사고과정에서 지식의 구성이 내적으로 유도된다고 본다.
  – 이에 따라 유아들이 자기 스스로 교실이나 일상생활에서 만나는 사물이나 현상과의 상호작용을 통해 개념을 발견하게 되는 것이 교수의 목적이 된다는 가설 검증적인 접근이 유도되었다.
  – 과학교육의 목적은 유아가 탐구와 실험 및 토의를 통해 스스로 의미를 구성해 가는 것으로 보며 단순히 물체를 만져 보거나 주어진 절차를 따르는 것이 아니라 실험에 참여하는 유아의 사고 작용이 병행되어야 한다.
• 인지적 구성주의 관점에서 본 과학교육의 내용은 반드시 유아의 발달 단계와 일치되어야 하며 그 수준 이상의 것은 의미가 없다.
  – 인지 발달의 단계적 진보는 보편적이며 예측 가능하다고 보아 선정된 과학적 개념이 학습자의 발달 수준에 적합한지 결정하는 가장 중요한 기초로 활용된다.
  – 유아 개인의 사전 경험이나 과학적 맥락, 주변 상황이나 개인적인 흥미도 유아들이 배울 수 있고 배워야 할 것을 결정하는 인지적 수준보다 우위에 둘 수 없다.
• 교수 방법 : 유아들이 직접 사물을 조작하는 것을 중요시하고, 교사가 언어적으로 개입하기보다는 유아 스스로 활동할 수 있는 지지적인 분위기를 조성해 주고 관찰자와 촉진자의 역할을 하도록 한다.
  – 물리적 지식 활동에서 유아들이 물리적 세계에서 직접 물체를 밀고 당기거나 굴리고 부는 등 물체에 행위를 가하고 그 반응을 관찰하는 과정을 중요시하는데, 이때 교사는 유아들의 놀이 활동을 도와주고 이끌어 주는 소극적 개입을 한다.
</td></tr>
</table>

기 주B6. 1) 밑줄 친 교사의 발화 ㉠~㉤ 중 유아의 탐구활동에 도움이 되지 <u>않는</u> 것의 기호 1가지와 그 이유를 쓰시오. [19추]   ㉣, 교사가 직접적으로 답을 제시함으로써 유아 스스로 탐구할 수 있는 기회를 박탈하였다. 교사는 유아가 고안한 방법에 오류가 있다 하더라도 직접적인 답을 주지 않고 유아가 오류를 변경할 수 있는 시간을 주어야 하기 때문이다.

㉠ 어느 것으로 하면 자동차를 멀리 가게 할 수 있는지 찾아보자.
㉡ 글쎄, 빨대를 길게 해서 불었는데 왜 그럴까?
㉢ 다시 한번 해 보렴.
㉣ <u>풍선을 자동차 뒤에 대고 바람이 나오게 해 보렴.</u>
㉤ 어, 이상하다. 자동차가 왜 앞으로 가지 않을까?

2) 사회문화적 구성주의

개념	① 사회문화적 구성주의는 기본적으로 **지식이 인간의 내부에서 끊임없이 구성되어 간다는 점**에서는 인지적 구성주의와 **같은 관점**을 취하지만, **[차이점]** 각 개인을 둘러싼 **사회문화적 요인이 지식 구성에 미치는 영향력을 보다 부각**된다는 측면에서 **입장 차이**를 보인다. ② 사회문화적 구성주의자인 **비고츠키**는 개념에 따라서 어떠한 것은 **유아의 자발성을 중심으로 발달해가는** 반면 **[차이점]** 그 반대로 **성인이나 외적인 영향력을 중심으로 발달해 가는 것**도 있다고 보았다. 　- 즉, **자발적 개념**의 경우 유아들이 일상적인 경험을 통하여 스스로 생각함으로써 자연스럽게 터득되지만 **과학적인 개념**은 그 반대 방향으로 발달한다는 것이다. 　- 비고츠키는 **어떻게 하면 자발적 개념에서 과학적 개념으로 옮겨갈 수 있도록 할 수 있는지, 즉 학습을 촉진할 수 있는 방법이 무엇인지에 관심**을 가졌다. 　- 또한 과학적 개념이든 자발적 개념이든 그것은 단번에 완전한 형태를 이루는 것이 아니라 **시간을 두고 유아에게서 발달되는 것**이라고 주장하였다. ④ 사회문화적 구성주의에서는 과학의 **과정뿐 아니라 내용도 중요시**한다. 　- 논리, 수학적인 구조만을 강조하지 않고 유아들이 각자 관심을 가지고 있는 **특정 영역의 세부지식의 가치를 인정**한다. 　- 유아들이 관심 분야의 세부 지식을 축적해 가면 그 부분의 학습을 쉽게 할 수 있고, 그것이 학습능력으로 작용하게 된다. 　- 이에 따라 교사는 유아들이 관심을 갖는 과학 영역이나 주제를 선정해야 하는데, 여러 영역에 대한 초보적인 지식을 갖게 하는 것은 바람직하지 않고 **유아 개개인이 관심 있는 세부영역에 대한 지식도 심도 있게 쌓아갈 수 있게 하는 것이 중요**하다. 　- 또한 문제를 해결해 가는 과정이나 절차만을 중요시할 것이 아니라 습득한 세부적인 지식을 토대로 융통성 있게 문제를 풀어갈 수 있도록 하는 것에 초점을 둔다. ⑥ 사회문화적 구성주의에서는 **일상적 개념**이 작용하는 부분이나 **개인적 관심이 높은 부분**에 대해서는 **일찍 과학교육이 가능**하므로, 이를 과학교육의 내용으로 선정하여 확장시켜 주는 것이 중요하다고 본다. 　- 유난히 특정 동물을 좋아하거나 우주나 별자리에 관심이 있는 유아의 경우 이를 중심으로 다소 추상적으로 보일 수 있는 과학적 지식을 확장해 가도록 하는 것이 필요하다는 것이다. ⑦ 인지적 구성주의에 비해 **성인의 보다 적극적인 역할을 중요시**하며 교사가 유아에게 이미 정해진 지식을 직접 가르치는 것은 바람직하지 못하지만 유아의 지식 구성과정을 도와주기 위하여 **적극적인 활동을 해야 하며 인지적 상호작용이 일어날 수 있도록 상황을 만들어 주고 상호작용이 원활하게 이루어지지 않을 경우 적극적으로 개입하여야** 한다.

> **기 주B6.** 1) 구성주의 관점에서 볼 때, [A]에 나타난 과학 활동 자료 제시 방법이 적절하지 **않은** 이유 1가지를 쓰시오.[21] **사례의 교사는 자료를 제시하면서 자료 사용방법과 문제 해결 방법을 알려줌으로써 유아들이 호기심을 가지고, 탐구 과정에 참여하며 스스로 지식을 구성할 수 있는 기회를 박탈하였기 때문이다.**
>
> 교사 : (나무 막대가 있는 바구니를 보여주며) 새로운 놀잇감을 가져왔어. (나무 막대를 세우며) 이 놀이는 이렇게 세워서 다 쓰러뜨리는 놀이란다. 선생님이 한번 해 볼게.
>
> 　맨 앞의 나무 막대를 손가락으로 밀친다.
> 성준 : (다 쓰러지지 않은 나무 막대를 보며) 선생님, 다 쓰러뜨려 봐요.
> 교사 : 그래. 다 쓰러뜨리려면 나무 막대를 놓을 때 간격을 잘 생각해야 해. (다시 나무 막대를 세우고 밀친다.) 와, 다 쓰러졌다! (쓰러진 것을 바구니에 정리하며) 자, 이제 놀이해 보자.

자발적 개념 · 과학적 개념	• **비고츠키**는 개념을 자발적 개념(spontaneous concept)과 과학적 개념(scientific concept) 등 두 가지 유형으로 구분하고 **이 두 개념 간의 상호관련성을** 연구하였다. 　- **[공통점]** 피아제도 자발적 개념과 비자발적 개념을 구분했지만 **[차이점]** 두 개념 간의 상호작용보다는 **자발적 개념에 관심을 가졌다는 점**에서 비고츠키와 차이점이 있다. • **자발적 개념과 과학적 개념의 발달 방향은 반대이지만, 두 개념은 상호의존적으로 발달**한다. 　- 과학적 개념의 습득을 촉진하기 위해서는 자발적 개념이 필요한 반면, 그 반대의 경우도 마찬가지다. 　- 유아는 **일상적인 경험(자발적 개념)**을 과학적 개념의 체계 속에 끼워 넣어 이해해야 하며, 이러한 **체계적인 개념(과학적 개념)**을 자신의 일상적 경험(자발적 개념)에 적용할 수 있어야 한다. 　- **애완동물을 기른 일상적인 경험(자발적 개념)**은 학교에서 **생물학을 배울 때** 체계적인 지식(과학적 개념)으로 변환되어 하나의 체계로 연결되며, 이러한 과학적 개념은 **다시 동물과의 일상적 경험에 도움**을 준다. 　- 결국 자발적 개념과 과학적 개념의 상호작용에 의해 고차원적인 개념이 발달하게 된다. 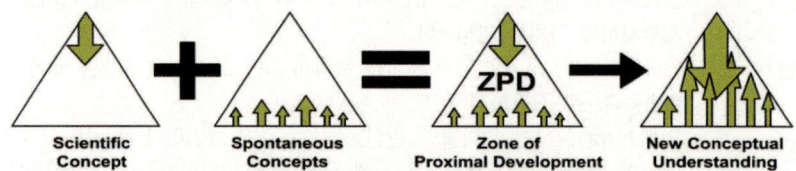 　　　　자발적 개념과 과학적 개념(Wellings, 2003)

자발적 개념	▶ **일상생활**을 통해 **귀납적으로 자연스럽게 습득**하는 개념 • 유아들이 **매일 매일의 생활을 통해 자연스럽게 터득하는 개념**이다. • 즉, 유아들이 거의 의식하지 못하는 가운데 습득하는 일상적 개념이 모여서 형성되는 것이다. ⓔ 어제, 오늘, 내일 등의 시간 감각 • **아래에서 위로 올라가는 귀납적 과정**을 통해 발달한다.
과학적 개념	▶ **구조화된 학교 환경**을 통해 **연역적으로 배워서 습득**하는 형식적 개념 • **구조화된 학교 환경에서 배워서 습득되는 형식적인 지식**을 말한다. ⓔ 역사 • 습득 및 활용 과정이 의식적으로 이루어지며, 자발적 지식에 비해 추상적이며, 체계적으로 조직된 특징을 갖고 있다. • **위에서 아래로 내려가는 연역적 과정**을 통해 발달한다.

과학교육 의 내용	• 피아제는 인지발달은 지식의 모든 영역에 걸쳐 공통으로 일어나는 일반적인 현상이라고 생각했다. • **비고츠키는 인지발달은 지식의 영역에 따라 다르게 나타날 수 있는 것**으로 보았다. 　- 피아제 입장에서는 유아는 모든 지식 영역에 대해 논리적 추론을 할 수 없지만, 　- 비고츠키 입장에서는 전조작기 유아도 **자신이 잘 아는 영역(공룡 등)에 대해서는 논리적 조작(연역적 추론 등)이 가능할 수** 있다. 　- 동일한 인지발달 단계 내에서도 **구체적인 영역에 따라 각기 다른 능력**을 나타낼 수 있기 때문이다. 　- 이는 관심 분야의 세부 지식을 축적하면, 그 부분의 학습을 쉽게 하므로 여러 영역에 초보적 지식을 갖게 하는 것은 좋지 않고, 개개인이 관심 있어 하는 세부 영역을 심도 있게 쌓아가는 것이 중요함을 시사한다.

과학교육의 내용	- 따라서 비고츠키 입장에서 볼 때 **과학교육은 유아가 관심 있어 하는 영역이나 주제를 선정함으로써 유아가 관심 있는 주제를 깊이 탐구하도록 하는 것**이 바람직하다. - 아울러 비고츠키의 자발적 개념과 과학적 개념에 대한 논의는 **자발적 개념이 작용하는 부분**에 대해서는 **과학교육을 일찍 시작할 수** 있음을 나타낸다. - 유아는 천체보다는 인간의 신체를 많이 경험하므로 천문학보다 생물학을 쉽게 이해하는 것이 그 예이다. - 또한, 이는 유아의 일상적 경험을 과학적으로 이끌어주고 확장시키는 것이 필요함을 시사한다.
과학교육의 방법	• 비고츠키의 근접발달영역에서 이루어진 대표적인 수업 형태인 유아-유아 간의 협동학습과 교사-유아 간의 상호교수를 살펴보면 다음과 같다(홍용희, 1995). **협동학습** ▶ **소집단을 구성**하여 학습 과제나 **목표를 공동으로 노력**해서 달성하는 방법 • 또래와의 상호작용을 통해 자신의 관점을 조정하며, 기존 지식의 틀에서 벗어나 구성원들이 상호 인정하는 새로운 지식을 형성하게 된다(collaborative learning). • 비고츠키는 **혼합연령 집단 구성에 특히 주목**하였으며, 근접발달영역(ZPD) 개념에 따라 유아가 자신보다 약간 더 유능한 또래와 협력할 때 인지발달이 촉진된다고 보았다. 기 비고츠키(L. Vygotsky)의 이론에 근거하여 [B] '소집단에 참여하는 유아들을 어떻게 구성하는 것이 좋을까?'를 위해 교사가 고려해야 할 사항 1가지를 쓰시오. **근접발달영역을 고려하여, 서로 다른 발달 수준을 가진 유아들끼리 소집단을 구성하여, 유능한 또래에 의해 비계설정이 이루어지게 한다.**[25] • 또한, 혼합 연령집단은 단일 연령집단보다 목표지향적이고 구성적인 놀이가 더 많이 나타나며, 남녀 간 분리가 덜 발생하는 특징이 있어 과학교육에 특히 효과적일 수 있다. **상호교수** ▶ **교사와 유아가 소집단을 구성**하여 **질문하기, 요약하기, 명료화하기, 예측하기** 등의 **인지적 책략을 활용**하며, 교사가 점차 역할을 줄여 **유아의 자율적 학습을 촉진**하는 방법 • **교사와 2명~4명의 유아가 학습 집단**을 형성하고 **질문하기, 요약하기, 명료화하기, 예측하기** 등 4가지 인지적 책략을 차례로 적용한다. • 초기 단계에서 교사는 유아들이 상호작용에 적극적으로 참여할 수 있도록 **전략을 설명하고 시범**을 보인다. • 유아들이 점차 능숙해지면 **교사는 점진적으로 역할을 줄이며, 지지와 피드백을 제공**한다. • 4가지 인지적 책략들의 체계적 사용을 통해 유아들은 새로운 정보를 기존 지식과 연결하여 이해하고, 논의를 지속하며 사고를 정교화하고, 학습한 내용을 새로운 문제 해결에 적용할 수 있도록 재활용한다.

3) 인지적 · 사회문화적 구성주의의 공통적 시사점

① **첫째, 유아 과학교육의 목적은 단순히 과학적 사실을 주입시키는 것이 아니라 유아가 능동적으로 과학적 지식을 구성해 가도록 하는 데에 초점을 두어야 한다.**
- 즉, 학습이란 정보의 기록이나 전달에 의해 일어나는 것이 아니라 학습자의 능동적인 정보의 해석에 의해 지식을 구성하는 과정이어야 한다.
- 예를 들어, 과학 활동을 하고자 할 때 과학의 지식, 기능, 태도를 유아가 능동적인 학습에 의해 구성할 수 있도록 학습 환경을 조성해 주는 것이 중요하다.
- 과학교육에서 성인의 역할은 지식의 전달보다는 지식의 구성이 진행되고 있는 동안 적절한 정보와 전략을 제공하면서 유아의 능동적 학습을 활발하게 자극하여 유아가 알고자 하는 지식을 얻을 수 있는 방향을 제시해 주어야 한다.

② **둘째, 유아에게 직접 만져볼 수 있는 활동을 주는 것이 중요하다.**
- 그러나 단순히 물체를 만져보고 조작해보는 그 자체만으로는 과학적 사고가 발달하기에 충분하지 않으며, 유아 자신이 물체를 만지는 그 자체에만 머물지 말고 지식의 구성을 위해 적극적으로 참여할 수 있어야 한다.
- 행위 자체가 사고와 연결되어 확장되지 않는다면 과학교육에서의 의미를 갖지 못하며 유아 과학교육에서 중요한 것은 신체적 활동과 물체와의 조작행위를 정신활동의 중요 부분으로 전이될 수 있도록 하는 것이다.

③ **셋째, 학습 경험을 다양화해야 한다.**
- 학습이란 경험에 대한 개인적인 해석이며, 기존 지식에 의존하기 때문에 과학 지식의 형성과정은 학습자의 경험, 일반적인 학습전략, 특정 영역에서의 선수 지식, 메타 인지적 능력, 적성, 동기 등에 따라 개인차를 보이게 된다.
- 그러므로 유아의 개인차를 극복하기 위해 수준별 학습 등을 통하여 학습과제와 학습 방법을 다양화해야 한다.

④ **넷째, 학습을 실제 관련 상황과 연계시켜야 한다.**
- 지식은 지적 · 물리적 · 사회적 맥락에 의존하기 때문에 학습은 실제 관련 상황에서 연습하고 습득되는 것이 바람직하다.
- 따라서 학습자들이 이미 습득한 다양한 지식을 새롭게 당면한 문제와 연관시킴으로써 실제적 상황 속에서 적합한 이해가 이루어지도록 해야 한다.

⑤ **다섯째, 유아들 간의 공동 협동학습을 강화해야 한다. 실제 과학 기술과 사회 문제 해결은 독자적이기보다는 협동적인 과정에 의해 이루어지기 때문에 과학학습에서도 협동적 학습이 강조되어야 한다.**
- 각 개인에 따라 주관적으로 구성된 과학 지식도 타인들과의 상호작용을 통해서 그 타당성이 검증되어 지식으로 생명력을 가지게 되기 때문에 사회적 상호과정이 수반된 협동학습이 효과적이다.

⑥ **여섯째, 유아의 과학적 사고의 발달을 위하여 교사는 유아가 인지적 갈등을 일으키도록 끊임없이 개입해야 하며, 지식의 '구성'이라는 측면에서 교사는 유아의 과학적 지식이 끊임없이 심화, 확장되도록 도와주어야 한다.**
- 교사의 개입은 언어적인 것만을 의미하지 않으며 과학교육에 있어 다양한 분야의 과학적 지식을 폭넓게 접하게 하는 것도 중요하지만, 개별 유아의 관심에 따라 그 지식을 깊이 있게 확장시켜 끊임없이 상위의 개념으로 구성해 가도록 하는 것이 보다 더 중요하다.

Plus 지식 야거(Yager, 1991)의 구성주의에 기초한 과학 교수 원리

- 과학 활동을 계획할 때 유아가 이미 알고 있는 과학적 지식이나 개념과 경험을 고려한다.
- 유아가 기존에 갖고 있는 경험과 개념에 새로운 도전을 할 수 있는 활동을 계획한다.
- **과학학습은 유아가 직접적인 실험, 관찰 등의 탐구 활동에 참여하는 방법으로 이루어져야** 한다.
- 유아가 과학 활동에 참여하면서 제시하는 다양한 아이디어를 격려한다.
- 유아가 흥미를 갖는 대상에 관해 적극적으로 탐구할 수 있는 기회를 제공한다.
- 유아의 질문을 해결하기 위해 구체적인 실험뿐 아니라, 책이나 전문가 등의 다양한 정보원을 활용한다.
- 유아가 좀 더 정교한 아이디어를 구성하도록 돕기 위해 다양한 개방적 질문을 활용한다.
- 유아가 현재 관찰할 수 있는 결과의 원인을 추론해 볼 수 있는 활동을 경험하여 다양하게 사고해 보는 기회를 제공한다.
- 어떤 질문에 대한 **해답을 교사가 말하거나 책을 찾아보기 전에 유아의 아이디어를 묻는다.**
- 실험이나 관찰의 결과를 **유아 스스로 정리하도록** 하여 새로운 개념의 확장을 위한 **반성적 사고의 기회를 갖도록** 한다.
- 협동 학습의 기회를 주어 유아들 간에 다양한 의사소통과 아이디어의 교류를 통해 학습을 촉진한다.

기 유아들이 구성할 수 있는 지식의 유형 중 '너는 4칸, 나는 3칸 남았다! 너는 나보다 1칸 더 남았어.'에 해당되는 것이 무엇인지를 각각 쓰고 그 이유를 논하시오. **논리 수학적 지식, 4칸과 3칸의 수량적 관계를 비교하고 있으므로, 물체 간의 관계의 구체적 상황을 통해 관계성을 구성하는 논리·수학적 지식에 해당한다.**[11]

기 ㉠ 그림자다! ㉡ 그림자가 아까보다 더 커졌어. ㉢ 내 그림자가 네 그림자보다 더 커. ㉣ 어떻게 할까? ㉤ 가위바위보 하자.[12]

기 피아제(J. Piaget)의 지식 유형에 근거하여, ㉠ '(쓰러진 나무 막대와 쓰러지지 않은 나무 막대를 보다가) 아하! 나무 막대를 가깝게! 부딪치게, 부딪치게….'과 ㉡ '(앞의 나무 막대를 가리키며) 이게 뒤에 있는 나무 막대랑 부딪치게 놓아야 해요.'에서 ① 은지가 구성한 지식이 무엇인지 쓰고, ② 그 지식의 개념을 사례와 관련지어 설명하시오.[21] **① 논리수학적 지식, ② 은지가 나무 막대 간의 관계를 파악하는 것과 같이 물체 자체의 특성과는 상관없이 물체 간의 관계성을 스스로 구성하는 반성적 추상에 의해 획득되는 지식이다.**

 Plus 지식 지식의 유형과 근원의 차이

지식의 유형	지식의 근원	지식의 형성 과정
물리적 지식	물체	관찰
논리·수학적 지식	유아(주체자)	관계 짓기(내성적 추상작용)
사회적 지식	외부세계	사회적 전달

3 지식의 3가지 유형 - 까미와 드브리스 프로그램(Kamii & DeVries Program)

- 피아제의 인지 이론은 지식의 유형에 따라 지식 구성 방법이 다르다고 보고, 다음과 같이 구분하였다.

물리적 지식	▶ **외관상 나타난 물체에 대한 지식**으로 **물체의 속성**이나 **자연 현상의 원인과 결과와 관련**된 지식 　예 '이 물고기는 빨갛다'와 같은 물리적 지식은 관찰을 통해 습득되며, 물체 자체에 지식의 근원이 있다. • **물체의 속성**이나 **자연 현상에 대한 원인과 결과에 관련된 지식**을 포함하며, 이를 물체의 운동(물리)이나 물체의 변화(화학)에 관련된 지식으로 구분하기도 한다. • 물리적 지식은 **물체에 가한 행동과 그 반응을 관찰**하거나, **구체적인 경험이나 관찰**을 함으로써 획득된다. [지도] 물체를 조작하고, 그 반응을 관찰할 기회를 제공한다. 　예 진흙을 가지고 뭉쳐보고, 가늘게 밀어보고 하는 **행동의 결과를 통해 진흙이라는 물체**가 점성과 변형성 등의 성질을 가지고 있다고 이해하게 된다면 이는 진흙의 성질에 대한 물리적 지식을 획득한 것이다. • 환경에서 물체와 물체의 특성에 대해 학습하는 것을 말한다. 유아는 물체의 색깔, 무게, 크기, 조직에 대한 정보를 관찰함으로써 알 수 있다. 기 쌀가루는 부드러워요.[14] • 이러한 물리적 지식은 논리·수학적 지식과 서로 연관되어 있다.
논리· 수학적 지식	▶ 물체 자체의 특성과 상관 없이 **물체 간 관계를 비교**하고 **분석**하는 **반성적 추상을 통해 구성**되는 정신적 지식 • **같고 다름, 많고 적음, 분류, 포함관계** 등 **사물 간 관계를 인식하는 정신적 지식**을 말한다. • 물체 자체의 특성과는 상관없이 **물체 간의 관련성**에 관련된 지식을 포함한다. • **물체 간 관계**의 구체적 상황을 통해 **관계성을 스스로 구성**하며, **반성적 추상의 과정**을 거쳐 획득된다. 　예 같은 양의 진흙을 동그랗게 만들거나 길게 변형하는 경험을 통해, 형태가 변해도 양이 일정함을 이해한다면 이는 양의 보존이라는 논리·수학적 지식을 습득한 것이다. • 정보를 조직하고 세상의 의미를 만들어 가기 위해 개인이 구성하는 관계들이며, 같고 다름, 많고 적음, 수, 분류 등을 포함한다. • 이러한 논리·수학적 지식은 **사물과 사물의 관계에 의한 지식**으로 **눈에는 보이지 않**는 사물과 사물과의 관계를 **머릿속에서 알아내는 것**을 말한다. 　- 이는 **가르칠 수 없**으며 사물과의 관계를 활동 속에서 경험함으로써 **스스로 지식을 구성**해 나갈 수 있게 된다. • '물고기는 동물의 일종이다.', '빨간 물고기는 까만 물고기와 다르다.' 　- 물고기가 동물인 것은 물고기 자체만 보아서는 알 수 없으며, 유아가 머릿속에서 물고기와 동물의 포함관계를 떠올림으로써 파악된다. 　- 물고기 색의 차이도 빨간 물고기나 까만 물고기 각각에 존재하는 것이 아니라 유아가 두 물고기를 색에 따라 비교함으로써 구성되는 지식이다. 　- 더욱이 색이 아니라 크기에 따라 물고기를 비교한다면 '두 물고기는 같다'고 볼 수 있다. 　- 따라서 **논리·수학적 지식의 근원**은 물체 그 자체에 있는 것이 아니라 **물체와 물체를 관계 짓는 유아 자신에게 있다.** • 물리적 지식이 사물에 대한 **신체적 행동**을 수반하는 반면, 논리·수학적 지식은 **정신적 활동**을 요구한다. 그러나 두 지식은 밀접한 관련이 있다. 　- 빨간 물고기와 까만 물고기의 색깔(물리적 지식)을 **각기 관찰**하지 못하면, 두 물고기의 차이(논리·수학적 지식)도 구성할 수 없다. 　- 또한 빨간색을 다른 모든 색깔과 구별하는 **분류 능력**(논리·수학적 지식)이 없이는 그 물고기가 빨간색(물리적 지식)이라는 사실을 알아낼 수 없다. 　- 따라서 논리·수학적 지식을 습득하기 위해서는 **유아가 실제 물체를 다루어 볼 수 있도록 해야 한다.**

사회적
지식
	▶ **사회적 약속과 관습에 의해 형성**되며, **사회적 전달을 통해 학습**되는 지식
	• 사회 속에서 **사람들 간의 약정과 관습에 의해 형성된 지식**이다.
	• 성인(예 교사, 부모)의 **직접적인 가르침** 즉, **사회적 전달에 얻어지는 지식**이다.
	• 사회적 지식은 **유아 외부에 지식의 근원**이 있다.
	  – '어린이날은 5월 5일이다.'와 같이 대개 사람이 정한 것이라는 특징이 있다. 5월 5일이 다른 날들과 어떻게 다른가에 대해서는 아무런 물리적·논리적 이유가 없다.
	• 다른 사람의 전수를 통해 획득되는 지식으로 **물체의 이름, 규칙** 등이 여기에 포함되며, 각 문화권마다 다른 수 단어 체계가 대표적인 사회적 지식의 예이며, 직접 설명이나 안내에 의해 획득된다.
	  – 비슷한 점성이나 변형성을 가지지만 밀가루 점토와는 달리 **진흙**이라 불러야 한다는 것은 **다른 사람이 사용하는 경우를 보거나 말해주어야 획득**된다.
	• 사회적인 관습이나 문화 혹은 **약속이나 규칙처럼 외부에서 배워야 알 수 있는 지식**을 말한다.
	• 즉, **다양한 사회적 상황에서의 행동 규칙**들과 같은 것을 의미한다.
	[기] 유아들이 구성할 수 있는 지식의 유형 중 '(주사위를 던져 별이 나오자) 에이, 별이네. 한번 쉬어야겠다.'에 해당되는 것이 무엇인지를 각각 쓰고 그 이유를 논하시오. **사회적 지식, '별이 나오면 이긴다.'는 놀이의 규칙은 또래 집단 내의 약속에 의해 생성된 지식으로 사회 속에서 사람들 간의 약정과 관습에 의해 형성되는 사회적 지식에 해당한다.**[11]
	[기] 까미와 드브리스 프로그램에서는 지식을 3가지 유형으로 제시하였다. ㉠ '어른들이 태어나신 날은 생신'은 이 3가지 지식 유형 중 (① **사회적 지식**)에 해당한다. ①의 의미를 ㉠의 사례를 들어 설명하시오. **어른들이 태어나신 날은 '생신'이라는 유형의 지식은 사회 속에서 사람들 간의 약정에 의해 형성된 지식으로 다른 사람의 전수를 통해 획득되는 지식을 말한다.**[13]
	[기] 피아제(J. Piaget)의 이론에 근거하여, 다음의 ⓒ '모양의 이름이 원'에 해당하는 지식 유형을 쓰고 그 지식을 설명하시오.[22]

Plus 지식   지식의 유형과 그에 따른 유아 과학교육 사례

물리적 지식	논리·수학적 지식	사회적 지식
• 이 물고기는 빨갛다. • 이 물고기는 물속에서 헤엄친다.	• 두 물고기는 다르다(색깔). • 두 물고기는 같다(크기). • 이 물고기는 식물이 아니라 동물이다.	• 금붕어 • goldfish
• 나무는 물에 뜨고, 돌은 가라앉는다. • 잘 익은 바나나는 노란색이며 독특한 냄새가 난다. • 식초에 베이킹소다를 넣으면 거품이 생긴다. • 비밀 상자의 촉감과 소리	• 공을 바닥에 세게 칠수록 공은 높이 튀어 오른다. • 세게 밀수록 추가 빨리 움직인다. • 물의 온도가 높을수록 물질을 더 빨리 녹인다. • 이에 해로운 음식과 이로운 음식을 분류하기	• 실험 결과를 그래프로 만들고 해석하기 • 도구의 이름 • 도구의 사용방법 • 동물 및 식물의 이름

4 브루너(Bruner, 1915~2016)의 지식의 구조(3가지 표상 양식)

1) 주요 개념 및 과학교육 방법

시대적 배경		• 브루너는 2차 세계대전을 통해 미국의 교육자와 일반 국민들은 현대 기술 사회에 대처하기 위해서는 **수학과 과학 지식과 기술이 좀 더 필요함**을 인식했다. • 그러던 중 1957년 소련의 인공위성 발사로 인해 듀이(Dewey)의 생활중심, 경험중심 교육과정이 아동에게 중요한 내용을 가르치는 데 실패했다는 비판을 받게 되었다. • 이러한 시대적 배경에서 **학문중심교육으로 교육과정의 변혁에 박차를 가하게 한 대표적인 학자**로서 브루너는 특히 **수학과 과학교육 분야에 지대한 영향**을 미쳤다. • 또한, 그는 1950년대 행동주의를 대체하려 했다는 점에서 **인지 혁명의 선구자**로 불린다.

주요 개념	지식의 구조화	• 당시 **교육 내용**은 일상생활의 문제를 해결하는 데 도움이 되어야 한다는 입장에서 지식의 '**기능**'이 강조되고 있었다.
		• 반면, 브루너는 **각 학문의 고유한 기본 개념**이나 **원리의 내적 체계를 지칭**하는 **지식의 '구조'** 또는 학문의 '**구조**'가 **각 교과의 교육 내용이 되어야** 한다고 주장하였다.
		  – 이는 한 교과의 교육과정은 그 교과의 구조를 나타내는 일반적인 원리를 가장 깊이 이해하고 있는 사람들에 의해 결정되어야 함을 의미한다.
		  – 또한 그는 **개념**과 **원리**를 각각의 상호 연관 속에서 또 학문의 전체적 구조와의 관련 속에서 학습해야 한다고 하였다.
		  – 세부적인 사항은 지식의 구조 안에 들어 있지 않으면 쉽게 잊어버리게 되지만, 지식의 기본적 구조를 파악하게 되면 내용을 훨씬 쉽게 이해할 수 있기 때문이다.
		• 한계점 : '모든 교과(예 문학, 예술)에서 지식의 구조를 뽑을 수 있는가?', '지식의 구조를 모든 학생에게 가르칠 수 있는가?', '그럴 필요가 있는가?' 하는 의문이 제기된다.
		
		Plus 지식 학습 내용의 조직
		① **피아제 이론**이 과학교육에 주는 시사점은 학습 내용이 **학습자의 지적 수준에 적합**해야 한다는 것과 사물과의 상호작용(실험 및 발견학습)을 강조하는 입장이다.
		② 반면, **피아제 이론에 대해 비판적인 입장**에 의하면 학습해야 할 내용과 관계없는 인지구조는 없기 때문에 학습에서 중요한 것은 학습자의 지적 수준이 아니라, **제시하는 학습 내용을 어떻게 하위개념부터 상위개념으로 잘 조직하느냐**이다.
		  – 학습 내용의 위계를 매우 자세하게 잘 조직하기만 하면 누구에게나 어떠한 개념이라도 학습시킬 수 있다는 것이다.
		  – 이는 브루너가 말한 바와 같이 **표상 양식을 달리함으로써 '어떤 개념이라도 어느 누구에게나'** 가르칠 수 있다는 뜻이다(Bruner, 1966).
		④ 교육과정 구성에서 **피아제**의 입장은 교육 내용이 **학습자의 지적 발달수준**과 어떻게 일치하느냐 이고, **브루너**는 가장 심각하게 고려해야 할 점이 학습자의 특성보다는 **가르칠 내용을 어떻게 조직하느냐** 하는 문제라고 보았다.

주요 개념	표상 양식	• 브루너는 모든 지식은 유아가 이해할 수 있는 간단한 형태로부터 상징적이고 추상적인 형태로 제시될 수 있다고 보아 표상 양식이라는 개념을 제시하였다. • 이는 **피아제의 인지발달 이론에 영향을 받은 것**으로 구체적으로 행동적(동작적), 영상적, 상징적 표상 등 3가지 양식이 포함된다. • 브루너의 3가지 표상 양식은 **인류의 발명 역사나 피아제의 인지발달 단계와 습득 순서가 유사**하다. 그러나 브루너의 표상 양식은 다음과 같은 점에서 차이가 있다. 　- 피아제는 인지발달 단계는 고정불변이며, 유아에게 가르칠 내용은 인지발달 단계에 따라 달라져야 하므로 유아는 발달 수준 이상의 것을 학습하는 것이 불가능하다고 보았다. 　- 반면, 브루너는 동일한 지식 내용도 다양한 표상 양식으로 표현될 수 있으며, 표상 양식을 조절하면 유아에게도 성인의 내용을 가르칠 수 있다고 보았다. 　- 즉 표상 양식만 달리한다면 어떤 교과든지 그 지적 성격에 충실한 형태로, 어떤 발달 단계에 있는 어떤 아동에게도 효과적으로 가르칠 수 있다는 것이다. 　- 따라서 브루너의 입장에서 학습의 준비성은 유아의 특성뿐 아니라 교재(표상 양식)와도 관련 있다고 할 수 있다. **Plus 지식　브루너의 지식의 구조(학습 준비에 관한 이론)** • 브루너는 피아제의 인지발달 단계이론에 근거하여 학습의 준비성에 관하여 설명하면서 **어떤 교과든지 지적으로 적절한 양식으로 제시된다면** 어떤 발달단계에 있는 학습자도 효과적으로 학습할 수 있다는 가설을 제시하였다. • 이 가설에 따르면 학습자는 발달단계에 따라 각각 다르게 지각한다. 즉, 학습자는 발달단계에 따라 사물이나 현상의 구조를 알아가는 데 각각 다른 방식을 사용한다. • 따라서 효과적인 학습을 가능하게 하기 위해서는 학습자의 발달단계에 따른 적절한 지각 양식에 맞게 학습 내용의 구조를 표현해 주어야 한다.
과학 교육 방법	나선형 교육 과정	▶ 개념과 원리를 <u>반복적으로 학습</u>하며 <u>점차 심화</u>하는 방식의 교육과정 • **계속성의 원리를 토대**로 개념이나 **원리를 기본학습**으로 시작하여 점차 **심화학습**으로 나아가는 것을 **반복**함으로써 완전하게 학습될 수 있는 교육과정이다. • **아동이 이미 알고 있는 개념을 점점 나선적으로 반복하면서 확대**시켜 준다. 　- 나선형 교육과정은 교육 내용을 교과의 기본 구조로 다루면서 시간의 흐름에 따라 **점점 폭넓고 깊이 있게 조직해 가야** 한다는 것이다. 　- 학문의 기본적 개념은 지적 발달 단계에 맞추어 처음에는 쉽게 제시하고, 단계적으로 점점 높은 수준의 나선방식으로 전개한다면 나중에는 어려운 내용이라도 완전하게 이해하게 된다는 것으로 **3가지 표상 양식과 관련**하여 해석한다. • 나선형 교육과정은 완전한 이해와 숙달 수준에 이를 때까지 **기본적인 아이디어를 반복**해서 접하게 하는 것으로서, 연령이 낮은 유아에게 광범위한 주제를 학습할 수 있게 해주었다. 　- 또한 **주제는 해마다 순환**되지만, **학년이 올라갈수록 깊이 있는 이해가 발달**하게 된다.

발견 학습	▶ **충분한 예를 제시, 유아가 스스로 탐구**하며 **개념과 원리를 도출**하는 학습 방법
	 • **주입식 교육을 경계**한 아이디어로써 **교과 내용을 가르치되 그 내용이 학생에게 이해되도록 가르쳐야** 한다는 것이다.
	    – **원리를 이해할 수 있도록 가르친다는 것**은 암기가 아닌 **현상을 보는 안목**을 나타낸다고 할 수 있다.
	 • 지식의 구조를 가르치는 방법상의 원리이기 때문에 **특히 수학이나 과학**과 같이 **지식의 구조가 뚜렷한 교과에 유용**하다는 평가를 받는다.
	    – **유아를 능동적인 문제 해결자**로 본 브루너는 유아 **스스로 탐구** 과정을 거쳐 과학 개념을 발견해야 의미가 있으므로 **교사의 지시는 최소한**으로 줄이고 유아의 **자발적인 발견 과정을 통하여 스스로 학습해야** 한다고 주장했다.
	    – 즉, 교사가 먼저 **충분한 예를 제시**하고 유아가 **과학개념이나 원리를 스스로 도출**하게 하는 **귀납적 방법**을 사용해야 한다는 것이다.
	    – 따라서 발견학습은 설명 학습과 달리 유아에게 의미 있는 학습으로서 **내적 학습 동기 유발**에 효과적인 방법으로 평가된다.
	    – 시행착오나 시간 소모가 많을 수 있지만 일단 발견학습으로 얻어진 지식은 쉽게 잊지 않으며 유사한 다른 과제의 학습을 쉽게 해줄 수 있다.
	 • **발견학습의 장점**
	    • 유아의 지적 능력을 증진한다.
	    • 외적 보상을 내적 보상으로 바꾸어 준다.
	    • 유아는 발견 과정을 통해 발견하는 방법과 그 속성 또는 탐구적 발견법을 학습한다.
	    • 유아의 기억을 회상시키는 데 효과적이다.	

발견 학습 의 과정	탐색 및 문제 파악 단계	• 주어진 학습 자료를 탐색하고 **학습 문제가 무엇인지**를 파악하는 단계
	자료 제시 및 관찰·탐색 단계	• 교사가 **문제 해결에 필요한 1~2가지 자료를 제시**하여 유아가 관찰·탐색하게 한다.
	자료 추가 제시 및 관찰·탐색 단계	• **다른 자료들을 추가로 제시**하여 유아가 관찰·탐색하고, 이전 단계에서 관찰·탐색한 결과와 비교하게 한다.
	규칙성 발견 및 개념 정리 단계	• 관찰·탐색한 결과에 대한 **토의를 통하여 일반화**하고 **규칙성을 발견**하는 단계이다.
	적용 및 응용 단계	• 발견한 규칙성을 **다른 경우에 적용 또는 응용**해 보는 단계이다.
시사 점	• **지식의 구조를 제공**하여 이를 통해 **원리를 근원적으로 이해할 수 있도록 하는 교육과정을 구성**해야 한다. • 유아의 발달단계에 알맞은 올바른 교수방식을 제공한다면 어떠한 주제라도 다룰 수 있다. • 각 연령별로 특정 주제를 **나선형 교육과정의 형태**로 계발하여 학습시키면 기본 분류체계를 습득할 수 있다. • **표상 수준을 고려한 교수를 도울 수 있는 매체 사용을 장려**한다. • **발견의 기회를 제공**한다. 생활 체험과의 관련성을 가지고 구체적인 조작물을 다루어 봄으로써 아동들에게 적합한 발견학습이 가능할 것이다.	

Plus 지식 구성주의 이론적 기초

① 구성주의 관점에서 볼 때, 지식이란 인간 내부에서 끊임없이 구성되어 간다.
- 과학적 개념 또한 학습자가 그 지식을 단순히 수용하거나 동화하는 데에 그치지 않고 수업에 능동적으로 참여하여 스스로 의미를 재구성하면서 발전해 가는 것이다.
- 즉, **유아는 자신의 사고와 개념의 발달에 능동적으로 참여하여 스스로 새로운 의미를 구성**해 간다.

② 구성주의 입장에서는 과학적 법칙과 이론이란 감각적 자료로부터 귀납적인 방법을 통해서 직접 일반화된 것은 아니며, 역으로 관찰 자료가 과학적 법칙과 이론으로부터 기계적으로 연역되지도 않는다.
- **과학적 지식이란** 정신적인 창조의 과정을 통하여 이루어지는 구성물로서 과학자가 자연과 상호작용하는 과정에서 **관련짓기를 통해서 자연 현상을 이해하고 설명하거나 관찰과 경험을 통해서 검증하고 평가하는 과정에서 구성**된다.

Plus 지식 과학지식의 요소

- 다음 각 내용이 **과학 사실, 개념, 법칙, 이론** 중 무엇에 해당하는지 생각해 보시오.
 ① 매년 추수할 때마다 둥근 씨와 주름진 씨가 대략 3:1의 비로 나타난다.
 ② 완두의 둥근 씨가 5,474개, 주름진 씨가 1,850개이다.
 ③ 우성, 열성, 유전인자
 ④ 한 형질에 대하여 한 쌍의 유전자가 있으며, 생식할 때 분리되어 각 배우자에게 한 개씩 들어가고 자손에게 다시 쌍을 이룬다.

 정답 : ①-법칙 ②-사실 ③-개념 ④-이론

 주B8. 3) 다음은 유아가 가져온 자료의 일부이다. 브루너(J. Bruner)의 표상 양식에 근거하여, ㉢과 ㉣의 특징을 각각 설명하시오.[22] **㉢은 정신적 이미지를 사용하여 사물을 파악하는 시각적 표상이고, ㉣은 문자 등을 이용하여 언어적, 논리적으로 개념을 습득하는 상징적 표상이다.**

㉢

㉣
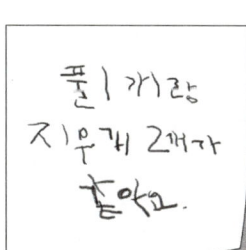

2) 브루너의 3가지 표상 양식

행동적 표상 (동작적 표상, 피아제의 전조작기에 해당)	▶ **신체적 활동을 통해 구체물을 조작, 탐색**하여 그 물체의 특성을 학습하는 단계 • **행위에 의해 사물을 파악**해 가는 초보적인 단계이다. • 사물을 인지하는 가장 초보적인 단계로 **직접 행함으로써 지식을 획득하는 단계**이다. • 아동이 **신체적인 활동을 통해서 구체물을 조작**하고 그것의 **물리적 환경을 탐색**하며, **그 물체가 지닌 규칙(특성)을 학습**한다. ◎ ㄱ, ㄴ을 가르칠 때 칠판에 쓰는 것을 보여주기보다, **직접 ㄱ, ㄴ을 써보도록** 한다. ◎ **블록 쌓기, 구슬 꿰기** 등 직접적인 조작 활동을 통한 학습이 효과적이다. 기 교사는 자전거를 제시하여 유아들에게 **잡고, 만지고, 움직여 보도록** 하였다.[10]
영상적 표상 (피아제의 구체적 조작기)	▶ **시각, 청각 등 정신적 이미지를 사용**하여 그 물체의 특성을 학습하는 단계 • 학습자가 **학습 대상에 대한 정신적 이미지를 사용하여 세상을 알아가는 과정에서 사용**하는 표상 양식이다. • 자연계의 사물을 **시각**이나 **청각**을 통해 인식하는 단계이다. - 따라서 **시청각을 통해 경험한 사물에 대한 논리적 사고는 가능하지만**, 시청각을 통해 경험하지 않은 사물에 대한 논리적 사고는 불가능하다. • 아동은 성장하면서 구체적인 신체적 활동을 하지 않고도 자신의 주변 환경을 이해하는 방법을 발달시킨다. 신체적 활동 대신 상상을 통하여 인지과정은 확대되어 간다. ◎ 막대기 두 개를 직접 대어보지 않고 **눈으로 보기만 해도 길이를 비교**할 수 있다. • 영상적 표상은 **물리적으로 존재하지 않는 사건이나 사물을 생각할 수 있도록 도와**주며, 자기가 사는 세계에 관하여 **상상할 능력을 확장**해 준다. • 그러나 여기에는 물체의 기능이나 성질에 관한 정보는 포함되지 않기 때문에 사진이나 그림을 분류할 때 시각적 성질에 기초를 둔다. ◎ **그림, 도표, 사진, 시범 보이기** 등의 시각적·감각적 경험을 활용하는 것이 효과적이다. ◎ 학습 시 **그림이나 동영상**을 보여준다. 기 교사는 자전거 타는 방법을 알려주기 위해 유아들에게 **비디오**를 보여주었다.[10] 기 유아 과학교육에 사용되는 교구나 매체는 브루너(J. Bruner)가 제시한 표상 양식 중 유아가 이해할 수 있는 수준의 표상 양식으로 구성되어야 한다. **그림과 사진으로 구성된** 떡 만들기 요리표는 브루너(J. Bruner)의 표상 양식 중 **(영상적 표상)**에 기초하여 제작한 것으로 글이나 기호로 설명하기에 복잡한 요리 과정을 유아들에게 알려주는 데 적합하였다.[14]

상징적 표상
(피아제의 형식적 조작기)
	▶ **언어, 숫자, 기호 등 상징을 사용**하여 그 물체의 특성을 학습하는 단계
	• 모든 사물을 언어적, 개념적, 논리적으로 파악할 수 있는 단계이다.
	• 이 단계에서는 지적 활동이 **직접 경험한 것이나 눈앞에 보이는 것에 국한되지 않고, 가설적 명제를 조작할 수 있는 능력**이 생긴다.
	• 아동은 **언어를 사용하면서부터 자기 생활을 말로 표현**하고, 어떤 것은 **문자, 숫자, 기호** 등의 **상징**을 이용하여 나타낸다.
	  - 언어나 상징은 인지능력을 확대해 주는 중요한 매개체이고, 이 단계는 인지발달에 중요한 단계이다.
	  - 세련된 최고의 단계로 상징적 표현, 즉 언어에 의한 추리력, 사고력을 향상한다.
	  - 경험, 생각, 과거, 현재, 미래를 표현하기 위해 언어를 사용하거나 기호를 활용하여 표현한다.
	◎ **공식이나 숫자**라는 상징을 통해 **수와 수학적 개념을 나타낼 수** 있다.
	기 교사는 자전거 타는 방법을 유아들에게 **말로 설명**해 주었다.[10]

지식 브루너의 표상 양식, 피아제의 인지발달 단계 및 인류의 발명 역사

브루너의 표상 양식	피아제의 인지발달 단계	인류의 발명 역사
행동적 표상 (동작적 표상)	전조작기	운동능력의 확장 예 지렛대나 바퀴 등과 같이 간단한 기계
영상적 표상	구체적 조작기	감각 능력의 확장 예 망원경, 레이더, TV, 종이, 인쇄술, 카메라, 현미경
상징적 표상	형식적 조작기	추리 능력의 확장 예 컴퓨터 언어와 같은 상징 체계나 이론, 알고리즘, 코딩

 지식 브루너의 3가지 표상 양식

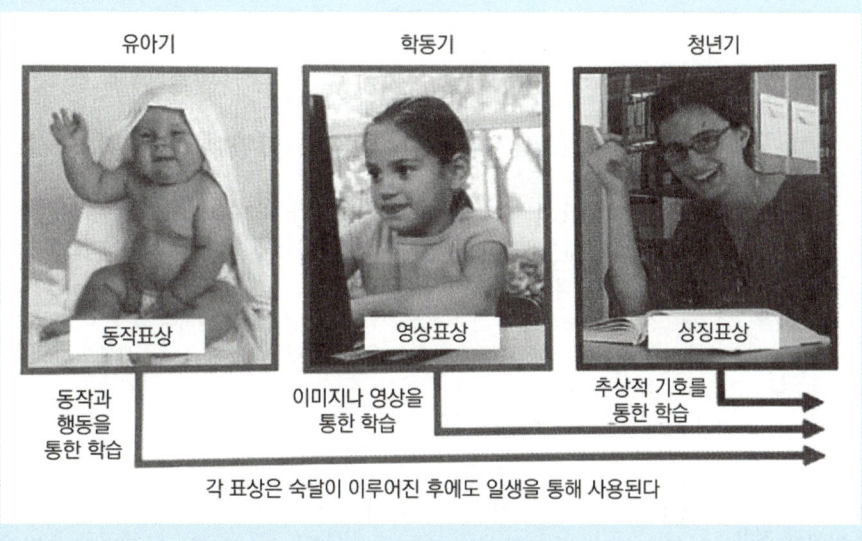

기 **특주B7.** 3) ㉠을 한다면, 유아들이 경험하는 표상 양식이 무엇인지 브루너(J. Bruner)에 근거하여 쓰고, 그 예를 [D]에서 찾아 쓰시오. [특21]
표상 양식 : 영상적 표상, 사진을 찍어 놓으면 어떨까요?
표상 양식 : 행동적(동작적) 표상, 내일 계속해서 성을 완성하자.

> 지우 : 아, 이제 집에 갈 시간이야. 우리 다 못 만들었는데, 내일 계속해서 성을 완성하자.
> 서준 : 비가 와서 망가지거나 다른 애들이 부수면 어떻게 하지?
> 교사 : 다 부서져도 다시 만들 수 있도록 선생님이 사진을 찍어 놓으면 어떨까?
> 민지 : 네, 찍어요.
> 서준 : 선생님, 여기 좀 잘 찍어 주세요.
> 지우 : ㉠ 얘들아, 내일 계속 또 만들자.

⌉ D

5 데일(Edgar Dale, 1946, 54, 69년)의 경험의 원추

- 교수 매체를 활용한 학습 경험의 종류를 그 **구체성과 추상성의 정도에 따라 분류**하였으며, 이를 '경험의 원추'(cone of experience)라고 하였다.
- 이 경험의 원추를 통해 데일은 학습 경험을 행동적 경험(enactive experience, 행동에 의한 학습), 시청각적 경험(iconic experience, 관찰을 통한 학습), 상징적 경험(symbolic experience, 상징에 의한 학습)으로 구분하고 있다.
- 이 분류는 **브루너**(Bruner)가 피아제의 인지발달에 관련된 연구를 이용하여 유아의 세계를 알아보기 위하여 심상을 정보 처리하는 과정을 **행동적 표상, 영상적 표상, 상징적 표상**의 세 가지 양식에 의한다는 분석과 같다.

데일의 경험의 원추	행동적 경험 (직접적 경험, direct experience)	▶ **직접 행동을 통해** 이루어지는 (구체적) 경험 • 실제 가위질을 하거나 공을 차는 것과 같이 유아의 직접 행동을 통한 경험으로 가장 구체적이다.
	시청각적 경험 (그림의 경험, pictorial experience)	▶ **그림, 사진, 영상 등을 통해** 이루어지는 (간접) 경험 • 실제 행동이나 실물의 경험은 아니지만, 시청각적 표현 현상을 통한 경험으로 어느 정도 구체성이 깃든 경험이라고 할 수 있다. 　◎ 지금까지 가위질하지 못하던 유아가 그림이나 영화를 보고 가위질을 할 줄 알게 되었다면 이것은 시청각적 경험의 효과라고 볼 수 있다. • 시청각적 경험의 교수 매체라 하여 행동적 경험이나 상징적 경험과 전혀 무관하지 않다. **시청각적 경험을 주로 유도하는 교수 매체로 행동적 경험이나 상징적 경험을 부차적으로 유도할 수도** 있다. 　◎ 견학하는 동안에 그 견학 장소에서 어떤 실제 작업에 참여해 봄으로써 행동적 경험을 할 수도 있고, 전시를 통한 학습 중에서도 전시 내용이 조금 추상적인 경우에는 상징적인 경험을 할 수 있게 된다. • 또 행동적 경험을 주로 유도하는 교수 매체도 어느 정도의 시청각적 경험이나 시청각적 경험을 곁들일 수 있다.
	상징적 경험 (추상적 경험, abstract experience)	▶ **언어나 기호 등의 상징을 통해** 이루어지는 (추상적) 경험 • 실제 행동이나 실물 또는 그림의 시청각적 형상을 통하지 않은 추상적 상징에 의한 경험이다. 　◎ 유아가 책에서 가위라는 단어를 읽고 이 단어와 가위의 영상을 연결할 수 있거나 실제 가위질을 해본 경험과 연결할 수 있다면 이는 상징적 경험의 효과라고 할 수 있다.

- 경험의 원추는 **위로 올라갈수록 추상적 경험**을 나타내고, **아래로 내려올수록 구체적인 경험**을 나타낸다. 위로 올라갈수록 좁고, **아래로 내려올수록 넓은 것은 구체적인 경험을 주는 교수 매체일수록 많이 활용됨을 나타낸다.**
- 다만, 이러한 나열이 실제 수업에서 진행되어야 하는 **정확한 순서를 나타내는 것은 아니다.**
  - 또한 특정한 어떤 경험이 교육적으로 **더 유용하다는 것을 의미하지도 않는다.**
  - 즉, 특정한 상황의 유아교육 기관에서 학습자인 유아의 **사회문화적 맥락 및 발달적 특성을 고려한 가장 유용한 학습의 경험을 제공하는 것이** 유아교육의 효과를 높이기 위하여 **중요함**을 기억해야 한다.

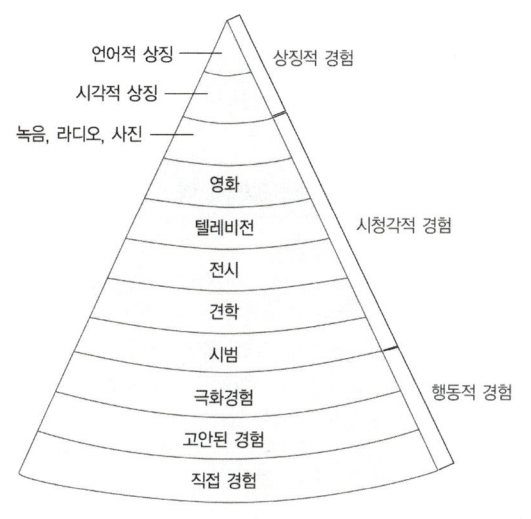

데일의 경험의 원추 / **2019년 기출**

기출	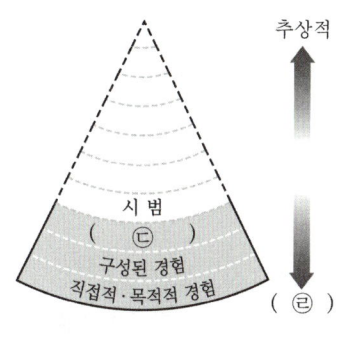	㈎ '동물병원 놀이'는 ㉢을 적용한 활동이다. ㉢에 들어갈 경험 1가지를 쓰시오, ㉣에 들어갈 말 1가지를 쓰시오. **극화 경험, 구체적**[13추] ㈎ 데일(E. Dale)은 '경험의 원추'에서 구체성과 추상성의 정도에 따라 학습경험을 크게 3가지로 나눈다. ① ⓐ~ⓒ 중에서 '거북이 사진과 동영상, 그림 자료를 보며'에 해당하는 기호와 명칭을 쓰고, ② ⓓ에 해당하는 가장 적절한 사례를 (가)의 ㉣에서 1가지 찾아 쓰시오. ① : ⓑ, **시청각적 경험**, ② : **역할을 정하여 '토끼와 거북이' 동극을 한다.**[19]
유의점	\multicolumn{2}{l	}{• 어떤 특정 경험이 다른 경험보다 **더 유용하다는 것을 암시하지 않는다.** • 경험의 나열 순서가 실제 학습 상황에 있어 **진행 순서를 암시하지 않는다.** • 구체적인 경험만을 하게 되면 종합, 분석하거나 추리하는 능력을 길러주기 어렵고, 너무 추상적인 경험만을 하게 되면 실증적 경험이 기초가 약하여 관념적이고 막연한 지식만을 갖기 쉽다. • 학습활동의 유형이나 내용, 집단의 형태 등에 가장 적합한 경험과 그 경험을 충분히 하도록 하는 교재를 선정하도록 해야 하며, 여러 유형의 경험을 복합적으로 사용할 수도 있다. • 학습자의 연령, 특성, 흥미 등을 고려하여 경험의 유형을 선정하고 선정한 경험이 적절히 활용될 수 있도록 철저한 사전 계획을 세우도록 한다.}

1) 행동적 경험

- 행동적 경험은 유아가 직접 행동함으로써 얻을 수 있는 경험으로서 가장 구체적이다.
- 행동적 경험은 교수 매체를 활용하여 얻을 수 있는 경험의 구체성 정도에 따라 가장 구체적인 직접 경험에서 고안된 경험, 극화된 경험으로 구분한다.

분류	특징	활동의 예

직접 경험
(direct purposeful experience)
	• 행동적 경험 중 가장 구체적이고 실제적인 경험으로서 모든 경험의 기초가 됨
	• 개념적으로 막연히 학습할 것이나 어느 정도 추상적이거나 개념적으로 학습할 내용도 직접 경험을 통해 더욱 깊이 있게 이해하고 개념화할 수 있음
		• 동식물 기르기
		  예 개구리·달팽이 기르기, 토마토 기르기, 봉숭아꽃 기르기 등
		• 과학 실험 및 요리 활동
		  예 물에 뜨는 것, 가라앉는 것 실험, 과일 속 관찰하기, 빙수 만들기 등

고안된 경험
(구성된 경험, 모의 경험, contrived experiences)
	• 실제로 경험할 수 없는 경우 비슷한 경험을 할 수 있도록 **모의 사물을 접함**으로써 얻을 수 있는 경험
	• 장점 : 실물이 너무나 방대할 경우 축소, 모형의 제작을 통해 **전체를 파악할 수**
	• 실제로 직접 경험을 하기에 너무 크거나 갈 수 없는 곳에 있는 것을 경험하게 해주고자 할 때 **디오라마나 모형**, 또는 실물에서 추려내어 모형을 구성하여 제시함
		• 교통안전교육 활동
		  예 실제 교통상황과 유사하게 축소된 시설에서 교통안전교육 활동
		• 소방안전교육
		  예 차례, 지진 등의 재난 시 대피 방법을 훈련하도록 고안한 시설에서 안전교육
		• 직업 체험활동
		  예 어린이에 맞춰 제작된 시설에서 파일럿 되어 비행기를 조종하고 소방관 되어 직접 불을 끄는 등 다양한 직업 체험을 경험

극화 경험 (dramatized experiences)	• 직접 경험이나 고안된 경험으로 학습할 수 없는 내용으로서 학습 현장에서 **시간적·개념적으로 쉽게 다룰 수 없**는 경우 활용 • 행동적 경험 중 가장 추상성을 지닌 것으로써 **직접 극에 참여하거나 극을 관람함**으로써 얻을 수 있는 경험	• 다양한 극화 활동 예 시장 놀이, 미용실 놀이, 음식점 놀이 등과 여러 동극 활동

행동적 경험	직접 경험 (direct purposeful experience)	▶ **실제 사물을 직접적·감각적으로 경험**하는 것 • **실제 사물을 직접적이고 감각적이며 구체적으로 경험**하게 함으로써 학습자가 실제 경험을 통하여 자신에게 의미 있는 정보와 개념을 갖도록 한다. 예 실제 자동차를 타고 자동차의 기능을 살펴보며 부품을 만져 보는 등의 경험 • 직접적·목적적 경험[13추], 직접적이고 의도된 경험[19]

	고안된 경험 (구성된 경험, 모의 경험, contrived experiences)	▶ **실제 상황을 축소·모형화하여 경험**하는 것
		• 모든 종류의 **모의 사물을 통한 경험, 실제 상태의 편집된 경험**으로, 직접 경험처럼 듣기, 보기, 만지기 그리고 다른 감각을 사용하는 경험을 말한다.
		   예 동물에 대해 유아가 관심을 보일 때 가까운 곳에 동물원이 없다면 플라스틱으로 동물들이 사는 집, 여러 종류의 동물 우리, 풀밭 등을 축소하여 구성한 디오라마를 제공하여 동물을 경험할 수 있도록 돕는다.
		   예 유아의 교통안전과 규칙에 대한 이해를 돕기 위해 놀이터에서 도로와 모형 신호등, 신호 표지판 등을 이용하여 횡단보도를 건너보는 실제와 비슷한 경험을 할 수 있다.
		   예 가령 북극을 경험하기 위해 이글루, 북극곰, 에스키모 등을 구성할 수 있고, 농장을 체험하기 위해 여러 동물, 가축우리, 초원 등을 만들어 실제 농장과 비슷한 경험을 할 수 있도록 구성할 수 있다.
		기 [A] 상황에서 유아들이 놀이 자료로 ⓒ~ⓔ '지도, 동물 모형, 동물 사진, 지구본'을 사용하는 것의 장점 1가지를 쓰시오.[22]
		• 장점 : 학습 목표에 **꼭 필요한 경험만을 선택해 제공 가능.** 실물이 방대할 경우 선택, 축소하여 제시함으로써 **전체 파악 가능, 직접 만질 수 없거나 갈 수 없는 곳도 경험 가능**(구성된 경험[13추], 고안된 경험[19])
		• 단점 : 직접 경험만큼 실감 나는 생생한 경험을 주지 못한다.

	극화 경험 (dramatized experiences)	▶ **극이나 역할 놀이를 통해 경험**하는 것
		• 고안된 경험은 공간적 한계를 넘을 수 있지만, 시간, 생각, 개념에 대한 한계를 극복하기는 어렵다.
		• 따라서 직접 경험이나 고안된 경험으로도 학습할 수 없는 내용으로서 현장에서 **시간적으로나 개념적으로 쉽게 다룰 수 없는 경우**에 활용한다.
		• **역사, 동물** 또는 **사물의 의인화, 심리** 등을 극화하여 스스로 경험해 볼 수 있다.
		   예 택시 기사 놀이 등을 극화하여 자동차가 주는 편리함에 대한 경험을 한다.
		   예 유아가 동물에 관심을 보일 때, 동물 가족의 생활을 극화하여 어미가 새끼를 돌보거나 성장하는 과정을 놀이로 경험하도록 한다.

2) 시청각적 경험

- 시청각적 경험은 관찰 경험이라고도 하는데, 실제 행동을 하거나 실물과의 조작에 의한 경험은 아니지만 시청각적 표현이나 현상을 통한 경험으로써 어느 정도 구체성이 있는 경험이라고 할 수 있다.
  ㉠ 줄넘기를 못 하던 아이가 비디오를 보고 할 수 있게 되었다면 이것을 시청각적 경험의 효과라 할 수 있다.

분류	특징	활동의 예
시범 (demonstrations)	• 학습의 장에서 유아들에게 여러 가지를 보여 주는 것인데, **교사가 직접 참여**하기 때문에 **다양한 매체들을 활용**하게 된다. • 그림, 사진, 모형, 실물 등을 활용함으로써 유아들의 동기 유발에 도움이 된다.	• 기본 생활 습관 교육 　㉠ 올바른 손 씻기와 양치질 방법, 옷을 옷걸이에 거는 방법 등 • 운동기구 사용법 　㉠ 평균대, 훌라후프, 줄넘기 등 • 컴퓨터 등 기계와 도구 사용법 시범
견학 (study trip)	• 유아들이 **현장을 직접 방문**하여 주제 학습을 경험하게 된다. • 학습 목표를 위해 인위적으로 조정한 것이 아니라 우리 주변에서 일어나는 실생활을 직접 경험하는 것이기 때문에 **학습 목표와 관계없는 경험을 유아들에게 줄 수** 있다. • 학습에 도움이 되려면 견학의 교육과정에의 통합성을 잘 파악하고 견학하기 위한 사전 준비, 견학 후의 활동 등에 대한 계획을 철저히 세워야 한다.	• 지역사회 견학 　㉠ 소방서, 은행, 지하철역 등 • 동·식물원 견학
전시 (exhibits)	• 시범이나 견학과 달리 전시는 동적이 아니라 정적인 특성을 가진다. • 학습 주제와 관련된 게시판의 그림, 모형, 표본, 유아의 작품 등을 전시하는 것 자체가 교수 매체의 기능을 한다.	• 미술관, 박물관 전시 관람 　㉠ 자연사박물관, 역사박물관, 미술작품 전시회 • 유치원 작품 전시회 등
TV, 영화	• **텔레비전은** 영화에 비해 현재 일어나고 있는 상황을 전달하는 데 **동시성과 속보성**을 지닌다는 차이점이 있지만, • 둘 다 동적 시청각 경험을 제공하기 때문에 정적 시각적 매체보다 훨씬 인상적이고 구체적인 경험을 줄 수 있다.	• 유아의 발달과 활동 주제에 맞게 편집·제작한 슬라이드 및 동영상 자료 　㉠ 성교육 슬라이드 자료, 월드컵, 올림픽 경기 장면, 자연 다큐멘터리 등 • 유아용 애니메이션 영화
녹음, 라디오, 사진, 그림 (recordings radio still picture)	• 녹음과 라디오는 청각적 요소만, 사진과 그림은 시각적 요소만 포함하며, 감각적 요소가 줄어든 교수 매체는 오히려 정신적 활동을 더욱 촉진할 가능성이 높다. • 추상성이 높은 매체가 구체성이 높은 매체보다 교육적 가치가 못하다고 볼 수는 없다. 그림의 경우 상상력을 자극한다는 점도 있고, 목표에 부적합한 요소를 제외할 수 있어 효과적이다.	• 여러 가지 녹음된 소리와 음악 　㉠ 동물 울음소리, 기계와 도구 소리, 여러 가지 탈것 소리, 여러 가지 악기 소리 등 • 사실성이 높은 사진 자료와 목표에 적합하도록 그린 그림 자료 등 　㉠ 다양한 탈 것 사진, 여러 악기 사진, 동물, 식물 사진 등

시청각적 경험	**시범**
	(demonstrations)
		▶ **교사가 직접 행동으로 보여주어** 학습자가 관찰하며 익히도록 하는 방법
		• 시청각 매체 중 가장 구체적 경험을 유도한다.
		• **장점**
		  – 교사가 직접 참여하므로 **교사와 학습자 간의 의견교환이 가능**하며 **학습자의 즉각적인 실행과 연결**된다.
		    ㉠ 교사가 가위의 사용법을 직접 보여주거나 손을 바르게 씻는 방법을 보여준다.
		  – **교사가 직접 참여하므로 여러 가지 다른 교수 매체를 함께 활용**할 수 있다.
		    ㉠ 시범에는 그림, 사진, 슬라이드, 모형 등이 활용될 수 있다.

	견학 (study trip)	▶ 학습자가 실제 현장을 방문하여 **직접 보고 경험**하는 방법 • 유아가 현장을 직접 방문하여 주제 학습을 경험하는 과정이다. • 특정 학습 목표를 위해 인위적으로 조성된 환경이 아니라 실생활에서 일어나는 실제 상황을 경험하는 것이므로, **목표와 무관한 요소를 포함할 수도 있다.** 이는 **학습을 더욱 풍부하게 만들 수 있는 장점**이지만, **반대로 학습의 초점을 흐릴 수도** 있다. • 효과적인 견학을 위해서는 교육과정과의 연계성을 고려하고, 사전 준비 및 견학 후 활동에 대한 계획을 철저히 수립해야 한다. ㉠ 자동차의 정비소에 직접 찾아가거나 정비 작업을 관찰하고 부품을 살펴보는 등의 경험 • 견학은 특정 학습을 위해 인위적으로 조성된 환경이 아니라, 실제 생활 속에서 일어나는 상황을 학습자가 직접 경험하는 과정이라는 점에서 시범과 다르다. • **장점** : 특정 학습 목표를 위해 인위적으로 조성된 환경이 아니라서 실생활에 일어나는 **실제 상황을 풍부하게 경험**할 수 있다. • **단점** : 학습 목표와 직접 관련되지 않은 요소까지 포함될 수 있어, 학습자의 **집중도를 흐릴 가능성**이 있다. 따라서 사전 계획을 철저히 세워 학습의 방향성을 유지해야 한다.
	전시 (exhibits)	▶ 학습과 관련된 자료를 정적으로 제시하여 관찰하는 방법 • 시범이나 견학과 달리 정적인 특성을 가지며, 학습 주제와 관련된 자료를 시각적으로 제시하는 교수 매체다. • 게시판의 그림, 모형, 표본, 유아의 작품 등을 전시함으로써 학습자가 이를 관찰하고 이해할 수 있도록 돕는다. • 벽면, 테이블, 게시판, 바닥 등 다양한 형태로 이루어지며, **실물, 모형, 표본, 사진, 그림, 포스터 등**의 자료가 활용될 수 있다. 이러한 전시물 자체가 교수매체로 기능하며, 학습자는 이를 통해 개념을 시각적으로 탐색하고 이해할 수 있다. • 시범이나 견학과 달리 동적이 아니고, **정적인(static) 특성**을 가지며, 학습자가 직접 관찰하면서 개념을 익히는 데 초점을 둔다. ㉠ 자동차 박물관에서 최초의 자동차부터 현대 자동차까지의 변화 과정을 살펴보는 경험

TV (educational television)	▶ 동적이고 감각적인 시청각 자료를 통해 생생한 간접경험을 제공하는 방법	
	예 월드컵 경기처럼 먼 곳에서 일어나는 사건이나 스포츠 경기를 실시간으로 간접경험	
	• **장점** : 사물의 변화나 사건의 전개를 실감 나게 전달하며, 중요한 내용을 편집하여 효과적으로 제시할 수 있는 **동시성을 제공**한다. 흥미를 유발한다.	
	• **단점** : 생중계의 경우, 교수자의 의도와 관계없이 예상치 못한 정보가 학습자에게 노출될 가능성이 있다.	
영화 (motion picture)	▶ **사건을 잘 조직하고 극화**하여 학습 내용을 효과적으로 전달하는 교육 매체	
	• TV와 유사하게 보고 듣는 현실감을 제공할 뿐만 아니라, **사건을 구조화하고 극화할 수 있어 흥미를 유발**하고, **교육효과를 높일 수** 있다.	
	예 조선 시대의 생활이나 미래의 우주 환경을 극화하여 학습자가 흥미롭게 경험하고 이해할 수 있도록 돕는 것	
녹음, 라디오, 그림, 사진, 슬라이드 (녹음, 라디오, 사진, recordings radio still picture)	▶ **청각 또는 시각적 자료를 활용**하여 학습자가 **특정 감각에 집중**하도록 돕는 교수 매체	
	• 녹음과 라디오는 청각적인 요소만 가지고 있고, 사진과 그림은 시각적인 요소만 가지고 있는 것처럼 감각적인 요소가 줄어든 교수 매체는 그만큼 실제성이 줄어들고 추상성이 높아진다. 따라서 시청각적 경험을 유도하는 매체 중 가장 추상성이 높다.	
	• 그러나 추상성이 높은 매체가 구체성이 높은 매체보다 교육적 가치가 못하다고 볼 수는 없다. 그림의 경우 상상력을 자극한다는 점도 있고, 교육목표에 부적합한 요소를 제외할 수 있어 효과적일 수 있다.	
	예 TV나 영화보다 한 장의 그림이나 사진이 더욱 효과적인 교수 매체가 될 수 있으며, 사진이나 녹음자료는 TV나 영화보다 경제적이라는 장점도 있다.	
	• 다른 매체보다 간접적인 특성을 가지며, 학습자가 **한 가지 감각에 집중**하도록 유도하여 **주의집중을 높이는 교수 매체**이다.	
	예 곤충의 모습을 세밀히 묘사한 사진을 통해 곤충의 모양과 특징을 파악할 수 있으며, 자연의 소리나 다양한 악기 소리 등이 녹음된 청각 자료를 활용하여 청각적 경험을 제공할 수 있다.	
	• **녹음자료** : 교수 의도에 맞게 조절이 용이	
	• **라디오** : 녹음자료보다 실제 상황을 실시간으로 전달	
	• **그림** : 사진으로 제공할 수 없는 사물과 현상을 표현	
	• **사진** : 그림보다 실물과 유사하게 제공	
	• **녹음 · 라디오** : 청각적 요소만 경험	
	• **그림 · 사진 · 슬라이드 필름** : TV나 영화와 달리 동적 요소와 청각적 요소 없이 시각적 요소만 경험	

3) 상징적 경험

- 상징적 경험은 실제 행동이나 실물 또는 시청각적 형상을 통하지 않은 추상적 상징에 의한 경험으로서, 이것을 유도하는 교재교구는 시각적 상징 교재교구와 가장 추상적인 언어적 상징 교재교구로 구분한다.

분류	특징	활동의 예

시각적 상징 매체 (visual symbols)	• **지도나 도표 등을 시각적 상징 매체**로 활용하고, 시각적 상징기호로는 지도에서 볼 수 있는 여러 가지 기호들, 교통표지판의 기호들이나 수학에서 약속한 기호 등이 있다.
	• 유아들에게는 교통표지판이나 지도의 기호들을 활용한다.
		• 지도에서 볼 수 있는 여러 가지 기호들
		  예) 평행선, 도시를 나타내는 둥근 점 등
		• 도로 교통표지
		• 공공장소의 여러 가지 안내 표지
		  예) 화장실, 엘리베이터, 약국, 비상구 표지, 자동문 주의 등의 표지
		• 교실 내에서의 표시
		  예) 발자국 표시, 교구 자리 표시 등

언어적 상징 매체 (verbal symbols)	• 가장 추상적인 교수 매체로서 청각적인 **말**과 이것을 시각적으로 나타낸 더욱 추상적인 **글**이 있다. • 언어는 추상적인 교수 매체이면서도 유아교육 현장에서 많이 활용하고 있다. • 유아의 발달에 적합한 학습 방법으로 언어를 활용한다면 다른 교재교구를 통한 학습 효과를 더욱 높일 수 있다.	• 책 읽기와 동시 감상하기 • 여러 가지 이야기 나누기 활동 예) 주말 지낸 이야기, 동화 및 동시 감상 후 느낀 점 이야기하기 등 • 글자 카드, 글자 퍼즐 등 다양한 언어 교구

상징적 경험	시각적 상징 매체 (visual symbols)	▶ **지도, 도표, 차트 등 추상적 개념을 간결한 기호로 표현**하는 교수 매체
		  예) 지도에서 길을 나타내는 방위, 산과 강의 표시, 수학에서 쓰이는 연산 기호
		  예) 수학에서 자료를 조직하여 그래프로 표현하는 활동
		• **장점** : **복잡한 내용을 간단하게 시각적으로 표현**할 수 있으며, 도표화하여 많은 정보를 **함축적으로 전달**할 수 있다. 모든 사람이 동일한 방식으로 해석할 수 있어 유용하다.
		• **단점** : 학습자가 기호의 의미를 모를 경우, 기호의 기능을 수행하지 못하며 상징 매체로 활용할 수 없다. 유아에게 적용하기에는 제한이 크다.

	언어적 상징 매체 (verbal symbols)	▶ **말과 글**을 통해 개념과 감정을 표현하는 **가장 추상적인 교수 매체**
		  예) 동화를 들려주거나 간단한 글자가 쓰인 지시 카드를 이용해 작업하기
		  예) 글자가 포함된 게임판을 활용하여 게임 하기
		• 기호의 형태가 개념이나 대상과 직접적인 관련이 없기 때문에, 학습자가 그 의미를 이해해야만 사용할 수 있다.
		• 언어는 말과 글로 구분되며, 말은 청각적이고 글은 시각적이다. 글은 말을 시각적으로 표현한 것으로, 말보다 더 상징적이고 추상적이다.
		• 언어는 상징적 · 추상적이면서도 거의 모든 사상과 감정을 표현할 수 있는 매체로, 일상생활분만 아니라 교육적으로도 매우 중요하다.
		• 언어는 구체적인 대상(책 · 사람 등)부터 추상적 개념(정의 · 민주주의 등)에 이르기까지 다양한 개념을 표현할 수 있어, 가장 포괄적인 의사소통 매체이다.

II. 과학 지식·과학적 탐구 과정·과학적 태도

- 바람직한 과학교육은 과학적 내용이나 과정만으로는 이루어질 수 없다. 이는 **과학의 내용 3요소**인 ① 유용한 **아이디어 또는 결과**의 구성, ② 탐구능력인 **과정기술**의 개발, ③ **태도의 개발**이 모두 달성되어야 한다(한국유아교육학회, 1996).
- **마틴(Martin, 1997)**에 따르면 유아는 **과학에 흥미를 가지고 탐구하는 능력**이 있을 때, **과학적 태도**가 올바르게 형성되고, 그로부터 **과학적 지식**이 잘 형성할 수 있게 된다고 하였다.
- 다음에서는 **과학교육의 내용 3요소**인 **과학 지식, 과학 과정기술**(탐구 과정, 탐구기술, 과학적 과정), **과학적 태도**에 대해 구체적으로 알아보고자 한다.

1 과학 지식

▶ **과학 지식** : 일반적인 지식과 구분하여 **과학적 탐구활동을 통해 생성된 지식**
- 유아는 과학적 개념을 획득해 감에 따라 자신이 알고 있음을 의식하게 되며 그것을 언어로 정의 내리고, 자신이 이해한 것을 표현하는 것이 명료해진다(Berk & Winsler, 1995).
- 과학적 지식은 그 구성요소 간에 긴밀하게 상호 연관되어 있으며, 인간의 관찰을 통한 사실에 기초하여 구성된다.
  - 따라서 인간의 외부에 있는 절대적인 개념이 아니라 개인적으로 구성되는 지식의 일부로서 지속적인 과학 탐구의 과정을 통해 생성·변화·발달·소멸되는 가변성과 역동성을 갖는다.
- 과학적 지식은 사실, 개념, 이론, 법칙으로 나누어 볼 수 있다(Martin, 2003).
- **마틴(Martin)의 과학 지식의 체계**

	과학 지식	특징	예
과학 지식의 체계	과학적 사실 (scientific facts)	▶ **직접 관찰·검증 가능**하지만, 개념·이론·법칙의 바탕일 뿐 **예측·원인 설명 기능은 없**는 지식 • 직접 관찰할 수 있고, 관찰을 통해 언제라도 검증할 수 있는 특성이 있다.	• 물은 추울 때 언다. • 하늘은 파랗다. • 금속을 통해 열이 전달된다.
	과학적 개념 (concepts)	▶ **물체·성질·현상·사건에 대한 공통적 생각**으로, 이름·정의·준거·실례가 통합된 의미 • 특정 과학적 현상을 설명하는 이름, 정의, 준거 등이 통합된 개념적 지식	• 액체 물질이 고체로 변하는 상태 변화를 '응고'라고 한다. • 접촉으로 열이 전달되는 것을 '전도'라고 한다.
	과학적 이론 (theories)	▶ **사실·개념·법칙을 설명**하는 **가정적·추상적 속성**으로, **수정·보완·기각될 수** 있다. • 추상적인 속성이므로 모형이나 비유로 표현이 가능하다.	• 상대성 이론($e=mc^2$) • 진화론
	과학적 법칙 (laws)	▶ 가설 없이 **관찰된 자연 현상의 규칙성을 진술**하며, **변하지 않는 개념 간 관계를 설명** • **개념 간 관계를 진술한 복합 언명** • 가정이나 가설에 바탕을 두지 않고, 관찰한 자연 **현상에 나타나는 규칙성을 그대로 진술**한다.	• 공기는 열을 가하면 늘어난다. • 질량이 있는 모든 물체 사이에는 끌어당기는 힘이 있다. • 작용 반작용의 법칙

2 과학적 탐구 과정(기술)

- 과학적 탐구 과정이란 과학을 학습하는 데 필요한 사고 기능으로서, 유아들에게 구체적인 경험을 통하여 새로운 정보를 획득하게 하고 과학학습분 아니라 유아들의 일상생활에 필요한 사고 기술을 제공해 주는 필수적인 능력이다(Martin, 1997).
- 과학자는 과학 과정기술(science process skills)을 활용하여 과학을 행한다. 많은 사람이 세상에 존재하는 사물과 현상에 대해 관심을 가지고 다가가지만, 이러한 행위가 과학적인 일로 연결되기 위해서는 객관적인 절차와 합리적 사고 과정이 요구된다. 이를 가능하게 하는 것이 과학 과정기술이다.
- 과학교육에서 '내용'과 '과정'은 모두 중요한데, 우리가 잊지 말아야 할 것은 내용은 탐구해 가는 과정을 통해 **자연스럽게 습득되는 결과일 뿐**, 내용 자체가 교육의 근본적인 목적이 되어서는 안 된다는 것이다.
- 이는 **과정을 강조**하면서 **동시에 적합한 과학의 내용을 접목시키는 것을 중요시**하는 **구성주의적 접근법**과 맥을 함께 한다.
- 과학적 탐구 과정의 요소는 학자들에 따라 다양하게 제시되고 있으나, 유아기에 적합한 탐구 과정은 **관찰하기, 분류하기, 예측하기, 측정하기**, 토의하기, 자료수집 및 해석하기 등이 공통으로 제시되고 있다(조부경, 2014). 그 외 의사소통하기, 실험하기, 추론하기를 추가로 제시하였다(조형숙, 2014).

| 관찰하기 | ▶ **감각기관이나 도구**로 물체의 특징과 변화를 **주의 깊게 살펴보는 과정**
• 유아의 오감각 기관 중 한 가지 이상의 **감각기관이나 도구를 사용하면서 주의를 집중하여 물체의 특징과 변화를 주의 깊게 살펴보는 과정**으로, 사물을 주의 집중하여 파악하기, 하나 이상의 감각 사용하기, 모든 적절한 감각 이용하기, 특성을 정확하게 묘사하기, 도구 사용하기 등이 포함된다.
• 유아는 관찰을 통해 사물 간의 유사점과 차이점을 인식하게 되거나 사물의 다양한 변화도 관찰하게 되는데, 이들의 대부분은 유아와 친근한 것들이 대상이 된다.
• 또한 유아는 관찰을 통하여 문제를 발견하고 문제에 대한 정보를 수집할 뿐만 아니라 원리와 법칙을 발견하기도 한다.
• 궁극적으로 과학은 조사하고자 하는 의문과 현상에 대한 관찰이며, 조사하는 동안 진행되는 과정을 관찰하는 것이고, 조사를 통해 도출된 결과를 관찰하는 것이다.
• 따라서 유아들은 관찰 기술을 발달시켜야 하며, 정확하고 완벽하며 예상하지 않은 결과에 대해서도 관찰할 수 있어야 한다.
[기] (관찰)하기는 유아가 오감각 기관 중 한 가지 이상의 감각 기관이나 도구를 사용하면서 주의를 집중하여 물체의 특징과 변화를 주의 깊게 살펴보는 과정[10]
[기] 2015 개정 유치원 교육과정에 제시된 탐구기술 중, ㉠ '봐, 네가 한 거랑 내가 한 거랑 둘 다 동그랗잖아.'에서 사용된 탐구기술 2가지를 쓰시오. **관찰, 비교**[16]
[기] 나라 : (쇠집게를 만져 보며) 차가워요, 민희 : (나무 블록을 만지며) 이건 딱딱해요, 수민 : (지우개를 만지며) 부드러워요.[18]
[기] 다음의 ㉠ '(조개껍데기 냄새를 맡으며) 바다 냄새다.'과 ㉡ '(바구니 쪽으로 다가가 쇠 구슬을 만지작거리며) 딱딱해.'에 나타난 유아의 과학과정기술을 쓰시오.[22] **관찰하기** |

- 단순히 어떤 것을 쳐다보는 것이 아니라, **무엇인가를 발견하겠다는 목적을 가지고 다양한 감각을 활용하여 보는 것을** 의미한다.
- 관찰은 모든 과학의 시작이며 핵심이므로 우리가 가진 의문점을 어떠한 과학적 방법으로 조사할 것인지를 결정짓는 요소가 되고, 이는 성과에까지 영향을 미치게 된다.

분류 하기	▶ **유사한 특성이나 준거**에 따라 **정리하고 조직**하는 과정(**함께 묶거나 관계를 연결**하는 과정) • 유아가 관찰하고 수집한 **다양한 자료들을 물체의 색, 모양, 크기 등과 같은 보편적인 속성이나 기능에 의해 정리하고 조직하는 과정**이다. • 여기에는 분류할 수 있는 사물의 주요 특징 추출하기, 사물들의 유사점 추출하기, 준거에 의해 두 집단으로 정확하게 분류하기, 다양한 방법으로 정확하게 분류하기, 분류 준거 설명하기 등이 포함된다. • 유아는 단순한 물리적 속성에 기초하여 수집된 것을 분류하는 데 많은 기쁨을 갖고 있다. 유아는 한 가지 특징, 즉 크기, 모양, 색, 무게, 소리 같은 **한 가지 물리적 속성**만 고려하는 것이 아니라 **여러 가지 속성을 고려**하여 물체를 분류할 수 있게 되고, 좀 더 후에는 물리적 속성보다 **기능에 의해 물체를 분류할 수** 있게 된다. • 물론 한 번에 두 가지 속성을 동시에 고려하는 분류는 어렵지만 한 가지 속성에 의해 분류한 뒤, 이를 다시 다른 속성으로 분류하는 지속적인 분류 활동이 가능하다. 기 (**분류**)하기는 유아가 (**관찰**)하고 수집한 다양한 자료들을 물체의 색, 모양, 크기 등과 같은 보편적인 속성이나 기능에 의해 정리하고 조직하는 과정이다.[10] 기 [A] '우리 모둠은 분홍왕국이야. 분홍 꽃은 다 우리한테 줘. 그럼 우리 모둠은 노랑왕국. 노랑 꽃은 우리 거야.'에 나타난 과학적 과정기술을 쓰시오.[특22] **분류하기** • 유사한 특성이나 준거에 따라 대상(사람, 물체, 사건 등)을 서로 함께 묶거나 그 관계를 연결하는 **과정**으로, 유사한 물체의 공통점을 추상화하는 능력이 요구된다. • 분류하기가 과학에서 중요한 이유는 바로 개념화하는 데 기초가 되기 때문이다. 　예 생물과 무생물의 개념화는 살아있는 것과 아닌 것의 특징을 비교하여 분류하는 것부터 시작한다. • 분류하기 능력은 자발적으로 나타나지 않기 때문에 일상적인 상황에서 다양한 방법으로 물체를 분류해 보는 경험을 제공해야 하는데, 유아는 발달을 통해 융통성과 논리를 가지고 사고하면서 점점 더 복잡한 방식으로 분류하는 능력을 발전시켜 간다.
예측 하기	▶ **이미 알고 있는 지식을 이용**하여 **앞으로 일어날 일을 예상**하는 과정 • 자료를 가지고 탐색하거나 실험할 때 **이미 알고 있는 지식을 이용하여 앞으로 일어날 일을 예상하는 사고 과정**으로, 알고 있는 지식에 기초하여 예측하기, 새로 얻은 지식에 기초하여 예측하기 등이 포함된다. • 즉, 예측하기는 이미 알고 있는 지식을 이용하여 앞으로 일어날 일을 예상하는 것이며, 관찰이나 실험을 통하여 그 옳고 그름이 결정된다. • 일반적으로 예측은 식물 기르기와 같이 오랜 시간이 소요되는 것보다는 요리하기 등 반응이 즉각적인 것이 바람직하다. 왜냐하면 유아는 즉각적인 것에 더 흥미를 느끼기 때문이다. 기 어떤 도구로 바람을 만들 때 바람개비가 더 잘 돌아갈 것 같니?[13] 기 이 모양 틀로 비눗방울을 불면 어떻게 될까?[13추] 기 <u>낙엽끼리 이렇게 비비면 어떻게 될까?</u>[15] 기 김 교사 : (동전을 가리키며) (ⓒ), 나라 : 쇠집게가 붙었으니까 동전도 붙을 것 같아요.[18] 기 '빨대를 길게 연결해서 불면 바람이 셀 거야.'[19추] 기 '<u>그림자의 진하기를 비교</u>'를 할 때, **예측하기**를 사용하도록 하는 교사의 발문 1가지를 예를 들어 쓰시오.[23] 여기서 어떤 것(자료)를 사용했을 때 그림자가 가장 진하게 나올까? • 현재 알고 있는 지식이나 관찰을 토대로 앞으로 일어날 일을 미리 짐작하는 것이다. • 예측하기는 주의 깊은 관찰을 통해 자료를 수집하기, 사건의 패턴 조사하기, 원인과 결과의 관계 조사하기, 예측에 대한 신빙성 실험하기 등을 통해 정확도가 높아진다. • 예측하기가 과학에서 중요한 이유는 과학은 객관화하는 것인데, 보다 정확한 예측을 위해서는 선개념과 경험에서 보다 객관적인 근거를 선정해 관계지어 보는 사고를 격려하기 때문이다.

측정 하기	▶ **단위를 사용**하여 사물의 **길이, 무게, 부피 등을 수량화**하는 과정 • **주어진 물체**의 길이, 부피, 무게, 온도, 시간 등을 **오감각을 이용하거나 도구를 사용하여 정량적으로 살펴보는 것**으로, 적절한 측정 유형 선택하기, 적절한 측정 단위 선택하기, 측정 기술 적절하게 적용하기 등이 있다. • 즉, 측정하기는 이 물체의 무게가 얼마나 나가는지, 얼마나 많은 공간을 차지하는지, 얼마나 뜨거운지 차가운지 등을 알아내기 위하여 하는 과학적 탐구 과정이다. • 관찰이 단순한 감각에 의하여 이루어질 때는 부정확한 결과를 가져올 수도 있다면, 측정은 관찰의 연장으로 객관적으로 또는 정량적인 관찰의 결과를 얻는 활동이다.
	• 초기의 측정은 정확한 도구를 사용하기보다는 어림하기를 통해 이루어진다. • 과학교육에서 측정하기가 중요한 이유는 탐구 과정에서 나타나는 결과들은 측정에 의해 의미가 왜곡될 수 있으므로 적절한 방법을 이용하여 적절한 단위로 측정하는 능력이 요구되기 때문이다.
자료 수집 및 해석 하기	▶ **수집할 자료와 방법을 결정**하고, **이를 근거로 자료를 조직, 분석**하는 과정 • 자신이 의도하는 과학 활동을 하기 위해 **수집해야 할 자료와 자료를 수집할 방법을 결정**하고, 이렇게 **수집한 자료를 근거로 타당한 결론을 내리기 위해 자료를 어떻게 조직하고 분석할 것인가를 결정하는 과정**이다. • 이를 위한 방법으로는 **표로 만들기, 그래프로 그리기, 그림으로 그리기** 등이 활용될 수 있다. • 유아는 과학 활동을 하는 과정에서 얻어진 결과를 설명하기 위해 그림을 그려 볼 수도 있고, 그래프나 차트를 이용해 과학 활동에서 사용된 자료, 진행 과정, 얻어진 결과를 설명할 수도 있다. • 이 과정에서 교사는 유아들이 자신이 탐색하고자 했던 궁금한 점과 예측한 결과들이 어떻게 분석되었는지 설명하고, 그 의미를 이해할 기회를 제공해야 한다.
토의 하기	▶ **유아 간, 유아와 교사 간** 서로 **생각을 주고받거나 질문**하는 과정 • 과학 활동을 하는 과정에서 **유아와 유아 간, 유아와 교사 간에 서로 생각을 주고받거나 질문하는 과정**으로, 사물을 정확하게 묘사하기, 생각을 주고받기, 타인에게 사물 설명하기, 정보 교환하기, 질문하기, 조사 완료 후 자료 해석하기, 결과를 타인이 이해할 수 있도록 하기 등이 포함된다. • 유아는 과학 활동을 하면서 관찰하고 분류하고 예측한 것에 대해 친구나 교사와 언어적 상호작용을 과학 활동에 필요한 정보를 요청하고, 행동적 도움을 요청하며, 동의를 구하고, 방법을 제안하며, 특징을 설명하고, 도구의 명칭을 이야기하며 이해를 높여 나갈 수 있다. • 이 과정에서 교사의 적절한 질문은 유아의 생각을 언어로 표현하도록 촉진할 수 있고, 유아-유아 상호 간에 답변이 이루어지게 하며 유아가 관찰한 것에 대하여 설명하게 함으로써 토론 상황으로 이끄는 데 도움이 된다. • 또한 유아 자신도 언어로 자기의 생각을 정리하는 것이기 때문에 토의하기는 개념 습득에 중요한 역할을 한다.

의사 소통 하기 (communication)	▶ **언어, 몸짓, 그림 등 다양한 방법으로 생각을 표현하고 공유**하는 과정 • 단순히 사람들 간에 말을 주고받는 것뿐만 아니라 몸짓, 그림, 만들기 등과 같은 **다양한 방법으로 서로의 생각을 이해하기 위해 활용하는 모든 수단**이다. • 과학 활동에서 의사소통은 유아가 자신이 발견하거나 관찰한 것을 서로 주고받으면서 스스로 개념을 명료화하고 협동적인 탐구학습을 촉진하며 유아가 자신의 생각을 표현하고 다른 사람의 의견에 귀를 기울이는 능력을 길러주기 때문에 중요하다. • 최근 과학이 세상과 소통하는 것을 중시하는 경향으로 볼 때, 과학 경험을 통해 의사소통 능력을 길러주는 것은 더더욱 중요해졌다. • 유아의 의사소통 능력을 길러주는 방법으로는 과학 활동 중에 어떤 발견이나 생각을 표현할 수 있는 개방적인 분위기를 조성하고, 결과를 그림으로 표현하기, 그래프, 관찰일지 등에 기록하기, 발표하기, 전시하기 등의 활동을 전개하는 것이 좋다.
실험 하기 (experimenting)	▶ **궁금한 것을 알아보기 위해 계획**을 세우고, **자료를 조작하여 결과를 알아보는** 과정 • 앞서 제시한 모든 기술이 **통합적으로 요구**되는 과학 과정이다. 이는 **궁금한 것을 알아보기 위해 구체적인 자료들을 마련하고 과정을 계획하여 직접 조작함으로써 결과를 알아보는 것**이다. • 유아의 질문을 기초로 실험을 구성해 보거나 교육 주제에 관련된 실험 활동을 준비하여 유아가 적극적으로 탐구하는 경험을 제공함으로써 유아가 마치 과학자가 된 듯 탐구 과정에 참여하도록 격려할 수 있다. 기 유아들이 **궁금한 것을 알아보기 위해 과정을 계획**하고 **구체적인 자료들을 직접 조작**하여 **결과를 알아보는 과학적 과정을 (실험하기)**라고 한다.[17]
추론 하기 (reasoning)	▶ **결과를 관찰**하고, **결과의 원인을 되짚어 설명**하는 과정 • **어떤 결과를 관찰하고 이러한 결과의 원인을 되짚어 설명하는 것**을 말한다. • 추론하기가 과학에서 중요한 이유는 **과학은 논리적 관계를 중시**하는데, 추론은 **보여지는 현상과 논리적 관계를 갖는 근거를 연결 짓도록 하기 때문**이다. ※ 수학의 **추론하기** : 수학에 대해 **가설을 세워 논리적 결론**을 내리고, **자신의 수학적 사고를 설명하기 위해** 모델을 사용하고 패턴과 관계를 사용하는 것 • 일반적으로 추론하기는 유아에게 어려운 작업일 수 있다. 그러므로 복잡하게 얽혀지거나 추상적인 것에 관해 추론을 요구하는 질문을 하기보다는 유아의 경험이 많은 사물이나 현상에 대해서 질문을 하고, 유아가 즉각적으로 실험해서 확인할 수 있는 것에 대해서는 추론하기 질문을 하는 것이 바람직하다. 기 '풍선 바람이 자동차 옆으로 나가서 옆으로 갔나 봐요.'에 나타난 과학과정 기술을 1가지씩 쓰고, 그 개념을 각각 쓰시오.[19추] 기 장 교사의 발문에서 의도한 유아의 과학적 탐구 과정을 쓰시오.[20] ┌───┐ │ 장 교사 : 찰흙이 **왜** 이렇게 부드러워졌을까? 효 린 : 물을 많이 넣었거든요. │ 장 교사 : 물을 넣고 나니까 찰흙이 **어떻게** 변했니? 효 린 : 더 말랑말랑해졌어요. └───┘

Plus 지식 물에 뜨고 가라앉는 것 활동에서 나타난 과학과정기술(김민정, 2003)

관찰	• "여기 이렇게 동그랗게 되어 있고 빵꾸났어요.", "떴다! 앗싸~!"
분류	• "(숟가락이랑 납작 장난감) 여기(숟가락 손잡이)가 길쭉한 거랑 여기(숟가락 머리 부분)가 네모고 여기(납작 장난감)도 네모고, 이거(나무 블록과 나무젓가락)는 길쭉하니까 똑같고, 이건(레고, 파란 작은 돌) 다 딱딱하고, 이건(돌멩이, 열쇠) 다 작아요."
예측	• "나도 요게 뜨고, 요건 가라앉을 거 같아요."
측정	• (유리그릇은 240g, 껌 통은 150g, 필름 통은 40g의 물이 담겨 있음) • "(하나씩 물에 넣으며) 이게(유리그릇) 제일 무겁고 그다음 이거(껌 통), 다음 이거(필름 통)"
의사소통	• "어, 나랑 똑같은 생각이네, 거기 속에다 넣어." • "내가 농구공에 앉아 있었더니 공기가 조금씩 새 가지고요, 찼더니 잘 안됐어요."
실험	• 교사 : 크다고 다 뜨는 것도 아닌가 봐. • 유아 : 선생님 우리 이번에는 큰 것부터 넣어 봐서 정말 그런지 알아봐요.
추론	• "알았다. 여기 큰 구멍이 있으니까 물이 이렇게 올라오게 해주니까 뜨잖아." • "아니야, 그거 넓적해서 가라앉은 거야. 넓적한 거는 원래 다 가라앉는 거예요. 저번에도 그랬어요."

기 다음 활동 목표 중 연계 활동 '네, 색이 변하는 것을 흥미로워하였고, 활동을 하는 중에 밀가루가 뭉치는 모습에도 관심을 보이기 시작했어요. 그래서 식용 색소로 밀가루 점토 만드는 연계활동을 계획했어요.'의 목표로 적절하지 <u>않은</u> 것을 골라 그 이유 1가지를 쓰시오. [19추]

활동명	밀가루 점토 만들기
활동 목표	• 밀가루에 물을 넣어 변화하는 모양을 관찰한다. • 밀가루에 물을 넣기 전과 후의 특징을 비교한다. • **밀가루 만드는 과정을 알아본다.** • 물의 양에 따른 밀가루 반죽의 특성을 비교한다.

기 ① [A]에서 유아가 경험하고 있는 소리 전달과 관련된 개념 1가지를 쓰고, ② ㉠ '손이 떨려'를 시각적으로 직접 확인할 수 있는 활동 예시 1가지를 쓰시오. [25]

① **소리는 매질(공기, 플라스탁 관 등)을 통해 전달되어 귀에 도달한다는 개념**
② **투명한 유리관 속에 구슬을 넣고, 한쪽에서 소리를 내어 구슬이 진동에 따라 움직이는 모습을 관찰하는 활동 (북 위에 작은 쌀 등을 놓고, 북을 치면서 진동하는 모습을 관찰하는 활동 / 고무줄을 튕겨 소리 내고, 고무줄이 진동하는 모습 관찰하는 활동 등)**

민재 : (소리 관에서 귀를 떼고는) 와, 정말 말이 나온다! 나도 말해 볼래.
주원 : (소리 관을 들어 보이며) 이걸로 들으면 엄청 잘 들려. ⎤ A
민재 : (두 손으로 잡은 소리 관을 입에 대고) 아! 아! 아! 말할 때마다 소리 관을 잡고 있는 ㉠ <u>손이 떨려</u>.

3 실험하기의 변인 통제(Control variable)와 변인(Variable)

▶ **변인** : 연구의 대상이 되는 **일련의 개체(연구의 관심거리가 되는 분석의 단위)가 어떤 속성에 있어서 서로 구별될 수 있을 때의 속성**

변인 통제	▶ **조작 변인은 변화시키고, 나머지 통제 변인은 일정하게 유지시키는 것** • 조작 변인을 제외한 나머지 통제 변인을 모든 실험군과 대조군에 동일하게 제공하거나 일정하게 유지하는 조치나 활동 ※ **실험군** : 조작 변인을 적용하는 집단 ※ **대조군** : 실험군과 비교하기 위해 **조작 변인을 적용하지 않는 집단**(비교 기준이 되는 집단) ㉠ 가설 : 초콜릿을 먹으면 집중력이 높아진다. 실험군 – 초콜릿을 먹고 과제를 수행하는 유아들, 비교군 – 초콜릿을 먹지 않고 과제를 수행하는 유아들 ㉠ 식물이 햇빛의 양에 따른 성장 속도가 어떻게 달라지는지 실험 : **조작 변인**은 햇빛의 양, **통제 변인**은 온도, 물의 양, 식물의 종류 등이며, **종속 변인**은 식물의 성장 속도의 정도이다. 식물의 경우 **독립 변인**이 될 수 있는 것은 햇빛, 물, 온도, 흙, 공기 등이 있으며, 이 독립변인 중에서 하나를 조작하여 실험을 설계하고(**조작 변인**), 나머지 독립변인 요인은 통제(**통제 변인**) 해주는 것이 **변인 통제**이다. • 조작하지 않고 유지시키는 변인을 가리키는 통제 변인과는 다른 개념이다. 기 활동을 위해서는 유아가 비교하고자 하는 요인 이외의 다른 요인을 동일하게 만들어 주는 (**변인 통제**)가 필요하다.[18] 기 '유아는 무거운 공이 가벼운 공보다 바닥에 더 빨리 떨어질 것이라고 생각하기도'에 근거하여 실험 활동을 제공할 때 요구되는 변인 통제의 내용 2가지를 쓰시오.[24]
질적 변인 양적 변인	▶ **수량화할 수 없는 질적 변인**과 **수량화할 수 있는 양적 변인**으로 구분 • 변인은 **양화(量化)를 할 수 있느냐의 여부**에 따라 질적 변인과 양적 변인으로 구분된다.
연속 변인 비연속 변인	• 연속 변인은 주어진 범위 내에 어떤 특정한 값만 같게 되느냐, 그렇지 않으냐에 따라 연속 변인과 비연속 변인으로 구분된다. | 연속 변인	▶ **측정 단위가 무한히 세분될 수 있는 변인** • 값이 A에서 B로 변함에 따라 A와 B 사이에 존재하는 모든 가능한 값들을 거치게 되는 변인으로 무게, 시간 등이 이에 속한다. 즉 무게의 경우 10kg과 11kg 사이에 10.1, 10.2, 10.3kg 등 무한의 수의 무게가 존재할 수 있다.
비연속 변인	▶ **특정 값만 가질 수 있는 변인** • 두 점 사이에 한정된 수의 값만을 상정할 수 있는 변인으로 주사위의 숫자, 남녀, 직업, 가족의 수가 있다. 가족의 수는 3명, 5명 사이에 4명이 존재할 뿐이지 그 중간값을 표시할 수 없다.	
매개변인	▶ **독립변인이 종속변인에 영향을 주는 과정**에서 중간 역할을 하는 변인 • 독립변인이 종속변인에 미치는 효과가 **다른 예측 변인을 통해 발생할 때** 그 예측 변인을 매개변인이라고 한다. 즉, 독립변인이 매개변인에 영향을 미치고, 매개변인이 종속변인에 영향을 미치는 것이다. ※ 예측 변인 : 예측을 위해 사용하는 변인 ㉠ 폭력적 TV 프로그램 시청과 아동 폭력성의 관계를 알아보는 연구에서 폭력적 TV 프로그램 시청은 독립변인, 그에 따라 발생하는 아동 폭력성은 종속변인이 된다. 이 중에서 '부정 정서'라는 매개변인이 작용할 수 있다. ㉠ 예를 들어, 폭력적 TV 프로그램을 시청한 아동은 부정 정서를 경험하게 되고, 그 **부정 정서**가 아동의 폭력성에 영향을 미칠 수 있다는 것이다. 즉, 폭력적 TV 프로그램을 시청하고 분노, 화, 흥분과 같은 감정을 경험한 결과 이러한 감정이 폭력성이라는 행위로 나타날 수 있다는 것이다.

조절변인	▶ 독립변인이 종속변인에 미치는 영향을 조절하여 그 효과를 변화시키는 변인 • 독립변인이 종속변인에 미치는 효과가 **다른 예측 변인의 수준에 의해 달라지면** 이 변인을 조절변인이라고 한다. 　㉠ 폭력적 TV 프로그램 시청과 아동 폭력성의 관계에 **'성별'**이라는 조절변인이 작용할 수 있다. 같은 시간에 폭력적 TV 프로그램을 시청하더라도 남아가 여아보다 폭력성이 더 증가했다면 남녀의 수준에 따라 폭력성 결과가 영향을 받은 것이다.	
독립변인	▶ 연구자가 임의로 조작하거나 통제하는 변인(통제하여 종속변인에 영향을 주는 변인) • **다른 변인에 작용하거나 다른 변인을 예언하거나 설명해 주는 변인**으로서, 실험연구의 경우 독립변인은 실험자에 의하여 임의로 통제되고 조직되는 변인이다. • 따라서 실험 변인, 처치 변인, 예언 변인이라고도 한다. 독립변인은 실험 결과에 영향을 줄 수 있는 변인으로 조작 변인과 통제 변인이 있다. 　㉠ 시청각교재의 사용이 학업성취에 미치는 효과를 알아보고자 하는 연구가 있다면, 시청각교재는 독립변인으로서 실험자에 의하여 임의로 조작되고 통제된다.	
	조작 변인	▶ **실험에서 의도적으로 변화시키는 (독립) 변인** • 결과에 변화를 주어 실험 전과 후를 비교하기 위한 요소이다. • 가설을 검증하는 실험을 설계할 때 서로 다르게 해야 할 조건을 뜻한다. 　기 '(동주와 진서는 구름, 하트, 강아지, 토끼 모양의 틀로 비눗방울을 만든다.)'에 제시된 ① 조작 변인을 쓰고, ② 조작 변인과 관련하여 유아들이 설정한 가설을 쓰시오. ① **비눗방울 틀의 모양**, ② **비눗방울 틀의 모양이 달라져도 비눗방울의 모양은 동그랗게 나올 것이다.**[16] 　기 '준서야! 살살 굴려! (중략) 그럼 세게 굴려 봐.'에서 유아들이 볼링핀을 쓰러뜨리기 위해 적용한 방법과 관련된 변인 1가지를 쓰시오. **힘의 세기**[17] 　㉠ **시청각교재를 사용한 수업(실험군)**과 사용하지 않은 수업(대조군)으로 구분한다.
	통제 변인	▶ (실험 결과에 영향을 주지 않기 위해) **일정하게 유지시키는 독립변인** ▶ (실험 결과에 영향을 주지 않기 위해) **변화를 주지 않고 고정시키는 변인** • 실험할 때 주의할 점은 조작 변인 외에 다른 변인은 모두 같게 해야 한다는 점이다. 이에 따라 실험에서 실험 목적에 맞는 정확한 결과를 얻을 수 있다. 　기 '유리 : 똑같은 데서 굴려야지! 앞으로 가면 반칙이야! 교실 바닥에 마스킹 테이프로 출발선과 볼링핀의 위치를 표시'를 통해 김 교사가 통제하고자 하는 변인 1가지를 쓰시오. **출발선에서 볼링핀까지의 거리**[17] 　㉠ 시청각교재를 사용한 수업과 사용하지 않은 수업 모두 **수업 시간, 수업 환경, 교사의 질적 수준 등은 동일해야** 한다.
종속변인	▶ (선행조건인) **독립변인에 의해서 영향받는 변인** 　㉠ 시청각교재의 사용에 의해서 영향을 받은 **학업성취 정도**가 종속변인이 된다. 　㉠ 폭력적 TV 프로그램 시청과 아동의 폭력성이 실제로 관련이 있는지 알아보고자 연구 설계를 한다면, 폭력적 TV 프로그램 시청 시간을 독립변인으로, 아동의 **폭력성 정도**를 종속변인으로 설계할 것이다.	

Plus 지식 : 변인 통제의 의미와 중요성

- 변인 통제는 **유아가 탐색하고자 하는 요인 이외의 요인은 동일하게 만들어 주어 결과의 원인을 알 수 있도록 해주는 것**을 의미한다(Martin, 2000).
  - 예를 들어, **물의 압력 실험**에서 물총이 나가는 구멍의 크기에 따라서 어떻게 달라지는지를 알아보고자 한다면 물통의 크기는 같게 해주면서, 구멍의 크기를 달리해 주어야 크기에 따라서 어떻게 달라지는지를 알 수 있게 된다. 즉, **알아보고자 하는 것 이외의 다른 변인은 모두 같게 만들어 주어야 하는 것**이나.
  - 예를 들어, **경사로 실험**에서, 경사면의 높이에 따라 굴러가는 것이 어떻게 다른지를 알고 싶다면 어떤 변인을 통제해 주어야 할까? 굴리는 물체, 표면의 재질, 굴리는 힘을 동일하게 하여야 한다.
- 전조작기 유아들은 **발달 특성상 여러 가지 변인을 동시에 고려하지 못**한다.
  - 따라서 **변인이 통제되지 않고 다양한 자료를 제공해 주는 것은 오히려 유아의 과학적 사고를 분산시키며, 사고의 확장을 방해**하게 된다.
- 유아 과학교육에서 변인 통제는 유아의 발달적으로도 필요하다. 유아들은 여러 가지 속성을 동시에 고려할 수 없다.
  - 따라서 과학 활동을 할 때는 반드시 자료에 의한 변인 통제가 중요하며, 통제된 자료를 순서에 따라 제시함으로써 사고를 한 방향으로 확장시켜 가는 교사의 철저한 사전 계획이 필요하다.
- 이처럼 유아 과학교육에서 실험과 변인 통제는 유아가 자신의 생각을 확인하고, 지속적으로 탐색해 가고자 하는 데 중요하다. 이를 위해서 교사는 유아에게 적절한 자료와 충분한 실험이 이루어질 수 있도록 공간 및 환경을 제공해 주는 것이 필요하다.

기 ① ㉠ '빔 프로젝터를 가져와서 스크린 앞의 일정 위치에 고정시켜'에서 교사가 **통제한 변인**을 1가지 쓰고, ② 준우가 경험한 그림자가 생기는 **조건**을 ㉡ '빔 프로젝터'과 ㉢ '스크린'을 관련지어 쓰시오.[23]
① 빔 프로젝터(빛, 광원)와 스크린 사이의 거리
② 빔 프로젝터와 같은 광원과 상이 생성될 수 있는 스크린 사이에 물체가 존재하는 경우에 그림자가 생긴다.

기 '(스크린 쪽으로 다가가며) 이것 봐. 내가 이렇게 작아졌어. (빔 프로젝터 방향으로 가며) 이젠 점점 커지고 있어.'에서 교사가 그림자 놀이를 통하여 유아들이 발견하기를 기대하는 **그림자 개념** 1가지를 설명하시오.[23]
빔 프로젝터(빛, 광원)에 가까워질수록 그림자가 커지고, 멀어질수록 그림자가 작아진다는 것을 경험하여, 빛과의 거리와 그림자의 크기 간의 관계에 대한 개념 발견을 기대하고 있다.

기 'OHP 필름, 아세테이트지, 색종이, 골판지'의 자료 특성이 그림자의 **진하기를 비교**하기에 적합한 이유를 쓰시오.[23] 빛의 투과율이 다른 다양한 자료를 제시하여, 빛이 통과하는 정도에 따라 그림자의 진하기가 다름을 시각적으로 비교할 수 있기 때문이다.

기 다음을 반영하여 과학 실험을 설계할 때 ① 조작변인과 ② 종속변인에 해당하는 내용을 각각 쓰시오.[특23]
① 조작변인 : (경사면) 비닐의 유무, ② 종속변인 : 공이 내려오는 속도

> 미   주 : 선생님, 미끄럼틀에 **비닐을 깔면** 공이 더 **먼저** 내려와요, **늦게** 내려와요?
> 박 교사 : 김 선생님, 바깥 놀이터에 같은 미끄럼틀 2개가 있으니까 잘됐네요. 미끄럼틀의 경사면 높이와 길이가 같으니까 같은 공으로 굴리도록 하면 비교할 수 있겠어요.
> 김 교사 : 그러면 우리가 미끄럼틀 **한쪽 경사면에 비닐을 깔고 다른 쪽에는 비닐을 깔지 않도록** 해요. 이렇게 조건을 다르게 하여 비교할 수 있도록 해요.

4 과학적 탐구 과정(기술)의 지도 방법

관찰
하기
(obser
vation)
	• 유아교사들은 유아가 관찰할 수 있는 기회를 다양하게 제공해야 하며, 보다 과학적인 관찰을 할 수 있도록 다음과 같은 점을 고려해야 한다(Howe & Jones, 1993; 1999).
	① 과학적 관찰은 그 상황에서 사용할 수 있는 감각들을 가능한 한 많이 사용해야 하며, 관찰한 것을 정확하게 묘사하는 것이다.
	   - 즉, 유아가 눈으로 보는 것이 관찰의 한 형태이나 보다 과학적인 관찰을 하기 위해서는 **듣고, 냄새 맡고, 맛보고, 느껴 보는 등 후각, 촉각, 미각, 청각들도 사용되어야** 한다는 것이다.
	② 과학적 관찰은 사물을 관찰하는 과정에서 알게 된 유사점과 차이점에 따라 분류하는 것이다.
	③ 과학적 관찰은 시간에 따라 반복적인 관찰을 하는 것이다.
	④ 과학적 관찰은 일련의 추론 과정을 나타낸다.
	   - 즉, 유아는 감각 정보에만 기초하지 않고, 감각 정보에 대해 자신이 가지고 있는 선행 개념이나 지식을 적용하여 관찰의 결과를 해석하고 의미를 부여하고 그것을 언어로 표현한다.
	   ㉮ 유아들이 얼음을 빙수기에 넣어서 갈아져 있는 상태를 손으로 만져 보고, 냄새 맡고, 눈으로 보는 과정에서 "눈처럼 하얗고 뭉쳐져요"라고 이야기하는 것은 눈이라는 것이 하얗고 뭉쳐진다는 자신의 지식을 관찰한 것에 적용한 것이라 볼 수 있다.

분류
하기
(classif
ying)
	• 교사는 유아가 관찰을 계속하면서 유사한 사물 간의 차이점과 비슷한 점을 파악하고 기준을 찾아내어 분류할 수 있는 경험을 제공하도록 지원해야 한다.
	   - 예를 들면, 유아가 과학 영역에서 경사로 활동을 하면서 바퀴의 크기와 모양에 따라 굴러가는 모양을 관찰하는 과정에서 **"이것과 저것의 어떤 점이 같으니?", "어떤 점이 다르니?", "같은 것끼리 나누어 볼 수 있을까?"라고 질문**하여 분류 경험을 격려해 줄 수 있다.
	   - 또한 유아가 한 가지 분류 기준에 의해서 분류하고 그칠 때 교사는 "잘 굴러가는 것, 잘 굴러가지 않는 것으로 나누었는데 **그 외에 다른 것으로 나누어 볼 수 있을까?**"라고 질문하여 여러 가지 분류 기준을 고려해 볼 수 있는 기회를 갖도록 한다.
	   - 이때 유아가 분류한 후에 어떤 기준으로 분류했는지를 언어로 이야기해 보게 할 수 있다.

예측
하기
(predic
ting)
	• 단순히 어떤 일이 일어나게 될지 생각나는 대로 미리 말해 보는 것은 '과학적인 예측'이라고 할 수 없다.
	   - 따라서 교사는 유아가 **여러 가지 활동을 우선 해보게 하고 활동을 통해 얻어진 기억과 경험을 통해서 예측해 보게 하는 것이 효과적**이다.
	   - 예를 들어, 유아에게 자석과 여러 가지 물체를 주고 충분히 탐색할 시간을 준 후 새로운 자료인 10원짜리 동전을 보여주면서 "만약 이 10원짜리 동전을 자석에 붙인다면 어떻게 될까?"라고 질문하여 예측하기를 장려할 수 있다.
	   - 유아들은 자신이 직접 경험을 통해 알게 된 지식을 이용하여 '자석에 붙는다' 또는 '자석에 붙지 않는다'라고 응답할 것이다.
	   - 이때 유아들이 예측한 것과 실제로 일어난 것들 사이에 불일치가 있다면 더 많은 조사활동을 통해 문제를 해결해 나가게 되므로 예측하기 과정에서는 계속적인 문제 해결의 과정이 일어나게 된다.

측정
하기
(measuring)
	• 유아가 측정을 이해하기 위해서는 측정에 대한 개념적 지식과 어떤 측정 도구를 사용해야 하며, 어떻게 측정해야 하는지에 대한 측정 관련 절차와 기술이 획득되어야 한다.
	• 유아가 **측정 활동을 하기 위해서는 무엇보다 먼저** 사물이나 현상을 길이, 부피, 무게, 온도, 시간 등으로 **비교할 수 있어야 한다.**
	  – 즉, '무엇이 더 큰지?', '무엇이 더 긴지?', '무엇이 더 가벼운지', '무엇이 더 빠른지' 등을 비교할 수 있어야 한다는 것이다.
	  – 따라서 교사는 유아가 다양한 상황에서 길이나 부피, 무게, 온도, 시간 **등을 비교할 기회를 먼저 제공해야** 한다.
	  – 유아가 측정하기를 할 때 초기에는 **비표준화 도구를 사용하는 것에서 시작**하고, 그 과정에서 유아들이 **표준화 측정의 필요성을 느낄 때 표준화 측정 도구를 사용하게 하는 것이 바람직**하다.
	  – 따라서 교사는 유아들이 여러 가지 비표준화 도구를 사용하여 측정할 수 있도록 장려하고 촉진해야 한다.

자료
수집
및
해석
하기
	• 유아가 자료를 수집하기 위해서는 자신이 궁금해하는 것을 알아보기 위해 필요한 자료가 무엇인가를 결정해야 한다.
	  – 예를 들어, 자동차가 **바닥의 표면에 따라** 어떻게 다르게 굴러가는가를 알고 싶다면, 재질이 다른 표면 위에서 같은 자동차를 굴려 나타나는 결과에 대한 자료를 모아야 한다.
	  – 또는 **경사로의 높이에 따라** 자동차의 굴러가는 것이 어떠한지를 알고 싶다면 서로 다른 높이의 경사로에서 같은 자동차를 굴린 결과에 대한 자료가 필요하다.
	• 이 과정에서 중요한 것은 1회적 활동 후의 결과만을 수집하는 것이 아니라 **적어도 3~4회 반복하여 나타난 결과의 자료를 수집해야** 한다는 것이다.
	  – **[이유]** 이는 **자연 상황에서 모든 가외 변인(독립변인 이외의 변인)의 통제란 불가능**하며, **자료 해석이란 풍부한 자료를 바탕으로 공통적인 부분을 도출해 내는 과정이기 때문**이다.
	  – 예를 들어, 한 번 자동차를 굴려 본 결과에 대한 자료만으로 어느 쪽의 자동차가 멀리 굴러갔다고 해석하는 것은 적절하지 않으며, **여러 번 반복하여 굴려 본 결과에 대한 자료를 수집하는 것이 타당**하다.
	  – 반복 실험이나 활동을 한 결과를 수집한 뒤, 이를 적절한 방법으로 조직하고 분석한 후 결과를 제시해야 한다.
	• 유아가 알게 된 정보는 구체적인 물체, 그림, 사진, 그래프 등을 활용하여 제시할 수 있다.

토의 하기	• 교사는 유아의 과학 활동 시 유아들이 서로 발견한 사실들을 표현하고 해결 방법을 유아들끼리의 토의에 의해서 모색하는 경험의 기회를 주도록 노력해야 한다. • 카미와 드브리스(Kamii & DeVries, 1978; 1993)는 **유아가 사건이나 물체와 연관 짓는 사고를 하도록 유도할 수 있는 질문은 4가지**라고 설명하고 있다. ① **예측해 보게 하는 질문이다.** 　예 만일 네가 ~을 하면 어떤 일이 일어날 것 같니? ② **의도한 것을 창안해 보도록 하는 질문이다.** 　예 ~할 수 있니? 　– 이러한 질문은 단순한 탐색이나 놀이에서 유아들이 의도성을 갖고 활동을 할 수 있게 해준다. 　– 예를 들어, 면도 로션을 계속 냄새 맡거나 손에 묻혀 장난하는 유아에게 "지금 그것으로 만들고 싶은 것을 만들 수 있을까?"라고 질문할 수 있다. 　– 유아는 자신이 만들고 싶은 것을 생각한 후 그것을 만들기 위해 노력함으로써 의도한 행위와 결과를 관련짓게 될 것이다. ③ **특정한 활동의 결과와 사건의 관계를 생각해 보게 하는 질문이다.** 　예 그걸 어떻게 했어?, 어떻게 되었니? 　– 이러한 교사의 질문은 유아가 행위와 결과의 관계성을 찾아보게 하고 차이점을 인식하게 하거나 유아 자신이 얻은 결과에 대해 다시 생각하고 설명할 수 있게 해 준다. 　– 예를 들어, 밀가루 반죽 활동을 하는 유아들에게 "물을 넣고 손으로 주무르니까 어떻게 되었니?"라고 질문을 한다면 유아들은 자신이 했던 경험을 토대로 서로의 생각을 이야기하게 될 것이다. ④ **원인에 관한 질문이다.** 　예 왜 그런 일이 일어났을까? 　– 특히, 원인에 관한 질문은 유아 단계에서 적절하지 않은 경우가 많으므로 세심한 주의가 필요하다. 　– **유아의 발달 특성상 과학적 결과의 이유를 충분히 논리적으로 설명할 수 없으므로 '왜'라는 질문은 유아의 사고 발달에 전혀 도움이 되지 않을 수도 있다.** 　기 '프리즘으로 유아들과 무지개를 만들어 보면서 무지개가 생기는 원리를 알려 주는 활동'이 유아의 과학 개념 발달 측면에서 적절하지 <u>않은</u> 이유 1가지를 쓰시오. **무지개가 생기는 원리와 같은 추상적 원리는 유아의 직접적인 관찰이나 행위에 의해 습득될 수 없는 과학 개념으로 유아의 발달 수준을 넘어서기 때문에 부적절하다.**[19추]

5 과학적 태도

▶ **과학적으로 사고하는 습관**으로, **문제 해결 시 또는 정보를 평가할 때 취하는 특별한 행동양식**
- 유아의 과학적 태도는 과학적으로 문제를 해결하고 과학적 지식을 구성하는 데 도움을 주기 때문에 과학적 탐구 과정을 경험하고 과학적 개념을 알아가는 것 못지않게 중요하다.
- 과학적 태도의 구성요소는 학자들에 따라 다양하게 구성된다. 그중에서 여러 학자기 공통으로 제시한 것을 정리해 보면 다음과 같다(이경민, 2000; 이상용, 2000; Lind, 1996; Martin, 1997).

과학적 태도	호기심	▶ **신기한 것을 탐구**하려는 태도 • 새로운 관점에서 사물을 보기 위해서는 호기심이 필요하며, 직접적인 탐구 경험을 통한 학습은 자연스럽게 유아들의 호기심을 일으킨다. 기 '(럭비공을 신기하게 보며) 이거 뭐지? 공이 길쭉하네. 이상하게 생겼네.'에서 알 수 있는 **과학적 태도의 구성요소**는 무엇인지 쓰시오.[23]
		행동 • **질문 자주** 하기 • **새로운 대상**에 관심 기울이기 • 문제가 있을 때 **원인**을 찾으려고 노력하기
	자진성과 적극성	▶ **실험에 자진**해서 **적극 참여하여 활동**하려는 태도 • 이는 유아가 문제 해결에 적극적이게 하여 주어진 과제 이외의 문제에도 자진해서 임하게 한다.
		행동 • 실험이나 활동에 **스스로** 참여하기 • 문제 해결에 적극적으로 임하기 • 의문 나는 점을 **해결하려고 시도**하기
	끈기성	▶ **해결되지 않은 문제를 포기하지 않고 지속적으로 해결하려 노력**하는 태도 기 ① 호진이에게 부족한 과학적 태도 1가지를 쓰고, ② 그렇게 판단한 이유를 사례와 관련지어 쓰시오.[21] ② **도미노 길, 딱지치기, 모래 터널 만들기에서 해결되지 않은 문제를 포기하지 않고 지속적으로 해결하려고 노력하고 있지 않기 때문이다.**
		행동 • 실험 도중 **실패했을 때 반복**하여 실험 결과를 찾으려고 노력하기 • 해결되지 않은 문제는 **계속**해서 해결하려고 노력하기 • 한 문제가 **해결되면 또 다른 문제**를 해결하려고 노력하기
	협동성	▶ 개인보다는 **집단의 이익을 먼저 생각**하며 **다른 의견이 있을 때 서로 협의**하는 태도 기 '오늘 효린이와 민석이는 함께 찰흙으로 눈사람을 만들었다. 이 과정에서 아이디어를 구성하기 위해 서로 협의하고, 역할을 분담하며 도구를 함께 나누어 쓰는 (**협동성**)을 관찰할 수 있었다.'에 들어갈 유아의 과학적 태도를 쓰시오.[20]
		행동 • 집단 내의 이견을 **서로 협의**하기 • 실험 도구를 **나누어 사용**하기 • 실험 후 정리 정돈 **함께하기** • **집단 전체의 생각** 따르기 • 실험에서 **역할 분담**하기
		준거 • 소집단 전체의 생각이 드러나는가?

솔직성	▶ 실험 결과를 **왜곡**하거나 **선택**적으로 취하지 않고, **편견 없이** 제시하는 태도 ▶ 실험 결과를 **왜곡하지 않고 편견 없이 그대로 제시**하는 태도	
	행동	• 자신이 예상한 점이나 관찰한 점을 **그대로 나타내기** • **어려운 점**이나 **안 되는 점**을 **그대로 나타내기** • 활동 결과를 **그대로 나타내기**
비판성	▶ 타인의 결론이나 설명에 대해 옳고 그름을 판단하기 위해 **증거**를 요구하고 **논쟁**하려는 태도 ▶ 타인의 주장이나 결론에 대해 **증거를 요구**하고 **논리적으로 판단**하는 태도	
	행동	• 다른 사람의 의견에 대해 **옳고 그름을 판단**하기 • 결론을 내릴 때 **신중**하기(결론을 성급히 내리지 않는가?) • 어떤 주장에 대한 **대안**을 제시하기
개방성	▶ 새로 밝혀진 근거에 따라 자신의 주장을 **변경**하거나 다른 의견도 기꺼이 **수용**하고 **새로운** 아이디어, 방법을 추구하려는 태도 ▶ **새로운 증거나 의견을 기꺼이 수용**하고 **자신의 주장을 유연하게 수정**하는 태도 • 개방성은 유아들이 자신들이 예측했던 것을 **뒤엎는 새로운 결과**를 경험할 수 있게 하며 문제를 해결할 때 가능한 **긍정적인 면과 부정적인 면을 모두 고려**하게 한다. 기 '민수 : 그게 왜 삼각형이야, 세모지. 하영 : 세모 아니야. 내가 맞거든, 삼각형! 민수 : 세모가 맞아. 내 말이 원래 맞거든!'에서 나타나는 하영이와 민수에게 부족한 ① 과학적 태도를 가리키는 용어 1가지를 쓰고, ② 그 이유를 설명하시오. [15]	
	행동	• 자기주장에 대한 **비판 수용**하기 • **실패**한 것에 대해서 기꺼이 **수용**하기 • 한 가지 문제에 대해 **여러 가지 의견 듣기**
	준거	• 실패한 것에 대해서 좌절하거나 의기소침해하지 않는가?
판단유보	▶ 성급히 판단이나 결론을 내리지 않고 확실한 증거에 의해 자신의 주장이 지지될 때까지 사실로 받아들이지 않는 태도 ▶ 성급하게 결론을 내리지 않고 충분한 증거를 확보할 때까지 **보류**하는 태도. • **건전한 회의심**은 직접적인 관찰, 자료 수집을 통해 유아이들이 **객관적이고 열린 마음**으로 새로운 상황을 탐구하도록 격려한다. 기 직접 해 보기 선에는 알 수 없으니까 해 보고 말하자. [특22]	
	행동	• 결론을 내리기 전에 **많은 자료** 찾기 • **신중하게 결론** 내리기(결론을 성급히 내리지 않는 편인가?) • **확실한 증거(근거)**를 찾을 수 없는 것은 다시 생각해 보기
객관성	▶ 자신의 **주관적인 생각이나 가설**에 치우지지 않고 결론을 내리기 전에 가능한 한 **많은 자료**를 수집하여 **실험 결과를 근거로 결론**을 내리려는 태도 ▶ **주관적 생각에 치우지지 않고** 충분한 **자료와 실험 결과를 근거로 결론**을 내리는 태도	
	행동	• 사물을 자기가 본 그대로 **정직하게 표현**하기 • 결론을 내릴 때 **실험 결과를 근거로 하기** • 문제 해결에 있어서 **몇 가지 가능한 해결책**을 고려하기

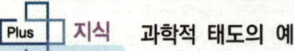 과학적 태도의 예

	조형숙(2014)	5세 유아들의 빛에 탐구활동에 대한 연구
호기심	교사가 물레방아에 물을 붓자, 다른 유아들은 "우와~"하며 신기해하는 것에 비해, 이 유아는 "**어떻게 된 거지?**"(**원인 찾기**)라고 하며 물레방아의 속을 들여다보고 있다(**탐구**).	교사 : 빛에 대해서 어떤 것들이 알고 싶니? 유아 : **왜 빛이 있는지** 궁금해요. 교사 : 그래, 빛은 도대체 왜 있는 걸까? 유아 : 빛이 없으면 **어떻게 될지도 궁금해요.** 유아 : 저는 저것(**프리즘**)이 궁금해요. 유아 : 무지개를 알아봤으면 좋겠어요.
자진성과 적극성	교사 : 여러 종류의 기름들이 어떻게 다른지 알아보자. 유아 : **기름을 만져 봐도 돼요?(스스로)** 교사 : 기름을 만졌을 때 어떤 느낌인지 알아보고 싶구나. 유아 : 미끌미끌해요. 너도 해봐! 유아 : 난 싫어. 유아 : 나처럼 이렇게 하면 된다니까.	유아1이 가서 하얀 것들을 만져보고 온다. 유아 : 어때? 유아 : 아무렇지도 않아. **유아들이 서로 뛰어가서 만져보고 온다.** 유아 : 야! 내가 가서 서 있을 테니까 나한테도 보내봐.
끈기성	〈자가발전 손전등을 탐색하는 유아들〉 유아 : 생긴 건 손전등 같은데, 어떻게 커는 길까? 유아 : **건전지 넣는 데 있어?(반복)** 유아 : 없어. 전기 코드 꽂는 곳도 없어. 유아 : **고장 난 거 아닐까?** 유아 : 아니야. 켜는 방법이 있을 텐데… (**한참 동안 관찰하고 만지고 돌려본 후에**) 유아 : **손잡이를 돌리는 거 아닐까?** 유아 : 내가 해 볼게. 와! 켜졌다!	유아 : 좀 다르다. 유아 : 그래도 좀 비슷해. 유아 : **내가 해 볼래 … 어, 잘 안 되네.** 유아 : 어렵다. 교사 : 그냥 비슷하게만 만들면 돼. 유아 : **여기다 해보자.** 유아 : 이쪽으로. 교사 : 그래, 좀 비슷하게 된 것 같다.
협동성	• 우리가 즐겨 먹는 간식이 얼마나 많은 에너지를 가지고 있는지를 조사한 후 기록하고 있다. • **직접 조사하는 유아, 결과를 알려 주는 유아, 받아 적는 유아 등 각자의 역할을 충실히** 하고 있다.	교사 : 그럼 빛의 힘을 알아보는 실험을 해보자. 유아 : **제가 버터 할게요.** 유아 : 같이 해. 유아 : **그럼 나는 얼음** (중략) 유아 : **차례로 실험**하면서 다른 사람들이 잘 볼 수 있게 해주면 되잖아.

솔직성	〈가설과 결과 비교하기〉 교사 : 고무줄 대신 나뭇잎을 이용했을 때에는 어떻게 될 것이라고 생각했니? 유아 : X요. **소리가 안 날 것 같다고 생각**했어요. 교사 : 그런데 직접 나뭇잎을 **만들어 보니** 어땠니? 유아 : **소리가 났어요.** 유아 : 꼭 아기코끼리가 엄마를 부르는 것 같은 소리였어요.	교사 : 그럼, 햇빛을 본 것은 그저께 싹이 났는데 이건 싹이 났을까? 유아 : **났을 것 같아요.** 유아 : 저도 지금은 났을 것 같아요. 유아 : 아직일 것 같아요. (중략) 교사 : 어떻게 달라졌니? 유아 : 씨앗이 모양도 달라지고… **너무 작아서 잘 볼 수가 없어요.**
비판성	〈거미에 대한 궁금증을 해결하는 유아들〉 끈끈한 거미줄에 거미는 왜 붙지 않는가에 대해 이야기를 나누고 있다. 유아 : 거미발에는 거미줄에 붙지 않게 하는 뭐가 있는 것 같아. 유아 : 거미는 천천히 발을 떼면서 다녀서 그런 거야. 유아 : **누구 말이 맞는지 책에서 찾아보면 어떨까?**	교사 : 옛날에도 빛으로 신호를 하는 게 있었을까? 유아 : 거울로 신호하는 거요. 교사 : 어떻게? 유아 : 감옥에서 거울로 신호해요. 밖에 있는 사람들한테. 유아 : **봉화 있잖아.** 유아 : **그건 연기잖아.** 유아 : **아니야**(김경아, 2002).
개방성	〈거위알을 부화시키는 방법에 대해 이야기 나누기〉 교사 : **거위가 알에서 깨어나려면** 어떻게 해야 할까? 유아 : **따뜻하게 가슴에 품고 있으면 돼요.** 유아 : **가슴에 품고 있으면 에디슨처럼 밥도 못 먹을 텐데….** 유아 : 그러면 따뜻한 이불 속에 넣어두면 되잖아. 유아 : 이불 아래에 있는 것을 모르고 밟으면 깨지잖아. 유아 : 그렇구나. 그러면 전기방석 위에 놓아두면 어떨까? 유아 : 좋은 생각이다. 진짜 되는지 해 보자.	
판단 유보	〈진짜 쑥을 판별하는 유아들〉 쑥을 찾아 유치원 주변에서 돌아다니던 유아들은 생김새가 비슷한 민들레 잎사귀를 보며 쑥을 찾았다고 소리쳤다. 유아 : **쑥처럼 생겼네.** 유아 : **쑥은 앞면하고 뒷면의 색깔이 다르다고 했잖아. 그런지 보자.** (잎사귀의 앞면과 뒷면의 색깔이 똑같은 것을 확인한 후) 유아 : **이거 쑥 아니잖아.** 뒤가 조금 회색이어야 쑥이라고 했어.	
객관성	〈다양하게 탐색하여 상자 속 음식 알아맞히기〉 교사 : 비밀 상자 속에 무엇이 들어 있는 것 같니? 유아 : **고구마인 것 같아요.** 교사 : 왜 그렇게 생각했니? 유아 : 손으로 만졌을 때, 조금 길쭉한 동그라미면서 물렁물렁했어요. 교사 : 그런 것은 고구마밖에 없을까? 유아 : **냄새를 맡았을 때 군고구마 냄새 같은 게 났어요.**	

6 카린과 선드(A. Carin & R. Sund, 1989)의 과학적 태도

카 린 과 선 드	호기심 (curious)	• 과학 활동은 주변 세계에 대하여 알고자 하는 호기심에서 출발하며 호기심이 과학적 사실과 만나게 될 때 발견이 이루어진다.
	겸손 (humility)	• **오만과 거짓된 자존심이 없어야** 한다. • 자신이 독단적으로 행동하는 경향을 끊임없이 경계해야 하며, 맹목적으로 받아들이지 말아야 한다.
	의심하기 (skepticism)	• 과학적 태도에서 보이는 모든 것을 믿는 것보다 **'왜 그럴까?', '진짜 그런가?' 하며 다시 한번 생각해 보는 것**이 필요하다. • 이런 태도는 과학과 환경에 의해서 요구되는 **건강한 회의주의**를 의미한다. 따라서 유아가 '왜'라고 묻고 궁금해 하고 질문하는 것을 격려하는 것이 중요하다. • 이러한 **건강한 의심**은 어떤 현상에 대해서 자신의 경험과 관찰을 토대로 객관적이고 열린 마음으로 새로운 상황을 탐구할 수 있도록 해준다.
	개방성	• **열린 마음을 유지하고, 증거에 기초하여 결정해야** 한다(open-mindedness).
	비독선	• **독단에 빠지거나, 쉽게 속는 것으로부터 벗어나야** 한다(avoidance of dogmatism or gullibility).
	실패에 대한 긍정적 자세 (positive approach to failure)	• 실패를 두려워하지 않는 긍정적인 접근은 긍정적인 자기상과 밀접하게 관련되는 태도이다. • 과학 영역에서 성공만큼 중요한 것은 실패이다. 자신의 예측이 맞지 않은 상황이 발생할 때 **좌절하기보다는 왜 자신의 예측이 잘못되었는지를 생각할 수 있는 태도**가 필요하다. • 이러한 과정을 통해 더 정확한 과학적 지식을 얻게 되거나 더 좋은 문제 해결 기술을 개발할 수 있다. 과학적 탐구에서 완전한 정답이나 오답은 없기 때문이다. 기 ① ⓒ을 통해 길러지는 과학적 탐구 태도를 카린과 선드(A. Carin & R. Sund)에 근거하여 쓰고, ② ⓒ '협동심을 강조한 발문'에 해당하는 교사 발문의 예를 1가지 쓰시오. ① **실패에 대한 긍정적 자세**, ② **우리 친구들과 함께해볼까?**[특20] 저는 선생님이 수업에서 민서와 다른 아이들에게 제공한 발문이 생각나요. 민서가 활동을 끝낸 후 다른 아이들의 분리배출 상자와 비교하며 "어! 나 잘못했다."라고 말했잖아요. 그때 선생님이 ⓒ "괜찮아. 다시 한번 해보자."라고 해서 다시 시도할 수 있게 해준 점이 좋았고요.
	객관성 (objectivity)	• 탐구 과정은 특정인의 **감정에 좌우되어서는 안 되며,** 데이터를 수집하고 해석하여 결론을 내리는 과정에서 다른 사람의 **비논리적인 판단이나 간섭을 받아서는 안 된다.**

7 과학 교수 불안과 과학 교수 효능감(science teaching efficacy)

과학 교수 불안

- ▶ 과학 교과를 가르쳐야 하는 상황에서 나타나는 긴장의 경험으로서 불안이나 두려움, 근심, 걱정 등의 감정
- ▶ 특성 불안(trait anxiety) : 과학 수업뿐만 아니라 일반적으로 느끼는 불안
- ▶ 상태 불안(state anxiety) : 과학 수업을 실시하고 있을 때 느끼는 긴장의 경험으로서 두려움, 근심, 걱정 등의 불안
- 과학 교수 불안은 상태 불안과 특성 불안으로 구성된다.
- **특성 불안**은 **다른 사람과 구별되는 개인의 일관된 특성**으로서 **긴장의 일반적인 정도**를 가리키며, 개인이 어떻게 긴장을 관리하고 반응하도록 자신을 길들이느냐에 따라 다양하게 나타난다. 즉, 어떤 사람에게는 불안하고 긴장되는 것이지만 다른 사람에게는 전혀 감정의 변화가 나타나지 않을 수 있다. 특성 불안의 수준이 높은 사람은 상당히 자주 쉽게 스트레스를 받고 불안해한다. **상태 불안**은 **특정한 상황에서 순간적으로 나타나는 긴장의 상태**로서, 공연 중 동작을 잊거나 수업에서 부정출발을 하는 것과 같이 정신적 또는 신체적 마비로 나타나기도 한다.
- 교사의 과학 교수 불안은 과학 교수 실제에 부정적인 영향을 미치고 결과적으로 학습자에게도 부정적인 영향을 줄 수 있다. 과학 교수 불안이 낮은 교사는 과학 교수에 자신감을 갖고, 다양한 교수 방법을 사용하며, 비시적인 과학교수 방법을 사용하려고 노력하는 경향이 있다고 하였다.
- 또한 과학 교수 불안이 높은 교사일수록 과학 지도를 회피하고, 부적절한 교수 방법을 사용하며, 과학교육에 매우 적은 시간을 할애하는 결과가 보고되고 있다.
- 과학 교수 불안 감소 방안 모색
  - 과학에 대한 긍정적 경험 / 자신의 과학 내용 지식의 향상
  - 유아교육기관의 풍부한 과학 지원 환경 / 유아의 과학에 대한 흥미 향상 방안 모색
  - 과학에 대한 사회 전반의 긍정적 인식

과학 교수 효능감

- ▶ 과학 교수에 대한 교사의 자기효능감으로, 과학을 효과적으로 가르칠 수 있다고 믿는 것
- ▶ 과학교수 개인효능감 : 과학을 효과적으로 지도할 수 있는지의 자신의 능력에 관한 신념
- ▶ 과학교수 결과효능감 : 과학교육으로 유아의 과학학습이 얼마나 변화될 수 있는가에 대한 신념(유아의 과학학습에 영향을 미칠 수 있다고 믿는지의 신념)
- 기 '교수님, 저는 다른 영역의 활동을 계획하고 수업하는 것은 어려움이 없어요. 그런데 과학 영역은 잘 못해서 유아들이 재미없어해요. 그래서 과학 활동 계획하는 게 너무 어려워요. 교수님 수업에서 반두라 이론과 관련한 과학 수업 신념을 조사했을 때도 저는 점수가 낮았어요.'에서 나타난 교육실습생의 과학 수업에 대한 신념을 의미하는 개념 1가지를 쓰고, 그 개념을 설명하시오.[19추]
- 과학 교수 효능감은 반두라의 자기효능감 이론을 근거로 하고 있다. 반두라에 따르면 자기효능감은 주어진 상황이나 활동에서 개인이 수행하는 수행 능력을 의미하며, 이러한 신념으로 인해 어떤 행동을 유발하거나 지속하는 정도가 달라진다고 한다.
- 과학 교수 효능감이 높은 교사는 예기치 못한 유아의 질문이나 행동에 당황하지 않고 반응할 자신이 있기 때문에 과학교육을 적극적으로 시행하게 된다. 따라서 과학 교수 효능감은 유아 교사의 과학 수업에 대한 적극성에 영향을 미치는 요인으로, 과학 수업의 운영 여부와 정도에 결정적 변수로 작용한다.
- 과학교수 효능감 증진 방안 모색
  - 양성교육과정에서의 긍정적 경험 / 자신의 능력에 대한 자부심
  - 과학에 대한 흥미와 긍정적 태도 형성
  - 지속적 학습
  - 유아교육기관의 지원적인 환경

Ⅲ. 창의성

1 창의성 교육 프로그램 개발의 필요성 및 목적

우리나라 창의성 교육의 기본방향

- 유치원 기본과정 내실화를 위한 창의성 교육 프로그램(2012)
- 지식 기반 경제사회의 지속적인 발전을 위해서는 새로운 지식을 창출해 낼 수 있는 창의적 인재가 중요하다는 인식에 따라 세계 각국에서는 이러한 인재를 육성하기 위한 교육 시스템을 구축하고자 노력하고 있다.
- 우리나라에서도 교육과정 특별위원회를 구성하고 유치원부터 초·중등 및 대학교육에 이르기까지 창의·인성교육을 교육지표로 제시하였으며, 창의·인성교육은 "배려와 나눔을 실천하는 창의적 인재를 기를 수 있도록 교육과정을 구성한다."(2009. 12. 17. 개정 교육과정)라는 내용으로 구체화하고 있다.
- 교육과정의 개정방향은 올바른 인성의 틀 속에서 창의성이 발휘될 때 진정한 글로벌 인재로서 완성될 수 있다는 것을 전제로 하고 있으며, 교육을 통하여 무한한 잠재력을 가진 학생들이 '창의성'을 발휘할 수 있도록 하되, 서로 어울려 살 줄 아는 능력을 극대화할 수 있는 방향으로 시도되어야 한다는 것을 강조하고 있다.

창의성 교육 프로그램 개발의 필요성

- 창의·인성교육이 미래사회에서 가장 중요한 능력으로 중시되고 이를 위한 교육적 실천이 강조되고 있다.
- 유아교육 단계에서는 창의성 교육을 어떻게 구성하고 실천할 것인지에 대한 관심이 높아지고 있다.
- 특히 만 5세 누리과정이 도입되는 시점에서 유아교육부터 고등교육까지 연계될 수 있는 창의성 교육을 통해 급변하는 글로벌 사회에 대비하는 핵심역량 교육의 토대를 마련할 필요가 있다.
- 유아기는 창의성을 발달시킬 수 있는 최적기라는 인식과 창의적 인재양성을 위한 학교 교육은 모든 단계에서 보편적으로 이루어져야 하며, 이는 유아교육에서 고등교육에 이르기까지 일관성 있게 유지되어야 한다는 점에서 중요성이 부각되고 있다.
- 유아기는 창의적 사고발달이 활발하게 이루어지는 시기이며, 특히 유치원에 다니는 만 3~5세 시기는 사고와 언어를 관장하는 전두엽이 집중적으로 발달되는 특징이 있다.
  - 따라서 이 시기에 유아는 다양한 사물이나 상황에 대하여 보고, 느끼고, 생각하는 경험을 통해 창의적 사고가 발달하게 된다.
  - 이러한 점에서 유아기는 창의성 교육의 시작 시점이자 효율적인 적용시기로 유아 단계에서의 창의성 교육 프로그램 개발이 필요하다.

2 창의성의 개념

창의성의 개념	개념	• 창의성이란 인간의 잠재능력을 설명하기 위한 가설적인 개념으로 구체적인 실체가 없다는 점에서 개념을 정의하기 어렵다. • 창의성을 '**창의적인 사람이 가지고 있는 개인적인 특성**'으로 보기도 하고, '**새롭고 적절한 아이디어를 통한 창의적 행동이나 산출물**'로 보는 등 다양한 관점과 이론이 존재한다. • 창의성에 대한 다양한 관점과 이론에서 공통으로 창의성을 정의하는 핵심요소는 '새로움'과 '적절성'이다. 　- '**새로움**'은 독창성, 독특한, 새로운, 신선한, 예기치 못한 등과 연결되며, 　- '**적절성**'은 유용한, 구체화된, 가치 있는, 의미 있는, 과제조건을 충족시키는 등과 연결되는 개념이다. • 이러한 맥락에서 창의성은 '**개인 또는 집단의 창의적 특성이 창의적 과정을 거쳐 사회적 맥락에 의해 새롭고 유용하다고 인정받을 수 있는 산출물을 생성하는 능력**'으로 정의하고 있다.
	애머빌 (Amabile, 1996)	• 창의성을 **사회심리학적 관점**에서 연구하였으며, 창의성이 발현되는 과정에는 **사회적, 환경적 요인이 결정적인 역할**을 한다고 본다. • 즉, 창의성에 영향을 미치는 내적 요인보다는 **외적 요인에 초점**을 맞춤으로써 학습이나 사회적 환경이 기여할 수 있는 부분을 강조한다. • Amabile는 창의성이 발현되는 과정에서 사회적 환경, 개인, 창의성 간의 관계를 설명하기 위하여 '**창의성 구성요소 모형**'을 아래와 같이 제시한다. • 그는 창의성이 발현되는 과정을 '수프 만들기'에 비유하면서 '**영역관련기술**'은 수프에 들어가는 기본 음식 재료, '**창의성 관련기술**'은 잘 배합된 양념, '**과제동기**'는 불에 비유해 창의성 발현을 위해서는 이 세 가지 요소의 배합과 조화가 중요함을 강조한다. 【창의성 요소】 　- 영역관련기술: 지식, 기술, 재능 　- 창의성 관련기술: 창의적사고, 행동양식 　- 과제동기: 내적인 동기 유발
	칙센트 미하이 (Csikszent mihalyi, 1999)	• 창의성은 **개인 영역(기본지식, 역량, 정보 등)**에서 새로운 산출물을 생성한 것이 **사회 영역(새로움, 구체성, 유용성 등)에서 인정**을 받고 그러한 것들이 모아서 **문화 영역**을 구성한다는 관점을 통하여 '**창의성 체제 모형**'을 아래와 같이 제시하였다. 【창의성 체제 모형】 　- 문화 → 개인: 정보의 전달 　- 개인 → 사회: 새로운 자극 　- 사회 → 문화: 새로운것 선택 　- 사회 → 개인: 새로운 것 산출

로오즈 (Rhodes, 1961)		• 창의성에 대한 연구는 길포드(Guilford)가 1950년 미국심리학회에서 창의성의 중요성에 대하여 연설한 것을 계기로 시작되었으며, 최근까지 여러 학자들이 창의성을 정의하여 왔다. • 다양한 창의성 개념 가운데 가장 널리 사용되고 있는 **로데스(Rhodes, 1961)**의 창의성은 **사람, 과정, 산출물, 환경의 4P로 구분**한다(The Creative Person, Process, Product, Press). • 창의적인 사람, 창의적인 과정, 창의적인 산출물, 창의적인 환경이 **서로 상호작용**할 때 창의성은 최대로 발현될 수 있다.
	창의적인 사람 (person)	• 창의적인 사람의 관점에서는 인지적 능력 면과 정의적 능력 면을 다르게 정의하고 있다. • **인지적 능력 면** : 창의성은 **발산적 사고가 강조**된다. • **정의적 능력 면** : 창의적인 **사람의 특성에 관심**이 많다. – 즉, 전통적인 생각의 틀에서 벗어나 새로운 방법을 찾기 위한 성격적인 면을 강조한다.
	창의적인 과정 (process)	• 어떤 시점에서 개인 내에 존재하는 사고과정을 창의성으로 정의하는 것이다. • 창의성을 하나의 인지적 과정으로 보고 문제 해결과정과 통찰을 주로 다룬다. 즉, **기존에 서로 관련되지 않았던 아이디어들을 유용하게 조합하거나 새로운 방식으로 고찰하는 과정**을 말한다. • 토렌스(Torrance)에 의하면 창의적인 과정은 개인 내의 창의적인 사고과정으로 문제의 지각(**준비 단계**)에서부터 자료를 수집하고 문제를 고민(**부화 단계**)하며 새로운 아이디어가 생겨나고(**영감 단계**) 그것을 실제적으로 평가하고 보완하는(**검증 단계**) 일련의 단계를 말한다.
	창의적인 산출물 (product)	• **창의적인 과정을 거쳐 만들어진 유형과 무형의 결과물**이다. • 여기에는 발명품에서 연주회나 아이디어에 이르기까지 모든 형태가 포함된다.
	창의적인 환경 (press)	• 물리적인 환경과 자원 그리고 심리적인 환경까지 모두를 포함한다. • 이는 **새로운 생각과 방법을 격려하는 분위기, 지지하는 문화** 등에서부터 창의성을 북돋우는 교육기관, 다양한 매체 등에 이르기까지의 **총체적인 환경**을 의미한다.
비교 문화적 관점		• 최근에는 **비교문화적 관점**에서 한국적 창의성에 대한 관심이 높아지고 있으며 한국적 창의성의 특징으로 온고지신(전통적인 고유한 특성을 존중하면서 현재 상황에 새롭게 적용시키는 능력)과 정교성이 설명력 높은 구인으로 나타났음을 보고하였다(성은현, 2009). • 즉, 창의성에 영향을 미치는 환경과 문화의 중요성 측면에서 한국적 창의성을 어떻게 교육 현장에 적용할 것인지에 대한 관심이 높아지고 있다.
종합		• 창의성의 개념을 정리하면 초기에는 창의적인 사람이나 과정, 산출물과 같은 특정한 부분에 초점을 두었지만 최근에는 사람, 과정, 산출물, **사회적 환경**과 같은 다양한 **맥락을 모두 고려하여 창의성을 개념화**하고 있으며, 창의성의 핵심요소로 '새로움'과 '적절성'을 포함시키고 있다. • 즉 창의성이란 창의적인 사람이나 집단이 창의적 과정을 통하여 창의적인 산출물을 생성하는데, 그 산출물이 사회적 맥락에서 유용성 기준을 충족시킬 때 창의적 산출물로 인정받을 수 있다고 보고 있다.

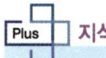

Amabile(1996)의 '창의성 구성요소 모형(세 가지 구성 모델, three-component model)

- **사회심리학자** Amabile(1983, 1989)은 **세 가지 구성 모델**(three-component model)을 통해 창의적인 성취를 결정짓는 요소를 다음과 같이 세 가지로 설명하고 있다.

영역 관련 기술 (domain)	▶ **특정한 영역에서의 소질 또는 재주**와 같은 것 • 어느 정도 선천적이라 할 수 있다. • 훌륭한 화가가 되기 위해서는 무엇보다도 **그림을 잘 그릴 줄 아는 재주**가 필요하고, 유명한 발레리나가 되기 위해서는 남보다 **춤에 대한 재주나 소질**이 있어야 한다. • 일반적으로 **재주나 소질은 어느 정도까지는 타고난다고 할 수** 있다. 그러나 부단한 노력과 풍부한 경험에 의해 어느 정도까지 끌어올릴 수 있는 것 또한 사실이다. • 이처럼 창의적인 업적을 남기기 위해서는 어떤 영역에서든지 재주나 뛰어난 솜씨를 필요로 한다. • 그러나 어떤 영역에 매우 창의적이라고 해서 반드시 다른 영역에도 창의적인 것은 아니다. 마찬가지로 한 영역에 뛰어난 재주를 보인다고 해서 또 다른 영역에서도 같은 능력을 발휘할 수 있다고는 할 수 없다. • 따라서 "우리 아이는 매우 창의적이야." 또는 "우리 아이는 왜 이렇게 창의성이 없는지 몰라."라고 말하는 것은 정확하지 않다. "우리 아이는 그림 그리는 데 특별한 재주가 있어." 또는 "우리 아이는 자기 방을 꾸미는 데 아주 창의적이야."라고 어떤 면에서 창의적인지 구체적으로 언급해야 옳다.
창의성 관련 기술	▶ **훈련으로 향상될 수 있는 창의적 사고, 행동 기술 등** • **특정 영역의 재주를 보다 훌륭하고 효과적이며 창의적인 성취로 만들기 위해 꼭 필요한 요소** • 아무리 뛰어난 재주가 있어도 창의적 사고능력, 창의적 행동 스타일, 인성적 특성이 적절치 못할 때는 창의적인 성취를 할 수 없다. • 즉, 창의적인 행동이나 작품이 나타나기 위해서는 재주, 소질 또는 특별한 능력 위에 반드시 **창의적 사고와 행동 기술 또한 높아야** 한다. • 이런 창의적 사고 기술들은 앞의 소질이나 재주보다 훨씬 많은 부분이 **교육이나 훈련에 의해서 얼마든지 향상**될 수 있다. • 즉, 고정관념을 깨고 새로운 관점에서 보는 능력, 새로운 문제 해결의 길잡이를 찾는 능력, 긴 시간 주의집중하는 능력이나 끈기와 같은 장인정신 등이 창의적 성취를 위해 꼭 필요하다.
과제 동기	▶ **일이 성취되기를 바라는 흥미, 만족감, 도전감 등** • 창의적인 성취를 위해서는 '일정 영역에 뛰어난 소질', 그리고 '높은 수준의 창의적 사고 기술'이 요구되며, 이와 더불어 꼭 필요한 것은 창의적 결과물을 얻고자 하는 강한 **내적 동기**(intrinsic motivation)다. • 어떤 일에 창의적인 산출물을 기대하기 위해서는 **그 일이 성취되기를 바라는 강한 요구와 그 일에 흥미, 만족감, 도전감 같은 내적인 동기가 높을 때 실현 가능**하다. • 내적 동기 역시 어느 정도는 선천적인 것 같지만 이런 **동기 유발은 사회적인 환경의 영향**을 많이 받는다. • 그러나 동기는 일반적으로 쉽게 눈에 띄지 않기 때문에 별로 중요하게 여기지 않는 경향이 있다. 하지만 창의성을 높이기 위해 무엇보다도 먼저 창의적인 사고를 할 수 있는 내적 동기를 유발시키는 것이 효과적이다. • 결국 창의적인 작품이나 창의적인 행동과 같은 실제로 창의적인 결과물을 얻기 위해서는 '일정 영역에 뛰어난 능력', '창의성 관련 기술', 그리고 '높은 내적 동기'가 요구된다.

3 창의성 이론

성격 특성론적 접근	• 창의적인 사람들이 나타내는 **구체적인 성격 특성에 초점을 두어 창의성을 설명**하였다. • Davis(2004)는 창의적인 인물들의 16가지 특성을 뽑았는데, 창의적인 사람들은 자신의 창의성을 인식하고, 새로운 것을 추구하며, 독립적이고, 모험을 즐기며, 에너지가 넘치고, 완벽성을 추구하고, 호기심이 많으며, 유머 감각이 있고, 환상을 즐기며, 복잡성과 모호성에 매력을 느끼고, 예술적이고, 개방적이고, 혼자 있는 것을 즐기며, 통찰과 직관이 있으며, 정서적이고, 도덕적인 것으로 나타났다.
사회·심리적 접근	• 창의성에 영향을 미치는 **내적 요인보다는 외적 요인에 초점**을 맞춤으로써 **학습이나 사회적 환경이 기여할 수 있는 부분을 강조**하였다. • Amabile(1983)의 창의성 3요소 모델에서는 창의성이 **영역 관련 기술, 창의성 관련 기술, 과제 동기**에 의해 결정된다고 하였다.
인지적 접근	• 창의성은 지적 능력의 한 특성으로 간주되며, ① **창의적 사고(확산적 사고)**를 강조하는 입장과 ② **문제 해결 능력 및 과정**을 강조하는 입장으로 구분될 수 있다.

<table>
<tr><td rowspan="3">인지적 접근</td><td>길포드
(Guilford,
1959)</td><td>• Guilford(1959)는 지능의 구조 모형에서 지능구조 중 확산적 사고가 창의성과 관계된다고 하였다.
• 확산적 사고는 새로운 아이디어를 얻기 위해 가능한 모든 것을 탐색해 보는 사고과정으로 잠정적이고 탐색적이며 창의적인 사고과정이다.
• 창의적 사고의 하위 요인으로 유창성, 융통성, 독창성, 민감성, 정교성, 재정의 등의 6가지를 제시하였다.</td></tr>
<tr><td>토렌스
(Torrance,
1974)</td><td>• 이와 유사하게 Torrance(1974)는 창의성이란 학습된 어떤 해답이 없는 문제를 해결하고자 하는 자연스러운 정신과정으로 기존의 지식들을 조합시켜 가능한 해답을 만들어 내며 이러한 해답을 실제로 적용해 나가는 정신과정으로 보았다.
• 창의적 사고의 하위요인으로 유창성, 융통성, 독창성, 정교성, 상상력을 제시하였다.</td></tr>
<tr><td>가드너
(Gardner,
1993)</td><td>• Gardner(1993)는 예전에 재능이라고 일컫던 음악, 미술, 체육 등의 영역을 지능이라는 용어를 사용함으로써 재능과 지능을 같은 용어로 간주하였다.
• 지능은 지적 활동의 최종산물이자 과정이며 동시에 내용, 형태로서의 모든 것을 의미한다고 하였다.
• 따라서 그가 의미하는 지능이란 곧 재능이며, 창의적인 능력과 같다고 할 수 있다.</td></tr>
</table>

통합적 접근	• 창의성이 발현되기 위해서는 인지적, 인성·동기적, 환경적 요인들이 동시에 모여 통합되어 나타나야 한다고 가정한다. • 칙센트미하이의 **창의성 체계 모델**에서는 **3가지 체계, 영역**(domain), **분야**(field), **개인**(person) **간의 상호작용을 통해 창의적 능력이 발휘**된다고 하였다. • 창의성 체계 모델에 따르면, 창의적인 결과를 얻기 위해서는 새롭고 변화된 아이디어를 창출해 내는 **개인**과 이 아이디어들을 검증·평가하는 **'분야(사회)'**, 그리고 평가되어 채택된 규칙이나 지식들로 구성되어 있는 **'영역(문화)'**과 같은 세 체계의 능동적인 상호작용이 필요하다고 하였다. • 창의성은 **개인 영역(기본지식, 역량, 정보 등)**에서 새로운 산출물을 생성한 것이 **사회 영역(새로움, 구체성, 유용성 등)**에서 인정을 받고 그러한 것들이 모여서 **문화 영역**을 구성한다는 관점을 통하여 **'창의성 체제모형'**을 아래와 같이 제시하였다.

개인 (사람, person)	• **기본지식, 역량, 정보 등에서 새로운 산출물을 생성**한 것이~ • 인지적 과정, 인성적/성격적 특성, 동기 등을 활용하여 정보를 창의적으로 변형시키거나 확장시키는 체계를 뜻한다.
분야 (사회, 장, field)	• **새로움, 구체성, 유용성 등에서 인정**을 받고~ • 개인의 창의적 아이디어를 평가하고 선택하는 사람들의 집합체로서 영역에 영향을 미칠 수 있는 모든 사람들을 포함한다.
문화 (영역, domain)	• ~그러한 것들이 모여서 **문화 영역을 구성**한다. • 문화적으로 새롭게 선택된 상징체계 및 지식의 축적물로서 이를 보전하여 타인과 다음 세대에 전달하는 것을 의미한다.

Plus 지식 칙센트미하이(1988)의 창의성 체계 모델

- '창의성의 즐거움'(Creativity), '몰입의 즐거움'(Finding Flow) 등의 저서로 유명한 시카고 대학의 심리학과 교수로 퇴직한 칙센트미하이(Csikszentmihalyi, 1996 : 15)는 창의성은 세 가지 요소로 구성되는 체계의 상호작용으로부터 생겨난다고 보았다.
- 그에 의하면 세 가지 요소란 '**상징적인 규칙들을 포함하는 문화, 상징 영역에 새로움을 가져오는 사람**, 그리고 그러한 **새로움을 인정하고 확인하는 전문가들로 이루어진 현장**이다'라고 하였다.
- 창의적인 아이디어와 발견이 나오기 위해서는 이 세 가지가 모두 필요한데, 이를테면 '수 세기에 걸쳐 축적된 천구 운동에 대한 막대한 정보가 없었다면(**문화**), 첨단 기술의 대형 망원경을 관리하는 연구소와 연구원이 없었다면(**사람**), 그리고 다른 천문학자들의 비판적인 회의론과 협조가 없었다면(**현장**), 베라 구빈의 천문학적 발견은 불가능했을 것이다'라고 예를 제시하고 있다.
- 그의 **문화, 사람, 현장**은 다른 표현으로 **영역**(domain), **개인**(person), **장**(field)이 된다.
- 창의성이란 개인 행위에 의한 결과만은 아니라고 보고 개인을 둘러싼 외적 요인들의 영향이 더 중요하다고 생각하며, 따라서 창의성은 창의적 행위를 하는 **개인**(person)이 그가 관여하고 있는 행위의 영역인 그 **영역**(domain)에서의 활동무대 내지 **사회적 맥락인 장**(field)이 중요한 요소라고 생각한다.

개인 (사람, person)	▶ **문화(영역)에서 정보를 끌어내어** 인지적 과정과 성격적 특성을 통해 변형·확장하는 창조적 주체
분야 (사회, 장, field)	▶ **문화(영역) 영역 안에서의 조직적 인간관계나 사회적 맥락** • 이를테면 **예술 평론가, 화랑 소유자, 신춘문예 심사위원, 관련 분야의 전문가** 등과 같은 어느 한 영역을 좌우하는 힘이 있거나 통제하는 사람으로 이루어진 것으로 개인이 새롭게 창안한 아이디어를 평가하고 선정하게 된다. • 어떤 사람이 창의적인 사람으로 인정을 받기 위해서는 그의 아이디어나 산출물에 대해 **그 당시의 다른 사람들이나 법체계나 제도 등에 의해 인정을 받거나 수용되어야** 한다. 즉 장(field)의 수용 체계 범주에 속해 있어야 한다는 것이다.
문화 (영역, domain)	▶ **개인이 활동**하고 있는 **특정 세계** • 즉, 소설가의 영역은 **문학세계**, 과학자의 영역은 **과학계**이다. 개인은 영역 속에서 문화적으로 정의된 기호 체제로 창의적인 산출물을 다른 사람이나 미래 세대에 전달하거나 보존한다. • 만약에 한 개인이 어떤 뛰어난 발명이나 산출물을 생산할 가능성은 **그 분야, 그 영역에서의 연구, 지식, 기술 등의 축적이 고도로 왕성하고 높은 수준일 때** 훨씬 더 높아질 수 있기 때문에 영역 요인은 창의적인 활동에 중요한 조건이 될 수 있다.

4 창의성의 구성요소 (한국과학창의재단, 2010)

- 창의성의 발달은 각 개인의 지적능력, 지식, 사고방식, 인성, 동기, 환경 등이 복합적으로 작용하게 된다.
- 창의적 산출을 얻기 위해서는 창의적 능력(지능, 사고, 지각)과 창의적 성격(성격, 동기)이 상호작용하면서 각 과제 영역에 따라 다양한 창의성이 나타난다고 한다.
- 창의적인 사람은 주어진 문제를 해결하는 인지적 특성과 이러한 인지적 특성과 보완적인 관계를 갖는 성향적인 특성, 그리고 몰입, 열정으로 표현되는 동기적 특성이 적절히 조화되는 사람이라고 보고 있다.
- 따라서 이러한 세 가지 요소를 포함하는 통합적 접근에 기초한 상호작용 모형을 제시한 것이 다음 그림이다.

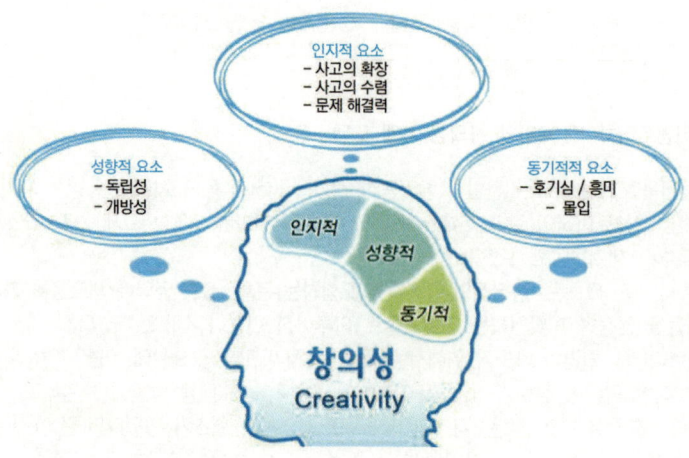

[그림 1] 창의성 구성요소(한국과학창의재단, 2010)

창의성의 구성요소	
인지적 요소	• **확산적 사고와 수렴적 사고, 문제 해결력이 포함**되며, 확산적 사고를 통하여 산출물의 독창성, 수렴적 사고를 통하여 산출물의 적절성을 평가하게 된다. • **확산적 사고는 새로운 아이디어 생성**을 위해 필요하고, **비판적 사고는 산출물이 얼마나 유용하고 적절한지를 판단**하는 것으로, 이 두 가지 사고는 서로 상보적으로 창의적 과정에서 작용하게 된다. • 공통으로 **문제 파악**하기, 문제와 관련된 정보 찾기, 정보로부터 **해결책 찾기**, 제안된 해결 방안을 평가하고 수정하기 등의 과정이 인지적 요소로 포함된다.
성향적 요소	• 창의적 성취에 필요한 성향을 정의하는 것으로 스턴버그 등은 모호함에 대한 참을성, 인내, 성장하려는 욕구, 기꺼이 모험하려는 정신, 그리고 새로운 경험에 대한 개방성을 성향적 요소로 제시하였다(Sternberg와 Lubart, 1995).
동기적 요소	• 인간의 창의적 사고는 하고 싶은 마음이 있을 때 가능하다는 점에서 **내적 동기**를 강조한다. • **애머빌(Amabile, 1996)의 '내적 동기 원리'**는 과제 그 자체에 대한 흥미, 즐거움, 만족 및 도전에 의해 동기화될 때 창의적 사고가 최대화될 수 있다고 보고 있다. • 칙센트미하이(1999)는 **창의적인 일에 몰두하는 사람들은 '플로(flow)경험'**을 한다고 하였는데, 이는 **내적으로 동기화된 상태 또는 삼매경에 들어간 듯한 심리적 상태**를 의미한다. • 그는 창의성이 이러한 플로 상태의 결과일 가능성이 높다고 주장함으로써 창의성의 구성요소에서 내적동기의 중요성을 강조하였다.

- 인지적 요소, 성향적 요소, 동기적 요소의 구체적 내용을 살펴보면 다음과 같다.

인지적 요소	사고의 확장	확산적 사고	▶ 다양한 관점에서 **새로운 가능성이나 아이디어를 다양하게 생성**해 내는 사고능력
		상상력/ 시각화 능력	▶ 생각을 **정신적으로 조작**하고, **마음의 눈으로 사물을 그리는** 능력
		유추/ 은유적 사고	▶ 사물이나 현상, 또는 복잡한 현상들 사이에서 기능적으로 유사하거나 일치하는 **내적 관련성을 알아내는** 사고능력 ▶ **사물 및 현상 간 일치**하는 **내적 관련성을 알아내는** 능력
	사고의 수렴	논리/ 분석적 사고	▶ 부적절한 것을 제거하여 **합리적 결론을 끌어내는** 능력
		비판적 사고	• 편견 등을 인식하여 **객관적, 타당한 근거에 따라 판단**하는 능력
	문제 해결력	문제 발견	▶ **새로운 문제를 찾고, 형성하고, 창조하는 것**
		문제 해결	▶ **문제를 인식**하고, **탐색하여 해결**해 가는 사고 활동 • 1) 문제 발견 → 2) 자료탐색 및 해결안 생성 → 3) 실행 및 평가
성향적 요소	개방성	다양성	▶ 다양한 아이디어나 입장을 **수용**하는 **열린 마음**
		복합적 성격	▶ 서로 **모순되는 정반대(양극)의 성격을 동시에** 가지고 있는 것
		애매모호함에 대한 참을성	▶ **모호함을 잘 견뎌내어 충분한 시간**을 갖고 **새로운 문제 해결**로 이끄는 성향
		감수성	▶ **미묘한 뉘앙스를 잘 느끼고 감지**하는 **민감성**
	독립성	용기	▶ **모험심, 위험 감수**, 개척자 정신, 도전 정신
		자율성	▶ 타인의 말에 쉽게 흔들리지 않고 **스스로 선택하고 행동**하는 성향
		독창성	▶ 유행에 따르지 않고, **자기만의 방식으로 현상을 판단**하는 성향
동기적	호기심/흥미		▶ 주변의 사물이나 현상에 대해 **끊임없는 의문과 관심**을 갖는 성향
	몰입		▶ 어떤 일에 시간이 가는 줄 모르고 **몰두**하게 되는 **완벽한 주의집중** 상태

인지적 요소

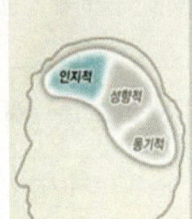

사고의 확장

- **확산적 사고**
다양한 관점에서 새로운 가능성이나 아이디어를 다양하게 생성해내는 사고능력

- **상상력/시각화 능력**
이미지나 생각을 정신적으로 조작하고, 마음의 눈으로 사물을 그릴 수 있는 사고능력

- **유추/은유적 사고**
사물이나 현상, 또는 복잡한 현상들 사이에서 기능적으로 유사하거나 일치하는 내적 관련성을 알아내는 사고능력

사고의 수렴

- **논리/분석적 사고**
부적절한 것에서 적절한 것을 분리해 내고 합리적인 결론을 끌어내는 사고능력

- **비판적 사고**
편견, 불일치, 견해 등을 인식할 수 있는 능력, 객관적이고 타당한 근거에 입각하여 판단하는 사고능력

문제해결력

- **문제발견**
새로운 문제를 찾고, 형성하고, 창조하는 것

- **문제해결**
문제를 인식하고 현재 상태에서 목표 상태에 도달하기 위해 진행해가는 일련의 복잡한 사고 활동

1) 문제발견
 ↓
2) 자료탐색 및 해결안 생성
 ↓
3) 실행 및 평가

성향적 요소 · 동기적 요소

개방성

- **다양성**
다양한 아이디어나 입장을 수용하는 열린 마음

- **복합적 성격**
서로 모순되는 정반대(양극)의 성격을 동시에 가지고 있는 것

- **애매모호함에 대한 참을성**
해결 중인 문제의 부분들이 서로 맞지 않을 때의 모호함을 잘 견뎌냄으로써 충분한 시간을 갖고 새로운 방향으로 문제해결을 이끄는 성향

- **감수성**
미세하고 미묘한 뉘앙스를 잘 느끼고 감지하는 것, 정서/자극에 대한 민감성

독립성

- **용기**
모험심, 위험감수, 개척자 정신, 도전 정신

- **자율성**
타인의 말에 쉽게 흔들리지 않고 스스로 선택하고 행동하는 성향

- **독창성**
자기만의 방식으로 현상을 판단하고, 유행을 따르지 않는 성향

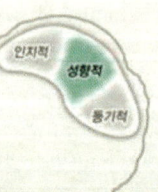

호기심 / 흥미

주변의 사물이나 현상에 대해 끊임없는 의문과 관심을 갖는 성향

몰입(flow)

어떤 일에 시간이 가는 줄 모르고 몰두하게 되는 완벽한 주의집중 상태

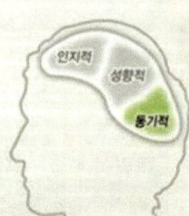

5 길포드(J. P. Guilford, 1959)의 창의적 사고의 구성요인

- 길포드(Guilford)는 지능구조모형을 통해 창의적 사고의 구성으로 확산적 사고와 수렴적 사고를 제시하였으며, 확산적 사고를 창의성의 핵심으로 관련지었다.
- 그 하위 구성요인으로 **유창성, 융통성, 독창성, 정교성, 민감성, 재정의** 문제에 대한 능력을 제시하였다.
- 창의적인 아이디어를 보다 구체적으로 평가하고 완성시키기 위해서는 **수렴적 사고(분석, 종합, 평가)** 또한 중요하다고 보았다.
- 토렌스(Torrance)는 유창성, 융통성, 독창성, 정교성, **상상력**을 창의적 구성요인으로 제시한다.

[기] 길포드의 지능 구조 모델에서 제시된 **확산적 사고(divergent thinking)**는 **창의적 사고의 주된 특성**이다.[09]

[기] 창의성의 구성 요소는 **민감성, 유창성, 융통성, 독창성, 정교성** 등이다.[09]

길포드의 창의적 사고의 구성요인		
	민감성	▶ **오감을 통해 주변 환경에 세심한 관심**을 기울이고 **새로운 정보를 탐색**하는 능력 • 관찰력이 뛰어나 감각이 매우 발달된 것으로 창의성을 발휘하는 기초 능력 • 지각력과 관계가 있어 주변 환경에서 **오감을 통해** 들어오는 다양한 정보에 대해 민감한 관심을 보이고, 이를 통해 새로운 영역을 탐색해 나가는 것을 의미한다. • 일상생활에서 접할 수 있는 **문제나 주위 환경에 대해서 세심한 관심을 가지고 당연히 여기는 것에 대해서도 의문을 품고 생각해 보는 능력**으로, 새로운 아이디어를 생각해 낼 수 있는 사고 기능이다. • 따라서 평소에 오감(시각, 청각, 미각, 후각, 촉각)이 민감하도록 항상 훈련하여야 한다. • 오감을 통해 들어오는 다양한 정보에 대해 관심을 보이고 이를 통하여 새로운 영역을 탐색해 가는 능력을 의미한다. • 주위 환경에 민감하게 관심을 갖고 새로운 탐색을 하는 능력이다. • 교실을 둘러보고 어제와 **달라진 점** 찾아보기 • 눈을 감고 딸기와 사과 냄새의 **차이**를 느낄 수 있니? • 자동차 지나가는 소리와 오토바이 지나가는 소리의 **차이**를 느낄 수 있니? • 어떤 음식을 먹어 보고 그 안에 **어떤 재료가 들어갔는지** 알아맞힐 수 있니?
	상상력 (토렌스, Torrance)	▶ **눈에 보이지 않는 사물**을 **구체적 이미지로 형상화**하는 (정신) 능력 • 오스본도 초기에는 창의성이라는 용어 대신에 상상력이라는 용어를 주로 사용했으며, 창의성의 근간이 상상력이라는 것을 강조했다. • 창의적 사고력의 원동력이 되는 상상력이란 과거의 경험을 기초로 하여 앞으로의 행동을 계획하도록 하는 새로운 표상을 만드는 능력이다. • 즉, **지금 여기에 있지는 않지만, 마음속에 그려 보는 것**이다. • 그러므로 상상력은 현실의 분명한 창조적인 반영으로 상상력이 발달하려면 이전의 경험이 축적되어야 하고, 여러 다른 심상을 새로운 상황 속에서 통합할 수 있는 능력이 있어야 한다. • 이러한 상상력은 창조적인 힘을 제공하는데, 상상력이 발달하여 유창성, 융통성, 독창성, 정교성과 같은 창의성 요인들이 발달하게 된다.

길포드의 창의적 사고의 구성요인		• 별이 **없어진다면** 어떤 일이 생길까요? • 강아지가 **말을 한다면** 어떤 일이 생길까요? • 로봇이 **생긴다면** 어떤 일이 생길까요?

	유창성	▶ **문제 상황**에서 **가능한 많은 아이디어를 생성**하는 능력
		• 즉, **아이디어의 풍부함과 관련된 양적인 능력**이다.
		• 따라서 **반응의 질이 문제가 아니라 양이 중요**하므로 자연스러운 분위기 속에서 많은 양의 아이디어를 낼 수 있도록 해야 한다.
		
		• 특정한 사물이나 사건과 관련된 것에 대해 **자유롭게 떠올리기**
		  예 병원 하면 떠오르는 것 이야기해 보기
		• 정해진 시간 내에 특정한 문제 상황의 해결 방안을 **되도록 많이** 생각해 보는 활동
		  예 실외 활동에서 하고 싶은 활동
		• '사과'하면 떠오르는 것은 무엇인가? **가능한 한 많이** 떠올려 본다.
		
		기 길포드가 제시한 창의성의 구성 요인 중에서 ① ⓒ '유아들에게 종이를 나눠 주고 20분 동안 종이로 비를 표현하는 방법을 **최대한 많이** 생각해 보게 하였다.'에 해당하는 요인 1가지를 쓰고, ② 그 요인의 정의를 쓰시오. [15]

	융통성	▶ **고정적인 사고방식이나 관점을 변화시켜 다양한 해결책을 찾아내는 능력**
		• 즉, 어떤 문제를 해결하거나 아이디어를 내는데 **한 가지 방법에 집착하지 않고, 여러 가지 방법으로 접근하여 반응**하려고 하는 능력이다.
		• 우리는 일반적으로 지배적인 사고방식이나 자신에게 익숙한 관점에서만 경직되거나 고착되어 문제를 해결하거나 아이디어를 내려고 하는 경향이 있다.
		• 이렇게 경직된 사고방식으로 사고를 하면 사고의 진전이 없어서 진부한 아이디어를 내거나 문제를 제대로 해결하지 못하게 된다.
		• 그러므로 고정적인 사고의 틀을 벗어나 **유연하고 융통성 있게 사고**하는 것이 필요하다. 이런 유연한 사고는 **독창적인 사고의 관건**이 된다.
		• 아이디어의 양이 많아서 유창성이 뛰어난 사람 중에는 융통성이 부족한 사람도 있다. 그러므로 **유창성이 향상되면 융통성을 키울 수 있는 수업 방법을 고려해야** 한다.
		• 융통성이 부족한 사람은 **기존의 생각을 전환시켜 다양한 관점을 적용**해 볼 수 있는 아이디어나 해결책을 찾는 훈련이 필요하다.
		
		기 **고정적인 사고방식에서 벗어나 여러 각도에서 다양한 해결책을 찾는 능력**이다. [09]
		
		• 사물을 보는 **관점을 변화시키기**
		  예 과자로 만든 그림, 과자는 그림의 도구로도 활용된다.
		• **서로 관계가 없는 물건**들끼리 **관련성**을 찾아보는 활동
		  예 호박과 유모차 간의 관련성 찾기
		• 글씨를 쓰려고 하는데 연필이 없어요. **무엇으로 대신**하면 좋을까요?
		• 종이컵이 없어서 물을 마실 수가 없어요. **무엇으로 대신**하면 좋을까요?
		• 100개의 단추를 **다양한 방법으로** 분류해 보세요.

길포드의 창의적 사고의 구성요인	독창성	▶ 기존의 것에서 벗어나서 **새롭고 독특한 아이디어를 새로운 차원에서 창출**하는 능력 • **유연한 사고에서 진전**하여 **자기만의 독특한 아이디어를 산출하는 능력**으로, 의식적으로 노력하는 데서 독특한 아이디어가 나올 수 있다. 창의적 사고의 궁극적인 목표라고 할 수 있다. • 다른 사람이 이미 생각했던 아이디어나 문제 해결 방법은 개인이나 사회에 별로 의미가 없다는 점을 고려한다면, 독창적인 아이디어는 **창의적인 사고에서 최고 수준의 사고능력**으로 볼 수 있다. • "하늘 아래 새로운 것은 아무것도 없다."라는 말이 있듯이 어떤 분야에서든 완전히 새로운 것이란 거의 없다. 오스본은 원시시대에서 모든 것을 가져왔다고 말하지 않는가! • 그러나 창의성에서 정말로 중요시되는 것은 바로 독창성이다. 독창성이야말로 창의성에서, 특히 공적인 수준의 창의성에서는 가장 중요한 것이다. • **새로운** 청소 도구 **발명** • **아이폰** : 기기는 미적으로도 아름다워야 한다. • **나만의 독특한 명함**을 만들어 본다. • 책을 읽기 쉽게 하려면 **유아 전용 독서대를 특이하게 구상**해 본다. • 고무줄 10개와 클립 3개로 **특이한 작품을 만들어 본다.**
	정교성	▶ **아이디어의 부족한 부분을 수정·보완시켜 발전시키는 능력** • **처음 제안된 아이디어를 다듬어 발전시켜 표현하는 능력**으로 주어진 문제를 세부적으로 검토하거나, **문제에 포함된 의미를 명확하게 파악**하고, **문제에 결여된 부분을 찾아 보완**하고, **정교하게 다듬는 사고능력** • 미숙하면서도 다듬어지지 않은 아이디어를 보다 치밀하고 정돈된 것으로, 머릿속에서 나온 많은 아이디어를 재료로 하여 그중 **독창적인 아이디어를 선별**한 다음 **다시 아이디어의 질을 평가하고 정교하게 다듬는 작업이 필요**하다. • 은연중에 떠오르는 정리가 안 된 생각을 구체화하는 놀이나, 잘 다듬어지지 않은 아이디어의 가치를 따져 발전시키는 놀이가 좋다. • 유·무형으로 된 어떤 형태의 산출물이든 처음에는 조야한 수준이기 때문에 그 자체로는 별 가치가 없다. • 조각, 회화, 건축, 시, 소설뿐만 아니라 어떤 문제를 해결하기 위한 아이디어도 처음에 떠오른 아이디어는 거칠기 때문에 그 자체를 실행에 옮기기 어렵다. • 그러므로 **거친 아이디어를 잘 다듬어 정교한 상태로 만들어야 그 진가를 발휘**하게 되는 것이다. • 책을 쓰거나, 그림을 그리거나, 조각품을 만들 때도 처음에 시작한 작품을 정교하게 다듬어 나가야 한다. • **기존의 다듬어지지 않는 아이디어에 유용한 세부 사항을 추가하여 보다 가치로운 것으로 발전시키는 능력**을 의미한다. • **문제를 명확하게 파악**하고, **아이디어의 부족한 부분을 수정하거나 보완하여 발전시키는 능력**이다. • 창의적 사고의 마지막 단계에서 필요한 사고로, 막연히 떠오르는 생각을 구체화하는 작업을 통해 발달될 수 있다. [기] 길포드의 창의성 이론에 근거하여, ① ⓒ에 해당하는 **창의성 구성요소**를 찾아 쓰고, ② **그 특징** 1가지를 쓰시오.[23]

	• '일회용 비닐봉지'를 이용해서 청소 도구를 만든 후, **구체적인 기능에 대해** 설명해 보기 • 동화책에서 생략된 부분을 **자세하게** 이야기해 본다. • 영화의 마지막 장면을 좀 **더 상세하게** 전개해 본다. • 나뭇잎을 자세히 관찰하고 **자세하게** 그려 본다.
재정의	▶ 기존의 일반적인 생각이나 산물을 다른 목적이나 관점에서 재구성하는 능력 ▶ 사물에 대한 새로운 정보를 수집하고 현상적인 사건에 대한 긍정적 의미를 만들어 내는 능력 • 사실은 변하지 않았지만 이미 경험한 사실에 대한 관념, 정서적 감정과 태도를 좀 더 구체화하고 긍정적으로 규정함으로써 변화 동기가 발생하게 되는 것이다.

Plus 지식 창의성 요인의 효과

• 지금까지 소개한 창의성 하위 요인을 계발하면 다음과 같은 효과가 있다.

민감성	• 물건을 **잘 관찰하는 능력**이 증진된다. • 문제를 잘 발견하게 된다. • 사물의 차이점과 유사점을 잘 알게 된다. • 숨은 그림을 쉽게 찾는다.
상상력	• 이야기의 **뒷부분을 잘 상상**하게 된다. • 가상의 인물과 사건들을 상상하여 전개한다. • 상상화를 잘 그리게 된다. • **가상적 상황**을 현실에 잘 적용하게 된다.
유창성	• 어휘력이 풍부해진다. • **아이디어의 양**이 많아진다. • 연상 활동을 잘하게 된다. • 이야기의 소재가 많아진다.
융통성	• **다양한 문제 해결 방법**을 생각하게 된다. • 기존의 생각을 새로운 **상황에 잘 적용**시킨다. • 사물을 다양하게 다루게 된다. • 문제가 발생했을 때 잘 대처하게 된다.
독창성	• 문제를 **특이하게 해결**하게 된다. • 재밌는 놀이 방법을 생각하게 된다. • **새로운 이름**을 잘 짓게 된다. • **기존에 없는 새로운 사물**을 잘 생각하게 된다. • 전혀 다른 상황을 결합하여 새로운 형태를 잘 만들게 된다. • 즉흥적인 노래나 동시를 잘 짓는다. • 남과 다른 독특한 그림을 그린다.
정교성	• 말을 할 때 상황을 **자세하게** 설명한다. • 글을 쓸 때 **자세하게** 표현하게 된다. • 그림을 그릴 때 **세부적인 것**을 잘 묘사하게 된다. • 신체를 이용하여 **자세하게** 동작으로 표현하게 된다.

6 창의적 성향의 구성 요인(창의 성격, 창의적 사고 성향)

▶ **창의적 사고 성향** : 창의적인 사람이 일반적으로 지니고 있는 공통된 특성이나 경향
- 과학 관련 태도의 정의적 측면인 **과학적 태도와 유사한 특성**으로 볼 수 있다.

창의적 사고 성향		
	호기심	▶ **신기한 것을 탐구**하려고 하는 태도 기 '새로운 놀이를 좋아한다(저조), 수시로 [왜 그럴까?] 묻는다(저조).'[23] • **질문 자주** 하기 • **새로운 대상에 관심** 기울이기, 문제가 있을 때 원인을 찾으려고 노력하기
	자발성	▶ 활동에 **자진해서 적극 참여**하려는 태도 • 문제 해결에 적극적이게 하여 주어진 과제 이외의 문제에도 자진해서 임하도록 한다. • 활동에 **스스로** 참여하기, 문제 해결에 **적극적으로** 임하기 • 의문 나는 점을 해결하려고 시도하기
	집착성	▶ 해결되지 않은 **문제를 포기하지 않고 지속적으로 해결하려고 노력**하는 태도 • 실험 도중 **실패했을 때 반복**하여 실험 결과를 찾으려고 노력하기 • 해결되지 않은 문제는 **계속해서 해결**하려고 노력하기 • 한 문제가 **해결되면 또 다른 문제를 해결**하려고 노력하기
	개방성	▶ 새로 밝혀진 근거에 따라 **자신의 주장을 변경**하거나 **다른 의견도 기꺼이 수용**하고 **새로운 아이디어, 방법을 추구**하려는 태도 ▶ 새로운 근거 따라 자신의 주장을 변경하거나, 다른 의견도 기꺼이 수용하고, 새로운 아이디어를 추구하려는 태도 • 창의적인 성격에는 여러 가지가 있지만 가장 중요한 것이 개방성이다. 개방성이란 "**다양한 사회, 문화, 개인(차), 경험에 대한 관용의 자세**"를 갖는 것이다. • 세계는 점점 더 복잡해지고 그 어느 때보다도 사회와 문화는 더욱 다양한 형태로 등장하며, 개인이 추구하는 라이프 스타일도 변화무쌍해지고 있기 때문에, 자신과 다른 형태의 다양한 사회와 개인에 대해 너그럽게 수용할 수 있어야 한다. • 개방성이란 '다양한 직접·간접 경험'에의 열린 마음 자세를 의미한다. 다양한 지구촌의 사람들과 교류하고 미지의 세계를 여행하고, 다양한 동·서양 사상가의 사상을 접하고, 다양한 영역에서의 다양한 체험을 향유하고, 현실의 세계뿐 아니라 공상과 상상의 세계에서의 생각에 대한 열린 마음 자세를 갖는 것이 개방성의 폭을 넓혀가는 것이다. • 개방성이란 **다양한 경험에의 열린 마음** 외에 '**판단의 보류(deferred judgment)**'를 의미하기도 한다. • 브레인스토밍을 창안한 오스본(Osborn)은 브레인스토밍에서 가장 중요한 것을 '**판단 유보**'라고 했다. 이는 아이디어가 많을수록 그중에서 질 좋은 아이디어가 나올 것이라는 가정하에 판단은 **최종적으로 할 수 있도록 보류하라는 것**이다. • 새로 밝혀진 근거에 따라 자신의 주장을 변경하거나 다른 의견도 기꺼이 수용하고 **새로운 아이디어, 방법을 추구하려는 태도**이다. • 개방성은 유아들이 자신들이 예측했던 것을 뒤엎는 새로운 결과를 경험할 수 있게 하며 **문제를 해결할 때 가능한 한 긍정적인 면과 부정적인 면을 모두 고려**하게 한다. • 자기주장에 대한 비판을 **수용하기** • 실패한 것에 대해서 기꺼이 **수용하기** • 한 가지 문제에 대해 **여러 가지 의견 듣기**

7 창의성을 길러주는 사고 기법

- 교육의 가장 중요한 목적은 학습자에게 생각하는 방법을 가르쳐주는 것이지만 교육 현장에서 사고를 가르치고 훈련하는 과정은 찾아보기 어렵다.
- **사고는 훈련과 연습을 통해 배울 수 있으며, 의지만 있으면 사고기술도 향상시킬 수 있다고 보는 관점에서 창의성을 길러주는 사고 기법에 대한 관심**이 높아지고 있다.
- 창의적 사고는 논리를 벗어나 남다른 발상과 독특한 아이디어를 창출하는 능력으로 구분하고 이러한 능력을 길러주는 창의적 사고 기법을 교육 현장에 적용하려는 시도가 활발하게 이루어지고 있다.
- 최근 들어 창의성 계발의 필요성은 사회 전반에서 더욱 강조되고 있으며, 창의성 훈련이나 기법에 대한 중요성 역시 강조되고 있다.
- 이러한 측면에서 학교 교육에서의 창의성 신장을 위한 보다 장기적인 교육계획 수립이 필요하며, 창의성 훈련이나 기법 역시 학교에서 활용될 필요가 있다.
- 유아의 창의적인 사고력을 신장하기 위하여 유치원 교육과정과 연계하여 유아에게 적절한 방법으로 활용할 수 있는 창의성 사고 기법을 정리하면 다음과 같다.

브레인스토밍 (brain storming)	▶ **최대한 많은 아이디어를 여럿이 함께 생각**해 보는 기법 • 뇌에 폭풍을 일으킨다는 의미로 주제나 문제 해결을 위해 **최대한 많은 아이디어를 여럿이 함께 생각해 보는 사고 기법** • 이 기법은 아이디어의 평가를 유보한 채 최대한 많은 아이디어를 제안하는 방법으로 집단의 효과를 살리면서도 자유분방하게 사고할 수 있는 분위기를 만들어 참여자들 간에 서로 연쇄 반응적으로 아이디어를 유발하게 됨으로써 창의적인 아이디어를 끌어내는 데 활용될 수 있다.	
	유의점	• 다른 사람의 의견을 **절대로 비판하지 않는다**. • 아이디어는 **엉뚱하고 자유로운 것이 더 참신**할 수 있다는 전제를 갖는다. 유아가 주제와 동떨어진 아이디어를 이야기하여도 수용해 주는 분위기 조성과 격려가 중요하다. • **가능한 많은 아이디어**를 낼 수 있도록 한다. • **다른 사람의 의견을 변형시킬 수 있음**을 사전에 알려준다. • 아이디어에 대한 평가는 브레인스토밍을 통해 다양한 아이디어가 나온 이후 함께 평가에 참여하는 과정을 통하여 할 수 있다. 집단 구성은 5명 정도의 소집단이 적절하며 브레인스토밍 주제를 안내하는 도입과정을 흥미 있게 제시하는 것이 필요하다.

	활동 예시	• 유치원 교실에서 나는 소리 생각해 보기
		  - 문 여는 소리, 친구 부르는 소리, 피아노 소리, 뛰어다니는 소리, 놀잇감 소리 등
		  - 들리지 않지만 교실에 있는 소리; 숨소리, 눈 깜박이는 소리 등

	• 브레인스토밍의 4가지 규칙(A. Osborn, 1963)
	  - 오스본(A. Osborn)에 의해 광고와 관련된 기발한 아이디어를 얻기 위한 방법으로 연구되었다.
	  - 특히 집단 발상 방법으로 문제 해결의 단계 중 빠른 시간에 많은 아이디어를 낸다는 것에 역점을 둔 아이디어 발상법이다.
	  - 브레인스토밍에서 **가장 중요한 것은 아이디어 평가를 보류하는 것**이다. 평가를 하게 되면 창의성과 문제 해결력이 억제되기 때문이다.
	  - 그러므로 모든 아이디어가 다 나올 때까지 평가는 뒤로 미루도록 한다.
	  - 즉, 실용성이 없어 보일지라도 **아이디어를 가능한 한 많이 산출해 내는 것**이다.	

비판 금지	• 창출된 아이디어를 비난하거나 평가해서는 안 된다. • **비판 금지(Criticism is ruled out)**. 어떤 의견이 나와도 그것을 비판해서는 안 된다. 어떠한 의견도 비판해서는 안 된다. • 똥딴지같거나 터무니없거나 엉터리 같은 해결 방안들이 제시되나, 이러한 형편없는 해결책도 그 비현실성을 적절히 수정·보완하면 훌륭한 정책대안이 될 수 있기 때문이다. • 브레인스토밍 과정의 성공을 위해 필수적인 것은 창안해낸 아이디어에 대해 어떤 평가나 판단을 하지 않아야 한다는 점이다. • 바로 이점 때문에 창조력이 방해되지 않고 증가하는 것이다. 이렇게 아이디어에 대한 비판, 평가, 판단, 혹은 방어가 없어야 한다. • 브레인스토밍의 목적은 제한된 시간 내에 주제에 관련된 아이디어들을 가능한 한 많이 도출하는 것이다. 제안된 아이디어에 대한 평가, 판단, 그리고 선택은 다음의 모임들에서 할 일이다.
자유분방함을 허용	• 아무리 우스꽝스러운 아이디어라도 수용되어야 한다. • **자유분방한 사고 환영(free-wheeling is welcomed)**. • 자유로운 상상이 장려되고 엉뚱한 의견이라도 상관없다. • 그룹 멤버들은 그들이 생각하는 해결 방안들이 상도를 벗어나고 비실제적이라고 할지라도 자유롭게 얘기할 수 있어야 한다. • 거칠고 억지스럽다고 할지라도 제한이 있어서는 안 되고 어떤 아이디어들이든지 얘기할 수 있어야 한다. • 새롭고 창의적 가능성을 제안하는 것보다 추후에 아이디어를 다듬고 선택하는 것은 매우 쉬운 일이라는 점을 유의해야 한다.
아이디어의 질보다 양	• 아이디어는 많을수록 좋다. • **질보다는 양(Quantity is wanted)**. 아이디어의 수량으로 승부한다. • 많은 수의 착상에서 품질 좋은 아이디어가 나온다. • 멤버들은 가능한 많은 아이디어를 제시하는 것이 필요하다. 아이디어가 많이 제출되면 될수록 유용한 아이디어가 나올 수 있기 때문이다.
무임승차 (결합개선)	• 이미 제안된 아이디어로부터 다른 아이디어를 이끌어 낼 수 있도록 한다. • **결합과 개선의 추구(Combination and improvement are sought)**. • 타인의 의견에 편승해서 그것을 더욱 발전시켜 간다. • 아이디어들을 조화시키고 추가하고 편승하는 것은 창조적 과정의 일환이라고 할 수 있다. • 멤버들은 제시된 아이디어들에 대해 개선, 변이, 그리고 조화를 시도할 수 있어야 한다.

기 오스본(A. Osborn)의 관점을 토대로 ① (나) "'떡집'하면 생각나는 것을 자유롭게 말해볼까요?'에서 송 교사가 유아의 창의적 사고를 향상시키기 위해 사용한 기법을 쓰고, ② 다음과 같은 상황에서 수민이와 현철이를 **지도하기 위해 필요한 원리** 1가지를 쓰시오.[1점]

수민 : 야, 우리 지금 떡집 이야기하는 거잖아? 호랑이가 떡이냐?
현철 : 하하하. 호랑이가 떡 먹는대요. 어흥 어흥.

시각화/ 심상	▶ 보이지 않는 것을 **상상**하여 **이미지화**하는 기법 • 보이지 않는 것을 일정한 형태가 있는 것으로 **생각**해 보고 **눈을 감고 상상해 봄**으로 생각을 이미지화하는 기법 • 긴장을 풀고 편안한 분위기에서 눈을 감고 이야기나 장면을 머릿속으로 그려 보게 함으로 유아의 상상력을 길러주며 자신감을 갖게 하는데 효과적인 방법이다. • 예술 영역뿐만 아니라 책이나 사진 속에 등장하는 사물이나 개념을 폭넓게 이해하기 위한 여러 교과 활동에 모두 적용 가능하다.	
	유의점	• 유아가 긴장을 풀고 편안함을 느낄 수 있는 분위기에서 전개한다. • 상상의 주제나 상황을 구체적으로 설명한다.
	활동 예시	• 타임머신을 타고 서당에 가보기 - 김홍도의 〈서당〉 그림을 감상하기 - 서당에 있는 아이가 되어보기 - 서당에서 볼 수 있는 장면이나 상황들을 이야기해 보기 
생각그물 (마인드맵)	▶ **마음속 아이디어를 쓰거나 그림으로 그려 보는** 활동 • 무언가 생각날 때 메모하는 것에서 발전되고 확장된 개인적인 브레인스토밍이라고 할 수 있다. • 머릿속에 떠오르는 것을 그림, 단어, 문장, 기호, 상징 등으로 마음껏 종이에 옮겨보는 것이 중요하며, 핵심 단어나 주제를 색깔이나 그림으로 표현하여 마음속의 생각을 시각적으로 나타내는 확산적 사고 기법이다. • 이 기법은 하나의 아이디어가 어떤 주제 단서로부터 출발해 여러 방향이나 발전 경로를 거쳐 참신한 아이디어가 만들어진다는 것을 기본 전제로 한다.	
	유의점	• 아이디어를 내는 유아뿐만 아니라 다른 유아의 아이디어를 듣고 시각화된 도식을 보는 것으로도 유아의 창의성을 자극할 수 있는 활동이므로 다른 유아의 생각을 할 수 있도록 격려한다. • 프로젝트나 주제망 활동을 하는 경우에 유아가 흥미 있어 하는 주제나 대상에 대한 생각그물 활동을 해 볼 수 있다. • 즐거운 마음으로 여유 있게 활동할 수 있도록 격려하며, 중요한 아이디어를 표시할 수 있도록 적절한 그림 자료나 필기도구 등을 지원한다. • 유아가 그림이나 상징, 단어, 문장 등 아이디어를 다양한 방식으로 나타낼 수 있도록 지도한다.
	활동 예시	• 내 생일에 어떻게 하면 재미있게 놀 수 있을까? - 중심 이미지 그리기 - 주 가지 그리기 - 중심 이미지를 설명하는 내용들을 묶어낼 수 있는 작은 주제들을 표현

희망 열거법	▶ 소망을 열거함으로써 **새로운 아이디어를 찾는** 사고 기법 • '이런 것이 있었으면' 또는 '이렇게 되었으면'과 같은 희망과 소망을 열거해 봄으로써 새로운 해결 방법이나 아이디어를 찾는 사고 기법 • 진행은 희망 열거하기, 실천할 수 있거나 좋은 아이디어 고르기, 실현 가능하게 만들기의 과정을 거쳐 새롭고 참신한 물건을 만들 수 있다. • 그러나 유아에게 반드시 결과물을 만들어 활용하기보다 유아가 사고의 자유로움을 경험하며 대상에 대한 흥미를 유발하는 데 목적을 두고 활용할 수 있다.	
	유의점	• 아이디어는 글이나 그림, 동작 등 다양한 방법으로 표현해 본다. • 유아가 희망이나 소망을 이야기할 수 있는 분위기와 익숙한 상황에서 활용한다. • 어떤 아이디어라도 수용될 수 있는 즐겁고 편안한 분위기 속에서 유아가 자신의 생각을 자유롭게 이야기할 수 있도록 한다. • 유아가 희망을 열거할 때 **긍정적인 측면을 생각하도록 격려**한다. • 유아가 사물에 대한 희망 사항을 열거할 때 아이디어의 제시가 어느 한 곳에 편중되지 않고 다양하고 독창적인 아이디어가 많이 나올 수 있도록 격려한다.

	활동
	예시
		• 나는 이런 옷을 입고 싶어요.
		  – 주제에 대하여 희망 이야기하기(브레인스토밍)
		  – 가벼운 옷, 원하는 대로 색깔이 변하는 옷, 자동으로 체온을 조절해주는 옷, 입고 있으면 살이 빠지는 옷 등
		  – 유아의 희망 내용을 기록하고 정리하기
		  – 유아의 다양한 희망 중에 해 볼 수 있는 아이디어 정하기

속성 열거법 (attribute listing)	▶ 사물의 속성을 열거하여 **제품 개선 아이디어**를 얻는 기법 • **제품의 개선 아이디어를 얻기 위한 목적으로 개발된 것으로 개선 대상을 명사적 특성, 형용사적 특성, 동사적 특성으로** 나누어 깊이 있게 분석하고 새로운 아이디어를 끌어낼 수 있다. • 유아들에게 **친숙한 사물의 모양, 크기, 색깔, 특성 등의 중요한 속성을 중심으로** 관찰하고 **새로운 방법이나 용도 등을 생각해 보게 할 때 활용**할 수 있다.	
	명사적 특성	• 이 주전자의 뚜껑에서 개선할 수 있는 아이디어는? • 동전을 넣는 구멍, 동전이 모이는 공간, 손잡이
	형용사적 특성	• 주전자를 보다 가볍게 하려면 어떻게 할 수 있을까? • 귀여운, 무거운
	동사적 특성	• 이 주전자의 안을 쉽게 닦을 수 있는 방법은 무엇이 있을까? • 동전이 떨어진다, 부딪힌다.
	유의점	• 유아에게 친숙한 사물과 대상을 선정. • 명사적, 형용사적, 동사적 특성은 교사가 유아들의 생각을 이끌어낼 때 활용할 수 있으며, 유아들에게는 **모양, 크기, 색, 움직임, 용도 등 초점**을 맞추어 사고할 수 있도록 한다.

	활동
	예시
		• 새로운 저금통 만들기 – 저금통의 속성 찾기(브레인스토밍, 속성열거)
		  | 명사적 특성 | • 동전을 넣는 구멍, 동전이 모이는 공간 |
		  | 형용사적 특성 | • 귀여운, 무거운 |
		  | 동사적 특성 | • 동전이 떨어진다, 부딪힌다. |
		  – 찾아낸 속성을 조합하기(동전이 잘 들어가게 하려면 / 동전이 많이 들어가게 하려면 / 종이돈이 들어갈 수 있으려면)

아이디어 목마		▶ 타인의 아이디어를 기초로 자신의 아이디어를 추가·확장하는 기법 • 다른 사람의 경험이나 아이디어를 기초로 자신의 아이디어를 추가하여 더 나은 것을 얻기 위한 목적으로 활용하는 활동 • '트로이의 목마'에서 그 이름이 비롯된 것이다. 일종의 창조적 모방 활동으로 **다른 사람의 좋은 아이디어나 결과물에서 출발**하기 때문에 사고의 공유와 협조를 취할 수 있다.
	유의점	• 모든 활동에 적용할 수 있으나 특히 **생각을 보다 정교화하거나 확장하는 데 효과적**이다. • 이야기 짓기, 쓰기 활동에 익숙하지 않은 유아의 경우 다른 친구들의 생각에 자신의 생각을 부가하는 형태로 참여를 도모할 수 있다. • **동시의 일정 부분을 바꾸어보기, 동화 장면을 바꾸어 지어보기, 그림을 보고 이야기 바꾸기** 등 다양한 방법으로 활용할 수 있다.

	활동 예시	• 그림을 보고 다른 이야기 꾸며보기
		  - 그림을 감상하기
		  - 그림을 보고 생각나는 느낌 이야기하기
		  - 그림을 보며 다른 이야기 꾸며보기
		  - 친구가 지은 이야기 들어보기
		  - 친구가 지은 이야기를 다시 바꾸어보기

생각 이어나가기		▶ 사고의 방향을 바꾸고 끊임없이 확장시키는 기법 • 인간의 사고는 '방향'을 가지고 있고, 확장될 수 있다고 가정하여 사고의 방향을 바꾸고 끊임없이 확장해 보는 활동 • 이야기를 듣고 순서를 떠올리며 나라면 어떻게 했을지 생각해 보기, 인물의 모습을 상상해서 여러 가지 방법으로 표현하기, 이야기 장면을 더 자세하게 상상하기, 다음에 이어질 이야기 상상하기, 뒷이야기 꾸미기, 앞 친구의 말에 연이어 단어 덧붙여서 말하기 등 다양한 방법으로 활용할 수 있다.
	유의점	• 동화나 언어활동에만 국한된 것이 아니므로 사회, 과학 등 다양한 영역과 방법으로 활용한다.

	활동 예시	• 자석이 쓰이는 곳
		  - 눈을 감고 집과 교실을 상상하며 자석을 이용하는 예 찾아보기
		  - 집과 교실을 넘어 다양한 장소에서 **자석이 사용되는 경우 상상**해 보기
		• 괴물들이 사는 나라
		  - '괴물들이 사는 나라' 이야기를 회상해 보기
		  - 괴물들이 사는 나라를 **더 자세하게 상상**해 보기
		• 시장에 가면 ○○가 있고
		  - 먼저 시장에 가면 볼 수 있는 것들을 생각해 보기
		  - 한 사람씩 돌아가면서 시장에 가서 볼 수 있는 것을 이야기하고 뒷사람은 **앞 사람 이야기에 하나씩 자기의 생각을 덧붙이기**

두 줄 생각	▶ 일상의 여러 문제를 **두 줄로 표현**하여 독창적 아이디어를 만드는 기법 • 일상에서 겪는 여러 가지 문제들을 두 줄로 표현해 봄으로써, 언어의 유창성과 융통성을 기를 수 있으며, 연상력을 높이고 효과적으로 독창적인 생각을 만들어 낼 수 있다.	
	유의점	• 유아가 엉뚱한 낱말이나 관련성이 적어 보이는 낱말을 제안하더라도 격려한다. • 두 줄 생각의 글들을 함께 볼 수 있도록 게시하여 서로의 생각을 공유하는 기회를 갖도록 한다. • 글로 표현하기 어려워하는 유아에게 글 대신 그림으로 그려보게 할 수 있다.

	활동
	예시
		• 우리 선생님은 ○○이다./왜냐하면 ○○이기 때문이다.
		  - 제시된 낱말(우리 선생님)과 관련되거나, 전혀 관련 없는 낱말로도 연상해 보기
		  - 두 낱말 연결하기 : _____은 _____이다.
		  - 그 이유를 다음 줄에 완성하기 : 왜냐하면 _____이기 때문이다.

강제결합법 (forced connection method)	▶ **관련성 없는 둘 이상 아이디어를 강제로 연결**하여 새 아이디어를 만드는 기법 • 전혀 관련이 없는 두 사물을 연결시켜 새로운 아이디어를 고안한다는 점에서 의외의 사고를 이끌어내는 기법으로 활용되고 있다.	
	유의점	• 관계가 없는 사물이나 대상은 임의로 정한다. • 연결할 대상에 대한 구체적인 특성을 알아보고 난 후 사물이나 아이디어를 연결한다.

	활동
	예시
		• 고양이와 운동화
		  - **고양이와 운동화 각각의 고유한 특성 찾기(속성열거법)**
		  - 고양이와 운동화의 **특성이 결합된** 새로운 운동화 생각해 보기**(강제결합)**
		  - (고양이 발톱같이 미끄러지지 않는 바닥의 운동화, 고양이의 반짝이는 눈처럼 밤에 걸으면 불빛이 나오는 운동화, 걸으면 소리가 나는 운동화)

형태분석 (morpholo gical analysis)	▶ **속성 중 둘을 선택**하여 **가로, 세로축**에 놓고, **새롭게 결합**하여 새 아이디어를 만드는 기법 • 주어진 문제의 **속성 중 두 가지를 선택**하여 **각각 가로축과 세로축에 놓고, 가로축과 세로축의 속성을 새롭게 결합**해 봄으로써 **새로운 아이디어를 생각하게 하는 방법**	
	유의점	• 유아가 활동에 익숙하지 않을 때 교사가 시범을 보여줄 수 있다. • 유아가 활동에 익숙해지면 가로축과 세로축에 넣을 다양한 속성을 유아와 함께 찾아보면서 활동을 진행할 수 있다.

	활동
	예시
		• '새들의 결혼식' 노래의 노랫말 바꾸기
		  - 노래를 불러보며 노랫말을 바꿀 수 있는 부분 찾아보기(브레인스토밍)
		  - 장소와 동물의 종류를 바꾸어 보기(주인공 : 새, 개미, 다람쥐 / 숲속, 길가, 나무 위, 물속 / 후렴구 : 짹짹짹짹짹)
		  - **가로줄에 동물, 세로줄에 장소를 적어보기**
		  - 가로줄과 세로줄의 내용을 합쳐서 노랫말을 바꾸어보기
		  - 새로 지은 노랫말의 후렴구 바꾸어보기

역할극 (role-play)		▶ 상상의 장면으로 현실을 끌어들여 상호작용을 유발하여 새 아이디어를 만드는 기법 • 이 기법은 문제에 대해 이야기 하는 것이 아니라 **직접 무엇인가를 동작하고 행동으로 나타냄으로써 개인과 집단 내에서의 문제 해결 능력을 신장**시킨다. • 역할놀이 참여자를 선정할 때 참여자의 의견과 자발적 참여가 중요하며 역할놀이 후 구성원들이 함께 경험과 의미를 나누는 과정도 중요하다.
	유의점	• 유아와 교사가 문제를 정한 다음 유아가 자발적이고 즉흥적으로 해 볼 수 있도록 격려한다. • 자유롭게 생각하고 놀이할 수 있는 개방된 장소와 분위기를 조성한다. • 역할놀이 후 다른 각도에서 다시 해 볼 수 있도록 제안한다.

	활동
	예시
		• 미운 오리 새끼
		  - 미운 오리 새끼의 이야기를 듣기
		  - 미운 오리 새끼의 이야기 회상하기
		  - 이야기에서 일어난 주요 사건과 관계 알아보기
		  - 미운 오리 이야기 중에서 역할극을 해 보고 싶은 장면 정하기
		  - 역할극으로 표현하기

창의적 극놀이 (creative dramatics)		▶ 극놀이에 적합한 대사나 동작 등을 창작해서 표현하는 기법 • **다양한 극놀이 소재에 적합한 대사나 동작을 창작해서 표현**하거나 이야기를 들은 후 유아들이 등장인물과 줄거리를 해석한 것을 **창의적으로 언어와 동작을 사용하여 극으로 표현하는 기법** • 유아가 즐겁게 참여함으로써 긴장을 없애주고 협동심을 키워주며 창의적으로 표현하는 기회를 제공한다. • 이 활동을 통해 유아의 창의력, 문제 해결 능력, 친사회적 능력, 긍정적 자아개념, 의사소통 능력을 기를 수 있다.
	유의점	• 극적인 요소, 명확한 주제, 시간, 공간의 자유로움이 포함된 적합한 주제나 이야기를 선정하는 것이 중요하다. • 유아가 흥미로운 장면을 선택하거나 준비 과정에서도 주도적이고 자발적 참여를 할 수 있도록 격려한다. • 창의적 극놀이와 연계하여 극놀이를 할 수 있도록 자료와 소품을 준비하고 필요시 이를 유아와 함께 만들어 볼 수 있다. • 활동 후 평가할 수 있는 충분한 시간을 제공한다.

	활동
	예시
		• 이야기 듣고 극놀이하기
		  - 이야기 회상하기
		  - 주요 사건, 등장인물의 성격 파악하기
		  - 재미있었던 장면이나 이야기 전체를 극놀이로 표현해 보기
		  - 활동 평가하기
		• 거울놀이
		  - 교실에서 일어난 상황이나 친구, 교실에 있는 물건이 되어 따라 해 보기
		  - 활동 후 느낌을 표현해 보기

납작한 나의 여행		▶ ('Flat Stanley'라는 이야기책의 내용과) **주인공 납작이를 활용**하는 활동 • 납작이 인형을 활용함으로써 유아의 흥미를 유발하고 관심을 유지할 수 있다.
	유의점	• 유아가 납작 인형과 여행에 익숙해질 수 있도록 유아에게 **'납작이가 된 스탠리'** (시공사, 1999)의 이야기를 활동 전에 들려준다. • 유아와 충분한 시간 동안 이야기를 나누어 납작이의 여행 목적과 일정을 잘 이해하도록 지도한다.

	활동
	예시
		• '자'가 없었던 아주 옛날에는 어떻게 길이를 재었을까?
		  – 유아 자신의 납작이 인형 만들기
		  – 자가 없었던 아주 옛날 시대로 여행하기
		  – 자 대신에 길이를 잴 수 있는 방법 생각해 보기(눈대중, 손 뼘, 두 팔, 발 뼘 등)
		  – 자를 사용하던 상황으로 이동하기(옛날의 자를 알아보기)
		  – 납작이 여행을 마치고 돌아오기
		  – 옛날과 요즘의 길이 재는 방법과 도구에 대해 알아보기

PMI (Plus, Minus and Interesting)		▶ **긍정, 부정, 흥미로운 점**에 대해 **다각적 측면에서 생각**하여 새 아이디어를 만드는 기법 • 아이디어에 대한 좋은 점, 좋아하는 이유, 긍정적인 측면(Plus), 나쁜 점, 싫어하는 이유, 부정적인 측면(Minus), 아이디어에 관해 발견한 흥미로운 점(Interest)의 약자이다. • 이 기법은 **대상의 긍정적인 면과 부정적인 면, 흥미로운 점에 대해 다각적 측면에서 생각하고 문제를 분석, 평가함으로 보다 더 새로운 아이디어를 얻을 때 활용**된다. • 또한 타인의 아이디어와 의견을 듣고 객관적으로 분석하고 평가, 수용하기 위한 방법으로도 활용된다. • 그러므로 이 기법은 어떤 문제에 대해 충동적으로 결정하는 것을 막고 시야를 넓혀주며 열린 마음을 갖게 해주는 기법이라 할 수 있다.
	유의점	• 유아가 다른 유아의 아이디어를 전적으로 따르거나 반박하지 않도록 유아 나름의 비판적 사고 과정을 지도한다. • 유아가 다각적 측면에서 아이디어를 평가하며 타인의 아이디어를 수용하는 개방적 태도를 격려한다.

	활동
	예시
		• 버스 안에 있는 의자를 모두 없앤다면
		  – 버스 안 의자를 모두 없앴을 때 장점, 단점, 흥미로운 점 찾아보기(브레인스토밍, PMI)
		  – P : 버스에 더 많은 사람이 탈 수 있다. 버스를 타거나 내리기 쉽다. 버스를 금방 만들 수 있다.
		  – M : 손잡이가 줄어들어 버스가 갑자기 서면 사람들이 넘어진다. 노인이나 어린이가 서 있기 힘들다.
		  – I : 접는 버스 의자를 만들면?/버스 한쪽 줄만 의자를 놓으면?

		▶ **시간, 공간, 인물, 주제의 축으로 사고 과정을 범주화**하여 새 아이디어를 만드는 기법
		• 모든 활동에 활용 가능하고 특히 언어, 사회, 과학 활동에서 활용 가능성이 높다.
		• 활동 예시 : 버려진 애완동물 되어보기
		– 길가에 버려진 애완동물을 본 적이 있는지 이야기해 보기
4개 축사고	시간 축	• **문제 해결의 관점을 과거, 현재, 미래로 시간을 옮기는 과정**에서 유아들의 융통성, 상상력 향상 • 애완동물이 왜 버려졌을지, 예전에 어떻게 지냈을지 생각해 보기 • 애완동물이 되었을 때의 느낌 이야기해 보기(시간 축, 인물 축 이동)
	공간 축	• 문제 해결의 관점을 **장소를 달리하여 사고**함으로 사고의 융통성 정교성 향상 • 애완동물이 사는 집과 장소를 생각해 보기
	주제 축	• **문제 해결의 관점을 달리하여 생각해 봄으로써** 사고의 융통성 정교성 향상 • 애완동물이 버려지지 않았다면 어땠을지 생각해 보기
	인물 축	• **문제속의 주요 인물이 되어봄으로써** 사고의 융통성, 상상력 향상 • 그 애완동물이 되어보고 느낌을 이야기하기 • 애완동물이 되었을 때의 느낌 이야기해 보기(시간 축, 인물 축 이동)
	유의점	• 유아가 제시된 축에 초점을 맞추어 생각할 수 있도록 하며 활동을 마치면 다른 축에서 생각해 보도록 격려한다. • 시간 축, 공간 축, 인물 축, 주제 축의 정해진 순서나 단계에 의해 진행되는 것이 아니므로 자유롭게 활용한다. • 유아들의 사고 과정을 자유롭게 하는 허용적인 분위기 제공한다.

- ▶ 모자 색이 의미하는 유형의 사고를 통해 새 아이디어를 만드는 기법
- 여섯 가지 각기 다른 색의 모자를 쓰고, 모자 색깔이 의미하는 유형의 사고를 하는 것으로 새로운 기획이나 아이디어 발상 등에 활용되는 사고 기법
- **흰** 모자(정보에 대한 사고), **빨간** 모자(직관적이고 감정적인 사고), **노란** 모자(논리적이며 긍정적인 사고), **검은** 모자(논리적이며 부정적인 사고), **초록** 모자(창의적인 노력과 사고), **파란** 모자(사고과정의 통제)
- 활동 예시 : 내가 만약 '강아지 똥'이라면

육색사고 모자 (six thinking hats)

색깔	사고 형태	역할
흰 모자	정보에 대한 사고	▶ 정확한 정보에 기초하고 이미 검증된 **중립적이고 객관적인 사실**을 제시 • 강아지똥이 **어디에 있었니?**
빨간 모자	직관적이고 감정적인 사고	▶ 흰색 사고와는 반대로 자신의 **분노, 두려움, 직관과 같은 감정**이나 사고를 제시 • 사람들 모두가 강아지 똥을 떠났을 때 **강아지 똥의 마음**은 어떠했을까?
노란 모자	논리적이며 긍정적인 사고	▶ **긍정적이고 낙관적**인 측면을 제시 • 민들레는 강아지 똥이 **왜 필요하다고 했을까?** (노란, 초록)
검은 모자	논리적이며 부정적인 사고	▶ **부정적이고 비판적**인 측면을 제시 • 강아지 똥이 **잘못 생각한 점**은 무엇이었을까?
초록 모자	창의적인 노력과 사고	▶ **창의적이고 확산적인 새로운 측면**을 제시 • 민들레는 강아지 똥이 **왜 필요하다고 했을까?** (노란, 초록)
파란 모자	사고 과정의 통제	▶ 지휘자나 사회자처럼 **정리, 요약, 결론적인 내용**을 제시 • 강아지 똥은 왜 기뻤을까?
유의점		• 사용되는 6가지 색에 대하여 유아가 좋은 모자, 나쁜 모자 등 색에 대한 **편견**을 갖지 않도록 사고의 특성에 초점을 맞추어 진행한다. • 활동을 처음 소개하거나 유아가 활동에 **익숙하지 않을** 때 **모자의 색깔의 수를 줄여 활동하고 점차 그 수를 늘려 활동**해 본다. • 활동 후 유아가 다른 색깔의 모자로 바꾸어 써보고 다시 활동해 본다.

스캠퍼 (SCAMPER)		▶ 기존의 것에 대하여 새로운 아이디어를 낼 수 있는 질문을 통해 **고정된 사고의 틀에서 벗어나 다각적인 측면에서 사고를 돕는 데 활용되는 사고 기법** • 스캠퍼는 대체(Substitute), 결합(Combine), 응용(Adapt), 변형(Magnify or Minify), 다른 용도(Put to other use), 제거(Eliminate or Elaborate), 뒤집기(Reverse), 재배열(Rearrange or Reverse)의 영어 단어 첫 철자를 의미한다. • 활동 예시 : 여름에 필요한 물건들 생각해 보기 : 부채 만들기 – 부채를 사용해 보고 불편한 부분, 마음에 들지 않는 부분을 살펴보기
	S : 대체 (Substitute)	• **다른 재료, 다른 방법, 다른 모양** – 다른 누가? 다른 무엇으로? 다른 성분으로? – 종이컵은 컵의 재질을 종이로 대체한 것
	C : 결합 (Combine)	• **목적을 합하면** – 새로운 무엇과 결합시키면? 여러 가지 목적을 결합하면? – 컴퓨터 프린터에는 복사와 팩스가 결합되어 있음, 매직 후프(훌라후프 안쪽에 돌기를 부착한 후프)
	A : 응용 (Adapt)	• **다른 부채에서 흉내 내고 싶은 것** – 이것과 비슷한 것은? 과거의 것과 비슷한 것은? – 벨크로는 씨앗이 옷에 달라붙는 원리를 응용한 것
	M : 변형 (Magnify or Minify, 수정하기·확대하기·축소하기)	• 색, 소리, 향기, 모양을 **더 넣거나 빼면, 더 튼튼하려면, 더 길면, 더 짧게 하면, 작게 하면, 가볍게 하면.** – 이것을 약간 변형하면? 더 간소화하면? 색, 모양 등은 어떻게 바꿀 수 있는가? 작게, 보다 가볍게, 짧게 만들 수 있는 방법은? 확대는 어떠한가? – 노트북은 컴퓨터를 간소화한 것
	P : 다른 용도 (Put to other use)	• 모양, 무게 형태 등을 살펴보아 **다른 용도는, 수정해서 다른 데 사용하려면.** – 다른 사용 용도는? – 사용할 수 없는 버스를 음식점으로 활용한 것
	E : 제거 (Eliminate or Elaborate)	• **이것을 없애면, 재료의 종류를 줄이면, 없어도 될 것은.** – 이것을 없애버리면? 없어도 할 수 있는 것은? – 자동차의 덮개를 없애서 만든 오픈카
	R : 뒤집기 (Reverse), 재배열 (Rearrange or Reverse)	• **거꾸로 하면, 반대로 하면, 위치를 바꾸면.** – 순서나 모양을 뒤집어 보면 어떠한가? – 어떻게 재정리할 수 있는가? – 반대로 하는 것은 어떠한가?
	유의점	• 단계를 모두 활용해야 하는 것이 아니라 **필요에 따라 적절한 질문을 선택하여 사용한다.** • 유아의 아이디어나 창의적 결과물에 초점을 두기보다 생활 주변에서 경험한 것을 새롭게 관찰하고 다른 대안을 제시해보는 과정에 초점을 둔다.

Ⅳ. 과학교육의 동향 및 프로그램

시기	1957~1980년	1980년대 중·후반	1990년대	2000년대 이후
목표	유능한 과학자	과학의 대중화	대중의 과학화	과학의 인간화
내용	관찰과 실험 중심의 다양한 과학적 경험을 제공함으로써 소수의 **과학적 엘리트 양성**	**모두가 과학적 소양을** 가진 사람으로 성장할 수 있도록 과학적 지식을 쉽고 친숙하게 전달	과학을 잘할 수 있는 **소양뿐 아니라 일상 생활 속에서** 과학 이해와 합리적 문제해결 능력 증진	과학이 우리 삶과 가까이 맞닿을 수 있도록, **인본주의적이고 간학문적인 측면**에서 과학 접근
	과학을 배워서 **과학자가 되자.**	**쉽게 알려 줄 테니** 모두 배우자.	**생활 속에서** 과학을 만나고 활용하자.	과학으로 삶의 **가치를 추구하자.**
과학과 대중의 관계	계몽		이해	관계

1 유능한 과학자(1957~1880년대)

유능한 과학자

- 1957년 10월 **구소련의 스푸트니크호 발사를 계기로** 미국은 구소련과 같은 과학기술을 확보하고자 과학·수학 등의 직접적으로 연관이 있는 학문 분야에서의 개혁을 시작하였으며, 이러한 결과로 진행된 과학교육의 변혁은 전 세계적으로 영향을 주게 되었다.
- 이 시기의 미국 과학교육은 새 과학교육의 방법을 교과서에 의존하여 지식을 암기하는 것이 아니라, **풍부한 실제 자료를 바탕으로 학생이 직접 관찰하고 실험하는 등 직접 조작활동에 참여**함으로써 **개념을 이해할 수 있도록** 한 것이다.
- 새 과학교육과정이라는 이름으로 개발된 이들 프로그램은 500여 종이 넘는데, 이 가운데 ESS, SCIS, SAPA 프로그램, Nuffield Science 5~13 등은 가장 대표적인 것으로, 우리나라 유치원 및 초등학교 과학교육과정에도 많은 영향을 주었다.
- 이 프로그램들은 **실험과 관찰을 위한 직접 조작 활동중심**이었으며, **그에 필요한 자료들을 세트화**하여 제공하였다. 또한, **교사를 위해서는 상세한 활동 전개 방법**과 **교육을 위한 구체적인 지침을 명시**하였다.
- 1957~1980년대 과학교육 프로그램

ESS	• ESS(Elementary Science Study) : 1960년대 초에 개발된 프로그램으로, 유치원부터 초등 6학년을 대상으로 지구과학, 물리학, 생물학, 컴퓨터 및 수학적 적용에 관한 56개 단원 구성되었다.
SAPA	• SAPA(Science-A-Process Approach) : 미국 과학진흥협회에서 개발한 것으로 과학의 내용보다 과정기술의 활용과 발달을 강조한다. 과학 기술을 기본과정과 통합과정으로 나누었는데, 유치원에서 3학년까지는 기본과정을 다루도록 하였다.
SCIS	• SCIS(Science Curriculum Improvement Study) : 유치원에서 초등학교 6학년까지를 위한 프로그램으로 12개의 단원을 '탐색, 창안, 발견' 또는 '탐색, 개념, 적용' 등의 학습 주기로 경험하도록 하였다.

Nuffield Science 5~13	• 영국의 Nuffield 재단 등에서 개발한 것으로 만 5세에서 초등 6학년을 대상으로 한 과학 프로그램이다. • 유아를 위한 교육과정은 10개 단원으로 구성되어 있으며, 일상생활의 경험과 연관 지어 개념이 확장되도록 하였다.
물리적 지식 활동	• Kamii와 DeVries(1978)가 **피아제의 이론에 기초**하여 유아기에 적합한 과학 활동들을 구안하여 직접 실험학교에서 적용해 본 것이다.

2 과학의 대중화(1980년대 중·후반)

과학의 대중화	Project 2061	• **정보화 시대에 접어들기 시작**한 1980년대 중반, 미국의 과학진흥위원회(AAAS)에서 과학교육의 개혁이 이루어졌는데, 'Project 2061'이 바로 그것이다. • 이는 **1985년부터** 오늘날까지 지속 중인 대대적인 개혁 프로그램이라 할 수 있다. • 이 프로젝트는 **핼리 혜성이 지구에 접근해 온 1985년에 시작**되어 이 혜성이 또 **다시 지구에 다가올 것으로 예상되는 2061년까지 모든 미국인이** 생활 속의 과학을 이해하고, 과학에 관련된 사회적 문제에 대해 올바른 인식을 하며 의사결정을 할 수 있는 능력을 지향한다는 의미를 가지고 있다. • 소수의 엘리트만을 위한 과학이 아니라 **모든 평범한 국민이 과학을 이해**하고 **실생활에 활용할 수 있는 과학적 소양을 지닌 사람**으로 성장할 수 있는 과학교육의 방향을 제시하였다.

3 대중의 과학화(1990년대)

대중의 과학화		• 과학의 대중화는 '과학과 대중', '과학적 지식과 상식' 사이의 분리를 전제로 하고 있다. 즉, 과학적 지식은 일상생활과는 관련이 없는 지식이라는 전제가 있다. • 하지만 평범한 보통 사람이 갖는 과학 지식으로 일반인은 일상적인 삶의 영역에서 경험과 통찰을 통해 끊임없이 학습하고 사물에 대해 나름대로의 안목과 지식을 축적한다. 따라서 **과학과 일상을 구분하기보다는 과학을 통해 일상이 보다 풍요로워지고 합리적이 될 수 있도록 해야** 한다. • 따라서 대중의 과학화는 **'일상생활 속에서 과학적이고 합리적으로 의사소통**함으로써 삶의 질을 향상시키는 것을 지향한다.
	STS 접근	• **과학(Science), 기술(Technology), 사회(Society) 간의 상호작용을 과학학습에서 다루는 과정**으로 영국, 미국 등에서 시작하였으며, **우리나라에서도 제6차 교육과정** 이후 STS접근법이 적용되고 있다. • 지나치게 학문적이거나 전문적인 지식 습득을 지양하고 **유아의 일상생활이나 사회적 경험과 관련 있는 문제를 중심**으로 과학이 다뤄지고 유아의 합리적 판단력과 문제해결력을 향상시켜야 함을 강조하였다.

4 과학의 인간화(2000년대 이후)

<table>
<tr><td rowspan="2">과
학
의
인
간
화</td><td colspan="2">
<ul>
<li>과학의 부정적 영향력에 따른 위기의식으로 새로운 과학의 지향점을 모색해야 하는 상황에 봉착하게 되었고, '지속가능한 발전'이라는 개념이 태동하게 되었다.</li>
<li>지속가능한 발전 교육 : 지속가능한 미래와 사회 변혁을 위해 필요한 가치, 행동, 삶의 방식을 배울 수 있는 사회를 지향하는 교육</li>
<li>지속가능 발전 교육의 대두는 과학이 가진 본질에 가까운 모습으로 재정립을 해야 할 필요성을 제시하는 것이라 하겠다. 즉, 과학을 통해 보다 더 행복하고 인간적인 가치를 실현할 수 있는 진정성 있는 '인간화'를 추구하는 것이어야 하고, 실현할 수 있는 것이어야 한다는 것이다.</li>
<li>과학의 대중화, 대중의 과학화에 이어 과학과 인문학과의 만남, 과학과 예술과의 만남 같은 융합화의 노력은 과학의 인간화를 위한 새롭고 의미 있는 시도라 하겠다.</li>
</ul>
</td></tr>
<tr><td>STEAM
교육</td><td>
<ul>
<li>▶ 과학, 기술, 공학, 예술, 수학 등 교과 간 융합 과학을 통해 타 교과 영역 간 전이 능력을 증진하고, 세상과 소통하는 능력을 함양하고자 하는 접근법</li>
<li>21세기 새로운 학문적 경향은 '학문융합'이라 할 수 있다.</li>
<li>지난 10여 년 동안 전 세계적 과학기술교육개혁의 키워드는 국가경쟁력을 위한 '창의성', '디자인'과 더불어 '과학, 기술, 공학, 수학교육(STEM)'이었다.</li>
<li>STEM의 뿌리를 거슬러 가면 과학과 관련된 통합교육의 흐름인 1990년대 과학과 기술, 사회의 통합을 강조한 STS를 시작으로 해서 2007년 미국경쟁력강화법안으로 이어져 오고 있음을 알 수 있다.</li>
<li>최근에는 공학적 기술 소양을 강조한 STEM에 인문학적 인성이 결합되어 미래 과학기술의 발전을 즐기며 주도할 수 있는 융합형 인재를 양성하고자 하는 의지로 A(art)가 결합된 'STEAM 교육'이 주목받고 있다.</li>
<li>융합인재교육(STEAM)은 Science(과학), Technology(기술), Engineering(공학), Art(예술), Mathematics(수학)의 앞글자를 딴 것으로 교과 간 융합과학을 통해 타 교과 영역 간 전이 능력을 증진하고, 세상과 소통하는 능력을 함양하고자 하는 접근법이라 할 수 있다.</li>
<li>STEAM 교육의 일차적인 목적은 STEAM 교육을 통하여 학생들에게 STEAM Literacy, 즉 현대를 살아가는 데 필요한 과학적 지식과 기술을 가지며 STEAM의 본성을 이해하는 교양인이 되도록 하는 데 있다.</li>
</ul>
</td></tr>
</table>

[기] **특주B6.** 3) ⓑ '필요한 준비물은 믹서와 강판 그리고 과일 깎는 칼과 그릇'의 준비물을 고려하여 ⓒ '물리적 변화'과 ⓓ '화학적 변화'의 활동 예를 쓰시오.[특21]
ⓒ 믹서와 강판으로 과일을 갈아보기, ⓓ 사과를 칼로 깎은 후 그릇에 놓아 갈변현상 관찰하기

[기] **특주B6.** ⓐ "물체의 특성과 변화를 여러 가지 방법으로 탐색'할 수 있도록 물들이기의 확장활동'에 해당하는 예를 1가지 쓰시오.[특22] **여러 가지 자연물로 염색하기**

5 물리적 지식 활동(Physical Knowledge Activity) 프로그램

1) 개념

개념	
	• 피아제의 이론에 기초하여 카미와 드브리스(Kamii & DeVries, 1978, 1990)에 의해 개발된 **구성주의 과학교육 프로그램**이다. • 이는 **물리적 지식에 기반을 두고 지식이 어떻게 구성되는지에 따라 활동을 전개하는 것**이다. • 즉, 물리적 세계에 존재하는 물체에 대한 유아의 행위와 그 행위의 결과로 물체가 나타내는 반응을 관찰하는 것이 포함된 활동이다. • 이 프로그램은 **취학 전 아동을 위해 특별히 구성된 것**이며, 카미와 드브리스는 '물리적 지식 활동'이 **전조작기 유아 발달 단계에 가장 적합**하며 **유아들이 흥미 있어 하는 활동**이기 때문에 중요하다고 보았다. • 이 프로그램은 교수법 측면에서 유아의 사고는 물리적 행위와 밀접하게 관련되어 있으므로 유아가 물리적 세계에 존재하는 사물에 대한 자신의 행위와 그 행위의 결과로 사물에 나타나는 즉각적인 반응을 관찰함으로써 유아 스스로 지식을 구성하게 된다는 교육원리를 적용하였다.

2) 활동분류(물리적 지식의 유형)

물체의 움직임에 대한 활동		• 물체를 움직이기 위해 물체를 가지고 하는 활동
	유아의 역할	• 유아의 행위로부터 사물의 움직임이 시작되므로 **유아의 행위가 강조**되고 **관찰은 부수적인 역할**을 한다. - 밀기, 굴리기, 미끄럼, 기울이기, 던지기, 떨어뜨리기, 불기, 빨기, 끌기, 흔들기, 빙빙 돌리기, 차기, 뛰어오르기
	좋은 활동의 선정 기준	• 유아 **자신의 행위로써 현상을 만들어 낼 수 있어야** 한다(물체에 대한 유아의 행위와 행위에 따른 물체의 변화). • 유아는 자신의 조작적 행위를 **다양하게 변화시킬 수 있어야** 한다(행위변화로 인해 나타나는 사물 변화를 통해 규칙성을 구조화하는 기회). • 사물에 나타나는 반응을 **관찰할 수 있어야** 한다(반응 관찰을 통해 지식 구성). • 물체의 **반응은 즉각적이어야** 한다(상응관계가 쉽게 성립).
	기	까미와 드브리스(C. Kamii & R. DeVries)의 '좋은 물리적 지식 활동 선정 기준'에 근거하여 괄호에 들어갈 말을 쓰시오. 며칠 동안 유아들이 유희실에서 공으로 볼링핀을 맞히는 놀이에 흥미를 보이고 있다. 이 놀이는 물체의 반응이 ③ **관찰 가능**하고 ④ **즉각적**이며, 유아 ① 자신의 행위를 통해 (**물체의 움직임**)을 만들 수 있고, ② **유아가 행위를 다양하게 바꿀 수 있기 때문에** 유아에게 적합한 물리적 지식 활동이라는 생각이 든다.[17]

물체의 변화에 대한 활동		• 사물 자체의 속성이 변화되는 것과 관계되는 **활동**으로 유아의 행위보다는 **사물 자체의 상호작용에 기인**하며 따라서 유아의 행위보다 **관찰이 중요**하다. ㉮ **물감 혼합**하기, **얼음 녹이기** 등으로 물체가 특정한 방법으로 어떻게 반응하는지는 유아의 행동에 의존하는 것이 아니라 물체의 본질적인 특성에 의존한다. 기 '액체, 고체, 기체 상태와 같은 (㉠ **물질**)의 상태 변화'에 들어갈 용어 1가지를 쓰고, '물질의 상태 변화나 여러 가지 물체의 형태 변화'에 해당하는 과학 활동 예시 1가지를 쓰시오. **얼음이 녹아 물이 되는 과정을 관찰한다.**[24]
	유아의 역할	• **유아의 관찰이 강조**되고 행위는 부수적인 역할을 한다. - 물에 녹이기, 물에 넣고 끓이기, 기름에 넣고 튀기기, 오븐에 넣고 굽기
	특징	• 반응은 **물체의 본질적인 특성에 의존**한다. • 유아는 **같은 행위를 하지만 결과는 다를 수** 있다. - 물과 설탕의 혼합, 물과 모래의 혼합 시 유아는 같은 행위를 하지만 결과는 다르다. • **물체의 반응은 직접적이지 않고 확실하지 않다.** - 물체의 변화는 유아의 행위보다는 보통 열, 화학반응 같은 것들에 작용하기 때문이다. • **물체의 반응은 항상 즉각적이지는 않다.** - 물속에 설탕을 녹이기 위해 잠시 동안 설탕을 휘저어야 한다.
	활동 선택 시 고려 사항	• 물체에 가하는 **행위가 원시적인 사람도 할 수 있는 것이어야** 한다. • 전기에 의해 움직이는 기계는 유아에게 적합하지 않다.
두 범주에 넣을 수 없는 활동 (사물의 특성에 관한 활동)		• 두 범주 모두에 속하지만 둘 중 어느 하나의 범주에만 넣을 수 없는 활동 • 물속에 뜨는 것과 가라앉는 것 • 그림자 놀이 • 거울 놀이 • 확대경으로 보기 • 자석에 붙여보기 • 메아리 만들기 • 체에 여러 가지 물건 쳐보기 • 유아의 행위가 정확하게 사물 그 자체에 변화를 생기게 할 수는 없다. • **행위로부터 나타나는 결과**, 즉 어떠한 움직임도 유아의 행위에 의해서라기보다 **물체의 속성에 의해 더 많이 지배**된다. • **못은 물속에 가라앉지 않는다는 사실:** - 유아의 행위에 의해서라기보다 물체가 갖고 있는 속성에 의해 결정된다. - 그러나 물에 뜨고 가라앉는 여러 가지 물체들을 물속에 넣어 보는 유아의 행위는 이 활동에서 매우 중요하다. • 유아는 관찰한 것에서 스스로 지식을 구성한다. • 따라서 관찰한 것을 구조화하는 것이 가장 중요하다.
기타 물리적 지식 학습을 위한 활동		• 페인팅 • 악기 만들기 • 찍기, 자르기, 찢기, 붙이기

제4장 유아 과학교육

3) 물리활동의 4가지 원리(Chaille & Britain, 1997)

물리활동의 4가지 원리

- 유아가 **자신의 행위를 통해 물체의 움직임을 일으킬 수 있는 활동**이어야 한다. 즉, 유아의 행위와 물체의 반응 간에는 **직접적인 관계**가 있어야 한다.
  - 예를 들어, **유아가 빨대를 불어서 공을 움직이는 것**이 이에 해당한다(직접적 관계).
  - 그러나 교사가 빨대를 불어서 탁구공을 움직이는 것은 위 기준에서 볼 때 적절한 활동이 아니다.
  - **자석으로 물체를 움직이는 것은 이 두 활동의 중간쯤**에 위치한다고 볼 수 있다.
    - 이 경우 유아의 행위는 간접적이며, 자력이 직접적 영향을 미치기 때문이다(간접적 관계).

- 유아가 **자신의 행위**를 변화시킬 수 있는 활동이어야 한다.
  - 예를 들어, 경사면에서 공을 굴릴 때 경사면의 기울기를 변화시킬 수 없다면, 유아는 똑같은 행동만 되풀이하게 될 뿐 자신의 행위가 결과에 미치는 영향을 탐색할 수 없다.
  - 그러나 **경사면의 기울기를 유아가 조절할 수 있는 경우**에는 기울기가 높을수록 공이 빨리 구른다는 것, 즉, 경사면의 기울기(독립변인)와 공의 속도(종속변인) 간의 함수관계를 이해하게 된다.
  - 이 실험에서는 기울기 외에도 공의 무게, 굴리는 힘, 굴리는 방법, 경사면의 매끄러움 등 다양한 독립변인을 생각할 수 있다. 그러나 한 번에 여러 가지 독립변인을 다루게 하는 것은 좋지 않다.
  - 따라서 **한 번에 한 가지 독립변인만을 변화**시키도록 하고, 그 변인에 대한 이해가 완전히 이루어진 다음 새로운 변인을 도입하는 것이 바람직하다.
  - 기 카미와 드브리스가 제안한 물리적 지식 활동 선정 원리에 근거하여, '여러 가지 공을 튕겨 보거나 굴려 보기'를 유아에게 적합한 과학 활동으로 볼 수 있는 이유 1가지를 쓰시오.[24]
    유아가 자신의 행위를 통해 물체의 움직임을 일으킬 수 있는 활동이기 때문이다.

- **물체의 반응이 관찰 가능**한 활동이어야 한다.
  - 물체의 반응을 명확하게 관찰할 수 없다면, 유아는 자신의 행위와 물체의 반응 간의 관계를 구성하지 못하므로 **투명한 용기를 교구로 사용**하는 것이 바람직하다.

- 물체의 반응이 **즉각적으로** 일어나는 활동이어야 한다.
  - 물체의 반응이 일어나는 시간이 지연되면 유아는 자신의 행위와 물체의 반응 간의 관련성을 구성하기 어려우며, 물체의 반응과 관련 없는 다른 요인을 원인으로 생각하게 될 수 있다.

  기 까미와 드브리스(C. Kamii & R. DeVries)의 '좋은 물리적 지식 활동 선정 기준'에 근거하여 괄호에 들어갈 말을 쓰시오. 며칠 동안 유아들이 유희실에서 공으로 볼링핀을 맞히는 놀이에 흥미를 보이고 있다. 이 놀이는 물체의 반응이 관찰 가능하고 즉각적이며, 유아 **자신의 행위를 통해 (물체의 움직임)**을 만들 수 있고, 유아가 행위를 다양하게 바꿀 수 있기 때문에 유아에게 적합한 물리적 지식 활동이라는 생각이 든다.[17]

4) 물리적 지식 활동 프로그램의 4단계 교수 방법

• 교사는 환경이 마련된 융통성 있는 분위기에서 유아들이 탐구할 수 있도록 4단계의 교수 방법에 따라 활동을 하고, 유아는 스스로 여러 시도를 하고 가능성이 있는 여러 가지 결과에 대해 생각하도록 격려 받는다.

4단계 교수 방법		
	1단계 활동 계획하기	• 선택한 활동이 물리적 지식 활동의 기준에 맞는지 **교사가 유아의 입장에서 활동을 미리 해보는 단계**이다. • 활동 계획 단계에서 교사가 고려할 점 ① 사물에 행위를 가하고 어떻게 반응하는가를 관찰한다. ② 원하는 결과를 얻기 위해 사물에 행위를 할 수 있는지 알아본다. ③ 원하는 결과가 어떠한 방법에 의해 일어났는지를 인식한다. ④ 결과의 원인을 설명할 수 있는지 알아본다.
	2단계 활동 시작하기	• 활동을 시작할 때는 **유아의 주도성을 극대화하는 방법**으로 활동을 소개한다. • 유아들은 교사가 매력적인 자료를 제시할 때 자발적으로 반응하므로 자연스럽게 유아의 관심을 끌 수 있는 자료를 제시하도록 한다. • 활동을 시작할 때는 각각의 유아가 각자의 놀잇감을 가지고 **병행놀이로 시작**하는 것이 좋다. 　- 이는 사물 간의 상호작용과 협동을 무시하기보다 **잠정적으로 유아가 주도성을 가지고 사물을 다루어 보는 것을 격려하기 위함**이다.
	3단계 활동 진행하기	• 활동의 원활한 진행을 위한 원리 • **유아가 무슨 생각을 하는지 이해하고, 그들의 관점에서 반응한다.** 　- 유아의 생각을 이해한다는 것은 물리적 지식 활동의 교수원리 중 가장 도전적인 측면이므로 교사는 유아의 활동을 세심하게 관찰하면서 그들의 생각을 파악하고 적절한 개입을 할 수 있도록 한다. 　- 교사의 개입은 주로 언어적인 것을 생각하기 쉽지만 물리적 지식 활동에서는 **말하는 것보다 무엇인가를 하는 것(doing)이 더 효과적일 경우**가 있으므로 '말'과 '행동'을 적절히 사용하도록 한다. • **유아들 간의 상호작용을 격려한다.** 　- 병행놀이가 잘 진행되고 있을 때 교사는 상호작용을 통해 협응과 협동을 이끌 수 있다. • **물리적 지식 활동을 할 때 발달의 모든 측면을 통합한다.** 　- 물체에 관한 지식은 분리되어 발달할 수 없으며 전체로써 발달하기 때문에 교사는 사회적·도덕적 가치를 포함한 상황들이 지속적으로 일어날 수 있도록 하며 언어적, 논리·수학적 지식을 포함한다.
	4단계 추후활동 (활동 후 토론)	• 모든 활동이 끝난 후에 그들이 무슨 활동을 했고, 어떠한 것을 발견했으며, 원하는 결과를 어떻게 얻었는지 **간단히 토론하는 단계**이다. • 이때 성인의 입장에서 보는 것보다는 사물에 대한 자신의 행위를 인식하고, 사물의 반응을 생각해 보는 것에 초점을 둔다.

V. 교수·학습의 기본 원리

1 학습주기에 의한 교수·학습 원리

- 유아들은 **자신의 관심 및 흥미에 따라 학습하고자 하는 내용과 정도가 다르며**, 자기 **스스로 과학적 태도를 가지고 지식을 구성**해 가기 때문에 **학습 주기**(learning cycle)**를 고려**하는 것이 필요하다.
- **브래드캠프와 로즈그랜트**(Bredekamp & Rosegrant)는 유아 교육에 학습 주기를 적용하여 유아의 학습은 활동에 대한 **인식, 탐색, 탐구, 적용의 4가지 과정으로 순환**된다는 것을 제안하였다.
- 유아교육의 학습 주기는 **발달 수준과 관련** 있으며, 발달 수준과의 상호 관련성은 다음과 같다.
  - 먼저 영아기는 **인식** 수준에 머물면서 점차 **탐색** 수준으로 발전해 간다.
  - 다음 3, 4, 5세 유아는 **탐구** 단계까지 진전되고,
  - 6, 7, 8세에 이르면 새로운 상황이나 개념을 **적용**하는 인식, 탐색, 탐구 적용의 단계가 **모두** 나타날 수 있다.
  - 그러나 이러한 단계가 위계적인 것은 아니므로 유아 학습활동에서 인식 및 탐색보다 더 발전된 경험을 제공할 필요가 있다.

학습주기에 의한 교수·학습 원리		
	인식 (aware ness)	▶ 사물·사람·개념에 대한 인식으로, 학습 **대상을 마주하는 첫 순간의 느낌과 인상**을 형성하는 과정 • 학습은 유아가 **학습할 거리인 사건과 사물, 사람 또는 개념들을 인식**하는 데서 출발한다. • 유아가 학습할 거리를 마주하는 **첫 순간의 느낌과 인상**을 통해 나타난다. ㉠ 펠트 천으로 만든 수박이나 피자 교구를 제시하였을 때 유아들이 **'와! 수박이다. 크다. 나 먹어봤어.'** 등의 반응은 학습자료에 대한 유아의 첫 이미지라고 볼 수 있다. ㉡ 3, 4세 유아들은 어른들이 책을 읽어 준 경험이나 함께 책을 보며 듣기 등을 해 본 경험을 통해 인쇄된 글자에 대한 인식을 나타낸다.[06] • 사물, 사람, 사건이나 경험을 통한 개념 발달의 **광범위한 인식**을 의미한다.
	탐색 (explora tion)	▶ 사물·사람·사건·개념 등 **구성요소나 속성들을 알아내는** 과정 ▶ 사물·사람·사건·개념 등의 **구성요소나 속성을 감각적으로 경험**하며 **개인적인 의미를 구성**하는 과정 • 유아는 탐색하는 동안 **자신의 모든 감각을 활용**한다. 이 과정에서 유아들은 자신이 **경험한 것에 대한 개인적인 의미를 구성**한다. ㉠ 유아들은 **수박 교구를 만져보고 모양이나 크기, 부분과 부분에 대한 발견**을 하게 된다. ㉡ 대부분의 4, 5세 유아들은 자신들이 만들어 낸 발명 철자를 사용하거나, 그림 그리기 등을 통하여 인쇄된 글자를 탐색하기 시작한다.[06] • 유아가 사물, 사람, 사건 혹은 개념에 대한 **감각적 경험을 통해** 얻어진 개인적 의미의 구성을 의미한다. • 유아가 새로운 활동에 대한 흥미와 호기심을 갖고 **제공된 자료나 사물의 구성요소, 속성에 대한 탐색**을 하는 것이다.

탐구 (inquiry)	▶ **자신의 개념적 이해를 검토**하고, **타인의 이해나 객관적 실체와 비교**하는 등의 활동을 하는 과정	
	• 이 단계에서 유아는 사건, 사물, 사람 또는 **개념들이 가지는 일반적이고 객관화된 의미를 이해하기 시작**한다.	
	• 또한 유아는 이 단계에서 **개인적 개념들을 일반화**하고 **이 개념들을 성인들이 생각하고 행동하는 방식으로 적응시키기 시작**한다.	
	예 유아들은 **수박이 하나의 전체임과 이를 반으로 나눈 상태를 '반' 또는 '두 개 중의 하나'라는 개념을 이해**한다. 4조각으로 나누면 '반의반' 또는 '네 개 중의 하나'라고 말한다. 이를 그림 또는 기호로 표상할 수 있다.	
	기 6세 유아들은 글자나 단어들의 유사점, 차이점을 알아내거나 일정한 패턴을 찾아보면서 인쇄된 글자를 주의 깊게 검토하기 시작한다.[06]	
	• 유아가 **자신의 아이디어를 실험**하고, **다른 사람의 생각 또는 객관적 사실, 사회적 문화에 비추어 자신의 이해를 비교하는 과정**을 의미한다.	
	• 이 단계에서는 유아의 탐구를 이끌어줄 수 있는 교사의 질문이 매우 중요한데, 유아 **스스로 지식을 구성하도록 유도**할 수 있다.	
	• 이러한 과정에서 **과학적 개념에 대한 이해가 생기며 개념을 일반화**하기 시작한다.	
적용 (utilization)	▶ **기능적 수준의 학습**으로, **형성한 의미를 새로운 상황에 적용·활용**하는 과정	
	• 기능적인 수준의 학습으로서 유아들이 사건, 사물, 사람 또는 개념들에 대해 형성한 의미를 적용하거나 사용할 수 있다.	
	예 분수의 개념이나 이를 표현하는 방법을 배운 유아들은 일상생활이나 놀이 중에 우유를 '컵의 1/2'만 따르기, '도화지를 1/4' 조각으로 자르기 등을 할 수 있다.	
	기 대부분의 7, 8세 아이들은 글자를 바르게 읽고 쓰기 위하여 인습적인 규칙을 사용하기 시작한다.[06]	
	• 유아가 탐구 과정에서 습득한 개념이나 원리를 **새로운 상황이나 연계된 활동에 적용**함으로써 사건, 사물, 사람 또는 개념에 대한 **이해를 적용 또는 활용**해 간다.	

	유아의 역할	교사의 역할
인식	• 경험하기 • 흥미 갖기 • 다양한 변수 생각하기 • 인내하기 • 지각하기 • 주의 기울이기	• 환경 구성하기 • 경험할 수 있는 새로운 자료, 사건, 사람 제공하기 • 문제 상황이나 질문으로 유아의 흥미 자극하기 • 유아의 흥미나 공유된 경험에 반응하기 • **흥미, 열정 등 관심 보이기** ㉠ ~ 한 적 있니?, ~ 해볼래?
탐색	• **관찰하기** • 자료 탐색하기 • 정보 수집하기 • 발견하기, 창조하기 • 특징 파악하기 • 이해하기, 시도하기 • 자신의 생각 구성하기 • 자신의 규칙 적용하기 • 개인적 의미 만들기 • 개인적 의미 표상하기	• 탐색을 용이하게 하기(탐색 지지) • 탐색하는 것을 지원하고 향상시키기 • 능동적인 탐색의 기회 제공하기 • 놀이를 확장하기 • 유아의 활동을 말로 표현해 주기 • **개방된 질문하기**(㉠ 또 무엇을 할 수 있을까?) • **유아의 생각과 규칙을 존중하기** • 구성적 **실수를 허용**하기 ㉠ '유아의 행동을 기술', '느낌이, 보니까, 냄새가, 소리가, 맛이 어떠니?', '그것이 같으니, 혹은 다르니?', '그것들을 어떻게 그룹으로 묶을 수 있니?'

탐구	• **실험하기**, 조사하기
	• 설명하기, 집중하기
	• **자신과 타인의 생각 비교하기**
	• **일반화**하기
	• **이전 경험과 관련짓기**
	• 일반적인 규칙 방식에 적용하기
		• 이해한 것을 구체화하도록 돕기
		• 주의 집중하도록 안내하기
		• **보다 핵심적인 질문하기**
		㉠ '이것처럼 작용하는 것에는 또 무엇이 있을까?'
		    '만일 ~한다면?'
		• 요청이 있을 때 정보 제공하기
		㉠ 너는 어떻게 표현할 거니?
		• 개념, 정보, 사건 간에 관련성을 찾도록 도와주기
		㉠ 무엇을 할 수 있을까? 언제 그 일이 일어났지?
		    그밖에 또 어떻게 생각하니?, 왜 그럴까?
		    네가 관찰한 것과 다른 사람의 것은 어떻게 비교되니?

적용	• 학습결과를 다양하게 활용하기
	• 학습결과를 다양한 방법으로 **표상**하기
	• 학습한 것을 새로운 상황에 응용하기
	• **새로운 가설을 설정**하기
	• 새로운 학습주기를 시작하기
		• 실제 생활에 적용할 수 있는 방법 만들기
		• 유아들이 **학습한 것을 새로운 상황에 적용**하도록 돕기
		• 학습한 것을 적용할 수 있는 의미 있는 상황 제공하기
		㉠ 배운 것을 어떻게 사용할 수 있을까?
		    배운 것을 다른 사람에게 어떻게 제시하고 기억할 거니?
		    다른 사람과 어떻게 공유할까?
		    다른 질문에 대해 어떻게 생각하니?

Plus 지식 교수·학습 방법(2007 개정 유치원 교육과정)

• 창의적 사고의 유도

> 마. 교육 활동별 특성에 따라 다양한 질문을 하여 창의적 사고를 유도한다.

- 교사의 질문은 시범이나 자료의 제시와 함께 유아의 사고를 확장하는 중요한 교수 방법이다.
- 특히, 교육 활동의 특성이나 유아가 보이는 학습의 단계에 따라 다양한 질문을 사용함으로써 유아의 창의적 사고를 유도할 수 있다.
- 교육 활동의 특성에 적절한 교사의 질문은, 유아가 개방적으로 생각하여 자기 나름대로의 독특한 시각에서 합리적으로 문제를 분석하고 해결해 나가도록 유도하는 중요한 역할을 한다.
- 기 ⓒ '이야기 나누기, 활동명 : 애완동물 알아보기'와 관련하여 교사가 발문할 때 고려해야 할 사항을 유치원 교육과정 '교수·학습 방법'에 근거하여 2가지로 논하시오. ① 애완동물을 인식, 탐색하는 단계에서는 유아의 독특하고 다양한 사고를 고무할 수 있는 개방적 질문을 한다. ② 탐구나 적용의 단계에서는 제한적인 질문을 함으로써, 합리적인 해결책을 생각해 내도록 도울 수 있다.[12]

개방적인 질문	• **개방적인 질문은 유아의 자유로운 사고와 탐구를 고무하기에 적절**하다. • 무엇보다도 질문에 대한 **유아의 다양한 답변을 모두 수용할 수 있다는 장점**이 있다. • **개방적인 질문은 특히 새로운 사물이나 개념에 대해 소개하는 도입 단계에서, 유아의 창의적인 사고를 유도하기에 적절하다.** • 교사는 "이 거울로 무엇을 하면 좋을까?", 혹은 "이 모빌을 보니, 무엇이 생각나니?"와 같은 질문을 함으로써, 유아가 자신의 과거 경험이나 이미 이해하고 있는 개념을 돌이켜 보고 현재 상황과 비교하도록 유도한다. • 유아는 개방적으로 문제 해결을 모색하면서 자신이 알고 있는 바와 현재 상황 간의 연결을 시도할 것이다. • 이렇게 자유로운 탐색의 과정을 통해, 자신만의 독특한 방법으로 문제의 핵심에 다가가게 된다. • **인식, 탐색, 탐구, 적용의 단계로 이루어지는 일련의 학습 단계 중 인식이나 탐색의 단계에서는 개방적인 질문을 함으로써 유아의 독특하고 다양한 사고를 고무할 수 있다.** • 인식이나 탐색 단계에서의 개방적인 질문은 유아가 무엇이 학습의 중요한 단서인지를 막연하게 나마 인식하도록 안내한다. • 그리고 더 나아가 유아가 여러 가지 가능한 해결책을 찾아보도록 고무할 수도 있다.
제한적인 질문	• **탐구나 적용의 단계에서 교사는 선택이 제한적인 질문을 함으로써, 합리적인 해결책을 생각해 내도록 도울 수 있다.** • 이러한 질문은 유아가 **사물이나 현상 간의 유사점과 차이점을 비교**하고 **문제 해결의 단서에 초점**을 맞추어 가도록 유도한다. • 탐구나 적용 단계에서 교사는 "사과가 두 개 되게 하려면 이 그림에서 어디에 거울을 놓으면 좋을까?", 혹은 "어떻게 하면 모빌이 기울지 않을까?"와 같은 질문을 할 수 있다. • 이러한 제한적인 질문은 유아가 **문제의 핵심적인 요소를 발견**해 내고, **이들 간의 관계에 대한 새롭고 다양한 가설을 설정**하고, 더 나아가 가설을 실험해 보고 이를 여러 상황에 적용해 보도록 고무한다.

04 과학

제4장 유아 과학교육

2 학습 경험의 유형에 의한 교수·학습 원리

학 습 경 험 의 유 형	• 자연적 학습경험은 피아제의 관점과 관련 있고, **비형식적 학습경험과 구조적 학습경험은 비고츠키** 관점과 관련 있다. • 학습주기와 연결하면, **자연적 경험은 인식과 탐색** 수준에서 격려된다. • 비형식적 경험은 **탐색, 탐구, 적용** 수준에서 격려되고, • 구조적 경험은 **탐구와 적용** 수준에서 보다 많이 나타나게 된다.
	자연적 학습경험 · 초기의 유아 주도의 학습경험은 자연적인 학습경험으로 유아가 **자발적으로 활동을 선택하고 행동**하는 것이다.
	비형식적 학습경험 · 유아가 활동을 선택해서 행동하지만, **활동의 과정에서 교사가 개입**하여 활동을 할 때 이루어지는 것이다.
	구조적 학습경험 · **교사가 학습 내용을 미리 계획**하여 유아의 경험을 선택하고 유아의 행동 방향을 정해주는 것이다.

3 (인지적 갈등을 유도하는) 질문을 통한 교수·학습 원리

질 문 을 통 한 교 수 · 학 습 원 리

- 피아제의 인지 이론이 과학교육에 시사하는 점은 유아가 알고 있는 사실과 새로운 사실과의 사이에서 생겨나는 **불균형이 유아의 인지적 평형에 갈등을 일으켜 인지적 발달**을 도와준다는 것이다.
- 따라서 교육 활동의 내용은 유아의 경험에 근거하여 새로운 경험을 제공할 수 있어야 한다.
- 따라서 교사는 유아의 발달과 사전 경험을 고려하여 활동을 제안하고, 다양하게 탐색할 수 있는 적절한 질문을 해야 한다.
- **인지적 갈등을 유도**하고 적절한 질문을 하기 위해 교사가 고려할 점(Williams & Kamii, 1986)

  - 교사는 유아의 발달과 사전경험 및 흥미를 관찰을 통해 잘 파악하고 있어야 한다.
  - 과학 활동 중 일어나는 또래 간 상호작용과 대화의 내용을 주의 깊게 듣고 유아의 생각을 분석할 수 있어야 한다.
  - 유아에게 제공된 질문이 문제 해결을 돕는 실마리를 제공하여 유아가 자신의 아이디어를 확산하면서 활동을 지속시킬 수 있도록 도와야 한다.

- 발산적 질문과 수렴적 질문(Charlesworth & Lind, 2003)

발산적 질문 (개방적 질문)	▶ **다양하게 확장된 답변**을 기대할 때 요구되는 질문 유형 ▶ **답변이 한 가지로 국한되지 않고 넓은 범위로 다양하게 확장**될 수 있는 질문 • 한 가지 정답을 갖는 것이 아니고 창의성, 추측, 실험 등을 위한 기회를 제공하는 질문 유형, 유아 자신만의 생각과 행동을 격려한다. • 유아 자신만의 생각과 행동을 격려한다. 유아는 자신의 경험, 지식, 인식의 틀에 따라 다양한 답을 모색할 수 있다. 예 ~에 대해 말해보자, ~에 대해서 무엇이라고 생각하니?, 네가 발견한 것은 무엇이니? 예 ~으로 무엇을 할 수 있을까?, ~하기 위한 방법을 찾을 수 있겠니? 예 만일 ~한다면 무슨 일이 일어날까? 왜 그렇게 생각하니? 예 이 도구를 어떻게 사용하면 좋을까? 예 또 다른 방법으로 사용할 수는 없을까?

수렴적 질문 (폐쇄적 질문)	▶ **특정한 반응이나 정답**을 기대할 때 요구되는 질문 유형 • 유아들이 알고 있는 특정한 정보를 얻기 위해 사용하지만, 유아의 창의성 및 실험하고자 하는 의지나 추측 성향 발달을 막아버릴 우려가 있다. • 질문에 대한 답이 비교적 짧고 구체적이며 옳은 한 마디로 된 단답을 요구하는 질문이다. • 주로 학습한 정보를 파지하고 있는 정도를 점검하고자 할 때 적절하며, 사물의 색, 사물의 특성 등 질문에 대한 정확한 답을 요구할 때 사용한다. 예 ~의 다리는 몇 개니?, 이 식물의 이름을 말해 보자 예 이것보다 작은 공을 찾아보자, 여기 있는 것들은 무엇이니? 예 물에 무엇을 넣었니?, 샌드위치를 만들 때 어떤 재료가 있어야 할까?

기 ⓒ '오늘 게임 재미있었어요?'과 ⓒ '은솔이는 왜 재미있었어요?'의 차이점을 교사 발문 유형 측면에서 쓰시오. [1점] **ⓒ은 특정한 반응이나 정답을 요구하는 수렴적(폐쇄적) 발문임에 반해, ⓒ은 한 가지 정답을 갖는 것이 아니라 유아 자신의 생각을 다양하게 표현할 수 있도록 돕는 발산적 (개방적) 발문이다.**[20]

• **질문의 4가지 유형(Gallagher & Aschner)**
  - 갤러거와 애슈너는 **Bloom의 인지영역에 대한 분류법에 기초**하여 과학의 과정과 통합된 4가지 질문 유형의 질문을 제안하였다.

기 '로봇을 가지고 어떻게 놀이하고 싶어요?', '민수 로봇은 날기 위해서 무얼 가지고 있나요?'와 같은 발문 유형의 장점을 갤러거와 애슈너의 이론에 근거하여 1가지씩 순서대로 쓰시오.[25]

인지적 기억을 요구하는 질문	▶ **과학적 사실이나 절차 등을 기억**하도록 요구하는 질문 예 비눗방울이 비눗물에서 점점 많이 생기는 것이 보이니?, **이 기구의 이름이 무엇이**었지?
수렴적 사고를 요구하는 질문	▶ **정보를 적용하고 분석**하도록 돕는 질문 • 문제해결, 측정하기, 비교하기 등과 같은 과학 과정 기술에 유용하게 사용된다. 예 실험 결과를 가장 잘 나타내려면 **도표나 그래프나 그림 중 어떤 것이 좋을까?**
발산적 사고를 요구하는 질문	▶ **독립적으로 사고하도록** 자극을 주는 질문 • 유아의 창의적인 문제 해결을 증진한다. 예 너는 **왜 이 식물이** 저 식물보다 **더 잘 자라게 될 것**이라고 생각하니?
평가적 사고를 요구하는 질문	▶ **선택, 판단, 결론** 내리거나 **일반화, 비판**하도록 이끄는 질문 예 이 씨앗이 다른 씨앗보다 **빨리 자라게 된 것은 어떤 조건들 때문이었을까?**

지식 유아 과학교육 활동의 구성 및 교수원리(조형숙 외, 2014)

① 인지적 갈등을 경험하도록 한다.
② 유아 간의 과학적 대화를 격려한다.
③ 유아의 질문에 적합한 반응을 한다.
④ 구체적 조작 활동과 정신적 조작 활동이 함께 일어나도록 한다.
⑤ 과학 활동의 진행 과정에서 유연성과 융통성을 갖는다.
⑥ 교사의 질문전략이 중요하다.
⑦ 과학 활동은 언제 어디에서나 일어날 수 있음을 인식하고 적극적으로 반응한다.
⑧ 유아에게 친숙한 자료와 내용을 제공한다.
⑨ 유아가 적극적으로 참여할 수 있는 탐구 중심의 활동을 제공한다.
⑩ 교사가 개인적 관심사를 공유한다.

Ⅵ. 유아 과학교육의 교수·학습 방법

1 유아 과학교육을 위한 교수·학습 방법(Atkinson & Fleer, 1995)

- Atkinson과 Fleer(1995)는 교수·학습 방법을 다음과 같은 4가지로 구분하였다.
- 이러한 교수법은 유아를 위한 과학교육방법에 적용될 수 있다.

전달식 교수법	▶ **교사가 학습의 내용과 방향 등 가르칠 내용을 결정**하고, **설명, 시범 통해 전달**하는 방식 • 교사가 지식의 소유자인 동시에 제공자로서 유아의 **학습에 핵심 역할**을 하는 방법으로, **교사가 학습의 내용과 방향 등 가르칠 것이 무엇인가를 결정한 후 그 내용을 시범이나 설명을 통해 전달하는 방식**이다. • 즉, 객관적인 과학적 지식이나 사실에 대한 설명을 교사에게서 듣고 유아가 수용하는 방법을 의미한다. • 이 교수법에서는 **과학을 유아에게 전달해야 할 지식의 총체**로 보며, **학습을 수동적 과정**으로 보고, **지식의 내용을 강조**하며 기술이나 태도는 강조하지 않는다. • 유아의 궁금증에 대해 교사가 바로 과학적 지식을 전달한다. • 유아가 정확하게 이해했는지 질문하고 결론을 지어준다(transmission approach).
발견적 교수법	▶ **유아가 다양한 과학적 과정을 활용해 문제를 해결**하며, **교사는 자료와 도구를 마련**하여 유아가 **스스로 개념을 발견하도록 돕는** 교수법 • 여러 가지 과학적 과정을 활용해 문제 해결을 해 보는 방법으로 유아의 **자발적 탐구 과정을 교육적으로 확장**할 수 있도록 하는 것이다. • **과학은 자연 세계에 대한 탐구를 유아가 발견하는 것**이라고 보고, 과학학습은 유아의 직접적인 관찰과 물리적 환경의 조작을 통해 **유아 스스로 배우는 과정**이라고 정의한다. • 그러므로 유아는 다양한 도구와 자료를 가지고 자유롭게 놀이하면서 탐구하는 가운데, 왜, 무엇이, 어떻게 등에 대한 해답을 자신의 방법대로 해결하게 된다. • **교사의 역할**은 유아가 활동하고 **실험할 수 있는 자료와 도구들을 마련**해 주고, 유아가 이를 관찰하고 직접 탐구함으로써 스스로 무언가를 발견하게 된다. • 탐구할 수 있는 충분한 시간, 따뜻한 격려를 제공해야 한다(discovery approach).
과정적 교수법	▶ 관찰·토론·분류·예측·실험 등의 **과학 과정 기술을 활용**하여 **탐구 과정에 적극 참여하도록 유도**하는 교수법 • 개념 이해보다 **문제 해결 과정에 적극 참여**하는 것을 강조한다. • 즉, 유아가 **관찰, 토론, 분류, 예측, 가설 설정, 실험 등의 과학적 방법**을 적용하여 과학적 탐구 능력을 적극적으로 익힐 때 과학학습이 이루어진다고 보는 관점이다. • 교사는 유아 스스로 과학적으로 탐구하는 과정을 통해 과학에 대한 흥미와 탐구하는 태도를 갖고 사물과 현상을 이해하도록 도와주어야 한다. • 또한 적극적으로 **다양한 과학 과정 기술을 활용할 수 있도록 격려하고 상호작용해야** 한다. • 또한 과학적 탐구에 필요한 활동과 자료를 다양하게 마련해 주고, 모든 탐구 능력이 발달할 수 있도록 균형 잡힌 교육 과정을 계획해야 한다(Process Approach).

상호 작용 적 교수법	▶ 궁금한 것에 대한 **답을 유아 스스로 찾아가도록 교사도 적극적으로 참여**하고 **지원**하는 교수법 ▶ 유아가 주변 세계를 좀 더 잘 지각하고 이해하는 데 목적을 두고, 조사를 통해 궁금해하는 것에 대한 **답을 유아 스스로 얻도록 교사도 적극적으로 참여하고 지원**하는 교수법 • **구성주의 이론**에 기초한 상호작용적 교수법은 유아가 이미 알고 있는 것이 무엇인지 알아내는 것을 시작으로 유아가 주제에 대해 자신의 생각을 드러내도록 한다. • 즉, 유아가 주제에 대한 **사전 개념망을 형성**하고 **궁금한 것에 대한 질문을 명료화**한 후, 질문에 대한 답을 얻기 위해 자신에게 의미 있고, 조사 가능한 것을 선정하여 **조사활동을 진행**하는 것이다. • 그리고 **조사 활동 후 사후 개념망을 구성**하여 학습의 진전을 비교하여 결과를 발표하고 토의하는 일련의 과정을 경험하게 한다. • 교사는 유아의 사고와 질문을 자극할 수 있는 환경을 제공하고, 질문에 대해 공동으로 조사하며, **정보를 제공하고, 유아의 사고를 변화시킬 수 있는 역할**을 해야 한다. • 상호작용적 교수법 6단계에 모두 유아가 활동의 주체가 되어 직접 참여하며, 유아-교사, 유아-유아, 유아-환경과의 적극적인 상호작용을 중요시한다. • 상호작용적 교수법 6단계(interactive approach) | 주제 선정	• **교사와 유아가 함께** 흥미로운 주제 선정
주제에 대한 선개념 파악	• **교사와 유아가 함께** 선 개념 파악
질문 선정	• 유아가 제안한 질문 중에서 **유아가 선정**
활동 계획 및 실시	• 유아의 질문에 대한 답을 얻기 위한 활동을 **유아가 직접 계획하고 실시**
토론	• 활동 결과에 대해 **유아와 교사가 함께 토론**
사후개념 파악 및 평가	• **유아와 교사가 함께** 활동을 통해 새롭게 학습된 개념 파악	

2 탐구적 교수·학습법

1) 탐구적 교수·학습법의 필요성

탐구적 교수·학습법의 필요성		
	• 과학 교수·학습은 연속선상에서 볼 때 교사중심의 전달식 방법 또는 유아중심의 자유발견식 방법 사이의 한 지점에 있게 되는데, 양 끝에 놓이게 되는 교사중심의 대집단 설명식 방법과 유아중심의 자유발견식 방법은 각각 장단점을 가지고 있다. • 아래 표에서 설명한 바와 같이, **교사중심 및 유아중심의 교수·학습법의 단점을 보완**하고, **유아의 탐구능력과 개념 형성을 적절히 도와주기 위해서 효율적인 탐구적 교수·학습법이 모색될 필요**가 있다.	
	교사중심의 교수·학습법	• 교사가 지식의 소유자 및 원천, 지식의 전달자, 교수·학습의 통제자, 교수·학습의 주도권 소유, 학습할 내용의 결정자, 직접적 시범 및 설명식 실험 제공자 등의 역할을 수행하기 때문에 **개별 유아의 발달수준에 적합한 학습 기회를 제공하는 데 한계**가 있다. • 또한 **유아를 수동적**으로 만들어 교사가 제공하는 것만 학습하려는 성향만을 키우게 되고, 주변 세상과 분리된 사고과정과 자신의 지식을 활용하는 능력에도 한계를 갖게 된다는 점도 지적되고 있다. • 따라서 교사중심의 대집단 설명식 교수법은 유아의 유의미한 개념 형성에 한계가 있고, 타고난 과학적 성향을 길러 주기에 적합하지 않다.
	유아중심의 자유발견식 교수·학습법	• 탐구 과정에서 유아의 **자율성을 인정한다는 점에서 매우 유용**하지만, 유아의 자유로운 발견에 의한 잘못된 개념 형성의 가능성이 있기 때문에 **개념 형성에 비효율**적일 수 있다는 점이 지적되고 있다. • 유아가 자신이 학습할 것을 결정하고, **유아가 능동적**으로 참여할 수 있고, 개별적 탐구능력을 발달시킬 수 있는 장점이 있지만, **교수·학습의 기회를 충분히 구조화하지 못**하여, 학습자가 **잘못된 개념**을 형성할 수 있다. • 또한 활동 초기에 유아가 실망감을 가질 경우 활동의 확장이 어려워지고, 교사가 유아의 학습 내용을 조절하는 데 어려움을 가질 수 있다는 단점이 있다.

2) 탐구적 교수·학습법의 특징

특징	
특징	• 유아의 탐구적 과학 활동을 **수용할 수 있는 분위기**가 필요하고, 과학 활동의 **주도권은 유아** 자신에게 있어야 한다. • 유아는 실수하면서 배우므로 **유아의 실수를 인정**해 준다. • 유아의 **사전경험과 개념에 기초하여 과학적 개념이 형성**될 수 있도록 **자유로운 탐색활동에서 유목적적 탐구활동으로 발전**하는 과학 경험을 제공한다. • 과학 활동은 유아가 사물을 직접 손으로 조작(hands-on)하는 것이 정신적 조작(minds-on)으로 연결될 수 있는 것으로 활동 자료를 풍부하고 다양하게 제공한다. • 과학 활동은 유아가 활동을 계획하기-계획한 활동을 끝까지 진행하기-진행한 활동결과에 대한 평가하기로 경험될 수 있도록 한다. • 유아의 탐구활동에 대한 **교사의 공통 탐구자 및 안내자 역할**이 필요하다.

3) 탐구적 과학 교수·학습법의 진행 단계 및 특징

교수·학습법의 진행 단계		특징	
단계	활동 내용	유아의 역할	교사의 역할
주제 선정 단계	주제 선정	• 유아가 **관심 갖는 주제 표현**하기	• 유아가 흥미를 갖는 주제에 대하여 계속적인 **관찰**하기
사전 개념 표상 단계	주제에 대한 사전개념의 표상 활동	1. **주제에 대한 개념 및 경험**을 개방적, 적극적으로 표현하기 2. 자신의 사전 개념의 의미 명료화 하기 : 다른 유아와 경험 및 생각을 공유하거나 비교해 보기	1. 주제에 대한 과학적 지식과 개념을 조사하기 2. 유아의 사전 개념과 관련 경험의 표현을 격려하고 도와주기
사전 개념 재구성 단계	탐구적 과학 활동 수행 -자유롭고 다양한 탐구에서 유목적적 탐구로 진전시키기	〈과학자처럼 탐구하기〉 1. 탐구할 **질문목록** 작성하고, 탐구할 개념 및 탐구방법 계획하기 : 관찰, 실험, 조사 등 2. 오감각을 사용하여 **다양한 자료**를 능동적으로 조작하면서 탐구활동 하기 3. 소집단 또래와 협동하고 공동 목표를 위하여 적극적인 **상호작용**하기 4. 탐구 주제와 관련된 구성적 활동에 참여하기 5. 탐구 주제와 **일상생활**과의 관련성 알아보기 6. 탐구한 것을 **다양하게 표상**하기	〈공동탐구자 및 조력자 되기〉 1 유아의 탐구할 질문목록 작성과 탐구 방법의 계획 도와주기 2. 유아의 유목적적 탐구활동 및 신체적 조작을 위한 활동자료 제공하기 3. 탐구활동을 위한 환경구성하기 4. 유아의 탐구활동의 목표와 자신의 개념을 인식할 수 있는 적절한 질문 하기 5. 탐구 주제를 일상의 문제 상황과 연결시켜 인식하도록 안내하기 6. 유아의 다양한 표상활동 격려하기
개념 적용 단계	재구성 개념을 생활에 적용하기	1. 재구성한 개념을 **새로운 상황**에 적용하기	1. 새로운 문제 상황을 제시하여 재구성된 개념 적용의 기회 제공하기
개념 형성 평가 단계	탐구한 결과의 개념 발표 및 정리하기	1. 탐구활동으로 알게 된 개념을 설명 및 표현하여 개념을 **명료화**하기 2. 개념과 관련된 통합활동 및 확장 활동하기	1. 유아에게 탐구활동의 결과를 발표하는 기회 제공하기 2. 유아에게 개념과 관련된 통합활동 및 확장활동 제공하기

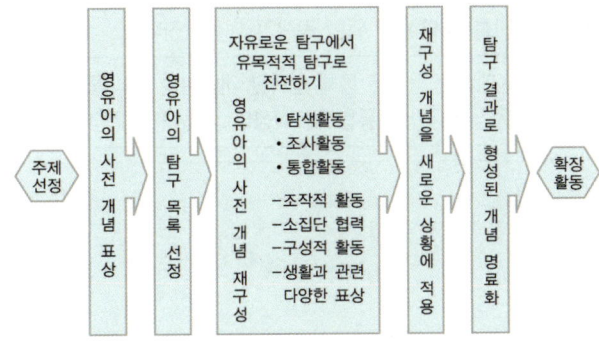

3 놀이와 연계한 교수·학습 방법

1) 놀이와 연계한 과학 교수·학습 방법의 가치와 필요성

| 가치와 필요성 | • 유아의 놀이는 즐거움을 추구하면서 **능동적인 참여를 유발**하는 학습의 최적 조건을 제공함으로써 유아 스스로 주변 사물과 현상에 대한 **과학적 지식**을 자연스럽게 구성하도록 촉진한다.
• 유아의 놀이는 내적 동기가 유발되는 과정 지향의 행동이므로, 과학적 문제 해결 과정에 중요한 과학의 과정 기술을 증진시킬 수 있는 유용한 기회를 제공한다.
• 유아의 놀이는 자유선택에 의하여 긍정적 정서를 유발하는 자발성과 주도성에 기초한 행동으로, 과학적 태도를 형성하도록 지원할 수 있다.
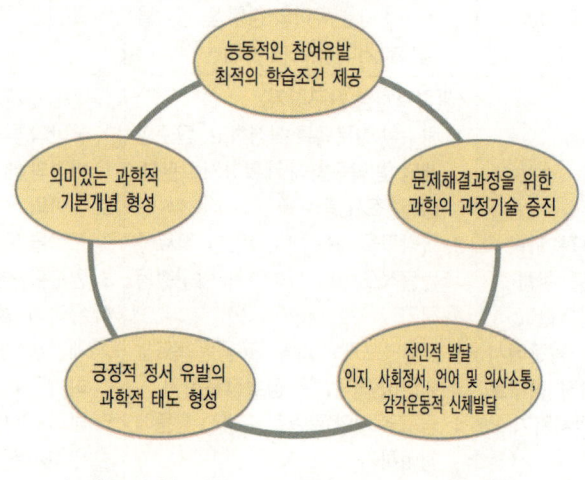
놀이를 통한 과학 교수·학습법의 가치와 필요성 |

2) 놀이와 연계한 과학 교수·학습 방법의 특징

특 징		• 과학교육에서의 유아의 학습은 과학교육 활동에 대한 인식, 탐색, 탐구 및 적용의 과정으로 순환된다 (안경숙, 2003; Bredekamp & Rosegrant, 1995).
	도입	• 과학교육의 도입 부분에서는 학습주기의 **인식과 탐색의 단계**로 주변 사물이나 상황 속에서 **과학적 흥미와 관심**을 갖고 문제를 인식하여 **사물의 속성에 대한 탐색**이 이루어진다.
	전개	• 전개 부분에서는 과학적 문제에 대한 해결과정을 위한 **사물의 속성이나 관계에 대한 개념과 원리를 파악**하기 위한 **탐구**가 이루어진다.
	마무리	• 마무리 부분에서는 탐구를 통해 **습득한 개념이나 원리를 다른 상황의 생활 경험이나 활동에 적용**할 수 있는 **통합 및 확장**이 가능하게 된다(Granschow, 1998).

놀이와 연계한 과학 교수·학습 방법의 특징		**• 과학교육의 학습주기와 놀이 활동은 상호 연계되어 진행한다.** – 과학교육의 학습주기와 상호 연계되어 다음과 같이 순환적 주기로 전개된다. – 도입과정의 인식 및 탐색 단계는 발견적 탐색놀이, 전개 과정의 탐구 단계는 탐구적 구성놀이, 마무리 과정의 적용은 확장적 통합놀이로 전개해 갈 수 있다. – 각 활동은 융통성 있게 진행할 수 있으며 반드시 단계적으로 진행하거나 모든 과학 활동에서 경험해야 한다는 것을 의미하지는 않는다. – 각 단계의 핵심적 놀이 과정은 다음과 같다.
	인식 및 탐색 단계	• **발견적 탐색놀이**를 통하여 유아의 흥미와 호기심이 증대하고 주변의 과학적 원리나 지식 등을 인식하고 탐색하게 된다.
	탐구 단계	• 유아들이 **탐구적 구성놀이**하면서 자신의 다양한 아이디어를 탐구하고 문제를 해결하면서 과학적 지식을 구성하게 된다.
	적용 단계	• 발견적 탐색놀이와 탐구적 구성놀이를 통해 알게 된 원리나 과학적 지식을 적용하여 **극화놀이나 조형놀이, 게임** 등의 **확장적 통합놀이**를 하게 된다.
		• 교사는 놀이를 통한 과학 활동의 학습주기에 적합한 질문과 안내를 한다. **• 개별 탐색에서 시작하여 또래 협동으로 발전하는 놀이 활동으로 진행한다.** **• 유아의 전인적 발달과 흥미 영역 간 실내·외 활동 영역을 통합하는 놀이 활동으로 진행한다.** **• 손으로 직접 조작하는 것을 통하여 정신적 조작을 촉진할 수 있는 과학놀이 활동으로 진행한다.** **• 교사의 질문은 다음의 놀이의 진행 과정에 따라 달라질 수 있다**(Forman, 1998).
	발견적 탐색놀이 단계	• 유아의 놀이 행동을 관찰하면서 **흥미를 유도하는 질문과 격려**가 중요하다. • 과학 주제에 대한 유아의 흥미가 유발될 수 있는 질문이나 개별 유아들의 탐색 활동을 주의 깊게 관찰, 격려하면서 과학 주제에 대한 관심이 증대될 수 있는 질문을 제공해야 한다. – '거울 반사 놀이'에서 **"우리를 비춰주는 물건에는 어떤 것들이 있을까?"**와 같은 질문을 하여 유아의 흥미를 유도할 수 있다. – **"몸을 움직이면 거울에는 어떤 모습이 보일까?"**와 같은 질문을 하여 유아의 탐색을 격려할 수 있다.
	탐구적 구성놀이 단계	• **사고의 확산과 놀이의 확장**을 위한 질문과 자료의 제공이 중요하다. • 교사는 유아들의 과학 활동을 관찰하면서, 유아들이 개별적으로 탐색놀이하면서 발견한 것을 **탐구적 구성놀이**로 확장할 수 있도록 필요한 자료를 제공해 준다. • 또한 발견적 탐색놀이가 깊이 있게 확장될 수 있도록 **유아의 사고를 자극하고 갈등을 유발**할 수 있는 적절한 질문을 하거나 상황을 제안할 필요가 있다. – 거울의 특성에 대한 발견적 탐색놀이가 끝난 후 거울의 반사 및 대칭과 같은 탐구적 구성놀이로 확장될 수 있도록 질문할 수 있다. – **"거울에 빛이 닿으면 어떻게 될까?", "거울을 연결하여 반쪽 그림 자료를 비추면 어떻게 보일까?"**와 같은 질문을 통해 유아들이 **반사와 대칭에 대해 탐구**하도록 격려한다.
	확장적 통합놀이 단계	• **다른 견해와 사고를 유발**하는 **유도적 질문**이나 **상황의 제안**이 중요하다. • 유아가 놀이를 통한 과학 활동에서 이해한 개념이나 알게 된 내용을 **생활 속에 적용할 수 있는 질문 또는 상황**을 제공할 수 있다. – '거울 대칭 놀이'에서 거울을 이용하여 반쪽 그림을 완성시키는 활동을 확장하여 **미술 영역의 데칼코마니 활동을 제안**하여 통합놀이를 유도할 수 있다.

- **개별 탐색에서 시작하여 또래 협동으로 발전하는 놀이 활동으로 진행한다.**
  - 유아가 개별적으로 탐색한 놀이에서 점차적으로 또래와 협동하는 놀이로 나아가도록 도와준다.
  - 즉 과학 활동은 주변 사물 및 사건에 대한 **개별적 발견 및 탐색놀이에서 시작하지만**, 점차적으로 또래 유아들과 **협력적 탐구 및 통합놀이로 발전해가도록** 도와주어야 한다.
  - 유아는 자기 주도의 발견적 탐색놀이를 통해 자신의 사고 구조에 맞는 지식을 구성하며 동시에 자신이 포함된 사회적 맥락 속에서 협동적 놀이를 함으로써 공유된 지식을 내면화하는 기회를 갖게 된다.
  - 그러므로 과학 놀이과정에서는 유아들이 또래 간의 규칙과 사회적 맥락을 통하여 협동할 수 있는 자연스러운 상황을 만들기 위하여 놀이 자료의 규모를 크게 만들어 제공할 필요가 있다.
  - 예를 들면, '소리전달 놀이'에서는 여러 유아들이 전화 놀이를 할 수 있도록 커다란 소리 전달 통을 만들어 제공할 수 있고, '여과놀이'에서는 커다란 훌라후프를 여러 개 연결하여 유아들이 협력하여 공의 움직임 및 떨어지는 현상을 공유할 수 있도록 도와줄 수 있다.

- **물리적 조작을 통하여 정신적 조작을 촉진할 수 있는 과학 놀이 활동으로 진행한다.**
  - 과학 활동은 유아가 손으로 직접 조작할 수 있는 활동으로 구성하며, 활동 자료들은 풍부하고 다양하게 제공되어야 한다.
  - 또한 유아가 물리적 세계의 구체적인 **사물을 직접 조작(hands-on)하는 경험**이 **정신적 조작(minds-on)으로 연결될 수 있도록 다양한 표상 활동을 격려**해야 한다.
  - 유아의 과학적 지식 형성은 감각을 통한 탐색과 사물과의 직접적인 상호작용을 통하여 이루어지므로, 유아의 과학 활동 자료들은 가능한 한 사물과 사건을 직접 조작하고 다루어볼 수 있는 것이리야 한다.
  - 따라서 교사는 유아가 사물의 움직임을 직접 조작하면서 사물의 움직임 혹은 변화를 만들어 보도록 격려하고, 그 경로를 정신적으로 내면화하면서 지식이 구성되도록 도와주어야 한다.
  - 또한 유아의 개인차와 발달 수준을 고려하여 동작적 표상(신체나 음률), 영상적 표상(그림이나 조형물), 언어적 표상(말이나 글) 등 **다양한 형태의 표상 활동이 가능하도록 격려해야** 한다.

동작적 표상 활동	유아가 동물들의 움직임을 신체로 표현하면서 적용할 수 있다.
영상적 표상 활동	'공 폭포 놀이'에서 유아가 공이나 구슬이 잘 움직일 수 있는 길을 예측하여 설계도를 그려보는 과정에서 영상적 표상을 내면화할 수 있다.
언어적 표상 활동	유아들이 '동물 마리오네트 놀이'에서, 인형극 대본을 쓰고, 각 인형의 역할을 수행하면서 언어적 표상으로 발전되도록 유도할 수 있다.

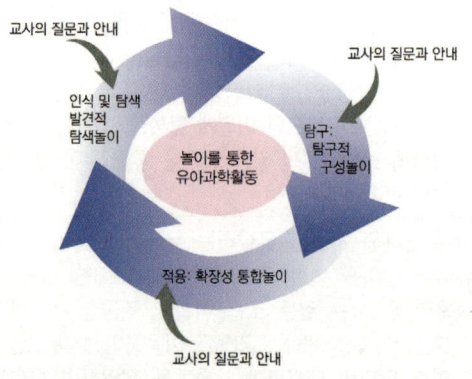

놀이를 통한 유아 과학 활동의 교수·학습 원리

4 통합적 접근을 통한 교수·학습 방법

필요성	• 유아는 주변 세계의 여러 사건과 현상을 통합적으로 경험하며 생활해 간다. • **인간의 뇌 활동은 의미 있는 정보처리를 할 때 가장 잘 활성화**된다는 연구와 Gardner(1993)의 **다중지능 이론**은 유아의 학습과 발달은 주변 세계를 분리하여 배우는 것보다 의미 있는 통합적 경험으로 배울 때 가장 효과적이라는 것을 강조한다. • **경험중심 교육과정**과 **학문중심 교육과정**에서도 실제로 학습은 학습자의 전체적 경험과 관련되고 학문적으로도 학문 간 통합, 학문 내 통합으로 제공될 때 학습자 내에서의 논리적 지식 구조가 형성되어 의미 있는 학습이 이루어지고 창의적인 문제 해결력을 기를 수 있다는 점에 합의하고 있다. • **21세기 과학 기술 사회의 요구**와 **과학의 상호 연관된 학문적 특성**은 자연스럽게 과학교육에서의 **통합의 필요성을 제기**하였다. • 현대사회는 과학과 기술이 급속히 발전하여 과학이 사회에 미치는 영향 등에 대한 이해와 활용 능력을 요구하고 있다. • 학문적인 측면에서도 과학은 수학과 밀접하게 관련되어 있고, 사회적 현상과의 관련성을 인식해야 하므로 분리하여 가르치기보다는 통합하여 가르치는 것이 바람직하다. • 유아 과학교육의 통합적 접근은 유아기의 전인적 발달을 위하여 풍부하고 질 높은 경험을 제공하고, 의미 있는 상황에서 창의적인 사고를 자극하며, 다양한 영역의 내용 및 개념을 깊이 있게 탐구하는 유아의 능동성과 문제 해결능력을 길러줄 수 있다.
특징	• 유아과학 활동은 다른 발달 영역 및 내용 영역과 통합되어 제공되어야 한다. • 유아에게 제공되는 주제와 활동은 융통성 있게 운영한다. • 과학 활동은 자유선택시간이나 과학 영역에서만 진행되는 것이 아니라, 하루 일과 중 어떠한 상황과 시간, 장소에서도 이루어진다. 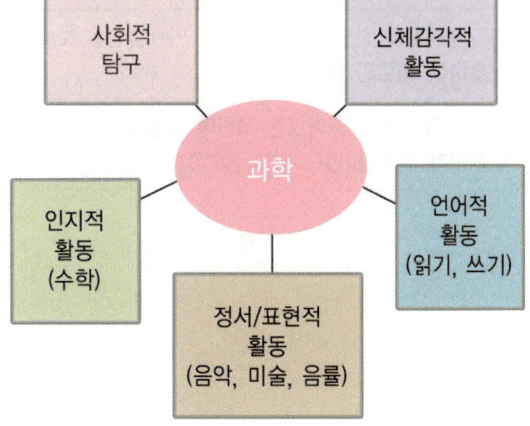 과학과 다른 영역 활동 간의 통합적 접근

제4장 유아 과학교육

Ⅶ. 환경 교육

1 환경 교육의 내용(황해익 외, 2017)

- 환경 교육은 **자신과 주변 환경과의 관계를 바르게 인식**하여 **환경을 보전할 수 있는 태도 및 지식과 기능을 학습**하고 **환경문제에 능동적으로 대처해나가는 실천력을 길러주는 교육**이다.
- 환경 문제는 유아들과 함께 다루어야 할 주요한 영역이다. 한때 무한정 있다고 생각했던 천연자원들이 줄어가고 있으며, 생태계 파괴와 공기·땅의 상태 등이 심각하기 때문이다.
- 환경교육과 주변 세계의 보호에 대한 교육은 유아들의 인지 발달에 적합해야 하고, 태도와 가치처럼 매일의 실제 경험과 관련되어야 하며, 정보와 개념을 포함하고 있어야 한다. 환경교육을 통해 다루어지는 중요한 개념은 다음과 같다(김정은, 1992; Dighe, 1993; Melendez et al, 2000).

상호 의존성	▶ **삶의 한 형태**가 **다른 삶에 의존하며 연결**되어 있다는 개념 • **삶의 한 형태는 다른 삶에 의존**한다는 개념이 환경교육에서 기본적인 것이다. • 관찰을 통해 유아 주위의 삶의 사슬고리와 그 삶에 영향을 주는 것을 깨닫도록 도와준다. 기 ① ⑦ '북극곰을 내가 지켜 주고 싶어'에 해당하는 환경교육의 내용 1가지를 쓰시오.[22] 환경보호(환경 보전, 환경문제 인식 및 대처, 상호 의존성)
미적 인식 (심미감)	▶ **자연환경에 대한 미적인 감상** • 유아가 주변의 아름다움을 감상하는 것을 학습하게 되면, 생명의 사슬고리를 보다 잘 인식하게 되고 환경보호에 더 많은 관심을 갖게 된다.
사회적 의식 (재활용, 재사용)	• 민주사회에 사는 것은 강한 사회적 의식의 발달을 요구하고, 사회적 의식은 환경교육의 기초가 된다. • 사회적 의식을 발달시키기 위하여 좋은 환경을 만들기 위한 **재활용, 절약, 재사용**이 다루어질 수 있다.
주변 환경 깨끗이 하기	• 인간 행동으로 오염되고 훼손되고 있는 **환경을 보호하는 방법을 알고 지키며, 개선**하고 **보호하는 태도와 행동을 증진**하여야 한다.
지구의 자원 보호	• 오염된 지구에서 **줄어드는 자원에 관심**을 가지고, 다음 세대에게 **물려줄 지구 자원을 보호하기 위한 방법**을 알고 지켜야 한다.

2 환경 교육의 내용(Dighe, 1993; Melendez et al, 2000)

- 환경교육 목표를 달성하기 위한 내용은 다음과 같다(김정은, 1992; Dighe, 1993; Melendez et al, 2000).

상호 의존성	• 오늘날 각 개인은 삶의 고리에 관심을 가져야 한다. 새, 곤충, 풀, 나무, 공기, 물, 땅의 조건 등이 서로 연관되어 있다. • 현재 **낭비와 공해로** 인해 생태계가 파괴되고 **물, 숲, 나무, 야생동물들이 위협**받고 있음을 알게 한다. • 생태계가 위협받는 것과 사람들의 생활이 관련되었음을 인식시킨다. 즉, 사람들이 살기 위해서 먼저 살아 있는 것(식물, 동물, 땅, 공기)을 **돌보고 보호해야 함을 이해**한다. ㉠ 지역 사회에 살고 있는 동물 서식처 보호하기(나무-새집, 연못=개구리 등), 이로운 곤충 돌보기(나비, 잠자리 등), 교실에서 생물체 키우기(여치, 올챙이 등), 철새 이주 시기에 먹이와 물 제공하기, 휴가 중에 이웃의 애완동물 돌봐주기, 매년 봄 유치원 마당에 봄꽃과 봄의 채소 심고 돌보기
심미감	• 유아가 주변 자연의 아름다움을 감상하는 것을 배우면 생명체의 연결 고리와 환경보호에 더 관심을 갖게 된다. 이때 안전에 주의한다. ㉠ 주변의 나무를 비롯한 여러 식물을 가꾸기, 학교나 집 주변의 잡초 뽑기, 학교 뜰이나 잔디밭의 일정 구역을 택하여 관리하기, 특정한 날을 기념하여 나무 심기, 거미줄의 영롱한 아름다움, 단풍잎의 뚜렷한 잎맥 등 관찰하기, 주변 산·강·호수 등을 관찰할 기회 주기 등

재활용, 재사용
(Recycling, Reuse)
	• **재활용**의 의미를 알게 한다.
	  - 재활용 분리 용기를 비치한다. 예를 들어 유리, 종이, 플라스틱류 등으로 구분하여 둔다.
	  - 재활용 상징 인식하기 : 교실에 재활용 상징물 전시하기
	  - 재활용 공장 견학 : 평소에 재활용으로 잘 인식하지 못한 항목 재인식하기
	• **재사용**의 의미를 알게 한다.
	㉠ 부서진 장난감 수선하기, 빈 용기 한 번 더 사용하기, 종이 봉지를 소포지로 이용하기, 일회용품 대신에 재사용한 물건 사용하기, 물건을 소중히 다루기

주변 환경을 청결하게 유지하기	• 자신의 주변을 청결하게 하기 위해 자신이 사용한 물건을 제자리에 정돈하고 청소하는 습관을 기른다. 교실에서 공동으로 사용하는 물건을 함께 청소한다. ㉠ 쓰레기 줄이기, 쓰레기통을 깨끗이 하기
지구의 자원 보호	• 사람들은 한 자연 자원을 영원히 없어지지 않을 것으로 생각했다. 그러나 자원은 제한되어 있고 사람들이 사용함에 따라 계속 감소하고 있다. • 따라서 줄어드는 자원에 대해 관심을 가져야만 한다. 자원 보호 태도를 발달시키기 위해 물, 종이같이 교실에서 자주 사용하는 물건을 효과적으로 사용하게 한다. • 유아들은 '자주 사용하는 종이가 어떻게 생산되나'의 자원 탐색에서 종이 낭비를 인식하고 절약의 필요성을 알게 된다. • 매주 물, 종이, 에너지 사용을 나타내는 차트를 만든다. 이때 가족이 함께 참여하는 것이 효과적이다. • 자연환경, 물, 흙, 공기 등의 중요성을 인식시키고 오염시키지 않는 방법을 토의한다.

3 환경 교육의 내용(이효림 외, 2019)

- 유아 환경 교육 내용 영역을 정리한 '유아교사 환경교육 프로그램 개발을 위한 보고서에서는 유아환경교육의 내용을 다음과 같이 제시하였다(조부경·지옥정·서윤희·정애경·강지애, 2014).

대영역	중영역	세부 교육 내용
1. 환경감수성과 윤리의식 증진	1-1. 환경에 대한 감수성과 배려	• 자연환경의 아름다움과 소중함 느끼기 • 동식물 돌보는 방법을 알고 실천하기 • 어려움에 처한 동식물에 관심 가지기 • 멸종위기에 처한 동식물에 관심 가지기 • 지역사회의 환경 관리에 관심 가지기
	1-2. 환경윤리	• 환경을 소중히 하는 마음 가지기 • 환경을 지키려는 태도 가지기
2. 환경구성 이해	2-1. 자연환경과 인간	• 생물과 무생물의 특성 알아보기 • 생물이 살아가기 위해 필요한 것 알아보기 • 생태계 관계 이해하기 • 자연환경과 인간생활과의 관계 이해하기
	2-2. 생활환경과 인간	• 우리 집, 유치원, 동네의 환경 알아보기 • 다양한 교통기관과 환경과의 관계 알아보기 • 전통문화, 유적지 등 보전에 관심 가지기 • 생활환경과 인간생활과의 관계 이해하기 • 친환경적인 생활환경에 관심가지기
3. 환경문제 인식 및 대처	3-1. 환경오염	• 환경오염(공기, 물, 흙, 소리, 빛 등)에 관심 가지기 • 주변 환경오염의 원인 알아보기 • 환경오염이 인간 생활과 생태계에 미치는 영향에 관심 가지기
	3-2. 기후변화 및 지구온난화	• 기후 변화 및 그 원인에 관심 가지기 • 지구온난화가 인간생활과 생태계에 미치는 영향에 관심 가지기
	3-3. 자원고갈 및 생태계 파괴	• 자원 낭비로 지구 자원이 줄고 있다는 것 인식하기 • 기후변화, 환경문제로 사라지는 동식물 알아보기
4. 지속가능발전을 위한 생활실천	4-1. 바른 식생활	• 바른 식생활하기 • 음식물 쓰레기 줄이기
	4-2. 자원절약 및 재활용	• 에너지 절약을 생활 속에서 실천하기 • 다시 쓰고, 줄여 쓰고, 재활용하기를 생활 속에서 실천하기 • 쓰레기 배출 최소화하기 및 분리 배출하기
	4-3. 신재생 에너지 이해 및 이용	• 신재생 에너지(햇빛, 물, 지열, 바람 등)에 관심 가지기 • 생활 속에서 신재생 에너지 이용하기
5. 지속가능발전을 위한 시민의식 증진	5-1. 지역사회 주민으로서의 역할	• 지역사회 환경문제에 관심 가지기 • 지역사회 환경문제 해결에 참여하기
	5-2. 지구 시민으로서의 역할	• 세계적인 환경기념일에 관심 가지기 • 세계적인 환경기념일에 참여하기

4 환경 교육의 내용(한국환경교육학회, 2000)

- 한국환경교육학회(2000)는 환경 교육의 내용으로 자연환경, 인공환경, 인구, 산업화와 도시화, 자원, 환경오염, 환경보전과 대책, 환경위생, 환경윤리, ESD(지속가능발전), 건전한 소비생활을 언급하고 있으며 세부 내용은 다음과 같다.

자연환경	• 자연환경 요소, 자연 생태계, 지리적 환경 등 인공적인 힘이 가하여지지 않은 상태의 자연환경과 이러한 환경에 관한 지식, 개념 및 인간과 자연환경과의 관계를 다룬 내용을 다룬다.
인공환경	• 주거와 취락, 교통·통신시설, 휴양·오락시설, 토지이용 등 인공 환경에 관한 지식과 개념을 다루며 인공과 자연 간의 상호관계 및 조화의 필요성을 다룬 내용을 다룬다.
인구	• 인구의 성장과 구조, 인구의 이동과 분포, 인구 문제와 대책 등의 내용을 다룬다.
산업화와 도시화	• 산업의 발달, 산업의 문제, 도시화, 도시화의 문제 등의 내용을 다룬다.
자원	• 자원의 개념과 종류, 자원문제, 산업화와 자원 고갈 등 한정된 자원을 절약하고 효율적으로 사용하려는 태도와 가치관의 내용을 다룬다.
환경오염	• 환경오염의 개념과 다양한 종류의 환경오염(수질오염, 토양오염, 소음진동, 대기오염, 식품오염, 악취, 폐기물, 농약피해, 방사능오염, 약품오염)으로 인한 환경오염의 심각성 인식 및 환경오염 예방과 해결을 위한 태도 등을 다룬다.
환경보전과 대책	• 자연환경 및 인공환경 보전, 환경보전의 생활화, 환경정화 등 환경을 파괴하지 않고 보전하는 것과 환경오염이 되지 않도록 하는 데 필요한 지식과 기능 습득 등의 내용을 다룬다. • 또한 환경이 오염되거나 파괴되기 전에 이를 예방하고 보다 나은 환경을 만들기 위하여 환경문제 해결에 참여하려는 태도와 가치관에 관한 내용으로 지역, 국가, 국제수준의 환경문제와 대책에 관한 내용을 다룬다.
환경위생	• 자연 및 인공 환경과 건강, 환경오염과 질병, 깨끗하고 영양가 있는 식품 등을 다룸으로써 자연환경의 변화와 환경오염으로 인해 발생할 수 있는 질병이나 직업병의 특성과 심각성, 환경보전과 건강과의 관계를 인식하여 쾌적한 환경 조성에 참여하려는 태도 등의 내용을 다룬다.
환경윤리	• 환경관, 생물윤리, 환경에 대한 감수성 등의 내용을 다룬다.
지속 가능한 발전	• 환경적으로 지속 가능한 개발과 생태적으로 지속 가능한 사회 등의 내용을 다룬다.
건전한 소비생활	• 물품 아껴 쓰기, 환경 친화적인 소비생활, 불필요한 광고나 포장 억제, 재활용품 사용하기 등의 내용을 다룬다.

Ⅷ. 장학 : 과학창의교육 활동자료 등(2009)

1 과학 창의성의 개념

<table>
<tr><td rowspan="2">과학 창의성의 개념</td><td>

- 창의성은 매우 복잡하고 다면적인 특성을 갖고 있어 학자들에 따라 그 개념 정의가 다양하게 제시되고 있으며 시대에 따라 변화되어 오고 있다.
- **1950년대 Guilford의 연구로 시작**된 창의성은 1960년대까지 **확산적 사고와 동일시**되어 자유롭게 아이디어를 생성해낼 수 있는 능력으로 정의되었다.
- 이후 **토렌스**(Torrance, 1967)는 문제의식이나 지식의 결함 또는 부조화 등을 인식하고 이를 해결하기 위해 추측하고, 가설을 세우고, 반복 검증하고, 수정하고, 재확인하여 최종적으로 결과를 만들어 내는 과정으로 정의하였다.
- 창의성이란 새로운 것을 만드는 행위(Dowd, 1989), 또는 개인적인 수준에서 가치를 부여할 수 있는 물건이나 아이디어를 만들어 내는 노력과 문제를 해결하려는 특성(전경원, 2001)이라고 정의하였다.
- 또한 새로운 아이디어나 감정을 참신하면서 관련된 방식으로 재구성할 수 있는 상상력의 힘이라는 독창성의 관점에서 정의(Khatena, 2000)되거나, 새로운 아이디어나 산물은 사회적·문화적 맥락에서 가치가 인정되고 실현 가능성을 지녀야 인정된다는 점을 강조하여 창의성이란 독창적이고 가치가 있으며 실천할 수 있는 사고 또는 산물이라는 정의(Csikszentmihalyi & Wolfe, 2000)가 이루어지고 있다.
- 이처럼 학자들에 따라 다소 다르게 정의하고 있으나 공통점을 중심으로 종합해보면, **창의성이란 새롭고 유용한 아이디어나 산물을 산출하는 능력**이라고 볼 수 있다.
- 이와 같은 창의성에 대한 개념 정의를 토대로 과학 창의성의 개념을 살펴보면, 과학 창의성이란 일반 창의성을 바탕으로 과학과 관련된 논리·수학적 인지 요소와 흥미·끈기와 같은 정의적 요소, 그리고 가설설정과 결론 도출과 같은 과정적 요소가 복합되어진 것으로 정의하는 견해가 있다(최일호, 최인수, 2001; 송상헌 2001; 조연순, 최경희, 2000; Amabile, 1996; Csikszentmihalyi, 1996).
- 또한 과학의 상징이나 규칙 또는 절차에서 과학사회에서 인정하는 새로운 사고를 생성하는 능력(장지은, 2005), 또는 과학의 기본지식과 탐구 과정기술을 기반으로 확산적 사고와 비판적 사고 과정을 통하여 새로운 문제를 발견해 내며, 적절하고 새로운 해결 방법을 발견하는 능력으로 정의하기도 한다(정현철 등, 2002).
- 이상을 종합하면 과학 창의성이란 일반 창의성을 바탕으로 과학이라는 특수 상황에 적합하게 재정의된 것으로, 과학 영역에서 새롭고 유용한 무엇을 산출하는 능력이라고 볼 수 있다.

</td></tr>
</table>

2 창의성의 구성요소

<table>
<tr><td>창의성의 구성요소</td><td>

- 창의성의 구성 요소는 창의성을 어떻게 개념 정의하느냐에 따라 다소 다른 관점이 존재하고 있다.
- 이를 구체적으로 살펴보면, 민감성, 유창성, 융통성, 독창성, 정교성 등과 같은 인지적 특성을 구성 요소로 제시한 관점(Guilford, 1967)과 **용기, 호기심, 독립적인 사고, 일에 대한 집중, 낙관, 위험 등과 같은 정의적 특성을 구성 요소로 정의한 관점**(Torrance, 1978)이 있다.
- 보다 최근에는 **통합적 관점에서 지적능력, 지식, 사고 유형, 개인적 특성, 동기, 환경 등**을 포함하여 구성 요소로 제시하거나(**Sternberg & Lubart, 1991**), 지능 등과 같은 생물학적 요소, 도전정신이나 모호성에 대한 인내 등과 같은 개인적 성향, 관련 지식이나 확산적 사고력과 같은 인지적 요소, 가족 및 주거환경 등과 같은 미시 사회적 환경, 이웃이나 직장 또는 사회적·정치적 환경 등과 같은 거시 사회적 환경으로 구분하여 보다 포괄적으로 창의적 구성요소를 제시하고 있다(Dacey & Lennon, 1998).

</td></tr>
</table>

- 이와 같은 다양한 관점을 중심으로 창의성의 구성 요소를 정의하면 지능 등과 같은 생물학적 요소, 도전정신, 모호성에 대한 인내 등과 같은 개인적 성향 또는 특성, 일반지식 또는 영역지식이나 확산적 사고력과 같은 인지적 요소, 미시적·거시적 환경으로 볼 수 있다.
- 이와 같은 창의성의 구성요소를 토대로 과학 분야에서 정의되고 있는 과학 창의성의 구성 요소를 살펴보면, 과학의 내용지식, 과정지식, 창의적 사고 기능(조연순과 최경희, 2000)을, 과학 지식, 과정 지식, 확산적·비판적 사고, 문제의 종류, 문제의 발견력(정현철 등, 2002)을, 인지적 측면에서 과학 내용, 과학적 탐구기능, 창의적 사고(박종원, 2004)를 구성요소로 제시하고 있다.
- **이상을 종합하면 과학 창의성의 구성요소는 과학 내용 지식, 과학적 탐구 기능, 창의성 사고 기능과 창의적 사고 성향**으로 볼 수 있다. 과학 창의성의 구성 요소를 구체적으로 제시하면 다음과 같다.

과학 내용 지식	<ul><li>과학 영역에서 창의적 사고가 발현되기 위해서는 과학 내용 지식과 연계되어야 한다는 점에서 과학창의교육 활동에서 과학 내용 지식을 포함하는 것이 중요하다.</li><li>**유아에게 적합한 과학 내용의 준거는 국가 수준 유치원 교육과정 탐구생활 영역**이라고 볼 수 있다.</li><li>2007년 개정 유치원 교육과정 탐구생활 영역에서는 과학 관련 내용으로 물체와 물질에 대해 알아보기, 생명체와 자연환경 소중하게 여기기, 자연현상에 대해 알아보기, 간단한 기계와 도구 활용하기를 제시하고 있다.</li><li>이러한 국가 수준의 과학 내용을 준거로 본 과학창의교육 활동에서는 '멀리 보내기', '변화시키기', '띄우기', '붙이기', '궁금한 것 알아가기' 주제에 따라 과학 내용 지식을 선정하였으며, 활동에 참여하는 과정에서 창의적 사고를 하면서 관련된 과학 내용 지식을 알아갈 수 있도록 구성하였다.</li></ul>	
과학적 탐구 기능	<ul><li>**과학적 탐구 기능**이란 과학을 학습하는데 필요한 사고 기능으로서, **유아들에게 구체적인 경험을 통하여 새로운 정보를 획득하게 하고 과학학습뿐 아니라 유아들의 일상생활에 필요한 사고 기술을 제공해 주는 필수적인 능력**이다(Martin, 1997).</li><li>과학적 탐구 과정의 요소는 학자들에 따라 다양하게 제시되고 있으나, 유아기에 적합한 탐구 과정은 관찰하기, 분류하기, 측정하기, 예측하기, 토의하기, 자료수집 및 해석하기 등이 공통으로 제시되고 있다.</li><li>이를 구체적으로 살펴보면 다음과 같다(조부경 외, 2007).</li></ul>	
	관찰하기	<ul><li>유아가 오감각 기관 중 한 가지 이상의 감각 기관이나 도구를 사용하면서 주의를 집중하여 물체의 특징과 변화를 주의 깊게 살펴보는 과정을 의미한다. - 사물을 주의 집중하여 파악하기 - 하나 이상의 감각 사용하기 - 모든 적절한 감각 이용하기 - 특성을 정확하게 묘사하기 - 도구 사용하기 등이 포함된다.</li></ul>
	분류하기	<ul><li>유아가 관찰하고 수집한 다양한 자료들을 물체의 색, 모양, 크기 등과 같은 보편적인 속성이나 기능에 의해 정리하고 조직하는 과정을 의미한다. - 분류할 수 있는 사물의 주요 특징 추출하기 - 사물들의 유사점 추출하기</li></ul>

		– 준거에 의해 두 집단으로 정확하게 분류하기 – 다양한 방법으로 정확하게 분류하기 – 분류 준거 설명하기 등이 포함된다.
	측정하기	• 주어진 물체의 길이, 들이, 무게, 온도, 시간 등을 오감각을 이용하거나 도구를 사용하여 정량적으로 살펴보는 것을 의미한다. – 적절한 측정 유형 선택하기 – 적절한 측정 단위 선택하기 – 적합한 측정 도구 사용하기 – 측정 기술 적절하게 적용하기 등이 포함 된다.
	예측하기	• 자료를 가지고 탐색하거나 실험할 때 이미 알고 있는 지식을 이용하여 앞으로 일어날 일을 예상하는 사고과정을 의미한다. – 알고 있는 지식에 기초하여 예측하기 – 새로 얻은 지식에 기초하여 예측하기 등이 포함된다.
	토의하기	• 과학 활동을 하는 과정에서 유아와 유아 간, 유아와 교사 간에 서로 생각을 주고받거나 질문하는 과정을 의미한다. – 사물을 정확하게 묘사하기 – 생각을 주고받기 – 타인에게 사물 설명하기 – 정보 교환하기, 질문하기, 조사 완료 후 자료 해석하기 – 결과를 타인이 이해할 수 있도록 하기 등이 포함된다.
	자료수집 및 해석하기	• 자신이 의도하는 과학 활동을 하기 위해 수집해야 할 자료와 자료를 수집할 방법을 결정하고, 이렇게 수집한 자료를 근거로 타당한 결론을 내리기 위해 자료를 어떻게 조직하고 분석할 것인가를 결정하는 과정을 의미한다. – 표로 만들기 – 그래프로 그리기 – 그림으로 그리기 등이 활용될 수 있다.
	창안하기	• **상상력·창의력을 전개하여 새로운 것을 만들어 내는 활동**을 의미한다. • 창안하기의 일반적인 방법으로는 새로운 아이디어 내기, 문제 해결하기, 구상하기, 만들기 등을 들 수 있다.
창의성 사고 기능		• 창의적 사고 기능이란 창의적 사고력을 의미하며, **유창성, 융통성, 독창성, 정교성, 민감성**을 포함한다(전술함).
창의적 사고 성향		• 창의적 사고 성향이란 창의적인 사람이 일반적으로 지니고 있는 공통된 특성이나 경향을 의미하며, **자발성, 호기심, 집착성, 개방성**을 포함한다. • 이 같은 창의적 사고 성향은 과학 관련 태도의 정의적 측면인 과학적 태도와 유사한 특성으로 볼 수 있다(전술함).

3 과학 창의교육의 방법

- 유아의 과학 창의성을 계발하고 향상시키기 위해서는 무엇보다 교사는 유아에게 단순히 과학적 지식을 전수하는 지식 전달자의 역할에서 벗어나야 하며 활동을 유아 주도적으로 이끌어가야 한다.
- 유아 주도적으로 과학 활동을 이끌어 간다고 해서 교사가 아무 역할도 수행하지 않고 유아의 활동을 방임하는 것은 아니며, 오히려 교사는 개별 유아의 흥미와 발달 특성을 면밀히 관찰하는 등 교사의 역할과 책임이 증가된다(Cho & Kim, 2001).
- 유아의 창의적 사고를 확장시키기 위하여 교사는 유아 주도적 학습이 일어날 수 있도록 학습 환경을 마련해 주고 지식 구성을 이끌 수 있는 촉진자의 역할을 해야 한다.
- 활동의 제시자, 관찰자, 질문자, 활동의 촉진자로서의 교사의 역할은 유아들의 사고를 자극하고 새로움을 추구하면서 스스로 발견, 탐색할 수 있도록 한다는 측면에서 유아들의 과학 창의성 계발에 중요한 역할을 한다고 볼 수 있다.
- 이와 같은 교사의 역할을 **상호 작용을 통한 직접적인 개입**과 **자료제시를 통한 간접적인 개입**으로 구분하여 살펴보면 다음과 같다(조부경 외, 2007).

과학 창의교육의 방법	상호 작용을 통한 직접적 개입	놀이자로의 참여 및 새로운 활동 제안	• **활동이 확장되지 않을 때 교사가 놀이자로 참여하여 활동의 단서를 제공**하는 것은 지속적인 과학적 탐구를 이끄는 요인이 된다.
			• 대체로 유아들은 교사를 모방하고자 하는 성향이 강하기 때문에 교사가 유아들의 놀이에 놀이자로 참여하여 소극적으로 개입하는 것만으로도 유아들은 과학적 사고 향상에 긍정적 영향을 받는다.
			  - 그러나 활동에 흥미가 높지 않은 유아들의 경우 교사의 행동을 쉽게 단서로 활용하지 못하므로 교사의 보다 적극적인 개입이 요구된다.
			• 한편, 교사가 놀이자로 참여하거나 새로운 활동을 제안하는 경우 그 개입 시기에 따라 오히려 유아의 과학적 사고가 제한되기도 한다.
			  - 유아들이 아직 제시된 자료나 활동에 몰두하지 못했거나 몰두해 가려는 상태에서 교사가 또 다른 새로운 활동을 제시하는 것은 유아들의 사고 확장을 단절시키는 요인이 된다.

		질문	• 교사의 질문은 유아들이 미처 생각하지 못한 문제를 발견하고 사물이나 사건을 서로 관계 짓도록 유도한다. • 유아는 교사의 질문을 통해 **창의적 사고를 확장**시키기도 하며 **새로운 지식을 구성**하기도 한다. • 또한 교사의 적절한 질문은 유아가 과학적 개념에 관심을 갖고 명료화시키는 데에 도움이 된다.

		재실험의 권유	• 실험은 유아들이 예견한 사실을 검증하거나 변인을 조작하여 과학적 지식을 형성하는 중요한 과정이다.
			• 유아들은 자신의 예견이 실험을 통해 검증될 때 자신감을 느끼고 즐거워한다.
			  - 그러나 때때로 유아의 자기중심적인 태도나 자료에 대한 미숙한 조작행위로 인해 실험이 오히려 과학적 오개념을 형성하게도 한다.
			  - 이 과정에서 교사의 세심한 관찰과 재실험의 권유를 통한 피드백은 **과학적 오개념의 형성을 막고 과학적 지식을 정교화**하는 중요한 요인으로 작용한다.

과학창의교육의 방법	자료 제시를 통한 간접적 개입	반응적인 자료의 제시	• 유아의 행위에 대해 어떠한 반응을 보이는 자료를 제시하는가에 따라 유아의 과학적 사고 확장은 달라진다. – 첫째, 유아의 행위에 의한 **결과가 분명한 자료**를 제시하면 유아는 쉽게 성공감을 느끼고 활동을 지속시키며 이렇게 활동이 지속되면 유아는 과학적 사고를 확장시켜 나아갈 수 있으나 쉽게 결과가 나타나지 않는 자료를 제시하게 되면 그것이 활동을 포기하게 하는 요인이 될 수 있다. – 둘째, 의도하던 결과는 아닐지라도 **그 결과가 시각적으로 크게 나타나는 자료를 제시**하면 유아에게 갈등이 일어나 과학적 사고의 확장에 도움이 된다. – 셋째, **정확한 결과가 나타나지 않은 자료**를 제시하는 것은 과학개념 이해에 도움이 되지 않는다. 기 교육 실습생이 밑줄 친 ⓒ '블루베리즙'으로 활동하려는 이유를 유아에게 적절한 과학 활동 재료의 특성 측면에서 설명하시오. [1점] **유아의 행위에 따라 색의 변화가 분명히 나타날 수 있는 반응적인 재료를 사용함으로써 유아의 활동을 지속시키고, 과학적 사고를 확장시키기 위함이다.** [19추] 교수님, 딸기즙과 밀가루를 섞어서 색 변화를 알아보는 과학 수업을 했어요. 아이들이 딸기를 먹다가 손에 딸기 물이 묻은 것을 보고 흥미를 보였거든요. 수업은 잘 되었어요? 아니요. 유아들이 색이 별로 변하지 않는다면서 활동을 바로 끝내 버렸어요. 그래서 내일 ⓒ '블루베리즙'으로 다시 해 보려고 합니다.
		변인 통제를 위한 자료의 수	• 교사가 자료와 물리적 공간을 충분하게 제공하지 못하면 또래 간의 갈등을 유발하고 과학적 사고의 확장에 방해가 될 수 있다. – 그러나 여러 가지 자료를 동시에 제공하는 경우 변인 통제가 되지 않아 오히려 유아의 과학적 사고를 방해한다. – 예를 들어, 물의 압력실험을 하는데 탐색단계에서 구멍의 크기가 다양한 물총을 준다거나 구멍의 크기와 높이가 다른 여러 개의 물통을 주는 경우 유아의 누르는 힘과 크기 또는 크기와 높이 두 가지의 변인이 한꺼번에 작용하여 무엇에 의해 물이 멀리 나가는지를 알 수 없어 단순 놀이가 될 수 있다. • 다양한 자료를 주는 것이 좋다는 생각에 익숙해 있는 유아교사들이 흔히 범하는 오류인데, 유아들은 여러 가지 속성을 동시에 고려할 수 없기 때문에 과학 활동을 할 때는 반드시 자료에 의한 **변인 통제가 중요**하다.
		자료의 매력성	• 교사가 매력적인 자료를 제시하면 유아의 흥미와 참여가 유발되어 과학적 사고 확장에 도움을 주는 요인이 된다. • 그러나 유아들이 자료를 새롭게 인식하고 왕성한 흥미를 보일 때는 충분히 탐색할 시간을 주어 자료 자체에 대한 **호기심이 충족된 후**에 의미 있는 과학 활동이 이루어질 수 있다.

4 바람직한 과학 교수 방법

교수 방법	

	• 대집단으로 행하는 실험이 아니라 소집단의 실험으로 이끌어야 한다.
	• 결과보다 과정을 중요시하는 실험이 되어야 한다.
	• 유아의 발달 수준을 넘지 않아야 한다.
	• **유아의 질문에 과학적인 대답**을 하도록 해야 한다.
	• **'왜'라는 질문의 효과를 과대평가하지 않아야 한다.**
	  – 유아의 발달 특성상 과학적 결과의 이유를 충분히 논리적으로 설명할 수 없기 때문이다.
	  – 과학적 결과의 이유에 대해서는 유아뿐 아니라 일반 성인의 수준에서도 정확한 답을 얻을 수 없는 경우가 많다는 점이다.
	    예 왜 탁구공이 물에 뜬다고 생각하니?, 왜 잔디가 초록색이라고 생각하니?
	  – 따라서 **'왜'라는 질문은 과학적 사고를 촉진하고 탐구를 이끄는 데에 도움을 주지 못하며 오히려 유아를 좌절시킬 우려**가 있다.
	  – 유아가 '왜'라는 질문을 할 때에는 인과적 설명을 요구한다기보다는 그 이외의 다른 어떤 것을 의미하는 경우가 대부분이라고 설명한다.
	    예 마찰에 의해 뜨거워진 톱을 보고 "왜 이렇게 톱이 뜨거워요?"라는 질문은 "그 열이 어디서 온 것이지요? 이전에는 없던 것이잖아요."라는 의미일 때가 많다.
	  – 따라서 이러한 경우에는 왜 열이 발생하는지에 대한 인과적 설명보다는 **'X라면 언제나 Y'라는 관계성을 일반화**하는 것이 바람직하다.
	  – 즉 "네가 그렇게 빨리 톱질을 할 때 톱과 나무가 서로 마찰을 해서 톱이 뜨거워진 거야."라는 설명보다는 **"네가 오랫동안 그렇게 빨리 문지르면 그것이 뜨거워진단다."와 같이 일어난 사실을 그대로 묘사**하는 것이다.
	  – 결과적으로 유아는 '왜'라는 질문은 '어떻게'라는 질문과 대부분 동일시할 수 있을 것이다.

교육과정

Ⅰ. 교육과정의 개념 및 요소
Ⅱ. 교육과정의 유형
Ⅲ. 구성요소(목표 및 내용)
Ⅳ. 교수·학습 원리 및 과정
Ⅴ. 유아교육과정 접근법
Ⅵ. 유아교육 프로그램
Ⅶ. 교수·학습 모델
Ⅷ. 우리나라 유아교육과정과 정책의 변천
Ⅸ. 장학 : 유아를 위한 장애이해 및 통합교육자료(2008)
Ⅹ. 통합교육과정
Ⅺ. 유치원 혼합연령(복식) 학급의 운영

I. 교육과정의 개념 및 요소

1 교육의 정의

규범적 정의	▶ **교육 본연의 내재적 가치와 바람직한 의미를 강조**하면서 내리는 정의 　⑩ 교육은 '사람다운 사람을 형성하는 일', '인격 완성', '자아실현의 과정'이라고 보는 입장 • 교육은 다른 어떤 활동보다도 **가치지향적인 활동**인 만큼, 규범적 정의를 내리는 입장에서는 **교육 그 자체의 의미와 가치 실현에 큰 비중**을 둔다. • 그러나 이는 **구체적인 교육 활동에서의 지침 마련이 어려운 추상적인 정의**일 뿐만 아니라 빠르게 변화하는 **실생활에서의 요구가 반영되지 못하는 비실제적, 비현실적**이라는 지적을 받기도 한다.
기능적 정의	▶ **교육을 무엇을 위한 수단, 즉 교육 외의 다른 것을 이루기 위한 도구나 수단**으로 정의 • 교육을 **기능적 관점에서만 보고 교육의 기능 또는 결과에만 관심**을 갖는다. 　⑩ '교육은 경제 발전의 수단이다', '교육은 출세의 수단이다' • **교육 그 자체의 본연적 가치 실현을 소홀히** 한다는 비판을 받는다.
조작적 정의	▶ **계획적·의도적으로 학습자의 행동을 변화**시키는 과정 ▶ **구체적 교육 현장**이나 **교육이 일어나는 객관적 현상에서 교육의 결과에 비추어** 내리는 정의 • '교육은 **인간의 행동을 계획적으로 변화시키는 일이다**'라는 정의에서 알 수 있듯이 조작적 정의는 **의도적, 계획적 교육의 결과로 나타나는 인간의 행동 변화에 국한**하여 교육의 의미를 규정하는 것이다. • 이는 인간 행동의 내적인 측면보다는 **관찰 가능한 외적 행동의 변화를 교육의 주 대상으로 삼고 있다는 점에서 제한적**이라는 비판을 받는다.

2 교육과정의 개념

교육과정의 개념	▶ **학습자에게 학습 경험을 선정하고 조직**하여 교육 경험의 질을 구체적으로 관리하는 **교육의 기본 설계도**(교육부, 1998). • 교육과정이라는 단어는 1918년 보비트(Bobbit)가 『교육과정(The Curriculum)』이라는 책을 내면서부터 쓰이기 시작했다. • 교육과정이란 영어로는 'curriculum'으로 표기하는데 이는 라틴어 쿠레레(Currere : 뛴다)에 어원을 두고 있으며, 경마장 말이 '경주로를 따라 달리는 것'을 말하는 것으로 목표지점을 향해 따라가는 코스를 의미한다. • 이런 의미를 교육에 적용하면 '**학습자가 교육목표 성취를 위해 거치는 과정**'이 곧 **교육과정**이라 할 수 있다. • **또한 그 과정은 어떠한 방향성뿐 아니라 내용도 포함**된다. • 따라서 교육과정은 '일정한 순서로 배열한 학습의 코스'를 의미하는 동시에 '교육 내용이나 경험의 내용'을 의미한다.

지식 와이카트의 유형에 따른 프로그램 예시

1. 계획된 교육과정 - 디스타와 다시 프로그램의 비교

	디스타 프로그램	다시 프로그램
개발자	• 엥겔만과 버라이어터	• 그레이와 클라우스
목적	• 사회·경제적으로 소외된 계층 유아들의 인지적 향상	• 낙후된 지역에서 생활하는 유아들의 교육 지체 현상 예방
기초적 이론	• 행동주의 발달이론	
중점 사항	• **언어기술** 복수·단수 인식하기, 전치사 및 부정어 학습, 지시에 반응하기, 반대개념 등 • **셈하기 기술** 규칙적인 수학적 진술방법, 기호(+, -, =) 익히기, 앞뒤로 수 세기 등 • **음악교육** 언어발달을 도모하기 위한 수단, 감각적 경험을 통해 습득할 수 있는 기본적 태도와 기능의 확장·개발	• **기본적 태도** : 유아의 사회적 능력향상이 목적 • **태도발달** - 개인과 관련된 태도 : 긍정적 자아개념, 자아존중, 자기통제, 독립심 - 사회성 발달에 관련된 태도 : 타인신뢰, 타인과의 긍정적 상호작용 - 교육과 관련된 태도 : 학교 학습 활동에의 흥미, 인내 • **기능발달** - 감각기능 : 감각을 통해서 사물을 지각하는 능력 기르기 - 추상적 기능 : 새로운 정보의 이해와 연결 및 조직 - 반응기능 : 습득한 지식을 표현하고 사용하기

2. 개방체제 교육과정 - 카미-드브리스 프로그램

개발자	• 카미와 드브리스가 **입실란티(Ypsilanti)** 공립학교에서 개발한 프로그램
목적	• 유아의 인지적, 도덕적, 사회·정서적, 신체적 영역에의 균형 있는 발달을 통해 인격적 인간으로의 성장
기초적 이론	• 피아제의 인지 발달 이론
중점사항	• 인지 구조를 발달시켜 문제 해결력 향상 • 새로운 행동을 추구하는 창조적이고, 발명적이며 탐구적인 능력 형성 • 기존 의식에 대한 비판적·분석적 태도 형성

3. 아동 중심 교육과정 - 뱅크-스트리트 프로그램

개발자	• **뱅크 스트리트 사범대학**에서 개발한 프로그램
목적	• 유아의 개성 및 대인관계, 창의성을 증진시켜 자신감 있고 적극적인 인간육성
기초적 이론	• 프로이트와 에릭슨의 심리·역동적 인성이론과 게슈탈트와 피아제의 학습 및 인지발달 이론
중점사항	• 언어-개념적 기능 : 어휘, 발음·문법 • 인간관계를 유지하는 기술 : 자신에 대한 긍정적이고 바람직한 자아확립

3 교육과정의 요소

- 교육과정을 결정하는 세 요소로 **교과(학문), 학습자(개인), 사회**가 있다(J. Dewey, R. Tyler)
- 이들은 **교육과정의 기본 성격을 결정하는 데 작용**할 뿐만 아니라 **여러 교육과정의 사조(유형, 경향)를 결정**하며, **교육과정에 대한 여러 가지 정의나 개발 방식도 기본적으로 여기서 파생**된다.
- 학습자의 연령과 학년이 올라감에 따라, 교과(학문)에 따라, 시대나 사회에 따라 세 요소가 미치는 정도는 달라진다.
- 대체로 20세기 이전에는 교과가, 그리고 진보주의 교육이 우세한 때는 학습자 또는 사회가 주축을 차지했다.
- **유아교육**에서는 초·중등교육과 달리 교과에 비해 **학습자나 사회가 우세한 위치**를 차지한다.

교육과정의 요소		
	교과 (학문)	▶ **사회와 학습자의 요구를 담아서 전달하는 주요 수단** • 초·중등학교 교육과정에서 교과는 교육과정의 핵심이 되는 내용을 제공한다. • 교과는 그것이 대변하는 대상 세계의 표상에 있어서 **포괄성**과 **정확성**이 있어야 하며, 그 내용과 활동은 체계적으로 잘 조직되어 **논리정연성**이 있어야 한다. • 이러한 교과는 기초적 지식과 당대까지의 학문적 최신 성과의 체계적 반영, 내용의 폭과 깊이의 균형, 학습 내용의 전이력 등을 지녔다고 한다. • 교과를 중심으로 한 교육과정의 종류를 구분하면, ① 전통문화 중에서 다음 세대로 전해줄 핵심적 문화내용을 담은 교과를 가르치고 배우자는 **보수적 전통적 교육과정**, ② 1960년대 이후 수학과 과학을 중심으로 각 학문의 기본 아이디어, 개념, 주제, **이론, 법칙, 원리들 사이의 관계로서 구조를 효과적인 학습전략으로 강조한 학문중심 교육과정**, ③ 구체적인 수업목표를 행동적으로 기술함으로써 교과의 교육효과를 높이려는 **성취지향 교육과정**이 있다. • 이들은 대체로 역사적으로 발달해 온 순서로, 교과내용의 조직과 표현을 보다 정교화하여 그 습득을 극대화하기 위한 방식으로 변화해 온 것들이다.
	학습자 (개인)	▶ **교육과정의 목적은 학습자의 능력과 소질과 적성을 신장**하고, 그들의 요구와 진로를 만족시키는 교육적 배려에 있다. • 교육이 인간 형성 작용이기에 교육을 위해 모인 모든 것은 그것을 돕는 조력자들이다. • 또한 학습자는 교육과정이 제공하는 **온갖 활동과 내용을 경험할 주체**이며, **교육과정의 범위와 수준은 학습자의 이해와 발달 수준에 의해 결정**된다. • 학습자의 서로 다른 경험과 발달 단계, 소질과 적성, 요구와 진로 및 애로는 교육과정 구성과 운영의 원천이 되기 때문에, 그들의 성취 정도에 대한 평가는 교육과정의 성패에 대한 잣대가 되므로 교육과정 결정에서 중요한 요소가 된다. • 학습자를 중심으로 한 교육과정의 종류를 보면, ① **학습자의 흥미를 기초로 교육적 경험의 계속적 성장을 강조한 경험중심 교육과정**, ② 인간의 타고난 선한 본성을 유지하거나 현대사회에서 뒤틀린 학습자의 본성 회복을 강조하는 **인간중심 교육과정**, ③ 학습자의 학습 내용 이해를 통한 인지구조의 질적 변화를 도모하는 **인지주의 교육과정**, ④ **학습자의 적극적, 능동적, 참여적 지식 구성을 강조하는 구성주의 교육과정**이 있다. • 이들은 학습자들의 경험, 인간성, 인지능력의 발달, 지식의 구성 능력을 겨냥한 것들이다.

사회	▶ 사회의 입장에서는 교육과정을 구성하고 있는 요소들(지식, 전략, 태도 등) 하나하나가 **사회적 쓸모가 있을 때 가르치고 배울 가치가 있다고 보는 것**이다. • 학교 교육이 일정한 사회적 틀 속에서 이루어지며, 학교를 통해서 길러진 학습자가 일정한 사회 속에서 활동하게 된다는 점에서 교육과정 결정에 영향을 주는 첫 번째 요소는 '사회'다. • 사회의 입장에서 교육과정에 대해 일차적으로 요구하는 바는 **유용성**이다. • 사회적 유용성은 사회를 유지하거나 변화시키는 것이다. 근대사회 이후로 교육, 특히 학교 교육은 사회의 유지와 개선이라는 사회적 목적달성의 필요성 때문에 교사나 시설과 같은 사회적 자원을 동원하여, 소집단 활동과 같은 사회적 과정을 거쳐 이루어지는 사회적 사업이라고 할 수 있다. • 사회를 중심으로 한 교육과정의 종류를 구분하면, ① 실생활이 요구하는 지식, 기능, 태도, 행동양식을 효과적·효율적으로 습득하여 실생활 적응을 강조하는 **생활 적응 교육과정**, ② 직업 세계가 요구하는 기본 교양, 주요 소양, 핵심 역량을 익혀 효율적이고 생산성 있는 직업인 양성을 강조하는 **직업준비 교육과정**, ③ **청소년의 관심을 끄는 사회의 문제와 쟁점을 중심으로 여러 교과의 내용을 통합적으로 구성하는 중핵 교육과정**, ④ 불합리하고 모순된 사회현실을 꿰뚫어 보고 이를 구조적으로 변화시킬 반성적·주체적 실천인의 양성을 강조하는 **사회개조 교육과정**으로 나눌 수 있다. • 이들은 사회의 유지와 개혁, 그에 따른 학습자의 적응과 변화 능력 개발을 조금씩 다르게 강조한 것이다.

4 교육과정의 개념 유형

준거	관련학자	교육과정의 개념 유형
시대적 변천 (교육 내용의 구성방식)		• **교과중심 교육과정** : 본질주의 사상, 항구적, 원리 원칙, 이론적인 것 중시 • **경험중심 교육과정** : 진보주의 사상, 학교의 지도하에 학습자가 갖게 되는 모든 경험 • **학문중심 교육과정** : 타일러, 브루너, 지식의 구조, 각 학문에 내재한 지식 탐구 과정의 조직 • **인간중심 교육과정** : 학습자가 학교생활을 하는 동안에 가지게 되는 모든 경험 • **관계중심 교육과정** : 학습자가 자신과 세계에 대해 맺고 있는 구체적 관계들의 이해 및 관계 수행
의도성 여부	블룸 (Bloom, 1971)	• **표면적 교육과정** : 사전계획, 교수 요목 등 문서화할 수 있는 의도적 교육과정 • **잠재적 교육과정** : 의도, 계획되지 않으나 학교생활 중 은연중에 가지게 되는 경험 • **영 교육과정** : 교육적 가치가 있는 특정 내용을 약화하거나 배제된 교육과정, 학습자들이 아직 경험하지 못한 것
교육과정 결정자 (주체) 수준	굿래드 (Goodlad, 1966)	• 사회 수준의 교육과정 • 기관 수준의 교육과정 • 수업 수준의 교육과정
	슈바르츠 와 로빈슨 (Schwartz & Robinson, 1982)	• **우연히 일어나는 것** : 유아 중심의 개별화 교육과정, 놀이중심, 활동중심, 학습 과정에 가치 • **유아가 학교에서 갖게 되는 모든 경험** : 잠재적 교육과정, 생활중심, 경험중심, 의도적·계획적 경험뿐만 아니라 우발적, 비계획적 사건에서 갖게 되는 경험도 중시 • **교수계획** : 계획을 교육과정으로 규정, 가장 오랫동안 보편적으로 통용, 교사중심 • **교수요목** : 문서를 교육과정으로 규정, 매우 좁은 의미의 개념 • **프로그램** : 프로그램을 교육과정으로 규정, 유아교육 분야에서만 볼 수 있는 독특한 관점

구분	학자	내용
교사와 유아 간의 역할 관계 (교사 또는 유아의 주도적 역할 비중)	와이카트 (Weikart)	★ 유아교육과정의 운영에서 **역할의 비중을 교사의 주도적 역할에 두는지, 아니면 유아의 주도적 역할의 중요성에 두는지**에 따라서 분류 • **계획된 교육과정** : 행동주의, 헤드스타트, 교수요목이 구체적으로 제시, 디스타, 다시 • **개방체제 교육과정** : 피아제의 인지발달이론, 인지 지향적 측면, 모두 동등한 입장에서 주도권, 카미-드브리스, 몬테소리, 하이스코프 • **아동 중심 교육과정** : 성숙주의, 유아가 주도권, 자칫 방임으로 흐를 수 있음 • **보호적 교육과정** : 보호 및 양육에 중점, 에듀케어 운동
유아 주변의 모든 학습요인 고려 (유아와 교사, 유아, 교구 간 상호작용)	메이어 (Mayer, 1972)	★ **교사와 유아 간, 유아와 유아 간, 유아와 교구 간에 어떠한 상호작용이 일어나는지에 기초**를 두고, 4가지 모형으로 유아교육과정을 분류 • **언어 교수 모형** : 계획된 교육과정, 행동주의, 교사-유아 상호작용 매우 강조 • **언어 인지 모형** : 개방체제 교육과정, 피아제, 모든 상호작용 강조 • **감각 인지 모형** : 몬테소리 교육이념, 구체적인 대상 및 사물들과의 직접적 접촉 강조 • **유아 발달 모형** : 아동 중심 교육과정, 게젤, 프로이트, 에릭슨, 유아-유아, 유아-교구
교수목표, 수업전략, 교육 내용에 대한 조직의 정도 (구조적, 비구조적)	비셀 (Bissell, 1973)	• **수용적 환경모형** : 낮거나 중간, 전인적 아동으로 성장·발달, 아동의 요구에 교사는 반응 • **구조적 환경모형** : 중간, 교육과정 중심, 교사는 학습의 중재자, 유아는 교구를 통한 자기학습 • **구조적 인지모형** : 높거나 중간, 학습 과정과 관련된 태도와 성향의 형성, 교사의 지시와 명령에 의한 활동, 미리 사전에 계획 (특히 언어정보의 학습을 목표) • **구조적 정보모형** : 높음, 특별한 지식 및 기술 강조, 내용 지향적, 지시적이고 반복적인 교수 방법
교육 사조 (교육 이데올로기)	콜버그와 메이어 (Kohlberg & Mayer, 1972)	• **낭만주의** : 성숙주의, 아동 중심 프로그램, 자유로운 환경, 사회·정서적 발달에 초점 • **문화전달주의**[19] : 행동주의, 외부적 요인 강조 • **진보주의** : 듀이, 피아제, 구성주의 접근법, 교사와 유아 모두 주도적 입장

Ⅱ. 교육과정의 유형

1 시대적 변천에 따른 교육과정 유형

- 교육과정의 개념을 **교육 내용의 구성 방식에 따라 이해하는 입장으로도** 본다.
- 즉, 교육 내용이 '가르치는 교사 중심이어야 하나? 배우는 학습자 중심이어야 하나?', '논리적으로 조직된 교과목으로 구성되어야 하나? 심리적으로 조직된 교과목이어야 하나?', '보편적이고 절대적인 지식 중심으로 구성되어야 하나? 학습자의 흥미와 관심에 따른 교과목 중심으로 구성되어야 하나?' 등에 대한 탐색에 따라 교육과정의 개념이 다양하게 구분되고 변천되어 왔다.

교과중심 교육과정	• 교육과정이란 '**교수요목(course of study)**'을 의미한다.
	• 경마장에서 말이 달리는 길이 정해져 있듯이, 학교에서 학습자가 공부할 내용이 정해져 있음을 가리킨다. ㉮ 초등학교 1~2학년은 국어, 수학, 통합교과가 교육 내용으로 정해져 있다.
	• 학교 교육이 시작된 때부터 1920년대 전후에 제기되었는데, 미국을 중심으로 한 **본질주의 교육사상**과도 연계된다.
	• **본질주의 교육사상** : 우리가 지녀온 문화적 전통 가운데서 **항구적인 가치를 지닌 본질적인 요소를 찾아 교육해야 한다는 것**이다.
	  - 따라서 학교는 항상 변하는 일시적인 것보다는 **항구적인 것**을, 현상적인 것보다 **본질적인 것**을, 단편적 사실보다 **원리 원칙**을, 실제적인 것보다는 **이론적인 것**을 중시한다.
	  - '**무엇을 가르칠 것인가**'라는 질문이 가장 먼저 제기되며, 성숙자인 교사는 이에 대한 대답으로 미성숙자인 학습자에게 가르쳐야 한다고 생각되는 주제를 열거하는 식의 교수요목을 작성하는 것이 정례이다.
	• 일반 학교의 교육에서 교수요목은 교과별로 작성되므로 교과과정이라고 부르기도 한다.
	• 문화유산의 전달이 주된 교육 내용이 되며, 교사 중심, 설명 위주의 교수법, 한정된 교과영역 내에서의 학습활동 등의 특징을 갖는다.

경험중심 교육과정	• 교육과정이란 '**학교의 지도하에 학습자가 갖게 되는 모든 경험**'을 의미한다.
	• 이는 교과중심 교육과정에서 교과가 그 학문의 내용과 조직의 테두리를 크게 벗어나지 못함으로써 **현실 생활과의 거리를 심하게 나타낸다는 회의**에서 비롯되었다.
	• 따라서 **실생활에서 당면하는 문제들을 현명하게 해결하고 새로운 사태에 잘 적응할 수 있는 경험들을 교육해야 한다는 요청**이 있었다.
	• 이에 따라 가정교과, 공예, 실과 등의 교과가 구성되기도 하고 바느질, 목장 견학, 기계 조립 등의 체험학습을 내용으로 교과가 구성되기도 하였다.
	• 1930년대~1950년대까지 지속되었으며 미국의 **진보주의 교육사상과도 연계**된다.
	• **진보주의 교육사상** : '**변화**'에 기반을 두고, 변화가 '**새로움·신기함**'을 내포한 용어라는 점에서 본질주의 교육사상과 큰 차이가 있다.
	  - 즉, 학습자 개개인에 따라 다르게 나타나는 경험 자체에 의미를 두고, 교육과정 조직에 있어서 교과목을 중요시하지 않는 것은 아니지만, 그보다는 인간 생활 제 영역에서의 문제점들을 중심으로 조직하는 방식을 취하고 있다.
	  - 따라서 그 구성의 기초를 학습자의 흥미, 필요, 욕구에 기인해서 자발적으로 생기는 경험에 둔다. 교육의 관점을 학습자의 생활과 경험에 두고 그것의 성장과 발달을 꾀하려고 하기 때문이다.
	  - 따라서 **교사는 조력자·안내자·상담자**의 위치에서, 학습자가 사회 변화에 따른 다양한 문제를 현명하게 해결해 나갈 수 있는 능력을 배양하도록 하는 데 중점을 둔다.

학문중심
교육과정
	• 교육과정이란 '**각 학문에 내재한 지식 탐구 과정의 조직**'을 의미한다.
	• 1950년대까지 지속된 경험중심 교육과정이 학습자의 흥미를 기초로 한다는 점은 좋으나, **구성방식에 있어서 지식의 체계성이 소홀히 되는 결함**이 나타났다.
	• 이에 대한 반발로 1960년대에 학문중심 교육과정으로 변천하게 되었다.
	• 타일러(Tyler) : 이 같은 변천에는 1949년에 제시한 『교육과정과 교수의 기본원리』에서 **교육과정의 구성 방식을 4단계로 구분**하였다.
	   – 즉 교육목적 및 목표의 설정, 교육 내용의 선정 및 조직, 교수·학습 과정의 계획 및 운영, 성취도 평가 등으로 나누어 **교육계획의 철저함**과 **일련의 구조화된 학습결과를 강조**한 것이 작용했다는 점을 1차적으로 들 수 있다.
	   – 또 하나의 동기는 지식과 기술의 폭발적인 증가이다. 이에 대한 해결책으로 한정된 학교의 교육기간 동안 효과적으로 가르칠 수 있는 지식이란 전이도가 높은 '**지식의 구조**'가 최선이라는 주장이 대두되었다.
	   – 아울러, 1957년 소련의 인공위성 스푸트니크호의 발사는 미국 안보와 교육을 위협하였으며, 이로써 과학교육 진흥에 박차를 가하게 되었다.
	• 브루너(Bruner, 1960) : **학문중심 교육과정**을 공식적으로 천명한 브루너는 『교육의 과정』에서 교육과정은 각 교과가 나타내고 있는 지식의 본질(구조)을 가장 명백히 표현할 수 있도록 **그 지식을 체계적으로 조직해 놓은 것**이라고 하였다.
	   – **지식의 구조** : 지식의 기본개념, 기본적인 아이디어, 핵심개념 등과 동의어이며, 이와 같은 기본개념은 교사가 학습자에게 주입하는 것이 아니라, 학습자 스스로 탐구의 과정을 통해 '발견의 기쁨'을 경험하는 것이 중요하다는 점을 강조한다.
	   – **교과내용** : 초등학교에서부터 고등학교까지 동일하되, 학년의 진전에 따라 그 수준이 달라지도록 **나선형 방식으로 조직**하게 되어 있다.

인간중심
교육과정
	• 교육과정이란 '**학습자가 학교생활을 하는 동안에 가지게 되는 모든 경험**'을 의미한다.
	• 여기서 학교생활 중의 경험은 경험중심 교육과정에서 뜻한 **학교의 지도·계획·의도에 의해 갖게 되는 경험**과 **학교의 지도·계획·의도가 없는데도 갖게 되는 경험**을 모두 포함한다.
	• 20세기에 들어서면서 과학기술이 급속도로 발달하고 고도 산업화가 이루어지면서 '교육은 사회·경제 발전에 필요한 인재를 육성하는 것'이라는 교육의 수단관만이 팽배하였다.
	• 20세기 후반에 이르러 **수단관에 회의를 느껴** 결국 '**교육은 인간의 삶 자체에 충실해야 하며, 자기충족감이 넘치는 인간을 육성하는 것**'이라는 교육의 **본질관**에 적극적인 관심을 두게 되었다.
	• 과학 기술의 발달 속도에 비추어 인간성의 발달이 이에 미치지 못한다면 인류의 행복에 기여하기 위해 발달시킨 과학 기술은 인류를 멸망시킬지도 모른다.
	• 이에 따라 **교육의 본질을 자아실현**으로 설정하고 **인간다움의 회복에 특별한 중요성**을 부여한다. 이는 **실존주의 교육사상과도 연계**된다.
	• 인간중심 교육과정은 교과·경험·학문중심 교육과정에서와 같은 구체적으로 문서화된 계획을 하기가 어렵다.
	   – [이유] **구현하고자 하는 책임, 질서, 청결, 순종, 존중 등** 인간의 행동 특성 및 가치가 **대부분 정의적 영역에 속해 있기 때문**이다.
	   – 따라서 학교의 제도와 조직 및 인간관계를 포함하는 풍토 조성에 관심을 두며 교사의 교육관을 중시한다.
	   – 교사는 인간주의적이어야 하며, **진실된 교사, 한 개인의 학습자에 대한 존중, 공감적 이해, 애정 등**을 특성으로 한다.
	• 인간중심 교육과정에서 계획은 **학습자의 자유로운 선택과 의사결정 및 책임을 격려하고 존중하는 일련의 상황 조성 계획을 포함**한다고 할 수 있다.

관계중심 교육과정	• 교육과정이란 '**학습자가 자신과 세계에 대해 맺고 있는 구체적 관계들의 이해 및 관계 수행**'을 의미한다.
	• 인간중심 교육과정이 개인적 주관성, 자유를 존중하고 이를 실현하는 데 중점을 두었다면, 관계중심 교육과정은 **자신과의 반성적 관계, 자신과 타인과의 배려적 관계, 자신과 자연과의 질서 이해적 관계를 수행하도록 하는 데 중점**을 둔다.
	• 20세기 후반 인간 본위 현상으로 인한 **자연환경의 훼손**, 기술문명의 발달로 인한 매연과 공해 및 그에 따른 기상 변화, 정보통신 혁명과 개인 중심적 사고의 역작용으로 나타난 **가정해체**, 물질만능, 조울증 증가 등은 개인 삶의 질적인 문제에 대해 심각하게 고려할 필요성을 제기하였다.
	• 일찍이 **생태윤리학계**에서는 이 같은 현대사회의 문제와 위기를 **인간과 여타 사물과의 관계를 경시한 데서** 비롯되었다고 보았다.
	  - 생태윤리학은 **생태계가 생태계 구성원 모두의 상호의존적 관계의 덕에 의해 유지된다는 점을 강조**하면서, **생태계 구성원들 간의 바람직한 관계의 회복을 촉구**한다.
	  - 같은 맥락에서 **하우즈(Howes, 2000)**는 개인의 발달을 가져오는 중심개념으로 **관계를 강조**하면서 개인의 자아는 고립적으로 발달하는 것이 아니라 **사회·문화적 환경인 생태계와 상호작용하면서 공동체적으로 발달**해 간다고 하였다.
	• 달린과 러스트(Dalin&Rust, 1996)는 관계중심 교육과정의 내용으로 자아, 타인, 자연, 문화의 4개 영역을 제시하면서, 이들 영역은 관계 그물망으로 연결되어 관계성에 입각한 존재 의미를 확보한다고 하였다.
	  - 교육은 학습자가 4개 영역의 세계를 경험하고 관련 지으면서 자신과 주변 생태계 구성원들의 존재 의미를 발견하고 허용해 주도록 하는 것이다.

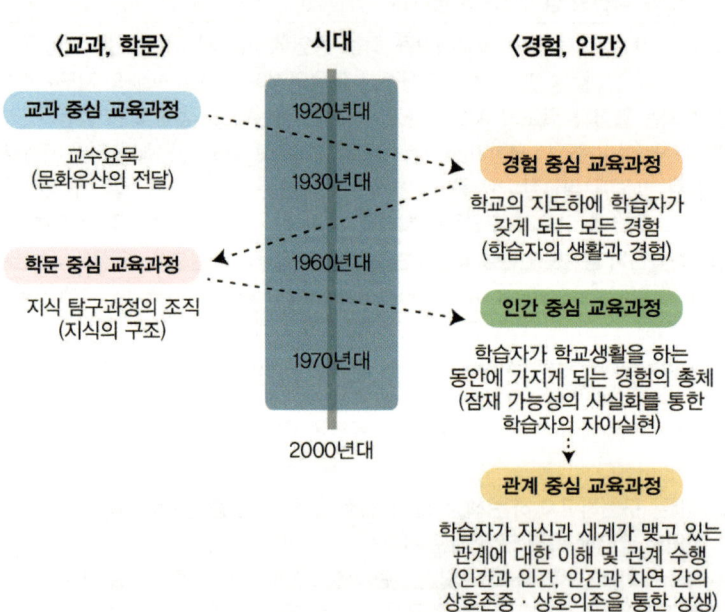

교육과정 내용 구성방식에 따른 개념의 변천

2 의도성 여부에 따른 교육과정 유형(Bloom, 1971; Eisner, 1979)

표면적 교육과정	▶ **교수요목 등 문서화**할 수 있는 **의도적 교육과정** • 학교가 의도적으로 구성하여 공식적으로 운영하는 형식적 교육과정 • 표면적 교육과정과 같은 의미로 계획된, 구조화된, 공식적, 외현적, 가시적, 외적, 조직화된 기대된, 형식적 교육과정이라는 용어가 사용되기도 한다. • **학교에 의해 의도적으로 조직되고 가르쳐진다.** • **주로 지적인 것**과 관련 • **주로 교과와 관련** • 단기적으로 배우며 어느 정도 일시적 경향 • 주로 교사의 지적, 기능인 영향
잠재적 교육과정	▶ **학교가 의도하지 않았지만**, 학교생활 과정에서 **은연중에 배우게 되는 가치·태도 등** • 가치·태도·흥미 등 문서로 계획하기에는 곤란하나 학교생활 중 은연중에 가지게 되는 경험 • 잠재적 교육과정과 같은 의미로 숨은, 비구조적, 비공식적, 내현적, 비가시적, 내적, 비조직적, 기대되지 않은, 비형식적 교육과정이라는 용어가 사용된다. • 학교에 의해 의도되지 않았지만 **학교생활을 하는 동안에 은연중에 배우게 된다.** • 주로 **비지적인 정의적 영역**과 관련이 있다. • 주로 **학교의 문화 풍토**와 관련이 있다. • 장기적·반복적으로 배우며 보다 **항구성**을 지니고 있다. • **주로 교사의 인격적인 감화**를 받는다. [기] '내가 의도했던 것은 우리 반 유아들이 짝과 힘을 합쳐 함께 정리하기를 경험하는 것이었는데, 빠르게 정리하려던 몇몇 유아들로 인해 경쟁을 경험하게 되었다.'[25]
영 교육과정	▶ **공식적 교육과정에서 의도적으로 배제**되거나 다루어지지 않아 학습자가 경험하지 못하는 교육과정 ▶ **교육과정을 통해 학습되어야 할 내용**을 학교에서 **소홀히 가르치거나 아예 가르치지 않는 지식, 태도, 행동양식 등** • **아이즈너(1979)**는 「교육적 상상력」에서 처음으로 공식적 교육과정, 잠재적 교육과정, 영 교육과정의 3가지가 존재한다고 주장하였다. • **공식적 교육과정의 선택과 배제의 산물이기 때문에** 영교육과정은 **공식적 교육과정의 필연적 산물**이다. **정치적, 사회적, 종교적 이유로 인해 배제되기도** 한다. • 뿐만 아니라 학교의 문화적 및 구조적 보수성, 교과서 문제, 교사나 학생의 자질 문제로 소홀하거나 가르침에서 배제되기도 한다. • 영 교육과정은 **소극적 의미에서 보면** 학생들이 표면적 교육과정을 배우는 동안 놓치게 되는 기회학습의 내용이라고 할 수 있지만, **적극적 의미에서 보면** 의도적으로 특정 지식, 가치, 행동양식을 배제시켜 아예 접할 수 없도록 지워버린 것이라고 할 수 있다. • 공식적 교육과정에 제시되어 있으나 실제 교수·학습 활동에서 다루어지지 않거나, 공식적 교육과정에 빠졌지만 실생활에 필요한 내용들(가르칠만한 가치가 있는 교육 내용)을 말한다. • 다시 말해 공식적 교육과정에 포함된 내용과 제외된 내용 중에서 실제 교실 수업에서 제외, 배제, 소외, 무시, 간과, 편견, 억압, 금기시되는 내용들을 일컫는다. • 영 교육과정은 다시 소극적 의미와 적극적 의미로 구분하여 정의되기도 한다. • **소극적 의미란** 공식적 교육과정을 학생이 배우게 되는 동안 경험하지 못하게 되는 지식, 태도, 행동양식 등 "기회학습"을 의미하며, **적극적 의미란** 의도적으로 특정 지식, 가치, 태도 등을 배제시켜 아예 접할 수 없도록 지워버린 교육과정을 의미한다. • **배제된 내용** : 인디언 멸망사, 홀로코스트 이외의 학살 사건, 악에 대한 인간 이해, 남녀 차이 • **금기된 내용** : 동성연애, 성교육

3 슈바르츠와 로빈슨의 유아교육과정 유형

- Schwartz & Robinson(1982)은 『유아를 위한 교육과정 설계(Designing curriculum for early childhood)』라는 저서에서 유아교육과정 개념에 관한 다양한 정의들을 다음과 같이 5가지로 유형화하여 정리하였다.

'우연히 일어나는 것'으로서의 교육과정	• 유아들은 활동 선정의 주도권을 가지고 있으며 유아들의 흥미 욕구에 바탕을 둔 **유아 중심의 개별화 교육과정을 지향**한다. 유아들의 놀이, 활동, 생활 등이 강조되는 **놀이 중심, 활동 중심의 교육과정**이라 할 수 있다. • 유아가 자신에게 가장 적절한 활동을 선택할 수 있으며 자신의 욕구와 흥미에 따라 선택한 **활동에 몰입할 때 가장 효과적인 학습**이 가능하다고 보는 배경이 기초가 되는 교육과정이다. • 구체적으로 교실에서 어떤 활동이 이루어지는가는 **유아의 선택**에 달려 있기 때문에 교육과정은 '우연히 일어나는 것'이 된다. 따라서 학습의 내용보다는 **학습하는 과정에 가치**를 둔다. **제한점** • 교육과정의 범위가 너무 넓고, 실체가 모호하여 **교육의 목표나 방향이 모호**해질 가능성이 높다. • 또한 **교사의 관찰력과 직관적 의사 결정이 요구**된다는 점에서 **유능하고 능력 있는 교사를 필요**로 한다.
'유아가 학교에서 갖게 되는 모든 경험'으로서의 교육과정	• 유아들이 **유아교육기관**에서 생활하는 동안 가지게 되는 모든 경험을 교육과정으로 본다. • 교사가 가르치려고 한 **의도적, 계획적 경험뿐만 아니라 우발적, 비계획적 사건**에서부터 갖게 되는 경험도 교육효과를 가져오게 된다는 가정을 중시하므로 **잠재적 교육과정의 특성**을 띤다. • 이러한 교육과정은 **유아들의 생활이나 경험이 교육과정의 핵심**이며 이들이 갖게 되는 개별적인 경험으로 인해 학급의 유아 수만큼 다양한 교육과정이 존재하므로 **생활중심, 경험중심 교육과정으로 표현되기도** 한다. **기** 의도적인 경험뿐 아니라 의도하지 않은 경험도 유아의 배움에 영향을 줄 수 있어요. 예를 들면, 교사가 계획한 활동뿐 아니라 교실의 분위기, 유아·교사·교구 간의 상호작용 같은 요인들도 중요한 것 같아요.[21] **제한점** • 교실에서 이루어지는 모든 경험으로 정의한 교육과정은 **교육의 범위가 넓고 모호하며 교사의 역할이나 책임 한계가 불분명**해질 가능성이 높다. • 이 유형 역시 교사는 학급 내에서의 유아 경험에 영향을 주는 사회적 변화에 민감해야 하고, 예측할 수 없는 많은 문화적 요인들에 대해서도 항상 유념해야 하는데, 그렇지 못할 경우 **유아의 교육적 경험이 제한적일 수** 있다.
'교수계획'으로서의 교육과정	• 유아들이 유아교육 현장에서 접하게 될 **교육목표, 교육 내용, 교육방법과 절차 등의 계획을 교육과정으로 규정**하고 있으며 교육과정 분야에서 **가장 오랫동안 보편적으로 통용**되고 있는 개념이다. **장점** • **교육과정의 방향을 제시하여 주기 때문에** 경험 있는 교사뿐 아니라 초임 교사들도 무난하게 교육과정을 운영할 수 있다. **제한점** • 유아의 흥미나 요구를 중시하기보다 **교사 중심으로 교육과정**이 운영됨에 따라 유아들의 **개별성, 창의성 등이 무시되거나 억제**될 가능성이 높다. • 즉, 교사가 유아들을 세밀하게 관찰하지 않고 정해진 교수계획에 의해 융통성 없는 지도를 할 수도 있다.

'교수요목' 으로서의 교육과정		• 교육목적에 의해 유아들에게 **무엇을 어떻게 가르칠 것인지**에 대해 작성한 문서인 교수요목을 **교육과정**으로 보는 **매우 좁은 의미의 개념**이다. • 교수요목은 문서화된 일련의 포괄적인 계획으로서의 교육과정을 위한 지침이다.
	장점	• 국가나 사회가 설정한 목표나 내용을 중심으로 유아들에게 가르치고 그 **성취 결과를 확인하는 데 용이**하다.
	제한점	• 국가수준에서 획일화된 문서로 제시된다면 **유아교육의 특징을 살리기 곤란**하다. • 왜냐하면 유아교육기관과 지역사회의 특성, **유아들의 흥미와 요구, 현장에서의 실제 경험이 반영되기 어렵기 때문**이다. • 즉, 문서로 된 교수요목으로서의 교육과정은 유아들이 유치원에서 갖는 실제적인 경험으로서의 교육과정과 차이가 있기 때문이다.
'프로그램' 으로서의 교육과정		• 유아교육 분야에서는 **교육과정을 프로그램으로 규정**하는 경우가 많다. 프로그램을 교육과정으로 정의하는 입장은 **유아교육 분야에서만 볼 수 있는 독특한 관점**으로서 **교육과정과 프로그램을 혼용**하여 사용하고 있다. • 예컨대 프로그램이란 **특정한 철학과 이론에 기초**한 유아교육과정의 한 형태로서, 몬테소리에 의해 개발된 이론과 교구 등을 근거로 이루어진 교육과정을 '몬테소리 프로그램'이라고 지칭한다. • 프로그램으로서의 교육과정의 개념은 1960년대 이후 '헤드스타트 프로젝트'의 일환으로 다양한 유아교육 프로그램이 개발되면서 교육과정과 유사한 개념으로 사용되기 시작하였으며 몬테소리, 디스타, 하이스코프, 뱅크 스트리트, 헤드스타트 프로그램 등이 있다.
	장점	• **목표와 내용이 체계적으로 진술**되어 있으며 **유아의 성취 정도를 이해하는 데 용이**하다.
	제한점	• 교육 내용 선정과 운영에 있어 교사의 사전 계획과 결정이 중심이 되기 때문에 **유아의 요구나 흥미, 필요성을 반영하기 곤란**한 점이 있다. • 특히 **유아가 속해 있는 사회, 문화적 배경을 고려한 교육과정을 기대할 수 없기** 때문에 다른 사회, 문화적 배경을 기초한 프로그램을 함부로 차용하는 것은 **사회적 유용성이라는 학습의 가치가 상실**될 수 있다.

Plus 지식 유아교육과정과 프로그램 등의 구별

• 유아교육과정의 개념을 명료화하기 위해 임재택(1992)은 유아교육 분야에서 흔히 혼용되고 있는 용어들, 즉 유아교육 프로그램, 유아교육계획안, 유아교육 프로젝트의 개념을 구분하여 정의하였다.

유아교육 프로그램	• 유아교육기관에서 활용되는 각종 교육 프로그램을 의미하는 것으로서 **특정한 철학적, 이론적 입장에 근거하여 개발된 교육계획안**을 의미한다. • 일반적으로 유아교육 프로그램이라고 할 경우, 어떤 특정 이론에 의해 조직된 교육과정 모델로서 일반적인 교육과정 개념보다는 구체화되고 실제 현장에서 가르치는 교육 내용을 상세하게 기술한 협의의 개념이다.
유아교육 계획안	• 교사가 교육 현장에서 작성하는 서식화된 **연간, 월간, 주간 및 일일 교육계획안**을 의미한다.
유아교육 프로젝트	• 어떤 특정 과제의 일환으로 유아교육 프로그램을 개발, 적용, 평가하는 전반적인 영역을 포함하는데 **헤드스타트 프로젝트, 홈스타트 프로젝트** 등이 포함된다.

4 와이카트의 유아교육과정 유형

- Weikart는 **교사와 유아 간의 역할 관계를 기초**로 하여 유아교육과정의 유형을 구분하였다.
- 유아교육과정의 운영에서 역할의 비중을 **교사의 주도적 역할에 두는지, 아니면 유아의 주도적 역할의 중요성에 두는지**에 따라서 다음과 같이 4가지로 분류하였다.

기 교사-유아 간의 역할 주도성을 기준으로 유아교육과정 유형을 분류한 학자는?[97]

계획된 교육과정 (programed curriculum)		• **교사는 주도적 역할을 담당**하여 **학습을 위한 전반적인 부분들을 사전에 계획**하고 **유아는 이에 따라 수동적인 반응**을 한다. • 따라서 이 교육과정은 **상당히 구조화**되어 있어서 **세분화된 교육목표와 기능을 중시**하며 **행동주의 학습이론**에 기초를 두고 있다. • 1960년대 **헤드스타트 운동**의 일환으로 개발된 유아교육 프로그램 중에는 사회 경제적으로 **낙후된 지역 유아의 문화적 결손 능력을 보충**해 줌으로써 이후의 학교 학습을 효과적으로 수행할 수 있도록 하는 목적으로 개발된 것이 많다.
	프로그램	• **디스타**(DISTAR program), **다시**(DARCEE program), **투산**(Tucson early education model), **행동분석**(Behavior analysis program)이 그것이다.
	장점	• 이와 같은 프로그램들은 읽기, 언어 및 수학적 기술 등의 획득을 공통의 목표로 설정하고, **교수요목이 구체적으로 제시**되는 등 **구조적이고 체계적**이다. • 따라서 유아교육에 관한 특별한 지식이 없어도 교육 내용을 효과적으로 운영할 수 있기 때문에, 창의력이 없는 교사 또는 초보적 단계의 교사라 할지라도 교육과정을 효과적으로 운영할 수 있다. • 학교 행정가나 장학진이 계획된 교육과정 일정에 따라 교사진을 통제할 수 있고, 장학지도를 할 수 있다. • 학부모 입장에서도 유치원의 교육과정 운영 실태를 파악하기가 용이하다는 점이다.
	단점	• 유아의 **잠재적 가능성** 및 급변하는 현대사회 속에서 생활하는 **유아 간의 역동적 관계 등을 수용하지 못**한다.
개방체제 교육과정 (open framework curriculum)		• 주로 **인지 지향적인 측면**을 가지는 개방체제 교육과정에서 **교사와 유아는 모두 동등한 입장에서 주도권**을 가지고 있다. 즉, **교사와 유아가 같은 비중으로 교육 활동을 주도**하는 형태의 유아교육과정을 말한다. • **교사와 유아, 유아와 유아, 유아와 교구 간의 상호작용을 모두 중요시**하는 유아교육과정의 한 형태이다. • 이 교육과정은 주로 **피아제의 인지발달이론**에 기초를 두고 있기 때문에 유아의 사고, 인지 과정뿐만 아니라 **유아의 직접 활동과 경험을 통한 학습**을 중요시한다. 　- 따라서 읽기와 셈하기 기술의 습득보다는 논리적인 사고력이나 원인과 결과를 유추할 수 있는 능력의 발달에 비중을 둔다. 　- 교사는 유아들과 다양한 형태의 상호작용을 통하여 유아가 스스로 탐구하고, 발견할 수 있도록 배려한다. 　- 학습 내용은 유아의 흥미에 따라 선정하며, 활동은 유아의 개별적 수준을 인정해 준다.
	프로그램	• 대표적인 프로그램으로 **카미-드브리스**(Kamii-Devries program), **몬테소리**, **하이스코프**(High/Scope program) 프로그램이 있다.
	장점	• 이와 같은 프로그램들은 **교사의 창의적이고 자율적인 수업계획 및 운영을 도모**할 수 있다.

	단점	• 교사의 **전문성이 그 어느 유형보다 더 요구**된다는 점에서 초보적인 교사들에게는 접근이 용이하지 않을 수도 있다. 따라서 교사의 풍부한 현장경험, 연수 등을 통한 끊임없는 연구 등이 필요한 유형의 교육과정이다.
아동 중심 교육과정 (child centered curriculum)	\multicolumn{2}{l	}{• 학습에 있어서 교사보다는 **유아가 주도권을 가지고** 학습하는 형태의 유아교육과정이다. • 따라서 **교사는 유아의 학습에 있어서 안내자, 자원 인사로서의 역할**을 한다. • 루소, 게젤, 프로이트로 대표되는 **성숙주의 이론**에 기초를 두고 있는 이 교육과정은 유아의 인격, 개성, 자발성 등에 중점을 두고 있다. 따라서 유아에게 내재된 능력의 자연적인 계발 및 사회·정서발달을 통한 전인 아동의 육성에 주력한다. • 이 교육과정에서는 유아의 **주변 생활 경험을 교육 내용**으로 한다. • 이를 위해 교사는 유아의 **다양한 놀이 경험**과 자율성을 위해 **풍부하고 흥미로운 환경을 조성**해 주어야 한다.}
	장점	• 유아의 **개별성을 강조**한다는 점에서 그 장점을 찾을 수 있지만,
	단점	• 아동 중심 교육이라는 이름하에 **무분별한 자율성을 부여해 줌으로써 자칫 방임**으로 흐를 수 있다는 단점이 있다. 따라서 교사는 유아의 자율성과 체계성을 적절하게 조화시켜야 할 것이다.
보호적 교육과정 (custodial curriculum)	\multicolumn{2}{l	}{• **보호적 배려**를 의미하는 이 교육과정은 **유아의 보호 및 양육에 중점을 두고 있는 형태의 유아교육과정**을 의미한다. • 따라서 다른 유형에 비하여 교사와 유아 간의 **상호작용이나 교육적 측면이 미약한 특성**을 지닌다. • 그러나 1980~1990년대 여성들의 사회적 역할이 더욱 활발해지면서 아동 양육 및 교육의 문제가 부각되자, 유아교육 범위에 대한 논의가 일어나면서 유아교육계는 **educare 운동**이 전개되었다. • 유아기에 형성되는 자아정체감이나 애착 등을 고려할 때 **교육과 보호를 분리할 수 없다**는 인식이 반영된 것이라 할 수 있다. • 사회문화적 변화를 생각한다면 보호적 교육과정은 **새로운 시각에서 고찰되어야 할 필요**가 있다.}

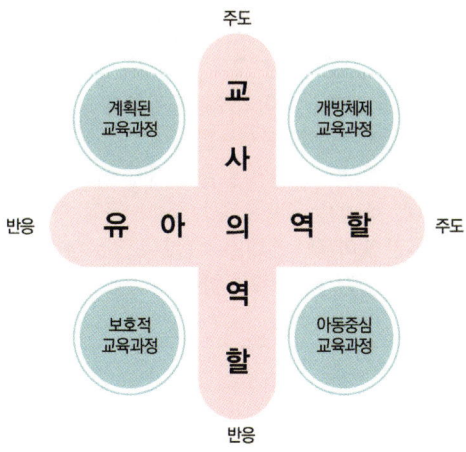

Weikart의 유아교육과정 유형분류

5 메이어의 유아교육과정 유형

- Mayer(1972)는 유아교육과정을 구분함에 있어 보다 정확성을 기하기 위하여 한 가지 측면만으로는 부족하다고 여기고, **유아 주변의 모든 학습요인을 고려**하였다.
- 즉, **교사와 유아 간, 유아와 유아 간, 유아와 교구 간에 어떠한 상호작용이 일어나는지에 기초**를 두고, 4가지 모형으로 유아교육과정을 분류하였다.

← 적다	감각-인지	유아-발달	언어-인지	언어-교수	많다 →

교사와 유아 간의 상호작용 정도

← 적다	언어-교수	감각-인지	언어-인지	유아-발달	많다 →

유아와 유아 간의 상호작용 정도

← 적다	언어-교수	언어-인지	유아-발달	감각-인지	많다 →

유아와 교구 간의 상호작용 정도

언어 교수모형	• 저소득층 자녀들이 부모와 원활한 언어적 상호작용을 할 수 있도록 보다 능률적인 언어적 교수 기능을 신장시키는 것을 목적으로 하는 유아교육과정 모형이다. • 이 교육과정에서는 유아가 언어, 읽기, 셈하기에 관련된 직접적 지식을 학습할 수 있도록 유아-유아 간이나 유아-교구 간의 상호작용보다는 **교사와 유아 간의 상호작용을 매우 강조**한다. • **행동주의 학습이론에 기초**를 두어, 직접적 지시와 그에 따른 수동적인 습득을 중시하기 때문에 교사는 반복적 교수, 적절한 칭찬과 보상, 강화 등의 방법을 사용한다. • 보다 효율적인 학습을 위해 유아 자신의 자신감, 사회성, 정서적 발달에도 비중을 두고자 했으며, 체계적인 교육을 위하여 학습의 계열성에 따른 순차적인 교육과정을 진행하는 교육과정이다. 이는 와이카트의 **계획된 교육과정**과 유사한 형태이다.
언어 인지모형	• 저소득층 자녀의 **인지능력을 촉진시키는데 목적**을 두고 있는 이 모형은 **교사와 유아, 유아와 유아, 유아와 교구 간의 상호작용을 모두 강조하는 형태의 유아교육과정**이다. • 따라서 교사는 보다 적극적으로 유아의 학습활동을 주도하고, 유아는 교사가 계획한 환경 속에서 자기 주도적 활동을 선택하여 학습한다. • 교사가 준비하는 학습 환경은 유아의 발달 단계에 적합하도록 단순한 환경에서부터 복잡한 환경으로 변화를 주며, 제시하는 교구도 구체적인 사물에서 점차 추상적인 형태로 바꾸어 준다. • **인지능력의 발달이론인 피아제**의 견해를 수용한 모델로서 인지발달뿐만 아니라, 사회성 발달과의 조화를 도모하고 있는 이 교육과정은 와이카트의 **개방체제 교육과정** 유형과 유사한 형태이다.

감각 인지모형	• 이 모형은 **유아와 교구 간의 상호작용을 강조**하는 **몬테소리의 교육이념 및 방법에 기초**하여 개발된 프로그램이다. 따라서 유아의 감각훈련을 위해 언어적 자극보다는 **구체적인 대상 및 사물들과의 직접적 접촉을 강조**한다. • 따라서 교사와 유아 간, 유아와 유아 간의 상호작용보다는 유아 스스로 준비된 환경 속에서 자유롭게 교재·교구를 선택하고 자신의 발달 단계에 알맞게 그것들과 상호작용하면서 학습한다. 이를 위해 교사는 안정적인 학습활동이 이루어질 수 있도록 환경을 구성해주고, 유아가 도움을 필요로 할 때 도와줄 수 있도록 유아를 주의 깊게 관찰한다.	
아동 발달모형	• 교사의 영향력을 행사하기보다는 유아의 자율성을 보장하여, 교사의 특별한 지도 없이도 **유아의 자율성을 보장**하는 교육과정이다. 따라서 교사와 유아 간의 상호작용보다는 **유아-유아 간, 유아-교구 간의 상호작용이 활발하게** 이루어지는 형태이다. • 이 유형은 주로 유아와 유아의 상호작용을 통한 사회성 개발을 목표로 삼고 있다. **프로이트, 에릭슨, 게젤 등의 발달이론**을 기초로 사회·정서적 발달은 인지발달을 이끌어낼 수 있다는 견해이다. • 또한 유아의 개별적인 자신감이나 표현력, 지각운동능력 등을 강조하여 활동을 계획하고, 이에 따라 유아는 직접 활동을 통하여 학습한다. • 교육 내용은 유아의 생활 속에서 유아와 밀접한 관련이 있으면서도 구체적인 것들로 구성하는 등 이 모형은 와이카트의 **아동 중심교육과정**과 같은 분류라 할 수 있다.	

Plus 지식 메이어의 유아교육과정 유형 요약

	아동 발달모형	언어 인지모형	언어 교수모형	감각 인지모형
주요 상호작용	• 유아와 유아 • 유아와 교구	• 교사와 유아 • 유아와 유아 • 유아와 교구	• 교사와 유아	• 유아와 교구
기초이론	• 발달 이론 • 성격발달 이론	• 피아제의 인지발달 이론	• 행동주의 • 학습이론	• 몬테소리 교육이념 및 방법
목적	• 유아의 개별적인 자신감, 표현력, 지각운동 능력 등의 발달	• 저소득층 자녀의 **인지능력 촉진**	• 저소득층 자녀와 부모 간의 원활한 언어적 상호작용을 위하여 능률적인 **언어적 교수기능을 신장**	• 유아의 감각훈련

6 비셀의 유아교육과정 유형

- Bissell(1973)은 유아교육과정의 모형을 **교수목표, 수업전략, 교육 내용에 대한 조직의 정도가 구조적인지 비구조적인지의 여부**에 따라 4가지로 분류하였다.

비셀의 유아교육과정 유형		
	구조적 정보모형	• 이 모형은 **낙후된 지역**이나 문화적으로 결핍된 가정의 **유아들에게 학문적 성취**와 관련된 **지식이나 기술을 가르쳐 주는 것을 목적**으로 하는 유아교육과정이다. • 문화적·학문적 결핍을 해소하기 위해서는 놀이중심의 전통적 유아학교의 교육보다는 학교생활에서 필요한 학문적 기술의 습득이 더 중요하다고 보는 형태이다. • 따라서 **지시적이고 반복적인 교수 방법**을 사용한다. 유아들은 **아주 구조화**된 교육 내용에 따라 학습한다.
	구조적 인지모형	• 학습활동이 교사에 의해 **계획되고 규정**되어 있으며, **특히 언어정보의 학습을 목표**로 두고 있는 유아교육과정 모형이다. • 따라서 **행동적인 목표가 구체적으로 세분화**되어 있으며, 유아들의 전인 발달보다는 **학습 과정과 직접 연결된 태도나 성숙된 활동을 강조**한다. • 교사는 유아의 성취도를 위해 학습해야 할 내용들, 활동시간, 교수 방법의 학습에 **관련된 경험들을 미리 사전에 계획해야** 한다.
	구조적 환경모형 (준비된 환경모형)	• **학습 결과보다는 학습 과정을 중요시**하는 형태의 유아교육과정으로 교과목의 정해진 내용을 학습하기보다는 **학습하는 방법과 과정을 강조**한다. • 준비된 환경모형이라 부르기도 하는 이 유아교육과정에서 **교사는 적절한 환경과 교구 등을 준비**해주고, 항상 유아들을 관찰하면서 필요시에 도움을 줌은 물론, 학습 촉진을 위해 **교구와 유아 사이의 매개자 역할**을 하기도 한다.
	수용적 환경모형	• 이 모형의 교육목표는 유아들의 **전인 발달을 위하여 언어 및 인지발달, 감각운동 발달, 정서발달을 도모**하고자 함이다. • 교육목표를 달성하기 위해서는 학급을 운영할 수 있는 능숙한 기술을 가진 교사가 요구된다. **능숙한 교사**는 유아의 요구와 **흥미에 적절히 반응하며, 다양한 경험을 제공할 수 있도록** 해준다. • 특히 이 모형은 적응중심의 교육에 많은 비중을 두고 있다.

Plus 지식 비셀의 유아교육과정 유형 요약

	수용적 환경모형	구조적 환경모형	구조적 인지모형	구조적 정보모형
목적	• 전인 발달	• 교육과정 중심 • 학습하는 방법과 과정	• 학습 과정과 관련된 태도와 성향의 형성	• 특별한 지식 및 기술 강조 • 내용 지향적
교수 방법	• 아동의 요구에 교사는 반응	• 교사 : 학습의 중재자 • 유아 : 교구를 통한 자기학습	• 교사의 지시와 명령에 의한 활동	• 교사의 지시에 의한 상호작용
구조화 정도	• 낮거나 중간 정도	• 중간	• 높거나 중간 정도	• 높음

7 콜버그와 메이어의 유아교육과정 유형(L. Kohlberg & R. Mayer, 1972)

- Kohlberg & Mayer(1972)는 유아교육과정을 다음과 같이 분류하였다.

낭만주의 (romanticism)	• 효과적인 유아발달을 위해 성인의 문화적인 강요가 없는 **자유로운 환경을 강조**하였다. • **성숙주의 이론**에 바탕을 둔 유아교육과정의 유형으로서 전통적인 **아동 중심 프로그램**들이 이 계열에 속한다. • **낭만주의 교육과정**에서 유아의 성장은 유아 내부의 내적인 요인에 의해서 주로 결정된다고 본다. 따라서 교사는 유아의 내적 발달을 도모하기 위해 유아의 **사회·정서적 발달에 초점**을 두어, 유아의 적극성을 이끌어내야 한다.
문화전달 주의 (cultural transmission)	• 학습에 있어서 **외부적 요인을 강조**하는 **행동주의 이론에 근거**한 교육과정의 유형으로, 인지 및 문화적 지식 등의 습득을 위해 직접 교수하는 것이 가장 좋다고 본다. • 단기간에 학습목표를 달성하기 위해 계획적인 강화에 의한 구체적인 학습 원리를 사용한다. 따라서 교육 내용은 상당히 **구조적이고 체계적**이다. **교사의 역할에 비중**을 두어, 유아는 수동적인 입장을 취하게 되는 유아교육과정이다. 기 '사회·문화적으로 축적된 지식을 유아들에게 전달하기 위하여 직접 가르치는 것이 교사의 중요한 역할이라고 생각한다.'는 콜버그와 메이어가 분류한 교육 이데올로기 유형 중 어느 유형에 해당하는지 쓰시오. [19]
진보주의 (progressivism)	• **듀이의 진보적인 교육관과 피아제의 인지발달 이론**에 기초한 교육과정의 유형으로, **유아와 환경 간에 일어나는 의미 있는 상호작용을 통해 유아의 인지구조가 발달**한다고 보는 **구성주의적 접근법**에 근거를 두고 있다. • 지식의 획득은 유전적이고 생물학적인 성숙이나 외부적 강요에 의해 이루어지는 것이 아니라, 개인의 직접적 상호작용이나 대화를 통한 내적인 활동을 통해 이루어진다는 것이다. • 이와 같은 유형의 유아교육 프로그램에서는 **교사와 유아 모두 주도적 입장**에서 활동한다. 교사가 목표를 설정하고 계획하지만, 유아 자신에 의해서 그 성취도가 결정된다. • 학습이 일어나려면 '일어나고 있는 일'이 유아에게 의미가 있어야 하기 때문에 유아 개개인이 자신의 교육과정을 의미 있게 조절해야 하며, 교실에서 제공되는 활동으로부터 유아가 무엇인가를 얻으려면 무엇이 일어나고 있는지를 유아가 이해해야 한다.

Plus 지식 | 콜버그와 메이어의 유아교육과정 유형 요약

교육사상	낭만주의 (유전적 성숙주의)	문화전달주의 (행동의 환경지배주의)	진보주의 (상호작용주의)
대표적 사상가 교육가	Rousseau, Froebel, Freud, Gesell, Neill	Locke, Thorndike, Skinner, Pavlov, Bereiter-Engelmann	Dewey, Piaget, Hegel, Plato

교육사상	낭만주의 (유전적 성숙주의)	문화전달주의 (행동의 환경지배주의)	진보주의 (상호작용주의)
발달 학습의 원리과정	• 유아 내부로부터 성숙하면 발달되고 학습됨 • 흥미중심, 유아중심	• 긍정적 강화, 소멸－학습 원리 (자극반응이론과 조건화된 반응, 자극에 의한 반응의 축적 원리) • 사회중심주의	• 환경과의 상호작용으로 생겨난 심리학적 구조의 재조직 • 환경적 자극과 정신적 구조의 상호작용을 통해 발달
교육목표	• 정의적·사회적 발달 → 긍정적 사회·정서 놀이환경 제공 • 개인의 자유 • 내면적인 자기 발견 → 자기실현 • 전인적 유아로서 성장	• 읽고 쓸 수 있는 능력 • 수학적 기술 • 사회에 잘 적응 • 기존 문화를 전달 • 행동을 수정하여 기술 습득과 태도형성 • 학교에서의 성공, 사회적 적응	• 보편적 발달 • 물리적 지식 • 논리·수학적 사고능력 • 도덕적·사회적 발달 • 성인기에 적합한 발달의 높은 수준 및 단계의 긍정적인 성취
교육방법	• 무조건 자유를 주고 지적인 호기심의 표현을 허용하는 환경 제공 • 학습 준비 → 욕구 → 성숙 수준에 이른 후 학습 지시	• 직접적인 언어교수 방법 • 빠른 시간 안에 긍정적·계획적·반복적 자극 강화 • 구조화·순서화되고 학습원리에 근거한 조직적 교수	• 유아와 성인 간에 민주적 상호작용이나 대화를 통한 내적·심리적 중심으로 교육 • 간접적인 교수 방법 (conflict)
기초 심리이론	• 성숙주의 이론	• 행동주의 이론 • S－R이론	• 인지발달이론
발달의 비유	• 생물학적 은유, 즉 식물인 씨앗에 비유	• 사회에 잘 적응 • 기계, 컴퓨터에 비유 (input → output)	• 변증법적 비유 • 사물이나 기계가 아닌 철학가·과학자·시인에 비유
인식론	• 유아는 내적 자아를 소유한 윤리적 상대성(실존주의 → 사물의 내면에 진리의 본질, 지식의 본체) • 실존주의 : 자기통찰을 통한 지식 획득	• 외적·객관적 경험을 통해 관찰·측정되고, 예상되거나 추론할 수 있는 지식 강조	• 상호작용주의 • 실용적·기능적 • 개인과 환경과의 심리적 작용 • 윤리적·보편적 자유주의 가치론
인지 발달과정	• 유아 자신의 흥미에서부터 시간, 자기통찰, 인식, 성숙되면 자연히 발달 • 자극의 유무와 무관	• 직접적인 교수를 통해 지식을 가르쳐야 발달 • 외적인 행동에 관심 • 반복적 자극에 의한 직접적 교수	• 쉐마, 동화, 조절, 평형
대표적인 프로그램	• open education • 서머힐 프로그램	• DISTAR • 행동주의 프로그램	• 카미－드브리스 • 하이스코프 프로그램

지식 표면적 교육과정과 잠재적 교육과정(Bloom, 1971)

표면적 교육과정	• 우리가 교수목표에 관해 이야기할 때 우리는 교육의 내용에 관한 생각을 하게 된다. • **무슨 과목에서 어떤 내용을 배울 것이냐의 식**이다. 학교 교육이라면 과학, 수학, 사회, 외국어, 문학, 언어학 등의 교과목을 중심으로 생각한다. 교육과정 연구를 한다면 으레 이러한 교과목들 속에서 무엇이 가장 좋고 최신의 내용이냐를 정하는 일로 생각되고 있다. • 이것은 사회학자들이 지칭하는 소위 표면적 교육과정을 말하고 있는 것이다. • 교과서는 **표면적 교육과정**을 위해 쓰여져 있으며, 교수세목도 그렇고, 교사들도 그것을 가르칠 수 있도록 훈련을 받으며, 시험은 이러한 교육과정이 어느 정도 배워졌는가를 알기 위해 만들어진다. • 물론 이러한 표면적 교육과정에 대해서는 이의를 가질 여지도 없다. 학교 교육에서 차지하는 표면적 교육과정의 중요한 위치를 높이 인정하기에 그것을 위해 많은 돈을 바치고 있다.
잠재적 교육과정	• 지난 10여 년 동안 사회학자, 인류학자, 사회심리학자들은 학교에 대해서 관심을 쏟아왔으며, 학교의 조직방식, 교장·교사·학생 간의 인간관계 등을 세밀하게 관찰해 왔다. • 그러는 동안 그들은 점차로 '**감추어진**' 또는 '**잠재적**' **교육과정**이라고 부를 수 있는 요소를 발견하기에 이르렀다. • 잠재적 교육과정에서 학교는 **시간과 질서의 깨끗함**을 가르치고 **시간 엄수, 순종하는 마음** 등을 가르친다. 학생들은 질문에 대답하고 무엇을 만들어 내고자 하는 중에 **자신과 타인의 가치**를 알게 되고, **경쟁하는 법**을 배우게 되며, 공부나 사회적 관계에 있어서의 **서열의 의미**를 배우게 된다. • **고도로 도시화되고 기술화된 사회일수록 잠재적 교육과정은 대단히 큰 영향력**을 가진다. • 직업을 얻어 유지하는 데 필요한 기능과 태도와 가치를 키워주며 한 사회의 계층체제의 유지 및 기타 정치적 안정 유지에 도움이 되는 여러 속성을 발달시킨다.

 지식 유아교육과정의 유형

- 1960년을 전후하여 유아교육과정의 발전 양상은 크게 달라지게 된다.
- 프뢰벨을 비롯해 듀이, 몬테소리 등이 1960년 이전의 유아교육과정에 영향을 주었다면,
- 1960년대에 들어서면서 초기발달의 중요성을 인식하게 된 많은 학자들은 사회·정서 발달 및 인지발달을 도모하기 위한 다양한 유아교육 프로그램을 개발하였다.
- 다양한 유아교육과정은 각 프로그램의 목표, 내용, 방법 또는 유아교육기관의 설립 주체, 유아교육 대상, 운영 시간, 발달관, 학습관 등에 따라 다양한 유형으로 분류될 수 있다.

학자	유아교육과정 유형의 분류			
와이카트	계획된 교육과정	개방체제 교육과정	아동 중심 교육과정	보호적 교육과정
메이어	언어-교수모형	언어-인지모형	감각-인지모형	아동-발달모형
비셀	구조적 정보모형	구조적 인지모형	구조적 환경모형	수용적 환경모형
콜버그와 메이어	낭만주의(유전적 성숙주의), 문화전달주의(행동의 환경지배주의), 진보주의(상호작용주의)			

Ⅲ. 구성요소(목표 및 내용)

1 교육과정의 구성요소

교육과정의 구성요소

- **타일러(Tyler)가 제시한 교육과정의 구성요소 모형**은 달성하고자 하는 교육목적, 목적을 달성하는 데 필요한 학습 내용의 선정, 학습활동의 효과적인 조직, 학습활동의 효율적인 평가이다.
- 표에서 보면 교육과정의 주요 요소는 교육목표에서 육성하려는 행동 특성을 학습자에게 획득시키기 위해 경험을 선정, 조직한 후 효과적인 교수·학습 방법을 이용하여 학습할 내용을 계획하고 실천하며 학습목표를 달성하였는지 여부를 판단하는 과정으로 이루어지고 있다.
- 즉, **교육과정은 교육목표, 교육 내용 및 교육방법 그리고 평가영역을 포함하여 구성**하여야 함을 알 수 있다.
- 교육과정을 구성하는 **4대 요소 간의 관계**는 단계적이고 직선적인 방향으로만 진행되는 것은 아니며 **상호작용적으로 또는 동시에 이루어지는 활동요소**로 보는 것이 타당하다.
- 즉, 교육목표를 설정하는 순간에 내용이나 경험의 선정 및 조직, 내용과 경험을 가르치고 익히는 방법, 목표를 확인하는 적합한 평가방법을 강구하게 되기 때문이다.
- 따라서 교육과정 구성요소들 간의 관계는 계열적 또는 순환적 관계라기보다는 **상호작용적 관계**로 이해하는 것이 적절하다.

구성요소	교육목표 설정	학습경험의 선정	학습경험의 조직	교육 평가
구성요소 내용	학교가 달성해야 할 교육목표는 무엇인가?	교육목표를 달성하기 위해 어떤 학습 경험을 제공해야 하는가?	학습경험(지도 방법, 자료, 상호작용, 분위기)을 어떻게 효과적으로 조직할 수 있는가?	교육목표가 달성되었는지를 어떻게 알 수 있는가?
중점내용	• 학습자에 대한 연구 • 교과 전문가의 견해 • 사회에 대한 연구	• 사고력 발달에 유용한 경험 • 정보습득에 도움이 되는 경험 • 사회적 태도 발달에 도움이 되는 경험 • 흥미개발에 도움이 되는 경험	• **계속성**(핵심적인 교육과정 요소가 **반복**되도록 조직) • **계열성**(반복될 때마다 핵심적 요소의 경험 수준 범위가 **심화**되고 광범위해지도록 조직) • **통합성**(핵심적 요소가 여러 교과 영역에서 다루어지도록 조직)	• 학습자의 목표 달성도 평가 • 프로그램 효과성 평가

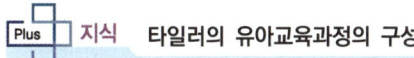 **지식** 타일러의 유아교육과정의 구성

- 타일러는 유아교육과정의 요소로 다음의 4단계를 강조한다.

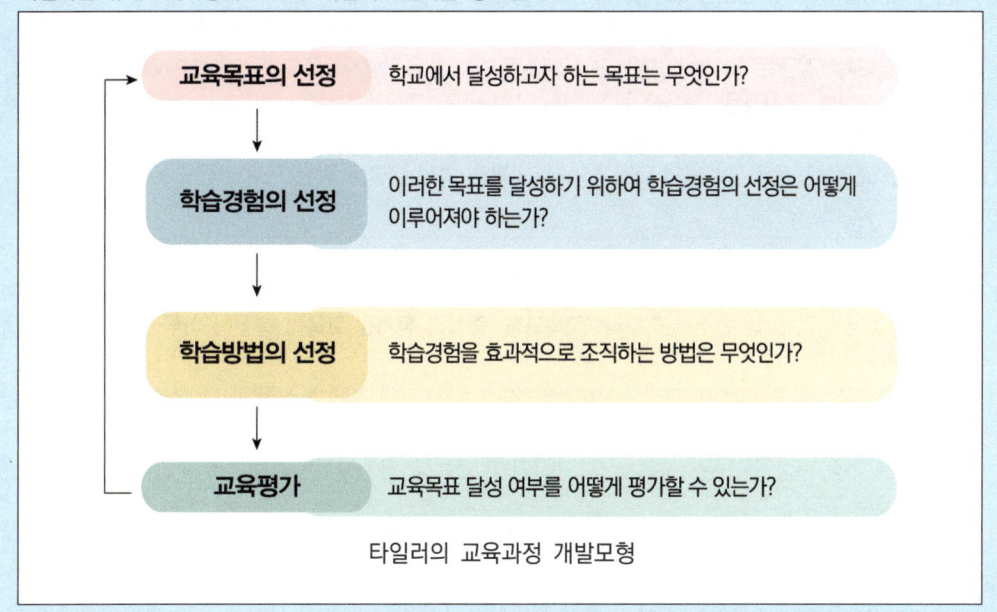

타일러의 교육과정 개발모형

- 교육과정에서 유아가 학습해야 하는 것(교육목표)과 학습을 위해 어떤 교육 활동을 선택하고(교육 내용)
- 그 교육 활동을 전개해 나가는 방법(교육방법)
- 교육 활동이 끝난 후 목표로 했던 것이 달성되었는지 평가해보는 것(교육평가)은 분리된 각각의 요소이면서 서로 유기적인 관계를 맺고 있다고 할 수 있다.

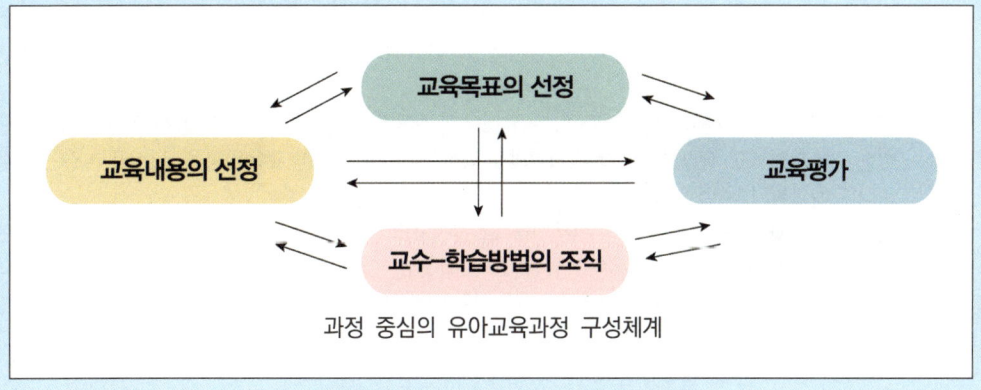

과정 중심의 유아교육과정 구성체계

2 교육과정의 수립

> **유아교육법 제13조(교육과정 등)**
> ① **유치원**은 **교육과정**을 **운영**하여야 하며, 교육과정 운영 이후에는 **방과후 과정**을 운영할 수 있다.
> ② **교육부장관**은 제1항에 따른 교육과정 및 방과후 과정의 기준과 내용에 관한 기본적인 사항을 정하며, **교육감은** 교육부장관이 정한 교육과정 및 방과후 과정의 범위에서 지역 실정에 적합한 기준과 내용을 정할 수 있다.
> ③ **교육부장관은** 유치원의 교육과정 및 방과후 과정 운영을 위한 프로그램 및 교재를 개발하여 보급할 수 있다.

교육과정의 수립

- 『유아교육법』에는 "유치원은 교육과정을 운영하여야 한다."라고 규정되어 있다. 이는 교과적 지식의 성취나 특기 교육 위주가 아니라 '**교육과정' 중심의 유치원 교육**이 충실히 이루어져야 함을 의미한다.
- 또한 유치원 교육과정의 편성·운영을 통하여 의도된 교육(계획)과 실현된 교육(실행)의 거리를 좁힘으로써 교육과정이 기대하는 '교육의 질'이 향상되어야 함을 의미한다.
- 교육과정 편성·운영은 '교육부, 시·도(지역) 교육청, 유치원, 교사'의 흐름에 따라 이루어진다고 할 수 있다.
- 유치원에서는 교육부 장관이 정하는 국가수준의 교육과정 기준과 지역수준의 교육과정 편성·운영 지침에 따라 연령별 교육 내용을 편성하고 교육 활동을 운영하여야 한다.
- **국가수준의 교육과정**은 **전국 공통의 일반적인 기준**이기 때문에 각 시·도의 특수성이나 실정, 필요, 요구가 충분히 고려되어 있지는 않다. 따라서 **국가수준의 교육과정 범위 안에서 지역별 특성이 반영된 각 지역수준의 교육과정**을 근거로 유치원의 실정 및 실태에 알맞게 각 유치원의 교육과정을 수립하고 실행하여야 한다.
- **유치원 수준의 교육과정**은 **교사가 중심이 되어 개발하고 적용하는 교육과정**이다. 그러므로 각 유치원에서는 교사들이 교육목표, 내용, 방법 등 교육과정에 관련된 계획과 운영에 대한 의견을 제안하고 결정에 참여하는 민주적인 절차와 과정을 거쳐 자율적으로 교육과정을 편성하는 것이 바람직하다.
- 교육과정은 그 유치원에 재원하고 있는 유아에게 책임지고 실천하여야 할 실천 가능한 구체적인 실행 교육과정이고, 특색 있는 각 유치원의 교육설계도이며 상세한 교육운영을 위한 세부 실천 계획이다(교육과학기술부, 2008).
- 따라서 교육과정 계획은 대개 범위(무엇을 할 것인가)와 배열(학습이 일어나는 순서)을 구체화하는 것이므로, 교사는 목표와 내용을 선정하고 조직하고, 그에 적절한 학습경험을 선택·배열하며 유아의 성장과 프로그램을 어떻게 평가할 것인가를 결정해야 한다.

3 교육목표의 설정

- 교육과정을 구성할 때 가장 먼저 생각해야 하는 것이 교육목표의 설정이다.
- 목표를 설정할 때는 어떤 준거에 따라야 하며 교육기관의 철학, 유아의 학습이론, 사회와 문화가 요구하는 것 등에 기초해서 이루어진다.

철학적 관점에 따른 교육목표	성숙주의 접근법	• 루소, 프뢰벨, 게젤 등의 이론이 기초가 되고 있으며, **바람직한 인격의 형성에 필요한 덕목을 갖추는 것이 교육목표**가 된다. • 따라서 목표의 내용도 인간의 외적인 행동 측면이 아니라 내면의 본성을 강조하기 때문에 교육의 결과보다는 과정을 중시하게 된다.
	행동주의 접근법	• 유아의 발달이 주로 외부적 요인에 의해 결정된다고 보는 행동주의 관점이 기초가 되며 후기 **학교에서의 성공이나 사회에서의 적응에 필수적인 기능과 태도가 주된 목표**가 된다. • 따라서 유아의 내면적 측면보다는 외적 행동적 측면이 강조되고 아주 세분화된 목표체계를 갖추고 있으며, 교육의 과정보다는 그 결과가 목표달성의 증거가 된다.
	구성주의 접근법	• 듀이와 피아제의 이론에 기초한 것으로서 교육은 유아와 환경과의 상호작용이 허용되고 증진되는 조건하에서 유아와 환경 간의 상호작용으로부터 나타난다는 전제에 기초한다. • 여기에서는 인간 내부에서 자의적으로 나온 것만을 중요시하지 않고 외부로부터 주어지는 것만을 중요하게 생각하지도 않는다. • 따라서 구성주의 접근법에 기초한 교육과정은 **유아와 주변 환경과의 상호작용을 통한 발달을 목표**로 한다. 이처럼 교육적 이데올로기 중 어느 이념에 기초를 두느냐에 따라 교육목표는 달라진다. • 또한 학습자인 유아가 어떻게 학습하는지에 대한 이론과 유아의 발달 특성에 관한 지식도 교육목표를 설정하는 데 영향을 주며, 유아가 살고 있는 사회와 문화에서 요구하는 것들도 교육목표를 설정하는 데 반영된다.

 지식 철학적 관점에 따른 교육목표

① **낭만주의** : 인간의 본성이 선하다는 **성선설**을 기초로 유아가 본래 지니고 태어난 **본성을 그대로 유지하면서 자연스럽게 성장**해야 한다는 관점이다.
② **문화전달주의** : 객관적인 절대 지식이 존재한다는 믿음을 가지고 있으며, 교육을 통해 **객관적 지식이 전달**되어야 한다는 관점이다.
③ **진보주의** : 유아의 개성을 계발하여 사회생활에 유능하게 적응할 수 있는 인간 육성을 목적으로 하는 관점으로 **환경과의 상호작용을 통한 성장을 강조**한다.

철학적 관점	발달관	교육목표	비고
낭만주의	성숙주의	유아의 행복과 건전한 인격 형성	• 내면적 가치의 성장 • 장기적 목표 강조
문화전달주의	행동주의	학교에서의 성공과 사회적 적응에 필요한 기술과 태도 형성	• 외현적 행동에 관심 • 결과와 성취에 관심
진보주의	구성주의	주변 환경과의 상호작용을 통한 사고발달	• 학습자의 능동적인 탐색과정에 관심

목표 설정을 위한 기준	• 올바르고 분명한 철학적 바탕 위에 수립되어야 한다. • 시대적, 사회적, 문화적 요구를 잘 반영한 것이어야 한다. • 무엇보다도 학습자인 유아의 내재적 능력과 요구에 기초한 것으로서 학습자의 발달 수준에 맞는 것이어야 한다. • 설정된 교육목표들 사이에는 일관성이 있어야 한다. • 실현가능성이 있어야 한다. • 목표의 설정은 교사들의 협동적인 집단사고과정을 통하여 설정되어야 한다. • 설정된 목표는 고정, 불변의 것이 아니고 항상 평가되어 변경될 수 있는 것으로서 꾸준히 개선되어 새롭게 설정되어야 한다.
교육 목표의 설정	• 교육 관계 문헌들에는 교육 목표의 설정과 관련하여 목적(goal, aim)과 목표(objectives, purposes, ends)가 서로 조금씩 의미를 달리하며 사용되고 있다.

목적	• 목적은 **목표보다 포괄적인 개념**으로서 **교육의 방향 또는 중점을 지극히 일반적이며 포괄적으로 진술**한 것이다. • 가치규범적인 것이다.
목표	• 교육과정에서 실제로 무엇을 다루어야 하며 어떠한 것에 우선순위를 두어야 하고 **어떠한 내용을 선정하고 어떠한 경험을 강조해야 하는지 등의 구체적인 행동 지침을 제시해 주는 것**이다. • 구체적인 행동 형성을 위한 수단이다. • 따라서 목표는 목적에 대한 분석 과정을 통하여 설정되는 것이며, 목적이 여러 개의 구체적인 요소로 구분되어 목표로 바뀐다고 할 수 있다.

• 목적과 목표는 장기 목표와 단기 목표로도 구분된다.

	목 적	목 표
유사 용어	장기 목표/일반 목표	단기 목표/특수 목표
차이점	• **사고의 틀 제공**: 교육과정을 구성하는 철학적·이론적 관점을 반영하며 가치규범적임	• **교수계획 반영**: 일상적인 교육과정 활동과 연결되어 교수형태나 실제 교수 상황을 반영하며 구체적인 행동 형성을 위한 수단임
교수 실제	포괄적·일반적·추상적 내용	특수적·구체적 내용

4 교육목표 진술의 원칙

- 교육목표는 실제로 학습의 방향을 설정해 주는 것으로, 활동이 유아의 전인적인 발달을 위해 지식·기술·태도 등의 목표 달성이 이루어지도록 진술한다.
- **장기목표는 좀 더 추상적이고 보편적 진술**을 하고, **단기목표는 구체적인 목표 진술**을 한다.
- 주제, 소주제 등의 활동목표는 지향하는 바가 무엇인지 나타내는 **지향점 행동목표**로 진술한다. 지향점은 추상적이고 포괄적일 수 있다.
- 교육목표는 **과정중심어**로 진술한다. 유아교육은 지식과 기능을 성취하는 것에 목표를 두기보다는 **과정을 경험함으로써 지식과 기능을 이루는 데 더 중점을 두어야** 한다.
    - 예 따라서 '다른 사람의 말을 이해하고, 자기 생각을 말로 표현할 수 있는 기능을 가지게 한다'라는 목표진술보다는 '생각과 느낌을 창의적으로 표현하는 경험을 가진다'라는 과정중심어로 목표진술하는 것이 바람직하다.
- **단위활동목표**는 행동적 목표와 표현적 목표로 진술한다.

행동적 목표	• **학습활동의 결과로 얻어진 특수한 행동**(기술·지식)을 **명확하게 진술한 목표**이다. • **조건, 준거, 도달점 행동**과 같은 요소들로 구성된 문장으로 진술해야 한다. 　예 '~를 배열할 수 있다', '~를 할 수 있다', '~를 말할 수 있다' 등
표현적 목표	• 수업에서 학습자에게 기대하는 성취목표나 교수목표를 구체적이고, **관찰 가능한 명시적 표현적 행동**(overt behavior)**으로 기술**한다. • **상황·문제·과제**와 같은 요소들로 구성된 문장으로 진술해야 하며, 교육 내용이나 뜻을 분명하게 드러내 보여야 한다. 　예 '~를 설명한다', '~를 기술한다', '~사이좋게 지낸다', '~자발적으로 참여한다', '~규칙을 지킨다' 등

- 목표진술의 예시

생활주제 : '우리나'라 중 단위활동 '송편 만들기' 목표진술의 예	
행동적 목표	송편 만드는 과정을　순서대로　말할 수 있다. 　　조건　　　　　준거　　　도달점 행동
표현적 목표	송편 반죽과 재료를 가지고　반달 모양으로 만든다. 　　　상황　　　　　　문제　　　과제

- 장기적 목표와 단기적 목표

장기적 목표	단기적 목표
최저 한 학기 또는 3년에 걸쳐 진행되는 수업계획	일일, 주간, 월간의 수업계획
교육프로그램 설계자의 이론적·철학적 신념체계를 반영한 것	매일매일 전개되는 활동이나 실제의 관념에 관한 것
장기간에 걸쳐 획득되는 **일반적·추상적 교육 활동 계획**	비교적 단기간에 획득되는 **구체적·실제적인 교육 활동 계획**
교육 활동의 성과가 단기간에 확인되거나 측정하기 비교적 어려운 것	교육 활동의 성과는 가시적으로 쉽게 파악되거나 확인 가능한 것
단기적 교육목표를 포괄하는 종합적인 목표	장기적 교육목표를 구체화한 것으로 한 가지 장기적 목표하에 여러 가지 단기적 교육목표의 진술이 가능한 목표

5 행동적 목표와 표현적 목표

행동적 목표	타일러 (Tyler, 1949)	▶ **행동적 목표** : 학습자가 어느 정도 **성취**를 해야 하는지를 **구체적으로 명시**하여 **학습결과를 측정**할 수 있는 목표 진술 방식 • 행동적 목표 진술방식은 타일러(Tyler, 1949)의 제안에 의해 시작되었다. • 그는 학습자에게 가르치고자 하는 **행동**과 그 행동이 실제 활용되는 **영역이나 내용**을 구체적으로 진술할 것을 제안하였다.
	진술 예시	• 자신의 이름을(내용) 쓸 수 있다(행동). **내용** • 변화시키고자 하는 행동이 **어느 분야에서 이루어지는지**를 기술한다. • 유아가 '쓸 수 있다'라고 했을 때 무엇을 쓸 수 있는가에 대한 내용을 구체적으로 제시한다. **행동** • 교육을 통해 **변화시키고자 하는 행동**을 분명하게 제시하는 것이다.
	메이거 (Mager, 1962)	• 메이거는 타일러의 행동목표 진술을 보다 상세하게 진술하여 목표를 **관찰 가능하고, 측정 가능한 행동 동사를 사용하여 진술**할 것을 제안하였다. [기] 메이거(R. Mager)가 제시하는 목표 진술의 3가지 요소와 ㉠ '교사가 숟가락을 잡은 진수의 손을 잡고 입 주위까지 가져가 주면 3일 연속으로 10회 중 8회는 음식을 입에 넣을 수 있다.'에서 각 요소에 해당하는 진술 내용을 찾아 쓰시오. ① **조건** : 교사가 숟가락을 잡은 진수의 손을 잡고 입 주위까지 가져가 주면 ② **준거** : 3일 연속으로 10회 중 8회는 ③ **도달점 행동** : 음식을 입에 넣을 수 있다. [특18]
	진술 예시	• 모양 조각을 보고(조건) 모양의 이름을(준거) 말할 수 있다(도달점 행동). **조건** • 도달점 행동이 일어나는 **학습조건**을 의미 **준거** • 학습자가 어느 정도로 해야 잘했다고 평가할 수 있는지의 **기준**을 제시 **도달점 행동** • 수업을 통해 달성하고자 하는 **행동 특성**
	장점	• 학습자가 어느 정도 성취해야 하는지가 명시되어 있기 때문에 **학습결과를 측정**할 수 있다.
	단점	• 모든 교육 내용이 행동적으로 기술되기에는 한계가 있다. **예술적 교육 내용은 행동적이기보다는 창의적인 개개인의 개성을 강조**하는 경우가 많으며 **사회적 덕목도 행동으로 평가하기보다는 내면화된 가치가 더욱 중요**하다. → 이러한 문제를 보완할 수 있는 것이 표현적 목표이다.

표현적 목표	아이즈너 (Eisner, 1985)	▶ **표현적 목표** : (학습활동의 결과보다) **학습자가 학습 상황**에서 **경험하게 될 교육적 만남을 강조**하는 목표 진술 방식 • 학습자들은 동일한 학습 상황에 대해서도 서로 다른 경험과 주관적인 생각을 하기 때문에 **학습자마다 인식과 반응, 표현이 다르게 나타날 수** 있다. • 아이즈너(Eisner, 1985)는 학습자의 개별적 성향과 다양성을 존중하여 표현적 목표 진술 방식을 제시하였다.
	진술 예시	• 음악 감상을 하고(상황) 나뭇잎의 움직임을 생각하여(문제) 몸으로 표현할 수 있다(과제) | 상황 | • 학습활동이 이루어지는 **환경**을 말한다. | |---|---| | 문제 | • 학습자가 학습활동을 할 때 **의미를 어디에 두는가를 밝히는 것**으로 음악 감상을 하는 학습상황에서 유아들은 다른 무엇보다도 가을의 나뭇잎이 어떻게 움직이는지를 생각하는 문제에 초점을 두게 된다. | | 과제 | • 학습자가 학습활동에 둔 의미를 **표현하는 방법**을 말하는 것으로 나뭇잎의 움직임을 각자 생각했다면 이를 다른 방법이 아닌 동작적(몸으로)으로 표현하는 것이다. |
		• 이러한 유아들의 표현은 **각자의 주관적인 느낌에 따라 다르게 표현될 수 있기 때문에 잘했다거나 못했다는 평가를 할 수 없다.** • 모든 유아의 표현이 존중받는 목표 진술방식이라 할 수 있다. • **유아교육은** 유아들의 발달 특성상 잠재된 능력을 개발하는 과정이기 때문에 행동적 목표보다는 **표현적 목표 진술을 더 선호한다.** • 그러나 구체적인 행동 양식과 새로운 어휘, 정확한 사실을 지도해야 할 때 행동적 목표 진술을 하기도 한다.

6 교육 활동 목표 진술 시 유의사항

유의사항	예시
① 유아의 행동이나 성취에 관해 진술해야 하며, 교사의 성취나 지도내용을 기술하지 않는다. **기** '개미의 특성에 대해 알게 한다.'에서 목표 진술 방식이 적절하지 않은 것을 쓰고, ② 그 이유를 쓰시오. **기** 유아의 행동이나 성취에 관해 진술하지 않고, 교사의 성취나 지도내용을 기술하였다.[16]	예 육상 교통기관을 찾게 한다(X). 예 육상 교통기관을 찾는다(O). 예 육상 교통기관과 해상 교통기관을 구분하도록 가르친다(X). 예 육상 교통기관과 해상 교통기관을 구분한다(O).
② 추상적으로 제시된 교육과정의 영역별 활동내용을 기술하지 않고, 구체적인 교육 활동내용과 관련된 내용 및 행동을 기술한다.	예 도구에 관심을 갖는다(X). 예 음식 만들 때 쓰이는 도구가 무엇인지 안다(O). **기** '자신의 몸을 소중히 하는 마음을 가진다, 위험한 상황에 대처하는 능력을 기른다.'의 두 가지 목표에는 모두 내용과 행동이 각각 드러나 있으므로 목표 진술 방식에 맞는다고 본다.[10]
③ 학습 과정을 나타내는 동사 또는 방법을 나타내는 용어를 피하고 학습결과의 성취 또는 표현적 진술에 초점을 두어 진술한다.	예 자신의 신체를 이용하여 다양한 소리를 만들어 본다(X). 예 자신의 신체를 이용하여 다양한 소리를 만들 수 있다(O). 예 가족사진을 보며 이야기해 본다(X). 예 가족 구성원에 대해 말할 수 있다(O). 예 흥부와 놀부 이야기를 듣고, 놀부에 대해 느낀 것을 이야기 나눈다(O).
④ 지적 기능학습이나 운동 기능학습의 경우에는 일정한 학습 과정이 끝났을 때 유아들의 행동이 어떻게 변화되어야 하느냐에 중점을 두고 서술한다. → 따라서 그 성과가 어떠한가에 초점을 두고 진술하도록 하고 태도와 관련되는 학습에는 과정적 측면에 초점을 두어 진술한다.	예 나뭇잎 크기와 모양이 다름을 안다(지식O). 예 스스로 양말을 신고 벗을 수 있다(기능O). 　→ 벗는다(X). 예 다른 사람의 생각이나 감정을 존중하는 마음을 갖는다(태도O).
⑤ 하나의 목표에는 한 가지 결과만 기술한다.	예 상황에 따른 인사법을 알고, 이를 상황에 맞게 적용할 수 있다(X). 예 상황에 따른 인사법을 안다(O). 예 상황에 따른 인사법을 상황에 맞게 적용할 수 있다(O).
⑥ 교육 활동 목표에는 학업성취의 정도를 평가할 수 있는 기준을 가능한 제시한다. 그러나 그 기준의 제시는 유아의 발달 수준을 고려하여 적절하게 제시한다.	예 메이거(Mager)의 행동적 목표 진술 : <u>음식 중에서(조건)</u> 이에 좋은 음식과 나쁜 음식을(준거) 구분한다(도달점 행동).
⑦ 목표는 인지적 측면에만 초점을 두기보다 지식, 기능, 태도를 고르게 반영한다.	예 우리나라를 나타내는 여러 가지 상징이 있음을 안다(지식). 예 애국가를 바르게 부를 수 있다(기능). 예 우리나라를 나타내는 상징에 대해 소중하게 생각하는 마음을 갖는다(태도).

교육 활동 목표 진술 시 고려사항

- 유아교육의 목적은 유아의 전인발달에 있으므로 유아의 인지적 측면뿐 아니라 일상생활에 필요한 기능과 태도 형성이 균형 있게 발달될 수 있도록 교육계획을 수립해야 한다.
- 즉 교육 활동 결과의 측면만 아니라 과정적 측면에 초점을 두고 활동이 이루어지게 되므로 교육 활동 목표의 진술은 학습결과에 초점을 둔 진술이나 구체적인 행동결과가 나타나도록 목표를 진술하는 방법만을 적용하는 것에는 한계가 있다.

바른 진술	틀린 진술
① **유아의 행동이나 성취**에 관하여 진술 예 육상 교통기관을 찾는다(O).	① **교사의 성취나 지도내용**을 기술 예 육상 교통기관을 찾게 한다(X).
② **구체적**인 교육 활동 내용과 관련된 내용 및 행동을 기술 예 음식 만들 때 쓰이는 도구가 무엇인지 안다(O).	② **추상적**으로 제시된 교육과정의 영역별 활동 내용을 기술 예 도구에 관심을 갖는다(X).
③ 학습결과의 **성취 또는 표현적 목표** 측면에 초점을 두어 진술 예 자신의 신체를 이용하여 다양한 소리를 만들 수 있다(O). 예 가족 구성원에 대해 말할 수 있다(O).	③ **학습의 과정을 나타내는 동사나 방법**을 나타내는 용어를 사용 예 자신의 신체를 이용하여 다양한 소리를 만들어 본다(과정을 나타내는 동사) (X). 예 가족사진을 보며 이야기해 본다(방법을 나타내는 용어)(X).
④ **기능학습의 경우**에는 일정한 학습 과정이 끝났을 때 유아들의 행동이 **어떻게 변화되어야 하느냐에 중점**을 두고 서술 예 스스로 양말을 신고 벗을 수 있다(O).	예 스스로 양말을 벗는다(X).
• **태도와 관련되는 학습**에는 과정적 측면에 초점을 둔 교육 활동 목표를 진술 예 다른 사람의 생각이나 감정을 존중하는 마음을 갖는다(O).	• **결과적 측면에 초점**을 두고 진술 예 다른 사람의 생각이나 감정을 존중할 수 있다(X).
⑤ 하나의 목표에는 **한 가지의 결과만**을 기술 예 상황에 따른 인사법을 안다(O). 예 상황에 따른 인사법을 상황에 맞게 적용할 수 있다(O).	⑤ 두 가지 이상의 **목표를 혼합**하여 기술 예 상황에 따른 인사법을 알고, 이를 상황에 맞게 적용할 수 있다(X).
⑥ 유아의 발달수준을 고려하여 학업성취의 정도를 평가할 수 있는 **기준을 적절하게 제시** 예 음식 중에서(조건) 이에 좋은 음식과 나쁜 음식을 (준거) 구분한다(도달점 행동).	⑥ **활동의 개요를 기술** 예 이에 좋은 음식과 나쁜 음식을 알아본다(X).

Plus 지식 유아교육과정의 특성

- 유아교육과정은 유아교육 대상이 지니는 특수성 때문에 초·중등 일반 교육과정의 의미와는 차이가 있다.
- 즉, 대상 연령이 다양하고, 유아교육의 직접적인 대상인 유아를 포함하여 부모의 요구가 다양하여 매우 복잡하다고 할 수 있다. 유아교육과정의 특성을 살펴보면 다음과 같다.

① **유아교육과정은 대상 범위가 다양하다.** 유치원의 입학 연령은 만 3세부터 만 5세까지이며, 어린이집의 경우는 출생 후 혹은 출생 후 3개월 후부터 만 6세 미만까지를 대상으로 하고 있다. 또한, 일반 유아뿐만 아니라 장애아 및 취업부모, 빈곤가정, 위기가족 등 요보호 상황의 유아 모두가 유아교육과정의 대상에 포함된다. 따라서 개별성과 특수성을 고려한 유아교육과정 구성이 필요하다.

② **유아교육과정은 하루 종일 지속되는 종일 프로그램이다.** 유치원 및 어린이집은 최근 급증하고 있는 취업여성의 자녀를 위해 시간 운영상 방과 후 프로그램 등 종일 보육을 기본으로 하여 융통성 있게 운영되고 있다. 따라서 유아교육과정은 유아의 일상생활 전반을 포함하고 보호와 교육 간의 균형을 고려하여 계획·운영되어야 한다.

③ **유아교육과정은 교사 주도적 활동보다 유아 주도적 활동을 중시한다.** 따라서 교사 학습 과정에서 계획, 전개, 정리 및 평가단계에서 유아의 자발적인 참여와 활동을 전제로 하고 있다. 유치원 교실 분위기는 질서정연한 강의실이나 교실이라는 느낌보다 작업장과 같은 분위기를 내게 한다.

④ **유아교육과정은 개방적, 비형식적이다.** 즉, 유아의 학습 흥미·욕구가 교육과정에서 중시되는 것을 의미하며, 피동적으로 기억되는 지식보다는 유아의 성장과 발달에 직접 관련된 경험과 활동이 중요시되는 것을 뜻한다. 따라서 유아교육과정은 교육목적이나 교육목표를 설정하고 있지만 교육의 주안점을 교육목표 달성에만 두기보다는 교육의 과정 그 자체에 주안점을 두어 유아가 관심을 갖는 학습과제 또는 학습대상을 중시한다.

⑤ **유아교육과정은 교육 활동의 선정에 있어서 유아의 발달적 적합성을 중요시한다.** 즉, 유아의 연령, 발달수준, 개인차 등에 최적한 교육 활동을 선정하여야 한다.

⑥ **유아교육과정은 학습의 결과(product)보다 학습의 과정(process)을 중요시한다.** 따라서 정해진 지식을 익히기보다는 유아의 지적 호기심, 내적인 욕구 등을 마음껏 발현할 수 있는 놀이나 활동을 중요시하게 된다.

⑦ 유아교육과정은 초·중등학교 교육과정처럼 교과영역 위주로 학습 내용이 구성되지 않고 유아의 전인적 발달 증진을 위하여 **발달영역이나 생활영역 또는 프로젝트 중심**으로 교육 활동이 구성된다. 따라서 교과서 대신에 각 유아의 발달수준이나 흥미, 욕구에 직접적으로 관련된 활동이나 자료를 제공한다.

⑧ 유아교육과정은 편의상 신체운동·건강, 의사소통, 사회관계, 예술경험, 자연탐구의 **5개 영역**으로 교육 내용 및 교육 활동을 설정하고 있지만, 각 영역을 별도 학습하는 것이 아니라 **통합적으로 교육한다.** 즉, 유치원과 친구들, 교통기관 등 통합된 주제에 따라 제 발달영역의 경험들을 균등하게 체험할 수 있게 한다.

⑨ 유아교육과정은 교사↔유아의 일방적 관계보다 **다양한 쌍방적 관계, 즉 교사↔유아, 유아↔유아, 유아↔교구·교재 등을 중요시**한다. 따라서 교사는 지식의 전달자, 훈육자의 역할보다 안내자, 조력자의 역할로 유아와 동등한 관계를 유지해야 한다.

지식 '나무' 주제의 주요 내용에 따른 영역별 목표

주요 내용	지식(인지적 영역)	기능(심리운동적 영역)	태도(정의적 영역)
우리 주변에서 다양한 종류의 나무를 볼 수 있다.	• 나무에는 다양한 종류가 있음을 **안다**. • 나무마다 독특한 특징이 있음을 **안다**. • 나무를 종류별로 분류할 수 있다.	• 다양한 종류의 나무를 몸으로 **표현할 수 있다**.	• 나무의 종류별 독특함을 **감상한다**.
나무마다 이름이 있다.	• 나무마다 이름이 있음을 **안다**.	• 다양한 나무 그림의 선을 따라 **오릴 수 있다**.	• 나무의 아름다움을 **느낀다**.
다양한 모양의 나뭇잎이 있으며 잎의 생긴 모양에 따라 침엽수, 활엽수라고 분류한다.	• 다양한 모양의 나뭇잎이 있음을 **안다**. • 여러 가지 잎을 구분하며 **분류할 수 있다**.	• 나뭇잎의 잎맥을 정교하게 베껴 **그릴 수 있다**. • 나무의 특징을 지점토로 표현할 수 있다.	• 다양한 잎의 종류를 감상한다.
나무가 자라기 위해서는 물과 공기, 적절한 온도와 같은 조건이 필요하다.	• 나무가 자라기 위한 조건이 있음을 안다.		• 자연환경의 소중함을 느낀다.
나무는 뿌리, 기둥, 가지, 잎으로 나뉘고, 계절에 따라 변화한다.	• 나무의 구조를 안다. • 계절에 따른 나무의 변화에 관심을 갖는다.	• 자연물을 이용한 미로를 빠르게 **걸을 수 있다**. • 계절에 따른 나무의 변화를 리듬악기로 표현할 수 있다.	• 계절에 따른 나무의 변화를 느낀다.
사람들은 나무로부터 많은 이로움을 얻는다.	• 나무로부터 얻은 이로움이 있음을 안다.	• 소근육을 조절하여 나무를 이용한 조형물을 **만들 수 있다**.	• 나무를 소중히 여기는 **마음을 갖는다**. • 나무에 대한 동시를 감상한다.
우리 주변에는 나무로 만들어진 생활용품들이 많다.	• 나무로 만들어진 **물건을 찾는다**.		• 나무로 만들어진 작품을 감상한다.
하나의 나무에는 많은 동물과 곤충들이 함께 공존하며 살고 있다.	• 나무에 곤충과 동물이 함께 살고 있음을 안다. • 나무 보호 방법을 **이해할 수 있다**.		• 함께 살아가는 것의 소중함을 느낀다.
나무도 병이 든다.	• 나무가 병이 드는 이유에 대해 안다.	• 주변의 나무를 보호하기 위한 방법을 자연스럽게 **실천할 수 있다**.	• 나무를 아끼고 사랑하는 마음을 갖는다.
사람들은 나무를 보호해야 한다.	• 나무의 소중함을 알리고 보호해야 함을 안다. • 나무 보호에 대해 알리는 방법을 안다.	• 나무 보호 캠페인을 일상생활에서 할 수 있다.	• 나무를 보호하기 위한 마음을 갖는다.

7 블룸(Bloom, 1956)의 교육목표 분류에 따른 목표 행동의 구분

- 교육목표를 목표행동으로 분류해 보는 것은 **교사들이 목표를 어떻게 설정해야 하는지, 어떠한 형태의 학습을 제공해야 하는지, 평가를 어떻게 해야 하는지 등에 대한 수업활동계획에 많은 도움**을 줄 수 있다.
- 교육 활동 목표는 **수업 내용의 범위를 한정** 짓고, 교육 내용의 주요 항목들을 결정하여 **지도 방법과 평가방향까지 제시하기 때문에 매우 구체적으로 진술되어야** 한다.
- 이러한 의미에서 블룸(Bloom, 1956)이 제시한 교육목표 분류학은 가치가 있다.
- 블룸은 교육목표를 크게 인지적·심리 운동적·정의적 영역으로 나누고 교육목표를 설정할 때 **세 가지 영역의 목표가 모두 포함**되도록 하였다. 이는 교육목표 설정 시 다양한 영역의 목표가 골고루 포함되도록 하기 위함이다.
- 이처럼 교육목표 분류학은 교육목표를 체계적으로 설정하고자 할 때 유용한 도구로 사용될 수 있다.
- 모든 학습에는 이 3가지 형태의 학습이 모두 포함된다.
  예) 책 읽기처럼 인지적 기능이 중요한 학습활동에도 책의 내용을 통해 얻을 수 있는 가치(정의적 영역)와 바른 자세로 책장을 넘기고 보아야(심리운동적 영역) 하기 때문이다.

블룸의 교육목표 분류

	인지적 영역의 목표행동	• 인지적 학습을 가장 단순한 단계인 **지식단계에서 가장 복잡한 평가단계까지 6단계**로 나누었다. • 아래 표에서는 각 인지단계에 필요한 능력과 사고형태, 단계적 특성을 잘 설명하는 핵심적인 단어, 목표 진술 시 활용할 수 있는 동사가 기술되어 있다.
	심리운동적 영역의 목표행동	• 심리운동적 영역의 학습은 **신체 근육과 관련된 학습**이다. • Harrow(1972)는 심리운동적 영역을 시범을 보고 행동을 따라 하는 수준의 **모방단계**에서부터 점차 신체 사용의 숙련도가 높아져 정확하게 실행하면서도 행동의 속도와 시간을 조절할 수 있는 **결합단계**, 학습자에게 학습 내용이 내면화되어 별다른 학습 과정을 거치지 않고도 자연스럽게 실행할 수 있는 **습관화 단계**로 나누었다.
	정의적 영역의 목표행동	• 정의적 영역에서의 학습은 **태도나 가치**에 관련된 것에 중점을 둔다. • **수용단계** : 새로운 내용을 학습하려는 학습자의 자발성을 의미 • **반응단계** : 학습 내용을 받아들이고 그 장점에 비중을 두려는 학습자의 자발성을 의미 • **가치화, 가치의 조직화 및 성격화 단계** : 학습 내용에 대한 것을 받아들여 행동으로 나타나거나 행동이 변화되는 것을 의미 기 '거북이 먹이의 종류를 안다, 거북이에게 먹이를 준다.' 활동목표에 블룸(B. Bloom)의 '교육목표 분류학'에 근거하여 3가지 영역을 모두 진술하고자 할 때, 추가해야 할 영역의 명칭을 쓰시오. [19]

인지적 영역의 목표행동

인지단계	표현할 능력	사고형태	핵심단어	목표행동 동사	
지식	정보의 반복	기억 회상	• 무엇(what)	• 이름을 말한다. • 지적한다. • 열거한다.	• 찾아낸다. • 명칭을 붙인다. • 선택한다.
이해 해석 번역	이해	수렴적 사고	• 비교하다. • 다시 말하다.	• 구별한다. • 예를 든다. • 다른 말로 바꾸어 말한다.	• 설명한다. • 비교한다.
적용	정보의 이용	확산적 사고	• 어떻게 (how)	• 계산한다. • 고친다(수정한다).	• 찾아낸다. • 해결한다.
분석			• 왜(why)	• 찾아낸다. • 설명한다. • 차이점을 구별한다.	• 비교한다. • 지적한다. • 변별한다(나눈다).
종합			• 창안하다 (create).	• 분류한다. • 재구성한다. • 수정한다. • 새롭게 만든다.	• 고안한다. • 재배열한다. • 요약한다.
평가	판단의 형성	평가적·판단적 사고	• 판단하다.	• 비교한다. • 관련시킨다. • 차이점을 말한다.	• 구분한다. • 설명한다.

심리운동적 영역의 목표행동

단계	형태	핵심단어	목표행동 동사	
모방	• 행동조절 • 시범 보고 따라 하기	• 행한다. • 따라한다.	• 한 줄로 정렬한다. • 반복한다. • 균형을 잡는다. • 배치한다.	• 쥔다. • 걷는다. • 따라 한다. • 엎는다.
조작	• 지시에 따라 행동하기	• 행한다. • 지시에 따라 행동한다.	• (조작단계는 시범 없이 교사의 지시나 그림(글)의 안내에 따라 행동하는 단계이다.)	
정교화	• 혼자 실행하기 • 정확한 실행	• 틀리지 않게 행한다.	• 스스로 한다. • 정확하게 한다. • 잘(능숙하게 한다.	• 적절히 조절한다. • 틀리지 않게 한다. • 균형을 잡는다.
결합	• 정확한 실행 • 시간·속도 조절	• 정확히 한다. • 빨리한다.	• 자신감을 갖고 행한다. • 빠른 속도로 행한다. • 계획적으로 한다.	• 조화롭게 한다. • 안정적으로 한다.
습관화	• 자연스럽게 실행하기	• 정확히 한다. • 빨리한다. • 능숙하게 다룬다. (행한다.)	• 별 힘 안 들이고 한다. • 균형 있게 한다. • 쉽게 한다. • 순서에 맞게 빨리 잘한다.	• 완벽하게 한다. • 자연스럽게 한다. • 손색없이 한다.

정의적 영역의 목표행동	단계	정의행동 형태	핵심단어	목표행동 동사		
	수용	• 인식 • 주의집중	• 관심을 가진다.	• 주의를 집중한다. • 관심을 나타낸다.	• 선택한다. • 주의 깊게 듣는다.	• 대답한다.
	반응	• 주의 및 참여	• 참여한다. • 행한다.	• 실행(실천)한다. • 흥미를 보인다.	• 제시한다. • 참여한다.	• 읽는다.
	가치화	• 태도 • 감상 • 일관된 행동	• (일관적으로) 행동한다. • 습관화한다. • 어떤 태도를 보인다.	• 적극적으로 참여한다, 실천한다. • 근면, 성실, 협동의 태도를 보인다. • (음악, 동시를) 감상한다. • 자신감을 나타낸다. • 자신 행동을 변화시킨다.		
	가치의 조직화					
	가치의 성격화					

Plus 지식 카미(Kamii)의 이원분류

내용 구분	사회·정서적 목표							지각운동 목표	인지적 목표							
									물리적 지식	논리적 지식					사회적 지식	표상	
	교사에 대한 의존	내적 통제	양적 상호작용	질적 상호작용	학교에서의 안정감	성취동기	호기심	창의성	대근육운동	소근육운동		분류	서열화	수	공간	시간		상징	언어
자기 신체 부위 친구 가족 지역사회역할 ⋮ ⋮ ⋮																	

8 카미(Kamii)의 이원분류(교육목표의 분류)

사회·정서적 목표	• 사회·정서적 목표는 교사, 유아, 학습 활동과의 관계로 구분된다.	
	교사와의 관계	• **교사에 대한 의존**과 **내적 통제력**을 육성할 필요가 있다. – 교사에 대한 신뢰감은 유아의 교사에 대한 동일시 형성과 정서적 애착을 이룩함으로써, 교사의 기대를 내면화하여 학습과 사회화를 촉진시키게 된다. – 내적 통제력은 성인이 요구하는 기준에 따라 유아가 행동할 수 있는 힘을 갖게 해준다.
	유아 간의 상호관계	• **양적 및 질적으로 구분**되는데 **친구 관계를 수립하고 유지하는 것**을 뜻한다. – 이러한 관계는 물건 공유, 차례 지키기, 타인 의견 수용 등의 활동을 통하여 언어와 논리의 발달을 가능하게 하며 동료 관계에서 소외되면 유아가 학교에서 적응하는 데 곤란을 겪게 된다.
	학습활동 과의 관계	• 학습활동과의 관계는 4가지 측면에서 고찰된다. – 취학은 유아의 가정 밖 첫 모험이므로 **학교에서의 안정감이 학습활동의 유지에 긴요**하다. – 개인의 성취를 중시하는 사회의 일원으로 유아가 참여하는 데에는 **성취동기**와 자신감이 중요하다. 성취동기는 과제를 시도하고 잘 수행함을 의미하며 사려성 및 정서적 애착과 밀접한 관련이 있다. – **호기심**은 새로운 지식을 적극적으로 추구하고 실험해보도록 한다. – **창의성**은 하나의 정답이 있다고 가르치기보다는 문제를 다각도로 접근해보도록 함으로써 육성될 수 있다.
지각·운동 목표	• **근육운동 능력을 발달**시키는 것으로 유아의 건강이나 연습 활동에 필수적이며, 운동기능이 어색하면 열등감이 형성되고, 지적과제에 집중 곤란을 초래하게 된다.	
	대근육 운동	• 걷기, 던지기, 받기, 기어오르기, 뛰어내리기 등의 대근육 운동 기능의 육성이 포함된다.
	소근육 운동	• 눈, 손의 협응능력을 위주로 한 종이 자르기와 접기, 선 긋기, 풀칠하기 등의 소근육 운동기능의 육성이 포함된다.
인지적 목표	• 인지적 목표는 물리적 지식, 논리적 지식, 사회적 지식, 표상 능력으로 구분된다.	
	물리적 지식	• 물체에 힘을 가해(예 접기, 자르기, 던지기) 그 결과를 관찰함으로써 습득된다 • 유아는 이와 같은 물체의 속성에 관한 지식습득으로 낯선 물체의 속성도 탐색할 수 있다.
	논리적 지식	• **분류, 서열화, 수개념, 공간** 및 **시간** 개념으로 세분된다.
	사회적 지식	• 타인의 반응에 의해서 형성되며, 규칙에 관한 지식과 직업개념과 같은 정보를 포함한다.
	표상능력	• **상징과 언어 수준으로 양분**된다. **상징능력**은 어떤 물체를 나타내기 위하여 신체를 이용하여 흉내 내기, 다른 물체를 사용하는 대용 활동, 의성어 사용, 찰흙모형이나 장난감을 이용한 3차원 모형 놀이, 그림을 그리거나 그림에서 해당 물체를 지적하는 2차원 표상 활동을 통하여 습득될 수 있다.

9 교육 내용의 선정

- 교육목표를 선정하였으면 목표를 달성할 수 있는 교육 내용을 선정해야 한다. 그러므로 교육 내용 선정에 있어서 **제일 먼저 고려되어야 할 사항은 목표와 내용이 분리되어서는 안 된다는 것**이다.
- 즉, 교육 목표와 일관성이 있는 내용으로 선정해야 된다는 점이다. **따라서 교육 내용은 각각의 유아 교육과정 유형의 목표에 따라 달라진다.**

성숙주의 접근법	교육목표가 바람직한 인격의 형성에 필요한 덕목들이므로 **교육 내용은 유아가 자발적으로 선택한 활동과정**이라 볼 수 있다.
행동주의 접근법	후기 학교에서의 성공이나 사회에서의 적응에 필수적인 기능과 태도를 주된 목표로 하므로 **교육 내용은 읽기, 쓰기, 셈하기**와 같은 것을 중심으로 한다.
구성주의 접근법	유아와 주변 환경과의 상호작용을 통한 발달을 목표로 하므로 학습 내용은 유아와 **주변의 모든 인적·물적 환경이 그 선정의 범위**가 될 수 있다.

- 교육과정의 구성과 관련하여 학습 내용 및 활동의 선정에서는 구체적으로 다음 사항을 고려해야 한다.

> - 설정된 교육목표와 관련성이 있어야 한다.
> - 유아들에게 필요하거나 경험할 만한 가치가 있어야 한다.
> - 유아들이 흥미를 느낄 수 있으며 친숙한 것이라야 한다.
> - 유아들의 능력과 발달 수준에 적합해야 한다.
> - 계절, 기후, 행사, 지역 실정 등과의 관련성이 있어야 한다.
> - 가능한 여러 가지 목표와 관련된 것일수록 좋다.
> - 유아교육기관에서 실행 가능한 것이어야 한다.

지식 ※ 타일러(Tyler, 1949)의 교육 내용의 조직 원칙

- 교육 내용을 선정했다면 **어떤 순서로 제시하는 것이 효과적인지에 대한 내용 조직 방법을 고민**해야 한다. 교사는 교육 내용의 **연계성을 고려**하여 쉬운 수준에서 어려운 수준으로 **계열화**를 하고, 서로 연관성 있는 교육 내용을 함께 묶어서 조직할 수 있어야 한다.

논리적 조직	▶ 교육 내용을 유아의 **생활 경험과 가장 가까운 곳에서부터 시작하여 먼 곳으로, 쉬운** 개념이나 학습 기술로부터 시작하여 **어려운 것으로, 단순한 것에서부터 시작하여 복잡한 것으로** 조직하는 방법 예 **수 세기를 먼저** 제시하고, 수의 부분과 집합에 대한 학습 내용으로 수와 **더하기와 빼기를 경험**하고, 수의 **곱하기와 나누기** 순서로 학습 내용을 제시하는 것이 그 예가 될 수 있다.
심리적 조직	▶ 유아의 **심리에 가까운 것에서 먼 것으로** 진행되도록 조직하는 방법 예 '동물'이라는 생활주제를 진행할 때 '동물의 특징', '동물과 우리 생활', '동물 사랑'이라는 교육 내용이 있다면, **논리적 조직은 동물의 특징에 대한 교육 내용을 이해**하고 동물과 우리 생활을 경험한 뒤 동물 보호와 사랑이라는 내용 이해가 가능할 것이라는 판단을 할 수 있을 것이다. 그러나 유아가 가정에서 기르는 애완견과 주인이 버린 동물들에 대한 **관심이 높다면** 심리적 조직의 원칙에 근거하여 **동물 보호와 사랑이라는 주제의 교육 내용을 우선 제시**할 수 있게 된다.
발달적 조직	▶ 유아의 **성장 발달 수준에서 요구하는 교육 내용을 점차 복잡하고 고차원적인 것이 되도록 조직**하는 방법 • 만 3~5세 연령별 누리과정은 동일한 교육 내용이라도 **만 3세에서 만 4세, 만 5세로** 연령이 높아질수록 세부 교육 내용이 심화되도록 구성해 놓았다.

10 교육 내용의 조직

1) 타일러(R. Tyler, 1949)의 교육 내용의 조직 원리(학습경험의 조직 원칙)

계속성
(continuity)
	▶ 교육과정 내용을 **시간 계열에 따라 반복**적으로 경험하도록 조직하는 원리
	• 교육과정 요소 또는 교육 내용이나 경험을 시간 계열에 따라 반복적으로 경험하도록 조직하는 것을 **의미**한다.
	• 만약에 읽기능력이 중요한 목적이라면 읽기능력을 개발할 수 있도록 **계속 반복할 기회를 주어야 한다**고 보는 것이다.
	  – 그러므로 **반복성 혹은 연속성**이라고도 하는데 하나의 지식이나 기술을 완전히 습득하기 위해서 그것을 연습하고 계발할 수 있는 기회를 자주 반복해서 제공하는 것이며, 새롭게 익혀야 하는 지식이나 기술에 익숙해지도록 하는 것이 목적이다.
	  – 유아에게 있어 교육 내용의 반복적인 조직은 매우 중요한 요소이다.
	  – 유아들은 아직 여러 가지 측면의 발달이 미숙하여 여러 차례의 반복이 없다면 교육 내용을 쉽게 받아들이지 못한다는 학습 특성을 지니고 있다.
	  – 실제로 유아들이 오랫동안 즐겨듣으며 좋아하는 대부분의 구연동화들을 자세히 살펴보면 거의 모두가 줄거리 속에 반복적인 요소가 포함된 것들임을 알 수 있다.
	  – 또한 사회생활에 필요한 여러 가지 일상생활기술이나 학습에 필요한 기초학문기술들도 모두 유아기에 반복을 통하여 학습되어야 하는 교육 내용이다.
	  – 그러므로 교사는 자신이 담당하고 있는 유아의 개인차에 따라 항상 친절하게 몇 번이라도 유아가 이해하고 습득할 수 있을 때까지 교육 내용을 반복해서 다루어주어야 한다.
	기 연계성의 개념인 계속성(continuity), 계열성(sequence)의 교육과정적 의미를 각각 쓰시오.[09]
	기 안 교사의 대화 '3세뿐 아니라 4, 5세에서도 지속적으로 '동물' 주제를 다루면 좋겠어요.'에서 계속성의 원리가 적용된 내용을 1가지 찾아 쓰시오.[20]

계열성
(sequence)
	▶ 교육과정 내용을 **시간 계열에 따라 반복**적으로 경험하면서, **시간에 따라 경험의 폭과 깊이가 심화·확장**되도록 조직하는 원리
	• **교육과정 내용이 제시되는 시간적 순서**를 의미하며, **수직적 조직 개념**이라는 점에서 계속성과 의미가 상통한다.
	  – 그러나 중요한 교육과정 요소라고 하더라도 완전히 동일한 수준에서 반복되는 것이 아니라 연령이 많아질수록 그 교육과정 요소가 포괄하는 **경험의 폭과 깊이가 더해지도록 조직한다는 점에서 의미상의 차이**가 있다.
	  – 즉, 계속성은 하나의 교육 내용이 학년이 올라가면서 동일한 수준에서 반복·조직되는 것임에 비해, 계열성은 학년이 높아지면서 내용의 단순 반복 차원을 넘어서서 점차적으로 그 내용의 깊이와 넓이가 더해가도록 조직하는 것을 뜻한다.
	• **브루너에 의해 제시되었던 나선형 계열화**는 학습자에게 여러 개의 주제를 단순화된 수준에서 소개한 다음, 학습이 진전됨에 따라 그 여러 개의 주제 모두를 점진적으로 심화시키면서 제시하는 방식으로 **체계적인 종합과 복습이 가능하다는 장점**이 있다.
	• 계열성의 예시 : 생활주제 '나'에 대해서 다룰 경우에 유아기에는 '나는 이 세상에 하나뿐인 소중한 사람이다.'라는 개념을 다루고, 초등학교 저학년에서는 '나뿐만 아니라 우리는 모두 가치 있는 사람이다.'를 다루며, 초등학교 고학년에서는 '사람은 각자 자기에게 중요한 가치가 무엇인지 알아야 한다.' 등으로 다루는 것이다.
	기 연계성의 개념인 계속성(continuity), 계열성(sequence)의 교육과정적 의미를 각각 쓰시오.[09]
	기 ⊙ '3세 활동목표 : 북소리를 들으며 걸어 본다.'와 ⓒ '5세 활동목표 : 북소리의 장단과 강약에 맞춰 걸어 본다.'에서 나타난 원리[13]

통합성 (integration)	▶ 개개의 학습**경험들이 상호 연결**되어 **하나의 통합된 의미를 발견**할 수 있도록 조직하는 원리 • 계속성과 계열성은 학습경험의 종적인 조직이었음에 반하여 **통합성은 각 학습 경험의 수평적 조직을 의미**하며 연계성의 문제와도 관련이 있다. • 통합성의 원리가 추구하는 근본적인 목표는 학습자에게 경험을 어떻게 하면 통합적으로 제공할 수 있도록 교육과정을 조직하느냐에 있다. 즉, **유아가 경험하게 될 여러 가지 활동들이 하나의 통합된 의미를 발견할 수 있도록 조직해야 한다는 원리**이다. • 교육 내용과 학습 경험을 조직하는 것은 학습자가 통합된 시각을 갖게 하고, 다루어지는 요소와의 관련 속에서 자신의 행동을 통합하도록 돕는 것이다. • 특히 유아교육에서는 통합성의 원리가 매우 중요하게 다루어지는데, **유아의 교육 내용은 유아가 지식을 분절해서는 잘 배울 수 없다는 특성에 의하여** 학과 단위로 협소하게 정의되지 않으며, **학습과 발달이 통합적으로 이루어지기 때문**이다. • 어느 한 영역에 영향을 주는 활동은 다른 영역에도 영향을 미칠 수 있기 때문에 낱낱의 내용들이 서로 연결되고 통합됨으로써 유아가 보다 효과적으로 학습할 수 있도록 도와주어야 한다.

 지식 계속성과 계열성의 예시

1. 계속성

생활주제	3세 주제	4세 주제	5세 주제
나와 가족	나의 몸과 마음	나의 몸과 마음	나의 몸과 마음
	소중한 나	소중한 나	소중한 나
	소중한 가족	소중한 가족	소중한 가족

2. 계열성

생활주제	3세 주제	4세 주제	5세 주제
나와 가족	행복한 우리 집	가족의 생활과 문화	가족의 생활과 문화

지식 계열성의 원리

• 계열성은 오래전부터 많은 사람들에 의해 논의되어 왔다. 17세기에 **코메니우스**는 유아교육기관에서의 모든 활동은 단순한 것에서 복잡한 것으로 조직해 나가도록 주장하였다.
• 효율적인 학습을 위하여 지금까지 교육 실제에서 사용하여 왔던 여러 가지 계열성의 원칙들에는 다음과 같은 것들이 있다(이성호, 2004).
 ① 단순한 내용에서 복잡한 내용으로
 ② 친숙한 내용에서 친숙하지 않은 내용으로
 ③ 부분에서 전체적 내용으로 또는 전체에서 부분적인 내용으로
 ④ 구체적인 사실에서 추상적인 개념으로
 ⑤ 선수학습에 기초하여 그다음 학습으로
 ⑥ 현재에서 과거로 또는 과거에서 현재로

2) 교육과정 내용 조직의 원리(교육 내용의 원리)

동심원적 조직 (접근/의 원리)	▶ 유아에게 **가장 직접적, 구체적인 것에서 시작**하여, **점차 간접적, 추상적인 방향으로 조직**해 나가는 방법 • 유아의 경험 범위가 제한되고 자기중심적인 사고 경향이 있다는 점에서 **동심원적 접근방법**에 의해 교육 내용을 조직하는 것은 유아교육에 도움이 된다. 기 '유아의 자기중심적인 발달 특성을 반영해서 먼저 자기가 좋아하는 동물을 소개하고, 그 다음에 친구가 좋아하는 동물에 대해 알아본 후, 우리 동네에 있는 동물과 관련된 기관을 조사해 보고, 동물 병원이나 애견 미용실로 현장체험 학습을 가도록 해요.'가 교육 내용을 조직하기 위해 활용하고자 하는 접근법이 무엇인지 쓰시오. [20]
나선형적 조직 (접근/의 원리)	▶ 교육 내용을 **나선형으로 반복해서 제시**하면서, **시간에 따라 경험의 폭과 깊이가 심화·확장**되도록 조직하는 방법 • 교육 내용을 **나선형으로 계열화시켜 반복해서 제시하는 방법**을 말한다. • 즉, 동일한 내용을 학습자의 지적 발달 수준과 표현 양식에 맞게 제시하는 것이다. • 즉, 어린 연령 단계에서는 직접적이고 구체적인 활동으로 제시하고 다음에는 그림이나 영상적인 활동 등 조금 높은 단계로 **확대**하여 제시하며, 점차 상징적이며 추상적인 수준으로 반복 제시하는 것이다. 기 '4세 유아에게는 '동네 사람들이 하는 일에 관심 갖기' 내용을 전개하였다. 이를 심화·확대해서 5세 유아에게는 '다양한 직업에 대해 관심 갖기' 내용을 전개할 필요가 있을 것 같다'에 해당하는 교육과정 내용 조직의 원리를 브루너(J. Bruner)가 제시한 용어로 쓰시오. [13추]
통합적 조직 (접근/의 원리)	▶ 개개의 **학습경험들이 상호 연결**되어 하나의 **통합된 의미를 발견**할 수 있도록 조직하는 방법 ▶ **다양한 영역의 내용, 개념 등을 통합된 전체 경험으로 제공**할 수 있도록 조직하는 방법 • 이 방법은 유아들에게 의미가 있는 상황 속에서 개념을 제시하지 않고 분리된 내용으로 가르친다면 유아들이 개념을 이해하기 어렵다는 것을 가정으로 하고 있다.

Plus 지식 교육과정 내용 조직의 원리(교육 내용의 원리)

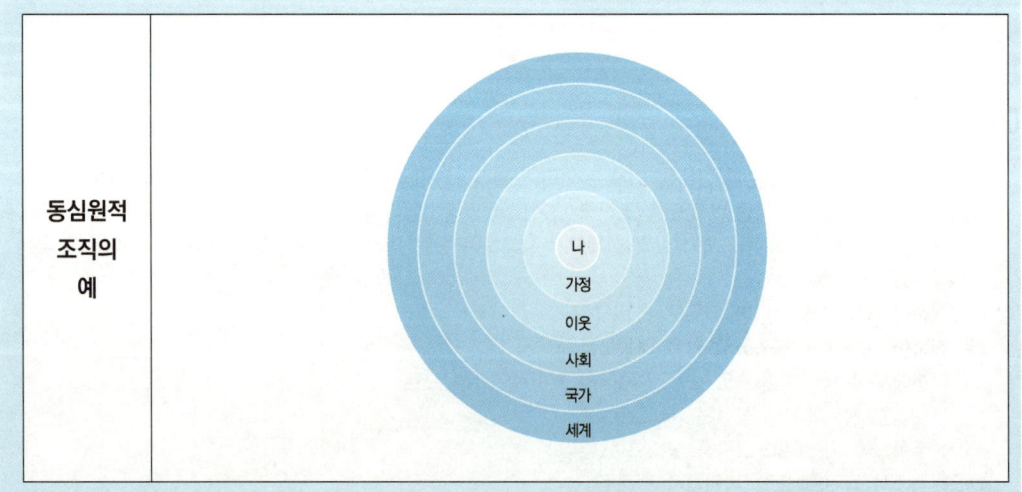

Plus 지식 교육과정 내용 조직의 원리(교육 내용의 원리)   양옥승 외 유아사회교육 72페이지

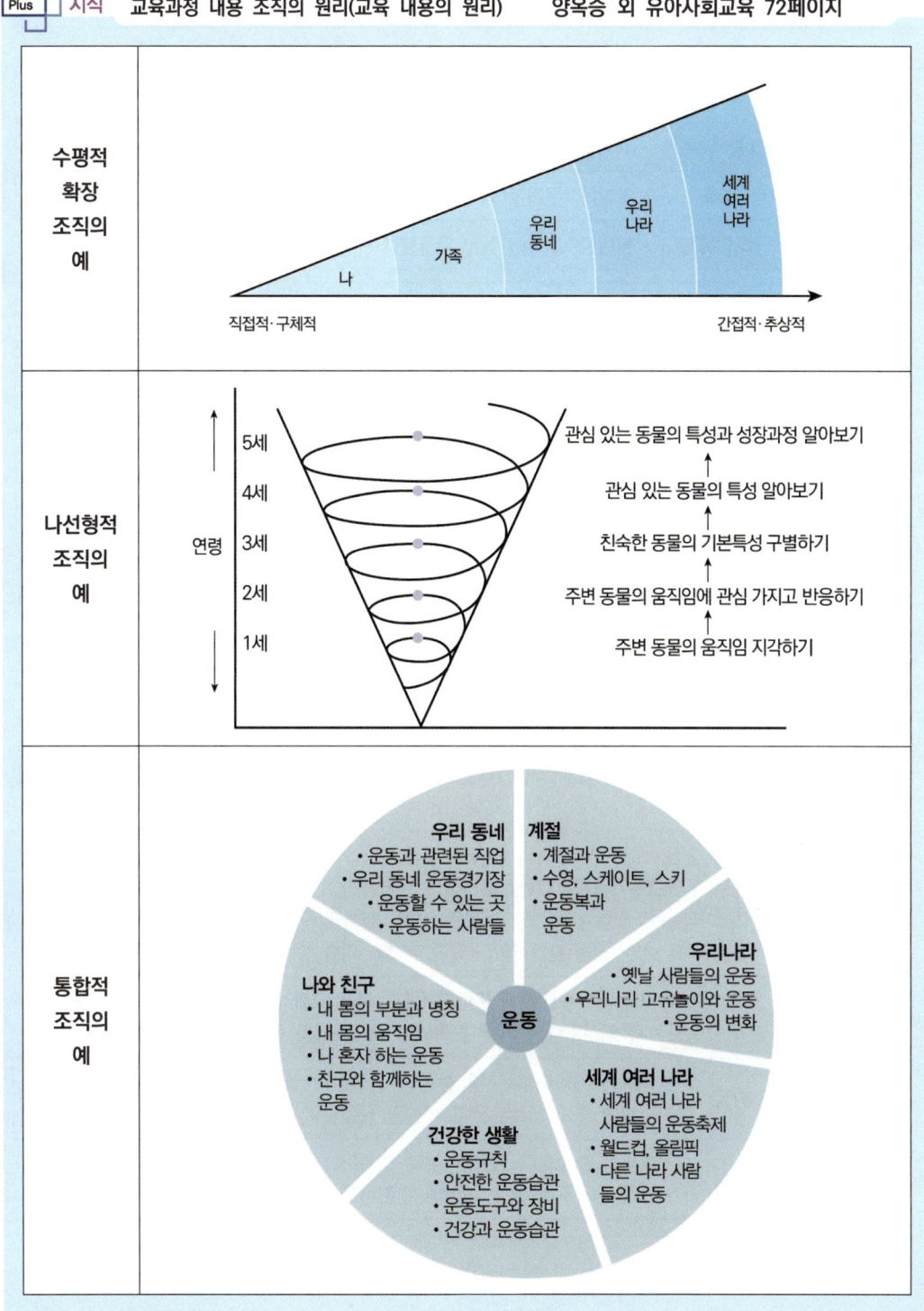

3) 슈바르츠와 로빈슨(Schwartz & Robison, 1982)의 교육 내용의 유형

사실 축적 중심의 교육 내용 (fact accumulation)	▶ 유아가 **경험, 관찰**하며 얻은 **구체적 사실들**을 교육내용으로 선정하는 유형 <table><tr><td>색깔 이름</td><td>• 노란색, 빨간색, 파란색, 분홍색 등</td></tr><tr><td>동물 이름</td><td>• 코끼리, 사자, 호랑이, 토끼 등</td></tr><tr><td>무게</td><td>• 가볍다, 무겁다 등</td></tr><tr><td>악기 이름</td><td>• 탬버린, 트라이앵글, 우쿨렐레</td></tr></table>
기술 축적 중심의 교육 내용 (skill accumulation)	▶ **인지적 학습**에 필요한 **학문적, 일상적, 신체운동기술**을 교육내용으로 선정하는 유형 <table><tr><td colspan="2">학문적 기술</td><td>• 읽기, 쓰기, 셈하기 등</td></tr><tr><td colspan="2">일상적 기술</td><td>• 지퍼 올리기, 옷 입기, 머리 빗기, 신발 신기, 스스로 밥 먹기 등</td></tr><tr><td rowspan="2">신체운동 기술</td><td>소근육 강화</td><td>• 가위 사용, 구슬 끼우기, 연필 사용 등</td></tr><tr><td>대근육 강화</td><td>• 도구를 사용한 신체활동(줄넘기, 체조, 굴렁쇠 등)</td></tr></table>
교과 중심의 교육 내용	▶ 유아교육에서 **유아 동작, 유아 언어, 유아 사회, 유아 수학 등의 내용**을 교육내용으로 선정하는 유형 • 교과는 국어·수학·사회·과학·미술·체육·음악 등과 같은 과목을 의미한다.
개념 중심의 교육 내용	▶ **각 학문에서 강조**하는 **핵심적 개념을 중심**으로 교육내용으로 선정하는 유형 • 사회 교과의 기본 개념으로는 가족 구성원의 역할, 지역사회 구성원의 역할, 환경보호, 자원 보호 및 활용, 경제 개념 등이 있고, 수학 개념에는 수 개념, 공간 개념, 시간 개념 등이 있다.
주제 중심의 교육 내용	▶ **주제를 중심**으로 **여러 영역의 활동을 통합적으로 구성**하는 유형 • 오늘날 **유아교육기관**에서 **가장 보편적**으로 사용하고 있는 유형이다. • '식물'이라는 주제를 선정하면 식물원 견학, 식물과 관련된 경험 이야기, 텃밭 가꾸기, 식물도감 책 보기, 식물 관련 언어·과학·수학·미술·음악 등 다양한 활동을 할 수 있다.
통합적 접근 중심의 교육 내용	▶ 교과 내용을 교과나 학문으로 구분하지 않고, **여러 교과 등을 통합적으로 구성**하는 유형 • 교육 내용으로서 지식보다는 **기본 능력이나 태도, 행동 등에 가치**를 두게 된다. <table><tr><td>장점</td><td>• 유아의 흥미나 욕구에 반응해 줌으로써 자유로우며, 유아의 감정, 태도, 관심이 중시되므로 유치원이 즐거운 곳이 되며 자신감을 갖게 된다.</td></tr><tr><td>단점</td><td>• 충분히 준비하지 않으면 교육 내용이나 활동이 편협하고 제한되기 쉽다. • 유아의 욕구에 대한 판단에 편견이 있을 수도 있기 때문이다.</td></tr></table>

Ⅳ. 교수·학습 원리 및 과정

1 유아교육의 교수·학습 원리

자발성 (흥미 중심)의 원리	▶ 외부 영향 없이 유아 내부의 원인, 힘, 흥미, 자발성에 의해 학습이 이루어진다는 원리 • 누리19 : **가. 유아가 흥미와 관심에 따라 놀이에 자유롭게 참여하고 즐기도록 한다.** • **외부의 강제나 영향 없이 내부의 원인과 힘에 의하여 학습이 이루어지는 것**을 의미한다. • 학습은 학습자 스스로 배우고자 하는 자발적인 의욕을 가지고 있을 때 가장 효과적으로 이루어진다는 관점을 반영한다. • 자발성의 원리는 코메니우스, 루소도 강조한 교육이론으로 현재에도 중요한 가치를 지닌다. • 자발성과 흥미는 즉흥적이고 일시적인 관심이 아니라 유아가 관심 갖는 상황에 목적을 갖고 탐색하여 답을 찾아가는 과정으로 지원되어야 한다.
놀이 중심의 원리	▶ **놀이를 중심**으로 학습이 이루어진다는 원리 • 누리19 : **나. 유아가 놀이를 통해 배우도록 한다.** • **교육 활동이 놀이를 통해 이루어지도록** 하는 것을 의미하는 것으로 교사는 유아들이 놀이하면서 놀이와 관련된 사물을 탐색하고, 상황을 파악하여 사물과 상황을 이해하는 지식과 가치 및 태도, 기능을 이해할 수 있도록 돕는다. • 유아는 자발적으로 놀이에 참여하여 몰입하는 가운데 주변 사물과 사람, 상황에 대한 이해를 확장시킨다. • **교사** : 유아들의 흥미를 반영한 풍부한 교육환경을 준비하고 유아들이 스스로 놀이를 계획하고 참여할 수 있도록 안내자 역할을 한다.[03] 기 '우리나라 사람들의 생활'을 주제로 쌓기 영역에서 초가집을 만들고, 조형 영역에서 우물을 만드는 등 자발적으로 놀이에 참여하여 몰입하는 가운데 사물을 탐색하고, 사물과 상황을 이해할 수 있도록 하였다.[10]
집단역동성 (상호작용)의 원리	▶ **유아와 유아, 유아와 교사, 유아와 환경 간 능동적인 상호작용**을 통해 학습이 이루어진다는 원리 • 누리19 : **라. 유아와 유아, 유아와 교사, 유아와 환경 간에 능동적인 상호작용이 이루어지도록 한다.** • 유아와 유아, 유아와 교사가 **서로 역동적인 힘과 영향을 주고받으면서 모든 활동에 상승효과**를 일으키는 것을 의미한다. • 서로 다른 경험과 사고를 지닌 교사와 유아들이 **서로의 생각과 의견을 교류**하면서 다양한 정보를 공유하고 지적 자극을 주고 서로 협동하는 가운데 학습이 일어난다는 의미를 갖는다. 기 교사와 을이가 상호작용하고 있는 가운데 성운, 순호가 이에 함께 참여하여 서로의 생각과 의견을 교류하면서 다양한 정보를 공유하고, 서로 협동하는 가운데 우물과 두레박을 만들고자 하였다.[10] 기 <u>'동물에 대한 생각을 서로 나누도록 하면 유아끼리 서로 영향을 주고받으면서 학습이 일어날 수 있을 것 같아요. 집에서 동물을 키우는 유아와 그렇지 않은 유아를 함께 모둠으로 구성해서 다양한 생각과 의견을 나누면서 배움이 일어나도록 해도 바람직할 것 같아요.'에 해당하는 교수·학습 원리를 쓰시오.[20]</u>

통합의 원리	▶ (유아의 경험이 분리되지 않고,) 경험들이 상호 연결되어 하나의 통합된 의미를 발견할 수 있도록 학습경험을 제시하는 원리 • 누리19 : **마. 5개 영역의 내용이 통합적으로 유아의 경험과 연계되도록 한다.** • 유아와 유아, 유아와 교사, 유아의 가정생활과 교육기관의 생활, 발달과 발달, 영역별 교육 **내용이 서로 분리되지 않고 연결되는 것**을 의미한다. • 유아의 가정에서의 경험과 현재 진행되는 유아교육기관의 **학습 경험의 연결성이 높을수록** 유아의 **학습에 대한 참여도는 높으며 이해도 잘**하게 된다. • 또한 하나의 교과 영역이 다른 교과 영역의 내용과 **연계성을 가지고 제시되면 사고의 전이**가 더 쉽게 이루어진다. • **교사** : 교수·학습 방법을 계획할 때 단일 경험을 제시하기보다는 다른 영역과 통합 또는 이전 경험과 통합하는 방법으로 학습 경험을 제시한다. • 유아교육기관에서는 생활 주제를 중심으로 통합적인 경험을 조직하여 지도하는 방법을 활용하고 있다.
(활동 간) 균형의 원리	▶ **개별 유아의 신체적 리듬, 정신적 건강 등을 고려**하여 **휴식과 일상생활**이 원활히 이루어지도록 하는 원리 • 누리19 : **바. 개별 유아의 요구에 따라 휴식과 일상생활이 원활히 이루어지도록 한다.** • 이는 유아들의 **신체적인 리듬 및 정신적인 건강, 그리고 활동성을 고려한 원리**로 효과적인 교수·학습을 실행하기 위한 기본 전제조건이 된다.
개별화의 원리	▶ **개별 유아의 연령, 발달, 배경 등을 고려**하여 **개별 특성에 적합한 방식**으로 배우도록 하는 원리 • 누리19 : **사. 유아의 연령, 발달, 장애, 배경 등을 고려하여 개별 특성에 적합한 방식으로 배우도록 한다.** • **개별 유아의 흥미, 이해 정도에 따라 교육 활동을 선정하는 것**으로 교사는 유아의 학습 속도에 맞는 교육 활동을 제시하고, 유아의 수준에 따라 교수·학습 방법을 다르게 제공할 수 있다. • **교사** : '여름의 자연'이라는 교육 내용을 전개하고 있을 때 유아가 씨앗 심기와 기르기에 관심을 보인다면 '봄의 식물' 주제에서 다루었던 활동일지라도 유아가 씨앗 심기를 과학 영역에서 해보거나 심은 씨앗을 가져와 기르도록 할 수 있다. • 놀이를 선택하지 못한 개별 유아 을이에게 그동안 읽어왔던 동화책의 내용을 상기시켜줌으로써 새로운 놀이를 찾도록 동기 유발을 하였다.[1이] • '가람이에게는 이 후프가 좀 큰가 보구나. 그럼 선생님이 좀 작은 후프를 줄게. 이걸로 해보겠니?'에서 교사가 적용한 교수·학습 원리는 무엇인지 1가지 쓰시오.[19추] • '호준이는 공룡을 유독 좋아했어요. 우리 반 현정이는 공룡 이름을 많이 알고 있어요. 다른 아이들이 공룡 그림책을 보는 동안 현정이는 공룡 사전 만들기를 하도록 했어요.'[20]

Plus 지식 2019년 개정 유치원 교육과정의 교수·학습 방법

가. 유아가 흥미와 관심에 따라 놀이에 자유롭게 참여하고 즐기도록 한다.
나. 유아가 놀이를 통해 배우도록 한다.
다. 유아가 다양한 놀이와 활동을 경험할 수 있도록 실내외 환경을 구성한다.
라. 유아와 유아, 유아와 교사, 유아와 환경 간에 능동적인 상호작용이 이루어지도록 한다.
마. 5개 영역의 내용이 통합적으로 유아의 경험과 연계되도록 한다.
바. 개별 유아의 요구에 따라 휴식과 일상생활이 원활히 이루어지도록 한다.
사. 유아의 연령, 발달, 장애, 배경 등을 고려하여 개별 특성에 적합한 방식으로 배우도록 한다.

탐구학습의 원리	▶ **스스로 능동적으로 탐색하고, 발견**하는 과정을 통해 **독립적 학습 태도**를 발달시킬 수 있다는 원리 • 유아의 교육 활동은 **유아 자신이 능동적으로 학습에 참여**할 때 그 효과가 크다. • 유아는 스스로 탐색하고 자신의 감각을 통하여 사물의 현상을 직접 경험함으로써 주변 세상에 대한 지식을 습득할 수 있다. • 탐구학습의 가치는 **유아 스스로 발견하는 과정을 통하여 여러 가지 문제 해결능력**을 기를 수 있고, 독립적인 학습태도로 발달시킬 수 있다. • **교사** : 다양한 탐구활동이 가능한 학습경험을 계획하여 유아들이 관찰 및 실험활동, 문제 해결과정에 참여할 수 있도록 한다.
생활 중심의 원리	▶ 유아의 **실제 생활 및 일상생활 속 경험**을 소재로 **지식, 기능, 태도 및 가치를 습득**하도록 하는 원리 • 누리15 : 3. 유아의 생활 속 경험을 소재로 하여 지식, 기능, 태도 및 가치를 습득하도록 한다. • **실제 생활환경 및 일상생활 경험을 통**하여 **사물이나 상황에 대한 지식과 태도, 다양한 기술을 학습하도록 하는 것**이다. • 이때 학습의 시작은 유아가 실제 생활에서 나타내는 흥미와 관심, 욕구, 질문으로부터 시작한다. • 유아의 매일의 일상생활과 관련된 가정과 교육기관의 경험, 지역사회 내의 여러 직업 및 기관들, 계절, 풍습 등 모든 내용이 교육적 요소가 될 수 있으므로 교사는 유아들의 경험을 민감하게 관찰하여 이를 학습상황으로 연결할 수 있어야 한다. • **교사** : 급식과 간식 시간에 균형 잡힌 식사와 영양의 중요성, 바른 식사 예절 등을 지도할 수 있다.
적정 신기성의 원리	▶ **적당한 호기심, 적절한 인지적 갈등**을 일으킬 수 있는 활동이나 경험을 제공해야 한다는 원리 • 유아에게 제공하는 활동이나 경험이 **유아에게 적당한 호기심을 제공**할 수 있는 것이어야 함을 말한다. • 유아는 너무 친숙한 활동에서는 지루함을 느끼고 너무 수준이 높은 활동에서는 호기심을 나타내지 못한다. 따라서 유아에게 제공되는 활동이나 경험은 어느 정도의 신기함이 있어서 유아의 호기심을 자극할 수 있어야 한다. • 이는 유아의 인지 수준이나 현재 상태와 관련이 있으며 적절하게 인지적 갈등을 일으키는 교육 활동이 있을 때 유아는 가장 잘 학습할 수 있다.
융통성의 원리	▶ **상황에 따라 유아의 흥미와 요구 등을 고려**하여 교육 내용, 방법을 **유연하게 조정**해 나가는 원리 • 교사에 의하여 선정된 교육 내용과 방법일지라도 **상황에 따라 유아들의 흥미와 요구, 자발적인 참여 등을 고려**하여 **활동 내용이나 방법, 자료 등을 변경**하는 것을 말한다. • **교사** : '다른 사람 존중하기'라는 교육 내용을 동화 듣고 유아의 느낌을 말로 표현하는 교수·학습 방법을 계획했다 하더라도 유아들의 흥미를 반영하여 그리기 또는 동극의 방법으로 변경 또는 확장할 수 있을 것이다. 기 채 교사는 '들꽃 관찰하기'를 계획하였으나 유아들이 나비에 관심을 가지자 활동을 중단하고 활동 내용을 '나비'로 변경하여 자유롭게 탐색하게 하였다.[12]

우연성의 원리	▶ **우연히 경험한 사건이나 경험을 통해** 필요한 정보나 기능을 알게 하는 원리 • 유아가 **우연히 경험한 사건이나 경험을 통해** 필요한 정보나 기능을 알게 되는 것을 말한다. • 아동 중심 교육과정의 중요한 원리이기도 한 우연성의 원리는 계획한 것보다 비계획적이며 우연적이고 일시적인 사건에 유아들이 흥미와 관심 및 호기심을 보이는 것을 교육과정에 포함하여 교수·학습의 과정을 전개하는 것이다.
직접 체험의 원리	▶ 유아가 **직접 보고 듣고 만지고 조작하는 과정을 통해** 학습이 이루어진다는 원리

Plus 지식 2007 개정 유치원 교육과정

자발성의 원리	① 자발성의 원리란 외부의 강제나 영향 없이 자기 내부의 원인과 힘에 의하여 학습이 이루어지는 것을 말한다. ② 학습은 학습자 스스로가 배우고자 하는 자발적인 의욕을 가지고 있을 때 가장 효과적으로 이루어진다. 즉 동기가 내재된 학습을 하는 것이 중요함을 일컫는 것으로 이는 **흥미의 원리, 자기 활동의 원리**라고도 한다. ③ 일반적으로 유아의 자발성·자기 활동성은 저절로 발동하는 것이 아니라 눈앞의 대상에 관심을 갖거나 어떤 상황 속에서 의문을 품고 그 의문을 해결하고 싶은 생각이 들었을 때 발동하며, 정보나 지식의 수용이 많으면 많을수록 자발성의 정도는 크게 작용한다. ④ 내적 동기 유발을 위한 방법으로는 유아 자신이 학습 활동의 목적을 가질 수 있게 하고, 과제나 교재 교구를 유아의 발달 수준 또는 성향에 맞추어 제시하는 방법이 있으며 수용적인 분위기를 만들어 주는 것 등이 있다.
놀이 중심 원리	① 놀이 중심 원리는 **교육 활동이 놀이를 통해 이루어지도록 하는 것**이다. ② 유아의 학습에서 놀이는 학습 그 자체라고 할 수 있다. 유아는 놀이하면서 놀이와 관련된 사물을 탐색하고, 상황을 파악하며, 사물과 상황을 이해하는 지식, 가치 및 태도, 기능 등을 발달시킨다. ③ 놀이가 교육적 의미를 가지려면 교사는 교육 목표와 내용에 기초하여 놀이 환경과 놀이활동을 제공하고, 다양한 놀이자료를 제시하여 유아 스스로 흥미를 느끼고 선택하고, 계획하고, 놀이하도록 지도하는 것이 바람직하다.
집단 역동성의 원리	① 집단 역동성의 원리란 유아교육 현장에서 유아들 간에 그리고 유아와 교사들 간에 **서로 역동적인 힘과 영향을 주고받으며 모든 활동에 상승적 효과를 일으키는 것**을 의미한다. ② 바람직한 집단의 역동은 구성원들이 서로 다른 생각의 상호 교섭을 통해 다양한 정보를 공유하게 해 주고, 지적 자극을 주며, 탈중심화를 촉진시키고, 서로 협동하게 해 준다. ③ 효과적인 학습은 서로 다른 의견을 교환하고 과제를 어떻게 해결해야 하는가에 대해 논쟁하는 가운데 일어난다. ④ 즉, 서로 다른 성향과 수준을 가진 또래끼리의 의견 교환과 협동 문제 해결을 위한 갈등과 논쟁은 타인이 나와는 다른 생각을 가질 수 있다는 것을 알게 해주며 탈중심화를 촉진시켜 사회·정서적 발달 및 도덕성 발달 그리고 지적 자극을 촉진시켜 준다.

개별화의 원리	① 개별화의 원리는 **개별 유아의 흥미 및 이해 정도에 따라 교육 활동을 선정하고, 학습 속도에 맞게 제시하며, 교수·학습 방법을 달리 적용하는 것**을 말한다. ② 개인은 지능, 성격, 흥미, 욕구, 발달 속도, 선행 경험 등의 면에서 각자 차이가 있다. 교사는 학습자를 개별적 존재로 인정해야 하고, 그 개인에 맞는 교육 활동 및 교수·학습 방법을 제공해야 한다. ③ 이를 위해 교사는 유아의 생활과 놀이활동을 세심하게 관찰하여 유아의 참여도, 자발성, 지속성, 발달 수준 및 발달 속도 등에 대해 잘 파악해야 한다.
생활 중심 원리	① 생활 중심 원리는 **실제 생활환경 및 일상생활 경험을 통하여 사물이나 상황에 대한 지식과 태도, 다양한 기술을 학습하도록 하는 것**을 뜻한다. ② 학습의 시작은 유아가 실제 생활에서 나타내 보이는 흥미와 관심, 욕구, 질문 등으로부터 시작되는 것이 바람직하다. ③ 생활 중심의 학습을 위해서는 유아의 매일의 일상생활과 관련된 일, 생활 주변에서 일어나는 일과 사건 등을 통하여 활동을 전개하는 것이 좋다. 실제 생활과 관련된 학습 경험을 위해서는 유아와 직접 관련된 가정, 유치원 친구들과의 경험, 지역사회 내의 여러 직업 및 기관들, 계절과 관계된 현상들, 풍습, 국가와의 관계 등 모든 내용이 중요한 교육적 요소가 된다. ④ 예를 들면, 등·하원 시 선생님이나 친구들과 인사를 하며 인사 예절을 익히고, 간식이나 점심을 준비하고 먹으면서 식사 예절을 배우며, 신체에 필요한 영양과 건강을 유지하는 법 등을 알게 되는 것 등이다. 그 밖에도 유치원에서 갈등이 일어났을 때 서로 대화를 통해 문제를 해결하거나 이야기 나누기를 통하여 규칙을 정하고 협력을 하는 등 필요한 사회적 기술을 습득하게 된다. ⑤ 또한 추석 행사를 하며 추석의 의미와 문화를 익히게 되는 것도 유아들의 일상생활을 통한 학습 경험이 된다.
융통성의 원리	① 융통성의 원리는 **상황에 따라 적절하게 유아들의 흥미나 욕구, 우발적인 사태 등을 고려하여 활동 내용이나 방법, 자료 등을 변경하는 것**이다. ② 교사는 일과, 활동 상황 또 놀이 상황 등에서 유아들의 흥미나 욕구 교육적 필요에 따라 순발력 있게 여러 요인들을 반영해야 한다.

 지식 2015년 개정 유치원 교육과정의 교수·학습 방법

- (자) 2. 유아의 흥미를 중심으로 활동을 선택하고 지속할 수 있도록 한다.
- (놀) 1. 놀이를 중심으로 교수·학습활동이 이루어지도록 한다.
- (집) 4. 유아와 교사, 유아와 유아, 유아와 환경 간에 능동적인 상호작용이 이루어지도록 한다.
- (통) 5. 주제를 중심으로 여러 활동이 통합적으로 이루어지도록 한다.
- (균) 6. 실내·실외활동, 정적·동적활동, 대·소집단활동 및 개별활동, 휴식 등이 균형 있게 이루어지도록 한다.
- (개) 7. 유아의 관심과 흥미, 발달이나 환경 특성 등을 고려하여 개별 유아에게 적합한 방식으로 학습하도록 한다.
- (생) 3. 유아의 생활 속 경험을 소재로 하여 지식, 기능, 태도 및 가치를 습득하도록 한다.

2 브레드캠프와 로즈그란트(1992)의 교수·학습 과정

1) 교수 행동(Bredekamp & Rosegrant, 1992)

브레드캠프와 로즈그란트의 교수 행동 유형

비지시적(nondirective)			중재적(mediating)			지시적(directive)	
인정하기 (acknowledging)	모델 보이기 (modeling)	촉진하기 (facilitating)	지원하기 (supporting)	비계 설정하기 (scaffolding)	함께 구성하기 (coconstructing)	시범 보이기 (demonstrating)	지시하기 (directing)

▶ **교수 행동**(teaching) : **가르치는 행위**로 교사가 수업을 준비, 계획, 실행(수업), 평가(수업 후 처치)하는 등의 활동

- 교수의 전반적인 활동 중 교수·학습 과정에서의 교사 행동에 대해 브레드캠프와 로즈그란트는 유아들과 상호작용하면서 판단하고, **의사 결정해야 하는 모든 교수 행동을 연속성 있게 제시**하였다.
- 교사는 일과를 통해 유아의 발달과 학습을 촉진하고 지원하는 역할을 수행해야 한다. 구체적인 교수 활동은 다음과 같다. 아래 교수 행동은 서로 연속성을 가지고 있으며 이 중 한 가지 전략에만 집착하여 사용하기보다는 **상황에 따라서 가장 적절한 행동을 골라 사용해야** 한다.
- 이는 교사의 중재 전략, 교사의 행동 범주, 교사-유아 상호작용 유형, 교수 행동 유형 등의 용어로 다양하게 번역된다. 브레드캠프와 로즈그란트는 이를 8가지 유형으로 분류하였다.

인정하기 (acknowledging)	▶ 유아의 행동이나 말을 교사가 인정함으로써 유아 스스로 교사에게 **관심받고 있다는 것을 알게** 하는 유형 예 유아의 행동에 대한 언급, 옆에 가만히 앉아 유아를 지켜보는 것도 인정하기 가능 예 "민수야, 도와줘서 고마워.", "민수야, 5를 알려주는 또 다른 방법을 발견했구나." • 적절한 수준으로 구체적인 사실에 근거해서 긍정적이고 명확하게 인정하고 격려하는 것이 중요하다. 일반적인 칭찬, 과장되거나 지나친 칭찬은 활동 자체에 대한 유아의 동기를 약화시킬 수 있다. 기 (낙엽이 구르는 모습을 표현하는 유아에게) "정말 멋지다." → "정말 멋지다."와 같이 **구체적 사실에 근거하지 않은 일반적인 칭찬, 과장되거나 지나친 칭찬은 활동 자체에 대한 유아의 동기를 약화시킬 수 있다.** → 옆으로 누워 데굴데굴 구르는 모습이 진짜 낙엽이 굴러가는 것 같구나.[06] 기 김 교사의 "그랬구나, 속상했겠다."라는 반응 → 판단이유: 유아의 생각과 느낌을 그대로 수용하고 반영한 것으로 인정하기에 해당한다.[12] 기 케이크를 동그랗게 잘 만들었구나.[특13추]

브레드캠프와 로즈그란트의 교수 행동 유형	모델 보이기 (modeling)	▶ 구체적 문제해결 방법이 아닌 **문제에 접근하는 방식**, 즉 **태도를 보여주는** 유형 • 단지 말이 아닌 타인을 대하는 행동을 몸소 보여주는 것이다. 　예 "음, 안 되면, 왜 안 되는지에 대해 생각할 필요가 있는 것 같아.", "영수야 미안해. 네가 무슨 말을 했는지 못 들었어. 다시 한번만 나에게 말해줄래?" 　기 교사가 몸을 작게 하고 구르는 모습을 보여준다.[06] • 이는 구체적인 행동이 아니라 문제해결에 접근하는 자세와 전반적인 태도에 영향을 주는 교수 행동이다. 모델 보이기에는 두 가지 방법이 있다.	
		명시적 모델 보이기	• 유아의 활동에 꼭 필요한 정보를 주거나 힌트를 주거나 조언하는 것으로 다소 지시적일 수 있다. 　예 학기 초 '화장실 사용법' 또는 '교구 사용법'을 가르칠 때 사용한다.
		암묵적 모델 보이기	• 행동 혹은 암시나 자극 등을 사용하여 교실 내에서 유아에게 기술이나 적절한 행동 양식을 보여주는 것으로, 지시적 성격을 띠지 않는다. 　예 교사가 유아에게 기대하는 행동(교실에서 조용히 말하기, 공손한 태도) 등을 매일의 생활에서 실천
	촉진 하기 (facilitating)	▶ **유아가 스스로 전개해 나가는 활동**에서 교사가 주는 **일시적 도움**으로 유아가 그다음 수준의 기능을 습득할 수 있도록 **한시적 도움**을 제공하는 유형 • 지원하기와 유사하나 교사의 참여 정도에서 차이가 난다. 촉진하기는 유아 스스로 전개해 나가는 활동에서 교사가 주는 도움으로 행동의 시작과 끝을 유아가 주도한다. 　예 자전거 타기를 할 때 잠깐 동안 교사가 뒤에서 잡아 주는 것을 의미한다. 　예 복잡한 퍼즐 조각을 맞출 때 퍼즐 조각의 방향 때문에 제대로 된 위치를 찾지 못할 때 퍼즐의 각도를 살짝 돌려주면서 "이렇게 돌리면 조각을 찾을 수 있을까?", "조각을 회전시키면 자리를 쉽게 찾을 수 있을지 몰라."라고 하면서 유아의 사고나 수행을 도울 수 있다. 　기 "나뭇잎이 구르는 모습을 몸으로 표현할 수 있는 또 다른 방법은 없을까?"[06] 　기 공을 떨어뜨리지 않고 주고받으려면 어떻게 해야 할까?[공18]	
	지원 하기 (supporting)	▶ 유아에게 **처음부터 끝까지 도움**을 제공하는 유형으로 유아와 교사가 **함께 시작과 끝을 결정**하고, 유아가 더 이상 **도움이 필요하지 않다고 할 때까지** 지속해서 도움을 주는 유형 　예 완전히 자전거를 타기 전까지 보조 바퀴를 달아 주었다가 완전히 자전거를 타게 된 후, 바퀴를 떼어주는 것 　예 평균대 위에서 걷기를 할 때, 유아가 평균대 위에 올라갈 때부터 손을 잡아 주고 평균대에서 내려올 때까지 손을 계속 잡아 주는 것이다. 유아 스스로 도움이 필요하지 않다고 할 때까지 교사의 지원은 계속된다. 　기 선생님이 음악(고엽)을 들려줄 테니 음악에 맞추어 낙엽이 움직이는 모습을 표현해 보자.[06]	

분류	유형	설명
브레드캠프와 로즈그란트의 교수 행동 유형	비계 설정 하기 (지지하기) scaffolding	▶ 유아 **스스로의 힘으로 해결할 수 없는 과제**에 자신의 역량과 바탕으로 문제를 해결할 수 있도록 **도움과 지도**를 제공하는 유형으로 과제수행에 필요한 능력을 갖추게 되면 **도움을 제거**한다. • 학습을 위해 일단 교사가 **외부적 지지를 제공**하는 것이다. 즉, 도움을 주어 과제를 수행하게 함으로써 도전의 기회를 마련해 주는 교수 행동이다. • 교사는 유아의 실제적인 능력이 어떤 수준인지를 알고 있어야 한다. 그래야 도움을 받아 새로운 수준의 능력으로 발전할 수 있는 잠재적 발달 영역(ZPD)을 파악할 수 있다. 기 바닥에 ∞모양으로 테이프를 붙여놓고, ∞모양을 따라 나뭇잎이 구르는 모습을 표현한다. ∞모양을 따라 구르는 모습을 잘 표현하면 테이프를 떼어 내고 굴러 보도록 한다.[06]
	함께 구성 하기 (coconst ructing)	▶ **교사와 유아의 공동 프로젝트 형태**로 과제를 교사와 유아가 **함께 배우고 해결해 나가는 유형** • 문제나 과업을 함께 해결해 나감으로써 유아와 교사 모두 학습자인 동시에 교사가 될 수 있다. 예 공룡 프로젝트를 함께 수행하거나 쌓기 놀이 영역에서 구조물을 함께 구성해 갈 수 있다. 기 선생님이 바람이야. 너희들은 바람이 부는 대로 움직이는 나뭇잎이 되어 보자.[06]
	시범 보이기 (demons trating)	▶ 유아에게 기대하는 행동을 **교사가 직접 시연**하고, **유아가 이를 관찰함으로써 그 행동을 형성**할 수 있도록 돕는 유형 • 바람직한 행동의 형성뿐 아니라, 유아가 지닌 바람직하지 못한 행동을 수정하기 위한 전략으로 사용되기도 한다. 이때 유아는 교사가 왜 시범을 보이는지를 알고 있어야 한다. 예 도서 영역에서 유아가 자신이 보던 책을 아무렇게 놓고 떠날 때, 교사는 "그림책을 다 읽고 나면 이렇게 원래 있던 제자리에 꽂아야 한단다."라고 시범을 보인다, "글자 'ㅂ'를 쓸 때에는 'ㅂ' 먼저 쓰고 'ㅏ'를 내려긋는 거야" 기 선생님이 옆으로 구르기를 보여줄게. 잘 보자.[06] 기 "은미야, 네가 언니한테 '언니, 나도 놀고 싶어'라고 말해 보자."라고 제안 → 판단 이유: 유아에게 직접 시연해 보임으로써 지도하고 있기 때문이다.[12] 기 유아들에게 공 던지기의 정확한 동작을 보여준다.[13] 기 자, 이제 선생님이 아주 큰 케이크를 만들 테니 잘 보렴.[특13추] 기 '공을 던져서 서로 주고받는다.' 활동 시 (**시범 보이기**)에 해당하는 교사의 발문 1가지를 쓰시오.[공18]
	지시 하기 (direct ing)	▶ 유아가 **특정한 방법으로 과제를 수행**하길 원할 때 **구체적이고 명확하게 수행 방법을 지시**하는 유형 • 교사는 가능한 시행착오 없이 학습이 이루어지도록 구체적으로 명확하게 지시해야 한다. 예 빨간 색종이를 반으로 접은 후에 오른쪽에 풀칠하고 그 위에 노란 색종이를 붙여 보자. 기 (옆으로 구르기가 잘 되지 않는 유아의 옆에 함께 누워서 구르기를 직접 보여주며) "선생님처럼 이렇게 누워서 팔을 위로 쭉 뻗고 굴러 보자."[06] 기 유아들에게 "줄을 따라 걸을 때 양팔을 쭉 뻗고 걸어보자."라고 알려준다.[13] 기 동그란 틀에 모래를 담고 물을 부려 보렴.[특13추]

Plus 지식 2007 개정 유치원 교육과정

인정하기	• 인정하기란 유아에게 관심을 기울여 주고 긍정적인 격려를 해 주는 것을 말한다. • 교사가 유아의 느낌이나 생각, 행동, 유아의 활동을 인정해 주면 유아는 더욱 즐겁게 생활하고 활동에 참여할 수 있으며, 활동의 지속성이 길어질 수 있다. • 인정하기는 격려하기, 칭찬하기, 수용하기 등 이를 표현하는 방법으로는 안아 주기, 따뜻한 눈빛 보내기, 미소 짓기, 긍정적 언어 표현 등이 있다. • 이들 중 지나친 칭찬은 오히려 활동에 대한 유아의 동기를 약화시킬 수도 있으므로 적절한 수준으로 인정해 주고 또한 사실에 근거하여 긍정적이고 명확하게 인정하고 격려하도록 한다.
지원하기	• 지원하기란 유아가 다음 단계로 도약하도록 과제 해결에 도움을 주는 것을 말한다. • 지원하기의 방법으로는 상황에 따라 사고의 확장을 돕는 확산적 질문 또는 새로운 자료 제공, 지식 및 정보 지원, 물리적 환경 개선 등을 활용할 수 있다. • 교사가 유아의 활동 진행 상황이나 생각의 진행 과정을 세심하게 관찰하여 유아 스스로 해결하고 싶지만 다른 사람의 도움이 없으면 해결하기 어려운 과제에서 효과적인 지원하기가 이루어질 수 있다.
함께 문제 해결하기	• 함께 문제 해결하기는 문제나 과업의 과정을 유아와 함께 생각하고 조사하며 배우고 해결해 나가는 것을 의미한다. • 문제나 과업을 해결해가는 과정에서 교사가 즉시 답을 알려 주는 것보다 유아와 함께 공동의 학습자가 되어 유아가 문제 해결 과정을 경험해 가도록 도울 수 있다.
시범 보이기	• 시범 보이기는 어떤 사항을 유아에게 구체적으로 지도하기 위해 교사가 활동에 적극적으로 참여하여 보여주는 행동을 말한다. • 유아는 교사가 직접 활동을 시범 보이는 것을 관찰하며 더욱 쉽게 익히거나 이해할 수 있다. • 시범 보이기는 유아의 활동에서 꼭 필요한 정보를 주고자 할 때 지시적이거나 의도적으로 활용된다. • 예를 들어, 학기 초에 교사는 '화장실 사용법' 혹은 '교구 사용법'을 지도할 때 시범 보이기를 사용할 수 있다.
모범 보이기	• 모범 보이기는 유아가 본받아 배울 만한 적절한 행동 양식을 행동 혹은 암시나 자극 등을 사용하여 보여주는 것을 말한다. • 모범 보이기는 직접적이거나 지시적인 성격을 띠지 않는다. 교사는 유아에게 기대하는 행동 즉 바르게 말하기, 정리 정돈하기, 공손한 태도, 골고루 먹기 등을 교사 자신이 매일의 생활에서 실천함으로써 모범 행동을 보일 수 있다.
지도하기	• 지도하기는 유아가 과제를 수행하는 과정에서 교사가 필요한 정보나 지식을 전달할 때와 보다 바람직한 행동과 태도를 기르고자 할 때 활용할 수 있는 방법이다. • 예를 들면, 밥을 먹기 전에는 "손 씻고 먹자."라고 지도할 수도 있고, 밥을 먹을 때 음식을 함부로 버리거나, 장난치는 유아에게 "음식은 귀한 것이란다. 처음부터 먹을 만큼만 덜어 먹자."라고 지도할 수도 있다. • 이때 교사가 지도의 의도를 명확히 할수록 학습 과정에서 시행착오가 줄어든다. • 또한 지도하기는 설명하기를 활용할 수도 있다 설명하기는 유아에게 지식이나 방법을 형성해 가도록 하는 방법으로, 유아 교육에서 자주 활용되는 방법은 아니지만 사회생활 속에서 자연 발생적으로 형성되기를 기대할 수 없고 유아들의 탐색이나 탐구 등의 방식으로는 획득될 수 없는 유형의 지식을 유아에게 직접적으로 전달할 때 활용된다. • 설명하기를 효과적으로 하기 위해 교사는 유아의 주의를 끌 만한 시청각 자료, 구체적 사례, 다양한 관련 자료들을 사용할 수 있다.

2) 학습행동(Bredekamp & Rosegrant, 1992)

▶ **학습행동**(learning) : **경험과 연습의 결과**로 나타나는 비교적 **지속적인 변화**
▶ 정해진 **학습 목표를 달성**하기 위해 **학습 상황에 참여**하여 **능동적으로 학습 목표를 성취**하는 것
• 유아가 스스로 학습을 진행하는 과정에 대해 브레드캠프와 로즈그란트는 다음의 과정을 제시하였다.

브레드캠프와 로즈그란트의 학습행동 유형	인식 (awareness)	▶ **사물·사람·개념에 대한 인식**으로, 학습 **대상을 마주하는 첫 순간의 느낌과 인상**을 형성하는 과정 • 학습은 유아가 **학습할 거리인 사건과 사물, 사람 또는 개념들을 인식**하는 데서 출발한다. • 유아가 학습할 거리를 마주하는 **첫 순간의 느낌과 인상**을 통해 나타난다. ㈎ 펠트 천으로 만든 수박이나 피자 교구를 제시하였을 때 유아들이 '와! 수박이다. 크다. 나 먹어봤어.' 등의 반응은 학습자료에 대한 유아의 첫 이미지라고 볼 수 있다. ⑦ 3, 4세 유아들은 어른들이 책을 읽어 준 경험이나 함께 책을 보며 듣기 등을 해 본 경험을 통해 인쇄된 글자에 대한 인식을 나타낸다.[06] • 사물, 사람, 사건이나 경험을 통한 개념 발달의 **광범위한 인식**을 의미한다.
	탐색 (exploration)	▶ **사물·사람·사건·개념** 등 **구성요소나 속성들을 알아내는** 과정 ▶ **사물·사람·사건·개념** 등의 **구성요소나 속성을 감각적으로 경험**하며 **개인적인 의미를 구성**하는 과정 • 유아는 탐색하는 동안 **자신의 모든 감각을 활용**한다. 이 과정에서 유아들은 자신이 경험한 것에 대한 개인적인 의미를 구성한다. ㈎ 유아들은 수박 교구를 만져보고 모양이나 크기, 부분과 부분에 대한 발견을 하게 된다. ⑦ 대부분의 4, 5세 유아들은 자신들이 만들어 낸 발명 철자를 사용하거나, 그림 그리기 등을 통하여 인쇄된 글자를 탐색하기 시작한다.[06] • 유아가 사물, 사람, 사건 혹은 개념에 대한 **감각적 경험을 통해** 얻어진 개인적 의미의 구성을 의미한다. • 유아가 새로운 활동에 대한 흥미와 호기심을 갖고 **제공된 자료나 사물의 구성요소, 속성에 대한 탐색**을 하는 것이다.
	탐구 (inquiry)	▶ **자신의 개념적 이해를 검토**하고, **타인의 이해나 객관적 실체와 비교**하는 등의 활동을 하는 과정 • 이 단계에서 유아는 사건, 사물, 사람 또는 **개념들이 가지는 일반적이고 객관화된 의미를 이해하기 시작**한다. • 또한 유아는 이 단계에서 **개인적 개념들을 일반화**하고 **이 개념들을 성인들이 생각하고 행동하는 방식으로 적응시키기 시작**한다. ㈎ 유아들은 수박이 하나의 전체임과 이를 반으로 나눈 상태를 '반' 또는 '두 개 중의 하나'라는 개념을 이해한다. 4조각으로 나누면 '반의반' 또는 '네 개 중의 하나'라고 말한다. 이를 그림 또는 기호로 표상할 수 있다. ⑦ 6세 유아들은 글자나 단어들의 유사점, 차이점을 알아내거나 일정한 패턴을 찾아보면서 인쇄된 글자를 주의 깊게 검토하기 시작한다.[06] • 유아가 **자신의 아이디어를 실험**하고, **다른 사람의 생각 또는 객관적 사실, 사회적 문화에 비추어 자신의 이해를 비교하는 과정**을 의미한다. • 이 단계에서는 유아의 탐구를 이끌어줄 수 있는 교사의 질문이 매우 중요한데, 유아 **스스로 지식을 구성하도록 유도**할 수 있다. • 이러한 과정에서 **과학적 개념에 대한 이해가 생기며 개념을 일반화**하기 시작한다.

적용 (utilization)	▶ **기능적 수준의 학습**으로, **형성한 의미를 새로운 상황에 적용·활용**하는 과정 • 기능적인 수준의 학습으로서 유아들이 사건, 사물, 사람 또는 개념들에 대해 형성한 의미를 적용하거나 사용할 수 있다. 　예 분수의 개념이나 이를 표현하는 방법을 배운 유아들은 일상생활이나 놀이 중에 우유를 '컵의 1/2'만 따르기, '도화지를 1/4' 조각으로 자르기 등을 할 수 있다. 　기 대부분의 7, 8세 아이들은 글자를 바르게 읽고 쓰기 위하여 인습적인 규칙을 사용하기 시작한다.[06] • 유아가 탐구 과정에서 습득한 개념이나 원리를 **새로운 상황이나 연계된 활동에 적용**함으로써 사건, 사물, 사람 또는 개념에 대한 **이해를 적용 또는 활용**해 간다.

 지식 학습행동(Bredekamp & Rosegrant, 1992)

- 전통적인 교육에서는 유아의 요구와 상관없이 교사가 교육 내용을 전달하고 주입시키는 교수활동만이 강조되었다.
- **진보주의, 유아중심교육의 영향**으로 **교수·학습의 개념**은 교사가 제공한 환경과 활동을 통해 유아가 지식이나 기능, 가치를 창조하는 방향으로 변화하였다. 즉, **배움과 가르침이 서로 연결, 통합**되어 있다.
- 이런 관점에서 볼 때 교수·학습이란 교사가 목적이고 계획된 의도를 가지고 유아를 둘러싼 환경적 조직을 구성해 주면 그 환경 속에서 유아가 스스로 학습을 진행하도록 돕는 과정이라 볼 수 있다.
- 제6차 교육과정: **(상호작용적) 구성주의 학습관**: 학습이란, 유아의 **능동적인 구성 과정을 통한 지식의 획득 및 변화로 정의**한다. 학습은 유아가 속한 사회·문화적 맥락 속에서 또래나 성인과의 상호작용을 통하여 동기 유발되고, 지식이 구성되어 감을 강조하고 있다.
- 기 유아의 4단계 학습 행동을 강조하는 학습관을 쓰시오. **(상호작용적) 구성주의 학습관**[06]

	유아의 역할	교사의 역할
인식	• 경험하기 • 흥미 갖기 • 다양한 변수 생각하기 • 인내하기 • 지각하기 • 주의 기울이기	• 환경 구성하기 • 경험할 수 있는 새로운 자료, 사건, 사람 제공하기 • 문제 상황이나 질문으로 유아의 흥미 자극하기 • 유아의 흥미나 공유된 경험에 반응하기 • **흥미, 열정 등 관심 보이기** ㉠ ~ 한 적 있니?, ~ 해볼래?
탐색	• 관찰하기 • 자료 탐색하기 • 정보 수집하기 • 발견하기, 창조하기 • 특징 파악하기 • 이해하기, 시도하기 • 자신의 생각 구성하기 • 자신의 규칙 적용하기 • 개인적 의미 만들기 • 개인적 의미 표상하기	• 탐색을 용이하게 하기(탐색 지지) • 탐색하는 것을 지원하고 향상시키기 • 능동적인 탐색의 기회 제공하기 • 놀이를 확장하기 • 유아의 활동을 말로 표현해 주기 • **개방된 질문하기**(㉠ 또 무엇을 할 수 있을까?) • 유아의 생각과 규칙을 존중하기 • 구성적 실수를 허용하기 ㉠ '유아의 행동을 기술', '느낌이, 보니까, 냄새가, 소리가, 맛이 어떠니?', '그것이 같으니, 혹은 다르니?', '그것들을 어떻게 그룹으로 묶을 수 있니?'

탐구	• 실험하기, 조사하기
	• 설명하기, 집중하기
	• **자신과 타인의 생각 비교하기**
	• **일반화하기**
	• **이전 경험과 관련짓기**
	• 일반적인 규칙 방식에 적용하기
		• 이해한 것을 구체화하도록 돕기
		• 주의 집중하도록 안내하기
		• **보다 핵심적인 질문하기**
		㉠ '이것처럼 작용하는 것에는 또 무엇이 있을까?
		  '만일 ~한다면?'
		• 요청이 있을 때 정보 제공하기
		㉠ 너는 어떻게 표현할 거니?
		• 개념, 정보, 사건 간에 관련성을 찾도록 도와주기
		㉠ 무엇을 할 수 있을까? 언제 그 일이 일어났지?
		  그밖에 또 어떻게 생각하니?, 왜 그럴까?
		  네가 관찰한 것과 다른 사람의 것은 어떻게 비교되니?

적용	• 학습결과를 다양하게 활용하기
	• 학습결과를 다양한 방법으로 **표상하기**
	• 학습한 것을 새로운 상황에 응용하기
	• **새로운 가설을 설정하기**
	• 새로운 학습주기를 시작하기
		• 실제 생활에 적용할 수 있는 방법 만들기
		• 유아들이 학습한 것을 새로운 상황에 적용하도록 돕기
		• 학습한 것을 적용할 수 있는 의미 있는 상황 제공하기
		㉠ 배운 것을 어떻게 사용할 수 있을까?
		  배운 것을 다른 사람에게 어떻게 제시하고 기억할 거니?
		  다른 사람과 어떻게 공유할까?
		  다른 질문에 대해 어떻게 생각하니?

3 유아를 위한 교수·학습 전략

자기표현	• 유아가 자연적인 발달과 의도적인 교수·학습의 결과로 얻게 된 **느낌과 생각을 다양한 활동의 형태로 표현하는 것**이다. • 교사 : 유아가 주도적으로 자신의 느낌과 생각을 자유롭게 표현하고 다른 사람들과 함께 협동하여 표현할 수 있도록 다양한 기회를 마련해 주어야 한다. • 자기표현에는 행동적 표현, 조형적 표현, 언어적 표현이 있다.	

	행동적 표현	• **행동으로 표현하는 기회**를 마련하는 것이라고 볼 수 있다. ㉠ 역할놀이, 구성놀이, 게임, 신체적 표현
	조형적 표현	• 유아들의 내면적 사고와 감정을 **그림이나 조형 활동을 통하여 표현**하도록 하는 것이다. ㉠ 그리기, 만들기, 꾸미기
	언어적 표현	• 유아의 느낌과 생각을 **말이나 글로 표현**하는 것이다. ㉠ 부정적·긍정적 감정을 말이나 글로 표현하기, 문제 해결 방법을 말이나 글로 표현하기

발견학습	• 유아가 탐색하기, 실험하기, 질문하기 등을 통해 **활동자료에 내포된 의미를 발견**하도록 하는 과정 중심의 방법이다. • 교사는 유아가 활동을 하면서 교사가 계획했던 의미(지식, 기능, 태도 차원의)를 발견하도록 돕기 위하여 관련된 질문을 할 수 있으나 반드시 정답을 요구하지는 않는다. • 그러나 유아의 반응을 통해 교사는 유아의 사고과정을 파악하고, **유아가 스스로 정확한 개념을 구성해 갈 수 있도록** 발견학습 방법을 계획하는 것이 중요하다.
탐구하기	• 유아가 어떤 사건, 사태, 현상, 사물, 사람 등을 자세히 살펴서 무엇인가를 찾아가는 과정을 의미한다. 즉, 탐구하기는 **어떤 것을 인식하고 탐색하며 추론하는 과정**이다. • 유아는 탐구하는 과정에서 호기심을 발휘할 수 있으며, 보고, 듣고, 만지고, 냄새 맡는 등 감각을 활용하여 적극적으로 관찰하고 몸으로 느끼며, 유추하고, 예측하고, 관계 짓고, 감정이입 하는 등의 다양한 사고를 경험한다. • 유아는 이러한 경험을 기초로 새로운 사실이나 방법을 이해하며 사건, 사물, 사람 또는 개념들이 가지고 있는 일반적이고 객관적인 의미를 이해해 간다.
토의	• 유아들이 어떤 주제 또는 사회적 갈등상황에 대해 **서로의 의견을 표현하는 과정**에서 **의견들 사이의 유사점과 차이점을 비교**하고 **문제 해결의 방법을 논의**하는 과정을 말한다. • 토의는 유아들이 자신의 입장을 효과적으로 전달하고 타인의 입장을 고려하면서 서로의 생각을 공유하도록 도울 수 있는 효과적인 방법이다. • 토의를 통하여 유아들은 문제를 해결하기도 하고, 게임의 규칙을 만들기도 하며, 새롭고 재미있는 활동을 제안하기도 한다.

문제 해결 전략	• 학습자와 교사가 함께 **문제 상황에 대해 그 원인과 해결책을 모색**하여 **문제 해결을 시도**하는 것이다. • 즉, 유아 스스로 사고하면서 문제를 해결해 보는 과정으로 민주시민 교육의 기초가 되며, 합리적 사고와 책임감 있는 행동을 발달시키는 기초가 된다. • 문제 해결력을 증진시키는 방법으로는 문제 상황에 대한 역할극, 인형극, 동화 등을 통해 타인의 입장을 배려해 보는 기회를 제공하는 것이다. 이를 통해 유아들이 타협, 양보, 제안 등과 같은 다양한 사회적 기술, 사고능력이 잘 발달될 수 있도록 한다. • **교사** : 유아의 문제 해결력을 증진시키기 위해 유아들의 지적·정의적 특성을 파악하고 유아들이 일상생활에서 직면하는 여러 문제를 해결해야 할 과제로 구성하여 유아들이 교사가 제시한 문제들에 대하여 충분히 생각한 뒤 결론을 도출하도록 지도해야 한다. • **교사** : 또한 다른 사람과 의논하며 문제를 해결하는 습관을 가지도록 하고, 유아들에게 적절한 질문을 하여 유아들이 비판적으로 사고하고, 정확하고 다양한 정보를 수집할 수 있도록 도움을 주어야 한다.
사회적 추론	• <u>논리적인 설명, 칭찬, 유아 행동의 결과에 대한 예측 등을 통하여 자신이 한 **행동의 원인과 결과**를 판단하고 **사회에서 수용되는 행동**을 하도록 하는 교수전략</u> • 추론은 두 입장에서 설명할 수 있다.

사회적 추론	도덕적 추론	▶ (도덕적 가치 갈등 상황에서 자유롭게 사고하고 추론할 수 있도록) <u>**가설적 딜레마**를 제시하여 **해결 방안을 탐색**하도록 하여 **사회에서 수용되는 행동**을 하도록 하는 교수전략</u> • 유아에게 **문제 상황에 관련된 추론을 자극하는 가설적 딜레마 상황을 제시**하여 이야기하게 하는 방법으로 **인지적 추론을 강조**한 입장이다. • 이 방법에서는 유아에게 하나의 상황을 제시한 후 상황 속의 주인공이 어떻게 해야 할지, 왜 그렇게 해야 하는지를 이야기하도록 한다.
	귀납적 추론	▶ <u>**행동의 이유와 결과를 이해**하고, **자기 행동이 타인에게 미치는 영향을 인식**</u>하도록 하여 **사회에서 수용되는 행동**을 하도록 하는 교수전략 • **유아들이 왜 착한 행동을 해야 하고, 잘못된 행동을 하지 말아야 하는지를 이해하도록 돕는 방법**으로 **감정이입에 기초한 정의적 측면을 강조**한 입장이다. • 이 방법은 유아가 당면한 현재 상황에서 하게 될 행동이 초래할 결과를 교사가 논리적이고 설득력 있게 설명할 때 효과가 있다.

모델링	• 사회적으로 **가치 있는 행동을 유아에게 제시하고 학습하도록 돕는 방법**이다. • 유아들은 그들 주변의 영향력 있는 사회적 인물 중에서 유아 자신이 친밀감을 느끼고 신뢰하는 모델들을 보고 학습하게 된다.
설명	• **유아들의 개념 획득을 위하여** 사용한 방법의 하나로 유아가 일반적 원리를 이해하도록 한 후에 이 원리를 구체적 사례에 적용하여 개념의 구조를 형성해 나가도록 하는 방법이다. • 이 방법은 교사들이 사회적 관계에 관한 지식, 즉 예절, 전통 윤리, 존중, 공중도덕, 질서 의식 등 배워 가야 할 사회생활의 기본 개념들을 가르치고자 할 때 사용할 수 있다.

지식 교육과정의 특성 및 의의

특성 (방인옥 외, 2011)	양면성	• 0세부터 8세까지의 유아에게는 기본적인 욕구를 해결해 주는 보호 및 양육뿐만 아니라 전인적 성장을 돕는 교육이 필요하다. • 이러한 보호 또는 양육, 교육은 가정에서 비형식적으로 이루어지기도 하고, 유치원 등 유아교육기관에서 형식적으로 이루어지기도 함으로써 다른 교육과는 달리 유아교육은 **양육과 교육의 양면성, 비형식적 교육과 형식적 교육의 양면성**을 갖는다.
	포괄성	• 유아교육은 **태교, 양육, 교육의 개념을 포괄**하고 있다. 태교의 대상은 유아 자신이기보다는 부모를 직접적인 대상으로 하고 있고, 양육과 교육 또한 부모의 올바른 참여 없이는 효율성을 기대할 수 없다. • 따라서 유아교육은 **유아뿐만 아니라 부모 또는 가족 구성원까지를 대상**으로 하는 포괄적인 특성을 가지고 있다.
	기초성	• 현대 심리학은 **유아기의 모든 경험이 인간의 여러 특성의 기초가 된다는 것**을 밝혀 냈다. 유아교육은 긴 인생 여로에서 처음으로 대면하게 되는 교육으로써 앞으로 다가올 학습과 전인적인 성장의 기틀을 마련하는 데 그 의의가 있다. • 발달심리학자들은 유아기가 신체적, 정서적, 지적, 도덕적, 성격적 발달의 결정적인 시기라며, 이 시기에 좋은 문화적 환경과 교육 경험이 중요함을 강조하였다. • 따라서 유아교육기관은 유아 개개인에게 의미 있는 환경과 경험을 준비하여 주는 것이 필요하고 이에 따른 아동 중심교육, 개별화 교육이 이루어지도록 배려해야 한다.
	다양성	• 유아교육은 가정, 유치원 어린이집, 초등학교 저학년 교실 등에서 다양하게 이루어지는 만큼 **프로그램이 다양**하다. 특히, 1960년대 이후 미국에서 개발된 유아교육 프로그램은 교육 철학, 학습 심리학, 교육 장소에 따라 수없이 많이 개발되었음을 볼 수 있다. • 예를 들어, 교육 장소에 따라 기관 중심의 교육, 기관과 가정 중심의 교육, 가정 중심의 교육 등으로 나누어 볼 수 있는 유아교육 프로그램도 수십 가지에 달하며, 이것이 유아교육의 특성이라고 할 수 있다.
원리		• **전인적 성장과 발달을 위한 통합성의 원리이다.** 즉, 유아 발달영역 간의 통합, 보호와 교육 활동 간의 통합, 유아교육과정의 내용들 간의 통합, 유치원 및 어린이집, 가정, 지역사회의 통합을 고려해야 한다. • **발달 적합성의 원리이다.** 유아들은 개인차가 크므로 모든 유아에게 동일한 유아교육과정을 제공할 수는 없다. 유아의 개별 발달 적합성을 고려하여야 한다. • **흥미 및 동기유발의 원리이다.** 유아에게 교육 활동을 제공할 때 흥미를 중심으로 하여 내적 동기유발에 기초할 때 유의미성을 지닌다. 따라서 유아교육과정을 계획·구성하고, 운영하는 과정에서 유아에게 친숙하고 흥미에 기초한 유의미한 경험과 활동을 제공해야 한다. • **권리존중의 원리이다.** 유아들이 행복하게 자랄 수 있도록 개별 유아의 생존권, 발달권, 교육권, 복지권과 더불어 장애아와 영재아의 권리도 보장되어야 한다.

V. 유아교육과정 접근법

1 성숙주의 접근법

성숙주의의 기본입장	• 유아의 성선설을 주장했던 **루소는 유아에게 만일 자연적 방법으로 성장할 수 있는 기회가 주어진다면, 유아는 자신의 잠재 가능성을 충분히 발달시킬 것**이며, 그러므로 교사와 부모들은 유아의 자연적 성장을 절대 방해하지 말아야 한다고 주장하였다. • 이와 같은 입장을 바탕으로 하는 접근이 성숙주의이다. • 성숙주의자들은 유아의 발달과 학습을 이끄는 **가장 중요한 힘은 유아의 내부로부터** 나오는 것이며 환경적 요소의 영향을 최소한으로 인정한다. • 즉, 환경적인 변인들이 유아들의 내적 성장 가능성을 지지 또는 억제하는 것처럼 보일 수도 있으나, 성장의 기본 방향은 인간 내부에 있기 때문에 부모나 교육, 사회적 영향은 유아들의 성장을 돕고 촉진하는 보조적인 요인일 뿐이라는 것이다. • **프로이트와 같은 정신분석학자들 역시 발달의 중요한 힘은 유아의 내부로부터** 그리고 보편적으로 경험된 것으로부터 나오는 것으로 보는 성숙주의적 입장을 취하고 있으며 성숙의 대표적인 학자 게젤은 유아의 발달과 성숙이 일정하게 나타나는 규칙성에 주목하였다. • 성숙주의자들에게 '가르친다는 것'의 의미는 사회적으로 인정되는 범위 내에서 유아의 흥미와 욕구에 적합한 허용적이고 편안한 환경을 제공하는 것이다. • 교육의 목표도 **유아의 내적 가능성에 따른 전인적 발달을 도모하는 것**이며, **교수자료와 교육적 경험은 유아가 그것에 흥미를 나타내고 준비가 되었을 때 제공**하도록 한다. • 이는 유아들은 바람직한 환경 속에서 자신의 내적 수행능력에 따라 발달한다고 생각하기 때문이다. 따라서 유아에게 **활동을 위한 충분한 시간을 주지 않거나 특정학습을 강요하는 교수는 실패**할 뿐만 아니라 **오히려 부정적인 결과를 초래**할 수 있음을 강조한다.
	단점: • 성숙주의 관점에서 개발된 프로그램들은 행동주의적 프로그램에 비해 명확하지 않은 것처럼 보인다. • 유아의 요구를 최대한 충족시켜줄 수 있는 것이 무엇인지에 관한 것은 전적으로 교사의 판단에 의존하기 때문에 **교사의 자질에 따라 교육의 질이 달라질 수** 있다. • 또한 발달이나 학습에 대한 일반적인 원리는 제시할 수 있지만 아동발달에 영향을 주거나 행동을 변화시킬 수 있는 **구체적이고 즉각적인 행동지침을 제시할 수 없**다.
성숙주의에 기초한 교육 활동의 원리	• 유아들이 그들의 **발달 수준에 적합한 활동을 스스로 선택할 수 있도록 많은 선택의 기회**를 주고 불필요한 성인의 개입을 최소화한다. • **유아는 다양하고 풍부한 자료를 사용함으로써 발달할 수** 있다. 따라서 유아들의 흥미와 발달단계에 적합한 자료를 제공한다. 만약 제공된 자료들 중 유아가 사용하지 않는 것이 있다면 대부분의 경우 그 자료는 유아의 발달수준에 적합하지 않음을 의미한다. • **특정한 활동의 유형은 매일 일정한 시간에** 이루어지도록 한다. 동적/정적 활동, 그룹/개별 활동, 지시적/비지시적 활동의 균형은 대상 유아의 연령, 집단의 규모, 활동 특징에 따라 적절히 안배한다. • 유아가 자신의 **발달 수준에 적합한 과제를 수행하도록 강요하거나 압력을 주지 않도록** 한다. 유아에게 허용적인 분위기가 제공된다면, 그들은 모든 영역에서 자신의 가능성을 점진적으로 발전시켜 나갈 것이다.

- 유아를 위한 **가장 효과적인 집단 구성은 발달수준이 같은 또래끼리 집단을 이루게 하는 것**이다. 발달이 지체된 유아나, 장애를 겪고 있는 유아들도 그들과 비슷한 유아들과 그룹을 짓도록 한다.
- 유아들의 **작업이나 놀이의 결과에 대해 성인의 개입을 최소한으로 줄인다.** 교사는 유아를 수용하고 안내하며, 그들의 요구와 흥미를 자극하도록 하며 일방적인 지시나 수정, 적극적인 행동수정 등은 피하도록 한다.
- 유아의 발달은 내적 성장의 힘에 따라 이루어지므로 교사는 **유아의 발달수준을 이해하고 양육적이고 수용적인 환경을 제공**한다.
- 바람직하고 적절한 환경은 유아의 흥미와 발달을 위해 조건 없이 제공되어야 한다. 체계적인 외적 강화를 제공하여 유아의 본질적인 성향을 전환시키려는 시도는 발달에 대한 근시안적인 관점이며 오히려 역효과를 초래할 수 있다.

2 행동주의 접근법

행동주의의 기본입장	• 행동주의 또는 환경주의라고 불리는 이 입장은, 역사적으로 **로크에서부터 손다이크** 그리고 심리학적 원리를 구체화한 **스키너로 계승되어 온 이론들**에서 그 근거를 찾을 수 있다. • 이 입장은 유아의 발달에 대한 **외적 요인의 중요성을 강조**하고, **외적 경험을 적절히 그리고 단계적으로 배열함으로써 유아의 발달을 바람직한 방향으로 변화시킬 수** 있다는 것이다. • 행동주의자들은 환경의 영향이 어떻게 개별 유아의 독특한 행동을 형성하는지에 주로 관심을 갖기 때문에 유아의 자아개념이나 신체적 성숙 패턴, 내적 사고과정은 중요하게 생각하지 않는다. • 따라서 유아가 세상을 어떻게 바라보고 느끼는지에 대한 추론에는 의미를 두지 않는다. 대신 외적으로 관찰할 수 있는 인간의 행동만이 가치가 있다고 생각한다. • 20세기 초부터 행동주의적 입장은 유아교육 현장이나 프로그램에서 널리 활용되었다. 특히 혜택받지 못한 유아들의 교육적 지체의 차이를 줄이고 학교생활을 성공적으로 수행할 수 있도록 하는 프로그램에 적용되었다. • 대표적인 것이 **잉글만과 베커**에 의해 개발된 **디스타(DISTAR) 프로그램, 행동분석 모델** 등이다. **단점** • 유아의 흥미나 욕구, 자발적인 참여보다는 반복연습과 지속적이고 즉각적인 강화를 통한 학습은 자칫 **유아의 창의성과 탐구자로서의 성향을 제한할 수** 있다.
행동주의에 기초한 교육활동의 원리	• 매우 구체적인 목표를 설정한다. • 유아의 **바람직한 행동전이를 위해, 학습 또는 훈련의 주제는 단순화, 위계화, 순서화하여야** 하며, 각 단계는 단순한 과업에서 점차 복잡한 과업으로 점진적인 변화를 이루도록 한다. • **학습 환경과 자료는 구조화하고, 학습 내용은 세분화 및 구체화하여야** 한다. • 교사는 **유아의 행동을 바람직한 방향으로 매우 적극적으로 지시, 수정, 강화**해준다. • 유아의 행동은 교사의 적절한 강화를 통해 형성된다. 따라서 교사의 역할은 적절한 강화를 통하여 유아의 행동이나 학습을 바람직한 방향으로 이끄는 것이다. • 유아들은 구체적인 조작(실제 도구와 행위를 이용한 활동)능력에서 점차 추상적인 조작능력으로 발전해 간다. 따라서 언어적 교수는 유아들에게 정확한 언어를 사용할 수 있게 하고 논리적 문장에 대한 훈련을 가능하게 하는 지적 발달의 주요 수단으로 본다.

3 구성주의 접근법

구성주의의 기본입장	• 구성주의 또는 상호작용주의라고 불리는데, 1960년대 이후 지금까지 교육에 많은 영향을 주고 있으며, **듀이, 피아제, 비고츠키 등의 교육이론에 영향**을 받았다. • 구성주의의 기본 입장은 유아들이 **사회적·물리적 환경과의 상호작용을 통해 능동적으로 지식을 구성**해 나간다고 본다. 따라서 유아들의 탐색활동이나 사고활동의 의미는 무엇인지, 환경과의 상호작용을 통해 유아들이 어떻게 발달해 가는지에 관심을 갖는다. • 그들은 유아의 발달이 자신의 능동적인 활동을 통해 이루어진다고 보며, 유아의 모든 상호작용을 중요하게 생각한다. • 이는 듀이의 교육관에서도 볼 수 있다. 듀이는 지식이나 학습은 효과적인 질문과 문제 해결 전략으로 유아를 이끄는 과정이며, 스스로 생각하고 탐구하도록 학습 받은 유아는 결국 사회에 기여하는 발견자가 된다고 본다. • 그 이후 유아의 사고과정에 대한 피아제의 연구는 유아의 활동과정을 인식하는 것이 그들을 이해하는 데 얼마나 중요한 것인지를 더욱 분명하게 해 주었다. • 구성주의자들은 **발달이 유아의 개별적 행동을 통한 내적인 인지구조의 계속적인 변형에 의해 이루어진다고 생각**한다. 각 개인은 사회적·물리적 환경과의 상호작용을 통해 계속해서 인지구조를 재구조화해 나가는데, 의미 있는 행동적 변화는 환경과의 조작에 의해 인지구조가 확장되고 정교화되기 때문에 일어난다고 설명한다. • 그들은 발달, 행동 그리고 학습이 실제적으로 외부의 영향과 성숙의 과정 모두에 의해 영향을 받는다고 생각한다. 하지만 세계관의 구성에서 개인의 활동성을 매우 강조하고 이로 인해 더 나은 학습과 발달을 조절하도록 돕는다. • **성숙주의자와 달리 생활 속에서의 우연한 만남(life encounter)을 중요하게 여기고, 행동주의자와 달리 직접적인 교수로 인해 강조되거나 효과적으로 미리 구조화될 수 없다고** 본다. • 또 성숙주의자들은 일반적으로 연령을 발달 단계 구분의 중요한 요소로 보는 반면, **구성주의자들은 연령보다는 적절한 경험이 발달을 위해 필수적인 것**으로 보았다. • 각 발달 단계에서 경험한 자극의 풍부함과 적절성의 정도는 유아가 다음 단계의 발달로 얼마나 잘 옮겨 갈 수 있는지와 직접적인 관계가 있다고 여긴다. 그러므로 성숙주의자들보다 발달 단계의 특징에 관심을 덜 가지는 대신에 다음 단계로 이끌 수 있는 활동적인 과정을 이해하고자 한다. • **두 입장 모두 연속적인 단계를 거쳐 발달이 이루어진다는 데 동의**하지만, 구성주의자들은 **전개(unfolding)의 과정으로 보지 않고, 유아 자신의 내적 구조변화에 따른 활동의 결과로** 이루어지는 것이라고 본다. • 구성주의에 기초한 프로그램은 유아의 활동을 강조한다. 특히 교사는 환경조직자이면서 유아의 경험을 확장시켜 나갈 수 있도록 질적인 다양한 질문을 할 수 있어야 하고, 유아의 참여 정도와 그들이 개념을 잘 파악하고 있는지 유아의 행동에 관심을 두고 관찰해야 한다.

구성주의에 기초한 교육활동의 원리	• 유아들은 단순히 학문적인 것만을 경험하기보다는 다양한 종류의 경험을 할 수 있어야 한다. 유아에게는 **추상적인 사고과정의 기초가 되는 구체적인 자료와 직접적인 활동을 할 수 있는 경험을 제공해 주어야** 한다. • **유아가 어떤 과제를 독자적으로 계획하고 수행할 수 있도록 충분한 시간을 제공해 주어야** 한다. • **자신의 관점을 합리화해 보거나 수정해 볼 수 있는 다양한 또래집단에서 사회적 상호작용**이 이루어져야 한다. • 교사는 적절한 학습 환경을 제공하고, 장시간 교사주도의 활동보다는 활동에 따라서 개별적 혹은 소그룹 집단구성을 운영할 수 있어야 한다. • 교사는 유아에게 회상, 종합, 평가, 시범, 실험 등을 할 수 있도록 한다. • 물리적, 사회적 세계를 보다 잘 이해하고 개념화할 수 있는 활동을 제공하도록 한다.
구성주의 교육과정의 교사의 역할	• 유아가 **자신의 요구와 흥미에 따라 독립적이며 자발적으로 생각하고 말하고 관찰하고 탐구할 수 있는 편안하고 안전한 교육환경을 제공**한다. 이를 위해서는 유아의 활동에 관심을 갖고, 공간 및 인적 자원을 계획하고, 일관성 있게 유아와 상호작용한다. • 교사는 유아들이 **주변의 다양한 자료와 접촉할 수 있도록 필요한 자료와 활동을 제시**하고, 유아의 발달 단계를 파악하여 그 수준에 맞는 적합한 활동에 참여하도록 하며 그때그때 유아의 사고를 평가한다. • 교사는 유아들이 물리적, 논리·수학적, 사회적 지식 등에 관련된 활동을 통해 각 지식의 본질과 성질을 스스로 이해하고 구성하도록 돕는다. 교사는 유아들에게 기존의 지식을 전달하고 주입하는 것이 아니라 **지식의 유형과 성격에 알맞은 여러 가지 활동들을 소개함으로써 그들 스스로 지식을 구성하도록** 한다. • 교사는 유아들의 활동을 방해하거나 중단하지 않으며 유아들이 자신의 생각과 활동을 확장·발전시켜 나가도록 한다.

4 성숙·행동·구성주의 접근법 요약

1) 성숙주의 유아교육과정의 접근법

심리철학적 요소		• 게젤, 프로이트, 에릭슨의 이론들에 근거를 둔다. • 유아는 특정 행동 양식에 해당하는 유전적 청사진을 가지고 태어난다고 본다. • 또한 행동의 변화는 어떤 행동(발달 과업)을 자극하는 생리적 성숙(준비도)과 환경적 상황의 결과로 일어난다고 본다.
경영요소	시설	• 넓은 환경은 유아의 운동성을 최대화 할 수 있게 설계된다. • 흥미 영역이 구분되어 있다.
	설비	• 많은 표현 양식(예 언어, 수, 운동, 심미)을 돕는 풍부한 종류의 다차원적 교재들이 제공된다. • 유아들의 발달 단계가 고려된다.
	교직원	• 따뜻하고 지지적인 환경을 제공한다. • 미리 정해진 학습 활동은 거의 없다. 그렇지만 유아들이 그들의 이해/기술을 확대시킬 필요가 있을 때는 진행 중인 활동들이 '풍성(enrich)'해진다. • 제한점을 정하고 받아들일 수 없는 사회적 행동은 다시 지도한다.
교육요소	활동	• 유아들의 관심에 근거한 단원과 광범위한 소주제들이 소개되고 유아들은 원할 때 자유롭게 활동에 참여할 수 있다. • 각 주제들에 기초한 활동들은 견학을 가거나 흥미 영역에 마련되어 있는 교구를 가지고 놀면서 이루어진다.
	동기유발	• 활동들은 유아들이 자신의 흥미와 관심에 따라 선택한다.
	집단구성	• **발달 수준이나 학습 준비도가 유사한 그룹으로 집단을 구성**한다.
	일과 계획	• 일과는 유아들의 욕구와 관심들에 맞추기 위해 융통성 있게 짜인다. • 유아가 어떠한 활동을 하거나 여러 활동으로 옮겨 가는 것에 많은 시간을 주는 것이 전형적이다.
	유아의 평가	• 유아의 전체적인 면(신체적, 인지적, 정서적)을 관찰하기 위한 시도를 하며, 주로 자연 관찰법을 이용한다.
프로그램 평가		• 유아들이 신체적, 인지적, 정서적인 표준행동목록에 따라 발달해 간다면, 프로그램은 성공적인 것으로 여겨진다. • 유아들의 발달에 유전적 또는 환경적 제약을 주기보다는 많은 자유와 허용(allowance)이 주어진다.

2) 행동주의 유아교육과정의 접근법

심리 철학적 요소		• 스키너, 반두라의 이론들에 기초를 둔다. • 유아들은 백지상태로 태어나며 수동적인 유아의 행동은 환경에 의해서 형성된다. • 행동 변화들은 계획된 강화 또는 계획되지 않은 사건의 결과로서 발생한다고 본다.
경영요소	시설	• 학습 환경은 유아들이 주의를 집중하고 산만함을 피할 수 있도록 계획한다. • 공간 안의 각 영역들은 서로 칸막이를 명백하게 구분된다.
	설비	• 동일한 교재가 프로그램의 목표와 특정한 기능을 지원하기 위해 사용된다.
	교직원	• 교사는 환경을 계획하고 제어하며 모든 목표 행동은 교사에 의해 정의된다. • 학습과제는 큰 과제로부터 세부적인 작은 단위로 나누어 직접적인 교수를 한다. • 표준에서 벗어난 행위를 제어하고 막기 위해 행동 수정의 원칙들을 사용한다.
교육요소	활동	• 특정한 학문적 목표를 달성하기 위해 교사가 직접 목표 지향적 활동을 설계한다. • 일반적으로 모든 유아들에게 똑같은 학습을 기대한다. • 활동들은 흔히 연습지 형식(drill format)과 직접적 교수법에 의해 진행된다.
	동기유발	• 중요 동기 유발 전략은 보상 체계이다. 예 토큰 강화
	집단구성	• **단일 연령 집단이 지배적**이다.
	일과 계획	• 빠르게 진행되는 프로그램은 꽉 짜인 스케줄로 제시된다('시간에 맞추어'). • 수업 전반을 통해 활동 시간은 짧으며 집단으로 과제를 수행한다.
	유아의 평가	• 수준별 단계에 따라 진행한 교수 활동을 형식적 평가에 의해 진단한다. • 주어진 수준에서 유아들이 목표를 달성할 때, 학습은 다음 단계로 진행한다.
프로그램 평가		• 만약 유아들이 주로 학문적인 특정 학습(장래 학교 교육을 위한 준비)을 성취하고 나면 그 프로그램은 성공한 것으로 본다.

3) 구성주의 유아교육과정의 접근법

심리 철학적 요소		• 주로 피아제, 비고츠키의 이론에 근거를 둔다. • 발달은 경험적인 사건들에 의해 최적의 상태에서 개인의 자기 조직화가 도전받을 때 일어난다.
경영요소	시설	• '흥미 영역'은 성숙주의적 접근보다는 한정적이지만, 유아들에게 활동적으로 참가할 수 있는 기회들을 줄 수 있도록 설계되며, 흥미 영역 내에서 유아들의 상호작용은 고무된다.
	설비	• 다차원의 교재들을 탐색과 문제 해결력을 고무시키고, 개념적 순서에 대한 생각을 전달할 수 있는 방법으로 배치한다.
	교직원	• 교사는 유아들의 현재의 발달 단계에 도전을 주도록 활동을 배치하며, 유아들이 자율성을 기를 수 있도록 활동을 계획하고 안내한다. • 교사의 역할은 유아들에게 새로운 도전감을 주기 위해 능동적일 때도 있고, 유아의 새로운 학습이 안정될 때까지 기다리는 동안 수동적일 수도 있다. • 교사들은 종종 유아들의 개념 발달에 적절한 언어를 강조한다.
교육요소	활동	• 발견적 학습을 강조한다. 예 문제 해결 전략들, 정교한 기술, 질문법 등 • 단원이나 주제에서 종종 주어지는 학문적인 내용은 목적 그 자체가 아닌 목적을 위한 수단으로 보인다. • 유아들이 활동들에 몰입하고 도전해 볼 수 있도록 교사들이 활동을 계획하여 준비하고, 유아들은 그 활동 중에서 선택한다. • 교사는 유아가 활동에 적극적으로 참여하도록 고무하며, 유아들이 활동들을 구조화하도록 상호작용한다. 예 개방식 질문법
	동기유발	• 내적인 동기 유발 예 지식에 대한 호기심
	집단구성	• **다양한 집단의 구성이 지배적**이다. • 좀 더 개별화된 작업이 많다.
	일과 계획	• 순서화된 활동들은 유아의 시간적 개념의 발달을 도와줄 수 있다고 생각한다. • 시간 운영의 융통성을 가지며, 유아들이 탐색할 수 있는 충분한 시간을 제공한다.
	유아의 평가	• 사고 능력의 변화를 진보하고 평가한다.
프로그램 평가		• 만약 유아들이 피아제 이론의 개념에서 좀 더 높은 발달 단계로 진보되어 간다면, 프로그램은 성공한 것으로 본다. 예 물리적 지식, 논리·수학적 지식, 시·공간적 지식, 사회적 지식, 표상 등

VI. 유아교육 프로그램

	아동 중심	행동주의	인지 발달 이론	보상 교육 (헤드스타트)
프로 그램	Bank-Street (뱅크 스트리트)	DISTAR (디스타)	Kamii-DeVries (카미-드브리스)	DARCEE (다시)
교수 형식	**탐구 학습** • 아동의 능동적 탐색, 관찰, 표현을 통한 학습 • 아동의 자발적인 놀이 상황에서 환경과의 상호작용을 통한 학습, 대인관계, 창의성	**직접 교수** • 교사가 아동에게 정보 제시, 행동 지시, 반응 통제 • 각 교과 학습을 복습으로 시작 • 반복 훈련 방법으로 언어적인 교수법(읽기, 언어, 셈하기)	**탐구 학습** • 정비된 환경 속에서 아동이 직접 선택한 활동을 통해서 학습 • 물리적 지식-사물과의 직접적인 조작, 실험을 통해서 학습 • 논리·수학적 지식 - 아동의 반성적·추상적 사고와 평형 작용을 통해 학습	**직접 교수, 게임, 탐구 학습** • 다양한 교수 방법 활용 • 교사 지식의 활동과 구조적 학습 경험 그리고 평가로 구성된 상호 연관된 단원 접근
교사의 역할	• 학습 환경 조성 • 아동-교구, 아동-아동 간의 중재자 역할 • 아동이 활동 과정에 참여, 관찰자 • 개별 아동의 흥미와 능력 진단 • 아동-교사 간의 신뢰감 형성	• 아동의 발달이나 학습 구조의 진단, 평가 • 아동을 직접 가르치기 • 아동의 성공적인 과제 수행을 위한 자극 제공 보상 및 강화	• 지식 전달보다는 아동 스스로 지식을 형성하도록 돕는 환경 제공 • 아동의 인지적 수준 진단, 평가 • 아동에게 활동을 소개하고 아동의 활동에 참여 • 게임 소개, 질문을 통해 아동의 사고 촉진	• 계속적인 계획-수행-평가-학급관리와 동기 유발을 위한 모델 • 교구 제시와 사용방법의 설명
집단 형성	• 개별학습과 소집단 행동 강조 • 개별적 학습을 강조	• 소집단 학습중심 - 아동의 학습과제 수행 능력에 따라 나눔 • 7~8명의 소집단	• 개별적 학습을 강조	• 소집단 학습 강조 • 아동의 수준에 따라 5~6명으로 구성
강조 되는 상호 작용	• 아동-교구 • 아동-아동 • 아동-교사	• 아동-교사	• 아동-교구 • 아동-아동 • 아동-교사	• 아동-교구 • 아동-아동 • 아동-교사
동기 유발	• 아동의 내적 학습동기 고양 • 아동-교사 간의 신뢰감 중요	• 아동 스스로 학습하도록 기다리는 것은 시간적 낭비 • 외부에서의 조직적·체계적 자극을 인위적으로 제공 • 충분한 강화 제공	• 아동의 흥미와 호기심을 중시 • 학습자 내면의 지식 체계에 불균형을 보완하기 위한 내적 충동이 일어날 수 있도록 함	• 구체적 외적 보상 체제로 아동을 유도하기 위한 조심스러운 강화 계발

1 뱅크 스트리트 프로그램(아동 중심 프로그램)

- 아동 중심 프로그램은 유아의 흥미, 욕구 등에 기초한 프로그램이다.
- 아동 중심 커리큘럼은 낭만주의 사상에 기초한 아동 중심 교육과정과 진보주의 사상에 기초한 아동 중심 교육과정으로 구분할 수 있다.
- **낭만주의 사상에 기초한 아동 중심 교육과정**은 전적으로 유아의 놀이에 기초한 교육과정으로 학습 활동에서 유아가 주도권을 가지고, 교사는 유아의 요구에 반응하는 형태로, **성숙주의적 유아교육과정 접근법에 기초**하고 있다.
- **진보주의 사상에 기초한 아동 중심 교육과정**은 유아·교사가 함께 활동의 주도권을 가지고 교사와 유아, 유아와 유아, 유아와 교구 간의 상호작용을 중시하며 **구성주의적 접근법에 기초**한다.
- 아동 중심 프로그램의 대표적인 프로그램에는 뱅크 스트리트 프로그램이 있다.
- 뱅크 스트리트 프로그램

뱅크 스트리트 프로그램	이론적 기초	• 교육철학에서는 **듀이**의 진보주의 교육이론에 뿌리를 두고 있으며, 심리·사회적 측면에서는 **에릭슨**의 영향을, 인지적 측면에서는 **피아제와 비고츠키**의 영향을 받았다. • **진보주의** 교육철학, **성숙주의** 발달이론, 프로이트의 **정신분석** 이론 등에 영향을 받았다. • 근본적으로 인간의 학습과 발달을 서로 상관된 것으로 보고 있기 때문에 인간발달에 대한 환경의 요소를 중요시한다. • 따라서 교육은 아동의 발달 단계에 적합한 학습 환경을 마련해 줌으로써 일어나게 해야 한다고 주장한다.
	교육 목적	• **목적** : 아동의 능력, 대인관계, 개인성, 창의성을 증진시켜 자신감 있고 발명적이며, 책임감 있고, 생산적인 인간을 육성하는 데 있다. • 이 프로그램은 불우아동의 결핍을 언어적·개념적 기능의 결핍과 인간관계를 유지하는 기술의 결핍으로 보고 **불우한 아동들의 결핍을 보완하기 위해 능력, 대인관계, 개인성, 창의성을 중심으로 한 교육**을 한다.
	교육 목표	• 건강한 자아개념의 발달을 성취하기 위해서 다음과 같은 하위 목표를 갖는다. ① 잠재능력을 향상시킨다. ② 개성의 발달을 돕는다. ③ 다른 사람과 상호작용 하고, 의사소통하며, 소속감을 발달시키도록 돕는다. ④ 창의성을 촉진하고, 이 세상이 상호 연결되어 있는 본질을 인식하도록 도움으로써 인생에 대한 보다 넓은 시각을 갖도록 한다.
	교육 원리	• **인지적 기능의 성장은 대인관계나 상호작용과 떨어져서 이해될 수 없**다. • 환경을 적극적으로 탐색하는 것은 인간의 기본 본능이다. • 발달에서 **개인의 독특한 자아와 독립적인 존재의 중요성을 강조**한다.

뱅크 스트리트 프로그램	학습 내용	• 아동이 **직접 환경에 접하여 환경과 상호작용할 수 있는 다양한 교구를 제공**한다. • 다양한 감각운동, 지각적 경험을 제공함으로써 아동의 다양한 사고를 표현할 수 있게 한다. • 실내·외의 여러 기구를 관찰하게 함으로써 생활 주변에서 일어나는 여러 가지 사건과 기능에 대한 이해를 도모한다. • **극놀이를 장려함으로써 아동의 경험을 통합**한다. • 아동이 **내적 충동을 조절할 수 있게 하기 위하여 학습 내에서 지켜야 할 분명한 규칙**, 규율을 세우고, 각자의 분명한 역할을 확립한다. • **타인과 원만한 인간관계를 형성하고, 인간관계에서 일어나는 여러 가지 갈등을 해결할 수** 있게 한다. • 아동이 자신에 대해 알고, 바르게 인식하며, 자아를 실현시킬 수 있는 경험을 제공하여 아동 자신이 고유하고 능력 있는 인간이라는 긍정적인 자아개념이 형성될 수 있게 한다. • **성인-아동, 아동-아동 사이의 대화나 토의 등을 실시**함으로써 상부상조적 인간관계를 형성할 수 있게 한다.
	일과 구성	• **뱅크 스트리트의 일과표는 유동적**이어서 아동이 교구 탐색 등 함께 활동할 수 있는 시간을 정한다. • 매일 매일의 교실활동은 대화, 토론, 이야기 듣기, 노래하기, 읽기, 쓰기 등의 다양한 기회를 제공한다. • 아동들은 비언어적인 표현의 기회를 갖는데, 예를 들어 미술활동을 통해 그들의 생각이나 느낌을 표현하는 기회를 갖는다.
	교사의 역할	• **아동이 스스로 활동을 자유롭게 선택하고 활동할 수 있도록 소개하고, 계획**한다. • 아동을 관찰하고 진단하여 개별적으로 아동의 능력이나 발달 단계에 맞는 교수를 할 수 있도록 조정한다. • 학습 환경을 구성하고 아동의 학습활동에 적극적으로 참여한다. 교사는 학습의 안내자 및 촉진자 역할을 해야 하므로 교사는 발달에 대한 지식과 각 아동의 개성을 이해하고, 교과과정 내용에 대해서도 깊이 있게 이해하고 있어야 한다. • 부모의 관심과 요구, 흥미를 알고, 가정생활에 대한 정보를 수집하고, 아동의 집단 생활에 대해 알게 하기 위해서 부모교육을 실시한다.
	환경 구성	**공간**: • 극놀이, 블록 쌓기, 집단모임 또는 개인적인 공간이나 소집단 활동을 위해서 배분된다. 교구나 활동은 아동의 탐구나 발견, 학습을 위해 제공할 수 있는 기회에 따라 융통성 있게 결정된다. **교구**: • 아동의 기호, 관심, 발달적 요구에 적합한 풍부한 환경을 제공한다.

2 디스타 프로그램(행동주의 프로그램)

- 행동주의 프로그램은 **단계적인 교수법과 반복 및 강화원리를 강조**하며 학교생활에서 성공을 거두는 데 필요한 바람직한 행동을 하는 프로그램이다.
- 대표적 형태로는 **디스타(DISTAR) 프로그램**이라고도 하는 **베라이터-엥겔만(Beriter-Engelman) 프로그램**을 들 수 있다.
- 이는 상급학교의 학업을 성공적으로 달성하기 위하여 학문적 기초를 준비하게 하는 것을 목적으로 읽기, 쓰기, 셈하기 등을 강조하며 교사의 조작적인 개입환경을 강조한다.

디스타 프로그램	이론적 기초	· **디스타**(DISTAR : Direct Instructional Systems for Teaching Arithmetic and Reading) 프로그램은 **베리이터와 잉겔만에 의해 개발**된 교육 프로그램으로서, 교사 중심의 직접 교수를 위한 **행동주의 이론**에 근거를 두고 있으며 **언어와 읽기, 셈하기**를 중시한다. · 'DI'는 다이렉트 인스트럭션의 축약형으로 직접적 교수를 뜻한다. · 헤드스타트는 이후, 사회에서 혜택받지 못한 아동들에 대한 관심이 높아지자, 저소득 계층 아동들의 성공적인 학교생활을 도와주기 위해 개발되었다.
	교육 목표	· **목표** : 질문에 대해 단언적인 말을 할 수 있는 능력, 지시에 대해 반응할 수 있는 능력, 반대되는 개념을 알 수 있는 능력 등
	교육 원리	· "제대로 가르치면 모든 아동은 배울 수 있다."라는 기본 신념으로 학생들이 가능한 빨리 배울 수 있도록 직접적인 교수 방법을 통해 학문적 기초 형성을 수립할 수 있도록 도와주는 수업내용으로 구성되어 있다.
	학습 내용	· 유아의 학문적 기초를 형성해 주기 위하여 언어, 읽기, 셈하기의 세 가지로 나뉘고, 그 밖에 간식, 음악 등의 반구조적 활동이 부수적으로 포함된다.
	교사의 역할	· 교사는 **아동이 배워야 할 기술들을 언제 어떠한 순서로 가르칠 것인지 세밀하게 계획**을 세우고 이를 문서화한다. · 교사는 **아동의 학습결과가 극대화될 수 있도록 곧바로 언어적 반응**을 해준다. 아동이 학습을 잘 해냈을 경우에는 바로 보상을 해주고, 잘못한 일에 대해서는 스스로 오류를 깨달을 때까지 기다려 주기보다는 **즉시 잘못을 수정**해 준다.

3 하이스코프 프로그램(피아제 이론에 기초한 프로그램)

- 피아제의 **인지발달 이론에 기초**한 대표적인 유아교육과정은 라바텔리, 와이카트, 하이스코프, 카미-드브리스 프로그램 등이 있다.

이론적 기초	· 피아제의 인지발달이론에 기초하고 있으므로 구성주의적 성격을 띤다. · 유아는 능동적인 학습자로서 경험을 통해 스스로 지식을 구축해 나가는 능력을 가진 존재이다.
교육 목적	· 기존의 하이스코프 프로그램은 프뢰벨, 몬테소리와 같은 이론가들처럼 능동적 학습자로서의 유아의 역할을 강조했지만, 사회성 발달보다는 인지발달에 중점을 두고 문제 해결능력과 창의적 사고능력을 강조한다는 점에서 이들과 차이점을 보였다. · 그러나 오늘날 하이스코프 프로그램은 아동의 인지발달뿐 아니라 전 영역에서의 발달을 돕기 위해 노력하는 것을 목적으로 한다.
교육 목표	· 사람, 물질(교구), 사건, 아이디어에 능동적으로 참여함으로써 배운다. · 독립성, 책임감, 자신감을 길러서 학교생활과 인생에 대해 준비한다. · 자신이 하는 활동의 많은 부분을 계획하고 수행하며 자신이 행한 것과 배운 것에 관해 다른 사람과 이야기하는 것을 배운다. · 중요한 학업적·사회적·신체적 지식과 기술을 획득한다.
교육 원리	**능동적 학습** (active learning)	· 능동적 학습이란 **유아가 사람과 사물, 사건과 아이디어의 직접적인 경험을 갖는 것**을 의미한다. · 하이스코프에서는 아동들의 관심과 선택이 프로그램의 중심에 있으며, 아동들은 세상과 주변 사람들과의 직접적인 상호작용을 통해서 자기 자신의 지식을 구성한다.
	주요 경험	· 유아를 위한 **58가지의 '발달상의 주요 경험'**과 주요 경험을 촉진하기 위한 실제적 책략을 규정해 놓고 있다. · **주요 경험은 10개의 범주로 분류**되어 있으며, 연령에 따라 영아용과 유아용으로 구분되어 있다.
	계획·실행· 평가의 과정 (Plan-Do-Review)	· 유아가 개인의 흥미와 목표를 추구할 때 가장 잘 학습할 수 있다고 믿는다. · 따라서 유아들은 **5~10분간 소집단으로 자신이 작업 시간에 할 활동과 교구를 선택하고 계획**한다. · 그리고 **45~60분의 작업 시간 동안 계획한 것을 수행하는 과정**을 통해 탐구하고, 의문을 제기하며, 답을 찾고, 문제를 해결하며, 또래나 성인과 상호작용을 한다. · **다시 5~10분간 자신이 무엇을 했고, 무엇을 배웠는지** 교사와 다른 유아들과 함께 회상하는 시간을 갖는다.

학습 내용		• 하루 일과 중 자신이 참여할 활동과 교재·교구를 아동이 직접 선택하도록 격려한다. • 자신이 선택하고 계획한 활동에 참여하면서 아동은 탐색, 질문 및 응답, 문제 해결, 또래 및 성인과의 상호작용을 지속해 나간다.
일과 구성		• 하루 일과는 능동적 학습을 지원하고 일관성을 가지도록 구성된다. • **계획-실행-평가의 과정은 하이스코프 프로그램 일과 구성의 중심축**에 해당된다. • 따라서 유아가 능동적으로 학습할 수 있는 환경을 조성하려면 **일정한 형태의 하루 일과가 유지**되어야 하며, **다음 날 새로운 활동이 예정되어 있다면 미리 아동에게 알려주어야** 한다. • 일관성 있는 하루 일과가 책임감과 독립심을 발달시켜 나가는 데 필수적인 통제력을 유아에게 제공해 준다고 믿는다.
교사의 역할	능동적 학습자 역할	• **교사는 유아와 더불어 능동적 학습자 역할을 담당**한다. • 이는 아동의 활동에 감독자나 관리자가 아니라 **파트너로 참여**함을 뜻한다. • 교사와 아동은 둘 다 화자이며 청자이며, 지도자이자 추종자이다.
	상호 작용자로서의 역할	• 유아의 영역별 발달과정을 교사에게 제시하고 있으나, 세분화된 학습주제나 내용을 직접적으로 제공하지는 않는다. • 교사는 **유아의 이야기를 주의 깊게 듣고 나서 유아의 활동을 확장**시킴으로써 유아가 자신의 발달수준에 적합한 과제를 수행할 수 있도록 격려한다. • **유아 간의 언어적 상호작용을 촉진시킬 수 있는 질문 유형**을 사용한다. 예 '예/아니오'의 폐쇄형 질문보다 "무슨 일이 일어났니?" 등의 개방형 질문을 사용
	환경 조성자로서의 역할	• 교사는 흥미영역을 구성하고 일상적 절차를 개발하며 유아 스스로 활동하는 학습환경을 조성한다. • 이 외에 아동이 성장하고 학습하기 위해 필요한 경험을 계획하고 적절한 교구를 제공하는 것, 아동의 선택을 존중하고 아동의 시도를 격려하며 독립성과 창의성을 북돋아 주는 것도 교사의 중요한 역할이다. • 요컨대 **하이스코프 교사는 아동 중심 교사보다 조금 더 지시적**이다. 교사는 매일의 일과계획 및 평가시간에 다양한 주요 경험활동을 진행한다. 그리고 유아의 행동을 단순히 관찰하기보다는 **더 지지적이고 적극적인 방식으로 상호작용을 이끌어 나간다.**
환경 구성		• 아동의 관심과 흥미를 지원하기 위해 흥미영역별로 배치되어야 한다. • 교사는 아동에게 적합한 교재 및 교구를 선정하여 아동이 손쉽게 교재 및 교구를 활용할 수 있도록 도와주어야 한다. • 즉, 모든 교구를 유아가 편리하게 접근할 수 있도록 개방된 선반과 정리장에 배치해야 한다. 또한 교구 사용 후에 제자리에 되돌려 놓을 수 있도록 선반과 정리장에 해당 그림을 붙여 둔다.

4 카미-드브리스 프로그램(피아제 이론에 기초한 프로그램)

이론적 기초	• **피아제**의 인지발달이론에 기초한 대표적인 유아교육과정으로 **아동의 인지적 요소와 발달 단계를 기초로 개발**되었다. • 따라서 프로그램의 전체적 방향은 아동의 전체적인 인지구조를 발달시켜 문제 해결력을 길러주는 것이다.	
교육 목적	• 궁극적 목적으로 아동의 인지적·도덕적·사회적·정서적·신체적 영역에의 균형 있는 발달을 통해 전 인격적 인간으로서의 성장에 둔다.	
교육 목표	• 새로운 행동을 추구하는 창조적·발명적·탐구적인 인간을 길러내는 것이다. • 기존 의식에 대해 비판적·분석적 태도를 가진 인간을 양성하는 것이다.	
교육 원리	• 피아제가 구분한 지식의 종류는 **물리적 지식, 논리·수학적 지식, 사회적 지식**이다. • 이 3가지는 독특하고 중요한 물리적 지식활동과 그룹게임, 사회·도덕적 토의를 위한 기초가 되고 있다. ① 지식이란 활발한 학습 과정으로부터 얻어지는 것이므로 학습은 동적인 과정이 되어야 한다. ② 아동의 지적 능력 발달을 위한 아동 상호 간의 협동이 아동과 성인과의 관계 못지않게 중요하므로, 학습에서 아동 상호 간의 사회적 상호작용을 중시한다. ③ 교육의 궁극적 목표는 사고하는 인간을 육성하는 것이므로 교육 활동은 언어적 경험보다 실제 조작 경험에 기초하여야 한다.	
학습 내용	일상생활	• 지식은 직접 가르치는 것이 아니라는 피아제의 구성주의적 견해에 의하면 **유아는 일상을 통해 배우고 발달**해간다고 할 수 있다. • 실제로 유아는 일상의 여러 가지 상황이나 물리적·사회적 세계를 이해하고 경험하게 된다. • 따라서 이러한 활동 자체가 교육과정의 내용으로 자연스럽게 적용될 수 있다.
	유아발달 프로그램 내용	• 뱅크 스트리트 프로그램이나 전통적 교육과정에서 행해지는 유아발달 프로그램의 다양한 활동들을 교육 내용으로 채택한다. ㉠ 예를 들면, 쌓기 놀이, 그림 그리기, 동·식물 기르기, 물·모래놀이, 요리하기 등
	피아제 이론이 암시하는 활동들	• **물리적 지식, 논리·수학적 지식, 사회적 지식**에 근거를 둔 활동 • **도덕성 발달과 대인관계 증진을 위한 갈등상황에 대한 토의** • 목적물 맞히기·숨기기, 카드·판을 이용한 게임 등의 **그룹 게임** • 피아제의 실험과제에서 도출되는 공 굴리기, 거울놀이, 진자(추) 흔들기 활동, 그림자놀이 등의 물리적 지식과 관련된 활동 등
교사의 역할	• 이 프로그램에서 **학습을 위한 동기유발**은 외부의 자극이나 보상에 의해서가 아니라 학습자 **내면의 지식체계에 불균형을 보완하기 위한 내적 충동을 통해 일어나게** 한다. • 교사는 아동들이 학습을 스스로 진행할 수 있게 교구와 활동을 제시해 주고, 사고의 폭을 넓혀 주며, 자발적 학습을 위한 아동의 활동과정을 진단·평가하고, 적절한 반응과 도움을 준다. • 그러나 교사가 아동의 현재 발달수준 이상으로 가르치려고 하거나 촉진하려고 하지는 않고 **놀이를 통해 학습자가 스스로 학습의 의미를 발견**하게 하며, 학습할 수 있도록 돕는다. • 유아가 스스로 자신이 접하게 될 과제에 대해 생각할 수 있게 계획하고, 계획된 활동이 실제 수업 상황으로 옮겨질 때는 학습자가 활동의 주도권을 가질 수 있게 한다.	

5 프로젝트 접근법

이론적 배경	• 프로젝트란 **'학습할 가치가 있는 특정 주제를 심층적으로 탐색하는 것'**을 말한다.
	• '프로젝트'란 용어가 교육에 처음으로 등장한 것은 1900년 컬럼비아 대학에서 학생들의 공작학습에 프로젝트를 활용한 데서 비롯된다. 이후 프로젝트 활용을 교육에 적극 도입한 사람은 Parker와 Dewey이다.
	• 파커(Parker)는 1875년부터 말하기와 쓰기 교육을 학습자의 직접적인 활동이나 경험, 느낌 중심으로 고안하였으며 지리 교과인 경우 교과서 대신에 학교 주변을 견학하면서 주변의 지형을 스케치하거나 지형의 모형을 제작하도록 지도하였다.
	• 듀이(Dewey)는 1886년 자신이 세운 실험학교에서 전통적인 수업방식이 아니라 프로젝트 활동을 수행하도록 계획하였다.
	  – 프로젝트 수행과정에서 발생한 문제를 해결하기 위한 방법으로 산수, 읽기, 역사, 과학 등의 교과를 도입하였다.
	  – 그는 아동이 진정으로 흥미 있어 하는 문제를 탐구하게 되면 그 과정에서 사고하는 방법을 배우게 된다고 보았으며 사고하는 방법의 학습이란 문제 해결을 의미한다고 주장하였다.
	• 듀이의 제자였던 킬패트릭(Kilpatrick)은 1919년 컬럼비아 대학교의 논문집에 **'프로젝트 접근법(The Project Method)'**이라는 제목으로 기고하였는데, 이는 프로젝트에 의한 학습활동을 이론으로 정립하는 데 중요한 역할을 하였다.
	• 그러나 미국의 진보주의 교육운동은 1950년대 학문중심 교육과정이 대두되면서 쇠퇴하기 시작하였고 프로젝트 접근법도 교육적 관심에서 제외되었다.
	  – 실패 원인으로는 초등학교 중심으로 적용된 프로젝트 접근법이 교사의 지도하에 아동이 유목적적인 활동에 몰두하도록 주장한 킬패트릭의 의도와는 달리, 지나치게 아동의 흥미 위주로 이루어짐으로써 단편적이며 통일성이 없는 교육과정으로 이루어졌기 때문이다.
	• 그러나 학문중심 교육과정의 문제점이 나타나자 교육자들은 이를 비판하면서 인간중심교육 및 인성교육, 지적인 교육, 정의적 교육에 관심을 갖기 시작하였다.
	• **캐츠와 차드(Katz &Chard)**는 프로젝트와 관련된 많은 연구를 검토한 결과, 프로젝트에 의한 학습활동이 유아의 학문적, 인지적, 정서적 발달에 바람직한 영향을 미친다고 주장하면서 **'프로젝트 접근법(Project Approach)'**이라는 용어로 재조직하여 발표하였다.

교육 목적	• 캐츠와 차드는 '프로젝트란 한 명 또는 그 이상의 유아가 **특정 주제에 대해 깊이 있게 수행하는 탐구활동**'이라고 정의하였다.
	• 프로젝트 접근법은 **유아가 관심이 있는 주제를 선정하여 탐색하는 활동을 중심으로** 이루어지며 활동을 수행하는 과정을 통하여 읽기, 쓰기, 셈하기 등의 지식과 다양한 기술을 통합적으로 획득하도록 고안되어 있다.
	• 또한 **활동과정에서 지역사회와의 경험들을 연결**시키도록 하며 교사, 유아, 부모, 지역사회 인사가 함께 참여하여 경험의 공유를 도모한다.
	• 이들은 프로젝트의 **교육목표가 '지식과 기술을 획득하고 성향과 감정을 배양하는 것'**이라고 제시하였다.
	• 이를 구체적으로 살펴보면 다음과 같다.
	
	           | 지식의 획득 | • 유아는 아이디어, 사실, 개념, 도식과 같은 **정신적 지식을 구체적인 상황에서 직접적인 경험을 통하여 이루어지는 것이 바람직**하기 때문에 교육 현장에서는 이러한 상황을 마련하여 주는 것이 필요하다.
	           | | • 프로젝트 활동은 유아에게 흥미로운 주제를 선택하여 자발적으로 경험하도록 함으로써 이들의 지식 획득과정에 효과적이다.

기술의 습득	• 유아에게 요구되는 차례 지키기, 협상하기, 문제 해결 방법 계획하기 등의 **사회적 기술**과 타인과의 의사소통기술, 자기표현 능력, 추론 능력 등의 **의사소통기술** 그리고 쓰기, 읽기, 셈하기와 같은 **학문적 기술이 프로젝트 활동에는 충분히 포함**된다. • 프로젝트 활동 과정 중의 유아는 다양한 문제 상황에 처하게 됨에 따라 다른 유아와 이를 해결하기 위하여 의사소통을 하거나 발견한 것이나 알게 된 것을 기록하는 등의 기회를 갖게 된다.	
바람직한 성향의 계발	• 성향이란 **특정 방법으로 어떤 상황에 반응하는 것**으로 기술이나 지식의 문제가 아니라 **마음이나 경향의 영역**이다. • **예를 들면 호기심, 관찰력, 모험심, 과제에 대한 지구력, 창의성** 등이 있다. 쓸 줄 아는 것과 작가가 될 성향을 갖는 것, 또는 읽는 것과 독자가 될 성향을 갖는 것 간에는 차이가 있다. • **학습의 목표는 바람직한 성향의 계발**이며 특히 '**계속해서 학습하고자 하는 성향**'**의 형성**에 있다. 성향은 형식적인 교육이나 훈계에 의하여 학습되지 않는다. • 많은 중요한 성향은 유아의 출생지역, 사회적 지위 및 교육정도에 관계없이 생득적으로 발달된다. • 특히 호기심, 창의성, 협동, 개방성, 친절함과 같은 성향은 주변 사람으로부터 학습되며 효과적으로 사용되고 평가받음으로써 강화된다. • 따라서 긍정적인 성향을 획득하거나 강화하기 위하여 유아는 성향을 행동으로 표현할 기회를 가져야 한다.	
감정의 발달	• **감정은 주관적인 정서 상태로 일부 감정은 선천적이지만 학습되기도** 한다. **학습된 감정으로 수용감, 자신감, 소속감, 안정감, 유대감, 상호의존감** 등이 있으며 학교, 교사, 학습, 다른 유아에 대한 감정은 초기에 발달된다. • 프로젝트 활동과정에서 유아는 공동의 목적을 위하여 자신의 학습 스타일과 강점에 따라 집단에 공헌하는 기회를 갖게 되므로 **소속감, 긍정적인 자아존중감** 등이 획득된다.	
교육 내용	• 프로젝트란 어떤 주제에 대한 깊이 있는 탐색이므로 **활동에 들어가기에 앞서 주제를 선정하여야** 한다. 일반적으로 테마(theme), 단원(unit), 주제(topic)는 의미상 차이가 있다. • **넓은 의미의 주제인 테마는** 교사가 '계절', '동물'에 관한 자료를 수집하여 유아들에게 학습하도록 유도하는 것으로서 유아의 적극적인 참여가 이루어지지 않는다. • 단원이란 교사가 유아들이 알아야만 하는 중요한 주제를 선정하여 교수·학습 계획을 세우고 학습할 지식과 개념들을 준비하여 교육과정을 구성한다. • **반면에 프로젝트 접근법에서의 주제는** 교사가 선정하거나 **유아의 흥미나 과거 경험 또는 일상생활이나 문제상황, 책 내용 등에서 도출**된다. • 즉, 주제는 **유아가** 제안할 수도 있고, **교사가** 제안할 수도 있다. • 주제 선정 시 참고하여야 하는 요인(Chard, 1995) • 유아가 흥미 있어 하는가? • 유아가 이전에 경험한 활동과 관련이 있는가? • 유아에게 인지적 갈등을 주는가?	

	• 유아가 알고 있는 것에 기초하고 있는가? • 유아에게 자신이 살고 있는 세계에 대해 잘 이해할 수 있도록 돕는가? • 유아들 간에 더욱 잘 이해하도록 돕는가? • 문자나 수의 가치를 인식하도록 도와주는가? • 구성, 조사, 극화놀이, 발표 등을 위한 아이디어를 제공하는가? • 유아교육기관 밖에서 정보를 찾도록 고무하는가? • 부모나 지역사회와의 의사소통을 촉진하는가? • 교사에게도 관심이 있는 주제인가?	
교육 방법	• 프로젝트 활동에는 독특한 구조적인 특성이 있다. 이는 유아의 다양한 흥미와 학습요구를 충족시킬 수 있는 수단을 의미하는 것으로서 집단토의, 현장 활동, 표현, 조사, 전시 방법을 포함한다.	
	집단 토의	• **유아의 학습을 이끌어주고 활동에 대한 의견이나 활동 결과를 공유하도록** 돕는다. • 다양한 문제를 해결하기 위해 학급 전체 또는 소집단으로 토의하는 것은 구성원 간의 의견 교환을 위해 유용하다. • 특히 소집단으로 토의할 때 유아는 활동에 보다 적극적으로 참여할 수 있으며, 교사 역시 유아의 생각을 이끌어주는 데 효과적이다.
	현장 활동	• 유아가 **교실 바깥에서 활동과 관련하여 직접 경험을 하는 것**으로서 가게, 거리, 뜰, 지역주민, 회사, 역사적으로 중요한 의미가 있는 건물, 교통수단, 공공시설이 있다. • 이러한 곳을 견학함으로써 유아는 자신이 사는 세계에 대해 풍부하게 이해하게 되며 직접적인 탐색을 통하여 전문적인 지식을 획득할 수 있을 뿐만 아니라 유아교육기관 안에서 학습한 것을 학교 바깥의 세계와 연결할 수 있게 된다.
	표현	• 유아가 **주제와 관련하여 자기의 경험과 알게 된 점을 다양하게 표현하는 기회**를 갖는다. • 그림을 그리고 글을 쓰며 수학기호를 사용하고 연극으로 꾸며 보는 등의 활동은 유아가 기초적인 기능을 습득해감에 따라 자신의 경험 결과를 보다 잘 나타내게 된다.
	조사	• 프로젝트 활동에서는 **주제에 대한 조사활동**을 하는데 부모, 가족, 학교 밖의 사람, 전문가와의 만남을 통하여 궁금한 것을 해결하거나 실제의 물체나 자료를 관찰하거나 또는 책을 통해 답을 구하기도 한다.
	전시 방법	• 프로젝트 과정에서 이루어진 **활동의 내용, 결과물 등을 벽면이나 게시판에 전시**하는 것은 유아에게 그동안 진행되었던 프로젝트 전 과정을 반성하여 스스로 활동에 대해 평가하는 기회가 된다. • 전시를 준비하면서 책임감, 협동심이 획득되며 외부로부터 온 손님에게 활동과정이나 결과물을 발표하고 설명해 보면서 **자신의 활동이나 작품 결과를 가치 있게 여기게 되고 자신감도 갖게 된다.** • 또한 전시는 교사에게 프로젝트 전 과정이 효율적으로 잘 진행되었는지를 평가하는 기회가 되고 부모, 지역사회 관계자에게는 유아들이 기관에서 하고 있는 학습 내용 및 과정을 이해할 수 있게 하며 이들의 참여나 지원이 유아 학습에 직접적인 영향을 준다는 것을 깨닫게 한다. • 다른 반 유아들에게도 다른 집단의 유아를 이해하고 교류하는 장이 되며 주제에 대해 관심을 갖게 하여 학습동기를 유발시킨다.

		• 프로젝트 접근법을 현장에 적용하는 방법으로는 네 단계의 과정인 프로젝트 준비단계, 시작단계, 전개 단계, 마무리 단계가 요구된다. • 유아와 교사가 미리 주제를 선정한 후, 교사는 주제와 관련된 활동들을 사전에 준비한다. 교사의 준비 과정이 완료되면 유아와 함께 본격적으로 프로젝트 활동을 시작한다. • 따라서 프로젝트 활동은 유아와 교사가 주제를 선정하고, 교사가 주제와 관련된 준비 활동을 한 후, 유아와 더불어 선정된 주제에 따른 프로젝트 활동을 하는 과정으로 이루어진다.
프로젝트 적용과정	준비 단계	• 주제가 선정이 되면 이후 교사는 유아와 프로젝트 활동을 수행하기 이전에 주제 관련 활동을 계획하고 준비하는 과정을 갖는다. • 교사는 프로젝트의 준비 과정으로서 **예상 주제망 구성하기, 기본 어휘 및 중심 개념 선정하기, 활동 예상안 작성하기, 자원 목록**을 만들어 필요한 자원을 준비하고 환경을 구성하기, 부모에게 보내는 협조문 작성하기 등을 수행하게 된다. • 유아와 함께 주제를 선정한 후 프로젝트 활동을 바로 시작하는 것이 아니라 약 1주일간의 유예기간을 두고 프로젝트 활동을 세심하게 준비하여야 한다.
	시작 단계	• 유아와 교사에 의하여 주제가 선정되고 교사의 준비단계가 종료되면 교사는 유아가 **주제에 대하여 얼마나 알고 있는지, 과거에 어떤 경험을 하였는지를 확인**한다. • 왜냐하면 프로젝트 활동은 유아의 이전 경험이나 개념에 기초하여 이루어질 때 효과적이기 때문이다. • 이때 **유아의 이전 경험을 표현하는 방법으로는 다양한 매체를 이용하여야** 하는데 언어, 그림, 조형 활동, 역할놀이 등이 활용된다. • 유아의 이전 경험 표현 활동이 이루어지고 나면 교사와 유아는 **주제망을 공동으로 구성**한다. • 작성된 주제망은 벽에 게시되어 프로젝트 활동과정 동안에 학습 내용의 안내 및 지침으로서 역할을 한다. • 주제망을 구성하는 과정으로는 브레인스토밍, 유목화, 집단에 제목 붙이기, 주제망 그리기로 이루어진다. • 이에 소요되는 기간은 4~5세 유아가 처음 프로젝트 활동을 시도한 경우 3~4일 정도가 소요되며, 이후 과정에 익숙해지면 그 기간이 점차 단축된다. • 이 과정에서 교사는 유아들에게 무엇을 어떻게 하는지를 구체적으로 설명하고 안내해 주는 것이 필요하다. • 주제망이 구성되면 주제에 대하여 **유아들이 궁금해히는 질문거리**를 모은다. • 유아들의 질문을 해결할 수 있는 일반적인 방법으로는 책을 조사하기, 실물자원을 관찰하고 탐구하기, 부모님이나 선생님께 여쭤보기, 의견 조사하기, 현장견학 가기, 실험하기, 전문가에게 물어보기 등이 있다.
	전개 단계	• 유아의 **질문 거리를 조사·탐구활동을 통하여 해결하는 과정**으로 이루어진다. • 조사·탐구활동은 **다양한 실물자원, 현장 견학, 전문가와의 면담을 통하여** 행해진다. • 유아의 질문과 관심이 적절한 조사·탐구활동으로 연결되기 위해서는 교사의 적절한 조사방법 안내, 다양한 자원제공, 적정 수의 인원 배정, 조사 결과에 대한 알맞은 표현 방법 지도, 적합한 추후 활동안내 등이 뒤따라야만 비로소 가능하다.

	마무리 단계	• 주제망과 질문 목록에 거의 표시가 되어 있어 **중심개념이나 예상 활동이 충분히 다루어졌거나** 또는 **유아가 주제에 관심을 잃었다고 교사가 판단**한다면 프로젝트가 종결하는 시점에 이른 것이다. • 이 단계에서는 프로젝트 전 과정을 통하여 이루어진 결과물이나 수집물, 성취물을 **전시하거나 관련 발표회를 마련**하여 타인에게 보여주고 설명하며 의견을 교환하는 활동으로 이루어진다. • 전시회 및 발표회는 프로젝트 주제나 유아의 발달 수준에 따라 달라질 수 있으나 전체 프로젝트 활동 기간이 4주였다면 마지막 1주일 정도면 적절하다.
교사의 역할		• 주제가 결정되면 활동 내용이나 방법이 융통성 있게 선정되므로 교사는 유아의 반응에 민감하고, 이들에게 정보와 자극을 주어 흥미를 유발시키며 더 나은 방향으로 이끌기 위해 노력하여야 한다. • 프로젝트 각 단계에 따라 교사의 역할이 달라지기는 하나 공통으로 요구되는 사항은 각 유아의 성숙 정도나 특성, 활동에 대한 몰입 정도를 세심히 관찰하여 이들을 활동에 적절하게 이끌어주고 촉진시키는 것이다. • 그러기 위해서 교사는 유아와의 경험이 풍부하여야 하며 재충전의 기회를 갖도록 노력하고, 권위적인 태도를 버리고 수용적인 자세로 유아의 반응에 많은 관심을 기울여야 한다.
기출		기 '지렁이 프로젝트'를 성공적으로 끝낸 다른 지역 유치원의 포트폴리오를 빌려 와서 같은 결과물이 나오도록 계획한다.[12] 기 프로젝트 접근법은 통합 교육과정이므로 유치원 교육과정의 5개 영역에서 '지렁이' 관련 활동이 ~~20%씩 동일 비율로~~ 균형 있게 이루어지도록 계획한다.[12] 기 유아 및 부모의 관심과 협력이 중요하므로 프로젝트 기간 중 매일 '~~지렁이 관련 자원을 제일 많이 가져온 친구 뽑기~~'를 해서 유아뿐 아니라 부모도 관심을 갖고 경쟁적으로 자원을 모으도록 계획한다.[12] 기 '지렁이'는 환경교육 측면에서 중요한 소재이므로 프로젝트가 시작되면 '지렁이가 하는 일', '지렁이 몸의 구조', '지렁이의 먹이', '지렁이가 생태계에 유익한 이유'의 ~~내용 순서에 따라 가르쳐도록~~ 계획한다.[12] 기 **프로젝트 시작 · 전개 · 마무리 단계에 소요되는 시간은 유아들의 흥미나 요구, 자원 충원 정도 등에 따라 달라질 수 있으므로 '지렁이 프로젝트'의 종료 시점을 융통성 있게 계획한다.**[12] 기 캐츠(L. Katz)와 챠드(S. Chard)의 (**프로젝트**) 접근법은 **특정 주제에 대한 심층적인 조사를 강조하는 교수 · 학습 방법**이다. (**프로젝트**) 접근법은 **주제 선정 시 유아의 흥미, 관심, 욕구**뿐 아니라 **교사의 교육적 판단도 중시**하므로, **유아의 자발적 참여와 교사에 의한 체계적인 교수가 통합**된 것으로 평가받는다.[19추]

6 레지오 에밀리아 접근법(말라구찌, L. Malaguzzi)

이론적 배경	• 제2차 세계대전 이후 패전국이 된 이탈리아의 북부 레지오 에밀리아시 주민들의 열망은 유아의 교육과 발전을 위하여 **여성단체, 교사, 부모, 시민, 의회, 학교협의회가 시 당국과 공동으로 참여**하여 특수아를 포함한 모든 유아를 대상으로 종일제 교육시설을 운영하기에 이르렀다. • 그리하여 1991년 12월 뉴스위크지에 의해 세계에서 가장 좋은 교육체제로 선정되어 많은 교육자들의 주목을 받고 있다. • 전형적으로 한 학급당 25명의 유아에 2명의 교사가 팀으로 근무한다. 3개 학급의 경우, 교사 7명, 아틀리에스타 1명, 요리사 1명, 전일 근무직원 2명과 시간제 근무 직원 3명으로 이루어져 있다.
듀이의 견해와 적용	• 전통적인 개념에서 교육은 '쏟아 붓는 활동'이며 학습은 '수동적인 흡수'로 본 것과 달리 **듀이는 교육을 능동적이고 구성적인 것으로 파악**하였다. • 이를 위해 첫째, 세상과의 직접적인 경험이 중요하다고 보았기 때문에 교육과정은 유아의 사회적인 **문제 해결력을 증진할 수 있는 활동을 중심으로 융통성 있게 제공되어야** 한다고 제안하였다. 예를 들면, 점심식사를 위한 요리 활동이나 가게 놀이 등을 통해서 유아들은 상호 책임감을 기를 수 있으며 세상을 이해할 수 있게 된다. • 둘째, 지식을 가르치려고 노력하기보다 **학습의 도구를 습득하도록 해야 한다는 것**이다. 즉, 지리 학습활동에서 지역사회의 지도를 제작하는 것이 현재 생활을 위한 준비에 효과적이라고 보았다. • 셋째, 학습자로서 유아의 본성이란 경험을 바탕으로 한 현실 세계의 행동과 관련이 있기 때문에 **학습 과정에서 놀이를 이용하는 것이 효과적**이라는 것이다. 따라서 레지오 접근법에서는 자신이 관찰한 것이나 직접 경험한 것들을 재현해 보는 사회극 놀이를 적극적으로 활용한다. • 넷째, **유아가 자신의 환경을 자유로이 탐색할 수 있는 능력이 있다고 믿었다는 점**이다. 이를 위해 활용한 '프로젝트 접근법'은 유아에게 지적인 탐구능력과 사회적 상호작용의 기술을 발달시킬 기회를 준다. • 이러한 견해가 레지오 접근법에서 실천되고 있는 부분으로는 다음과 같다. > • 유아가 활동을 결정을 하거나 선택할 수 있다. > • 친구들과 협력하여 주변의 사건이나 현상을 이해한다. > • 활동의 내용들이 처음부터 잘 구조화되어 이루어지기보다 활동을 진행해 가는 과정에서 유아와 성인이 논의와 토론을 거쳐 새로운 활동으로 전개해 가는 과정을 중시한다.
피아제의 견해와 적용	• 또한 레지오 접근법에서는 유아에게 있어 지식이란 성인이 무엇을 가르쳐 줌으로써 획득되는 것이 아니라, 성인과는 다른 자기 나름대로의 논리와 이해를 가지고 적극적으로 구성해 나아감으로써 형성된다는 **구성주의적 피아제 이론을 적극 수용**한다. • 유아는 교사나 성인이 교수한 대로 따라 함으로써 또는 반복적인 연습을 통하여 지식을 내재화시키기보다 획득된 지식을 기존의 개념에 동화나 조절시킴으로써 자신의 생각을 수정하고 변화시킨다. • 이는 단순한 지식에서 복잡한 지식을 알 수 있게 하고 비판할 수 있는 사고력이 생기게 하며, 자신이 무엇을 알 수 있으며 어떻게 사고하는가를 이해하도록 도와준다. • 또한 새로운 지식은 이미 형성된 이해에 기초하여 습득되며 이때 개념들을 구성하는 요인으로 자기 조정과 반성적 사고, 추상화 과정이 필수적이다.

	- 피아제는 유아가 상이한 관점을 가진 타인과 사고를 교환하면서 정신구조를 구성해 간다고 주장하였다. - 이러한 과정에서 **가장 중요한 학습의 요인은 인지적 갈등**이다. 이러한 인지적 갈등상태는 인지적 불평형 상태를 야기하며, 이를 해소하기 위해 유아는 동화와 조절 과정을 통해 자신의 인지구조를 재조직하게 된다. - 피아제의 학습과 발달에 관한 주요 아이디어는 레지오 에밀리아의 철학에 다음과 같이 기여하였다. - 지식은 유아에게 전달되는 것이 아니라 학습자인 유아가 활동을 하면서 발견해 가는 것이다. - 유아들의 소집단과 대집단 활동을 장려하도록 교실 환경을 배치한다. - 유아들이 서로 돕고 함께 작업할 수 있도록 자료를 제공하고 제안한다. - 유아들은 자신의 학습 활동을 계획하고 선택함으로써 교육에서 적극적인 역할을 한다. - 사회적 상호작용은 인지적인 발달을 위해 필요조건이다. - 유아의 인적, 물리적 환경 간에는 상호작용이 있어야 한다. - 탐구 방법에 있어서 유아들은 단순히 개념을 배우는 것이 아니라 관찰과 토론을 통해 스스로 개념을 발견해 가도록 안내되어야 한다.
비고츠키의 견해와 적용	- 한편 레지오 에밀리아 접근법에서는 피아제의 구성주의가 개인 내의 인지발달을 지나치게 강조한다고 비판하면서 **인지발달에 영향을 미치는 또래 간 상호작용의 역할에 대해 관심을** 갖게 됨에 따라 비고츠키의 견해를 받아들인다. - 비고츠키는 **인간의 발달이 사회적, 문화적 산물**이며 유아를 이해하려면 그들이 속해 있는 사회, 문화, 관습에 대한 이해가 필요하다고 보았다. - 비고츠키는 학습과 발달의 과정이 분리되거나 일치되는 것이 아니라 상호결합되어 있으며 또래나 성인으로부터의 교수가 발달을 이끈다고 하였다. 이는 근접발달지대를 통해서 성취된다. - 레지오 에밀리아 접근법에서는 **유아가 새로운 능력을 구성할 수 있도록 허용하는 지원적이며 교수적인 체계인 스캐폴딩을 지지**한다. - 버크(Berk)와 윈슬러(Winsler)는 레지오 에밀리아 체제가 비고츠키 이론의 주요한 점들을 반영한다고 하였다. - 소그룹 협동에 의존하며 사회적 상호작용을 지향한다. - 레지오 에밀리아 교사는 의사소통을 자극하는 환경을 마련하는데 이것은 비고츠키의 스캐폴딩과 유사하다. - 레지오에서 유아들은 동일한 교사 및 또래들과 3년을 보내며, 교육체제의 구성원들뿐 아니라 지역사회의 다양한 지원까지를 포함한다. - 상징적 표상활동을 중요시한다.

교육목적	• 교육목적은 표현, 의사소통, 인지적 언어를 통합하여 사고할 수 있는 총체적인 유아를 길러 내기 위해 유아, 부모, 교사가 협력적인 상호관계를 유지하는 데 있다. 이를 정리하면 다음과 같다.	
	능동적이고 강한 유아	• 모든 유아는 사회적 상호작용에 개입하고, 관계를 맺고, 자신들의 학습을 구축하고, 주변의 모든 환경과 상호작용하는 데 흥미와 잠재력과 호기심이 있으며, 또한 사회의 구성원이기도 하다.
	기관과 부모, 교사, 지역사회와의 유기적 관계	• 교육의 주체는 유아, 부모, 교사이므로 유아의 요구만 인식할 것이 아니라 부모, 교사 모두의 권리까지 인식해야 한다. • 따라서 유치원은 가족, 유아, 교사, 학교 환경, 지역사회 등과 유기적인 관계를 맺는 것이 필요하다.
	민감성과 관계 수립의 중요성	• 긴밀하고 애정 어린 교사와 유아 간에 관계가 형성되었을 경우 학습은 가장 효율적으로 이루어진다.
	마음을 끄는 환경	• 항상 밝게 채광되어 있고, 가능한 한 자연을 끌어들이고, 상호작용을 촉진하며, 다양한 상징을 다룰 수 있는 준비가 되어 있다.
교육 내용	• 레지오의 교육과정은 **프로젝트 중심의 발현적 교육과정으로 비형식성을 특징**으로 한다. • **발현적 교육과정**이란 교사가 일반적인 교육의 목표는 세워놓지만 **각 프로젝트나 활동의 세부 목표는 세우지 않는 것을 의미**한다. 즉, **유아의 흥미로부터 유도되는 교육과정으로 교사와 유아 간의 상호작용에 의해서 계획되는 과정**을 말한다. • 교사는 과거의 경험과 유아에 대해 알고 있는 것을 기초로 가설을 세우고, 유아의 욕구와 흥미에 따라 조절할 수 있는 융통성 있는 목표를 세운다. • 유아가 학습해야 할 목표를 미리 정해 놓으면 유아의 잠재된 가능성이 표출되기 어렵다. • 그러므로 프로젝트를 시작할 때 교사들이 모여서 나올 만한 아이디어, 가설, 유아들의 선택을 고려해서 프로젝트가 발전해 나갈 만한 가능성에 대해 토론한다. • 탐색과 학습을 위한 방법과 내용을 유아들과 함께 선택하게 된다. **사실상 교육과정은 프로젝트를 수행하는 과정에서 나오며** 교사와 유아들 간의 지속적인 대화에 따라 융통성 있게 적용한다. • 레지오에서는 모든 유아가 활동에 기여하고 공동 목적을 가지고 상호작용하는 것을 좋은 프로젝트라고 한다. • 좋은 프로젝트는 대회와 갈등을 통하여 또 다른 의견을 산출할 수 있으며 언어뿐만 아니라 그림, 동작과 같은 다양한 형태의 표상을 활용하고 잘 모르는 다른 유아들에게 알리는 활동 등의 요소가 포함되어야 한다. • 주제나 내용보다는 유아가 다른 유아들과 함께 생각하고, 느끼고, 활동하고, 발전해 나아가는 과정이 더 중요하다.	

교육 방법	상징적으로 표상하기		
			▶ 언어·동작·그림·만들기·음악 등 다양한 표상 활동을 통해 자신의 생각과 배움을 표현하는 과정 • 레지오 접근법은 **상호작용과 협력을 통한 상징적 표상 방법이 특징**이다. • 유아들이 다양한 표상활동을 통해서 자신을 창조하고 표현할 잠재력을 지니고 있다는 것에 대한 신념은 이들이 환경을 탐색하고 언어, 동작, 그림, 만들기, 그림자놀이, 콜라주, 상상놀이, 음악 등을 통해 자신이 생각하고 배운 것을 표현하도록 격려한다.
		상징화 주기	▶ **개념을 언어·그림·모형 등의 다양한 방식으로 반복적으로 표상**하며 **초기 아이디어를 반성하고 발전**시키는 과정 • 프로젝트 활동을 수행하는 과정에서 **한 가지 상황이나 개념을 언어로 토의하고, 그림으로 그리고 탐색한 후, 그 탐색을 바탕으로 하여 다시 가상의 모형으로 만드는 과정을 통해서** 유아는 **자신의 초기 가설과 아이디어를 반성**하고 **이를 다시 거듭 표상**하는 **'상징화 주기'**의 과정을 거친다. • 상징화 주기는 유아의 **반성적 사고능력을 향상**시키기 위한 교수 전략이다. • 상징화 주기 과정을 구체적으로 설명하면 다음과 같다. • 유아들은 먼저 주제나 개념에 대하여 언어로 표상하고 그림으로 나타낸다. 이때 자신이 이야기한 것과 그린 그림과의 차이점을 발견하기도 한다. • 언어나 미술적 표상활동에서의 내용이 실제 상황에 접근하는지를 알아보기 위하여 축소된 모형을 통하여 실험을 해 보거나 혹은 모의 상황을 마련하여 예측해 보는 시뮬레이션 과정을 수행한다. • 주제에 관한 이해를 높이기 위하여 실제 경험도 이루어진다. • 비체험적인 사전활동이 실제 경험과 어떤 차이가 있는지를 알아보는 과정에서 새로운 지식을 구성할 수 있다. • 실제 경험을 한 후 주제에 관해 그림을 다시 그려 보아 자신이 발견한 새로운 지식을 표현하는데, 이전 그림의 내용과 비교하는 과정을 포함한다.
		도식적 표상	▶ **연필, 펜 등을 이용**해 **선 등을 그리며** 탐색하고자 하는 현상이나 물체에 대한 **자신의 사고를 표현**하는 방법 • 표상 과정에서 매체는 중요한 요인이 된다. 유아는 **탐색하고자 하는 현상이나 물체에 대한 자신의 사고를 표현하는 방법으로 연필, 가는 펜 등을 써서 선으로** 그려낸다. • 이러한 방법으로 표상한 것을 도식적 표상이라고 하는데 이는 말로 자신의 생각을 표현하는 언어적 표상과는 다른 방법이다. • 즉, 유아들이 자신의 생각, 관찰, 기억, 감정 등을 기록하기 위하여 도식 언어를 사용하여 표현한다.

기록화	▶ 유아의 **활동 과정과 작품을 모두 자료로 남기는 것**
	• 기록화 작업은 **관찰 내용, 유아들의 대화와 그룹 토의 내용을 녹음한 전사 내용과 유아들이 활동하는 과정을** 폴라로이드 카메라, 사진기, 비디오로 찍거나 슬라이드 **자료를 이용하여 활동에 관한 결과물이나 구성물들을 수집하고 조직하는 것**이다.
	[기] 말라구찌(L. Malaguzzi)가 체계화한 유아교육 접근법에서는 **유아의 활동 과정과 작품을 모두 자료로 남기는 (기록화)**를 강조한다. **(기록화)는 교사에게는** 탐구 과정을 통한 전문성 함양, **유아에게는** 자신의 표상 활동과 사회적 상호작용에 대한 재평가, **부모 및 지역사회에게는** 교육과정에 대한 정보 공유의 기회를 제공한다.[19추]
	• 기록화에는 교사의 관찰과 해석이 포함되며 아뜰리에스타와 협력하여 더욱 심미적으로 조직된다.
	• 교사가 유아들과 함께하는 활동의 과정과 결과를 체계적으로 기록하는 것은 다음의 3가지 중요한 기능을 한다.
	  • 기록화는 **유아들이** 말하고 수행했던 것에 대해 **구체적이고 가시적인 '기억'을 제공하고 다음의 학습을 위한 출발점**이 된다.
	  • **교사에게** 연구와 교수·학습 과정에 관한 반성을 유도한다.
	  • 기록화는 **부모와 지역 주민으로부터** 반응과 지원을 유발하고 유치원에서 유아들이 무엇을 하고 있는가에 대한 상세한 정보를 제공하는 기능을 한다.

물리적 환경	• 레지오 접근법에서 **환경은 두 명의 담임교사에 이어 '제3의 교사'라고 할 정도로 중요**하다. • 이는 사회적 상호작용과 탐구와 학습에 유용한 '그릇'이기도 하지만 상호작용과 건설적 학습을 자극하는 '교육적 내용'이기도 하다. • 물리적 환경과 공간의 배열은 유아의 생활과 행동반경에 영향을 주므로 유아의 욕구와 생활 리듬을 고려하여 이루어져야 한다. • 레지오에서 특별히 유아를 배려하는 공간으로는 유아를 환영하고 배웅하는 현관, **해방감을 느끼고 상호교류가 가능한 피아자(중앙공용공간), 아뜰리에,** 놀이와 위생을 고려한 화장실과 세면대, 부엌 등이 있는데 모두 효율적이고 산뜻하게 배치되어 있다. • 또한 천장은 유아들이 다양한 재료로 만든 다양한 모양의 모빌이나 부착 가능한 조각품을 매다는 데 이용한다. 또한 자연 채광에 도움이 되고 실내외의 정원 사이의 연계성을 높이기 위해 만든 유리벽이 있다. • 이곳에서의 벽은 말하고 기록하는 공간이며, 유아들과 교사들이 만든 전시물을 일시적 또는 영구적으로 보관하는 장소로 이용된다.
교사의 역할	• 레지오 접근법에서 **협력체제는 특별**하다. 가족, 다른 유아, 교사, 유치원의 환경, 지역사회는 **상호 관계성 속에서 보다 나은 교육을 실천하고자** 노력한다. • **교사와 유아 간의 협력, 교사와 아뜰리에스타**(Atelierista, 미술교사) **간의 협력, 교사와 페다고지스타**(Pedagogista, 교육조정자)와의 협력, 학교와 부모 간의 협력, 학교 자문위원회 위원들과 부모들 간의 협력, 그리고 프로젝트 활동을 통해 유아, 교사, 재료, 환경 간의 다양한 협력이 존재한다.

Plus 지식 표상 유형에 따른 특성

표상 유형	표상 방법	특징
1차 표상	언어로 표현	• **주제에 대한 동기 유발** • 개념 확인 • 지속성 결여로 직접적인 반성 불가능 • 표상 이후 토론하기는 사고의 심화 도모
2차 표상	그림 그리기	• **잘못된 개념 발견 가능** • 이해 수준 파악에 용이 • 대상물의 크기, 색깔, 크기, 구조에 초점 • 재방문하여 수정 가능
3차 표상	모형 만들기	• **가설 검증이 가능** • 대상물의 작동 원리에 초점 • 가장 높은 인지적 조정 능력 요구

Plus 지식 프로젝트 접근법과 레지오 에밀리아 접근법

구분	레지오 에밀리아 접근법	프로젝트 접근법
전개 과정	• **상징화 주기를 통한 나선형적 반복** • 재방문, 반성의 순환과정	• **프로젝트의 시작, 전개, 마무리의 직선적 과정**
교육 과정	• **발현적 교육과정** • 계획된 교육과정이 없이 장·단기 프로젝트로 수행	• 주제망 구성, 환경구성, 자원목록표 구성의 **체계적 준비 작업**이 이루어짐
사회적 상호작용	• 지역사회 중심의 운영과 교육지원 체제로서 사회, 부모와 연대	• 지역사회와 학부모의 부분적인 참여 (견학, 전문가 초청, 결과 공유)
공통점	• **교육철학과 이론 면에서 그 뿌리가 유사함** • 유아 중심의 교육 • 교사의 역할 강조 • 프로젝트 중심의 학습활동으로 하나의 주제에 대한 심도 깊은 연구를 수행 • 전인교육 지향	

7 다중지능이론 기반 교육과정

특징	• 현실 세계에 기초해 지능을 정의하고 있다. • 지능에 대한 융통성 있는 관점을 가진다. • 각 지능영역은 보편적인 성향을 띤다. • 지능은 교육이 가능하다. • 개발되거나 변화되는 지능 프로파일은 개인마다 고유하다. • 각 지능영역은 하부 능력이나 특성을 가지고 있다. • 지능은 고립되지 않고 조합된 상태로 작업한다.
프로젝트 스펙트럼 (project spectrum)	▶ **다중지능의 영역과 관련된 과제를 제시**하고 이 과정에서 인지적 능력을 관찰, 평가한 후 이를 교수·학습 활동에 활용하여 **강점 지능 강화와 부족한 지능 보완을 핵심**으로 하는 프로젝트를 말한다. ▶ 다중지능 이론에 기초하여 이루어지는 수행평가로 상황에 기초한 교육 활동을 통하여 지능을 평가하는 방법 • 지능 발달의 윤곽과 활동 스타일을 평가하려는 **새로운 평가의 방법인 동시에 교육과정**이다. • 유아가 익숙한 환경에서 충분한 시간 동안 다양한 도구를 이용하여 유아의 지능 프로파일을 측정한다. • **스펙트럼 도구의 특징은 의미 있는 특정 상황에 맞게 구성된 게임을 통해 유아의 참여를 유도**하고, **교육과정과 평가를 분리시키지 않음으로써 평가를 정규수업에 쉽게 통합**하며, 언어나 논리 중심이 아닌 **공정한 지능평가를 실시함으로써 유아가 지닌 장점을 통해 단점을 극복**하는 방법을 제시해 준다. • 구체적인 방식으로는 유아가 익숙한 환경에서 충분한 시간 동안 다양한 도구를 이용하여 지능 프로파일을 평가하는데 **15가지 활동**을 통하여 **7가지 영역(수, 과학, 음악, 언어, 시각예술, 움직임, 사회성)의 능력을 1년 동안 측정**한다.
프로젝트 스펙트럼의 특징	• **과제는 교육과정의 일부로 제공**되며 **유아의 활동은 장기간에 걸친 평가와 통합**되므로, **교육과정과 평가절차는 통합**된다. • 평가를 유아에게 의미 있는 실생활 활동들과 결합한다. • 유아의 모든 능력을 고유한 수단으로 보고 직접 평가하므로 공정한 지능 평가를 수행한다. • 사용 절차는 유아가 못하는 것, 모르는 것에 초점을 두기보다 유아의 강점을 파악하고 강조한다. • 인지적 양식뿐만 아니라 지속시간, 세부적 참여 유형, 자신감의 수준과 같은 작업 양식적인 차원까지도 관심을 갖는다.
스펙트럼 프로파일 (spectrum profile)	▶ **스펙트럼 프로젝트에서 한 해 동안 유아가 보여준 모든 자료를 모은 파일**을 말한다. • 프로젝트 스펙트럼은 단지 평가에만 초점을 두기보다 유아의 능력과 잠재력을 기르는 것을 목적으로 한다. • 이를 위해 유아가 보여준 모든 자료를 한 해 말까지 모으게 되는데 이를 스펙트럼 프로파일이라고 한다. • 유아의 총체적 활동을 기록한 보고서로써 짧은 설명과 편안한 문장으로 기록하고, 프로젝트 활동에 대한 유아의 참여 정도를 설명한다. • 이를 통해 유아의 강점을 키워주며, 상대적 단점을 보완해 줄 수 있도록 가정이나 지역사회에서 추후 수행할 수 있는 활동의 종류를 구체적으로 명시한다.

다중지능 교수학습 방법	연계 (matching)	▶ 학업성취를 최대화하기 위하여 유아들의 **지능 특성에 맞는 수업전략**을 사용하는 것 • 즉, 유아 **각자의 장점 지능을 확인하여 강점 지능에 해당하는 수업전략을 제공**함으로써 성취도를 향상하고, 강점 지능을 강화할 수 있다.
	확장 (stretching)	▶ 강점 지능뿐 아니라 모든 지능의 발달을 최대화하기 위해 **모든 지능을 경험할 수 있는 교육과정을 개발**하여 제공하는 것 • 즉, 모든 지능 영역에서 학습 경험이 이루어지기 때문에 동시에 약점 지능도 개선시킬 수 있다.
	자축 (celebrating)	▶ 학습 과정을 통해 **자신과 또래 유아들의 지능 특성을 이해함으로써 얻게 되는 기쁨** • 즉, 자신과 또래 유아들, 심지어 교사의 강점 지능과 약점 지능을 인식하고 그들 간의 차이점이나 다양성을 인정하게 되며 결국 유아들 스스로 다중지능 이론을 발견하게 되는 기쁨을 느낄 수 있다. • 그러나 자축은 다중지능의 1차적 목적이라기보다 2차적 효과로 볼 수 있다.

- 다중지능 이론(MI, Multiple Intelligences)은 유아 개개인의 강점 지능을 밝혀 강점 지능에 맞는 교수 전략을 사용함으로써 유아의 성취를 향상시킬 수 있다는 개별화 수업의 한 방법으로 가치를 인정받아 왔다.
- 다중지능 이론이 추구하는 **교육 목적**은 유아 개개인의 **지능 프로파일에 맞는 개별화 교육**이 이루어져야 하는 것이다.
- 이를 위해 수업이란 연계, 확장, 자축의 세 가지 과정을 통해 이루어진다.

- 자축을 제외한다면 다중지능을 활용할 수 있는 수업 방법은 연계와 확장이라는 두 가지 접근에서 바라볼 수 있다.
- **즉, 유아 개개인의 강점 지능에 초점을 맞추어 강점 지능만을 활용하는 수업(연계)과 강점 지능은 물론 약점 지능까지 다루는 통합교육모형(확장)** 두 가지이다.
- 유아 각자의 강점 지능을 더욱 개발시켜주기 위해서는 강점 지능에 적절한 교수전략을 활용하는 **'연계'가 필요**하며, 사회가 요구하는 다양한 능력을 기르고 유아 자신의 잠재력을 최대화하기 위해서는 **'확장'이 필요**하다고 주장하였다.
- 다중지능 이론은 학습자가 원하는 친숙한 주제를 가지고 스스로 문제를 해결하면서 학습을 심화시켜 나가는 것으로 학습자가 자신의 환경에서 적극적인 연구와 실세계의 경험을 통해 실질적인 여러 가지 정보를 획득할 때 쉽게 기술을 획득할 수 있음을 강조하였다.
- 다중지능 이론을 적용한 교육과정은 **실생활과 관련된 주제 중심의 통합교육**이 이루어진다.
- 단편적 지식 중심의 교육을 벗어나 일상생활에서 주제를 선택하여 실생활에 필요한 지식의 활성화를 촉진하고 다각적 방향에서 주제에 접근하기 때문에 사고의 폭이 넓어지고 고등정신 능력을 향상시킬 수 있다.
- **유아가 선호하는 학습 방법이 있음을 인식하고, 이러한 방식을 극대화**하여 유아가 자신이 선호하는 학습 양상에 맞추어 학습할 기회를 제공한다.
- 유아가 선호하는 교수·학습 방법을 고려하여 교육과정을 운영한다. 예를 들어, 시각적 지능이 뛰어난 유아에게 쓰기를 가르칠 때는 그림을 먼저 그리도록 격려하고 적합한 방식에 따라 활용할 수 있도록 격려한다.
- 유아가 자신에 맞는 학습 방법을 찾도록 도움을 주고, 교육 자료와 과제를 유아 자신에게 적합한 방식에 따라 활용할 수 있도록 격려한다.

	• 유아가 그들 자신만의 독특한 학습 방법으로 학습할 수 있는 능력이 있다는 사실에 대하여 **자신감을 갖도록** 한다. 특히, 논리·수학적 능력이나 언어적 능력이 아닌 다른 능력을 가진 유아에게 교육과정을 통해 자존감을 향상시킬 수 있는 기회를 제공할 필요가 있다. • 교사는 교수·학습 방법에 있어 언어적 방식으로 시작하여 공간적·음악적·논리수학적 형태 등으로 끊임없이 변화를 주면서 좀 더 창조적 방법으로 다양한 지능을 통합하는 역할을 한다. • **다양한 자료를 활용하여 무엇을 어떻게 학습했는지를 평가**하도록 한다. 지필식 평가방식을 지양하고 **교실에서 배운 지식이나 기능을 실제 생활 속에서 활용하고 수행해 내는 문제 해결 중심의 평가 방식을 중요시**하게 되었다. • 평가는 모든 학습활동을 통해서 자연히 통합되어야 한다. • 즉, 교사 평가, 자기평가, 상호평가 등이 이루어져야 하며 아울러 유아는 교사에게 피드백을 해주어야 한다.
다중지능 이론의 교육적 시사점	• 학교 현장에서 주로 언어, 논리·수학적 영역에 한정해 온 교수·학습 방법과 전략들을 다른 영역에 확대 적용할 필요가 있다. • **개인의 강점과 약점을 확인하고 보완해 주며 잠재력을 극대화**해 주는 교육의 새로운 대안으로 주목받았다. • 지필 검사식의 표준화 검사가 아닌 **수행 결과물 중심의 수행평가를 제시**함으로써 평가 방법을 변모시켰다. • 개인 중심학교(individual school) : 학생들의 관심과 능력, 배우는 방법이 서로 다르므로 이러한 측면에서 **자신의 교육관을 '개인 중심학교'라고 표현**하며, **개별화 교육의 필요성을 강조**하였다.
한계점	• 가드너의 이론들은 아직 연구로 확실히 증명되지 못했으며, 그가 제시한 다양한 지능들이 측정하기 어려우며 지능의 수가 너무 많이 확장될 수 있다는 점에서 학문적 경제성이 없다는 비판이 제기되고 있다.
기출	• **강점 지능과 연계하여 통합적인 교육 활동을 제공함으로써 균형 있는 발달을 도모**한다. • **유아 개개인의 지능을 파악하고, 그 지능에 맞는 개별화 교육을 제공**한다. • **유아의 강점 지능을 확인하여 강점 지능에 해당하는 수업전략을 제공**한다(연계). • 유아의 강점 지능뿐 아니라 모든 지능의 발달을 최대화하기 위해 모든 지능을 경험할 수 있는 교육과정을 개발하여 제공한다. 이를 통해 약점 지능을 개선시킬 수 있다(확장). • 교사는 교수·학습 방법에 있어 언어적 방식으로 시작하여 공간적·음악적·논리-수학적 형태 등으로 끊임없이 변화를 주면서 창조적 방법으로 다양한 지능을 통합하는 역할을 한다. • 실생활과 관련된 주제 중심의 통합교육을 제공한다. 단편적 지식 중심의 교육을 벗어나 일상 생활에서 주제를 선택하여 실생활에 필요한 시식의 활성화를 촉진시키고 다각적 방향에서 주제에 접근하여 사고의 폭을 넓히고 고등 정신 능력을 향상시킨다. • 다양한 자료를 활용하여 무엇을 어떻게 학습했는지를 평가하도록 한다. 지필식 평가 방식을 지양하고 교실에서 배운 지식이나 기능을 실제 생활 속에서 실제적으로 활용하고 수행해 내는 문제 해결 중심의 평가 방식을 활용한다. 기 가드너(H. Gardner)의 '다중지능 이론'을 설명하고, 교사가 이 이론을 적용하여 교수·학습 과정을 전개할 때 **고려해야 할 점을 3가지** 쓰시오.[04] 기 교사는 **강점 지능과 연계하여 통합적인 교육 활동을 제공함으로써 균형 있는 발달을 도모할 수** 있다.[12] 기 가드너(H. Gardner)의 다중지능 이론을 적용하는 교사는 개별 유아의 **(강점)**을 발견하여 흥미와 적성에 맞는 교육을 실행한다. 이로써 모든 유아가 성공을 경험하고 자신이 선호하는 영역을 지속적으로 추구할 수 있도록 **(강점)** 지능을 전략적으로 활용한다.[19추]

Ⅶ. 교수·학습 모델

교수·학습 모델	교사 주도 모델 (교사 중심 접근법)	• 교사 주도 모델에서는 교사가 주도적으로 지식이나 정보를 유아에게 전달함으로써 수업의 중심이 된다. • 교사가 유아를 대상으로 말하거나 시연함으로써 수업을 진행하거나 사실이나 상황을 전달하기 때문에 직접 교수 모델이라고 부르기도 한다. • 교사 주도 모델은 **짧은 시간에 많은 내용을 전달하는 데 유용**하기 때문에 대집단 활동 시 **사실을 전달하거나 처음 배우는 개념을 전체적으로 전달**할 때 적절하다. • 주요 모델 : 설명법, 개념학습법, 발문교수법
	유아 주도 모델 (유아 중심 접근법)	• 주요 모델 : 탐구학습법, 문제 해결학습, 협동학습, 발견학습, 토론학습법

1 설명법

개념	▶ **교사가 사전에 교육 내용을 준비**하고, **그 내용을 직접 설명**해 주는 방법 • 교사가 유아에게 교육 내용을 잘 알 수 있도록 말해주는 방식으로 **교사가 사전에 교수할 내용을 준비하고 그것을 대집단으로 모인 유아들에게 설명해 주는 방식**이다.
장점	• 개별 유아에게 같은 내용을 반복해서 전달해야 하는 번거로움을 덜어 주고, **한 번에 많은 내용을 전달할 수** 있다. • 특히 학습 능력이 미숙한 유아의 경우 교사가 적극적으로 수업을 진행함으로써 학습 내용을 효과적으로 전달할 수 있다. 　예 요리 활동 시 준비물, 요리 순서, 주의할 점 등에 대해 전체적으로 설명하거나, 처음 배우는 수 체계나 단어에 대해 교사가 우선 전체적으로 설명해 준다. • 교수·학습의 과정이 체계적이고 잘 구조화되어 있다. • 명확한 교수 목표를 제시하고 이를 통한 학습을 끌어낸다. • 짧은 시간에 많은 내용을 알려줄 수 있다. • 교사 역할이 상대적으로 쉽다.
단점	• 교사의 언어만으로 전달하는 설명법은 **유아의 발달 특성상 이해와 흥미 유지에 한계**가 있을 수 있다. 따라서 구체적인 사물이나 영상 자료 등 적절한 교수 매체를 활용하는 것이 필요하다. 　예 다양한 도구의 사용법에 대해 설명할 때 직접 보여주거나 관련 동영상을 보여주는 것이 도움이 되는데, 소방서에 견학하기 전에 소방서 소개 동영상 등을 보여줌으로써 견학 가서 할 활동을 한눈에 볼 수 있게 해주어야 한다. • 학습자인 **유아의 능동적 역할을 기대하기 어렵다.** • 교수·학습 과정이 구조적이어서 융통성이 없다. • 기대한 목표 달성에 초점을 두므로 유아가 성공 혹은 실패 개념을 가질 수 있다.

2 오수벨(Ausubel, 1963)의 선행 조직자 학습이론(설명식 교수이론)

선행 조직자의 원리

- ▶ **선행 조직자 수업 모형** : 수업과 관련된 **개념이나 원리를 선행 조직자로 제시**하여, **새로운 지식**이 학습자의 **기존 인지구조와 연결**되도록 하여 **유의미한 학습을 유도**하는 방법
- ▶ **선행 조직자** : 본격적인 **학습 전에 제공**되는 추상적·일반적·포괄적인 선수 자료로, 학습자의 기존 인지구조 속 정착 지식(anchoring ideas)과 연결되도록 제공되는 것
- **배경** : 유의미 학습이 일어나는 과정은 새로운 지식이 학습자가 가지고 있는 기존의 정착 지식, 즉 인지구조에 연결되거나 포섭되는 과정이다. 이때, 기존의 정착 지식 혹은 인지구조를 자극할 수 있는 내용이 있어야 하는데, 이것이 바로 선행조직자(Advanced organizer)이다.
- 유의미 학습의 기본 원리 중 하나로, 새로운 학습 과제를 소개하는 행위를 의미하며 **새로 학습할 내용을 제시하기에 앞서 이 내용을 포함하는 좀 더 포괄적인 개념이나 원리 등이 지도되어야** 한다는 것이다.
- 설명식 수업의 효과를 높이기 위한 방안으로, 학습하게 될 중요한 내용에 유아가 관심을 기울일 수 있도록 **선행지식을 미리 학습**시켜 줌으로써 새로운 정보나 지식을 습득하는 데 도움을 줄 수 있다. 예 책의 각 장 앞에 있는 개요와 같은 것
  - 예 바닷속 생물에 대해 학습하기 위해 바닷속 생물이 등장하는 동화책을 보여 주거나 여러 가지 바닷속 생물 그림이나 동영상을 통해 먼저 보여줌으로써 유아의 지식습득을 돕는다.

유의미 학습

- 오수벨의 유의미 학습이론은 학습자가 새로운 내용을 기존의 지식과 연결하여 이해하는 과정을 설명하는 이론이다. 이 이론에서는 새로운 정보가 기존의 정착 지식(이미 알고 있는 내용)과 연결될 때, 학습이 효과적으로 이루어진다고 본다.
- **유의미 학습(meaningful learning)의 조건**

  > - 유의미한 학습이 되기 위해서는 세 가지의 조건이 충족되어야 한다.
  > - 첫째, 학습 과제가 논리적으로 유의미하여야 한다.
  > - 둘째, 학습자가 관련된 정착 지식(relevant anchoring idea)을 가지고 있어야 한다.
  >   - 새로운 내용을 이해할 수 있도록 기존에 알고 있는 개념이나 배경지식이 있어야 한다.
  > - 셋째, 학습자가 의미 있게 학습하려는 태도를 가져야 한다.
  >   - 새로운 정보를 기존 지식과 연결하려는 적극적인 학습 태도가 필요하다.

- 의미와 연관시키지 못하는 기계적 학습의 반대 의미로, 새로운 학습 내용을 기존의 인지구조와 의미 있게 연결하는 학습이다.
- 유의미 학습이론에서는 ① 지식(교육과정의 내용)이 어떻게 조직화되는지, ② 정신이 새로운 정보를 어떻게 처리하는지(학습), ③ 교시가 학생들에게 새로운 자료를 제시할 때 이 생각을 교육과정과 학습에 대해서 어떻게 적용할 수 있는지의 문제를 다룬다.

기본 가정

- 귀납적인 접근이 학생들에게 개념을 발견하거나 재발견하도록 하는 반면, **선행조직자는 학생들에게 직접 개념과 원리를 제시해 주는 것**이다.
- 청취, 관찰 또는 읽기를 통한 학습이 반드시 기계적이고, 수동적이며, 무의하다는 생각에 반대했다.
- 학생들의 정신이 정보를 받아서 처리할 준비만 되었다면 전혀 문제 되지 않는다고 보았다. 잘만 처리되면 정보의 능동적인 처리를 고무하게 된다.
- 오수벨은 인지적 학습이론에 바탕을 두고 설명식 수업모형을 제시하였다.
  - 설명식 수업이 왜 효과가 작은가에 대한 설명
  - 설명식 수업이 기계적 암기식 수업이라는 관점에 대한 비판
  - 브루너(Burner)의 발견식 수업에 대한 대안 제시

3 개념학습법

개념 학습법	▶ **같은 범주의 사물, 사건을 명명하고 유목화**하는 과정을 통해 분석적 사고를 돕는 방법 ▶ **공통된 속성을 찾아 사물을 분류**하고 **개념을 형성**하도록 돕는 학습 방법 • 유아가 같은 범주의 사물이나 사건에 대해 명명하고 유목화하는 과정을 통해 **분석적으로 사고할 수 있도록 돕는 교수·학습 방법**이다. 　㉠ 강아지, 고양이, 호랑이, 토끼 등의 다리가 네 개이고, 털이 있고, 움직인다는 공통점을 유아가 발견하게 됨으로써 네발 동물이라는 개념을 습득하게 되는 것이다. • 교사는 유아에게 각 개념의 상위, 하위개념을 파악할 수 있도록 돕고, 현재 학습하는 개념의 범위를 결정해 줌으로써 유아의 개념 발달을 촉진할 수 있다.
개념이란	• 단순하게는 **공통점에 근거하여 같은 집단으로 묶일 수 있는 사물이나 사건 등의 범주 집합**을 의미하기도 하고, **범주 집합을 포함하는 상위, 하위개념 간의 관계를 포함**하기도 한다. • '개념'은 학습 내용을 계획하고 구성하는 데 필요한 조직 요소이며, 지식이나 정보를 끌어내는 아이디어의 핵심 요소이다. 구체적 개념과 정의적 개념으로 구분할 수 있다. {| 구체적 개념	• 경험적 과정을 통해 획득한 개념 　㉠ 나무, 돌, 빨강, 초록 등 • 관찰이나 경험 및 실제적인 사례를 통해 알 수 있는 것으로, 사실, 사건, 사물의 개념 등 객관적이고 물리적 현상과 관련되어 있다. |} {| 정의적 개념	• **추상적인 사고 과정이나 정의를 통해 지적하거나 예시할 수 있는 개념** 　㉠ 정의, 희망, 사랑 등 • 객관적이고 물리적인 현상과 관련되어 있기보다 경험을 통해 얻어지는 주관적인 특성과 연결되어 있는 것으로 상황에 따라 다른 모습을 제공하므로 정의나 기본적인 개념을 바탕으로 형성된다. |}
개념 설명 과정 (행동주의 관점)	• **개념은 자극과 반응의 연합에 의해 발달**한다. 자극과 반응의 연합에 의해 형성되는 개념은 의식적이기보다 수동적이고 무의식적인 형성 과정이다. • 행동주의 관점에 따르면, 유아의 개념 발달을 돕기 위해서는 교사가 설명하는 설명법과 직접 교수법이 효과적이다. • 개념 설명의 3가지 과정 {| 개념 도입과 소개	• 학습 내용의 이해를 돕기 위해 **명확하고 해설적인 일반 개념구조를 도입하여 유아에게 소개**한다. |} {| 개념에 대한 설명과 활동	• **개념 설명을 위해 풍부한 자료들을 가지고 활동**이 이루어진다. 　㉠ 교사가 개념이나 주제에 대한 활동을 설명하고 유아는 그에 따른 적응 활동이나 응용 활동을 할 수 있다. |} {| 개념에 대한 일반화	• 새로 도입하고 습득한 정보의 확충과 일반화를 위해 보충활동을 통해 보다 **다양한 상황에서 정보를 사용할 수 있도록** 한다. |}

개념의 발달 (구성주의 관점)	• 비고츠키, 피아제, 브루너 등의 이론을 기초로 한 **구성주의에 의하면**, 개념은 다음과 같은 3단계로 발달한다.	
	1단계	• **유아는 어떤 한 유목이나 규준을 받아들인다.** 그러나 기존의 유목이나 규준에 새로운 사물을 첨가하거나 제외하는 일반적인 원리를 적용하지 못한다. ㉠ 과일, 동물, 음식과 같은 유목을 습득한다. 그러나 귤을 과일이라는 유목에 포함시키지는 못한다.
	2단계	• 유아는 **사물들 사이에 관찰될 수 있는 유사성에 의해 사물을 묶을 수** 있다. • 그러나 사물을 머리에 떠오르는 대로 하나의 범주로 함께 묶는 것은 아니다. ㉠ 개와 고양이는 다리가 네 개이고, 기어 다니며, 털이 있다는 점에서 유사하다는 것은 안다. 그러나 이들을 '동물'이라는 유목으로는 묶지 못한다.
	3단계	• **추상적인 사고를 통해 개념을 형성**한다.
개념발달의 특징	① **위계적이고 누가적인 과정**을 거친다. ㉠ '과일'이라는 개념을 습득하기 전에 '사과', '배'와 같은 개념을 먼저 습득한다. ② 하나의 개념이 변하지 않는 절대적인 것으로 인식한다. ㉠ '사과'는 항상 사과이지 주스나 잼으로 변할 수 있다는 사실을 이해하지 못한다. ③ 추상적 개념을 이해하는 것을 어려워한다. ㉠ 희망, 우정, 행복 등과 같은 추상적 개념은 유아들이 이해하기 어렵다. ④ **연속적인 형태로 진행**된다. 구체적인 것에서 추상적인 것으로, 단순한 형태에서 복잡한 형태로, 자아중심적인 상태에서 사회 중심적인 상태로 진행된다. ⑤ 대체로 개념의 부분적인 속성만을 이해하고 있는 경우가 많다. ㉠ '고양이'에 대해 털이 있고, 다리가 넷이며, '야옹' 소리를 낸다는 것은 알지만, 한 번에 여러 마리의 새끼를 낳는다는 사실은 모를 수 있다. ⑥ 개념의 명칭을 사용한다고 해서 유아가 그 개념을 이해하고 있는 것은 아니다. 또한, 습득해야 할 개념의 명칭을 모르더라도 개념을 학습할 수 있다.	
개념습득 전략	• **가능하면 직접 보거나 만질 수 있는 실제적이고 구체적인 사례를 제공**한다. • 유아들이 **자신의 추론 과정을 설명할 수 있도록 격려**해 준다. • 경험이나 지각과 관계없는 추상적인 것이나 가설적인 상황에 대하여 유아에게 추론하게 하는 것은 무리가 있다. • 이미 조직된 형태로 개념을 제시하기보다는 **먼저 예를 제시해 주고, 유아들이 개념의 규칙을 스스로 찾아낼 수 있도록** 한다. • 관찰과 기술의 기능을 개발시키도록 도와준다. • 혼동할 수 있는 자료나 정보보다는 사례를 사용하는 것이 효과적이다. • 변별하기 쉬운 사물에서 시작하여 점점 어려운 것으로 진행해 간다.	

교사의 발문	• 너는 지금 무엇을 보았니?, 느꼈니?, 발견했니? • 여기에 무엇 무엇이 있니? • 여기 이 물건들이 모두 한곳에 속하니? • 너는 왜 이렇게 나누었니? • 네가 나눈 이 물건들을 뭐라고 부를 거니? • 너는 여기 있는 물건이 다른 곳에도 속할 수 있다고 생각하니? • 여기 이 물건들을 다른 이름으로 부를 수 있니? • 있다면 그 이유는 무엇이니?
개념학습 방법	• 개념 학습은 분류화와 조합이라는 2가지를 통해 이루어진다. **분류화** • 주어진 범주에 적합한지를 구분하는 것을 의미한다. ㉠ 의자를 가구라는 범주로 묶어 유목화하는 것이나 버스나 택시를 자동차로 유목화한다면 분류화를 통해 개념이 형성된 것이다. • 상위개념과 하위개념의 관계 **조합** • 주어진 개념에 대한 이해를 발달시키는 것을 말한다. ㉠ 의자를 집안에 두어 생활을 안락하게 하는 것으로 이해하거나 자동차를 생활의 필수품으로 이해하여 생활을 편리하게 하는 것 등으로 이해한다면 서로 다른 기능을 유사한 기능에 포함하여 조합하는 것이다. • 유사한 개념 간의 통합
외형적 특성에 기초한 접근법	• 어떤 개념이 지니고 있는 핵심적 특질이나 범주 전형성을 근거로 개념을 습득해 나가는 과정을 의미한다. **핵심적 특질을 사용한 개념학습** • 꽃이라는 개념에는 꽃잎, 줄기, 나뭇잎, 가시, 뿌리로 이루어져 있고, 향기가 난다는 특질을 가지고 있다는 것을 유아가 알게 되는 것이다. **범주 전형성을 사용한 개념학습** • 범주 전형성이란 범주를 가장 잘 대표하고, 그 범주의 대상이 되는 원형에 가까운 정도의 지표를 의미한다. ㉠ 개나 고양이는 포유류의 전형이라고 할 수 있다. 이때 개나 고양이가 포유류라는 것을 알게 되면서 포유류의 개념을 학습하게 된다.

논리적 특성에 기초한 접근법	연역적 접근을 이용한 개념 학습	• **개념의 정의를 먼저 제시**하고 개념에 관한 **특징들에 대해 나열**하는 방식으로 개념을 학습하게 하는 것이다. 예 '곤충이란 몸이 마디로 이루어져 있고 머리·가슴·배로 나누어진 벌레들'이라고 정의를 먼저 내려준 다음 곤충의 특징(날개, 눈 모양 등)에 대해 나열하는 방식이다.
	귀납적 접근을 이용한 개념 학습	• **전형적인 예들을 먼저 제시해 주어 비교하게 한 다음**에 유아가 범주의 **본질에 대한 가설을 수립**하고 좋은 예들을 찾아보게 한 후 어떻게 그런 생각을 하게 되었는지 설명하게 하는 방식이다. 예 망치, 가위, 드릴, 의자와 같은 것은 우리의 생활을 돕는다는 공통점을 발견하고, 사람들이 만든 우리의 생활을 돕는 것들을 도구라고 명명하며, 다른 도구들로는 톱, 자가 있다는 것을 알게 하는 것이다.
장점		• 개념에는 단어, 상징, 심적인 표상과 관련된 명칭이나 정의를 포함하고 있기 때문에 사고와 의사소통을 촉진하는 역할을 한다. 따라서 개념을 학습한다는 것은 모든 학습의 기본이 된다. • 다양한 지식과 상식을 습득하는 데 도움을 준다. • 학습 과정을 쉽게 한다.
단점		• 교과 중심의 암기학습으로 치우칠 수 있다. • 유아들 간의 개인차가 크기 때문에 교사가 준비하는 시간이 많이 걸린다.

4 발문 교수법(questionary instruction)

개념	▶ 발문을 통한 교수학습 방법으로, 발문을 통해 동기를 부여하고, 사고 활동을 촉진하는 방법 ▶ 발문을 통해 학습자의 사고를 촉진하고 학습 동기를 유발하는 교수법 • 질문을 교수·학습 방법으로 사용하는 교수법이다. • 질문법은 소크라테스가 지적 탐구를 위해 대화법에서 사용하기 시작하였다. Dewey는 질문과 사고를 동일한 것으로 보고, 질문이 발견학습과 탐구를 자극한다고 보았다.
'발문'의 정의	• **질문** : **자기가 모르거나 의심나는 것**을 상대방에게 알아보거나 일정한 정보의 제공을 기대하면서 물어보는 것이다(모르는 자가 알고 있는 자에게 묻는 것). • **발문** : 교사가 유아(학습자)의 학습활동을 조성하고, 학습에 대한 동기를 부여하고, 교육 활동 과정에서 사고활동을 보다 촉진하고 사고를 정교하게 하기 위해 제기하는 문제제기이다(알고 있는 자가 모르는 자에게 묻는 것). • 발문에 대한 대답을 다양한 측면에서 생각해 볼 수 있게 하며, 스스로 정답이나 깨달음을 얻을 수 있도록 도와준다. 이는 유아의 능동적 활동과 적극적 사고를 촉진시킨다. ※ 현재는 질문과 발문을 별 구분 없이 혼용되어 쓰이고 있다.

발문의 유형

• Gallagher와 Aschner(1963)는 교사가 사용할 수 있는 발문의 종류를 다음과 같이 분류하고 있다.

인지 기억형 질문	▶ **인식, 기계적 암기, 선택적 회상** 등과 같은 과정을 통해 기억하게 된 내용의 사실, 개념 등을 **단순히 재생**해 내는 질문
수렴적 질문	▶ 기억하고 있는 **자료의 분석과 통합**을 요구하는 질문, **정답이나 최선의 답을 이끌어내는 질문**
발산적 질문	▶ 어떤 상황의 **결과 또는 불확실한 미래를 예언**하거나 **가설을 정립**하거나 **추론**하거나 분석된 요소들을 **재편성**하는 등 지적 활동을 요구하는 질문
평가적 질문	▶ 응답자 **자신의 판단, 가치, 선택의 정당화, 선택과 의사결정**을 요구하는 질문
일상적 질문	▶ 친숙도나 관례의 영향으로 정서나 감정도를 표현하는 여러 가지 질문

• Bloom(1969)도 인지 발달을 위한 질문의 종류를 6가지로 제시하고 있다.

지식	• 정의하고 기술하며 찾아내고 이름을 짓는 것에 대한 질문 예 정의하다, 기술하다, 찾아내다, 이름 짓다, 열거하다, 짝짓다, 이름 대다, 요약하다 등
이해	• 전환, 주장, 설명 등에 대한 질문 예 전환하다, 주장하다, 설명하다, 구별하다, 부인하다, 예를 들다, 추론하다, 예측하다 등
적용	• 변환, 계산, 발견 등에 대한 질문 예 변환하다, 계산하다, 발견하다, 예증하다, 변용하다, 조정하다, 관계 짓다, 나타내다 등
분석	• 세분화, 변별, 구분 등에 대한 질문 예 세분화하다, 변별하다, 구분하다, 식별하다, 찾아내다, 지적하다, 분리하다, 세별하다 등
종합	• 분류, 병합, 편집 등에 대한 질문 예 분류하다, 병합하다, 편집하다, 구성하다, 창조하다, 고안하다, 설계하다, 지어내다 등
평가	• 비교, 결론 등에 대한 질문 예 비교하다, 결론짓다, 서술하다, 구분 짓다, 주장하다, 입증하다 등

5 탐구학습법(inquiry learning)

개념	▶ **능동적 탐구 행위를 통해 문제를 해결하고 주제를 학습**하는 형태 • 유아교사가 언어적으로 설명하거나 결론을 가르쳐주는 것이 아니라 **유아가 자신의 시각에서 현상과 세계를 접하는 것을 전제**로 한다. • **소크라테스의 산파법**과 유아는 과학을 배워야 하는 것이 아니라 과학을 스스로 발견해야 한다고 한 루소, 피아제, 브루너 등에 의해 주장되고 발전되었다. • 기본적으로 **유아의 능동적인 탐구행위를 통해 문제를 해결하고 주제를 학습하는 형태**이다.
기본가정	• 탐구학습을 위해서는 자신의 사고에 대해 반추해 보는 **반성적 사고가 필요**하다. • 탐구학습은 **유아가 가지고 있는 호기심을 전제**로 한다. 유아는 능동적인 탐구자로 유아가 가진 호기심을 바탕으로 주위를 탐색하고 그 현상의 다양함을 탐구하여 발견한다.
탐구학습 모형 : 사회적 탐구모형	• 탐구 수업 모형의 한 예로 **마시알라스와 콕스**(Massialas & Cox, 1966)가 제안한 사회과 탐구 수업의 원리는 다음과 같다(각론1 전술). • 교수 과정을 6단계로 구분하였는데, 안내와 가설의 단계는 주로 귀납적이고, 탐색은 연역적인 방법으로 진행된다. | 안내 단계	• Orientation : **문제에 대한 인식**, 문제의 혼란과 갈등을 깊이 느낀다. 문제는 교재에 나올 수 있고, 교사가 자료 등을 준비할 수도 있다.
가설 과정	• Hypothesis : 가설을 통해서 문제의 요소를 규명하게 되고, 문제 해결 전에 여러 가지 선결 조건이나 결과 등을 **가설로 표현**한다.
정의 과정	• Definition : **가설에서 나타난 제반 용어를 분명하게 규정**하고, 의미를 확고하게 함으로써 의사소통을 형성하는 과정이다. • 용어의 의미에 대한 의견일치는 탐구의 대화 과정에서 가장 필요하다.
탐색 활동	• Exploration : '만약 ~이라면 ~이다'라는 **논리적 검증**을 해나간다.
증거 제시 단계	• 가설검증에 따른 사실과 제반 증거를 수집하여 제시하는 과정이다. • 암시를 입증하기 위해서는 **충분한 자료가 제시되어야** 한다.
일반화 단계	• 발견된 사실 그대로의 **결과와 이를 통해 얻은 결론이 일반화** 과정이다. • 절대적인 것이 아니고 항상 일시적인 것이며, 최종적인 것은 아니다.	
장점	• 탐구학습법을 통해 유아는 지식획득의 과정에 주체적으로 참여하여 자연이나 사회 등을 조사하는 데 필요한 탐구 능력을 몸에 배게 하고 인식의 기초가 되는 개념 형성을 꾀하고 다시 새로운 것을 발견 및 탐구하려는 적극적인 태도를 기르게 된다. • **유아 스스로 문제 해결을 하고 탐구하며 발견하는 능력**을 기를 수 있다. • 유아는 지식의 구조를 이해하고 기억함으로써 효과적으로 응용이 가능하다. • 활동 과정은 일종의 사회적 과정이므로 사회적 기능을 배울 수 있다.
단점	• **과정 중심적 접근이므로 학습에 많은 시간이 소요**된다. • 유아 교사 역할이 안내자, 중재자, 촉진자 등 다양하여 어려움이 따른다. 교사는 토의의 주제와 방향을 제시하는 리더의 역할을 수행하므로 부단히 관찰해야 하고, 유아들의 토의 주제와 탐구의 방향을 예측해야 하므로 이에 대한 사전 지식이나 공부가 필요하다.

Plus 지식 탐구 수업 절차

탐구문제 설정 및 상황 제시	• 탐구활동을 자극하기에 적절한 문제나 상황을 설정해야 하며 그 요건은 다음과 같다. • 유아들의 흥미를 불러일으키면서도 의미 있는 생각을 할 수 있어야 한다. • 유아들의 지적 능력 수준과 부합되어야 한다. • 유아들이 많은 질문을 제시할 수 있도록 일반적이어야 한다. • 탐구활동을 통해 해답을 찾을 수 있는 문제는 '증거를 수집할 수 있는 문제'이다. 예 ○○ 작품에 나오는 주인공의 공통점은 무엇일까?
탐구활동의 계획 수립	• 탐구 주제에 따라 탐구 집단을 조직한다. • 탐구해야 할 질문과 관련된 하위의 토의 주제들을 나열한다. • 각 질문에 대한 정보를 수집하는 데 필요한 자원의 출처를 의논한다. • 유아마다 수행해야 할 과제를 분담한다.
탐구활동의 전개	• 교사는 각 집단이 탐구 목표를 제대로 추구해 나가는지를 알아보기 위해 다음의 내용을 점검해 본다. • 각 집단은 의사결정을 하고 성공적으로 해나가고 있는가? • 유아는 각자 집단 구성원으로서 자신감과 독립심을 가지고 맡은 일을 잘 수행하고 있는가? • 유아들은 탐구하고 있는 일에 동기화되어 있으며 또한 열심히 참여하고 있는가? • 집단 구성원 간에 조화롭게 탐구활동을 하고 있는가?
탐구활동 결과의 정리 및 발표	• 탐구 결과를 발표하는 일은 정보를 요약하고, 해석하고, 결론을 내리고, 결론에 대한 근거를 제시할 수 있는 기능을 기른다. • 또한 탐구 결과를 표현할 수 있는 방법을 생각함으로써 창의성을 길러주고 다양한 표현을 발견하게 된다. 즉, 만화, 글, 그림, 포스터, 신문 등의 다양한 표현 방식을 찾아볼 수 있다.
탐구활동의 평가	• 탐구활동이 끝난 후에라도 유아들은 탐구 경험을 반성해 보는 것을 통해 반성적 사고에 의한 학습을 하게 된다. • 탐구 내용은 흥미로웠나? • 탐구 경험을 통해서 무엇을 배웠니? • 자기가 맡은 역할을 책임감 있게 해냈니? • 힘든 점, 좋은 점은 무엇인가?

6 문제 해결학습

개념	▶ **실생활의 여러 문제를 인식**하고 **해결하는 과정을 통해** 학습하는 형태 • Dewey의 **반성적 사고에 근거**한 것으로, 유아가 실생활의 여러 문제들을 인식하고 이를 해결해 나가는 과정을 통해 삶에 필요한 지식과 태도 및 기술을 발달시켜 나가는 교수·학습 방법이다. • 문제 해결은 유아의 능동적이며 적극적인 정보 탐색과 해결능력에 근거하고 있으며 유아들은 문제 상황을 통해 새로운 정보나 지식을 획득할 수 있다.
교사의 역할	• 문제 해결을 위한 일반적인 전략만을 가르치는 대신, 원리와 과정에 초점을 두는 것이 좋다. • 실생활에서 벌어지는 보다 광범위한 실제적인 문제를 해결할 수 있는 능력을 길러주어야 한다. • 확산적 사고를 조장하는 문제 해결 방법을 강구하도록 한다.

문제 해결 단계		
	문제 선정	• 유아의 일상생활에서 발생하는 문제가 선정된다. 예 신발 끈을 묶지 못해 늘 교사에게 도움을 요청하는 유아 A
	문제의 명료화	• 무엇이 문제인지 명확히 한다. 예 혼자서 신발 끈을 맬 수 있는 방법 알려준다.
	가설수립	• 문제 해결을 위한 가설을 세우고 문제 해결 계획을 수립한다. 예 신발 끈을 맬 수 있는 방법을 다양하게 생각해 본다.
	자료수집 및 분석	• 가설을 검증하기 위해 자료를 수집하고 분석한다. 예 신발을 자세하게 관찰하고, 끈 매는 방법을 보여주는 동영상을 시청하는 등 다양한 자료를 수집하고 분석한다.
	추론	• 분석한 자료를 토대로 타당성을 추론한다. 예 다양한 자료를 토대로 끈 매기를 연습하기 쉬운 줄을 선택해 방법을 익힌다.
	가설확인	• 자료 분석 결과를 증거로 가설을 입증한다. 예 A가 신발 끈을 스스로 맬 수 있게 된다.

문제 해결 단계		
	문제의 결정	• 준비된 문제를 제시하고, 유아의 수준이나 능력을 충분히 고려한다.
	문제 해결 계획	• 개인적으로든 혹은 집단으로든 어떤 방법으로 문제를 해결할지 정한다.
	자료 수집	• 문제에 관련되는 자료를 수집하고 연구하는 단계이다.
	활동의 전개	• 수집한 문헌 조사, 관찰, 실험, 연구 등의 실제 활동을 하는 단계이다. • 이때 활동의 주체는 교사가 아니라 학습자인 유아이다.
	결과의 검토	• 결과에 대한 실험, 토의, 비판 과정을 통해 결과를 검증하는 단계이다.

문제 해결 단계		
	문제의 인지	• 문제의 핵심이 무엇인가를 확인하고 전체적인 상황과 관련지어 생각한다.
	문제의 정확한 규명과 정의	• 문제를 정확하게 진단하기 위해 생각해야 할 문제에 초점을 두고 명료하게 한다.
	해결 방안의 제시	• 문제에 대한 가능한 해결 방안과 잠정적인 해답을 내리는 단계이다.
	대안 검토	• 문제 해결을 위해 제시된 여러 대안을 체계적으로 검토하는 단계이다.
	최선의 대안 선택	• 논리적인 추론을 거쳐 해결안을 결론으로 채택하는 단계이다.

7 협동학습

개념	▶ 목표나 과제를 **소집단으로 구성**된 유아들이 **공동으로 협력**하면서 **해결**해 나가도록 하는 방법 • 전통적인 설명식 학습, 소집단 학습 등에서 야기되는 단점을 보완하고, **협력적 상호작용을 촉진**하기 위해 **집단 보상과 협력 기술을 추가**한 교수·학습의 방법이다. • 협동 학습법은 학습자가 공통 과제를 서로 격려하면서 함께 학습하는 수업 방법으로 주어진 **활동 목표나 과제를 소집단으로 구성된 유아들이 공동으로 협력**하면서 교육 활동을 진행하는 교수 전략이다.
소집단 학습과의 차이점	(아래 표 참조)

소집단 학습과의 차이점

협동 학습	전통적인 소집단 학습
• 긍정적인 상호작용과 상호 의존성	• 상호작용과 상호 의존성 없음
• 집단에서의 과정을 강조함	• 집단에서의 과정이 강조되지 않음
• 개인의 개별 책임에 따른 책무성	• 개인의 개별 책무성 없음
• 학습자의 이질성	• 학습자의 동질성
• 주도성과 지도성의 상호 공유	• 한 사람이 주도성과 지도성을 발휘
• 또래에 대한 상호 책임을 공유	• 자기 자신에 대해서만 책임을 짐
• 과제와 학습자 간의 관계 지속성 강조	• 학습에서 활동 및 과제만 강조
• 상호작용을 통해 사회적 기능을 배움	• 사회적 기능을 배우지 않음
• 교사의 관찰과 개입	• 교사는 집단의 기능을 무시함

직소 모형

▶ **직소 협동 학습(과제 분담학습)** : **소집단으로 구성**된 유아들이 **학습 과제를 여러 개의 하위 과제로 나누어 개별적으로 학습**한 후, **서로의 정보를 공유하며 공동의 목표를 완성**하는 협동 학습 방법
• 협동 학습 방법의 한 예로, 다음과 같은 단계로 학습이 진행된다.

① 전체 유아들을 5~6명이 한 조가 되도록 여러 조로 나눈다.
② 학습할 내용을 한 조의 조원 수(5~6명)만큼 준비하여 조원 각자에게 학습 내용을 제공하되, 다른 조들도 마찬가지로 학습 내용을 제공해 준다.
③ 이후 동일한 학습 내용을 맡게 된 조원들이 모여 **새로운 집단(전문가 집단)을 구성**하고, 함께 학습 내용에 대해 알아본다.
④ 학습이 완료되면 조원들은 **기존의 조로 돌아가 다른 조원들과 학습 내용을 공유**한다.
⑤ 전체 유아들이 다 함께 모여 학습 내용을 발표한다.

• 수업모형의 단계

원래 모둠 활동	• 교사가 학습 내용에 대한 소주제를 정리하고 **과제 분담학습 자료를 준비**한다. • 교사는 학생들에게 전반적인 수업 안내와 절차를 설명한다. • 그리고 **모둠원들에게 각각의 과제 분담학습 자료를 배부하고 학습**할 수 있도록 지도한다.
전문가 모둠 활동	• 각각 모둠에서 동일한 주제를 맡은 학생들끼리 **전문가 모둠**을 만들어 각자 학습한 내용을 나눈다. • 전문가 모둠 활동 단계에서 교사가 적절하게 개입하여 학습을 도와주면 좋다.
원래 모둠의 재소집	• 전문가 학습활동이 마치면 교사의 지시에 따라 **원래 모둠으로 이동**한다. • 그리고 각자가 전문가 모둠에서 학습한 내용을 다른 학생들과 나눈다.
평가 및 보상	• 교사가 **개인이나 모둠 평가를 통하여** 학습 내용을 어느 정도 이해했는지 점검하고 이에 따라 긍정적인 보상을 시행한다.

8 발견학습

개념	▶ **지식의 구조를 가르치는 방법상의 원리**로 교사가 **충분한 예를 제시**하면 **유아 스스로 개념이나 원리를 도출**하게 하는 방법 • 발견학습은 주입식 교육을 경계한 **아이디어로써 교과 내용을 가르치되 그 내용이 학생에게 이해되도록 가르쳐야 한다는 것**이다. • 원리를 이해할 수 있도록 가르친다는 것은 암기가 아닌 현상을 보는 안목을 나타낸다고 할 수 있다. • 발견학습은 **지식의 구조를 가르치는 방법상의 원리**이기 때문에 특히 **수학이나 과학**과 같이 **지식의 구조가 뚜렷한 교과에 유용**하다는 평가를 받는다. • **유아를 능동적인 문제 해결자**로 본 브루너는 유아 스스로 탐구 과정을 거쳐 과학개념을 발견해야 의미가 있으므로 **교사의 지시는 최소한으로 줄이고 유아의 자발적인 발견 과정**을 통하여 **스스로 학습해야** 한다고 주장했다. • 즉, **교사가 먼저 충분한 예를 제시**하고 **유아가 과학개념이나 원리를 스스로 도출**하게 하는 **귀납적 방법을 사용해야 한다는 것**이다. 따라서 발견학습은 설명 학습과 달리 유아에게 의미 있는 학습으로서 **내적 학습동기 유발에 효과적인 방법으로 평가**된다. • 발견학습에서는 시행착오나 시간 소모가 많을 수 있지만 일단 발견학습에 의해 얻어진 지식은 쉽게 망각되지 않으며 유사한 다른 과제의 학습을 용이하게 해줄 수 있다.
장점	• 유아의 지적 능력을 증진시킨다. • 외적 보상을 내적 보상으로 바꾸어 준다. • 유아는 발견과정을 통해 발견하는 방법과 그 속성 또는 탐구적 발견법을 학습하게 된다. • 유아의 기억을 회상시키는 데 효과적이다.

	탐색 및 문제 파악 단계	• 주어진 학습 자료를 탐색하고 학습문제가 무엇인지를 파악하는 단계
발견 학습 의 과정	자료 제시 및 관찰·탐색 단계	• 교사가 문제 해결에 필요한 1~2가지 자료를 제시하여 유아가 관찰·탐색하게 한다.
	자료 추가 제시 및 관찰·탐색 단계	• 다른 자료들을 추가로 제시하여 유아가 관찰·탐색하게 하고, 이전 단계에서 관찰·탐색한 결과와 비교하게 한다.
	규칙성 발견 및 개념정리 단계	• 관찰·탐색한 결과에 대한 토의를 통하여 일반화하고 규칙성을 발견하는 단계이다.
	적용 및 응용 단계	• 발견한 규칙성을 다른 경우에 적용 또는 응용해 보는 단계이다.

	문제 상황 설정	• 유아가 발견해야 할 문제 상황을 먼저 설정한다.
발견 학습 의 과정	가설 설정	• 유아가 문제 상황을 접하고 난 후 나름대로 의문, 가정, 가설을 갖게 된다. • 이 과정에서 유아가 교사에게 질문을 할 수 있으므로 교사는 질문에 대한 피드백을 하도록 한다.
	가설 검증	• 유아는 자신이 설정한 가설을 실제로 확인하여 결과를 발견하는 단계이다.
	종합평가	• 결과를 바탕으로 문제 상황에 대한 결론을 내리게 된다. • 얻어진 결론은 새로운 발견을 위해 다시 다른 상황에 전이하여 적용된다. • 발견의 과정은 하나의 과정으로 끝나는 것이 아니라 또 다른 발견을 위해 순환적으로 적용된다.

	자료제시-관찰 단계	• 교사가 학습목표 도달에 적합한 자료를 제시하면 유아는 이 자료를 가지고 가능한 모든 관찰을 하는 단계이다.
발견 학습 의 과정	보충자료 제시-관찰 단계	• 유아들이 행한 관찰을 바탕으로 개념을 형성하거나 일반화하는 등 추상적인 표현을 원만히 할 수 있게 필요한 보충자료를 제시하여 자기 나름의 더 많은 관찰을 하고 개념을 유도하는 기회를 마련하도록 하는 단계이다.
	추리 단계	• 교사는 여러 가지 관찰된 사실 간의 일정한 형식을 찾아 기술하도록 이끌어 감으로써 개념 또는 일반화된 추리를 얻어낸다.
	정리 단계	• 한 개념에 대해 여러 가지 표현을 하나로 정리하는 단계이다. • 추리 단계에서 얻은 개념은 정확한 것이 되기는 어렵기 때문에 한 개념을 아동 스스로 토론하여 요약된 개념을 만든다.
	응용 단계	• 정리단계에서 형성한 개념을 여러 경우에 적용함으로써 활동의 범위를 넓혀 가는 단계이다. • 이 단계에서 교사는 배운 것을 유아가 얼마나 잘 이해하고 있는지 파악할 수 있다.

9 토론학습법

개념	▶ **갈등 상황 또는 공동 관심사**에 대해 **각자 생각이나 느낌을 말**하고, **의견을 공유**하는 방법 • **공동 학습의 형태**로 **집단에서 토론을 통**해 **협력적으로 문제를 해결**하며 사고를 통해 결론을 끌어내는 방법이다. • 토론은 목적을 지닌 대화 과정으로 학습에서 토론이 잘 적용되면 유아들은 스스로 학습에 진심으로 기여한다고 느낀다. 또한 유아들의 문제해결력 향상에도 도움이 된다. • 따라서 토론은 교사 지시적인 수동적 교수·학습이라기보다는 유아들의 흥미를 좀 더 유지시킬 수 있는 능동적인 교수·학습 방법이다.
교사의 역할	• 실제적이고 구체적인 문제를 다루지 않으면 흥미를 불러일으키기 어렵다. • 연령에 따라 인원수를 적정하게 조절한다. 구체적으로 소집단 구성이 효과적이다. • 토론학습의 핵심은 문제 해결의 결과보다도 문제를 해결해 나갈 수 있는 과정 및 태도를 익히는 데 있으므로 민주주의적 의사결정 과정을 존중한다. • 토론학습을 통해 문제를 해결하기 이전에 토론 방법, 의사소통하는 방법, 갈등을 해결하는 방법 등에 대해 먼저 지도한다. • 동일 연령 집단 구성 외에도 남녀 혼성집단, 더 어린 유아들과 혼합 연령 집단은 여러 가지 관점 및 수준에서 상호 의견을 교환할 수 있으므로 효과적이다. • 교사는 발문 내용에 따라 유아들끼리 스스로 토론하는 분위기를 조성하며 토론 시간을 약 10~20분 정도로 조절해 준다. • 교사는 토론을 위해 유아의 갈등 상황이 담긴 발문을 한다. 토론이 주제에서 벗어날 때 주제로 관심을 모으거나 토론 상황을 명료화해 주는 역할이 필요하다. • 자유롭게 활발한 토론 반응을 위해 유아교사는 유아의 말에 옳다, 좋다 등의 반응을 하지 않는 것이 좋다. 가능하면 유아교사도 토론의 구성원으로 참여하는 것이 좋다. • '왜'라는 질문에 모든 유아가 대답해야 하는 것이 아니므로 강요하지 않는다. • 토론에 흥미를 유지하기 위해서 질문을 제시하는 방법을 다양하게 해야 한다. • 토론이 마지막 단계에 접어들면 유아교사는 토론 내용을 요약·정리하고 결론을 도출하는 것이 필요하다.

VIII. 우리나라 유아교육과정과 정책의 변천

구분	제1차	제2차	제3차	제4차
공포	1969년(문교부) 2월 19일	1979년(문교부) 3월 1일	1981년(문교부) 12월 31일	1987년(문교부) 6월 30일
배경	• 경제적 빈곤 탈피에 따른 유아교육의 발전기 • 유아기의 중요성 및 바람직한 발달 강조하는 아동 중심 교육철학	• 국가관 인식 강조 • 인지발달 이론 영향	• 주요 교육 개혁 정책 과제로 유아교육 채택 • 유아교육의 양적 발전 이루는 계기	• 각급 학교의 주기적 교육과정 개정 배경과 보조를 맞춤 • 대폭적인 개정 아닌 수정, 보완. 교육과정 운영의 융통성 강조
인간상	전인아동	전인아동	전인아동	전인아동
교육목적	건강한 신체와 건전한 정신으로 생활할 수 있는 유능한 한국인 양성	1. 자아실현 2. 국가발전을 위한 주체의식 확립 및 사명감 인식 3. 민주적 가치의 강조	아동들의 전인적인 성장 조력	유아의 전인적인 발달 조력
교육과정영역	1. 건강 2. 사회 3. 자연 4. 언어 5. 예능	1. 사회 · 정서발달영역 2. 인지발달영역 3. 언어발달영역 4. 신체발달 및 건강영역	1. 신체발달영역 2. 정서발달영역 3. 언어발달영역 4. 인지발달영역 5. 사회성발달영역	1. 신체발달영역 2. 정서발달영역 3. 언어발달영역 4. 인지발달영역 5. 사회성발달영역
운영	1. 연간 200일 이상 2. 하루 3시간(180분) 기준-기후, 계절, 유아의 발달정도, 교육내용의 특성을 감안하여 시간 단위 조절	1. 연간 200일 2. 주당 18-24시간 3. 하루 3~4시간 (조정가능)	1. 연간 180일 이상 2. 하루 3~4시간 기준 (조정가능)	1. 연간 180일 이상 2. 하루 3~4시간 기준 (조정가능)
특징	• 전인교육 강조 • 건강, 사회 · 정서발달 강조 • 5개 생활 영역으로 구성	• 인지발달 영역의 구성과 강조 • 정서발달을 중요시 • 4개 발달영역으로 구성 • 지식과 기술교육 중시	• 4개 영역에서 5개 영역으로 세분화 • 교육과정의 구체화와 명료화, 평이한 진술 • 교육일수를 180일로 하향조정 • 운영지침을 계획, 지도, 평가로 명확하게 제시 • 긍정적 자아개념의 강조 • 문자의 기초가 되는 모양 익히게 함	• 국가 수준의 교육과정 성격을 명료화하고, 각 유치원에서 함께 다룰 수 있는 일반적인 내용을 제시 • 각 영역별 목표만을 제시 (내용 제시X) • 5개 발달영역으로 편성 (인지발달 강조) • 자주적이고 창의적인 인간 강조 • 집단생활에 필요한 친사회적 행동과 태도, 자율적인 의사결정 능력 강조 • 목표가 아닌 과정상의 평가 제시

구분	제5차	제6차	2007개정
공포	1992년(교육부) 9월 30일	1998년(교육부) 6월 30일	2007년(교육인적자원부) 12월 19일
배경	• 시대변화에 따른 주기적 개정 요구 • 교육자치 실시에 따른 교육과정의 지역화 강조 • 유치원의 자율성 보장	• 21세기 맞이하여 신교육 체제 수립취지로 개정 • 정서·사회교육 중시하는 유아교육이론과 다중지능 이론의 영향	• 21세기 시대적 요구 반영 • 유아교육법 제정에 따른 유치원 교육의 사회적 상황 변화 • 초등 교육과정과의 연계
인간상	전인아동	전인아동	전인아동
교육목적	유치원의 교육목적(교육법 146, 147조)을 달성하는 것	유아의 전인적 성장을 위한 기초교육(초·중등교육법 제35조)	유아의 전인적 성장을 위한 기초교육
교육과정영역	1. 건강생활 2. 사회생활 3. 표현생활 4. 언어생활 5. 탐구생활	1. 건강생활 2. 사회생활 3. 표현생활 4. 언어생활 5. 탐구생활	1. 건강생활 2. 사회생활 3. 표현생활 4. 언어생활 5. 탐구생활
운영	1. 연간 180일 기준 2. 하루 180분 기준 (조정가능 : 교육과정편성, 운영지침에 의하여 교육일수와 시간에 관하여 따로 제시 가능)	1. 연간 180일 이상 2. 하루 180분 기준 (조정 가능 : 1일 3시간 이상 5시간 미만의 반일제, 5시간 이상 8시간 미만의 시간 연장제, 8시간 이상의 종일제로 구분)	1. 연간 180일 이상 2. 하루 180분 최소기준 (조정 가능 : 시·도교육청의 지침과 유치원 실정에 따라 유치원에서 자율적으로 결정)
특징	• 국가수준의 교육과정 성격을 명료화하고, 각 유치원에서 함께 다룰 수 있는 일반적인 내용을 제시 • 각 영역별 목표만을 제시 • 5개 생활영역으로 편성(사회·정서발달과 기본생활습관 강조) • Ⅰ, Ⅱ수준의 수준별 내용 제시 • 각 시·도 교육청의 자율적인 지도와 평가사항 제시 • 3세아 교육과 종일반 강조	• 국가수준의 교육과정임을 명시 • 5개 생활영역으로 편성 • 3, 4, 5세 유아의 발달특성에 따른 수준별 적절성 도모 • Ⅰ, Ⅱ수준, 공통수준으로 내용 제시 • 일일 교육시간의 다양화 • 교육과정 전 영역에서 기본생활습관과 협동하는 태도 등 인성교육 강조 • 감성계발, 정보능력 함양, 전통문화에 대한 교육강화	• 제6차 유치원 교육과정의 기본 철학과 체계 유지 • 초·중등학교 교육과정과의 연계성, 단위유치원의 자율성 강화 • 사람과 자연존중의 가치관, 기본생활습관, 전통문화, 창의성 강조

1 초창기

1897년	• 3월 우리나라에 최초로 **부산유치원**이 일본인 자녀교육을 위해 설립되면서 우리나라 초기 유치원 교육은 두 가지 영향을 받고 발전하였다.
1914년	• 이화학당 내에 미스 프라이(Frey, Lulu E)를 원장으로 둔 **이화유치원**이 설립되면서 미국의 기독교 정신에 입각한 유치원 교육이 도입되었다.
1916년	• 3.1 독립운동가인 박희도를 비롯한 장낙호, 유양호 3인에 의해 중앙유치원이 설립되었으며, 장래 조선을 위하여 잘 일하고 잘 싸울 용사를 양성하는 기관을 세워 국민의 앞길을 열어줌을 목적으로 하였다. • 이때 미스 프라이는 **중앙유치원** 원장도 겸하였으나 **교사인 브라운 리가 근무**하면서 당시 미국유치원 교육이념이었던 **프뢰벨의 교육원리와 교육 방법 등을 전파**하였다. • 그러나 주로 프뢰벨의 신(神)에 대하여 강조한 부분들이었다. • 따라서 해방 전까지 유아교육의 철학적 개념은 **프뢰벨의 교육사상과 기독교 사상이 주가** 되었다.
1922년	• 우리나라에서 유치원에 관한 **법령**은 1922년 2월 4일에 공포된 제2차 조선교육령이었으며, 2월 16일에 공포된 소학교령 속에 유치원에 관한 규정이 포함되어 있었다. • 1920년부터 미국의 유치원 교육은 **프뢰벨의 교육이론을 탈피**하여 **생활중심, 경험중심 교육을 강조하는 진보주의 교육 경향과 함께 아동연구 운동에 의한 개혁유치원 교육과정**이 실시되고 있었다. • 미스 프라이와 미스 하워드(C. Howard, 허길래)는 유치원 교육을 진보주의적 생활중심 교육 형태로 변화시켰다. • 따라서 우리나라는 프뢰벨 교육이론과 행동주의 심리학의 영향으로 생활습관 형성과 생활중심 교육이론이 공존하였으며, 점차 생활중심 교육으로 변화하였다. • 특히 브라운 리(C. Brownlee, 바래운)가 패티 스미스 힐의 『활동에 기초한 아동교육법』을 번역, 소개하면서 유치원 교육에 많은 영향을 주었다. • 특히 자유선택시간, 간식, 바깥놀이, 휴식, 견학 등의 활동이 중시됨으로써 비형식적 교육과 활동중심 교육, 생활중심 교육을 강조한 것은 오늘날의 생활중심, 경험중심 교육과정과 유사하다고 할 수 있다. [기] 브라운리(C. Brownlee, 부래운), 하워드(C. Howard, 허길래) 등은 1900년대 초반부터 우리나라의 유치원과 교회에 자모회를 조직하여 어머니들을 계몽하였다. 특히 하워드는 아버지 교육에도 관심을 가지고 어머니와 아버지가 함께 월례회에 참석하도록 지도하였다. 이러한 역사적 배경을 바탕으로 오늘날 유치원에서는 가정통신문, 워크숍, 강연회, 대·소집단 모임, 면담 등의 다양한 방법을 활용하여 누리과정 운영이 가능한 범위 내에서 하루 일과, 교사구성 등을 고려하여 **(부모교육)**을 실시하고 있다.[13추]

2 대한민국 수립 후(1945~1968)

1949년	• 대한민국 정부가 수립된 후 『**교육법**』이 1949년 12월 31일에 제정·공포되었다. • 이 『교육법』 중 유치원 교육의 목적은 제146조에, 그 목적을 달성하기 위한 목표는 제147조에 5개 항목으로 진술되어 있으며, 제148조에는 입학연령이 명시되어 있다. • 이 법령에 근거하여 전국의 유치원은 잠정적으로 교육목적을 설정하고 교육과정을 운영하게 되었다.
1952년	• 1952년 공포된 『**교육법시행령**』 제186조에 근거하여 유치원의 보육과목으로 음악, 유희, 담화, 회화, 수기 등 5개 항목이 제시되었고, 유치원 설립인가와 폐지, 원칙, 유아 수, 보육일수 등이 명문화되었다. • 이때의 유치원 교육과정은 교육법 제147조에 나타난 신체발달, 사회생활, 동화, 음악, 유희 등에 관한 5개 항의 목표만 정부에서 밝힌 교육 내용이었다. • 이는 국가수준의 정책적인 배려를 받지 못하고 개인 또는 단체에 의해 운용되는 민간주도형의 교육과정이었다. • 1945년 이후 1968년까지 몇몇 유치원을 제외하고는 대체로 체계적인 교육과정이 없이 오락 활동이나 초등학교 입학 준비와 유아의 보호 기능이 중심이 되어 유치원의 교육적 기능을 충분히 발휘하지 못하였다.
1962년	• 1962년 『**유치원 시설기준령**』을 공포하여 유치원 교육에 필요한 최소한 시설기준을 정하였다.

3 유치원 교육과정 제정과 유아교육진흥법 제정 이전

1969년	• 국가 수준 교육과정 제정에 대한 교육 현장과 학계의 꾸준한 요구로 인하여 1969년 2월 **제1차 유치원 교육과정**이 제정·공포되었다. • 이는 우리나라에 유치원이 처음 소개된 후 70년 만에 이루어지는 것이다. 기 '우리나라에서 국가수준 유치원 교육과정이 처음 만들어진 해'의 해당 연도를 쓰시오.[17]
1976년	• 1976년 공립유치원인 국민(초등)학교 **병설유치원**이 설치되기 시작하였다.
1978년	• 한국교육개발원에서는 '한국교육의 장기 전망과 과제'에서 **유아교육 보편화 계획**을 추진하였다.
1979년	• 공립유치원 설립과 유아교육 부분 장기 종합계획 수립은 정부의 유아교육에 관한 관심을 유발시켜 1979년 **제2차 유치원 교육과정**이 개정되게 되었다.
1980년	• 1980년부터 제5공화국은 중점 사업으로 새마을 협동 유아원(1981년부터 '새마을 유아원'으로 개칭)을 설립하였다.
1981년	• 기 1981년 12월 31일 **제3차 유치원 교육과정**이 개정되었다. 1981년 제5공화국이 들어서면서 **유신 말기의 정책의지가 강하게 반영되어 있던 기존의 교육과정을 전면적으로 새롭게 개정하려는 의도**로 제2차 교육과정이 개정된 지 2년 만에 다시 개정되었다.[17] • 기 1979~80년에는 사립유치원의 수가 많았으나, **1981년부터는 공립유치원의 수가 훨씬 많아지게 되었다.**[98]

4 유아교육진흥법과 유아교육의 공교육화 추진

1982년	• 1982년 '유아교육 진흥 종합 계획'을 수립하였으며, 이에 따라 '유아교육 진흥책 5개년 계획 (1982년~1986년, 1987년~1991년)'을 수립하였다. • 기 1982년 12월 31일 유아교육의 진흥을 정책적으로 추진하기 위한 법적 기반을 마련하고자 『유아교육진흥법』이 제정·공포되었다.[98] • 유아교육진흥법이 제정된 이후 유아교육은 급속히 확대되었으며, 특히 공립유치원의 증가가 두드러졌는데, 주로 대도시보다는 농촌 지역과 도서 벽지 지역을 중심으로 공립유치원을 확대하려는 정부의 의지가 있었기 때문이다.
1987년	• 1987년 6월 30일 **제4차 유치원 교육과정**이 개정되었다. • 주기적인 교육과정 개정의 필요성과 제3차 유치원 교육과정의 내용 및 운영상에 나타나는 문제점 개선을 위하여 문교부의 위촉으로 한국 교육개발원이 주축이 되어 개정되었다. • 제3차 유치원 교육과정을 개정했다기보다는 수정·보완하는 입장에서 개정이 이루어졌다.
1990년	• 23개의 지역교육청에 유아교육계가 설치되었다.
1991년	• 기 총 28개의 **지역교육청에 유아교육계가 설치**되었다.[98] • 기 **교육법 개정**에 의해 **유치원 취원 연령이 만 5세에서 만 3세로 하향화**되었다.[98, 10]
1992년	• 1992년 9월 30일 **제5차 유치원 교육과정**이 개정되었다. • 주기적인 교육과정 개정의 필요와 시대·사회적 변화에 따른 개정요구에 의해 이뤄졌다. • 제5차 교육과정은 처음으로 한국유아교육학과가 교육부의 위촉을 받아 전문 연구진을 구성하고, 제4차 유치원 교육과정의 문제점과 개정 방향을 연구하여 개정·고시하였다는데 그 의의를 찾아볼 수 있다.
1997년	• 기 **초·중등교육법**에 **만 5세 무상교육에 대한 법적 근거**가 마련되었다.[10]
1998년	• 1998년 6월 30일 **제6차 유치원 교육과정**이 개정되었다. • 유아들이 살아갈 21세기는 정보화·세계화의 시대이며 교육의 체제는 공급자 중심보다는 수요자 중심으로 이루어질 것이다. • 제6차 유치원 교육과정 개정의 기본방향은 21세기 세계화·정보화 시대를 주도할 자율적이고 창의적인 한국인 육성으로 설정하였다. • 기 **초·중등교육법 시행령**과 **유아교육진흥법**에 '지역 특성, 유치원 실정, 교육적 필요' 등에 따라 **종일반을 운영할 수 있는 법적 근거가 마련**되었다.[10]

5 유아교육법 제정을 통한 유아교육 공교육체제의 실현

2004년	• 🔑 유아교육 공교육화를 위한 정부의 노력은 **2004년 유아교육법 제정** 및 시행으로 나타났다.[10] • 유아교육법 제정의 의의 • 유치원이 **유아학교로서의 기관 법제화**, 운영, 교육재정 및 교원에 관한 기본적 법률로서 유아교육 – 초 · 중등교육 – 고등교육 – 평생교육에 이르는 **법체계를 확립**한 것이다. • 유아교육 · 보호의 **공교육화 기반 구축**에 관한 법제화로써 유아들은 공교육 체제 속에서 보다 **질 높은 교육과 보호의 통합 서비스**를 받을 수 있게 되었다는 점에서 의의가 있다. • **만 5세 무상교육에 대한 의무조항을 규정**하고 만 3, 4세 유아들에게도 저소득층 자녀부터 점진적으로 무상교육을 실시하는 법적 근거를 마련함으로써 유아의 교육기회를 확대하여 유아교육을 **보편적인 기초교육**으로 자리매김하게 하였다.
2007년	• 2007년 12월 19일 **2007년 개정 유치원 교육과정**을 공포하였다. • 🔑 초 · 중등학교 교육과정과의 연계성 강화를 위해 논리적 위계와 함께 문서 체제, 용어 사용, 진술 방식 등 형식상의 연계성을 가시적으로 강화한 유치원 교육과정 개정이 이루어졌다.[10]

6 『만 5세 공통과정』 도입 추진계획(2011)

만
5
세
공
통
과
정
	만 5세
	교육 · 보육
	에 대한
	국가 책임
	강화
		• 유아단계에서 양질의 교육 · 보육을 제공하고 교육 · 보육비 부담을 완화할 수 있는 적극적인 대책 마련 필요
		• '10년 현재 만 5세아의 약 **90%**가 유치원 및 어린이집을 다니고 있으나 **약 10%인 4만 명**은 혜택을 받지 못하고 있어 이에 대한 대책 필요
		  – **저소득층**은 추가 경제적 부담 때문에 **유치원 · 어린이집 이용이 어렵고**, **고소득층**은 영어 · 특기교육 충족을 위해 고가의 **영어 학원** 등 선택
		• 만 5세아에 대한 국가지원 확대 필요
		  – 만 5세아 **교육 · 보육에 대한 국가책임 원칙은** '97년 이래 법률로 **명문화**되었으나, 현재 **소득하위 70% 이하에 대하여만 지원**
		
		• 만 5세 무상교육 : 「**초 · 중등교육법**」(1997), 「**유아교육진흥법**」(1998)에 차례로 명시된 이후 「**유아교육법**」(2004)으로 단일화
		• 만 5세 무상보육 : 「**유아보육법**」(1997)에 계속 명시

만 5세 공통과정	만 5세아 교육·보육의 중요성	• 유아기는 개인의 최종 지능 80%가 발달되는 지적 발달의 결정적 시기로서, **인지·정서·사회영역 등의 기초능력이 집중 형성**
		  – 지적 성숙이 최고조에 달하는 17세의 지능을 100으로 할 때, **0~4세는 지능의 약 50%, 4~8세는 약 30%**, 8세 이후는 나머지 20%가 발달(Bloom, 1964)
		• 기 각 생애단계별로 투자비용을 동일하게 산정할 경우, **유아기의 인적자원 투자 대비 회수비율이 가장 크게 나타남**
		  – 미국 Perry Preschool Project(2003) : 유아교육 1달러 투자시 $16.14 편익 발생
		  – 영국 EPPE Project(2007) : 1명의 유아가 유아교육기관에 다니도록 약 £2,500를 지원하는 것은 가난한 부모의 수입을 약 £17,000 직접 지원하는 것과 동일한 효과
		
		(그래프: 인적자본 투자 한계투자수익률 - 영아교육단계, 유아교육단계, 초·중·고등교육단계, 직업훈련단계 / 0-3 유아교육기, 4-6 학령기, 학령기 이후 / 연령)
		※ OECD Heckman 연구(2006년)
		
		• **생애 초기** 가정환경과 소득 격차에 따른 **기본 학습능력의 격차**가 이후 **누적적 교육 격차**를 발생시킴
		  – 유아교육기관을 경험하거나 유아기에 질 높은 교육을 받은 아이들은 초등학교 이후에도 학교 성적이 우수
		  – 유아교육기관 경험이 없는 학생들은 중학교 수학·영어 과목에서 100점 만점 중 각각 8.39점, 11.66점 낮은 성취도를 보임(류한구 외, '05)
		  – 가장 중요한 정신적·행동적 패턴이 영·유아기에 한 번 정해지면 아동이 초등학교에 입학한 후 교정 곤란(Edward. Melhuish,'07)

	유아교육 국제 동향	• 북미 및 대부분의 EU 국가들은 K학년제 도입, 교사 자격기준 및 의무·무상교육 강화 등을 통하여 **취학직전 1년의 교육을 엄격히 관리** • **유아교육비 공공부담* 비율은 OECD 평균 79.7%, 한국 49.7%**(2007년) – OECD 회원국들은 5세 → 2세로 대상을 확대, 전략적 투자 강화 추세 * 핀란드 90.6%, 프랑스 94.0%, 미국 77.8%, 영국 86.1%, 일본 43.8% ※ 2011년 현재 우리나라 만 5세아 지원대상은 소득하위 70% 이하에 불과 ■ OECD는 유아교육·보육의 공공성 강화 추세 ■ 유아기의 발달 정도는 개인의 전 생애 학습·생활에 크게 작용 ■ 생애 초기단계인 유아기 교육·보육에 대한 국가 지원체제 강화 필요

IX. 장학 : 유아를 위한 장애이해 및 통합교육자료(2008)

1 유아특수교육

1) 통합교육이란

개념		• 장애를 가진 아동이 비장애아동과 같이 교육을 받는 것 • 『장애인 등에 대한 특수교육법』: **특수교육대상자가 일반학교에서 장애유형·장애정도에 따라 차별을 받지 아니하고 또래와 함께 개개인의 교육적 요구에 적합한 교육을 받는 것**을 말한다. • 통합교육은 초기에는 주류화(mainstreaming)의 개념으로 사용되었으나 최근에는 포함(inclusion)의 개념이 반영되고 있다. • 장애아동이 특수교육에 소속되어 있으면서 사회의 주된 교육환경인 일반학급으로 들어온다는 의미에서 통합교육의 의미로 사용되었으나, • 최근에는 장애아동도 비장애아동과 같이 일반 교육환경에 속할 수 있는 동등한 자격과 권리를 가진다는 인식이 생기면서 **장애아동도 일반 교육 현장에 '포함'**되어야 한다는 생각을 강조하는 의미로 통합교육을 '**포함**'이라는 의미로 사용하게 되었다.
유형 (Hallahan & Kauffman , 2003)	시간적 통합	• 장애아동이 **일정 시간 동안 장애가 없는 또래들과 함께 동일한 교육환경에 머무르는 것**을 의미한다. • 이를 위해서는 교육환경에 속하는 모든 장소가 장애아동을 수용할 수 있어야 한다.
	학문적 통합	• **교수활동적 통합으로 일반학급의 학업활동에 장애아동이 의미 있게 참여하는 것**을 의미한다. • 이를 위해서는 비장애아동을 위한 교육 활동 중 장애아동에게 부적합한 활동은 수정하거나 별도의 교육 프로그램과 교육자료를 제공해야 하며 교수 방법 면에서도 장애아동을 배려해야 한다.
	사회적 통합	• **장애아동이 통합되는 학급의 교사와 또래에게 학급 구성원으로 수용되는 것**을 의미한다. • 비장애아동이 장애아동을 친구로 받아들여서 학습활동을 같이 하는 것이다. • 이를 위해서는 장애아동과 비장애아동의 사회적 상호작용이 잘 이루어지도록 중재가 이루어져야 한다.

용어의 변천	주류화	• mainstreaming : 1970년대에 주로 사용된 어휘로 일반교육환경을 주류로 보고 지류인 **특수교육 대상 아동이 주류환경인 일반학급으로 들어가는 것을 의미**하였다. • 즉, 주류화에서는 장애를 가진 아동이 일반학급에서 비장애아동과 같이 수업을 받으면서 특수교사나 자료실 교사에 따른 특별지원이 이루어진다. 이러한 지원은 교실 내에서 이루어질 수도 있고, 자료실에서 이루어질 수도 있다.
	결합	• integration : 1980년대에 주로 사용된 어휘로 분리에 반대되는 개념이다. • 장애가 있는 아동과 장애가 없는 아동을 같은 학습상황에 함께 있게 하기 위한, 즉 **장애아동과 비장애아동을 하나의 집단으로 보아 체계적으로 결합된 프로그램을 만드는 것**을 의미한다.
	포함	• inclusion : 1990년대 이후에 사용된 용어로 교육대상 아동을 **장애아동과 비장애아동으로 나눌 필요 없이 다양한 욕구를 가진 하나의 교육대상으로 보고자** 하는 것이다. • 즉, 장애아동을 주거지 근처의 일반학교에 포함하며, 장애에 따른 특수교육적 배려를 일반학급 내에서 실시해야 함을 의미한다. • 장애아동에 대한 **통합교육 배치는 교육에서 권고하는 최상의 실제 중 하나**이기 때문만이 아니라 **법적 · 윤리적으로도 당위성을 가진 명제이기 때문에** 시행해야 함을 의미한다.
	완전 통합	• full inclusion : **모든 장애아동이 장애의 유형이나 정도와는 상관없이 일반학급에 전일제로 배치되는 것을 의미하는 것**이다. • 여기에서는 일반교육체계 내에서 장애아동에게 교육적 서비스를 제공하기 위해서 특수교육체제를 일반교육 주도로 해야 함을 강조한다.
통합의 원리		• 통합교육을 효과적으로 실행하기 위한 원칙(Salend, 2008) ① 모든 아동은 동등한 기회를 갖는다. 효과적인 통합은 아동을 학습능력, 인종, 언어능력, 경제적 상태, 성, 문화적 · 종교적 배경, 가족구조 등에 관계없이 일반교육 환경에 같이 배치함으로써 모든 학습자를 위한 교육체계를 개선한다. ② 효과적인 통합은 각 아동의 강점과 도전성과 다양성에 민감하게 반응해 이를 수용할 수 있어야 한다. ③ 반영적이며 차별화된 교수를 해야 한다. 효과적인 통합은 자신의 태도를 검토하며 각 아동의 도전성에 부합하기 위해 자신의 학습운영을 차별화하고, 모든 아동에게 일반교육과정에서 의미 있는 접근방법과 발전을 제공할 수 있는 반영적 교육자를 요구한다. 　- 교사는 자신의 가치와 믿음을 명료하게 생각해 보고 자신을 개발하기 위하여 그리고 모든 아동의 욕구에 부합여부를 확인하기 위하여 스스로의 활동을 정기적으로 검토해야 한다. ④ 지역사회와의 협력이 필요하다. 통합이란 집단의 노력이다. 통합은 교육자, 다른 전문가들, 아동, 가족 그리고 지역사회 여러 기관 간의 협력이 바탕이 되어야 한다는 사회의 공통된 인식이 필요하다.

2) 통합교육의 역사적 배경

- 장애아동의 통합교육은 20세기에 들어서 시작된 것으로 전문가들이 통합교육을 강조하게 된 것은 불과 30~40년 밖에 되지 않는다.
- 그러나 통합교육은 비교적 짧은 기간에 급속히 성장하였는데 이러한 배경에는 **정상화의 원리**와 같은 **철학적 믿음**, **탈시설 수용화**와 같은 **사회적 움직임**, **최소제한환경의 의무화** 같은 **법제정**이 큰 역할을 했다.
- 통합교육의 움직임을 가속화하는 데 영향을 준 것은 1980년대 중반의 **일반교육주도**이다.

정상화 원리	• principle of normalization : 통합교육은 정상화의 원리에 뿌리를 두고 있다. 정상화원리란 1960년대 스칸디나비아의 나르제가 처음 사용한 용어로 이후 미국의 울펜스버거가 장애인 서비스의 원리로 사용하였다. • 정상화원리 : '**문화적으로 정상적인 개인의 행동 및 특성을 형성하고 유지하기 위해서는 가능한 한 문화적으로 정상적인 수단을 사용해야 한다.**'는 철학적 믿음이다. • 정상화의 원리에 따르면 장애아동을 위한 교육수단과 목적은 가능한 한 비장애아동을 위한 교육수단이나 목적과 같아야 한다. 즉, 정상화란 장애나 기타 불이익을 경험하는 모든 사람에게 가능한 한 사회의 일반적인 환경 및 생활방식과 유사하거나 실제로 동일한 삶의 형태와 일상생활의 조건을 제공하는 것을 의미한다. • 따라서 장애아동도 비장애아동의 교육환경과 동일하거나 최대한으로 유사한 환경에서 교육받아야 하며, 비장애아동에게 적용되는 교육방법과 동일하거나 가장 유사한 방법을 적용해야 한다. • 정상화원리는 장애아동교육에서 최소제한환경이라는 개념 탄생에 촉매제 역할을 하였다.
탈시설 수용화	• 장애인을 시설에 수용하는 것이 보편화되었던 추세가 1960년대 수용시설의 충격적인 열악한 여건이 폭로되면서 1960~1970년대를 거쳐 시설에 수용하는 것에 강한 비판이 제기되기 시작하였다. • **이후 사회적 운동의 일환으로 장애인을 분리된 시설에서 지역사회로 옮기기 시작**하였는데, 이러한 움직임을 **탈시설수용화**라고 부른다. • 탈시설수용화의 움직임으로 인해 장애아동은 수용시설을 떠나 가족과 함께 생활하게 되었고 지역사회에 장애아동을 위한 작은 시설이 늘어났다. 즉 탈시설수용화는 장애아동의 사회통합에 주요한 역할을 하였다.
최소제한 환경	• least restrictive environment(LRE) : 미국의 『장애인교육법』에 명시된 법적 용어이다. • 최소제한환경은 장애아동에게도 비장애아동처럼 성공할 수 있고 적절한 지원을 제공하는 교육환경에서 교육을 받을 권리가 있다는 것을 사회가 깨닫게 되었음을 의미한다. • 따라서 **장애아동을 장애가 없거나 또래나 가정, 지역사회에서 가능한 한 최소한으로 분리해야** 한다는 법을 제정하게 된 것이다. • 이는 장애아동의 삶이 가능한 한 '정상적인 환경에서 이루어져야 한다.'는 의미로, 장애아동을 위한 교육은 아동의 개별적인 필요에 따라 이루어져야 하지만 절대적인 필요 이상으로 개인의 자유를 침해해서는 안 된다는 것으로 해석된다. • 미국의 『장애인교육법』 : '장애아동이 장애의 정도나 성격으로 인하여 일반학교에서의 보충적인 도움과 서비스만으로는 성공적인 성취를 보이지 못하는 경우가 아니고는 특수학급이나 특수학교 또는 일반교육환경에서 분리된 어떠한 환경에 배치되어서는 안 된다'고 규정하고 있다.

일반교육 주도	• regular education initiative(REI) : 1980년대 중반 윌이 처음으로 주창하였으며 통합교육의 움직임을 가속화하는 데 영향을 주었다. • 일반교육주도 : **일반교육과 특수교육을 하나의 교육체계로 통일함으로써 교육적인 개혁을 시도하겠다는 주장**인데, 이에 대해서는 찬반의견이 대립되고 있다. {일반교육 주도 찬성: • 장애아동을 위한 현행 교육제도가 일반교육과 특수교육의 이중적인 형태를 취함으로써 비기능적·비효율적·비경제적이라고 본다. • 따라서 이중적인 구조로 구성된 특수교육과 일반교육을 병합함으로써 아동, 교사, 부모, 교육행정가 모두가 혜택을 얻을 수 있다고 본다. ㉮ 일반교육에 배치된 장애위험아동은 하나의 교육체계 내에서 필요한 특수교육을 받을 수 있으며, 장애아동은 불필요한 표찰의 부정적인 영향을 줄일 수 있다.} {일반교육 주도 반대: • 일반교사는 장애아동을 교육할 준비가 되어 있지 않으며, 장애의 특성이나 정도와 상관없이 모든 장애아동을 일반학급에 배치하는 것은 타당성이 적다고 주장한다.} • 일반교육주도의 움직임은 특수교육에서 포함의 개념을 내포하는 새로운 통합교육이라는 용어를 탄생시켰으며, 이로 인하여 일반교육과 특수교육 간의 동등한 협력을 강조하는 통합교육의 움직임을 활성화시켰다.

 지식 「장애인 등에 대한 특수교육법」 제2조(정의)

특수교육	• 특수교육대상자의 교육적 요구를 충족시키기 위하여 특성에 적합한 교육과정 및 제2호에 따른 특수교육 관련 서비스 제공을 통하여 이루어지는 교육을 말한다.
특수교육 관련 서비스	• 특수교육대상자의 교육을 효율적으로 실시하기 위하여 필요한 인적·물적 자원을 제공하는 서비스로서 상담지원·가족지원·치료지원·보조인력지원·보조공학기기지원·학습보조기기지원·통학지원 및 정보접근지원 등을 말한다.
통합교육	• 특수교육대상자가 일반학교에서 장애유형·장애정도에 따라 차별을 받지 아니하고 또래와 함께 개인의 교육적 요구에 적합한 교육을 받는 것을 말한다. 기 **(통합)**교육이란 특수교육대상자가 일반학교에서 장애유형·장애정도에 따라 차별을 받지 아니하고 또래와 함께 개인의 교육적 요구에 적합한 교육을 받는 것을 말한다.[13추]
개별화 교육	• 각급학교의 장이 특수교육대상자 개인의 능력을 계발하기 위하여 장애유형 및 장애특성에 적합한 교육목표·교육방법·교육 내용·특수교육 관련서비스 등이 포함된 계획을 수립하여 실시하는 교육을 말한다.
순회교육	• 특수교육교원 및 특수교육 관련서비스 담당 인력이 각급학교나 의료기관, 가정 또는 복지시설(장애인복지시설, 아동복지시설 등을 말한다. 이하 같다) 등에 있는 특수교육대상자를 직접 방문하여 실시하는 교육을 말한다.

3) 최근의 특수교육 동향

통합교육	• 최근 특수교육 동향은 통합교육이다. 통합교육은 모든 장애학생이 일반학급에서 교육받는 것을 말한다. • 최근 완전통합의 개념은 일반교육 주도를 대치하는 더 급진적인 개혁안으로 최소제한적 환경의 관점에서 연계적 특수교육 서비스를 제공하는 것으로 의미 있는 변화를 기대하기 어려우므로 이를 폐지해야 한다는 주장이다. • 그러나 완전통합을 반대하는 사람들은 일반학급에서 배우는 것이 모든 장애아동을 위한 유일한 적절한 선택이라 하기에는 무리가 있으며, 일반학급에서는 집중적인 개별화교육을 제공하지 못할 것이라는 생각을 가지고 있다.
개별화교육 프로그램	• 아동이 특수교육 대상자로 판별되면 교사는 아동의 교육적 요구를 충족시키기 위한 계획, 즉 개별화교육 프로그램을 개발해야 한다. • 우리나라도 『장애인 등에 대한 특수교육법』에서 장애학생을 위한 개별화교육 프로그램의 작성을 명시하고 있다. • Individualized Education Program(IEP) : 유아가 지니는 개인차와 장애로 인한 발달상의 차이로 인하여 단일 교육과정으로는 그들의 필요를 충족시킬 수 없기 때문에 교육을 계획하고 실시하는 데 있어 **개별 유아의 발달에 적절한 프로그램을 계획하고 실행하는 것**이다. • 즉, 유아의 현행 수준을 알아보고 그에 따른 교수목표를 세워 교수활동을 계획하고 이를 진행하는 것으로 이때 '개별화'는 일대일로 진행되는 교수형태를 의미하기보다는 교육프로그램이 각 장애유아의 개별 교육적 요구에 맞춰지는 것을 의미하는 것으로, 장애유아의 개별적 필요를 진단하기 위해 먼저 활동에 잘 참여하여 또래들과 충분한 상호작용을 하고, 발달과 학급 면에서 충분한 혜택을 받을 수 있는지 살펴보아야 한다.

4) 통합교육의 당위성

법적 당위성	• 『장애인 차별금지 및 권리 구제 등에 관한 법률』 13
	  - 교육기관을 운영하는 책임자는 장애인의 입학·전학 등에 차별을 해서는 안 되며, 교육기관에 재학 중인 장애인 및 관련자, 담당자에 대한 모욕과 비하행위, 입학지원·시험에 장애인만을 대상으로 추가 서류나 별도의 양식에 의한 지원서류 등을 요청하지 못하도록 하고 있다.
	  - 다만 장애인의 특성을 고려한 교육목적이 명백할 경우에는 적극적 차별이 가능하며 적극적 차별은 차별이 아닌 것으로 규정하고 있다.
	• 동법 14조 : 정당한 편의제공 의무 조항으로 교육책임자는 당해 교육기관에 재학 중인 장애인의 교육 활동에 불이익이 없도록 하여 제14조 제1항 각 호의 편의제공을 요청할 때 정당한 사유 없이 이를 거절하여서는 안 된다.
	• 『장애인 등에 대한 특수교육법』 : 제19조 통합교육 조항에서 세부적인 실행방안과 절차를 명시하였다.

교육적 당위성	• 통합교육은 사실상 특수아동의 교육기회 확대 이상의 교육적 당위성을 갖는다. **특수아동 측면** • 통합된 지역사회의 한 시민으로 가치 있는 역할을 하며 살아가기 위해서 통합교육은 필수적이다. • 사회의 다양한 구성원과 요구에 대하여 배우려면 다양한 구성원과 요구가 있는 곳에서 배워야 하기 때문이다. • 일반교실은 사회의 축소판으로 특수학교보다 사회의 모습을 더 많이 닮았고 요구 또한 더욱 다양하다. **비장애아동 측면** • 장애아동을 실제로 같은 공간에서 보고 자라며 상호작용을 하는 과정에서 장애아동에 대해 올바르게 이해할 수 있다. • 이러한 통합교육을 통해 비장애아동의 장애아동에 대한 인식이 변화할 수 있으며 장애인은 사회통합이나 독립이 가능해질 것이다. • 통합교육의 성과적 측면의 연구들은 통합교육의 당위성을 더욱 지지한다. 통합교육에 대한 연구를 종합 검토한 최근 연구보고에 따르면 장애아동의 교육성과는 분리교육에서 얻은 성과와 최소한 같거나 그 이상이다. • 이렇게 통합교육이 장애아동에게 긍정적인 효과가 있을 뿐 아니라 비장애아동에게도 우려하는 것과 달리 부정적인 영향을 끼치지 않으며, 오히려 교사들의 교육에 대한 주의 깊은 계획과 배려로 인해서 발달적·행동적·태도적 측면에서 긍정적인 영향을 주고 있다.
발달적 당위성	• 유아기의 놀이는 유아의 인지, 사회성, 언어, 도덕성 발달에 중요한 역할을 하며, 놀이를 통해 유아는 새로운 역할을 경험하게 된다. • 유아기의 통합된 환경에서 장애아동은 또래아동과의 놀이와 상호작용을 통해 발달을 할 수 있다. • 모방을 통해 많은 것을 배우는 유아기의 아동에게 정상적이고 바람직한 행동을 더 자발적으로 하려는 동기유발이 되기 쉽다.

사회적 ·윤리적 당위성	• 가장 근본적인 당위성과 필요성은 사회에서 서로를 이해하고 받아들이며 편견 없이 상호 협조하는 공동체를 형성할 수 있는 능력을 길러나가는 데 있다. • 통합교육이 조기에 이루어질수록 장애아동의 이차적인 장애의 발생을 예방할 수 있으며, 행동발달을 더욱 정상화할 수 있고, 사회 적응능력을 발달시킬 수 있다. • 비장애아동은 장애아동과 함께 생활함으로써 장애에 대한 편견을 없앨 수 있으며 타인의 특수한 처지를 이해하고 그대로 인정하며 함께 사는 공동체 의식을 배우게 된다. **윤리적 측면** • 누구나 장애와는 무관하게 교육받을 권리가 있음에도 불구하고 장애아동은 주변에 특수학교가 없거나 일반학교에서 장애아동을 가르칠 수 없다는 이유로 교육받을 권리를 누리지 못하는 경우가 있다.
경제적 당위성	• 장애아를 위한 시설을 새로 만들기 위해 투자하는 것보다 기존의 일반 유아교육기관에 장애아를 통합시키면 더 경제적이다. • 장애아동과 그 부모의 입장에서도 집 근처의 유아교육 프로그램을 두고 멀리 있는 특수 시설에 다닐 경우 시간, 돈, 에너지가 낭비된다.

5) 통합교육이 유아기에 적합한 이유

통합교육이 유아기에 적합한 이유	• 장애아동과 비장애아동을 통합하기에 적절한 시기는 유아기라고 볼 수 있다.
	  - 대부분의 아동에 있어 또래와 어울리는 첫 번째 장소가 유치원이며 이런 장소는 장애아동이나 비장애아동에게 단체생활의 경험을 통해 다른 사람 특히 또래와의 관계를 형성하는 중요한 기회를 제공한다.
	• 일반적으로 유아교육 프로그램은 이 시기의 아동들이 다른 속도로 성숙하는 것을 인식하고 있다.
	  - 유아기의 아동의 정상 발달은 그 범위가 아주 넓다. 이러한 발달상의 차이점을 예상하고 유아교육은 다양하고 폭넓은 내용의 프로그램을 포함한다.
	• 유아교육은 학습의 결과보다 과정에 더 초점을 두고 있다.
	  - 유아 프로그램은 아동이 흥미를 가지고 탐색하는 환경을 제공하고 환경과 상호작용하는 과정을 중시한다.
	  - 장애아동은 일률적인 기준에 의해 교육되고 평가되는 불이익을 받지 않아도 된다.
	• 유아교육 환경에서 사용되고 있는 교구나 방법들은 일반적으로 장애 아동을 포함한 모든 아동의 발달에 유용하다.
	  - 다양한 교구로 탐색, 조작, 표현하고, 서로 나누고, 능동적으로 참여하는 활동방법을 통해 교사가 비장애아동과 장애아동 모두의 발달과 상호작용을 쉽게 강화할 수 있다.
	• 아동이 어린 시기에는 다른 사람에 대해 편견이 적다.
	  - 쉽게 어울릴 수 있고 자신과 다른 점을 발견했을 때 자연스러운 호기심이 생길 수 있으며, 솔직하고 사려 깊은 대답을 들려준다면 아동은 다른 사람들에 대해 수용할 수 있게 된다.

6) 통합교육의 효과

대상자	통합교육의 효과
장애아	• 또래집단의 행동을 모방함으로써 관찰학습을 할 수 있고, 이를 통해 발달이 촉진된다. • 생활 경험의 폭이 넓어진다. • 놀이와 생활의 흐름에 따라 규칙적인 행동을 하게 되며, 생활습관이 좋아진다. • 자립심이 촉진된다. • 내면에 잠재되어 있는 능력과 잔존 능력이 발견되는 기회가 된다.
비장애아	• 장애아를 보살피고 도와주는 마음, 타인을 배려하는 마음과 감정 이입 등의 사회적 행동이 다양하게 향상된다. • 자신과 다른 친구의 존재를 알게 된다. • 장애아를 가르쳐 주면서 자신의 지식을 보다 확실하게 할 수 있다. • 장애아와의 직접적인 체험을 통해 성인으로부터 얻은 부정적 인식이 개선되는 기회가 된다.
교사	• 유아의 발달 단계에 대하여 새롭게 공부할 수 있으며 여러 가지 장애에 대하여 학습하는 기회가 된다. • 세심한 관찰력이 생기고 지도기술이 향상된다. • 교사끼리의 협조가 강화된다. • 곤란을 이겨내며 성장하는 유아의 힘에 감동하며, 교사로서의 긍지와 보람을 갖게 된다.
장애아동 부모	• 장애를 지닌 자녀들에 대해 긍정적인 태도를 갖게 된다. • 비장애아 발달 과정에 대한 정보를 얻을 수 있으며 그로 인해서 장애아의 나이에 맞는 적절한 행동발달을 촉진할 수 있게 된다. • 부모들 자신의 긍정적인 자아인식을 돕는다. • 비장애아 부모와의 접촉 기회를 가짐으로 고립감을 피할 수 있게 된다.
비장애아동 부모	• 장애아를 더 잘 이해할 수 있게 된다. • 장애아 가족들의 요구에 대한 관심이 증가하게 된다. • 장애아 부모와 접촉함으로써 자녀 양육과 관련된 여러 문제에 대처할 수 있는 자신감을 얻게 된다.

7) 통합교육에서 교사의 유의점

| 통합 교육 에서 교사 의 유의 점 | • **장애 유형별 특성을 이해해야 한다.**
- 통합 교육을 하기 위해서는 다양한 장애 유형별 특성을 알고 있어야 한다.
- 지적장애, 정서장애 유아들의 지적, 성격적, 학습 면에서 있어서의 특성을 잘 이해하고, 장애 유형별로 지닌 문제 행동 및 건강상의 특성도 이해해야 교실 내외에서 발생하는 다양한 문제를 해결할 수 있다.
• **교사는 장애 아동을 과잉보호하지 말아야 한다.**
- 장애유아가 일반 유치원에 입학하면, 교사들은 너무 많은 것을 도와주려고 한다.
- 장애유아 스스로 할 수 있는 기본 생활(신발 신고 벗기, 밥 먹여 주기 등)과 관련된 일들을 교사가 하게 되면, 장애유아가 비장애유아와 상호작용하는 기회가 적어진다.
- 또한 장애유아가 규칙과 같은 것을 어길 때 이를 묵인하거나 잘못을 했을 때 이를 허용하게 되면, 장애유아가 사회기술을 습득하는 데 어려움을 초래할 수 있다. |

- 장애유아에게도 잘못하면 벌이 있을 수도 있다는 것을 인식시키고, 스스로 할 수 있는 기회를 제공해야 한다.

• **효과적인 학습 환경을 구성해야 한다.**
  - 통합교육에 영향을 주는 변인 중에는 교실 공간과 교구의 물리적 배치, 학급 아동의 생활연령, 초기교육 프로그램의 질, 자원 전문가 등이 있고, 이 외에 일과계획과 좌석 배치와 같은 학습 환경요인이 있다.
  - 유치원과 같이 규칙적인 일과계획이 있는 경우에는 이러한 계획을 규칙적으로 반복하게 하여 생활에 안정감을 가져다주는 것이 좋다.
  - 또한 학습 장애나 정서 장애 유아의 경우 한자리에 오랫동안 있지 못하고 산만한 경우가 있는데, 이런 경우 교사 가까이에 자리를 배치하는 것이 좋다.

• **통합 교육을 위한 부모 교육을 준비해야 한다.**
  - 장애유아와 통합하게 되면 비장애유아에게 부정적인 영향을 미칠 것이라는 우려를 하는 부모가 있다.
  - 지금까지의 선행 연구들에서 밝혀진 바와 같이 통합교육의 경우 비장애유아에게도 많은 장점이 있으므로, 이러한 장점을 비장애유아의 부모에게 잘 소개하여 불안해하지 않도록 해야 한다.
  - 통합교육에 적극적으로 참여할 수 있도록 사전에 부모교육을 실시하여, 장애유아와 비장애유아의 부모들의 만족도가 높아지도록 노력해야 한다.

2 통합학급의 교육과정 운영

1) 통합교육에서 효과적 교수를 위한 구성요소 모델

- Sandall 외(2001)은 질 높은 일반교육과정을 그 첫 번째 기반으로 삼았다.
- 통합학급에서 효과적 교수를 실천하기 위해 우선 '**질 높은 유아교육 프로그램(일반교육과정)**'을 운영하고, 이것만으로 특수유아가 충분히 교육에 참여하지 못할 때 '**교육과정 수정**'을 실시하여야 함을 권하였다.
- 이것만으로도 한계가 있을 때 일과 운영 중에 특수유아의 교육목표를 위한 교육 활동을 첨가하여 '**삽입 학습 기회**'를 마련한다.
- 특수유아에게 교사가 직접적인 지원을 제공하는 '**아동 중심 교수전략(명시적 교수)**'는 마지막 다음 단계에서 실시할 것을 제안하였다.

Sandall, S., Schwartz, I. & Joseph. G(2001). A Building blocks model.
통합교육에서 효과적 교수를 위한 구성요소 모형(빌딩 블록 모델)

질 높은 유아교육 프로그램	* 교사들은 일반교육과정에서 특수교육대상자의 교육적 요구가 반영되도록 하며, 모든 유아를 위한 지원체계와 연속체 안에서 개별 유아에 대한 지원을 제공하여야 한다. * 즉, 특수유아도 가능한 일반적인 방법으로 학습할 기회를 제공하여 제한을 최소화하도록 하고, 교수·학습이 효과적으로 이루어지지 못하는 경우에만 차별화된 교수적 지원을 제공하는 것이 바람직하다.		
교육과정 수정	* Sandall과 Schwartz(2008)의 8가지의 교육과정 수정 유형		
	유형	정의	전략의 예
	환경적 지원	▶ 유아의 참여와 집중, 학습을 증진하기 위해 물리적, 사회적, 시간적 환경을 수정하기	• 물리적 환경의 수정 • 사회적 환경의 수정 • 시간적 환경의 수정
	교재교구의 수정	▶ 유아가 최대한 독립적으로 참여할 수 있도록 교재를 수정하기	• 교재교구의 크기 및 높이 수정 • 교재교구의 고정 • 유아의 반응 방법 수정 • 크기 및 밝기 수정
	활동의 단순화	▶ 활동을 부분으로 나누거나, 단계 수를 줄여서 복잡한 과제를 단순화하기	• 작은 단계로 나누기 • 단계의 수 감소 및 변경 • 활동의 마지막 단계를 유아가 성공적으로 마무리하도록 하기
	유아의 선호도 활용	▶ 유아가 좋아하는 것을 파악하여 활용하기	• 좋아하는 놀잇감 활용 • 좋아하는 활동 활용 • 좋아하는 사람 활용
	특별한 기구 활용	▶ 유아의 참여 수준을 높이는 특별한 또는 수정된 기구 활용하기	• 접근을 돕는 기구 활용 • 참여를 돕는 기구 활용
	성인의 지원	▶ 유아의 참여와 학습을 지원하기 위해 성인이 개입하기	• 시범 보이기 • 유아의 놀이에 참여하기 • 칭찬과 격려하기
	또래의 지원	▶ 유아가 교육목표를 성취하도록 또래를 활용하기	• 시범 보이기 • 도우미 하기 • 칭찬과 격려하기
	보이지 않는 지원	▶ 활동 안에서 자연스럽게 일어나는 시간에 의도적으로 준비하기	• 차례를 조절하여 참여를 증진시키기 • 교육 활동의 계열화

삽입된 학습 기회 (활동 중심 삽입 교수)	▶ **일반 교육과정 운영 중**에 **특수 유아가 목표를 학습**하게 하기 위한 **교수활동을 삽입**하여 실시하는 방법 • 일반 교육과정을 운영하는 중에 특수 유아에 대한 교수활동을 삽입하여 실시함으로써 특수 유아의 일반 교육과정 접근과 함께 개별 교수 목표를 동시에 성취할 수 있게 하는 교수 접근이다. • 유아교육기관에서 진행되는 일과 및 활동 중에 특수 유아가 교수 목표를 학습하게 하기 위한 교수 장면을 삽입하는 것을 말한다. • 유아교육기관 등원, 간식, 귀가 등의 일상적 일과나 동화, 음악 활동, 게임 등 교육 활동을 전개할 때 특수 유아를 위해 의도된 활동을 삽입할 수 있다. ㈎ 일일 교육계획안에서 : 등원 – (삽입) 유치원에 함께 온 가족 말하기 "누구와 같이 유치원에 왔나요?" 교사의 질문에 단어를 연결하여 "○○하고 왔어요."로 대답한다. 기 박 교사가 적용한 교수 전략을 쓰시오. [특24] 개별화 교육계획의 목표 : 두 단어로 말하기 상 우 : 재희야, 무슨 놀이 해? 재 희 : (상우를 바라보며) 기차놀이! 박 교사 : (재희를 보며) 기차놀이 해. 재 희 : 기차놀이 해.
아동 중심 교수 전략	▶ **특수 유아에게 직접적인 교수와 개별적 지원**을 제공하는 전략 • 교실 활동 중 일정 시간 동안 실시되는 직접 교수 방법이다.

Plus 지식 장애 통합교육을 위한 교육과정 수정전략(2007개정 유치원 교육과정)

① 장애 유아는 각기 다른 장애와 능력을 갖고 있기 때문에 독특한 교육적 요구에 가장 적합한 교육 내용을 구성하여 장애 유아 개개인의 특성에 알맞은 교수·학습 방법으로 이끌어 가는 특수교육 체제가 필요하다.
② 즉 일반 유아에게 맞도록 편성된 유치원 교육과정을 적용할 수 없으므로 장애 유아의 개별적인 능력에 맞도록 새 유치원 교육과정을 조정하여 운영하여야 한다.
 - 이러한 교육과정 편성 운영상의 조정과 수정 없이 단지 물리적으로 통합하는 것은 장애 유아의 참여를 제한할 뿐만 아니라 학습을 방해하는 다른 행동 문제를 초래할 수 있다.
 [기] 발달지체 유아가 참여하는 집단 형태와 활동 유형에 관계없이 일반 유아와 동일한 수준의 자료를 제공한다. [09]
 [기] 장애 유아와 비장애 유아의 동등한 참여를 위해 모든 집단 활동에 동일한 방법으로 참여하게 하였다. [10]
③ 교사는 필요한 경우 장애유아의 참여를 촉진하기 위해서 진행 중인 학급 활동이나 교재를 수정하여야 한다.

환경적 지원	• 정리활동에 참여하기 위해 교구장에 교구 사진을 찍어 표시해주거나, 청각장애 유아의 자리를 교사의 입모양이 잘 보일 수 있는 앞쪽 중앙으로 배치해주는 것 등 [기] 청각 장애 유아인 영민이의 자리를 교사의 입모양이 잘 보일 수 있는 앞쪽 자리에 배치해 주었다. [10] [기] 민지를 고려해서 미리 충분한 공간을 확보하려고 교실 교구장 배치를 좀 바꿨어요. [특20]
교재 수정	• 조형활동 작품에 이름을 써야 하는 경우, 글쓰기가 어려운 장애유아를 위해 점선으로 된 이름 본을 제시하고 따라 써 보도록 하는 것
활동의 단순화	• 색종이 접기와 같이 여러 단계가 있는 조형활동을 할 때 단계를 간략화하는 것 • 즉, 종이접기 단계를 8단계에서 4단계로 간단하게 조정해 제시하는 것
선호도 활용	• 색칠하기 활동에서 유아가 선호하는 그림을 선정하여 이를 색칠하도록 하는 것
적응도구의 사용	• 점심을 먹을 때 수저 잡기 자세가 어려운 경우 보조 숟가락, 포크를 제시해주는 것
교사의 지원	• 놀잇감을 가지고 그 용도에 적절하지 않게 놀고 있는 경우, 해당 놀잇감의 기능에 맞는 시범을 교사가 보이는 것 • 즉, 자동차를 이용하여 유아 곁에서 "자동차가 부릉부릉하며 간다."라고 말하며 놀이 시범을 보이는 것
또래 지원	• 견학을 가거나 교실 도우미를 하는 경우 장애 유아가 선호하는 또래가 짝이 되어 도와주도록 하는 것

④ 유치원의 특수학급 장애 유아들은 개인차의 범위가 넓고 주의 집중이 곤란하기 때문에 효율적인 학습 활동을 전개하기 위해서는 개별화 교육(IEP : Individualized Educational Program)이 이루어져야 한다.
⑤ **개별화 교육** : 장애 유아의 신체조건, 경험적 배경, 흥미, 인성적 요구, 학습 능력, 기타의 조건 등이 고려된, 유아의 독특한 교육적 욕구에 부응한 최적의 프로그램과 교수·학습 방법에 의한 교육을 말한다.
 - 개별화 교육은 수업의 초점을 유아 개개인에게 두고 가능한 한 모든 유아가 의도한 교육 목표에 도달하도록 하기 위한 것이다.
 - 이를 위해 각 개인의 능력, 적성, 동기 등을 고려하여 변별성 있게 수업 절차나 자료의 선택, 평가 등을 적절하고 타당하게 수정하여야 한다.
⑥ 유치원의 특수학급에서 특수학교 교육과정 및 교수·학습 자료를 활용하는 경우, 생활 경험 중심으로 교육 과정을 구성하는 것이 적절하다.
 - 생활 경험 중심의 교육과정 구성은 유아의 흥미와 필요를 토대로 하기에 자발적인 활동을 촉진하기 용이하다.

2) 통합학급을 위한 일반적 교수전략

유아의 관심 파악하기	유아들은 관심이 있는 대상에 주의를 집중하는데, 이때를 교육의 순간으로 활용하는 것이다.	
근접발달영역에서의 지도	교사 및 또래는 모델링 제공, 질문하기, 단서 제공, 과제의 단순화, 교재교구의 수정 등의 도움을 줄 수 있다.	
	퍼즐 맞추기	• 퍼즐 조각의 방향을 돌려보도록 안내하기 • 몇 개의 조각을 함께 맞추고 남은 조각 스스로 맞추도록 하기
	그림 그리기	• 종이에 윤곽을 그려주기 • "얼굴 안에는 무엇이 있을까?" 등 세부적 질문하기
	단어 이름 말하기	• 시작하는 음절 알려주기 • 입모양으로 표시해 주기
	옷 입기	• 옷 입는 시범 보이기 • 지퍼나 단추의 일부를 채워주고 남은 부분 스스로 하도록 하기
	줄서기	• 노래 부르면서 줄서기, 줄 서는 자리 표시 가리켜 주기
예측 가능한 일과의 운영	학급에서는 유아들의 규칙적인 일과를 경험하도록 함으로써 예측 가능한 환경을 제공해 줄 수 있다.	
유아에게 적합한 의사소통 제공	유아의 주도 따르기	• 유아가 먼저 의사소통을 하고자 시도할 때를 놓치지 않고 적절히 반응하여 줌으로써 관심을 공유하고 의사소통 능력을 증진한다. 예 "어…", "저거 뭐…" 등과 같은 부정확한 발음으로 말소리를 내더라도 교사는 "선생님한테 해 줄 말이 있니?"와 같이 시도 자체를 격려한다.
	확장하기	• 성인은 유아가 한 말을 확장하여 바른 형태의 문장을 말해줌으로써 의사소통의 모델로 역할을 할 수 있다. 예 "쉬… 쉬…" 등과 같이 부정확한 구조의 문장으로 말할 때 "화장실에 가고 싶어요?"처럼 의미와 문장의 구조를 확장하여 말해줄 수 있다.
	새로운 단어 사용하기	• 교사는 유아가 습득하지 못한 새로운 단어를 활용하여 말해줌으로써 어휘력 증진과 개념 획득, 인지발달을 지원할 수 있다.
	중요한 단어와 문장의 반복	• 새로운 단어를 습득하기 위해서는 단어 및 문장을 반복하여 듣고 사용하는 경험이 필요하다. 예 물뿌리개로 물을 주자. 물뿌리개. 물뿌리개. 물뿌리개가 어디 있을까?
	적절한 속도로 말하기	• 유아가 알아듣기 적절한 속도로 대화할 수 있도록 교사는 자신의 언어적 특성을 점검할 필요가 있다.
	반응 기다리기	• 교사는 반응을 재촉하거나 대신 말하지 말고, 지지적인 분위기에서 반응을 기다리도록 한다.
	의사소통이 필요한 상황 마련하기	• 의사소통이 필요하도록 대화를 시도할 수밖에 없도록 상황을 만들어 준다.

예방 전략을 사용한 행동문제 관리	• 예측 가능하고 일관성 있는 일과를 운영하고, 일과 계획표를 활용하여, 활동의 전이를 알리기 • 과제를 완성할 수 있도록 충분한 시간 제공하기 • 새로운 과제나 어려운 과제는 작은 단계로 나누어 제공하여 좌절감 감소시키기 • 유아에게 문제행동을 일으키는 유발자극을 파악하여 제거하거나 조절하기 • 의사소통에 제한이 있는 유아를 위해 그림이나 신호 등 대안적인 의사소통 방식 제공하기 • 일관성 있고 명백한 규칙을 정하여 지키기 • 유아가 요구하거나 부적절한 행동을 하기 전에 유아에게 많은 관심을 보이고 지원을 제공하기

3) 특수유아를 위한 교수전략

자연적 중재	• 인위적인 환경 구조가 아닌 보다 자연스러운 환경을 적극적인 교수의 기회로 활용하여 특수유아의 발달과 변화를 이끌어내고자 하는 중재이다. • 자연적 중재에는 삽입된 학습 기회, 활동 중심 삽입교수, 우정활동 등이 있다.
촉진 (촉구)	• 유아의 수행을 위해 교사가 지원이나 도움을 주는 행동을 말한다. • 교사는 적절한 촉진을 제공함으로써 유아가 독립적으로 과제를 수행하고, 유능감을 경험하도록 할 수 있다. • 하지만 과도한 촉진은 유아가 스스로 할 수 있는 기회를 빼앗고, 활동에 대한 흥미를 떨어뜨릴 수 있으며, 부족한 촉진은 좌절감을 경험하게 할 수 있다. • 촉진의 유형 및 적용의 예 | 유형	방법 및 적용의 예
언어적 촉진	▶ 주어진 과제를 수행하도록 지원하는 **단순한 설명**을 제공 ⑩ 화장실을 사용한 후 그냥 나오려고 할 때 "물 내려주세요"하고 말해준다.
시범 촉진	▶ 목표 행동을 교사가 **직접 시연**하여 유아가 모방하도록 하는 것 ⑩ 유아에게 치약 짜는 모습을 보여주고 난 후 유아에게 짜보도록 한다.
신체적 촉진	▶ 과제를 수행하도록 **신체적으로 보조**를 해주는 방법 • 부분적 촉진과 완전한 촉진이 있다. ⑩ 완전한 촉진 : 점퍼의 지퍼를 끼울 때 유아의 손을 잡고 지퍼를 끼운다. ⑩ 부분적 촉진 : 유아의 손끝만을 살짝 잡아서 지퍼를 잘 끼울 수 있도록 도와준다.
공간적 촉진	▶ 유아의 행동 발생 가능성을 높이기 위해서 **사물의 위치를 변경** ⑩ 유아가 포크를 잘 사용할 수 있게 오른손 쪽에 놓는다, 칫솔질을 잘하도록 하기 위해 유아의 손을 쉽게 닿는 곳에 칫솔을 둔다.
시각적 촉진	▶ **그림, 사진 등을 단서로 활용** ⑩ 유아의 사물함, 신발장에 유아의 사진을 붙여서 자신의 자리를 쉽게 알아보도록 한다.
단서 촉진	▶ **언어나 몸짓 등의 단서로 목표 행동을 유도**하는 방법 • 과제 수행의 특정 측면에 대한 직접적인 관심을 유도하기 위한 방법으로 이때 사용되는 단서는 자극이나 과제를 가장 잘 대표할 수 있는 특성이어야 한다. ⑩ 교사가 손가락으로 숟가락을 가리키면서 "자, 식사 시간이다."라고 말한다. 식사의 특성을 가장 잘 나타내는 숟가락이라는 단서를 사용해서 독립적인 식사 기술을 촉진	

과제 분석	• 어떤 과제를 학습할 수 있는 작은 단계로 나누는 것이다. 예 사인펜 사용하기 : 사인펜 통을 연다. → 사용할 사인펜을 선택하여 꺼낸다. → 사인펜 뚜껑을 빼서 사인펜 뒤에 꽂는다. → 사인펜을 바르게 잡고, 한 손으로 종이를 잡는다. …
강화	• 목표 행동의 수행을 증가시키는 전략으로, 이를 잘 활용하면 유아의 기본 생활습관, 주의집중, 사회적 기술, 활동 참여 등의 바람직한 행동을 습득하도록 도울 수 있다.
반복	• 새로운 과제나 기술을 학습하기 위해 여러 번 반복하는 경험이 필요하다.
또래 주도 전략	▶ 또래가 주도적으로 특수 유아의 놀이와 학습을 촉진하는 교수 전략 • 특수 유아의 놀이와 학습을 촉진하는 역할을 또래가 수행하도록 하는 전략이다. | 또래 시작 행동	▶ 또래 유아가 놀이를 먼저 시작하도록 하여 다른 유아가 참여하도록 돕는 방법
또래 시범	▶ 또래가 바람직한 모델의 역할을 수행하는 것을 보고 다른 유아가 모방하도록 하는 방법
또래 교사	▶ 또래 유아가 교사의 역할을 하며 다른 유아를 지도하는 방법 • 또래가 다른 유아를 가르치는 교사의 역할을 수행하도록 한다.	
협동 학습	• 대체로 5~6명의 유아를 한 팀으로 구성하여 활동을 함께 수행하고, 책임을 공유하도록 하는 방법이다.

3 자료 개발의 필요성 및 목적

1) 자료 개발의 필요성

철학적 측면	• 최근 **장애 유아 통합교육(inclusion)**은 일반 유아교육에서나 유아특수교육에 있어서 하나의 자연스러운 동향으로 인식되고 있다. 실제로 지난 2-30년 동안 일반 유아교육 현장에서 통합교육을 받는 장애 유아의 수는 급속도로 증가하고 있다. • 장애 유아통합교육은 유아가 지니고 있는 다양한 능력과는 상관없이 자신의 지역사회 내 자연적인 환경에서 적극적으로 참여할 수 있도록 모든 유아의 권리를 지원하는 하나의 철학적 가치다. • **자연적인 환경** : 장애를 지니지 않았다면 포함되었을 환경을 의미한다. 다시 말해서, 유아의 가정, 유치원 등의 교육 환경, 어린이집 등의 보육시설 및 기타 지역사회 내의 유아와 그 가족들이 포함되거나 즐길 수 있는 모든 환경을 의미한다.
교육 방법론적 측면	• 장애 유아 교육에 있어서 일반 유아들과의 근접성을 강조하는 최소제한환경(least restrictive environment)이 모든 프로그램의 주춧돌이 되어야 하며 장애 유아를 위한 가장 우선적인 배치는 일반 유아교육 현장이어야 한다는 주장이 수용되고 있다. • 특히 통합교육은 장애 유아들을 위한 최대한의 교육적 성과를 가져오기 위한 최상의 실제(best practices)의 한 구성요소로 포함되고 있을 뿐만 아니라, 교육 현장에서의 연구-기반의 실제(evidence-based practices)로도 그 성과가 인정되고 있다.
우리나라 통합교육의 변천	• 우리나라의 경우, 1994년 특수교육진흥법 개정을 통하여 "통합교육"이라는 용어(제2조 6항)와 그 실행에 관한 법규(제 15조)가 명시됨으로써 장애아 통합교육에 대한 법적인 지지가 공식적으로 이루어지기 시작하였다.

	• 또한 3~5세 유아들의 경우에는 1994년 특수교육진흥법 개정을 통하여 무상교육 대상자로 명시됨으로써 특수학교 및 특수학급 등의 기관 중심으로 그 교육 수혜율이 점차 증가되어 왔다. • 그러나 최근 들어 학계와 교육 현장에서 통합교육에 대한 인식 전환과 함께 통합교육을 위한 정책적 지원의 틀이 형성되기 시작하면서 통합교육으로의 방향 전환이 이루어지고 있다. 따라서 일반 유아교육 현장에서 교육받는 장애 유아들의 수가 급증하고 있다. • 이처럼 양적인 측면에서 급속도로 증가하고 있는 장애 유아 통합교육은 양적인 성장만으로 달성되는 것이 아니라 프로그램의 질과 그에 따른 질적인 성취가 강조되어야 한다. 따라서 장애 유아 통합교육은 현장에서의 실질적인 방법론적 측면에서의 배려가 더욱 강조되어야 한다. 그러나 성공적인 통합교육의 실행은 그 자체가 매우 어렵고 도전적인 과제이다.
통합교육 실행의 어려움 (유아 측면)	• 유아들의 측면에서 살펴보면 적절한 교육 활동이 제공되지 않는다면 장애 유아들이 지닌 외모나 능력의 차이로 인하여 장애나 장애 유아에 대한 편견을 가질 수 있으며, 이로 인하여 통합교육의 실행 자체가 어려워질 수 있다. • 이러한 우려는 실제로 통합 현장의 유아들이 장애 유아가 아닌 장애가 없는 또래들과 훨씬 더 높은 비율로 상호작용을 하며, 장애 유아들이 일반 유아들보다 또래들에게 사회적으로 거부당하는 비율이 더 높다는 사실을 통하여 실제로 나타나고 있다. • 유아들은 4~5세 정도가 되면 장애인에 대한 인식과 태도를 형성하게 되며, 이러한 인식과 태도는 주변 성인이나 사회의 영향을 받는다. 따라서 장애 유아를 이해하고 수용하도록 촉진하는 성인의 중재가 없는 상태에서 장애 유아들을 일반 유아들과 함께 배치하는 것만으로는 성공적인 통합교육을 실행할 수 없다. • 일반 유아들의 장애 유아에 대한 긍정적인 인식과 수용은 진정한 의미에서의 통합교육을 위한 필수적인 요소이며, 이러한 긍정적인 인식과 수용이 선행됨으로써 결과적으로 장애 유아와 일반 유아 간의 사회적 관계 형성을 지원할 수 있다. • 결론적으로, 성공적인 통합교육 실행을 위해서 교사는 우선적으로 일반 유아들이 장애 유아에 대한 긍정적인 인식과 태도를 가지고 이들과 사회적인 관계를 형성하도록 환경을 조성하고 교수 활동을 진행하는 등 유아를 대상으로 하는 구체적인 지원을 제공해야 한다.
통합교육 실행의 어려움 (교사 측면)	• 교사의 측면에서 살펴보면, 교사양성 체계와 교육 현장이 유아교육과 특수교육으로 이분화되어 있기 때문에 장애 유아 통합교육을 실행하기 위한 교사의 준비나 실제 교육과정 운영에 많은 어려움이 야기되고 있다. • 실제로 통합 프로그램을 운영하게 될 교사들의 자질과 태도는 프로그램의 성패에 결정적인 영향을 미치며, 교사들의 과다한 업무와 준비 부족은 통합교육의 걸림돌로 작용하고 있는 것으로 보고되고 있다. • 우리나라 장애유아 교육 현장에서도 교사의 준비 부족이 통합교육 실시의 가장 큰 방해요인 중 하나로 지적되었으며, 좀 더 구체적으로는 교사가 통합교육에 대한 적절한 사전지식을 갖추지 못하거나 역할에 대한 혼란으로 인하여 준비되지 않음으로써 유아 지도에 많은 어려움을 지니고 있다는 사실이 보고되고 있다. • 그러나 반대로 교사들의 적절한 준비와 의지는 통합교육 현장에서의 다양하고도 긍정적인 사례들을 만들어 내기도 한다. 실제로 한 연구에 의하면 일반유아 교사들이 일반 유아와 장애 유아들 간의 친구 관계를 촉진하는 데 가장 큰 역할을 하는 것으로 보고되고 있다. • 결론적으로 성공적인 통합교육 실행을 위해서는 통합교육 현장에서의 주도적인 교육 활동을 진행하게 될 일반유아 교사들이 놀잇감, 책, 학급 게시물, 다양한 교재 및 교구 등을 통하여 통합교육에 적합한 교육 환경을 조성하고, 협동 활동, 다른 점과 비슷한 점에 대한 이야기 나누기 활동, 구조화된 사회적 상호작용 기회나 활동 등 필요에 따른 교수활동을 진행할 수 있어야 한다.

	• 우리나라에서도 많은 연구들을 통하여 (인형이나 동화를 활용한 교육 활동, 자유선택활동을 이용한 장애 관련 교재의 활용, 또래-주도 활동, 일과 내 역할 활용, 사회적 통합 촉진 활동 등) 교사가 체계적으로 준비한 교육 활동이 일반 유아들의 장애 유아 수용 태도 및 관계 형성에 긍정적인 영향을 미칠 수 있는 것으로 분석되고 있다.
통합교육 실행의 어려움 (부모 측면)	• 일반적으로 처음 통합교육을 경험하는 일반 유아의 부모들은 장애 유아와의 통합교육이 자녀들에게 부정적인 영향을 미치지 않을까 하는 우려를 하기도 한다. 이러한 부모의 우려는 장애 유아 통합교육 프로그램 운영에 걸림돌로 작용할 수 있다. • 그러나 지금까지 이와 같은 우려를 불식시키기 위한 많은 연구들이 행해졌으며, 결론적으로 일반 유아들이 장애 유아와 함께 교육받을 때 부정적인 영향을 받지 않을 뿐만 아니라 오히려 주의 깊은 계획과 배려가 뒤따른다면 발달적, 행동적, 태도적 측면에서 긍정적인 영향을 받을 수 있는 것으로 보고되고 있다. • 따라서 부모들은 우선적으로 통합교육을 통하여 자녀들이 부정적인 영향을 받지 않는다는 사실을 잘 인식하고, 더 나아가서는 장애나 장애 유아들에 대하여 올바르게 인식하고 통합교육 프로그램 운영을 위한 긍정적이고 협력적인 태도를 가질 수 있도록 지원받아야 한다. • 또한 장애 유아 통합교육은 유아들에게 긍정적인 영향을 미칠 뿐만 아니라, 부모들에게도 혜택을 주는 것으로 보고되고 있다. 구체적으로 살펴보면, 무엇보다 먼저 장애 유아를 더 잘 이해할 수 있게 되며, 장애 유아 가족들의 요구에 대한 관심을 보이게 되고, 장애 유아의 부모들과 접촉함으로써 자녀 양육과 관련된 문제 해결의 가능성을 긍정적으로 검토하게 된다. • 따라서 교사들은 통합교육을 실행하면서 부모들을 대상으로 적절한 정보를 제공하고 가정에서의 연계 활동을 지원함으로써 통합교육 현장에서의 교육적인 성과를 증진시키기 위한 노력을 기울여야 한다. • 특히 앞에서도 언급하였듯이 일반 유아들의 장애에 대한 인식이나 태도는 주변 성인들의 영향을 받기 때문에 부모의 장애 및 통합교육에 대한 인식이나 태도는 자녀들에게 직접적인 영향을 미치게 된다는 사실을 인식하고 이에 따른 구체적인 지원의 역할을 할 수 있어야 할 것이다.
결론	• 이상에서 알아본 바와 같이 장애 유아 통합교육은 그 실행을 위한 당위성이 인정되고 있으며, 실제로 교육 현장에서의 수요도 급증하고 있다. 그러나 아직까지도 행정적인 제도나 교사 양성, 또는 교육과정 운영의 측면에서는 통합교육을 위한 지원 체계가 미비하여 유아교육 현장에서의 많은 어려움을 초래하고 있다. 특히 장애 유아 통합교육 현장에서의 어려움은 유아, 교사, 부모의 세 가지 측면에서 다양하게 제시되고 있으며, 이러한 어려움은 통합교육의 성공적인 실행을 방해하고 있다. • 유아교육 현장에서 직면하고 있는 장애 유아 통합교육 실행과 관련된 이와 같은 어려움을 극복하기 위해서는 교사들이 교육 활동을 운영함에 있어서 직접적이고도 구체적인 지원을 받을 수 있도록 배려해야 한다. • 여기서 말하는 직접적이고도 구체적인 지원이란 교육 현장에서 직접 활용될 수 있는 지원을 의미하며, 지원의 대상이 되는 유아, 교사, 부모를 모두 대상으로 하는 구체적인 정보 제공과 교육 활동을 포함하는 것을 의미한다. • 따라서 유아교육 현장에서 통합교육의 주도적인 교육 활동을 담당하고 있는 교사들이 유아가 장애 유아에 대한 긍정적인 인식과 태도를 갖고 적극적이고도 활발한 상호작용을 통하여 관계를 형성해 나갈 수 있도록 돕고, 가정에서의 연계 활동을 통하여 통합교육의 성과를 증진시킬 수 있도록 돕기 위하여 부모들에게 장애 및 통합교육과 관련된 올바른 정보를 제공할 수 있는 구체적인 교육 활동자료가 개발되어야 한다.

4 '활동편' 자료의 개요

1) 목표

목표	• 『장애 이해 및 통합교육 활동자료』는 일반 유치원에서 장애 유아와 일반 유아들의 사회적 통합을 촉진하기 위한 목적으로 개발되었다. 장애 유아의 사회적 통합이라는 궁극적인 목적을 달성하기 위해 다음과 같은 목표를 구현하는 여러 활동들을 개발하였다.
다양성 존중하기	• 유아기 아동들에게 '차이는 나쁜 것이 아니며 다르다는 것은 다른 사람보다 더 낫거나 못하다는 것을 의미하지 않는다'는 것을 알게 하는 것은 편견을 막는 유용한 접근이다. • 특히 장애를 가진 친구가 나와 다른 점보다는 비슷한 점이 더 많다는 것을 인식할 때 유아들은 장애를 친구의 여러 가지 특성 중 하나로 편안하게 받아들일 수 있다. • 따라서 이 활동자료는 유아들이 차이를 존중하고 서로의 비슷한 점을 인식할 수 있도록 돕는 활동으로 개발되었다. • 아울러 구체적인 활동을 통해 유아들이 각기 다른 방식으로 서로에게 도움을 줄 수 있다는 것을 경험하게 하는 것도 다양성 존중을 위해 이 활동자료가 추구하는 중요한 목표 중 하나다.
자신과 타인 존중하기	• 유아들이 장애나 장애를 지닌 친구들을 긍정적으로 수용하는 것은 다른 사람을 존중하고 다른 사람의 느낌을 이해하는 사회-정서적 능력 향상을 통해서 이루어진다. 다른 사람에 대한 존중과 이해는 자기 자신에 대한 긍정적인 인식을 토대로 한다. • 따라서 이 활동자료는 자신에 대한 긍정적인 인식과 상대방의 느낌에 대한 인식 및 공감, 다른 사람의 느낌을 배려하는 적절한 의사소통 방법과 상호작용 방법에 대한 인식, 인간의 보편적 선으로서의 도움에 대한 인식 등을 유아 수준에서 이해할 수 있도록 활동을 구성하였다.
다양한 친구들과 상호작용 하기	• 사회적 통합이 이루어지기 위해서는 또래 간의 사회적 상호작용이 반드시 선행되어야 하며 질적인 상호작용을 하기 위해 유아들은 적절한 사회적 기술을 배워야 한다. • 이 활동자료에서는 다양한 친구들과 양질의 상호작용에 참여하게 하기 위해서 의사소통적 다양성에 대한 인식(예 수화, 손짓 등 다양한 방식으로 의사소통을 할 수 있음을 인식하기)과 함께 구체적인 상호작용 기술들을 직접 가르칠 수 있도록 활동을 구성하였다. • 특히 유아기 상호작용이 주로 놀이를 통해 이루어지기 때문에 친구들과의 놀이에 참여하는 방법, 혼자 노는 친구들에게 같이 놀자고 말하는 방법, 다양한 친구들과 함께 놀기 위해 놀이를 수정하는 방법 등 유아기에 적절한 상호작용 전략들을 지도하기 위한 활동들을 포함하였다.
우정과 협력을 촉진하는 학급 문화 만들기	• 장애 유아의 사회적 통합은 장애 유아가 한 학급의 구성원으로서 교사와 또래들로부터 인정 받을 때 가능하다. 장애 유아가 학급의 구성원으로 인정받는다는 것은 장애 유아를 특별한 도움이 필요한 존재로 대하는 대신 우리 반 친구로 자연스럽게 대하는 것을 의미한다. • 따라서 장애 유아의 진정한 사회적 통합은 '장애 유아만을 위한 특별한 도움'으로 성취되는 것이 아니라 서로 돕고 아껴주는 학급의 분위기를 통해서만이 이루어질 수 있다. 이렇게 우정과 협력을 촉진하는 학급 분위기를 만들기 위해서는 무엇보다 교사의 태도가 중요하며 유아들 간의 우정을 형성하고 협력할 수 있도록 하는 활동을 실시하는 것이 필요하다. • 따라서 이 활동자료들은 또래 관계에서 나타날 수 있는 여러 가지 문제 상황에 대한 해결력을 증진하며 공동체 의식을 높이고 나아가 유아들 간의 우정 형성을 촉진하기 위한 활동들로 구성되었다.

2) 활동자료 개발의 원칙

활동자료 개발의 원칙	• 장애 이해 교육의 이론적 배경과 유치원 교육과정에 기초하여 교육 내용을 선정한다. • 교육 활동은 구체적이고 유아의 생활과 연관될 수 있도록 한다. • 가능한 한 동화나 이야기 나누기 활동 외에도 다양한 유형의 활동 및 교수 자료를 활용하여 유아들에게 흥미로운 경험이 될 수 있도록 한다. • 현장에서 교사들이 쉽게 활용할 수 있도록 구체적인 활동 방법과 자료를 제시하고 교사들을 지원할 수 있는 지침과 정보를 제공한다. • 가정과의 연계를 위한 확장 활동을 다양하게 개발한다. • '장애'라는 용어나 구체적인 장애명을 제시할 때에 나타날 수 있는 부정적인 영향을 고려한다. • 장애 이해와 사회적 통합을 촉진시킬 수 있는 세부 주제들을 정하고 그 주제 내에 선정 가능한 활동들을 구성한다. • 각 활동이 일회적인 활동으로 진행되기보다는 짧은 활동을 정기적으로 실시할 수 있게 구성함으로써 현장에서의 활용가능성을 높인다. • 활동자료는 장애를 긍정적으로 수용하기 위한 활동으로 구성하되 또래 간의 긍정적인 상호작용을 증진시킬 수 있는 우정활동 등을 삽입하여 포괄적인 효과를 가질 수 있도록 구성한다.

3) 활동자료의 구성

모두 특별해요	• 유아들은 모두가 다르지만 개개인이 모두 소중하고 귀한 존재임을 학습해야 한다. • 따라서 이 주제는 사람이 지니는 다양성의 일환으로 장애를 이해하고 이를 존중할 수 있는 여러 활동들로 구성하였으며, 특히 유아 수준에서 장애를 이해할 수 있도록 내용을 구성하였다.
친구가 되어요	• 유아들은 장애를 포함한 다양한 특성을 가진 또래들과 자신의 생활 속에서 보다 긍정적인 상호작용을 할 수 있을 때에 서로를 더 잘 이해하고 친구로 수용하게 된다. • 따라서 이 주제는 또래 관계를 증진하고 이에 적절한 사회적 기술을 구체적으로 가르치기 위한 내용으로 구성하였다.
함께 놀아요	• 유아에게 놀이는 발달과 학습에 매우 중요한 역할을 한다. 특히 놀이는 또래 간의 상호작용과 문제 해결의 실제적인 장이 된다는 점에서 중요하다. • 따라서 이 주제는 유아들이 다양한 친구들과 함께 놀기 위한 구체적인 방법을 탐색하고 즐거운 놀이를 통해 긍정적인 상호작용에 참여하게 하는 내용으로 구성하였다.

4) 활용상의 유의점

- 장애를 가진 유아들에 대한 일반 유아들의 긍정적인 인식과 수용은 통합교육의 성패를 좌우하는 필수요소이며 이들 간의 사회적 관계 형성을 위한 선행 조건이다.
- 장애와 장애인에 대한 인식과 태도가 형성되기 시작하는 유아기부터 장애에 대한 바른 이해와 긍정적 수용이 이루어진다면 학령기 아동들의 통합교육 성과도 분명한 향상을 보일 것이다.

(1) 용어 사용을 신중히 한다.

내용	• 유아들은 어릴수록 장애나 장애인 등과 같은 용어에 익숙하지 않다. 따라서 구체적인 장애(예 지적장애, 지체장애 등)에 대한 소개와 각 장애에 대한 올바른 이해를 위한 정보 제공 및 장애 체험활동이 주를 이루는 학령기 장애 이해 교육과 달리 유아기 장애 이해 교육은 차이에 대한 긍정적인 수용과 다른 사람에 대한 존중과 배려 등이 보다 강조되어야 한다. 기 일반유아를 대상으로 시각장애 유아에 대한 이해를 높일 수 있는 '장애체험' 활동을 실시하는 것이 좋을 것 같아요. 형진이의 장애를 일반유아들이 이해한다면 형진이가 또래 관계를 형성하는 데 도움이 될 거예요(○).[12] • '장애'라는 말을 모르는 유아들에게 '장애'라는 개념이나 구체적인 장애명을 설명하는 것은 오히려 내 친구가 나와 매우 다른 존재이며 무언가 큰 문제를 가졌다고 느끼게 하는 등의 부정적 영향을 가져올 수도 있다. • 기타 장애를 가진 유아에게만 붙여지는 용어들(예 통합아동 등)도 용어 자체가 부정적인 것이 아니라고 할지라도 마찬가지의 부정적 영향을 가져올 수 있다. 따라서 교사는 용어 사용의 부정적인 영향을 항상 고려하여야 한다.
지도 방향	• '장애' 또는 '장애 유아' 등의 용어를 가능한 한 사용하지 않는다. • 교사도 유아가 가진 문제가 유아의 특성 중 일부분이라는 인식을 하도록 한다. • 유아들의 질문에 대해서는 정확하고도 편견 없는 정보를 제공하도록 노력한다(교사지침서 참조).

(2) 장애 이해 교육은 모두를 위한 인성교육임을 이해한다.

내용	• 본 활동 자료의 주요 목적은 장애를 비롯한 다양성을 수용하고 자신과 타인을 보다 더 낫거나 못하다는 것을 의미하지 않는다는 것을 알게 하는 것은 편견을 막는 유용한 접근이다. • 특히 장애를 가진 친구가 나와 다른 점보다는 비슷한 점이 더 많다는 것을 인식할 때 유아들은 장애를 친구의 여러 가지 특성 중 하나로 편안하게 받아들일 수 있다. 또한 유아들이 장애를 지닌 친구들을 긍정적으로 수용하는 것은 다른 사람을 존중하고 다른 사람의 느낌을 이해하는 사회-정서적 능력 향상을 통해서 이루어진다. 다른 사람에 대한 존중과 이해는 자기 자신에 대한 긍정적인 인식을 토대로 한다. • 따라서 이 활동 자료는 자신에 대한 긍정적인 인식과 상대방의 느낌에 대한 인식 및 공감, 다른 사람의 느낌을 배려하는 적절한 의사소통 방법과 상호작용 방법에 대한 인식, 장애를 가졌기 때문에 도움을 필요로 하는 것이 아니라 사람은 누구나 서로 도와야 하기 때문에 도움이 필요할 때 친구를 돕는다는 인식 등을 유아 수준에서 이해할 수 있도록 활동으로 구성하였다. • 이러한 주제들은 결국 인성 교육의 주요 주제들과 맥을 같이 한다고 할 수 있다. 모든 인성 교육이 그러하듯이 장애 이해 교육 또한 1회적인 활동으로 달성되는 것이 아니다. 따라서 지속적인 활동과 수용적인 학급 분위기 조성이 필수적이다.
지도 방향	• 사람은 모두 다르며 다른 것은 나쁜 것이 아니라는 것을 가르친다. • 자기-존중감과 다른 사람을 존중하고 배려하는 태도를 기른다. • 누구나 도움을 주거나 받을 수 있다는 전제하에 장애 유아에게 도움을 주도록 한다. • 서로 돕고 우정을 형성하는 학급 분위기를 조성한다. • 지속적이고 다양한 활동을 실시한다.

(3) 장애 이해의 궁극적인 목적은 사회적 관계 형성이다.

내용	• 장애 유아에 대해 긍정적인 태도를 갖게 하는 것은 사회적 관계를 형성하기 위한 전제 조건이다. 즉, 단순한 태도의 변화에 그치지 않고 실제적인 관계 형성을 지원해야 한다는 것이다. • 본 활동자료는 대부분의 활동들이 장애 유아와 일반 유아 간의 다양한 상호작용이 가능하게 구성함으로써 사회적 관계 형성을 촉진할 수 있게끔 구성하였다. • 따라서 교사는 활동을 실시할 때 우정을 촉진할 수 있는 다양한 상호작용을 격려하여 장애 유아에 대한 태도를 개선함과 동시에 긍정적인 또래 관계 형성을 촉진할 수 있어야 한다. 기 누군가 지속적으로 형진이의 눈이 되어 주지 않는다면 일반유아와 또래 관계를 형성할 수 없다고 생각해요. 그래서 형진이가 혼자서 잘 놀 수 있도록 소리와 촉각 위주의 놀잇감을 준비해 주는 것이 또래 상호작용을 도와주는 것보다 더 중요하다고 생각해요.[12]
지도 방향	• 활동에 제시된 다양한 상호작용 방법들을 적용해본다. • 개별 유아들에게 맞는 의사소통 방법을 개발하고 가르친다. • 의사소통을 위한 다양한 방법이 있다는 것을 알게 한다. • 필요에 따라서 구체적인 상호작용 기술을 직접 가르친다. • 혼자 놀고 있는 친구를 인식하고 같이 놀자고 말할 수 있도록 가르친다. • 다양한 친구와 함께 놀기 위해 놀이를 수정할 수 있도록 가르친다.

(4) 장애 이해 교육은 유아교육과정의 자연스러운 일부분이 되어야 한다.

내용	• 장애 이해 교육은 별도의 활동이 아니라 유아교육과정의 자연스러운 일부분이 되어야 더 효과적이다. '장애'나 '장애 유아'가 확연히 드러나지 않으나 그러한 내용들이 자연스럽게 포함될 수 있는 경험적 활동들로 실시되지 않는다면 오히려 학급 내에서 장애 유아를 '특별한 존재'로 부각시킴으로써 편견을 야기할 수도 있다. • 이 활동자료들은 유아교육과정의 생활주제나 활동 유형에 맞게 개발되어 있기 때문에 교사가 교육과정을 운영하면서 장애 이해 교육을 실시할 수 있게끔 구성되었다. • 따라서 실제로 활동을 운영할 때에도 자연스러운 유아교육과정의 일부분으로 계획하고 실시하여야 한다.
지도 방향	• 가능한 한 생활주제에 맞게 활동을 배치한다. • 다양한 유형의 활동을 실시한다. • 활동에 따라서는 매일의 일과 활동으로 응용하여 실시한다(예 오늘의 주인공은 누구일까요?). • 특정 유아나 장애가 부각되지 않도록 자연스럽게 활동을 진행하도록 노력한다. • 각 활동별 교수지침을 숙지한 후 활동의 목적과 유의 사항을 인식하여 활동을 계획한다.

(5) 부모들과의 연계가 필수적이다.

내용	• 유아들의 장애인에 대한 인식과 태도는 주변 성인이나 사회의 영향을 많이 받으며 특히 교사나 부모의 인식과 태도는 매우 직접적이고도 강력한 영향을 미친다. 따라서 유아들이 긍정적인 인식과 태도를 형성할 수 있으려면 먼저 교사나 부모가 장애나 장애인에 대해 긍정적인 인식을 하는 것이 중요하다. • 이를 위해 교사는 모든 부모들을 대상으로 한 홍보와 장애 이해 교육을 실시하여 부모들이 유아들의 긍정적인 모델이 될 수 있도록 지원해야 한다. 이를 위해서는 부모들이 장애나 장애 유아에 대해 긍정적인 태도를 갖도록 지원하면서 아울러 교실 내에서의 활동들과 연계된 내용으로 정보를 제공하고 가정 내에서 실시할 수 있는 다양한 활동들을 소개함으로써 유치원에서의 활동들이 가정과 연계될 수 있도록 해야 한다.
지도 방향	• CD-ROM에서 제공하는 가정통신문을 활용하되 상황에 맞게 수정한다. • 장애 이해 교육의 여러 가지 원칙들을 부모와 함께 나눈다. • 교사가 통합의 여러 가지 장점들을 잘 알고 이를 부모에게 잘 설명할 수 있어야 한다. • 부모가 가정 내에서 여러 가지 관련된 활동을 유아와 함께해볼 수 있도록 돕는다. 이를 통해 부모와 유아 모두 장애와 장애 유아에 대한 긍정적인 태도를 가질 수 있다. • 교사가 통합에 대해 확신을 가질 때 부모도 믿고 지원할 수 있다는 점을 인식한다.

 지식 유치원 교육과정의 편성·운영(2007개정 유치원 교육과정 해설서)

> 라. 유치원은 특수 교육 대상 유아가 부모와 관계 전문가의 도움을 받아 적절한 교육을 받도록 안내한다.

① 장애아를 위한 유치원 교육에서 부모는 가장 중요한 조력자이다. 따라서 부모가 적절한 역할을 수행할 수 있도록 필요한 부모교육을 할 뿐 아니라, 역할 수행을 도울 수 있는 관계 전문가와의 연계를 주선하여 적절한 교육을 받도록 하는 것도 유치원의 중요한 기능이다. 각 유치원은 특수교육 대상 유아가 부모와 관계 전문가의 도움을 받아 적절한 교육을 받도록 안내하여야 한다.
② 통합교육이 성공을 거두기 위해서는 교육과정의 수정이나 전략 사용뿐만 아니라, 장애 유아를 위한 기관의 경영자 및 관련 기관 간의 지원 체계 구축, 그리고 교사, 학부모, 특수교사, 관련 전문가들 간의 협력이 매우 중요하다.
③ 부모나 교사, 전문가는 장애 유아가 일반 유아들에 비하여 모든 능력이 떨어진다는 편견을 가지지 말아야 한다. 무엇보다도 장애 유아가 가진 강점과 남과 다른 능력이 무엇인지 파악하고자 노력하여야 한다. 특히, 부모는 장애 유아의 능력에 따라 구체적이고 실천이 용이한 지원 방법을 모색하여야 한다. 그 구체적인 방법이 개별화 교육(IEP)일 것이다.
④ 장애 유아의 능력에 따른 개별화 지원이 이루어진다고 해도 처음부터 적응하기 어려우므로 개별화 교육 계획의 수립을 위해 특수교육 전문가로부터의 협력적인 도움이 필요하다.
⑤ 각 유치원에서는 지역사회와 연계를 위해 복지시설, 사설 특수교육실 등에서 방과후 교육 활동 프로그램으로 제공하는 치료 서비스에 참여하도록 부모에게 안내를 하여야 한다. 또는 직접 특수교육지원센터에 요청하여 특수학급에 파견되거나 순회할 치료사를 지원받을 수도 있도록 안내한다.

- 기 발달지체 유아 부모와의 상호 교류는 특수 교사가 전담하도록 한다.[09]
- 기 발달지체 유아를 위한 개별화 교수 계획을 특수 교사와 함께 세운다.[09]
- 기 지역사회의 특수교육관련서비스 자원에 대한 정보를 부모에게 제공하였다.[10]
- 기 장애 유아들을 위한 개별화교육계획(IEP)의 실행을 위해 특수교육 전문가의 도움을 받았다.[10]

5 장애 유아 : 이런 점이 궁금해요.

1) 통합의 필요성 및 효과

<table>
<tr>
<td rowspan="6">통
합
의
필
요
성
및
효
과</td>
<td>Q. 민아는 우리 반에서 아무것도 배우는 것이 없는 것 같아요. 제가 민아를 위해 무엇을 해줄 수 있을까요? 민아처럼 장애가 있는 아이들은 **특수학교 유치부에 가는 것이 더 낫지 않을까요?**
A. 민아에게 **가장 필요한 '특수교육'은 또래와의 통합**입니다.</td>
</tr>
<tr><td>• 선생님과 민아 반 아이들만큼 민아에게 많은 것을 해줄 수 있는 사람은 없답니다. 지금 민아에게 가장 필요한 것은 또래들과 함께 지내는 경험이니까요.</td></tr>
<tr><td>• 민아는 **나이에 적절한 행동**들을 배워야 하고 특히 **또래들과 상호작용하는 방법, 의사소통하는 방법, 또래들과 노는 방법** 같은 것들을 배워야 합니다.</td></tr>
<tr><td>• 이런 부분은 또래와 함께 지내지 못하는 특수학교에서는 가르치기 어려운 것들이지요. 현재까지의 여러 연구들은 **통합교육 현장에서 장애 유아들의 발달과 학습의 성과가 적어도 분리교육에서 얻을 수 있는 정도와 같거나 그 이상이라고 보고**하고 있습니다.</td></tr>
<tr><td>• 물론 민아가 단지 또래와 함께 지내는 것만으로 충분히 필요한 것들을 배울 수는 없습니다. 그러나 민아가 우리 반의 여러 활동들에 의미 있게 참여하고 또래들과 효과적으로 상호작용하고 개별적으로 필요한 것들을 충분히 학습할 수 있도록 돕는 여러 가지 구체적인 방법들이 있습니다.</td></tr>
<tr><td>• 처음부터 쉽지는 않으시겠지만 민아의 발달과 성취를 돕는 과정은 선생님께 교사로서의 아주 특별한 행복을 맛보게 해줄 것이라고 말씀드리고 싶네요. 그리고 잊지 마세요. 민아에게 가장 필요한 "특수교육"은 또래와의 통합이라는 것을…….</td></tr>
</table>

2) 통합교육이 일반 유아에게 미치는 영향

<table>
<tr>
<td rowspan="5">일
반
유
아
에
게
미
치
는
영
향</td>
<td>Q. 민지는 우리 반에 있으면서 친구들과 노는 법도 배우고 말하는 것도 조금씩 좋아지는 것 같아요. 그런데 우리 반의 다른 아이들은 여러 가지로 손해를 보게 되네요. 짝이 너무 힘들어 하구요. 통합은 장애를 가진 아이들에게 좋을지 몰라도 **일반 아동들에게는 여러 가지 불이익**이 있는 것 같아요.
A. **다른 점이 많을수록 배울 것도 많습니다.**</td>
</tr>
<tr><td>• 서로 다른 아이들이 한 공간에서 생활한다는 것은 쉽지 않은 일입니다. 특히 '장애'를 가졌거나 다른 아이들보다 발달이 느린 친구들이 있다면 그만큼 반 아이들이 도울 일도 많고 배려해야 할 상황도 많겠지요.</td></tr>
<tr><td>• 하지만 **이런 상황들은 유용한 '학습'의 상황이 되기도 합니다.** 다시 말하면 아이들은 통합교육을 통해 **다른 친구들을 배려하는 방법, 나와는 다른 모습과 특성을 가진 친구들과 함께 어울려 사는 방법** 등을 배울 수 있고 민지와 함께 생활하면서 겪는 **문제 상황들은 아이들의 문제 해결 능력을 발달**시킬 수 있습니다.</td></tr>
<tr><td>• 또 민지가 친구들과 상호작용을 잘하도록 가르치는 과정에서 **반 아이들 전체의 상호작용이 늘어나기도** 하고 민지가 친구들에게 잘 수용될 수 있게 돕는 활동들을 통해 여러 가지 이유로 **반 아이들과 잘 어울리지 못했던 다른 아이들의 사회적 관계가 좋아질 수도** 있습니다.</td></tr>
<tr><td>• 교육과정이나 활동을 계획하시면서 민지를 비롯해 개별적인 차이가 큰 아이들을 고려하신다면 아이들은 더 많이 발달할 수도 있을 겁니다. 이러한 것들은 실제로 통합교육의 성과로 보고되고 있는 것들이기도 합니다.</td></tr>
</table>

- 아이들은 모두 다릅니다. **중요한 것은 교사가 '다름'을 어떻게 받아들이고 활용하는가입니다.** 서로 다를수록 그만큼 힘든 부분도 많아지는 것이 당연합니다. 하지만 그만큼 배우는 것도 더 많을 수 있습니다. 아이들이 민지와 생활하는 것을 힘들어한다면 혹시 다른 친구들을 배려하는 것을 특별한 '일'로 생각하고 있는 것은 아닌지요?
- 우리 반은 누구나 서로가 서로를 배려하고 존중한다는 인식을 심어주고 실제로 그런 상황과 적절한 역할을 주신다면 그것도 멋진 학습 상황이 될 수 있을 겁니다.
- 또 민지의 짝이 너무 힘들어한다면 '짝'으로서의 역할이 적절한지 살펴주시고 다른 친구나 교사가 그 역할을 함께 덜어주고 반 아이들 전체가 자연스럽게 서로가 서로를 돕는 분위기가 될 수 있게 해주시면 좋겠습니다. 이런 선생님의 노력으로 반 아이들은 건강한 인성을 가진 아이들로 자라날 수 있을 것으로 확신합니다.
- 기 일반 유아를 ~~1명 지정하여 1년 동안~~ 발달지체 유아의 도우미 역할을 하도록 한다.[10]
- 기 통합교육이라고 해서 일반유아가 형진이와 같은 장애유아를 무조건 도와주거나 양보해서 장애유아와 또래관계를 형성하도록 하는 것은 지양해야 할 것 같아요.[12]
- 기 유치원 교육과정 해설서에는 장애유아의 참여를 촉진하기 위한 또래의 지원 방법을 예시하고 있어요. 그래서 일반유아와 형진이를 짝이 되게 하여 ~~교실의 모든 활동에서 형진이가 짝이 된 일반유아의 도움을 받도록 해야~~ 또래 관계 형성에 좋을 것 같아요.[12]

3) 문제행동 지원

> Q. 성호가 있으면 집단 활동을 하기가 너무 어려워요. 성호가 **활동을 방해하는 행동을 많이 하네요.**
> A. **왜 그런 행동을 하는지 먼저** 살펴보세요.

문제행동 지원

- 집단 활동을 하는데 한 아이라도 잘 따라주지 않으면 교사로서 활동을 진행하는 데 힘이 드시지요. 활동을 방해하거나 문제가 되는 행동을 지도하는 것은 특히 교사로서 고민스러운 부분인 것 같습니다. 먼저 성호가 활동을 방해할 때 왜 그런 행동을 하는지 아는 것이 중요할 것 같네요. 활동을 방해하는 행동을 할 때 이유는 여러 가지로 생각해볼 수 있습니다.
- **먼저 선생님의 관심을 끌기 위해** 일부러 소리를 지르거나 문제가 되는 행동을 할 수도 있습니다. 이런 경우는 문제가 되는 행동을 할 때 너무 심하지 않다면 무시하시고 잘 참여하는 순간을 포착해서 칭찬을 해주시는 것이 좋습니다. 경우에 따라서 미리 활동과 관련된 적절한 행동을 할 수 있는 기회를 주시고 잘 따를 때 칭찬을 해주는 것도 좋은 방법입니다. 성호가 이 활동에서 자신이 어떤 행동을 해야 하는지를 알게 하는 것이 중요합니다.
- **두 번째로는 성호가 활동을 하기 싫기 때문에** 방해가 되는 행동을 하는 것일 수도 있습니다. 활동을 하기 싫은 것은 피곤하거나 배가 고픈 것 같은 직접적이지 않은 이유 때문일 수도 있고 활동이 성호에게 너무 어렵기 때문일 수도 있습니다.
- **활동이 너무 어려운 경우**에는 활동하는 방법을 구체적으로 시범을 보이거나 성호에게 직접 가르쳐 줄 수도 있고 활동에 성호가 참여할 수 있게 교재나 활동, 환경 등을 수정할 수도 있습니다. 성호가 좋아하는 물건이나 친구를 활용하는 것도 방법이 될 수 있겠지요.
- 또 어떤 경우에는 성호가 **원하는 물건이나 활동이 있어서** 그런 행동을 보일 수도 있습니다. 이런 경우 자신이 원하는 것을 표현할 수 있는 구체적인 방법을 가르치거나 기다렸다가 적절한 방법으로 표현하면 원하는 것을 얻을 수 있다는 것을 알게 하는 것이 도움이 될 것입니다.
- 중요한 것은 성호가 왜 그런 행동을 하는지 알아내는 것입니다. 행동이 나타나는 상황을 관찰하고 부모님이나 다른 선생님들과 상의하는 것도 좋은 방법이 될 것입니다. 성호가 문제 행동을 하지 않고 활동에 잘 참여하게 하기 위한 구체적인 방법은 긍정적 행동 지원이나 활동 참여와 관련된 특수교육 관련 책들을 참고하시면 도움이 될 것 같습니다.

4) 개별화 교육

개별화 교육	Q. 장애 유아들에게는 개별화된 교육이 중요하다고 하던데 우리 유치원에서는 은수를 위한 **개별 지도를 할 공간도 없고 시간적 여유도 없습니다.** 어떻게 하면 좋을까요? A. **개별화된 교육은 개별 지도와는 다릅니다.** • 선생님 말씀대로 장애 유아들은 같은 장애 특성을 가지고 있어도 능력, 선호, 지체된 발달 영역 등이 모두 다르기 때문에 개별화된 교육을 해야만 합니다. 그래서 개개인의 유아마다 "개별화 교육 프로그램"이라는 것을 작성하지요. • **개별화 교육 프로그램은** 아이마다 우선적으로 가르쳐야 하는 것이 무엇인지를 결정해서 1년 동안 달성해야 할 장기목표와 장기목표를 달성하기 위한 구체적인 단기목표를 각 발달영역별로 수립하고 이를 위한 구체적인 계획을 문서로 작성한 것입니다. • 그러나 개별화 교육 프로그램을 통한 개별화 교육이 반드시 개별지도를 의미하는 것은 아닙니다. 오히려 장애 유아들이 필요한 행동과 기술을 효과적으로 학습하고 배운 것을 실제 생활의 여러 가지 상황에서 잘 사용하기 위해서는 실제 생활환경 즉, 유치원의 여러 가지 활동 중에 교수를 실시하는 것이 가장 좋습니다. • 예를 들어 은수가 색 이름을 배워야 한다면 선생님과의 일대일 교수 상황에서 색 이름을 배우는 것이 아니라 아침 등원 시간에 신발을 갈아 신으면서 "은수야 너 무슨 색 신발 신고 왔니?"하고 물어보고 대답하게 하고, 자유선택활동 시간에 블록놀이하면서, 또 간식시간에 원하는 색깔의 컵을 고르게 함으로써 색 이름을 배우게 할 수 있지요. • 이런 방법을 "**활동-중심 삽입 교수**"라고 하며 **장애를 가진 유아들을 가르치는 가장 바람직한 방법**으로 소개되고 있습니다. 보다 자세한 내용은 유아특수교육 관련 서적들을 참고하실 수 있습니다.

5) 유치원 일과 및 활동 참여 촉진

유치원 일과 및 활동 참여 촉진	Q. 신욱이는 잘 걷지도 못하고 손을 잘 사용할 수 없어서 **신체를 이용하는 활동을 거의 할 수가 없어요.** 그래서 신욱이는 교실에서 대체로 가만히 앉아서 친구들이 하는 활동을 보기만 하는 경우가 많습니다. 그렇다고 신욱이한테만 활동을 맞출 수는 없기 때문에 그런 점이 어려운 것 같아요. A. 생각을 바꾸면 **활동에 참여하기 위한 여러 가지 방법이 있습니다.** • 누구나 똑같은 방법과 똑같은 수준으로 활동을 해야 하는 것은 아니랍니다. 휠체어를 타고 손도 잘 사용하지 못한다면 다른 아이들과 같은 방법으로 활동하는 것이 어렵지요. 그럼 신욱이가 할 수 있는 것들을 생각해보세요. • **우선** 신욱이가 **어떤 방법으로 활동할 수 있는지를 관찰**해보시고 **활동 방법이나 자료 같은 것을 수정**해 주실 수 있으실 것 같습니다. • **예를 들어** 그림을 그릴 때 손의 힘과 방향을 잘 조절하지 못해서 종이가 잘 찢어지거나 색연필로 그림을 잘 그리지 못한다면 종이를 테이프 등으로 책상에 고정시켜주시고 색연필 대신 힘이 약해도 잘 그려지는 사인펜이나 잘 뭉개지지 않는 네임펜을 주시면 도움이 될 듯합니다. • 다른 아이들보다 좀 큰 종이를 주면 방향 조절을 못 해서 종이 바깥 부분에 그림을 그릴 경우도 줄일 수 있겠지요. • **형태를 전혀 못 그리더라도 어떠한 방법으로든 의미 있게 참여**하는 것이 중요합니다. **예를 들어** 점을 찍는 정도로 활동하는 아이도 점을 찍어서 눈 오는 풍경을 표현하게 하면 더 의미 있는 작품이

- 될 수 있겠지요.
- 어떤 경우에는 완전하게 참여하지 못하더라도 **활동의 일부분이라도 완성하게 할 수도** 있을 것입니다. **예를 들면** 바지를 입을 때 혼자 입지 못한다고 바지를 다 입혀주는 대신 선생님이 엉덩이까지만 바지를 입혀주고 엉덩이부터 허리까지는 신욱이가 스스로 올리도록 할 수도 있지요.
- 또 신욱이가 **할 수 있는 역할을 주시는 것**도 신욱이가 활동에 의미 있게 참여하고 반의 한 구성원으로 인정받게 하는 데에 도움이 됩니다.
- 중요한 것은 또래들과 동일한 방법으로 활동에 참여할 수 없다고 **활동에서 배제시키는 것이 아니라 다양한 방법과 다양한 수준으로 활동에 참여할 수 있도록 기회를 주는 것**입니다. 기회를 주는 만큼 신욱이는 활동에 참여하는 방법을 배울 수 있고 반 아이들이 신욱이를 우리 반 아이로 인정하는 데에도 도움이 될 것입니다.

6) 사회적 통합 촉진

> Q. 저는 경민이와 우리 반 아이들이 잘 지내게 하기 위해서 반 아이들에게 경민이를 많이 도와주라고 얘기하고 있어요. 그런데 이렇게 얘기해주어도 따돌리는 아이들도 있고 도와주기는 해도 같이 노는 아이들은 거의 없는 것 같아요. 경민이가 **우리 반 아이들과 잘 지내게 할 방법**이 없을까요?
> A. **서로 돕고 서로 존중하는 반 분위기를 만드는 것**이 중요합니다.

- 친구를 도와주는 것은 참 좋은 일입니다. 특히 경민이처럼 장애를 가지고 있는 친구는 도움이 필요한 상황이 더 많기 때문에 아이들에게 도와주고 배려해주라고 얘기하게 되는 상황이 그만큼 많지요.
- 하지만 이런 과정에서 자칫하면 아이들이 경민이를 나와 함께 놀 수 있는 친구라기보다는 '도움이 필요한 특별한 아이'로만 인식하게 될 가능성도 큰 것 같습니다.
- 경민이와 친구로서 상호작용을 하는 경험보다는 일방적으로 경민이를 도와주는 경험만 하게 되는 경우에는 더욱 그렇지요. 경민이가 반 아이들과 잘 지내게 하기 위해서는 좀 더 여러 가지 노력이 필요합니다.
- 우선은 반 아이들이 경민이를 **우리 반 친구로 받아들일 수 있게 하는 것이 중요**합니다. 이렇게 하기 위해서는 **장애를 비롯해서 여러 가지 다양한 특성을 가진 친구들을 존중할 수 있게 하는 반 분위기**를 만드는 것이 필요합니다.
- 경민이를 **도와주는 것도 경민이가 특별한 아이여서가 아니라 모든 친구들은 서로가 서로를 도와야 하기 때문이라는 것**을 강조해주세요.
- 또 아이들이 경민이와 함께 놀고 상호작용할 수 있는 기회를 많이 만드시고 **어떻게 놀 수 있는지** 경민이와 **어떻게 상호작용할 수 있는지를 함께 생각**해보게 해주세요.
- 필요에 따라서는 **경민이에게 친구와 함께 노는 방법을 알려줄 수도** 있습니다.
- 이렇게 많은 일을 해야 한다는 사실이 부담될 수도 있습니다. 하지만 이런 일들은 서로 돕고 존중하는 반 분위기를 만드는 일과 크게 다르지 않습니다.
- 중요한 것은 우리 반 모든 친구들이 서로 돕고 존중하며 함께 노는 가운데 장애나 여러 가지 다양한 특성을 가진 친구들이 도움을 받고 존중되며 또래와 함께 놀 수 있도록 하는 것입니다.

7) 가정 연계 : 부모와의 협력

> Q. **기현이가 우리 유치원에 오면서 불만을 얘기하시는 부모님**들이 있어요. 아이들이 기현이의 행동을 따라 한다거나 기현이가 있어서 방해가 되는 것 같다거나…. 다른 유치원으로 옮기겠다고 하시는 분도 있습니다. 이런 부모님들에게 어떻게 말씀을 드려야 할지 모르겠어요.
> A. **서로 다른 아이들이 함께 지내는 것의 좋은 점**을 말씀드려 보세요.

- 모든 아이들은 각자 잘하는 것도 있고 잘하지 못하는 것도 있습니다. 모든 것이 다른 아이들이 함께 지낸다는 것이 만만한 일은 아니지요. 하지만 가정을 떠나 유치원에서 **단체 생활을 할 때 배워야 하는 중요한 것 중에 하나는 '사람은 모두 다르고 서로 다른 사람들이 함께 살면서 서로 도움을 주고받을 수 있다는 사실'**입니다.
- 아이들은 서로 다르기 때문에 서로가 배우는 부분이 분명 있습니다. **다른 친구들을 배려하는 방법, 나와 다른 모습과 특성을 가진 친구들과 함께 어울려 사는 방법**, 또 서로 다르기 때문에 생길 수 있는 여러 가지 문제들을 해결해가는 과정에서 문제를 해결하는 능력도 키울 수 있을 것입니다.
- 이런 과정에서 **호기심 많은 아이들은 특이한 행동을 따라하기도** 하겠지요. 하지만 **이런 행동은 일시적**으로 나타나는 것입니다.
- 또 아이들은 기현이와의 생활에 적응하게 되면서 부모님들이 **걱정하시는 것보다 방해를 덜 받기도** 합니다. 오히려 아이들이 함께 지내면서 배워가는 것은 **교사가 교육과정을 통해 계획적으로 가르치는 것 이상의 좋은 결과**를 가져올 수도 있습니다.
- 부모님들은 누구나 자녀들의 교육을 가장 중요하게 생각하시지요. 그렇다면 장애를 비롯해서 서로 다른 특성을 가진 **아이들이 함께 지내는 과정에서 얻을 수 있는 여러 가지 이점**에 대해 설명해 주시고 통합의 과정에서 나타날 수 있는 어려움이 오히려 무언가를 배우고 경험할 수 있는 기회가 된다는 것을 말씀드려보시는 건 어떨까요?
- **통합의 좋은 점을 보고하는 많은 연구결과물들을 부모용 자료로 활용**할 수도 있겠지요. 무엇보다도 선생님의 통합에 대한 확신이 부모님들의 마음을 움직이는 데 가장 큰 역할을 할 것입니다.

6 장애 유형별 교수 방법

지적장애	정의	• 지적장애란 일반적으로 평균 이하의 지적 기능(즉, 지능)을 가지고 있으면서 동시에 생활환경에 적응하는 데에 필요한 의사소통, 자기 관리, 사회적 기술 등의 적응 행동상의 문제가 동시에 존재하는 것을 말하며 발달 기간인 18세 이전에 나타나는 경우를 의미한다. • **인지 발달 영역에서 지체된 유아**들이 학령기에 지적장애로 판정을 받을 가능성이 크며 일반적으로 **유아들에게 적용하기에는 부적절한 용어**로 지적되고 있다.
	인지 발달이 지체된 유아에 대한 교수	• 가능한 한 구체적이고 직접 조작할 수 있는 교재를 사용한다. • 낱말 카드나 모형물보다 실제 물건을 이용하여 활동한다. • 다양한 환경에서 다양한 활동을 통해 학습할 수 있게 한다. • 또래의 바람직한 행동을 관찰하고 모방할 수 있도록 지속적으로 촉진한다. • 또래와 상호작용하는 방법, 의사소통하는 방법을 직접 가르친다.
시각 장애	정의	• 시각장애는 교정시력이 매우 낮거나 시야가 지나치게 좁은 경우를 모두 포함하며 • 교육적으로 안경 등의 광학 도구를 사용해도 시각적인 과제를 수행할 수가 없어서 점자나 청각교재를 사용해야 하는 경우는 활자의 크기를 조절하거나 확대경을 이용하여 글자나 인쇄물을 읽을 수 있는 저시력으로 구분할 수 있다.
	시각 장애를 지닌 유아에 대한 교수	• 적절한 조명을 제공하고 필요한 경우 부분 조명을 설치한다. • 자리를 배치할 때 그림자가 생기는 곳이나 빛이 반사되는 곳을 피한다. • 소리를 통해 정보를 파악하는 경우가 많기 때문에 소음이 지나치게 많은 곳에 앉지 않도록 주의한다. • 교실 내의 모든 영역에 혼자서 접근할 수 있도록 환경을 구성한다. 특히 교실 환경 내에서 혼자 이동할 수 있는 능력(이동성)과 주변 환경에서 사물이 나를 중심으로 어떻게 배치되어 있는지를 알 수 있도록 감각을 사용하는 능력(공간 감각)을 훈련하는 것이 필요하다. 기 카펫과 매트는 바닥에 단단하게 고정하고, 일반 유아들에게는 의자를 책상 밑에 밀어 넣도록 요청하여 형진이가 놀이 영역 간을 이동할 때 위험하지 않도록 해야 할 것 같아요. 그러면 형진이가 일반유아와 놀이 영역을 함께 오가면서 놀이 참여가 원활하게 될 것 같아요.[12] • 색상의 대비가 뚜렷하거나 명암이 분명한 교재나 교구를 사용한다. 기 시력이 낮은 시각 장애 유아인 수민이의 수업 참여를 장려하기 위해 수업 자료를 확대하여 제시해 주었다.[10] • 소리 나는 장난감이나 오디오 테이프 등을 비치한다. • 소리가 나거나 상황에 변화가 생겼을 때에는 무슨 소리인지, 무엇을 하고 있는지 등을 설명해주는 것이 좋다. • 눈으로 보고 따라 할 수 없기 때문에 유아의 뒤에서 유아의 손을 잡고 움직이게 하여 자연스러운 움직임을 경험할 수 있게 한다.

청각 장애	정의	• 교육적으로 청각장애는 보청기를 사용했을 때 말소리를 인지할 수 있을 만큼 충분한 잔존 청력을 가진 **난청**과 • 보청기를 사용해도 말소리를 인지하기 어려운 **농**으로 구별한다. • 요즘에는 고도 난청의 경우에도 인공와우 수술 등을 통해 잔존 청력을 최대한 활용할 수 있는 기술을 적용하고 있다.
	청각 장애를 지닌 유아에 대한 교수	• 손상된 청력이 언어 발달에 미치는 부정적인 영향을 최소화하기 위해 구화 외에도 수화를 함께 사용함으로써 전반적인 의사소통 능력을 향상시킨다. • 말하는 사람의 입 모양, 표정 등이 가려지지 않도록 하고 빛을 등지고 서서 이야기하지 않는다. 기 청각 장애 유아인 영민이의 자리를 교사의 입모양이 잘 보일 수 있는 앞쪽 자리에 배치해 주었다.[10] • 양쪽 귀의 상태에 따라 잘 들리는 쪽으로 교사가 설 수 있게 자리를 배치한다. • 보청기를 착용하는 유아의 경우 교실 내의 모든 소리가 확대되어 들리기 때문에 소음의 수준을 조절해주어야 한다. • 청각 이외의 다양한 감각(예 시각, 촉각 등)을 이용하여 학습을 돕는다.
지체장애	정의	• 지체장애란 신경계의 이상(예 뇌성마비, 간질 등의 경련장애 등), 근골격계의 이상(예 진행성 근육위축증 등), 선천적 기형(예 골반 탈구, 이분척추 등) 등의 **신체적 이상을 가진 모든 경우를 포함**하는 장애이다. • 사고로 인한 외상성 뇌손상의 경우도 대부분 지체장애로 분류될 수 있으며 뇌막염 등의 질병으로 인해 지체장애가 생기기도 한다. • 교육 현장에서 가장 많이 접하게 되는 뇌성마비의 경우는 만 2세 이전에 발생한 뇌신경상의 손상을 의미하며 마비가 일어나는 부위나 마비 정도가 유아에 따라 매우 다양한 형태로 나타난다. • 어떤 유아는 근육이 너무 뻣뻣해서 잘 움직이지 못하는 경우도 있고(경직성) 어떤 경우 근육의 힘이 약해서 흔들흔들하거나 의도한 동작을 잘할 수 없는 경우도 있다.
	운동 기능 발달이 지체된 유아에 대한 교수	• 혼자서 이동할 수 있도록 충분한 공간이나 통로를 확보해준다. • 부수적인 기형 발생을 예방하고 활동 참여를 높이기 위해 바른 자세로 앉을 수 있도록 지속적으로 관심을 갖는다. • 유아가 사용하는 보조도구나 보장구의 사용법을 잘 알아둔다. • 시간이 오래 걸리더라도 혼자 할 수 있는 일들을 스스로 할 수 있게 기회를 준다. • 다른 유아들과 같은 방법으로 활동을 완수할 수 없더라도 활동의 일부에 참여하거나 다른 방식으로 참여할 수 있는 기회를 준다. • 의사소통을 보조할 수 있는 다양한 방법을 제공해준다. 예 그림카드 활용하기, 손짓 사용하기 등

정서 및 행동장애	정의	• 정서 및 행동장애는 인간의 감정이나 행동을 측정하는 기준을 선정하는 것이 어렵고 정상과 이상을 분류하기 위한 경계가 모호하다는 점, 문제가 되는 정서 또는 행동 특성이 일시적인 경우가 있다는 점 등 여러 가지 이유로 인해 한 마디로 정의내리기가 어렵다. • 정서 및 행동장애는 **공격적이고 겉으로 드러나는 행동을 보이는 외현적인 문제**와 **미성숙하면서 내부적으로 위축된 행동을 보이는 내재적인 문제**를 모두 포함한다.
	정서 및 행동상의 문제를 보이는 유아에 대한 교수	• 어떤 상황에서 어떤 행동문제를 보이는지에 대한 구체적인 기록을 하여 행동을 일으키는 원인을 찾아본다. 즉, 행동문제가 나타나는 시간, 장소, 대상자 등을 관찰하고 부모와의 면담 등을 통해 행동문제의 원인을 알아볼 수 있다. • 유아가 행동상의 문제를 보일 때는 과제의 난이도가 적절한지, 활동의 길이가 지나치게 긴지, 공간의 넓이가 적절한지, 교재의 수가 충분한지 등을 살펴볼 수 있다. • 교사나 또래로부터 충분한 관심을 받지 못한 경우에도 관심을 끌기 위한 행동문제가 발생할 수 있다. 이런 경우에 문제가 되는 행동은 가능한 한 무시하고 대신 바람직한 행동을 할 수 있는 기회를 제공하고 이를 칭찬함으로써 행동문제를 줄이도록 한다. • 나이가 어리거나 장애로 인해 언어적 능력이 빈약한 경우 행동상의 문제를 보일 가능성이 크다. 이런 경우는 자신의 느낌이나 요구를 표현할 수 있는 적절한 방법을 가르쳐줌으로써 행동상의 문제를 줄일 수 있다. • 그림을 그리거나 노래를 부르는 등 자신을 표현할 수 있는 활동을 할 수 있게 기회를 줌으로써 적절한 방법으로 감정을 표현할 수 있게 한다. • 장난감 총이나 칼 등과 같이 공격적인 특성을 가진 장난감이나 책은 유아들의 전반적인 공격성을 증가시키는 반면 사회적 특성을 가진 장난감이나 책(예 시소, 공 등)은 또래와의 상호작용을 촉진한다. 따라서 교실 내의 교재를 주의 깊게 선정한다. • 유아에게 여러 가지 상황에서 적절한 선택의 기회를 제공한다. 예를 들면 미술 활동을 하는 동안 좋아하는 색깔을 선택하게 하거나 자유선택활동 시간 동안 원하는 활동을 선택하게 할 수 있다. 이렇게 선택의 기회를 제공하는 것은 유아 자신이 적절한 방법으로 주변 환경을 통제할 수 있다는 것을 알게 하는 데에 도움이 된다.

주의력 결핍 및 과잉행동 장애 (ADHD)	정의	• 주의가 산만하여 쉽게 방해를 받거나(주의력 결핍) • 활동의 양이 지나치게 많아서 연령이나 주어진 과제에 비해 움직임의 양이 부적절한 경우(과잉행동) • 주의 깊게 생각하지 못하고 충동적으로 행동하는 경우(충동성) 등 • 세 가지 기준으로 진단되는 장애로 7세 이전에 6개월 이상 이러한 행동들이 지속되는 경우 주의력 결핍 및 과잉행동 장애로 진단될 수 있다. • 학령기에는 학습장애와 수반되는 경우가 많다.
	주의가 산만하고 충동적으로 행동하는 유아에 대한 교수	• 주의가 쉽게 산만해지는 경우에는 창가나 문 앞 등 소음이 많고 주의를 뺏기기 쉬운 곳에 앉지 않도록 한다. • 약물 치료가 절대적인 해결책은 아니다. 만약 약을 복용하고 있다면 자신의 행동을 스스로 평가하고 관리할 수 있는 구체적인 방법을 함께 가르쳐서 중재의 효과를 높이도록 한다. • 활동에 잘 참여하고 있을 때를 포착해서 칭찬을 해주고 참여를 격려해준다. • 활동의 정도가 연령에 비해 부적절한 수준인지를 잘 살펴보는 것이 중요하며 집중을 하거나 활동에 참여하기 위한 교실 내에서의 규칙을 정한다. 예 이야기 나누기를 할 때 선생님이 말을 하고 있으면 선생님 말이 끝난 후 이야기한다.
자폐성 장애	정의	• 자폐성 장애는 **사회적 상호작용과 의사소통에 있어서 비정상적인 발달**을 보이면서 **관심영역과 활동이 제한된 특성**을 보이는 장애이다. • 우리나라는 이전까지 정서장애에 포함된 장애로 분류되었으나 2007년에 개정된 『장애인 등을 위한 특수교육법』에 독립된 장애로 명시되었다. • 자폐성 장애는 부모의 양육 태도나 양육 환경 등 환경적 영향에 의해 발생하는 것이 아니라 복합적인 생물학적 원인에 의해 발생하는 선천적 장애로 **사회성 및 의사소통적 발달에 초점을 둔 조기교육이 매우 중요**하다.
	자폐성 장애를 지닌 유아에 대한 교수	• 또래들에게 자폐성 장애를 가진 유아를 이해할 수 있는 정보를 제공하고 상호작용할 수 있는 구체적인 방법을 가르친다. • 자폐성 장애를 가진 유아에게 또래와 상호작용을 하기 위한 구체적인 방법을 가르친다. • 사진이나 그림을 이용하여 하루 일과를 알 수 있는 일과표를 제공하고, 다음에 일어날 일과나 활동을 미리 알 수 있게 해준다. • 학급 내에서 해야 하는 행동과 하지 않아야 하는 행동에 대하여 알 수 있는 시각적인 자료를 제시해준다. • 자폐성 장애를 가진 유아는 반향이나 기타 적절하지 않은 행동을 통해 자신의 의사를 표현하곤 한다. 따라서 의사소통의 기능에 따라 적절한 행동이나 말로 표현할 수 있게 돕는다. • 정확한 말의 형태를 사용하는 데 초점을 두기보다 의사소통의 기능을 도울 수 있는 다양한 방법을 활용하여 실제로 필요한 상황에서 의사소통 기술을 사용할 수 있도록 돕는다.

의사소통 장애	정의	• 의사소통장애는 **말뿐만 아니라 개념이나 상징체계 등을 수용하고 전달하고 처리하는 데에 어려움**을 갖는 것을 의미한다. • 의사소통장애는 말을 할 수 없는 경우만이 아니라, 말을 할 수 있지만 다른 사람들과의 의사소통이 어려운 경우도 포함되며 의사소통장애가 주장애인 경우도 있지만 지적장애와 같은 다른 장애의 2차 장애로 나타나기도 한다.
	의사소통의 문제를 보이는 유아에 대한 교수	• 언어가 풍부한 환경을 구성한다. 즉, 오디오 테이프나 책, 이름표 등을 비치하거나 교사가 유아의 수준에 맞는 언어 사용 모델을 제공하는 것도 도움이 된다. • 유아의 의사소통적인 행동에 적극적으로 반응한다. • 간단한 게임이나 놀이를 통해 의사소통의 필수요소인 '차례 주고받기'를 연습하게 한다. • 유아의 모든 행동을 말로 설명해주고 주변 사물의 이름을 말해준다. 예를 들면 교사가 신발 신기를 도와주면서 "윤아가 신발을 신어요"하고 말해줄 수 있다. • 유아가 말을 할 필요가 있는 상황을 만들어준다. 예를 들어 좋아하는 장난감을 볼 수는 있지만 꺼낼 수는 없는 곳에 놓고 꺼내 달라고 요구하게 하거나 블록놀이를 할 때 블록의 수를 적게 주고 필요한 경우 더 달라고 요구하게 할 수 있다. • 유아가 스스로 말을 할 수 있는 기회를 많이 제공한다. • 유아가 하는 말을 확장해준다. 예를 들어 유아가 공을 떨어뜨리고 "공"하고 말을 한다면 교사는 "공을 떨어뜨렸네"하고 말해줄 수 있다.
건강장애	정의	• 건강장애는 2005년 개정된 특수교육진흥법에서부터 특수교육대상자로 추가된 장애영역으로 **소아암, 신장장애, 심장장애, 간 장애 등 만성 질환**으로 인해 **학업에 어려움을 갖는 경우**를 의미한다.
	건강 장애를 지닌 유아에 대한 교수	• 오랜 기간의 치료나 입원으로 인해 또래들과 잘 어울리지 못하는 경우가 많으므로 사회적으로 고립되지 않도록 배려한다. • 유아의 상태에 대한 정확한 지식을 가지고 지도하며 과잉보호를 하지 않는다. • 질병으로 인한 경험이 정서적 발달에 미치는 부정적인 영향을 고려한다. • 부모를 통한 병·의원과의 협력을 도모한다.

발달지체	정의	• 발달지체란 신체 및 운동, 인지, 언어 및 의사소통, 적응행동, 사회 및 정서적 영역 등에서의 **발달이 늦거나 일반적이지 않은 상태**를 의미하며 유아기 아동들에게 **특수교육을 제공하기 위해 사용하는 개념**이다. • 따라서 발달지체는 지적장애, 시각장애와 같은 **특정 장애 범주가 아니라 발달이 늦은 '상태'를 지칭**하는 것으로 **이미 장애를 가지고 있는 경우나 장애를 가질 위험이 있는 유아들도 포함**될 수 있다.
	용어 사용 배경	• 유아기 아동들에게 발달지체라는 개념을 사용하는 이유는 다음과 같다. • 지적장애 등의 **장애명이 그 정의나 진단 기준에 있어서 학령기 아동들에게 적합**하게 되어 있어서 유아기 아동들에게 적용할 때 어려운 점이 있기 때문이다. • 장애명으로 진단명을 붙일 경우 생길 수 있는 **낙인 효과를 방지하기 위해서**이다. • 유아기 아동들의 경우 분명히 나타나는 장애(예 시각, 청각 등의 감각 장애)를 가진 경우도 있지만 시기상 발달 속도가 늦은 것일 뿐 시간이 지나면 더 이상 문제가 되지 않을 만큼 발달하기도 한다. • 장애 중에는 학령기가 될 때까지 **진단 자체가 힘들어 유아기 아동에게 붙이기에는 적절하지 않은 장애**(예 학습장애, 정서·행동장애 등)도 있다. • 따라서 이러한 장애명을 붙이지 않고도 아동이 보이는 특정 발달 영역 상의 지체에 초점을 두어 특수교육을 제공하기 위해서 '발달지체'라는 용어를 사용한다.
	예후	• 발달이 지체된 유아들은 학령기에 들어서면서 지적장애나 학습장애와 같이 구체적인 장애 범주로 판정을 받기도 한다. • 경우에 따라서 적절한 교육을 통해 학령기에 이르러 더 이상 문제가 되지 않기도 한다.

 지식   2012년 기출문제

객21. 김 교사 반의 만 5세 찬호는 주의력결핍 과잉행동장애(Attention Deficit Hyperactivity Disorder : ADHD) 유아이다. 다음은 김 교사와 동료 교사들이 찬호의 지도 방법에 관해 대화한 내용이다. ㉠~㉤에서 적절한 것을 모두 고른 것은?

김 교사 : 찬호는 공격적이진 않지만 친구들 머리카락을 자꾸 만지작거려서 유아들이 싫어해요. ㉠ <u>활동 중에는 되도록 유아들과 분리해서 다른 놀이를 하게 하는 것이 더 나을 것 같아요.</u>

민 교사 : 찬호는 아무 데서나 뛰고 올라가는, 특별히 에너지가 넘치는 유아잖아요. 그래서 ㉡ <u>일과 시간 중에 어느 정도는 에너지를 발산할 수 있도록 신체적 움직임을 허용할 필요가 있어요.</u>

강 교사 : 그래도 수업 시간에 앞으로 자꾸 나오고, 수업자료를 만지며 방해를 한다니 ㉢ <u>대집단 활동 시간에는 선생님으로부터 멀리 떨어뜨려 앉히는 게 좋겠어요.</u>

정 교사 : 다른 사람 말을 제대로 듣지 않고 선생님이 지시한 대로 잘 따르지 못하는 찬호에게는 ㉣ <u>간단하고 구체적인 형태로 지시하는 게 효과적이에요.</u>

최 교사 : ADHD 유아는 주변에서 부정적 피드백을 많이 받다 보니, 나중에 자존감도 낮고 학업과 사회성에서 많은 문제를 나타낸다더군요. ㉤ <u>찬호의 경우에도 잘못했을 때 꾸중하기보다는 잘했을 때 칭찬해 주는 방법을 더 많이 사용해야 할 것 같아요.</u>

7 사회적 통합 촉진을 위한 '교수 내용'

장애를 비롯한 다양성 수용하기	개념	• 유아들이 장애를 가진 유아를 긍정적으로 받아들이게 하기 위해서는 장애를 이상한 것, 비정상적인 것으로 인식하지 않고 **누구나 갖고 있는 '다른 점' 중의 하나로 인식**하게 하는 것이 필요하다. • 즉, 사람은 누구나 다른 점도 있지만 비슷한 점들이 더 많으며 장애를 가진 친구도 나와 다른 점보다는 비슷한 점을 더 많이 가졌다는 것을 인식할 때 장애를 가진 친구를 더 편안하게 받아들이게 된다. • 유아들은 아직 '장애'라는 개념에 대한 명확한 인식이 없기 때문에 **'장애'라는 용어를 소개하고 장애 특성에 대해 정보를 제공하는 학령기 아동에 대한 접근과는 달라야** 한다. • 즉, 장애 개념에 대해 **직접적으로 소개하는 활동보다는 다양성을 긍정적으로 받아들이고 불필요한 편견을 없애기 위한 활동들을 통해 장애를 이해하도록** 하는 것이 더욱 효과적이다.
	지도 방향	• 모든 사람은 다르지만 같은 점을 가지고 있다는 것을 경험하게 한다. • 사람들은 모두 다르기 때문에 특별하다는 것을 강조한다. • 사람들의 서로 다른 점은 서로에게 도움이 되기도 한다는 것을 경험하게 한다. • 장애를 설명할 때 일반적인 장애의 특성을 알려주기보다 우리 반 친구의 특성을 알 수 있게 하는 것이 더 바람직하다. • 이러한 정보 제공은 특별하게 계획된 별도의 활동을 통해 이루어지는 것보다 자연스러운 상황과 활동 내에서 알려주는 것이 도움이 된다.
자신과 타인에 대한 이해와 상호존중	개념	• 장애를 가진 유아를 우리 반의 일원으로 받아들이고 배려하게 하기 위해서는 다른 사람의 느낌을 이해하고 다른 사람을 존중하는 태도를 갖는 것이 중요하다. • 자기 자신을 존중하고 자신의 다양한 느낌을 인식하는 것은 이러한 태도의 선행 조건이 된다. • 따라서 교사는 유아들의 자기-존중감을 높이기 위한 여러 가지 활동을 실시하면서 **내가 소중한 존재이듯이 다른 사람도 똑같이 소중한 존재**라는 것을 인식할 수 있도록 해야 한다.
	지도 방향	• 유아 스스로 자신이 소중한 존재라는 것을 경험하게 한다. • 내가 소중한 존재인 것처럼 다른 사람도 소중한 존재라는 것을 생각해보게 한다. • 여러 가지 느낌을 인식하고 다른 사람의 느낌을 이해할 수 있도록 기회를 제공한다. • 다양한 능력과 특성을 가진 사람들을 배려해야 할 때가 언제인지 함께 생각해보고 구체적인 방법을 이야기해본다.

다양한 친구들과 상호작용 하기	개념	• 일반 유아들이 장애를 가진 유아에 대해 긍정적인 태도를 가질 수 있게 돕는 활동은 **반드시 직접적으로 상호작용을 할 수 있는 기회를 제공할 때 의미 있는 성과**를 갖게 된다. • 장애를 포함하여 다양한 특성을 가진 친구들과 자연스럽게 상호작용을 하기 위해 교사는 **다양한 의사소통 방법을 소개**하고 친구와 **함께 놀기 위한 구체적인 방법**을 가르칠 수 있어야 한다.
	지도 방향	• 다양한 능력과 특성을 가진 사람들과 의사소통을 하기 위한 여러 가지 방법이 있다는 것을 경험하게 한다. • 또래와 함께 놀기 위한 구체적인 기술을 가르친다. 　예 놀이를 시작하는 방법, 같이 놀자고 말하는 방법 등 • 실제로 다양한 친구들과 함께 놀 수 있는 기회를 제공함으로써 상호작용 과정에서 나타날 수 있는 문제를 스스로 해결할 수 있는 능력을 키운다.
우정을 촉진하는 학급문화 만들기	개념	• 우정을 촉진하는 학급 문화를 만들기 위한 가장 바람직한 방법은 장애를 가진 유아가 특별한 대우를 받는 것이 아니라 **모든 유아들이 서로 돕고 존중하며 우정을 쌓아가는 반 분위기** 속에서 장애를 가진 유아가 반의 일원으로 소속되게 하는 것이다. • 이를 위해 교사는 **공동체 의식을 높이기 위해 협동할 수 있는 기회들을 제공**하고 **긍정적이고 직접적인 상호작용**을 할 수 있게 도와야 한다.
	지도 방향	• 공동체 의식을 높이기 위한 **협동 작업**을 실시한다. • **긍정적인 상호작용과 우정을 촉진하는 학급 차원의 활동**을 실시한다.

8 사회적 통합 촉진을 위한 '교수 전략'

환경 구성	장애 긍정적 수용 위한 환경 구성	• 장애를 자연스럽게 받아들이게 하기 위해서는 교재나 교구, 장난감, 도서, 환경판 등을 구성할 때 다양한 유형의 장애를 경험하게 하고 장애 유아들도 활동에 참여할 수 있음을 자연스럽게 암시하는 것이 도움이 된다. • 이를 위한 구체적인 방법은 다음과 같다. • 장애를 긍정적으로 표현한 동화책을 도서 영역에 비치한다. • 역할놀이 영역에 다양한 장애를 표현하는 인형이나 장애와 관련한 도구를 비치해서 놀이에 활용한다. • 환경판을 구성할 때 다양한 장애를 표현하는 구성물을 활용한다. • 장애 이해를 지도하기 위한 그림책의 선정 기준 1. 장애를 지닌 등장인물이 주인공 역할을 한다. 2. 장애를 지닌 등장인물이 긍정적으로 표현되어 있다. 3. 장애를 지닌 등장인물의 장애만 부각시킨 것이 아니라 감정, 일상생활 등 전인적인 부분을 묘사했다. 4. 장애를 지닌 등장인물에 대해 동정심을 갖도록 표현되지 않았다. 5. 그림이 분명하고 사실적으로 표현되었다. 6. 현재 사용되고 있는 적절한 용어를 사용하였다. 7. 일반 유아와 장애 유아 간의 유사점을 강조하였다. 8. 모든 사람들의 차이에 대해 존중하도록 격려하고 있다. 9. 다른 사람의 느낌에 대해 이해할 수 있는 내용이 포함되어 있다.

	또래 간 상호작용 증진 위한 환경 구성	• 장애 유아와 일반 유아 간의 상호작용을 증진하기 위해서 교사는 물리적 환경과 교재 및 장난감, 또래 배치 등을 적절히 조절할 수 있다.
		• 구체적인 방법은 다음과 같다.
		
		• 불필요한 다툼을 줄이고 적절한 상호작용을 할 가능성을 높이기 위해 적절하게 놀이 공간을 제한해준다.
		  예 자유선택활동 시간에 한 영역에 들어가는 유아의 수를 제한하기, 놀이하는 공간을 제한하여 상호작용할 가능성을 높이기
		• 상호작용을 유발할 가능성이 높은 교재나 장난감을 비치해 둔다.
		  예 퍼즐보다는 게임 자료가 상호작용하기에 더 적합함
		• 상호작용을 할 수 있도록 교재 수를 조절하거나, 교재를 나누어주는 방법을 조절한다.
		  예 미술 시간에 점토를 하나만 주고 옆 친구와 나누어 갖도록 함
		  예 색연필을 색깔별로 통에 담아주고 필요한 색깔을 나누어 쓰도록 함
		• 하루 중 일부는 대집단 활동 대신 소집단으로 활동을 구성하여 상호작용을 증진시킨다.
		• 소집단 활동을 할 때 장애 유아가 좋아하거나 장애 유아에게 관심을 보이는 유아, 또는 리더십이 있거나 다른 친구들을 잘 배려해주는 유아를 배치하여 장애 유아와의 상호작용을 돕는다.

학급 활동 구성	우정 활동	• **우정 활동이란** 학급에서 많이 사용되는 노래나 손유희, 게임, 활동 등에 **애정을 표현하기 위한 행동**이나 **상호작용이 포함된 놀이**를 포함하도록 수정하는 활동이다. 　예 어깨동무하기, 손잡기 등 　예 간지럼 태우기, 손 맞잡고 돌기 등 • 우정활동의 원리는 활동을 통해 긍정적인 상호작용을 위한 구체적 행동을 학습할 수 있으며 우정활동을 통한 긍정적인 상호작용으로 친구를 좋아하는 감정을 형성할 수 있다는 원리다. • 우정활동은 대집단 활동과 소집단 활동 모두 가능하며 매일의 일과 중에 일상적으로 사용할 수도 있고, 특별한 활동으로 진행할 수도 있다. 　예 주의집중을 위한 손유희로 "달라도 똑같아요" 노래 부르고 율동하기 　예 노래 배우는 시간에 "달라도 똑같아요" 노래를 배우고 여러 가지 방법으로 율동을 구성해 보기 • **우정 활동을 실행할 때 고려할 점** 　• 주의집중을 위한 손유희, 노래 등을 통해 짧은 시간 실시하더라도 가능한 한 매일 할 수 있도록 한다. 　• 모든 아이들에게 재미있고 흥미로운 활동이어야 한다. 　• 우정 활동 중에 아이들 스스로가 우정을 표현할 수 있는 행동이나 상호작용적인 행동을 생각해낼 수 있도록 기회를 주고 아이들이 생각한 행동을 포함시키면 더 흥미롭게 참여할 수 있다. 　　예 마주 보고 웃기, 서로 좋아한다고 말하기 　• 우정활동 중에 아이들이 바람직한 상호작용을 관찰할 수 있도록 또래가 시범을 보이도록 한다. 　　예 교사가 "누가 한 번 나와서 해볼래요?"하고 말하고 잘하는 또래들이 앞에 나와서 시범을 보이도록 한다. 　• 아이들의 흥미를 끌 수 있는 재미있는 행동과 함께 친사회적인 행동들이 포함되도록 하여 아동들이 긍정적인 행동들을 배울 수 있도록 돕는다. 　　예 미소 짓기, 악수하기, 나누기, 서로 칭찬하기 등

	장애 수용 촉진 활동	• 일반 유아들이 장애 유아를 긍정적으로 수용할 수 있게 하기 위해 지도 자료에 포함된 여러 가지 활동을 실시할 수 있다. • 교사는 일상적으로 다음과 같은 것들을 할 수 있다. • 아주 작은 부분이라도 또래들에게 **장애 아동이 잘하는 것을 부각**시켜 보여준다. 예 미술 시간에 혼자서 색칠을 한 나현이에게 "와! 나현이는 혼자서 그림을 잘 그리는구나"라고 말한다. • 장애 유아에 대한 또래들의 질문에 대해 장애에 대한 정확한 지식을 갖도록 적절히 대답해준다. • 장애를 가진 친구에게 부정적인 인식을 갖고 있는 아동이 있다면 **교사가 장애 유아를 포함하여 아이들과 함께 놀아주는 등 자연스럽고도 즐거운 경험**을 할 수 있도록 해준다. • 놀이 활동 전이나 이야기 나누기 시간을 이용하여 구체적인 놀이상황에서 **장애 유아와 함께 놀 수 있는 방법에 대해 이야기**를 나눈다. 초기에는 교사가 방법의 예를 제시할 수도 있으나 아이들 스스로 방법을 생각해 내도록 하면 점차 창의적인 방법들을 개발할 수 있고 장애 유아와 함께 놀기 위해 자발적으로 규칙을 수정할 수 있게 된다. • **가정과 연계**하여 전체 부모들이 장애 아동에 대해 긍정적으로 수용할 수 있도록 돕는다.
교사의 직접 교수	장애유아 와 일반유아 에 대한 사회적 상호작용 기술 교수	• 장애 유아들이 통합된 상황에서 또래에게 수용되고 동등한 학급의 일원으로 관계를 맺기 위해서는 장애 유아와 또래 모두에게 사회적 상호작용을 하기 위한 **구체적인 사회-의사소통 기술을 가르치는 것**이 필요하다. • 이를 위해서 교사는 **구체적인 기술을 시범 보이고** 이를 **연습할 수 있는 기회를 제공**할 필요가 있다. • 구체적으로는 친구에게 함께 놀자고 말하는 방법, 도움이 필요할 때 도움을 청하거나 도움을 주는 방법, 놀이에서 소외되는 친구가 있다는 것을 인식하고 다가가서 함께 놀자고 말하는 방법, 놀이를 시작하기 위한 구체적인 행동 등을 가르칠 수 있다.
	유아들의 질문에 대답하기	• 유아들에게 장애를 가진 유아에 대해 적절히 설명하는 것은 유아들이 장애를 바르게 이해하고 긍정적으로 수용하는 데에 도움을 준다. • 따라서 교사는 유아가 장애를 가진 친구들의 행동에 대하여, 또는 장애로 인한 특정 현상에 대하여 질문할 때 가능한 한 정확하게 장애 상태에 대해 정보를 제공하는 것이 좋다. • 이때 가장 주의할 점은 장애 유아가 계속해서 발달하고 있고 **다른 점보다 비슷한 점이 더 많다는 것**에 초점을 두어 이야기하는 것이 좋다.

짝을 이용한 상호작용 촉진	<ul><li>장애 유아에게 짝을 정해주어 짝이 여러 가지 도움을 주거나 활동의 모델이 되게 하는 전략은 통합된 환경에서 자주 사용하는 유용한 전략이다.</li><li>교사는 짝을 이용하여 활동을 하게 하거나 상호작용을 촉진할 때 다음과 같은 점을 고려할 수 있다.<ul><li>짝에게 장애 유아가 연습을 통해 배울 수 있다는 것을 알려주고 적절한 상호작용 방법을 알려줌으로써 장애 유아의 학습 기회를 빼앗지 않도록 한다.</li><li>짝이 된 유아가 장애 유아를 지나치게 도와줌으로써 학습의 기회를 빼앗고 있지는 않은지 지속적으로 점검하고 필요한 경우 적절한 역할을 상기시킨다.</li><li>짝이 된 유아에게 부담스러울 정도로 도우미의 역할을 강조해서는 안 된다.</li><li>짝으로서의 역할을 부담스러워하지는 않는지 지속적으로 점검한다.</li><li>짝이 장애 유아에게 교사나 형이나 언니처럼 말하고 있는지 점검한다.</li><li>교사의 말과 행동은 그대로 유아들의 모델이 된다. 따라서 교사가 장애 유아에게 너무 지시적인 말만 하는 것은 아닌지, 장애 유아가 활동을 할 수 있도록 충분한 시간을 제공하는지 등을 스스로 점검한다.</li><li>장애 유아와 짝 간에 친구로서의 동등한 관계가 맺어지도록 교사가 최대한 지원해 준다.</li></ul></li></ul>

지식 발현적 교육과정

개념	• 미리 정해진 주제나 활동에 따라 운영되는 것이 아니라, 유아의 관심이나 학습 진전 상태와 교사의 관찰에 따른 판단 간의 상호협상을 통해 주제가 선정되고 발현된다. • 역동적이며 항상 발달과정 중에 있고, 결코 완벽하게 예측되지 않으며, 교사와 유아의 실제 활동 및 상호작용으로부터 생겨나는 유기적 과정이 유아와 교사들에게 동기를 부여하고 학습을 자극하는 것이다.
특성	• 직선적이지 않으며 유기적이고 끊임없이 성장하고 진보하는 특성이 있다. • 유아들은 끊임없이 탐구하고 개념을 형성하며 이미 형성한 개념을 깨뜨리고 새로운 개념을 받아들이고 타협하며 학습해 간다. • 따라서 교육과정은 교사가 처음 수립한 계획을 반드시 따라가야 하는 것이 아니라 활동이 진행되는 것을 근거로 차후 교육경험에 대한 결정과 선택이 이루어지는 연속의 과정이다.
교사의 역할	• 일반적인 교육목표 및 활동 목표를 세워놓지만 각 프로젝트나 활동의 구체적인 세부 목표는 미리 세우지 않는다. • 과거의 경험과 유아들에 대한 지식과 경험을 토대로 가설을 세우고, 이 가설과 함께 유아들의 관심과 욕구에 맞출 수 있는 목표를 세워 프로젝트를 진행시킨다.
교사에게 필요한 것	• 실수가 일어날 수 있음을 허용하고 위험을 감수하는 의지 • 명확한 수업 계획 없이도 개발된 프로젝트를 이끄는 교수와 학습을 시작하려는 의지 • 뜻밖의 예기치 않은 순간에 대한 개방성과 그러한 순간을 더 심층적으로 탐구하기 위해 확장시키고, 참여하는 기간을 연장시켜 지속적인 학습순간을 촉진하려는 의지 • 유아에 대한 믿음과 유아의 생각을 존중하고 지지하는 태도 • 유아뿐만 아니라 교수 자신도 발현적 학습자로 인식하는 태도 • 유아에 의해 주도되는 학습을 반응하고 지지하는 교사로서의 자신에 대한 믿음 • 협력적인 교육팀의 구성원으로서의 부모들에 대한 존중

지식 전통적 단원 중심 유아교육과정과 발현적 유아교육과정의 차이점

단원 중심 유아교육과정	발현적 유아교육과정
• 유아가 학습할 내용이 교사에 의해 결정된다.	• 유아들에게 어떠한 일이 일어났는지에 근거해 교사가 적절히 반응한다.
• 인위적으로 만들어진 교육과정이므로 유아들의 흥미와 무관할 수 있다.	• 교사-유아 간 상호작용으로부터 자연스럽게 일어난다.
• 교과별로 분리 독립된 학습이 일어난다.	• 유아 개개인의 이전 경험 및 학습과 연계된 학습이 이루어진다.
• 종종 정해진 주제 이외의 흥미는 배제된다.	• 모든 흥미를 수용한다.
• 주제와 관련된 결과 중심 교육과정이다.	• 과정 지향적 교육과정이다.
• 정해진 주제·단원 이외의 다른 주제를 탐색하기가 쉽지 않다.	• 자연적으로 일어나는 사건에서 주제를 정하고 탐색한다.
• 유아들이 경험하기 이전에 개념 및 아이디어들을 피상적으로 연결 지으려 한다.	• 유아들이 경험한 이후에 다음 단계에 이를 때까지 지속적으로 개념 및 아이디어를 탐색하게 한다.
• 각 주제·단원을 학습할 시간, 단원별 연간계획표가 사전에 결정되어 있다.	• 탐색활동에 대한 시간 계획은 유아들의 흥미에 따라 다르다.
• 교육과정이 사전에 패키지화되어 있다.	• 초기에 어떤 흥미가 발견된 이후에 교육과정이 만들어진다.

X. 통합교육과정

1 통합의 필요성 및 가치

특성	• 통합적 유아교육과정은 학자들에 따라 프로젝트, 주제, 단원이란 용어로 혼용하여 사용되고 있으며 모두 유사한 학습이론에 기초하고 있다. • 초기의 통합교육과정은 '의미 있는 교육과정이란 단지 독립적인 사실을 기억하는 것뿐만 아니라 통합된 전체여야 한다'는 Dewey의 이론이 단원을 중심으로 한 교육과정으로 개발되었다. • 그 이후 피아제와 비고츠키의 사회, 신체, 인지활동을 통해 유아가 지식을 구성한다는 이론이 단원, 주제접근, 프로젝트 학습을 지지하였다.

통합의 장점	• 유아교육기관에서의 학습 경험이 교과 별로 분리되지 않고 주제를 중심으로 통합되고 운영될 때, 유아들은 **각 학문 영역 간의 사실, 아이디어를 서로 잘 연관** 지을 수 있고, 추상적 개념을 이해할 수 있고, 보다 수준 높은 사고전략을 개발할 수 있다.
	• 유아교육기관과 **가정과의 연계성**을 제공한다.
	  - 교육 내용이 유아의 일상생활과 연계될 때 유아들은 유아교육기관에서 학습한 내용을 가족 및 친구들과 공유할 수 있다.
	    ㉠ 연습지의 동그라미를 세는 것보다 친구들이 기르는 개의 숫자를 세는 것이 의미를 갖는다.
	• **각 교과 영역 간의 연관성**과 **각 영역의 지식을 실생활과 관련짓는** 능력이 증가한다.
	  - 교육과정 영역이 각각 분리되어 있으면 유아들은 개별 교과 영역이 보다 광범위한 지식의 차원으로 어떻게 연결되는지 알 수 없다.
	• **지역사회에 대한 인식, 소속감, 다른 사람들과 협력 작업하는 기회**를 제공한다.
	  - 또래와 적목으로 개집 짓기 활동은 서로 협동하고 정보를 나누고 협의하고 아이디어를 공유하는 기회를 제공한다.
	  - 비고츠키는 이러한 사회적 활동을 사고의 생성원(generator)으로 보았다. 또한 사고는 사회적 상호작용을 통해 대화의 교류를 통해 형성된다고 믿었다.
	• **교수·학습의 융통성**, 유아의 **흥미와 경험에 반응하는 기회**를 제공한다.
	  - 주제학습, 단원, 프로젝트는 시간 계획에 융통성이 있어 짧게는 하루 혹은 이틀에서 몇 주까지 지속될 수 있고, 유아가 주제에 관심과 호기심을 만족할 때까지 지속할 수 있다.
	  - 또한 다른 방향으로 수정할 수도 있다.
	    ㉠ '가을'로 시작하여 '나무' 단원으로 전이하여 '나무로 할 수 있는 활동', '종이, 종이의 재료 펄프' 등으로 확장
	• **학습자의 다양한 요구에 반응**한다.
	  - 유아는 자신이 관심을 가지는 활동을 선택할 수 있고, 지속할 수 있고, 그러한 가운데 새로운 기술을 습득할 수 있다.

통합의 필요성	• 유아들의 경험을 보다 밀도 있게 만들어 유아들 스스로의 의미 구성에 기여한다. 의미 있는 통합교육에 참여할 때 학교와 가정에서의 경험이 연계성을 가질 수 있는 것이다. 기 유아들이 학습해야 할 많은 내용들을 주제 중심으로 의미 있게 조직할 수 있다.[10] • 각 교과영역 간의 연관성과 각 영역의 지식을 실생활과 관련짓는 능력을 향상시킬 수 있다. 교육과정 운영이 각각 분리되어 있으면 유아들은 개별 교과영역이 어떻게 연결되는지 알 수 없다. 기 유아들이 학습한 지식 및 기능을 일상생활에서 활용하고 통합하여 새로운 지식을 만들어 갈 수 있다.[10] • 교과가 바뀌는 전환의 횟수와 생소함을 최소화할 수 있다. 교과의 전환은 유아에게 어려운 상황이다. 전환은 시간 공백을 낳게 되며, 새로운 교과에 적응하는 데 어려움을 유발할 수 있다. • 유아들이 학습해야 할 많은 정보들을 의미 있는 개념으로 조직화할 수 있도록 돕는다.
통합의 교육적 가치	**인식론적 가치** • 지식을 기억하고 판단하고 활용하는 데 어떤 영향을 미치는가? ① 지식의 변화에 잘 대처할 수 있게 한다. ② 서로 다른 지식영역을 서로 밀접하게 관련시킬 수 있게 한다. ③ 지식의 유용성과 의미를 제고시키는 데 도움을 준다. **심리적 가치** • 학습자와 학습 내용 사이에 이루어지는 상호작용에 어떤 기여를 하는가? ① 학습자의 학습 과정에 일치하는 교육을 실시할 수 있게 한다. ② 학습자의 발달수준과 필요에 맞는 교육을 쉽게 실시할 수 있게 한다. ③ 학습자의 전인적 인격의 개발을 돕는다. **사회적 가치** • 유아의 사회생활 영위에 어떤 기여를 하는가? ① 사회문제에 대처할 수 있는 능력을 길러 준다. ② 교수·학습 과정에서 학습자에게 협동심을 길러 준다. ③ 학교와 사회를 긴밀하게 연결시켜 준다.
교수 · 학습 방법	• 유아의 발달과 교육이 통합성(integration)을 중심으로 각 흥미영역이 자연스럽게 연결되도록 하는 것을 기본으로 한다. • 유아의 발달과 학습은 통합되어 이루어지므로 교육과정은 신체·사회·언어·인지 등 유아의 모든 발달영역이 통합되도록 한다. • 유아가 능동적으로 주변 환경을 탐색하고 성인이나 다른 또래와 풍부한 상호작용을 할 수 있도록 환경을 준비한다. • 유아에게 제공되는 활동은 발달 정도에 따라 도전성, 복잡성, 난이도 등을 적절히 배열한다. • 활동은 균형 있게 계획되어야 하고, 유아의 흥미와 욕구에 따라 융통성 있게 진행한다. • 교육 활동 계획은 교사의 관찰과 기록에 근거하여 유아의 특별한 요구 및 상황을 확장해 갈 수 있어야 한다.

2 포가티(Fogarty, 1991)의 교육과정 모형(통합의 방법)

- 포가티는 교육과정 통합의 유형을 ① 단일 학문 내에서의 통합, ② 여러 학문들 간에서의 통합, ③ 학습자들 간에서의 통합으로 범주화하였으며, 이들 각각을 더욱 세분화하여 10가지 교육과정 통합 모형을 제안하였다.

방법	유형	교육과정 특성	장단점	적용 예
단일 교과 내 통합	1. 단절형	• 독립되어 있는 개별적 교과들을 강조하므로 각 교과나 학문은 뚜렷하게 구분되고, 학문 내, 학문 간 연계나 **통합에 대한 시도를 하지 않는다**.	• **장점** : 개별교과의 순수성이 명확하게 유지된다. • **단점** : 학습의 전이가 발생하지 않을 수 있으며 교과의 많은 내용을 학습하기 어렵다.	예 과학, 문학, 수학, 사회 수업이 분리되어 이루어진다.
	2. 연관형	• 교과는 분리되어 있으나 **각 교과영역 내에서** 주제와 개념, 기능들을 다른 주제, 개념, 기능과 **결합**시키고, 그날의 학습을 다음 날의 학습, 한 학기를 다음 학기와 연관시키는 데 초점을 둔다. • 교육과정 통합의 초기 단계에서 유용하다.	• **장점** : 의도적으로 교과 내에서 관련성 있는 내용이나 시간상으로 연관시킴으로써 개념 습득이나 학습 전이를 촉진시킨다. • **단점** : 교과 간 확장이나 교과 담당자 간 협력이 없다.	예 수학 내에서 연관(분수 개념-십진법-화폐), 사회과에서 '우리 동네' 주제하에 지리(지도 구성)-경제(생산과 소비)를 연관시킨다.
	3. 동심원형	• 각 교과 내에서 **사회적 기능, 사고 기능, 특정한 내용과 관련된 기능을 복합적으로 동시에 다루는 것**에 초점을 둔다. • 목표로 하는 내용을 다루면서 **사고 기능**과 **사회적 기능**을 함께 다루고자 할 때 유용하다.	• **장점** : 숙련된 교사가 활용하기 좋으며, 한 명의 교사가 폭넓은 교육과정의 통합을 제공할 수 있다. • **단점** : 여러 학습목표를 단일한 수업에서 복합적으로 포함시켜야 하는데, 동심원화가 제대로 이루어지지 않으면 혼돈을 초래한다. 또한 수업의 우선순위를 어디에 둘지 애매해진다.	예 '다양한 직업'에 대해 가르치고자 할 때, 사회적 기능(적극적 청취 : 자원인사 초빙)과 사고 기능(분류 : 직업별 물건 분류)과 같은 다양한 기능을 복합적으로 통합한다.

여러 교과 간 통합	4. 계열형	• 각 교과의 주제나 단원의 연관성을 고려하여 **재배치**하고 **계열화**시킨다. • 이는 **쉽게 연합될 수 있는 교과**를 활용하여 통합하는 초기 단계에 유용하다.	• **장점**: 주제, 단원을 재배치하여 교육과정상의 우선순위를 결정할 수 있으며, 다른 교과와의 통합으로 전이를 도울 수 있다. 교과의 순수성은 유지된다. • **단점**: 다른 교과, 다른 교과와의 타협과 협력, 유연성이 필요하고 자율성을 포기해야 한다.	예 에듀케어반 특성화 프로그램의 미술과 과학 강사가 유치원의 주제 '여름'에 맞추어 활동을 재배치한다.
	5. 공유형	• **2개의 상보적 교과 내**에서 **공유된 개념, 태도, 기술** 등에 **초점**을 맞추어 통합한다. • 폭넓은 교과는 여럿을 포괄하는 교육과정으로 묶인다. 즉, 수학과 자연과학은 과학, **문학과 역사는 인문학** 등으로 묶일 수 있다. • 이는 **팀티칭**으로 교수학습을 공유하기도 한다. 이 모형의 **핵심은 교육과정 간의 공통성을 찾는 것**이다.	• **장점**: 주요 교과들을 포괄하는 통합모형으로 나아가는 초기 단계로, 2개의 교과를 통합하므로 사용하기 쉽다. 교육과정 통합의 초기 단계를 촉진한다. • **단점**: 모형을 개발하기 위한 시간, 팀티칭을 위한 유연성과 협동, 타협과 신뢰, 심층적 대화와 의사소통이 필요하다.	예 과학과 문학교사는 팀티칭으로 공유할 수 있는 개념, 태도, 기술을 선정한다. 〈과학(광합성)과 문학(인물 인터뷰)의 공유되는 조직요소〉 • 개념은 순환 (생태계-일생) • 태도는 배려 (생명 존중-관점 존중) • 기술은 계열 (생물 계열도 -생애사 구성도)
	6. 거미줄형 (주제망형)	• **하나의 주제를 중심으로 교과를 통합**하는 방법이다. • 전체를 관망할 수 있는 광범위한 시야를 제공한다. • **학습자들에게 쉬운 통합모형**이다. 그러나 개발 시간이 오래 걸리는 접근 방법이므로, 교사들이 수제를 충분히 탐색할 수 있는 시간이 필요하다. • **2~4주간의 간학문적인 예비 단원을 시도할 때 활용**할 수 있는 최상의 모형이다. 이 모형을 잘 실행하려면 **집중적인 계획이 요구**된다.	• **장점**: 흥미로운 주제의 선정으로 동기 부여가 된다. 노련한 교사와 경험이 부족한 교사 모두 이해할 수 있는 명료한 교육과정 통합방법이다. 교과 간의 공동작업을 위한 팀워크가 필요하다. • **단점**: 좋은 주제를 선정하는 것이 가장 큰 문제이다. 더불어, 주제가 장기간 다뤄지지 못하므로 시간 보장을 하는 것이 고려해야 할 사항이다. 마지막으로 개념보다 활동에 초점을 둠으로써 주제와 관련된 유용한 내용이 제대로 다뤄지지 못하는 경우가 있다.	예 '동물의 생김새'라는 주제를 중심으로 수학(동물 인형의 키 측정), 사회(동물이 우리에게 주는 것), 미술(동물가면), 언어(동물 이름 카드) 등에서 내용을 추출하여 통합된다.

7. 실로 꿰어진 형 (선형) 	• 메타 교육과정적 접근으로 **다양한 교과를 관통**하는 사고기능, 사회적 기능, 다중 지능, 기술 공학, 학습 기능 등을 실로 꿴 듯이 연결시켜 통합하는 형태이다. • 모든 교과내용의 핵심을 대신할 수 메타 교육과정에 **초점**을 둔다.	• **장점** : 메타인지적 행동을 강조하고, 학습자는 자신이 학습하는 방법에 대해 학습한다. 각 교과가 순수하게 남아 있으면서 학습자의 사고능력을 생활 기능으로 전이시켜 준다. • **단점** : 교과 간 내용 연관이 명확하지 않으며, 교사의 전략과 이해도가 높아야 한다.	예 이는 사고기능(또는 메타 교육과정)에 초점을 두고 있을 때 유용한 것으로 메타인지를 활용한 분류활동을 할 수 있다. 사회 교과에서 직업 분류하기, 과학 교과에서 동물 생태에 따른 분류하기, 수학 교과에서 모양 분류하기 등을 할 수 있다.
8. 통합형 	• 공유형과 유사하나 3~4개의 주요 교과를 각각 교육과정 우선순위에 따라 배치하고 **공통되는 개념, 태도, 기술을 찾아내어 통합**시키는 것이다. • 거미줄형처럼 하나의 주제(아이디어)로 교과를 덮는 것이 아니라, 공유형처럼 교과내용에서 아이디어를 걸러낸다.	• **장점** : 학습자 중심의 모형이다. 이는 학습자가 교과 간의 내적 관련과 상호 관련으로 이끌어지기 쉽다. • **단점** : 너무 복잡한 모형이어서 상당한 수준의 훈련과 탐구가 필요하며 충실하게 실행하기 어렵다. 교사는 여러 교과에 들어 있는 개념, 태도, 기술에 정통해야 한다.	예 수학, 과학, 사회, 미술, 언어 교사는 모형들의 유형을 탐색하고 이러한 유형들을 통해 내용에 접근한다.

학습자간 통합	9. 몰입형	• 학습자 개인의 관심, 흥미가 중심이 되어 교과의 지식을 내부적으로 통합하는 것이다. • 학습자는 각 교과 전문 지식을 통해 관점을 형성하고, 내용을 여과하며, 자신의 경험에 몰두한다. • 의도적인 계획이라기보다는 학습자 내부에서 통합되는 것이다.	• 장점 : 학습자에게 통합이 발생한다. 학습자는 자기 지향적이며 욕구가 높아 관심사에 집중하여 몰입이 가능하다. • 단점 : 협소하거나 미성숙한 수준의 미시적인 접근이 될 수도 있다. 다양성이 결여될 수도 있다. 깊이 있게 관심 분야에 몰입하려는 전문가에게 적합하다.	예 곤충에 흥미가 높은 유아가 곤충책을 읽은 경험을 토대로 곤충 집 만들기와 키우기를 하며 곤충 탐구에 집중한다.
	10. 네트워크형	• 전문가의 안목을 가진 학습자가 관련 영역에서 다양한 영역의 전문가들과 네트워킹을 형성하여 지식을 탐색하는 것이다. • 이때 학습자는 스스로 필요한 네트워크를 선정함으로써 통합을 이끈다.	• 장점 : 학습자가 탐색을 주도하여 새로운 네트워크 경로를 생성하는 활동적 모형이다. 이는 동기화된 학습자에게 적용하기 적절하다. • 단점 : 목표로 하는 아이디어에서 벗어나서 부수적인 아이디어로 빠져들기 쉽다. 또한 흥미가 낮거나 전문 지식이 부족한 학습자 간에는 부적절하다.	예 나의 몸 프로젝트 수행 시 자신의 경험과 지식을 기초로 전문가인 내과의사와 네트워킹을 형성한다.

3 통합적 접근의 배경

- 교육에서 통합이라는 개념을 중요하게 논의하기 시작한 것은 1920년대에서 1950년대에 걸쳐 미국의 진보주의 교육 운동이 활발히 진행되던 시기에 학습경험의 통합 또는 교육과정의 통합을 중요한 논제로 정하면서부터였다.
- 진보주의자들은 통합 교육과정에 대한 생각을 활동 중심교육, 프로젝트 학습 등으로 현실화시켰다. 그 후에도 통합 교육과정을 구성하려는 노력은 교과 간에 상관되는 요소를 통합하거나, 주제를 중심으로 필요한 교과 내용을 통합하거나 발현적 교육과정을 운영하는 등의 다양한 형태로 변화하였다.
- 통합 교육 논의에서는 사람의 감각, 느낌, 판단, 상상, 직관 등이 분리되어 기능하는 것이 아니라 통합적으로 기능하므로 이들을 통합할 수 있는 교육이 이루어져야 한다는 것에 중점을 둔다.
- 감각적 체험은 이성과 결합하고, 상상은 실제와 연결되며, 직관과 지성이 짝을 이루고, 가슴속의 열정이 머릿속의 열정과 연합하고, 한 과목에서 습득한 지식이 다른 모든 교과목으로 가는 문을 열어젖힌다는 것이다.
- 또, 사람의 삶 속의 모든 문제는 한 가지 지식이나 한 가지 접근 방법으로 해결할 수 있는 것은 하나도 없으므로 다양한 지식과 접근법을 통합하고 활용하는 것에 중점을 둔다.
  - 따라서 통합교육은 무엇을 배워야 하는가도 중요하지만, 어떻게 보고 듣고 말하고 느끼고 표현해야 하는지도 배워야 한다는 데 중점을 둔다.
  - 즉, 각 교과목들을 여러 기준과 방법으로 통합하여 조직하는 것 외에도 학습자가 창조적으로 다양한 사고 방법을 활용하며 몸과 마음, 지성과 감성, 현실과 상상 등을 통합하는 전인 교육에 중점을 둔다.

4 통합적 접근의 개념

- 유치원 교육에서 통합이라는 용어는 '**교육과정의 통합적 접근**', '**통합적 교육과정**', '**통합적 단원**' 등 다양한 이름으로 불리고 있으며, 통합에 대한 개념 또한 학자들에 따라 다소 다르게 정의되고 있다.
- 이와 관련하여 브레드캠프와 로즈그란트(Bredekamp & Rosegrant, 1985)는 **통합적 교육과정이란 유아들에게 보다 의미 있는 교육과정을 만들어 주기 위한 목적을 가지고 유아들에게 자신이 경험한 범위 내에서 조직화할 수 있는 주제 또는 개념을 제공하는 것**이라고 하였다.
- 유아교육사전(한국유아교육학회, 1996)에서는 '**유아를 전인적 인격체로 보고 발달 영역별, 교과 영역별, 흥미 영역별로 통합하여 통합된 전체 경험 속에서 학습하도록 도와주는 교육과정**'으로 정의하고 있다.
- 이상을 종합하면 유치원 교육과정에서 통합의 개념은
  - 유아의 전인 교육과 효율적인 학습을 위하여
  - 유아의 경험, 흥미 및 요구와 교육 내용 및 교수·학습 방법을 통합하고,
  - 유아와 유아 주변의 인적 및 물적 환경을 통합하며,
  - 유아의 몸과 마음, 지성과 감성, 현실과 상상, 지식과 태도 및 기능 등을 통합할 수 있도록
  - 교과목들을 통합적으로 재조직하고,
  - 보고 듣고 느끼고 생각하고 표현하는 방법을 배우도록 하며,
  - 학습한 지식 또는 사고 방법을 일상생활에서 활용하고 통합하여
  - 새로운 지식과 사고방법을 학습해 가도록 하는 것이다.

5 통합적 접근 시 고려할 점

통합적 접근 시 고려할 점

- 통합 교육과정을 구성한다는 의도 아래 많은 교육 내용을 **교육적 의도와 유기적인 관계없이 통합하는 것을 피해야** 한다.
  - 많은 교과목 또는 학문 분야에서 연계와 위계를 고려하지 않고 이리저리 통합시킬 경우, 깊이 없는 단순한 사실들로 구성될 수 있다.
  - 예를 들면, 교사들은 활동을 선택할 때, 무엇이 가치 있는지와 어떠한 이유에서 그 활동을 선택해야 하는지를 고려하기 전에 단지 '그 활동이 주제에 맞고 유아들이 재미있어한다'는 이유로 선택하기 쉽다는 것이다.
- 하나의 주제를 중심으로 교육 활동을 전개할 때 **교과 간 통합**과 **교과 내 통합**이 이루어지도록 계획해야 한다.
  - **교과 간 통합** : 한 주제 및 소주제 또는 주요 내용을 중심으로 수, 과학, 언어, 조형, 음률 등의 교과 영역들을 통합하는 것이다.
  - **교과 내 통합** : 한 주제 또는 한 활동을 중심으로 하나의 교과 영역 내의 여러 영역을 통합하는 것이다.
  - 언어 영역을 예로 들면, 말하기, 듣기, 읽기, 쓰기가 통합되는 것이다.
  - '나와 가족'이라는 생활 주제 중 **'소중한 나' 주제를 중심으로 교과 내 통합의 예**를 살펴보면 다음과 같다.
  - 주제 '소중한 나'의 소주제 '나의 특별함 알고 사랑하기'에는 '나만의 특별함이 있음을 알고 사랑한다'라는 주요 내용이 있다.
  - 이 주요 내용은 '나에게 멋진 점이 있어요'라는 이야기 나누기 활동과 '내 얼굴을 표현해 보세요'라는 **조형** 활동, '나는 특별해'라는 **음률** 활동에서 다루어진다.
  - 즉, 다른 사람이 갖지 못하는 나만의 특별한 점을 공통 내용으로 하여 다양한 영역의 활동으로 전개됨으로써 **교과 간 통합**을 이루고 있는 것이다.
  - 또한 '나에게 멋진 점이 있어요' 이야기 나누기와 '내가 좋아하는 것이 참 많습니다' 동화 듣기 등을 함으로써 언어 영역 내에서 **교과 내 통합**을 이룰 수 있다.
  - 또한 '나는 특별해'라는 새 노래를 불러보고, 확장활동으로 '나는 특별해' 노래에 맞추어 악기로 연주하면서 노래 부르기와 악기 다루기가 **음률 영역 내**에서 **교과 내 통합**으로 이루어진다.
- **통합할 수 있는 것과 분리해야 하는 것을 구분**하여야 한다.
  - 과도하게 통합된 교육과정은 개별 교과 영역의 특성에 대한 명료성을 잃게 되며, 이에 따라 개별 교과 영역이 다양한 유형의 지식을 인식하는 방법과 표상하는 방법에 기여하는 장점을 잃게 될 수 있다.
  - 또한 각각의 교과 또는 학문적 영역에 참여할 수 있는 충분한 시간을 확보하지 못한다는 점도 문제점으로 지적되고 있다.
- 통합 교육과정은 유아들이 감각을 활용하여 적극적으로 관찰하기, 몸으로 생각하기와 느끼기, 유추하기, 상상하기, 감정 이입하기, 통합하기 등 **다양한 방법을 활용**할 수 있는 교육 경험과 교수·학습 방법을 고려하여 구성해야 한다.
- 통합 교육과정은 유아들이 학습한 지식 및 기능을 **일상생활에서 활용하고 통합**하여 새로운 지식을 만들어 가도록 해야 한다.
  - 예를 들면, 수 이름, 순서 짓기, 분류하기 등을 학습한 유아는 일상생활에서 이들을 활용하고 통합하여 새로운 지식이나 기능을 만들어 갈 수 있어야 한다.

- 실제로 통합적 교육과정을 운영할 수 있는 **토대가 마련되었는지 점검**해야 한다.
  - 교육과정이 통합될 수 있는 정도는 학습이 일어날 수 있는 상황에 영향을 받는다.
  - 유아에게 유용하고 다양한 정보와 자료, 적절한 경험을 충분하게 제공하고, 유아들의 작업 결과물을 존중하는 교실 상황이 제공될 때 비로소 교육과정의 바람직한 통합이 가능하다.

> **Plus 지식** 통합의 대상(제6차 유치원 교육과정)
>
> ① 유아의 과거 **경험과 현재의 요구 및 흥미와의 통합**
>   [기] 견학한 박물관에 편지 보내기[06]
> ② 유아가 한계 내에서 원하는 곳에 자유롭게 갈 수 있다는 의미로 공간과 유아와의 통합
>   [기] 우체국 견학하기
> ③ 학교와 지역사회와의 통합
>   [기] 지난주 견학한 옹기박물관에 편지 보내기
> ④ 유아의 흥미와 교재와의 통합
>   [기] 자유선택활동의 우체국 관련 활동(우체국 놀이하기, 우표 사러 가기, 소포 무게 재어보기 등)
> ⑤ 혼합된 다문화적 사회를 위하여 유아를 사회적으로 통합
> ⑥ 다양한 연령 집단을 경험하는 연령의 통합
>   [기] 혼합연령집단으로 구성
> ⑦ 교사 상호 간의 생활과 유아 생활의 통합
> ⑧ 가정생활과 학교생활과의 통합
>   [기] 가정통신문 보내기

XI. 유치원 혼합연령(복식) 학급의 운영

1 기본 방향

- 혼합연령(복식)학급의 효율적 운영을 위해 가장 기본적으로 고려해야 할 점은 혼합연령집단의 특성상 갖게 되는 장점을 최대화하고 단점을 최소화하는 것이다.
- 이에 바람직한 혼합연령(복식)학급 운영을 위한 기본 방향은 운영 전반에 걸쳐 연령에 따른 차별성과 연령 간 연계성을 균형적으로 고려해야 하는 것이다.

기본 방향	차별적 배려	• 혼합연령학급을 구성하고 있는 **각각의 단일연령에 대한 차별적 배려가 필요**하다. • 혼합연령집단에서 가장 취약한 부분은 각각의 단일연령에 대한 배려이다. • 혼합연령집단은 대개 구성원 간 비율이 균형적이지 않을 경우가 많아 가장 큰 연령인 만 5세나 중간 연령인 만 4세, 아니면 다수인 특정 연령에 초점을 맞추게 되면서 소외되는 집단이 발생하는 우를 범하기 쉽다. • 그러므로 혼합연령(복식)학급의 교사는 연령별 구성 비율에 구애받지 않고 학급 운영 전반에 걸쳐 각 연령에 대한 충분한 이해를 바탕으로 각 연령대의 유아를 독립적으로 차별화된 배려를 함으로써 다수인 연령중심으로 진행되는 학급운영을 지양함과 동시에 소외되는 연령이 없도록 유념하여야 한다. • **특히 만 3세 유아들의 경우** 큰 연령 유아들의 도움을 받고 학급 내에서 아기 취급을 받으면서 의존적이 되지 않도록 유념할 필요가 있다. 이에 수준에 맞는 활동을 제공하고 옷 입고 벗기, 화장실 사용하기, 신발 신고 벗기, 식사하기 등과 같은 자기관리 측면에서 독립적이기를 격려해야 한다. • 그리고 **큰 연령 유아들에게는** 어린 연령 유아들의 행동특성을 모방하면서 퇴행되지 않도록 유의하고, 발달적으로 적합한 활동을 제공하여 놀이에 대한 흥미를 유지함은 물론 새로운 것에 대해 적극적으로 도전하고자 하는 동기가 활성화될 수 있도록 배려해야 할 것이다. • 나아가 이러한 배려는 발달상의 지체가 있는 유아가 있는 경우 더욱 필요할 것이다. 기 윤 교사가 일일활동계획에 반영한 혼합연령학급 운영의 기본방향 2가지를 쓰시오.[16]
	사회적 관계의 활성화	• 혼합연령집단을 구성하고 있는 **다 연령 간의 연계를 도모**하여 유아들 간 상호협력, 지원, 배려, 격려, 모델링 등의 **사회적 관계가 활성화될 수 있도록** 하여야 한다. • 혼합연령(복식)학급에서 취할 수 있는 **가장 큰 장점**이라면 **다 연령 유아들 간의 연계적 관계형성**이다. • 이에 각 연령 간 적절한 연계를 통해 상호적 배려와 도움, 격려, 지지, 모델링 등이 활성화될 수 있도록 함으로써 구성원들의 수직적 관계에서 취할 수 있는 장점을 충분히 살릴 수 있도록 노력해야 할 것이다. • 그러므로 **큰 연령의 유아들이** 어린 연령 유아들을 위해 도와주고 놀아주는 등의 행동을 일과 안에서 자연스러운 기회를 통해 경험 할 수 있도록 상호작용하는 것은 물론, **교사는** 연령 간 상호연계를 도모할 수 있도록 교육적으로 의도된 활동을 충분히 제공해주어야 한다. • 특히 학년 초 기관 적응에 어려움이 있는 어린 연령 유아들은 등원 이후 놀이에 참여하지 않고 계속 울거나 한 자리에서 움직이지 않으려 하는 특성을 보이는 경우가 많다.

- 이때 일일이 교사가 관여하기보다는 적응 정도에 따라 연령이 높은 유아들이 함께 놀아주고 돌보아 주도록 도움을 청하면 교사도 부담을 덜고, 연령이 높은 유아들은 상황에 맞는 적절한 도움을 제공하는 기회를 통해 동생을 돌보는 경험을 하게 될 것이다.
- 한편 **어린 연령 유아들의 경우**에는 큰 연령 유아의 적절한 도움으로 정서적인 안정감도 갖고 자연스럽게 놀이경험을 하면서 점차 기관에 흥미를 갖게 되어 적응에 도움을 받게 될 것이다.

기 윤 교사가 일일활동계획에 반영한 혼합연령학급 운영의 기본방향 2가지를 쓰시오.[16]

2 교육계획

- 혼합연령(복식)학급을 위한 교육계획 및 운영은 단일연령 학급에서와 마찬가지로 생활주제에 따라 주제중심의 통합교육과정으로 운영하는 가운데 3-5세 연령별 누리과정의 내용을 충실하게 반영하고 실행하는 것이다.
- 다만 혼합연령(복식)학급은 단일연령학급과 달리 다 연령대의 유아들이 한 학급을 구성하고 있으므로 각 연령을 위한 교육 내용과 연령 간 연계를 위한 교육 내용 간의 균형을 고려하여야 하며, 학급 내 연령 비율이 낮은 집단의 유아들이 소외되는 일이 없도록 하는 것이 중요하다.
- 또한 학급을 운영하는 **담임교사 1인의 업무 부담을 고려**하여 교육계획의 실행에 따른 **현실성도 충분히 고려**하여야 한다.
- 이에 혼합연령(복식)학급을 위한 주간교육계획 및 일일교육계획 시 고려해야 할 사항을 좀 더 구체적으로 살펴보면 다음과 같다.

교육계획	연령별 목표 수준 설정	• 주간교육계획 수립 시 **각각의 연령별 목표 수준을 설정**하여야 한다. • 혼합연령(복식)학급을 위한 주간교육계획 시 동일 주제 내에서도 각 연령 수준에 따라 다루는 개념의 범위와 깊이가 달라져야 하므로 연령 간 연계성을 고려하면서 연령별 목표 수준을 차별화하여 설정하여야 한다. • 또한 발달지체가 있는 유아가 함께 있는 경우에는 특별히 개별적인 지원요구를 고려하여 설정하는 것이 필요하다.
	단일연령 활동 및 연령 간 연계적 활동의 균형 고려	• 주간교육계획 수립 시 **자유선택활동을 위한 영역별 활동**과 **유형별 대·소집단 활동**에서 **각 연령에 따른 단일연령활동 및 연령 간 연계적 활동의 균형**을 고려하여 계획한다. • 혼합연령(복식)학급에서는 연령별로 차별화된 교육목표에 따라 자유선택활동시간을 위한 영역별 활동과 유형별 대·소집단 활동에서 구체적인 활동내용과 활동방법을 고려하여 계획하되 다 연령 혼합집단이라는 **특수성**을 반드시 배려하도록 한다. • 이에 연령에 따른 발달수준, 경험, 요구의 차이를 반영하여 만 3, 4, 5세의 각 연령별로 차별화된 교육 내용은 물론 다양한 연령의 유아들이 상호 긍정적인 영향을 주고받을 수 있도록 만 3, 4세를 위한 활동, 만 4, 5세를 위한 활동, 만 3, 4, 5세를 위한 활동 등 다양한 연령 조합의 활동을 통해 **연령 간 연계**를 꾀한다.

교육계획	개별연령 또는 두 연령 조합의 소집단 활동 시간 안배	• 일일교육계획 수립 시 **연령별 특성을 고려한 일과운영 패턴**에 기초하여 **개별연령 또는 두 연령 조합의 소집단 활동 시간**을 **안배**한다. • 일과운영의 규칙성은 학급의 유아가 일과시간에 대한 예측을 가능하게 하여 심리적인 안정감을 줄 수 있다. • 그러므로 혼합연령(복식)학급에서는 유아들의 낮잠에 대한 요구, 대근육 활동이 활발한 바깥놀이에 대한 요구, 집중시간의 길이 등에서 연령별 특성에 기초하여 적절한 일과시간의 패턴을 설정하고 **소집단 활동시간을 안배**하여 계획할 수 있다. • 예를 들어, 낮잠에 대한 요구가 큰 만 3세 유아들은 자유선택활동시간 중 일정 시간을 **소집단 활동** 시간으로 할애하여 운영한다거나, • 실외놀이를 지도해 줄 보조교사나 동료교사가 있다면 대근육 활동의 요구가 큰 어린 연령의 유아들에게 바깥놀이시간을 좀 더 할애하면서 동 시간대에 만 5세를 위한 **소집단 활동**을 운영할 수 있을 것이다.
	미참여 유아들의 관리 계획	• 일일교육계획 수립 시 **연령별 또는 연령 조합에 의한 소집단 활동**을 할 경우 **활동에 참여하지 않는 유아들의 관리를 위한 계획**이 반드시 수반되어야 한다. • 특정 연령을 대상으로 소집단 활동을 할 경우 활동에 참여하지 않는 유아가 발생하게 되므로 교사는 소집단 활동을 시작하기 전에 활동에 참여하지 않는 유아들이 교사의 도움을 크게 필요로 하지 않으면서 스스로 흥미롭게 참여할 수 있기 위한 활동의 제공 및 관리가 용이한 공간의 계획이 필요하다. • 이에 동적인 활동보다는 퍼즐 맞추기, 구슬 끼우기, 책보기 등과 같이 **조용한 활동을 2~3개 정도로 제한**하고 반드시 교사의 **시야 범위 내에서 활동**하도록 하여야 하며, 교사의 시야 범위 내에 있더라도 너무 많이 분산되어 있지 않도록 일정 공간으로 제한하여 계획할 필요가 있다. • 그리고 **바깥놀이**처럼 공간이 분리되는 경우엔 **반드시 다른 성인의 도움**을 받을 수 있도록 조치하여 유아들이 방치되는 일이 없도록 하여야 한다. 기 '활동 내용 : 우리 동네를 돌아본 것에 대해 이야기 나누기, 유의점 : 4, 5세가 이야기 나누는 동안 3세에게는 언어영역에서 그림책 보기와 낱말 그림 카드 맞추기 활동을 하도록 하고, 주의 깊게 살펴본다.'의 활동에서 윤 교사가 3세 유아를 위해 고려한 점 2가지를 혼합연령학급 교육 활동 운영 전략에 근거하여 쓰시오. ① 3세 유아들에게 도움을 크게 필요로 하지 않는 정적인 활동을 3개 활동 이하로 제한하여, '그림책 보기', '카드 맞추기' 활동을 하도록 하였다. ② 3세 유아들을 교사의 시야 범위 내 특정 공간인 언어영역 안에서 활동할 수 있도록 환경을 통제하고 주의 깊게 살펴보았다.[16]

3 흥미영역활동 운영을 위한 전략(3~6 : 교육 활동 운영전략)

- 혼합연령(복식)학급에서의 흥미영역별 활동운영 역시 혼합연령집단의 특성을 고려하여 각각의 연령을 위한 활동과 연령 간 연계를 위한 활동을 균형 있게 제공해 주어야 하며, 교육적 실행을 높이기 위한 수업준비를 위해 교사가 갖게 되는 부담을 가능한 줄일 수 있는 방향으로 노력할 필요가 있다.
- 이를 위한 전략을 살펴보면 다음과 같다.

흥미영역활동 운영을 위한 전략

난이도 수준 조절 전략

- **동일 활동 내에서 난이도 수준 조절을 위한 전략**
- 혼합연령(복식)학급에서 흥미영역활동 제공 시 동일한 활동이지만 활동자료나 방법에서 약간의 변화를 주어 활동의 난이도 수준을 조절할 수 있도록 한다면 연령별로 일일이 활동을 제공하지 않더라도 다 연령대의 유아들이 적절한 난이도 수준에서 활동할 수 있고, 교사의 수업준비를 위한 부담도 줄일 수 있을 것이다.
- 이에 동일 활동 자료에서 일부 자료는 모든 연령이 공유하고 일부 자료는 개별 연령의 수준에 맞추어 난이도 수위를 조절할 수 있도록 한다거나, 활동방법 상에서 수준 차이를 고려한 전략을 사용할 수 있다.
- 또한 발달이 지체된 유아가 있을 경우 개별적인 특성을 좀 더 감안하여 난이도 수준을 조절하는 것이 필요하다.
- 흥미영역 활동 중 동일 활동 내에서의 난이도수준 조절전략

난이도수준 조절전략	조절내용	활동의 예
활동자료를 통한 조절	• 주사위, 카드크기와 수	• 이불을 덮어주어요. ★
활동방법을 통한 조절	• 출발에서 도착점까지의 길이	• 곤충들의 줄서기 ★

★ : 지도서에 수록된 활동, 이하 동일.

기 '활동명 : 로지의 산책(판게임), 유의점 : 3세에게는 카드 12장과 색깔 주사위, 4세에게는 카드 20장과 색깔 주사위, 5세에게는 카드 30장과 색깔 주사위, 숫자 주사위를 제공한다.'의 활동에서 3, 4, 5세 유아에게 동일한 내용의 활동을 제시하기 위해 윤 교사가 사용한 전략을 쓰시오. **동일 활동 내에서의 난이도수준 조절전략(활동자료를 통한 조절)**[16]

연령 간 연계를 위한 전략

- **동일 활동에서 연령 간 연계를 위한 전략**
- 혼합연령(복식)학급에서 흥미영역활동을 통해 연령 간 연계를 꾀하기 위한 전략은 어린 연령 유아와 큰 연령 유아들이 짝을 지어 활동한다던가, 특정 연령의 활동 경험을 공유하거나 전달하고, 수준에 따른 분업 및 협력을 생각해 볼 수 있다.

- 흥미영역 활동 중 동일 활동 내에서 연령 간 연계를 위한 전략

연령 간 연계전략	연계내용	활동의 예
짝지어 활동하기	• 큰 연령 유아와 어린 연령 유아가 짝이 되어 각각의 수준에서 적합한 활동하기	• 형님! 밤 따러 가요 ★ • 가을이 되면 ★

공유하기	• 특정 연령 유아중심의 활동 후 참여하지 않은 연령 유아와 공유하기	• 목욕탕 만들기 ★
		  (구성 후 놀이 활용 시)
		• 지점토로 음식 만들기 ★
		  (역할영역 소품으로 활용)

전달하기	• 큰 연령 유아 중심의 활동 후 어린 연령에게 전달하기	• 손을 깨끗이 씻어요. ★ • 건강해지는 식품점 ★
분업하기	• 연령별 수준에 맞는 역할을 맡아 분업하기	• 아름다운 옷가게 ★ • 봄소식을 전해요. ★
협력하기	• 연령별 수준에 맞는 역할을 맡아 협력하기	• 부채 만들기 ★

4 대·소집단 구성 및 활동 운영을 위한 전략

- 혼합연령(복식)학급에서 대·소집단 활동은 활동의 내용 및 수준에 따라 대집단, 개별 연령별 소집단, 만 3, 4세 또는 만 4, 5세 연령 조합의 소집단으로 구성할 수 있으며 특정 연령을 위한 연령별 활동 또는 연령 간 연계를 위한 활동형태로 운영할 수 있다.
- 대·소집단 활동 구성과 운영전략은 다음과 같다.

대·소집단 구성 및 활동 운영을 위한 전략

대집단 활동

- 대집단 활동은 만 3, 4, 5세 유아가 모두 함께 참여하는 활동인 만큼 학급을 구성하고 있는 모든 유아들이 공유해야 하거나 상호협의 및 협력, 분업, 큰 연령 유아의 주도적 역할이 필요한 내용을 다룰 경우 이 같은 구성으로 할 수 있다.
- 이때 연령별 발문수준이나 활동방법에서 차이를 두어 운영하여야 하며, 활동에 따라 적절한 전략을 활용하여 연령 간 연계를 갖도록 한다.
- 대집단 활동

구분	활동의 예
공유하기	• 이야기 나누기 : 미술영역에서 사용하는 물건들을 아껴 써요 ★ • 이야기 나누기 : 안전한 바깥놀이 ★
협의하기	• 이야기 나누기 : 형님먼저, 아우먼저 ★
협력하기	• 게임 : 메뚜기 뜀뛰기 ★
주도하기*	• 바깥놀이 활동 : 바꿔 바꿔 ★
분업하기*	• 바깥놀이 활동 : 모종 심기 ★

* : 전체 유아가 동시에 참여하나, 만 3, 4, 5세 모둠단위로 진행되는 활동임

단일 연령별 소집단 활동

- 단일연령별 소집단 활동은 특정 개별 연령에서 특별히 필요한 내용을 다루거나 특정 연령수준에 적합한 내용을 다루게 될 경우 만 3세를 위한 소집단 활동, 만 4세를 위한 소집단 활동, 만 5세를 위한 소집단 활동과 같이 각 연령별로 계획하여 운영할 수 있다.
- 연령별 소집단 활동

구분	활동의 예
3세	• 이야기 나누기 : 옷을 바르게 입고 벗기
4세	• 이야기 나누기 : 우리 반에서 누가 형님이고 누가 동생일까?
5세	• 이야기 나누기 : 동생들아! 내가 도와줄게 ★

연령 조합의 소집단 활동	• 연령 간 조합의 소집단 활동은 일차적으로 활동의 내용 수준에 기초하여 만 3, 4세 또는 만 4, 5세의 2집단 유형으로 운영할 수 있다. • 특정 연령대의 구성원 수가 단일연령으로 소집단 활동을 운영하기 어려울 경우에도 연령 간 조합으로 소집단 활동을 계획하여 운영할 수 있다. • 연령 조합의 소집단 활동 | 구분	활동의 예
3세와 4세 조합	• 이야기 나누기 : 울지 않고 말해요 ★ • 동시 : 똥개 아기 ★
4세와 5세 조합	• 신체 : 낙엽이 춤춰요 ★ • 요리 : 조롱이 떡볶이 ★ | • 또한 연령 조합의 소집단 활동에서도 발문이나 활동방법에서 연령에 따라 수준의 차이를 둘 필요가 있으며, 흥미영역 활동에서 연령 간 연계를 도모한 것처럼 짝지어 활동하기, 공유하기, 분업하기, 시범보이기, 주도하기 등의 전략을 통해 연령이 다른 유아들의 연계를 꾀하도록 한다. • 연령 조합 소집단 활동에서의 연령 간 연계를 위한 전략 | 연령 간 연계전략	활동의 예
짝지어 활동하기	음악 : 나의 몸은 악기 ★
공유하기	요리 : 새콤달콤 사과 차 ★
분업하기	신체 : 눈 조각가와 조각상 ★
시범보이기	신체 : 탄력밴드 체조 ★
주도하기	게임 : 다람쥐와 도토리 ★	

5 소집단 활동을 위한 시간안배 및 활동에 참여하지 않는 유아들의 관리

소집단 시간안배 및 미참여 유아 관리

- 혼합연령(복식)학급에서 단일연령별 또는 연령 조합의 소집단 활동 시 활동에 참여하지 않는 연령 집단이 발생하게 됨에 따라 이에 대한 관리가 반드시 필요하다.
- 따라서 연령별 특성에 기초하여 소집단 활동시간을 계획하고 활동에 참여하지 않는 유아들을 위한 관리를 어떻게 할 것인지에 대한 세심한 사전 계획이 요구된다.
- 특히 혼합연령(복식)학급에서는 단일연령학급과 달리 소집단의 유형이 다양한 만큼 소집단 활동시간 외에도 자유선택활동시간, 낮잠시간, 바깥놀이시간도 활용할 수 있다.
- 모든 시간대에 다양한 소집단 구성이 가능하지만 만 3세는 자유선택활동 시간, 만 4, 5세는 낮잠시간, 만 5세는 바깥놀이시간을 좀 더 활용하는 것이 용이할 것이다.
- 예를 들면 낮잠을 반드시 자야 하는 만 3세의 경우 자유선택활동 시간 중에 소집단 활동시간을 할애한다거나, 만 3세가 낮잠을 자는 시간을 이용하여 낮잠을 길게 자지 않는 만 4, 5세 유아들의 소집단 활동시간을 안배할 수 있다.
- 그리고 소집단 활동에 참여하지 않는 유아들은 교사가 수업을 진행하고 있어 자유롭지 못한 만큼 **교사의 도움을 크게 필요로 하지 않는 정적인 활동**(예 퍼즐 맞추기, 구슬 끼우기, 끈 끼우기, 책보기 등)을 **3개 활동 이하로 제한**한다.
- 또한, **교사의 시야 범위 내 특정 공간 안에서 활동**할 수 있도록 환경적으로 통제할 필요가 있다.
- 나아가 유아들이 **흥미를 갖고 몰입할 수 있는 자료로 선정**하여 제공하고 **갈등이 발생하지 않도록 자료의 양도 충분히 제공**해 줄 필요가 있다.
- **2연령**이 남게 되면 그중 **큰 연령이 어린 연령을 관리**할 수 있도록 역할을 주어 도움을 받을 수 있다.
- [기] '활동 내용 : 우리 동네를 돌아본 것에 대해 이야기 나누기, 유의점 : 4, 5세가 이야기 나누는 동안 3세에게는 언어영역에서 그림책 보기와 낱말 그림 카드 맞추기 활동을 하도록 하고, 주의 깊게 살펴본다.'의 활동에서 윤 교사가 3세 유아를 위해 고려한 점 2가지를 혼합연령학급 교육활동 운영 전략에 근거하여 쓰시오. ① 3세 유아들에게 도움을 크게 필요로 하지 않는 정적인 활동을 3개 활동 이하로 제한하여, '그림책 보기', '카드 맞추기' 활동을 하도록 하였다. ② 3세 유아들을 교사의 시야 범위 내 특정 공간인 언어영역 안에서 활동할 수 있도록 환경을 통제하고 주의 깊게 살펴보았다.[16]

소집단 활동을 위한 시간 구성과 연령 구성, 유아 관리 및 유의사항		
소집단 활동 시간 구성	소집단 활동을 위한 연령 구성	활동에 참여하지 않는 유아들의 관리 및 유의사항
자유선택 활동시간	• 단일연령별 소집단 (3세/4세/5세) • 연령 조합 소집단 (3, 4세/4, 5세)	• 소집단 활동에 참여하지 않는 유아들의 경우 교사의 도움을 필요로 하지 않으면서 흥미롭게 참여할 수 있는 활동을 제공한다. • 소집단 활동에 참여하지 않는 유아들의 경우 자유선택활동 중 일시적으로 조용한 놀이중심의 2-3개 영역을 제한함으로써 활동 공간이 너무 분산되지 않도록 하고 교사의 시야 범위 내에 있는 지정된 공간에서만 활동하도록 한다. • 대부분 낮잠을 자는 3세의 경우는 특히 자유선택활동 시간 중에 소집단 활동을 운영하도록 한다.
소집단 활동시간	• 단일연령별 소집단 (3세/4세/5세) • 연령 조합 소집단 (3, 4세/4, 5세)	• 소집단 활동에 참여하지 않는 유아들은 2-3개 정도의 조용한 활동을 하도록 한다. • 이때 사용하는 조용한 활동 자료는 자유선택활동시간에 제공된 것을 그대로 사용하기보다 이 시간을 위한 것으로 별도로 마련해 두고 특별히 사용하면 소집단 활동에 참여하지 않는 유아들이 기대를 갖고 흥미롭게 참여할 수 있다.
낮잠시간	• 단일연령별 소집단 (4세/5세) • 연령 조합 소집단 (4, 5세)	• 소집단 활동시간과 동일한 내용의 유아관리 및 유의사항을 고려한다. • 낮잠시간을 활용한 소집단 활동 운영은 3세의 낮잠을 방해하지 않도록 게임과 같은 동적인 활동보다는 이야기 나누기, 미술활동과 같은 정적인 활동중심으로 운영하도록 한다.
바깥놀이 시간	• 단일연령별 소집단 (3세/4세/5세) • 연령 조합 소집단 (3, 4세/4, 5세)	• 바깥놀이시간을 활용한 소집단 활동은 주교사와 활동에 참여하지 않는 유아들이 공간적으로 분리되므로 반드시 바깥놀이 활동을 지도 또는 관리해 줄 수 있는 다른 성인의 도움이 가능한 경우에만 운영하도록 한다. • 바깥놀이시간대를 활용한 소집단 활동은 대근육적이고 동적인 활동에 대한 요구가 큰 어린 연령보다는 주로 5세를 대상으로 운영하도록 한다.

6 혼합연령(복식) 학급을 위한 주간교육계획 및 일일교육계획

- 혼합연령(복식)학급을 위한 주간교육계획과 일일교육계획안은 '유치원과 친구'라는 생활주제 중 '함께 만드는 유치원'을 주제로 하여 '우리 반 친구들'이라는 소주제를 선정하여 각각의 예를 제시하고자 한다.

1) 주간교육계획안 예시

- 혼합연령(복식)학급을 위한 주간교육계획안의 예를 보면 연령별 목표가 각각 설정되어 있고 연령이 높아짐에 따라 유사한 목표 내용이 좀 더 심화되어지는 것을 볼 수 있다.
- 또한 자유선택활동 및 대·소집단 활동은 활동의 주 연령을 각각 표시해 둠으로써 특정 연령대에 쏠리거나 소외되는 연령집단이 발생하지 않도록 연령 간 균형을 검토하기에 용이하도록 하였다.

- 주간교육계획안(유치원에서 만난 친구)

반 이름		○○반		시기		20○○년 3월 3주
생활주제		유치원과 친구		주제		우리 반 친구들
목표	3세	• 우리 반 친구에게 관심을 갖는다. • 친구와 사이좋게 지낼 수 있다. • 우리 반에는 여러 연령의 친구가 모여 있음을 안다.				
	4세	• 친구에게 관심을 갖는다. • 좋은 친구가 되기 위해 노력하며 사이좋게 지낼 수 있다. • 우리 반에는 여러 연령의 친구가 모여 있음을 알고 관계를 안다.				
	5세	• 친구에게 관심을 갖고 친구의 의미를 안다. • 좋은 친구가 될 수 있는 태도를 알고 노력한다. • 우리 반에는 여러 연령의 친구가 모여 있음을 알고 동생들에게 도움을 줄 수 있다.				
날짜/요일		15(월)	16(화)	17(수)	18(목)	19(금)
소주제 활동	3세 4세 5세	친구 알아보기	친구끼리 도움 주고받기		친구 간의 예의 지키기	내 마음, 친구 마음 알기
자유선택활동	쌓기놀이 영역	동생 키만큼, 형님 키만큼(4, 5)			내 키만큼 쌓아보기(3)	
	역할놀이 영역		익살꾸러기 친구 얼굴 찍기(4, 5)		형님들을 초대해요(3, 4)	
	언어 영역	친구 이름 따라서 써보기(3, 4)		형님 책 동생 책(4, 5)		
	수·조작 영역		동생과 형님 찾아보기(4)		친구 메모리 게임(5)	친구 빙고놀이 (3, 4, 5)
	과학 영역	나는 누구일까?(4, 5)			친구 얼굴 거울 수수께끼(3, 4)	

	미술 영역	물감으로 친구 얼굴 그려보기 (3, 4, 5)		형님일까요? 동생일까요? ★ (3, 4, 5)		점토로 친구 얼굴 꾸미기(3)
	음률 영역			악기연주해 보기(3, 4, 5)		
대 · 소 집 단 활 동	이야기 나누기	우리 반 친구들 (3, 4, 5)	사이좋게 지내요(4, 5)	동생들아! 내가 도와줄게 ★ (5)	어떻게 하면 좋을까? ★ (4, 5)	형님에게 배워요 (3, 4)
	동화 · 동시 · 동극	동시) 친구가 없다면 ★ (3, 4)	동화) 잘 듣고 말해요(3, 4)			동화) 고마워 미안해(3, 4, 5)
	음악		용서하는 아이 (3, 4, 5)		꾹 참았네 (4, 5)	
	신체			제자리에서 움직여요 ★ (3, 4)		친구 따라서 움직이기 (3, 4, 5)
	게임	꼬리잡기 (4, 5)			곰 발바닥으로 걷기(3, 4, 5)	
	요리					
	미술	친구 이름으로 꾸미기(4, 5)	동그란 색종이로 친구 얼굴 꾸미기(3, 4)		얼굴 액자 만들기(5)	여러 가지 색종이로 꾸미기(3, 4, 5)
	현장체험					
바깥놀이 활동		조심조심 함께 걸어요(3, 4, 5)			달팽이 집 놀이(4, 5)	

2) 일일교육계획안 예시

- 혼합연령(복식)학급을 위한 일일교육계획안의 예를 보면 일일교육에서의 목표 역시 연령별로 제시되어 있고, 활동시간마다 해당 연령이 표시되어 있으며 자유선택활동에서는 활동의 주 연령이 아닌 유아들에 대한 유의사항을, 특정 연령을 대상으로 하는 소집단 활동에서는 활동에 참여하지 않는 유아들에 대한 계획을 명시하였다.
- 일일교육계획안

반 이름		○○반	시기	20○○년 3월 17일 수요일	수업일수	○/○○○일
생활주제		유치원과 친구	주제	우리 반 친구들	소주제	친구끼리 도움 주고받기
목표	3세	• 우리 반 구성원에 관심을 갖는다. • 형님들에게 도움을 요청할 수 있다.				
	4세	• 우리 교실에는 연령이 다른 친구들이 있음을 안다. • 친구 사이에 지켜야 하는 예의가 있음을 안다.				
	5세	• 우리 교실에는 연령이 다른 친구들이 있음을 알고 동생들에게 도움을 줄 수 있는 상황을 안다. • 친구 사이에 지켜야 하는 예의가 있음을 안다.				
일과시간표		09:00 ~ 09:10 등원 및 놀이계획 09:10 ~ 10:00 자유선택활동 10:00 ~ 10:20 정리 및 놀이 평가 10:20 ~ 10:40 오전 간식 10:40 ~ 11:10 이야기 나누기 11:10 ~ 12:00 바깥놀이 활동 12:00 ~ 12:20 미술활동 12:20 ~ 13:10 점심 및 조용한 놀이 13:10 ~ 13:50 낮잠 13:50 ~ 14:00 평가 및 귀가				

활동시간	연령	활동목표	활동내용	자료 및 유의점
9:00~9:10 등원 및 놀이계획		• 바르게 인사한다.	• 선생님, 친구들과 인사를 나눈다. • 소지품을 정리한다. • 놀이를 계획하고 놀이에 참여한다.	• 유아들의 기분과 건강상태를 살핀다.
9:10~10:00 자유선택 활동	4·5세	• 블록을 이용하여 친구 키만큼 쌓을 수 있다.	【쌓기놀이 영역】 동생 키만큼, 형님 키만큼 • 동생이나 형님 키만큼 블록을 쌓을 수 있는 여러 가지 방법을 이야기해본다. • 다양한 블록을 이용하여 쌓아본다. • 누워서 옆에 블록을 놓아 본다. • 블록의 높이나 길이를 비교해본다.	• 여러 가지 블록 ▶3세의 경우 ▶형님들의 도움을 받아 함께 쌓기 활동에 참여할 수 있도록 격려한다.

	5세	• 재미있는 친구들의 얼굴 모습을 찍을 수 있다.	【역할놀이 영역】 익살꾸러기 친구 얼굴 찍어보기 • 재미있는 얼굴 표정을 알아본다. • 익살스러운 얼굴 표정으로 사진을 찍어본다. • 친구들과 함께 찍은 사진을 감상하며, 전시해 본다.	• 사진기 • 익살스러운 얼굴 표정으로 사진을 찍을 수 있도록 격려한다. ▶ 3, 4세의 경우 ▶ 5세 유아들이 촬영하여 전시한 작품을 함께 감상하고 이야기 나눈다.
	4·5세	• 우리 반 구성원에 관심을 갖는다.	【언어 영역】 동생 책, 형님 책 만들기 • 우리 반 친구들의 얼굴 사진을 보고 이야기 나눈다. • 준비된 종이에 친구들 얼굴을 오려 붙이고 몸을 그려본다. • 모아진 종이를 모아 동생 책, 형님 책을 만들어 본다.	• 친구 얼굴 사진 • 얼굴을 붙이고 꾸밀 수 있는 종이 ▶ 3세의 경우 ▶ 완성된 책을 보면서 형님들과 책 내용에 대해 이야기 나눈다.
	3·4·5세	• 다양한 악기와 악기 소리를 탐색한다. • 악기를 연주하며 노래를 불러본다.	【음률 영역】 악기연주해 보기 • 어떤 악기가 있는지 알아본다. • 어떤 소리가 나는지 들어본다. • 다른 악기 소리와 비교해 본다. • 교실에서 배운 노래를 부르며 다양한 악기를 연주해 본다.	• 여러 가지 악기 • 다른 영역에서 활동하는 유아들에게 방해가 되지 않도록 주의한다.
	4·5세	• 다양한 재질의 미술 재료와 도구를 탐색할 수 있다. • 자신의 생각과 느낌을 표현할 수 있다. • 미술활동에 즐겁게 참여한다.	【미술 영역】 누구일까요? • 친구들 얼굴을 보고 이야기 나눈다. • 얼굴을 오린다. • 준비된 모양에 얼굴을 붙인다. • 얼굴모양 틀을 꾸미고 줄을 연결한다. • 4세의 경우 익살스러운 친구들 얼굴을 오려서 여러 가지 모양에 붙이고 꾸민다. • 5세의 경우 익살스러운 친구들 얼굴을 보고 그려서 모양을 꾸민다. • 협동하여 모빌을 제작한다. • 협의하여 모빌을 매단다.	• 익살스러운 유아들의 얼굴 모습 사진, 얼굴을 오려 붙일 여러 가지 모양 그림 자료(별, 하트, 집 등), 낚싯줄 ▶ 3세의 경우 ▶ 사진 속의 얼굴 표정을 보고 함께 이야기 나눌 수 있으며, 모양 오리기 활동을 함께 해 본다.
10:00~10:20 정리정돈 · 놀이평가 및 화장실 다녀오기			• 정리 시간을 미리 알려준다. • 정리 음악에 맞추어 놀잇감을 정리한다. • 자유선택활동을 평가한다. – 어떤 영역을 계획했었니? – 어떤 영역에서 놀았니? – 어떤 놀잇감을 가지고 놀았니? – 누구와 함께 놀았니? – 어떤 활동이 재미있었니?	• 놀이계획표 및 놀이평가표

시간	대상	목표	활동내용	자료 및 유의점
10:20~ 10:40 간식		• 바른 태도로 간식을 먹는다. • 간식을 먹은 후 스스로 정리한다.	• 손을 씻고 간식 먹을 준비를 한다. • 간식을 먹은 후 먹은 자리를 정리 정돈한다.	• 우유 1팩 • 쿠키 2개
10:40~ 11:00 이야기 나누기	5세	• 동생들이 도움을 필요로 하는 상황을 안다. • 상황에 따라 적절한 도움을 줄 수 있다.	〈동생들아 내가 도와줄게〉 • 반 친구들의 나이를 알아본다. • 교실에서 나보다 어린 동생을 찾아본다. • 형님들이 동생들을 도울 수 있는 것들에 대해 이야기 나눈다. - (자료를 보면서) 어떤 일이 생긴 것 같니? - 동생은 어떻게 도울 수 있을까? - 도움을 받은 동생은 어떤 마음을 갖게 될까? - 또 어떤 것을 동생들을 위해 도울 수 있을까? • 도움을 주는 방법에 대해 이야기 나눈다. - 동생들이 스스로 하고 싶어 할 때는 어떻게 해야 할까?	• 플래시 이야기 나누기 자료 ▶ 5세 소집단 활동 중 3, 4세 활동 - 조작 영역 ▶ 퍼즐 맞추기 ▶ 구슬 꿰기
11:00~ 12:00 바깥놀이	3· 4· 5세	• 정해진 약속과 규칙을 지키며 놀이한다.	〈조심조심 함께 걸어요〉 • 줄을 따라서 걸어본다. • 손을 잡고 함께 걸어본다. • 걷다가 달려본다. • 줄에 서서 뛰어본다.	• 바닥에 줄을 그어준다. • 우천시 : 유희실에서 활동 진행
12:00~ 12:20 미술활동	3· 4세	• 자신의 생각을 창의적으로 표현할 수 있다. • 도움을 요청하여 도움을 받을 수 있다.	〈동그란 색종이로 친구 얼굴 꾸미기〉 • 동그란 색종이를 알아본다. • 친구들 모습을 어떻게 꾸밀 수 있는지 이야기 나눈다. • 친구 얼굴을 꾸며본다. • 작업을 마친 후 미술 도구를 정리하고 자리를 정리한다. • 친구들의 작품을 감상한다. • 친구들의 작품을 전시한다.	• 동그란 색종이 • 3, 4세 소집단 활동 중 5세 활동 - 미술영역 ▶ 종이접기 ▶ 종이접기 도와주기 : 종이접기를 힘들어하는 3, 4세 유아 돕기
12:20~ 13:10 점심/ 조용한 놀이		• 손을 깨끗이 씻는다. • 바르게 앉아서 점심을 먹는다.	• 점심 식단을 알아본다. • 손을 씻고 점심 먹을 준비를 한다. • 점심을 먹은 후 식판과 자리 주변을 깨끗이 정리한다. • 양치질을 한다. • 조용한 놀이를 한다.	• 잡곡밥, 미역국, 멸치, 김치, 콩나물, 딸기 • 점심을 일찍 먹은 유아들은 주변을 정리하고 양치질을 한 후 조용한 놀이를 한다.

시간	목표	활동내용	비고
13:10~ 13:50 낮잠 및 휴식	• 휴식의 필요성을 알고 낮잠을 잘 수 있다.	• 잠잘 준비를 한다. • 조용히 휴식을 취한다. • 낮잠을 잘 수 있다.	• 3세의 경우 낮잠을 잘 수 있도록 격려한다. ▶ 3세 낮잠 중 4, 5세 활동 – 휴식활동 ▶ 누웠다 일어나기 ▶ 책보기 ▶ 끈 끼우기 ▶ 작은 블록(레고) 구성놀이
13:50~ 14:00 평가 및 귀가지도	• 하루 일과를 회상할 수 있다.	• 하루 일과를 회상한다. – 어떤 활동들을 했었니? – 어떤 활동이 재미있었니? • 귀가 시 지켜야 할 안전 규칙에 대해 이야기 나눈다. • 인사 후 귀가한다.	
총평	• 오늘 등원시간에 OO가 울지 않고 5세 △△와 함께 처음으로 놀이에 참여하였다. △△에게 OO가 등원하면 관심 있게 맞이하여 함께 놀아주도록 도움을 청하여 OO의 적응에 도움을 주어야겠다. • 5세 소집단 활동 중 3, 4세 유아들이 퍼즐 맞추기와 구슬 꿰기 활동을 하면서 잘 기다려 주었다. 5세 활동 직전에 3, 4세에게 어떤 시간이고 어떻게 기다려 주어야 하는지 충분히 설명한 것이 도움이 되었다. • 낮잠시간에 OO가 땀을 많이 흘리며 자서 여러 번 닦아 주었다. 아이들이 잠이든 후에도 지켜보면서 도움을 주어야겠다. • 5세는 3, 4세를 도와줄 수 있도록 격려하고 3, 4세는 필요한 경우 5세에게 도움을 청하고 도움을 받을 수 있음을 알려주어야겠다. 하지만 도움행동이 상황에 따라 동생들에게 방해될 수도 있다는 것도 유의할 수 있도록 알려주어야겠다.		

7 환경구성

- 혼합연령(복식)학급의 효율적인 운영을 위해서는 환경구성이 무엇보다 중요하다.
- 혼합연령(복식) 학급을 위한 환경구성의 기본 원리는 단일연령 학급과 크게 다르지 않으나, 연령차가 있는 유아들이 함께 사용하는 공간인 만큼, 각 연령의 발달적 특성과 연령별 독립성, 연령 간 연계성을 고려하여 환경을 구성할 필요가 있다.

환경구성 시 유의사항	• **혼합연령 학급 환경구성 시 기본 가구는 비율이 가장 높은 연령으로 하되 연령에 따른 신체적 크기를 배려한다.** – 혼합연령(복식)학급 환경구성 시 **교구장, 책상, 의자 등 기본 가구는** 연령 비율을 고려하여 **비율이 높은 연령대를 기준으로 하여 배치**해주고, **어린 연령 유아들을 위한 자료는 교구장 낮은 칸**을 이용하여 배치해 주는 등 가능한 세심히 배려해 주도록 한다. – 그러나 **의자의 경우** 연령별로 배려해주기 위해 높이가 다양한 의자를 한 교실에 두게 되면 서로 다른 높낮이로 인해 안정되지 않고 오히려 위험할 수 있으므로 **동일한 규격을 사용하는 것이 더 바람직**하다. • **실내영역 중 휴식영역을 포함하여 구성한다.** – 혼합연령(복식)학급 환경구성 시 다 연령 유아들이 함께 생활하면서 갖게 되는 긴장감을 해소할 수 있도록 집단으로부터 혼자 있고 싶을 때 쉴 수 있는 편안하고 안락한 휴식 공간을 반드시 마련해 준다. • **개별연령을 위한 활동자료와 다 연령 공동 자료를 균형 있게 제공한다.** – 혼합연령(복식)학급의 흥미영역별 환경구성은 기본적으로 다 연령 유아들이 공동으로 사용할 수 있는 활동자료와 함께 **어린 연령 유아들을 위해서는 대근육 및 감각적 활동자료의 비중을, 큰 연령의 유아를 위해서는 탐구적이고 정교한 자료에 비중**을 두어 연령 간 차별화된 활동자료도 함께 제공해주어야 한다. – 또한 장애유아가 있는 경우에는 신체적, 정서적 발달특성 및 정도에 맞추어 자료를 제공해 주어야 할 것이다. • **영역별 활동자료 제공 시 교사의 수업준비를 위한 부담을 줄일 수 있도록 한다.** – 혼합연령(복식)학급의 흥미영역별 환경구성 시 다 연령을 동시에 고려해야 하는 교사의 수업준비에 따른 업무 부담을 가능한 줄일 수 있는 노력을 하여야 하며 이를 위해 다각적으로 활동의 난이도를 조절하는 방법과 연령 간 연계방법을 적극 활용하도록 한다.
실내 환경구성	• 혼합연령(복식)학급의 실내 환경구성은 기본적으로 그 학급을 구성하고 있는 다 연령 유아들이 각각의 수준에서 활동을 선택할 수 있도록 영역별로 충분히 제공해 주어야 하며 동시에 다 연령 유아들 간의 상호교류가 활발하게 이루어질 수 있는 활동 자료도 제공해 주어야 한다. • 이를 위해 단일연령을 위한 활동자료와 다양한 연령 조합을 위한 활동자료를 균형 있게 제공해 줄 필요가 있다. 앞에서 언급한 바와 같이 **교사의 업무 부담은 가급적 줄이면서** 유아들을 최대한 배려할 수 있기 위해 다 연령 유아들이 활동자료를 부분적으로 공유한다거나, 주사위와 같이 간단한 활동자료를 달리 제공해줌으로써 활동의 난이도가 조절되어 다 연령 유아들이 함께 사용하는 데 무리가 없도록 할 수 있을 것이다. • 예를 들면, 보드게임 활동자료의 경우 하나의 게임판에 난이도 수준이 다른 2-3개의 주사위를 제공한다던가, 빙고카드게임의 경우 카드를 모으는 빙고판은 공유하면서 카드의 크기와 수를 조절하거나 카드에 담긴 내용에서 난이도를 조절할 수도 있으며, 활동 방법에서 난이도 수준을 다르게 할 수 있을 것이다. 또한 어린 연령의 유아와 큰 연령의 유아가 짝이 되어 함께 활동하되 참여활동 내용에서 수준의 차이를 줄 수 있다.

실외 환경구성	• 혼합연령(복식)학급을 위한 실외 환경구성에서 가장 염두에 두어야 할 점은 다 연령 유아들의 서로 다른 신체크기와 신체조절 능력에서의 차이이다. 이에 자전거의 경우라면 세발자전거와 보조바퀴가 있는 두발자전거를 함께 제공해주어 유아들이 자신의 신체 크기나 조절능력에 따라 적당한 자전거를 선택하여 놀이할 수 있도록 한다. • 하지만 복합놀이기구와 같은 고정놀이기구의 경우는 한 기관에서 높이와 크기가 다른 것으로 각각 제공하기에는 공간 확보 등의 어려움으로 여의치 않은 실정이다. • 그러나 특정 연령에 적합한 규격의 고정기구를 설치하면 당연히 어떤 연령에서는 안전문제가 발생하게 되거나, 도전의 즐거움이 감소하면서 흥미를 잃게 되는 문제가 발생할 수밖에 없다. • 그러므로 **이동식 기구를 보조적으로 활용**하여 고정놀이기구 사용이 적합하지 않은 연령을 위하여 보다 안전한 또는 보다 모험적인 놀이를 할 수 있도록 **대체 활동**을 마련해 주어야 한다. • 또한 **물·모래놀이**처럼 어린 연령의 유아와 큰 연령의 유아들이 **함께 활동하는 데 무리가 없는 공용영역**을 반드시 제공해주고, 구성놀이영역을 마련하여 연령 간 수준차를 고려한 활동자료를 제공해 주면 좋다. • 또한 실내 환경구성에서와 마찬가지로 물·모래놀이, 실외 극놀이, 구성놀이 등에서는 연령 간 연계 및 교류가 활발하게 일어나 다양한 사회적 관계를 맺고, 연령 간 협력놀이가 일어날 수 있도록 환경을 구성하고 활동자료를 제공해 주도록 한다.

8 일과운영 및 지도

• 혼합연령(복식)학급의 교사는 유아가 등원하여 귀가하기까지 하루 일과를 진행하는 동안 연령 차이에서 오는 유아들의 발달수준, 능력, 흥미, 주의집중 시간 등에서의 차이를 항상 세심하게 배려해 주어야 한다.
• 혼합연령(복식)학급에서의 하루일과 운영 시 각각의 시간대에 따라 특별히 고려해야 할 사항 및 교사의 역할을 살펴보면 다음과 같다.

등원	• 혼합연령(복식)학급에서 등원시간은 유사형제와 같은 다 연령 유아 간, 친구로서 동일 연령 유아들 간에 서로서로 맞이하고 환영하는 분위기를 조성하여 가족과 같은 따뜻한 느낌으로 즐겁게 하루를 시작하도록 격려한다.
놀이계획 및 평가	① 혼합연령(복식)학급에서 놀이계획은 하나의 획일적인 방법에서 벗어나 연령별 수준의 차이를 고려하여 계획방법에서도 차이를 두어야 한다. ② 우선 만 3세의 경우, 학년 초에는 교사와 함께 직접 흥미영역에 제공된 활동자료를 교사와 함께 살펴보면서 처음 시작할 놀이를 결정하는 수준에서 구두로 계획을 하다가 학급의 환경과 놀이방법이 익숙해지면 직접 영역의 자료를 살피지 않더라도 하고자 하는 놀이를 선택하는 정도의 구두 계획이 가능해질 것이다. 그리고 2학기에는 간단한 상징적 그림으로 교실 영역을 표시한 놀이계획용지를 사용하여 계획할 수 있다. ③ 다음 만 4, 5세의 경우에는 놀이계획 용지를 활용하여 놀이계획을 하되 개별 유아의 놀이계획 수준에 따라 어떤 영역에서 어떤 놀이를 할 것인지, 누구와 놀이할 것인지 등 놀이계획을 점차 구체화 할 수 있도록 지도한다. ④ 한편 놀이계획은 반드시 놀이평가가 수반되어야 하므로 교사는 놀이평가 시 유아가 계획한 놀이가 무엇인지 다시 살펴보도록 한 후 계획한 대로 놀이를 했는지, 계획한 대로 놀이를 못 하였다면 그 이유가 무엇인지 유아가 자신의 계획과 놀이한 것을 연계하여 생각해 볼 수 있도록 하고, 놀이평가 결과에 따라 다음날 계획에 반영할 수 있는 부분은 반드시 반영하도록 상호작용함으로써 놀이 계획에 대한 이해를 돕고 놀이계획의 수준이 점진적으로 발전할 수 있도록 지도해야 한다.

	⑤ 놀이계획과 평가 시 교사와의 상호작용 없이 유아들이 정해진 자료로 어떤 놀이를 할 것인지, 그리고 놀이를 하였는지의 여부만 표시하게 하고, 교사는 유아들이 표시해둔 대로 일주일 단위의 통계를 내는 것에 그친다면 교사는 유아들의 경향만 파악하는 데 그치고, 유아는 피드백 없이 의미 없는 평가를 반복하게 되는 것이다. ⑥ 물론 놀이계획과 평가를 개별적으로 지도하기 위해서는 무엇보다 시간이 많이 소요되므로 매일 모든 학급의 유아를 대상으로 지도하기에는 현실적으로 어려움이 많다. 이에 유아들은 매일 놀이를 계획하는 가운데 하루에 5명 내외로 그룹을 지어 일주일에 한 번이라도 규칙적으로 놀이계획과 평가를 교사와 함께함으로써 진정한 계획과 평가가 순환적으로 연결되도록 하고 그 결과 유아들의 놀이수준의 향상도 꾀할 수 있도록 해야 할 것이다. ⑦ 한편 혼합연령(복식)학급의 경우, 어린 연령의 유아들의 경우 놀이계획과 평가에 대해 이해가 높은 큰 연령의 유아들의 도움을 받을 수 있도록 짝을 지어 주거나 큰 연령의 유아들 중 멘토 활동으로서 '놀이계획 도와주기'를 할 수 있을 것이다.
자유선택 활동	① 혼합연령(복식)학급에서는 자칫 큰 연령 유아들이 인기 있는 활동자료를 독점한다거나, 아니면 무조건 어린 유아들에게 양보할 것을 요구받는 상황이 될 수 있다. 이를 예방하기 위해 활동 자료의 수준에 따라 '형님 먼저', '동생 먼저'와 같은 약속을 통해 특정 연령에게 우선권을 준다거나 '동생은 아침 놀이시간에', '형님은 낮잠시간에', '형님은 오후 놀이시간에'와 같이 놀이 시간대를 협의하고 약속함으로써 큰 연령의 유아들에게 무조건 양보하게 하거나 어린 유아들이 큰 연령 유아들에게 위축되어 놀이 기회를 갖지 못 하는 일이 없도록 유아들과 협의된 놀이 규칙을 마련할 필요가 있겠다. ② 또한 활동자체가 형님과 동생이 짝이 되어 함께 하는 놀이를 제공하여 연령 간 상호 교류를 꾀하거나, 큰 연령의 유아들이 집이나 찻길을 구성한 후 어린 연령의 유아를 초대하거나 공유하도록 격려함으로써 연령 간 교류가 활성화되도록 지도한다. ③ 또한 교사가 1인이다 보니 공간을 달리하여 소집단 활동을 하는 데에는 한계가 있으므로 자유선택활동시간을 이용하여 소집단 활동을 진행할 수도 있다. ④ 예를 들어 만 4, 5세 유아들이 자유선택활동을 하고 있는 가운데 만 3세 유아만을 대상으로 '옷 바르게 입고 벗기'에 대한 이야기 나누기를 한 영역에 모여서 한다거나, 만 3세 유아들이 자유선택활동을 하고 있으면서 만 4, 5세 유아들만을 대상으로 언어영역에서 동화책을 들려주고 확장활동으로 후속 이야기 짓기와 같은 문학 활동을 할 수 있을 것이다. ⑤ 그리고 무엇보다 유념해야 할 것은 연령별 활동이나 연령 조합의 활동을 할 경우 교사와 함께 하는 활동에 참여하지 않는 연령집단의 유아들 관리도 철저히 해야 한다. 따라서 활동에 참여하지 않는 유아들은 교사의 도움이나 지도 없이도 스스로 흥미 있게 활동에 참여하면서 갈등의 소지가 없도록 환경적으로 배려해 줄 필요가 있다. 이를 위해 자유선택활동 중 조용한 놀이 중심으로 활동영역을 일시적으로 제한한다거나, 이 시간에만 할 수 있는 활동자료를 별도로 마련해 두고 운영할 수 있다. ⑥ 그리고 가장 유의할 점은 교사와 함께 하는 소집단 활동에 참여하지 않는 유아들이 반드시 교사의 시야 범위 내에 있도록 하여야 한다는 것이다. ⑦ 그리고 발달이 지체된 유아가 있다면 자유선택활동시간에 이러한 유아들의 참여를 촉진할 수 있는 교사의 지원 전략이 더욱 요구된다.

정리정돈	① 혼합연령(복식)학급에서는 정리하는 능력에 연령별 차이가 있으므로 정리의 복잡성에 따라 주도적인 연령을 정하여 할 수 있다. 즉 역할놀이 영역이나 쌓기놀이 영역과 같이 너무 많이 어질러져 있거나 복잡한 자료를 정리해야 할 경우는 큰 연령 유아들이 주도적으로 하고, 책꽂이에 책 꽂기와 같은 간단한 정리는 어린 연령의 유아들이 맡아서 하는 것이 그 예이다. ② 하지만 쌓기놀이 영역과 같이 정리 작업이 복잡하더라도 어린 유아에게는 한 가지 모양만 모아오도록 하고 큰 연령의 유아들이 교구장 안에 자리를 찾아 넣는 등의 수준별 분업과 상호협력을 통한 정리방법도 운영할 수 있다. ③ 그러나 혼합연령(복식)학급에서 정리시간에 유의할 점이라면 큰 연령 유아들이 어린 연령 유아들에 비해 정리를 더 빨리, 잘 할 수 있어 자칫 어린 연령의 유아들이 정리하지 않고 지나치는 시간이 되지 않도록 지도해야 한다는 것이다. 따라서 어린 연령 유아들도 큰 연령 유아들에게 의존하지 않고 정리시간에 자기 수준에서 열심히 임할 수 있도록 격려하는 것이 필요하다.
간식 및 점심	① 혼합연령(복식)학급에서는 간식 및 점심식사 시간에 큰 연령 유아와 어린 연령 유아가 골고루 있도록 집단을 구성하여 각 집단별로 큰 연령 유아들이 어린 연령 유아들에게 배식 도움을 주거나 바람직한 식사태도, 예절, 식습관의 모델링을 줄 수 있도록 한다. ② 또한 그날 먹게 되는 식단 메뉴에 기초하여 큰 연령 유아들을 대상으로 영양교육을 하고 큰 연령 유아들은 간식을 먹거나 점심식사를 하면서 자연스럽게 먹고 있는 음식의 영양적 기능에 대해 대화함으로써 어린 연령 유아들의 편식 지도 및 영양교육의 효과를 꾀할 수 있도록 한다. ③ 그리고 어린 연령의 유아들이 다루기에 위험하지 않고 무리가 없는 간식이나 후식이 제공되는 경우에는 큰 연령 유아들만 봉사하기보다 어린 연령의 유아들도 큰 연령 유아들을 위해 부분적으로 도우미 활동을 할 수 있는 기회를 제공하도록 하여 서로를 위하는 마음도 갖고, 어리다고 받기만 하거나 연령이 높다고 주기만 하는 분위기에서 벗어나 상황에 따라 서로를 위해 할 수 있는 일이 있음을 알고 서로 돕도록 격려한다. ④ 또한 간식을 먹은 후나 점심 식사를 한 후에는 뒤처리 문제로 교사가 가장 바쁜 시간으로 휴식활동을 운영할 여유가 없으므로 함께 식사한 모둠별로 큰 연령 유아의 주도하에 책을 보거나 읽어주기, 퍼즐 맞추기 등의 활동을 하면서 휴식을 취할 수 있도록 한다.
낮잠 및 휴식	① 낮잠 및 휴식시간에는 만 3, 4세 유아의 경우 1시간 내지 1시간 30분 정도의 낮잠을 자도록 하고 만 5세 유아는 20분 정도 누워서 휴식을 취할 수 있게 배려한다. 이처럼 낮잠 시간은 연령에 따라 그 요구가 다르므로 만 5세 유아가 만 3, 4세 유아의 낮잠을 방해하지 않도록 낮잠 자는 공간과 휴식하는 공간을 분리하거나 교구장 등으로 공간을 구분하여 운영하는 것이 좋다. ② 하지만 낮잠 자는 공간을 분리하여 운영할 경우 유아들이 모두 잠들었다 하여도 잠버릇이 심한 유아를 봐주어야 하고, 땀을 많이 흘리는 아이들은 땀을 닦아 체온이 떨어지지 않도록 돌보아야 하며, 특히 깨어날 때 편안하게 맞아주어 기관에서 낮잠 자는 것에 대한 두려움을 갖지 않도록 해야 하는 등의 역할이 필요하므로 낮잠 방을 비워두어선 안 된다. ③ 그러므로 별도의 공간으로 운영할 경우 담임교사를 대신하여 다른 교사나 성인의 도움을 받도록 조치하여야 하며 도와줄 여력이 없다면 차라리 한 공간 내에서 자는 곳과 휴식하는 공간은 구분하되 교사의 시야 내에서 운영하는 것이 좋다. ④ 한편 만 5세 유아는 휴식 후 어린 유아들이 자는 동안 책보기, 그림 그리기, 퍼즐 맞추기 등과 같은 조용한 놀이 중심의 자유선택 활동이나 휴식활동을 하거나 만 5세 유아만을 대상으로 하는 소집단 활동을 운영할 수도 있는데 이때 낮잠 자는 유아들에게 방해되지 않도록 이야기 나누기와 같은 정적인 유형의 소집단 활동을 운영하도록 한다.

	• 2007 개정 유치원 지도서 13. 종일반 ① 낮잠이 시작되기 전 유아들이 화장실에 들러 소변을 보고 손을 씻은 뒤 휴식을 할 수 있도록 한다. 온도가 높은 한여름에는 쾌적한 상태에서 휴식을 할 수 있도록 낮잠 시간 전에 물놀이를 하거나 샤워를 하도록 할 수도 있다. ② 교사는 화장실에 다녀온 유아들이 실내화를 벗고 자신의 이불과 베개를 꺼내와 자리에 누워 낮잠을 청할 수 있도록 돕는다. 이때 유아들이 안정적으로 낮잠을 잘 수 있도록 원하는 유아는 잠옷을 준비하여 갈아입고 자거나 집에서 가져온 인형을 안고 자도록 할 수도 있다. ③ 교사는 잠이 쉽게 들지 않는 유아를 감싸 안아주거나 토닥여주어 수면을 유도할 수도 있다. 수면 유도를 위하여 잔잔한 음악을 틀어주는 경우 유아들이 잠든 후에는 숙면을 취하도록 음악을 끈다. ④ 낮잠을 자지 않는 유아의 경우 조용히 책을 읽거나 음악을 들으며, 쉴 수 있도록 하며 공간이 허락한다면 서로 방해받지 않도록 낮잠을 자는 유아들과 분리하도록 한다. ⑤ 모든 유아들이 잠이 들면 교사는 유아들의 낮잠 습관을 관찰한다. 개인 조사서를 통해 파악한 낮잠 습관 외에 문제가 되는 습관(예 생식기 만지기, 심한 이갈기 등)이 있으면 부모와 상담하고 평소와 다른 모습을 보이는 경우(예 식은땀 흘리기, 평소에 없던 잠꼬대나 뒤척임 등) 주의 깊게 관찰하여 하원 지도 시 부모에게 알리도록 한다. ⑥ 또한 낮잠실 한 편에 휴지와 간단한 구급품, 체온계를 구비해 두어 필요한 경우 즉시 사용할 수 있도록 한다. 기 김 교사의 혼합 연령(3, 4, 5세) 종일반 교실에서는 5세 유아들이 낮잠을 자지 않아 3세 유아들이 낮잠을 자는 데 방해를 받는 일이 자주 일어난다. 이러한 상황에서 교사가 낮잠 시간을 효과적으로 운영할 수 있는 방안을 5가지 제시하시오. [04]
화장실 다녀오기	① 만 3세 유아의 경우 학년 초에 특히 용변을 보기 위해 옷을 벗고 입기를 스스로 하지 못하거나 용변 후 뒤처리를 혼자 못하는 경우가 있으므로 세심하게 살펴줄 필요가 있다. ② 특히 어린 유아들은 놀이에 집중하면서 화장실에 가야 할 시간을 놓쳐 실수를 하는 경우가 종종 있으므로 교사는 일과 중에 주기적으로 어린 유아들에게 용변의사가 있는지 묻거나 화장실에 다녀올 것을 권할 필요가 있다. 그리고 실수를 한 경우에는 또래나 큰 연령 유아들이 놀리지 않고 이해해 주는 사회적 분위기를 조성해 주는 것이 필요하다. ③ 한편 화장실 이용 시 옷 처리에 어려움이 있는 어린 유아의 경우 교사 외에도 큰 연령 유아의 도움을 받을 수 있음에 대해 이야기 나누어 도움이 필요할 때 형님에게 도움을 청할 수 있도록 한다. 그리고 큰 연령의 유아들의 경우 어린 연령 유아들이 어떤 도움이 필요한지, 내가 도와줄 수 있는 것이 무엇인지에 대해 이야기 나누기를 통해 이에 관한 이해를 갖고 일과 속에서 실천하는 기회를 갖도록 격려한다. ④ 화장실 사용 후 손 씻기에서도 큰 연령의 유아들이 어린 연령 유아들에게 바른 손 씻기의 모델이 될 수 있도록 지도하고, 어린 연령 유아들과도 바른 손 씻기에 대해 이야기 나누고 실제로 바르게 씻어보면서 손 씻기의 올바른 방법을 익힐 수 있는 기회를 제공한다.
대집단 활동	① 대집단 활동은 주로 집단 구성원으로서 모두가 알아야 할 내용을 공유하기 위한 활동이나 협의나 협력이 필요한 활동 및 귀가지도 시 운영되는 활동유형으로 유아들이 소속감과 일체감을 느낄 수 있는 시간이기도 하다. ② 대집단 활동 시 제시되는 자료를 잘 볼 수 있고, 교사에게 주목하기 쉽도록 어린 연령 유아는 가능한 앞에 앉도록 하고, 큰 연령 유아들은 의자를 가지고 와서 바닥에 앉은 유아 뒤쪽에 앉도록 한다. ③ 한편 모든 연령이 함께하는 대집단 활동은 어린 연령 유아들의 집중시간을 고려하여 15분 이상을 넘지 않도록 하며, 대집단 활동 진행 시 유아 전체에게 하는 질문과 특정 연령을 대상으로 한 발문을 안배하여 가능한 모든 연령을 골고루 배려하도록 유의하고 연령 간 연계를 도모한다.

소집단 활동	① 소집단 활동은 활동내용이나 수준에 따라 만 3, 4, 5세 각각의 단일 연령을 대상으로 하거나 만 3, 4세 또는 만 4, 5세의 두 연령 조합으로 계획하여 운영함으로써 큰 연령이나 구성원 비율이 높은 연령집단에 쏠리는 현상을 예방하고 연령의 조합은 대상 학급의 연령별 구성 비율에 따라 융통성 있게 운영하도록 한다. ② 그리고 소집단 활동 시 참여하지 않는 유아들은 소집단 활동에 방해가 되지 않으면서 교사가 적극적으로 관리할 수 없는 상황에서 보다 더 안전하게 활동할 수 있도록 세심한 계획을 갖고 관리하는 것이 필요하다. ③ 연령 조합의 소집단 활동에서도 연령차에 대한 배려를 위해 발문이나 활동방법에서의 수준 차를 고려함과 동시에 연령 간 연계를 지원하도록 한다.
실외활동	① 학년 초 혼합연령(복식)학급에서는 큰 연령 유아들이 어린 연령 유아들의 바깥놀이 도와 주기를 멘토 활동으로 운영할 수 있다. 이를 위해 큰 연령 유아를 대상으로 어린 연령 유아들을 위해 도와줄 수 있는 일, 조심해야 할 일 등을 충분히 이야기한 후 큰 연령 유아와 어린 연령 유아를 짝을 지어 활동할 수 있다. 즉 큰 연령 유아들은 실외놀이로 전이하는 시간부터 시작하여 어린 연령 유아들의 옷 입고 벗기, 신 신고 벗기에 도움을 준다거나, 놀이기구를 함께 이용하면서 놀이방법이나 안전한 사용법 등을 알려줄 수 있을 것이다. ② 한편 고정 놀이기구를 전담하여 안전한 놀이방법을 안내하고 도와주는 형태로도 멘토 활동을 운영할 수 있다. 하지만 만 4세, 만 5세도 항상 위험에 노출되어 있는 유아임을 감안하여 멘토 활동의 내용을 고려해야 하며, 큰 연령 유아들의 안전관리를 소홀히 해선 안 된다. ③ 또한 어린 연령 유아들이 실외활동이 익숙해지면 큰 연령 유아들에게 모험놀이, 거친 놀이를 제공하여 즐길 수 있도록 하고 이로 인해 어린 연령 유아들이 다치는 일이 없도록 유의한다.
귀가	① 귀가시간은 유아마다 차이가 있고 자칫 긴장이 풀어질 수 있는 시간이므로 교사는 유아 모두가 귀가할 때까지 안전하게 지낼 수 있도록 주의를 기울여야 한다. ② 특히 만 3세 유아의 경우 귀가하는 과정에서 혼자 기관 외부로 나가거나 위험한 행동을 하지 않는지 더 세심하게 살피도록 한다. 그리고 등원시간과 마찬가지로 형제와 같은 다 연령 간, 친구인 동일 연령 간에 친근한 인사를 주고받도록 격려하여 구성원 간의 친밀감을 높이고 다음 날 만날 것을 기대할 수 있도록 한다.

 지식 종일제(2007개정 유치원 교육과정 해설서 및 지도서 13. 종일제)

1. 시간 연장제 및 종일제의 운영(해설서)

> 자. 시간 연장제 및 종일제의 오후 일과는 오전의 교육 활동을 그대로 반복하거나 지식 및 기능 위주 교육을 하기보다는, 편안한 휴식과 함께 바깥 놀이와 개별 유아의 특성을 충분히 고려한 놀이 중심의 활동으로 구성한다. 기 종일반 오후 프로그램은 보호 기능보다 교육 기능에 중점을 두어 운영한다.[10]

① 시간 연장제 및 종일제의 경우 무엇보다도 유아가 유치원에서 장시간을 보내므로 유아의 신체적 욕구가 충족되고 유아가 심리적으로 안전하다고 느낄 수 있도록 오후 일과를 운영하는 것이 중요하다. 편안한 휴식 및 낮잠 시간과 간식 시간을 제공해 유아가 가정과 같은 분위기에서 지내도록 배려해야 한다. **특히, 실외 활동 시간을 충분히 제공하여 유아들이 정서적 긴장감을 해소할 수 있게 해야 한다.**[11]
② 교사는 종일제 운영을 위해 계획된 교육과정과 연계하여 흥미 영역을 구성하며 **대집단 활동보다는 연령별 혹은 발달 수준별로 소집단 활동과 개별 활동이 이루어지도록 운영한다.**[11] 종일제의 교육 활동은 생활 주제와 관련지어 유치원 일과 중에 놀이를 중심으로 통합적으로 자연스럽게 활동을 전개하여 사회·정서·인지·신체·언어의 제 발달이 통합적으로 이루어지도록 해야 한다.

③ 종일제 교실이 따로 없어 반일제 교실을 이용하는 경우라도 종일제 운영을 위해 필요한 교재, 교구, 놀잇감을 제공하여 유아들이 다양한 자료와 상호 작용하도록 환경을 구성한다.
④ 종일반 담당 교사는 특히 유아의 건강, 정서 상태, 반일제 반에서 있었던 일 등을 점검하고, 유아를 지속적으로 관찰하여 적절한 지원을 하는 데 주력하여야 한다. 혼합 연령 집단 종일제의 경우, 유아가 교사 및 또래와의 상호 작용 이외에도 손위나 손아래 유아들과 폭넓은 상호 작용을 할 수 있도록 배려한다.

기 ⑦ 활동을 구성할 때 종일제 오후 활동의 특성을 살리기 위해 우선적으로 고려해야 할 3가지를 유치원 교육과정 '교수·학습 방법'에 근거하여 제시하시오. ① **오전의 교육 활동을 그대로 반복하거나 지식 및 기능 위주 교육을 하기보다는, 편안한 휴식과 함께 바깥 놀이와 개별 유아의 특성을 충분히 고려한 놀이 중심의 활동을 제공한다**, ② **실외 활동 시간을 충분히 제공하여 유아들이 정서적 긴장감을 해소할 수 있게 해야 한다**, ③ **대집단 활동보다는 연령별 혹은 발달 수준별로 소집단 활동과 개별 활동이 이루어지도록 운영한다**.[12]

2. 종일반의 운영 방향(지도서)

1) 발달에 적합한 교육과정
   유아의 발달에 적합한 교육과정이란 '유아 발달', '유아의 흥미와 요구' 및 '유아와 가족이 생활하는 사회 문화적 맥락'을 기초로 수립된 것을 말한다.
2) 양질의 교육과 보호의 균형이 맞는 교육과정
   ① 종일반 유아들에게 양질의 교육을 제공하기 위해서는 반일반 교육과정을 포함함과 동시에 이에 연계된 교육과정을 제공해야 한다. 따라서 종일반의 지도 자료의 생활주제는 반일반의 생활주제와 동일해야 한다.
   ② **종일반 유아들의 건강한 몸과 신체 발달을 위하여 영양이 풍부한 급식**[11], 쾌적하고 위생적인 공간에서의 낮잠과 휴식활동을 제공해야 하며, 기초체력 증진을 위한 체육활동 및 체력단련 활동을 체계적으로 계획하여 실행해야 한다.
   ③ 오후 간식은 점심을 동일 시간대에 먹은 경우에는 집단 간식도 가능하나, 유아들의 연령과 생리적 요구의 개인차를 고려하여 개별 간식을 할 수 있다. 또한 각 가정에서의 저녁 식사 시간이 늦을 경우를 위해서 양을 많게 하거나 좀 든든한 음식을 준비할 수 있다.
3) 종일반 유아들에게 부족한 경험을 보충해 주는 교육과정
4) 프로젝트 접근법을 활용한 심화·확장된 교육과정
5) 오전-오후 프로그램이 연계된 교육과정
6) 혼합연령 학급에 적합한 교육과정
7) 부모의 관심과 협력을 적극 유도하는 교육과정

3. 일일 교육 계획 및 운영(지도서)

① **교육과 보육의 균형을 고려하여 일일 교육 계획안을 작성한다**.[11] 유치원의 하루일과에서 활동 간(동·정적 활동, 실내·외 활동, 개별·대·소집단 활동, 선택·지정 활동 등) 균형을 맞추어주는 기본 원리를 적용하되, 종일반의 경우 '교육과 보육 활동 간 균형'을 첨가하여 유아들의 신체적 욕구나 리듬을 충족시켜주어야 한다.
② **연령별 발달적 특성이나 요구를 고려하여 일일 교육 계획안을 작성한다. 연령별로 실행 가능한 활동 내용의 범위와 수준 및 활동 소요 시간이 다름을 유념하고 적절하게 일과 계획을 수립해야 한다. 예컨대, 만 3, 4세 유아들에게 자유선택활동 시간을 더 많이 주고, 대집단 활동보다는 개별/중·소집단 활동을 많이 하도록 한다**. 또한 만 3세 유아들이 이야기 나누기 활동을 10~15분간 하고 조형 활동을 하면, 만 4, 5세 유아들은 이야기 나누기 활동을 25~30분간 하고 조형 활동에 합류한다. 혼합연령으로 한 교사가 활동을 진행하는 경우 만 3세 유아들에게, 또는 만 3, 4세 유아들에게 필요한 사항을 먼저 이야기하고 다른 교사와 함께 다른 활동으로 이동하게 하고, 만 5세 유아들은 어린 유아들보다 더 심화·확장된 활동을 한다.

기 대집단 활동, 연령별 소집단 활동, 개별활동 시간을 균등하게 배분하여 운영한다.[10]

③ 다양한 연령의 유아들이 한 공간에서 교육과 보호를 받고 지내면서 교재나 공간 사용, 활동 집중에 서로 방해를 받지 않도록 일과를 계획한다.[11]
④ 유아들의 연령별로 적합한 일과 패턴을 구성하고, 이에 기초하여 일일 교육 계획안을 작성한다.
⑤ 종일반 유아들은 오후에 오전보다 더 피로감을 느낄 수 있으므로 오후 활동은 긴장을 덜 요구하는 교육 활동, 유아들이 항상 흥미를 보이거나 선호하는 활동으로 일과를 계획한다.
⑥ 오전과 오후 활동이 연계되도록 일과를 계획한다.[11]
⑦ 교사와 보조 교사의 역할 분담에 대한 사전 협의 내용을 기초로 구체적인 내용을 일일 교육 계획안에 명시한다.

4. 활동실(지도서)

- 종일반 활동실은 유아가 하루 종일 활동하는 곳이므로 환경 구성 시 세심하게 배려해야 한다. 종일반의 운영 형태가 독립된 종일반인 경우는 물론 오후 재편성 종일반인 경우에도 종일반만을 위한 별도의 활동실이 확보되어야만 효율적인 운영을 할 수 있다.
- 혼합연령 오후 재편성 종일반의 경우에도 유아들이 안정감을 갖고 편안하게 오후 일과를 보내기 위해서는 종일반만을 위한 독립된 활동실이 필요하다.
- 그러나 유치원 여건상 별도의 활동실을 마련할 수 없어 반일반 학급을 사용할 때에는 다음 사항에 유의하여 구성한다.

① 단일 연령으로 구성된 오후 재편성 종일반의 경우에는 같은 연령의 반일반 학급을 이용한다. 해당 연령의 반일반이 두 학급 이상이면 일정 시기를 두고 교대로 사용하든지, 오후 일과 중에 활동 유형에 따라 나누어 사용하는 것이 바람직하다. 한편, 혼합연령으로 구성된 오후 재편성 종일반 유아들의 연령을 고려하지 않고 반일반 학급을 임의대로 선정하여 활용하면, 유아들은 발달에 부적절한 학급을 제공받을 수 있다. **만 3, 4, 5세 혼합연령으로 구성된 경우, 사용하기 적합한 학급은 만 4세 학급이나 종일반 유아들의 연령 중 가장 많은 연령의 반일반 학급을 이용하는 것이 적절하다.** 특정 연령 학급을 사용할 경우에는 반드시 다른 연령의 유아들을 위한 별도의 교구를 보충해 주어야 한다.
　　기 오후 재편성 종일반 교실을 별도로 확보하는 것이 좋으나, 그렇지 못할 경우 가장 어린 연령의 오전반 교실을 이용한다.[10]
② 특정 반일반 한 학급만을 계속해서 일 년 내내 사용하는 것은 학급 담임 교사에게 부담이 될 수 있으므로 학기별로 사용하는 학급을 다르게 한다. 예를 들어, 1학기에는 만 3, 4세 학급을 이용하고, 2학기에는 4, 5세 학급을 이용할 수 있다.
③ 오후 재편성 유아들이 소속감이나 책임감을 가질 수 있도록 유아들의 작품이나 결과물을 게시할 수 있는 공간을 확보한다. 공간 확보가 어려운 경우에는 유동적으로 움직일 수 있는 자료판을 준비하여 게시한다.

5. 혼합연령 오후 재편성 종일반(지도서)

① 혼합연령 오후 재편성 종일반 학급의 유아들의 경우에도 연령별 발달 수준, 지식, 경험에 차이가 있어 차별화된 교육과정을 적용해야 하고, 더욱이 오전 반일반 학급에서의 교육 활동이 달라 연계성을 맞추어 주려면 1명 이상의 교사가 필요하다.
　　기 서로 다른 학급에 속해 있는 다양한 연령의 유아들이 함께 모여 구성되므로 모든 활동을 수준별 내용의 공통 수준 활동을 중심으로 편성하여 운영한다.[10]
② 혼합연령 독립 종일반 학급과 마찬가지로 모든 연령의 유아들이 동일 활동에 참여한다 하더라도 교사 1명이 교육 활동을 제대로 수행하기는 어렵기 때문에 가급적 2명 이상의 교사가 배정되는 것이 바람직하다.
③ 따라서 혼합연령 오후 재편성 종일반에서도 연령별로 유아들에게 적합한 프로그램을 제공하기 위해서는 오전과 오후를 담당하는 주교사 2명과 보조교사 2명이 학급을 담당해야 하고 교사들이 정기적으로 교육 계획을 협의해야 하며, 매일의 생활에서 유아들을 비롯한 일과 운영 관련 정보를 긴밀하게 교환해야 한다.

참고문헌

유아음악

김두범, 김현희, 안수정(2013). 아동음악과 동작교육. 양서원.
김백준(2007). 유아 음악교육의 이론과 실제. 현대음악.
김연주, 양연숙, 김현지(2017). 영유아 음악교육. 창지사.
김은심(2012). 영유아를 위한 음악, 동작교육의 이론과 실제. 창지사.
김현자, 이윤경, 윤혜원(2010). 영유아 음악교육의 이론과 실제. 동문사.
김혜경(2009). 영유아음악교육. 창지사.
심성경, 이희자, 이선경, 김경의, 이효숙, 박주희(2014). 영유아 음악교육. 양서원.
심성경, 이희자, 이선경, 김경의, 이효숙, 변길희, 박주희(2012). 아동음악과 동작교육. 양서원.
안경숙, 김소향, 나은숙(2014). 영유아 음악교육. 양서원.
이만수, 장정애, 정세호(2010). 영유아를 위한 음악교육. 파란마음.
이민경(2011). 유아를 위한 음악교육. 21세기사.
이영심(2010). 유아음악교육. 창지사.
이옥주, 정수진, 윤지영(2015). 음악요소에 기초한 유아음악교육. 신정.
임혜정(2013). 유아음악교육. 파란마음.
장은주(2015). 유아교육과 음악교육의 통합에 기초한 유아음악교육. 양서원.
전인옥, 이숙희(2015). 유아음악교육. 한국방송통신대학교출판문화원.
조성연, 문혜련, 이향희(2016). 다양한 교수 방법을 통한 유아음악교육. 학지사.
최예린(2017). 영유아음악교육. 정민사.
하정희, 조연진, 강혜정(2013). 유아음악교육. 공동체.
허혜경, 김혜영, 우정순(2014). 영유아 음악교육의 이해와 적용. 태영출판사.

유아미술

김성혜, 공행숙(2015). 누리과정에 기초한 초임교사를 위한 유아미술교육. 공동체.
김영애, 이형선(2017). 유아미술교육. 양서원.
김중기, 오경숙, 주희경, 이윤희(2015). 아동미술. 공동체.
김현자, 서지영, 홍은주, 오지영, 조득현(2013). 활동중심 아동미술. 창지사.
박광숙(2015). 영유아 미술교육. 양서원.
박정아(2016). 연간 미술 교육 프로그램에 의한 유아 미술 활동지도. 창지사.
박정옥, 김수희(2015). 유아미술교육. 양서원.
백중열(2013). 교사를 위한 유아미술교육 이론과 실제. 공동체.
서의정, 김윤희, 홍문정, 원명순(2017). 예비교사를 위한 아동미술교육. 양서원.
서혜정, 고지민(2017). 유아미술교육. 공동체.
심성경, 백영애, 이영희, 이효숙, 박지애, 박주희(2014). 유아미술교육. 공동체.
안경숙, 신애선(2018). '표준보육과정'과 '누리과정'에 기초한 영유아미술교육. 양서원.
양연숙, 장혜자, 김현지, 김연주, 송진영(2015). 영유아 미술교육. 양서원.
오연주(2014). 영유아미술교육. 창지사.

우수경, 이성희, 이현정, 최미화, 김현자, 김기예(2016). 유아미술교육. 공동체.
유희정(2017). 영유아미술교육. 공동체.
이미옥(2014). 아동미술교육. 양서원.
이선애, 최윤정(2016). 누리과정에 기초한 유아미술교육. 정민사.
이소은, 권기남(2015). 아동미술. 한국방송통신대학교출판부.
이소은, 권기남(2017). 아동미술. 양서원.
이수경(2017). 아동미술교육. 양서원.
이숙재, 김경란, 이방실(2015). 영유아미술교육. 창지사.
이순형, 김도연(2015). 유아미술감상프로그램. 정민사.
이승숙, 남기창(2017). 영유아미술교육. 정민사.
이완희(2016). 유아미술교육. 정민사.
이원영, 임경애, 김정미, 강유진(2015). 자유표현과 심미감 중심의 유아미술교육. 학지사.
이윤옥(2016). 표준보육과정과 누리과정에 기초한 아동미술. 정민사.
이정욱, 임수진(2017). 탐색·표현·감상의 통합적 유아미술교육. 정민사.
이정환, 김희진(2013). 영유아를 위한 미술활동. 파란마음.
이현아(2016). 유아동 미술교육의 이해. 태영출판사.
임현숙, 박근주, 조경옥(2013). 영유아 통합미술활동. 창지사.
하정연, 김용환, 백정이(2015). 자연친화적 접근의 유아미술교육. 공동체.
한경애, 이영미(2016). 유아미술교육. 정민사.
허혜경, 류진순(2014). 누리과정에 기초한 유아미술교육. 신정.

유아수학

고선옥, 김경신, 심윤무, 최달희(2016). 아동수학교육. 공동체.
권영례(2014). 유아 수학교육. 양서원.
김숙령(2011). 예비교사와 교사를 위한 유아 수학교육. 학지사.
김유정, 김정원(2015). 재미있고 쉬운 유아 수학교육. 공동체.
김혜금, 임양미, 김혜경(2017). 아동수학지도. 정민사.
나정숙(2016). 누리과정에 근거한 유아 수학교육. 문음사.
문연심(2010). 통합적 접근에 기초한 영유아 수학교육. 양서원.
배소연, 강민정(2016). 영유아 수학교육. 양서원.
신혜은, 고태순, 장세희(2017). 유아 수학교육. 양서원.
안경숙, 김소향(2015). 영유아 수학교육. 양서원.
유은영, 홍혜경(2015). 유아 수학교육. 한국방송통신대학교출판문화원.
이경화, 오연주, 배지현, 유재경, 심향분(2016). 영유아 수학교육. 양서원.
이정욱, 유연화(2012). 유아 수학교육. 정민사.
정영혜(2011). 유아 수학교육. 동문사.
조형숙, 남기원, 유효인(2016). 누리과정에 기초한 스토리텔링 유아 수학교육. 공동체.
한유미(2016). 유아 수학교육. 창지사.
홍혜경(2015). 영유아를 위한 수학교육. 공동체.
황의명, 조형숙, 서동미(2017). 유아 수학교육. 정민사.

유아과학

권영례(2016). 유아 과학교육. 한국방송통신대학교출판문화원.
김희정, 강숙현(2016). 유아 과학교육. 정민사.
신은수, 안경숙, 김은정, 안부금(2014). 생활과 환경중심의 영유아 과학교육. 양서원.
유연화, 임경애, 최현정(2015). 유아 과학교육. 공동체.
이경우, 조부경, 김정준(2006). 구성주의 이론에 기초한 유아 과학교육. 양서원.
이기현(2010). 자연과 상호작용을 위한 유아 과학교육. 정민사.
이민정, 이연승, 전지형, 강민정, 이해정, 김정희, 전윤숙, 박주연(2012). 유아 과학교육 - 실험중심 탐구활동. 공동체.
전경원(2015). 융합 창의성을 중심으로 한 유아 과학교육. 정민사.
조부경, 고영미, 남옥자(2014). 예비교사와 현직교사를 위한 유아 과학교육. 양서원.
조부경, 고영미, 남인석(2015). 유아 과학교육. 양서원.
조형숙, 김선월, 김지혜, 김민정, 김남연(2014). 삶의 가치와 아름다움을 찾아가는 유아 과학교육. 학지사.
한유미(2015). 유아 과학교육. 창지사.
허혜경, 임진경(2014). 누리과정에 기초한 영유아 과학교육. 문음사.
황의명, 조형숙(2015). 탐구 능력 증진을 위한 유아 과학교육. 정민사.

아동복지

고인숙, 류현수(2017). 아동권리와 복지. 동문사.
길영신, 윤구원, 이경연, 이연순, 장영훈(2017). 아동권리와 복지. 창지사.
김연진(2017). 아동권리와 복지. 태영출판사.
노병일(2016). 아동복지론. 공동체.
박선희, 조흥식(2017). 아동복지. 한국방송통신대학교출판문화원.
박희숙, 유주희, 이광희(2016). 아동복지론. 공동체.
이순형(2015). 아동복지 이론과 실천. 학지사.
정옥분, 정순화, 손화희, 김경은(2016). 아동권리와 복지. 학지사.
한미현, 문혁준, 강희경, 공인숙, 김상희, 안선희, 안효진, 양성은, 이경열, 이경옥, 이진숙, 천희영(2016). 아동복지. 창지사.
한성심, 하승민, 윤혜미(2017). 아동권리와 복지. 양서원.
황해익, 남미경, 서보순, 김병만(2017). 아동권리와 복지. 정민사.

교육과정 외

김경철, 강민정, 이정미, 김은정(2017). 유아교육과정. 양서원.
김수영, 김수임, 정정희(2010). 영유아 프로그램 개발과 평가. 양서원.
김영명, 안소영, 서영숙(2011). 영유아프로그램 개발과 평가. 공동체.
김유정, 김정원(2016). 영유아 교육과정을 중심으로 한 교재 · 교구 연구 및 지도법. 양서원.
김이영, 김선영, 김지영, 성연승, 안도연, 정희선(2015). 특수교육학개론. 양서원.
김정규, 이광자, 조정숙, 한애향(2016). 교과교재 연구 및 지도법. 정민사.
김진영, 백혜리, 최윤정(2008). 유아를 위한 교수-학습방법론. 양서원.
나은숙, 김애옥, 박현경, 유연일, 홍지명(2014). 영유아교과교재연구 및 지도법. 양서원.
류현수, 김주아, 임영서(2014). 영유아 프로그램 개발 및 평가. 동문사.

박찬옥, 김낙흥, 구수연, 이옥임, 노희연, 이선영(2016). **영유아 프로그램 개발과 평가**. 정민사.
박찬옥, 서동미, 곽현주, 박성희, 한남주, 홍찬의(2017). **유아교육과정**. 정민사.
방인옥, 박찬옥, 이기현, 김은희(2011). **유아교육과정**. 정민사.
서현아, 조용태, 박명화, 김경숙, 강미라, 하지민(2015). **유아특수교육**. 양서원.
성은영, 이영미, 박은주, 윤성운(2015). **영유아를 위한 교수-학습방법**. 정민사.
송준만, 유효순(2016). **특수아교육**. 한국방송통신대학교출판부.
신혜은, 고태순, 장세희(2016). **영유아 교수 방법**. 양서원.
신화식, 이영미, 이인용, 진성애, 김민석(2015). **영유아교육과정**. 양서원.
염지숙, 김혜선, 김희태, 김경희, 이명순, 서동미(2016). **영유아 교수-학습방법**. 정민사.
윤희경, 신혜영, 임미혜, 김애옥, 나은숙, 이분려, 장미아(2007). **발달에 적합한 영유아 교육과정**. 양서원.
이기숙, 강숙현(2015). **영유아 프로그램 개발과 평가**. 정민사.
이기숙, 김정원, 이현숙, 전선옥(2014). **영유아교육과정**. 공동체.
이미숙, 한민경, 고혜정, 서보순(2016). **영유아교사를 위한 특수아동의 이해**. 양서원.
이선애, 오선영, 마지순, 안라리, 최영해(2016). **유아교육과정**. 정민사.
이소은, 이순형(2014). **영유아 프로그램 개발과 평가**. 한국방송통신대학교출판문화원.
임미혜, 장미아, 신혜영, 김영애, 심은희(2016). **쉽게 풀어 쓴 영유아교육과정**. 양서원.
장선철(2006). **특수유아의 이해와 교육**. 동문사.
전경화, 나정숙, 김영주, 엄정례, 한은숙, 우혜진(2017). **누리과정에 기초한 유아교육과정**. 교육과학사.
전남련, 김재환, 이애련, 황연옥, 이혜배, 강은숙, 김기선, 권경미, 심순애, 엄은옥, 이경선(2008). **영유아 프로그램 개발과 평가**. 학현사.
전남련, 한혜선, 김인자, 이미향, 이선영, 심현임, 안성숙, 권경선, 이재영, 이은기, 모은숙, 조점숙(2014). **영유아 프로그램 개발과 평가**. 정민사.
조윤경, 김수진(2009). **유아교사를 위한 특수아동지도**. 공동체.
지성애, 김영주, 엄정례, 조경서(2015). **영유아프로그램 개발과 평가**. 정민사.
한은숙(2014). **영유아 교수·학습의 이론과 실제**. 정민사.
홍순정(2015). **글로벌시대의 영유아 교육과정**. 양서원.
홍순정, 김재춘(2015). **교육과정**. 한국방송통신대학교출판문화원.
홍순정, 이기숙(2014). **유아교육과정**. 한국방송통신대학교출판문화원.

이 동 건

약력
- 중앙대학교 유아교육학과 석사 졸업 및 박사과정
- 現 희소/쌤플러스 전공유아 전임강사
- 백석예술대학교 외 다수 강의
- 국가고시 유아교육학과 출제편집위원
- 영유아 교원교육학회 놀이상담사 2급 자격증
- 유치원 교사 및 보육교사 자격증
- 어린이집 원장 사전 직무교육 강의
- 어린이집 교사 1급 승급교육 강의
- 중앙대학교, 부산대학교, 방송통신대학교, 공주대학교, 동의대학교, 동양대학교, 백석예술대학교, 경동대학교, 거제대학교, 순천제일대학교 특강 강사
- 한국영유아교육실천학회 대외협력위원장
- 한국열린유아교육학회 이사

저서
- 제4판 유아교육 개론
- 제4판 유아교육 각론 1
- 제4판 유아교육 각론 2
- 제5판 29년간 기출의 구조화
- 제1판 2019 개정 누리과정 해설서·놀이실행자료·이해자료(해실이)
- 제1판 연도별 기출문제집

이동건의 유아임용

유아교육각론 2 4판

3판 1쇄 발행 / 2022년 5월 9일
3판 2쇄 발행 / 2023년 3월 15일
4판 1쇄 발행 / 2025년 4월 5일

편저자 / 이 동 건
발행인 / 이 중 수
발행처 / **동 문 사**

서울특별시 서대문구 홍제원 1길 12
(홍제동 137-8)
Tel: 02)736-3718(대), 736-3710, 3720
Fax: 02)736-3719
등록번호: 1974.04.27 제9-17호
정가: 39,000원

ISBN: 979-11-6328-656-1 (93370)
E-mail: dong736@naver.com
www.dongmunsa.com

저자와의 합의하에 인지는 생략합니다.